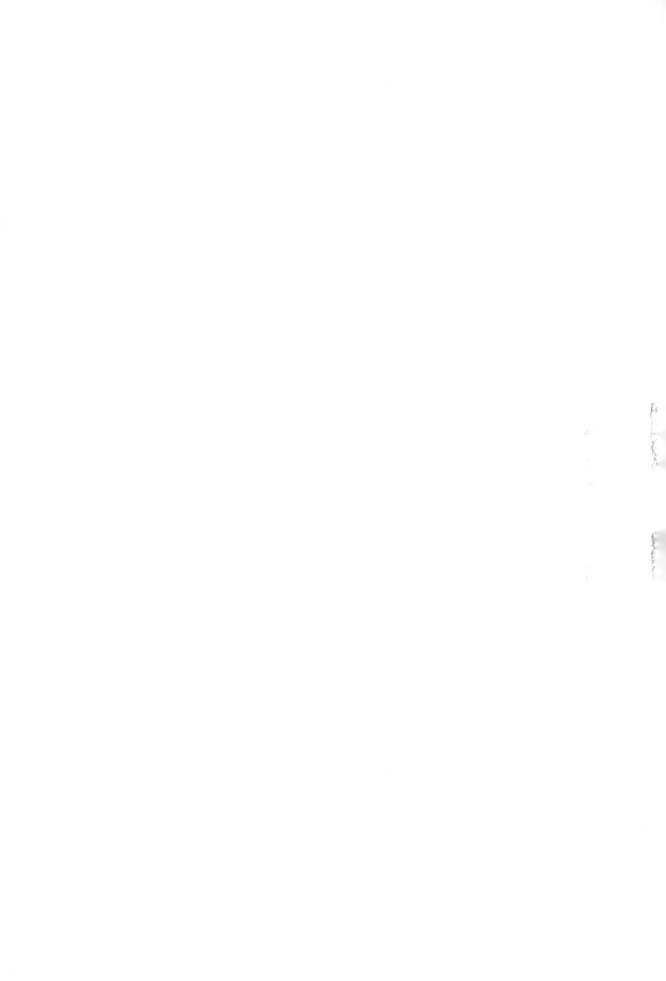

中華大藏經編輯局編

中華大藏經

漢文部分

九四

中華書局

圖書在版編目(CIP)數據

中華大藏經:漢文部分.第94册/《中華大藏經》編輯局編. —
北京:中華書局,1984.4(2023.11重印)
ISBN 978-7-101-01436-5

Ⅰ.中…　Ⅱ.中…　Ⅲ.大藏經　Ⅳ.B941

中國版本圖書館CIP數據核字(2016)第050301號

內封題簽:李一氓
裝幀設計:伍端端

中華大藏經(漢文部分)

第九四册

《中華大藏經》編輯局 編

*

中華書局出版發行
(北京市豐臺區太平橋西里38號　100073)
http://www.zhbc.com.cn
E-mail:zhbc@zhbc.com.cn
北京建宏印刷有限公司印刷

*

787×1092毫米 1/16 · 60印張 · 2插頁
1984年4月第1版　2023年11月第4次印刷
定價:600.00元

ISBN 978-7-101-01436-5

中華大藏經(漢文部分)

第九十四册目録

千字文編次　杳——本

杳

一七九〇　妙法蓮華經文句十卷

隋天台大師智顗説

門人灌頂記

(明永樂北藏本)

一七九二　摩訶止觀十卷

隋天台大師智顗説

門人灌頂記

（清藏本）

妙法蓮華經文句卷第一上 宅一

隋天台智者大師說

門人灌頂記

序品第一 佛出世難佛說是難傳譯此難自開悟難聞師講難一徧記難余二十七於金陵聽受六十九於丹丘添削留贈後賢共期佛慧

委釋經題已如上說序者訓庠序謂階位賓主問答悉庠序也經家從義謂次由述也如是等五事冠於經首次序也放光六瑞起發之端由序也問答釋疑正說弄引叙述也具此三義故稱為序品者中阿含云跋渠此翻為品品者義類同者聚在一段故名品也或佛自唱品如梵網或結集所置如大論或譯人添足如羅什令藥王本事是佛唱妙音觀音等是經家譯人未聞諸品之始故言第一佛赴緣作散華貫華兩說結集者按說傳之論者依經申之皆不節目古講師但敷弘義理不分章段若純用此意後生殆不識起盡又佛說貫散集者隨義立品增一云契經一分律一分阿毗曇一分契經更開四謂增一長中雜增一阿含明人天因果長阿含破邪見中阿含明深義雜阿含明禪定律開五部及八十誦阿毗曇開六足八揵度等阿含謂施戒慧六度皆足也謂根性道定等八種聚也天親作論以七功德力序品五示現分方便品其餘品各有處分 音河西憑江東瑤取此意節目經文末代尤煩光宅轉細重雰翳於太清三光為之戢耀問津者所不貴曇鸞云細科煙颺雜礪塵飛蓋若過若不及也廬山龍師分文為序正流通二十七品統唯兩種從序至法師言方便言真實理一說三故寶塔下身方便身真實寶遠唱近故又從方便至安樂行是因門從踊出下是果門齊中興印小山瑤從龍受經分文同玄暢從序至多寶為因分從勸持至神力為果分從囑累盡經為護持分又有師云從序至學無學人記是法華體從法師至囑累明受持功德從藥王盡經美諸菩薩本願有師作四段初品為序段從方便至安樂行開三顯一段從踊出訖分別功德開近顯遠段後去餘勢流通段光宅雲從印受經初三段次各開二謂通序別序正謂因門果門流通謂化他自行二序各五二正各四二流通各三合二十四段云云夫分節經文悉是人情蘭菊各擅其美後生不應是非諍競無三益喪一道三益者世界等三悉檀也一道者第一義悉檀也天台智者分文為三初品為序方便品訖分別功德十九行偈凡十五品半名正從偈後盡經凡十一品半名流通又一時分為二從序至安樂行十四品約迹開權顯實從踊出訖經十四品約本開權顯實本迹各序正流通初品為序方便訖授學無學人記品為正法師訖安樂行為流通踊出訖彌勒已問斯事佛今答之半品名序從佛告阿逸多下訖分別功德品偈名為正此後盡經為流通今記從前三段消文也問一經云何二序答華嚴處處集衆阿含篇篇如是大品前後付囑皆不妨一部兩序何妨今不安五義者本門非次首故也迹門但單流通者說法未竟也有無之意云爾今帖文為四一列數二所以三引證四示相列數者一因緣二約教三本迹四

觀心始從如是終于而退皆以四意消文而今略書或三二一貴在得意不煩筆墨二所以者間若略則一若廣匪四所以云何答廣則令智退略則意不周我今處中說令義易明了因緣亦名感應衆生無機雖近不見慈善根力遠而自通感應道交故用因緣釋也夫衆生求脫此機衆矣聖人起應應亦衆矣此義更廣處中在何然大經云慈善根力有無量門略則神通若十方機感曠若虛空今論娑婆國土音聲佛事則甘露門開依教釋者中說明矣若應機設教教有權實淺深不同須置指存月亡迹尋本故肇師云非本無以垂迹非迹無以顯本故用本迹釋也若尋迹迹廣徒自疲勞若尋本本高高不可極日夜數他寶自無半錢分但觀己心之高廣扣無窮之聖應機成致感逮得己利故用觀心釋也三引證方便品云十方諸佛爲一大事因緣故出現於世若人天小乘非一非大又非佛事不成機感實相名一廣博名大佛指此爲事出現於世是名一大事因緣也又云以種種法門宣示於佛道當知種種聲教若微若著若權若實皆爲佛道而作筌罤大經云麤言及輭語皆歸第一義此之謂也壽量品云今天人阿脩羅皆謂我少出家出釋氏宮去伽耶城不遠得三菩提然我實成佛已來無量無邊阿僧祇劫以斯方便導利衆生方便品又云我本立誓願普令一切衆亦同得此道如我等無異又五百受記品云內祕菩薩行外現是聲聞實自淨佛土示衆有三毒又現邪見相我弟子如是方便度衆生此則師弟皆明本迹云云譬喻品云若人信汝所說即爲見我亦見於汝及比丘僧并諸菩薩當知隨有所聞諦心觀察於信心中得見三寶聞說是法寶見我是佛寶見汝等是僧寶云云四示相者且約三段示因緣相衆生久遠蒙佛善巧令種佛道因緣中間相值更以異方便助顯第一義而成熟之今日雨華動地以如來滅度而滅度之復次久遠爲種過去爲熟近世爲脫地涌等是也復次中間爲種四味爲熟王城爲脫今之開示悟入者也復次今世爲種次世爲熟後世爲脫未來得度者是也雖未是本門取意說耳其間節節作三世九世爲種爲熟爲脫亦應無妨何以故如來自在神通之力師子奮迅大勢威猛之力自在說也以如是等故有序分也衆見希有瑞顯顯欽渴欲聞具足道佛乘機設化開示悟入佛之知見故有正說分也非但當時獲大利益後五百歲遠沾妙道故有流通分也又示教相者此序非爲人天清升作序非爲二乘小道作序不爲即空通三作序不爲獨菩薩法作序乃爲正直捨方便但說無上佛道作序耳此正不指世間爲正不指螢光析智爲正不指燈炬體法智爲正不指星月道種智爲正乃指日光一切種智爲正此流通非爲楊葉木牛木馬而作流通非流通半字非流通共字非流通別字純是流通圓滿修多羅滿字法也次示本迹者久遠行菩薩道時宣揚先佛法華經亦有三分上中下語亦有本迹但佛佛相望是則無窮別取最初成佛時所說法華三分上中下語專名爲上

名之爲本何以故最初成佛初說法故爲上爲本此意可知中間行化助大通智勝然燈等佛宣揚法華三分者但名爲中但名爲迹何以故前有上故前有本故今日王城所說三分但名爲下但名爲迹乃至師子奮迅之力未來永永所說三分亦指最初爲上爲本譬如大樹雖有千枝萬葉論其根本不得傳傳相指同宗一根此喻可解云云次示觀心相者當約己心論戒定慧爲三分修行以戒初定中慧後若法門以慧爲本定戒爲迹又戒定慧各各作三分前方便白四羯磨結竟爲戒三分二十五方便正觀歷緣又善入出住百千三昧等爲定三分因緣所生法即空即假即中爲慧三分已約三分示四種相當用此義從如是去至作禮而退已還悉作四意消文但準望此義比知則易分別顯示其辭則難行者善思量之語異意同千車共轍爲流趣會者也○序有通別從如是去至卻坐一面通序也從爾時世尊去至品別序也通序通諸教別序別一經通序爲五或六或七

云云如是者舉所聞之法體我聞者能持之人也一時者聞持和合非異時也佛者時從佛聞也王城耆山聞持之所也與大比丘若是聞持之伴也此皆因緣和合次第相生又如是者三世佛經初皆安如是諸佛道同不與世諍世界悉檀也大論云舉時方令人生信者爲人悉檀也又對破外道阿歐二字不如不是對治悉檀也又如是者信順之辭信則所聞之理會順則師資之道成即第一義悉檀也因緣釋甚廣不能具載云云約教釋者經稱三世佛法初皆如是先佛有漸頓祕密不定等經漸又三藏通別圓今佛亦爾諸經不同如是亦異不應一槩開於衆戶又佛阿難二文不異爲如能詮詮所詮爲是令阿難傳佛何等文詮何等是不可以漸文傳頓是以偏文詮圓是傳詮若謬則文不如文不如則理不是此義難明須加意詳審且依漸教分別佛明俗有文字真無文字阿難傳佛俗諦文字與佛說不異故名如因此俗文會真諦理故名爲是此則三藏經初明如是也佛明

即色是空空即是色色空空色無二無別空色不異爲如即事而真爲是阿難傳佛文不異爲如能詮即所詮爲是此則通教經初如是也佛明生死是有邊涅槃是無邊出生死有邊入涅槃無邊出涅槃無邊入於中道阿難傳此出有入無出無入中與佛說無異爲如從淺至深無非曰是此則別教經初如是也佛明生死即涅槃亦即中道況復涅槃寧非中道真如法界實性實際徧一切處無非佛法阿難傳此與佛說無異故名爲如如如不動故名爲是是則圓經初如是也若動俗入如三藏義耳不動俗即是如通教義耳動如入如別教義耳不動如而是如圓教義也云云若頓如是與圓同不定如是前後更互祕密者隱而不傳數八教網亘法界海攞其有漏況羅之一目若爲獨張又一時接四箭不令墮地未敢稱捷策鈍驢驅跛鱉尚不得一何況四耶云云約本迹釋如是者三世十方橫豎皆爾過去遠遠現在漫漫未來永永皆悉如是何處是本何處是迹且約釋尊最初成

道經初如是者是本也中間作佛說經今日
所說經初如是者皆迹也又阿難所傳如是
者迹也佛所說如是者本也又師弟通達如
是非始今日亦非中間者本也而中間而今
日者迹也觀心釋者觀前悉檀教迹等諸如
是義悉是因緣生法即通觀也因緣即空即
假者別觀也二觀爲方便道得入中道第一
義雙照二諦者亦通亦別觀也上來悉是中
道者非通非別觀也下文云若人信汝所說
即得見我亦見於汝及比丘僧并諸菩薩即
觀行之明文也信則論機見則是應即因緣
也又信有淺深見有權實種種分別不同者
即分別教又信法華之文則見實相之本若
見身子之化則見龍陀之本若見始成釋尊
亦見久成先佛若見千二百比丘八萬菩薩
者亦見其本也又聞經心信無疑覺此信心
明淨即是見佛慧數分明是見身子諸數分
明是衆比丘慈悲心淨是見諸菩薩約心爲
四帖釋轉明若釋他經但用三番心爲未發本
顯迹故當知今經三釋與他同一釋與彼異

四畨釋如是竟云云我聞者或聞如是蓋經本
不同前後互舉耳今例爲四釋大論云耳根
不壞聲在可聞處作心欲聞衆緣和合故言
我聞問應言耳聞那云我聞答我是耳主舉
我攝衆緣此世界釋也阿難登高稱我聞大
衆應悲號滴見如來今稱我聞無學飛騰說
偈佛話經明文殊結集先唱題次稱如是我
聞時衆悲號此爲人釋也阿難登高稱我聞
遣衆疑阿難身與佛相似短佛三指衆疑釋
尊重出或他方佛來或阿難成佛若唱我聞
三疑即遣此對治釋也阿難學人隨俗稱我
聞第一義中無我無聞古來衆釋同是因緣
一意耳約教解釋者釋論云凡夫三種我謂
見慢名字學人二種無學一種阿難是學人
無邪我能伏慢我隨世名字稱我無咎此用
三藏意釋我也十住毗婆沙云四句稱我皆
墮邪見佛正法中無我誰聞此用通教意也
大經云阿難多聞士知我無我而不二雙分
別我無我此用別教意也又阿難知我無我
而不二方便爲侍者傳持如來無礙智慧以

自在音聲傳權傳實有何不可此用圓教釋
我也又正法念經明三阿難阿難陀此云歡
喜持小乘藏阿難跋陀此云歡喜賢受持雜
藏阿難娑伽此云歡喜海持佛藏阿含經有
典藏阿難持菩薩藏蓋指一人具於四德傳
持四法門其義自顯云云本迹釋者若未會入
可言阿難隨世名我若發迹顯本空王佛所
同時發心方便示爲傳法之人何所不能觀
心釋者觀因緣所生法即空即假即中即空
者我無我也即假者分別我也即中者眞妙
我也云云釋聞者阿難佛得道夜生侍佛二十
餘年未侍佛時應是不聞大論云阿難集法
時自云佛初轉法輪我爾時不見如是展轉
聞當知不悉聞也舊解云阿難得佛覺三昧
力自能聞報恩經云阿難求四願所未聞經
願佛重說又云佛口密爲說也胎經云佛從
金棺出金臂重爲阿難現入胎之相諸經皆
聞況餘處說耶此文云阿難得記即憶本願
持先佛法皆如今也此因緣釋也若約教者
歡喜阿難面如淨滿月眼若青蓮華親承佛

旨如仰完器傳以化人如瀉異瓶此傳聞聞
法也歡喜賢住學地得空無相願眼耳鼻舌
諸根不漏傳持聞不聞法也典藏阿難多所
含受如大雲持雨此傳持不聞聞法也阿難
海是多聞士自然能解了是常與無常若知
如來常不說法是名菩薩具足多聞佛法大
海水流入阿難心此傳持不聞不聞法也今
經是海阿難持不聞不聞之妙法也本迹解
者如上四聞皆迹引而本地不可思議云云觀
心釋者觀因緣法是觀聞聞觀空是觀聞不
聞觀假是觀不聞聞觀中是觀不聞不聞云云
一念觀者妙觀也云云一時者肇師云法王啓
運嘉會之時者世界也論云迦羅是實時示
內弟子時食時著衣者爲人也三摩耶是假
時破外道邪見者對治也若時與道合者第
一義也云云若見諦已上無學已下名下一時
若三人同入第一義名中一時若登地已上
名上一時若初住已上名上上一時今經是
上上一時此約教分別也本迹者前諸一時
迹也久遠實得之一時本也觀心釋者觀心

先空次假後中次第觀心也觀心即空即假
即中者圓妙觀心也佛者劫初無病劫盡多
病長壽時樂短壽時苦東天下富而壽西天
下多珠寶多牛羊北天下無我無臣屬如此
時處不感佛出八萬歲時百年時南天下未
見果而修因故佛出其地離車子云摩竭提
國如大池佛出其國如大蓮華無勝云佛於
衆生平等無二汝等耽荒五欲不見佛耳非
佛棄汝出摩竭提此皆世界釋也日若不出
池中未生生已等華翳死無疑佛若出世則
有利利婆羅門居士四天王乃至有頂此就
爲人釋也三乘根性感佛出世餘不能感善
斷有頂種永度生死流此就對治說也佛於
法性無動無出能令衆生感見動出而於如
來實無動出此就第一義說也皆因緣釋耳
佛名覺者知者於道場樹下知覺世間出世
間經相別相覺世即苦集覺出世即道滅亦
能覺他身長丈六壽八十老比丘像菩提樹
下三十四心正習俱盡者即三藏佛自覺覺
他帶比丘像現尊特身樹下一念相應斷餘

殘習者即通佛自覺覺他單現尊特相坐蓮
華臺受佛職者即別佛自覺覺他隱前三相
唯示不可思議如虛空相即圓佛自覺覺他
故經云或見如來丈六之身或見小身大身
或見坐華臺爲百千釋迦說心地法門或見
身同虛空徧於法界無有分別即此義也是
爲約教分別也本迹釋者一佛爲本三佛爲
迹中間示現數數唱生數數唱滅皆是迹也
唯本地四佛皆是本也觀心釋者觀因緣所
生心先空次假後中皆徧覺也觀心即空即
假即中是圓覺也云云住者能住住所住所住
即是忍土王城能住即是四威儀住世未滅
此則世界因緣釋住也又住者住十善道住
四禪中此即爲人因緣釋住也又住者住三
三昧對治因緣釋住又住者住首楞嚴即是
第一義因緣釋住云云約教者三藏佛從析門
發真無漏住有餘無餘涅槃通佛從體門發
真住有餘無餘涅槃別佛從次第門入住祕
密藏圓佛從不次第門入住祕密藏前三佛
住能所皆麤後一佛住能所俱妙今經則是

圓佛住於妙住也本迹解者三藏佛應涅槃慈悲垂迹生身住世通佛誓願慈悲扶餘習度衆生作佛事別圓佛皆慈悲熏法性慇衆生故垂應法界當知四佛住本佛住以慈悲故住於忍土王城威儀住世是名迹住觀解者觀住於境或住無常境即空即假即中等境以無住法住於境中故名爲住王舍城者天竺稱羅閱祇伽羅羅閱祇此云王舍伽羅此云城國名摩伽陀此云不害無刑殺法也亦云摩竭提此云天羅天羅者王名也以王名國此王即駮足之父昔久遠劫此王主千小國王巡山値狩師子衆人迸散仍共王交後月滿來殿上生王知是已子詭言我既無兒此乃天賜養爲太子足上斑駮時人號爲駮足後紹王位喜噉肉勑廚人無令肉少一時遽闕乃取城西新死小兒爲膳王言大美勑之常辦此肉廚人日捕一人舉國愁恐千小國興兵廢王置耆闍山中諸羅剎輔之爲鬼王因與山神誓誓取千王祭山捕得九百九十九唯少普明王後時伺執得之大啼哭

恨生來實語而今乖信駮足放之還國作大施立太子仍就死形悅心安駮足問之答得聞聖法因令說之廣讃慈心毀呰殺害仍說四非常偈云云駮足聞法得空平等地即初地也千王各取一渧血三條髮賽山神願駮足與千王共立舍城都五山中爲大國各以千小國付子胤千王更迭知大國事又百姓在五山内七遍作舍七度被燒百姓議云由我薄福數致煨燼王有福力其舍不燒自今已後皆排我屋爲王舍由是免燒故稱王舍城又駮足共千王立舍於其地故稱王舍又駮足得道放赦千王千王被赦於其地故名地爲王赦而經家借音爲屋舍字耳因緣出大論及諸經云云約教者像法決疑經云一切大衆所見不同或見娑羅林地悉是土砂草木石壁或見七寶清淨莊嚴或見此林是三世諸佛所遊行處或見此林即是不可思議諸佛境界眞實法體例知此義四見不同所住既然能住亦爾此則約教分別也本迹觀心在後說耆闍崛山者此翻靈鷲亦云鷲頭亦

云狼跡梁武云王鵰引詩人所詠關雎是也爾雅云似鵰又解山峯似鷲將峯名山又云山南有尸陀林鷲食尸竟棲其山時人呼爲鷲山又解前佛今佛皆居此山若佛滅後羅漢住法滅支佛住無支佛鬼神住既是聖靈所居總有三事因呼爲靈鷲山有五精舍鞞婆羅跋恕此云天主穴薩多般那求訶此云七葉穴因陀世羅求訶此云蛇神山薩簸恕魂直迦鉢婆羅此云少獨力山五是耆闍崛山閒劫火洞然天地廓清云何前佛後佛同居此山答後劫立本相還現得神通人知昔名以名今耳例如先劫姓瞿曇將本姓以姓今也約教釋山例如城義說云云觀釋者王即心王舍即五陰心王造此舍若析五陰舍空空爲涅槃城此觀既淺如見土木若體五陰舍即空空爲涅槃城即通教也若觀五陰舍因滅是色獲得常色受想行識亦復如是此之四德常爲諸佛之所遊處若觀五陰即法性法性無受想行識一切衆生即是涅槃不可復滅畢竟空寂舍如是涅槃即是眞如實

體云云觀心山者若觀色陰無知如山識陰如靈三陰如鷲觀此靈鷲無常即析觀也觀此靈鷲即空體觀也觀靈即智性了因智慧莊嚴也鷲即衆集緣因福德莊嚴也山即法性正因不動三法名秘密藏自住其中亦用度人下文云佛自住大乘即別圓二觀云云中者佛好中道升中天中日降中國中夜滅皆表中道今處山中說中道也釋同聞衆爲三初聲聞次菩薩後雜衆諸經多爾舊云有事有義事者逐形迹親疎聲聞形出俗網迹近如來證經爲親故前列也天人形乖服異迹非侍奉證經爲疎故後列也菩薩形不檢節迹無定處既不同俗復異於僧處季孟之間故居中仲也有義者聲聞欣涅槃天人著生死各有所偏菩薩不訢不著居中求宗故在兩間釋論意亦爾此一解似兩釋事解似因緣義解似約教云云本迹解者聲聞內祕外現何嘗保證涅槃天人皆大薩埵豈復耽染生死皆是迹引二邊而本常中道也觀心釋者從假入空觀即偏破生死從空入假觀即偏破涅槃中道正觀無復前後云云列聲聞爲二先比丘次比丘尼比丘又二先列多知識次列少知識舊呼爲大名聞小名聞雖然無據今依文判如此就多知識衆爲六一類二數三位四歎五列名六結一類者皆是大比丘氣類也譬羣方貴賤各有珍華今諸比丘皆衆所知識高譽大德也釋論明與者共義舉七一解共謂一時一處一戒一心一見一道一解脫也若歷教應各明七一三藏一七一通教二七一別教無量七一圓教一七一若未發迹正是三藏通教中七一直明兩意幾異時處戒解脫是同心見道三種則異若至開三顯一即得入圓教七一也法華論四種聲聞令開住果者爲兩析法住果是三藏聲聞體法住果是通教聲聞開應化者爲兩登地應化別教聲聞登住應化圓教聲聞開佛道聲聞亦爲兩令他次第聞佛道是別教聲聞令他不次第聞佛道即圓聲聞聲聞義浩然云何以證涅槃者判之云云大者釋論明大者亦言多亦言勝器量尊重爲天王等大人所敬故言大升出九十五種道外故言勝徧知內外經書故言多又數至一萬二千故言多今明有大道故有大用故有大知故故言大勝者道勝用勝知勝故言勝多者道多用多知多故言多道即性念處大於一切智外道用即共念處勝神通外道知即緣念處多四韋陀外道也約教釋大多勝者大人所敬等是三藏中釋耳大者大力羅漢所敬也多者徧知生滅即無生滅法也勝者勝三藏四門也此通教釋也又大者體法大力羅漢所敬也多者恒沙佛法皆知也勝者勝二乘人此別教釋也又大者諸大菩薩所敬也多者法界不可量法悉知也勝者勝諸菩薩也此圓教釋也本迹者此諸大德久爲諸佛之所咨嗟本得勝幢三昧超諸外道先已成就種智偏知迹來輔佛行化示作愛見中大多勝欲引乳入酪又作三藏中大多勝欲引酪入生酥示方等中大多勝欲引生酥入熟酥示轉教作般若中大多勝欲引熟酥入醍醐故作法華中大多勝也然其本地大多勝久矣云云

觀心者空觀爲大假觀爲多中觀爲勝又直就中觀心性廣博猶若虛空故名大雙遮二邊入寂滅海故名勝雙照二諦多所含容一心一切心故名多也比丘者肇師云秦言淨命乞食破煩惱能持戒怖魔等天竺一名含此四義秦無以翻故存本稱什師云始出妻子家應以乞食自資清淨活命終出三界家必須破煩惱持戒自守具此二義天魔怖其出境也釋論云怖魔破惡乞士魔樂生死其既出家復化餘人俱離三界乖於魔意魔用力制翻被五繫但愁懼而已故名怖魔出家人必破身口七惡故言破惡夫在家三種如法一田二商三仕用養身命出家人佛不許此唯乞自濟身安道存福利檀越三義相成即比丘義也涅槃寶梁皆舉破惡名比丘者不具說也今明此三義應通初後如初出家時白四羯磨無作戒力徧一切境翻無作惡初修禪定發定共戒防伏意地貪瞋不起初修觀慧發相似道共戒能伏煩惱初心亦稱破惡何獨後心耶怖魔者初剃髮禀戒已令

魔愁修定欲伏煩惱修慧欲破煩惱初心亦令魔怖何獨後心耶乞士者初離邪命以乞自活修禪歷境求定修慧緣理求無漏皆是乞士何況相應而非乞士具此義故通名比丘依經家皆歎後心比丘耳此皆三藏意若歷緣求眞名乞士破障理之惑名破惡修此行怖四魔即通教義若歷三諦求理名乞士除通別惑名破惡怖八魔十魔者即別義若即生死求實相味名乞士達煩惱即菩提名破惡魔界即佛界者是圓教義若未發迹但明前二義若已顯本具後意也本迹者本登涅槃山頂與無明癡愛父母結業妻子別出分段變易家久除五住何惡不破獲眞法喜如食乳糜更無所須持中道道共尸波羅蜜攝衆生戒度魔界降伏即佛界如堪任乘御本地功德久已成就爲調衆生迹示五味比丘傳引衆生例如前釋觀心者觀一念心淨若虛空不爲二邊桎梏所礙平等大慧無住無著即名出家以中觀自資活法身慧命名爲乞士觀五住煩惱即是菩提是名破惡一

切諸邊顚倒無非中道即是怖魔云云衆者天竺云僧伽此翻和合衆一人不名和合四人已上乃名和合事和無別衆法和無別理佛常與千二百五十人俱三迦葉千人身子目連二百五十又云耶舍五十雜阿含四十五云五百比丘中九十人三明九十人俱解脫餘但慧解脫釋論明四種僧不依淨命名破戒僧不解法律名愚癡僧五方便名慙愧僧若法忍去名眞實僧此中非三種但是眞實僧若依四教者此僧歷偏圓五味座作同聞入今正是圓教中證信也本迹釋者本與實相理和又與法界衆生機緣和而迹爲半字事理之僧歷五味中引諸衆生云云觀解者初學中觀入相似觀旣未發眞慙第一義天愧諸聖人即是有羞僧觀慧若發即眞實僧若異此者即前兩僧不依觀行名破戒僧不解觀相名愚癡僧舉類義竟二明數者即是一萬二千人也本迹者本是一萬二千菩薩迹爲萬二千聲聞也觀者觀十二入一一入具十法界一界又十界界界各十如是即是一千

一入既一千十二入即是萬二千法門也三明位者皆是阿羅漢也阿颰經云應眞瑞應云眞人悉是無生釋羅漢也依舊翻云無著不生應供或言無翻名含三義無明糠脫後世田中不受生死果報故云不生九十八使煩惱盡故名殺賊具智斷功德堪爲人天福田故言應供含此三義釋阿羅漢也或言初始學無生生未無生初雖怖魔魔未大怖初雖乞士未是灼然應供今獲無生忍破煩惱賊盡是好良田以果對因釋羅漢三義若論成就應取果三義若通於初亦取因三義如此釋者皆三藏通中意耳若別圓者義則不然非但殺賊亦殺不賊不賊者涅槃是亦須破故是殺賊義不生於生亦不生不生無漏是不生非但應供亦是供應一切衆生是供應皆歎初地初地德也本迹者本得不受三昧於二邊無所著故名不生斷五住惑故名殺賊能福九道饒益衆生故有應供本義也方便度衆生歷五味傳傳作不生迹也又本是法身迹示已利本是般若迹示不生本

是解脫迹示殺賊云云觀心者空觀是般若假觀是解脫中觀是法身又觀心者從假入空觀亦有三義乃至中道觀殺無明賊不生二乘心供養此人如供養世尊方等云供佛及文殊不如施行方等者一食充軀下文云毀讚佛罪福輕毀讚持經者罪福重何者佛無食想久離八風不爲損益施持經者全肉身續報命生法身增慧命故有益毀之憂惱退悔若失好時則不可救故大損云云四歎德文有五句歎上三德法華論云初句總後句別當知諸句皆歎羅漢句耳諸漏已盡無復煩惱此兩句歎上殺賊漏者三漏也成論云失道故名漏律云癡人造業開諸漏門毗曇云漏落生死論律語異而同明漏義良由賊誑失於理寶貧窮孤露造諸惡業致生死苦亡法身失慧命喪重寶皆是賊義不應謂是不生義歎德也煩惱者即九十八使流扼纏蓋等偏惱行人煩惱是能潤漏業是所潤能所既盡正是殺賊義那得作不生歎耶逮得已利一句是歎應供三界因果皆名爲他智斷

功德皆名己利己利具足故成應供盡諸有結心得自在兩句是歎不生諸有即二十五有生處也結即二十五有生因也因盡果亡歎不生明矣不應作殺賊歎也羅漢但應結盡未應有盡有盡者因中説果又盡在不久也心得自在者定具足名心自在慧具足名慧自在慧自在未必心自在心自在必慧自在今言心自在即是定慧具足俱解脫人俱解脫人生決定盡驗知歎不生德也若依法華論者呼爲上上起門則是以後釋前也論云以諸漏盡故名羅漢以心得自在故名有結盡如是傳傳釋上也本迹者不生不生名大涅槃煩惱漏流其源久竭不復墮落二乘及凡夫地即本不生法身智斷實相功德名本已利得王三昧破二十五有顯出我性具八自在我名本殺賊迹示二乘功德耳觀心者中道正觀不漏落空假二邊二邊煩惱滅也能觀心性名爲上定衣珠祕藏是己之物即已利也正觀中道結賊則斷無結故有亦斷二邊不能縛心故名自在雖有煩惱如無

煩惱不斷煩惱而入涅槃即其義也五列名
略舉二十一尊者佛諸弟子皆備衆行而隱
其圓能各從一德標名者欲引偏好故增一
阿含云憍陳如比丘皆共上座名者有德大
人相隨舍利弗共智慧深利者相隨目連共
神通大力者相隨皆掌一法引諸偏好意也
若欲消名須識其行從德立號無徃不通也
一一羅漢例作四釋云云憍陳如姓也此翻火
器婆羅門種其先事火從此命族火有二義
照也燒也照則闇不生燒則物不生此以不
生爲姓阿若者名也此翻已知或言無知無
知者非無所知也乃是知無耳若依二諦即
是知眞以無生智爲名也無量壽文殊問阿
毗曇婆沙皆稱爲了本際知本際若依四諦
即是知滅而諸經多名爲無知或翻爲得道
增一阿含云我佛法中寛仁傳識初受法味
者拘鄰如比丘第一故以阿若爲名也願者
佛昔於飢世化爲赤目大魚閉氣不喘示爲
死相木工五人先斧斫魚肉佛時誓言於當
來世先度此等先願與其緣生故云阿若又

迦葉佛時九人學道五人未得果誓於釋迦
法中最先開悟本願所牽前得無生故名阿
若行者智生惑滅智斷行也夫巨夜長寢無
人能覺日光未出明星前現憍陳如比丘初
得無生智譬若明星在衆明之始一切人智
明無前陳如故名阿若最先破闇莫過明星
陳如亦爾一切人闇滅無前陳如故名阿若
前者太子棄國捐王入山學道父王思念遣
五人追侍所謂拘鄰頞鞞亦云濕鞞亦阿說
示亦馬星跋提亦摩訶男十力迦葉拘利太
子二是母親三是父親二人以欲爲淨三人
以苦行爲淨太子勤行苦行二人便捨之去
三人猶侍太子捨苦行還受飲食酥油煖水
三人又捨去太子得道先爲五人說四諦初
教二人拘鄰法眼淨四人未得三人乞食六
人共噉次教三人三人法眼淨二人乞食六
人共噉第三說法時拘鄰五人八萬諸天遠
塵離垢五人得無生佛三問知法未即三答
云已知地神唱空神傳乃至梵世咸稱已知
拘鄰最前初見佛道稍初聞法鼓初服道香

初嘗甘露初入法流初登眞諦閻浮提得道
最在一切人一切天一切羅漢前故十二遊
經云佛成道第一年度五人第二年度三迦
葉第五年度身子目連當知阿若在前明矣
此因緣釋也三藏教者盲譬無生智鏡譬無
生境陰入界也頭等六分譬現在因也像譬
未來果也若開眼取鏡形對像生愚故不斷
絶若閉眼如盲則無所見不見六分是因不
生不見鏡像是果不生故阿含經云若謂有
色色是淨淨即生非不生若謂有受想行識
識是淨淨即生非不生若謂有受受是樂樂
即生非不生乃至色色是樂樂是生非不生
若計有想行行是我我是生非不生乃至色
色是我我是生非不生若計有識識是常常
是生非不生乃至色色是常常是生非不生
譬如執鏡見面面是生非不生若謂有五陰
悉是生非不生若能知色非淨乃至識非常
又能知色無常苦空不淨乃至識無常苦無
我不淨者是爲不生非是生如盲執鏡不見
像生是爲不生非是生旣知不生寧復於中

計我是色計我異色我在色中色在我中乃至識亦如是如是觀者現因來果俱皆不生如盲對鏡不見形像是名觀陰無生觀智也觀入界者凡言海者雖復深廣亦有此彼岸蓋小水耳若眼見色已愛念染著貪樂起身口意業者是爲大海沉没一切世間天人脩羅當知眼是大海色是濤波愛此色故是洄澓於中起不善覺是惡魚龍起妬害是男羅刹起染愛是女鬼起身口意是飲鹹自没是爲眼色無知而生無明愛愛生故名爲行行生故名爲業業縛識入中陰是爲識生所受胞胎五疱未成是爲名色生五疱成已名六入生六入未能別苦樂名爲觸生別苦樂名受生於塵起染名愛生四方馳求名取生造身口意名有生應受未來五陰名生生未來陰變名老生未來陰壞名死生心中内熱名憂生發聲大喚名悲生身心顛悴名苦惱生是名眼見色時即有三世十二因緣大苦聚生非不生耳鼻舌身意眼界乃至法界亦如是是爲入界生非不生云何不生觀眼色時不種苦種不生苦芽不漏臭汁不集蛆蠅若種不生則芽不生則臭汁不生則蛆蠅不生故名不生云何苦種眼見色時起貪恚覺是爲苦種念於五欲法是生苦芽六根取六塵是名臭汁流出於六塵中善惡覺起是名蛆蠅若知眼色無常苦空無我則貪恚不生念欲不生取境不生善惡行不生是爲不生耳鼻舌身意亦如是眼界乃至法界亦如是阿若最初得此三藏不生智故名阿若憍陳如通教無生觀譬如幻人執幻鏡以幻六分臨幻鏡觀幻像像非鏡生非面生非鏡面合生非離鏡面生既不從四句生則非内外中間不常自有亦無滅處去不至東西南北方性本無生非滅生無生性本無滅非滅滅無滅無生無滅故曰無生受想行識亦復如是又觀幻色如幻鏡像觀受如泡觀想如炎觀行如芭蕉觀識如幻幻不從幻物生不從幻師生非物師合生非離物師生四句求幻生生無從來四方求幻滅滅無去處性本無生非滅生無生性本無滅非滅滅無滅無生無滅故曰無生觀根塵村落結賊所止從本已來一一不實妄想故起業力機關假爲空聚無明體性本自不有妄想因緣和合而有有本自無因緣成諸煩惱業苦如旋火輪觀其本無皆如上説此通意云云

妙法蓮華經文句卷第一上

妙法蓮華經文句卷第一上

校勘記

一　底本，明永樂北藏本。金藏廣勝寺本現僅存卷二、卷三、卷五三卷（不分上下），不宜作底本，玆附録於後，以資參考。

一　一頁上二行首字「隋」，南、徑無。以下各卷同。

一　一頁上三行記者，南、徑無。以下各卷同。

一　一頁中四行第一〇字「力」，南、清作「分」。

一　一頁中五行第一〇字「音」，南、徑、清作「昔」。

一　五頁中八行第九字「眈」，清作「取」。

一　七頁中一八行第一〇字「圓」，清作「圓教」。

一　八頁上三行第一五字「舍」，南、徑、清作「含」。五行末字同。

一　八頁中八行第一六字「義」，清作「教義」。

一　九頁上一六行第八字「地」，南、徑作「住」。

一　一〇頁上一六行第一二字「傅」，南、清作「博」。

妙法蓮華經文句卷第一下　定二

隋天台智者大師說

門人灌頂記

別觀無生智者鏡譬法界眼譬觀智青黃赤白小大長短譬十法界青譬地獄因果黃譬餓鬼因果赤譬畜生因果白譬人天因果小色像譬二乘因果大色像譬通菩薩因果短色像譬別菩薩因果長色像譬佛因果皆於鏡中分別無謬若欲自正令九因果不生一因果生若欲正他令他九因果不生一因果生依於法界行菩提行次第用折體觀智斷四住生令不生次用恒沙佛法斷客塵煩惱令無知不生後用實相智慧斷無明令根本不生若無四住則分段不生若無無知則方便不生若無無明則實報不生生亦不生亦不生故名不生是名別教無生智也約圓教觀無生智者觀鏡圓不觀背面不觀形像非背非闇非面非明不取種種形容不取種種榮像但觀圓圓無際畔無始終無明闇無一異差別者譬於圓觀不取十法界相貌無善惡無邪正無小大等一切皆泯但緣諸法實相法性佛法若色若香無非實相觀煩惱業生即無生無生不生故曰無生陰入界苦即是法身非顯現故名為法身陰即法身貪恚癡即般若非能明故名為般若無所可照性自明了業行繫縛皆名解脫非斷縛得脫亦無體可繫亦無能繫故稱解脫解脫即業不生般若即煩惱不生法身即苦不生是三不生即一不生是一不生即三不生非三非一故言不生況變易煩惱業苦而非不生此即圓無生觀智云云本迹者是憍陳如本自不生非始不生欲引乳為酪故迹為初教不生引酪為生酥故迹為通不生引生為熟故迹為別不生引熟為醍醐故迹為圓不生而其本地住阿字門謂一切法初不生故若聞阿字門則解一切義皆非生非不生垂迹引化能為生不生衆生若能會圓不生則同阿若非本非迹非生非不生大事因緣於茲畢矣故下文云富樓那種種變化事我若具足說衆生聞是者心則懷疑惑即其義也阿含云阿難持傘蓋燈隨佛後大梵王持傘蓋燈隨陳如後斯皆示迹而欲顯本也觀心不生者約三觀不生可知不煩更說摩訶迦葉此翻大龜氏其先代學道靈龜負仙圖而應從德命族故言龜氏真諦三藏翻光波古仙人身光炎踊能映餘光使不現故言光波亦云飲光迦葉身光亦能映物名畢鉢羅或畢鉢波羅延或梯毗犂畢鉢羅樹也父母禱樹神求得此子以樹名之號著子生此聚落人以為號其家大富增一阿含云羅閱祇大富長者名迦毗羅婦名檀那子名畢鉢羅子婦名婆陀其家千倍勝瓶沙王十六大國無以為鄰付法藏言毗婆尸佛滅後塔像金色缺壞時有貧女丐得金珠倩匠為薄金師歡喜治瑩佛畢立誓為夫婦九十一劫人中天上身恒金色心恒受樂最後託摩竭提國尼拘律陀婆羅門家生長勝王得罪減一耕犁但用九百九十九雙牛金犁又經云其家有氎最下品者直百千兩金以釘釘入地七尺氎不穿破如本不異六十庫金粟一庫容三百

四十斛庫倉類也又經云以麥飯供養支佛怛越忉利各千反受樂身有三十相直論金色剡浮那陀金在濁水底光徹水上在閻閻滅迦葉身光勝於此金身光照一由旬闕二相應是無白毫肉髻也故諸天請結集時讚言耆年欲恚慢已除其形譬如紫金柱上下端嚴妙無比目明清淨如蓮華捨此家業又納金色婦迸卧無欲捨而出家身披無價寶衣截爲僧伽棃四疊奉佛爲座如是三捨世無倫匹是爲捨大於䟦耆衆落值佛奉寶衣佛授糞掃大衣此衣是大聖大衣又大麤重故迦葉云我受佛衣師想塔想未曾頭枕況以覆卧如此大衣大進我行故言受大佛弟子中多名迦葉如十力三迦葉等皆是大人於諸同名中最長故標大迦葉也於䟦耆衆落初從佛聞增上戒定慧即得無漏受乞食法行十二頭陀逾老不捨後時佛語汝年高可捨乞食歸衆受食可捨麤重糞掃衣受壞色居士輕衣迦葉白佛佛不出世我當爲辟文佛終身行頭陀我今不敢放所習更學餘者又爲當來世作明未來世言上座迦葉爲佛所歎我亦當學難行苦行佛言善哉是爲行大增一阿含佛法中行十二頭陀難行苦行大迦葉第一頭陀既久鬚髮長衣服弊來詣佛所諸比丘起慢佛命令就佛半座共坐迦葉不肯佛言吾有四禪禪定息心從始至終無有耗損迦葉亦然吾有大慈仁覆一切汝亦如此體性亦慈吾有大悲濟度衆生汝亦如是吾有四神三昧一無形二無量意三清淨積四不退轉汝亦如是吾有六通汝亦如是吾有四定一禪定二智定三慧定四戒定汝亦如是增一阿含云一婆羅門白佛昨有婆羅門至我家何者是佛指迦葉又問此沙門非婆羅門佛言沙門法律婆羅門法律我皆知迦葉亦爾迦葉功德與我不異何故不坐諸比丘聞佛所讚心驚毛豎佛引本因緣昔有聖王號文陀竭高才絕倫天帝欽德遣千馬車造闕迎王天帝出候與王同坐相娛樂已送王還宮昔迦葉以生死座命吾同坐吾今成佛以正法座報其往勲對佛坐時天人咸謂佛師又迦葉共阿難爲比丘尼說法有一比丘尼不喜云販針兒在針師前賣針迦葉語阿難言此比丘尼以汝爲針師我爲販針兒迦葉語尼言佛說月喻經日日增長常如新學者唯大迦葉汝聞不於大衆中分半座汝聞不於大衆中讚同佛廣大功德汝聞不云何此人是販針兒如此等是被佛印可大也位大者於大衆中爲大於千二百五十中爲大於五百中爲大於四大弟子中爲大爲五山寺主作閻浮提知事上座故言位大佛燒身後夾場生四鉢多羅樹此表迦葉集三僧祇劫法爲三藏四阿含僧肇序云宗極絕於稱謂賢聖以之沖默玄旨非言不傳釋迦以之致教約身口防之以禁律明善惡則導之以契經演幽微辨之以法相此即明戒定慧三藏也增一明人天因果長破邪見中明深義雜明禪定皆大迦葉之功也若別論集者阿難誦出修多羅優波離誦出毗尼迦葉誦出阿毗曇故言結集大也如來去後法付迦葉能爲一切而作依止猶如如來

何若若有頭陀苦行人我法則存若無此人我法則不存迦葉能荷負佛法令得久住至未來佛付法授衣竟然後入滅故言持法大而迦葉將隱密上天禮佛髮爲諸天說法云爲善生天爲惡入淵五欲無常如華上露見陽則晞於是別去諸天泣歎曰聖巷窮酸若厄處羸劣貧窮孤露彼恒矜愍今捨滅度誰復覆護云云約教明抖擻抖擻十二種過謂好衣求時苦得時多怖畏失時生懊惱糞掃衣無水火盜賊王難五怖若多畜者縫治浣負其勞亦多故但三衣若僧中食則營佐僧事故乞食若受殘食小食攪動喪時故一坐食多食難消生睡懈怠少食飢懸乏力故節量食多器浣持多妨故一鉢食須漿勞動故不飲漿房舍生著故樹下樹下又著故冢間冢間憂悲妨故露地若卧消功增懶故常坐二是衣法六是食法四是住處法且約乞食明抖擻者乞易得生喜難得生瞋得好則愛得惡則憂憂喜依色而起即色陰受此憂喜即受陰取憂憂喜相即想陰憂喜即是行陰分別憂

喜即識陰憂喜即意法二入三界界入陰即苦諦我能乞食計有我無我以乞爲道以乞爲實如是諦當讚喜毀瞋我能被呵即疑不了爲癡是爲十使歷三界四諦即八十八使名集諦若識乞食中四倒相似相續覆故謂常適意謂樂動轉所作覆故謂我薄皮覆故謂淨識四覆無四倒勤進二惡生二善修四定根力覺道是爲道諦於乞食中不計我則癡滅癡滅故愛滅愛滅故瞋滅瞋滅故不自舉則慢滅慢滅故被呵則無疑無我故我見滅我見滅故邊見滅不執是道則戒取滅不計爲實故見取滅不邪執故邪見滅此十滅故則八十八滅八十八滅故子縛滅子縛滅故果縛滅果縛滅故二十五有滅是爲滅諦若於乞食中不見四眞諦是故久流轉生死大苦海若能見四諦則得斷生死生死既盡已更不受諸有是爲乞食中抖擻觀慧衣法住處法亦復如是是三藏頭陀也通教抖擻者緣眞證寂則是住處空慧爲食空心行諸行爲衣當性空無不性空時空慧抖擻皆如

幻化妄想諸惡寂滅不起心心數法不行故以不可得故諸相應中空相應最爲第一諸若行中空行第一諸抖擻中空慧抖擻最爲第一略說竟別教抖擻者依於法身以爲住處般若智慧以爲食一切諸行莊嚴遮覆遮罪覆抖擻業之惡般若抖擻煩惱之惡法身抖擻生死苦惡前抖擻分段煩惱業苦次抖擻變易煩惱業苦是爲中道正觀頭陀出過二乘所行苦行云云圓教抖擻者住處即衣即食但是一法分別說三一抖敬一切抖擻一切抖擻一抖擻非一非一切於一切抖擻無非實相諸佛所行是如來行過諸菩薩所行清淨云云本迹者本與如來同坐畢竟空理同得廣大法身同得無礙智慧同得無量功德內捨法愛外無垢染內外抖擻本已清淨欲引乳味事中抖擻次引酪味空中抖擻次引生酥別中抖擻次引熟酥圓中抖擻觀心者即空抖擻取相即假抖擻塵沙即中抖擻無明一心中抖擻五住云云三迦葉迦葉如前釋優樓頻蠡亦優樓毗亦優爲此翻木瓜林郡

提此翻河亦江伽耶亦竭夷亦象此翻城家在王舍城南七由旬毗婆尸佛時共樹剎柱緣是爲兄弟兄爲瓶沙王師五百弟子兩弟各二百五十行兄法佛作十種變謂龍毒不中龍火不燒恒水不溺三方取果比取粳糧忉利甘露知嫌隱去知念現來火滅不然斧舉不下廣出瑞應雖覩衆變邪執未改故言瞿曇雖神不如我道眞佛即語云汝非羅漢亦不得道霍然開悟師徒皆伏二弟見相亦隨歸佛是則一千比丘約教者如增一阿含云優留毗能將護四衆供給四事令無所乏最爲第一那提比丘心意寂然降伏諸結精進最第一伽耶比丘觀了諸法都無所著善能教化爲最第一是爲略教中意若轉入生酥即應耻小慕大例則可知若轉入熟酥即應委業領教若轉入醍醐如此經中得記作佛也本迹者住於三德林即般若城即法身水即解脫是爲祕密本藏而迹依林城水以度衆生也觀心者正觀心性中道不動如城防敵不動而動如水淨諸邊顛倒雙照枯榮

如林蓊鬱三法相資即是連枝兄弟也舍利弗具存應言舍利弗羅此翻身子又翻舍利爲珠其母於女人中聰明聰明相在眼珠珠之所生故是珠子又翻身此女好形身身之所生故言身子時人以子顯母爲作此號也父爲作名名優波提舍或優波替此翻論義論義得喜因論名子標父德也釋論云我名提舍逐我作字字優波提舍優波此言逐提舍者星名也又舍標父利標母雙顯父母故言舍利弗弗子也姓拘栗陀婆羅門種增一云我佛法中智慧無窮決了諸疑者舍利弗第一昔者生經云過去舅甥俱爲織師知王寶藏因穿土盜之大獲珍寶寶監白王王云勿揚彼盜尋來伺而執之甥因令舅倒入被執甥恐人識即級舅頭王令以屍置四交道引取其親後因賈客羣集猥鬧甥載兩車薪覆之王又伺取又因童兒舞戲投火燒之又行置酒伺者大醉酒甁盛骨而去王憂狡猾出女嚴防在水邊先誡其女來者執喚其浮株於水防者謂人視之乃株連日不備因是

得來通女女執其衣其即授死人手而去女大喚視之乃死手耳因是有身生男端正王令乳母抱出有鳴者執之連日飢渴至賣餅爐下餅師與餅而鳴王更令出因酤醇酒伺人大醉抱兒而去出過他國他國賢其謀以大臣女妻之不用因字之爲兒聘本國王女許之疑是前盜其人以五百騎鞍馬衣服一種相似往迎婦時本王見之問是前盜歎其姦詐以女婦之甥者舍利弗是舅者調達是云云胎者父名優波提舍學通典籍鐵鍱其腹頭戴火冠獨步王舍打論議鼓國師陀羅自知陳故兼則相不祥義屈奪封以女妻之晏夢見人身被甲冑手執金剛杵碎一切山後立一山邊夢覺體重以問其夫夫云汝所懷者破一切論師唯不勝一人當爲弟子舅名拘絺羅論常勝姊既懷智人論則勝弟弟自念言此非姊力必懷智人寄辯母口在胎尚爾何況出生耶委家更廣遊學不暇剪爪時人呼爲長爪梵志云云難陀跋難陀二龍護王舍城兩澤以時國無饑年王及臣民歲設大

會置三高座王太子論師身子以八歲之年身到會所問人三座人具答之即越衆登論牀摧儒皆恥不肯論議勝此小兒無足顯晷脫其不如屈辱大矣皆遣侍者傳語問之答過問表盡墮諸幢無敢當者王及臣民稱慶無極國將太平智人出世及年十六究盡閻浮典籍無事不閑博古覽今演暢幽奥十六大國論議無雙五天竺地最為第一師事沙然梵志梵志道術身子皆得師有二百五十弟子悉付身子而成就之沙然臨死欣然而笑身子問故答世俗無眼為恩愛所親我見金地國王死夫人投火聚願同生一處言已命終後見金地商人問之果然身子追悔我未盡師術而不授此法為我非其人師祕乎自知未達更求勝法而無師可事雖不逮此一法餘法皆通於外道衆中最為第一於道見頞鞞威儀庠序因問師法頞鞞答云諸法從緣生是故說因緣是法緣及盡我師如是說一聞即得須陀洹果來至佛所七日徧達佛法淵海又云十五日後得 阿羅漢為羅云

和尚憍梵作師聲聞衆中右面弟子調達破僧引五百比丘去身子往化五百人歸云云勞度差捔力度差為華池身子為象拔華蹋池度差為夜叉鬼身子為毗沙門王種種皆勝度差降伏中阿含云身子是四衆所生母目連是所養母云云中阿含第二云生處安居比丘稱歎滿慈子少欲知足精進閑居一心正念智慧無漏勸發亦稱說此等法時身子聞念我何時得見此人此人何時到佛所他示云白皙隆鼻鸚鵡嘴者是其形相後於安陀林此云勝林相見身子問賢者於瞿曇所修梵行耶答如是又問為戒淨修梵行耶答不也為心淨見淨度疑淨知道非道淨道迹知見淨道迹智斷淨修梵行耶答不也又問向言如是今言不也此義云何答為無餘涅槃故修梵行又問以戒淨故設無餘涅槃答不也乃至道迹智斷淨故設無餘涅槃答不也又問此義云何答若以戒淨設無餘者此以有餘稱無餘乃至道迹智斷淨設無餘者亦是有餘稱無餘若離此七者凡夫人當般涅

槃凡夫離七故以不離故從戒淨至心淨乃至道迹智斷淨仁者聽我說喻如波斯匿王欲從拘薩羅至婆雞帝中間布七車捨初乘二乃至捨六乘七婆雞帝人問為乘初車答不也乃至乘第七車答不也問離此七車答不也此喻問可知身子問賢名何等梵行人云何稱汝答我父名滿我母名慈梵行人稱我為滿慈子身子稱嗟善哉賢者滿慈子為如來弟子智辯聰明決定安隱無畏逮大辯才得甘露幢於甘露自作證值汝者得大饒益諸梵行人應縈衣頂戴滿慈子問賢者何名梵行人云何稱答我父字優波提舍我母名舍利故稱我為舍利子滿慈子嗟曰今與世尊等弟子共論而不知與第二世尊共論而不知與法將共論而不知與轉法輪復轉弟子共論而不知若我知尊者不能答一句況復深論善哉善哉為如來弟子乃至縈衣頂戴云云佛說一句身子以一句為本七日七夜作師子吼更出異句異味使無窮盡況佛多說而身子智辯寧可盡耶 中阿含第二十

云佛在阿耨達池龍王云此衆不見舍利弗
願佛召之佛命目連往祇洹呼身子正縫五
納衣答云汝但前去我在後來目連云我爲
佛使人云何前去目連以手摩衣衣即成身
子念目連弄試我我亦試之即以衣繩擲地
汝能舉此耶目連念身子弄試我即盡力舉
不起身子于時以繩繫閻浮樹一天下動繫
二三四四天下亦不立又繫小千中千大千
亦不立又繫他方佛座脚十方佛世界皆鎮
鎮不動目連自念我神力第一今不能動將
不失神力因催促令去答汝前去目連還佛
所已見身子在佛前龍王見地動問佛佛答
二人之力龍王及五百比丘於目連生輕心
佛言舍利弗於四神力得自在目連亦自在
而不能拔者佛力耳語目連云現汝神力目
連以鉢絡盛五百比丘舉著梵宮一足躡須
彌一足至梵宮身在彼方而說偈滿大千國
五百心伏云云約教者若三藏智慧即是無學
十智斷結證真輔佛揚化釋論四十稱爲右
面大將即其義也通教智慧者如般若中自

說所以爲摩訶薩謂我見衆生見佛見菩提
見轉法輪見破如此等見故名摩訶薩諸賢
聖自說已法不如即今人妄有所說當知身
子非但破生死見亦破佛見菩提法輪涅槃
等見此慧異初教也別教智慧者當約五味
分別若從元初但闕乳酪不闕餘味發心修
行但行乳酪者此是初教智慧也若但闕酪
酪不由乳善惡之性性本自空不由修善破
惡滅色取空但修即空者是通教智慧若從
元初得聞醍醐爲醍醐故聲牛求乳烹乳爲
酪轉酪爲生酥轉生爲熟酥方得醍醐修如
此行者即是別教智慧也若從元初但聞牛
食忍草即出醍醐若能服者衆病皆除一切
諸藥悉入其中爲此修行即是圓教智慧也
本迹者本住實相智度爲母從境生智慧境
即是身智慧即是子悲愍衆生迹爲五味身
子欲轉煩惱惡血令成善乳示爲外道智慧
作大論師欲烹乳爲酪示三藏智慧爲第二
世尊欲引酪爲生酥訥大現小受淨名之屈
欲引生酥爲熟酥安慰饒益同梵行者於般

若領教欲引熟酥爲醍醐於法華初悟斯皆
迹中外現而本地內祕其實久矣觀心者一
心三觀攝得一切智慧觀心即空故攝得酪
智慧觀心即假故攝得兩酥智慧及世智慧
觀心即中故攝得醍醐智慧是名觀心中一
慧一切慧一切慧一慧非一慧非一切慧云云
大目揵連姓也翻讚誦文殊問經翻萊茯根
真諦云勿伽羅此翻胡豆二物古仙所嗜因
以命族釋論云吉占師子父也名拘律陀拘
律陀樹名禱樹神得子因以名爲又目伽略
芳度未來因果經云大迦羅夜那同名者
多故舉大也釋論云舍弗才明明見貴目連
豪爽取重智藝相比德互同增增一阿含云
我弟子中神通輕舉飛到十方者大目連第
一釋論四十一稱左面弟子外道師徒五百
用呪移山經一月日數峨已動目連念言此
山若移多所損害即於山頂虛空中結跏山
還不動外道相謂我法山動計日必移云何
安固還若於初必是沙門使爾自知力弱歸
心佛道令無量入正法出家也難陀跋難陀

兄弟居須彌邊海佛常飛空上忉利宮是龍
瞋恨云何禿人從我上過後時佛欲上天是
龍吐黑雲闇霧隱翳三光諸比丘咸欲降之
佛不聽目連云我能降是龍龍以身遶須彌
七帀尾挑海水頭枕山頂目連倍現其身遶
山十四帀尾出海外頭枕梵宮是龍瞋盛雨
金剛砂目連變砂爲寶華輕軟可愛猶瞋不
已目連化爲細身入龍身內從眼入耳出耳
入鼻出鑽齧其身即受苦痛其心乃伏目連
攝巨細身示沙門像將是二龍來至佛所調
達引五百比丘爲已徒衆目連厭之令眠大
熟鼾颿雷鳴下風出聲瞿伽離以脚蹋之猶
故不寤身子說法迴五百人心目連手擎將
還僧得和合雜阿含二十九佛在舍衛十五
日說戒佛默然不言阿難四請佛言衆不清
淨吾今不復說戒汝可令上座若持律者誦
戒者唱目連尋入定觀誰不清淨見馬師滿
宿二比丘即手執牽出閉門更請佛說佛言
吾無二言今不復自說戒目連云衆不清淨
我亦不復爲維那也耆域此翻固活生忉利

天目連弟子病乘通往問值諸天出園遊戲
耆域乘車不下但合掌而已目連駐之域即
云諸天受樂恩遽不暇相看尊者欲何所求
具說來意答云斷食爲要目連放之車乃得
前帝釋與修羅戰勝造得勝堂七寶樓觀莊
嚴奇特梁柱支節皆容一綖不相著而能相
持天福之妙力能如此目連飛往帝釋將目
連看堂諸天女皆羞目連悉隱逃不出目連
念帝釋著樂不修道本即變化燒得勝堂赫
然崩壞仍爲帝釋廣說無常帝釋歡喜後堂
儼然無灰煙色又絡囊盛五百羅漢如前說
如來梵聲深遠遠聽如佛邊不異目連欲知
佛聲遠近極去遠遠猶如近聞仍用神力飛
過西方恒河沙土聞釋師子聲如本不異去
去不已神力盡身疲正值他方大衆共食仍
息鉢緣上經行彼人驚怪此人頭蟲從何處
來彼佛言此是東方無量佛土有佛名釋尊
神足第一弟子尋聲極此非蟲也涅槃云佛
求侍者心在阿難如東日照西壁云云約教論
神通者依四禪十四變化依觀練熏修十一

切無漏事禪能作十八變此即初教中神通
依空起慧以空慧心修諸神通即通教中神
通次第依三諦習得神通展轉深入過於二
乘即別教神通依於實相所得神通不以二
相見諸佛土從真起應不動真際徧十法界
是則圓教神通云云往昔曾助辟支佛剃頭浣
染縫袈裟發願得神通云云本迹者本住真際
首楞嚴定能於一念徧應十方種種示現施
作佛事以慈悲故迹爲五味神通引令入極
云云觀心者觀於一心數有一切心觀一切心
條無諸心心無有無通至實相即神通觀也
摩訶迦旃延此翻爲文飾亦肩乘人云字悞
應言扇繩亦好肩亦名柯羅柯羅此翻思勝
皆從姓爲名增一阿含云善分別義敷演道
教者迦旃延最第一如長阿含云有外道執
斷見謂無他世凡有十番問答外道言無有
他世答言今之日月爲天爲人爲此世他世
耶若無他世則無明日又問我見人死不還
云何說其受苦故知無他世答云如罪人被
駐寧得歸不又問若生天何故不歸故知無

他世答云如人墮廁得出寧肯更入廁不又天上一日當此百年生彼三五日未遑歸心設有歸者而汝已化寧得知之又問我鑊煑罪人密蓋其上伺之不見神出故知無他世答云汝晝眠時傍人在邊見汝神出不又問

我剝死人皮臠肉碎骨求神不得故知無他世答云如小兒析薪寸寸分裂求火寧有可得不又問我秤死人更重若神去應輕若無神去則無他世答云如火與鐵合鐵則輕鐵失火則重人生有神則輕死失神則重又問

我見臨死人反轉求神不得故知無他世答云如人反轉求於貝聲寧得聲耶又問汝雖種種破我執此甚久而不能捨答云如人採穭初見麻取麻次捨麻取麻皮次捨麻皮取縷次捨縷取布次捨布取絹次捨絹取銀次捨銀取金捨劣取勝云何不能捨十八又問非但我如是說諸人亦如是說云何謂我爲非答云兩商人逢鬼鬼爲人像語言前路豐米足草載之何爲一商人便棄前路人牛皆飢遂爲鬼所敢一商人云若得新米草可棄故米草人牛皆不爲鬼所食諸人妄說如鬼誑言汝不納我言如棄故米草今既得新何不棄故又問我不能捨勸我則瞋答曰汝如養豬人路上遇糞頭擎將還在路逢雨汁下汙頭傍人令棄倒更瞋他謂汝不養豬故令我棄

反瞋勸者如是畨畨析破廣演諸義外道便伏而讚歎言尊者前說日月而我已解欲聞智辯故畨畨執難善哉妙說迦旃延善論義相亦復如是律中云善能敎化歸戒令屠受夜戒婬者受晝戒後受報時各於晝夜見前樂相云又世典婆羅門語五百釋能與我論不五百釋言有瞿密釋國中無黠無聞言語醜拙有闍利槃特於出家中亦爲下者汝能與此二人論勝者我與汝能名世典思惟勝此二人無足可尚脫不如者甚爲屈辱後時於路遇槃特問何名答汝當問義何十九勞問名又問汝能與我論義耶答我能與梵王論況汝盲無目者乎又問盲即無目無目即盲豈非煩重問利作十八變即云此人但能飛變更不解義迦旃延天耳遙聞即隱槃特示身如彼從空而下問汝字何等答字男丈夫又問男即丈夫丈夫即男豈非煩重世典答止止置此雜論可論深義問煩不依法得涅槃耶答不依五陰法能得涅槃又問五陰依何生答因愛生又問云何斷愛答依八正道即能斷愛世典聞此遠塵離垢例皆如此約教論義者依無常苦空無我破斷常見等是初教論義依空無所有不可得破斷常愛見者通教論義故天女云我無所得故辯如此依總持四辯觀機照假以藥逗病破斷常見者是別教論義相依實相畢竟不有不無破斷常見者是圓教論義約本迹者本住福德智慧二種莊嚴能問能答爲愍衆生迹爲五味論義師耳觀心者觀智研境境發於智智境往復即觀心論義也阿㝹樓馱亦云阿那律亦阿泥盧豆皆梵音奢切耳此翻無貧亦如意亦無獮名也昔於飢世贈辟支佛稗飯獲九十一劫果報充足故名無貧姓者劫初大水風吹結構以成世界光音天命盡化生爲人身有光飛而行歡喜爲食無男女尊卑衆

共生中呼爲衆生自然地味味如醍醐色如生酥甜如蜜多食失光憔悴不能飛少食者猶光澤便有勝負遂相是非致失地味食自然地皮轉相輕慢失皮食地膚轉生諸惡失膚食自然秔米食米則男女根生遂爲夫婦羞故造舍多儲取米後米生糠穭刈已不生枯株現更相盜奪遂立一平能者爲田主理諍訟是爲民主民主有子名珍寶珍寶有子名好味始自民主草創之後金輪相繼迄至善思從懿摩至淨飯四世是鐵輪合有八萬四千二百一十王十二遊經云久遠劫有王早失父母以國付弟事一婆羅門婆羅門言汝當解王衣體瞿曇姓因而從之時人號爲小瞿曇住甘蔗園賊盜他物從園過捕賊尋迹執小瞿曇木貫射之血流汙地大瞿曇悲哀收血土還園器盛置左右呪之此瞿曇若誠心天神變血爲人還十月左爲男右爲女從是姓瞿曇瞿曇此言純淑亦名舍夷舍夷者貴姓也仁賢劫初當寶如來出世時瞿曇識神始託生若尋此意民主已來即姓瞿曇

從懿摩王四子一面光二象食三路指四莊嚴被猜徙雪山北直樹林中國人樂從者如市鬱爲强國父王歎曰我子有能四子因此爲姓又其地釋迦樹甚茂此翻直林旣於林立國即以林爲姓外國語多含釋迦亦直亦能今淨飯所承莊嚴王後莊嚴即是烏頭烏頭生烏頭羅烏頭羅生尼求羅尼求羅生尸休羅尸休羅即師子頰師子頰生三飯斛飯二子長名摩訶男季阿那律乃是淨飯王之姪兒斛飯王之次子世尊之堂弟阿難之從兄羅云之叔非聊爾人也故周公歎曰我是文王之子武王之弟成王之叔於天下非賤人也而沐三握餐三吐禮賢尚爾況餘人乎賢愚經云弗沙佛末法時世飢饉有支佛名利吒行乞空鉢無獲有一貧人見而悲悼白言勝士能受稗不即以所噉奉之食已作十八變後更採稗有兔跳抱其背變爲死人無伴得脫待闇還家委地即成金人拔指隨生用脚更出取之無盡惡人惡王欲來奪之但見死尸而其所覩純是金寶九十一劫果

報充足故號無貧其生已後家業豐溢日夜增益父母欲試之蓋空器皿往送發看百味具足而其門下日日常有一萬二千人六千取債六千還直出家已後隨所至處人見歡喜欲有所須如己家無異阿那律精進七日七夜眼睫不交眼是眼食旣七日不眠眼則喪睛失肉眼已佛令求天眼繫念在緣四大淨色半頭而發徹障內外明闇悉覩對梵王曰吾見釋迦大千世界如覩掌果增一云我佛法中天眼徹視者阿那律比丘第一那律既失肉眼佛與諸比丘恒爲裁縫佛在舍衛拘薩羅窟佛與八百比丘集爲阿那律作三衣佛自爲舒張諸比丘截者縫者一日即成佛廣爲說出家受衣進止共俱無量人得道約教者依禪定發天眼凡夫外道也依無漏事件發天眼三藏義依體法無漏慧發諸行依諸行發天眼通教意依散善發肉眼依定發天眼依真發慧眼依俗發法眼依中發佛眼別教意依實相發天眼天眼即佛眼圓教意又依散善修肉眼依定修天眼三藏意依

空修肉眼天眼是通意次第修五眼是別意不次第修五眼是圓意本迹者本住實相真天眼不以二相見諸佛國迹示半頭天眼觀心者觀因緣生善心即肉眼觀因緣生心空即天眼觀因緣生心假即法眼即中即佛眼云劫賓那者此翻房宿音秀父母禱房星感子故用房星以名生身也是比丘初出家未見佛始向佛所夜值雨寄宿陶師房中以草爲座晚又一比丘亦寄宿隨後而來前比丘即推草與之在地而坐中夜相問欲何所之答覓佛後比丘即爲說法辭在阿含可撿取諮然得道後比丘即是佛也共佛房宿音夙得見法身從得道處爲名故言劫賓那毗沙門持益隨賓那後毗沙門是宿王王既侍奉星宿亦然此比丘善占星宿明識圖像從解得名名劫賓那增一阿含云我佛法中善知星宿日月者劫賓那比丘第一約教者析破根塵之舍同佛棲真諦之房是三藏意體達根塵即共如來同宿真諦之房是通教意分別十法界根塵房舍悉得見佛是別教意於一根塵房舍即見一切房舍見一切佛即圓教意約本迹者本與如來同棲實相迹示諸房宿耳觀心者觀五陰舍析空即空與化佛同宿觀五陰舍即假與報佛同宿觀五陰舍即中與法佛同宿云云

妙法蓮華經文句卷第一下

妙法蓮華經文句卷第一下

校勘記

一　底本，明永樂北藏本。

一　四頁下一二行「阿舍」，南、徑、清作「阿含」。

一　五頁下一〇行第一二字「敬」，徑、清作「擻」。

一　六頁中一行第一六字「貪」，南、徑、清作「舍」。

一　七頁中五行「阿舍」，清作「阿含」。本頁下末行同。

一　一八頁下一一行「大達」，南、徑、清作「大目連」。又「夜夜」，南、徑、清作「夜」。

一　一八頁下一二行「舍弗」，南、清作「舍利弗」。又「明明」，南、徑、清作「明」。

一　一八頁下一三行「德互同增增一」，南、徑、清作「德行互同增一」。又「阿舍」，徑、清作「阿含」，次頁上一四行同。

一　一九頁中四行「自連」，南、清作「目連」。

一　二〇頁上末行第四字「敢」，南、徑、清作「噉」。

一　二一頁中五行第一二字「舍」，徑作「含」。

一　二一頁下一六行第二字「件」，南、徑、清作「禪」。

一　二二頁上七行「房星」，南作「房宿」。

一　二二頁中五行小字「云云」，徑作「云云終」。

妙法蓮華經文句卷第二上　定三

隋天台智者大師說

門人灌頂記

憍梵波提此翻牛呞無量壽稱牛王增一云
牛跡昔五百世曾爲牛王牛若食後恒事虛
哨餘報未爽唼唼常嚼時人稱爲牛呞昔五
百鴈一鴈常得華果供於鴈王佛一夏受阿
耆達王請五百比丘皆噉馬麥而憍梵獨在
天上尸利沙園受天王供養增一云樂在天
上不樂人間者牛跡比丘第一樂在天上者
是隨樂欲世界悉檀也供鴈王福所致者爲
人也避人笑者對治也天不笑者第一義也
云云又云人但觀形不知有德若笑羅漢即得
罪避人笑故常居天上天知有德不笑其形
故居天也佛滅度後迦葉集千大羅漢遣下
歷僧使追憍梵憍梵問佛及和尚答言皆滅
即言佛出我出佛住我住佛滅我滅四道流
注大迦葉所水說偈云云大象既去象子隨世
尊和尚既滅度我今在此復何爲斯亦第一
義也約教者住天園是示善有牛嚼是示惡
三藏意也以牛嚼身得道此示惡非惡也居
天園而嚼示善非善通教意示界內外善惡
者別教意示善惡實相者圓教意本跡者本
住四無所畏安住聖主如牛王第一義天迹
示牛呞樂居天上也觀心者觀於心性中道
之理安步平正其疾如風即牛王觀也離婆
多亦云離越此翻星宿或室宿或假和合文
殊問經稱常作聲父母從星辰乞子既其感
獲因星作名雖得出家猶隨本字假和合者
有人引釋論空亭中宿見二鬼爭屍告其分
判設依理枉理俱不免害故隨實而答大鬼
拔其手足小鬼取屍補之食竟拭口而去其
因煩惱不測誰身故言假和合常作聲者其
疑此事若我本身眼見拔去若是他身復隨
我行住疑惑猶豫逢人即問汝見我身不故
言常作聲衆僧云此人易度語云汝身本是
他遺體非己有也即得道也云云增一云坐禪
入定心不倒亂者離越比丘第一約教言析
破五陰非我所有三藏意體達五陰本非我
有通意分別十法界五陰皆非己有別意達
五陰非我有非他有見陰實相即圓意本迹
者本住日星宿三昧迹示此名觀心者觀心
念佛見十方佛多如夜觀星云云畢陵伽婆蹉
此翻餘習五百世爲婆羅門餘氣猶高過恒
水咄小婢駐流恒神爲之兩派神往訴佛佛
令懺謝即合手小婢莫瞋大衆笑之懺而更
罵佛言本習如此實無高心增一云樹下苦
坐不避風雨者婆蹉比丘第一約教者滅慢
無慢三藏意也即慢無慢通意也分別十法
界高下別意也八自在我具足佛法圓意也
本迹者本住常樂我淨八自在我微妙梵聲
迹示慢心惡口耳觀心者觀麤言輭語皆歸
第一義云云薄拘羅者此翻善容或偉形或大
肥盛或䏶囊或楞鄧或賣性然而色貌端正
故言善容也年一百六十歲無病無夭有五
不死報後母置熬槃釜中水中魚食刀破皆
不死昔持不殺戒故九十一劫命不中夭昔
施僧一訶棃勒果故身常無病能持一戒四
戒莊嚴堅持不犯不避火水餘人雖持五戒
多毀犯也云云身樂寂靜常處閑居不樂衆中

眼不樂玄黃等色耳不樂聞世間之聲鼻不嗅世間香臭舌不曾為人説一兩句語意常在禪定不散亂乃至舍利塔亦樂閑靜阿育王禮諸羅漢塔次至其塔而説偈言雖自練無明於世少利益供二十貝子增一云施一錢而貝子從塔飛出來著王足諸臣驚怪閑靜少欲乃至其塔猶有是力故增一云壽命極長終不中夭常樂閑居不處衆中薄拘羅第一約教者滅喧入真三藏寂靜即喧而真通寂靜離二邊入中别寂靜即邊而中圓寂靜本者本住大寂滅定長壽是常無病是樂不夭是我寂靜是淨居此四德之本迹示六根寂靜耳觀心者心性中道即空即假即中常樂我淨觀也摩訶拘絺羅此翻大膝舍利弗舅由來論勝姊姊孕論則不勝知所懷者智奇辯尚爾何況出胎云云即棄家往南天竺讀十八經時人笑之畢世難通一生非奥喟然歎曰在家為姊所勝出路為他所輕誓讀不休無暇翦爪時人呼為長爪梵志學訖還家問甥所在人云為佛弟子即大憍慢我甥

八歲聲震五竺彼沙門者有何道術誘我姊子徑往佛所思惟良久不得一法入心語佛言一切法不忍忍即安義此言一切法我皆能破使不得安故言一切法不忍佛問汝見是忍不此墮兩負處若我見忍前已云一切不忍若我見不忍無以勝佛即低頭得法眼淨身子扇佛聞舅論得阿羅漢果增一云得四辯才觸難能答拘絺羅第一南方天王毗留匐叉常來隨侍約教者外通四韋陀內通三藏三藏四辯也我無所得辯乃如是通教辯也若名若義徧十法界別教辯也依於實相徧一切辯圓教辯也本者本住口密口輪不思議化大定大慧迹示大膝也觀心者觀心即空即定即假即慧以嚴其心云云難陀亦云放牛難陀此翻善歡喜亦翻欣樂淨飯王偪十萬釋出家即一人也有師言是律中跋難陀約教者事歡喜理無歡喜三藏意也即事歡喜是理歡喜是通教意也歡喜地即別教也歡喜住即圓教意也本者本住實際非喜非不喜迹名歡喜觀心者觀心與理相似

相應故名歡喜觀也孫陀羅難陀孫陀羅此翻好愛亦端正難陀如前種姓如那律中説四月九日生短佛四指容儀挺特與世殊異若入衆中有不識者謂言佛來彌沙塞律云摩竭有裸形外道大聰明國人號為智者見者共身子論議結舌善心生欲於佛法出家見難陀色貌姝偉歎云短小比丘智慧難槩況堂堂者乎難陀即度出家婦即孫陀利極端正食息不相離佛與阿難途行乞食到其門正共婦在高樓食即起迎佛婦言須君還乃共食耳白佛言轉輪王種云何自辱持佛鉢取飯佛即還尼俱類園語阿難令難陀送食來阿難宣佛旨令其送飯奉佛佛令剃頭握拳語剃者勿持刀臨閻浮提王頂佛偪不得止乃剃頭明日佛與五百比丘應請求住守寺意欲逃去佛令關房掃地關南北開掃此彼汙復懼佛歸即逃走歸去於路值佛屏身隱樹樹迴升空佛見即喚將還問何故去即答昨與婦別待還乃食憶婦去耳佛將遊天堂地獄云云故以婦字標之約教者俗諦有

法喜眞諦無喜三藏教也即俗喜是眞喜通教也從通法喜有俗法喜中法喜別教也即通喜具一切法喜圓教也本迹觀心如前云云

富樓那翻滿願彌多羅翻慈尼女也父於滿江禱梵天求子正值江滿又夢七寶器盛滿中寶入母懷母懷子父願獲滿從諸遂願故言滿願母名彌多羅尼此翻慈行亦云知識四韋陀有此品其母誦之以此爲名尼者女也通稱女爲尼通稱男爲那既是慈之所生故言慈子增一云我父名滿我母名慈諸梵行人呼我爲滿慈子此從父母兩緣得名故云滿慈子是人善知內外經書靡所不知就知滿故復名滿增一云善能廣說分別義理滿願子最第一下文云於說法人中最爲第一第一者說滿字也欲還本國利益佛言彼國弊惡汝云何答我當修忍若毀辱我我當自幸不得拳毆拳毆時自幸不得木杖木杖時自幸不得刀刃刀刃時自幸離五陰毒器是爲行忍滿故名滿七車喩經中說爲大智舍利弗所稱歎一切梵行人皆當縈衣頂戴於汝若見汝者得大利益是爲歎滿故名滿約教者殷勤析法所作已辦三藏願滿體達即空於空法得證通教願滿法眼具足別教願滿住祕密藏圓教願滿本迹者本願久滿迹爲說法第一示衆生知識也觀心者如止觀中人行理等善知識觀也

須菩提此翻空生生時家中倉庫筐篋器皿一切皆空問占者占者言吉因空而生字曰空生從依報器皿瑞空以名正報依正俱吉故言空生也常修空行故言善業若供養者得現報故言善吉常樂遊止閑林石窟寂靜之處所修行業以空爲本常入空定住無諍三昧喜說空法有所宣辯皆分別空將護衆生不令起礙嫌行即住嫌住即行佛忉利下率土輻湊爭前頂禮端坐石室念諸法空色非佛乃至識非佛眼非佛乃至意非佛豁然悟道佛告蓮華比丘尼非汝前禮汝禮色身須菩提前見法身約教者自有滅色空智生體色空智生從有智生空智從空智生俗智從俗智生中智空生即有智是圓空智生而今是圓空智生也本者本住實相法身迹示見空而生也觀心者不在內外中間非自有是爲觀心法身也

阿難此云歡喜或無染淨飯王冀太子爲金輪霸其宗杜忽棄國捐王憂惱殆絶魔來誑之汝子已死王哭云阿夷語既虛瑞相亦無驗復有天來云汝子成佛王疑未決須臾信報昨夜天地大動太子成佛王大歡喜白飯王奏云生兒舉國欣欣因名歡喜是爲父母作字阿難端正人見皆悅佛使著覆肩衣有一女人將兒詣井見阿難目視不眴不覺以綆繫其兒頸中阿含云四衆若聞阿難所說若多若少無不歡喜欲發問時先爲謦咳大衆皆歡喜四衆若觀其默行住坐臥指撝處分進止動轉皆歡喜阿難四月八日佛成道日生侍佛得二十五年推此佛年五十五阿難年二十五佛時求侍五百請爲如前說衆勸阿難阿難順從五百皆歡喜目連騰阿難三願佛言預知識嫌求不受故衣食欲自利益求出入無時佛印而許佛言阿難勝過去侍過去侍聞說乃解今佛未發言阿難

已解如來意須是不須是皆悉能知故以法付阿難如來歡喜四天王各奉佛鉢佛累而按之合成一鉢四緣宛然而此鉢大重阿難歡喜荷持無倦中阿含第七云阿難侍佛二十五年所聞八十千揵度皆誦不遺不重問一句念力歡喜阿難隨佛入天人龍宮見天人龍女心無染著雖未盡殘思而能不染一切天人龍神無不歡喜佛滅度後在師子牀迦葉大衆讚曰面如淨滿月眼若青蓮華佛法大海水流入阿難心自誓坐入涅槃住恐離車有怨進恐闍王有怨於恒河中入風奮迅三昧分身爲四分一與天一與龍一毗舍離一阿闍世阿育王禮阿難塔奉千萬兩金偈歎曰能攝持法身法燈故法住念威佛智海故設上供養念持多所聞口出微妙語世尊所讚歎天人之所愛增一云知時明物所至無疑所憶不忘多聞廣達堪任奉持阿難第一約教者歡喜阿難三藏也賢阿難通也典藏阿難別也海阿難圓也本迹者本住非歡喜非不歡喜法身如虛空智慧如雲雨能

持能受迹爲歡喜也觀心與相似即空即假即中相應是觀心歡喜乃至真觀相應云云羅睺羅此言覆障往昔塞鼠穴又不看婆羅門六日由是緣故言覆障太子求出家父王不許殷勤不已王言若汝有子聽汝出家菩薩指指妃腹却後六年汝當生男在胎六年故言覆障真諦三藏云羅睺本名脩羅能手障日月翻此應言障月佛言我法如月此兒障我不即出家世世障我我世世能捨故言覆障佛出家後耶輸有娠諸釋咸瞋何因有此欲治欲殺惡聲盈路寶女劬毗羅證之小差因焚火坑發大誓願我若爲非子母俱滅若真遺體天當爲證因抱子投坑坑變爲池蓮華捧體王及國人始復不疑後佛還國耶輸令羅睺奉佛歡喜丸羅云以幼稚之年於大衆中徑持上佛耶輸以此息謗謗由有子故言覆障祖王歡喜雖失其父而獲其子孫爲金輪吾亦何恨想其長大冀神寶至而佛索令出家父王不許耶輸將上高樓目連飛空來取佛度出家付舍利弗爲弟子既出家

已王位亦失故言覆障羅睺以沙彌之年喜多妄語國王大臣婆羅門居士來求見佛羅云答云不在令無量人不得見佛是爲障他由是妄語佛即訶責行還使羅云洗足脚桃澡盆三覆三仰然後覆地命令注水羅睺云盆覆注水不立佛言汝如覆盆於佛法中法水不立今當實語勿妄語也後時修道殷勤不獲以問佛佛言汝爲人說五陰未答言未當爲他說說竟又問汝說十二入未說十八界未說法是得道之門若欲得道當爲他說法因廣說法竟然後得道是爲覆障既已得道見愛皆除三界生盡故言覆障三界生盡願不能違故言覆障佛勑四大羅漢不得滅度待我法滅盡由是住持于今未得入無餘涅槃故言覆障云云約教者析法道諦障四住三藏意也體法道諦障四住通教也次第三智障五住別教也一心三智障五住圓教也本迹者本住中道障塞二邊八種障障涅槃邊一種障障生死邊一種非障生死非障涅槃障無餘也觀心例前可解云云六結如是等

衆所知識或言知秪是識或言聞名爲知見形爲識見形爲知見心爲識本者本爲衆生作滿字知識迹爲半字知識云云觀行知識如止觀多知識衆竟次列少知識衆者復有學無學二千人俱但舉位明數而不歎德呼此爲少知識衆耳聖與凡絶交亦不分別多識少識特以希高慕遠者以多識引之識名隱德退讓者以少識引之隨順衆生故有若干不可以多少之迹失其本學無學者三藏中十八種學人九種無學人通教五地皆名學六地名無學又通教九地名爲學佛地爲無學別圓中或就功用無功用或就具足未具足明學無學阿含云外道問佛羅漢更學不佛言羅漢不作惡法住於善法學其無學即名爲學若爾學人亦稱無學學人齊其所斷不復更斷即是無學是爲四句就五方便非學非無學便是五句約四教中例亦應爾四五二十句本迹者本法身大士居滿字學無學位衆生應以半字學無學人莊嚴雙樹也觀者正觀中道不緣二邊中間即是無學能

如是觀是名爲學若就觀門明數者觀色心具十法界十如界如互論即具二千舉迹故標本法迹即是本迹也次列尼衆者舊以此例前爲二衆今不用若例前爲多識少識二衆者又復無文義亦不可但是舉兩衆主何須苦名爲大小多少耶先列波闍波提此翻大愛道亦云憍曇彌此翻衆主尼者天竺女人通名也本住智度法門迹爲千佛之母生育導師觀釋者中觀廣博名大無緣慈名愛中理虛通名道大即自行愛即化他如以愛故受生慈故涉有道即通自行化他也六千者數也觀門者觀六根清淨具千功德雖眼有八百耳千二百以多足少數滿六千表本法門亦是觀行意也羅睺羅母耶輸陀羅者以子操母此翻華色亦曰名聞或云無翻溫良恭儉德齊太子然在家爲菩薩之妻天人知識出家爲尼衆之主位居無學豈是無名聞衆耶十二遊經出三夫人第一瞿夷二耶輸三鹿野未曾有及瑞應皆云羅睺是瞿夷子涅槃及法華皆云是耶輸子二義云何通

或可彼經舉大母此處舉所生釋論瞿毗陀是寶女不孕即是瞿夷此翻明女故知定是耶輸子也本迹者妻則齊也豈有博地爲太子妻故知本住寂定微妙法喜迹爲佛妻悲華云寶藏佛所誓願爲妻耳觀空無漏法喜即以鹿野表妻觀假道種智法喜即以耶輸表妻觀中法喜即以瞿夷表妻上當分明本迹觀心今更總論顯善權曲巧明觀行精微夫首楞嚴種種示現稱適根性靡所不爲今且近論託迹王宮降神聖后法身菩薩皆輔佛行化散影餘家若三十二瑞金姿誕應諸大士各各出生或空室雨寶寄辯通夢若皇皇太子捨國捐王踰城學道諸大士悉從師請業才藝兼通爲彼宗匠若法輪初啓甘露門開聞諸大士化緣未熟示同不受分庭抗禮崇我道眞能化所化全生如乳若所化緣熟則素絲易染池華半開革凡成聖轉乳成酪師宗爲佛上首弟子或智慧神通辯才三昧各各第一共輔法王更度未度重熟已熟於方等座席聞菩薩不可思議功德恥小慕

大恥小則嗚呼自責失於如來無量知見慕大則不知當云何得佛無上慧如轉酪為生酥次聞般若摩訶衍門初歷色心終于種智含挾小大出內取與或共或別或偏或圓奉命領知而無希取雖未頓捨已漸通泰如轉生酥為熟酥次聞法華會天性定父子授記剪付大乘廢三歸一如餘四味同一醍醐不令一人獨得滅度皆以如來滅度而滅度之法王法臣大事出世巧用方便初用半字法破二十五有之繫枝成四枯雙樹利益衆生次用半滿法破二乘之獨善成菩薩之廣大成四榮雙樹利益聖人後用常住滿字破二邊之前後成非枯非榮佛祕密藏究竟利益主將之功畢大誓之願滿故身子目連於法華而息化聖主賾命斯亦不久文云如我本誓願今者已滿足如來不久當入涅槃唱滅之言起自於此二萬燈明迦葉佛等皆於法華究竟今以師弟皆於此經發迹內祕菩薩道外現作聲聞我實成佛已來無量億劫以此推之諸大羅漢從法身地俯影隨緣迹臨

為水為學無學作男作女示道示俗首楞嚴力靡所不現方便善權為若此云云總明觀者上師弟施化法身所為若不作觀方便於行人無益如貧數寶似盲執燭然心數甚多且約善數如弟子者衆但舉十人耳十善數者謂信進念定慧喜猗捨覺戒此十數輔心王能改惡就善革凡成聖辦一切法門但以十心為本如十弟子輔佛行化共熟衆生立于佛法也信數對那律天眼第一眼是五根首如諸方以東為上信於諸數初入佛法也進數對迦葉頭陀第一抖擻勤苦對進數也念數對波離持律第一念力牢強憶持不忘也定數對目連神通第一慧數對身子智慧第一皆可解喜數對阿難多聞第一多聞分別樂樂即喜數也猗數對旃延論體窮微盡理除邪顯正如猗離惡得善拔苦入樂也捨數對善吉解空第一若住空平等與捨數相應覺數對富樓那說法第一覺是語本本立則辯說無窮戒數對羅云持戒第一可解十數扶心王能成觀行於一念中深入善法三寶

具足王即佛寶數即僧寶所緣實際無王無數即法寶若入實際王數之功力用足矣又取通大地十數與心王俱起入善入惡徧通一切謂想欲觸慧念思解脫憶定受也想對富樓那想得假名其人善達假名辯才無滯欲對迦葉迦葉無世間欲而欲於無為觸對旃延觸入二事更相涉入旃延善論義能窮往復慧即身子可解念對波離念持律之上也思對羅云思是行陰此人實行持戒也解脫對善吉脫名無累之人解空於有得脫憶對那律憶動發取境修天眼易三摩提定數對目連可解受對阿難多聞領持無謬也十人各備衆德為引專門宣示佛道隨衆生欲欲慧者師身子乃至欲多聞者師阿難共輔法王各掌一職今觀心亦如是一一心中皆具王數為成觀故王數相扶而取開悟或於想數入道或於欲數入道隨所宜者心王心數而共攻之化取塵勞諸心而作佛事作此觀未悟觀行如乳若發無漏觀行如酪若破塵沙如生熟酥若破無明觀如醍醐至醍醐

時王數皆畢心心法數不行故名行般若波羅蜜普賢觀云觀心無心法不住法我心自空罪福無主即是無心無數名爲正觀是心數塵勞若不盡者觀則不訖故經言衆生不度我不成正覺即此意也云云第二列菩薩衆者釋論云菩薩爲出家在家四衆攝何故別列答有菩薩墮四衆中有四衆不墮菩薩中爲其不發心作佛故今別列同發心求作佛者名菩薩衆文爲六一氣類二大數三階位四歎德五列名六結句一氣類者即是菩薩摩訶薩也若具存應言菩提薩埵摩訶薩埵什師嫌煩略提埵二字菩提此言道薩埵此言心摩訶此言大此諸人等皆求廣博大道又成熟衆生故道心大道心之氣類也菩薩多種謂偏通別圓如釋論引迦旃延子明六度齊限而滿者此欲調血衆生爲乳也若大品明有菩薩發心與薩婆若相應者此欲調乳入酪也若大品明有菩薩發心遊戲神通淨佛國土又如淨名中得不思議解脫者皆能變身登座而復受屈被訶者此欲調酪爲生熟酥也若大品明有菩薩發心即坐道樹成正覺轉法輪度衆生者此是調酥爲醍醐也故下文云菩薩聞是法疑網皆已除又云若菩薩不聞法華非善行菩薩道若聞此經即善行菩薩道又涅槃云菩薩不聞涅槃常有希望若聞涅槃希望都息故略有四種也本迹者本地難測或居等覺或齊法王如善財入法界見文殊色像無邊法門深遠未鄰諸佛迹輔釋迦爲菩薩普現色身三昧力散影垂容以口輪不可思議化隨宜廣說可以意知不可以言辯也所以迹引四味歸乎一實譬如鍛礦器諸淳璞成醍醐已一期化息然其本地究竟成就豈是今日始入大乘亦非寂滅道場高山先照若頓若漸皆迹所爲耳觀解者中道觀心雙照二諦名大通至菩提果名道破五住塵勞名成衆生云云八萬人者數也餘經集衆甚多此經何少或是語其大數或譬王論密事不可率土同謀云云約觀心者觀一善心具十法界十界交互具百法界千性相等十善即萬法約八正道即八萬法門也云云皆於阿耨三菩提不退轉者明位也阿耨此云無上道如境妙中說位如位妙中說不退轉者約位行念論不退應四種分別不生三惡道位不退不生邊地諸根完具不受女身即行不退常識宿命即念不退具此名阿鞞跋致地三藏義也若六心已前輕毛菩薩信根未立其位猶退七心已上從初地至六地不退爲凡夫二乘名位不退雖正使已盡而未能徧修萬行其行猶退至七地名行不退而猶起二乘念故有念退至八地道觀雙流入法流水名念不退此名阿鞞跋致地此乃三乘共十地之義耳地師云十住是證不退十行是位不退十迴向是行不退十地是念不退此是別教義不會此經今所不用瓔珞云初地三觀現前心心寂滅自然流入此亦別教不退今亦不用若華嚴明初住得如來一身無量身具三不退此圓教不退此是一實事今用此判位也本迹者本地寂滅尚非十地況是初住尚非初住不退況復別通別通之位宜釋餘經列衆圓教之位

正在今經諸經論師既不識迹安能知本所
歎既謬毀在其中還成增減兩謗何謂歎德
觀心者三觀即三不退又一心三觀即一心
三不退云云舊云皆得陀羅尼去始是歎德今
取不退轉即具兩意成上屬明位起後屬歎
德舊云歎德作十二句分爲四意初三句歎
現德次三句歎往行次四句歎内體後兩句
歎外名四意不同而德居於初故稱歎德歎
現又兩初一句歎自行後二句歎化他歎行
爲三初句歎行本本從諸佛得般若次句歎
本行行福德也既有福德能資於慧次句爲
佛所歎體又三初慈悲歎應身中間兩句歎
心慧報身後一句歎法身歎名爲二初句歎
名普聞次句歎能度衆生此之分文極有眉
眼聚論宗體殊無趣向若歎通教通教無三
宴三　十八
身又非入佛慧名不普聞種種義不成若歎
別教別教初地已過二乘云何七地更起聲
聞文佛之念若歎圓教不應言七地已下無
不退之德進退無當寛知歎誰是所不用今
以十三句作横竪消文一竪約十地義便二

横約初住義便不退轉者成前即是明位起
後即是歎德以對初地初地名歡喜喜其不
退墮二邊入中道獲三不退故知歎初歡喜
地也皆得陀羅尼歎二地二地名離垢亦名
離遮離遮諸惡遮持衆善即陀羅尼義故知
歎離垢地也樂説辯才歎三地三地名明地
内智明外説辯欲知智在説説有種種樂説
最勝故故知歎第三明地也轉不退轉法輪
歎四地四地名燄燄能破闇又能焦炷轉法
輪自害已惑如焦炷破他迷如除闇故知歎
第四燄地也供養百千諸佛歎五地五地名
難勝地此地得深禪定用神通力難勝難及
於一念頃徧至十方供養諸佛故知歎第五
地也於諸佛所植衆德本歎六地六地名現
前由得禪能供養諸佛福資種智種智現前
宴三　十九
智是德本如植種於地故知歎第六地也常
爲諸佛之所稱歎歎第七遠行地此地二智
方便出過一切廣修利益稱會佛心故知歎
第七地以慈修身歎第八不動地正智不動
不出三界但以慈薰身應入五道薰口爲説

法薰心爲設方便正法華具薰三業故知歎
第八地也善入佛慧歎第九地九地名善慧
深入實際妙徹本源此名義最合故知歎第
九地通達大智歎第十地十地名法雲法身
如虚空禪定如大雲智慧如大雨善入佛法
名慧巧用佛法名智互舉耳到於彼岸歎十
地内德到三諦之彼岸因中説果又到在不
久也名稱普聞歎十地外德由内德深廣致
令聲名普聞内外相稱若閑等覺位者此二
句擬之能度百千衆生者餘地度人或一界
至九界不名能度十地勝前故稱能度諸地
悉具衆功德而今出没釋者爲人情好異故
依十地名便故又竪義易解故作此一途消
文耳次横歎者直約初住説之餘位位例可
解初發心住一發一切發出過二邊華凡超
聖入中道其心寂滅念念流入薩婆若海故
言得不退轉初住遮離取相無知無明等障
持遮般若解脱法身等德故言得陀羅尼十
信似解尚能以妙音徧滿三千界何況初住
眞解口密功德故言樂説辯才初住能分身

百世界作佛論其實處無量無邊以能作佛說法教化故言能轉不退法輪初住得不思議神力徧能承事法界諸佛故言供養百千諸佛初住得實相本能植衆德也初住開佛知見知見已法與諸佛同故為佛之所稱歎初住無緣慈普現色身徧應法界故言以慈修身初住入秘密藏故言善入佛慧初住一心三智無能障礙故云通達大智初住事理分究竟故言到於彼岸初住圓德眞實與名相稱故言名稱普聞諸佛世界初住能為十法界而作依止安立救護故言能度百千衆生初住更有無量無邊不可思議種種功德略言十三句耳二住去乃至等覺亦復如是故大品云初阿字門具四十一字功德後荼亦具諸字功德中間亦爾字等語等功德亦等問此中歎斷惑德三藏不斷惑可不被歎聲聞尚被歎迹為通別何不歎德答通歎於迹乃有此義今經正明圓人不歎方便耳問云何諸句功德皆歎初住耶答曰餘位亦如是何獨初住舊云八地有諸功德不以為疑

今圓歎初住何德不攝初住尚爾何況後位耶法華論云上支下支門總相別相應知初得不退轉一句是總此不退有十種示現聞法不退轉即是陀羅尼樂說不退轉即是樂說辯才說不退轉即是轉不退法輪依善知識不退轉即是供養百千諸佛植衆德本斷疑不退轉即是為諸佛稱歎入事不退轉即是以慈修身入一切智如實境不退轉即是善入佛慧依我空法空不退轉即是通達大智入如實境不退轉即是到於彼岸應作所作不退轉即是度百千衆生故初總句即是上支次諸別句即是下支記中橫歎初住德即與此意同也論云二者攝取事門者示現諸菩薩住何等清淨地中因何等方便何等境界何等應作所作故若從此義作竪歎菩薩德亦無妨觀心解歎德者不退轉如前說陀羅尼者空觀是旋陀羅尼假觀是百千旋陀羅尼中觀是法音方便陀羅尼又空觀觀心但有名字即聞持陀羅尼假觀觀心無量心心心數法皆是法門即行持陀羅尼中觀

觀心心即實相即是義持陀羅尼假觀觀心具十法界法即法無礙辯中觀觀心十法界皆入實相即義無礙辯空觀觀心十法界但有名字語言即辭無礙辯觀一心即三心三心即一心一界一切界旋轉無礙即樂說無礙辯空觀是轉位不退法輪假觀是轉行不退法輪中觀是轉念不退法輪供養佛者秖是隨順佛語今順佛教修三觀心即是供養佛為破五住得解脫故即供養法三諦理和即供養僧又衆行心資觀智心即供養佛觀智心開發境界即供養法境智心和即供養僧實相心是觀智心本觀智心是衆行心本得本種植則立故言植衆德本觀智心冥於境界境界印於觀智智有所照常與境合即是為佛所歎空觀為法緣慈所熏假觀為衆生緣慈所熏中觀為無緣慈所熏空觀入通佛慧假觀入別佛慧中觀入圓佛慧空觀到一切智彼岸假觀到道種智彼岸中觀到一切種智彼岸空觀聞於眞諦假觀聞於俗諦中觀普聞中道第一義諦亦普聞三諦空觀

度四住百千衆生假觀度塵沙百千衆生中
觀度無明百千衆生一心三觀有無量德歎
不能盡止略說耳五列名者大士大名或從
法門或從行德或從本願雖是一名備無量
義今依經依觀銷十八菩薩名文殊師利此
云妙德大經云了了見佛性猶如妙德等無
行經云滿殊尸利普超云濡首思益云雖說
諸法而不起法相不起非法相故名妙德悲
華云願我行菩薩道所化衆生皆於十方先
成正覺令我天眼悉皆見之我之國土皆一
生菩薩悉令從我勸發道心我行菩薩道無
有齊限寶藏佛言汝作功德甚深甚深願取
妙土今故號汝名文殊師利在北方歡喜世
界作佛號歡喜藏摩尼寶積佛今猶現在聞
名滅四重罪爲菩薩像影響釋迦耳觀心性
理三德祕密不縱不橫故名妙德觀世音者
天竺云婆婁吉低稅思益云若衆生見者即
時畢定得於菩提稱名者得免衆苦故名觀
音悲華云若有衆生受苦稱我名者念我者
爲我天耳天眼所見聞不得免苦不取正覺
寶藏佛云汝觀一切衆生生大悲心今當字
汝爲觀世音此下文自釋名云云

妙法蓮華經文句卷第二上

妙法蓮華經文句卷第二上

校勘記

一　底本，明永樂北藏本。

一　二九頁中一八行「約觀」，南作「曰觀」。

一　三〇頁上一二行「所歎體」，清作「所稱歎歎體」。

妙法蓮華經文句卷第二下　寔四

隋　天台智者大師説

門　人　灌　頂　記

觀心釋者三智名觀三諦名世三觀是語本故名音得大勢者思益云我投足之處震動三千大千世界及魔宮殿故名大勢至悲華云願我世界如觀世音等無有異寶藏佛言由汝願取大千世界故今當字汝爲大勢至觀心釋者三止爲足投三諦地動十法界一切見愛所住之處皆悉傾動云云不休息者思益云恒河沙劫爲一日夜是三十日爲月十二月爲歲過百千萬億劫得值一佛如是值恒河沙佛行諸梵行修習功德然後受記心不休息故名不休息觀心者觀空不住空出假不住假而入中不住中雙照二諦名不休息寶掌者普超云被上德鎧乃至佛無能沮敗令釋大乘若於夢中不志二乘常以實心諸通慧心爲人講宣於珍寶心無所貪惜故名寶掌觀心者不思議三諦名之爲寶一心三觀名之爲掌以此觀掌執此諦實自利利他故云寶掌藥王者悲華云願賢劫一千四佛初成道我皆供養諸佛入滅我皆起塔劫盡苦惱我皆救護刀兵疾疫作大醫王然後作佛寶藏佛言今當字汝爲大淨藥王在後作佛即樓至如來觀心釋云云此下欠釋七菩薩跋陀婆羅者此言善守亦云賢守思益云若衆生聞名者畢定得三菩提故名善守觀解者中道正觀於諸善中最爲上首故言善守彌勒者此云慈氏思益云若衆生見者即得慈心三昧故名慈氏賢愚云國王見象師調象即慈心生從是得名慈氏悲華云發願於刀火劫中擁護衆生今觀解者中道正觀即是無緣大慈慈善根力令諸心數皆入同體大慈法中離諸不善故稱慈氏又云慈乃姓也名阿逸多此翻無勝下文云云此下欠釋寶積導師者思益云於隨邪道衆生生大悲心令入正道不求恩報故名導師觀解者三觀妙智導一切行不墮二邊皆入正觀故名導師未釋者俟後追註云云六如是下是結句也第三列雜衆者舊云凡夫衆此中有聖舊云俗衆此中有道舊云天人衆此中有龍鬼皆不便今呼爲雜衆意則兼矣所謂五道二界八番是故言雜方等經亦列地獄中陰經亦化無色此皆隨機適現不可一例作並復不可定其次第舊云人是土主讓諸客在前無量義經秖與此經同席明國王國臣國士國女不論賓主相讓出經家趣列在文或有削意未詳今觀此文有八番先標帝釋次列四王前龍後鳥鬼神重出爲此義故呼爲雜衆不可言其次第又雜衆者此中有得道未得道者雜果報與形服雜故言雜其中得二乘道者無漏智與無明煩惱雜故言雜其中得菩薩道者漚和與衆機雜故言雜其中得佛道者一法具一切法故言雜雜義如是豈可以凡夫形俗判之復不可以五道人天等判之故言雜也此是約教釋云云釋提桓因因陀羅或云旃提羅此翻能作作忉利天主忉利此翻三十三四面各八城就喜見城合三十三共居須彌頂須彌此翻安明四寶所成高廣三百三十六萬里此是欲天之主故前

列雜阿含四十云有一比丘問佛何故名釋
提桓因答本為人時行於頓施堪能作主故
名釋提桓因何故名富蘭陀羅為人時數數
行施故何故名摩伽婆本為人時名故何故
名娑婆羅本為人時此衣布施故何故名憍
尸迦本為人時姓故何故名舍脂鉢低舍脂
是婦鉢低是夫何故名千眼本為人時聰明
於一時坐思千種義觀察稱量故名千眼何
故名因提利為三十二天主瓔珞第三云天
帝名拘翼教門者阿含中帝釋是阿那舍般
若明十方難問般若者皆名釋提桓因別圓
中明釋提桓因得首楞嚴三昧內證不同過
賢劫二千二十四劫作佛號無著世尊云云本
迹者十住行向即三十十地為一等覺為二
妙覺為主同棲第一義天共服實相甘露即
本也居須彌頂迹也觀心解者自行十善勸
他隨喜此三十善皆空皆假皆中即是三十
三觀門也名月等三天子是內臣如卿相或
云是三光天子耳名月是寶吉祥月天子大
勢至應作普香是明星天子虛空藏應作寶

光是寶意日天子觀世音應作此即本迹釋
也觀解者三觀即三智三智即三光從三諦
生三智諦即天智即子云云四大天王者帝釋
外臣如武將也居四寶山高半須彌廣二十
四萬里東提頭賴吒此云持國亦言安民居
黃金山領二鬼揵闥婆富單那南毗留勒叉
此云增長亦云免離居琉璃山領二鬼薜荔
多鳩槃茶西毗留博叉此云非好報亦云惡
眼亦云雜語居白銀山領二鬼毒龍毗舍闍
北毗沙門此云種種聞亦云多聞居水精山
領二鬼羅剎夜叉各領二鬼不令惱人故稱
護世本迹者本為常樂我淨四王護持佛法
不令外人取其枝葉斫截破壞常王護東方
常無常雙樹樂王護南方樂無樂雙樹我王
護西方我無我雙樹淨王護北方淨不淨雙
樹枝幹喻常華喻於我果喻於樂茂葉喻淨
護此華果常能利益一切眾生故迹為四王
而護世也觀解者觀四諦智即是四王一諦
下除愛見二惑即是護八愛見也次忉利上
有焰摩此翻善時大論云妙善去忉利三百

三十六萬里善時上有兜率陀此翻妙足去
焰摩如地遠而不列者略耳何者下天鈍上
天著樂尚知來集況不著不鈍而不來耶自
在即第五大自在即第六自化五欲他化五
欲云云有人言是色界頂大自在此不應超至
彼也本迹者此兩天本住自在自在王等定
迹為兩天耳觀心者入空是自在觀入中是
大自在觀云云次列色界天娑婆此翻忍其土
眾生安於十惡不肯出離從人名土故稱為
忍悲華經云云何名娑婆是諸眾生忍受三
毒及諸煩惱故名忍土亦名雜雜九道共居
云云梵者此翻離欲除下地繫上升色界故名
離欲亦稱高淨尸棄者此翻為頂髻又外國
喚火為樹提尸棄此王本修火光定破欲界
惑從德立名然經標梵王復舉尸棄似如兩
人依釋論正以尸棄為王今經舉位顯名恐
目一人耳住禪中間內有覺觀外有言說得
主領為王單修禪為梵民加四無量心為王
也初禪有梵眾梵輔大梵今舉王攝諸也光
明者二禪也此有少光無量光光音三禪有

少淨無量淨徧淨四禪有客身亦無挂礙無量客亦受福客果亦廣果無想客亦無想又有五那含不煩不熱善見善現色究竟亦大自在即摩醯首羅經文存略不具出但等等此諸天也例有教門本迹觀心自思之次列八龍者難陀名歡喜跋名善兄弟常護摩竭提雨澤以時國無饑年缾沙王年爲一會百姓聞皆歡喜從此得名即目連所降者也居海中本迹解者本住歡喜地迹居海間觀解者三觀即中道生法喜也娑伽羅從居海受名華嚴所稱舊云因國得名本住智度大海迹處滄溟和修吉此云多頭亦云寶稱居於水中本住普現色身三昧迹示多頭也觀者入假之觀分別無量法門也云云德义迦此云現毒亦云多舌或云兩舌本住樂說無礙辯法門迹示多舌阿那婆達多從池得名此云無熱無熱池長阿含十八云雪山頂有池名阿耨達池中有五柱堂從池爲名龍王常處其中閻浮提諸龍有三患一熱風熱沙著身燒皮肉及骨髓以爲苦惱二惡風暴起吹其

宮殿失寶飾衣等龍身自現以爲苦惱三諸龍娛樂時金翅鳥入宮搏撮始生龍子食之怖懼熱惱此池無三患若鳥起心欲往即便命終故名無熱惱池也本住清涼常樂我淨迹處㳿池觀者三觀妙慧淨五住之煩嘍免二死之熱沙云云摩那斯此云大身或大意大力等修羅排海淹喜見城此龍縈身以遏海水本住無邊身法門迹爲大體觀者中道正觀其性廣博云云漚鉢羅此云黛色蓮華池龍依住從池得名本住法華三昧迹居此池觀者三觀即是修因因即蓮華也正法念經云龍爲諸天保境修羅興兵前與龍鬭故知爲天所管也次列四緊那羅亦云眞陀羅此云疑神似人而有一角故號人非人天帝法樂神居十寶山身有異相即上奏樂佛時說法諸天弦歌般遮于瑟而頌法門舊云法緊奏四諦妙緊奏十二因緣大緊奏六度持緊總奏前三今言奏四教法門也本住不可思議不起滅定安禪合掌以千萬偈讚諸法王迹寄弦管歌詠十力觀者觀音聲即空即假即

中隨順三諦即是讚佛也四乾闥婆此云嗅香以香爲食亦云香陰其身出香此是天帝俗樂之神也樂者幢倒伎也樂音者鼓節弦管也美者幢倒中勝品者美音者弦管中勝者也阿修羅者此云無酒四天下採華醞於大海魚龍業力其味不變瞋妬誓斷故言無酒神亦云不端彌天安師云質諒質諒直信也此神諂曲不與名相稱有二種鬼道攝者居大海邊畜生道攝者居大海底婆稚者此云被縛或云五處被縛或云五惡物繫頸不得脫故云被縛亦云有縛爲帝釋所縛本能五繫繫魔外道迹爲此像耳正法華云最勝觀者以三觀智縛五住惑入實際中佉羅騫馱此云廣肩胛亦云惡陰涌海水者正本云寶錦本住權實二智慈荷衆生故迹爲廣肩胛觀者三觀能鼓覆五住生死大海也毗摩質多此云淨心亦云種種疑波海水出聲名毗摩質多即舍脂父也觀佛三昧云光音天生此地地使有欲入海洗不淨墮泥變爲卵八千歲生一女千頭少一二十四手此女戲

于水精入身八千歲生一男二十四頭千手少一海水波音名爲毗摩質多羅乾闥婆女生舍脂帝釋業力令其父居七寶殿納爲妻後讒其父遂交兵脚波海水手攻喜見帝釋以般若呪力不能爲害正本云燕居本者色心本淨迹爲此名觀者正觀中道即是淨心羅睺羅此云障持障持日月者也是畜生種身長八萬四千由旬口廣千由旬寶珠嚴身觀天女天園林若四天下人孝養父母供養沙門者諸天有威力上空兩刀若不爾諸天入宮不出又日放光照其眼不能得見舉手掌障日世人咸言日蝕怪險種種邪說掩月亦如是或作大聲世人言天獸吼險亂王衰種種邪説怖日月時倍大其身氣呵日月日月失光來詣佛佛告羅睺莫吞日月羅睺支節戰動身流白汗即放日月日月力衆生力佛力衆因緣故不能爲害昔有婆羅門聰明廣施四千車載食於曠野施有一佛塔惡人所燒即以四千車載水滅火救塔歡喜發願願得大身欲界第一既無正信好鬬愛戰

喜施故生光明城作羅睺羅修羅主也正本云吸氣本觀云次列四迦樓羅此云金翅翅翮金色居四天下大樹上兩翅相去三百三十六萬里有人言莊子呼爲鵬鵬行衆鳥翼之亦稱爲鳳皇私謂鳳不踐生草噉竹實棲乳桐金翅噉龍云何是類大威德者威勝群輩又威攝諸龍也正本云具足大身者大群輩也大滿者龍恒充滿已意也如意者頸有此珠也正本云不可動迦樓鳥有神力雄化爲天子雌變爲天女化已住處有寶宮亦有百味而報須食龍胎能噉胎不能噉三卵能噉二濕能噉三化能噉四觀佛三昧經云正音迦樓一日山東噉一龍王五百小龍三方亦爾周而復始壽八千年臨終失勢欲噉龍子龍母歎嗲之不得食即嗔從金剛山透海穿地輪過不能過風輪風彈之從故孔湧到金剛山如是七返還山頂命終肉裂火起將燒寶山難陀雨雨滅之肉爛心衝風輪亦七返墮山上成如意珠龍得之即爲王人王亦感此珠者也次列人者韋提希母也翻思惟

頻婆娑羅此翻模實父也阿闍世者未生怨或呼爲婆留支此云無指内人將護呼爲善見善見之名本也無指之稱表迹大經云阿闍名不生世者名怨以不生佛性故則煩惱怨生煩惱怨生故不見佛性不生煩惱即見佛性又阿闍者名不生世名世法以世八法所不汙故名阿闍世此是本義也普超經云阿闍世從文殊懺悔得柔順忍命終入賓吒羅地獄即入即出生上方佛土得無生忍彌勒出時復來此界名不動菩薩後當作佛號淨界如來其迹既爾本豈可量說法華時預清淨衆至涅槃時引逆罪者何異迦葉於法華受記於涅槃不堪付囑不可迷迹而惑其本也觀解者貪愛母無明父害此故稱逆逆即順也行於非道通達佛道問佛在人中說法列人衆何少答文略不載人實不少文云及諸小王轉輪聖王等無量義中列四輪王國王國臣國民士女其衆則廣問天人龍鬼皆見佛聞法地獄一道無色一界何意不列答此義今當辯夫諸道升沉由戒有持毀

見佛不見佛由乘有緩急然持戒有麤細故報有優劣持乘有小大見佛有權實且略判戒乘各爲三品依涅槃一句開爲四句釋之其義則顯一戒乘俱急二戒緩乘急三戒急乘緩四戒乘俱緩若通論戒乘一切善法一切觀慧皆得稱戒亦皆是乘人天五乘即是其義道共等戒悉是通意也今就別判三歸五戒十善八齋出家律儀乃至定共能防身口遮惡道果得人天報者名之爲戒若聞經生解觀智推尋四諦十二緣六度生滅無生滅等智能破煩惱運出三界者名之爲乘故大品云有相之善不動不出無相之善能動能出即此義也若戒乘俱急者持下品戒戒急報在人中持小乘乘急以人中身於三藏教時見佛聞法持中乘乘急以人報身於通教大乘乃至帶方便諸大乘經時見佛聞法持上乘乘急以人報身於華嚴法華等教及諸教中圓見佛聞法預列爲同聞衆者是也若持中品戒急報在欲界天持小乘乘急以欲界天身於三藏時見佛聞法餘如上說若持上品戒急加修禪定報在色無色天等持小乘乘急以色無色天身於三藏中見佛聞法餘如上說釋第一句竟若戒緩乘急者三品戒皆緩報隨三途持小乘乘急以三途身於三藏中見佛聞法餘如上說釋第二句竟若戒急乘緩者三戒急故受欲界人天及色無色天身三乘緩故佛雖出世說三乘法愛著樂報耽荒五欲不見佛不聞法舍衛三億家及諸不見聞者三界著樂諸天等是也釋第三句竟若戒乘俱緩者受三途報不見佛不聞法也釋第四句竟此文不列地獄者以其戒緩苦重報隔上乘又緩不能於法華見佛聞法餘經有列者餘乘急耳又不列無色天者上戒急故受天身著定味上乘緩故不能於法華見佛聞法餘經有列者有餘乘急耳若得此意一一勘天龍八部皆識本緣緩急來不來義悉可解廣釋如淨名疏又識權者引實本迹義轉明將此勘已觀行三世因果朗然可識各禮佛足者總結衆集也　爾時世尊下訖品名別序文爲五一衆集二現瑞三疑念四發問五答問光宅逆順生起由衆集故現瑞乃至由問故答各由於問乃至瑞由衆集此乃翻覆緣起鉤鎖相連序於正意竟自未顯直是因緣一釋尚目不明況二三四緣了無趣向今明五序序正中四一集衆叙人一現瑞叙理一疑念叙行一問答叙教一此則因緣釋也約教者此序序正非三藏非通非別乃是序於圓正耳約本迹者若以序序壽量中本地四一者此義自可知不復記觀心可解云云就衆集又二初衆集威儀次衆集供養法華論目此爲威儀如法住四衆者舊云出家在家各二合爲四衆此名局意不周今約一衆更開爲四謂發起衆當機衆影嚮衆結緣衆發起者權謀智鑒知機知時擊揚發動成辦利益如大象蹴樹使象子得飽所謂發起令集發起瑞相乃至發起問答等皆名發起衆當機者宿植德本緣合時熟如癰欲潰不起于座聞即得道此名當機衆影嚮者古往諸佛法身菩薩隱其圓極匡輔法王如衆星繞月雖無爲作而有巨益此

名影響衆結緣者力無引導擊動之能德非伏物鎮嚴之用而過去根淺覆漏汙雜三慧不生現世雖見佛聞法無四悉檀益但作未來得度因緣此名結緣衆比丘衆既爾餘三衆亦然合十六衆類如大通智勝佛時王子覆講即彼時發起衆聞法得道即彼時當機衆聞法未度而世世相值于今有住聲聞地者即彼時結緣衆彼佛世時尚有四四十六衆今佛道同寧得無耶此是圓教十六衆約三教亦例可知本迹可解觀心者研境作觀在名字觀行位中即成結緣衆入相似位即成當機衆入分眞位即成發起影響衆云圍遶者佛初出世人未知法淨居天下化爲人像到已右旋旋已敬禮禮已卻坐聽法因於天敬人以爲楷此因緣解也圍遶者行旋威儀也表四門機動俱見圓理以圓對偏例有四義即教門解也又佛身周帀相好莊嚴四旋瞻仰增念佛定即觀心解也若觀佛色身得見法身即本迹解供養者通三業皆是供養別論卑謹虔禮名恭敬至念專注名尊重發言稱美名讚歎施其依報名供養此中文略其辯應如無量義經廣說天厨天香天鉢器等即是供養大莊嚴菩薩及八萬大士合掌叉手即是恭敬一心瞻仰即是尊重說七言偈即是讚歎今論衆集指彼文者彼經衆集說法竟儼然不散即彼座席仍說法華故知三業供養不得有異用彼廣釋此略於義無咎從爲諸菩薩說大乘經下訖以佛舍利起七寶塔是現相序瑶師明七瑞此土開六他土總一光宅此彼各六瑞此六者動則說法度人靜則入定觀理動靜爲一雙上天雨四華下地六種動上下爲一雙大衆內懷歡喜如來外放光明內外爲一雙今謂尋文起盡如光宅若取名義便易表報之意並自未彰今明智定因果感應爲三雙智則指一說多定則諦緣義處因則四位天華果則六處地動感則大乘機發應則圓毫照之此六皆稱瑞相者文云今相如本瑞瑞秖是相耳人情分別以容報爲瑞奇異爲相相何所報妙理玄曠說之至難人情悠悠不能尊重先以異相駭變常情常情既變而生欽渴故以異釋相以報釋瑞略明六瑞表報十妙感應妙中已說今更道說法瑞表報說法妙智妙入定瑞表報行妙雨華瑞表報位妙地動瑞表報境妙乘妙衆喜瑞表報眷屬妙利益妙放光瑞表報感應妙神通妙是故六種俱名現相序說大乘經者善戒經有七大一法大謂十二部毗佛略也二心大謂求於菩提也三解大謂解菩薩藏也四淨大謂見道淨心云五莊嚴大謂福德智慧也六時大謂三僧祇行行也七具足大謂以相好自嚴得菩提也六是因大七是果大大因大果合爲大乘經也今將十妙義揀經應可解生師云無相空理大乘之本封三來久頓說無三不能取信故說無相爲法華序觀師意同若爾般若淨名皆應是序何獨無量義耶彼釋云如此由五時故後教得起更問若爾無量義與諸經皆通途相生非關別序基師云空理無形故云無量序意同前難亦如是印師云無相善有成佛義故言無量又云彼經不說有三無

三有異大品非法華所指指者不來秦地今謂此經是宋元嘉三年慧表比丘於南海郡朝建寺遇曇摩耶舍受此本還武當山永明三年始傳於世經既已來豈可送還天竺光宅云無量義以萬善同歸能成佛道法華正明無二無三破三與一爲異故即爲序若言萬善同歸二三何不同歸二三若歸序正不異若言破二破三何不破萬破二破三則無二無三既其破萬是則無序取經互舉意爲異者不成異也異意不顯序義亦不成也劉虬注云無相爲本無相一法含義不背若含義不背即是有相何謂無相尋諸師各偏一種若言有相之善有成佛義此三藏意耳若言無相之善有成佛義此通教意耳若言含法不背此別教意耳並他經所明皆非序法華意耳若法華論列十七種皆法華之異名無量義者即法華之一名也今申論意佛直說此名而入此定故得爲序大品金光明涅槃皆先唱名於序無妨今經文殊引古佛亦名無量義又云當說大乘經名妙法蓮華此

亦序中唱名與論意同也今挍彼經釋無量義者從一法生其一法者所謂無相無相不相名爲實相從此實相生無量法所謂二法三道四果今釋此文無相者無生死相也不相者不涅槃相也涅槃亦無故言不相無相指中道爲實相也二法即頓漸頓謂華嚴頓中一切法也漸謂三藏方等般若一切法也三道即三乘四果即羅漢支佛菩薩佛此等諸法名爲無量實相爲義處從一義處出無量法待爲無量法入一義處作序譬如筭師從一筭下諸筭除諸筭歸一筭由下故除下爲除序從一派諸收諸歸一開爲合序亦復如是如此消釋不違彼經論亦與此經合云復次無量義讚偈明法身百非洞遣應爲丈六紫金輝普賢觀明常樂我淨四波羅蜜住處前後兩文皆明常豈有中間壽量而是無常耶他難云序已說常正何所道今反難之涅槃以純陀是序已開常宗正何所道他又例淨名序金剛無爲無數而正說不明常法華亦應爾今還反難之純陀序常涅槃正應

無常今論序常正何疑也教菩薩法者無量義處用教菩薩也義處即諦理也下文普令一切衆亦同得此道又云若我遇衆生盡教以佛道即此意爲佛所護念者無量義處是佛自所證得是故如來之所護念下文云佛自住大乘也雖欲開示衆生根鈍久默斯要不務速說故言護念佛說經已入無量義處三昧者慧定相成非禪不智須先入定非智不禪故先說法即智而定即定而智先後入出無有隔礙疑者云若未說無量義可入斯定說此經已何故入定釋言先入此定後說此經可解說此經竟而更入者是爲法華作序耳何者若不先開則後無所合先入開定爲合定作序稱爲瑞相即此義焉若作次第者先入無量義三昧已應入法華三昧若明文彰顯時衆則知何俟彌勒殷勤文殊斮固故知作序其義轉明身心不動者與所緣之處相應也身之本源湛若虛空心之理性畢竟常寂大通智勝身體及手足寂然安不動其心常惔怕未曾有散亂身若金剛不可

動轉心若虛空無有分別無量義處三昧法
持於身心故不動也稱爲無量者此定寂而
常照能知世間從此一法出無量法也若作
序義身法體動運令令不動運心法體分別
令令不分別序義明矣問瑞相本論奇異說
法入定佛之恒儀何得爲瑞答說法雖竟時
衆不散肅有所待故知前之說法舉衆來集
待於後開此事奇特與常說異何意非瑞雖
入開定意在合定與常入定有異何意非瑞
相耶又文殊引古佛六瑞皆有此事若昔非
瑞相何以證今今古同然豈可以凡情而非
之耶天雨四華者舊云小大白小大赤正法
華云意華大意華浦鄉偈華大浦鄉偈華釋論九
十九云天華妙者名曼陀羅又七十九云八
百比丘成佛國土常雨五色曼陀羅華舊雨
小大白表在家二衆小大赤表出家二衆表
其昔來因而未果今謂此解狹而不當直論
四衆收三藏中十六衆尚不盡況復四十八
衆是故爲狹夫華相客報其因四衆昔來已
是因何俟華報若報其果天應雨實何故雨

華故云不當今言雨華明其昔因非佛因三
藏中因是二乘因通中因是共因別中是菩
薩因皆非佛因今天雨華報其當獲佛因佛
因者即四輪因也小白表銅輪習種性開佛
知見也大白表銀輪性種性十行示佛知見
也小赤表金輪道種性十迴向悟佛知見也
大赤表琉璃輪聖種性十地入佛知見也四
輪皆同是因是因由中而生故從天而雨由
是因位故以華表之但因有趣果之義故而
散佛上如此因果誰當感剋秖是此會時衆
故言及諸大衆也下文殊釋疑吹大法蠡等
四句又正說中開示悟入又與大車中遊於
四方即節相承皆是位義故知華表因位也
問四輪是別位義那得釋圓位耶答名通義
圓尚無所失況名別義圓而不得用耶問別
義賢聖圓亦有耶答已如玄義若言四華俱
從天雨表四衆當同成一因如此釋者出三
藏義未出通義若言四衆同是菩薩因者此
釋出通義未出別義並非佛因皆非法華意
也法華意如前說普佛世界地六種動者舊

云動三乘人因果決定六執者此破三藏家
三乘六執未破通教三乘六執通教約法三
人因果同若約人三人因果異此之同異俱
被破而舊家破意不破此也別教無三乘名
則無六執舊所不破今明別家因時三法縱
橫果時三法亦縱橫此則須破今釋地六種
動表圓家六番破無明無明礫礴未曾侵毀
方將破壞故動地以表之無明若轉即變爲
明故普佛世界六種震動也六種表住行向
地等妙六番也優婆塞清淨行經云菩薩生
時動地示此生已盡無復煩惱一切衆生應
得道者煩惱將滅故動即此義也本迹解者
如文殊釋疑引古佛爲答客得此意即是識
本非謂他佛昔現斯瑞而我世尊本亦斯瑞
非今一反也云觀行者動六根也地相堅固
如六根冰執未曾入大乘之道動難動之地
表淨未淨之根東涌西沒者東方青主肝肝
主眼西方白主肺肺主鼻此表眼根功德生
鼻根煩惱互滅鼻根功德生眼中煩惱互滅
餘方涌沒表餘根生滅亦復如是六動者動

起涌震吼覺一一中又有三謂動徧動等徧動直動爲動四天下動爲徧動大千動爲等徧動餘五亦如是合十八種動此即表淨十八界也云次明大衆心喜瑞者衆見雨華地動知甘露將降欣躍内充表大機當發感於勝應問喜怒人之常情何得爲瑞答天華悅眼地動震心大經云動時能令衆生心動華地是外瑞心喜是内瑞非常之喜昔雖曾有而不爲喜所動而能一心觀佛何得非瑞若言歡喜動陰心者人天義也若喜動眞諦無漏心者藏通義也若喜動即假心者别義也喜動實相心者圓義也次明佛放光瑞即表應機設教破惑除疑白毫具種種功德觀佛海三昧經云佛初生時牽長五尺苦行時長一丈四尺得佛時長一丈五尺其毫中表俱空如白琉璃筒内外清淨從初發心中間行行種種相貌乃至入涅槃一切功德皆現毫中毫在二眉之間即表中道常也其相柔輭表樂卷舒自在表我白即表淨放光破闇表中道生智慧光照此土他土表自覺覺他復

次二乘雖達二諦不知中道如有二眉而無白毫别教雖知三諦不能毫中具一切法當知從初至後法界中事悉現毫内者即表圓教之意復次衆經明放光不同大品從足下千輻輪相乃至頂髻一一各放六萬億光明如彼廣説大經面門放光此經白毫放光緣宜不同耳又收光不同育王經云收從背入欲記過去事收從前入欲記未來事而不見記現在事私謂脅入應記現在事也足入記地獄踝入記畜生脚指入記鬼膝入記人左掌入記鐵輪王右掌入記金輪王及記諸天臍入記聲聞口入記緣覺白毫入記菩薩肉髻入記佛而今經放白毫光而未見收光之文者略耳又解云放光照現在事收光明將來事此經正論此土他土諸佛道同故正論放光若解諸佛道同即開示悟入任運獲記則放光爲正收光是傍故略而不説耳若丈六佛放光者三藏義也若尊特佛與丈六佛共放光者通義也若尊特佛獨放光者别義也若丈六佛即毗盧遮那法身放光者圓義

也舊云此土六瑞訖至膩吒天今尋文從照東方萬八千土下即是他土六瑞之文蓋斟酌由人耳舊云實照十方照東方者表一乘因果是諸因果之上萬是數圓表果位滿八千數缺表因果未足若照東方義已足更照九方復何所表今明東是方始表十住是位始迹門説法生身菩薩朗然見理入於十住開佛知見舉初即知中後故云靡不周徧者當知諸方亦然諸位亦然若就本門説法四方佛集即表本門説法法身菩薩增道損生四位增長也觀解萬八千者約十八界論百法界千性相即有一萬八千此等境界佛慧未開今應當開故以數表之耳文云從阿鼻獄上至有頂即六法界也又見諸佛菩薩比丘等十界具足故文云靡不周徧即此意也若分文屬此土第六相若屬他土即是總相照他土文次明光照他土六瑞者一見六趣二見諸佛即是上聖下凡爲一雙三聞佛説法四見四衆得道即是人法一雙五見菩薩行行六見佛涅槃即是始終一雙既有可化

衆生即有能化之佛有佛即有說法說法即有弟子弟子即是行始行始必致終也若此土六瑞總報衆生當獲自覺彼土六瑞總報衆生當獲覺他又此彼六瑞表此彼諸佛道同從盡見彼土六趣衆生下至行善薩道者是現彼土已與此同從復見諸佛下至七寶塔者是現此土當與彼同略說竟更廣說者從又見六趣衆生是現彼佛爲五濁故出現於世此佛亦然二土出世意同也及聞諸佛所說經者是現彼佛初從無相一法非頓而頓與此土初說華嚴意同也從并見諸比丘下是現彼佛非漸而漸與此土佛次說三藏意同也從復見諸菩薩下是彼佛三藏之後說方等般若衆經與此土佛三藏之後意同也從復見諸佛下至起七寶塔是現彼佛般若之後開權顯實收無量法還入一法唱入涅槃息化起塔光照彼土始終究竟炳然在目當知此土從一出無量非頓而頓非漸而漸其事已竟必當收無量法還入一法開權顯實息化歸真與彼土同也復次種種因緣者昔善爲因今教爲緣又別說者正是三藏之後明共不共般若爲因助道戒定慧等爲緣約三人即有種種因緣又就共不共人種種因緣種種相貌者共不共各四門一一門復有無量相貌五百比丘各說身因即其義也不共四門亦如是故知因緣相貌種別無量皆是彼與此同彼明此相因緣相貌還入一因一緣一相一貌當知此土亦與彼同爾時彌勒作是念訖今當問誰是疑念序文爲兩一彌勒疑念二大衆疑念彌勒有三念一正念六瑞二念問誰三念文殊文殊念起第二念除唯初念在但成一疑也神變者神內也變外也神名天心即是天然內慧變名變動即是六瑞外彰首楞嚴云佛住不二法能作神通法王法力超蓋一切彌勒不測外變亦不知內慧故興念至此若夫庸人不知術者散人不知定者凡人不知聖者小聖不知身子身子不知菩薩菩薩不知補處補處不知尊極此就極處亦不知也又彌勒值佛植善既多何容不髣髴知應須隱明示闇權言不知也大衆有兩念一正念六瑞二念問誰若將下偈望此亦得有三念偈云四衆欣仰瞻仁及我無第三念何事瞻仁而此中無者欲推補處居先也舊解先有三意一是補處二有三念三能發問爲此義故大衆闕一念也問文殊彌勒德位相亞何故一問一答答夫機有在無位雖齊等賓主異宜聖人承機非問者不能答也又法門有權實權補處須問實者須答又迹有久近近問久答又名有便易彌勒名慈慈爲衆生應須問文殊名妙德德應須答此即四種消文意

妙法蓮華經文句卷第二下

妙法蓮華經文句卷第二下

校勘記

一　底本，明永樂北藏本。

一　三三頁上一行全行，[徑]作「第二下始」。

一　三四頁下一八行第一一字「加」，[南]作「如」。

一　三八頁下六行「俱名」，[清]作「俱各」。

妙法蓮華經文句卷第三上　　寔五

隋天台智者大師說

門人灌頂記

從爾時彌勒欲自決疑下訖偈即是發問序文爲二長行偈頌長行中經家述自疑他疑發問問中此土他土如文何意有偈頌耶龍樹毗婆沙云一隨國土天竺有散華貫華之說如此問序後銘也二隨樂欲不同有樂散說或樂章句三隨生解不同或於散說得解或於章句得解四隨利鈍利者一聞即悟鈍者再說方悟又表佛殷勤重說又爲衆集前後故有偈也偈有六十二行文爲兩初五十四行頌上問後八行請答就問爲兩前四行問此土後五十行問他土長行總問此土六瑞偈中長有香風地淨無說法入定觀文謂言盈縮尋義不然說法是慧性入定是天心由天心慧性能作動地放光舉末即能知本故縮非縮也他不見此意謂彌勒不問兩事便不以爲瑞今反難之若彌勒不問文殊何故而答又問指何處爲問今指長行總問是也若更顯其別問秖導師兩字是也良以說法入定能導於人既稱導師即是問說法入定也是故非縮他云風由檀林故香地加之嚴淨盈長兩事今謂非盈風本無香而香爲奇特故以成瑞夫天華至妙豈有色而無香此表因運至果如華有香風華既集地地則嚴淨因若趣果果則嚴淨金光明云聚集功德莊嚴佛身故以二事顯成四華盈非盈也眉間光下次有五十行頌問他土六瑞舊云頌中不問三乘四衆不問佛涅槃今教廢三那忽問三方說壽量那問滅度於義不便故不問也嗚呼不解消文抑經就情今明頌中具問他土六瑞文爲六初三行問六趣衆生二四行問見彼佛及說法三三行問他土四衆次一行半結前開後次三十一行半問他土修菩薩行次七行問供養舍利即是問佛涅槃也初三行問六趣驗此頌知上文光照東方是總照他土意也此頌頌上總問六趣衆生是能趣之人生死是所趣之處善惡業緣是趣因好醜是趣果也從又覩諸佛下第二四行問見彼佛土直見佛說法此廣明說法之相謂說頓教逗大根性聖主師子即如此土現盧舍那像也演說經法微妙第一者即如此土先照高山演華嚴教也教諸菩薩者即如此土七處等會無聲聞人也照明佛法開悟衆生者即如此土始見佛身入如來慧也若人遭苦下第三三行問彼土四衆即是頓說之後次明三藏教也若人遭苦者開聲聞乘也此頌具明四諦在文分明云云若人遭苦而造惡業苦不得盡底下衆生是也若人遭苦而造善業苦亦不盡猒下攀上如難陀爲欲故持戒等是也若人遭苦於外道法中求解脫增見長非者苦亦不盡若人遭苦猒集復猒依果感佛說涅槃者此人能盡諸苦際也他土亦開此乘也若人有福下一行是開中乘也若供養佛少遭苦致惱若供佛多雖遭苦而福故云聲聞三生種福支佛百劫種福形彼聲聞故言有福志求勝法者聲聞猒苦而修行支佛求道故修行深求緣起勝妙之理即是他土開中乘也若有佛子下

是開六度大乘也眞慈悲能紹佛種故言佛子修於六度故言種種行志求故言無上慧六度中無六蔽如藥中無病故言淨道非畢竟淨也又聲聞苦諦爲觀門緣覺集諦爲門六度菩薩道諦爲門故言淨道文殊我住下第四有一行半結前開後見聞若斯即是結前如是衆多即是開後我見彼土下第五有三十一行半問他土菩薩種種修行就此爲三初一行總問次十五行次第問次十五行半雜問初總問可解或有行施下第二有十五行次第問中爲六初六行問檀二二行問尸二一行問忍四一行問進五二行問禪六三行問慧就問檀有三意初四行問捨財一行問捨身一行問捨命珍寶奴婢貴賤共能比施駟馬寶車豪俠者所棄妻子等是外身身肉等是內身捨頭目即捨命而不言法施者讓後般若也又約身命財與生死後際等得不壞常住即是法施故不別說也文殊師利見王下第二二行問戒約比丘論持戒者在家施易戒難出家施難戒易故約比丘明

戒此中引五王經云或見菩薩下第三一行問忍忍有三種閑林邃谷惡人惡獸忍耐無瞋即生忍自節守志即苦行忍爲求佛道即第一義忍又而作比丘即苦行忍獨處閑靜即生忍樂誦經典即第一義忍又見菩薩勇下第四一行問精進者夫深山可畏非怯者所居勇進者能安之傍若無物思修實相念念不休進求佛道也又見離下第五兩行問禪前一行問修根本禪後一行問修出世上上禪通途得有根本之修也離欲者若離欲得五通教定也又根本本離欲背捨亦修不淨等離欲別教兼離二乘欲中道又離順道法愛欲云深修禪定者發初禪一品此定未深乃至九品傳傳爲深又背捨九定八勝十一切入等傳傳爲深此定轉變自在能發諸通凡夫但五通二乘具六別教菩薩讓佛分有無漏亦但稱五通也圓教初後皆具六通安禪萬偈下第二一行明上上禪此是別圓之禪靜散不相妨不起滅定現諸威儀如修羅琴不拊而韻無緣無念有感則形

故能々禪讚佛也復見智深下第六三行問般若爲二初一行是自行智深者慧窮理本也志固者誓願廣大也此即二種莊嚴能問能持也又見佛子定慧下次兩行是化他也未到慧多無色定多四禪等又背捨慧多九定定多十一切中等又二乘定多菩薩慧多佛則等又空觀定多假觀慧多中觀則等無量喻即是種種方便諸教之中引無量譬類助顯第一義也破魔兵者空觀破四魔假觀次第破八魔中觀圓破八魔十魔一切魔擊鼓者初發心住便成正覺百佛世界作佛圓擊梵輪法鼓從又見菩薩寂然宴默下第三有十五行半不復次第隨見而問問上六度自收得萬行何須更問大煩雜耶答上問次第者自漸一途非次第者不定一途既言種種相貌何啻兩途而言是煩耶此次第雜亂兩番六度擬他土開三藏後說方等十二部經辯六度相貌具如此間不異就雜問中文爲七意初二行問禪又二前一行問入捨禪即是自行次又見菩薩放光下第二一行問

入悲禪即是化他菩薩入定放光種種利益具出華嚴思益云次又見佛子未嘗下第二一行問精進即是般舟念佛等法門也次又見具戒下第三一行問戒威儀無缺即是初不缺戒淨如寶珠即是第十究竟戒中間可解十戒如玄義中說次又見佛子住忍下第四一行半問忍即生法二忍次又見菩薩離戲下第五兩行更問禪離戲笑是却掉悔蓋離癡眷屬即除瞋蓋近智者除疑蓋一心除亂是却貪蓋攝念山林除睡蓋次從或見菩薩至飲食下第六五行問檀爲二前四行明四事施如是下第二一行結成次或有菩薩說下第七有三行問般若初一行不可說而說般若二一行不可觀而觀般若三一行言語道斷心行處滅即是說不可說觀不可觀而論般若也或可用此三番般若成上見他土說方等中六度或可別擬他土說方等後明大品教感譚般若寂滅無二清淨不著此彼同也或可說寂滅法是方等中意觀諸法性猶如虛空是般若意正是歷法作觀法相

無二此義實與大品相會若作彼土見法華意者以此妙慧求無上道一行是也但見修妙慧人不見法華妙慧座席若見座席即知此如彼何事須疑但見人不見座閫衆疑問耳或可三番般若與此間般若相同未知此後次何所說是故疑問此兩意從人用之耳上長行文近但舉六意偈頌既廣顯義冷然云文殊師利又有菩薩下第六有七行明佛滅後以舍利起塔者正頌上他土佛出五濁從無相一法開漸頓教故有二法三道種種行類相貌不同如上所見也今見他土佛般涅槃佛子慕德爲樹墳塔即表無量悉歸入一一出無量前相已表無量歸一正是入於涅槃云何畏妬壽量作起塔爲佛事耶痛哉痛哉就文爲六初一行總摽佛滅起塔次又見佛子造下第二一行明塔數次寶塔高妙下第三一行明塔量次一一塔下第四一行明塔相次諸天龍神下第五一行明供養次文殊下第六兩行結塔嫈此云方墳方墳如此土塚墓大灌頂翻爲塚也殿堂如此土靈

宇崇臺峻階承露干雲長表淨域歸心上聖耳樹王者即波利質多正供舍利傍嚴佛國土云從佛放下第二有八行請答爲二初三行舉疑事述請後五行釋伏難初三行爲三初一行舉見此土事白毫爲本故先舉及諸事故言種種次諸佛下第二一行舉見他土事諸佛爲本即總攝餘五也我等下第三一行請答第二就釋伏難爲二初四行正釋伏難次一行結請言伏難者文殊內心搆難不肯時答其意有三一此瑞希奇不可倉卒輕爾有判二智衆如海謙光推高三斬固前却生衆渴仰故以伏難潛而拒之彌勒彰灼釋難意亦有三一瑞大疑大若不爲釋憂兒在懷妨聞正說二衆海乃多機在仁者三闔衆瞻仁故知注誠殷重所以彰言釋難請令時答初伏難者因正請生請云佛子文殊願決衆疑文殊仍此起初伏難次云衆疑衆未曾疑若疑應問衆既不疑我何所決彌勒即以第一偈釋云四衆欣仰瞻仁及我及我欲令我問瞻仁欲得仁答文殊因此起第二難衆

同有疑不易可答待佛出定然後決疑彌勒
即用第二偈釋若有疑在懷憂兒不泰應以
時答復知如來何時起定故言佛子時答決
疑令喜文殊因此起第三難我與仁者同居
學地欲測佛意微共籌量獨令我答於理不
可彌勒即以第三偈釋我亦微心下思踟躕
兩楹爲說妙法爲當授記故言佛坐道場所
得妙法爲欲說此爲當授記文殊因此起第
四難若如汝說即是釋疑何煩我答彌勒即
以第四偈釋安得以我猶豫之心而判大事
故言示諸佛土此非小緣文殊伏難既窮謙
光亦止後一偈結請答也此四伏難光宅受
於次師次師受於江北釗師既是先賢文外
巧思今用之從是時文殊師利語彌勒下訖
偈名答問序有長行偈頌長行文爲四一從
語彌勒下名惟忖答二從善男子我於過去
下名略會見答三從諸善男子如過去下名
廣會見答四從今見此瑞與本無異下名分
明判答夫以下測上止可罔像卜度惟昔儔
今不可頓決所以初從髣髴次引略見略見

未周更引廣見以多證一爾乃分判惟忖答
答上此土問略會見答答上他土問廣會見
答雙答此土他土問判當答雙判此土他土
問也惟忖答爲二初標章次正惟忖惟者思
惟也忖者忖量惟今如昔忖昔如今然文殊
古佛豈應不知迹示思惟也光宅以初後兩
句是法說表因果廣略中間三句是譬說欲
說大法是略開三顯一略開近顯遠演大法
義是廣開三顯一廣開近顯遠大法雨者譬
得記作佛昔因果定執不得作佛是枯涸義
今皆作佛是被雨潤義吹蠡是改三乘之號
嚴鼓誡兵譬破無明今明其法說不用何者
迹本兩門由藉各異迹由籍起彌勒生疑文
殊爲釋本由籍來起彌勒何所疑文殊何所
釋若於此中已是釋於開近顯遠之疑者後
地裂衆涌彌勒何故更疑更疑則浪疑浪釋
釋後既虛釋前亦謬此大有所妨故不用也
今明彌勒但問迹中此彼二土等瑞文殊以
惟忖答迹中事不關壽量本中事也欲說
大法者答說法瑞雨大法雨答雨華瑞吹大

法蠡答大衆心喜瑞擊大法鼓答地動瑞演
大法義答放光瑞欲說大法者惟昔諸佛說
無量義後則開權顯實收無量歸一忖於今
佛既說法已亦應開權顯實會無量以歸一
一者即大法也雨大法雨者惟昔諸佛天雨
四華之後普入圓因住行向地忖於今佛雨
華之後皆成佛因住行向地故言雨大法雨
也吹大法蠡者惟昔四衆見瑞歡喜得未曾
有障除機動即改人教行理忖今衆喜亦應
障除機動改人教行理所改既深故言吹大
法蠡也擊大法鼓者惟昔地動已後即有六
番破無明賊忖於今佛地動已後亦應六番
破無明惑聲教極少故言擊大法鼓演大法
義者惟昔諸佛放白毫光後說法華彼此道
同忖於今佛放光已後廣明五佛道同既是
佛道故言演大法義如是五句悉是惟昔判
今忖今類昔會文附義唯少入定一瑞而雨
華動地放光等皆由入定故爾意則兼具無
勞疑也闕此一條故稱略答耳今更別解初
一句總後四句別總者大法是也別者雨吹

擊演開示悟入是也如天非小大非赤白而兩亦白之華知第一義非開示悟入見此理時即證開示悟入譬如種子得雨萌開今聞大法雨潤法性種破無明糠開於十住佛知見也譬如吹蠡知是改號今之與先已得十住今從十住聞法更改入十行示佛知見也譬如擊鼓知是誡兵今之與先已在十行今從十行聞法誡入迴向悟佛知見也演之言布演闊竪深乃是演義今之與先已在十向今從十迴向入於十地入佛知見窮源盡邊深廣備足也惟普六瑞已後即開示悟入付令瑞後亦應如是横竪釋惟忖答竟從我於過去下第二引略會見答者初以已智惟忖今以略會小分明於前舉此答他土問也此土五瑞不通他土唯放光一瑞徧照東方略會見答專答放光故知是答他土之問也今見如昔昔秖如今欲令衆生咸得聞知者即聞思兩慧亦信法兩行收無量歸一改三乘教理六番破無明等諸佛道同開示悟入佛之知見故言一切世間難信之法也如過去下

三引廣會見答更分明於略此廣答此土他土之問彌勒因光横見東方以爲問文殊引昔竪見而爲答横竪顯諸佛道同也文爲三初引一佛同次引二萬佛同後引最後一佛同就前一佛又爲三一明時節二標名三說法時節如文有佛號日月標名同者通號與今佛丁同别名云何同此當以名别義同爲釋何者日是慧月是定定慧是自行德燈明是化他德能仁能定慧能自他又日月燈是三智今佛亦三智隨緣稱别義則不殊故言名同演說法下第三說法同者昔佛先頓後漸與今佛初頓後漸同也演說正法初中後善者即是頓教也夫七善之語乃通大小尋文是大乘七善初中後善者即是頓教序正流通名爲時節善其義深遠即是頓教了義之理二乘不測其邊底故言深遠是名義善其語巧妙即是頓教八音所吐會理直說悦菩薩心即頓教之文名爲語善純一無雜不與二乘共即是頓教獨一善具足者具明界内界外滿字之法即是頓教圓滿善清白無

二邊瑕穢即是頓教調柔善師云行善梵行之相者梵即頓教無緣慈善又初中後善解者不同今且依一途若小乘以戒定慧爲三善大乘以初中後心爲三善金光明云前心如來不可思議中心如來種種莊嚴後心如來不可破壞此亦三善之意也文殊引古佛頓教七善與今佛頓說七善同亦與他土初頓說同所以用此偈答者酬上彌勒據光横問他土佛云聖主師子演說經法微妙第一文殊竪引昔舉此爲答即是初佛說頓法同也爲求聲聞人說應四諦法者即是古佛次頓之後開漸教法同也上問若人遭苦爲說涅槃今引古佛亦開此漸以答斯問也爲求辟支佛說應十二因緣法答上若人有福志求勝法之問也爲諸菩薩說應六波羅蜜答上佛子修種種行之問也皆引古佛開漸教同也廣引曾見佛答他土之問也今待三善提成一切種智者此明古佛開頓漸後即顯實之說始終究竟此答彌勒見他土佛般涅槃涅槃後起塔之問也若引古佛說法至六

波羅蜜者明今佛已與昔同從今得三菩提
去明今佛當與昔同次引二萬佛名號說
法皆同初引一佛備舉頓漸說法同中舉二
萬佛但舉說頓同故言初中後善也後引一
佛但舉開漸同所以然者互舉耳指前可知
而不引二萬之前佛者正爲名字說法皆同
據義爲便耳姓頗羅墮者此翻捷疾亦云利
根亦云滿語也其最後下第三引一佛同文
爲三一明曾見事與今已同二明曾見事與
今今同三明曾見事與今當同曾與昔之所
更已詶謝在過去曾之與已俱謝俱更今取
久遠者爲曾小近者謂已取六瑞等爲今取
佛出定去爲當也第一從其最後佛有八子
者是曾與已同昔佛八子今佛一子數雖不
等並出同居之主有見思俱示有子有子事
同一八赴緣別有所表生一子總表一道清
淨生八子表八正道數異義同今取有子義
同也又昔佛子出家發大乘意今佛子住小
乘果此云何同昔化道已竟顯本事彰故言
發大乘意今未發迹猶言羅漢至下文發本

即是菩薩其義則同從是時日月燈佛說大
乘經下第二明曾與今同昔佛自土六瑞悉
與今同次第如文昔佛他土六瑞總云如今
所見則知昔佛他土六瑞亦與今同昔明別
序既有現相懷疑二序同而無集衆發問答
問三序者義推則有既言說法知必集衆既
道懷疑知應有問若問必答例二必兼得三
序同也又若述昔答則不俟文殊費辭既不
言答亦不出問其義可解從時有菩薩名曰
妙光下第三明曾與當同此文爲六一從時
有菩薩者是因人同二從爾時日月燈明佛
從三昧起者是說法名同三從六十小劫者
是時節同四從說是經已於梵魔沙門者是
唱滅同五從時有菩薩名曰德藏者是授記
同六從便於中夜者明滅後通經同今初云
何同人同昔佛定起因妙光菩薩說經今佛
定起因身子聲聞說經此云何同瑤師云因
者同託付傳一乘之經非直對告之人也彼
佛對告何必是妙光如今對告身子身子未
必能有宣通因託宣通莫若妙光如今因委

鶖子文殊今佛不歎者往佛何必歎也文殊
引往佛歎妙光者正明可因託耳又舊以藥
王爲所付人者亦可爾但引往證今小不類
耳或言因文殊釋疑得起定說經此對不便
今明不爾經文自云因妙光正說而作因託
流通之解又取藥王爲例此乃公抗佛語何
關釋經昔因妙光今因身子正是所因人同
昔佛八子師於妙光如來起定對告妙光又
付託妙光今佛子羅云亦師身子佛從定起
亦對告身子亦問竟又付託身子今古孱齊
更若爲勝由而近棄身子遠取藥王疑者言
妙光是菩薩身子是聲聞云何是同昔事已
彰譚爲菩薩今事未發道是聲聞比及發迹
身子是大菩薩非同何謂昔妙光垂迹何必
不作聲聞特是文殊巧說方便隱顯耳從是
時日月下第二說法名同者如文上彌勒見
他土初頓頓後見漸漸後見種種行行後無
境後見佛涅槃今文殊答曾見佛初頓頓後
漸後云種種行即見法華此彼六瑞之後已
說法華法華後即入涅槃此分明定答他土

之閙也從六十小下第三時節同者如下文云五十小劫謂如半日即是同也從日月燈明下第四唱滅同者昔說法華即唱入滅亦如迦葉佛云云今佛說寶塔品中明如來不久當入涅槃化道已足唱滅事齊也時有菩薩下第五授記同者昔授德藏菩薩記今經授聲聞記豈得是同昔事已成故言授菩薩記然正是會三歸一聲聞得記也若說昔授聲聞記者佛從定起更何所論文殊巧譚故不發迹耳若說授菩薩記諸經皆爾執教者未驚也云云從佛授記已下第六過經同文爲五一時節即佛滅後也二出其人即妙光也三久近即八十小劫也四所化之衆即八子八百也五結會古今即求名妙德等也就所化之人又爲二初八子行成久已得佛八百之一方成今住補處所以引此八子八百者近則釋疑密開壽量釋疑者或謂彌勒補處爲大文殊非補處爲小小不應答大不應問故舉八百宜應有問妙光昔親對佛先復爲師故釋疑非謬密開壽量者八子最小佛號然

燈然燈是定光妙光是釋迦九世祖師孫今成佛師相爲弟子師弟無定將密顯生非生滅非滅之意問彌勒昔見諸佛曾聞法華何故疑問答時衆機宜應須扣發耳第四從今見此瑞下名分明判答今昔六瑞既同惟忖決定不謬略曾廣曾皆決定也當說大乘決定前說法瑞也名妙法蓮華決定前雨華瑞也教菩薩法決定前衆喜瑞也佛所護念決定前地動瑞也兼總入定悉在其中有人作已同當同不作今同尋文云今見此瑞與本無異此正語於今云何喚六瑞作已據此文爲今故作三同之釋也頌有四十五行偈不頌上惟忖略曾見答於廣曾見中但頌前後不頌中間也初有兩行頌廣曾見中時節名號說法等同也從佛未出家下第二有三十九行偈頌最後佛三同次有四行頌決定答就第二三同中有三初有一行偈頌曾與已同次第二有十五行半頌曾與今同第三次有二十二行半頌曾與當同從佛說大下第二就今同中又二初十四行頌此彼六瑞第

二從爾時四部衆下一行半頌四衆懷疑初又二初有四行偈頌此土六瑞同而長出天鼓自鳴衆無問自說也現諸希有事者即總頌諸瑞也從此光照下第二次十行頌他土六瑞同長行但云如今所見是諸佛土其文則略此頌廣也文爲五初三行頌見六趣衆生同次又見諸如來下第二一行兩句頌見佛同次世尊在下第三兩句頌聞佛說頓教七善法同也次一一諸佛下第四三行頌見聲聞等三乘即是昔佛開漸教法同也次又見諸菩薩下第五二行頌見菩薩種種因緣即是頌開方等般若教同初三行如文第二一行半釋自然成佛道者方便道則加心修習發真道即是自然任運與理合也約四教可知云云問發真自然者何須諸佛說法答如船順流若遇風加棹助疾有所至風喻見佛聞法棹喻修行例如初果任運七生若值佛加修或一生二生得至無學云云自然成佛道是報身琉璃是法身本淨金像是應物現形世尊在大衆敷演深法義下第三半行此則

將法約人法既深玄當知必逗大機開頓教也此頌上純一無雜七善之文一一諸佛土聲聞衆下第四三行此即將人約法人既二乘必知開三藏說也即頌上爲聲聞人說應四諦等也雖不頌出緣覺兼攝在中行施忍辱等等於四度耳此一行頌上六度大乘也又見菩薩深入諸禪定下第五兩行頌上見他土菩薩種種因緣信解相貌也略不答上起塔也上不見他土法華相故次此見起塔令答出法華相故起塔入滅事在後答也次爾時四部衆下第二一行半追頌昔佛四衆疑念如文從天人所奉尊下二十二行半頌曾與今當同文爲六初兩行二句頌因人同次說是法下第二一句頌上說法同次滿六十小劫下第三一行一句頌時節同約不思議延促劫智也妙光皆悉受持昔佛法也亦如身子受佛付囑也次佛說是法華下第四五行頌上唱滅同即是答上他土入滅之意也就此文有唱滅有囑累囑累如遺教有悲泣如涅槃有髮喻亦如遺教其得度者悉皆

得度未度者作得度因緣例如今佛將付彌勒云次是德藏下第五有一行半頌上授記次佛此夜第六有十二行頌上通經通經又爲五初有兩行頌上佛滅後時節四衆得益如薪盡火滅者小乘佛以果報身爲薪智慧爲火慧依報身身滅智亡大乘佛以機爲薪逗應爲火衆生機盡應形亦滅倍加精進者應以滅度度者也次是妙光下第二有兩句頌上能弘經之人次八十小劫下第三有兩句頌上行經時節次是諸八王下第四有八行頌上所益弟子又爲二初三行頌已成弟子次是妙光下第二五行頌當成弟子次彼佛滅下第五有一行頌上結會古今後四偈舊云是結成今物慕仰今釋不爾上長行有分明判答此文頌之文爲三初我見燈下初有一行頌上當說大乘經次今相如本下第二兩行頌上教菩薩法次諸求三乘人下第三一行頌上佛所護念在文可解又前彌勒釋四伏難今文殊必定有答此中是文殊斷四伏疑使彌勒莫復更問初第一疑因文殊

廣引先佛曾說法華故彌勒潛疑欲問諸佛赴緣人時各異古佛雖名法華今佛何必如此文殊即以第一偈斷云我見燈明佛本光瑞如此以是知今佛欲說法華經此斷其疑名之問也彌勒因此又疑自有名同義同自有名同義異此名何所顯召文殊即以第二偈斷云今相如本瑞是諸佛方便今佛放光明助發實相義此是斷其疑體之問彌勒因此又疑實相無相何人會之文殊即以第三偈斷云諸人今當知合掌一心待佛當雨法雨充足求道者此斷其疑宗之問彌勒因此又疑佛雨法雨止洽菩薩亦潤二乘文殊即以第四偈斷云諸求三乘人若有疑悔者佛當爲除斷令盡無有餘此即斷其疑用之問彌勒聯翩構疑文殊頻煩爲斷既事窮理盡即得之於懷可謂善於問答具二莊嚴光宅但知述於釗師釋四種伏難使文殊必答顯彌勒之美不見文殊釋四伏疑令彌勒不問抑妙德之能此義出自天台非傳他疏寄語後賢勿過人長也自釗師已後數百年中講

法華者蓋路頗有見斯意不非長何謂也
釋方便品
釋此有略廣略爲二先略次料簡方者法也便者用也法有方圓用有差會三權是矩是方一實是規是圓若智詣於矩則善用偏法逗會衆生若智詣於規則善用圓法逗會衆生譬如偏舉指以目偏處是舉偏法以目智宜用法以釋方將用以釋便若總舉指以目同處宜將祕以釋方妙以釋便也舉偏法釋方便蓋隨衆生欲非佛本懷如經令離諸著出三界苦是故如來殷勤稱歎方便此義可釋他經非今品意又方便者門也門名能通通於所通方便權略皆是弄引爲眞實作門眞實得顯功由方便從能顯得名故以門釋方便如經開方便門示眞實相此義可釋他經非今品意又方者祕也便者妙也妙達於方即是眞祕點内衣裏無價之珠與王頂上唯有一珠無二無别指客作人是長者子亦無二無别如斯之言是祕是妙如經唯我知是相十方佛亦然止止不須說我法妙難思故以祕釋方以妙釋便正是今品之意故言方便品也料簡者初番釋者是體外方便化物之權隨他意語次釋亦是體外方便自行化他之權亦是隨自他意語後釋是同體方便即是自行權隨自意語初釋方便非能入非所入次釋方便是能入非所入後釋方便是所入非能入故知名同其義大異世人多不見此意浪釋方便品云問方便與權云何答四句分别自有方便破權權破方便方便修權權修方便方便即權權即方便方便破權者四種皆是祕妙之方便此方便破隨他意權也權破方便者權是同體之權破於體外之方便也相修者亦可解相即者亦可解前三句可釋他經第四句今品意也故正法華名善權品權即方便無二無别低頭舉手皆成佛道方便善權皆眞實也廣釋者先出舊解五時權實十二年前照無常事爲權照無常理爲實指阿毗曇令謂釋論破無常是對治法皆屬三悉檀云何有實耶非今所用十二年後般若照假有爲權照假有即空爲實釋論亦破此義念想觀已除言語法皆滅照假有即空者猶是觀想耳非今所用次淨名思益内靜鑒空有二境爲實智外變動應用爲權智今謂内鑒外用爲二非入不二門非今所用次法華照三三爲權照四一爲實今謂三權一向不會實一實不開三權非今所用次涅槃金剛前無常爲權金剛後常爲實今謂道前眞如亦是常道後如量智亦是權此五時權實非今所用乃至半滿四宗所明權實二智亦非今所用復有人解方便是權爾實是審實又方便是權巧實是智慧又方便是權假假三車於門外又方便是權宜宜說三乘故又權是譬名譬如秤錘前之則重卻之則輕處中則平合於佛智照察稱量如是等釋各取一途權爾權假約處所權宜約法門權巧秤錘約智能各不包含義不融妙不可用此釋今品又有人以四種二慧初一是權一是實次空有二智觀空不證離二乘涉有無染出凡夫次空有内靜爲實外用爲權次金剛前後常無常爲權實初二慧今

生佛次二慧令生解次二慧令化他後二慧是果此諸二慧凡有三轉初以有爲俗空爲眞次空有爲俗非空非有爲眞次空有爲二非空非有爲不二二不二皆爲俗非二非不二爲眞教智亦然何故爾爲人悉檀故自有人聞前不悟聞後即悟是故二諦不同又如來常依二諦說法故二諦有三門又佛教雖多不出三門又漸引衆生故凡夫計心形是眞蓋非實也法性空乃眞耳凡夫即捨有取空故說空有皆是俗非空非有乃是眞或者捨二邊復值中道故第三遠離二邊不著中道乃是眞此爲五乘人初引凡夫生信出有次引二乘令入中次引菩薩令中偏俱捨又爲學中者謂三假爲世三假空爲眞此但得初意次非三假空有皆俗非空非有爲眞云云今詳彼釋乃是傍五時顯已意却漸次梯隥之非耳可釋他經非今品意經云咸令衆生皆得槪見何時前後開悟不同又云正直捨方便那用漸次會於圓妙又初引生信解化果等何關今經悟入之意耶如天親列十七

名第十三名大巧方便又大乘方便經明方便十種第九名善巧移二乘令入大乘方便波羅蜜當知今品乃是如來方便攝一切法如空包色若海納流豈可以諸師一枝一派釋法界之大都耶今明權實者先作四句謂一切法皆權一切法皆實一切法亦權亦實一切法非權非實一切法權者如文云諸法如是性相體力本末等介爾有言皆是權也一切法實者如文如來巧說諸法悅可衆心衆心以入實爲悅又諸法從本來常自寂滅相又云如來所說皆悉到於一切智地又云皆實不虛又大經四句皆不可說也一切法亦權亦實者如文所謂諸法如實相是雙明一切亦權亦實例如不淨觀亦實亦虛云云

妙法蓮華經文句卷第三上

妙法蓮華經文句卷第三上

校勘記

一　底本，明永樂北藏本。

一　四六頁下一二行「故以伏」，南作「以故」。

一　四六頁下一三行「瑞大」，南作「瑞大故」。

一　四七頁上一四行「是時」，清作「爾時」。

一　四九頁上一行第一三字「令」，南作「令」。

一　四九頁上一〇行第一四字「與」，南、徑作「謂」。

一　四九頁中六行第一四字「必」，南作「序」。

一　五〇頁下二行「此土」，清作「他土」。

一　五〇頁下三行第九字「也」，清作「頓」。

一　五二頁上一三行「弄引」，南作「哢引」。

一　五二頁中一〇行「方便方便即權權即方便」，南作「權一便方便即權即方便」。

一　五二頁下末行末字「令」，南作「令」。

一　五三頁上一一行第五字「值」，南、徑作「滯」。

妙法蓮華經文句卷第三下　　寔六

隋天台智者大師說

門人灌頂記

一切法非權非實者文云非如非異又云亦復不行上中下法有為無為實不實法非虛非實如實相也若一切法皆權何所不破縱令百千種師一一師作百千種說無不是權如來有所說尚復是權況復人師寧得非權如前所出悉皆權也若一切法皆實者何所不破唯此一事實餘二則非真但一究竟道寧得衆多究竟道耶如前所出諸師皆破入實寧復保其樔窟耶若一切法亦權亦實復何所不破一切悉有權有實那得自是一途非他異解一一法中皆有權實不得一向權一向實也若一切法非權非實復何所不破何復紛紜強生建立直列名尚自如此遥觀玄曠瀁蕩高明為若此況論旨趣耶今就有權有實句更開十法就十法中為八番解釋一列十名二生起三解釋四引證五結十為三種權實六分別三種權實照三種二諦七約諸經判權實八約本迹判權實一列名者謂事理理教教行縛脫因果體用漸頓開合通別悉檀即是十種名也二生起者從無住本立一切法無住者理也一切法者事也理事故有教由教故有行由行故有縛脫由縛故成因果由果故體顯能用故有漸頓之化由開漸頓故有於開合開合故有通別之益分別而益故有四悉檀是為十章次第云云三解釋者理是真如真如本淨有佛無佛常不變易故名理為實事是心意識等起淨不淨業改動不定故名事為權若非理無以立事非事不能顯理事有顯理之功是故殷勤稱歎方便理教者總前理事皆名為理例如真俗俱稱為諦諸佛體之而得成聖聖者正實也欲以己法下被衆生因理而說教教即權也非教無以顯理顯理由教是故如來稱歎方便云教行依教求理則生正行行有進趣深淺之殊故行名權也教無進趣深淺之異故教名實也非教無以立行非行無以會教會教由行是故如來稱歎方便云云縛脫者為行違理則縛縛是虛妄故稱權為行順理則生解解是於理故稱實非縛無由求脫得脫由縛如因栰渡海栰有濟岸之力故稱歎方便因果者因有進趣暫用故名權果有剋終永證故為實無果因無所望無因果不自顯是以二觀為方便道斷惑成因得入中道解脫之果若非二觀豈契中道果由因尅故稱歎方便體用者前方便為因正觀入住為果住出為體用體即實相無有分別用即立一切法差降不同如大地一生種種芽非地無以生非生無以顯尋流得源推用識體用有顯體之功故稱歎方便漸頓者修因證果從體起用俱有漸頓今明起用用漸為權用頓為實若非漸引無由入頓從漸得實故稱歎方便開合者從頓開漸漸自不合亦不合頓故名為權漸今究竟還合於頓故名為實由開故合開有合力從開受名故稱歎方便通別益者通則半字無常之益別即滿字常住之益然常益道長善生退沒故以化城接引生安隱想然後息化引至寶所若無半益

不得會常半有顯滿之功故稱歎方便四悉檀者三是世間是故爲權第一義是出世是故爲實非世不得出世由三悉檀得第一義是故如來稱歎方便當用四句釋十番權實三番是他經意一番是此品意云云四引證者此十義通大小教亘一切法且引今經不如三界見於三界三界者是事不如三界見者理也諸法寂滅不可言宣是理方便力爲五比丘說是教若聞此經是善行菩薩道證教行也又汝等所行是菩薩道佛子行道已來世得作佛又種種因緣而求佛道但離虛妄名爲解脫未得一切解脫盡行諸佛所有道法道場得成果云云我以佛眼觀見六道衆生始見我身聞我所說即皆信受入如來慧除先修習學小乘者云云窮子初逃中間客作後同付財初息化城後引寶所種種欲種種性相憶念等此通引一部爲證今別引一品雖不次第十文具足諸佛智慧甚深無量其智慧門難解難入者一切事理境智等悉名爲實施設詮辯阿含言教悉是智慧門此證理教論權實難解難入一切聲聞支佛不能知者即是縛脫論權實所以者何佛曾親近至名稱普聞即是教行論權實成就甚深至意趣難解即是體用論權實吾從成佛已來者成佛即是果果必有因即是因果論權實種種因緣譬喻至今離諸著即是漸頓論權實所以者何如來方便知見皆已具足即是開合論權實諸佛爲大事因緣故出現於世爲令衆生開示悟入佛之知見汝者是爲利益論權實取要言之佛悉成就即是三悉檀成就也止止不須說即是第一義悉檀是爲四悉檀論權實所以者何佛悉成就第一希有至諸法實相即是理所謂諸法如是相者即是事是爲理事論權實此一段長行明五佛權實佛佛皆爾然法華論解諸佛智慧甚深爲證甚深甚深有五謂義甚深實體甚深內證甚深依止甚深無上甚深無上甚深謂證大菩提也名智慧門爲說阿含義甚深此與理教權實意同論解佛曾親近百千佛爲修行甚深勇猛精進名稱普聞爲增長功德甚深此與教行權實意同論解成就甚深未曾有法爲微妙事甚深意趣難解等爲無上甚深入甚深此與體用權實意同論解吾從成佛已來爲說如來功德成就法此與因果權實意同論解無數方便者即是教化成就說法成就此與漸頓權實意同論解如來方便知見乃至深入無際等是自身成就不可思議境勝餘一切菩薩此是明利也論解能種種分別悅可衆心等是言語成就此是益也與利益權實意同論解取要言之止不須說等爲可化衆生成就此與四悉檀分別可化不可化意同論解唯佛與佛乃能究盡爲無量福成就諸佛能知謂如來法身之體不變故覺能自證成就能隨順衆生說一切諸法相等此與理事權實意同彼論解佛經今疏冥符二聖可謂與修多羅優波提舍皆合也五結權實者此十種通四教合四十權實若三藏中自證十法名自行權實說已十法利益衆生念化他權實化他之十皆合爲權自行之十皆合爲實名爲自他權實餘三教十

法束爲三種權實亦如是又當教各以事理教行縛脱因果四種爲自行權實各以理教開合二種是化他權實各以體用漸頓通別悉檀四種爲自他權實其名雖同其義各異也別結者三教若通若別當分皆是化他權實隨他意語故圓教若通若別當分皆是自行權實隨自意語故化他之三皆名爲權自行皆名爲實次結成四句隨他意語者即一切法權隨自意語者即一切法實雙取即一切法亦權亦實雙非即一切法非權非實次結成三番釋品者若自行自意者此文稱道場所得法大經云修道得故攝大乘稱如理如量智皆是圓教自行權實隨自意語佛雖能於此不可說法方便能說而衆生不堪若發軫單說此法取衆生者即不能得也故言不可說不可說也復置此事以自行權實共別教權實共取衆生者大機利者直得鈍者曲得小機利鈍俱不得蓋華嚴意也復置此事單用三藏權實取衆生者大機利鈍者客得顯不得小機利鈍者但保於證取亦不得

蓋三藏意也復置是事合用四種權實共取衆生者大機利鈍者曲直俱得小機利鈍者保證俱不得蓋方等意也復置是事捨三藏權實用三種權實共取衆生者大機利鈍俱得小機利鈍保證俱不得蓋般若意也復置是事捨三種權實單用圓教自行權實取衆生者大小機利鈍俱得蓋法華意也如來智慧靡所不達明照時宜用與可否故釋品云方者諸方法也便者善巧用也巧用方法取衆生得是故殷勤稱歎方便復次如來自證權實俱不可說愍念衆生說自證之權爲門於物非宜衆生不能得入故自證亦不可說說別權實爲門利者得入鈍者不入於物非宜別權實亦不可說說三藏權實爲門利者客入鈍者亦不入於物非宜亦不可說說三種化他權實爲門利者得入鈍亦不入於物非宜亦不可說說二種化他權實爲門於利者得入鈍亦不入亦不可說於物非宜捨三種化他權實但說自行之權於利者鈍者俱得入從始至終以方便爲門是故如來稱歎

方便釋品云方便爲入實之門即此意也前一番明如來能知方便能用方便此一番明行者能隨順方便云云復次如來自證修道所得於一切方便即是眞實而此眞實不可得說雖能說之衆生不能即實以方便力帶不即說一即利者能即鈍不能即又純說一不即利者客即鈍者不即又帶三不即說一即利者能即鈍者不即又帶二不即說一即利者能即鈍者不即又廢三不即純說一切即利鈍者俱能即於方便得見眞實上兩意用方便從方便此一意即方便即眞實眞實即圓因圓因即自行之方便如此自行方便令始證入上釋品云方便者即是眞實從自行方便得名故言方便品六分別照諦者前既通別當分結束權實今還約此智照義則易見若通以十種明自行二智者即照隨智二諦也通用十法逗緣者即照隨情二諦也若束四爲二者即照隨情智二諦也若當分照諦者事理教行縛脱因果悉是自證即照隨智二諦也理教開合此兩屬化他即照隨情

二諦也體用漸頓通別悉檀四通自他即照隨情智二諦也三教照諦準此可解又三藏三十種二智是化他二智皆照隨情二諦若通別六十種是自他二智即照隨情智二諦也通教或時與前三藏共爲隨情二諦若圓教三十種權實是自行二智照隨智二諦又三教若通若別皆是逗緣悉是化他二智照隨情二諦圓教若通若別皆是自行二智即照隨智二諦若束三教之實爲權束圓教之權爲實即自他二智照隨情智二諦也七約諸經者華嚴論教但是滿字論時但是乳論法是一自行一化他若對人但是菩薩二乘聾啞生身菩薩亦未能發自行之權隨智之實若依今經文未曾向人說如此事約三藏者若論教唯是半字若論法是一種化他若論時即是酪若依今文住立門外著弊垢衣執除糞器二乘人耳約方等教若論教對半論滿若論時並酪明酥若論法有三種化他一種自行若依今文心相體信入出無難約般若若論教帶半論滿若依時挾生而熟若

依法則有二種化他一種自行若依今文出內取與皆使令知約法華論教廢半論滿若論時純是醍醐若論法唯有自行若依今文開權顯實此實我子我之所生我實是父付以家業授記作佛前教不說者今皆發之正直捨方便但說無上道故是自行之權故言方便品自餘或是自他二智或化他二智復次華嚴對二菩薩說一自一他不擬二乘不聞不解三藏對二乘說一化他不擬菩薩故無自行方等具對小大對二乘說兩化他對菩薩說一自一他般若亦對三說一自二他對二乘說一他對菩薩說一自一他法華普對機熟者但明一自不復論他文云菩薩聞是法疑網皆已除千二百羅漢悉亦當作佛一切衆生悉入自行之方便故言方便品云云入本迹者如來本地久已證得一切權實名爲自行中間垂迹亦作兼帶等說今日垂迹寂滅道場帶別化他說自行次說一化他次說三次說二次說廢三等皆名化他權實束本權名實束迹實名權即是自他權實也結

此則有四句一切實一切權一切亦權亦實一切非權非實云云身子本證一切權實即自行迹在鹿苑單受化他在方等受一被三折在般若帶二轉一至法華廢三悟一皆是化他權實束本權爲實束迹實爲權即自他權實亦具四句云云若從佛迹說亦是化他之權實亦稱方便品若從引入圓因自行亦是方便品若從身子迹權亦是方便品若從身子迹入實亦是方便品爲此諸義故稱方便品也○從此品下訖分別功德品十九行偈或至偈後現在四信弟子文盡名爲正說分若作兩正說從此下訖授學無學人記品是迹門正說今且逐近就迹門正說更爲兩一從此下是略開三顯一二從告舍利弗汝已殷勤下是廣開三顯一二略更爲二初從爾時世尊下是略開三顯一二從爾時大衆下是動執生疑略開三顯一有長行偈頌長行爲二一寄言歎二智二絕言歎二智若不措言則無能知者雖復稱揚言不能盡諸佛二智如前說云云寄言爲二一明諸佛權實二明釋

迦權實諸佛道同是故俱歎上光照他土彌勒橫問文殊引古大衆豎聞正表於此故發軫定起即明諸佛道同也就歎諸佛文爲三一雙歎二雙釋三雙結就雙歎中先經家提起次正歎爾時者當爾之時也佛常在定何故言起此有所示往古諸佛說此經時必前入無量義即入法華今佛亦爾此示世界悉檀衰從定起履歷法緣二俱審諦說必不謬增長物信此示爲人悉檀衰從定起佛寂而常照尚須入定方乃說法況復散心妄有所說此是對治悉檀衰從定起入定緣理安心實相出定令他安心實相此是第一義悉檀衰從定起安此四法故言安詳而起也告舍利弗者小乘中智慧第一將欲因其破小智顯大智廢會開覆凡十種如玄義中說此乃經家提起之文法華論云佛入甚深三昧正念不動如實智觀從三昧而起現如來得自在力故如來入定無能驚怍故論與今義相應第一義悉檀出過世間故無能驚怍四悉檀無障礙故得自在云云加趺坐者古往微塵

恒沙諸佛及弟子盡行此法故又加趺起惡覺尚生他敬心況入深境界而不適悅天人耶又非世受用法不與外道共能破魔軍煩惱故又能生三種菩提道故私謂此是四悉檀意也問餘經云繫念在前者云何答背色想生死煩惱境界在後故觀寂滅涅槃所緣在前故應作四解云云問云何在面答凡人於面起欲能生猗樂然後徧身又九處流穢面有七孔以不淨治欲故繫緣在面其一又六識在面心多上緣表一切賢聖尚空與空相應故繫緣在面其二又若觀於面則能分別六識爲分別故故繫緣在面其三又身有六分頭面爲勝表諸法中實相第一第一法故繫緣在面其四就雙歎二智先歎實次歎權實者諸佛智慧也非三種化他權實故言諸佛顯自行之實故言智慧此智慧體即一心三智甚深無量者即稱歎之辭也明佛實智豎徹如理之底故言甚深橫窮法界之邊故言無量無量甚深深高橫廣譬如根深則條茂源遠則流長實智既然權智例爾云云其智慧門即是

歎權智也蓋是自行道前方便有進趣之力故名爲門從門入到道中道中稱實道前謂權也難解難入者歎權之辭也不諜而了無方大用七種方便不能測度十住始解十地爲入舉初與後中間難示難悟可知而別舉聲聞緣覺所不能知者執重故別破之耳法身本意元以自行權實擬之無機逃走故言不知華嚴頓照聾瘂瞽聵故言不知方等彈斥保住草庵故言不知般若轉教無心悕取一飡之意故言不知今大機啓發放光動地彼此今古諸佛道同由懷疑惑故言不知利根菩薩節節能知鈍同二乘是亦不知也門者光宅取二乘方便爲今經智慧門此須與奪若爾即是得門云何如來破言不知不知者則非門也與者此是最淺之能永不識所云云今解自有方便智慧爲門得入佛智慧如瓔珞云二觀爲方便道得入中道第一義諦亦是三教各各有四門爲方便得入中道光宅之解於二觀中秖是一觀於十二門秖是一門云云又方便智慧爲門得入方便智即是

三教各四門齊教入證也自有佛智為門得入佛智慧如上說圓因稱方便品即是自行觀智為門即是今經所歎其智慧門圓教四門即其一也自有實為門入方便智雙照二諦即其義也如此釋者豐富開闊何如光宅區區一種耶若依論以阿含為門此須開拓諸教準觀可知云云從所以者何下光宅云歎釋迦章今推文意是雙釋諸佛二智也佛曾親近至盡行道法是釋諸佛實智良由外值佛多褁承至要故實智甚深良由內行純厚盡行道法故實智無量無量則釋橫廣甚深則釋竪高也勇猛精進名稱普聞是釋諸佛權智其智慧門難解難入良由勇猛精進能入難入之門既入門已澤被無彊物欽勝德故名稱普聞亦可分句勇猛精進能入法門即釋權智深名稱普聞即釋權智廣觀權文無深廣之語例實智此義則成云云從成就甚深下雙結諸佛二智稱理究竟故言成就到彼岸底故言甚深此結成實智也稱機適會故言隨宜非七方便所知故言難解此結

成權智也隨情則翳理故言難解了義故意顯故言易知攝大乘云了義經依文判義不了義經依義判文即斯義也有時解成就甚深未曾有法結自行權實隨宜所說意趣難解結化他權實云云從吾從成佛已來者是歎釋迦權實舊云釋迦權實各各歎謂吾從成佛下是歎權所以者何是釋權如來知見廣大下是歎實從無量無礙下是釋實從如來能種種分別下是結歎實文舊料揀前後有三意一合歎諸佛二智者明二智體同開歎釋迦二智者明二智功用有異二明垂迹之本故諸佛先歎實明顯本之能故釋迦先歎權三諸佛顯自行先須得實釋迦明化他先以權引童蒙而互現出沒者將明體圓不可偏存存則失旨也今謂不爾但依文次第於義易解不須曲辯又汝云諸佛道同云何異解如人善讚孝順而打擲父母云云就釋迦文亦為三初雙歎次雙釋後雙結吾從成佛已來歎實智若實智不圓佛道不成既云成佛一成一切成即是歎實智也種種因緣下是

歎權智四十餘年以三種化他權實逗會衆生故言種種因緣也譬喻者小乘中以芭蕉水沫為譬大乘中以乾城鏡幻等譬依諸論者以小乘譬乳大乘譬醍醐也廣演者能於一法出無量義也無數方便者即七種方便也引導衆生令離諸著者說散十善離三途著說淨十善離欲界著說三藏離見思著說菩薩法離涅槃著說佛法離順道法愛著從所以者何是雙釋二智也如來半句即是釋實智從真如實相中來而得成佛道故名如來即釋成實智也方便即是釋權智由於方便善巧故能種種因緣知見波羅蜜者即是雙舉權實知見也一切種智名實知佛眼名實見道種智名權知法眼名權見悉到事理邊故悉名波羅蜜皆已具足者權實悉究竟也若不作雙釋之意那忽言皆已皆已者雙釋意顯也從如來知見廣大深遠即是雙結釋迦二智也如來知見如前說廣大明橫深遠明竪如此實智非橫非竪寄言往歎論其橫竪照無限極如函大蓋大也無量無礙下

即是結權智也自行之權道前方便約諸法門故知是結權智明矣實智無若干也光宅以此釋實智非但光宅不識實智衆代皆不知其無礙慧無若干也云云無量即佛地四等也無礙即佛地四辯也能於一辭一義旋出無量樂說不窮比於別通菩薩如甲上土方地力即十力畏即四無所畏禪盡禪之實相定即首楞嚴定三昧即王三昧深入無際者結成豎深成就一切未曾有法結成橫廣從舍利弗如來能種種分別下舊將結成前權實今用起後將欲絶言更舉權實爲絶歎之由文爲二初舉絶歎之由次指絶言之境鄭重者表殷勤也如來能善分別巧說諸法者即舉權也言辭柔軟悅可衆心者舉實也何以得知上見他土說頓云其聲清淨出柔軟音下身子領解云聞佛柔軟音深遠甚微妙據前後兩文知是舉實智也前歎中前實後權今何意前權後實明前欲寄言故從實而舒權今欲絶言須卷權歸實耳從取要言之是指實境要者莫過于實也無量無邊未曾有法是指權境又舉要是創指之端無量無邊是指權未曾有法是指實言此二法佛悉成就修道得故此那可說若單明一事不應言悉既雙指權實其意明矣止者下第二即絶言歎也印師云欲因止生其疑請之心也觀師云實法難知故先抑止驚其常情令明此法深寂言語道斷體不可說故止而歎之設慈悲爲說聞不能解傷其善根是故止也從所以者何下是釋止歎之意意爲兩一就佛是最上人成就修得最上法故不可說次明甚深境界不可思議故不可說就佛成就下明上人權實橫滿不可說從唯佛與佛下明上人權實豎深不可說成就對不成就乃至難解對不難解即是橫明成就修道得故故不可說唯佛與佛乃能究盡者初中分獲未盡其源如十四日月光用未普獨佛與佛究竟邊底如十五日之月體無不圓光無不徧如此豎深修道得故故不可說從諸法實相下即是甚深境界不可思議故不可說光宅云初一句標二智章諸法標權智境三三非一故言諸法三法之中其教最顯教必逗機仍有其人故知三三是權也實相者是實智境一理非虛故言實相四一之中偏舉一理理是本故是實也中有九句還釋上兩章耳前五句釋權章如是相者三乘言教攬而可別也如是性者三乘教性分不可移易也如是體者三乘之教入音章句各各有體菩薩教以六度爲體云云如是力者三乘教用訓導之力也如是作者三乘教被前人有造作也廣實智境略不牒章實境有四一以四廣其一理如是因者境生眞解爲因萬善望果也如是緣者境發實智爲緣以因所望處爲果果起酬因爲報後二句雙結初句結權本即舉相末即舉作次句結實究竟即結因等即結報也北地師云三乘法皆有相性果報本末也瑶師云如是相性此釋智慧照用三乘萠異爲相必爾成三爲性發心爲體隨心所堪爲力力有所造爲作作行招果爲因因者語其已分所由爲緣緣者語其外力逆剋爲果酬因爲報相爲本報爲末終同一致

為究竟等也如是者其事不差也暢師但約佛上作相者十力各有相貌也性者秖根各有所習所習不改謂之為性是性力境也體者根性不同所欲亦異言其心用縛著故以體為名此欲力境也力者定別名也神通變動非定不運鎮心靜亂非定不寂故力為禪定境也作者是業即業力境也因者道為因能至涅槃即至處道力境也緣者緣宿命力境也果者據今因所召果在未來是天眼力境也報者今報以望往因據即漏盡力境也故語報是漏盡也本者是相末是報總而望之都是處非處力境也上來諸釋非不一途然於理不通於文不允文不允者經云諸法何法不收豈止三乘耶理不通者經云實相何所不在而但在因果體若實獨在於佛佛則不權權獨在三乘三乘則永無實若三乘但為五則權法不足復全無實若四句但在佛佛全無權實亦不足義不涉於凡夫則諸法之文便是無用實相不徧實相外別更有法如此等過故皆不用也釋論三十一明一

一法各有九種一各有體二各有法如眼耳雖同四大造而眼有見用耳無見功如火以熱為法而不能潤也三各有力如火以燒為力水以潤為力四各有因五各有緣六各有果七各有性八各有限礙九各有開通方便達磨鬱多將此九種會法華中十如各有法者即是法華中如是作各有限礙者即是法華中如是相各有果者即是法華中如是果如是報也各有開通方便者即是法華中如是本末究竟等餘者名同可解今明此境為二初一句略標權實章如文次十句廣釋權實相今作四番釋一約十法界二約佛法界三約離合四約位經云諸法故用十法界釋也經云佛所成就第一希有之法故用佛法界釋也經云止止不須說我法妙難思故用離合釋也經云唯佛與佛乃能究盡故用位釋也約十法界者謂六道四聖是為十法也法雖無量數不出十一一界中雖復多派不出十如如地獄界當地自具相性本末亦具畜生界相性本末乃至具佛法界相性本末

無有缺減故毗曇毗婆沙第七云地獄道成就他化天法即是其例餘九法界亦如是當知一一界皆有九界十如若照自位九界十如皆名為權照其自位佛界十如名之為實一中具無量無量中具一所以名不可思議若照六道三聖五如為權若照佛界四如為實當分歷歷此則可說可示何俟止止絕言歎也所以一中無量凡夫雖具絕理情迷二乘雖具捨離求脫菩薩雖具照則不周名不了了如來洞覽橫豎具足唯獨自明了餘人所不見不可宣示止止絕言其在此耳上玄義中已說今不具記云二約佛法界釋者佛界非相非不相而名如是相指萬善緣因故下文云衆寶莊校即其義也佛界非性非不性而名如是性指智慧了因故下文云有大白牛也佛界非體非不體而名如是體指實相正因故下文云其車高廣也佛界非力非不力而名為力指善提道心慈善根力等故下文云又於其上張設幰蓋也佛界非作非不作而名如是作指任運無功用道故下文

云其疾如風也佛界非因非不因而名如是因指四十一位故下文乘是寶乘遊於四方也佛界非緣非不緣而名如是緣指一切助菩提道故下文又多僕從而侍衛之佛界非果非不果而名如是果指妙覺朗然圓因所尅故下文直至道場也佛界非報非不報而名如是報指大般涅槃故下文得無量無漏清淨之果報也佛界非本非末而言本末本即佛相末即佛報是自行權也佛界非等非不等而言究竟等指於實相故標章云實相也是自行之實也即實而權故言本末即權而實故言為等此是如來自行權實最為無上無上相乃至無上果報橫廣豎深而無有上故標章云諸法實相也例亦應言諸法實性實體實力乃至應言實究竟等但略舉一而攝諸耳如來徧照橫豎悉周如觀掌果秪為凡夫如雙盲二乘如眇目菩薩夜視朦朧不曉不可得說止止絕言其意在此耳三約離合者若佛心中所觀十界十如皆無上相乃至無上果報唯是一佛法界如海總萬流若千車共一轍此即自行權實若隨他意則有九法界十如相性等即是化他權實化他雖復有實皆束為權自行雖復有權皆束為實此即自行化他權實隨他則開隨自則合橫豎周照開合自在雖開無量無量而一雖合為一一而無量雖無量一而非一非無量雖非一非無量而一而無量唯佛與佛乃能究盡凡夫則誹謗不信二乘則迷悶不受菩薩則壓杌未明為此義故止止絕言四約位者如是相者一切眾生皆有實相本自有之乃是如來藏之相貌也如是性即是性德智慧第一義空也如是體即是中道法性之理也是為三德通十法界位位皆有若研此三德入於十信位則名如是力如是作入四十一地名如是因如是緣若至佛地名如是果如是報初三名本後三名末初後同是三德故言究竟等初位三德通惡通善通賢通聖通小通大通始通極雖在惡而不沈雖在善而不升雖在賢而不下雖在聖而不高雖在小而不窄雖在大而不寬雖在始而非新雖在極而非故故是不可思議不可得說止止絕言耳復次三德究竟等者十界相性權實開合差別若干以平等大慧如實觀之究竟皆等若迷此境即有六界相性名為世諦若解此境即有二乘相性名為眞諦達此非迷非解即有菩薩佛界性相中道第一義諦若以此慧等於俗諦俗諦非迷等於眞諦眞諦非解非解非迷雙非迷解但名平等若雙照者權即是實實即是權雖二而不二亦名究竟等也又權實不二之境七種方便不能以不二智等不二之境唯有諸佛以不二智等不二境故言究竟等又今大乘機動不明九界性相直說一切性相悉入佛界性相昔教不說謂昔不與念等今教說之知昔與今等故言究竟等初約感解等次約人等後約教等說此甚廣記者不能委悉耳若就絕言絕思明不可思議釋論七十九云不可思議名不決定出一切心心數法出一切言語道不能行不能到故名不可思議若就譬喻明不可思議如釋論十四不以敗壞色得趣平

等道觀色不異乃能等於大乘如明與暗共合而液不見謂明暗異欲知其義如彼月光又日出時暗不向十方暗常在無所歸趣明亦如是與暗共合生死與道合道即是生死佛之所盡已盡所度已度皆不可思議諸經諸論此例甚多若就事中不可思議者如阿含經明四不可思議謂衆生世界龍佛衆生從何處來向何處去爲底而生爲底而死世界爲有邊無邊爲可斷不可斷爲天龍人鬼誰所造耶阿含云一士夫於王舍城拘絺羅池側思惟世間邊無邊見四兵入藕絲孔自驚我狂耶世無此狂問佛佛言非狂是修羅爲諸天所逐退入藕絲孔藏此乃世間思惟非涅槃道無義饒益無法饒益無梵行饒益云云龍雨爲從龍口耳眼鼻舌出耶實不從爾許出但從其念出念善念惡皆能出雨由前本行令得是力須彌腹有天名大力亦能作雨又經出五道各一不可思議地獄有斷續畜生能飛鬼能變少爲多人能令火燒薪天能自然致果報皆是果報法事不可思議云云

此是約因緣事釋不可思議況甚深境界寧非不可思議耶偈有二十一行爲兩初十七行半頌長行後三行半略開三顯一動執生疑前又二初四行頌寄言歎後十三行半頌絕言歎夫偈頌長行互有廣略者令義易顯耳長行二佛權實各歎表化緣異故頌中二佛合歎示二智理同故初寄言中又二初兩行合頌二佛二智後二行合頌二佛釋歎結歎等也初又二令初一句世雄者頌上諸佛智慧也不可量者頌上甚深無量此頌諸佛實智也次三句頌上諸佛權智此有三異一上舉人又標法故云諸佛智慧今頌但頌人将人以美法故云世雄二者上開歎今合歎以法别故須開以人總故須合三者上云一切二乘不知今言一切衆生類不知佛力下後一行頌歎釋迦二智也佛者頌吾從成佛也正頌實智力無畏等頌諸功德是頌權智餘法者即指化他之權是實智之餘助耳正頌上種種因緣云云本從下後二行合頌二佛釋歎結歎之意也本從無數佛具足行諸道

頌上諸佛釋歎佛曾親近百千諸佛盡行道法之文也甚深微妙法頌上結歎實成就甚深未曾有法也難見難可了頌上結歎權意趣難解也於無量億劫行此諸道已頌上釋釋迦知見波羅蜜皆已得具足上二句舉因具足次下一句舉果具足我已悉知見一句頌上結釋迦二智如來知見廣大之文也或時用四偈合頌上二佛權實文爲六初世雄一句總頌二佛二智二諸天及世人三句頌揀人三佛力下一行頌釋迦中釋權實四本從下一行頌諸佛釋權實五於無量下半行頌上行因六道塲得成下二句頌上得果從如是大果報去第二有十三行半頌上絕言也文爲五初半行如是大果報即頌不思議境但舉初後中間略可知義字兼頌究竟等也大與種種如玄義中說我及十方佛下第二半行追頌取要言之佛悉成就也不可示下第三半行追頌上止不須說也實相非方所故不可示非言語道故言辭相寂滅從諸餘衆生類下第四頌舉不知之人故上長行

明無有知者故止而不説頌中十行半頌出不知之人文爲八初半偈總揀不入者即七方便也除諸下第二句揀能入者即圓教十信故言信力堅固者也長行明究竟佛知頌中明初信知互舉耳諸佛子下第三有一行半揀二乘不知假使滿下第四有一行舉身子不知正使滿下第五一行半舉諸大弟子辟支佛下第六二行舉支佛新發意下第七二行半舉發心菩薩不入發心語通或可六度菩薩三僧祇未斷惑名爲發心或可指上人天中自攝得六度而發心之語別擬通別等發心也不退菩薩下第八有一行揀不退菩薩亦不知也通教不退斷界內惑是故不知別理別教地前亦有證位不退行不退等亦所不知也次又告舍利弗無漏下第五一行半頌上難解法佛能知實相境無漏不思議者頌上結要舉權實所止之境也甚深微妙法一句頌上第一希有難解之法我今已具得三句頌上唯佛與佛乃能究盡也明諸佛道同同皆究竟故云唯我知是相十方

佛亦然釋不思議者如如意珠無毫釐之有能雨衆寶實相不生能生般若也無漏不思議一行半爲本生出四種解釋已如上説從無漏半句爲十法界釋作本十法界十如收諸凡聖理性無漏失也收三諦無漏失權實智無漏失約不思議爲開合釋作本即權而實即實而權故不可思議也約甚深微妙法爲佛法界釋作本此可知約唯我知是相爲約位釋作本此亦可知（云云）從舍利弗當知諸佛語無異下略開三顯一動執生疑就開顯爲二初明諸佛顯實次明釋迦開三互明一邊耳諸佛語無異者此論諸佛化道是同次兩句勸信後兩句正顯實世尊法久後要當説眞實即顯眞動昔之執生今之疑將非魔作佛正由聞此語也佛既如實語勸信何事翻疑爲防因疑起謗者故須勸信耳從告諸聲聞衆下明釋迦開三文爲三初一行正明開三將明二乘之非故言逮得涅槃者又解我今脱苦縛逮得涅槃即擬六度菩薩乘何以知之修六度行即免四趣縛未能入滅度

三僧祇百劫乃得涅槃遠之言逮乃及耳又六度行前度他故言我今脱苦縛後取無漏故言逮得涅槃此義推之知是六度乘也又以數推之下句云佛以方便力示以三乘教若不指此將何爲三不應重數二乘爲三乘也次半行正斥三乘皆是虛僞次兩句出立三之意是權引離諸苦故非爲眞實但是方便門耳　從爾時大衆下是騰疑致請由開三僞一眞故執動疑生文爲二一叙疑二正請決叙疑又二一經家叙二正生疑先叙千二百疑次叙四衆上斥三乘皆是方便叙疑但在二乘者以其執重疑深偏舉若至下陳疑中即云求佛諸菩薩大數有八萬亦皆有疑故知三乘僉疑偏舉二乘耳從各作是念下是正疑又爲二一疑佛二智二疑己所得從何故殷勤稱歎方便即是總疑權實二智從而作是言佛所得法甚深者是疑實智有所言説意趣難知下是疑權智以聞諸佛語無異要當説眞實從此生疑何者佛昔説三乘智慧同證不差但餘習有盡不盡耳今

忽稱歎如來二智非我所及是故疑佛二智也從佛說一解脫義我等亦得此法下此是自疑所得三乘聖道是真出要我修此理亦到涅槃而今忽言皆是方便未知何者眞實故言不知是義所趣此從上斥三爲僞而生是疑爾時舍利下第二正請文有三請二止就前爲三止瑶師龍師云初止爲理深難解初請爲自他求決次止爲驚疑不信次請爲久殖必解後止爲必謗墮惡後請爲利根得益今師或時云佛豫知三周得益前後不俱故三抑淺其三請也就初請爲二一長行二偈頌長行爲二一陳疑二陳情陳疑疑二智陳請已請衆請頌中有十一行偈文爲六初二句頌疑實智自說得下第二三行頌疑權智無漏諸下第三有三行明三乘四衆有疑上句明羅漢後二行明緣覺中間稱及求涅槃者即是明六度菩薩何以得知上云逮得涅槃者此中稱及者此菩薩自求涅槃又以及他故異二乘知是菩薩也於諸下第四有一行半明身子疑佛口所生下第五有一行明佛子疑諸天龍下第六二行總明同疑請也夫偈頌長行可以意推如其非頌即是長出於義非急若不能煩文分擘故略耳從爾時佛告下是二止更牒疑爲請悉如文云

妙法蓮華經文句卷第三下

妙法蓮華經文句卷第三下

校勘記

一　底本，明永樂北藏本。

一　五六頁上一七行第一二字「今」，南作「令」。

一　五六頁上末行「阿含」，南、徑、清作「阿含」。

一　五八頁中一六行「入本迹者」，南、徑、清作「八本迹者」。

一　五八頁下一五行第九字「二」，南、徑、清無。

一　五九頁下一一行「今古」，南作「今故」。

一　五九頁下一五行第一一字「淺」，清作「深」。

一　六二頁中三至四行「火以燒爲力」，南作「火以爲燒力」。

一　六二頁中一〇行第一〇字「向」，南、徑、清作「同」。

一　六三頁下一四行第八字「念」，南、徑作「今」。

一　六四頁下一八行第八字「上」，清作「止」。

一　六五頁下五行「二乘」，清作「三乘」。

一　六六頁上一二行「陳情」，南作「陳請」。

妙法蓮華經文句卷第四上　　寔七

隋天台智者大師說

門人灌頂記

從爾時世尊告舍利弗汝已殷勤三請豈得不說下廣明開三顯一凡七品半文爲三一爲上根人法說二爲中根人譬說三爲下根人宿世因緣說亦名理事行例如大品亦爲三根云云今以十義料揀一有通有別二有聲聞無聲聞三惑有厚薄四根轉不轉五根有悟不悟六領解無領解七得記不得記八悟有淺深九益有權實十待時不待時一明通別者初周別名法說通則具三如優曇華時一現耳即譬說若我遇衆生盡教以佛道即因緣說也中周別名譬說通則亦三我先不言皆爲化菩薩故又合譬於一佛乘分別說三即是法說於二萬億佛所常教化汝即因緣說若謂此文屬法說者可取長者聞已驚入火宅方宜救濟即因緣說下周別名宿世因緣通亦具三涅槃時到衆又清淨令入佛慧是法說有一導師是譬說而作三周者從多從正從略從傍欲令名字不濫各據一意耳問三周爲三根人一周通有三說者一說應具三根答法說非止逗上中之上又有中下從正略傍故言逗上根人耳餘二周亦如是二明有聲聞無聲聞者光宅定有實行聲聞若言無實權何所應聞善解無實行聲聞引勝鬘三乘初業不愚於法外凡已知一乘寧有二乘猶執小果經明有者權也此二家偏執乖經失義若定有者經那言無聲聞弟子但化諸菩薩若定無者誰入化城亦無三可會權何所引若言實有爲權所引者亦應實有三藏佛復爲權三藏佛所引若實無此佛但有權佛者何意不許但有權聲聞無實聲聞耶此義不例實有斷界內惑者呼此爲實而權者應之何處有斷界內惑佛而有權佛應此佛今明有無不可偏執若從長者實智往觀則無客作人若就窮子根性則便自謂作人法華論有四種聲聞一決定二上慢三退大四應化前二未熟不與授記後二與記若依今經應有五一久習小今世道熟聞小教證果如論是決定聲聞二本是菩薩積劫修道中間疲猒生死退大取小大品稱爲別異善根佛且成其小道爲說小教齊教斷結取果是退大未久習小來近理應易悟如論是退菩提聲聞三以此二故諸佛菩薩內祕外現成就引接令入大道如論是應化聲聞四若見權實兩種能出生死欣樂涅槃修戒定慧微有觀慧未入似位薄有所得謂是證果此名未得謂得未證謂證如論即是增上慢聲聞五者大乘聲聞以佛道聲令一切聞若從決定退菩提兩種即有聲聞若從大乘理無灰斷永住化城終歸實所實者既爾則無有權故無聲聞若增上慢者既未入位則非實又非應化則非權若得此意有無泠然何須苦諍復次秖就大乘聲聞復論有無若權作應化外現小迹內隱大德則謂無大乘聲聞若從自行發迹顯本則言有大乘聲聞令聞三顯一正意爲決定退大聲聞令成大乘聲聞自行既立即能化應聲聞若得此意則達有無也第三惑有厚薄者瑤師云三

根得果已後遊觀無生無生之理是一及其出觀緣三教則異將必異之三教惑於無生之一理謂教既三理豈容一又將一理惑於三教理既是一教寧得三踟躕理教之間迴遑得失以理惑教此有得義以教惑理此有失義上根以理惑教情多初聞法說順情即悟下根以教惑理情多聞法說無三逆其計謂故三聞乃解中根處二極之際法說不悟譬說便了今謂此釋三根未必應爾三人踟躕何等理教若迴遑小乘理教則疑惑未盡尚非初果斷結之人若迴遑大乘理教大乘條然永異何曾與小乘相濫而言踟躕耶若以小惑大以大惑小爾前未斥方便那忽遊觀出入預有踟躕既預踟躕即已疑生執動非始今日若先動執生疑聞開三顯一即應領解那忽猶有驚疑進退無據故不用此解今明根有利鈍者皆論大乘根性惑有厚薄者約別惑為言耳即為四句一惑輕根利二惑重根利三惑輕根鈍四惑重根鈍若別惑輕大根利初聞即悟若惑重根利再聞方曉

若惑輕根鈍三聞乃決第四句雖復三聞不能得悟止為結緣衆耳或可初兩句根利同為上根或可中間兩句為中下根云云復次約初品無明三重覆初住中道若初法說上根之人三重無明一時俱盡開佛知見入菩薩位得菩提記中根斷二重無明下根斷一重次譬說時中根斷第三重盡開佛知見入菩薩位得授記莂下根進斷二重次聞因緣說下根斷三重盡開佛知見入菩薩位也例如小乘十六心未滿不得名初果十六心滿名須陀洹也四明轉根不轉根者舊云上根初聞法說即悟而中根轉同上根下根進同中根若譬說時中根前已成上即能得悟下根成上次因緣說時下根已同於上故即得悟若爾轉下成上因緣說時皆悉是上為利則均那得猶稱鈍者待因緣說耶若轉成上即同上悟若其未悟猶受鈍名則無轉根之義例如身子一聞目連再聽同得初果若二皆利則無復優劣若猶稱利鈍轉根義不成夫衆生心神不定遇惡緣轉利為鈍遇善緣轉

鈍為利先世值佛聞法自有轉下中為上俱於法說得悟自有轉下為中聞譬說得解下者不轉三周乃了如此轉根不同舊釋譬三刀斫木利一中二鈍者三下利鈍之名不失木斷之處是同問三根入初住位猶有利鈍不答真修體顯則無差降問若爾初住已上更起緣修有優劣不答此同位人無復勝負真修體融寧得有異耶五明有悟不悟者經中多明菩薩為上根緣覺中根聲聞下根若言菩薩上根應併在法說中得悟緣覺併在譬說中得解聲聞併在於因緣中得悟耶然經中一往判出三根至於悟解義未必然今經但見聲聞得解不見支佛者支佛是中根既值佛出世入聲聞數隨根得悟故不別標緣覺耳故身子請偈云其求緣覺者比丘比丘尼依此文即知緣覺入四衆中攝也又法師品云比丘比丘尼優婆塞優婆夷求聲聞者求支佛者豈無緣覺得解耶舊云菩薩是上根不必皆利從多為上而執心易轉原其域懷求佛但執過三百已即求近果此疑易

悟三根菩薩同在法說得解上者或在略說中者或在廣說之初下者與身子齊今明善薩語通但使發大心悉是菩薩何必併是利根及身子尚少豈得初周之前已併得悟若爾流通壽量何意有諸菩薩節節得悟無生忍者發菩提心者舊云壽量中悟皆是法身增道損生今言不爾有六百八十萬億那由他恒河沙人得無生法忍此人始得此忍當知壽量之前未是法身故知菩薩得悟不可局在初周之初也問菩薩得悟通於始終二乘得悟亦應至後答三周定父子天性已竟則皆名菩薩設在後悟同名菩薩悟也六明有領解無領解者若三乘同悟何意但見聲聞領解其二則無今明無佛出世名獨覺聞佛說十二因緣法名緣覺既入聲聞數中得悟領解皆不別出大意可見身子迦葉等悉是中乘根性故聲聞領解兼得緣覺無勞別出也又四衆中有發緣覺心者其人得悟即不一也信解品云密遣二人追捉將還即是其義菩薩不領解者聲聞之教不明得佛今經開其歸大之路自恐解謬故對佛述解菩薩不爾故無領解又其意有三一菩薩本意求佛設有異執而執輕終歸取佛無有不得之慮今聞三周之說但是正其觀慧故不須領解二菩薩悟大處處有文二乘作佛始自今教逐要流傳故略菩薩領解胡文或有漢略不書耳三菩薩位行深絕諸新小菩薩不敢領解說壽量竟彌勒總都領解初從無生法忍終訖餘有一生在則是具足領解更求何物云云七得記不得記者若同皆領解何故聲聞得記不見緣覺菩薩受記此亦三意一者昔明二乘入正位不能發心何由得記今既悟大欣斯別決故爲記劫國也菩薩發心求佛行成自滿故不欣急求佛亦不促授又前教處處授菩薩記此是恒說逐要傳譯如前云云二菩薩亦有別記調達龍女豈非記耶又法師品云求聲聞者求辟支佛者求佛道者如是等類咸於佛前聞法華經我皆與授記當得三菩提此豈非皆記耶三二乘昔來未曾得八相記故記其劫國菩薩先已曾記故不重明耳淺近之記初住已得非菩薩所欣菩薩所欣乃是圓極妙覺遠記耳故壽量品中始從發心訖一生得妙因斯滿極果頓圓此乃授法身記莂何謂無記耶問若小悟大應同授法身記那得授八相記耶答八相是應記既得應記知必有本欲使物知聞共結來緣故與應記耳又此二乘若聞壽量即同損生得法身記也八明悟有淺深者一往同破無明入證初住細尋必應明晦初聞法說尚入佛慧更聞譬說豈不重明又聞因緣理自增進更聞壽量彌復優深如聽法人重聞勝前單複厚薄方之可知也九明權實得益不同者一云實行得益權行正爲接引影響不論其益今明不爾若至壽量權實悉得益增道彌高損生彌盡隣圓際極唯一生在豈非權者益耶所以初爲影響共熟實行後說極果則自道明文云出入息利乃徧他國息利在他即是已利實行得益由於權引化功歸已權亦得益故一音演說法衆生隨類各得解何必須待壽量耶云云又我自欲得此

眞淨大法即是自益也十明待時不待時爾
前不悟必待法華悟者名爲待時法華前教
已解者名不待時何故爾佛有顯密二說若
顯說爲論法華之前二乘未悟大道要須五
味調熟會在法華故云說時未至故今正是
其時決定說大乘此即待時也若密教爲論
未必具待五味在法華方會爾前密有入者
故名不待時此乃大判時不時若就三周亦
是待時不待時迹本二門亦是待時不待時
致有前後悟入即此意也問有一種根性非
密非顯二時不攝者應是失時永不得悟耶
答餘經或謂此爲失時今經不爾此人雖於
密顯爾時不悟雖生滅度之想而於彼土得
聞是經故無失時乃是待彼土之時耳問五
千起去應是失時答此等應以如來滅度後
弘經人受益也問身子初周爲四衆三根請
譬周爲中下請云何言佛各爲三根人三周
說法耶答此語不便請則普請說亦普說但
上根智利聞法得悟中根處中聞譬得悟下
根居下聞三得悟汝當隨義云何隨語云云問

宿世是過去事法譬是當現事不答經無文
義推應爾引三歸一三望一一則是當舉事
爲譬譬即是現準後望前應知所問舊以
五濁障大四句料揀知前說有人斷見與無
明合共爲障指法華論云無煩惱人有深慢
不知一乘法身常住者是也若博地不執涅
槃而不聞法者即是無明獨爲障若爾爲當
三周聞法已破無明爲當未聞法破無明若
聞法已破則無明非是障若未聞法而能破
無明者都盡無有障是義云何答是他人立
義今爲其通譬如燈生闇滅不可定其前後
雖不前後闇定是障云云問勝鬘云三乘初業
不愚於法自知當覺優婆塞戒經第十四云
二乘自知得菩提且取小乘果又十三云知
之者易行之者難雖知一乘而取羅漢彼兩
經皆言知今經云何三根之後猶自不知初
疑後悟此義云何答此經亦云知文云若實
得羅漢不信此法無有是處除佛滅後現前
無佛此人雖生滅度之想若遇餘佛便得決
了凡有三意前明知次明不知後會歸知非

永不知又身子云今於佛前皆墮疑惑我今
不知是義所趣又大通佛時聲聞多生疑惑
彼見佛聞法尚疑不知況不見聞那忽得知
若執二文更相矛盾秖增諍競於道何益論
者止可論餘事聲聞威聖能知不能知唯佛
境界非爾所諳今試融之三乘初業初業爲
二若久遠爲初業曾聞於大則不愚於法若
取中忘今日學小始修念處爲初業者是則
不知其義如此若得此悲權爲初業是則能
知實是初業則不能知有人言利者能知鈍
者不能知此應四句權爲利鈍示俱不能知
權爲利鈍示俱能知權爲利鈍聞則能知不
聞不知權爲利鈍俱示非知非不知今不取
此判但取權者內心了了久知實行者未得
入大是故不知於義自顯云云問緣覺出無佛
世云何三周得有緣覺答釋論云緣覺獨覺
獨覺出無佛世緣覺願生佛世華嚴云菩薩
下兜率放光照之覺即捨身不覺徙之大經
云彗星中論云支佛出世佛法已滅此是獨
覺人也願生佛世者先得初果十四生未滿

值佛即成羅漢不值佛即成獨覺其既值佛亦不捨壽亦不被移願見佛故二果三果例然又有部行緣覺在無佛世師徒訓化也此應有二種佛去世後無文字衆生根鈍故支佛不說法此非部行也部行者能說法也又有變化緣覺宜應見者現緣覺身今三周之座有緣覺者其義可解○初周法說文爲五一從殷勤三請豈得不說下訖卷正是法說二從第二卷初訖偈頌是身子領解三從吾今於天人下訖佛所護念是佛述成四從汝於來世訖宜應自欣慶是與授記五從四衆訖盡回向佛道是四衆歡喜初有長行偈頌長行爲三一許二受旨三正說許文爲三一順許二誡許三揀許汝已三請是順許汝今諦聽是誡許諦聽是聞慧善思是思慧念之是修慧大經明四善法爲大涅槃因一善知識如來也餘者可解說是語時是揀衆許五千在座故如來三止今將許說威神遣去故名揀衆五濁障多名罪重執小翳大名根深未得謂得名上慢未得三果未證無學有如

此失者謂彰執慢三種之失也而不制止者上聞開三顯一言略義隱猶未生謗足作繫珠因緣去則有益若聞廣開三顯一乖情起謗住則有損是故不制止也此衆無復枝葉者枝葉細末不任器用此等執方便之方便於大非器大品云攀附枝葉棄於根本是人爲不黠即是此義也退亦佳矣者既以小自翳復妨他大光今退無謗法之愆復無障他之過故云佳矣上枝葉未去如來三止眞實願聞故身子四請師弟鑒機非徒斷固也問佛大慈悲何不神力使其住而不聞如華嚴中聾啞何不增狀毒鼓如喜根勝意答各有所以華嚴未席始開於漸未破小執故在座而隔今諸佛法久後要當說眞實正欲滅化破菴宜須揀遣若去住俱謗宜如喜根强說今去則有益那忽令住住則有損那忽不遣喜根以慈故强說如來以悲故發遣問五千在座即不蒙益去有何益答此非當機是結緣人耳已如上說昔大通佛時亦有無量衆生心生疑惑世世與師俱生今皆得度此人

亦爾說大經時萬五千億人於是經中不生信心是人於未來亦當得信例此益在不久金光明中時閻浮提有二種人亦是斯例意汝今善聽即結許也受旨如文從如是妙法下是正廣說文爲二一明四佛章廣上諸佛權實二明釋迦章廣上釋迦權實上句逗少是文略總云諸佛是人略但開三顯一是義略此中章句多是文廣明五佛是人廣明六番是義廣六者一歎法希有二說無虛妄三開方便四示眞實五舉五濁釋權六揀僞歎實歎法令生尊重說無虛謬止其誹謗開方便使莫執小示眞實使其悟大舉五濁示必施三揀僞要必眞實於五章中一一應備六義而前後互出不具足者蓋如來巧說使略而無闕詣而不煩文耳又六義前後亦復無在四佛章爲兩初總明諸佛次列三世總章應具六今但四一歎法二無虛妄三開方使四示眞實闕二義者指後文也歎法中法譬雙歎時乃說之者諸佛同出五濁必前開三如今世尊四十餘年始顯眞實久久稀跡

故言時乃說之久不說者為人不堪故時未
至故五千未遣故今人已堪時已至五千已
去決定說大乘故言時乃說之優曇華者此
言靈瑞三千年一現現則金輪王出表三乘
調熟已後方說妙法授法王記又隔跨略生
酥熟酥三味已後乃說醍醐云觀心觀心即
中名為瑞此觀通一切法至實相名為靈云
汝等當信者勸信無虛妄法也此理至深理
與昔異此言至妙言與昔反此行至普行與
昔爭此人至勝勝於昔劣還指客作四種之
麤而今皆妙恐物生謗故勸信也信無虛妄
人說無虛妄法也從隨宜所說下是開方便
也文為三謂開釋結初明佛道隨三種機宜
說方便故言隨宜而佛意在實物莫能解故
言意趣難解也所以者何釋也舉今佛之權
能釋諸佛之方便巧慧同故借此釋彼如我
以無數方便者諸佛開權亦如我也是法非
思量者此有兩義或作結開權或正作顯實
結開權者佛意難知唯佛與佛能了稟教者
謂三諸佛知一耳作顯實者即屬後文文為

五一標勝人法二標出世意三重示四正釋
五結成標人法者舉無分別法唯是佛所知
佛以無分別智解知無分別法即是顯實法
也所以者何下二標出世意者為兩初總次
分字總者諸佛覺知實之相乘此實道出應
於世秖令衆生得此實相唯為此事出現於
世曾無他事除諸法實相餘皆名魔事分字
釋者一則一實相也非五非三非七非九故
言一也其性廣博博五三七九故名為大諸
佛出世之儀式故名為事衆生有此機感佛
故名為因佛乘機而應故名為緣是為出世
之本意而今開三者為一弄引耳如人欲取
先當與之雖說種種適其實為一乘即此義
也舍利弗云何下三重標者將欲分別更重
提起為解釋之端又此大事佛所尊重如釋
論中明父王欲多聞太子名數數說之無有
猒足云諸佛世尊下第四正釋者先出諸解
舊云四一謂果一人一教一因一果一者初
兩句據說者後兩句據受者就說者一往於
前因門略說果理先開佛知見卒終於後果

門廣顯果理示佛知見約受者先因門略開
始得悟解後果門廣得深入理趣今不用此
解何者經明四句皆云為令衆生語意悉主
前機得益非關化主應作所化人開悟那即
分兩句作能化者開示耶又正是因門說法
開三顯一之時那得分出兩句為果門中說
耶果門因緣未會那得預說若爾六瑞初與
佛未起定應是略說五千未去應是廣說二
處既其不然果門安得如此下方未出分身
未集那得以因門二句為果門耶次光宅云
初一句是開除開出昔方便說三令除五濁
開出大乘覺悟知見道理先雖為人開說此
理不說所以更示況此理令生聞慧雖聞未
悟所以更廣分別開悟思慧既信悟得意即
令發心學佛知見令得修慧入佛知見道理
今亦不用何者汝同舊命章云是果一四句
皆應作果義云何用三慧消文因果矛盾前
後相違又三慧多種此經正破二乘決定不
用三藏中三慧菩薩方便與二乘同者蓋是
通意又不可用若作別三慧是菩薩法鄰非

佛法若作圓三慧圓三慧未開佛知見消經不可若作餘三慧去經逾遠若作圓三慧果一義不成都不可用云云次地論師云第五恒沙得八分解即三十心位爲開從初地至六地見思盡解轉分明如示七地至八地空有並觀無礙如悟十地爲入引經十地名爲眼見今亦不用何者此經明開佛知見佛以一切種智知佛以佛眼見開此智眼乃名佛知見云何取第五恒沙生八分解猶未入地稱之爲開如此論開非開佛眼如此之知非一切種智知不與經會故不用云云有人解初句是理後三句是略解謂八苦五濁障當果是開令教除五濁佛果知見顯故名開穢累除而理顯名清淨後三句是開思修難此同前有人言三乘別教爲開三乘通教爲示抑揚爲悟法華爲入又人解三乘通爲開抑揚爲示無量義爲悟法華爲入此二解擘三句向他經裂一句置法華擘裂穿鑿傷害誣調其過大矣有人言三十心是開初地至六地爲示七地至九地爲悟十地爲入此人傍通挾

別作如此語未見法華奇異何俟稱歎耶有人引華嚴纓珞仁王攝大乘十七地論五凡夫等皆有五十二位地前有四十心何不用之此人謬引華嚴華嚴不明十信縱使諸部明地前四十心位者皆非斷道何因用此解開佛知見皆漫語耳有人引釋論四智總別一時而得不應用此解開示悟入開示悟入似有淺深又四智位高開示通淺深此應非例此人但見釋論四智之一時不見開示之一時有人言非空非有是開能空能有是示空有不二是悟了空有不二而二是入此人約二諦作解尚不能拔出二乘寧是法華一意有人言達三諦理爲開三諦分明爲示不見三諦一異爲悟任運順流爲入也此人約邐迤三諦作義尚不出菩薩法寧是佛法有人解佛知見者一切智總相爲知一切種智別相爲見此亦不然釋論明一切智是聲聞智道種智是菩薩智一切種智是佛智此是歷別一切種智非三智在一心中何以二乘之知別佛之見釋圓佛知見耶有人解盡智

煩惱清淨名知無生智因果患累畢竟無生名見此人取通家佛名教解究竟佛都不相應如上諸師漫取諸經中語都不見法華大意法華論云一無上義除一切智更無餘事如經開佛知見爲令衆生得清淨故出現於世二同義聲聞辟支佛佛性法身平等故如經欲示衆生佛知見故出現於世佛性法身更無差別故三不知義謂二乘人不知究竟唯一佛乘故如經欲悟佛知見出現於世四爲令證不退轉地現與無量智業故如經欲令衆生入佛知見故論言次第初開佛知見爲無上次示三乘同有佛性法身雖明佛智無上但恐佛獨有故第二明三乘同有雖三乘同有而二乘不悟示其令知雖知而不得不退故第四令得不退又一番約菩薩開如前示者諸菩薩有疑者令知如實修行故悟者未發菩提心令發心故入者已發菩提心令入法故第三番約凡夫開如前示者示其有法身佛性故悟者令外道衆生覺悟故入者令入大菩提故今師作四解不乖論論句

句釋令一句作四釋論明證不退轉地令作
四位釋論知如來能證實令作四智釋論明
同義令作觀心釋論明不知究竟處令作四
門釋云今釋顯實無量法皆一也如玄義中
十妙則是十種一也若和舊解且作四一若
無量一者一色一香無非中道此義可知若
作十一者帖文整足雖不次第十義無減所
以者何我以無數方便種種因緣演說諸法
此自是開權之文耳從是法非思量分別之
所能解顯理一唯有諸佛乃能知之顯智一
唯以一大事者小須分別一則是理大則是
智事則是行理發智智導行逐此義便是顯
行一知見者智知於理眼見諦法諦法無爲
則無分別以無爲故而有差別約此知見論
開示悟入以略擬廣則有四十位是顯位一
又取結四句文明一一即法身大即般若事
即解脫是祕密藏即顯三法一出現於世顯
感應一但教化菩薩顯眷屬一諸有所作顯
神通一唯以佛之知見示悟衆生顯利益一
但以一佛乘故爲衆生說法顯說法一經文

印義信如符契若略和舊作四一者數同義
異舊云果一今言理一依義依文依義者若
無理一衆事顛倒悉是魔說非復佛經故須
理一依文者文稱佛知見今取所知見所見
即諦所知即境境諦即實相之理故名理一
舊云因一今云行一因語單義別行一語通
收得因果故言行一人一教一與彼同今且
從略說以四一消文先釋理一復爲四意一
約四位二約四智三約四門四約觀心一約
四位者諦境不可知見約於智眼乃能知見
二智四眼不能知見唯一切種智佛眼則能
知見經云爲令衆生開佛知見不論佛果自
知自見若偏語佛果即失衆生若語衆生則
無佛知見故不可偏取三教行人雖是衆生
未有佛眼佛智故不能知見實相圓教四位
亦是衆生又分得佛眼佛智則衆生義成知
見義亦成故寄此四位以釋理一如瑞相中
天雨四華表萬善同歸得入四位乘四位華
以趣佛果故約位顯理也開者即是十住初
破無明開如來藏見實相理何者性德之理

而爲通別兩惑之所染著雖可了知初心能
圓信圓受圓伏而未能斷不名爲開内加觀
行外藉法雨助破通別惑藏顯出眞修性知
見朗然開發如日出闇滅眼目有用故名爲
開緣修破惑故名使得清淨仁王云入理般
若名爲住住於十住小白華位也示者惑障
既除知見體顯體備萬德法界衆德顯示分
明故名爲示即是十行大白位也悟者障除
體顯法界行明事理融通更無二趣攝大乘
師云如理智如量智今理量不二故名爲悟
即十迴向小赤位也入者事理既融自在無
礙自在流注任運從阿到荼入薩婆若海如
攝大乘師云如理如量通達自在如量知見
能持衆德如理知見能遮諸惑即是十地大
赤位也然圓道妙位一位之中即具四十一
地功德秖開即具示悟入等更非異心但如
理知見無有分別淺深之相欲顯如量知見
故分別四位耳發心畢竟二不別如是二心
前心難既云難易即知初心與畢竟心應有
明晦淺深之別猶如月體初後俱圓而有朔

望之殊四位知見皆明照實相而説開入之異耳云云二約四智者今欲以圓教四智對於四位不如般若中通教釋也一道慧見眞實性實性中得開佛知見也二道種慧知十法界諸道種別解惑之相一一皆示佛知見也三一切智知一切法一相寂滅寂滅即悟佛知見也四一切種智知一切法一相寂滅相種種行類相貌皆識即入佛知見也又道慧如理名開道種慧如量名示一切智理量不二稱悟一切種智理量雙照爲入此亦約實理無淺深中而淺深分別也三約圓教四門横釋四句者空門一空一切空即開佛知見有門一有一切有即示佛知見也亦空亦有門一切亦空亦有即悟佛知見也非空非有門一切非空非有即入佛知見能通則四所通則一開示悟入是能通之門所知所見是所通之理也四約觀心釋者觀於心性三諦之理不可思議此觀明淨名爲開雖不可思議而能分別空假中心宛然無濫名爲示空假中心即三而一即一而三名爲悟空假中

心非空假中而齊照空假中名爲入是爲一心三觀而分開示悟入之殊也所以四種釋者見理由位位立由智智發由門門通由觀觀故則門通門通故智成智成故位立位立故見理見理故名爲理一也從舍利弗是爲諸佛以一大事下即是結成理一義也昔方便教亦得義論開示悟入而非佛知見故是權今明佛知見故是實實即理一也從告舍利弗如來但教化菩薩是明人一就昔方便謂教化三乘理實而言但化菩薩如彼窮子自謂客作賤人長者所觀實爲己子即是人一也從諸有所作常爲一事光宅稱教一今言行一諸三乘衆行名之爲諸爲圓故諸即是一事此行何所至到唯趣佛之知見即是行一意也亦可持此爲教一若就教主爲言諸有所作唯以教化爲事此教一爲便若就行人爲語所作之事事作即是行今取此便呼爲行一也然四句皆二義至如理一中若取能知見即位一爲便所知見理一爲便人一句中若取教化教一爲便若取菩薩人一

爲便教一句中若取以一佛乘而爲衆生説法此教一爲便若取乘運之義行一爲便四句通然逐便釋耳從但以一佛乘者光宅爲因一今言教一圓頓之教名一佛乘故序品云説大乘經即是教義也自別教已去皆名有餘之説即不了義非佛一乘光宅云無緣覺聲聞之二無偏行菩薩之三又有人云無菩薩緣覺爲無二無聲聞爲無三若作此解秖是無三藏諸乘存於通乘何關一佛乘耶有人言無緣覺爲無二無聲聞爲無三存於菩薩大乘若爾秖無三藏中二乘不無三藏中菩薩此存有餘何關佛乘何處經論以聲聞爲第三既無此次第都是妄説若依汝解無二是無緣覺無三是無菩薩第一是聲聞應不被無若如此者則大倒亂今言但以一佛乘者純説佛法之圓教乘也無餘乘者無別教帶方便有餘之説無二者無般若中之帶二無三者無方等中所對之三也如此二三皆無況三藏中三耶從舍利弗一切十方諸佛法亦如是即是第五總結三世佛章各

明教一行一後總論人一理一在文可見若當章自作四一者亦得而不及總文顯也菩薩瓔珞經第十三明九世佛過去三世佛現未亦爾未來三世佛者古佛慈悲入未來作種種形度衆生者是未來現在佛者當受未來記者是未來未來佛者當佛轉次受記者是過去準此可知云云現在現在佛者當化主者是現在未來佛次補者是現在過去佛古佛垂迹者是從過去諸佛章此中應具六義但出二種一開方便二顯眞實兩則指上兩則指下以無量無數方便者明開權也是法皆爲一佛乘故明顯實也例上一佛乘即是教一從諸佛聞法是雖聞於法法被衆生兼得人一究竟皆得一切種智種智所知即是理一能知即是行一雖不次第四一兼足也從未來佛章亦有二義指上指下兼即具六云云從現在佛門正是化主初標佛出之意如諸佛章中唯以大事因緣出現於世此亦如是唯爲饒益安樂衆生而出於世也次開權次顯實又具四一也

妙法蓮華經文句卷第四上

妙法蓮華經文句卷第四上

校勘記

一　底本，明永樂北藏本。

一　七〇頁上八行第一六字「周」，清作「用」。

一　七〇頁下九行第一〇字「悲」，南、徑、清作「意」。

一　七一頁中一行第五字「彰」，南、清作「障」。

一　七一頁中五行第五字「未」，南、清作「末」。

一　七三頁上一行第一一字「未」，南、徑作「來」。

一　七三頁下一六行第一〇字「今」，南、清作「令」。

一　七四頁下一六行末字「如」，南作「知」。

一　七六頁上一一行「無數」，南作「無故」。

妙法蓮華經文句卷第四下　寔八

隋天台智者大師説

門人灌頂記

第二廣釋迦章於六義中無歎法希有初開權次顯實三舉五濁釋方便四揀僞敦信一實五無虚妄我今亦如是我即釋迦現在先三後一如四佛不異故言亦復如是知諸衆生有種種欲者即是五乘根性欲也過去名根現在名欲未來名性深心所著者即是根也方便者即是隨宜開三乘權法也如此皆為得一佛乘者即是顯實也佛乘是教一一切是行一種智所知是理一從十方尚無二乘何況有三者是第三舉五濁釋開權也將舉五濁先標其意上已説諸佛開權顯實未明隱實施權其法清淨湛一如空尚無帶二帶三之權況有單三單五之權秖為五濁障重實不得宣須施單五單三之權亦施帶二帶三之權故言於一佛乘分別説三分別説於若帶二帶三之三若單五單三之三也五濁者自有四別初唱數二列名三體相四釋

結唱數列名如文如是者明體相也劫濁無別體劫是長時刹那是短時但約四濁立此假名文云劫濁亂時即此義也衆生濁亦無別體攬見慢果報上立此假名文云衆生垢重即此義也煩惱濁指五鈍使為體見濁指五利使為體命濁指連持色心為體云相者四濁增劇聚在此時瞋恚增劇刀兵起貪欲增劇飢餓起愚癡增劇疾疫起三灾起故煩惱倍隆諸見轉熾麤弊色心惡名穢稱摧年減壽衆濁交湊如水奔昏風波鼓勢魚龍攪撓無一憀頼時使之然如劫初光音天墮地地使有欲如忉利天入麤澀園園生鬪心是名劫濁相煩惱濁者貪海納流未曾飽足瞋虺吸毒撓諸世間癡闇頑嚚過於漆墨慢高下視陵忽無度疑網無信不可告實是為煩惱濁相見濁者無人謂有人有道謂無道十六知見六十二等猶如羅網又似稠林纏縛屈曲不能得出是見濁相衆生濁者攬於色心立一主宰譬如黐膠無物不著流宕六道處處受生如貧如短名長名富是為衆生濁

相命濁者朝生暮殞晝出夕没波轉煙迴瞬息不住是命濁相濁相衆多不能具説次第者煩惱見為根本從此二濁成於衆生從衆生有連持命此四經時謂為劫濁也料揀者問五濁若障大華嚴中未除濁而聞法者何也答此應四句分別一大乘根利障重以根利故重障不能障此土華嚴初聞大乘者是也二根利障輕三根鈍障輕他方淨土聞大乘者是也四根鈍障重如此土身子流輩除濁方聞大乘者是也問五濁障小不答此就小乘應四句分別小乘根利遮輕障不能障身子是也根利遮重障亦不能障央掘是也根鈍遮輕亦不為障槃特是也根鈍遮重此則成障不聞小乘不得度者是問自有不在華嚴不在三藏而得聞大聞小乘者何也答此就四教教教中作四門分別根利遮輕者聞非空非有門入也根利遮重者聞亦空亦有門入也根鈍遮輕者聞空門入也根鈍遮重者聞有門入也兩教四門約小乘分別兩教四門約大乘分別細推可解云云問五濁一

徃何故障大而不障小答衆生濁重妄計五陰爲四德若聞常我即執非爲是舊醫禎驗不知乳之好惡不知病起根源不知藥餌開遮緣所知曉故濁障大也文云我若讚佛乘衆生没在苦即此義也若聞無常苦空即猒生死欣涅槃破其邪計執故五濁不障小文云作是思惟時十方佛皆現梵音慰諭我即此義也約五濁論四悉檀者劫命是世界衆生見是爲人煩惱是對治用三悉檀除其五濁後爲說大第一義悉檀也若論因果則二因三果一人四法四法一時二報障二煩惱障業在其間衆生是因成假命是相續假相待假可知衆生是受假四是法假名假通兩處煩惱見在凡夫餘二通凡聖命短劫長餘三通長短劫但是時命帶法論時劫通内外命但在内三小害人不害物三大害物不害人小劫但在人大劫通色界命通五道三界劫是共濁四各各濁小劫是劫濁大劫通濁不濁從八萬至十歲爲小劫八十反爲大劫也問既言五濁何者是五清答準例邪正三毒邪是五濁正是五清他方淨土無邪三毒則五濁障輕此義可知云云從若我弟子自謂下是第四揀僞教眞若佛弟子自能信解若不信解非眞弟子亦非羅漢敎逼時衆令信受解就文爲二初揀眞僞二開除釋疑揀又爲二初若不聞不知非眞弟子次聞不信受成增上慢如世弟子隨順師法繼嗣傳燈若不聞不知則無法可順何謂弟子如來昔說五濁開三汝隨順得涅槃得聞得知名爲弟子今五濁既除爲汝說一何意不聞不知不聞者即不聞教一不知者即不知行一非眞即非理一非弟子即非人一也次又舍利下第二明不信成增上慢者此教其使信何者汝自謂是後身身尚無量實非後身汝自謂究竟猶餘二百由旬實非究竟未得謂得豈非增上慢耶眞羅漢者濁除根利知非究竟信眞是法未是後身不起上慢知非究竟信於究竟即信理一無增上慢即成行一信則信教是爲教一是佛弟子則人一也除佛滅下第二開除釋疑者先開除除佛滅後不成增上慢次所以者何佛滅下明好人難得深經難解亦不成上慢若佛在世正說此經不信不受非眞羅漢成增上慢若佛滅後方得羅漢者偏執權經不信圓法聽許非增上慢又佛雖入滅此經尚在不信不受應是上慢耶即得開除佛滅度後雖有此經解其文義者此人難遇致令羅漢不信不解亦聽許非增上慢次釋疑若佛滅後解經人難遇得羅漢者即求入涅槃邪即釋云是人雖生滅度之想捨命已後便生界外有餘之國値遇餘佛得聞此經即使決了釋論第九十三釋畢定品云羅漢受先世身身必應滅住在何處而具足佛道答羅漢三界漏因緣盡更不復生三界出三界外有淨佛土無煩惱名於是國土佛所聞法華經具足佛道即引法華云有羅漢若不聞法華自謂得滅度我於餘國爲說是事汝皆作佛論既引經爲證今釋經還將論解南嶽師云餘佛者四依也羅漢遇之聞經決了又羅漢修念佛定見十方佛爲說此經便得決了又凡夫行人苦到懺悔見

十方佛爲說亦得決了瑶師云實羅漢必自知法華悉求於大利根則自知中下根須聞而知故言聞知何容於佛滅後不聞法華或聞而不信遇餘佛方解耶末法凡夫猶尚能信況聖人乎除佛滅後者指凡夫也有人言凡夫未證法相所見不明執心不固所以易信羅漢證法相所見分明執心牢固忽聞異說未便信受故云不信其義必然故身子云將非魔作佛惱亂我心耶若從此義指羅漢不指凡夫云此直異解不用此義也舍利弗下第五明無虛妄者止物謗心此爲三初勸信釋迦實說故云汝等當一心信解受持佛語次勸信諸佛故云諸佛言無虛妄諸佛道同彌加信受後結成不虛故云無有餘乘唯一佛乘也第二偈頌有一百二十一行分爲二初有四行一句頌上許答後有一百十六行三句頌上正答上許答有三謂順誡揀令不頌順但頌揀誡揀衆爲兩初三行半頌上五千退次二句頌上衆已清淨次一句頌誡聽上慢我慢不信四衆通有但出家二衆多修道得禪謂謂聖果偏起上慢在俗矜高多起我慢女人智淺多生邪僻不自見其過者三失覆心藏玼揚德不能自省是無慚人也若自見過是有羞慚也於戒有缺漏者律儀有失名缺定共道共有失名漏無道定等故內起惡覺如玉含瑕無律儀故外動身口如玉露瑕覆罪自得故名護惜小智者不得學無學智而有世間小智妄謂有漏以爲無漏小中之小故言小智也糟糠者無無漏禪定潤故如糟無理慧故如糠是五千等有世間禪如糟有文字解如糠封文失詮如糠無米又糟糠譬其無大機枝葉譬其非好器悉不任用故須遣之舍利弗善聽者即訟上誡許誡令善聽也從諸佛所得法下有一百十六行三句頌上正答也又爲二初從諸佛所得法下有七十三行一句頌四佛章門從今我亦如是下有四十三行半頌上釋迦章門就初又爲四初諸佛所得下三十四行三句頌上諸佛門從過去無數劫下第二有二十七行半頌過去佛門從未來諸世尊下第三有六行半頌未來佛門從天人所供養下第四有四行半頌現在佛門今就初頌諸佛門中與長行凡有三異一彼此互無二前後間出三開合不同上有歎法希有而無五濁頌有五濁而無歎法上先歎法次明不虛開權顯實今先開權顯實後明不虛上勸信與不虛台說今分勸信隔於不虛也私謂上以釋迦方便釋成諸佛之權偈中以釋迦之實釋成諸佛顯一是四異也此初頌文爲五初從諸佛所得法下五行三句頌諸佛施權二從我設是方便下十三行頌諸佛顯實三從若人信歸佛下四行半頌諸佛章勸信四從若我遇衆生下九行半長頌五濁五我有方便下兩行頌上不虛今初釋開權文爲二初四行一句頌正施權次一行半頌結施權意今初諸佛所得法者修道得於諸權法也無量方便力下頌上無數方便種種因緣演說諸法也衆生心念者頌上隨宜說法也頌中廣出隨宜之相即是照九法界機說七方便總言九七不可定判故言若干隨欲之宜應用世

界悉檀隨性之宜應用爲人悉檀隨惡業宜應用對治悉檀現起希望名念法門不同名種種過去所習名性現在欣樂名欲或可習欲成性成性生習欲云云善惡業者七方便傳傳爲善惡云云佛以權智照諸方便性欲然後以諸因緣譬喻隨其所宜說九部經十二部如玄義中說鈍根樂小法者一行半結施權之意前世根鈍今世無機不堪聞大故言不行深妙道前世貪著障重今世衆苦所惱唯可聞小故言爲是說涅槃也從我說是方便下第二十三行頌諸佛顯實文爲四初三行頌理一令得入佛慧頌上一大事因緣也決定說大乘總頌開示悟佛知見也入大乘爲本頌上入佛知見也從佛子心淨下第二四行半頌上諸佛如來但教化菩薩以明人一上直云教化菩薩頌中廣出諸方便人皆成實人有佛子心淨即別教之人爲此佛子說大乘經得記心喜即成圓教眞實之人聲聞若菩薩者聲聞兼得緣覺若菩薩兼得六度通教等諸菩薩皆成佛無疑者即是七種方便無非佛子即是頌人一也從十方佛土中下第三一行三句頌上如來但以一佛乘爲衆生說法無有餘乘若二若三若十方佛唯說一法即是教一假名引導即方便教也牒假名三教顯佛慧一教其文分明無有餘乘者無別教中圓入別之餘也無二者無通教中半滿相對之二也無三者無三藏中之三如此等二三皆是假名字引導諸衆生今但一佛圓教乘也從諸佛出於世唯此一事實下第四有三行三句頌上諸有所作常爲一事行一文也事即是行終不以小乘濟度於衆生即是頌上常爲一大事之意也佛自住大乘以此度衆生頌上唯以佛之知見示悟衆生後一行釋不以小度之意從若人信歸佛下第三四行半頌上勸信上云汝等當信佛之所說頌中有二初有二行半舉果勸信二舍利弗下二行舉因勸信舉果中初一行半舉內心若人信歸佛如來不欺誑者明佛心清淨無明慳垢衆惡已斷淨心中說故是可信我以相嚴身下一行明外色身相炳著光色端嚴內無闇惑外有光明則口無欺誑爲衆所尊說大乘印則可信受我本立誓願下二行是舉因勸信此亦爲二初我本立誓下一行舉昔誓二如我昔下一行明願滿我昔誓願非但自誓菩提亦誓衆生同入佛慧今酬誓故說是亦可信今菩提既滿衆生亦入汝既自證佛慧亦驗我誓不虛結成舉因勸信也問本誓既普今衆生尚多願云何滿答佛三世益物今明現在論願滿也若我遇衆生下第四九行半舉五濁上明五濁在釋迦章後今頌文在總佛門末釋迦門中又見重出此明諸佛同出五濁皆先三後一也此文爲四初一行總明五濁障大次六行別明五濁障三三一行明爲五濁故方便說小四一行半明爲大說小小治五濁大願得與若我遇衆生者中阿含十二云劫初光音天下生世間無男女尊卑衆共生世故言衆生此據最初也若攬衆陰而有假名衆生此據一期受報也若言處處受生故名衆生者此據業力五道流轉也正法念云十種衆生謂長

短方圓三角青黃赤白紫云何衆生生死長在地獄時身受不可思議苦心念無量無邊惡在畜生時身迭相吞噉心迭相逼惱在於鬼時身若燒山心如佛鑊邪見熾盛觝突癡兇在人時身口意常作不饒益事以自勞苦身口意常念不饒益事以自牽纏在天時躭染六塵縱逸嬉戲不聞正法杜塞福源是名衆生生死長云何衆生生死短在地獄時能一念寂靜心取戒在畜生時能一念靜心依三寶在餓鬼時能一念靜心靜諸根在人時能修六度養父母敬三寶以善嚴身口意在天時捨天樂持戒樂禪教化讀誦梵行少語是爲衆生生死短云何衆生方生死如鬱單越於一切物無我所捨身必上天從天上又上天唯向升善處是名生死方楞云何衆生圓生死唯在三途四趣中團欒圓轉如旋火煙迴是也云何三角生死謂善業不善業無記等是也云何衆生青生死恒入闇地獄常怖怕是也云何衆生黃生死餓鬼飢羸萎黃是也云何衆生赤生死畜生迭相食噉流血

赫然是也云何衆生白生死謂人中天中白業善道如諸天臨死時餘天語言汝生人道去若人臨死知識語言汝向天中去當知兩處是白生死又第五云心畫地獄黑色鬼鴿色畜生黃人赤天白此義云何答上說五道果報今說五道造業故其不同耳云云如是等衆生若爲與佛相遇衆生以苦惱自煎諸佛以大悲濟物悲與苦相對故言相遇又佛如衆生如一如無二如天性相關故言相遇夫大悲恒愍衆生若以人天教我則墮闇惑止免青黃赤紫方圓楞角等生死非教佛道若遇衆生令修小乘我則墮慳貪此事爲不可秪出二十五有若遇衆生教令通別我則墮偏僻失佛知見今皆令衆生得實相妙慧體達一切皆是佛法無非正道此則盡教以佛道生死苦永盡我常如是說但衆生根鈍罪重不可如願過去有佛號住無住發願使已國衆生同日同時成佛即日滅度又賢劫前有佛號平等亦願已國及十方衆生亦同一日成佛即日滅度今日有佛復有衆生云何

耶佛言止止我前所言得人身者耳頗有發願令五道同日成佛不佛言不可以非器之身成無上道要先化三趣令得人天然後乃可如願三趣非善道何能成佛如人求寶聚不於空中求我知此衆生下第二六行別明五濁爲五初二行明衆生濁善本者眞如實相也不依此種善根故不感大也堅著五欲者即諸惡之本從癡有愛則我病生從受胎之微形下第二一行別明命濁觀心釋者一念心起即爲未來作業業即胎胎業無窮世世不斷不斷即是增長也受胎之微形形即五陰陰名世壽命連持諸陰入世初從薄酪已至老死故名世世增長是命濁受陰身經說凡夫受身初七未轉異二七有生相如薄酪三七如厚酪四七如凝酥五七如坏六七如肉摶七七於肉摶生五疱頭手脚等八七又五疱一頭兩髆兩腕九七續生二十四疱四疱作眼耳鼻舌二十疱爲二十指十七轉現腹相漸漸皮骨分解作諸異相生七百筋七千脉隨所須相用一風𣵀之須白相白風

深乃至餘風亦如是香風故安隱端正臭風故不安隱則醜陋邪戾後出胎食五穀則生八萬戶蟲也入邪見稠林下第三一行是見濁五見交加如稠林森茂若有是常見若無是斷見因此二見生六十二或云外道計我有四句色即是我離色是我色大我小我住色中我大色小色住我中四陰亦爾是爲二十三世爲六十并根本爲六十二或如大品中所說次深著虛妄下第四一行頌煩惱濁如文於千萬億下第五一行頌劫濁長時無佛法即是劫濁又上來四濁集在時中故名劫濁如是人難度者五濁障故不信一乘則不可度也觀解者念念惡覺永無正觀自覺即不見佛心無八正即不聞法此心難度是故舍利弗下第三一行即權爲說小如文我雖說涅槃下第四一行半即是終令入大析三界妄盡滅色取空則非眞滅若體達無明本無常寂即是眞滅本無雖寂若不修道無由契會故言佛子行道已來世得作佛也我有方便力下第五兩行頌上不虛上云汝等

當信佛之所說言不虛妄勸信前已頌說不虛今更頌初二句先明釋迦先開三次兩句明諸佛後顯實互現耳後一行正明不虛前權後實誠言不虛勿生疑也從過去無數劫下第二二十七行半頌上過去佛章文爲二初二行頌開三如文是諸世尊下第一有二十五行半頌顯一上文顯實兼有四一今偈具頌於中又二初一行略頌上三一皆說一乘法即是頌教一化無量衆生頌人一令入於佛道即頌理一兼得行一次又諸大聖主下第二有二十四行半約五乘廣頌顯一就文爲二初一行半總約五乘以顯一天人群生類是舉諸乘以明人一更以異方便舉諸行以顯行一兼得教一第一義即是理一異方便下正因佛性即第一義理若用圓妙正觀此即實相方便不名爲異若用七方便觀助顯第一義者名異方便次若有衆生下第二有二十三行別約五乘以顯眞實者即爲三初二行開菩薩乘次第二一行開二乘第三二十行開天人乘今初若有衆生類下二

行開菩薩乘若作五乘釋者但是六度菩薩乘若作七方便釋者兼得通別菩薩乘何者三教大乘皆行六度而運心有異相心行六度即三藏菩薩無相即通教非相無相次第行六度即別教今但列六度未知定判屬誰尋上文云更以異方便者非獨六度菩薩即三教菩薩方便昔聞法皆已成教一昔六度行皆已成行一如是諸人等皆已成人一皆已成佛道皆已成理一也從諸佛滅度已若人善輭心一行開聲聞緣覺皆入一乘何以得知大品歎阿羅漢心調柔輭又淨名云住調伏心是賢聖行是以知之昔善輭心皆成行一諸人等是人一成佛道是理一供養舍利下第三二十行開人天乘不彰是人天乘但明造像起塔專至散亂故知是天人業地師解云童子是眞地無二乘凡夫二邊欲心聚砂爲塔砂是無著塔是衆行積集含藏正覺之心彼謂義會無生以爲深諳今謂乖文豎狹何者登地自應成佛如修羅度海何足爲奇今以童稚戲砂亂心歌詠指微即著

如凡夫度海不可思議佛分明廣會五乘毫善不漏而棄收羅之廣意徑取無生若如向釋殆不攝二乘况凡夫手論深但是一致定廣則爭經文問人天小善應住果報云何皆言已成佛道答此應明三佛性義大經言復有佛性善根人有闡提人無者即是人天小善低頭舉手爲山始簣合抱初毫昔方便未開謂住果報今開方便行即是緣因佛性能趣善提成顯實之義也就此爲二前十九行約天人小善成緣因種子以明顯實後一行約了因種子以明顯實尋文可解前十九行爲十初三行半約造塔明天乘因時至心傾財捨寶果時任運自然受樂故是天乘也木櫁者長安有木名櫁亦任造像金光明云以佛舍利如芥粟許置小塔中三十三天已有自然果報即其義也次乃至童子下第二一行童子戲砂作塔即是人業因時汎汎悠然作善果時作意勤求得樂故是人業次若人爲佛故下第三四行約志心造像明天業優婆塞戒經不許用膠得失意罪而此經用者古師云外國用樹膠耳光宅言或有處必須於像聽許用牛皮膠若有他物即不得用也有言大豆汁可代膠清然牛皮終是不淨物後得不淨果報不淨錢不任造像可換取如法淨錢造像地持不用雌黄臭物戒經不許造半身像得失意罪善相不起墮落生死中然造像各有所擬若當堂佛必須坐消息佛或坐或卧行動佛必應立而弟子於塔殿立像前不得坐此處定屬佛故若白衣舍餘處坐像前不能久立乞坐者得立像前即不得坐也云云次乃至童子下第四一行明人業次如是諸人下第五一行半結成顯實諸人皆成人一漸漸積功德具足大悲心即成行一佛道即成理一既已成佛復能四一但化菩薩即是教一云云次若人於塔廟下第六三行半約諸塵供養明天業銅鈸者長安人呼露盤爲銅鈸在彼翻經故用彼名之耳次若人散亂下第七一行約散心用塵供養明人業次或有人禮下第八一行約身業供養明天人業禮拜一句五體著地是上禮即天業合掌低頭是中禮是人業次以此供養下第九一行半結成非但顯實自成佛道亦能開權薪盡涅槃也云云次若人散下第十有一行約口業例上應具天人業今但出人業云云南無大有義或言度我度我可施衆生若佛答諸佛度我義不便五戒經稱驚怖驚怖者正可施佛也生死險難實可驚怖以大救之不得今同諸佛以小濟之驚怖施佛可也故文云喜稱南無佛喜者喜得救物儀也五戒經又云歸命悉施衆生耳調達臨終稱南無未得稱佛便墮地獄佛記其從地獄出當作辟支佛字曰南無外國事天像者以金爲像頭賊來盜之取不能得即稱南無佛便得頭明日衆聚云天像失頭便是無天來著耳著者云何失頭天即降一人云賊來取頭即稱南無佛諸天皆驚動是故得我便是故失頭衆人云天不如佛耶既不如者今何不事佛賊稱南無佛尚得天頭況賢者稱南無佛十方尊神不敢當但精進勿懈怠那先經云人臨死稱南無佛得免泥犁者云何如人持一石置

水石必没無疑若能持一百石子置船上者必不没若直爾死必入泥犂如石置水若臨死稱南無佛佛力故令不入泥犂船力故使石不没也云云胎經報恩經云華林園第三大會九十二億人者是釋尊遺法中一稱南無佛人得見彌勒也次於諸過去佛下第二有一行明了因種子若例上皆有相無相非有相非無相至心散心等五乘種子令皆開入一實云云至心聞一句是天業散心聞一句是人業云云問何意約過去佛門廣明五乘耶答三世佛皆有開權但未來未起現在始行於證義弱過去開權已久受化之人皆成四一並於十方施權顯實證義事强搆之虛言不如驗之以實故於過去佛廣說五乘也從未來諸世尊下第三有六行半頌上未來佛章文爲二初一行半頌開三後五行頌顯一度脫諸衆生者一行頌人一諸佛本誓願一行頌行一佛所行道誓令得此道豈非行一未來世諸佛兩行頌教一知法常無性者實相常住無自性乃至無無因性無性亦無性是名

無性佛種從緣起者中道無性即是佛種迷此理者由無明爲緣則有衆生起解此理者由教行爲緣則有正覺起欲起佛種須一乘教此即頌教一也又無性者即正因佛性也佛種從緣起者即是緣了以緣資了正種得起一起一切起如此三性名爲一乘也是法住法位一行頌理一也衆生正覺一如無二悉不出如皆如法爲位也世間相常住者出世正覺以如爲位亦以如爲相位相常住世間衆生亦以如爲位亦以如爲相豈不常住世間相既常住豈非理一又釋世間者即是陰界入也常住者即正因也然此正因不即六法不離六法正因常故緣了亦常故言世間相常住也於道場知已此舉果釋成開權顯實道場朗然斯理久暢物情障重方便施三云云從天人所供養下第四有四行半頌現在佛章上文有四今頌三不頌後結初一行半頌爲化之意正爲安隱衆生次知第一寂滅下一行頌上顯實知第一寂滅即頌理一其實爲佛乘或頌教一或頌行一後知

衆生諸行下二行頌開權如文從今我亦如是下第二有四十三行半頌釋迦章上文無歎法希有頌中具六但舊解釋迦章點出譬本指上本下文義交加尋蹤則目眩聽說則心亂鈍者致惑私記者先撰置前至文更帖庶以自鏡耳然釋迦章偈凡兩意一頌上二本下上根已悟中根未了故須作諭還譬上法譬不孤起承躡有由故言譬本也古舊爲五譬一長者譬二思濟譬三權誘譬四平等譬五不虛譬然初是總譬非獨長者思濟是救子不得義耳猶少見火譬故不用瑶師云方便品中從諸佛隨宜所說竟長行正顯一乘具實凡有四章一者開昔四三成今四一二以五濁故不得說一乘三從若我弟子自謂下明不得者四從汝當一心信解下明不虛妄始末言異以意求之皆實也下火宅中但譬方便品內三章從譬如下竟願時賜與是第一譬五濁章從各賜諸子等一大車竟得未曾有是第二譬眞實章從是長者等賜諸子竟寧有虛妄不是第三譬不虛妄章玄

暢師云六譬一宅中衆灾之相二覺者唯佛起一乘念三衆生不受爲說佛畏之事四說三乘樂五還說一乘教六結一不虛妄也龍師云六譬一舍宅父子譬佛王三界化衆生也二長者見火譬我以佛眼觀見六道衆生也三長者救火譬佛三七欲度衆生不得用大也四長者方便誘以三車譬佛設三乘教也五長者賜一大車譬說妙法華六不虛妄譬也光宅十譬一今我亦如是二行總頌上權實爲下總譬作本二舍利弗當知四行頌上五濁爲下見火譬本三我始坐道場六行半明大乘化不得爲下救子不得譬本四尋念過去佛十一行明三乘化得爲下救子得譬本五我見佛子等一行明大機發爲下見子免難譬本六咸以恭敬心一行明三乘索果爲下諸子索車譬本七我即作是念二行一句明如來歡喜爲下長者歡喜譬本八於諸菩薩前三句明爲說大乘爲下等賜大車譬本九菩薩聞是法一行明衆生歡喜爲下諸子得車歡喜譬本十汝等勿有疑一行半明佛無虛妄爲下長者不虛譬本也有人評之若以句判應有十九句若以義判則有六義一總二見火三一乘化不得四三乘化得五還說一乘六不虛自餘攝入六義之內又十譬則法譬參差法說中索車在前父喜在後譬說中父喜在前索車在後雖欲會通終成迂迴又大小相違法說見大機動故喜譬說見小緣免難故喜法說明大因譬說叙小果法說大障將傾譬說小難已離義勢乖各又有無異故法說中叙上根易悟故無索車譬說明中根猶惑故有索車若引恭敬爲索車者殊不體文意今無此四失然有無者長行有五一開三二顯一三五濁四眞僞五不虛偈亦五但長行有眞僞偈則無偈有歎法長行則無互現耳次第者長行先開三後顯一偈先顯一後開三開合者開三顯一爲總譬本二偈合而不開次離五濁文爲四譬之本開而不合不虛爲不虛譬本不合不開明取捨四段經文爲六譬之本取而不捨歎法一章非六譬故捨而不取論總別初開三顯一總叙釋迦一化教門從五濁去皆屬別譬也次本迹者總叙佛教總含本迹從五濁去別明本迹五濁一章正明居法身本見衆生苦起大悲從一乘化不得者垂迹云今謂迹門大意正是開三顯一前直法說上根即悟解中下未悟更爲作譬譬於三一令得曉了前法說中既略廣開三顯一後譬說中亦應略廣許三賜一因緣中亦應引三入一若作三譬六譬十譬於三周之文不合於四人信解乖離是所不用今明頌釋迦章中大分爲兩初從今我亦如是下兩行偈略頌上權實爲下總譬作本第二從我以佛眼觀見下有四十一行半偈廣頌上六義爲下別譬作本今約總頌中即有六意得爲總譬六義作本偈云今我亦如是我即釋迦是一化之主爲下有大長者譬作本安隱者即大涅槃常樂住處此處寂靜無五濁障故名安隱安隱即對不安隱不安隱即三界生死行化之所有五濁障名不安隱即爲下火宅譬作本衆生即是五道受化之徒爲下五百人譬作本又安

隱者即是安隱法還對不安隱法不安隱法即五濁法也爲下火起譬作本種種法門即對不種種爲下唯有一門譬作本知衆生性欲者即是五道根性有三乘差別爲下三十子譬作本向上即是略頌向下即是總譬本本末相承文義整足譬中當更引上證下從廣頌上六義中分文爲四作下別譬本初從我以佛眼觀下四行廣頌上五濁爲下見火譬本二從我始坐道塲下十七行半廣頌上於一開三爲下寢大施小譬作本三從我見佛子等六行廣頌上顯實爲下等賜大車譬作本四從如三世諸佛下有五行半廣頌上歎法希有次有二行半正頌上不虛次有六行頌上敦信此三意合爲下不虛譬作本而正用二行半頌不虛爲下不虛譬作本大槃如此細派更開初頌五濁中有三意初有半行一字明佛眼觀見爲後長者能見譬作本次六道衆生下有二行三句四字明所見五濁爲後所見火譬作本次爲是衆生下第三有半行明起大悲爲後長者驚入火宅譬

作本二我始坐下若頌開三者更開二意初有六行半念用大乘化不得爲下身手有力而不用之寢大譬作本次尋念過去下有十一行念同諸佛三乘化爲後設三車施小譬作本三頌上顯實中更開四意初舍利弗當知我見佛子下二行明大乘機動爲後索車譬作本次我即作下第二有兩行一句明佛歡喜爲後見子免難譬作本次於諸菩薩下第三三句正顯實爲後等賜一大車譬作本次菩薩聞是下第四一行明受行悟入爲後諸子得一大車歡喜譬作本頌上不虛直爲下不虛譬作本不論開也又一時大開爲三譬初令我亦如是兩行合而不離爲下總譬作本二從我以佛眼觀下離而不合爲下別譬作本三不虛譬不離不合爲不虛譬作本若承上本下略廣二頌則通三周及信解中文之與義悉皆不闕若約廣頌更開四意頌上四義爲下四譬作本此亦通三周及信解中文義不闕若更子沘開頌五濁中爲三開頌方便中爲二開頌顯實中爲四不虛中但

一合成十意作下十譬之本此之十意但在法譬兩周信解及因緣中其文則闕故作三節開章承上本下非是無趣漫作頌略中初一行頌上顯實後一行頌上開權此文雖窄具頌四一令我亦如是如於諸佛之是同以一實教化衆生此是總頌顯實也安隱者涅槃祕藏是安隱處佛自住其中亦安置衆生入祕密藏安隱處即頌理一衆生即頌人一種種法門入於佛道即頌行一宣示即教一智慧力者即權智力也知衆生性欲者鑒小機也方便說諸法者正施權也皆令得歡喜者隨宜稱機也二偈雖略收佛一化開權顯實原始要終罄無不盡故稱略頌爲下總譬本也二從我以佛眼觀下四十一行半廣頌上六義舊以最後七行是法說流通今不用用頌歎法敦信耳初四行頌上五濁開三次第二十七行半頌施方便化次第三六行頌上顯實次第四五行半頌上歎法希有釋迦章雖無指諸佛章中也次第五二行半頌上不虛次第六六行頌上敦信初四行頌五濁

上文有四唱數列名出體結釋今但頌數名體三也上云為五濁故說三今云為五濁故出世出世本應說大障不獲已故前說小此又為三初十一字明佛有能見之眼次第二六道下二行三句四字明所見五濁次第三

為是衆生下有半行明起大悲應赴初十一字我以佛眼觀見者下文云長者在門外立舉下證上知佛在法身之地以常寂佛眼圓照群機若根利濁輕則以盧舍那像說一乘法若根鈍濁重則脫瓔珞以老比丘像驚入

火宅方便開三秖是于時鑒機故言我以佛眼觀見也若觀色法應用天眼若分別根機應用法眼云何言以佛眼見耶佛眼圓通牒勝兼劣又四眼入佛眼皆名佛眼云云六道衆生下第二有二行三句四字明所見五濁貧

窮無福慧半行頌衆生濁入生死險道相續苦不斷此頌命濁深著於五欲一行頌煩惱濁不求大勢佛及與斷苦法此頌劫濁深入諸邪見以苦欲捨苦此頌見濁或云五熱炙身欲望捨苦反得苦報或云諸見即是受受

即是苦行此苦因望欲捨苦豈可得耶普曜曰五道源來五戒為人十善生天慳貪墮餓鬼觝突墮畜生十惡墮地獄無五趣五陰六衰則是泥洹不處生死不住泥洹便受菩提決毗曇毗婆沙第七云地獄中人初生時念

云昔聞沙門說貪欲是地獄過惡大可畏處我昔不斷貪欲今受此劇惱此舉貪欲是地獄因也又云五道各有自爾法地獄色斷還續畜生能飛虛空餓鬼施摶食時能來到人中人中有勇健念力梵行勇健者不見果而

廣能修因念力者久遠所作而能憶梵行者能得解脫達分得正決定天中有自然隨意所須即得云云地獄中成就他化自在天煩惱業及善而不現前行他化自在成就地獄煩惱業及不善而不現前行舉上舉下中間可知地獄此方名胡稱泥犁者秦言無有無有喜樂無氣味無歡無利故云無有或言卑下或言墮落中陰倒懸諸根皆毀壞故或言無者更無赦處獄卒是變化令見非衆生數初將罪人縛至閻王所者是衆生數若受苦時

非衆生數如此解者初皆正語若受苦痛聲不復可分別畜生者形傍行傍故名畜生又畜生者名偏有偏有五道中四天三十三天悉有而上天所乘象馬等是福業化作非衆生數也又畜生者名盲冥盲冥者無明多故

名畜生劫初時皆解聖語後飲食異諂心而語皆變或不復能語鬼者胡言閣棃哆秦言祖父衆生最初生彼道名祖父後生者亦名祖父又慳貪墮此趣此趣多飢渴故名餓鬼亦被諸天驅使亦希望飲食故名餓鬼人者

胡言摩㝹奢此云意昔頂生王初化諸有所作當善思惟善籌量善憶念即如王教諸有所作先思量憶念故名人為意又人能息意能修道得達分又云人名慢五道中多慢者稱人趣也阿修羅者修羅名天阿言非非天故稱阿修羅又修羅名端正彼不端正故言阿修羅修羅名酒阿之言無彼無酒故言阿修羅也天者天然自然勝樂勝身勝故天名勝衆事悉勝餘趣常以光自照故名為天又天者天然自然阿含云衆生是假名界是法

五趣衆生與法界和合若衆生行不善心時與不善界俱行善心時與善界俱行勝心時與勝界俱行鄙心時與鄙界俱是故比丘當作是學善種種界前是因緣釋六趣後似觀心釋六趣也爲是衆生故下第三有半行明起大悲而起大悲心者上舉能見次明所見今明大悲熏心應入三界施設方便引趣佛慧也

妙法蓮華經文句卷第四下

妙法蓮華經文句卷第四下

校勘記

一 底本，明永樂北藏本。

一 七八頁上一四行第九字「二」，南、徑、清作「三」。

一 八〇頁下一一行末字「見」，南、徑、清作「更」。

一 八〇頁下一六行「中阿舍」，南、徑、清作「中阿含」。

一 八〇頁下一七行第八字「早」，南、徑、清作「畀」。

一 八一頁上四行第九字「佛」，徑、清作「沸」。

一 八二頁中六行第一五字「一」，清作「二」。

一 八二頁下一七行第一六字「舍」，南、徑、清作「含」。

一 八四頁下一七行第六字「肉」，南、徑、清作「内」。

一 八五頁中一〇行「異故」，南作「異」。

一 八五頁中一七行第一四字「四」，南、清作「三」。

一 八五頁下二行第一〇字「舍」，南、徑、清作「含」。

一 八五頁下五行第八字「一」，徑作「二」。

妙法蓮華經文句卷第五上　寔九

隋天台智者大師說

門人灌頂記

從我始坐道場下第二十七行半頌施方便化就此爲二初有六行半明念用大乘擬不得次尋念下第二十一行明念同諸佛用三乘化稱冝可得就初念用大化又爲三初一行半明用大擬冝次衆生下第二三行明衆生無機次我即下第三二行明念息大化也始坐道場者至理無時假時化物爲化之初故言始也事釋者初在此處修治得道故言道場坐此樹下得三菩提故名道樹感樹恩故觀察念地德故經行道成寂澤之時欲以大法擬宜衆生也觀心釋者樹即十二因緣之大樹也深觀緣起自成菩提欲以無漏法林樹蔭益衆生故言觀樹經行者大乘三十七品是行道法自以道品履一切地得成佛道欲以此法化度衆生是故起行樹地無有分別豈須報恩未曾有經云秖以通化傳法名報恩耳過去因果經云佛成道初一七日思惟我法妙無能受者二七日思衆生上中下根三七日思惟誰應先聞法即至波羅柰爲五人說四諦陳如得法眼淨頞鞞拔提十力迦葉摩訶男拘利未得道佛重說四諦四人得法眼淨佛又說五陰無常苦空非我五人得阿羅漢佛爲佛寶四諦爲法寶五人乃佛是六阿羅漢即是僧寶小雲疏云初三七日時已是說法華下文宿王華智佛在七寶菩提樹下說法華經當知今佛在菩提樹亦說法華而鈍根衆生不堪允同諸佛開三教化後於王城說一乘耳若推智者意是則先在菩提樹下說於佛慧後在餘處說佛慧例如今佛先說華嚴後說法華故文云始見我身聞我所說入如來慧除先修習學小乘者而今亦令入如來慧與此義同也五比丘者諸女聽仙人說法惡生王瞋割兩臂耳鼻等血變爲乳惡生王者拘鄰是仙人者佛是佛誓令得甘露令初聞法音也問何故初爲五人轉法輪答人先見諦故人是現見故人爲證故佛所行事業與人同故諸天從人中得善利故人中有四衆故輪王出世聲至他化自在憍陳如得道聲至梵天佛得道聲至首陀會何故爾答善業名聲業稱讚父母師長業有上中下故爾也若使有頂有耳識者佛聲亦至彼輪王行十善善生欲天欲天喜我眷屬增多故陳如離欲故徹梵佛最勝至尼吒云云若依大乘佛得道聲徧至百億尼吒又徧十方無量無邊世界尼吒云云初轉法輪處菩提樹處初忉利下處大神變處此四處諸佛皆定餘處不定又除轉法輪一處其三處決定三七日者舊云思理教等又云勸誡等瑤師云事之至深至聖猶思而後行一七思佛智微妙二七思衆生根性不同三七思法藥萬品即舉偈證之我所得智慧微妙最第一衆生諸根鈍云何而可度今明佛在法身之地寂而常照恒以佛眼洞覽無遺豈始至道場淹留三七方思此事言三七者明有所表也表佛初欲三周說法故假言三七耳初七思法說次七思譬說後七思因緣說皆無機不得是故息大施小也此偏就圓教大乘

爲釋耳若通途約大乘釋者初七思惟欲說圓教大乘次七思惟欲說别教後七思惟欲說通教大乘皆無機不得是故息大說三藏三乘爲方便之化也觀心釋者初欲觀中道中道妙難觀不得次欲觀即假即假觀分别智難生不得後欲觀即空即空巧度又不得方觀方便析法小觀也從衆生諸根鈍下第二三行明無機又爲三初半行明障重次如斯下第二半行明不堪聞爾時梵王者下第三有二行明諸梵雖請說大佛知無機所以不說我即自思惟下第二有二行明念欲息化又二初一行半明無機强說聞則有損後半行正明息化從尋念過去佛下第二有十一行頌上於一佛乘方便說三也就此爲二初十行正明化得後一行釋疑就前十行有四初一行明三乘擬宜次作是思下第二六行半明有機次思惟是下第三一行半明施化次是名下第四一行明受行尋念者念彼雖無大機不容永捨要以方便而誘濟之非都不知聞三欲引同諸佛故云尋念也作是

思惟下第二六行半明有小機此又爲二初四行半明諸佛歎後二行明釋迦酬順上欲大化於彼無機故諸佛不歎今欲說小曲會根緣則始終得度所以佛歎也就初佛歎爲五初三句釋迦自叙諸佛現佛現者由念佛方便力故現現由擬法會機二義故佛現善哉下第二一行一句明諸佛正歎釋迦能隱實設權故云善哉爲一施三引入佛慧即是第一導師得是無上法者即是得實智微妙第一也而用方便力者隨諸一切佛隱實用權也我等亦皆得下第三一行明諸佛亦隱實用權如文從少智樂小法下第四一行雙釋二義爲衆生少智不堪聞大所以隱實而復樂小所以施權雖復說三下第五半行雙結二義雖復說三終爲顯實也舍利弗當知下第二有二行明釋迦酬順既聞諸佛歎對曰南無南無此云敬從又二初一行發言酬順後一行念順物機從思惟是事下第三一行半正明施教也諸法寂滅相不可以言宣下即是曾說中道無性佛種之理此理非數

又不可說令以方便作三乘說又非生非滅而以方便作生滅說又偏眞之理亦非示說以方便故作四門說初爲五人說無常有門也是名轉法輪下第四一行明受行悟入也轉佛心中化他之法度入他心名轉法輪陳如初得見諦即斷見惑分證滅諦亦是分得有餘涅槃涅槃之音起自於此由此得成無學便有羅漢之名能說三乘法者名佛所說三乘即法見諦羅漢等名僧三寶於是現世聞從久遠劫來下第二一行是釋疑疑師云佛初未能鑒機尋念諸佛始知根性即釋云非我不知用於方便特欲引同故念諸佛非始念方知從久遠劫來見其樂小已爲讚示令盡衆苦所以聞小即得解脫也疑弟子云云何衆生一世暫聞即證羅漢即釋云從久遠劫來爲其讚示稱於本習故速得道舊云此偈懸指壽量義今明論秘密意或當如此明顯露意是則不然何者將明壽量彌勒尚自不知云何此中一偈懸指今以釋疑消文從我見佛子等下第三有六行頌上顯實文

具四一初我見佛子下二行頌人一三乘行人皆是佛子上文兼有其意也我即作是念下第二一行頌理一爲說佛慧即是上一切種智佛知見也舍利弗當知下第三二行頌教一但說無上道即教一也菩薩聞是法疑第四一行頌行一悉亦當作佛故是行一也更就此文爲四意初二行明大乘機發亦云索果次兩行一句明佛歡喜衆生得大乘益故次三句正明顯實次一行受行悟入也明由機發故索果索果由於機發此應有四句自有障除機未發如諸羅漢在三藏時以樂小故濁障雖除大根鈍故妙機未發自有大機發障未除如法華中諸凡夫人等雖未斷結以大根利故機發自有障即除機即發如說無量義時證二乘果即於此座大機即發自有障未除大機未發即五千等是也志求佛道者即是索大非求小果也索有三意一大機有感果之義機中論索二情中密求爲得爲不得即此意三發言索即是殷勤三請也昔教之中已有二求但未發言至於今日

具此三索聞昔出宅索三是機情索者文云如先所許此乃求三何關求一答出外不見必有異途將昔許三以求異意耳亦得是索一也咸以恭敬心皆來至我所者一云恥小慕大大機感佛故云至佛所令明非但機至佛所亦乃身到如無量義中四衆圍繞合掌敬心欲聞具足道也曾從諸佛聞方便所說法者此中初味調伏受行三藏六度通別等三教方便由此調熟故使障除機發而求大也從我即作是念下二行一句明障除佛喜佛爲佛慧故出昔障重無機不得即說佛慧中間雖障除又未得說令機發正是說時昔衆生根鈍智小恐其謗法墮惡故未是說時令根利志大聞必信解故佛歡喜無畏者不畏執小謗大起罪墮惡故言無畏於菩薩中下三句正顯實也五乘是曲而非直通別偏傍而非正今皆捨彼偏曲但說正直一道也菩薩聞是法下一行明受行悟入六度通二菩薩初聞略說動舊執致新疑今悉已除非獨菩薩二乘亦爾而云聲聞皆當作佛者昔

教不說二乘作佛今行與授記授記豈獨二乘除疑豈獨菩薩互存則兩備問菩薩何疑答三藏說三僧祇未斷惑一斷即入眞通教說菩薩斷正留習習盡即成佛初聞略說悉云方便昔眞昔成竟知安在又三乘同學一道何意有別今聞法華掃蕩諸疑無復遺芥從如三世諸佛下第四五行半頌上歎法希有非正爲下不虛譬本就此爲二初一行頌上如是妙法妙法者權實也如三世者引同諸佛用權權是引物之儀式也說無分別法引同諸佛顯實實則言語道斷豈存儀式又權實本無分別爲鈍根小智分別權實今還悟入一三不二即知佛說三一無分別也諸佛皆爾何獨我耶諸佛興出世下四行半頌上時乃說之上亦舉曇華頌中還說諸佛興出世兩句久久懸遠時有佛出此舉人難正使出於世兩句此舉法難如今佛出世四十餘年始顯眞實無量無數劫兩句此舉聞法難如五千之流梵音盈耳越席而去聞豈不難乎能聽是法者兩句擧信受者難普衆

唯身子前達中下雖聽猶未能了舉曇華譬上四難但合聞者難餘例可解從汝等勿有疑下第五二行半頌王不虛又二初一行半勿於可信人生疑次汝等舍利下一行勿於可信法起疑法王者夫爲人王言則不二佛爲法王豈容虛說夫方便而是權假眞實寧應是妄聞法王說法勿生疑也舊從汝等舍利弗下七行不須敦信但是釋迦章中勸信弘經之意耳其文爲兩初五行半令弘經使其行因次一行半略爲受記初一行令其慕果行因必須弘經四十餘年蘊在佛心他無知者名爲秘一乘直道總攝萬途故言要也以五濁惡世下一行釋秘要明障重之人終不能解故使如來秘不妄宣當來世下二行明弘經體初一行明不善人勿爲說後明善人當爲說舍利弗去一行半雙結二義初行結秘要明此法如是先以萬億方便然後乃示眞實後半行結弘經體其不習學不能曉了此正結不善者勿爲說也兼對習學者則能曉了此乃可爲說也汝等既已知下一行半略爲授記上明三句論其有解中一句明其無惑下半偈明其得記既有解無惑正應歡喜作佛此中受記開下身子等得記作本此中弘經開下命身子流通作本也舊意如此今明從五濁下第六六行頌上揀衆敦信上幸有此文近而不頌耶又二初三行頌揀衆次三行頌敦信五濁者一行頌上揀非佛弟子何者若樂諸欲是行魔業故須揀之上文著涅槃尚非佛弟子此文著生死那是佛弟子互揀非耳終不求佛道者頌上揀增上慢上慢者未得上法謂得上法是故其人不求佛道也當來世惡人一行頌上如來滅後解義者是人難得也有慚愧清淨一行頌上若遇餘佛便得決了次三行頌上敦信若不信此法無有是處初一行半敦信於權次一行半敦信於實實權無疑自知作佛云云

釋譬喻品

先總釋譬者比況也喻者曉訓也託此比彼寄淺訓深前廣明五佛長行偈頌上根利智圓聞獲悟中下之流抱迷未遣大悲不已巧智無邊更動樹訓風舉扇喻月使其悟解故言譬喻別釋者以世法比出世法因於曾有聞未曾有踊躍歡喜如經世間子父譬出世師弟又以世生法比出世生法使蒙佛音教不失大乘如經父知諸子先心各有所好珍玩之具又以世滅比出世滅雖得無漏聞亦除憂惱如經我爲其父應拔其苦難令免燒煮又以世不生不滅比出世不生不滅令其安住實智中我定當作佛如經乘是寶乘直至道場當知佛以一音說於譬喻巧令中下得四悉檀益故言譬喻品也約教解者佛意本讚佛乘爲物不堪尋念先佛大悲方便趣於鹿苑稱讚三車二乘以下中自濟恩不及人菩薩駕牛運他出火故名摩訶薩此三藏教中譬喻也又三人同畏燒煮聲聞如麞直去不迴緣覺如鹿母並馳並顧菩薩如大象身扞刀箭全群而出涅槃云兔馬此通教中譬喻也又三乘發心近緣理淺智慧弱斷通惑不能盡邊到底非波羅蜜菩薩發心久遠理深智彊斷別惑窮源盡性大品云二乘如

螢火菩薩如日光此別教中譬喻也又始見
我身聞我所說即皆信受入如來慧如斯之
人易可化度不令如來生於疲苦如華嚴中
即事而真不須譬喻為未入者四十餘年更
以異方便助顯第一義今日王城決定說大
乘普令一切開示悟入佛之智慧不令一人
獨得滅度如今如始如始如今無二無異上
根利智聞即能解不令如來生於疲苦亦不
須譬喻秖為中下動執生疑踟躕岐道故須
今日大車譬喻而得利益是名圓教中譬喻
也本迹觀心例可解不復記云云法說有五段
經文其一始竟四猶未了此品應在諸天說
偈之後火宅譬喻之前出經者調卷置領解
之初耳又人云發起中根置第二卷初如六
瑞問答為法說作序領解得記為譬說作序
此人情耳置法說之後中根可不悟邪此領
解段領其所聞述其所解長行領與解合說
偈中領與解各陳故言領解段也文有二一
經家敘二身子自陳敘為二謂內解外儀內
解在心名喜喜動於形名踊躍從妙人聞妙

法得妙解若值一聿尚復欣抃況三喜具足
寧不踊躍文云今從世尊聞此法音心懷踊
躍內外和合致此歡喜即世界釋也又改小
學大棄貧事草庵受富豪家業文云今日乃
知真是佛子是故歡喜此為人釋也又憂悔
併遣疑難並除內外妨障廓然大朗文云我
已得漏盡聞亦除憂惱是故歡喜此對治釋
也又佛子所應得者皆已得之文云安住實
智中我定當作佛此第一義釋也約教者夫
歡喜喜於入位而阿羅漢出三界籠樊破四
住子果對害不戚逢利不欣今言歡喜決非
世間喜也若苦忍明發若究竟無學先已得
之今不應重喜若三人同以無言說道體析
雖異證空一致一致之喜久已得之亦不重
喜若二空觀為方便道假觀蕩二乘之隘陋
空觀蕩凡夫之喧湫過二邊惡得大歡喜依
圓悟初發心住名歡喜住初行亦名歡喜行
初地亦名歡喜地身子既是上根利智必是
超入之歡喜設不超入亦名歡喜此皆約教
釋也本迹釋者身子久成佛號金龍陀迹助

釋迦為石面智慧弟子始從外道拔邪歸正
示乳味歡喜利益凡夫次示酪味歡喜利益
賢聖次示生酥熟酥歡喜利益菩薩今作醍
醐入佛知見歡喜利益學佛道者如此等歡
喜皆迹所為也觀心解不復記云云敘外儀者
即起合掌名身領解昔權實為二如掌不合
今解權即實如二掌合向佛者昔權非佛因
實非佛果今解權即實成大圓圓因必趣果
故言合掌向佛瞻仰尊顏者表其解實實即
佛境非方便法瞻仰尊顏無餘思念表開佛
知見意解於實亦即解權身領於權亦解於
實互舉一邊白佛下口領解也即是身子自
陳文為二初長行二偈頌初文為三一標
喜章二釋三結成今從世尊標我身見佛身
故名身喜聞此法音依於佛口聞而歡喜故
言口喜得未曾有是我意解佛意故名意喜
是為標章也次所以者何下第二釋者提昔
之失顯今之得從所以者何訖無量知見明
昔不見佛為失昔佛為菩薩授記我不豫斯
事見佛義遠既不見佛故無身喜聞如是法

者若日照高山時密有聞義顯如聾如啞不得道聞如是法也秖是方等教中聞大乘實慧與今不殊故言聞如是法也受記者亦是方等中與菩薩記二乘不豫斯事甚自感傷思益淨名中聞褒大折小內疑而外歎名爲感傷失一切知見者失佛眼之見失佛智之知也從世尊說非世尊也明昔不聞法失良以身處山林心執小道則不聞法故無口喜我甞獨處者思過之所也同入法性者正出其過執所入之一理疑於三教之能門一理既同而我失知見三教既異而菩薩受莂受莂則如來有偏所以成過今述此失故言悔過是我等咎者由我迷權何關理教由我惑實何關佛偏追述昔非仰謝如來是爲引過自歸也從所以者何說每自剋責明意無解之失良以不待說所因則無實解又不識方便故無權解解無故無意喜昔失既彰今得自顯不待說所因者自責不解實也不解方便者自責不解權也所因二義一不受待對於前二不停待於後初照高山明三諦之

慧是得佛因以此待對於我而我不受失之於前諸佛法久後要當說真實我不停待於此兩楹間忽取小不解實權如文而今從佛下結成三喜先結後成從佛是結身喜也聞法結口喜也斷諸疑悔是結意喜乃知真是佛子近佛義成也從佛口生結口成也從法化生是結意成如此消文文盡釋理理彰也更用四悉檀消文今從世尊下是世界歡喜從所以者何提昔失顯今得是爲人喜從世尊我從昔來對治喜也從今日乃知下是第一義喜也更約喜心明四悉心喜動悅常未曾有喜動覺觀復動于形云云偈有二十五行半爲三初一行頌標三喜舉我聞兼得佛也從昔來下第二二十二行頌釋三喜又爲三今初一行半頌見佛喜長行明失知見頌中明不失大乘上論失論遠頌論近論得互現耳我處於山谷下第二十一行頌上不聞法又爲二初九行頌上身遠故不聞次我本着邪見下第二兩行頌上入法性故不聞邪見是凡人著入法性是二乘著俱不聞法我

甞於日夜者生死爲夜涅槃爲日爲生死中有涅槃爲生死外有耶若得悟時二疑雙遣又生死涅槃俱爲夜此疑得除名爲日日出時二疑雙遣又世人二種一草創學大二習小入大桶其事相直入者劣例如從阿毗曇中入者勝菩薩亦應爾於華嚴中入者化道應弱五味洮汰入者勝從而今乃自覺下第三有九行半頌上心得妙解喜上明不待所因不解方便頌中明得所因又解方便聞當作佛是所因聞五佛適同解魔非魔是解方便互顯一邊五佛章即是領文也從聞佛柔輭音下第三二行半頌上結成如文爾時佛告舍利弗吾今下是第三述成段上身子自陳得悟今如來述解非虛文有三一昔曾教大二中忘取小三還爲說大所以引昔曾教述其見佛之緣若中忘取小述其憂悔聞法之緣還爲說大述其悟解不虛述成上三意也十住毗婆沙云身無上謂相好受持無上謂自利利他具足無上謂命見戒智慧無上謂四無礙不思議無上謂六波羅蜜解脫無

上能壞二障行無上謂聖行梵行又身無上名大丈夫受持無上名大慈悲具足無上名到彼岸智無上名一切智不思議無上名阿羅訶解脫無上名大涅槃行無上名三藐三佛陀菩薩瓔珞十三云道當清淨穢濁非道道當一心多想非道道當知足多欲非道道當恭敬憍慢非道道當撿意放逸非道道當顯曜自隱非道道當連屬無行非道道當覺悟愚惑非道道當教化矜恪非道道近善友習惡非道如是等種種明無上道今經以圓通爲無上道若偏若次皆他經所論長夜隨我受學者昔雖大化未破無明惑闇心中隨佛受學了因雖遠猶尚不滅況今眞悟寧虛故舉曾教述見佛不謬也我以方便生我法中者此義兩牽若昔以大化今生大解此屬初意若令免惡道權以小引此是第二意從我昔教汝志願佛道汝今悉忘自有中途廢大習小名中途悉忘若而今便自謂已得滅度即是而今悉忘由汝忘大願即習小致有憂悔而得聞法不虛也我今還欲令汝憶念

本願即是述其得解不虛先施權教成其中途小善後顯眞實遂其本願大心也從汝於未來下是大段第四授記段前自陳佛印竟是故與記若得大解自知得佛何俟須記記有四意一昔未記二乘而今須記二中下未悟以記勉勵之三令聞者結緣四滿其本願是故記也有長行偈頌長行爲十一時節二行因三得果釋十號甚多且記一種無虛妄名如來良福田名應供知法界名正徧知具三明名明行足不還來名善逝知衆生國土名世間解無與等名無上士調他心名丈夫爲衆生眼名天人師知三聚名爲佛壞波旬名婆伽婆四國土五說法六劫名七衆數八壽量九補處十法住久近悉如文大論四十八云舍利弗正法三十二小劫者三災飢病刀滅衆生者名小劫又直是時節名小劫如說法華經六十小劫亦是時節數耳非三災滅外物爲小劫也偈有十一行半爲二初十行頌上九意略不頌補處長有供養舍利後一行半結歎初一行超頌得果次供養下第

二一行追頌行因次過無量下第三半行超頌劫名次世界名下第四一行半頌國淨次彼國下第五一行半頌菩薩衆數次如是等下第六半行頌說法次佛爲王子下第七二行頌壽量次佛滅度之下第八一行半頌法住久近次舍利廣下第九半行供養舍利後華光佛下第二一行半結歎宜應自欣慶者成初入歡喜位之解也初住能百佛世界作佛行地倍是第五四衆領解有長行偈頌初經家叙衆喜次陳供養作是言下正領解初領開權今乃復轉下領顯實也偈有六行半爲二初二行頌上開權顯實後四行半自述得解隨喜迴向也我等亦如是者如身子之領解如身子被述成如身子之得記也問迦葉善吉諸大聲聞尚未得解四衆何人而先獲悟答四衆天人亦具三品上根同身子中下可知又解身子迦葉並是權行中下未聞故迦葉滿願亦同不解淨名云衆生未愈菩薩亦未愈云云　從爾時舍利弗白佛下第二大段爲中根譬說文有四品此一品正是譬

喻開三顯一信解明中根得解藥草如來述成授記與決此四番皆約譬說下四段皆約因緣陳如明繫珠緣而領解阿難引空王緣而獲記云云又例法說應有中根四衆歡喜而今無者一謂經家存略二例前後可知後文在法師品中云云譬說文爲二一請二答請爲三一自述無疑二述同輩有惑三普爲四衆自述如文同輩是同行懷舊故須爲請四衆是化境今新運大悲則普爲請佛常教化下執昔三教也而今於世尊前下執昔一理也昔說三是究竟今又說一爲眞實矛盾致迷故言皆墮疑惑有人云身子新舊兩疑千二百止有新疑今謂上根疑少中下疑多云何倒解善哉世尊下爲四衆普請也因緣者前三後一之因緣也爾時佛告舍利下第二佛答文爲三一發起二譬喻三勸信發起爲二一抑二引抑令憤勇引令速進我先不言下指上明權皆爲菩提指上顯實皆爲化菩薩者若權若實皆入佛道無住涅槃上已明言云何執教迷闇不解如此責謂是抑文也然

舍利弗今當下是引接安慰前弃既切恐鄙懟自沈今許其譬喻更明此義若能解者猶稱智也二譬喻說長行偈頌長行開譬合譬開譬不同已如上說今爲二一總二別總譬譬釋迦章中今我亦如是兩行偈略頌開權顯實也別譬譬釋迦章中我以佛眼觀見四十一行半偈廣頌開權顯實六意也總譬有六一長者二舍宅三一門四五百人五火起六三十子長者譬於我我即釋迦一化之主也火宅譬上處所安隱對上三界不安隱也一門譬上宣示佛道門也五百人譬上衆生也火起譬上對不安隱法五濁八苦也三十子譬上知衆生性欲三乘行人也長者譬爲三一名行二位號三德業名如賓行如主行有親踈名有近遠故舉處所以顯名行也封疆爲國最遠宰治爲邑居中聚落是鄰閭最近長者名行偏此三處近不見其細陋遠但挹其高風口無擇言身無擇行意無擇法名行相稱眞實大人內合如來三業隨智慧行稱機施化名稱普聞德周法界也舊以十方

虛空慈悲所被處名國三千爲邑一四天下爲聚落又大千爲國中千爲邑小千爲聚落今皆不用大論六十云柔順忍爲聚落無生忍三菩提爲城因果共爲譬今經直用果德爲譬實報土爲國有餘土爲邑同居土爲聚落從本垂迹攝迹反本名行相稱無賓主之異彪炳洋溢徧三土也二標位號爲三一世長者二出世長者三觀心長者世備十德一姓貴二位高三大富四威猛五智深六年耆七行淨八禮備九上歎十下歸姓則三皇五帝之裔左貂右揷之家位則輔弼丞相鹽梅阿衡富則銅陵金谷豐饒侈靡威則嚴霜隆重不肅而成智則胸如武庫權奇超拔年則蒼蒼稜稜物儀所伏行則白珪無玷所行如言禮則節度庠序世所式瞻上則一人所敬下則四海所歸十德具焉名大長者出世長者佛從三世眞如實際中生功成道著十號無極法財萬德悉皆具滿十力雄猛降魔制外一心三智無不通達早成正覺久遠若斯三業隨智運動無失具佛威儀心大如海十

方種覺所共稱譽七種方便而來依止是名出世佛大長者三觀心者觀心之智從實相出生在佛家種性眞正三惑不起雖未發眞是著如來衣稱寂滅忍三諦合藏一切功德正觀之慧降伏愛見中道雙照權實並明久積善根能修此觀此觀出於七方便上此觀觀心性名上定則三業無過歷緣對境威儀無失能如此觀是深信解相諸佛皆歡喜歎美持法著天龍四部恭敬供養下文云佛子住是地即是佛受用經行及坐卧旣稱此人爲佛豈不名觀心長者今以十德帖經義足而闕一文國邑聚落有大長者三處稱譽爲大豈非姓貴長者豈非位高耆邁豈非耆老財富無量豈非豐足多有田宅即分略周贍豈非智深多有僮僕豈非勢大其家廣大豈非德行師之唯有一門豈非禮節訓人一路多諸人衆即下人所歸但闕上人所敬一文今以大字兼之大人所知故稱大也從其年衰邁下三歎德業德有內外內則智略外則貲財年高博達今古譬佛智德衰邁根志純

熟譬佛斷德財富譬外德無量總譬萬德也田宅別譬也田能養命譬禪定資般若宅可棲身譬實境爲智所託略則十八空門廣則無量空門若論福德無行而不修若論智慧無境而不照故云多有田宅也僮僕者給侍使人譬方便知見皆已具足和光六道曲順萬機即實智之僮僕也二其家廣大者家宅譬上安隱對不安隱不安隱譬三界也衆生宂宂皆宅三界如來應化統而家之故言廣大也三唯有一門者譬上種種法門宣示於佛道道場觀云實相理不異慧亦冝一出無異路故言一門光宅雲曰三界雖曠九十雖多論於出要唯是佛教故言一門今明若單理爲門理無通塞何門之謂單教爲門得經者衆何意不出今取理爲教所詮文云以佛教門出三界苦得涅槃證門又二宅門車門宅者生死也門者出要路也此方便教之詮也車者大乘法也門者同教之詮也若宅門是車門初三車救子亦應即是等賜大車若所出門非所入門驗車宅異也四五百人者

譬上衆生即五道也五堂閣下譬上安隱對不安隱法五濁也先出所燒之宅相譬六道果報次明能燒之火譬八苦五濁堂譬欲界閣譬色無色界牆壁譬四大頹落譬滅損頹危譬遷變柱根譬命梁棟譬意識腐敗譬危殆不久欲令易解作觀釋之堂譬身之下分閣譬頭等上分牆壁譬皮肉頹落譬老朽柱根譬兩足腐敗譬無常梁棟譬脊骨傾危譬大期周障屈曲譬大小腸又云譬心云云周帀下明能燒之火八苦徧在四大四生故言周帀並皆無常故云俱時欻然譬本無今有本無此苦無明故有六長者諸子下三十子譬上知衆生性欲曾習佛法天性相關則子義性欲有異若十是菩薩子二十三十是二乘子此機俱得出宅故名爲子無此機是五百人或者支佛出没不同或小乘攝或中乘攝皆言十者悉有十智之性故云內有智性但無如實智性耳上三偈先頌實後頌權今總譬中先實後權云云

妙法蓮華經文句卷第五上

妙法蓮華經文句卷第五上

校勘記

一　底本，明永樂北藏本。

一　九〇頁上一一行「第二」，南、清作「第三」。

一　九二頁中一五行第一六字「吹」，南、徑、清作「次」。

一　九四頁上五行「折小」，清作「斥小」。

一　九四頁上一九行「二義」，南作「一義」。

妙法蓮華經文句卷第五下　寔十

隋天台智者大師說
門人灌頂記

從長者見是大火下是第二別譬也別更爲四初長者見火譬譬上佛見五濁四行偈爲本二捨机用車譬譬上釋迦爲五濁寢大施小始坐道場十七行半偈爲本三等賜諸子大車譬譬上釋迦示眞實相我見佛子等志求佛道者六行偈爲本四長者無虛妄譬譬上我爲諸法王二行半偈爲本就初見火其文有四其意但三一明能見二明所見三明驚怖四廣前所見但成三意長者見標出能見譬上我以佛眼觀見也是大火從四面起者標出所見譬上所見六道衆生也即大驚怖譬上爲是衆生故而起大悲心也而諸子等於火宅內下廣第二所見之火也還是釋成驚怖之義身受心法即宅之四邊從此四邊起淨樂等四倒八苦之火衆苦皆集若知身不淨苦無常即煩惱火滅舊有三解一云四大爲四面六識並託其中二即四生三云四倒依下文以生老病死爲四邊也即大驚怖者念其退大善故驚憂其將起重惡故怖驚即對慈念其無樂怖即對悲憂其有苦我雖能於此所燒之門安隱得出者即是釋成驚怖慈悲之義雖是未盡之辭明佛以智慧方能尋正教見所詮諦不爲五濁八苦所危故名安四倒暴風所不能動故名隱蕭然累外故名得出而衆生不爾爲火所燒如來慈悲猶爲憂火所燒故言雖也經言所燒之門者今問教爲門者此教爲燒爲不燒救云教門不燒佛教爲門能通所燒之人所通之人被燒燒名能通門名燒如門內人死名門爲衰門實不衰又問若爾教是常住非有爲法若不爾何故不燒今解不爾夫門有件有空非件無以標門非空無以通致件可灰燼空不可燒教有能詮所詮若非詮辯無以爲教若非所詮何以得出詮辯可是無常所詮非復無常得教下所詮故名安隱得出能詮磨滅故言所燒之門不從所燒之門何由安隱得出藉於言教契於所詮大經云因無常故而果是常如此釋者如經於所燒之門也若小乘無常教門此從所燒門出若大乘常住教門文字即解脫者此教即理體達燒無燒而安隱得出若就如來權智即是從所燒門出若就實智體於所燒安隱得出故先作衣裓几案出之不得後以無常出之即此意也樂著嬉戲著見名嬉著愛名戲又耽湎四見名嬉唐喪其功名戲著愛亦爾耽湎五塵名嬉空無所獲名戲空生徒死而無猒離如彼兒戲不覺不知者都不言有火名不覺不解火是熱法名不知既不知火熱不畏傷身名不驚不慮斷命故不怖衆生全不覺五陰八苦不知四倒三毒既不識惑云何憂慮惑侵法身傷於慧命如是不覺於苦不知於集不驚傷道不怖失滅以不聞四諦教則無聞慧名不覺不得思慧名不知不得見解名不覺不得思惟解名不知見諦即驚悟思惟即猒怖又不覺現在苦不知未來苦故下文云現受衆苦後受地獄等苦即此義逼身者五識也心者意識心王也身爲八苦所逼而心不猒

惱也亦云曾種大乘功德是法身智慧爲體體爲四倒所逼而不知不覺心不猒患者不猒無常之苦不患煩惱之集也無求出意者不修道求滅也今謂火宅本譬五濁嬉譬見濁戲譬煩惱濁不覺不知不驚不怖譬衆生濁火來逼身苦痛切已譬命濁心不猒患無求出意譬劫濁此與五濁相當云從是長者作是思惟下是第二捨几用車譬譬上寢大施小上六行半明大擬不得後十一行用小擬得上不得有三一思大擬宜二無機三息化今譬爲二初用勸門擬宜二用誡門擬宜就勸誡各三一擬宜二不受三放捨勸門三者一從長者作是思惟身手有力下譬上念用大化於三七日中思惟如此事二從復更思惟下明子不受譬上無機衆生諸根鈍云何而可度三從或當墮落爲火所燒下即是放捨善誘譬上無機息化我寧不說法疾入於涅槃也長者作是思惟下譬上三七日思惟也身手等者引下合譬云但以神力及智慧力以釋此譬身譬神通荷負手譬智慧提

拔依三昧斷德則有神通依智慧智德則有說法智斷之力能成法身此之智斷還從勸誡兩門入勸即爲人悉檀誡即對治悉檀此二悉檀爲第一義悉檀而作方便如來初欲勸門擬宜衆生令衆善奉行成就十力無畏一切種智而衆生不堪次欲以誡門擬宜令諸惡莫作證大涅槃衆生不堪無機息化故知念用大乘秖是勸誡兩悉檀神通智斷耳故上文云定慧力莊嚴以此度衆生即其義也前歎長者其年衰邁即譬智斷智斷即是身手力也衣裓几案者三藏法師云衣裓是外國盛華之器貢上貴人用此貯之舊云衣襟譬大乘因几案譬大乘果初擬大乘因果是則無機也舊又云此物譬大乘戒定慧初七思惟所得法此如用衣裓二七思惟衆生根緣如用几三七思惟樹地恩如用案云此義出阿含經今取合譬文若我但以神力及智慧力讚如來知見力無所畏者衆生不能以此得度神力即是身慧力即是手如前說知見譬衣裓無畏譬几十力譬案如來以神

通發動此三法以智慧宣說此三法無機息化衣裓几案等略中廣之異耳略說名如來知見知即一切種智見即佛眼名略義玄譬如衣裓一足而多含處中說即名四無所畏用對四諦如几於法小廣於物小安隱或作廣說名爲十力橫竪該括如案多足則無傾覆也於法則廣物則大安於三七日中思惟欲作如此廣略佛法而衆生不堪故言衣裓几案也復更思惟下第二明子不受譬上無機唯有一門而復狹小門義如上說今更明通別別者一謂一理一道清淨門謂正教通於所通小謂不容斷常七方便等教理寬博則非狹小衆生不能以此理教自通將談無機故言狹小耳通者理純無雜故言一即理能通故言門微妙難知故言狹小教者十方諦求更無餘乘唯一佛乘故言一此教能通故言門此教微妙凡夫不知出處是不知權不知入處是不知實二乘因聞少知出要永不知入菩薩雖自知出亦不知入奪七方便皆不知入出上文云若我讚佛乘衆生沒在

苦不能以教自通將談無機故言狹小行者
圓因自行行大直道無留難故名爲一善
行菩薩道直至道場故名爲門妙行難行方
便無機故言狹小耳昔解人天小善故云幼
稚無大乘善名未有所識今明二萬佛所敎
無上道大乘善根微弱名幼稚若聞大乘能
生謗毀名未有所識也戀著戲處者前明善
弱此明惡强即是因時深著見愛果時深著
依正欲界著六塵色界著禪味無色界著定
上文云衆生諸根鈍著樂癡所盲不堪聞大
乘也或當墮落爲火所燒指此二句名放捨
善誘也墮落有二一者幼稚憶本戲處故墮
落二都無識執物不堅故墮落譬著五欲墮
在三途二者善弱無識謗毀大乘墮落三途
也從爲說怖畏下第二對治門三者一擬宜
對治誡怖令出對治之相如大品中說四念
是摩訶衍以不可得故異於小乘也既著戲
處故說怖事令得免五濁火燒五陰舍宜應
捨離若久住著必斷善根故云無令爲火之
所燒害從父雖憐愍下即是子不受誡也不

驚不畏者不生聞思如上說不識八苦五濁
能燒善根如不知火不識陰界入法是諸苦
器如不識舍不知喪失法身之由如不知何
者爲失從但東西走戲視父而已指此二句
爲放捨苦言也皆背明向闇如東西生死往
還速疾如馳走於中起見愛如戲也雖用大
擬不從大教故言視父而已從長者即作是
念此舍已爲大火所燒下即是第二用車譬
譬上尋念過去佛所行方便力十一行偈上
文有四今譬亦四一者擬宜三車譬譬上尋
念過去佛亦作三乘化也二者父知先心所
好譬譬上作是思惟時十方佛皆現三者歎
三車譬譬上正施三乘思惟是事已即趣波
羅柰也四者適子所願譬譬上受行悟入是
名轉法輪也大乘化功爲父命衆生大善爲
子命大善若盡即子命斷子命斷則化功亦
廢即父命斷前言苦痛切已猶是未死今云
必爲所焚即有死義也上文於所燒之門安
隱得出今云若不時出必爲所燒此義云何
前得出者即是法身出今言若不時出即是

應身同疾衆生有善與應身時出衆生善斷
不與應身時出即是俱爲所焚也今欲應身
擬宜令其時出也從我今當設方便欲設權
也從知子先心下第二明有得度之機也其
昔曾習小是知先心性欲不同是知各有所
好又知衆生昔曾習大習大未濃是爲大弱
猒老病死故以小接是爲小强如身子六心
中退本曾習大名知先心中猒老死名各有
所好從而告之言下第三是歎三車希有譬
譬上正轉法輪也此即爲三謂勸示證玩好
希有下即是勸轉如此種種下即是示轉汝
等於此火宅宜速出來皆當與汝即是證轉
也從爾時諸子聞父所說下第四適子所願
譬譬上受行悟入前偈本略今譬事廣廣明
修因至果依六句解釋一適願者機教相稱
此即聞慧也勇銳者即是思慧思心動慮思
慧方便也互相推排者推四眞理排伏見惑
邪正未決名爲互相此入修慧屬煖頂位也
競者競取勝理也此是忍法位競取勝理初
觀三十二諦競趣眞道後縮觀趣苦法忍也

共者是世第一法位同觀一諦與苦法忍四
觀不別也馳走者入見道十五心速疾見理
譬上便有涅槃音見道之中分得涅槃也爭
出者思惟道也爭出三界成無學果斷思惟
盡方出火宅即譬上偈及以阿羅漢法僧差
別名也觀心解者中道正觀直觀實相心法
相稱名適所顧境無邊故觀亦無邊名勇境
研心利名銳心境相研名互相推排心王心
數緣境速疾名競共馳走徧歷一切陰界入
等無非實相名爲出火宅也云云是時長者見
諸子等下是別譬中第三等賜諸子大車譬
譬上顯眞實相此文爲四一父見子免難歡
喜譬譬上我即作是念所以出於世至今我
喜無畏兩行一句偈爲本二諸子索車譬譬
上大乘機發我見佛子等志求佛道者咸以
恭敬心皆來至我所兩行偈爲本三等賜諸
子大車譬譬上於諸菩薩中正直捨方便但
說無上道三句爲本四諸子得車歡喜譬譬
上菩薩聞是法疑網皆已除一偈爲本上法
說中先明機發次說障除佛喜無畏今譬中

先明免難後明索車若具足論應作四句有
先障除後機發如四大聲聞等於三藏中障
除大品末法華初大機始發二障未除大乘
機發如華嚴中及法華中諸凡夫衆得入佛
慧者餘兩句如上說若大機先動後障除如
方便品所說若先除障後機動如今所說機
動障除互現共成一意也又方便品明佛喜
無畏此中諸子歡喜以子喜故其父亦喜此
亦互現共成一意也就免難中具二義謂免
難歡喜若子未免難父則憂念若得離火心
即泰然故免難歡喜得爲一譬以子歡喜其
父亦喜得譬佛喜也四衢道中者舊云四濁
障除如四達路更得一濁除如露地坐今不
爾五濁直明垢障之法未論治道不應譬衢
道衢道正譬四諦四諦觀異名爲四衢四諦
同會見諦如交路頭見惑雖除思惟猶在不
名露地三界思盡名露地住果不進故云而
坐不爲見思所局故云泰然生滅度安隱想
故言歡喜也各白父言下第二是索車譬文
云願賜我等三種寶車文無索字義者依此

請辭明索車耳有人云二乘索車菩薩不索
作十難難之一云二乘出三界外至許車處
索果車菩薩未至許處那忽索車二云大乘
經無菩薩索小乘果故知不索三云所化菩
薩從初發心終至補處皆是凡夫不出三界
義則無索能化菩薩三十三心見傾思未盡
三十四心便是佛佛從誰索四云乘果在正
使門外佛果在習氣無知門外二乘斷正使
盡不見車是故索菩薩未斷習與無知那忽
索五明二是方便可言索文云唯此一事實
餘二則非眞以此推之但二索一不索六從
大品已來至法華已前佛因佛果皆是方便
者付窮子財此之珍寶皆應是方便若付財
是眞實則大品等明佛乘已是眞實那忽更
索七方便品偈敘昔說小是方便不敘大是
方便當知佛子大乘非方便那忽有索八若
三人索者何無領解領解無故故知不索也
九合賜車文云見諸衆生出三界苦得涅槃
樂故賜以大乘菩薩不證涅槃那忽索十諸
子安坐故就父索二乘果滿不修行故安坐

可得有索菩薩行未息無安坐義耶忽索私以總別駁之索是求請之別名在意名求索在口名請索在身名乞索如矇者求知如飢者請食如迷者問道凡居不達之地何有不索之理由索故許與許與故歡喜今文具有請與歡喜法說中千二百人身子爲首殷勤三請菩薩衆中彌勒爲首佛口所生子大數有八萬合掌以敬心欲聞具足道譬說之初身子爲中根人請又總爲四衆請傍爲下根請文云善哉世尊願爲四衆說其因緣法說許云汝已殷勤三請豈得不說譬說許云當以譬喻更明此義因緣許云我及汝等宿世因緣吾今當說法說竟身子歡喜譬說竟迦葉等歡喜宿世說竟樓那歡喜又合譬文云令諸子等日夜劫數常得遊戲與諸菩薩乘是寶乘直至道場以喜故知與與故知請三周三義明文炳然何故偏言二索一不索別駁其一齊三藏明菩薩不斷惑依法華有四句謂障除大機動障未除大機動機動則知索其二云大乘經無菩薩索小乘果大品云三乘之人同以無言說道斷煩惱入涅槃斷煩惱入涅槃同何故不索其三云三十三心名菩薩三十四斷思盡即成佛佛從誰索此猶三藏義見障未除大機尚動況三十三心而當不動動即知索其四菩薩未斷習氣無知不應索斷盡成佛佛從誰索此三乘通教義具縛障存尚大機動況殘習無知耶其五唯此一事實實即是眞那忽復索被會絕待之唯一一外更無法背待二之唯一一外更有法一名同而體異闇執瓦礫魚目謂夜光月形愚螢而智愍云云其六般若已來法華已上與付財法同不應有索汝不聞共不共般若不共不須索共者不應不索云云其七方便品初昔說小是方便不叙昔說大是方便大非方便是故不索者汝不聞壽量品中我少出家得三菩提乃至中間若小若大若已若他皆我方便諸佛亦然寧得不索其八若菩薩索菩薩應領解領解既無故知不索汝不聞法說竟天龍四衆皆領解其非菩薩謂是何耶又法師品中三乘皆與記若不領解那忽與記其九出三界苦得安隱樂乃賜乃索菩薩未出未證是故不索猶是三藏義耳其十諸子安坐爾乃賜車二乘行息名安坐菩薩行不息非安坐那忽索車猶是前義耳自有行息索行未息索又菩薩行行即是乘乘乘由索得何謂不索觀其說累三藏故設此十難管見一斑都非大體今當爲爾分別說之自有不斷惑不索車三藏菩薩是自有斷惑索車通教菩薩是自有亦斷惑亦不斷惑亦索亦不索別教菩薩是自有非斷惑非不斷惑非索非不索圓教菩薩是又歷五味乳味兩意一亦斷亦不斷亦索亦不索二非斷非不斷非索非不索酪味一意不斷不索生酥備四意熟酥但三意醍醐一意宏綱大統其義如此於一一句一一意復各四句謂障除機動障未除機動障亦除亦未除機動障非除非不除機動斯宗不見執一非三深可悲愍世人執車數不同說車體不同或言初說三車後會三歸一或言初說有三後會三歸一或言初說有四後會三歸一所以出經

勿信人語此文引昔佛爲聲聞說應四諦法爲緣覺人說應十二因緣法爲菩薩人說應六波羅蜜法今佛說三數亦如此華嚴第八云下劣猒没者爲示聲聞道根鈍樂因緣爲說緣覺道根利有慈悲爲說菩薩道無上樂大事說無量佛法三十六又云三解脫法出聲聞乘無諍法出緣覺乘六度四攝出大乘知一切法出佛乘又第九地說聲聞乘相支佛乘相菩薩乘相如來乘相地論釋第二地觀十不善集隨三塗十善集生天上十善與四諦觀智合成聲聞又上十善與不從他聞觀智合成緣覺又上十善與具足清淨觀智合成菩薩地又上上十善與一切種一切佛法合成佛瓔珞第十三云十方佛說三乘一乘中又開三合九乘九乘悉會入平等大慧聖說如此不能融通互相是非非法毀人過莫大焉今約教分別之若說三乘法門異而眞諦同者三藏教也若說三乘法門同眞諦皆同者通教也若說三乘二三九乘若說四乘淺深階級各各不同而同入平等大慧者

別教也若說三乘九乘四乘一一皆與平等大慧相應無二無異者圓教也又歷五味分別乳味但明菩薩乘佛乘酪味但明異三乘生酥味備明三乘四乘九乘各各分齊不相濫熟酥味唯除異三乘餘如生酥也醍醐中純說佛乘無復餘乘也若識此意異說無妨若不知者秖增諍論耳世人明佛乘乘體有異光宅取佛果究竟盡無生二智爲車體遠出五百由旬之外對昔爲高具含萬德對昔爲廣莊嚴取因總萬行爲體上求爲高下化爲廣舊不取功德功德與凡夫共唯取智慧爲體舊又取福慧共爲體文云乘是三車以無漏根力覺道禪定解脫三昧而自娛樂豈但智慧耶又一師但取有解爲體空解無動故不取盡無生智即有解也又一小乘取空慧爲車體文云我等長夜修習空法云大乘亦以實慧方便爲車體車體譬有有運動故也私謂諸師釋佛乘之體而競指具度何異衆盲觸象諍其尾牙依天台智者明諸法實相正是車體一切衆寶莊校皆莊嚴具耳

至賜車文中當點出舊解小車者小果也果有有爲無爲功德正取有爲以譬車運運入無餘也有爲果中具有福慧以慧爲正福屬具度其慧有十而八智通因果盡無生智唯是果位乃取二智以譬車果以是義故車在門外若依大品云是乘從三界出到薩婆若中住若未出時已乘是乘爭出火宅何故復言車在門外若先在外乘何而出然但乘通因果三十七品斷見思惑皆是因乘盡無生智皆名果乘要因因乘斷除惑盡方得果乘盡無生智故言車在門外但果正因傍就果爲言車在門外若內因斷結運義名乘外果不運何得名乘然果無斷惑之運要以盡無生智入無餘涅槃方是好運也若乘因到果何意方更索車舊云機索情索機索者可解情索者佛說盡無生教羅漢證此果已用神通天眼試觀未來猶見變易生死浩然自疑所得盡無生證若實無生云何見有如其浩然昔非究竟情中從佛索先所許是爲情索若尋經文文無此語若推索義義不應然文

無可解推者下文云自於所得生滅度想既以天眼見有生死何故復起滅度之想此則自相矛盾又佛滅後羅漢不值餘佛不能決了既自以天眼照見生死何須見佛而決了耶又初禪天眼尚不見二禪況見變易亦與攝大乘乖也又羅漢得無漏業用天眼見變易未來生死果報者即時人修五戒十善應自見其未來果報當知界外果報豈是天眼所見耶不用此判情索也今言情索者昔日依教謂盡無生能入無餘而於方等中見菩薩不思議聞淨名彈斥若我所得是實大士不應折挫若我非實佛不應說眞故云茫然不知所云至大品中領知大法聞此樂大心起方欲進修大乘而不能知得與不得此等皆是情中已索大乘之義故身子領解提昔疑情見諸菩薩授記作佛不豫斯事嗚呼自責欲以問世尊爲失爲不失即是指昔方等已有情索也今加口索者因聞方便品初偈略聞佛說並是方便即復執今方便疑昔未極故云我今不知是義所趣動宿疑情故發

言三請索求昔日所說之實機在大乘情求昔實又情求大乘口問昔實六度通教例爾從舍利弗爾時下三等賜大車有兩章兩廣兩釋一等子二等車以子等故則心等譬一切衆生等有佛性佛性同故等是子也第二車等者以法等故無非佛法譬一切法皆摩訶衍摩訶衍同故等是大車而言各賜者各隨本習四諦六度無量諸法各於舊習開示眞實舊習不同故言各皆摩訶衍故言大車其車高下廣車爲二一廣叙車體次釋有車之由叙車體中先叙高廣次明白牛後明儐從假名車有高廣相譬如來知見深遠橫周法界之邊際竪徹三諦之源底故言高廣也衆寶莊校者譬萬行修飾也周匝欄楯者譬總持持萬善遮衆惡四面懸鈴者譬四辯下化也張設幰蓋者譬四無量衆德之中慈悲最高普覆一切也珍琦雜寶而嚴飾之者眞實萬善嚴此慈悲大經云慈若具足十力無畏名如來慈慈中行布施等云寶繩交絡者譬四弘誓堅固大慈心也垂諸華纓者譬四

攝神通等悅動衆生也亦譬七覺妙變也重敷綩綖者譬觀練熏修一切諸禪重沓柔軟也安置丹枕者車若駕運隨所到處須此支昂譬即動而靜即靜而動若車內枕者休息身首譬一行三昧息一切智一切行也丹即赤光譬無分別法也駕以白牛者譬無漏般若能遵諦緣度一切萬行到薩婆若白是色本即與本淨無漏相應體具萬德如膚充煩惱不染如色潔又四念處爲白牛四正勤中二世善滿如膚充二世惡盡如色潔四如意足稱行者心如形體姝好筋譬五根住立能生義也力譬五力摧伏幹用義也行步平正以譬定慧均等又譬七覺調平其疾如風者八正道中行速疾到薩婆若僕從者譬方便波羅蜜能屈曲隨人給侍使令衆魔外道二乘小行皆隨方便智用故淨名云皆吾侍也又果地神通運役隨意即僕從也次所以者何下釋有車之由者由財富藏溢譬果地福慧圓滿名財富無量庫藏充溢行藏理藏一切法趣檀尸忍等是趣不過者是約行爲如

來藏一切法趣陰入界根塵等是趣不過即
是約理明如來藏自行此行理名充化他名
溢實智滿名充權智用名溢入中道名充雙
照故名溢非但藏多又皆充溢何法不是摩
訶衍故大乘無量也而作是念下即是廣明
心等文爲二一廣心等二釋廣心等者財富
無量是子無偏是故心等若富而非子是子
而貧則不得等今七寶大車其數無量若散
若行皆摩訶衍即財多也各各與之不宜差
別者不移本習而示真實如身子於智慧開
佛知見具一切佛法目連於禪定開佛知見
具一切佛法餘人例爾又方等般若念處正
勤根力覺道種種異名皆開示實相歷一切
法亦復如是故言無量也所以者何以我下
是釋兩等初釋財多尚周一國況復諸子譬
大圓因徧該善惡況佛知見耶次釋子等者
非子尚充況是子耶譬佛無緣者尚度況有
緣子耶尋文可解從是時諸子各乘大車下
第四適願歡喜譬上受行悟入本求羊鹿水
牛期出分段今得白牛盡於變易過本所望

豈不歡喜從於意云何下第四不虛譬譬法
王不妄一問二答三述歎問如文舍利弗言
下第二答爲二一免難不虛亦名以重奪輕
不虛二不乖本心不虛亦云過本望不虛各
爲三謂標章解釋況結標免難如文何以故
下第二釋者命重身輕全身免火已得大寶
濟于重命豈應有虛結免八苦之火全五分
之身已是大寶況二萬佛所大乘慧命圓因
成就佛知見開寧是虛妄次世尊若是下第
二不乖本心初標不乖本心章本知無三責
令不謗不謗者已不乖本心釋云本知無小
意令不毀墮惡既無毀因不墮惡果不與小
車不乖本意結云自知財富無量欲饒益其
子與一大車過本所望是故不虛結前章云
方便救濟似譬斷德神通之力結後章云財
富無量似譬智德辯說之力前是子等故不
虛後是財等故不虛佛告舍利下第三歎述
有二善哉者述其二不虛也問佛何不自說
不虛答佛許三與一自說爲難身子說不虛
取信爲易舍利弗如來亦復下第二合譬光

宅開十譬但合七不合三七中正合五兼第
五第八不合第七第九故知十譬繁而不會
今合總別二譬總中有六今文皆合小不次
第今初第一合上第一上長者名行位號德
業合云如來亦復如是先合位號如來無量
德號略舉十義如上說一切世間將處所以
定名行上云國邑聚落合直云一切世間通
指同居有餘自體皆是妙色妙心果報之處
如來徧應三處即一切世間合上國邑聚落
也於諸怖畏下合上歎內外德內是年高衰
邁識達則多譬如來智斷於諸怖畏無明永
盡合上衰邁顯斷德也成就無量知見合其
年高顯智德也力無畏等合上外德財富無
量也神力者深修禪定能得神通合上田也
智慧力智必照境如身之託處合上宅也具
足方便波羅蜜合上諸僕從也從大慈大悲
下第二合上第四慈悲是施化之本一切是
五道恒爲慈悲所被合上五百人也而生三
界火宅下第三合上第二其家也爲度衆生
下第四合上第六衆生有緣親者前度合上

三十子也生老病死等下第五合上第五欸
然火起譬也教化令得三菩提下第六合上
第三教能詮理尋理起行即得菩提故知教
理共用合上唯有一門譬也若講說令前後
可解一一須提方便品譬本來勘揀之後去
倒爾從見諸衆生下第二合別譬別譬有四
今合第一見火譬譬有三意其文有四合亦
四但譬中驚怖在前諸子戀著戲處在後合
中不覺不驚在前拔苦與樂在後互現辯其
不定耳今以一見字第一合上第一能見之
眼即是如來寂照智眼能見也諸衆生爲生
老下第二合上第二所見之火從四面起此
中明八苦爲火四苦如文貪著追求求不得
苦後受地獄天上人間是五陰苦愛離怨會
如文此之八苦從四倒四面起也從衆生没
在其中下第三合上第四所見火譬諸子不
覺不知等也不觀苦集故不猒不觀道滅故
不求解脱雖遭大苦不以爲患合上心不猒
患無求出意也從佛見此已便作是念下第
四合上第三起驚怖我雖能於此所燒之門

安隱得出意也應拔其苦難者即大悲之力
與無量樂者即大慈之力也從如來復作是
念下合第二捨几用車譬上譬有勸誡今但
合勸不合誡法說中亦勸善不明誡惡故勸
修爲正誡惡是傍亦是勸善即誡惡誡惡即
勸善今合勸善即知合誡惡也上勸文有三
謂擬宜無機息化擬宜有身手衣裓等但以
神力者合上身力及智慧力者合上手力也
讚如來知見合衣裓也力無所畏合几案也
若佛初出即用此擬衆生不能以此得度也
所以者何下釋不得度合上第二子不受勸
譬正由五濁障重未免生死等火大乘微妙
不能得入故言何由能解佛之智慧此一句
即合上唯有一門而復狹小小故不能解智
不解智慧者即是行爲門意也如彼長者雖
復身手有力而不用之合上第三放捨善誘
無機息化或當墮落爲火所燒也此文無放
捨語譬及譬本息化意甚分明也息化文爲
二先牒前後三譬次正合息化牒前一譬正
帖合息化牒後兩譬傍成息化也雖復身手

有力而不用之此牒前身手救子不得譬以
合息化如來亦寢大化也但以殷勤下牒施
三之譬也就然後各與下牒第三等賜大車
譬也如來亦復如是下十六字正合第三息
化也從但以智慧方便下合用車救得譬上
文有四此中亦四但以智慧下合第一擬宜
三車也爲說三乘下合上第二知子先心也
而作是言下合上第三歎三車希有上有勸
示證今亦具合但不次第第一合上第二汝
等莫得樂住三界下是示其盡無生處也三
界是示苦諦勿貪麤弊乃至生愛等示其集
諦速出三界示其滅道滅道即是示其三界
外有智斷三乘之果故令速出三界當得三
乘三乘正取道滅爲體也我今爲汝保任此
事終不虛者是第二合上第三必與證得不
虛也復作是言汝等當知下第三合上第一
歎希有如此三乘是諸佛方便引物儀式故
衆聖所稱得無生智爲自在得盡智爲無繫
我生已盡不受後有名無所依所作已辦梵
行已立名無所求也從若有衆生內有智性

下合第四適子所願譬上有眞似等四位今合亦四但上總今別三乘各爲四皆引上譬來帖合也内有智性者宿習三乘樂欲成三乘智性故佛施三乘之教也内有智乃至從佛聞法信受合上聞父所說玩好之物適其願故合上聞慧也殷勤合上心各勇鋭思慧也精進合上第二推排推是推理排是排惡惡去故精理明故進合上修慧也欲速出下合上第三競共馳走也是名聲聞乘合上第四爭出火宅三乘修行皆有此四而辟支佛求自然慧者辟支是法行人從他聞法少自推義多故取譬鹿鹿不依人自然者從十二緣門入此門本自有之非佛天人所作名自然慧不從他聞復名自然慧也菩薩稱一切智者不同二乘乃是佛智菩薩望此修因即是大乘兼運之意也如彼長者見諸子等安隱得出下合第三等賜大車譬上文有四一免難二索車三等賜四歡喜今略不合第二第四也但合免難義兼索車合等賜義兼歡喜今雙牒免難賜車二譬然後雙合二譬如彼長者下牒免難自惟財富下牒等賜如來亦復如是下合免難門有三義入義出義別義若三界爲宅五陰爲舍由迷色心而入色心即是入宅生死之門若作出者是乘從三界出即是稟佛通教下所詮爲門若別義者即是稟別教下所詮爲門也今言佛教門者正是藏通二教教下之理共爲門得出三界而免難也如來爾時便作是念下合等賜也上等賜先列二章門二廣說三釋出今合闕略文小不次第如來爾時便作是念我有無量智慧力下第一合上第四釋有車之由上云財富無量庫藏充溢也是諸衆生皆是我子下第二合上第五廣等心上云我財物無極不應以下劣小車也不令有人獨得滅度皆以如來滅度而滅度之豈非合等心義是諸衆生脫三界下第三合上第一等心章門上云各賜諸子等也諸佛禪定解脫等下第四合上第二標車章門皆是一相一種下第五合上第三正廣大車通合上高廣乃至僕從等一相是實相即法身一種是種智般若能生淨妙之樂樂即無苦名爲解脫三德高廣具足莊嚴牧羅衆德名摩訶衍合上大車譬也如彼長者以三車下合第四不虛譬上答有二一全身命二不乖本心各有三別今但合不乖本心兼得全身何者佛意本爲除其五濁五濁既盡大善自全上不乖心有三一標次釋三況今但合釋合況也初牒三車誘引後與大車譬次合如來初說三乘誘導然後但以大乘此合解釋不乖本心上云先作是意我以方便令子得出也何以故下合上第三況出不虛即是長者自知財富無量欲饒益諸子故許三與一非是虛也此釋小異於前前意爲令諸子得出意不在三既出爲小智樂著三界故以方便誘引既已得出不與亦非虛妄今明如來出世本欲說大但還與大乘即稱本心故言能與衆生大乘之法但不盡能受也若華嚴中能受即爲與大不俟開一爲三不能受者以方便力於一佛乘分別說三三由衆生非佛本意故用此釋成不乖本心不虛也

妙法蓮華經文句卷第五下

宴十

妙法蓮華經文句卷第五下

校勘記

一　底本，明永樂北藏本。

一　一〇二頁上一五行第一一字「志」，南作「至」。

一　一〇三頁下一九行第六字「三」，南、徑作「二」。

一　一〇八頁下一九行「別說三三」，南作「三說三別」。

妙法蓮華經文句卷第六上 寧一

隋天台智者大師說

門人灌頂記

第二偈有一百六十五行分爲二前有一百行頌上長行後有六十五行明通經方法上長行有開譬合譬偈頌亦二初有六十五行半頌開譬次有三十四行半頌合譬初亦二初有三十三行偈頌總譬次有三十二行半偈頌別譬總頌六意六意中止頌其四兼得其二頌家宅兼得一門頌五百人兼得三十子初一句明長者即頌上位號即兼得名行歎德既有長人之德即知名行徧爲國邑所崇亦知內外年德俱高也內合婆伽婆即位號自知具足智斷慈悲萬德也有一大宅下第二三行一句頌上第二家宅譬爲二初一句頌宅廣大其宅久故下第二三行廣出宅體明所燒之相故知此頌宅體也三界無始爲久非今所造爲故無常卑鄙名頓弊亦云頭殿腹堂背爲舍念念相續無常爲高危一云色界爲堂欲界爲舍不免墮落名高危命根支持如柱過去行業爲基陛也亦云兩足爲柱根三相所遷名摧朽也意識綱維以爲梁棟諸苦所壞如傾斜亦云脊骨爲梁棟膂爲基陛衰老之時爲頹毀牆壁者一云四大爲牆壁皮膚爲泥塗四威儀不正爲亂墜五識不聰不相主境爲差脫亦云牆壁圮坼如皮膚皺朽壯色鮮淨如初泥塗老色枯悴如後褫落髮鬚朽老則皆脫落如覆苫亂墜筋骨老弱支節不援如椽梠差脫周障屈曲者印師云三十六物更相隔障故云周障[月*者]腸盤迴故云屈曲非但無常所遷亦有不淨苦等故云雜穢充徧也今云周障是六識屈曲是六根六識緣六根取境艱關故言屈曲六塵徧染六根故言雜穢充徧因緣觀心兩番釋云云有五百人下第三半行頌上第三五百人譬三乘根性爲五道所攝兼得三十子譬也從鴟梟下第四有二十九行偈正頌上第五火起就此復四初有二十二偈明地上事譬欲界火起次第二有三偈半明穴中事譬色界火起次第三有二偈半明空中事譬無色界火起後第四一偈總結衆難非一就欲界火起復爲四初十七偈半明所燒之類譬衆生十使次第二有一偈半明火起之由譬起五濁所由次第三一行半正明火起之勢譬正起五濁後第四一行半明被燒之相譬受八苦五濁就第一十七行半復二初十六行正明所燒後一行半總結就所燒中又二初六行明禽獸被燒譬五鈍使衆生後十行明鬼神被燒譬五利使衆生第一五鈍使爲二初五行半明五鈍第二半行結今初五鈍爲五初半行譬慢使衆生自舉輕他如鳥爲性陵高下視八鳥譬八慢文殊問經明八憍今用配八鳥盛壯憍如鴟性憍如梟富憍如鵰自在憍如鷲壽命憍如烏聰明憍如鵲行善憍如鳩色憍如鴿陵他爲慢自貴爲憍自愛爲貪愛他爲淫自忿爲恚忿他爲瞋自惑爲愚惑他爲癡云云次蚖蛇下第二二句譬瞋使瞋有三蚖毒盛不觸而吸譬非理生瞋蝮蠍觸則螫譬執理瞋蜈蚣譬戲論瞋世人云赤頭者是蜈蚣不赤者是蚰蜒守宮下第三

二行譬癡使癡有獨起相應起守宮百足等兀然譬獨頭無明狖貍鼷鼠等譬相應也諸惡蟲輩下從癡根本備起諸結也明諸使相緣或緣三界如交橫起之速疾如馳走屎尿下一行明癡心所著之境皆無常苦無我不淨由癡不了於中計淨等而生染著故云蜣蜋諸蟲而集其上狐狼下第四二行明貪使貪有二種一有力二無力有力者以威勢取如狐狼等無力者但能從他乞索麤弊如野干等咀嚼下明貪取境引物向己如咀嚼不以道理如踐踏貪心取境或取一城或取一國其有齊畔如齚齧也亦云貪心取境有用不用有用而取如咀嚼不用而取如踐踏又少則咀嚼多則踐踏也骨肉狼籍者積聚五塵不知止足也由是羣狗競來搏撮者此有力貪摶撮無力之者謂王賊也飢羸慞惶者常不知足如飢求不能得如羸種種營覓如慞惶多欲之人雖富而貧也受心貪貪五塵之肉見心貪貪道理之骨推求知見逐多所解即是多骨須骨之狗競來撮之諸見心中未得正法之食名飢不能伏斷見名羸處處求解名爲慞惶一云即是貪人希求念望也鬬諍摣掣第五二句譬疑使猶豫二邊名疑未決是非鬬諍意謂爲是名掣復謂爲非爲摣嘊喍嘷吠者發言論決是非之理也恐怖兩句第二結上五鈍使也處處皆有下第二有十行明五利使爲二初半行總明利使利使徧緣五陰四諦下故言處處皆有夫鬼神有通有智禽獸則無故以利使譬鬼神鈍使喻蟲獸夜叉下第二九行半別明五利使爲五初三行明夜叉是捷疾鬼譬邪見撥無因果人是善報譬出世因果不雜煩惱撥無此理如食人肉也毒蟲之屬是惡報如世間因果雜諸煩惱撥無此理如噉毒蟲之屬也孚乳產生者世間之法從自類因生自類果也各自藏護者因能有果名藏必得不失名護也又人肉是善毒蟲是惡邪見之心撥無善惡因果事如噉食也孚乳產生總說善惡並有因果相生之用也食之既飽者見心成就也惡心熾盛者見心增廣也鬬諍之聲者內心成就外彰言教宣於無因無果之法能令聞者墮落三途故言怖畏也鳩槃茶下第二兩行二句譬戒取鳩槃茶是鬼勝者如有漏善能勝諸蟲也蹲踞土埵者修十善戒能生六天六天是欲界高處事如土埵也又外道持戒能修禪定初得欲界定或得未來定未來定未脫欲界欲界之頂如土埵也或離一尺二尺者得色界定如一尺得無色處定如二尺得升上界爲往退墮爲反起見蓋如縱逸嬉戲捉狗兩足一云謗無苦因如捉狗足撥無苦果如腳加頸集本得果如狗之聲利見撥言無集無得苦之理令其失聲也觀解者修六行觀伏貪貪不行似如被斷爲失聲狗是欲貪兩足爲覺觀覺觀往還常在貪境數息止心是能縛義爲捉覺觀也撲者貪覺若強向不淨境作不淨觀伏貪覺貪覺摧伏如狗被撲困不能聲又云作不淨觀如撲狗能生禪定如被撲失聲也腳加頸者如狗雖被撲擾動不伏更以腳加貪雖知不淨止貪猶未甚靜更以無常觀腳加保常之頸則生

怖畏則貪覺不起也又云一往制心如向地
撲常繫在緣如脚加頸令不得起也怖狗自
樂者以修無常覺悟貪心如怖狗因得禪味
名自樂也其身長大下第三一行半偈譬身
見竪入三世計我名長横徧五陰計我名大

計我自在不修善法即無慚愧故言裸形以
惡莊嚴故言黒無功德資故言瘦計我者不
出三界故言常住其中計我在心發言宣說
有我之相故言發大惡聲異因此說望得道
果故言叫呼求食也復有諸鬼下第四半行
譬見取咽細命危而保其壽非想無常而計
涅槃故言其咽如針首如牛頭下第五兩行
譬邊見推我斷常斷常二邊如牛頭二角爲
身是我爲我是身依我見起邊見如頭兩角
也計常斷之過能斷出世善如食人肉能斷
世善根如或時噉狗或時計常或復計斷前
後迴轉如頭髮蓬亂計常即破斷計斷即破
常加殘害兇險無有智定食飲自資如飢渴
所逼夜叉餓鬼下第二一行半總結欲界煩
惱之相亦是結利鈍衆生之相並是有漏之

心常無道味故云飢急窺看牖者明其邪觀
空理慕仰道味雖復觀察而滯著心多不會
正理如窺窻見空不得無礙也是朽故宅屬
于一人下第二有一偈明失火之由三界是
佛化應之處發心已來誓願度脫故云屬于
一人長者在宅能令慎火由出去後諸子無
知故令火起内合正由如來大通佛時常教
是等令伏五濁衆生感盡如來捨應此等於
後便起五濁他土赴緣非是永去故言近出
又云從得無生已不生三界故名出不久應

來故言近壽量品云數現涅槃即是出宅意
也於後宅舍下第三二行正明火起之勢四
面即是處所身受心法等起四倒五濁八苦
故云一時相續漸增爲識命根斷爲爆風刀
解體爲裂又云受苦悲痛呻吟聲名爲爆諸
根破壞爲裂氣斷骨離筋絶爲摧折墮落四
大解散爲牆壁崩倒也諸鬼神等下第四一
行半明被燒之相或云親屬爲鬼神哭泣爲
揚聲令例上利使以譬神鬼利使之人或計
斷常若計常者謂法定空已有還無無即常

計斷之人謂法定斷唯此一死更無復續皆
唱言定說其事已顯故云揚聲大叫也若是
鈍使及諸戒取本不計斷今見無常但生疑
怖不知出離之方故言憧惶不能自出惡獸
毒蟲下第二三行半明穴中事譬色界火起
諸部解義瞋通三界即此文也文爲四初一
行明所燒之類四禪之定譬如孔穴也雖復
不及門外敵豁猶得免於猛炎入禪定中猶
得免於欲界麁惡也利使衆生亦得禪定如
毗舍闍鬼亦住其中薄福德故一句是第二
火起之由由少福故近惡遇苦爲火所逼一
句是第三明火起之勢孔穴之中雖無猛燄
猶有熱惱四禪雖無欲界惡亦有愛味細苦
故言爲火所逼共相殘害下第四二行明被
燒之相明利鈍相奪諸使衆生得禪是同所

計各異異故互相是非如相殘害也既於禪
中起諸見則不能生無漏定慧但著默然如
飲血又著五支如噉肉野干是欲界貪未來
定已斷故言並已前死亦名食噉禪定之貪
如大惡獸能吞欲界貪也欲界四倒八苦如

猛炎色界四倒此苦如臭煙亦通身受心法四大皮肉等故言四面充塞也蜈蚣下第三二行半偈明空中事譬無色界火起爲二初一行明所燒之類後一行半明所燒之相猒色界定出向無色猒色麤境觀無色法如毒蛇類火燒出穴若爾瞋通三界也若得無色定必滅下緣故云隨取而食也非想最頂猶尚不免顛倒諸苦如頭上火然非想亦有八苦之火心生異念名生苦念念不住名老苦行心擾擾妨定名病苦退定是死苦求定不得是求不得苦求定不得必有於鄣即怨憎會苦四陰心即五盛陰苦不能即斷有頂種故頭上火然也無無漏故飢渴所惱猶是輪迴周慞悶走也其宅如是下第四一行總結三界衆難非一頌總譬竟是時宅主在門外立下有三十二行半偈頌第二別譬別譬有四今頌但三初有二行半頌長者見火次第二有十三行頌捨几用車寢大施小譬次第三有十七行頌賜大車譬初二行半頌見火有三一能見二所見三起驚怖此中具頌也

初宅主下三句即是能見之人上明見今云聞以聞代見也聞必從他門外立者正頌上我雖能於所燒之門安隱得出也立者住法身地常懷大悲欲救衆生不處第一義空之座也舊云十方佛語釋迦云汝有緣諸子在三界中善根將滅也又云衆生感佛之機爲他人也今云法是佛師謂三昧法也此法爲師即他人也若入三昧則能見機三昧今佛見故言有人言也又云大悲是他人也云云汝諸子等下第二一行一句頌所見之火間子本來出云何因戲來入答或曾發心名出三界而復退還名之爲入如人舉足欲出門側而反亦名爲出亦名還入也又理性本淨非三界法因無明故而起戲論便有生死故云先因遊戲來入也大善未著爲稚小無明所覆爲無知聞已驚入下第三二句頌上即大驚怖而起大悲心方宜救濟下第二十三行是頌捨几用車爲二初有五行半頌上救子不得上開譬中有勸誡上合中但合勸今但頌誡誡文有三今明亦三初四偈半頌上我

當說怖畏擬宜次諸子無知下第二三句頌不受誡嬉戲不已第三一句正頌息化方宜者擬宜大教也告喻即是說衆患難誡教之義指不已一句頌上視父而已放捨苦言之義也是時長者而作是念下第二七行半偈頌上用車上有四一者擬宜三車二知子先心三歎三車希有四適子所願今頌中但有三義略不頌知子先心前三行頌擬宜告諸子下第二三偈勸歎三車希有上明勸示證三義今頌亦三義重頌勸成四初一行頌勸次羊車下第二三句頌示次汝等出來第三一句又頌勸次吾爲汝等下第四一偈頌證聞說如此諸車下第三一行半偈頌適子所願今總頌上六句馳走頌上見諦空地頌上無學也從長者見子得出火宅下第三有十七行偈頌上第三等賜大車譬上文有四一見難二索車三等賜大車四得車歡喜今頌亦四初五行頌免難歡喜第二三行頌索車第三七行半頌等賜第四一行半頌得車歡喜就初五行頌上諸子免難又二初一行頌

免難次而自下第二四行頌歡喜坐師子座者有二釋一云諸子坐座得出三界故無畏也二云是長者坐座長者見子免難即得無畏初在門外猶有憂畏故云立今得出門方坐無畏故方便品云今我喜無畏免難文竟而目慶下第二四行頌長者歡喜如文知父安坐下第二三行偈頌第二索車如文長者大富下第三七行半頌上第三等賜大車上文有二章二廣二釋合有五文今但頌四不頌廣等心不頌釋等心初一行超頌第四釋大車屋盛稱庫地盛曰藏行具一切法名藏眼耳六根具一切法名庫云云次以衆寶物下第二六行偈頌第三廣大車次二句頌二章門以是妙車一句第三頌第二大車章門等賜諸子一句第四頌初等心章門也諸子是時歡喜踊躍下第四一行半頌得車歡喜遊於四方者乘中道慧横遊四種四門四種四諦竪遊四十一位究竟常樂我淨之德故言嬉戲自在也告舍利弗我亦如是下第二三十四行半即是頌合譬也初四行頌合總譬

但作四意兼得六譬我亦如是一行頌合長者上半頌合位號下半頌合名行兼歎德義七種方便賢聖中尊九種世間之父一切衆生皆是吾子一偈頌合五道義兼三十子三十子是緣因子一切衆生即是正因子也三界無安半偈頌合家宅兼得一門義衆苦充滿一偈半頌合火起合總譬竟也從如來已離三界火宅下三十行半第二頌合別譬上頌開無不虛今頌合則有初三偈頌見諸衆生爲生老等合見火譬上頌見火譬文有三今合亦三初一偈頌上如來能見正由寂然閑居能見五濁諸子也即合聞有人言次今此三界下第二一行半頌上所見諸衆生爲生老病死之所燒煮合第二所見火譬唯我一人下第三半偈頌上佛見此已便作是念合驚入火宅也雖復教詔下第二四行頌捨几用車譬爲二初一行頌捨几等上開譬有三擬宜無機息化今此一偈亦有三意但總略雖復教詔一句頌擬宜而不信受一句頌無機下二句頌息化或可下二頌無機也貪

著深故頌上未免生老病死憂悲苦惱等也以是方便下第二三偈頌合用車救子得譬上文有四今但頌三合亦三略不合知子先心初以是方便一句頌上但以智慧方便欲擬宜從爲説三乘下第二一行一句頌合上第三歎三車希有是諸子等下第三一行半頌合第四適所願上合三乘各有四句今則總頌若心決定者從苦法忍已上是真決定此之一句總頌三乘馳走之位後具足下一行各頌三乘爭出之位也汝舍利弗我爲下第三有八行頌合第三等賜大車譬長行不合索車及與歡喜頌開則具頌今合等賜歡喜不合免難索車去取終成有二文又二初五行頌合等賜後三行頌歡喜上合等賜有四不頌其二今合又略但合二章門及第三廣大車又頌釋有車之由初汝舍利下一行先頌大車章門上文諸佛禪定等次汝等若能下第二一行頌合等心章門上云是諸衆生脱三界者也次是乘微妙下第三三行頌合正廣大車上云皆是一相一種等次無量

億千諸力解脫下第四一行是頌上有車之由也得如是乘下第二三偈頌得車歡喜就此復二初二偈明各得大車後以是因緣下第二一偈結勸信也今初二偈日夜者初得佛知見中道智光如日分無明在如夜自得中道智如日慈悲入生死如夜常行二法故言遊戲三乘之人同入佛智故云與諸菩薩及聲聞衆又此明自行化他自獲是乘故言日夜遊戲以此化他故言與諸菩薩及聲聞衆能化三乘同乘寶乘也次一偈所說一乘無三因緣於十方土審實而求唯一無二除佛方便則不在言耳他云菩薩若不索車何因乘車歡喜告舍利弗汝諸人等下第四有十五行半偈頌上第四合不虛譬上合有二先舉二譬後合不虛今但頌合不虛文爲二初三行半正頌合不虛章門次若有菩薩下第二十二偈頌合釋不虛身子作稱本心不虛譬父本欲令子得出難故設三車既得免難乃至不與小車亦不違先心是故不虛佛頌其譬則明不虛明佛本意即欲說一但爲五濁不肯信受故說於三濁鄣既除還說一大即稱本心也今初章門爲三初一行先定父子明本欲與大故文云皆是吾子理應平等與大也次汝等下第二一偈明乃說三乘意爲除鄣故云汝等累劫衆苦所燒次我雖先下第三一行半既已鄣除還遂本心與大乘法故云今所應作唯佛智慧也若有菩薩下第二十二行頌合釋還釋前三意初二偈釋同皆是子理應平等次若人小智下第二七偈釋不能受故乃說三乘次其實未下第三有三偈釋後若堪能還與其大今初二行若有菩薩者方便三乘所化衆生皆是昔日結緣佛子亦皆同有眞如佛性故云皆是菩薩也若人小智下第二七行明小智鄣重不即信受爲是方便開三接引小智爲說苦諦者聲聞於三乘中最小復以苦諦爲初門衆生心喜者稱其本習則喜本猒生死自求涅槃今聞出離即會宿習故歡喜此中正明有作四諦但離虛妄者無明已是不實通惑附無明起故呼之爲虛妄有作四諦但除此惑名爲解脫脫於分段未脫變易故非自在其實未得下第三三偈釋鄣既除情根又利還遂本心與大乘法佛本欲與一切解脫今汝始斷分段非大涅槃以其未得一切故終是未稱本心故言我意不欲令至滅度今則還令得無上道入大涅槃乃是究竟稱佛本心一切解脫即是無作滅諦無上道即是無作道諦用二諦破無作苦習昔欲說此而此衆生不堪鄣既已除還說此也佛爲法王於權實法已得自在開三顯一實豈當有虛也汝舍利弗我此法印下六十五行偈勸信流通信者信佛說不說也勸者勸可通不可通有此二義故言勸信文爲二一標兩章二釋初一行標說不說者如來說此法印爲利益世間故說也不說者四十餘年未是說時五千未去是故不說也次在所遊方下半行標可通不可通章者勿妄宣傳也惡者强說令其墮苦善者不說悞其失樂若大悲愍惡則不爲通若大慈念善則應爲通是名標可通不可通章也從若有聞者是第二釋又爲二初

八行釋可說不可說第二五十行半釋可通
不可通今初八行明如來利益世間之相也
通論三世利益別論令二乘入信阿鞞跋致
是觀現在益曾見者觀過去善爲說也信汝
見我者觀未來善爲說也下文云若深信解
者見佛常住靈鷲即其義也斯法華經一行
是結上開下如來觀知三世利益是故爲說
淺智不解則不爲說此釋如來說不說章也
從憍慢懈怠下釋行人通不通章又二初三
十六行半明若用大悲門莫爲惡說先引惡
數必起惡謗獲惡果報是故大悲不可爲說
斷世間佛種者淨名以煩惱爲如來種此取
境界性也大品以一切種智學般若此取了
因性爲佛種涅槃用心性理不斷此取正因
性爲佛種今經明小善成佛此取緣因爲佛
種若不信小善成佛即斷世間佛種也若有
利根下十九行釋弘經時用大慈門善人應
爲宣說令不失樂夫弘通之要諧和兩門令
其得所是善流傳若不得所是妄宣傳文爲
二初十七行有五雙十隻善人之相可爲宣

說後二行總結應可說也初過現爲一雙利
根是現在植善是過去强識是現在見百千
是過去也二上下爲一雙修慈是貶下恭敬
是尊上也三內外爲一雙捨惡親善是外求
持戒如珠是內護四自行化他爲一雙質直
敬佛是自行譬喻說法是化他五始終爲一
雙四方求法請益之始頂受專修是歸憑之
終云云告舍利弗下兩行總結善信甚多略舉
十相示流通方法顯慈悲兩門可通不可通
之大要也

釋信解品

有人言信解三法謂一往化隨逆化畢竟化
昔說大爲一往背大後爲隨逆父子相見爲
畢竟又人天善爲一往說小乘齊法華爲隨
逆說法華得記爲畢竟又初說二乘爲一往
轉教爲隨逆法華爲畢竟又轉教爲一往歷
方等爲隨逆悟一乘爲畢竟又說法華爲一
往十地常教化爲隨逆至金剛心爲畢竟又
結僧那爲一往中間爲隨逆得佛爲畢竟私
謂諸解重疊玉屑非寶夫一往非本懷畢竟
是宗極說人天二乘爲一往可非本懷昔爲
說大今說法華箇是畢竟那稱一往若法華
畢竟而更成一往人天一往還成畢竟則大
顛倒又二乘是一往草庵須破昔大爲一往
繫珠亦須破若一破一不破一是一往一非
一往又父子相見是畢竟者前畢竟應悟一
則後畢竟無復用若後畢竟乃悟一前畢竟
非畢竟節節有妨今皆不用有人言此品是
迹何者如來成道已久乃至中間中止亦是
迹耳私謂義理乃然在文不便何者佛未說
本迹那忽豫領若未會三已應悟一云云今釋
品者夫根有利鈍惑有厚薄說有法譬悟有
前後法華座前猶如豌豆文云如來說法既
久我時在座身體疲懈但念空無相願於菩
薩法都無一念好樂之心初聞略說動執生
疑悵聞五佛蒙龍未曉今聞譬喻歡喜踊躍
信發解生疑去理明歡喜是世界信生是爲
人疑去是對治理明是第一義以是因緣故
名信解品稟小大教初華凡成聖各有次位
但小乘信行從聞生解苦忍明發信則稱行

法行歷法觀察苦忍明發法則稱行若信行人轉入修道轉名信解法行人入修道轉名見得準小望大亦應如此中根之人聞說譬喻初破疑惑入大乘見道故名爲信進入大乘修道故名爲解文云無上寶聚不求自得

我等今日眞是聲聞以佛道聲令一切聞聞圓教入圓位故名信解品本迹者四大弟子久入大乘成就佛法迹引中根示初信解故名信解品此是領解段近領火宅遠領方便文爲二一經家敘歡喜二白佛自陳先敘內心次敘外敬善吉獨稱慧命三人摩訶者通論皆大皆慧別論善吉解空空慧爲命此約行也諸慧人中佛慧第一佛於般若命其轉教其爲慧人所命故云慧命三弟子被命少不以空爲行宗此約教也摩訶如前說云云得喜之由遠聞方便五段法說經家但敘聞希有法聞授記二種或可聞希有法敘四段見受記是第五段也如此聞見昔未曾有歡喜之由也發希有心者敘近聞譬喻四番之說希有心發心發故名之爲信以信故入入歡喜位即信解品意也從座起者敘外敬如文例身子亦應三業領解準前可解白佛下口自陳文爲二初長行及七十三偈半正陳得解次十三偈歎佛恩深此解由佛故先陳次歎長行又二初略法說二譬廣說略又二法說略舉譬法說又二先明昔衆三故不求二明今會一故自得不求中有標有釋標爲三一居僧首故二俗年邁故三證得故初居僧首者我法臘既高晚學以我爲軌忽改途易轍棄小求大爲後來所嫌自固護彼所以不求二俗年已邁若作菩薩當專任大道廣度衆生今既朽老無所堪任是故不求三已得涅槃無爲正位不能發大心高原陸地不生蓮華盡無生智已立無所依求所以者何釋三不求文不次第先釋得涅槃不求次釋年邁即兼僧首或指昔說法既久心不喜樂釋居僧首不求既言在座復道年朽知釋僧首也釋不求如文我等今於佛前下陳得解之由由遠聞五章略廣開三顯實是故慶幸獲大善利者正陳得解是近聞四番譬喻希有之法而獲開悟開悟善利也無量珍寶下第二是略舉譬譬昔不求而今自得希有法寶也從世尊我等樂說譬喻下是廣領解有開譬合譬欲開先諮發云云譬爲五一從捨父逃逝下名父子相失譬近領火宅總譬遠領方便略頌二從窮子傭賃下名父子相見譬近領火宅見火遠領方便我以佛眼觀見三從即遣傍人急追將還下名追誘譬近領火宅捨几用車遠領方便寢大施小四從過是已後心相體信下委知家業譬此非領上近遠乃追取方等彈訶大品轉教意耳五從復經少時父知子意下名付家業譬近領火宅賜一大車遠領法說正直捨方便又合第四第五共爲一領付譬在下更明其意也舊以西方無量壽佛以合長者今不用之西方佛別緣異佛別故隱顯義不成緣異故子父義不成又此經首末全無此旨閉眼穿鑿今依文附義若釋窮子取二乘人半字法銷文若釋長者取盧舍那佛滿字法門銷文何者宅內長者脫瓔珞著垢衣衣瓔有異人秪是一譬

盧舍那佛隱無量神德示丈六金輝執持糞器設三乘教隱顯有殊何關體別舍那著脫近尚不知彌陀在遠何嘗變換云云父子相失譬又爲四一子背父去二父求子中止三子遇到本四其父憂念四段各兩初兩者一背父而去領總譬中五百人昔結大乘子父尋復失解流浪五道故言或十二十至五十歲通是佛子子義微弱故言幼稚非結緣已界故言久住他國二者向本而還領總譬三十子此緣有微著之義故言長大緣既經苦關佛大悲故言遇到本國父求子而止爲兩者一父求子不得領總譬中長者從衆生退大之後伺其大機未得其會故言不得二中止一城其家者領總譬中宅大富者領總譬中長者德業內外財富意耳子到父城爲二一到城之由領火起苦惱之相從退大已後處處遊歷備嬰辛苦二遂到父城者以苦爲機扣於大悲故言遂到父城其父憂喜即是兩者一念失子苦二念得子樂領總譬中一門子既幼稚取門不富動父之憂元以此門通

之故動父之喜分章竟銷文者初子背父去有二初譬如有人領二十子譬二乘人菩薩位行難知且齊已領耳年既幼稚者舊云聞法少爲稚若爾下文云長大應是聞法多今以無明厚重覆障解心解心無力故言幼稚善根熏被稍稍欲著名爲長大捨父逃逝者退大爲捨無明自覆曰逃趣向生死爲逝問佛捨應後衆生起惑是父離子非是子捨父答由衆生不感佛則去世還成子捨父義久住他國者涅槃法界是佛自國生死五欲是爲他國本求出離而退墮不反故云久住或十是天道二十人道五十是五道約於一人備輪諸道年既長大下二向國而還者幼有二義一癡小故二未遭苦故則不知還譬結緣已後大解未濃如癡不反尚有殘福耽迷不反今習業冥熏微知向道遭苦失樂思求出要此二爲機扣佛名爲漸向父國上文云若人遭苦爲說涅槃若以人天二善非感佛緣在三界中不見佛父爲窮不得出要之術又爲窮八苦火燒故爲困馳騁四方以求衣

食者舊云人天五戒十善各有因果以爲四方用自資給又於四生營生以求衣食下文云一百三十劫今乃得一見彼諸劫中非無人天因果不能感佛故知此善非見佛機今佛既未出諸凡夫人身受心法起於四見於中求正道如求食求助道如求衣以厭苦求理爲可化之緣佛初出時諸外道等皆先得度即此意也大經云諦觀四方喻於四諦準此可知漸漸遊行遇向本國者明其厭苦希脫邪求涅槃雖非本意亦蒙值佛故云遇向也本國如上說下文明城舍云何分別一切佛法爲國此義則寬城語小容以斷德涅槃防非禦惡爲城舍語又親同體大悲爲舍也其父先來求子不得下第二求子中止譬亦爲二初從退大已後求機不會不會故名不得二中止一城者不爲一子而廢家業譬佛不以一處無機而廢餘方施化舊云二萬佛後釋迦佛前兩楹間爲中止今謂中義可然止國城家皆不可用今取方便有餘土爲國在同居實報兩間爲中有餘涅槃爲城住此

涅槃名止處此爲家起勝劣兩應劣應應聲聞勝應應菩薩五人斷通惑者同生其土皆爲菩薩佛以勝應應之純以大乘家業訓令修學中止於此伺覓同居子機非但中義得合國城家業皆悉分明大富者實相境爲家具足萬德名爲富五度福德名爲財般若智慧名爲寶導一切悉摩訶衍名無量金銀珠等是大乘三十七道品也此即領上長者大富義也倉庫盈溢者在內爲盈在外爲溢盛米爲倉盛物爲庫倉譬禪定禪生百八三昧故庫譬實相能發十八空智慧故自資爲盈外化爲溢領上多有田宅義也僮僕者方便知見波羅蜜皆悉具足屈曲隨機稱事稱理此領上又多僕從就位爲語二乘及通教菩薩別教三十心悉如僮僕別教圓教十地如臣十向如佐十行如吏十住如民初入佛境界率土之賓無非王民雖得爲民比吏佐等猶爲疎遠十行歷別修習諸法種種驅馳如吏十迴向事理稍深職近王邊如佐十地輔佛行化降魔制敵故如臣也一心三觀如象

運圓教大乘次第三觀如馬運別教大乘即空析空觀如牛運通教等大乘析法觀自行如鹿羊等運二乘之法無數者權實諸法皆名車乘權實智觀名象馬牛羊非但教法甚多觀智亦復無數也出入者二而不二是入不二而二是出又不二而二是入二而不二是出無量還一是入一中無量是出化他用爲出自行用爲入出法益衆生爲息化功歸已爲利乃徧他國者徧於三土行於非道通達佛道即其義也唯法性是已國耳商估賈客亦甚衆多者諸菩薩是商人又徧入三土以求法利故云衆多此土菩薩往他方聽法他方大士來此聞經往還採利也又應化二身如賈客將實法徧入三土化益衆生而歸法身故云甚多如世間人令他捉財興生亦自興生也時貧窮子遊諸聚落下第三是子還近父譬此亦二一求衣食二到父城初内合退大乘已備遭諸苦深起猒患欲求出離取理不中致成邪僻因邪慧歷心易可入正以求出世爲感佛由也觀察五陰爲聚落十

二入爲邑十八界爲國歷此求理名求衣食二遂到其父所止下此是正向其父所止之城者苦境爲機感佛大悲名爲到城城即涅槃涅槃通半滿衆生習解可有得涅槃之義故言到城父每念子下第四即是父憂念子譬此中亦二一念失子之苦如來自昔至今恒思子大機故言每念五十餘年者五道也開鬼出脩羅故言餘也未曾說者未曾向方便有餘土中臣佐吏人說有此子機緣也又應世已來自昔華嚴方等大品諸座未曾向諸大士說此聲聞本是大乘之子既非佛子不解佛法或如聾啞或花著拜座或棄鉢詫然種種不逮也心懷悔恨悔昔不勤教詔致令無訓逃逝悵子不惟恩義踈我親他内合如來悔不殷勤令入内凡遂使退失本解恨其無心不能精進固志逃逝不返故言悔恨也自念老朽者化期將畢無傳大法之人如老朽而無子也問法身所化諸菩薩等悉堪補處何遽此憂答法身所化本無興廢誰談老朽此非所論今明化身眷屬則有二種一

法身大士共相影嚮迹雖弟子本或是師亦不約此自念老朽也二者同居凡夫始從化佛初發道心者名此爲子也子繼父業令胤族不斷若身子受決作華光佛則一方佛種相續不斷大乘家業遞相傳付若身子無可化之機則大乘法財現無付囑後來衆生佛種安寄老朽與歎正爲此也復作是念我若得子下二念得子爲樂可度之機名爲得子與受佛記名付法財稱於本心復言快樂領上總譬竟

妙法蓮華經文句卷第六上

妙法蓮華經文句卷第六上

校勘記

一 底本，明永樂北藏本。

一 一一一頁下一九行第一〇字「加」，南作「枷」。末行第一一字、次頁上二行第八字同。

一 一一二頁上一八行第二字「加」，南、徑作「如」。

一 一一三頁下一七行首字「見」，南、徑、清作「免」。

一 一一六頁上六行首字「者」，南作「結」。

一 一一六頁下二行第七字「箇」，清作「固」。

一 一一六頁下一九行第一〇字「革」，南作「隔」。

妙法蓮華經文句卷第六下

隋　天台智者大師說

門人灌頂記

爾時窮子傭賃下第二父子相見譬近領火宅中見火遠領方便中五濁意爲三一明窮子傭賃領火宅所見之火法說所見五濁二父見子領火宅長者見法說中佛眼見也三歡喜適願領火宅中驚怖法說中起大悲心法譬並明父前見子此中明子前見父就佛則靈智先知機後起應故言父先見子若約衆生必先機而後應故言子先見父機應不可思議不後不前故前後互舉也今取文便但爲二段一子見父二父見子此兩段中各復爲四初子見父四者一見父之由由求衣食二見父之處處在門側三見父之相踞師子牀四生畏避悔來至此見父之由由猒苦欣樂推求理味漸漸積習遂成出世善根故言傭賃展轉以此善根能扣佛慈悲故言遇到父舍父喻道後法身舍喻無緣慈悲大小二機雙扣此舍有大機故故言遙見其父有小機故住在門側若唯小無大則應不見尊特之身父不應言我財物庫藏今有所付若唯大無小不應住立門側子不應言非我傭力得物之處也見父之處者即是門側二觀爲方便即門二邊圓中之機當門正見二乘偏眞故言門側但空三昧偏眞慧眼傍窺法身耳遙見其父正見有二種一近見二遠見今言大機始發扣召事遠是故言遙又機微非應赴名之爲遙也踞師子牀者圓報法身安處空理無復通別二惑八魔等畏故云踞師子牀也華嚴說第一義空四無所畏爲牀也寶几承足者定慧爲足實諦爲几無生定慧依眞如境也婆羅門舊云高良大姓八地已上也刹利者七地已還也居士內凡夫等舊云此經中明法身非常住法身也乃是他方應身將應此土即爲此間之法身故有內凡諸人圍遶今謂不爾若作他方佛者子父機應體用著脫皆不成如前說又不容小機扣此大機扣彼亦不應結大緣於彼結小緣於此亦不應雙結在此雙應在彼如是大惑亂今明勝應應菩薩即盧舍那尊特身大機所扣者也劣應應小乘丈六弊衣小機所扣者也今經明常住醍醐與涅槃等法身圓頓與華嚴等所譬長者威德侍衛刹利婆羅門恭敬圍遶悉指華嚴中眷屬皆無異也所說法相如彼所明亦復無別婆羅門名淨行貴族高潔即等覺離垢菩薩也刹利即是王種九地已下初地已上也居士富而不貴即三十心也眞珠瓔珞者即戒定慧陀羅尼三昧四瓔珞也價直千萬者即四十地功德以嚴法身也吏民僮僕者異門明義即是稟方便教斷通惑者名爲民稟別教斷通惑者名爲吏若同門明義者還是方便波羅蜜也內與實智同外與機緣同喻如吏民有內奉外役之義也白拂者即是權智之用也左右者右即入空智用拂四住塵左即入假智用拂無知塵此二爲中道方便故言侍立云云覆以寶帳者眞實慈悲也垂諸華幡者華即四攝幡即神通香水灑地降注法水灑諸菩薩心地以淹惑塵亦是定水灑散心也散衆名華者

布以七淨華謂戒定慧斷疑道非道知見淨斷知淨也戒者攝律儀等三種戒也定者首楞嚴等也慧者實智慧也斷疑者已度二諦之疑也道非道淨者行於非道通達佛道也知見淨者智德圓滿了了見佛性也斷知者斷德成就無明永盡也羅列寶物者羅列諸地眞實功德也出内如前釋云云威德特尊者光明無邊色像無邊相海巍巍堂堂此義須作舍那之佛豈得作餘釋耶窮子見父有大力勢下是第四見父畏避大力勢者智大故名大力神通大故名大勢如上身手有力義也恐怖者小機劣弱怯懼大道也悔來至此者佛本欲以大法擬之應不稱機但有退大之意故言悔來至此也竊作是念者機中潛密冥有此事非是顯對見勝應身也或是王

王等若波旬是王徒輩爲等小機灰斷無言說道絶於色像既見勝應之像非天人所及所說法相迥異二乘小智薄德未曾見聞便謂是魔是魔所說略開三顯一身子狐疑將非魔作佛惱亂我心耶若初用大逼小疑佛

爲魔有過今日也復次勝應譬長者長者即表報身佛故是王等法身是報師師即如王諸經多名是經王智契於法即是智與法等故名報佛爲等此乃大乘法報非是小乘得益之處故或是王王等也非我傭力得物之處者小機不能受大化也不如往至貧里乃至衣食易得者淨名云能以貧所得法度斯下劣也但空之理不舍萬德非如來藏故言貧里偏空稱於小智故言肆力有地也衣食易得者能得有餘涅槃無漏衣食行衣惠

行食也若久住此或見逼迫强使我作者行大乘道經無量劫故言久住我本猒怖生死若修大乘必入生死廣學萬行故言逼迫我本樂小而今今我發大乘菩提心是爲强使捨大取小故言疾走也時富長者下第二父

見子譬亦有四一父見子處二見子便識三見子歡喜四見子適願見子處者即師子牀也如來法身居第一義空無畏之境明照機也見子便識者知是往日結緣衆生也心大歡喜者佛恒伺子機今機來稱慈是故歡喜

即是領法說而起大悲火宅即大驚怖彼明拔苦故言驚怖此明與樂故言歡喜即作是念庫藏今有所付者是見子適願昔見衆生退大取小貧里求食資生艱難常欲與財無機不得今日機來稱大慈心故言庫藏今有所付我常思念者明其非但貧無大財又流轉生死衆苦所逼爲大悲所痛故言常思念之雖欲救拔無機叵濟故云無由見之今有可度機生故云而忽自來稱大悲心故云甚適我願我雖年朽猶故貪惜者釋於適願之

由由一期化訖故言年朽未見大機法無委付將來之徒從誰得脱爲可度者故言貪惜今機自來無此憂念故我願得適也即遣傍人急追將還下第三明追誘譬近領火宅捨几用車遠領法說寢大施小此文爲二初遣

傍人追次遣二人誘前追領上身手有力而不用之但方便品總誡勸爲一釋文爲三火宅開勸出誡釋各爲三而救捨文略長行合勸不合誡而息化文廣偈中但頌誡不頌勸又不頌息化皆有出没火宅長行誡勸釋各

有三令則併領即遣傍人疾走往捉領上勸門之擬宜窮子驚愕領上勸門之無機强牽將還領上誡門之擬宜窮子自念無罪至悶絶躃地領上誡門之無機從父遙見下併領勸誡之息化此探取佛意佛雖勸門擬宜無機意猶未息更作誡門擬宜事不獲已然後息化也遣傍人者初勸門擬宜也智是能遣教是所遣理義爲正教義爲傍從佛出大乘十二部擬宜衆生無機不受於其如乳故言遣傍人也又傍人者傍臣佐等也即是遣法身菩薩爲説大乘如華嚴中令四菩薩説四十地即是遣傍人也疾走往捉者大乘明義顯露正直用此赴機疾趣菩提故大車中云其疾如風若以菩薩爲傍人者菩薩自有神力又被佛加亦能令彼疾入菩提窮子驚愕即勸門無機既現無機縱昔曾發屡久不憶卒聞大教乖心故驚不識故愕稱怨大喚者小乘以煩惱爲怨生死爲苦若勸煩惱即菩提即大喚者怨枉若聞生死即涅槃即大喚稱苦痛無機不受勸門也我不相犯者我不

于求何意用大化我此領勸門二意未領息化次再喚不來執之逾急者領擬宜誡門也前明勸善猶是容與我當爲説怖畏之事即是急切雖强牽將還者誡以苦言令其速惡内既無機外逼大化即是强牽將還也自念無罪者領不受誡門也罪者慈悲也衆生罪故入生死獄菩薩亦同罪入獄二乘人無大悲名爲無罪令入生死即是而被囚執也無大方便而入生死必當永失三乘慧命故言必死悶此等事故言轉更惶怖也强以大教小智不解故言悶絶即起誹謗必墮三途故言躃地亦是迷悶溺無明地從父遙見之即是第三放捨勸誡息大乘化就此爲四一思惟息化二釋息化三正息化四息化得宜初有兩意一知大志弱二知小志强父遙見者小去大遠故名爲遙是結緣子故言爲見而語使言者約教爲使者智本説教智知無機智息故教息約人爲使者語諸菩薩不須現汝尊妙之身令二乘見淨名中攝汝身香無令彼諸衆生而起惑著普賢入此娑婆促身

令小皆是其義也勿强將來者既無大機恐傷其善根故言勿强也私謂不須此人者思惟息勸門擬宜勿强將來者思惟息誡門擬宜也冷水灑面者第二知有小志宜以灰斷理水除見思之熱面者猒生死名背向涅槃如面也醒悟者開小逗機得離煩悶悟四真諦也莫復與語者決定應息大乘教也所以者何下第二釋息化之意正猒苦欣空親狎下劣無慈悲心即畏難大法且任其小志抑佛本懷所以息化也審知二萬億佛所曾發道心非都無大機也且息大化佛意未已更俟後期不語他人者於昔小乘教中隨他意語方便覆護稱是聲聞不説隨自意語云是菩薩也使者語之下第三正明息化我今放汝即是知大機弱隨意所趣即是知小善强以此二緣故息大化也窮子歡喜下第四即是息化稱機不爲大教所逼是故歡喜無謗大罪得免三途故言從地有小善生故言而起又前擬宜大法迷悶不解臥無明地今逼以小可得醒悟故言從地而起於四諦中欲

求道法故言往至貧里以求衣食或於四見
之中求道故言貧里將欲誘引下是密遣二
人誘引此爲二一齊教近領三車救子遠領
波羅奈施權次從又以他日下取意領法身
地久照方便非道樹始知用小早鑒衆生致
難尊特親狎垢衣故追領往前以成今解問
四大弟子何因能知法身久照答推近知遠
若始道樹知無大機不應兜率降神正慧託
胎乃至現有煩惱納妃生子三十四心後身
斷結驗知脫大小相海微妙瓔珞更著麤弊
丈六垢衣其已久矣今初且釋齊教領者譬
喻品文有四一用方便擬宜二知先心三歎
三車四適其所願方便品亦四今領亦四從
將欲誘引下是領上擬宜時二使人即求窮
子既已得之領上知子先心有機也具陳上
事領上歎三車希有窮子先取其價下領上
適願爭出火宅也初將欲誘引者既息大化
不容孤棄欲設方便故言將欲密遣二人者
四弟子齊已分領不涉菩薩故言二人約法
是因緣四諦約理是有作眞俗約人是聲聞

緣覺初擬大乘云密遣傍人表一實諦一大
乘教一菩薩人今明方便隱實爲密指偏眞
爲道約教隱滿字爲密指半字言遣約人內
祕菩薩行故言密外現是聲聞故言遣形者
二乘教中不修相好但說苦無常不淨即是
形色憔悴也約人則諸菩薩隱其本色示以
迹形非了義說無有十力無畏名無威德也
汝可詣彼者即以小教擬小機也大教明理
直實故言疾走往捉小教明理迂隱故云徐
語此有作處者見修兩道是斷惑作處也倍
與汝直者五戒十善止出三途今四諦十二
因緣能出生死是爲一倍又外道六行但能
伏惑今修四諦則能斷惑得至涅槃是爲二
倍也窮子若許者有機是許即設教無機是
不許不設教欲何所作者二乘唯欲除惑取
證不論淨佛國土成就衆生所以言雇汝除
糞我等二人亦共作者二乘鈍根憑教行行
方能修業約理者即是智諦相資也約人即
權人共實人修行也時二使人即求窮子者
第二審知有機故言已得領上知先心也具

陳上事下第三陳說雇作領上歎三車也除
苦集之糞取道滅之價窮子先取其價尋與
除糞下第四尋即爲作領上適願爭出火宅
也二乘慕果行因所以先取也其父見子愍
而怪之者怪不求佛道愍其取阿羅漢所失
者大所得者寡故言怪也齊此領法譬中意
其文竟從又以他日下第二是取意領靈智
先照久設權謀崎嶇隨逐非止樹下始見因
緣已如上說此文爲四一又以他日取意領
先權智久欲擬宜二見子憔悴是久知方便
是其玩好三脫妙著麤領久知須歎三車四
親教子作久知適願受行今初又者鄭重辭
也將欲取意領法身之地久知大小之機一
三施化重述佛意故標章稱又也他日者二
乘自謂方便爲已非二乘法爲他即擬法身
也日者時也亦智也依法身之時用智照機
故言他日若從此義實智照實爲自權智照
方便爲他齊教領領化身用事爲已日非化
身用事爲他日若就如來自行權實之智皆
名爲已如來化他權實之照皆名爲他如來

自他權實之照照實爲已照權爲他此之探
領法身之時用化他之權智照於權機若有
若無照用權事若可若否皆是權智所照故
言他日若從此義齊教領領化他之權事故
二乘稱已事探領自他之權此權非二乘
事故稱爲他雖有兩意他日俱成令依二乘
所領又逐他日之文以探領法身中照機
也窻牖者偏見則小表權智照彼偏機也遙
者小去大懸故名爲遙見子者昔曾種大稱
之爲子以大擬之故言爲見窻牖偏狹未宜
大化故息大而施小也羸瘦下第二是領先
知有小玩好也修因智力少爲羸修因福力
少爲瘦內怖無常爲憔外遭八苦爲悴四住
爲糞土無知爲塵坌也即脫瓔珞下第三是
領先知須歎三車希有也脫妙服譬隱報身
無量功德四十二地戒定慧陀羅尼等瓔珞
寂滅忍細軟上服大小相海嚴飾之具容服
若盛子則驚畏二乘不宜見此相好是故脫
之更著麤弊者現丈六形是麤生忍法忍是
弊也塵土坌身者現有煩惱有爲有漏也執

除糞下但治見思有漏之法不論諸地清淨
智慧也左手諭實右手喻權權用便易自以
此法斷結成佛又用此化人狀有所畏者示
同怖生死又有寒風馬麥之報也語諸作人
下第四親教子作譬也即是道品中七科法
門以顯除糞之相領上諸子心各勇銳互相
推排競共馳走爭出火宅也一者語諸作人譬
譬四念處是外凡位二令勤作勿得懈息譬
譬四正勤三咄男子勿復餘去譬譬四如意
足四好自安意下名安慰譬譬五根五所以
者何下名無五過譬譬五力此前四句是第
二內凡位六即時長者字以爲子譬譬八正
七雖欣此遇下名教常令除糞譬譬七覺此
二句是第三聖位也今初語諸作人者即是
說三藏示四念處是除糞之器斷結之境故
遺教云常依念處行道能破四倒領火宅中
適願勇銳即是聞慧也第二勿得懈息者即
是令勤修四念處也若起懈息不能滅二惡
不能生二善以二勤故能發煖火對火宅互
相推排入修慧煖位也以方便故得近其子

著念處未得理火溫心猶爲疎外不可附近
以初得煖方便則可附近也第三咄男子者
咄是驚覺亦是責數上正勤中紛動即是智
法如男子是陽性如意足是定法如女人是
陰性良以正勤策動不得與真相應故咄驚
責數令捨散入靜故咄男子也汝常此作勿
復餘去者念處正勤動不專一不名爲常四
如意中定不異緣思惟則定思惟則斷定斷
專一故常不紛動故勿復餘去此猶在互相
推排中即是頂法之位也當加汝價者煖法
觀中不能發真如意觀中能發無漏故言加
價若有所須者漏無漏善助道正道皆從如
意觀求欲須即得四禪體含支林如盆器生
空麤如米法空細如麵此即正道四諦下十
六諦觀無常如鹽苦如醋此即助道如米麵
難食須鹽醋和之正道難顯須助道助之莫
自疑難者結上正助審在如意觀中故令勿
疑決定可辨如已物想故言勿難亦有老弊
使人者若欲直取通以代手足如使人驅役
者如意觀中亦有此通但通劣弱事同老弊

雖不丁壯亦堪運役又以正道求理正道弱未能發眞欲須助道九想十想八背捨等助道使人者如意觀中亦有此法若得助助正即成共解脫人也第四好自安意者得五根安固難壞也我如汝父者忍解隣眞似像未實故言如父亦是如子勿復憂慮者令其安意破壞見思也第五我老汝少者佛居道終已具智斷故言老大汝居道始未有智斷故名爲少壯此即忍法位也無五過者得五力離五惡法也得信力故不欺精進力故不怠念力故不瞋定力故不恨慧力故不怨言餘作人者遠指外道諸見求理名餘作人近指煖等四位未免五過亦名餘作人此文無五過即五力也自今已後如所生子者下忍十六刹那時節猶長中忍雖復縮觀亦未是一刹那若上忍世間最後一刹那心隣眞過聖故名此位爲如所生子即世第一法位也第六即時長者更與作字名之爲兒者得八正入見道中競共馳走故言名之爲兒世第一法與眞不久故言即時阿含說五種佛子四

果及辟支佛名佛眞子菩薩不斷結子義未成爾時窮子雖欣此遇下第七常令傭作譬譬雖爲子思惟未盡猶居學位未得無難故二十年常令除糞亦復自知不任紹大正是依教修行盡苦耳故云猶故自謂客作賤人若得初果猒小樂大大乘機發者即應授以大乘又不須進斷其餘殘結正由不捨小志大機不發以是且令依教盡漏故言由是之故二十年中常令除糞二十年者見諦一解脫一無礙思惟九無礙九解脫故言二十年又云見思二道中斷結名二十年又云五下分五上分爲二十年也又云猶於二乘法中斷思惑故名二十年又云依二使人共斷餘結故名二十年也從有二乘之機而來感佛故云自見子來已二十年若住二乘位轉大乘教名爲於二十年中執作家事也二十語同各有所以指此一句即是爭出三界火宅位也過是已後下是第四領付家業譬近領火宅等賜大車遠領法說中無上道就此爲二初領後付又各爲二共領火宅等賜車中

四意亦是方便品顯實四意初章二者一心相體信即領上免難二委以家業漸以通泰成就大志即領上索車後章二者一付家業即領等賜大車二得付欣悅即領上得車歡喜也由心相體信故得委以家業家業旣諳悉備知見則成就大志由意志通泰故得付與家業與家業故是則歡喜由有遠近若不先教傭作與一日之價豈得相體委業付財內合由三藏斷結堪並聞大集受折淨名轉教般若而致付財耳當知傭作取價即是遠由體信委業即是近由又前誘引譬中有齊教領始自道樹終訖出宅又有探領始自法身終訖思盡今領亦二始探領慈悲四味調熟終領付財究竟一味遠近始終合論五味何者即遣傍人傍人所說乃譬華嚴圓頓此教最初傍人譬牛所說譬乳內合從佛出十二部經即初味也以此擬二乘人無機不受迷悶躃地於其全生如乳味也次明密遣二人說除糞法此譬息大之後鹿苑說三於小即信革凡成聖如轉乳爲酪內合從十二部

出修多羅即第二味也次明心相體信入出
無難譬三藏之後說方等淨名揚大折小二
乘聞大不謗折小不退良以三藏斷結取一
日價故得恣其褒貶若未斷結不堪聞揚大
如前不受勸門亦不堪聞折小如前不受誡
門而今不謗不退者心相體信故也親既證
小則信大不虛得涅槃價故體折不瞋雖非
已事而不疑謗此心淳熟如從酪出生酥內
合從修多羅出方等經第三味也次明長者
自知將死不久下譬方等心相體信入出無
難已後委以家業使其領教爲大菩薩說摩
訶般若既領知衆物貫統法門心明口辯彌
益慕樂但恨住小非是已分脫更聞許豈不
樂哉於是心漸通泰成就大志如似生酥出
於熟酥是從方等出摩訶般若第四味也次
臨欲終時而命其子者此譬般若之後判天
性定父子會三歸一付財與記說法華之教
開佛知見示真實相菩薩疑除聲聞作佛悉
以如來滅度而滅度之如從熟酥出於醍醐
是從摩訶般若出大涅槃即第五味也四大

弟子深得佛意探領一化五味之教始終次
第其文出此也領家業文爲二一相體信二
命領業就體信復二先明體信二猶居本位
今初相者是互相信也謂於三藏中得涅槃
價此既不虛今爲菩薩說此大乘亦復非虛
此即子信父也佛知此等見思已斷聞必不
謗無漏根利聞微生信此即父信子也由此
見尊特身聞大乘教名此爲入復被訶析猶
見丈六說小乘法名此爲出大小出入而無
疑難也第二然其所止猶在本處者雖復入
出無難得聞大乘而謂是菩薩之事非己智
分不肯迴小向大猶居羅漢不言未來當得
作佛此領大集淨名生酥之教也從世尊爾
時長者有疾下第二委以家業此領大品佛
命轉教般若熟酥之教也就此爲二一命知
家事二受命領知二章各爲四初四者一明
時節二正命知家事三誡令體我心四勑無
令漏失初將死不久者有機則應爲生機盡
應謝爲死今化機將畢應謝非久也語窮子
言我今多有下第二命知家事金即別教理

銀即通教理大品所明真諦不出此二而云
多有者理則非多約種種門亦得言多例如
空非十八約破十八法名十八空也勸學中
明一切法門皆是珍寶也倉是定門即百八
三昧庫是慧門十八空境也通別兩種定慧
倉庫包藏一切禪定智慧無所闕少內充外
溢故云盈溢其中多少者說於般若則有廣
略二門菩薩行般若應知略廣相略則爲少
廣則爲多自行爲取化他爲與大品中云汝
當爲菩薩說故云汝悉知之我心如是下第
三誡體我心者佛以般若爲心汝今傳燈當
隨佛意說也又二乘人本解是析法空命當
體此意者命轉教用誡令同我體法空也昔
時被命謂傳燈與他今乃知佛令我識體之
門故言當體此意今我與汝便爲不異者釋
此有三一被加令說與佛不異二就理以諸
法皆如故得不異善吉如如來如一如無二
如故言便爲不異三就今時始悟父子天性
本來不異而二乘人自謂被加異耳宜加用
心下第四勑無令漏失也汝爲菩薩說般若

教無令漏失二者就理此即沒法後時當用是故無令漏失也即受教勅下第二受命又爲四一正受命領知二無希取善言雖說般若自謂我無其分也三未捨劣心猶居本處者住羅漢位雖復慕大亦未定言欲作菩薩也未捨下劣心者雖復恥小亦未定言捨於小證也四復經少時父知子意下即是領上索車譬鄙棄先心欲求大道大機發也問何時名少時答一云說般若竟於異處遊觀辱恩所領大乘法門生心貪樂爲失爲不失如此等等思即是大乘機發時也此時去法華未遠故言少時又當說無量義時大乘機發何以知然無量義中明七種方便無量漸頓從一法生既聞此說思惟昔之三藏三乘悉從一法生如是三乘亦應入一如是思時漸已通泰大心即發故言成就大志也臨欲終時下第二正付家業又爲二謂一付業二歎喜初有四一付業時二命子聚衆爲證三結會父子四正付家業初付時臨欲終者是明時節化緣將訖靈山八載說法華經唱入涅

槃時也而命其子下第二聚衆即是二萬億佛所受化之徒名之爲子大機熟人十方雲集也上四衆圍繞者是也弁會親族者舊云分身如親族十地如國王九地如大臣八地如剎利七地如居士比人用分身爲親族多寶爲國王也十地爲大臣八地爲剎利三十心爲居士若爾迹門說法分身多寶並未現前何得指此耶彼解云正是身子懷疑之時於法華中未能生信是故多寶分身一時來證若疑除信解受記已竟復用多寶何所證耶故知法說之時多寶已出但出經者言不疊安爲作次第置因門後耳今謂此是人情無以取據說迹門近事未用古證若說本門遠事必須先證昔今不用彼解依薩云經云云今明十方法身菩薩影響者爲親族影響之衆多是釋迦昔日同業並共如來於二萬億佛所共開化之於其悉是伯叔之行故用此爲親族國王者一切漸頓諸經無不稱所詮之處爲經王當機益物興廢有時部部不同名之爲國皆言第一即是王又此經會通諸

教宣非聚集國王故無量義中先已收集彼云初說四諦十二緣生次說方等十二部經次說摩訶般若華嚴海空此則普集諸經融通漸頓會入此典故名會國王也彌勒等諸大菩薩皆是等覺爲大臣初地至九地爲剎利法王種性中生三十心爲居士此等皆從釋迦受化諸君當知下第三結會父子實從我受學實是我子從我起解是我所生我實曾於二萬億佛所嘗教大法故我實是父於某城中者此經西國文多度此甚少或可說昔名字國土如大通智勝因緣今簡略名字直言某甲是諸衆生背此大乘起無明闇逼入生死故言捨吾逃走備經六趣故云五十餘年昔在本城懷憂推覓自昔法身地中常以二智觀覓可化之機也始於今日感應道交故云忽於是間會遇見之今我所有下第四正付家業一切大乘萬行萬德故云一切所有也先所出内是子所知者追指昔日大品領教所委有廣略般若共不共法是汝所知即是汁有故法華但明佛之知見不更廣

說一切行相也窮子聞父此言下第二即是得付歡喜領上各乘大車得未曾有自領無心希望佛道而今忽聞得記作佛故云不求自得也三藏中本心不求方等中恥小望絕故不求般若中雖領非己分故不求如此不求而今自得也世尊大富長者下第二合譬先宅合之或前或後釋之甚略今但依文點意不復子派合譬略者貴在得意不俟費辭大富長者合父子相失譬譬文有四但合父子總得餘意如來合父似則合子似有二義一取大機爲子昔未逃逝既非真位猶居外凡故云似也取小機爲子者小機似像大乘根性耳子既逃父貶之言似云云問初釋品云已得入真此那言似答此合子逃父時是故言似品初明子聞悟時汝問非也從如來常說我等爲子下合父子相見譬但合長者見子便識從我等以三苦故下合追誘譬上有傍追二誘今合亦二上初遣傍追次再追次放捨今合兩門之無機何爲見捉自念無罪合無大機也樂著小法者合有小志不合放捨今日世尊令我等下合二誘譬上有齊教探領今合二意從蠲除下合齊教具陳上事從我等於中勤加精進下合上尋與除糞得至涅槃下合上先取其價也從然世尊先知我等下合上探領上譬有四今合三不合正教作指上勤加除糞即兼之不更合也上言遥見今言先知上言羸瘦憔悴今言心著弊欲上言即脫瓔珞更著麤弊今言便見棄捨不爲分別寶藏之分從以方便力說如來智慧下合付家業譬上有由有付今合亦二由爲兩一相信二委業今合亦二一相信有二先合體信以方便力說如來智慧者舊云如來智慧之因持作二乘之果今明帶三乘方便說大乘實相故言以方便力於我等前說大乘法亦是合出入無難以方便力出辯二乘以佛智力入明實相若不體信豈於我前明佛慧耶從我等從佛得涅槃一日之價下合猶在本處也從我等又因如來智慧下合領家業上有命有受今但合受受有四一受命二無希取三不捨下劣四漸通泰今但合二初合受命領業而自於此下合無希取兼得諸也無志願者明佛加威力令如佛心而說也故我不志願所以者何下釋無希取意以方便力隨小乘心說言無分由此不知真是佛子所以不取佛以方便力隨我等說者佛帶方便力以實相法共二乘說我等不識不共之意故非佛子今我等方知下合付家業上有二有付有喜今合亦二上付業有四今則總合付與付有二一明佛本於大無悋二釋無悋正由樂小不早付大耳此經中下舉今證昔今理唯一故知昔三非實但爲未堪故於大前毀呰小心欲令捨僞取真定知非悋然佛實以大乘而教化也我等說本無心下合歡喜亦是於三不求之意也八十六行半偈初七十三行半頌上次十三行歎佛恩深初又二初二行頌法說後七十一行半頌譬說法說中不頌不求但頌自得頌譬說又二初四十一偈頌開譬次三十偈半頌合譬上開有四父子相失相見委業付財今皆頌初十三行頌父子相失上相失譬有四一

子背父二父求子三子漸還四父念子今頌亦四但不次第初一行半頌第一子背父去次第二七行頌第二父求子不得次第三二行超頌第四憂念轉深次第四二行半追頌第三漸還近父上四文各二今初譬如下一行半但頌子背父而去不頌向國而還也火宅中明長者所王國邑聚落語寬此中明窮子輪迴三界名諸國六道名五十餘年也其父憂念下第二七行是頌父求子不得上亦有二今頌亦二初半行頌覓子不得求之既疲下六偈半頌不以失一子廢家業事四方推求者不同於上上四方是約四諦推理今四方是觀四生中覓可度之機也造立舍宅者有餘國中有餘涅槃也起慈悲舍依性空宅也往來者衆者諸土菩薩來往聽法也而年朽邁下第三二行超頌第四憂念轉深上文有二此但頌先失子之苦無所委付是故憂耳爾時窮子求索衣食下第四二行半追頌上第三漸還向父上文有二今頌亦二初二行頌近父之由由求衣食也漸次經歷下

半行頌正近父城也初近父由中從邑至邑者根塵相涉如邑十八界如國修有漏善如有所得修二乘善如無所得不得大乘法食爲飢餓無大力用爲羸無大功德爲瘦有無善上起見思如瘡癬從傭賃下七行半偈頌第二父子相見上文有二今頌亦二初六行半頌子見父次一行頌父見子上子見父文有四今頌三初半行頌見父之由由傭賃遂至父舍也次爾時長者下第二二行半頌第三見父之相也上明見父之處處是門側今言長者於其門内者兼得處也施大寶帳等正見父相處踞師子座也法身是師是王報應是長者注記券疏即是授記明修行也私謂以廣顯略爲注授決爲記四弘誓爲券修行爲疏窮子見父下三行半頌第四生畏避之心長者是時下一行頌第二父見子上文有四一見處二見即識三見歡喜四者適願今但頌二上半頌見子之處遥見下第二半行頌見子即識也即勅使者追捉將來下第三十行半頌上追誘譬今初三行頌傍追上

傍人追文有三一喚子不來二再喚不來三放捨今初三句頌初喚無機不來次迷悶下第二一句頌再喚不來次是人下第三二行頌無機即是上釋放捨意也即以方便下第二七行半頌密遣二人誘引上文有二今頌亦二初三行頌雇作譬次四行半頌教作譬上雇作文有四一設方便二求之即得三陳雇作四取價除糞今但頌二初二行頌第一設方便窮子聞之下一行頌第四取價除糞也今初設方便眇目是偏空矬者鬒短不窮實相之源陋者橫狹無摩訶衍衆善莊嚴也非四無畏名無威異常樂我淨名無德次窮子聞之下第二取價淨六根房五陰舍也長者於牖下第二四行半頌上教作上文有四今頌亦四初半行頌牖中念子愚劣下第二半行頌羸瘦於是長者著下第三一行頌脫妙著麤方便附近下第四二行半頌正教作上有七科法門語者即合四念處也令勤作者即四正勤也既益汝價下一行頌四如意足也油塗足能履深水如神通又油能除風

定是無亂也飲食充足即上來麵也薦席厚暖即是觀練熏修定能除散動也如是苦言汝當勤作半行總頌上第四安慰第五無五過根力既成乃堪苦言又以輭語半行總頌第六作字第七令常作並是子位也長者有智下第四十行頌上第四領付家業上文有二今頌亦二今初三行半頌付業之由次六行半頌正付業初由中有二今頌亦二初長者有智下半行總頌心相體信即入出也經二十年下第二三行頌委領家業上委業有命有受今但頌受命上受命有四今但頌三初一行半頌受命次猶處門下第二一行頌猶居本位未捨劣心次父知子心下第三半行頌通泰大志大乘機動也初二十年者不得同上上除見思名二十此明執作家事或言轉大乘教教諸菩薩斷大乘別惑見思名二十年或言說般若時長凡二十年或言住二乘位轉大乘教爲二十年仁王般若云二十八年說摩訶般若從欲與財物下第二六行半頌第二正付家業上文有二今頌亦二

初四行半頌正付業次二行頌得付歡喜上正付業有四今但頌三無時節初欲與下一行頌上第二集親族於此大衆下第二有二行半頌上第三定父子天性凡我所有下第三一行頌上第四正付與也子念昔貧下第二二行頌得付歡喜也佛亦如是下三十偈半頌合譬佛亦如是合第一父子相失也知我樂小一句合父子相見譬也未曾說言二句頌合第三追喚譬上合有二一合再喚不來二合放捨今總頌其意耳而說我等下一行頌上合密遣二人誘引譬上合齊教擽教二章今此一行但總頌其意耳佛勅我等下二十八行半頌合第四領家業上合有二相信委業今初十八行半但頌合委業次十行頌合正付上受命中唯有二一受命二無希取今初一行長頌命領知上領所無也最上道即是空般若更無過其上也次下十七行半正領受命及無希取等無不捨及通泰我承佛教有五行頌正受命佛子聞法得記者明轉教益他也爾時謂轉教教化菩薩不言

爲我如彼窮子下十二行半頌第二無希取此文廣上也於中又二初一行牒前譬帖合次我等雖說下第二十一行半正合無希取又爲三初一行正頌無希取次我等內滅下九行半具智斷故無希取又爲三謂標釋結初爲二初一行標斷德具故無希取次我等若聞下第二一行標智德具故無希取所以者何下六行雙釋智斷二章次我等雖爲下第三一行半結釋自無希取次導師見下第三一行明佛見捨我合無希取也如富長者下十行頌正付業上合有二一正付業二得付歡喜今頌亦二初三行頌正付次七行頌得歡喜初三行中上總合正付業今亦總頌但初一行半牒譬帖合次一行半正頌合也我等今日下七行頌第二得付歡喜也得道者得實相道也得果者分得大乘習果也此二句明開佛知也於無漏法得清淨眼者此二句明開佛見見實相理也昔日見無漏不落凡夫今日見無漏不落二乘也昔日慧眼見空今淨眼見中持戒報者昔持戒梵行共

顯無漏灰身滅智無人受此果報者今日梵行能得無漏即了因取果義持戒即緣因義清淨眼所見理即正因義我等真是聲聞者即大乘真位也十信以一音徧滿三千界似道非真入十住即是真也真阿羅漢有三義此中但舉應供一義也若不生變易殺通別惑是不生殺賊義堪爲十法界福田即應供義應供殺賊互相顯也下十三行歎佛恩深難報如文私謂世尊大恩者一佛始建慈悲拔六道苦與四聖樂普十法界入四弘中此如來室恩二如來行菩薩道示教利喜曾教我大乘雖復中忘智願不失蓋如來室清涼溫煖大慈與樂恩三衆生遭苦視父而已佛伺其宜如擯逐毋備行六度以利衆生蓋如來室遮寒鄣熱大悲拔苦恩四佛成道已應受無爲寂滅之樂而隱其神德用資所樂法五戒十善冷水灑面令得醒悟蓋是佛衣遮貪欲熱恩五示老比丘像方便附近與一日價蓋是佛衣除見寒愛熱恩六過是已後心相體信彈訶貶斥令恥小慕大蓋佛衣遮醜陋恩七命領家業金銀庫藏皆悉令知蓋是佛衣與我莊嚴恩八會親族定父子付以家業無上寶聚不求自得蓋如來座恩九十既坐座已身意泰然快得安隱以佛道聲令一切聞一切天人普於其中應受供養蓋如來座令我具足自行化他恩世尊大恩兩肩荷負所不能報此之謂也

妙法蓮華經文句卷第六下

妙法蓮華經文句卷第六下

校勘記

一 底本，明永樂北藏本。

一 一二二頁中八行「不舍」，經、清作「不含」。

一 一二三頁上一九行第五字「者」，南、經、清作「稱」。

一 一二四頁下一〇行首字「先」，南、經作「先以」。

一 一二六頁下末行第三字「革」，南作「隔」。

一 一二九頁中七行第二字「見」，南作「見合」。

一 一二九頁中一九行「受今」，清作「受命」。

妙法蓮華經文句卷第七上　寧三

隋天台智者大師說

門人灌頂記

釋藥草喻品

此中具山川雲雨獨以藥草標名者土地是能生雲雨是能潤草木是所生所潤所生所潤通皆有用而藥草用强有漏諸善悉能除惡無漏爲最無漏衆中四大弟子以譬領佛譬深會聖心佛讚善哉甚爲希有述其得解以喻其人故稱藥草喻品夫藥草叢育日久一蒙雲雨扶疏暐曄芽莖豐蔚於外力用充潤於內譬諸無漏住最後身有餘涅槃更不願求無上佛道今得聞經自乘佛乘兼以運人文云我等今日真是聲聞以佛道聲令一切聞內外自他具勝力用故稱藥草喻品夫藥草者能除四大風冷補養五臟還年駐色今蒙雲雨忽成藥王餌之徧治衆病變體成仙譬諸無漏聞經破無明惑開佛知見文云我等今日真是佛子無上寶聚不求自得佛子所應得者皆已得之面於佛前得受記莂嘉著而稱微故言藥草喻品前一番是師弟領述世界悉檀意也次一番生善爲人意也次一番是對治第一義兩悉檀意也是名因緣釋品餘約教本迹觀心準例可知不復記云云

此品是譬說中第三述成段舊云述其十三偈歎佛恩深又述其教作人譬文言曲巧師云不應偏爾經稱善說如來真實功德備述其領權領實明文在此十三偈止是二乘齊教荷恩教作人譬是佛權功德耳今言都述其周徧領解始天性結緣中間追誘終於付財自微自著無量無邊諸恩德也其文爲二一略述成二廣述成略述又二一雙述善哉二領所不及雙述者一善哉述其兩處領實一善哉述其兩處領權善說如來真實功德者真實是述實功德是述權又華嚴之擬宜領實也三藏之誘引領權也方等之體信般若之領教俱領權實也法華之付財專論實也辭致曲巧故言善說皆是佛法故言真實誠如所言者印定之旨也又從如來復有下述其領所不及云何不及謂退進橫豎亦橫亦豎非橫非豎皆不及也所以者何大雲普覆徧荷清涼大雨俱霑無不蒙澤咸令世間皆得知見未曾有法那忽齊教止領二乘得益不道人天小草是爲退所不及菩薩名上草亦名小樹大樹敷榮鬱茂自他饒益而復不領是爲進所不及又十法界同成佛法界那忽止領二乘餘八法界都不涉言是爲橫所不及又七方便從淺至深皆入真實餘五方便都不在言是爲豎所不及又三世利益未曾暫廢是爲亦橫亦豎所不及夫山川谿谷云云總言一地一地能生未嘗揀擇攘彼受此草木種子皆依於地更無餘依一雲靉靆無處不密一雨一味不隔枯榮普潤旣同普得增長如來平等不可思議實不先頓後漸初三末一如龍興慶雲普雨於一切身心不降雨除熱得清涼是爲五乘七方便十方三世平等廣大甚深博遠不可思議無有差別是爲非橫非豎領所不及不及之旨非都頓奪特以初心望後心未窮極地故云不盡耳又初悟初阿亦具後荼功德但齊教之領

未暇進領橫豎周徧耳又權行大士宜應如此也廣述成又二長行偈頌長行又二初述成開三顯一次從汝等迦葉下結歎初有法譬合法中又二初先舉法王者不虛勸信也次於一切法下正述開三顯一夫人王外無所畏內不二言法王亦爾衆惡已盡發言誠諦舊云述中根不虛奬下根信受今言佛法雖多不出權實權實之外更無別法而言無量者此意難信故舉法王勸信又爲下大雲譬作本從於一切法下約教明開權顯實從如來觀知下約智明開權顯實由二教顯二智由二智說二教智教相成也一切法者謂七方便橫也對一實爲豎也若言不爾何故二萬億佛所初發大心中間取小又流轉五趣又十法界一人尚具況七方便耶此法雖多方便波羅蜜照之罄無不盡以隨其類音說之無不逗會爲人天說戒善爲二乘說諦緣爲三藏說事度爲通教說無生爲別教說次第開如來藏是名述其領開三也從其所說法下約教述其顯實也地者實相也究竟

非二故名一其性廣博故名爲切寂而常照故名爲智無住之本立一切法故名爲地此圓教實說也凡有所說皆令衆生到此智地顯實之文灼然如日云何闇竊作餘解耶例大品廣歷諸法皆摩訶衍衍即大乘乘即實相實相即一切智地上文云唯此一事實指此地也餘二則非眞指七方便也此約漸頓二教述其開權顯實也從如來觀知一切諸法下約智述開權顯實觀一切歸趣是能照權也究竟明了者能照實也二智所照偏圓兩境通達無礙故能說權實二教此舉智釋教也知所歸趣是識藥深心所行是知病病藥俱是權法權法各有歸趣戒善等近趣人天若作緣義低頭舉手遠趣佛果念處道品等近趣涅槃若作福德莊嚴汝等所行是菩薩道遠趣實所乃至六度通別等法近遠歸趣途轍不同可解又戒善是人天藥諦緣度是三乘人藥乃至通別等亦可解深心所行有二種深心著於依正又深心著所執之法著依正者起深重十惡鄣人天乘著所執法

起四倒三道六蔽四住五住等鄣諸聖乘當知深心病相不同權智照之通達無礙又於諸法究盡明了者實智所照也一切權法無不入實故言究竟實智所知故言了佛眼所見故言明若此智照此藥此病不照彼藥彼病彼智照彼不能照此種別不同者權智照也一智徧照一切藥一切病實智照也能示衆生如此圓境智故言一切智慧也又一切法者謂十法界也十法各各相欲不同各獲果報歸趣亦異知諸法盡者名知病知一切深心所著名知藥藥有深淺大品云如實智知貪欲心瞋癡心以如實智知名知深心如理通達無有鄣礙若戒善諦緣度等一切法藥悉用如實智知者名通達無礙又權智文中通達無礙者約權論實實智文中又於諸法諸法者約實論權二文互現者此明實是權實權是實權當知究竟非權非實非差別非不差別以智方便權有差別悉到智地則無差別如地無差別草木若干若干無若干無若干若干又如約心論法約法論心心有

諸數法無諸數心不離法法不離心無數而
數數而無數耳權實亦爾云云從譬如下第二
譬說文爲二初譬說後復宗稱歎譬有開合
開爲二一差別譬譬上述權教權智二無差
別譬譬上述實教實智也三草二木纖濃不
等故言差別一地一雨普載普潤故無差別
若觀其末派謂各各不同若究其根榮莫非
地雨內合方便智照七五各異實智往照終
歸一實一實七五七五一實差別無差別無
差別差別云云差別譬有六一土地二卉木三
密雲四注雨五受潤六增長初土地譬舊總
舉三千土地別出山川谿谷爲五乘習因谷
受水多譬菩薩谿譬支佛川譬聲聞山高受
潤少譬人天乘今謂習因應譬種子受潤增
長而土地山川雖有受潤關於種子增長二
義又下文合譬云普徧世界天人脩羅頌偈
云於諸天人一切衆中皆不以土地等譬習
因今所不用今以大千世界譬衆生世間山
川谿谷土地譬五陰世間世界無別法爲山
川谿谷土地所成衆生無別法爲五陰所成

土地既通譬識陰山川谿谷譬四陰能依草
木雖依土地等土地等非即草木草木質幹
但名草木草木種子更無別名但取能生之
功名種子所生質幹名草木皆植根於地地
則本也內合習因習果雖依五陰五陰非即
因果要依於陰得有習因增長成辦名習果
果因依陰而起則山川土地譬成草木種子
受潤增長譬惑成也又更顯別譬者山雖高
峻亦有洿隆等五相乃至土地雖平亦有丘
池等五相即譬五乘五陰山高譬菩薩五陰
川譬支佛溪譬聲聞土地譬天谷下譬人一
一五陰皆有習因習果所依猶如山川谿谷
土地皆爲種子質幹等所依也又用三千大
千世界譬正因之理通爲一切所依也山川
谿谷土地譬衆生陰界入果報色心也草木
叢林譬衆生習因此三法不相離習依陰入
陰入不出法性如草木依山川山川依世界
云云六文宛然云何作義又次第如此云何間
糅經文抄著前後耶所生卉木下第二所生
卉木譬卉是草之都名木是樹之總稱衆草

成叢衆樹成林治病力用勝者稱爲藥如善
法中皆能治惡而無漏善治惑義勝下卉木
中樹林枝幹覆蔭廣器用大故喻二菩薩種
類若干者五乘七善因果種子故言若干即
是種類各有稱謂即是名也各有體相即是
色也密雲下第三密雲譬雲有形色覆蔭下
文有雷聲遠震覆蔭譬佛慈悲形色譬佛應
世雷聲譬佛言教密雲即三密也慈悲即意
密形色即身密雷聲即口密彌布者徧也既
密又徧故言彌布也以慈悲熏應身說法徧
十法界故言彌布也經律異相云雲有五色
青者風多赤火多黃白地多黑水多有四電
師東身味南百主西阿竭羅北阿祝藍四電
鬭諍是故有雷又水火風地鬭故有雷五事
無雨一風起吹二火起焦三阿脩羅手接入
海四雨師淫亂五國王不理治雨師瞋故不
雨云云一時等注下第四注雨譬譬用口密八
音四辯宣注法雨利潤衆生其澤普洽下第
五霑潤譬法實普雨七種衆生心地所有習
因種子即生聞慧名爲霑洽枝葉根莖者信

為根戒為莖定為枝慧為葉次第相資故譬此四也小根莖等即人天信戒中根莖等即二乘信戒大根莖等即菩薩信戒諸樹大小下第六增長譬更復略牒明其草木隨分受潤習報兩因善法既蒙法雨習報兩果各得增長稱其種性者明施權稱機小者不過分大者不減少即是七種習報兩因也華果敷實者習報二果也又云增長即三義稱其種性即是增長之由由設教稱機也各得增長正明增長華果敷榮即增長之相也雖一地所生下大段第二一地一雨無差別譬顯於一實也此有三、一地所生道前心地所生終因道後智地二一雲所雨一音所宣一乘法門開發道中五種善根終是一音平等之教三三草二木稟益不自覺知五種善根蒙佛法雨隨分增長而不自知五種之因皆依一佛性亦不自知五乘之教皆是大乘亦不自知同歸佛慧唯有如來能知也迦葉當知如來下合譬也合差別譬為二先正合次提譬帖合差別譬有六今合不次第開譬明機

前論眾生合譬明應前合如來如來是化主也此中第一正合上第三密雲亦兼合第一世界此中第二合上第四注雨譬此中第三合上第一世界山川谿谷譬此中第四合上第二草木此中第五合上第五霑潤此中第六合上第六增長譬也合譬次第者明如來應世則有八音說法說法即有受化眾生眾生聞法各霑道潤得潤是同不無差別增長云云第一合密雲先舉佛身密合雲有形後舉佛口密合雲有聲如來亦復如是出現於世即是正合應身出世也如大雲起即舉譬帖合明如來大慈現身覆育一切也以大音聲者即是舉佛口密合雲有聲也天人阿脩羅者別舉三善道稟口密之益也即是三乘根性三十子別稟聲益也如彼大雲即是舉譬帖合雲有聲也徧覆大千者通舉一切皆是佛子俱蒙口密益也或時但合五譬將普徧世界下兼合世界土地也世界即是國土世間天人脩羅即是假名五陰世間假名合上世界五陰合上山川溪谷也於大眾中而唱

下即是第二合上第四注雨譬先標章門次勸聽受章門有六一十號謂如來應供等二四弘謂未度令度等三三達謂今世後世等四一心三智謂知者具足五五眼謂見者六三業共智慧行知道謂意不護開道謂身不護說道謂口不護亦稱為導師謂知道者等也汝等天人下勸物聽受佛八音詮吐六種法門從多為論勸三善道宜應往聽法也爾時無數億種乃至而聽法此中第三合上第一山川譬攬果報而有眾生如依山川得有世界等百千萬億者即是十法界眾生也今正語七方便眾生差別配如上說或從汝等天人者皆合山川譬也如來于時乃至精進懈怠即是第四合上第二卉木譬舊云此文長出不合上今明上譬中有卉木差別大小不同此中明根有利鈍行有進怠正是習因深淺與卉木義同豈非合譬而言長出于時者若論漸初即是鹿苑初說三乘時若論中間處處得論于時利鈍者總判三途因惡果苦不能受道名為鈍七種方便聞教得益名

爲利別判人天但受果報不肯受道名爲鈍三乘根性斷惑出界名爲利又聲聞觀生滅名爲鈍菩薩觀不生滅名爲利通別圓云云三途放逸名怠人天持五戒十善爲精人天不猒苦爲怠二乘怖畏無常爲精二乘貪證不求作佛爲怠菩薩志求佛道爲進云云從隨其所堪至快得善利即第五合上第五受潤譬隨其所堪即是稱會機宜無增減之失歡喜得善利即是各蒙法潤受益也是諸衆生聞是法已第六合上第六增長譬現世安隱後生善處者即是報因感報果合華敷增長亦得聞法乃至入道者即是習因牵習果合上果實增長聞是法已合上增長之由現世安隱正合增長後生善處者是合增長之相也佛如大雲普覆一切三途亦得霑潤增長如說般若方等明地獄得益也又諸經中亦說龍鳥鬼神等聞法得道若火滅湯冷即是現世安隱或生天上人中即是後生善處於天人中修道即是以道受樂若人天聞法持戒福德扶身鬼龍不犯即是現世安隱或天還生天人還生人或天人互生即是後生善處生能悟解即是以道受樂二乘聞法得有餘涅槃是現世安隱如下文云是人於所得功德生滅度想我於餘國作佛更有異名此人於彼國得聞是經指方便有餘之土是善處於彼聞經是得道受樂若生身菩薩聞盧舍那佛說法得無生忍即現世安隱後生淨滿世界爲法身眷屬即是善處以道受樂離諸鄣礙者即是現世安隱任力所堪漸得入道即後世以道受樂五乘者五戒乘出三途苦十善乘出人道八苦聲聞乘出三界無常苦緣覺乘出從他聞法苦菩薩乘出內無利智外無相好苦是爲五乘問但應以人天爲世間乘餘是出世間乘又佛爲實乘餘是權乘又佛爲果乘餘是因乘又應爲三乘人天爲下二乘爲中佛爲上又人天名不斷煩惱乘二乘名斷煩惱乘佛名非斷非不斷乘又人天名不斷佛名斷二乘名亦斷亦不斷又凡夫賢聖非凡非聖有空非有非空等乘云云大論明五善根勝鬘辨四藏與三草二木云何人天爲二善二乘爲一佛菩薩爲五開大合小五乘開小合大四藏合凡開聖五乘則凡聖俱開隨緣不同耳如彼大雲下第二提譬帖合六意者大雲帖合第一形聲雨益雨於一切帖合第二六章法門卉木叢林帖合第四受化衆生利鈍怠進習因深淺如其種性具足蒙潤帖合第五受潤得法利各得生長帖合第六現世安隱增長也如來說法一相下第二合無差別譬上開三今合亦三但不次第一相一味下雙合一地一雨所謂下雙釋一地一雨其有衆生下合上而諸草木各有差別所以者何下釋於差別如來能知差別無差別一相者衆生之心同一真如相是一地也一味者一乘之法同詮一理是一雨也昔於一實相方便開爲七相於一乘法分別說有七教佛知究竟終歸一相一味也所謂下雙釋一相一味衆生心性即是性德解脫遠離寂滅三種之相如來一音說此三法即是三味此三相則以爲境界緣生中道之行終則得爲一切智果故言究竟至於一切

種智也合草木差別譬如後解不重記有時作三意合一無差別意合上一地一雨二差別意合上草木差別三如來能知釋成兩意無差別者謂一相一味一相合上一地也解脫相者無生死相離相者無涅槃相滅相者

無相亦無相唯有實相故名一相一相即無住本立一切法無住無相即無差別也立一切法即有差別差別如卉木無差別如一地地雖無差別而能生桃梅卉木差別等異桃李卉木雖差而同是一堅相若知地具桃李

即識實中有權解無差別即是差別若知桃李堅相即識權中有實解差別即是無差別以是義故以一相合上一地譬也一味即是實教純一無雜例一相可解解脫者無分段變易二邊業縛故名解脫相離相者得中道智慧此慧能遠離二邊無所著故名離相滅相者二邊因滅得有餘涅槃二邊果滅得無餘涅槃故名滅相句句例作差無差別義準一相可解究竟至於一切種智者若得二邊滅相即是通別二惑盡入佛知見以一切種

智心中行般若初發畢竟二不別故言究竟此即佛之智慧故言一切種智也從其有衆生聞如來法不自覺知者即是明差別義從此下明差別者衆生是山川假實之差別亦是種子之差別如來即是雲聞法即是雨讀

誦修行即是潤功德即增長如此等差別皆不能知也就文爲五一衆生不知二如來能知三舉譬帖合衆生不知四牒前結釋如來能知五釋疑其有衆生者舉不知之人法謂聞一音之法持說者是正明不知持說不同

修行各異人天作戒善之解三乘作諦緣度解解既不同即是差別所得功德不自覺知者明五人雖各稟教不知佛是一味無差別教亦不知七種方便各各作解而各執己解爲實此則不知於權亦不識實即是差別不自覺知也第二如來能知略減數舉十境合爲四意一約四法知二約三法知三約二法知四約一法能知約四法者謂種相體性種者三道是三德種淨名云一切煩惱之儔爲如來種此明由煩惱道即有般若也又云五

無間皆生解脫相此由不善即有善法解脫也一切衆生即涅槃相不可復滅此即生死爲法身也此就相對論種若就類論種一切低頭舉手悉是解脫種一切世智三乘解心即般若種夫有心者皆當作佛即法身種諸

種差別如來能知一切種秖是一種即是無差別如來亦能知差別即無差別無差別即差別如來亦能知相體性約十法界十如中釋若論差別即十法界相若論無差別即一佛界相差別無差別如來能知差即無差無

差即差如來亦能知體性例然可解從念何事下約三法明如來能知三法者即是三慧仍有三重一三慧境二三慧體三三慧因緣念何事是明三慧用念取於所念之事即是三慧境從云何念者念是記錄所聞之法正是念慧之體也從以何法念下即是三慧取境聞法是其因緣又三慧境境智因緣合故得有三慧法復名因緣也如此三乘三慧昔謂境體因緣有異即是差別若入圓妙三慧即無差別此有差別無差別如來能知又差

即無差無差即差如來亦能知從以何法下約二法明如來能知以何法即是因得何法即是果五乘之因各得其果即是差別衆生如佛如一如無二如唯是一因一果即無差別差別無差別如來亦能知差即無差無差即差如來亦能知從衆生住於種種之地是約一法如來能知七方便住於七位故言種種之地此即差別如來用如實佛眼見之如衆流入海失於本味則無差別隨他意語以智方便而演說之則如來能知差別其所說法皆悉到於一切智地則如來能知無差別云云從如彼卉木下第三舉譬帖合衆生不知也從如來知是下第四牒前總結能知也一相一味等如前釋一相一味解脫離滅等爲緣分別即是一中無量究竟涅槃終歸於空即是無量中一此是牒前重釋無差別也何者一相一味解脫離滅者是二乘法體猶是差別言宣今作大乘究竟涅槃終歸於空即通無差別究竟涅槃結前諸句皆非二乘有餘無餘乃是究竟涅槃也常寂滅相者結諸

句非是小乘寂滅乃是常住寂滅上文云諸法從本來常自寂滅相即此義也終歸於空者非是灰斷之空乃是中道第一義空鄭重抵掌簡實異權舊云終歸於空者雖復神通延壽無量示現復倍上數壽盡終歸灰斷故言終歸空此苦佛苦經那可言光宅云終歸入有餘捨無常身智也有人難此解若爾與二乘何異經文舉兩究竟初究竟至於一切種智此舉智果對二乘智非究竟二舉究竟涅槃常寂滅相終歸於空此舉斷對二乘斷非究竟究竟之文知非小乘空也龍印云大涅槃空無法相無煩惱故名空終歸常住第一義空忠師云終歸第一義空智慧有人云佛果無累故言空注者云空有洞遣乃名空古諸師皆不作小解光宅何意獨然佛知是已觀衆生下第五斷物疑佛昔既知始末皆一何不鹿苑即爲說實釋云觀衆生心欲隨三悉檀而將護之恐其誹謗故不即說也汝等迦葉下第二復宗稱述欲釋疑疑者聞佛無量功德謂四弟子工齊教領解何必是實故

佛稱述雖未及佛地齊教不虛也亦是引發下根令同得悟文爲二初述二釋先歎希有者凡夫有反復聞能得益菩薩是已事解不多奇無爲正位能捨證入實甚爲希有能知隨宜說法述能領開三次言能信受即述其領顯一所以者何釋述意明佛於一道說三深玄難解而汝能信也私謂前文云如來復有無量功德汝等說不能盡後文云汝等甚爲希有者佛恩普被猶如雲雨靡不覆潤佛恩普載猶如大地靡不生成豈有爲一機一方而已故言汝等說不能盡佛恩雖普衆生日用不自覺知如三草二木植根乎地稟潤乎雨而不能知汝等能知始終十恩甚爲希有未度令度等述其知佛四弘誓恩甚爲希有衆生現世安隱後生善處以道受樂述其知大悲與樂恩甚爲希有既聞法已離諸鄣礙任力所能漸得入道述其知大悲拔苦恩甚爲希有輪王釋梵是小藥草述其知勸善除熱惱恩甚爲希有知無漏法能得涅槃及緣覺證是中藥草述其知除諸熱見愛恩甚

爲希有上華小樹是爲恥小慕大述其知遮醜之恩甚爲希有大樹是述其莊嚴之恩甚爲希有最實事一地一雨述其知付財坐座身心財法自在安樂之恩甚爲希有佛述其差別歎者歎十恩文盡若述其無差別歎者

即是一大恩也偈有五十四行半頌上開顯開顯有法譬今皆頌初四行頌法說次五十行半頌譬說法說復二先舉法王二則開顯今初半偈頌法王不虛下三行半頌開顯上文二教二智今亦具頌初一行半頌二教後二行頌二智初隨衆生下半行頌權教次如來尊重下第二一行頌實教次有智若聞下一行頌釋權智後是故迦葉下一行頌釋實智隨種種緣說種種教悉爲令得大乘正見自此之前皆名邪見也此頌是如來四悉檀

宰三 十八

意破有法王即對治意隨衆生欲即世界意智聞信解疑悔永失是爲人意令得正見第一義意三悉檀即頌上以智方便而爲演說令得正見頌上到一切智地云云迦葉當知譬如下五十行半頌上譬說初十行半頌開譬

次四十行頌合譬上開二譬今初九偈半頌差別譬次一行頌無差別譬上差別有六今亦頌六而不如長行開譬如合次第也初三行頌第三雲譬其雨普等下第二一行頌第四注雨譬次山川險谷下第三一句頌第一土地山川譬次幽邃下第四二句頌第二卉木譬次大小諸樹下第五兩行三句頌第五受潤譬一切諸樹下第六二行頌第六增長譬雲譬應身應身隨智慧行故言慧雲能具十二部法故言合潤也若應身不說法如須扇多多寶者此雲不含潤也身放大光如電耀口震四辯如雷聲也九十五種邪光不現故言掩蔽除九十八種惱熱如地上清涼也如可承攬者應身降世似同三有有心往取實不可得也八音四辯宣注法雨四方俱下

宰三 十九

一時俱聞亦云四等也凡有心者皆蒙利潤故言率土充洽也此則成上又成下山川譬也山川險谷一句頌第一土地即是七方便衆生五陰今蒙法雨身口柔輭如土地得澤也幽邃所生者是頌上第二衆生習因差別譬衆生久遠所植習因隱在陰界入內故言幽邃今蒙法雨悉得開發故言所生百穀語通取五穀譬五乘能生百善也甘蔗蒲萄譬定慧乾地普洽譬未信者令信也餘譬如文如其體相性分大小下一行頌第二無差別譬上文有三此中略不頌一地而所生兼之初二句頌所生所潤次一句頌能潤則是頌無差別也而各滋茂頌差別不自知也佛亦如是出下四十行頌第二合譬初三十五偈頌合差別次如是迦葉下五行頌合無差別上合差別譬前正合後譬帖今頌亦先合次便舉譬帖初一行頌合雲譬上兩句以身合雲下兩句舉譬帖合次既出下第二有八行半頌第二合雨譬上先標章門次勸聽受既出下三行略頌十號次一行半頌四弘六章門中但頌二章也充潤一切下一行半是頌四弘誓諸天人下第二四行頌勸聽受我觀一切下第三四行頌第三合上山川譬山川譬七種五陰衆生如雨注不擇谿谷佛平等說故無彼此有機爲此無機爲彼植善爲愛

懵逆爲懵佛事爲自魔事爲他應初爲來應後爲去入實爲坐出權爲立佛觀衆生爲若此即是等雨山川之意頌上無數億種衆生來至佛所而聽法也貴賤上下下第四二行頌上第四如來于時觀是衆生合第二所生草木叢林貴賤乃至利鈍約七方便傳傳作之也一切衆生聞我法者下第五十一行頌上種種無量皆令歡喜合受潤譬文爲三初一行總明受潤次或處人天下第二七行別明受潤次三行結所潤能潤有人解人天爲小草二乘爲中草外凡爲大草内凡爲小樹初地至七地爲大樹有人以内凡爲大草初地至七地爲小樹八地爲大樹有人以三十心爲大草初地至六地爲小樹七地去爲大樹然三草二木佛自合喻明文朗然云何師心反佛違經耶就別受潤中文爲五初一行人天俱未斷惑合爲小草次知無漏法下第二二行明二乘俱有斷證合爲中草次求世尊處下第三一行明六度志求作佛化他勝二乘獨爲上草次又諸佛子下第四一行半

明通教已斷通惑誓扶餘習涉有化他望下爲優比上爲劣故名小樹次安住神通下第五一行半明別教自行化他高廣爲勝故名大樹約三菩薩各作三樹六度約三僧祇通教約七八九地別教約三十心佛平等說下第三三行結所潤能潤又二初一行半舉譬帖釋所受潤雖明七種七種爲少如海一滴佛以此喻一行半明能潤佛智多如海也我雨法雨下八行半頌第六諸衆生聞此法已合歡喜增長譬又二前兩行總頌增長又二初一行總頌增長次一行舉譬帖釋次諸佛之法下六行半別明增長爲四初一行半明人天增長書得具足是頌現世安隱漸次修行是頌後世以道受樂次聲聞下第二一行半頌二乘增長住最後身有二解一云二乘此身若不值佛身未必無後由見佛故成最後身即是增長義二云二乘得有餘涅槃住最後身得佛五味調熟得入法華聞大乘得解即是增長若諸菩薩智慧堅固下第三一行半是通教增長堅固是體法慧了達三界

是斷惑盡復有住禪下第四二行是別教增長云云問一雲一雨與一音同異答下地以一音令他聞一法佛以一音隨類各解今一雲一雨正是隨類之一音也有人解法身不二名一從法身出音故言一音有人言一時並出衆聲故言一音有人言五音之中隨用一音大論明一音報衆聲不言並出亦不言是法身出音毗婆沙言佛以一音說四諦五人聞人語八萬諸天聞天語地獄夜叉各聞同其語唱告至梵天是爲梵音亦是佛報得清淨音聲最妙號爲梵音若報得梵音則人所不聞聞亦不解如是迦葉下第二五行頌上無差別譬又爲二前一行半頌無差別之差別後三行半頌差別無差別譬如大雲如一味雨即頌合上一味雨無差別也潤於人華各得成實即是頌上差別也次迦葉當知以諸因緣下即是明權權即差別合上所生也今當爲汝者即是顯實實即無差別合上一地也非滅度者未度變易也獨言二乘者爲其保證强也人天不計果爲涅槃菩薩不中

問取證也是菩薩道者菩薩行道亦須斷通惑汝已斷盡即是菩薩道法華論謂發心退已還發前所修善不滅同後得果二乘智斷是菩薩道者二乘執其果故斥言是菩薩道道即因也問菩薩亦有果信解云得道得果大品云有法是菩薩道無法是菩薩果何故不言是菩薩果答此義亦應得今言若道若果皆是佛因即是道也

釋授記品

梵音和伽羅此云授記諸經破受記淨名云從如生得記從如滅得記如無生滅則知無記思益云願不聞記名大品云受記是戲論今經云何答若見有記記人此見須破菩薩誓記此記須與世諦故記第一義故無四悉適時如下說若通途記如法師品初若別與記如三周後說若正因記如常不輕若緣因記如法師品十種供養若了因記如授三根人若正因記則廣若緣了記則狹或遲記或速記或佛記如此文或菩薩記如不輕雖無劫國之定亦得是記復懸記如化城品未來弟子是也他經但記菩薩不記二乘但記善不記惡但記男不記女但記人天不記畜今經皆記若首楞嚴有四種記今經具之未發心與記如常不輕品發心現前無生三周記是也瓔珞第九八種授記已知他不知衆人盡知已不知已衆俱知已衆俱不知近覺遠不覺遠覺近不覺俱覺俱不覺已知他不知者發心自誓未廣及人未得四無所畏未得善權故衆人盡知已不知者發心廣大得無畏善權故皆知者位在七地無畏善權得空觀故皆不知者未入七地未得無著行云云遠者不覺者彌勒是也諸根具足不捨如來無著之行故近者不覺此人未能演說賢聖之行師子膺是也近遠俱覺者諸根具足不捨無著之行柔順菩薩是也近遠俱不覺者未得善權不能悉知如來藏等行菩薩是也餘經又云近知者從現佛得記也如彌勒等遠知者不從今佛從當佛得記如佛語弊魔彌勒當與汝記近遠俱知者今當佛俱與記也近遠俱不知者今當佛俱不記也原諸佛本爲大事因緣出世令衆生開示悟入佛之知見今大事已顯佛已說竟衆生已入暢佛本懷衆生願滿法應與記如父遇子豈不付財又行人無量世行願願在今佛文云其本願如此故獲斯記此兩緣是世界悉檀故記又二乘聞經改小入大圓因已足因必招果故如來與記時衆咸知發願願爲生身法身內外眷屬或願但生彼土饒益衆生此兩是爲人悉檀與記又授二乘記破欲退大入小菩薩何者若定有二乘可退爲小今無二乘何所可退又破欲發二乘心者彼證自捨我何爲取又破未改小者則便改小將證小者即不取證此四對治悉檀與記又無生現前必由實解開佛知見不謬又明了佛性故與受記小乘入實決定作佛若爾一切衆生亦有佛性何不與記然衆生但正無緣今聞經信解緣正具足開佛知見知佛性見佛法見佛性此兩第一義悉檀與記此四記攝上諸受記盡云云授記亦云受記受決受莂授是與義受是得義記是記事決是決定莂是了莂中

根人聞法譬二周開三顯一具足領解如來
述成雖自知作佛而時事未審若蒙佛誠言
授其當果劫國決定近遠了莂則大歡喜今
從佛授與得名故言授記品此文是譬說第
四段上三段皆以譬喻說之此中授記亦用
譬喻論記何意無第五段一解云指上指下
略不論耳又云草喻中明一切受潤各得增
長審知四衆皆獲利益經家略不出耳文爲
二一正與中根授記二許爲下根宿世之說
初又二先授迦葉次授三人並有長行偈頌
迦葉長行中有六一行因二得果三劫國名
字莊嚴四壽命五正像久近如文六國淨三
弟子中復二一請記二與記請記中七偈初
一行正請次二行半開譬次二行半合譬次
一行結三人記各有行因得果劫國壽命法
住數量悉如文從我諸弟子下二行半許爲
下根更說宿世此人已聞法譬復見上中受
記而猶疑不了深生愧恥欲增進其道先許
總記更說宿緣云云
妙法蓮華經文句卷第七上

妙法蓮華經文句卷第七上

校勘記

一　底本，明永樂北藏本。

一　一三六頁下三行第六字「今」，清作「令」。

妙法蓮華經文句卷第七下 宇四

隋 天台智者大師説

門 人 灌 頂 記

釋化城喻品

化者神力所爲也以神力故無而欻有名之爲化防非禦敵稱之爲城内合二乘涅槃者權智所爲也以權智力無而説有用教爲化防思禦見名爲涅槃蘇息引入實未究竟而言滅度權假施設故言化城喻如前説此是因緣釋也約教者若三藏義者於涅槃生安隱想生滅度想若通教二乘與三藏同菩薩不爾釋論云如父過險一脚入城一脚門外憶妻子故從城入險誓願扶餘習入生死而不以空爲證也別教不道城如化用城防險從城門徑過將城作方便斷見思惑不道此爲極也圓教知無賊病亦不須城故言化城也今是圓教意故題爲化城喻品也本迹觀心不記問此品説因緣事下根得悟應名宿世品答品初廣説因緣末則結譬化城若從前應稱宿世經從末故言化城又上根疑薄但取道樹三七思惟以明機緣中根疑濃加以譬喻探取二萬億佛所教無上道以爲機緣下根疑復厚則明宿世久遠機緣若從宿世之始明久遠因緣語其中間言其化城明其究竟言其實所經家處中標品收得初後從此義便故言化城品間化城是權實所是實何意棄實從權答由知城是化則知實所是實故標化不失實也此段三品經文例前應四但領解述成皆在授記段中何者若不領解安得授記述成故兼得二意又領解述成得記或前後不定領解或默念發言不同其文少不足分品但入他段中此品正説因緣後兩品授記初又二一先明知見久遠二明宿世結緣如來三達遠明如見今日所引往事決定不虚然後説宿命也此二各有長行偈頌初長行有三一出所見事即是好成大相大通勝佛也二擧譬明久遠三結見昔如今云云偈有七行頌前三義如文佛壽五百四十下正明結緣又爲兩初結緣由二正結緣由中又兩遠由近由遠由又二一大通智勝佛成道二十方梵請法成道爲五一佛壽長遠其佛本坐下第二成道前事但諸佛道同爲緣事異釋迦苦行六年草生攢脛至肘不覺諸天哭喚動地不聞移坐得道彌勒即出家日得道彼佛十劫猶不現前非根有利鈍道有難易緣宜賒促應示長短耳三諸比丘大通過十小劫下明正成道四其佛未出家下明成道後眷屬供養五爾時十六王偈讃下明請轉法輪第一文易解第二成佛前事有二一佛坐道場所經時節二諸天供養佛告諸至得三菩提時下第二諸梵請文爲二一威光照動二十方梵請初威光者過去因果經云薩婆悉達處胎時三千國土朗然大光日月所不照處大明其中衆生各得相見初成道時亦如是朝爲色天中爲欲天晡爲鬼神説法夜亦如是觀解忽生衆生者心性本淨陰入界覆之則闇若修觀慧本性理顯又兩山是二諦其間是中道日月光是二智佛光是中道無分別智光照本有三諦洞明也爾時東方下第二十方梵文爲二先九

方後上方九方爲四一東二東南三南四總明六方前三方梵文各有七一覩瑞二驚駭三相問決四尋光見佛五三業供養六請法七默許皆如文上方梵止有六世尊即說故無默許舊云東東南請小七方請大上方請小大若釋論明梵本請大佛雖說小未遂所請若說般若猶酬梵請耳若依方便品文梵王請大然佛法道同不應偏請但經論存略諸師偏據耳又如今佛自始至終具轉五味法輪一一皆酬梵請彼亦應然初十六子請轉滿教如今佛說華嚴東東南二方請轉半教如今佛說三藏後七方請轉對半明滿如今佛說方等上方梵請帶半明滿如今佛說般若後十六子請廢半明滿如今佛說法華醍醐教也今古節目文義相應云云爾時大通智受十方下結緣近由佛受請說法故後得覆講正作結緣文爲二一先轉半字法輪二諸子請轉廢半明滿字法輪初爲三一受請二正轉三聞法得道此中應說三乘如序品文而今不說者正爲下根論結緣開顯等

略不言六度耳三轉者謂示勸證云云亦將三轉對示教利喜示即示轉教即勸轉利喜即證轉也亦對見諦思惟無學也爲聲聞三轉爲緣覺再轉爲菩薩一轉何故爾由根利鈍此一往說耳通方例皆三轉何故三轉諸佛語法法至於三爲衆生有三根故大論及婆沙悉作此說問初爲五人云何作三根耶復有八萬諸天何故無三根爲生三慧三根三道故十二行者一約四諦教二約十六行教十二者即示勸證是也行十二者三轉皆生眼智明覺又教十二爲能轉行十二爲所轉十二行是輪十二教非輪若作二輪義眼智明覺者約四十八法開此四心成十六心謂苦法忍爲眼苦法智爲智比忍爲明比智爲覺餘三諦亦爾故成十六心三根人各得十六心故成四十八行也十二諦是教法輪十二行是行法輪教輪則能轉唯是一權智所轉則有十二教也若行法輪能轉之教有十二所轉之行亦十二或通三人或約一人今就見諦道三人利根聞示轉即生眼智明覺

三人合舉故言十二行也所不能轉者沙門不聞尚不能知何況能轉支佛雖悟口不能說婆羅門雖聞其名不解其理魔梵亦爾夫轉者轉此法度入他心令彼得悟破六十二見乃名轉法輪爲無此義魔梵等所不能轉也有解大乘四諦次轉二諦次轉一諦次轉無諦皆是卷舒之意小乘四諦以生滅爲體大乘以無生爲體云云十二因緣者還是別相細觀四諦耳約苦集即有無明老死約道滅即有無明滅乃至老死滅也又三人通觀十二緣二乘生滅十二緣爲菩薩無生十二緣無生十二緣本不生今不滅相生則相生傳滅云云又三乘亦通論四諦二乘有量四諦爲菩薩無量四諦又六度亦通三人大品發趣品云阿羅漢支佛因六波羅蜜至彼岸攝大乘云凡夫二乘皆有六度但不同耳若爾應俱名波羅蜜然二乘行到涅槃彼岸亦稱波羅蜜但不能到佛道彼岸比菩薩異耳阿毗曇有六足六足即六度寶雲經明三乘毗尼云云第三聞法得悟者初少中多不受者不

受四見悟初果也得解脫者脫子果兩縛得無學也深妙定者即俱解脫也云云爾時十六王子皆出家下第二重請滿字法輪文爲七一出家二請法三所將亦出家四佛受請五時衆有解不解六時節七說已入定諸根者

六根也六根清淨故言通利又六根互用故言通入佛境界故言利智慧明了者開示悟入也彼佛初說圓頓諸子大乘功德悉皆具足慇諸方便重請佛開權顯實也聲聞皆已成就者明其鄣除機動是故爲請我等志願如來知見者此法華經但明佛之知見唯志於此即正請滿字廢半之文明顯若此也過二萬劫者上開三既久不容中間無事望下文意二萬劫中必說方等般若文云說六波羅蜜及諸神通事般若是行神通是事諸方等經多明不可思議事行也頌中又云分別真實法即是大品明實相般若意也十六沙彌信受及二乘即信得解者其餘千萬皆生疑惑是不解衆此不解衆即與十六子結法華之緣者也第七明說法已入定此正是結

緣之近由由佛入定不出諸疑惑衆無所諮問十六於後爲不解者覆講說經也文中明入定處所即是靜室正入定即是住於禪定入定時節即是八萬四千劫云云是時十六菩薩知佛入室下第二正結緣就此有二先法說結緣次譬說結緣就法說有三第一明昔日共結緣第二明中間更相值遇第三明今還說法華第一有四一者知佛入定二者王子覆講三者衆得利益四佛從定起稱歎菩薩由佛入定所以得說佛知一化將畢不復熟此段之人故令王子共其結緣又知此等必由王子究竟得度所以入定久而不出也云云是十六沙彌下第一知佛入定各升法座下第二覆說法華一一皆度下第三說法利益皆發菩提心故云度若初發心時誓願當作佛已過於世間即是度七方便彼岸義也大通智勝過八萬下第四佛從定起稱歎勸信此中復二一正稱歎菩薩二汝等皆當下勸物親近勸物親近中又二先勸親近次所以者何下第一釋勸意佛告諸比丘是十六

下第二明中間常相逢值逢值有三種若相逢遇常受大乘此輩中間皆已成就不至于今若相逢遇遇其退大仍接以小此輩中間猶故未盡今得還聞大乘之教三但論遇小不論遇大則中間未度于今亦不盡方始受大乃至滅後得道者是也問如上塵數多許時節今始得羅漢當知無生法忍何易可階答一云大聖善巧依四悉檀作如是說或說佛道長遠或說佛易得對治猒道長者說短於道生輕易想者說長或爲發生宿善或隨世間所欲或爲聞說長短即得入第一義當知言如許劫方今得羅漢者此是權行四悉檀引諸實行令入道耳諸比丘我今語汝彼佛下第三明今日還說法華此文復二先會古今後明還說法華先會古今復二一結師之古今二會弟子古今十六沙彌是古八方作佛是今也諸比丘我等爲沙彌各各下次會弟子復二一會現在二會未來現在復四一不退者住三菩提也二此諸衆生退轉者今住聲聞三所以者何下釋退住意四爾時

所化無量下正結古今也及我滅度未來下
第二會未來弟子復二一正會二我滅度後
復有下釋疑疑者云現在者得聞佛說法華
得入一道可是結緣之流未來者不聞法華
而入滅度此豈能捨小得入一乘釋云雖滅
度之終會得聞我於餘國作佛得聞是經餘
國者三乘通教有餘國也除諸如來方便說
者斷疑也三是方便說其實無三也諸比丘
若如來下第二正明今日還說法華就此復
三一時衆清淨二正說法華三釋前開三意
涅槃時到者諸佛出世教道將畢之時即說
此經如迦葉佛日月燈明等說此經竟即入
涅槃釋迦說法華竟仍唱當滅衆又清淨者
即斷德也信解堅固者信即四不壞信解即
無漏正解了達眞諦具諸禪定此智斷立也
爾時堪教大道聞必信受也復次衆又清淨
者得三藏教益免難也信解堅固者於方等
教心相體信也了達空法聞般若教說法於
空法中心得了達即轉教意也便集諸菩薩
下正說法華集菩薩是聚親族等是說此經

也上釋親族法身大士影響衆以此文驗之
其義明也集諸菩薩是會親族及聲聞衆是
命其子也比丘當知如來方便下釋開三意
也若世無二乘得滅度者何故如來前說權
教釋云比丘當知如來方便深知衆生有小
性欲著於五塵弊於五濁故先說三令破蔽
免難後說一也譬如五百下第二譬者有開
有合開譬爲二第一導師譬譬上覆講共結
大緣即擬火宅之總譬方便之略頌也第二
將導譬譬上中間相遇今還說法華也若中
間相逢從我聞法皆爲三菩提者不爲此人
設譬若中間相逢于今有住聲聞地者正爲
此人設第二譬也即擬火宅之別譬方便之
廣頌就初導師譬其文有五即擬火宅總譬
方便略頌中之六意也一五百由旬譬譬上
未度之衆樂著諸有輪迴處所即擬火宅中
其家廣大三界無安方便品安隱對不安隱
處之意也二險難惡道譬譬上未度之衆煩
惱垢重於如來智慧難信難解即擬火宅中
火起方便品安隱對不安隱之法也三若有

多衆譬正譬上百千萬億種皆生疑惑不解
之衆生也即擬火宅中三十子五百人方便
中知衆生性欲意也四欲過此道至珍寶處
譬舊不取今取此譬譬上覆講法華擬草喻
中一味雨火宅中唯有一門方便品宣示佛
道意也五者一導師譬譬上第十六王子也
即藥草中密雲火宅中長者方便中我今亦
如是意也問此中作譬那不作父子相失長
者驚入大宅不虛等名耶答凡作譬名各逐
義便上取機感有無故言父子相失父子相
見若取感應始赴機故言驚入火宅此中明
將導衆人世世相值那得言相失先久結緣
那得言始應爲此義故不作相失驚入名耳
而其意則通問何故不作不虛譬答上來已
二十二番開權顯實其義已彰不虛本欲勸
信下根信在不久故不須也五百由旬者基
師三界結惑爲三百七地所斷習氣爲四百
八地已上所斷無明爲五百今謂非正別義
又非三乘通義又有家云流來生死變易生
死中間生死分段生死但取三種開爲五百

不取流來流來是有識之初反源之始故不
說之有人難此云勝鬘云因五果二果二者
謂分段變易因五者謂五住語果既別開流
來與中間語因亦應更廣五住無據不可用
大論明肉身菩薩即分段法身菩薩謂變易
又云阿羅漢捨三界報身受法性身故知生
死二耳有人云三百喻三界四百喻七地二
國中間難過五百喻八地已上難者言四百
喻七地則應三百喻六地六地與二乘齊功
二乘極久唯六十劫或百劫菩薩至六地時
二十二大僧祇二乘於佛道紆迴不應得齊
今謂此非別義亦非通義有人言三界為三
百七住及二乘為四百七住已上為五百如
大經云初果八萬劫至菩提心處如三根人
至此處即領解五種人至此處名度五百也
此取極鈍故云八萬劫到利人不必爾如佛
世得四果者聞法華皆發心何必八萬劫難
云經明度三百由旬立二地豈是度三人也
若五人並發菩提心名度五百者乃大經之
一意明五人發心離於五位非此中意此中

明三百是權度在化城五百至寶所名實度
廢化城進寶所若五人皆度皆進失化城譬
意有人云三界為三百聲聞為四百緣覺地
為五百凡夫三界郭二乘涅槃郭亦是有空
二見華嚴藥樹不生深水火坑火坑即三界
深水即二乘三界是二乘之牢獄二乘是菩
薩之牢獄又是福智二邊不能自行不能化
他大品明四百由旬合二乘為一百法華開
為五百大品明菩薩度凡聖二地未明二乘
是權關化城之意既未論化城亦未明寶所
答大品已顯實故辨寶所未開權不明化城
下文云為止息故說二涅槃此令度三百由
旬也汝所住地近於佛慧此令出二百由旬
也文既分明無勞惑也又明二乘六義同十
義別同出三界同盡無生同斷正使同得有
餘無餘同得一切智同名小乘所以合為一
化城別開十義行因久近六十劫百劫故根
利鈍從師獨悟無悲麁辛有相無相觀略廣
能說得四果法不能說法得煖法在佛世不
在佛世頓證漸證多現通少說法聲聞不定

火宅三車今為二百三根同為火宅所燒三
根求出故三車佛道長遠二乘是惡道故二
百須離佛乘非郭但明二百何故約凡聞三
約聖聞二此引進之言耳所度猶少未度猶
多若爾未成了義佛道雖長如萬里行但五
百是難餘者則易問二百是二乘難三界是
凡夫難菩薩有難不菩薩不以火宅為難不
應求車而出既求車出何不為二百所郭云云
大論六十六云險道是世間一百由旬是欲
界二百色界三百無色界四百是二乘又倒
出數一百是二乘道二百是無色三百是色
界四百是欲界此經明五百由旬即菩薩道
若過五百即入佛道云云人師及經論異出如
前今依此經判之三界果報處為三百有餘
國處為四百實報國處為五百下文合譬云
知諸生死生死即是處所明矣但佛旨難知
更須廣解見惑為一百五下分為二百五上
分為三百塵沙為四百無明為五百下文合
譬云煩惱險難惡道義相扶也入空觀能過
三百入假觀能過四百入中觀能過五百下

文合譬云善知險道通塞之相即雙知因果二種五百義相扶也二險難惡道者譬生死因果也分段變易此即果險難也見思五住即因險難也由此因果故言惡道也無人者道有二種一曠絶有人可依二無人可依譬生死中有涅槃煩惱中有菩提雖復曠絶則有人可依若生死煩惱無涅槃菩提藥中無病病中無藥此則曠絶無人可依也三若有多衆者此譬王子所化未度之衆也四欲過此險道求至種覺故言至珍寶處也五有一導師者即第十六王子也眼耳清淨曰聰意清淨曰利總而言之即六根清淨也智即一心三智也明即具足五眼也又三明爲明十力爲達將導衆人下是第二將導譬此與火宅方便別譬廣頌意同也就此文爲三一所將人衆譬譬本結緣未得度者本緣不失而爲導師所將同上火宅長者見火驚怖方便品見五濁而起大悲心二中路懈退譬譬上中間相值退大乘心即以小接與火宅中不用身手而歎三車希有方便品息大乘化念

用方便意也三爾時導師知此人衆下滅化引至寶所譬譬上還爲説法華經便集菩薩及聲聞衆爲説此經即與火宅賜一大車方便中但説無上道意同也分文竟次釋文初所將人衆者通是結緣之衆也若別論者昔得大益被將已竟未得大益正是所將若約五百人三十子中未得開悟之人也中路懈退者即是第二譬文爲二一退大二接小退大擬上息一接小擬上施三退大文爲三一中路懈退即擬上無大機二白導師言擬上不受勸誡我等疲極即是不受勸門而復怖畏即不受誡門三不能復進者即擬上息化也分文竟次釋者初中路者非是半途名中路但以發心爲始至佛爲終此兩楹間而起退意故名中路第二白導師言者自有通途慈悲導師如文云有一導師將導衆人者是也自有結緣導師如文云所將人衆白導師言是也自有權智導師如文云導師多諸方便者是也自有實智導師如文云導師知此人衆是也今言白導師者正白結緣之導師

也以其退大則大滅接小則小生一生一滅感於法身呼此爲白王子知其退大即是聞其所白善根微弱無明所翳故言疲極憚生死名爲怖畏第三不能復進前路猶遠者見思塵沙無明難可卒斷也然用小乘接之不令頓還本處亦有進義導師多方便下第二即以小接也上大宅方便開三乘法皆有四意此中具足初多方便譬擬宜而作是念下第二傷其失寶譬知有小無大也次作是念已下第三化作城譬正用方便是時疲極之衆下第四入城譬三乘悟入也上兩意如文作化城譬自復爲二先作化後説化以方便力下正作化告衆言下正説化上車譬云吾爲汝等造作此車今城是有故須先作説化城譬擬上勸示證也汝等勿怖莫得退還者勸轉令前進入城也今是大城乃至隨意所作者是示轉示城可住也若入是城快得安樂是證轉讚城安隱也前至寶所亦可得去者三藏教中未論前進一説云明三乘教時語言若發大乘求佛者亦善如其不能但作

二乘亦好例如勝鬘云三乘初業不愚於法自知應得作佛但猒憚不堪故取永滅耳若爾成別教又說云但令入化城竟然後更復前進大品淨名中悉有其意此即別接通意耳但於今佛未開顯之前不得彰灼而有此語若論宿世應有是言何者既知退意王子教化言汝等若畏生死且取涅槃消息然後更行大道亦可隨意亦如今人欲學大乘而畏怖生死欲起退心有人勸言汝且斷煩惱證羅漢然後更取大道亦可得也今現在一代化道未周不得忽有此語若開權顯實即得說之如涅槃中諸取羅漢者皆是其義也大歡喜即聞慧未曾有即煖位免惡道即頂位快安隱即忍位前入城即見諦位已度想即無學位此與火宅適子願勇銳推排出宅同也生已度想如得盡智安隱想如得無生智又具智德如已度證斷德如安隱也有人說寶所者三界二乘若過即至佛道佛道是寶所大經有三文一至菩提心二至菩提三至大涅槃門若至菩提心必至菩提及涅槃引此三文者至菩提心謂至因菩提涅槃謂至果果中有智斷菩提是智涅槃是斷具說始終具說智斷故說三文也然過五百有三義一免惡道二得好路三是寶所菩提心謂度惡道菩提行如平坦路三得佛道如至寶所下文云今爲汝說實汝所得非眞此明度五百惡道也爲佛一切智當發大精進謂行菩提好道也汝證一切智十力等佛法謂得佛道也何故要須度五百二乘度三百菩薩度四百佛乘度五百也爾時導師知此下第三滅化引至寶所此中有二一知息已二向寶所既得止息無復疲惓者譬上涅槃時到衆又清淨免難大機發也即滅化城引向寶所譬上正說法華示眞實相寶所有二義若用究竟則以極果爲寶所上文云唯佛與佛乃能究竟諸法實相也若分入即以初發心住爲寶所故上文云無上寶聚不求自得又云得佛法分佛子所應得者皆已得之大經云須陀洹者八萬劫到到初發菩提心處也此取鈍根任運用八萬十千等至若如三藏中四果不經少時皆得入大豈須八萬之與十千耶云云寶處在近向者大城我所化作即舉發權譬以帖顯實譬也上云如來智慧難信難解是諸人等應以是法漸入佛慧擬方便中云我令脫苦縛逮得涅槃者佛以方便力示以三乘教也舊問車城皆譬無生智車何故無城何故有而車三城一車動城靜答長者道門外有車有隔故諸子不見可得假設門外有車車實無也城在迴地不得假設故城是有也就理教者執三教取理則三教皆得理此即有義如城也將理取教理既唯一此教即無三家之果即車義據無也車三城一者諸人同息一處所以城一也車就三人三人所樂不同故三理教者三家盡無生不異如城三人正使雖同盡而習氣有盡不盡有傍得知見有不得者故用此莊嚴盡無生此義不同如三車三家盡無生智明因盡果亡此處是極如城靜盡無生智運入無餘如車動也難云云今明約衆生心車城俱有約佛智明亦有亦無權智所明爲有如城實智

所明爲無如車云云化城正意爲退大取小人
傍爲發軫學小人上二周正意爲發軫學小
人傍爲退大人也三車通今昔化城正是引
教意未道是化也問化爲三車與化城何異
答三車爲說法輪作譬化城爲神通輪作譬
又車約聲作譬諸子聞而不見城爲色作譬
問城與二使云何使能指示如教詮理城爲
息患教動而城靜教即四諦十二緣有異城
是二智入無餘不異教通因果城車但在果
教通有爲無爲城車但在無爲權智謂車是
無名教施設故實智謂車是有無離文字說
解脫故權智照城爲有引衆生故實智照城
是無偏眞非實故權智照車是三逗三緣故
實智照車是一俱會一乘故權智照城爲一
是偏眞故實智照城爲三如來藏故權智照
城爲靜是灰斷故實智照城爲動滅此化故
權智照車爲運運入無餘故實智照車爲靜
不動不出故作如此釋豈與舊同舊秖在小
乘中作義問凡五處開三顯一爲有何異答
通論無異別論有差方便品約教開三顯一

文云如來但以一佛乘故爲衆生說法無二
亦無三也火宅約行開三顯一車是運義運
則譬行文云各乘大車遊於四方嬉戲快樂
也信解中約人開三顯一結會傭作之人即
是長者之兒我等昔來眞是佛子也藥草喻
中約差別無差別明權實不的去取但明衆
生不知佛令其知若七種差別即知權同依
一理無差別即知實差別無差別無差別而
差別令知此意耳終不說言無一有一此約
自行權實二智隨自意語故佛能知而衆生
不知也亦是通前通後知不知明權實也今
化城正約理開三顯一寶所化城皆是小大
兩理破除二乘化理顯於寶所眞實一理也
下去五百領解舉珠爲譬亦是約理也諸比
丘如來下第二合譬先正合後舉譬帖合而
不次第如來亦復如是下初合第五導師譬
今爲汝等下第二合第三多諸人衆譬知諸
生死煩惱惡道險難下第三合第二險惡道
譬長遠二字第四合第一五百由旬譬應去
應度者第五合聰慧明達亦是合第四欲過

險道至珍寶處也若衆生但聞下合第二將
導譬譬本有三今亦合三若衆生合第一所
將人衆也但聞一佛乘者合第二退大接小
譬若衆生住於二地下合第三滅化將至寶
所譬也第二譬本有退大接小今具合之上
退大有三意但聞一佛乘者合上中路懈退
無機意也不欲見佛不欲聞法合上白導師
不受誡勸也便作是念者合上不能前進息
化意也佛知是心下合上小接退譬本有四
今合但三佛知是心合上導師多方便擬宜
意也怯弱下劣者合上此等可愍知有小機
也而於中道爲止息故下合第三現作化城
衆人入城譬也而於中道說二涅槃者三界
惑盡塵沙無明未破於此兩楹判有餘無餘
涅槃亦是聲聞緣覺涅槃又分段已盡變易
未除二死之間判爲有餘無餘故言中道云云
若衆生住於二地下合第三將至寶所上文
有二今合亦二若衆生住於二地此合知止
息已如來爾時即便爲說下此合將向寶所
如彼導師下第二牒譬帖合牒接退譬來合

施三牒滅化譬來合顯一如文云云第二偈頌四十九行半偈頌上上有二仐初二十二行半頌結緣之由次二十七行頌第二正結緣上由有近遠仐初十二行頌上遠由次無量慧世尊下十行半頌近由上遠由有二仐初六行頌大通成道次六行頌十方梵來請轉法輪上成道中有五仐初三行頌第二將成道前事次過十小劫已下第二一行頌第三正成道次彼佛十六子下第三二行頌第五十六子請轉法輪兼頌第四成道已眷屬申供養略不頌第一佛壽長遠也世尊甚難值下六行頌十方梵請上有二仐初一行頌威光動耀次東方諸下第二五行頌十方梵來光而來此中前三行頌東方次二行總頌九方也從無量慧世尊下第二十行半頌近由上有二仐初五行頌第一轉二乘法輪次時十六王子下第二五行半頌第二重請轉大乘法輪上第一文復三初無量下半行頌第一受請次為宣下第二一行半頌第二正轉二乘法輪次宣暢下第三三行頌第三時衆

聞法得道時十六王子下五行半第二王子重請中有七初二句頌第一王子出家次皆共請彼下第二一行半頌第二正請轉大乘次佛知童子下第三三行頌二萬劫中間說方等般若次說是法華下第四半行正頌第四受請說法華次彼佛說經已下第五一行頌第七說經已入定略不頌第三父王所將八萬求出家第五聞經之衆有解不解第六說經時節長久也是諸沙彌等下二十七行頌正結緣上文有二仐初八行頌法說次十九行頌譬說上法說有三仐初三行頌第一昔結因緣次一行頌第二中間相值次四行頌第三今日還說法華上昔結因緣有四初半行頌佛入定次為無量億下第二一行半頌正覆講後一一沙彌下第三一行頌聞法得益略不頌第四佛起定稱歎也次彼佛滅度後下第二三行頌中間相遇是十六沙彌下第三四行頌今日說法華上文二初結會古今有現在未來今初三行頌結會現在師弟也以是本因緣下第二一行頌還說法華

上文有三仐初一句頌第一時衆清淨以是本因緣今日時衆免難機發也次今說法華下第二三句頌第二為說是經也略不頌第三釋開三意也險惡道下第二十九行頌譬開合初十一行半頌開譬後七行半頌合譬上開譬為二仐初三行頌五百由句譬次八行半頌將導譬上五百譬有五仐初一行頌第二險惡道次無數千萬下第二半行頌第三多諸人衆次其路甚下第三半行頌第一五百由句次時有一導師下第四一句頌第五一導師強識有下三句頌聰慧明達也不頌第四衆人皆疲倦下第二有八行半頌第二將導譬上文有三仐亦頌三初二字頌上第一將導從皆疲倦下第二五行三句三字頌第二衆人懈退權立化城譬次導師知已下第三二行半頌第三滅化引至寶所譬上第二文有二謂初懈退次接退仐初三句三字頌懈退次五行頌作化接退上懈退中有三仐略不頌第一中路也上接退作化文仐皆具頌初一行頌第二傷失大次尋時思下

第二二句頌第一作念次化作大城下第三二行半頌第三作化上文又二今初一行半頌正作化譬諸舍宅者諸空觀境也園林者二乘總持無漏法林也九次第定爲渠流八解爲浴池重門是三空門又是重空三昧盡無生智爲樓閣高出也男女是定慧也觀心解者智體周備如城隍善法圓足如郭之圍繞畢竟空爲舍宅直善能成自行如男能幹家事慈悲外化如女外適次即作是化已下第二一行頌上說化次諸人旣入下第四一行頌第四入城導師知息已下第三兩行半頌第三滅化至寶所上文有二今初一句頌第一知息已次集衆下第二二行一句頌滅化引向實所也我亦復如是下第二七行半頌第二合二譬初半行頌合第一五百譬次七行頌合第二將導譬上合五百又有四今半行總頌而已也見諸求道者兩行頌合懈退譬上頌開譬不頌中路今一行合中路懈退次一行頌合接退作化也旣知到涅槃下第二五行頌第二合滅化至寶所上文合二今頌亦二初半行頌第一知息已爾乃集大衆下第二三行半頌第二合滅化引向實所也合息化偈中即有三德祕密藏義汝證一切智即是般若具三十二相即是法身乃是真實滅即是解脫三法不縱不橫即是見佛性也諸佛之導師下一行頌帖合也

釋五百弟子受記品

此品具記千二而標五百者何五百得記名同五百口陳領解故以標品耳此品是因緣說中第二段就得記有二一千二百二二千十二復二一授滿願二授千二百滿願復二一序默領解二如來述記先敘其得解歡喜次敘其默念領解歡喜復二一敘其得解之由二敘其得解歡喜得解之由有四初聞法譬二周聞三顯一二授身子等五大弟子記三復聞宿世結緣之事四復聞諸佛如來三達無礙觀彼久遠猶若今日即是大自在神通之力斥異二乘止齊八萬也若從佛聞是智慧即領方便火宅中顯實方便隨宜所說即領兩處開權諸大弟子即領開權授菩提記即領顯實宿世因緣即領顯實神通之力即領開權也得未曾有下敘其得解歡喜先明內解歡喜次明外形恭敬由昔未聞開權顯實而今得聞故言得未曾有除涅槃愛斷破別惑故言心淨聞佛知見是故踊躍得解由佛故起恭敬也若約本迹者慶諸實行耳而作是念下正明默念領解初明默念領解次明默求發迹請記上二周得悟皆發言領解此何默念上爲下根未悟事須彰言勸動今下根已悟無所勸動故默念不言又上來但領解不求發迹言則不嫌今則亦解亦發亦解故念避物譏嫌故默默念允宜也又默念領解是大領解如淨名默然是真入不二法門也又權實不可思議非言非念而言而念非言而言故上來口陳領解亦非念而念今則默念領解上來何意不求發迹爲下根未悟是故不求發迹今下根已解權化事足也若下根發迹則知中上亦權若約上中則於下不便故也世尊甚奇特所爲希有者領實智也隨順世間若干種性而爲說法即領

權智也是七種方便之根性也此領方便品中開權顯實意也拔出衆生處處貪著者即是領火宅中開權顯實也我等於佛功德言不能宣者領上藥草喻中如來有無量功德汝等所不能及也既云言不能宣亦是念所不及也唯佛能知下即是默念求發迹請記也我等者通念請發諸人迹也深心是本今現作是迹本願者大慈誓願也大慈下化故我爲誓上求作佛故我有願請上求即是求記請說下化即求發迹又從深心故明其三世助佛宣化從本願故即與授記也佛告下第二佛述而記之有長行偈頌長行有二一述本迹二與授記初有三一就釋迦世行因發迹二約過去佛世行因顯本三就三世佛所修因行滿就釋迦佛所行因發迹復三一舉示其人二總標本迹章三別釋本迹即標言汝等見不有二意一見其迹爲小不二見其本功德不衆人但見迹爲聲聞而不能知本是菩薩故云見不我常稱其下是標其迹爲說法人中最爲第一若非法身妙本無以垂於第一勝迹昔來但言於迹中說法第一今則不爾於無上法久得第一此舉迹以顯本也亦常歎其下標其本地福慧萬行法門故云種種也本地既有種種法門亦復何但迹爲二乘耶此舉本以明迹也精勤護持

下別釋也助宣我法者即是迹中助宣半滿之法迹爲下根聲聞即是護持助宣酪法迹在方等示受彈訶即是護持助宣生酥法迹領般若即是護持助宣熟酥法迹在法華得悟即是護持助宣醍醐法上總本中云我常稱歎種種功德者即此意也具足權實功德而迹起五味助佛調熟實行衆生宣非精勤助宣之意也別釋本迹功德能於四衆示教者分別半字教也具足解釋者助宣滿字般若教也而大饒益者助佛饒益半滿之衆生也同梵行者是迹所化半滿弟子也自捨如來下別述本地功德也自捨者降妙覺已來也無能知者七種方便也汝等勿謂助宣我法下第二就過去佛世顯其本行非直止於我所助宣半滿之法久遠佛所亦復助宣半滿之法取今日助宣爲發迹取過去助宣爲顯本顯本有二一遠本二近本遠本冥邈爲信良難故略而不述但舉九十億近本有宿命智能知近本故舉近以證遠就九十億文具明助佛宣揚五味之教調熟衆生護持助

宣即擬助宣半字酪味法佛之正法即擬助宣方等生酥味法又於空法明了者即擬助宣熟酥味法亦如今佛轉教說於般若明六波羅蜜互相收攝旋轉無礙九十億佛所亦助宣揚如今無異彼佛世人咸皆謂之實是聲聞于時既未發迹但謂被加命轉般若不言是大菩薩也化無量衆生令立三菩提者即是助宣醍醐味法在文可解云云亦於七佛下第三約三世佛所修因如文此亦例前助宣半滿五味之法利益大小也

妙法蓮華經文句卷第七下

妙法蓮華經文句卷第七下

校勘記

一　底本，明永樂北藏本。

一　一四四頁上一七行第二字「令」，南作「合」。

一　一四六頁下四行第五字「令」，清作「令」。

一　一五二頁中一七行「二三」，南作「二一」。

一　一五三頁中一八行第六字「二」，南、清作「三」。

妙法蓮華經文句卷第八上　寧五

隋天台智者大師說

門人灌頂記

漸漸具足菩薩下第二授記文爲七一明因圓二過無量下明果滿三明國土廣淨四明國劫名字五明佛壽量六明法住大久七明佛滅後供養舍利就第三國廣淨中復五一明國大嚴淨地平如掌者經直言如掌不言手掌手掌不平則非所引海底有石名掌此石無有一微塵許不平當是類如海掌耳又賢劫經正明如佛手掌非引人掌也二明純是善道三明人天福慧具足月藏第九法食喜食禪食經文總言法喜禪悅別分應有三種差別四明菩薩聲聞衆數甚多五總結也月藏第五云不殺得十功德一於一切衆生得無所畏乃至第十命終生善道後作佛國無害仗之具國人長壽不盜十功德一果報具足而大爲事決斷無有難礙乃至第十死生善道後作佛國華寶莊嚴充滿不淫十功德一諸根律儀爲事決斷乃至死生善道後作佛國無女人不妄語十功德一衆生信其言乃至死生善道後作佛時國無臭穢常滿寶華不兩舌十功德一身不可壞乃至死生善道後作佛國魔不能壞眷屬不惡口得十功德一柔輭語乃至死生善道作佛國法聲充滿不綺語十功德一天人愛敬乃至死生善道作佛國衆生强記不忘不貪十功德一身根不缺乃至死生善道作佛國無魔外道不瞋十功德一離一切瞋乃至死生善道作佛國人得三昧不邪見十功德一心性柔善乃至死生善道作佛國人正信偈有二十一行半頌上發迹授記初有十四行頌發迹次七行半頌授記初復二前七行總發諸聲聞迹頌上我等之意也後七行頌上發滿願迹總中有五初一行總標佛子爲行難思已得垂迹之法次知衆樂小法下第二一行明垂迹之由次以無數方便下第三二行明垂迹利益次内祕下第四二行明内懷大道外現小失次若我具足下第五一行指略抑廣小欲者示求小乘也懈怠示退大乘也非但示爲聲聞亦作外道及三毒凡夫也身子示瞋難陀示貪調達示癡云今此富下第二七行頌發滿願迹本上文有三今略頌二初五行頌顯過去本後未來亦供養下第二二行頌三世中佛所行因略不頌七佛及現佛也供養諸如來下七行半頌授記上文有七今頌其四初半行頌因圓次半行頌果滿其國名淨下三句超頌國劫名號菩薩衆甚多下五行三句頌國土廣淨略不頌壽命法住滅後起塔也第二授千二百記一念請二與記三領解請記如文授記文有長行偈頌長行有三一總許千二百記二別授陳如陳如最初悟道居首上座故別授記三別授記五百五百名同須別與記問但見五百得記不見千二百答此五百即千二百數頌中末後一行半總受七百故是千二百也又持品云我先總記一切聲聞皆已授記即指今一行半非是止授七百聲聞也偈頌有十一行爲二初九行半頌記陳如及與五百後一行半總授一切聲聞記五百領解文有長行偈頌長行

先經家敘其歡喜次自陳領解經家先慶今得解歡喜次愧昔不解故自責慶中先明內心慶喜後明外形恭敬也悔過自責者即是明其愧昔不解也世尊我等下第二自陳領解有二一法說二譬說法說中初悔得少爲足次責根鈍難悟從世尊乃至滅度是悔責昔迷得小爲足不知求大從今乃知之是責根鈍始悟不早知之今知小非究竟大爲真實也譬中二初略次正舉譬如無智者略舉譬況所以者何下釋無智意也譬說有二一者醉酒譬譬法說自悔得少爲足不知求大領前法譬宿世中施權意二者親友覺悟譬譬法說自責根鈍難悟今乃知之領前法譬宿世中顯實就初復三意一者繫珠譬領上王子結緣二者醉臥不覺譬領上遇其退大三者起已遊行譬領上接之以小譬如有人者即二乘人也親友者昔日第十六王子也家即大乘教爲家也醉酒而臥者當于爾時大機暫發無明暫伏以得聞經內心微解以無明重故還復迷失醉有二義一重醉都不

覺知二輕醉微覺尋忘亦名不覺雖有二義終成繫珠如毒鼓耳官事當行者明王子餘處機興逗緣往應故云當行弘法化他此非私務故云官事無價寶珠者一乘實相真如智寶也繫其衣裏者慚愧忍辱能遮瞋恚及防外惡即是外衣信樂之心內裏善根即是內衣于時聞法微信樂欲即了因智願種子也第二醉臥不覺知者無明心重尋復不憶此領中間懈退不受大法也第三起已遊行他國者領上中間接之以小受三乘化也善根欲發猒苦求樂故云起已遊行無明覆解不知向本求大乘衣食故言向他國求於小乘衣食若魔佛相望生死魔界爲他國佛法大小皆爲本國就小大相望小乘未免生死猶是他國大乘永免生死乃爲本土究竟還源也明昔大乘國往小乘土不知從珠取給而備作自資獲一日價得少爲足也於後會遇下第二親友發覺譬領上以是本因緣今說法華等賜大車也此爲三先訶責二示珠三勸貿訶責譬上動執生疑示珠譬宿世因

緣勸貿譬得記作佛三周皆有此三意法說中我今脫苦縛即是訶責五佛章即是開示身子得記即是勸貿譬說中我先不言皆爲菩提即是訶責三車一車即是示珠中根得記即是勸貿下根宿世因緣汝等善聽即是訶責覆講結緣還爲說大即是示珠下根得記即是勸貿繫珠中三意望三周者始在佛樹以大擬即是繫珠無機息化即是醉臥尋施方便即是起行譬喻中二萬億佛所即是繫珠還傍人追悶絕不受即是醉臥三車引得即是起行因緣中大通智勝佛所即是繫珠中路懈退即是醉臥接之以小即是起行此等皆名領權也其年日月者指大通佛所也佛亦如是下第二合譬譬本有二今各有三意從教化我等下合初一繫珠而尋廢忘合初二醉不覺知既得羅漢下合初三起已遊行一切智願下合後親友覺示譬上有三今亦三從智願不失者是合後一訶責從我久今汝下合後二示珠從我今乃知下合後三勸貿所須也第二偈頌有十二行半爲二

初一行半頌內心得解又二初一行頌慶喜次半行頌悔責也次於無量佛寶下第二有十一行頌自陳領解上文有二今初半行頌悔責得少為足略不須難悟今乃知之如無智愚人半行頌略舉譬便自以為足頌釋無智意次十行頌譬說開合初六行頌開後四行頌合上開有二今初四行頌捨寶不知後二行頌親友覺悟餘文易見

釋授學無學人記品

研真斷惑名為學真窮惑盡名無學研修真理慕求勝見名之為學學位在三果四向真無漏慧也阿羅漢果研理已窮勝見已極無所復學故名無學約教釋品者析法研真名之為學惑盡真窮名為無學三藏意也體法研真名之為學無真無惑名為無學通意也自淺之深名之為學通別惑盡權實理窮名為無學此別意也研如來藏有學無學法性實相非學非無學而學而無學云云是二千人或是學或是無學人同是一流一時受記同一名號故別為一品也此品是授記文中第二段也就此文為二一請記二授記請中復二一者二人請二者二千人請二人請記復有二一默念二者發言請記發言請記復二一者引例亦應有分二者引望二人最親時眾所望羅雲是佛子俗中親重阿難持佛法藏道中親勝勝重兩人不蒙別記則眾望不足也問若重若勝應同上流何意在此若如列眾二人在上數中獲記何意居下答總與千二百記二人已同上流今更索別記耳阿難是學人羅雲弟子位故入學無學章耳二千請記但有默念引例二意同故言如阿難願耳無發言者無重無勝等事也授記復二一先記二人後記二千阿難記中復五一長行二偈頌三八千菩薩生疑四如來發迹釋疑五阿難顯本述歎疑者通疑聲聞今日發心即蒙佛記國淨若此昔方等中記諸菩薩無量劫行乃得佛記佛即發迹釋疑昔日與我同發大心即是同學由我精進前超得佛由彼多聞猶故持經迹為侍者本地如此今授妙記何足可疑餘記悉如文

釋法師品

此品五種法師一受持二讀三誦四解說五書寫大論明六種法師信力故受念力故持看文為讀不忘為誦宣傳為說聖人經書難解須解釋六種法師今經合受持為一合解說為一開讀誦為二足書寫為五別論四人是自行一人是化他大經分九品前四人無解是弟子位後五人有解是師位通論若自軌五法則自行之法師若教他五法則化他之法師自軌故通稱弟子化他故通稱法師今從通義故名法師品若作減數說者束五為四即四安樂行如後說若束四為三者受持是意業讀誦說是口業書寫是身業別論口業是化他身意是自行通論三業自軌即是自行之法師三業教詔即化他之法師故言法師品又是三門行此五法以自熏修即福德門弘宣五法廣利益者即化他門自修益彼皆順佛教即報恩門別論者自修報恩名自行益彼即化他通論自軌軌他皆稱法師故言法師品也又讀誦書寫是外行即如

來衣受持是內行即如來座解說益他是如來室如來室別論是匠他衣座別論是自匠通論不爾慈悲覆物惠利歸己名之如室遮彼惡障己醜名之爲衣安心於空方能安他安他安己名之爲座此則自軌三法亦名法師利物必以慈悲入室爲首涉有以忍辱爲基濟他以亡我爲本能行三法大教宣通即世間依止故名法師又束爲二謂自行化他此易解不復記又束爲一謂如來行具一切行悲拔一切苦謂四趣三界二乘菩薩等苦慈與一切樂謂人天涅槃常住等樂柔和衣障一切醜謂四住無知無明等醜空座亡一切相謂有相無相非有相非無相此則通意別意者慈悲生一切善柔和遮一切惡空座蕩一切相又慈忍立一切福德空座成一切智慧智慧是目所謂五眼福德是足所謂六度又慈悲勝一切聲聞緣覺柔和勝一切凡夫外道空座勝析體偏等菩薩故淨名云譬如勝怨乃可爲勇又慈悲破天魔柔和破陰魔空破煩惱魔死魔大品云化一切衆生觀一切空魔不得便云云又慈忍故能問空座故能答具二莊嚴又觀空故能問慈忍故能答慈忍故能種能立能資空慧故能耘能破能導又慈悲故何所隔柔和故何所礙空座故何所諍出三諦故名爲勝幢包含普攝名摩訶衍是如來行故稱三昧王經言一切善法慈爲根本忍辱第一道無相最上若論圓行說不可盡云云問何故約三法明法師答事一往論必須登堂整服坐座乃可敷弘故約三耳又事理合論夫迷惑不出三種一約苦果起惑二約結業起惑三約諦理起惑故用三門而示導之又約理迷真故墮苦故用慈悲門迷俗故沈空受樂故用和忍門迷中故成智障故用空門云云法者軌則也師者訓匠也法雖可軌體不自弘通之在人五種通經皆得稱師舉法成其自行皆以妙法爲師師於妙法自行成就故言法師又五種人能以妙法訓匠於他故舉法目師故稱法師品也若自軌法若法匠他俱名法師者則因緣釋品也凡多種解皆約圓教法門而釋品也前三周是迹門正說領解受記竟此下五品是迹門流通非止蔭益當時復欲津洽來世故有五品流通法師寶塔兩品明弘經功深福重流通未聞利益巨大達多一品引往弘經彼我兼益以證功德深重持品八萬大士忍力成者此土弘經新得記者他土弘經安樂行一品舊云接退流通或當如此未必全然外凡初心欣斯勝福見聲聞畏憚聞菩薩擯辱顧己力弱無益自他便生退沒佛爲此人說安樂行依之法弘不慮危苦又法師品釋尊自說弘經功福命覓流通寶塔品多寶分身且證且助勸覓流通法師品初長行偈頌歎美五種法師能持法人後長行偈頌歎美所持之法又示通經方軌初復二一就稟道弟子門功深福重二授道師門功深福重弟子門又二一佛世弟子二滅後弟子初因藥王告八萬者因者憑寄也欲以妙法憑寄藥王使其領受告語八萬皆流通也指人問其見不者的示持經得福之人也佛世又二一從告藥王下揀出人類二從咸於佛前下揀出

得記之緣若於佛前當機妙悟者是多聞深解二千五百者是也皆已現前與總別記竟今所揀類或是八部之類或是四衆三乘之類結法華座席咸於佛前者明其時節值佛在座也一句一偈者聞法極少也乃至一念者時節最促也皆與記當得菩提者明其聞極少時極促隨喜之功遂得佛果何況具足得聞盡形受持五種流通三業供養云云聞一句一偈者聞少解淺之類今皆與記少者尚記況復多深以少況多番廣若此下周既爾中上亦然可以意知不俟更說見實三昧經別與四天王記同名火持三十三天同名因陀羅幢王拘翼同名無著燄天同名淨智兜率同名釋法王上兩天亦通與記不顯別名梵天名大智力此是聞多解深之類今與聞少解淺之類耳舊云支佛菩薩無受記此文三乘皆記不須疑也一偈一句者增一集云隨取經中要偈如四諦之流者是也十住毗婆沙云惡賤名猒不求名無欲心無垢名解脫捨檐名涅槃惡賤於集不求於苦無垢是道捨檐是滅又云佛語滿宿我有四句所謂四諦四念處等是也觀心者以一一句以一一偈無句無偈而不一者云云若取迹門中要句開示悟入乘是實乘遊於四方四安樂行勸發四意等是也一念隨喜者自未有行但隨喜法及人功報尚多況行到耶隨喜喜心有二若聞開權顯實即於一念心中深解非權非實之理信佛知見又能雙解權實事理圓融雖具煩惱性能知如來秘密之藏此即豎論隨喜又若聞開權顯實之意即於一心廣解一切心及一切法皆是佛法無有障礙若欲分別辯說無窮月四月至歲旋轉不盡雖未得真隨喜心能如此解法既如此人亦如是此約橫論隨喜即橫而豎即豎而橫故大經云寧願少聞多解義味即此意也後當更說從告藥王又如來滅後下明佛滅後弟子亦二先出弟子類略舉於人例上可知次言我亦與記功報如前解也若復有人下第二師門有長行偈頌長行有二先別後總別者人譚下上時譚現未總者無論下上及以現未通明逆之得罪順之得福也就別復二一明現世二明來世就現世復二先明下品師後明上品師下品師爲二初明師相次明師功報師相者即是五種法師十種供養也次藥王當知是諸人等已曾供養下明下品功報也曾供養者先因深也愍衆生故生此人間明現功大也若有人問下明未來報重也從何況盡能受持者明上品師亦二先況出上品師相次藥王當知是人自捨清淨業報此明上品功報也若是善男子於我滅後能竊爲一人下明滅後師亦有下上下品亦二先出下品人者即是但豎得其意有慧無聞止堪竊說未可處衆故是下品之師竊爲一人說一句者雖得一句之解既不廣聞多學異義不可衆中而說一切問難有所不通便令正理不得宣弘如釋論明有慧無聞譬如小雨無雷若欲申此一句正言且當竊說耳當知是人則如來使者明其功報經是如智所說說於如理今日行人秉此如敎宣於如理即是如來所使也行如來事者如智照

如理爲事今日行人依如教行如理即是行如來事也一如智一如理化衆生爲事今日行人能有大悲以此經中真如之理爲衆生説令得利益亦名行如來事也觀心解如來使者智心觀境即真如境來發智智爲如所使也如來所遣者觀智從如中來也行如來事者歷一切法無不真如真如即佛事也何況於大衆中下明上品人畧不格量功報此意可知也若有惡人下第二總明五種法師逆者得罪順者得福也此中罪福不論福田濃瘠但約初後心明其輕重初心學人既具煩惱若加障礙則所學事廢故獲罪多佛則平等惡不干偪豈能障礙故言罪輕供養亦爾此人有待若得供養所修事成故施其福勝佛則無待衆事滿足雖復獻供於佛無益故言報劣譬如王子在難供奉所須其功甚大若辱王種獲罪不輕故罪福俱重若獻大王衣食爲要事微汝欲侵陵不能致損故罪福俱薄藥王下明讀誦如佛莊嚴即是順之得福佛以定慧莊嚴此人能修定慧故也

爲如來肩荷者在背爲荷在肩爲擔修非權非實法身之體即是爲如來荷能權能實二智之用即是爲如來擔隨所向方應向禮者上明以法爲師今明堪爲物師此人有趣向悉與實相相應皆可敬順順即是向敬即是禮敬而順之及興供養等云偈有十六行爲三初二偈不頌長行別獎勸自行利他次十三行頌上師門別通後一行歎經頌別總中又二初七行頌別後六行頌總上別門有現未今初四行頌現後三行頌未上現未一師各有上下今初若有能下一行頌下品上半出法師當知佛所下半出功報也諸有能受持此下三行頌現在上品師初半行出上品師捨於清淨土下第二二行半頌功報也吾滅後下此三行頌未來初二行超頌況出上品爲二今初吾滅後下半行頌法師長行中本闕功報今偈則有當合掌下第二一行半明功報也若能於後世下第二一行追頌下品師初半頌出人次我遣在下第二半頌功報也若於一劫下第二六行總頌上總門上

總門亦二初二行頌逆者得罪有人求佛道下第二四行頌順之得福也藥王今告汝下第三一行歎經尊妙從爾時佛復告下第二歎所持法及弘經方法所持法是自軌法弘經法是軌他法有長行偈頌長行初歎經法次方軌歎爲五一約法歎亦格量歎二約人歎三約處歎四約因歎五約果歎法妙故人貴人貴故處尊處尊因圓因圓果極也初歎法者已今當説此經爲最有師解已是般若當是涅槃法華之前小大相隔法華已後已得會同此經正是會三之始歸一之初故言第一經歎法華在已今當外此師闕一節云今初言已者大品已上漸頓諸説也今者同一座席謂無量義經也當者謂涅槃也大品等漸頓皆帶方便取信爲易今無量義一生無量無量未還一是亦易信今法華論法一切差别融通歸一法論人則師弟本迹俱皆久遠二門悉與昔反難信難解當鋒難事法華已説涅槃在後則易可信也祕要之藏者隱而不説爲祕總一切爲要真如實相包藴

爲藏不可分布者法妙難信深智可授無智益罪故不可妄說也從昔已來未曾顯說者於三藏中不說二乘作佛亦不明師弟本迹方等般若雖說實相之藏亦未說五乘作佛亦未發迹顯本頓漸諸經皆未融會故名爲祕此經具說昔所祕法即是開祕密藏亦即是祕密藏如此祕藏未曾顯說如來在世猶多怨嫉者四十餘年不得即說今雖欲說而五千尋即退座佛世尚爾何況未來理在難化也如來滅後其能書持下第二約人歎也此法在人則人尊貴如來衣覆者即是修學大忍爲衣也上文云如來莊嚴也佛護念者實相爲佛實智爲子尊崇實相發生實智即爲諸佛所護念也四信爲信力四弘爲願力大智爲善根力也信則信理理即法身志願是立行行即解脫善根根固難動此即般若當知三力即是三德祕密之藏初心棲此與佛不殊故名與如來共宿也又信力修畢竟空如來智如來棲畢竟空爲舍此人信力亦學畢竟空故與如來共宿手摩頭者此人以

願力善力自行權實以爲機感機感名頭如來以化他權實二智名手開發前人自行權實之頭感應道交故言摩頭摩頭即授記也在在處處下第三約處歎此法在處即處貴夫佛生處得道轉法輪入涅槃等處法王所遊皆應起塔此經是法身生處得道之場法輪正體大涅槃窟此經所在須塔供養不復安舍利者釋論云碎骨是生身舍利經卷是法身舍利此經是法身舍利不須更安生身舍利生法二身各有全碎皆可解云云若出家下第四舉因歎若未善行菩薩道者稟前三教即是碎散法身舍利未能巧度若入圓教即是全身舍利則巧度巧度爲善行也其有衆生下第五舉果歎文爲五一明近果二開譬三合譬四釋近五揀非今初明近果當知必得近三菩提果者安樂行中名爲近處此菩提果佛眼佛智知見處爲體則有二種一者初心菩提二者後心菩提今言近者正近初住菩提又望圓果而修圓因得似解者名之爲近前約因歎修通別因即是未善去圓

果遠也若修圓因即是善行去圓果近也今以圓如實智爲因還以爲果道前真如即是正因道中真如即爲緣因亦名了因道後真如即是圓果故普賢觀云大乘因者即是實相大乘果者亦是實相釋論云初觀實相名因觀竟名果就理而論真如實相無當因果亦非前後若約衆生修行則有前後及以因果也譬如有人下第二開譬爲二釋一約觀門二約教門觀門者衆生之心具諸煩惱名高原修習觀智名穿掘方證理味如得清水依通觀乾慧地如乾土性地爲溼土泥見諦爲得清水別觀從假入空但見空不見不空斷四住如鑿乾土去水尚遠從空出假先知非假今知非空因是二觀得入中道能伏無明轉見溼土去水則近也圓觀中道非空非假而照空假如漸至溼泥四住已盡無明已伏已得中道相似圓解故言如泥若入初住發真中解即破無明如泥澄清得見中道如見清水法華論云佛性水當知次第次約教門者土譬經教水喻中道教詮中道如土含

水三藏教門未詮中道猶如乾土方等般若帶於方便說中道義如見溼土法華教正直顯露說無上道如見泥因法華教生聞思修即悟中道眞見佛性所發眞慧不復依文如獲清水無復土相故華嚴云十住菩薩所有慧身不由他悟也有人言初教如高原乾土大品如溼土法華如泥佛果如水有人言維摩思益如乾土無量義如溼土法華如泥佛果如水有人言大品如乾土無量義如溼土法華如泥佛果如水三家皆五時之說生師云受持法華求佛道欲得如渴三乘於一乘難信於法華求解如高原受持讀誦爲穿未能如聞而解爲未聞如乾土能解爲至泥注家同有人云此一解去佛遠一解去佛近初三師明諸教去佛遠法華去佛近後二解但於法華中論遠近尋經應二義一舉餘經對法華明遠近二就法華論遠近諸師失經旨問餘經何故去佛遠答未開權求佛人未決法華唯一無三永出退心故去佛近文云決了聲聞法問般若云何去佛遠答未開權邊

則遠始行菩薩不覺般若密化付財則於其是遠夫般若實慧方便是三世佛法身父母求佛者如老病人兩健扶之徧能遠去當知般若最勝法華開權不異般若顯實非般若外別有法華法華般若異名耳既是諸師異釋故錄之耳次菩薩亦如是下第三合譬言於法華中獲聞思修即是圓觀三慧方能近果非乾溼等教中聞思修也所以者何下第四釋得近意也一切菩薩者明諸權因也三菩提者明一切權果也權因權果皆攝屬此經如乾溼等土悉依於水故言攝屬也開方便門示眞實相者光宅云昔鹿苑機雜盛說三藏未明一理爾時以權隱實一理爲權教所閉今王城赴大機顯於眞實眞實既顯則廢除昔教昔教被廢故方便門開一理既彰眞實相顯也私謂此解乃是破方便非開方便也河西道朗云直語三爲方便即是開方便門昔不言三是方便故方便門閉今諸三爲方便即示一爲眞實也私謂此釋符文有人解開教身兩方便示教身兩眞實三世佛唯

有形聲權實約此開示則十二八萬煥然了矣私謂前二師約教開示後人加之以身此竊龍印之義而爲己釋還是破方便意非開義也問方便當體是門爲通實相故爲門私答具二義爲實相門可解當體是門如華嚴尋善知識得種種法門算砂觀海等此二門各有開閉昔不言三是方便故其門掩今說三是方便故其門開昔不說一是眞實實門掩今說一是眞實故實門開二者此方便復通實相故三乘方便爲一乘門實相亦二義一當體虛通故名之爲門如淨名不二門華嚴法界門等二能通方便作門劉虬云通物之功乃由乎一故一爲方便之門汲引之效頗賴於三故三爲眞實之相言非三則方便之門得開語唯一則眞實之相可示有人云具論有三義一以三爲方便一爲眞實二三一皆方便非三非一爲眞實三三一爲二非三非一爲不二二不二皆權非二非不二爲實此三章得爲門如以三爲一門此以權通實若以一爲三門以實起權乃至二不二亦

爾互得爲門亦互得爲相但不得互爲權實耳私謂以三爲一門者三乘通實相不若不通則非門須開三始得是門若開三者非復三也云何以三爲實相門又三非佛因那得是實相門破此一義餘二例去云云問方便眞實互得爲門亦得方便爲方便門實相爲實相門不此有四句二如前三實相爲實相門四方便爲方便門如名爲義門義爲名門由方便名顯方便義故名爲義門由方便義應方便名故義爲名門實相亦爾中論序云實非名不悟故寄中以宣之即其事也問得以三顯三以一顯一不此亦四句二如前以三顯三者言昔三異今一此三在一外今一異昔三此一在三外故一非三一三非一三悉是執見破此病故於一佛乘分別說三故三是一三汝等所行是菩薩道故一是三一三一既不相異因緣之義以因緣三一顯自性三一亦以自性三一顯因緣三一故云以三顯一以一顯三有人引十五處明門方便品有二譬喻品有六信解品有三化城品有二

法師品有一觀音品有一方便二者智慧門權智爲實智門生師云言教爲門言教詮實智故言教是實智門法華論同也次云以種種法門宣示佛道此用大乘教爲門譬喻六者一其家廣大唯有一門還以大乘教爲門二云所燒之門此約三界限域爲門如論家爲門三唯有一門而復狹小還是大乘教爲門四三車在門外還以三界爲門五以佛教門出三界苦此用小教爲門六在門外立依大乘用二死限域爲門小乘亦出一切煩惱外正習已盡名在門外立也信解品住立門側大乘理教爲門二云猶在門外亦如前三云長者門內如前化城請開甘露門亦大小教門重門高樓閣亦用小乘三空門方便門如前釋觀音亦以大教爲門今釋開方便門者昔所不說今皆說之昔說一切世間治生產業何曾是於方便今皆開之即是實相不相違背昔說小乘方便若小乘果小乘果尚非實相門況小方便而當是門今皆開之即是實相汝等所行是菩薩道決了聲聞法是

諸經之王昔說二爲方便門者今皆開之即是實相寧復是門咸今衆生開示悟入佛之知見一色一香無非佛法若門若非門悉皆開之示眞實相顯佛性水若不開者則深固幽遠無人能到而今開之即得見水無乾土也又作三慧釋一切皆屬此經即圓聞慧也此經開方便即圓思慧也示眞實相者即圓修慧也此三幽遠佛今開示即得親眞藥王若有菩薩聞下第五揀非若菩薩聞此說而驚疑聲聞上慢悉是乾土尚非濕土況見水耶從若有善男子善女人如來滅後下第二略示弘經方法又爲二一示方法二明利益方法爲三一標章門二解釋三勸修修如來室是大慈悲若就同體即法身也若被衆生即是解脫能令衆生會於同體即是般若修如來衣者若就所覆即法身也若就能覆嚴身即寂滅忍也若就和光利物即解脫也若就能坐即般若也若就所坐即法身也身座冥稱即解脫也又大慈安樂即資成柔和伏嗔斷惑即觀照坐座即法身安樂行中還廣

此三法上文如來莊嚴即衣也上云如來肩
所荷者即此座也擔者即擔運是入室也我
於餘國下第二舉五利益勸奬流通一遣化
人二遣化四衆三遣八部四見佛身五與總
持也若初心未渟止可遣化人未可遣化四
衆八部若見天龍倚此自高妨損其道故不
可令見也若心無倚著則堪見佛況復天龍
況得總持自證利益耶偈有十八行半爲三
初一行總勸不頌長行次十六行半頌上長
行後一行結勸上約果歎文有五令初一行
半頌開譬次藥王汝當知第二二行半頌合
譬略不頌餘三近果釋據非等也上通經方
軌中有二方軌利益今十二行半頌初三行
半頌方軌中有三今亦頌三意也我千萬億
下次九行頌利益初一行總明如來以五事
利益之意正由應身徧滿十方能爲五事守
護行人若我滅後下一行半頌第二遣四衆
引導下一行半頌第一遣化人若說法之人
下二行頌第五令得總持若人具是德下一
行頌第四令得見佛若人在空閑下二行頌

第三遣八部云云

妙法蓮華經文句卷第八上

妙法蓮華經文句卷第八上

校勘記

一 底本，明永樂北藏本。

一 一六一頁上四行第二字「今」，南作「令」。

妙法蓮華經文句卷第八下

隋天台智者大師說

門人灌頂記

釋見寶塔品

梵言塔婆或偷婆此翻方墳亦言靈廟又言支提無骨身者也此塔既有全身不散則不稱支提阿含明四支徵(一切知所得)謂生處得道轉法輪入滅四處起塔今之寶塔是先佛入滅支徵經云佛三種身從此經生諸佛於此而坐道場諸佛於此而轉法輪諸佛於此而般涅槃秖此法華即是三世諸佛之四支徵先佛已居今佛並坐當佛亦然此塔出來明顯此事四衆皆覩故言見寶塔品瓔珞經善言問生身全身碎身功德等耶佛言不等色身言教化訓三業具足清淨衆生得至道場全碎舍利正可感神光明供養得福是故不等又問頂王如來十二那術劫說法教化舍利亦爾此應是等佛言皆頂王如來神力所作耳彼經格全碎舍利皆由生身佛力今經格生身全碎舍利法身偏圓舍利皆從經出顯此經功德弘持力大從地涌來證明此事四衆皆覩故言見寶塔品北地師云佛爲身子說經時寶塔已現爲作證明若說經竟來證何等經家作次第安置三周後耳此乃人情則不可信今依薩雲分陀利經云佛說法華無央數偈時有七寶塔從地涌出中有金牀牀上有佛字抱休闌羅漢言大寶歎釋尊言我故來供養願坐我金牀更爲我說薩雲分陀利依此經證即是說三周後更請壽量明文聖說而不肯用人之穿鑿那可承耶此塔正爲證前請後從地涌出四衆皆覩故言見寶塔品地師說多寶是法身佛釋論說多寶誓願化身來證經此文亦爾師言法身無來無出報身巍巍堂堂應身普應一切若即此謂是三佛者未盡其體也秖是表示而已多寶表法佛釋尊表報佛分身表應佛三佛雖三而不一異應作如此說如此信解也此四番即四悉檀解見寶塔云云塔出爲兩一發音聲以證前開塔以起後證前者證三周說法皆是眞實若略言眞實者皆與實相相應也若廣言眞實者離四句絕百非也若處中說者八不名眞實塔從地涌示不滅分座共坐示不生入塔示不常現塔示不斷分身示不一全身示不異多寶讓座示不來釋迦坐半座示不出八不顯然故是眞實又證迹門流通持經功深弘宣力大皆眞實也平等大慧者與般若云何釋論七十九云般若是三世諸佛妙法如一城門四方皆入當知般若亦稱妙法此經稱平等大慧二文相指其意可知起後者若欲開塔須集分身明玄付囑徹下方召本弟子論於壽量久遠之塔從地涌出開自在神通之力顯過去世益物也發大音聲開師子奮迅之力顯現在十方開權顯實也有大誓願未來諸佛若說此經我之寶塔皆到其所爲作證明開大勢威猛之力顯未來常住不滅也又塔在空中亦證前起後七方便人藏理未開無明所隱如塔在地開三周開三顯實開佛知見顯出法身如塔涌空此即證前修得法身久已明著如塔在空無能開者表本地久成衆所不識若發迹

顯本了達無疑此即起後也若塔從地出表法身顯與餘經亦同亦異菩薩顯法身則同二乘顯法身則異若塔在空開門見佛表發迹顯本與餘經永異若塔來證前事已彰灼蓋不須疑塔來起後密有其意衆所未知今取後義預作此釋亦復無咎觀心解者依經修觀與法身相應境智必會如塔來證經境智既會則大報圓滿如釋迦與多寶同坐一座以大報圓故隨機出應如分身皆集由多寶出故則三佛得顯由持經故即具三身普賢觀云佛三種身從方等生即此義也有人分此品下十一品是神通身輪開本迹從彌勒問下是說法口輪開本迹本迹意未彰從此分文太早云云此品有長行偈頌長行有三一明多寶涌現二明分身遠集三明釋迦唱募初文有六一塔現之相二諸天供養三多寶稱歎四時衆驚疑五大樂說問六如來答七寶爲塔者明法身之地以性得七覺七聖財寶塔者實相之境法身所依處也高五百由旬者是二萬里豎明因中萬行果中萬德

也廣二百五十由旬即是一萬里橫用萬善莊嚴也地者無明心地也以無所破破於無明以無所住住第一義空種種寶物者衆多定慧而莊校也欄楯是總持也龕室千萬者無量慈悲之室亦是無量空舍幢幡是神通勝相也垂寶瓔珞者四十地功德上莊嚴法身下被衆生也寶鈴萬億者八音四辯也四面出香者四諦道風吹四德香也高至四天王宮者窮四諦理也從三十三天下第二諸天供養事解可知更復約理三十心爲三十十地爲一等覺爲一妙覺爲一合爲三十三同依實相境也雨天曼陀羅者初心亦具四十二地功德後心亦爾皆以四十地所有因花歸向法身也餘諸天龍下即是內凡外凡等亦依實相向果行因也爾時寶塔中下第三多寶稱歎正證前開權顯實不虛也平等大慧者即是諸佛智慧如前行步平正義也平等有二一法等即中道理二衆生等一切衆生同得佛慧大者如前高廣義也約觀心者空觀豎等假觀橫等中觀橫豎平等平等

雙照即是平等大慧也如是如是者一如法相是二如根性是也皆是眞實也如法相說故言眞實也爾時四衆見下第四時衆驚疑文有二一得法喜二者疑怪也爾時有菩薩下第五大樂說因疑請問若望下答意應爲三問一問何因有此塔二問何故塔從地出三問何故發是音聲也爾時佛告下第六佛答此三一先答第二問此佛有願爲證法華故從地涌出也彼佛成道下追答第一問由彼佛命令造此塔也次其佛以神下第三答第三爲作證明故發是音聲也釋論明多寶佛不得說法而取滅度師解不爾彼佛告諸比丘比丘即是受化之人何謂不說當是多寶亦得開三不得顯實故釋論云不得說法耳以是義故雖復滅度在在處處有說法華經便隨喜作證也大樂說以如來神力下第二明分身遠集就此有七一樂說請見多寶二應集分身三樂說請集四放光遠召五諸佛同來六嚴淨國界七與欲開塔釋初請云承佛神力者欲開塔須集佛集佛即付囑付

囑即召下方下方出即應開近顯遠此是大事之由豈非佛神力令問也餘段如文爾時佛放白毫下四放光遠召三變土淨者此正由三昧三昧有三初變娑婆是背捨能變穢爲淨次變二百那由他是勝處轉變自在後變二百那由他是一切處於境無閡又初一變淨表淨除四住次一變淨表淨除塵沙後一變淨表淨除無明是時諸佛坐師子座第七與欲開塔復五一諸佛問訊設欲二釋迦開塔三四衆皆同見聞四二佛分座而坐五四衆請加諸佛同與欲開塔如僧中作法與欲意也大集明若干佛與欲華嚴亦說十方若干佛同說華嚴大品亦云千佛同說般若皆不云是釋迦分身準今經者應是分身彼帶方便故時中不顯說耳今經非但數多亦直說是分身咸來與欲也爾時釋迦見下第二開塔者即是開權見佛者即是顯實亦是證前復將開後如却關鑰者却障機動也以大音聲下第三釋迦唱募覓流通人復爲三一大聲唱募如來不久下第二明付囑時至佛欲以下第三明付囑有在有在者若佛在世隨機利物自說正法無待他人今佛化緣機盡欲令此法利益無窮故須付囑流通也付囑有在者此有二意一近令有在付八萬二萬舊住菩薩此土弘宣二遠令有在付本弟子下方千界微塵令觸處流通又發起壽量也偈有四十八行頌上三意初有三行半頌多寶滅度第二有八行半頌分身集第三有三十六行頌釋迦付囑前二如文告諸大衆下第三復二初八行半舉三佛以勸流通次有二十七行半舉難持之法以勸流通就初有三初一行半募覓其人次其多寶下第二有三行正舉三佛以勸持經次其有能護下第三四行能持此經即是供養三佛及見三佛以釋勸意諸善男子下第二二十七行半舉難持之法以勸流通復二初二十行正舉勸二七行半釋勸意就初復三初一行誡勸次諸餘經典下第二十七行正舉難持以勸流通後我爲佛道下第三二行釋難持意若有能持即持佛身此意豈易第二諸善男子我於下七行半明能持難持能成勝德以釋勸意就此復三初一行半重募持經人次此經難持下第二一行半明能持難持則諸佛喜歎次是則勇猛下第三四行半明能持難持即成勝行勝行有自他也恐畏世者天竺名沙悖此云恐畏天竺云颰陀此云賢劫之異名耳

釋提婆達多品

生時人天心熱因此立名即因緣釋名也因行逆而理順即圓教之意非餘教意也本地清涼迹示天熱同衆生病耳實唱經目云法華凡四譯兩存兩沒曇摩羅刹此言法護西晉長安譯名正法華法護仍敷演安汰所承者是也鳩摩羅什此翻童壽是龜茲國人以僞秦弘始五年四月二十三日於長安逍遙園譯大品竟至八年夏於草堂寺譯此妙法蓮華命僧叡講之叡開爲九轍當時二十八品長安宮人請此品淹留在內江東所傳止得二十七品梁有滿法師講經一百徧於長沙郡燒身仍以此品安持品之前彼自私安

未聞天下陳有南嶽禪師次此品在寶塔之後晚以正法華勘之甚相應今四瀆混和見長安舊本故知二師深得經意提婆達多亦言達兜此翻天熱其破僧將五百比丘去身子厭之眠熟目連擊衆將還眠起發誓誓報此怨捧三十肘石廣十五肘擲佛山神手遮小石迸傷佛足血出教闍王放醉象蹋佛拳華色比丘尼死安毒十爪欲禮佛足中傷於佛是爲五逆罪若作三逆教王毒爪並害佛攝以其應行逆生時人天心熱從是得名故言天熱此迹也若作本解者衆生煩惱故菩薩示熱同其病行而度脫之此品來意引古弘經傳益非謬明今宣化事驗不虛舉往勸今使流通也文爲二一訖生佛前蓮華化生明昔日達多通經釋迦成道二從於時下方多寶所從菩薩下明今日文殊通經龍女作佛稟教尚然宣通之功益豈不大矣故提婆達受記文殊可以意知云云第一有三一明往昔師弟持經之相二結會古今三勸信第一有長行偈頌長行有四一明求法時節二於

多劫中下正明求法三時有仙人下明求得法師四王聞下明受法奉行第一如文於多劫中下第二復二一明發願爲欲滿足下二明修行行中復二一明欲滿檀那勤行布施如文二時世人民下明爲滿般若推求妙法偈有七行半頌上長行彰二句頌第一求法時節次雖作下第二一行半頌第二正求法次時有阿私下第三一行半頌第三得說法師時王聞仙言下第四二行半頌受法奉行後亦不爲己下第五一行半結證勸信告諸比丘王者下第二結會古今復二一正結會古今如文由提婆下第二明師弟功報俱滿滿中復二先明弟子因報已滿次佛告四衆下第二明法師妙果當成弟子中復二先明因滿次三十二相下明果圓後皆因提婆下結證由通經者益初具足六波羅蜜者度義甚多如大論說捨依正名檀防止七支名戒打罵不報名忍爲事始終名精進四禪八定名禪分地息諍名般若又若東十善爲六者不殺至不妄語是檀不兩舌是尸不惡口是

忍不綺語是進不貪瞋是禪不邪見是般若菩薩善戒第十云六波羅蜜有三種一對治謂慳惡瞋怠亂癡云云二謂相生謂捨家持戒遇辱須忍忍已精進進已調五根根調知法界三謂果報富具色力壽安辯又餘經云施報富戒報善道忍報端正進報神通禪報生天智報破煩惱如是等例皆是三藏明六度相也若施受財物三事皆空名檀不見持犯名戒能忍所忍不可得名忍身心不動名精進不亂不味名禪非智非愚名般若如此流例即通教中六度相若言檀有十利伏慳煩惱捨心相續與衆生同資產生豪富家生生施心現前四衆愛樂處衆不怯畏勝名徧布手足柔輭乃至詣道場恒值善知識戒有十利者滿一切智如佛所學智者不毀誓願不退安住於行棄捨生死慕樂涅槃得無纏心得勝三昧不乏信財忍有十利者火刀毒水皆不能害非人所護身相莊嚴閉惡道生梵天晝夜常安身不離喜樂精進有十利者他不能折伏佛所攝非人所護聞法不忘未聞

能聞增長辯才得三昧性少病惱隨食能銷如優鉢華增長禪有十利者安住儀式行慈境界無悔熱守護諸根得無食喜離愛欲修禪不空解脫魔羅安住佛境解脫成熟般若有十利者不取施相不依戒不住忍力不離身心精進禪無所住魔不能擾他言論不能動達生死底起增上慈不樂二乘地四事應修檀一修道者破慳貪故二莊嚴菩提故三自他利益欲施施時施已皆歡喜名自利飢渴者得除是名利他四得後世大善果後世獲大尊貴饒財四事應持戒自修善法滅惡戒莊嚴菩提攝衆生臥覺安不悔恨於衆生無害心後受人天得涅槃等樂四事應修忍修忍除不忍莊嚴菩提攝衆生彼此離怖畏後世無瞋眷屬不壞不受苦惱得人天涅槃樂四事應須修精進破懈怠莊嚴菩提攝衆生增善法是自利不惱他是利他後得大力致菩提四事應修禪定破亂心莊嚴菩提攝衆生身心寂靜是自利不惱衆生是利他後受清淨身安隱得涅槃四事應修般若

智慧破無明莊嚴菩提攝衆生智慧自樂是自利能教衆生是利他能壞煩惱及智障等是大果如此流例是別教明六度相也月藏第一云若衆生唯依讀誦求菩提是人爲著世俗尚不調己煩惱何能調他是人著嫉妒名利富貴高心自是輕慢毀他尚不得欲界善根況色無色善根況二乘菩提況無上菩提如星火不能乾海口氣不能動山藕絲不能稱岳何者世俗不能滿善提何者是第一義謂造一切福事若修身修心修慧以第一義熏修則速滿六波羅蜜若行若坐捨攀緣想是檀捨攀緣不犯是尸於境界不生瘡疣是羼不捨於離是精進於事中不放逸是禪於諸法體性無生是般若復次於陰捨是檀不計念陰是尸於陰無我想是羼於陰起怨想是進於陰不熾然是禪於陰畢竟棄是般若於界捨是檀於界不擾濁是尸於界捨因緣是羼於界數數捨是進於界不起發是禪於界如幻想是般若如是等是名第一義諦善巧方便甚深法要能滿六波羅蜜以此法

自爲爲他三世菩薩悉修是法成菩提故非世俗也此法能息衆生煩惱道苦道安置菩提道華嚴七地方明念念具十波羅蜜修習一切佛法以求佛道善根與一切衆生是檀能滅一切煩惱熱是尸於一切衆生無所傷是忍求善無猒是進修道心不散常向一切智是禪忍諸法不生門是般若能起無量智門是方便求轉勝智是願魔邪不能阻是力於一切法相如實說是智是十波羅蜜具故四攝道品三解脫一切助菩提法於念念中皆具足諸地皆念念具足此地勝故如此例是圓教六度相也次三十二相下明果圓三十二相者足平如奩底足趺隆如龜背兩相共一修堅固布施千輻輪但一修安慰恐怖者足跟長手足指長圓直身三相共一修謂不殺戒七處滿肩頸臂脚一修謂恒作施主手足合縵及柔軟兩相一修謂四攝足跟直踝不現毛右旋三相共一修恒以善法饒益衆生鹿膊腸相一修以經書教人不悋皮膚不受塵垢相一修如問而答黃金色相一修

忍辱好衣施陰馬藏相一修和合諍訟梵身圓等相手摩膝相共一修慈等心教導肩圓項充師子臆三相共一修恒令施得增長萬字相一修不惱衆生紺眼牛王睫二相共一修不恚愛視衆生頂髻青髮二相共一修諸功德在人前一孔一毛白毫二相共一修不妄語四十齒白齊二相共一修不兩舌廣長舌梵音聲二相共一修不麤惡語師子頰一修不綺語四牙一修離邪命一切衆生功德等佛一毛佛諸毛功德等一好諸好等一相諸相等白毫肉髻白毫肉髻百千萬億乃成梵音聲三十二相因雖各各論其眞因者持戒精進精進無戒尚不得人天身況餘相耶此則三藏教相本也空無生是通教相本道種智是別教相本實相是圓教相本八十種好者二十指手足表裏八處平滿踝膝䏶六處好妙肩肘腕六處滿兩髂奇中三處好髖尻二處馬藏一兩膊二膂齊二脇腋乳六腹胷背項四上下牙上下脣齶兩頰兩鬢兩目兩眉兩鼻孔額兩肷兩耳頭圓若分別四種好義準相可知告諸四衆下第二明師妙果當成師中復三初明正果成分陁利經云調達作佛號提和羅耶漢言天王國名提和越漢言天地時天王佛住世二十下第二明化度時天王佛般涅槃下第三明滅後利益佛告比丘下第三勸修如文蓮華化生者胎經云蓮華 生者非胎卵濕化之化生也非化而言化耳實不如四生中之化生也請觀音云蓮華化生爲父母無量壽觀云處華臺久者爲胎生實非胎也例蓮華生者亦稱溼卵而非溼卵云云於時下方者第二明今日文殊通經利益復二初明文殊通經二從文殊言我於海中下明利益第一復五一明智積請退分陁利經云下方佛所從菩薩名般若拘羅漢言智積二釋迦下明釋尊止之令待通經利益之證智積謂多寶爲證經故出勸物流通既訖是故請還釋迦止者雖迹門事訖本門未彰故託在文殊以留多寶佛之密意非菩薩所知從爾時文殊下第三文殊尋來四智積菩薩下智積問所化幾如五文殊師利言下文殊答非口所宣也就第五復七一答利益甚衆所言未下第二蒙益者集證此諸菩薩下第三皆是文殊所化本聲聞人下第四本聲聞人先稟權教住二乘道分陀利經云蓮華從池出者本發菩薩心其華在空中說摩訶衍事本發聲聞心者華在空中但說斷生死事從今皆修行下第五今聞實教悉住大乘法文殊謂智積下第六文殊結益爾時下七智積偈歎也從文殊言我於海中下第二明利益文爲九一文殊自敘二智積問三答四智積執別教爲疑五龍女明圓釋疑六身子挾三藏權難七龍女以一實除疑八時衆聞見得益九智積身子默然信伏第五龍女明圓釋疑初經敘現中敬次有三行半偈爲三初半行明持經得解次二行明成就二身後一行引佛爲證罪福者約七方便傳作今偈深達無罪無福入一實相名爲深達也十方即十法界同以實慧朗之故言徧照也具三十二相者深得法身之理即備相好如大品明欲得一切法當學般若如得如意

珠也二乘但得空空無相好也云云第六身子
復難先總難信後釋出五礙第七龍女現成
明證復二一者獻珠表得圓解圓珠表其修
得圓因奉佛是將因剋果佛受疾者獲果速
也此即一念坐道場成佛不虛也二正示因
圓果滿胎經云魔梵釋女皆不捨身不受身
悉於現身得成佛故偈言法性如大海不說
有是非凡夫賢聖人平等無高下唯在心垢
滅取證如反掌第八爾時娑婆下明時衆見
聞復二先明見聞二人天歡喜彼此蒙益南
方緣熟宜以八相成道此土緣薄秖以龍女
教化此是權巧之力得一身一切身普現色
身三昧也

釋持品

二萬菩薩奉命弘經故名持品重勸八十萬
億那由他弘經故名勸持品問何故爾答二
萬是法師品初別命之數故奉旨受持八十
萬億那由他等前無別命止是通覓令佛眼
視令其發誓此土通經通經證驗深重佛意
殷勤是故蒙勸而弘故有二意也就文爲二

先明受持後明勸持初文復三一二萬菩薩
奉命此土持經二五百八千聲聞發誓他國
流通三諸尼請記問此諸聲聞已成大士何
故不能此土弘經答爲引初心始行菩薩未
能惡世苦行通經復欲開於安樂行品也第
二勸持有長行偈頌長行有五一佛眼視二
菩薩請告三佛默然四菩薩知意五發誓通
經眼視默勸而不告言者上來雖不別命而
舉持經功德深厚引證分明多寶分身遠來
勸發此之殷勤事義已足有欲應命宜即發
誓無煩復言又將護聲聞他方之願故不稱
揚也偈有二十行請護持經不復細分尋文
可解前十七行被忍衣弘經次第二一行入
室弘經次第三一行坐座弘經次第四一行
總結請加中阿含第六云阿蘭若此翻無事
頭陀此翻抖擻寶雲經第六云阿練兒處比
丘見王王子婆羅門及一切人來比丘唱善
來可就此坐彼即共坐彼不坐比丘亦不坐
當爲說法令歡喜佛滅後末惡世不應式比
丘雖說戒法而得活而於戒法不樂行歷五

分法身餘一切道法亦如是說如鼲鼻人說
栴檀自既無香亦不自聞天人龍神鳩槃荼
終不供養無戒人餘四分亦如是說無有能
將妙法來必由淨戒之所起餘四亦如是若
遇垂死最重病痛惱倡迫極無憀念佛三昧
常不捨一切苦切奪其心彼人自解是法故
則知一切諸法空忍辱鎧者中阿含第五云
黑齒比丘訴佛云舍利弗罵我說我佛疾喚
舍利弗實罵說不舍利弗言心不定者或說
罵我心已定云何說罵如折角牛不觸嬈人
如殘童子恥不惱彼我心如地水火風淨與
不淨大小便利涕唾受而不罵心如掃帚淨
不淨俱掃又如破器盛脂置之日中渧渧恒
漏自觀九孔常漏不淨云何罵說於他又如
死蛇狗等繫淨童子頸慙恥自愧不罵說他
佛問如是惡人故云何觀答人有五一身善
口意不善但念其善不念不善如納衣比丘
見糞聚弊帛左捉右舒截棄不淨而取於淨
念用其身淨以規我身棄其口意以誡我口
意又口行淨身意不淨亦念其口棄其身意

如熱渴者值多草池披草掬水凉身止渴又意淨身口不淨亦念其意不用其身口如行路熱渴唯牛跡少水我若用掬若手水則渾濁應兩膝跪兩手憑口就吸之以除熱渴又三業皆不淨者雖無可用當痛念之如路見

病人安置使穩念此不淨使得值善知識治其三業勿令墮落三途又三種皆淨常念是人以自訓況念齊願齊如清凉池多諸華草熱渴入中以自蘇息常念境界以去我惡此是三藏教中用苦無常不淨無我空爲鎧也毗婆沙第八云念罵是一語餘皆喚聲終日喚聲於我何爲又此方是卑陋語他方是稱讚語我若念此卑語無處得樂又觀此字罵若顛倒此字即成讚又罵是一界少分一入少分一陰少分罵少不罵多又誰成就罵罵者成就成就自彼於我何爲又罵是一字一字不成罵二字成罵無有一時稱二字者若稱後字前字已滅又能罵所罵一時同一剎那俱滅於我何爲如是等用空爲鎧也十七云凡聖俱有三受云何差別凡夫於苦受有二一身受苦二心受憂悲如三毒箭失樂則瞋得樂則喜不苦不樂則癡聖人但有身受而無心受於苦不瞋於樂不愛於不苦不樂不癡三使不能使於使得解脫故有凡聖之異如此等有無差降者此用別教爲鎧也今

經明鎧者以念佛爲鎧是念法佛第一義佛即是法故文云念佛告勅即法也佛即是僧僧即事理俱和毗盧遮那徧一切處也如此之鎧一鎧一切鎧即圓教鎧也

釋安樂行品

釋此品爲三依事附文法門事者身無危險故安心無憂惱故樂身安心樂故能進行附文者著如來衣則法身安入如來室故解脫心樂坐如來座故般若導行進此附上品文釋耳住忍辱地故身安而不卒暴故心樂觀諸法實相故行進又法門者安名不動樂名無受行名無行不動者六道生死二聖涅槃所不能動既不緣二邊則身無動搖上文云身體及手足靜然安不動其心常憺怕未曾有散亂則安住不動如須彌頂常住不動法門也樂者不受三昧廣大之用不受凡夫之五受乃至圓教中五受生見亦皆不受有受則有苦無受則無苦無苦無樂乃名大樂無行者若有所受即有所行無受則無所行不行凡夫行不行賢聖行故言無行而行中道是故名行即法門也今更廣事解夫安樂者即大涅槃從果立名也行者即涅槃道從因得名也諸餘因果俱苦如常見外道行於苦行還得苦果若因樂果苦如斷見外道恣情取樂後得苦報若因苦果樂如析法二乘無常拙度加功苦至方入涅槃今言安樂行者因果俱樂即是大品如實巧度大經云定苦行者謂諸凡夫苦樂行者聲聞緣覺定樂行者謂諸菩薩也絓七方便麤因麤果皆非安樂行獨此妙因妙果稱安樂行也更廣依文

釋者安樂行是涅槃道涅槃有三義謂三德祕藏行有三義謂止行觀行慈悲行止行者三業柔和違從俱寂即是體法身行即上文如來衣也觀行者一實相慧無分別光即體般若行即上如來座也慈悲行者四弘誓願

廣度一切即體解脫行即上文如來室也總此三行爲涅槃道總於三德爲行之境境稱安樂道稱爲行大論云菩薩從初發心常觀涅槃行道因時用此三行法導三業爲行三業淨故即是淨於六根六根若淨發相似解而得入真果時名佛眼耳等因名止行果名斷德因名觀行果名智德因名慈悲行果名恩德又因名三業果名三密因時慈悲導三業利他果時名三輪不思議化如此觀時無復分別一切諸法中悉有安樂性一切衆生即大涅槃不可復滅行於非道通達佛道此即絶待明安樂行此行與涅槃義合彼云復有一行是如來行如來是人安樂是法如來是安樂人安樂是如來法總而言之其義不異別亦不異此明寂滅忍法空座如來室彼明金銀寶樹寶樹即無漏寶林無漏與空寂滅忍合金沙大河直入西海即一實慧與諸法空合得道女人則無諂曲此無緣大慈與如來室合彼呼爲無餘義此呼爲無上道又五行義亦與衣座室意同也問大經明親附

國王持弓帶箭摧伏惡人此經遠離豪勢謙下慈善剛柔碩乖云何不異答大經偏論折伏住一子地何曾無攝受此經偏明攝受頭破七分非無折伏各舉一端適時而已理必具四何者適時稱宜即世界意攝受即爲人意折伏即對治意悟道即第一義意也廣法門釋者應明不動門不受門不行門略不記也此品是迹門流通第四意若二萬八十億那由他受命弘經深識權實廣知漸頓又達機緣神力自在濁世惱亂不鄣通經不俟更示方法若初依始心欲修圓行入濁弘經爲濁所惱自行不立亦無化功爲是人故須示方法明安樂行故有此品來也此安樂行有何次第然法華圓行一行無量行不可思議何定前後今且一緒法師品略示弘經則以益他爲本先明入室此中辨惡世弘經安諸偪惱先著如來衣前後互現耳若約行次者諸法從本已來常自寂滅相若乖寂起相應先以般若蕩累則初坐座諸法不生而般若生同體慈悲愍衆故行道次入如來室既以

慈悲化世必涉違從決須安忍次著如來衣雖作此次說非行時行時入空即具一切法況慈忍耶四安樂行者舊云一假實二空爲體二說法爲體三離過爲體四慈悲爲體基師云一空二離憍慢三除嫉妒四大慈悲龍師云一身遠諸惡漸近空理二除口過三除意嫉四起慈悲南岳師云一無著正慧二口不說過三敬上接下四大慈悲天台師云止觀慈悲導三業及誓願身業有止故離身麤業有觀故不得身不得身業不得能離無所得故不墮凡夫有慈悲故勤修身業廣利一切不墮二乘地有止行故著忍辱衣有觀行故坐如來座有慈悲故入如來室止行離過即成斷德觀行無著即成智德慈悲利他即成恩德恩德資成智德智德能通達斷德是名身業安樂行餘口意誓願亦如是品文有問有答問中先歎前品深行菩薩能如此弘經後問淺行菩薩云何惡世宣說是經佛告下第二答中有三一標四行章門二解釋修行方法三總明行成之相初標章如文一者

安住下第二解釋方法即爲四別初文又二一釋方法二結行成修行有長行偈頌長行又二初一者下標行近次文殊下釋行近初雙標如文次釋中又二謂行處近處或云內凡初行名行處若久習純熟漸能近理名近處引前品近果之行爲例也或云行處約因近處約果行處明智近處明境瑤師云七住已上心體於理爲行處已過分段也自此已還無生未能現前漸近於理爲近處同是分段此二是行始通爲一安樂行也私謂初家以行爲淺若大經云十地菩薩以行故見不了了當知行則不淺後家以近爲淺若淨名云近無等等佛自在慧此則近更成深若兩行俱深則成前品菩薩弘經之行不關初心方法若兩行俱淺即七方便人所行何關圓行方法故不可偏據深淺然行名進趣近名親習親習故進趣進趣故親習復何淺深又行近是上方法行處是如來衣近處是如來座座衣既不淺深行近何得優劣又忍辱必內懷至理歷緣耐事目之爲行空座必體達外緣棲息眞境目之爲近蓋事理互現復何淺深若爾何故分行近諸理略說名行處附事廣說名近處說有廣略理無淺深今約三法明行處一直緣一諦一諦爲一切所歸爲一切作本而偏無分別一切所歸者即忍辱地也地即中道諸法歸之故名爲地衆行休息故名忍辱此即行不行之行也爲一切作本者如萬物得地而生衆行得理而成若得理本在剛能柔在逆能順在暴能治在驚能安無量功德從中道地生地無所生而生功德即不行行之行偏無分別者則不分別不行與行差別之相故云又復不行不分別等也即是非行非不行無三行而三行故名爲行同一實諦故名爲處如此行處合上經文休息衆行合如來衣隨生功德合如來室偏無分別合如來座是名一法釋行處是弘經方軌也二約二法即生法二忍二忍即生法二空二空異二乘何者人法二空約眞俗假實明二空二忍悉見中道故不同二乘若更開者即四忍若作五忍指善字爲信忍若作六忍指和字爲和從忍若對地即開四十二忍一地尚有四十一地功德一忍寧無四十一忍法耶今且約四忍消文謂伏順無生寂滅忍也此四忍與別教異彼前二忍是生忍位則淺後二忍是法忍位則深今圓生法悉通四心亦通何者二空理即是中道初住修四忍入中見二空理乃至後心亦窮二空理大經云發心畢竟二不別若約無淺深判四忍者從初發心圓伏五住至金剛頂皆名伏忍初後悉不違實相名順忍初後悉不起二邊心名無生忍初後悉休息衆行名寂滅忍聞生死不忍卒畏苦聞涅槃不忍卒證樂聞佛常與無常二乘作佛不作佛聞生死涅槃異與不異聞佛道長短難易非長非短非難非易等皆不驚怖行此行者從始至終以二空理忍諸法即著如來衣安住二空理即坐如來座愍諸衆生即入如來室二空四忍名爲行理即是處是名約二法明行處爲弘經方軌也三約三法三法即不思議三諦也住忍辱地總論三諦如有地可據方能忍辱也

柔和善順者善順眞諦能忍虛妄見愛寒熱等故言善順也而不卒暴心不驚者安於俗諦忍衆根緣稱適機宜故云不卒暴體忍達從故心不驚也於法無所行等者即安中諦能忍二邊故云無所行正住中道故云觀實相亦不得中實故云不分別此則據三諦之地名處忍五住之辱名行行亦爲三謂止行即行不行觀行即非行非不行慈悲行即不行行合上衣座舍等是爲約三法明行處辯弘經方軌也龍師云住忍辱地總舉生法二忍下別明二忍柔和善順明身業也而不卒暴是口業心亦不驚是意業此就三業明修生忍於諸法無所行不行有相也而觀如實相行空平等也亦不行不分別不行無相也有無兩亡會於中道此三句明修法忍得是二忍結爲行處彼明二忍未知約何若三教二忍全非法華之義若約圓教不應隔別不融云云何名近下第二近處文爲三遠十惱亂即遠故論近亦是附戒門助觀修攝其心即近故論近亦是附定門助觀也觀一切法空即非遠非近論近亦是附慧門助觀上直緣理住忍辱地今戒門廣出衆辱之緣應修遠離非持刀仗亦不棄捨但以正慧而遠離之當知遠近廣上行所不行也上直明不暴驚今定門廣出修定心修定處修定要門以定力故在暴而治在驚而安當知即近論近廣上不行行也上直明無所行今廣觀一切空具歷諸境無量無邊無礙無障當知非遠非近廣上非行非不行就初有十種應遠者一豪勢二邪人法三兇險戲四旃陀羅五二乘衆六遠欲想七遠不男八遠危害九遠譏嫌十遠畜養等路伽耶此云惡論亦云破論逆路者逆君父之論又路名爲善論亦名師破弟子逆路名惡論亦名弟子破師那羅延者上伎戲亦云緣畫其身作變異又云緣幢擲倒之屬也分十種爲二邊九是生死一是涅槃二俱遠離即寂滅之異名耳觀心釋十種云云近近處有三意云云

妙法蓮華經文句卷第八下

妙法蓮華經文句卷第八下

校勘記

一　底本，明永樂北藏本。

一　一七二頁中一五行第四字「加」，南作「知」。

一　一七二頁下五行第一三字「惨」，南作「瘳」。

妙法蓮華經文句卷第九上　字七

隋天台智者大師說

門人灌頂記

非遠非近文爲三一總標境智二別釋三結成觀者中道觀智也一切法者十法界境也若單論智智無所觀故舉一切以顯皆空如實去別釋也二邊三諦無一異名如非七方便故名實以實爲相故言如實相不顛倒者無八倒也不動者不爲二死所動也不退者心心寂滅入薩婆若海也不轉者不如凡夫轉生死不如二乘轉凡聖如虛空者但有名字字不可得中道觀智亦但有字求不可得無所有性者無自他共無因等性也一切言語道斷者不可思議也不生者惑智理皆不生也不出者如來所治畢竟不復發也不起者諸方便皆寂滅也無名者名不能名也無相者相不能相也無所有者無二邊之有也無量者非數法也無邊者無方所也無礙無障者徧一切處也但以因緣有者結也上直明中道觀慧今明雙照二邊理性畢竟清淨如上所說非惑而從惑因緣生生死從解因緣生涅槃又因緣有有於涅槃從顛倒生者生於生死此則雙照意顯也常樂觀如是等法者即三諦等法也又但因緣有從顛倒生者結不思議三諦境也故說者不思議教也常樂觀者結不思議三觀也又觀一切法空如實相標觀體不顛倒去九句釋觀相不爲二邊八倒所動名不倒不動不墮二乘凡夫二地故云不退不轉此二句明智用理非未來故不生非過去故不出非現在故不起釋論五十一云如虛空無入無出無住相攝大乘亦爾無未來入處無過去出處無現在住處第四十三云因邊不起名不出緣邊不起名不生凡有十九句初一句總後十八句對大品十八空如實相即第一義空不顛倒即內空內無六入我我所不顛倒不動即外空外不爲六塵流動也不退者即內外空十二入空故故言不退不轉即空空空破諸法諸法是所破空是能破無復諸法唯有空在此空亦空故言空空既空故無復能轉故言不轉也如虛空即是大空執方計破故言如虛空無所有性即畢竟空諸法無遺餘故名畢竟空以畢竟空故無所有性也一切言語道斷即一切空一切空不可說故言語道斷不生即有爲空有爲是因緣和合既不合即不生不出即無爲空無名出離出離法空故名不出不起即無始空求原初不可得故無起無名即性空可解無相即相空實無所有即不可得空無量即有法空有法即有量有量既空故言無量無邊即無法空無法則是邊表今空故則無邊無礙即有法無法空二不可得故言無礙無障即散空妨障不可得故言無障十八空皆是中道正慧皆名爲空隨十八種境故言十八耳大經云如來常修十八空義故故用十八空用釋十八句也偈有二十八行三句爲三初一行頌標章次二十二行頌修行後五行三句明行成長行行近別釋偈中合頌正言意同開合互現廣略之解彌復可依上行近二文各有三今偈合頌不復次第初應入行下十四行頌事

遠近上有十種遠離頌中略不次第在文可見亦是頌人空行處取意即兼頌近處三意故偈云是則名爲行處近處常離國王者比丘親近國王有十非法一陰謀王命二王誅大臣三典藏亡寶四宮人懷妊五王身中毒六大臣諍競七二國交兵八王慳不施民九斂民物十多疾疫謂比丘行呪有此十事一切臣民謂是比丘所作作此謗比丘即謗法亦謗佛故佛不令親近王也外道梵志者摩蹬伽經云初人名梵天造一韋陀次名白淨變一爲四一名讃誦韋陀二名祭祀三名歌詠四名禳災一一各三十二萬偈合成一百二十八萬偈有一千七百卷也次名弗沙有二十五弟子各於一韋陀能廣分別遂有二十五韋陀次有人名鸚鵡變一韋陀爲十八次有人名善道有二十一弟子變爲二十一韋陀如是展轉變爲千二百六韋陀也毗陀論此云智論婆耶婆造凡四種一信力毗陀明事火滅罪二耶受毗陀明供養婆羅門得福三娑摩毗陀明和合二國四阿陀婆毗陀明闘戰讀此四論自稱一切智人毗伽羅此名記論婆尼尼造明種種經書幷諸雜語衛世師論優留佉造此翻最勝出世八百年明六諦迦毗羅此翻黃頭亦云龜種造論名僧佉僧佉此云無頂因人名論故言迦毗羅說二十五諦小乘三藏學者佛在波羅奈最初爲五人說契經修多羅藏佛在羅閱祇最初爲須那提說毗尼藏佛在毗舍離獼猴池最初爲跋耆子說阿毗曇藏五百羅漢初夜集阿毗曇藏相續解脫經此爲三藏學也深著五欲欲相者四天下人龍須輪四天王皆根相到忉利天以風爲事炎天相近爲事兜率相牽爲事化樂天相視爲事他化自在心念爲事上天皆離欲寡女處女者阿難問佛如來滅後見女人云何佛言勿與相見設見勿共語設共語當專心念佛及諸不男彼名般吒者此翻黃門黃門者有男女形不能男女入里乞食者雜阿含云有一羊往糞聚飽食還羣貢高我得好食比丘亦如是得四事已起染著欲想不知出要設不得恒生想設得向諸比丘貢高毀蔑他人我得彼不能得是爲羊比丘乞食師子王逐大獸即噉不味不著得小獸即噉不鄙不薄比丘亦爾得四事供養不起染著無有欲想自知出要設不得利養不起亂念無增減心是爲師子王比丘乞食乞食行役病四事而前後八時明八精進八懈怠乞食前作是念爲修道補飢瘡乞雖未得不廢念行乞食得已爲報恩念道不輟前後兩時倍加精進餘三事前後亦如是反此名八懈怠寶雲經明乞食作四分一分奉同梵行一分與匃人一分施鬼神一分自食又復不行下第二八行頌非遠非近理遠近處若有比丘下第三五行三句明行成又三初一行半標行成事成外儀無失理成內心無滯故云無怯弱也次菩薩有時下第二三行行成而得安樂後一行一句頌長行總結菩薩入靜室下釋安樂之因因修禪定止於過惡得人無我外則不損因修智慧離諸取著得法無我內無顛倒是則心不怯弱不怯弱名安樂也文殊下第三一行一句頌長

行總結也第二口安樂行亦長行偈頌長行爲二一標章二釋行法標章如文若口宣說下釋行法又二謂止行觀行止爲四一不說過二不輕慢三不歎毀四不怨嫌初不樂說人經過者人聽有過法有何過七方便法是佛隨他意語名不了義若過其法則惱其人非安樂行相也二亦不輕慢者不倚圓蔑偏重實輕權也三不說他人長短者初不說一切人次別舉聲聞夫人惡聞其失故不譚短面舉對毀故不稱長亦不約張說趙長趙謂以他長識己短寄彼諷此亦不得向張說趙短背毀於彼亦復背毀於我爲此義故善惡俱止也又不說長短者日藏第一云劫中後夜滅省睡眠精進坐禪誦經修道背捨生死向涅槃路不稱他短不說已長謙下卑遜不自憍高衣食知足頭陀精進不放逸行係念思惟心不馳散於一切衆生起慈悲心又如修多羅所說空行自讀誦教人讀誦不謗他不說他過不稱己長於聲聞人又根性不定若歎二乘或令彼退大取小若毀皆二乘或

令其大小俱失兩無所取也四不生怨嫌心者若謂其人法妨害我道即是怨心謂其鄙劣即是嫌心心機一動發說即發杜說過之源故不生怨嫌也善修如是下觀行門也觀諸法空無所取著心不苟執不逆人意不違法相則不說小乘法答但以大乘答者若見無大機而說小得方便益若不見無大而說小妨其大緣等是不見但說大無咎偈有十六行半爲三初二行頌標章次九行半頌前行法後五行明行成初二行頌上住安樂行上總稱應住頌中別出行相行相者有二安隱說法者半行欲令前人得安隱道及果即入室義清淨地等半行即坐座義油塗身等一行即著衣義三法導口業名安樂行安處法座下九行半頌行爲二初五行半頌止行次四行頌觀行上止行有四今具頌初隨問爲說半行頌不輕慢慢則不隨若有比丘至隨義答二二行半頌不說長短但依義不譚人好惡若有難問隨義答者有二一可答二不可答問答相難詰相上下若勝負則自知

是爲智者語自放恣敢有違者誅之是爲王者語長短是非皆不知唯覓勝而已是爲愚者語因緣譬喻去至入於佛道三一行半追頌不樂說人法過若說人過生人毒念令不說過故使發心入佛道佛道從喜生也除懶惰意四一行頌無怨嫌怨嫌心起則懈懶憂惱今以慈心說法無怨嫌者精進無憂上長行皆約止善說頌中皆約行善也從晝夜常說無上道教去第二四行頌上觀門上云但以大乘答頌云說無上道上云令得一切種智頌云願成佛道我滅度下第二五行偈明口安樂行成初一行標行成次無嫉下第三二行明內無過則外難不生如無臭物蠅則不來次智者如是下第三一行明內有善法所以行成如我上說者若內無過如長行中說若內有善如偈中說次其人功德下第四一行格量功德如文第三意安樂行亦長行偈頌長行亦爲三標章釋行結成釋中亦先止後觀止中有四一不嫉諂二不輕罵三不惱亂四不諍競夫二乘欲速出生死先除貪

欲菩薩先除瞋見嫉是瞋垢諂是見垢嫉恚違慈悲之心非化他之法諂誑乖智慧之道非自行之法智慧被障將何上求慈悲苟妨將何下化安樂行菩薩最須棄之亦勿輕罵下不應以圓行訶別知機可責不知勿罵容有退善根義比丘下不應以圓訶通其本無大機强以圓訶乖心成惱通既被訶圓復未解前疑後悔大小俱失去道紆迴名甚遠此惱別行人沈空取證名不得此惱通人猒生死名懈怠悲華明小乘者爲懈怠起大悲心去明觀行亦爲四約前四惡而起於行善一於一切起大悲違於嫉諂二於如來起慈父心違於輕罵凡求佛道即是學人敬學如佛不得輕罵諸者通三世此即未來如來也三於菩薩起大師想違於惱亂理論三乘皆是菩薩有化訓德皆衆生師應起師想勿言其短四平等說法違於諍論平等破偏執諍也不多不少量器利鈍也文殊下結行成又二一由止惡惡不能加故云無能惱亂二由觀行故勝人來集得好同學也偈有六行初五

行頌上止觀二行各有四意後一行頌行成第四誓願安樂行有二初長行次偈頌長行又二初明行法次歎經就行法爲三標章行法結成標章如文行法爲三初在家出家去明標誓願境二從應作是念去明起誓願之由三從我得去正立誓願初明慈誓境通取曾發方便心者而未出三界名在家斷通惑盡名出家此攝得兩種二乘三種菩薩此輩亦具無明亦應是大悲境但其皆曾發心與慈誓相應須與其圓道圓果之樂故言生大慈心耳悲境者非菩薩人通取未曾發方便心者名非菩薩全不歸向方便況復眞實此悲境攝得一切三界內者此等亦須與樂但其流轉無際正與悲誓相應宜拔其罪因罪果故言生大悲心耳從應作是念至隨宜說法者即起慈之由由諸樂小執佛方便以爲眞實不會圓道故言大失大失是慈誓之由從不聞不知去是悲誓之由由未發偏圓心不聞偏圓二道故以不聞偏道無聞慧不知者無思慧不覺者無修慧又無圓三慧何者

不問故不聞不信故不知不解故不修偏圓三慧權實皆無甚可憐愍起悲之由從其人雖不問不信此經去正發誓願彼雖不問不信偏圓二道菩薩不約偏發誓但欲與其圓道三慧故言雖不問不信此經我得三菩提引令得入也誓願菩提智慧神通皆約安樂行得何者深觀如來座故得智慧力四辯莊嚴能以慧拔也深觀如來室如來衣得大善寂力不起滅定現諸威儀神通福德莊嚴先以定動也從文殊去是結行成爲三初總結無過失則是行成行云何成以其立大誓願故入如來室行成以其知四衆失圓道故即如來座行成以其誓制其心不懈怠故如來衣行成三行具立故言行成無過失者慈悲成故無瞋垢失如來衣成故無懈怠如來座成故無諂曲也常爲比丘下第二別結慈悲行成以慈成故攝得四衆人天供養聽法誓願成故感佛神通諸天作護如來座成聽者歡喜所以下第三釋誓行成三世佛尚守護況諸天耶從文殊至是法華下第二歎經難

開又二法說譬說法說又二一昔未曾顯說故昔不得二今日乃得譬說亦二一不與珠譬譬昔未曾顯說二與珠譬譬今日得聞二譬各有開合不與珠譬為六一威伏諸國二小王不順三起兵往罰四有功歡喜五隨功賞賜六而不與珠輪王譬如來化世降伏諸國譬陰界入諸境二小王譬煩惱等未得無漏調伏名不順其命三起種種兵譬七賢中方法為前軍須陀斯陀中方法為次軍阿那阿羅漢中方法為後軍所破者是三毒等分八萬四千之寇盜能破者是八萬四千法門之官兵王見兵下第四有功歡喜隨功賞下第五隨功賞賜者田即三昧宅即智慧聚落初果二果邑即三果城即涅槃衣服即慚忍善法嚴身之具助道善法也種種七寶即七覺等象馬車乘即二乘盡無生智也奴婢即神通得有漏善法如人民唯髻中下第六而不與珠有出分段機為小功勳有出變易之機為大功勳驚怪者未有大勳忽與髻珠諸臣皆怪譬衆生大機未動忽說此經二乘疑

惑菩薩驚怪合六譬一一如文文殊如輪王下與珠譬又二一有大勳二與珠明珠者明譬中道智圓譬於常在頂者極果所宗髻中者實為權所隱解髻即開權與珠即顯實合亦二能令至於一切智智即果名是行一也第一之說者是教一秘藏是理一兼得人一也偈有十四行半為二初四行頌上行法次十行半頌上歎經初頌行法又二初一行超頌行成上總明行成今頌別顯常行忍辱頌著衣行成哀愍一切頌入室行成乃能演說頌坐座行成次後末世下第二三行頌修行法上有三境由挺吾等偈具頌次譬如强力下第二有十行半頌上歎法難聞上有法譬合今但頌譬合頌譬有二初三行頌不與珠次如有勇下第二一行頌與珠次如來亦爾下第二合譬初三行半頌合不與珠次既知衆生下第二三行頌合與珠其中細開云云我滅度後下二十三行是品之第三總結行成感徵之相以勸修行為三初一行半結勸四行次二十行半舉三報以勸亦名三障清淨後

一行總結也三障淨轉現生後世惡業盡即得現生後勝報也初一行無憂惱是報障轉轉現報二半行不生貧窮是業障轉轉生報也三衆生樂見下十九行煩惱障轉轉後報也今初讀是經一行滅現世憂惱即除苦受之報此轉現報心無病痛等即轉報色也不生貧窮下第二半行轉惡業也惡業因應感惡果經力轉惡因得好果即轉生報也不生即無惡生業現在持經不作貧窮業來世不生卑賤也衆生樂見下十九行明後報轉轉三煩惱障也為二初三行別明三煩惱障轉二十六行總明一切障轉也初又三初衆生樂見下一行別明貪障轉多欲者則人忽慢又障生梵天欲障轉故人所樂見天童給使也刀杖不加下第二一行半別明瞋障轉捨瞋則除內刀箭入陣則外刃不傷智慧光明下半行三別明愚癡障轉若於夢中夢見妙事下第二有十六行總明一切煩惱障轉也亦是後報轉持經現感此相當知過去久已成就今藉緣而發耳又有成佛因果等相並

是後報故於夢中見未來後報之相百千萬劫事在一念夢中用表妙法不可思議一中無量無量中一是相前現後當剋果又爲六從初信心乃至妙覺八相成佛皆如來莊嚴而自莊嚴即忍辱報約初三行夢入十信又二初二行半慈悲報次半行正見無癡報次又見諸佛下二六行半夢入十住次又見自身在下三三句夢修十行次證諸實相下四一句夢悟十迴向次深入禪定下五半行夢入十地次諸佛身金下六五行夢入妙覺既云證不退智即爲授記者當知得入初住無生得記之位也又見自身在山林知是十行修習善法也證諸實相知是十迴向正觀中道位也深入禪定即第十地中無垢三昧入金剛定諸佛皆現摩頂受職也夢八相佛以知妙覺此中或是初住能八相成佛之相仍前次位寄譚極覺耳若後惡世一行總結行成也信根者於三寶得堅固信一切不能沮壞精進根者得四正勤念根得四念處觀勤方便調伏貪憂定根得四禪慧根是解四諦如實知也又信根於如來發菩提心所得淨信心精進根於如來所發心所起精進念根於如來發心所起念定根於如來所起三昧慧根於如來所起智慧八正是沙門道亦是沙門法成就貪瞋一切煩惱盡是沙門義四果是沙門果夢者從須陀洹至支佛悉有夢唯佛不夢無疑無習氣故不夢從五事故有夢如偈說以疑心分別學習因現事非人來相語因此五事夢又是所更聞見及諸患爲七事故有夢現在意識尚不見色云何夢中意地見色答皆是曾見曾聞故想耳又是吉不吉相耳夢中無通無宿命智云何能見未來世事答此非願智境界乃是比知諸人曾有如是夢如是果今以比知耳問誰眠答五道及中陰皆有眠在胎諸根具者亦是眠乃至佛亦眠問眠是愚是蓋此云何通答佛起現前欲調身故眠非蓋非愚眠也

釋從地踊出品

師嚴道尊鞠躬祇奉如來一命四方奔踊故言從地踊出品三世化導惠利無疆一月萬影孰能思量召過以示現弘經以益當故言從地踊出品虛空湛然無早無晚或者執迹而闇其本召昔示今破近顯遠故言從地踊出品寂場少父寂光老兒示其藥力咸令得知故言從地踊出品文云是從何所來以何因緣集今以諸義釋品顯四悉檀因緣之解故言從地踊出品此下是大段第二開師門之近迹顯佛地之遠本其文爲三一從此下至汝等自當因是得聞序段也二從爾時釋迦告彌勒下至分別功德品彌勒說十九行偈正說段也三從偈後下十一品半流通段云云序文爲二一踊出二疑問踊出爲三一他方菩薩請弘經二如來不許三下方踊出他方菩薩聞通經福大咸欲發願住此弘宣故請爲之如來止之凡有三義汝等各各自有已任若住此土廢彼利益一又他方此土結緣事淺雖欲宣授必無巨益二又若許之則不得召下下若不來迹不得破遠不得顯是爲三義如來止之召下方來亦有三義是我弟子應弘我法以緣深廣能徧此土益徧分

身土益偏他方土益又得開近顯遠是故止彼而召下也從佛說是時下是第三下方踊出為二一經家敘相二明問訊兩段各五初五者一踊出二身相三住處四聞命五眷屬住處者常寂光土也常即常德寂即樂德光即淨我是為四德祕密之藏是其住處以不住法住祕藏中下方者法性之淵底玄宗之極地故言下方在下不屬此空中不屬彼非此非彼即中道也出此不在上不在此下不上不下住在空中亦是中道也來之由者聞命故來弘法故來破執故來顯本故來皆如上說所將眷屬者若人情往望謂領六萬五萬恒沙者為多領三二一者為少單己者隻獨若依文往尋六萬五萬者為少單己者為多文云單己獨處者其數轉過上若依法門者一一皆是導師德能引眾人至於寶所當知一已非獨六萬非多一即一道清淨二即定慧三即戒定慧四即四諦五即五眼六即六度一一度具十法界一一界各有十十即有百百即具千十善即有萬一度具萬六度

即六萬法門多不為多一不為少非多非少而多而少云云是諸菩薩從地出下第二問訊為五一三業供養二陳問訊之辭三佛答安樂四偈頌隨喜五如來述歎就初三業供養經五十小劫謂如半日四眾徧見此乃隱長而現短借其神力令狹而見廣俱是不可思議也拜遶是身讚法是口瞻仰是意五十小劫與半日者此是時節不可思議如來所見不以二相下方菩薩常面稱揚如來默然常受其讚解者即短而長謂五十小劫惑者即長而短謂如半日斯為本迹而作弄引如來未說闇本而執迹佛若開顯悟近而達遠亦知不思議一也四眾徧見菩薩者亦是不思議也夫肉眼天眼所見不遠而今所覩充滿虛空見兩猛知龍大見華盛知池深見應滿虛空則知真彌法界也初標四導師次陳問辭問又二長行偈頌長行有二一問如來安樂二問眾生易度云云但舉四人者欲擬開示悟入四十位耳如華嚴但舉法慧德林金幢金藏說四十位云云三如來具答安樂易度兩

事相成易度則安樂安樂則易度易度為兩一根利德厚世世已來常受大化始見我身即稟華嚴入如來慧果熟易零是眾生易度二根鈍德薄世世已來不受大化為是人故須開頓說漸三藏方等般若而調伏之亦令此人今聞法華入於佛慧比前雖難於佛甚易佛識其宜方便得所薄須塗尉慧悟是同今略舉十意釋之第一始見今見第二開合不開合第三豎廣橫略第四本一迹多迹共本獨第五加說不加說第六變土不變土第七多處不多處第八斥奪不斥奪第九直顯實開權顯實第十利根初熟鈍根後熟第一始見今見者初成道時名始見法華座席久後真實名今見也日照高山即說於頓不開不合為不入者開頓說漸五味調伏令漸歸頓頓直豎入入於法界故言豎廣不歷方便故言橫略今歷五味即是橫廣得入佛慧亦是豎廣一臺故本一千葉故迹多迹與眾經同故言共本與眾經異故言獨加四菩薩說四十位自說開示悟入不加於他華王世界

故言不變三變土田故言變土七處八會是為多處耆闍崛山遠處虛空故不多處滅化城說客作故言斥奪無如此事故不斥奪行大直道名直顯實決了聲聞法名開權顯實根利緣熟始入佛慧根鈍後熟今入佛慧緣宜不同略為十界種智法界等無差別故文云始見我身聞我所說即皆信受入如來慧除先修習學小乘者今於此經入於佛慧明文在茲不須疑也諸師見其緣異遂緣異解迷不知反去道轉遠若識理同千車共轍佛慧則無殊也舊云華嚴了義滿字常住法華不了義非滿非常今以此文並之若始入是了義今入不了義者始入是佛慧今入非佛慧若佛慧既齊了義亦等滿字常住悉然云云地人呼華嚴為圓宗法華為不真宗今亦用此文並之第四菩薩領解隨喜能問者即是華嚴中四大士法華中身子三請俱是能問也所問者即是問佛智慧也第五如來述歎者與問碩異問家隨喜能問人皆是菩薩及所化人聞已信行我等隨喜如來述歎能化

人生隨喜者此義云何然能問者皆是古佛汝能隨喜即是如來菩薩隨喜其迹如來述歎其本此亦密表壽量云云爾時彌勒及八萬大士下第二疑問序自寂場已降今座已往十方大士來會不絕雖不可限我以補處智力悉見悉知而於此眾不識一人然我遊化十方覲奉諸佛諸佛大眾快所諳知就獲歷之處亦所不識若來若去如是推之皆所不識又彼諸大士是前進先達彌勒是後番末學後不知前故所不識又彼等大士本實相底應現十方別頭教化所有真應非彌勒境界是故不識又佛託弘經召諸大士大士聞師命故來密聞壽量非時眾所知故言不識此約四悉檀釋疑問序也云云疑問為二一此土菩薩疑二他土菩薩疑此土疑又二初長行疑念次偈十九行半偈正問又為五初一行一句問何處來次何因緣下第二一行三句問何因緣來次一一諸菩薩下第三九行敘其數量次是諸大威德下第四兩行問其師誰次如是菩薩神通下第五五行半結請

又五初兩句結歎次四方地下第二兩行請答來緣次今此之大眾下第三一行半大會同請次無量德下第五二句請答師主云云二他方菩薩疑者分身眷屬橫在十方與彌勒同疑二土俱不知本地欲顯成道甚久各各陳疑已佛佛皆抑待彌勒云云爾時釋迦牟尼佛告彌勒下第二正說文為二先長行次偈頌誡許後正說長行先述讚次誡誡勿亂勿怠勿退次許標果智果智者如來知見知見妙果也次開化教者宣示也自在神力者過去益物也師子奮迅者現在十方分身所被之處也或云奮迅將前之狀也此表未來常住益物之相也大勢威猛者未來益物也或以此為現在震動十方隨人意用耳幸依文次第者好又私謂如來自在者我也神通者樂也師子奮迅奮迅除垢淨也大勢威猛未來益物即常也此點四德意也云云四行偈初三句頌三誡後三行一句頌許初一句頌標智慧果次三行頌三世爾時世尊下第二即正說段

也文爲三此去盡壽量品正開近顯遠二分別品初總授法身記三彌勒總申領解初又二先略開近顯遠動執生疑次廣開近顯遠斷惑生信略又二一略開二因疑更請就略開有長行偈頌此中但答二問不答何因緣集由不答故所以重請長行雙答雙釋如文釋下方空中住者釋論明有底散三昧應作四說有者三有也底者非想非非想也以深勝故爲底又有者名相也底者空也以空寂故爲底又有者二邊俗也底者邊際智滿故爲底今經以下方空爲底不是上界不是下界表中道爲底此是約教分別云云於諸經典下釋也師知弟子備智斷兩德初是雙修智斷次雙證智斷於經典分別是修智正憶念是修斷不樂在衆是證斷勤行精進是證智從不依止人天而住是釋處也人天是二邊不住不著也深智無礙者依不思議智也樂於佛法者樂不思議境也境智甚微非近行菩薩也偈八行半初五行半頌答兩問下三行頌雙釋云云爾時彌勒下因疑更請有長行

偈頌長行爲二一疑二請聞上菩提樹下乃教化之今皆住不退又聞我從久遠來教化是等衆聞此二說動執生疑白佛下騰疑更請又二一法二譬法說爲三初即白佛下一疑成道近所化甚多執近而疑遠也次世尊此大菩薩下第二所化既多行位深妙執遠而疑近也次世尊如此之事下第三結請譬說有開合開爲三色美髮黑譬上成道近意也指百歲人云譬上所化甚多意也准此諸師以譬釋譬父服還年藥貌同二十五子不服藥形如百歲若知藥力不疑子父不知者怪之如來橫服壽迹之藥示伽耶始生諸菩薩直論本地久發道心今住不退若佛及佛快知此事自下不達不得不疑是事難信下結譬也初合近譬如文從而此大衆下合遠譬觀此菩薩久種善根非止伽耶發心善入出住者九次第定是善入師子奮迅是善出超越是善住通藏意也從初地至十地名善入十地入重玄門倒修凡夫事名善出妙覺偏滿名善住別意也畢法性三昧名善入首

楞嚴名善出王三昧名善住圓意也次第習諸善法據因爲善習就果爲善入云云善答難問者具二莊嚴也七方便之尊故云寶也今日世尊下請答也又三從今日下擧佛語從我等下第二明請意請意爲二一爲現在我雖未達信而已矣然諸菩薩下第二爲未來淺行善生誹謗新發意者謗墮惡道不退者雖信不謗不能增道若爲分別謗者則生信信者則增道云云從唯然下第三請答請答亦二初除我等疑及未來下第二除未來疑偈十四行頌上法譬五行頌法說九行頌譬說法說中三初一行頌執近次此諸佛子下第二二行三句頌疑遠後云何而可下第三一行一句頌結請頌譬中初二行頌開譬後世尊亦如是下七行頌合譬亦三就初二句頌合近次是諸菩薩等志下第二三行半頌合遠後我等從佛聞下第三三行頌合請答云云

妙法蓮華經文句卷第九上

妙法蓮華經文句卷第九上

校勘記

一　底本，明永樂北藏本。

一　一七九頁上一三行「刼中」，南、徑作「初中」。

一　一八〇頁中一行「後一」，南作「後二」。

一　一八四頁中一三行第六字「閒」，南作「開」。

妙法蓮華經文句卷第九下　寧八

隋天台智者大師說

門人灌頂記

釋壽量品

先出異解數師序云壽無量劫未足以明其久分身無數不足以異其體然則壽量定其非數分身明其不異普賢顯其無成多寶明其不滅耳河西道朗云明法身真化不異存沒理一多寶現明法身常存壽量明與太虛齊量道場觀云會三歸一乘之始也滅影澄神乘之終也滅影謂息迹澄神則明本故迹無常而本常也注者云非存亡之數曰壽出脩夭之限稱量法身非形年所攝使大士修踐極之照不以伽耶為成佛百年為期順也竺道生云其色身佛者應現而有無有實形既形不實豈有壽哉然則萬形同致古今為一古亦今也今亦古也無時不有無處不在若有時不有有處不在者於眾生然耳佛不爾也是以極譚長壽云伽耶是也伽耶是者非復伽耶伽耶既非彼長何獨是乎長短斯亡長短恒存焉前代匠者如向所說多約無量明常近世人師多云壽是量法前過恒沙後倍上數終歸限極而明無常又惑者執品明壽長量是無常那作常解本為答之品直道壽量不道壽有量不道壽無量爾作無常他作常解此復何答雖相挹我乘其弊應具四解謂實有量而言無量彌陀是也實無量而言量如此品及金光明是也實無量而言無量如涅槃云唯佛與佛其壽無量是也實有量而言量如八十唱滅是也品文具有此義豈可是一而非三耶問若壽量明常與涅槃何異今反質之法華一乘與勝鬘一乘何異云云若分別答者法華略明常涅槃廣明常勝鬘為一明一法華會三明一云云問近成是方便遠成是真實者華嚴寂滅道場大經超前九劫皆成方便若爾法華開遠竟常不輕那更近當知法華已復方便若爾會三歸一竟亦應不會三歸一若爾開三顯一諸佛道同開近顯遠亦諸佛道同若爾諸佛皆爾非獨釋迦若獨釋迦前諸義壞答云是我方便諸佛亦然又諸菩薩聞壽量發願願我於未來說壽亦如是此即諸佛道同亦不偏言一近一遠故知寄無始無終無近無遠顯法身常住有始有終有近有遠論其應迹用此義望諸經對緣雖異終不異也既了眾經諸師不可師也問義推常可然徵文何據答明者貴其理暗者守其文但尋詮會宗是教之正意苟執糟糠問橋何益又教本為緣緣異說異或隨欣隨宜隨治隨悟悟則達到已矣邪更盤桓阡陌何為故云泥洹真法寶眾生種種門入此之謂也又文有多少涅槃以未來常住為宗其文則多不以過去久成為宗其文則少若隨多棄少則是魔說非佛說也此經以過去久成為宗點塵數界其文則多未來常住其文則少若從多棄少頭破作七分如阿梨樹枝譬天子勅若多若少俱不可違違之得罪方便品云世間相常住於道場知已導師方便說此文即未來常住不滅又云我常住於此又云常在靈鷲山及餘諸住處普賢觀云常波羅蜜所攝成處我波羅蜜

所安立處如此常文亦復不少又此經處處明法身法身豈不常耶問既明法身應論三德答權實二智豈非般若三世示現豈非解脫實相本地即是法身三德明文爲若此也釋品如來者十方三世諸佛二佛三佛本佛迹佛之通號也壽量者詮量也詮量十方三世二佛三佛本佛迹佛之功德也今正詮量本地三佛功德故言如來壽量品如來義甚多且明二三如來餘例可解二如來者成論云乘如實道來成正覺故名如來乘是法如如智實是法如如境道是因覺是果若單論乘者如如無所知單明實者如如無能知境智和合則有因果照境未窮名因盡源爲果道覺義成即是乘如實道來成正覺此眞身如來也以如實智乘如實道來生三有示成正覺者即應身如來也三如來者大論云如法相解如法相說故名如來如者法如如境非因非果有佛無佛性相常然徧一切處而無有異爲如不動而至爲來指此爲法身如來也法如如智乘於如如眞實之道來成妙

覺智稱如理從理名如從智名來即報身如來故論云如法相解故名如來也以如如境智合故即能處處示成正覺水銀和眞金能塗諸色像功德和法身處處應現往八相成道轉妙法輪即應身如來故論云如法相說故名如來也法身如來名毗盧遮那此翻徧一切處報身如來名盧舍那此翻淨滿應身如來名釋迦文此翻度沃焦是三如來若單取者則不可也大經云法身亦非般若亦非解脫亦非三法具足稱祕密藏名大涅槃不可一異縱横並別圓覽三法稱假名如來也梵網經結成華嚴教華臺爲本華葉爲末別爲一緣作如此說而本末不得相離像法決疑經結成涅槃文云或見釋迦爲毗盧遮那或爲盧舍那蓋前緣異見非佛三也普賢觀結成法華文云釋迦牟尼名毗盧遮那乃是異名非別體也總衆經之意當知三佛非一異明矣問此品無三佛名那作此釋答雖不標名而具其義文云非如非異非如三界見於三界此非偏如顯於圓如即法身如來義

也又云如來如實知見三界之相即是如如智稱如如境一切種智知見即佛眼此是報身如來義也又云或示己身己事或示他身他事此即應身如來義也若但性德三如來者是横但修德三如來者是縱先法次報後應亦是縱今經圓說不縱不横三如來也揀縱横如來尚非今義況三藏通教如來耶又法華之前亦明圓如來者同是迹中所說耳發迹顯本三如來者永異諸經論云示現成大菩提無上故示三種菩提一應化菩提隨所應現即爲示現如經出釋氏宮故二報佛菩提十地滿足得常涅槃如經我實成佛已來無量無邊劫故三法佛菩提謂如來藏性淨涅槃不變如經如來如實知見三界之相故經具其義論出其名不作上釋寧會經論耶次明壽量者壽者受義眞如不隔諸法故名爲受又境智相應故名受又一期報得百年不斷故名受量者詮量也量字則通無的別據詮量法如來以如理爲命報如來以智慧爲命應如來同緣理爲命詮量諸命若有

量若無量若非量非無量法身如來如理命者有佛無佛性相常然不論相應與不相續亦無有量及無量文云非如非異非虛非實蓋是詮量法身如理命也詮量報身如來以如如智契如如境境發智爲報智冥境爲受境旣無量無邊常住不滅智亦如是函大蓋大文云我智力如是久修業所得慧光照無量壽命無數劫此是詮量報身如來智慧命也詮量應身者應身同緣緣長同長緣促同促云云自彼於我何爲文云數數現生數數現滅或復自說名字不同年紀大小此是詮量應佛同緣命也復次法身非量非無量報身金剛前有量金剛後無量應身隨緣則有量應用不斷則無量通途詮量三句在聖一句屬凡有量無常都非佛義舊來所說乃是增減兩謗加誣於佛非魔是何四句詮量其義已顯爲未解者更常等四句料簡先別作次通作別者非常非無常雙非理極即法身也常者即報身也報智境合亦非常非無常但取正智圓滿不生不滅過金剛心之前故取常爲報身耳亦常亦無常應身也應用無盡爲亦常數唱涅槃名亦無常無常者金剛心已前智用增進乃至凡夫生滅出沒皆是無常三佛各一句凡夫共一句此約別教別分別也通途圓說者一一如來悉備四句法身四者非常非無常雙破凡聖八倒故常者如虛空常故無常者無凡夫生滅倒故亦常亦無常者寂而雙照故報身四者非常非無常者智冥境故常者出過二乘故無常者無生滅倒故亦常亦無常能雙照故應身四者非常非無常者非報非生死故常者常應同故無常者同無常故亦常亦無常者兩存故凡夫旣得無常一句通途亦作四句但有性德之理尚無四句名字況行用耶可以意得不俟說也一身即是三身不一不異當知一佛身即具諸身壽命功德隨緣感見長短不同大經云凡夫二乘見佛壽命猶如冬日菩薩所見猶如春日唯佛見佛壽命無量猶如夏日所以然者凡夫博地翳鄣朦朧藏通二乘雖斷四住不見中道若捨分段受法性身未破無明彼土所奉猶是勝應當知二乘秪見冬日若諸菩薩未登地住所見同前若破無明乃至受分法身與而爲語得見報身壽命奪而爲語猶是勝應未窮報身之源未盡法性之極所見佛壽猶是春日唯佛與佛窮性盡源見法身壽猶如夏日大經舉三譬譬之於謂常中虛空第一一切壽命如來第一此譬法身壽命無始無終性相凝湛不同應報也二譬如四河皆歸大海此譬報身所修萬善皆感佛報壽命海中也三阿耨達池出四大河此譬應身壽命從法報出同他長短也此品詮量通明三身若從別意正在報身何以故義便文會義便者報身智慧上冥下契三身宛足故言義便文會者我成佛已來甚大久遠故能三世利益衆生所成即法身能成即報身法報合故能益物故言文會以此推之正意是論報身佛功德也復次如是三身種種功德悉是本時道場樹下先久成就名之爲本中間今日寂滅道場所成就者名之爲迹諸經所說本迹者即寂滅道場所

成法報爲本從本所起勝劣兩應爲迹今經所明取寂場及中間所成三身皆名爲迹取本昔道場所得三身名之爲本故與諸經爲異也非本無以垂迹非迹無以顯本本迹雖殊不思議一也舉師之言意在寂場之本耳復次寂場本迹復有多種或以涅槃爲本從真起應爲迹迹本俱空言思雙斷故不思議一也或以俗爲本從俗起應爲迹迹本深廣下地不能言思邊涯故言不可思議一也或以中爲本從中起應爲迹迹本皆言語道斷心行處滅故云不思議一也復次此三非三亦復非一非三非一爲本而三而一爲迹皆言語道斷心行處滅不思議一也未知諸師指何處本迹不思議一也今攝藂四番皆是迹中不思議一耳遠指本地三番四番不可思議以爲其本從箇本而垂迹將箇迹而顯本本迹雖殊不思議一如此本迹何得不異衆經何得不異諸師問諸經各說位行或多或少華嚴四十一位瓔珞五十二位名義皆廣此經始末都無此事云何言異答譬如世

人修種種業集種種實求種種位若無壽命用財位爲大經云譬如長者生育一子相師占之有短壽相不任紹繼父母知已忽之如草法門亦爾行種種因獲種種果現種種通化種種衆說種種法度種種人總在如來壽命海中海中之要法性智應喉襟目莫非異是何廣開近顯遠文爲二先誡信次正答佛旨論誡衆受爲信此文有三誡三請重請重誡迹門三請一誡此中四請四誡前後合五誡七請奇特大事殷勤鄭重也誡是忠誠諦是審實不欺於物言則諸真昔七方便隨他意語非告誠實今隨自意語示之以要故言誠諦菩薩既奉誠誡不敢致疑聞必取信信受誡言也正答有長行偈頌長行爲二法說譬說法說爲二一三世益物二總結不虛近情唯見現在八十不知過去無央未來不滅故約三世開近顯遠如此利益非獨我然諸佛亦爾故總結不虛也法說中未來語少譬說偈中文多云云過去益物文爲二一從如來祕密下出執近之情二從然善男子下破近

顯遠初又三一出所迷法二出能迷衆三出迷遠之謂祕密者一身即三身名爲祕三身即一身名爲密又昔所不說名爲祕唯佛自知名爲密神通之力者三身之用也神是天然不動之理即法性身也通是無壅不思議慧即報身也力是幹用自在即應身也佛於三世等有三身於諸教中祕之不傳故一切世間天人脩羅謂今佛始於道樹得此三身故執近以疑遠此本說中不復言及二乘但對菩薩菩薩攝在天人脩羅三善道內餘三惡趣罪重根鈍少智不知作此謂也故大品但云摩訶衍勝出天人阿脩羅亦不言三途也菩薩有三種下方他方舊住下方即本日所化故無執近之謂他方舊住俱有二種一從法身應生者往世先得無生或已先聞發迹顯本設未得聞報盡受法性身於法身地自應得聞長遠之說是故應生菩薩多無執近之謂二者今生始得無生忍及未得者咸有此謂也然善男子我實成佛已來下第二明破執遣迷以顯久遠之本上文誡諦之誠

即是此也就此復二一顯遠二從自從是來下明過去益物所宜就初又二一法說顯遠二舉譬格量法說成佛已來甚大久遠伽耶近謂即破破近顯遠略有十意如玄義云云此文正用破近顯遠破近謂情廢近顯遠廢於近教也譬中爲三一舉譬問二答三合顯出長遠餘經或明數不可說塵沙等爲喻方此此則爲多直下塵被點之界已不可說況不下塵寧當可說下塵不下塵界尚不可說下塵不下塵塵豈可說耶況復過是寧可說耶彌勒等下第二答中舉三人不知也合譬如文從自從是來下明益物所宜又三一益物處二拂迹上疑三從若有衆生來至我所下正明益物所宜須顯處者上引譬甚久久居何處故云常在此土及於他國而作佛事如文於是中間下拂執迹上之疑疑因疑果昔教所說處處行因又處處得記即是果疑今拂除此疑指然燈佛者即拂因疑又復言其入於涅槃即拂果疑如此因果非復一條皆我方便非實說也故名拂疑或有人云方便說然燈佛是我之師然實是釋迦現作非生現生非滅現滅故言又復言其涅槃今謂不爾但取前釋何者然燈佛于時緣熟以佛像化之我緣未熟但爲菩薩從佛得記得記即是果義行行即是因消文自足言其者即是中間施化之其耳非謂然燈也又中間益物即有形聲兩益若言值然燈佛者此有形益又復言其入於涅槃者彼佛滅後助佛揚化即有聲益若爾形聲兩益皆屬中間因耳既有形聲之生生必有死死即入涅槃名此爲果耳不得言中間已成佛果何者法華之前未說成佛何得有佛果之疑舊以然燈是我現作此亦非解法華前經未論昔已成佛何教說然燈是我所現而拂此疑耶若有衆生來至我所下第三正明益物所宜又爲二一感應二施化至我所者即是過去衆生漸頓兩機冥扣法身也佛眼觀者即是久已成佛用佛眼鑑照無有遺差將欲起於劣勝兩應而利益之善機凡有二力一感人天華報二感佛道果報若以法眼觀知萬善緣其重輕各得華報不能究竟知其終得種智果報若以佛眼圓照萬善知其始末此經一向明佛眼觀知衆生萬善究竟得佛一大事出世之正意也信等諸根者信等五根也慧根即了因餘根即緣因此二善根各有利鈍通攝頓漸機緣頓機利鈍即是圓別根機漸機利鈍即是藏通機緣又小乘根名鈍大乘根名利又小乘根名利人天乘名鈍十法界衆生所有善根利鈍爲機不用惡法惡法非緣了二因也如來悉照十界善機隨所應度而現形聲饒益也從處處自說下正明應化所宜又二先形聲益次得益歡喜先形益又二先明非生現生次非滅現滅自說名字不同者形既其現則有名字因名召體機有優劣形有勝負形異故名則不同年紀大小者即形勝負勝者即勝應負者即劣應也名不同者即二佛現壽有量無量也處處者豎論則過去之處處行因國土也橫論即十方國土也名字不同約豎處所亦有生法名字不同如今之應身望過去然燈佛等約橫國土亦有生

法名字如今之望分身亦如華嚴十號中所列釋迦異名若干不同又諸經所辯佛有三身名字不同所召法體皆異或說毗那或舍那或釋迦法身佛或名如如實相第一義般若楞嚴等比也此約示現佛法界身名字不同若現九法界身名字不同則無量無邊可以意得年紀大小者此明壽命長短逐上所現應身或說壽二萬如迦葉佛時或說壽八萬時如彌勒佛時傳互明大小縱橫可知就法報應佛壽命大小如玄義云云或三身相望辯大小或三身各別皆爲小合說名爲大例三點云云此皆隨所應度爲其現身及命長短耳亦復現言當入涅槃者應以滅度而得度者即現滅度也令其戀仰而得解脫此義現下譬說中也又以種種方便說微妙法者是現聲益也小身短壽即是說於漸教故言種種方便也大身長壽即是說頓教故言說微妙法雖初以漸終令入大故言皆令得歡喜仍此歡喜即是施化得益佛依四悉檀施形聲兩益衆生獲於四利稱機則喜乖機則惱

下文云皆實不虛即此義也從諸善男子如來見諸衆生下是現在師子奮迅益物此三昧有十功德一分別他人諸根熟不熟清淨不清淨二以如來法輪教未度者悉入法律三弘誓徧滿十方音聲亦爾或一音徧滿百千萬音皆亦徧滿普教衆類四轉無上輪化衆生皆取滅度餘人不能轉獨佛能轉五能示出家剃髮持淨戒亦能使人樂六性行令空七放光示滅或存或亡或示相好或隱相好八降伏四魔九令他得入至要增長止觀十具上十善之本身三口四等云云此文爲二一明機感二明應化如來見者即佛眼照也諸衆生樂小法者所見之機也華嚴云大衆雖清淨其餘樂小法者或生疑悔長夜衰惱愍此故默偈云其餘不久行智慧未明了依識不依智聞已生憂悔彼將墜惡道念此故不說按彼經無聲聞二乘但指不久行者爲樂小法人耳師云樂小者非小乘人也乃是樂近說者爲小耳今當通說之所謂貪愛二十五有即人天之機來至我所名小法也貪

樂涅槃求自解脫即二乘之機來至我所亦名樂小法也樂於漸次紆迴佛道即三菩薩機來至我所亦名樂小法也德薄者緣了二善功用微劣下文云諸子幼稚也垢重者見思未除也問非生現生備施頓漸二化七方便等可是樂小法者圓頓赴機是應樂大法者云何通判爲樂小法耶答向略其意今廣釋凡爲四義一約往日雖發大心不能專精多著弊欲不得出世名弊欲爲小法也二約現在如佛未出世諸天人等雖有大機而心深世樂著於邪見故名樂小法此二義與下譬宛轉于地意同也三約修行雖不樂於三界弊欲小法而樂三乘灰斷亦名小法雖不樂於三乘近果而樂歷別修於一乘不能於一心圓頓普修故名樂小此三意約因門明樂小法也四約果門樂聞近成之小出釋氏宮始得菩提不欲樂聞長遠大久之道故言樂小此等小心非始今日若先樂大佛即不說始成說始成者皆爲樂小法者耳爲是人說下第二現在應化又二一非生現生二非

滅現滅現生又二一現生二利益現生又二一現生二非生現生者迹現於生非生者非始爾生也爲是人說我始得菩提前明利鈍二機來感法身今即現勝劣兩應劣應應鈍根勝應應利報此兩應並有生法二身生劣應二身生者以正慧託胎出生行七步如迦旃延子所述乃至六年苦行已還是名生身生也法身生者即三十四心斷結習盡所得五分法身是也勝應生身生者如華嚴大經等說與諸菩薩處摩耶胎常說大乘出行十方各七步是名生身生法身生者於寂滅道場金剛後心斷無明盡得妙覺相應慧窮照法性萬德種智圓明普備是名法身生出家者劣應出分段家勝應出二死家得菩提者劣應得有作四諦所發無漏盡無生智名爲菩提勝應即照三諦一實之道一切種智爲菩提也然我實成下明本實不生但天人脩羅見此二種生法二身謂言始生此則不然然我久已得此生法二身今日之生非實生也故云久遠若斯若斯者如上譬之長久

也但以方便下明既非實生何故現生爲利樂小法人德薄垢重者使得佛道故言但以方便教化衆生作如是說者非生而現生故云作如是說也餘經破劣應生身生非生尚不破劣應法身生非生今經正破勝應法身生非生何者我實成佛已來久遠若斯故知今日劣勝兩法身生皆被破故生非生與餘經永異也如來所演下第二明現生形聲益先明形聲次明不虛說即聲教示即形規形聲不出自他若說法身是說已身若說應身是說他身益言值然燈佛即是說已身然燈是我師是說他身示正報是自己事示現依報是示他事隨他意語是說他身隨自意語是說已身示已他事亦類如此諸所言說皆實不虛者又二先明不虛次釋不虛初偏據聲益不虛釋則雙釋不虛初不虛者漸頓二機稟此二種形聲皆益不虛上過去章明皆歡喜似如世界之益今明皆不虛勝劣形聲逗於二機獲四悉檀皆不虛也大論明四悉檀並實世界故實對治爲人故實爲而爲論

三是世間實此實則虛緣中亦有世間三實第一義則虛若以此虛實約迹本二門漸頓益者虛實昔方便行未得實道之益是其因虛執於近迹未得本地真實之益即是果虛今聞迹門之說同入實相即得因中實益聞本門之說即除執近之情得於長遠果地之實益今得二實對昔二虛約圓頓衆生於迹本二門一實一虛得中道之行是得因中之實益而執近果是於果虛今聞說因更不別得真實之益聞說遠果即得實果之益昔有一虛今得一實故云皆實不虛也問今昔大乘所顯實相前後悟者應有異耶答初入次入乃至壞草庵通入中道但入有漸頓故分二教例入真諦鈍者依析法無常等觀利者用體法空觀故分藏通耳從所以者何如來如實知見下第二總釋益物不虛先釋形益後釋言益不虛此中六句顯於應身不離法身法身無形亦無起滅衆生有起滅之機感於法身如來願力應同起滅起滅之見出自衆生故約三界以明諸句又爲二一照理不

虛二從以論衆生下明稱機不虛達理稱機說教化物必不虛也如實知見即是實智如理而照三界之實實則無三界之因相也無有生死者無有二死之苦也起集名退無常果現名出也亦無在生死之世及入涅槃之滅此二俱滅故云亦無在世及滅度者非於滅度之實非於生死之虛故云非實非虛也非於世間之隔異非於出世之真如故云非如非異此四明中道也若雙非二邊結句定一邊例如非生非死結句爲生是生是死結句爲死是退是出結句爲退非退非出結句爲出非虛非實結句爲實是虛是實結句爲虛如此之流今皆非之乃至單複具足亦非之方顯中道意耳不如三界見於三界者不如二種三界衆生所見三界之相唯佛一人如實窮照三界之實内具實智之用亦是隨自意語亦是或說已身之事故大品云第一義中無所分別也如來權智如量知見三界之相即如三界衆生之見如實知見無二死而隨他意示二死身說有二死無退無出而

隨他意說有退有出亦無在世及滅度者而隨他意示生世間示入涅槃說有在世有得滅者無實而說涅槃之實無虛而說三界之虛無三世之異而說有異無眞諦之如而說有如同於三界見於三界皆是隨他意語名爲或說他身事示他身事如來二智明審二諦所以形言兩益皆實不虛也以諸衆生下第二釋稱機不虛先明機感次論施化以諸衆生根機利鈍漸頓不同性欲行智種種差別欲令各得增諸善根故說已他之教不虛因緣譬喻也漸頓根性各有種種此須用爲人悉檀爲人悉檀正爲生諸善根善根猶是性習欲成性今何故先性後欲釋云因有本日根性能起今日之欲樂如因煩惱故有五陰復因五陰更有煩惱不前不後性欲亦爾要因習欲而成性也欲者漸頓二機若種種欲樂不同此須用世界悉檀也行者起作業行隨樂欲而修諸行也此須用爲人悉檀也行中好多愛著致有妨障此須對治悉檀憶想者是智慧即相似解由修行故能得解生

此是方便猶未稱理無言說道猶是念想之觀漸頓衆生居在内外凡位有諸善根欲樂欲樂故修行修行故得似解此須用第一義悉檀隨其所得憶想之解更爲說法即得朗悟第一義乃至初地欲樂修行二地時亦憶想二地之境即是念想若發生二地眞解即是念想觀除言語法滅乃至佛方得究竟離於憶想獲常寂照耳欲令生下第二正對機施已他聲益於漸頓種種根機令生種種善根故現若干已他身事若干自他聲教若干因緣譬喻若對漸機以三藏中四門若干因緣譬喻於一一門中復有若干如爲懈怠者說苦忍爲我慢者說無常忍等通教四門亦如是若對頓機如别圓等亦各四門若干種種如三十二菩薩各說入不二法門華嚴中種種行類相貌皆爲種種根機施若干譬喻言辭說法也所作佛事未曾暫廢者總結不虛如上若干己他形聲皆令衆生入佛知見不爲人天二乘小事故云所作佛事也若一人獨得滅度餘人不得者所作佛事即爲有

廢廢即今衆不得實益豈得會皆實不虛云何皆實昔云我坐道場不得一法實七方便並非究竟滅二涅槃者方便空拳故知唯虛未見皆實若昔施七權遂不得入一實者可言其虛虛引得出無有虛出而不入實者故知昔虛爲實故也皆實不虛佛事無廢即此義矣如是我成佛甚大久遠下明非滅現滅又二初明非滅現滅二從如來以是方便下明現滅利益初又二先明本實不滅次從然今下明迹中唱滅我成佛已來下明果位常常故不滅寄此四字明未來大勢威猛常住益物也從我本行下舉因況果以明常住舊人據此以證無常云前過恒沙後倍上數神通延壽猶是無常彌顯文意大有所失經舉因況果果非數也經云久修業所得壽命無數劫非神通延壽也何者佛修圓因登初住時已得常壽常壽叵盡已倍上數況復果耶云何業所況之果翻能況之因縱令此因已是於常非無常也譬如太子時祿已不可盡況承襲極祿用寧可盡乎明文在茲何須迴掠疑誤後生耶然今非實下第二迹中唱滅三身並有非滅唱滅義如淨名云法本不生今則無滅即是法身非滅又云是寂滅義即是唱滅也何者若已了達不唱寂滅爲未了者唱耳若言照寂即是唱滅若言寂照即是唱生夫法身者雖非生非滅亦有生滅若迷心執著即煩惱生而智慧滅若解心無染即智慧生煩惱滅滅惑生解此是無常滅若解生惑滅即是寂滅此之生滅悉約法性而辨若無迷解二緣則不唱有此生滅也報身非滅唱滅者誰有智慧誰有煩惱而言智慧能破此即明闇不相除即報身不滅義衆生未了聞此便謂其即是佛而生憍恣不復修道故復唱言道能滅惑有煩惱時則無智慧有智慧時則無煩惱豈非智慧能滅煩惱耶應身非滅唱滅者應是法報之用體既無滅用豈有窮即應身不滅但爲衆生若常見佛則生憍恣故唱我於今夜當取滅度又法身當體明不滅報身說不滅必約法身以理而論智慧能破破爲到故破不到故破爲共爲獨如此推理無有能破之功即智慧不滅惑義就有智慧則無煩惱即是慧能滅惑應身說不滅須約法報法報常然應用不絕衆生不盡即不滅度若法身當體論不生滅報身了達無能生滅應身相續不生滅云云從以是方便教化下第二明現滅益物又爲二先不滅衆生有損二從以方便說比丘當知下若唱滅者於物有益初又二初不滅有損次廣釋不滅有損者如前樂小法人見佛常在不種善根貧窮下賤不生二善故無益見思不斷不斷二惡則是有損貪著五欲入於憶想憍想即是見惑五欲即是思惑也由此衆生垢重故須唱滅不唱滅則二惡生而不滅二善損而不生若依四悉檀現滅則二惡滅二善生爲滅二惡故用對治第一義第一義滅未生惡對治滅已生惡世界爲人生二善世界生未生善爲人生已生善又世界滅已生惡對治滅未生惡如禪五陰滅欲界惡即是世界滅已生惡爲人生已生善第一義生未生無爲之善若見下第二廣釋若見佛常在便

起憍恣心等故有損不能生恭敬故無益憍恣即增見惑猒怠即生思惑不生難遭想即不能生見諦解不恭敬即不能生思惟道爲是義故宜應現滅若見聞三佛不滅悉有憍恣義便謂衆生如彌勒如一如無二如平等即眞由是生於憍心上慢謂一切煩惱本自不生今亦無滅何須修道即便恣情放逸爲是唱言是寂滅義又聞一切衆生即菩提相菩提相即煩惱相明暗不相除顯出佛菩提衆生聞此復起慢恣不復修善懈怠放逸爲是等故唱言報身智慧能滅煩惱無明力大佛菩提智之所能滅應身非滅現滅易解若唱言法本不生今亦不滅要須滅惑方乃寂滅經云智慧不滅煩惱然明時無暗汝今具足煩惱何能有慧當知智慧能滅障惑衆生聞是唱滅便於三佛生難遭想起恭敬心是故如來以方便下明唱滅有益先歎佛難值次釋難值三佛並難值衆生樂著小法見思障重聞三身不滅則不修道難得契會也所以下釋也諸薄德人過百千劫或有見佛或

不見者若見三佛其人多善少惡不爲其人唱滅是人見佛常在靈山也或不見佛其人障重善輕爲說三身難會衆生聞之便作是念三佛雖復非生非滅必須生善滅惑乃得證見此事不易故云難遭也心懷戀慕渴仰者此明現滅無損滅於見思名無損種善根名有益又善男子下第二大段結三世益物物得實益又爲三先明諸佛出五濁必先三後一先近後遠次明皆是爲化衆生後明皆非虛妄也譬如下第二譬說有開譬合譬開譬爲二一良醫治子譬譬上三世應化所宜二治子實益譬譬上三世利物不虛上未來文少此中具有就初爲三一醫遠行譬譬過去益物二還已復去譬現在應化三尋復來歸譬未來應化過去文爲二一發近顯遠二明過去應化所宜今但譬應化所宜所宜有三一處所二拂迹疑三正應化今但譬應化應化又二一機感二正應化今具譬之如有良醫者超譬上我以佛眼觀有能應之智也從多諸子息是追譬上若有衆生來至我所

能感之機也上應化所宜又二一益物二明歡喜今但譬益物上益物又二一非生現生二非滅現滅今但譬現滅初良醫者醫有十種一者治病病增無損或時致死譬空見外道恣意行惡教人起邪斷善根法身既亡慧命亦死二者治病不增不損譬有見苦行外道投巖赴火苦行行善不得禪定不能斷結即是無損亦不能斷善即是不增也三者治病損而無增但世醫所治差已還復生即是修定斷結外道也四者治病能令差已不復發而所治不偏即二乘人止治一兩種有緣者不能徧治一切也五者雖能兼徧而無巧術用治苦痛釋論呼爲拙度即是六度菩薩慈悲廣治也六治病妙術治無痛惱而不能治必死之人譬通教菩薩體法但治有反復凡夫不治焦種二乘也七雖治難愈之病而不一時治一切病即是別教菩薩也八能一時治一切病而不能令平復如本即圓教初心十信也九能徧治一切亦能平復如本而不能令過本即圓教後心也十一時治一切

病即能平復又使過本即是如來前三種醫即大經中之舊醫用乳藥也後七並客醫無術者但用無常苦等法如用辛苦酢藥也有術遠來還令服乳最後究竟良醫也良者善也內有三達五眼即是八術妙得藥性善治者外識病源能用藥也智慧者權實二智深知二諦也聰達者五眼照機頓漸不差也十二部教文理甚深如明錄方藥依四悉檀治衆生病如善治衆病也無量義云醫王大醫王以大醫故稱爲良醫多諸子息若十聲聞二十支佛百數菩薩菩薩之子凡有三種子義一就一切衆生皆有三種性德佛性即是佛子故云其中衆生悉是吾子此文云多諸子息也約十心數法即有百子心王爲正因佛性慧是了因性餘九相扶起屬緣因性一數起時九數扶助如是成百也性德佛子非善非惡而通善惡故此十數及與心王爲通心數是以性德三因悉屬正因佛子二者就昔結緣爲佛子如十六王子覆講法華時聞法者亦生微解即成了因性昔微能修行爲緣因性正性爲本此三因並屬緣因資發令日一實之解故以昔日結緣爲緣因佛子即火宅中三十子也此約十信一信起時即具餘九還有百信故得結緣爲佛子也三者了因之子即是今日聞法華經安住實智中我定當作佛決了聲聞法是諸經之王從佛口生得佛法分故名眞子此亦有三因性今既顯了見於佛性並屬了因佛子百子之義還將十數入十善法中十信入初住中是故正因通於本末此文明百子不取了因子了因子屬下不失心服藥中明之以有事緣遠至他國者譬過去應化中現滅也諸子於後下第二還已復去譬現世益物又二一諸子於後飲毒譬上機應相關見諸衆生德薄垢重衆生於佛滅後樂著三界邪師之法故云飲他毒藥即是遊行諸他國輪轉諸趣墮在三界故云宛轉于地是時其父還來歸家下譬上我少出家得三菩提第二非生現生也上有二形聲及利益不虛今言諸子飲毒去譬上形益信受邪師之法名爲飲毒失心是無大小機感生不失心是有大小機感生又失心者貪著三界失先所種三乘善根也爲是人非滅唱滅不失心者雖著五欲而不失三乘善根爲是人故非生現生善强惡輕見佛即能修道斷結如子見父求藥病愈善輕惡重得見佛亦求護而不修道如子見父求救不肯服藥父爲此子唱言應死遙見者明佛出世時衆生亦見色身而爲見思障隔五分不得親奉法身故云遙也見聞佛出皆有喜敬之事現諸經文梵王請等例是求救之辭也父見子等苦下譬上聲益又二初譬佛受請轉二諦法輪也而作是言下譬誡勸經方者即十二部教也藥草即教所詮八萬法門也從佛出十二部乃至出涅槃此出漸頓藥草也直從佛出十二部此出頓藥草也從佛出修多羅此出漸藥草也色者譬戒戒防身口事相彰顯也香者譬定功德香熏一切也味者譬慧能得理味也此戒定慧即八正道修八正道能見佛性又色是般若照了法性之色分明無礙香是解脫斷德離臭也味是

法身理味也三法不縱不横名祕密藏依教修行得入此藏也說三乘空三昧力如犄無相如飾無作如合一一三昧具戒定慧也又空觀如犄假觀如飾中觀如合此三觀各不離戒定慧將此法與漸頓衆生令修行名服也從而作是言乃至可服即是勸門也從遠除苦惱乃至無復衆患即是誡門也將誡勸二教令諸衆生服法藥也其諸子中不失心者下譬上得益不虛上有二一不虛次釋不虛令云其諸子中不失心者服藥病差即譬上皆實不虛也釋不虛不作譬也

妙法蓮華經文句卷第九下

妙法蓮華經文句卷第九下

校勘記

一　底本，明永樂北藏本。

一　一九七頁中八行末字「還」，清作「遠」。

妙法蓮華經文句卷第十上　寧九

隋天台智者大師說

門人灌頂記

從餘失心者下譬上非滅現滅上有二一不
久應死譬上非滅現滅二諸子醒悟譬上唱
滅利益又唱死之由由子不服譬上薄德見
佛常在但增憍恣上現滅中有二一本實不
滅二非滅唱滅不出現滅之由由亦是唱滅
利益中今譬不譬第一而明現滅之由正由
衆生薄德見佛不修行即是不肯服藥也我
今當設下正唱應死譬非滅唱滅此中明衰
老爲二一擬宜去住譬上住有損滅有益二
即作是言下唱應死正譬現滅化期將竟也
死時已至者當入涅槃也留經教在故云是
好良藥今留在此復至他國者即是此方現
滅他方現生上文云願在他方遙見守護即
其義也遣使者或取涅槃中大聲普告爲使
人或用神通或用舍利或用經教等爲使人
今用四依菩薩語衆生云佛已滅度但留此
法我今宣弘汝當受行也後時衆生若無四

依傳述經法豈能自知佛已滅度故用四依
是使人也二是時諸子下諸子醒悟譬現滅
利益上文有二一明損益二釋損益今但譬
得益此中自惟孤露下明滅後得益如優波
笈多所化之流也又爲二一現滅利益二是
未來機感良由滅後衆生醒悟服藥修行以
作因緣能感未來應化如遺教云其未度者
作得度因緣亦有現得感見普賢觀云精進
苦到得見釋迦分身多寶東方善德等及七
佛世尊第三其父聞子悉已得差下即是未
來益物感猛之力父聞子差即機感使見之
即是起未來之應化方將形聲兩益也如文
從諸善男子於意云何下牒不虛譬明三世
利益不虛也從佛言我亦如是去明合譬也
成佛已來無量劫者合過去世也方便力言
當滅度合現在世也文略不合未來亦無能
說我虛妄合益物不虛也偈二十五行半頌
上法譬初二十行半頌法說次五行頌譬說
上法說有二今頌亦二初十九行半頌三世
益物次一行頌皆實不虛初四行頌過去世

益物爲三初一行頌上成道已久次常說法
下第二一行頌上中間益物次爲度衆生下
第三二行頌上住處次衆見我下第二五行
頌現在上文有二初二行半頌非生現生次
我時語下第二二行半頌非滅現滅次我見
諸下第三十行半頌上未來上但寄常住不
滅四字今頌則廣文爲四初我見下一行半
明未來機應次神通力如是下第二四行頌
上常住不滅常在靈鷲山此謂實報土也及
餘諸住處者謂方便有餘土也即上餘國義
也天人充滿者三十心是人十地是天擊天
鼓者無問自說也曼陀羅華者說賢聖位也
次我淨土下第三二行明不見因緣次諸有
修功德下第四三行明得見因緣次汝等有
智下第二一行頌上利益不虛也次五行頌
譬爲二一行頌開譬爲三初一句頌過去爲
治下二句頌現在不頌未來也無能說下第
三一句頌不虛後我亦爲下第二四行頌合
譬上合中本不合未來今初半行頌合過去
次凡夫下第二二行半頌合現在後每自作

下第三一行頌合不虛開三顯一開近顯遠欲令衆生速入佛道此事必得不虛也

釋分別功德品

佛說壽量三世弟子得種種益故言功德淺深不同故言分別品也此文是本門第二授記段論分此文有法力修行力法力者有五一證二信三供養皆如今品四聞法如隨喜品五讀誦持說讀誦如法師功德品持者追指法師安樂行勸持三品說者如神力囑累品也修行力者苦行力如藥王教化如妙音護難如觀音陀羅尼示功德如妙莊嚴王護法如普賢品也光宅云一約功德門記其行進現在修因二約智慧門記其損生未來得果三明外凡發心夫授記通因果此三通是授記耳下八世界發心應在初列以外凡聞經發心住三十心三十心聞經始出內凡登於初地得無生忍初地聞經進入二地得聞持二地聞經得入三地名樂說辯三地聞經入四地得無量旋四地聞經入五地名不退五地入六地名清淨輪小千已去約損生門授記七地已斷無明惑惑有九品能爲九生作因從七地已上果報無有期限難可得判但斷九品煩惱爲言煩惱品數百千萬種今約一種九品作義七地所斷作下上二品乃至十地所斷亦作上下二品金剛心所斷作一品六地聞經登七地下忍斷一品所餘八品在爲八生作因故云八生當得菩提七地上忍復斷一品即損二品生餘七品爲七生作因七生當得菩提諸品例有上下一品盡損一生文略故從八地乃至四生餘有一生即金剛心斷之法也法華論云得無生忍者謂入初地證智應知從八生乃至一生得菩提者謂諸凡夫決定能證初地隨分生及一生則證菩提菩提者離三界分段生死隨分能見真如佛性名得菩提非謂究竟滿足菩提今謂論前深後淺光宅前淺後深二彼相拒世孰判之夫無生法忍經論不同迦旃延子明五法成就獲不退轉六度菩薩位也須陀洹若智若斷是菩薩無生法忍者三乘共位也登初地得無生忍者別菩薩位也登初住得無生法忍者圓菩薩位也皆聖教明文不可叅濫又淨名近無等等得無生忍仁王云至金剛頂皆名伏忍亦名寂滅忍蓋是別圓地地通途之意不可定用即光宅以發心爲內凡三十心位爲無生忍是初地皆別家名教非通家門戶從初地至六地呼爲福德門大經稱有爲有漏名聲聞僧則通教意耳七地已上斷九品生因者小乘大乘得入位人誰不斷惑未足定判若言七地斷無明者非通又非別乃是別接通意耳光宅游漾不會今經天親以發心爲無生忍從八生至一生凡夫決定斷果報生盡得入初地獲無生忍者專據別義亦不會經今分文爲三一經家總序二如來分別三時衆供養總序如文分別者佛語圓妙不可用權位釋經故上文開示悟入佛之知見今本門增道損生皆約圓位解釋下八世界發心者六根清淨人初入十信位也故仁王云十善菩薩發大心長別三界苦輪海即此義也得無生忍入十住位也故華嚴云初發心住一發一切發得如

來一身無量身清淨妙法身湛然應一切即此義也得聞持陀羅尼入十行位也得樂說辯才入十迴向位也得無量旋陀羅尼入初地也得不退入二地也得清淨入三地也八生入四地也七生入五地也六生入六地也五生入七地也四生入八地也三生入九地也二生入十地也一生入等覺金剛心若論增道損生不如光宅斷因生之生不如天親斷果報之生但約智德論增約斷德論損約法身論生約無明論滅例如大經月喻從初一日至十五日光色漸增從十六日至三十日光色漸減約一月體而論增減喻約法身而論智斷或可一人一時有八番增或可一世或八世或無量世或可一念或可八念或無量念或可衆微塵數人亦如是是故不可以因生果生局之不可離張智斷釋之然本門得道數倍衆經非但數多又熏修日久原本垂迹處處開引中間相值數數成熟今世五味節節調伏收羅結撮歸會法華譬如田家春生夏長耕種耘治秋收冬藏一時穫刈

自法華已後有得道者如捃拾耳三時衆供養者聞深遠法得大饒益欲報佛恩而設供養亦是寄事以表領解上迹門菩薩亦悟而大事未畢所以不陳本門既竟彌勒總申領解明諸菩薩執持旛蓋次第而上至于梵天旛者轉義蓋者覆義地者始義梵者淨義智斷番番轉慈悲番番覆高下深淺不失次第際于梵天表諸菩薩增道損生隣于妙覺極於極淨若作天親解者只得初地一番豈得與此文會耶偈有十九行分爲三初二行頌時衆得解次九行頌如來分別後八行頌時衆供養得無量無漏清淨之果報者揀異二乘有量故言無量妙因所感故言清淨無障礙土故言果報異二乘無報也聞佛壽無量此文定判爲無量何得用舊解有量南師從偈後長行下屬流通段引上迹門文殊現在亦是流通北師以四信弟子現在聞經判屬正說從又如來滅後下乃是流通二家盡可用今且依南方從偈後凡十一品半分爲二一從此下至不輕品明弘經功德深勸流通

二從神力品下八品付囑流通各復有三此半品及隨喜品明初品因功德勸流通二從法師功德明初品果功德勸流通不輕品引信毀罪福證勸流通後三者神力囑累囑累流通藥王下五品約化他勸流通普賢約自行勸流通生起者現在聞經得眞似兩解益如上說若直聞一句而生隨喜如現在四信格其功德未來無佛恐人疑福少故說滅後五品功德也因功德微容未若果功德彰灼故說法師功德品因果雙舉未若引證分明故說不輕雖舉往人未若現變故說神力雖示神力未若摩頂付囑故說囑累雖通途囑累未若示其要術棄身存道故說藥王雖誠能化未若誠其所化隨聞法處應生佛想故說妙音觀音若初心弘經既無神力當依內禁故說陀羅尼復須外護故說嚴王普賢聯翩重疊使大法弘通耳就偈後長行爲二一現在四信二滅後五品云何四信略解三人廣說二人觀成一人信通四人故言四信也四信者一一念信解未能演說二略解言趣

三廣為他說四深信觀成初一念信解有長行偈頌長行有三一舉示其人二明功德三位行不退今釋一念信解者謂隨所聞處豁爾開明隨語而入無有罣礙信一切法皆是佛法又信佛法不隔一切法不得佛法不得一切法而見一切法亦見佛法即一而三即三而一亦是行於非道通達佛道行於佛道通達一切道不得佛道一切道而通達佛道一切道無所有而有而有無所有非所有非無所有如門前路通達一切東西南北幢無壅礙眼耳鼻舌身意凡有所對悉亦如是無疑曰信明了曰解是為一念信解心也若坐思惟隨所思惟豁然開悟通達三諦亦復如是如是信解名鐵輪位又一解未是具足鐵輪乃是十信之初心其人未得六根清淨故非鐵輪正位也次格量者先總論無量次格量多少為二初舉五度為格量本般若即是今之正慧故言除般若也問既離般若則五不名度答皆為求佛慧盡施戒邊亦得名度蓋次第意也以是功德下第二正格多少也

若善男子下第三明位行不退別、六心猶退七心不退圓初住心即不退聞壽量功德自外而資圓順信解自內而熏所以不退大品云有菩薩退有不退有魔無魔皆此義也偈十九行半初十二行先頌格量多少次二行追頌人相後五行半頌行位不退無量劫行道者久修諸度也願我於未來者起慈悲願也藉久行願聞經信解今之初品始聞此經一念信解功等久行亦乃過之也又阿逸多聞佛壽長遠是第二品前但信解未能敷說說涉名數須善方言今品具足故言為他解說從勝受名名第二品以說力故能起自他無上之慧此文先標人相次格量也何况廣聞此經下第三品廣聞廣解廣為他說廣修供養供養外資令內智疾入能生一切種智先出人相次格量也阿逸多下第四人備上三品加修觀行入禪用慧想成相起能見有餘實報兩土相貌見佛共比丘僧常在耆山者方便有餘土相也又見娑婆純諸菩薩者實報相也初二品是聞慧位廣聞廣說是思

慧位觀行想成是修慧位自淺之深成六根清淨十信位也又如來滅後下明五品文為二先列五品格量四品功德後隨喜品格量初品功德問何故爾答四品粗格量初品廣格量廣格量已況出勝者可以意得佛不煩文巧說若此也五品者一直起隨喜心二加自受持讀誦三加勸他受持讀誦四加兼行六度五加正行六度此五人者通論皆自行化他下文云五十人展轉相教也既皆有自行通稱弟子皆有化他通稱法師也別論二人但自行三人具化他作法師往名在三不在五自行既通所以皆稱弟子也初品標人而已格量在後說何況下第二品況出能受持讀誦者是也標人可解從斯人頂戴下是格量也初心畏緣所紛動妨修正業直專持此經即上供養廢事存理所益弘多後心理觀若熟涉外不妨內事資於道如油多火猛若順流而揚帆又加功力其勢轉疾也指經文是法身舍利不須安生身舍利文詮所詮能詮是塔不須事塔經文能容第一義僧不

俟相從僧也問若爾持經即是第一義戒何故復言能持戒者答此明初品意不應以後品作難若欲釋者持經即順理戒亦是任運持得初篇二篇今言能持戒者第三篇去事中無虧耳第三品復能教他者是也先標人從起立下格量也況復有人下第四品復能兼行六度者是也先標人從其德最勝下格量也若人讀誦下第五品復能正行六度是也先標人從若我滅後下格量也結此五品前三人是聞慧位兼行六度思慧位正行六度是修慧位都是十信前耳或云初隨喜品是入信心位分一品爲兩心五品即十信心即是鐵輪六根清淨位也偈十九行半初五行半頌第二品次若能持下三行頌第三品若有信解下四行頌第四品次恭敬下七行頌第五品生心如佛想者初依人號如來也不久詣道樹者其位在鐵輪不久得入銅輪能八相作佛也已趣道場者行處也三菩提者近處也此第五品與第四信齊同是修慧位若論入位同是六根清淨位也而有現未佛世滅後之異耳云云

釋隨喜功德品

隨者隨順事理無二無別喜是慶已慶人聞深奧法順理有實功德順事有權功德慶已有智慧慶人有慈悲權實智斷合而說之故言隨喜功德品又順理者聞佛本地深遠深遠信順不逆無一毫之疑滯順事者聞佛三世益物橫豎該亘徧一切處亦無一毫疑滯即廣事而達深理即深理而達廣事不二而二不別而別雖二雖別無二無別如此信解名之爲隨如來出世四十餘年不顯眞實七方便人不語識諦處義及人以凡夫心等佛所知用所生眼同如來見如此知見究竟法界廣無涯底無等無等等更無過上佛今說此我得聞此故名隨喜功德品第五十人是初品之初初但有一念理解但有一念慶已慶他未有事行恩不及人所獲功德如來巧喻功益無學況復最初於會聞者況復二三四五品者況復入位十住十行乃至後心者誰聞如是深妙功德而不景慕如來說此令物尚之故言隨喜功德品上來稱美持經功德時衆咸謂入眞因位乃致斯德於初心之初起輕弱想忽聞好堅處地芽已百圍頻伽在㲉聲勝衆鳥希有奇特輕疑釋然故名隨喜功德品外道得五通者能移山竭海而不伏見愛不及煖法人二乘無學子果俱脫猶被涅槃縛不知其因果俱權通教人修因雖巧發心不識五百由旬得果止除四住別人雖勝二乘修因則偏其門又拙非佛所讚皆不及初隨喜人佛今舉阿以況後荼都勝諸教故言隨喜功德品問此與大品隨喜云何答此法彼人人法互舉文有問答各長行偈頌前品已格四人不說初者彌勒承機問出此義如文佛答爲二初答內心隨喜人二直明外聽法人初爲五一展轉相教二格量本三問四答五正格量南方解五十人爲三一展轉勝二展轉平三展轉劣勝者難得平者亦希劣者比是格劣況出平勝北方人解最初妙覺爲第十地人說十地人爲第九地人說如是展轉至于十信格後況初今謂不爾

佛明言初品於會中聞傳傳相教展轉五十格後況初後非十信之始初非妙覺之終何用此解此解窮深不會經旨今爲二一橫約諸教四衆二直約圓教數之三藏有四門一一門有四衆更開沙彌沙彌尼合六人四門則二十四人約信行法行則四十八人最初最後合五十人通別四門亦如是直就圓門數者數法有小七大七大七有七七四十九皆是師弟具自行化他之德最後一人但是自解無教他德故格不以顯上耳格量中先與世樂拔果苦後與涅槃樂拔生死苦此是略舉梵福今更廣之滿閻浮人福不及西瞿耶尼一人福滿西瞿人福不及東弗婆提一人福滿三天下人福不及北鬱單越一人福滿四天下人福不及一四天王四天王不及一釋乃至第六天不及一梵福梵福有定散散者無塔處作塔塔壞者治之和合僧衆請轉法輪衆散者還合之是爲四福與梵天等故言梵福也聖福者謂阿羅漢住最後身得有餘涅槃者是也又有體法三乘人同學無生斷煩惱盡如燒木成炭又薩埵聖福自行化他俱以無言說道斷煩惱入無餘又薩埵福謂從初發心次第化人入大涅槃如是格量梵福不及聖福聖福不及體聖福體聖福不及小薩埵福小薩埵福不及大薩埵福太薩埵福不及聞法華經初隨喜福何以故彼非佛法故非實故非圓故雖住後果不及我初心其義如是私謂勸人聽法從與陀羅尼菩薩共生一處至人相具足合有五十功德將功德目人亦成五十但上五十論內解隨喜今唯論外事爲異也又此文亦有六根功德利根智慧是意功德不瘖瘂舌功德鼻脩高直鼻功德見佛眼功德聞法耳功德餘是身功德前是相似位功德今是相似位前功德耳聽經文爲四一自往二分座三勸他四具聽修行云云偈十八行爲二初九行頌隨喜次若有勸下第二九行頌聽經隨喜中三前一行半頌五十人次最後人下第二五行半頌格量本次最後下第三二行頌格量略不頌福甚多後九行頌聽經小不次第爲四初五行超頌勸聽經次若故詣下第二二行追頌自往次若於講法下第三一行頌分座次何況下第四一行頌修行云云

釋法師功德品

法師義如上說功德者前謂初品之初功德今五品之上謂六根清淨內外莊嚴五根清淨名外莊嚴意根清淨名內莊嚴又從地獄已上至佛而還一切色像悉身中現者名內莊嚴從地獄已上佛已還一切色像以普現三昧而外化者名外莊嚴身根既爾餘五根亦然讀誦既爾四種亦然初品既爾四品加然相似既爾分真倍然行者聞說此功德利喜不自勝勤求無猒信進倍增明識大乘有大勢力決無疑網似解之初初過二乘之極極百千萬倍指始顯終懸解究竟第一義諦不可思議此品所明備斯四意故言法師功德品也六根功德者光宅云三業合十善一善具十爲百自行化他隨喜讚歎合四百約五種法師爲二千三品分之即六千功德此土三根用弱奪言八百三根用強與言千二

與奪合論還是六千也有人明數與光宅同下品八百中品一千上品千二百諸師偏釋未會今經亦不合諸教大品云色淨故般若淨般若淨故色淨色淨五根淨般若淨意根淨若六根等云何判上中下強弱用耶若一強一不強一淨一不淨一上品餘非上品云云正法華整足具六千功德不論上中下云云法華論云凡人以經力故得勝根用雖未入初地以父母所生肉眼見大千內外也大經云如來一根則能見色聞聲嗅香別味覺觸知法今經六根清淨與大品同以是功德莊嚴六根與正法華同鼻見色聞聲覺知與涅槃同肉眼有天眼慧法佛眼等用與論同文義如此不可以偏見抑正經今當說之光宅數整足根不依文今按三業安樂行即有十善一善有十即百善一善中有十如即千善就化他爲二千約如來室如來衣如來座即成六千五種法師悉具六根清淨一一根皆有一千功德也復次一心中具十法界一一界皆有十如即成一百一根通取六塵即有六百約定慧二莊嚴即是一千二百根根悉用定慧莊嚴等千二百也若論六根清淨清淨則不言功德若少若多若言莊嚴能盈能縮能等等莊嚴者根根六千若言千二顯其能盈若言八百顯其能縮若言清淨無盈無縮無等六根互用根自在故不可思議故若偏判者則失旨也相似之位若依四輪即鐵輪位也若依五十二位即十信心也若依仁王即十善大心也今對常精進者即十信之第三心也諸經名目雖異同是圓教相似位耳

文爲二初總列六根盈縮功德數次別作六章解釋各有長行偈頌眼根章明父母所生名肉眼而所見過於天眼梵王報得天眼在已界徧見大千大千外有風輪與眼作障不能見外若在他界則不徧見大千非所統故小羅漢見小千大羅漢見大千辟支佛見百佛世界不以風輪爲礙亦無已他界隔今經論眼能見大千內外應是天眼那名肉眼此是圓教似位因經之力有勝根用既未發眞不得稱天眼猶名肉眼例如小乘方便未得神通則不稱天眼耳猶是分段之身故稱父母所生雖稱肉眼具五眼用見大千內外天眼用見一切衆生及業因緣法眼用其目甚清淨慧眼用一時悉見大千內外見業見淨又圓伏法界上惑佛眼用大經云雖有肉眼名爲佛眼佛眼故名清淨具五眼故故言莊嚴能盈能縮名勝根用名根自在豈可秖作八百千二百解耶耳根章徧聞大千內外十法界音聲聞六道即肉天二耳聞二乘即慧耳聞菩薩即法耳聞佛即佛耳又父母所生肉耳能聞內外即天耳聽之不著即慧耳不謬即法耳一時互聞即佛耳以耳例眼眼亦如是見人天是二眼見二乘是慧眼見菩薩是法眼見佛即佛眼云云鼻根章亦如是父母所生即肉鼻大千內外即天鼻不染不著即慧鼻分別不謬即法鼻一時互用即佛鼻此章明互用者鼻知好惡別貴賤覩天宮莊嚴等則鼻有眼用讀經說法聞香能知鼻有耳用諸樹華果實及蘇油香氣鼻有舌用入禪出禪禪有八觸故五欲嬉戲亦是觸法鼻有

身用染欲癡恚心亦知修善者鼻有意用鼻
根自在勝用若懸例五根亦如是舌根章亦
如是父母所生即是肉舌能作十法界語約
此即是五舌義明矣能作十法界語即天舌
不壞即慧舌不謬即法舌一時互用即佛舌
云云問苦澀惡味至舌皆變成上味衆色到眼
何不變成妙色舊不例味有損益損者變不
損者不變諸色不壞眼故不例今解不爾一
切色同佛色一切聲同佛聲等皆清淨例則
無妨徧知一切色法聲法無亂無謬分別亦
無妨自在之根那作頑礙之解耶身根章亦
如是世間所有皆於身中現肉身用也上至
有頂於身中現天身用也二乘身中現慧身
用也菩薩於身中現法身用也佛於身中現
佛身用也一時圓現一時互用一時無謬一
時無著云云意根章亦如是世間資生產業皆
順正法人意淨天心所行天所動作悉知天
意淨四月即四諦一歲即十二月是十二因
緣與實相不相違背即慧意淨一月即一乘
菩薩意淨有所思量皆是先佛經中所說即
佛意淨一時圓明一時圓互一時無染一時
無謬根用自在能盈能徧能等能淨云云

釋常不輕菩薩品

內懷不輕之解外敬不輕之境身立不輕之
行口宣不輕之教人作不輕之目不輕之解
者法華論云此菩薩知衆生有佛性不敢輕
之佛性有五正因佛性通亘本當緣了佛性
種子本有非適今也果性果果性定當得之
決不虛也是名不輕之解將解以歷人彼亦
如此是名敬不輕之境敬此境故名不輕之
行宣此語故名不輕之教昔毀者以此目人
今經家以此目品見實三昧云佛為父王說
一切皆是佛王問一切衆生即是佛不佛答
若如實見衆生於其即是佛私類此語若不
如實見佛於其則非聖譬初學射的多乖少
當以地為的無往不著若分別賢聖孰是孰
非如實觀之即是佛也初是因緣解後是圓
教解云云此品引人為證證五品功德深六根
報重我昔隨喜獲現生後報以募流通也文
有長行偈頌長行為三一雙指前品罪福二
雙開今品信毀三雙勸後二逆順雙指者先
指罪如法師品說次指福如功德品說如文
第二雙開信毀者有事本本事事本有時節
名號劫國說法等悉如文第二從最初威音
王下是明本事又三初明時節二於像法中
下雙標兩人名毀者因時名增上慢信者因
時名常不輕次第三得大勢下雙明得失得
失又二初就信者論得得正說之宏宗得流
通之妙益名常不輕是人一凡有所見是理
一皆悉禮拜是行一而作是言是教一此是
開權顯實之四一也從乃至遠見下是本理
一故往禮拜是本行一而作是言是本教一
少人一其義可解此是開近顯遠之四一也
文云不專讀誦經典但行禮拜者此是初隨
喜人之位也隨喜一切法悉有安樂性皆一
實相隨喜一切人皆有三佛性讀誦經典即
了因性皆行菩薩道即緣因性不敢輕慢而
復深敬者即正因性敬人敬法不起諍競即
隨喜意也不輕深敬是如來座也忍於打罵
是著如來衣也以慈悲心常行不替即如來

室也又深敬是意業不輕之說是口業故往禮拜是身業此三與慈悲俱即誓願安樂行也如此三四豈非流通之妙益而謂何耶從四衆之中下第二明毀者之失生瞋恚心不淨者不受四一也罵言無智智知於理既言無智不受理一也比丘即不受人一也從何所來不受行一也虛妄授記不受教一也經歷多年常被罵者結不受開權顯實之四一也避走遠住高聲唱言亦復不受此不受開近顯遠本地之四一也常作是語故結信者深信不休也四衆爲作不輕名者此結毀者呰毀不止也問釋迦出世踟躕不說常不輕一見造次而言何也答本已有善釋迦以小而將護之本未有善不輕以大而強毒之云云從臨欲終時下雙明信毀果報初文爲二一明果報二結會古今信者論三報現得六根清淨生值燈明佛後值二千億佛神通力是身業淨樂說辯力是口業淨善寂力是意業淨云云結會又二初結會如文從若我宿世下第二是舉信者而勸順也如文從彼時四衆下明毀者果報又二先明得果後結古今毀者得善惡兩果謗故墮惡聞佛性名毒鼓之力獲善果報結古今又二初結古今次從當知下舉逆以顯順勸持以遮毀經有大力終感大果務當勤習五種之行偈有十九行半初十五行半但頌信毀因果後四行頌勸持在文可見不細出也著法者是法不可示若定謂是有即是著法乃至定謂是非有非無亦名著法者佛藏云刀輪害閻浮人其失猶少有所得心說大乘者其罪過彼也云云大論云執有與無諍乃至執非有非無與有無諍如牛皮龍繩俱不免患中論云諸佛說空法本爲化於有若有著空者諸佛所不化若定言諸法非有非無者是名愚癡論若失四悉檀意自行化他皆名著法若得四悉檀意自他俱無著也

妙法蓮華經文句卷第十上

妙法蓮華經文句卷第十上

校勘記

一　底本，明永樂北藏本。

一　二〇一頁下一六行第七字「復」，清作「後」。

妙法蓮華經文句卷第十下　寧十

隋天台智者大師說

門人灌頂記

釋如來神力品

如來者上釋竟神名不測力名幹用不測則天然之體深幹用則轉變之力大此中爲付囑深法現十種大力故名神力品自此品下凡有八品是付囑流通今品明菩薩受命弘經次品如來摩頂付累文有長行偈頌長行爲三一菩薩受命二佛現神力三結要勸持初經家敘敬儀次發誓弘經弘經爲三一時節佛滅後是也二處所分身等國是也三誓願非但奉命益他亦自願此真淨大法兼濟俱美也從爾時下是第二現十神力爲二初所對之衆次正現神力於文殊等者迹化衆也舊住者下方本化衆也一切者他方來者及從分身佛來者也問但見下方發誓不見文殊等發誓何也答上文云我土自有菩薩能持此經即兼得之也十神力者一吐舌相者今經所演開三顯一內祕外現廢近顯遠明三世益物皆誠諦不虛福德人舌至鼻三藏佛至髮際今至梵天出過凡聖之外極於淨天之頂相既殊常說彌可信二通身毛孔徧體放光周照十方無處不朗表智境盤也上白毫吐耀始在東方表七方便初見一理今本門既竟放一切光照一切土能令初因終于等覺究竟佛慧分身諸佛亦復如是三謦欬者將語之狀也亦是通暢之相也四十餘年隱祕真實今獲伸舒無有遺滯是我出世大事通暢是故謦欬欲以此法付諸菩薩令於後世導利衆生將語斯事是故謦欬謦欬具二義一欬欬事了一欬欬付他也四彈指者隨喜也隨喜七方便同入圓道隨喜圓道增智損生隨喜諸菩薩持真淨大法隨喜後世獲無上寶此一彈指竪徹三世橫亘十方五地六種動者表初心至後心六番動無明今明復動一切人六根令得清淨也六普見大會者表諸佛道同也而今而後亦復如是上五千起去三變被移既失本心不能現益宜以非滅現滅從諸菩薩弘經得道入於佛慧如今會無異亦表未來有機一也七空中唱聲者表於未來有教一也八南無歸命爲佛弟子表於未來有人一也九遙散諸物雲聚而來者表未來有行一也十十方通同如一佛土者表理一也問何以知十相表現意復表將來意答文云我以如來神力爲囑累此經故猶不能盡表現表將其義明矣從爾時佛告上行下是第三結要付囑文爲四一稱歎付囑二結要付囑三勸獎付囑四釋付囑初歎如文結要有四句一切法者一切皆佛法也此結一切皆妙名也一切力名通達無礙具八自在此結妙用也一切祕藏者徧一切處皆是實相此結妙體也一切深事者因果是深事此結妙宗也皆於此經宣示顯說者總結一經唯四而已撮其樞柄而授與之從是故汝等下三是獎勸付囑如文從所以者何下四是釋付囑也上云經卷所在之處皆應起塔經中要說要在四事道場釋上甚深之事得菩提釋上祕藏轉法輪釋上一切法入涅槃釋上神力此之四要攝經文

盡故皆應起塔也所言要者得菩提是法身轉法輪是般若入涅槃是解脫三法成祕密藏佛住其中即是塔義也阿含云佛出世唯四處起塔生處得道處轉法輪入涅槃坐道場是法身生處餘悉如文偈有十六行初四行頌十神力次十二行頌結要囑累下二行是人之功德總頌四法能持則爲已見我下第二八行半別頌四法初一偈半頌一切法持法即持佛身云云令我及分身兩偈頌神力神力勸佛令歡喜諸佛坐道場一偈頌祕要可解於諸法之義四偈頌甚深之事說法破闇入一乘是佛甚深之事也後一偈半總頌結也

釋囑累品

囑是佛所付囑累是煩爾宣傳此從聖旨得名故言囑累囑是頂受所囑累是甘而弗勞此從菩薩敬順得名故言囑累囑是如來金口所囑累是菩薩丹心頂荷此從授受合論故言囑累品也是故如來躬從座起申手摩頂授以難得之法大衆曲躬合掌如世尊勅當具奉行殷勤授受故名囑累品也文爲二初付囑次時衆歡喜初爲三一如來付囑二菩薩領受三事畢唱散初又三一正付二釋付三誡付正付者佛以一權智善巧之手摩三千三百那由他國土側塞虛空諸菩薩實智之頂如來授道化他故名權智手也菩薩自行受道故名實智頂也若申手摩頂即身付囑也權智臨實智即意付囑也而作是言者即口付囑也文有四悉檀意我於無量劫修是難得之法者此從前佛受學今以付爾爾當授彼三世繼嗣即世界悉檀也一心流布即爲人悉檀也廣令增者即對治悉檀也益者即第一義悉檀也所以者何下釋付也有大慈悲者如來室也無諸慳悋者如來衣也亦無所畏者如來座也佛之智慧者一切智也如來智慧者道種智也自然智慧者一切種智也於如來室中能施衆生三種智慧乃至座中亦復如是如是施主故無慳悋故無所畏汝等當學如來此法是名釋出佛意而付囑之從於未來世下是誡付者若根深智利直說佛慧若不堪者於餘深法中示教利喜佛慧是深而非餘六方便是餘而非深別教次第是餘亦是深汝能以餘深助申佛慧者即善巧報佛之恩是名誡付囑也從時諸菩薩下是第二領受歡喜意領受曲躬低頭是身領受俱發聲言是口領受兼得意領受也如世尊勅者領受大施主如來室意當具奉行領受無慳悋如來衣意願不有慮領受無所畏如來座意佛既三付菩薩三受皆如文爾時釋迦下是第三唱散多寶爲證經故來今迹本二門已訖故須敬遣如故分身爲開塔故集開塔事了故令分身還本塔不可重開故分身去而不現塔猶聽法故閉而尚在問塔若聽法亦應不閉答證正已故閉聽流通故在云云從說是語時下是大衆歡喜諸佛爲化他事遂故喜菩薩爲自行得法故喜又說人清淨故喜佛是也聞清淨法故喜妙經是也聞法獲證故喜現在未來得益者是也三事具足故大歡喜云云

釋藥王菩薩本事品

觀經曰昔名星光從尊者日藏聞說佛慧以雪山上藥供養衆僧願我未來能治衆生身心兩病舉世歡喜號曰藥王此文明一切衆生喜見頓捨一身復燒兩臂輕生重法命殞道存舉昔願令故言本事品也若推此義星光應在喜見之後從捨藥發誓已來名藥王故云云此下五品皆是化他流通今品明化他之師唯願大法大得弘宣大願衆生獲大饒益所以竭其神力盡其形命殷殷虔虔志猶未已庶令弟子宗法如師我傳爾明爾復傳明明明無已師之志也故知此品爲弘法之師也下如妙音觀音兩品明他方大士奉命弘經普現色身形無定準不可牛羊眼看不可以凡庸識度於所聞處勿生輕想輕想則法不染心故知下品爲受法弟子也有人言上諸品諸佛爲佛事此品下菩薩爲佛事此一往耳上品亦有菩薩此下品亦有諸佛云云今明方便品開三顯一圓因已竟安樂行品明乘乘之法壽量明乘果已竟此品下明乘乘之人故十二門論云大乘者普賢文殊大

人之所乘也藥王以苦行乘乘妙音觀音以三昧乘乘陀羅尼以總持乘乘妙莊嚴以誓願乘乘普賢以神通乘乘作此解者於化他流通義便也文爲四一問二答三利益四多寶稱善問爲三一通問遊化二別問苦行三請答如文二答爲二一但答苦行者遊化則指色身三昧或指下二品也二歎經答苦行中先明事本次明本事事本爲三謂時節有佛聲聞國土等悉如文本事爲三一佛說法二修供養三結會然佛普爲一切何獨喜見其是對揚須付流通如今之身子寄一而言諸耳苦行又二一現在二未來現在又二一修行得法二作念報恩報恩又二一三昧力二正報身力身力爲三一燒身二佛稱歎三時節眞法供養者當是內運智觀觀煩惱因果皆用空慧蕩之故言眞法也又觀若身若火能供所供皆是實相誰燒誰然能供所供皆不可得故名眞法也一切衆生下未來苦行又爲五一生王家二說本事三往佛所四如來付囑五奉命任持悉如文任持又四一

起塔二燒臂三利益四現報悉如文佛告下是第三結會古今又爲二一結會二勸修勸修者能然一指勝捨外身外輕內重故功福有異文云妻子者外身也國城等外財也從若復有人以七寶下歎經先歎能持者次歎所持法後明持福深七寶奉四聖不如持一偈法是聖師能生能養能成能榮莫過於法故人輕法重也宿王下第二歎所持法又二初歎法體次歎法用川流江河諸水之中海爲第一者無量義云四水譬教藥草喻中一雲能雨譬說今更諸水總一切教別舉四者譬乳酪生熟四味教也此法華教譬醍醐海也說窮本地爲深徧一切處爲大純明佛法不說餘法爲鹹最爲深大其義如是十寶山名出華嚴及衆經云云土黑鐵圍故非是實十山雖實或一或二神龍雜居須彌四寶所成純天所住譬餘教說能依十地四十心或凡或賢或聖說所依或俗或眞或中是爲卑下此法華經所說諦理常樂我淨如四寶所成開示悟入者之所依是故此義最爲高上星

月同是陰精俱於夜現星無虧盈不及於月諸經說權智不得自在此經明權即實實即權盈虧相指不二而二如此說權智勝餘教也日是陽精獨能破闇諸經明實智破惑尚不及即實而權那得並即權而實故知此經明實智最爲第一輪王號令止在四域釋齊三十三梵號令總上冠下譬餘經說三諦三昧各不相收不得自在此經所說以實相入眞決了聲聞法是諸經之王實相入俗一切治生産業不相違背實相入中諸法無非佛法文云一切學無學及發菩薩心者之父其義如是一切凡夫四果支佛第一者此明任運無功用也餘經要因功用乃得入流如四果人因聞思修方乃得悟此經明無作四諦不雜方便自然流入薩婆若海如太白牛肥壯多力其疾如風云云聲聞支佛菩薩爲第一者此明因第一也餘經明因是七方便今經明因出方便外故因第一也如來第一者此明果也餘經明果近在寂場此經明果遠指本地故最第一此經能救下歎法用初歎拔苦用次十二事歎與樂用後結皆如文從若人得聞下明持經福深先舉全聞經福次舉聞品福有格量有嘱累如文口出香是現報餘是後報得聞是經不老不死者此須觀解不老是樂不死是常聞於此經得常樂之解坦然在懷無所畏忌說是下是第三聞品得益如文第四多寶稱善如文

釋妙音菩薩品

文中自釋昔奉雲雷音王佛十萬種妓今遊化他土音樂自隨昔奉八萬四千寶鉢今爾許道器眷屬圍遶昔得一切衆生語言陀羅尼今以普現色身以妙音聲徧吼十方弘宣此教故名妙音品此品明菩薩以難思之力隨類通經物覩其迹莫測其本但甘其味無擇其形當卑其地自壅其流即是化他門中第二意也文爲六一放光東召二奉命西來三十方弘經四二土得益五還歸本國六聞品進道大人相者大相海也徧體毛功德不及一好功德衆好功德不及一相功德諸相從下向上展轉相勝不及白毫功德白毫功德不及肉髻功德故是大人相也此相業者從孝順師長起今放是光召本弟子使弘中道之經利益大機者也白毫從一道清淨起今放此光令弘此法也問佛一一相皆法界海何故勝負答他經所明宜作此說耳問佛有緣弟子布滿十方何故召東說西不論八方耶答此有所表淨名云日月何意行閻浮提欲以光明除衆闇瞑東是光始西是其終有始有終其唯聖人乎未發心者令其發心未究竟者令其究竟一菩薩旣爾諸衆亦然一方旣爾諸方亦然聖不煩文舉一蔽諸故但言東西耳發來文爲二一發來緣二正發來來緣爲六一經家敘其福慧二被照三辭四誡五受旨六現來相敘福之由由值先佛多也甚深智慧即智慧莊嚴十六三昧即福德莊嚴也光照身辭佛悉如文佛誡者然法身大士故不爾而成所將眷屬或未達者故寄彼而規此耳夫佛身與理相稱不得見卑小而忘其尊蔽此約如來座爲誡也夫師及弟子智斷具足師旣施權弟子亦隱其實此

約如來衣爲誡也夫依報國土皆正報所感如來以慈臨大千宜須高須下勿觀依報而忽正報也此約如來室爲誡也此佛弘經亦勑三意彼尊誡約諸佛道同也受旨者如來力是座力神通力是室力莊嚴力是衣力此受弘經之大旨利物之宗要故能不動此會遊化十方焉現相文爲六一遣蓮華二問三答四請五推功六命來悉如文問若文殊位下辭不應求見若文殊位高相來那忽不識答雖同一位有始中終止此一事不知無忝高位又衆中見瑞不了發起令知故問佛耳從于時下是發來文爲六一與眷屬經歷二敘相登臺三問訊傳旨四請見多寶五世尊爲通六塔中稱善悉如文第三弘經爲二問答初問種何善根二問有是神力善根是問昔神力是問令佛還答二意昔獻樂奉器仍結古今悉如文此答其種善根之問從華德下答其神力之問示三十四凡身四聖人身結成十法界六道耳爾時華德下是問令住何定而能如此自在利益佛答如文說是品下是第四二土利益三昧與陀羅尼體一而用異寂用爲三昧持用名陀羅尼又色身變現名三昧音聲辯說名陀羅尼上品云初得一切色身三昧轉身得一切語言陀羅尼當知音聲猶是色法故言體一用異又舌根清淨名陀羅尼餘根清淨名三昧都是六根清淨法門耳爾時妙音下第五還本土動地雨華者菩薩經歷尚能傍益況佛前放光傍照東方百八萬億那由他土亦傍論利益也第六聞品進道如文

釋觀世音菩薩普門品

此品是當途王經講者甚衆今之解釋不與他同別有私記兩卷略撮彼釋此題有通有別通有十雙別有五隻十雙者一人法乃至第十智斷云云觀世音者人也普門者法也人有多種云云法有多種云云依前問答論觀世音人依後問答論普門法人法合題故言觀世音普門品二觀世音者大悲拔苦依前問答百千苦惱皆得解脫普門者大慈與樂依後問答應以得度而爲說法也三觀世音者智慧莊嚴智能斷惑如明時無闇普門者福德莊嚴福能轉壽如珠雨寶者也四觀世音者觀冥於境即法身也普門者隨所應現即應身也五觀世音者譬藥樹王徧體愈病普門者譬如意珠王隨意所與六觀世音者冥作利益無所見聞三毒七難皆離二求兩願皆滿也普門者顯作利益目覩三十三聖容耳開十九尊教也七觀世音者隨自意照實智也普門者隨於他意照權智也八觀世音者不動本際也普門者迹住方圓也九觀世音者根本是了因種子普門者根本是緣因種子也十觀世音者究竟是智德如十四夜月光也普門者究竟是斷德如二十九夜月邪輝將盡也經文兩問答含無量義略用十雙始從人法終至智斷釋品通名其義如是別論五隻者一觀也觀有多種謂析觀體觀次第觀圓觀析觀者滅色入空也體觀者即色是空也次第觀者從析觀乃至圓觀也圓觀者即析觀是實相乃至次第觀亦實相也今簡三觀唯論圓觀文云普門觀若不圓門不

稱普即此義也世者若就於行先世後觀若就言說先觀後世今從說便故後論世世亦多種謂有爲世無爲世二邊世不思議世有爲世者三界世也無爲世者二涅槃也二邊世者生死涅槃也不思議世者實相境也簡卻諸世但取不思議世也音者機也機亦多種人天機二乘機菩薩機佛機人天機者諸惡莫作諸善奉行也二乘機者猒畏生死欣尚無爲也菩薩機者先人後已慈悲仁讓也佛機者一切諸法中悉以等觀入一切無礙人一道出生死也揀卻諸音之機唯取佛音之機而設應以此機應因緣故名觀世音也普者周徧也諸法無量若不得普則是偏法若得普者則是圓法故思益云一切法邪一切法正略約十法明普得此意已類一切法無不是普所謂慈悲普弘誓普修行普離惑普入法門普神通普方便普說法普成就衆生普供養諸佛普始自人天終至菩薩皆有慈悲然有普有不普生法兩緣慈體既偏被緣不廣不得稱普無緣與實相體同其理既

圓慈靡不徧如磁石吸鐵任運相應如此慈悲徧熏一切名慈悲普弘誓普者弘廣也誓制也廣制要心故言弘誓弘誓約四諦起若約有作無生無量四諦者收法不盡不名爲普若約無作四諦者名弘誓普也修行普者例如佛未值定光佛前凡有所修不與理合從得記已觸事即理理智歷法而修行者無行而不普也斷惑普者若用一切智道種智斷四住塵沙等惑如卻枝條不名斷惑普若用一切種智斷無明者五住皆盡如除根本名斷惑普入法門普者道前名修方便道後所入名入法門若二乘以一心入一定一心作一不得衆多又爲定所縛故不名普若歷別諸地淺深階差亦不名普若入王三昧一切三昧悉入其中不起滅定現諸威儀故名法門普神通普者大羅漢天眼照大千支佛照百佛世界菩薩照恒沙世界皆緣境狹發通亦偏若緣實相修者一發一切發相似神通如上說況眞神通而非普耶方便普者二種道前方便修行中攝道後又二一者法體

如入法門中說二者化用如今說逗機利物稱適緣宜一時圓徧雖復種種運爲於法性實際而無損減是名方便普說法普者能以一妙音稱十法界機隨其宜類俱令解脫如脩羅琴故名說法普成就衆生普者一切世間及出世間所有事業皆菩薩所爲鑿井造舟神農嘗藥雲蔭日照利益衆生乃至利益一切賢聖示教利喜令入三菩提是名成就衆生普供養諸佛普者若作外事供養以一時一食一華一香普供養一切佛無前無後一時等供於一塵中出種種塵亦復如是若作內觀者圓智導衆行圓智名爲佛衆行資圓智即是供養佛衆行資餘智不名供養普衆行資圓智是名供養普門者從假入空空通而假壅從空入假假通而空壅偏通則非普壅故非門中道非空非假正通實相雙照二諦故名普正通故名門普門圓通義則無量略舉其十類則可知此品猶是普現三昧化他流通也文爲三一問一答三聞品得益問答兩番初番問爲二初經家敘時者說東

方菩薩竟次說西方菩薩時也其一說東方生善竟次說西方生善時其二說東方斷疑竟次說西方斷疑時其三說東方得道竟次說西方得道時其四無盡意者大品明空則無盡大集明八十無盡門淨名云夫無盡者非盡非無盡故名無盡總三經用三觀三智釋無盡也意者智也無盡者境也智契於境單從於境應言無盡單從於智應言於意境智合稱故言無盡意也一又意者世出世之本也二又意即法界中道故言能觀心性名爲上定三

此約三智三觀釋名也與問者大經云具二莊嚴能問能答無盡意前以慧莊嚴問觀世音慧莊嚴佛以慧莊嚴答觀世音慧莊嚴也佛答爲三一總答二別答三勸持名答總爲四一人數二遭苦三聞名稱號四得解脫自有多苦苦一人多人受一苦一人受多苦一人受少苦今文百千萬億衆生多人也受諸苦惱多苦也舉多顯少多尚能救況少苦耶遭苦是惡稱名是善善惡合爲機義也而得解脫是應也此是機感因緣名觀世音亦是人法因緣乃至智斷因緣名觀世音後去例如此結名不煩文別答爲三一口機應二意機應三身機應口又二初明七難次結火難爲四一持名是善二遭火是惡三應四結於一難中例爲三番一果報火地獄已上初禪已還皆論機應二惡業火地獄已上非想已還皆論機應三煩惱火地獄已上等覺已還皆論機應七難三毒二求例皆如此此義既廣可以意知不可文記身機爲二初二求次結求男有立願修行德業求女文略修行正言禮拜是同故略之願業各異故重出之結如文從是故衆生下是勸持名爲三勸持格量結歎上述勝名美德不辨形質若欲歸崇宜持名字是故勸持也入大乘論云法身唯一應色則多格六十二億應等一法身也智者云圓人唯一偏人則多格六十二億偏菩薩等一圓菩薩也第二番問爲三云何遊問身云何說問口方便問意此聖人三密無謀之權隨機適應也佛答亦三一別答二總答三勸供養應以者答方便力也現身答其問遊也說法答其問口也凡有三十三身十九說法云云從成就下結別開總別文廣意狹總答文狹意廣云云從是故下勸供養此中見形聞法故勸供養也初勸次受旨受旨爲六奉命不受重奉佛勸即受結皆如文從持地下是聞品功德云云無等等者九法界心不能等理佛法界心能等此理故無等而等也又畢竟之理是無等初緣畢竟理而發心能等於理故言無等等也又心之與理俱不可得將何物等何物而言無等等耶心之與理俱不可說不可說而說說此心等此理故言無等等耳初一是橫釋次一是豎釋次一非橫非豎釋也云云

釋陀羅尼品

此翻總持總持惡不起善不失其一又翻能遮能持能持善能遮惡其二其三此能遮遮惡能持中善其四衆經開遮不同或專用治病如那達居士或專護法如此文或專用滅罪如方等或通用治病滅罪護經如請觀音或大明呪無上明呪無等等明呪則非治病非滅罪非

護經若通方者亦應兼若論別者章須依經勿乖教云云諸師或說呪者是鬼神王名稱其王名部落敬主不敢為非故能降伏一切鬼魅其一或云呪者如軍中之密號唱號相應無所訶問若不相應即執治罪若不順呪者頭破七分若順呪者則無過失其二或云呪者密默治惡惡自休息譬如微賊從此國逃彼國詐稱王子彼國以公主妻之多瞋難事有一明人從其國來主往說之其人語主若當瞋時說偈偈云無親遊他國欺誑一切人麤食是常事何勞復作瞋說是偈時默然瞋歇後不復瞋是主及一切人但聞斯偈皆不知意呪亦如是密默遮惡餘無識者其三或云呪者是諸佛密語如王索先陀婆一切羣下無有能識唯有智臣乃能知之呪亦如是秖是一法徧有諸力病愈罪除善生道合其四為此義故皆存本音譯人不翻意在此也惡世弘經喜多惱難以呪護之使道流通也文為四一問持經功德二答甚多三請以呪護四聞品得益一問如文二答有格量本問多不答甚多格出功德如文請說呪有五番一藥王二勇施三毗沙門四持國五十女藥王為四一請二說三歎四印下例有三如文十女為五一列名二請說三歎四誓五印夜叉翻捷疾鬼羅剎翻食人鬼二部是北方所領者富單那熱病鬼吉遮起尸鬼若人若夜叉俱有此鬼毗陀羅赤色鬼揵陀羅黃色鬼未詳烏摩勒烏色鬼未詳阿跋摩羅青色鬼阿梨樹枝墮地法爾破為七片弒父母破僧是三逆罪外國油者擣麻使生蟲合壓之規多汁益肥此過尤也斗秤輕出重入欺盜之尤近世有小斗出大斗入震銘其背斯罪亦不輕也

釋妙莊嚴王本事品

此因緣出他經昔佛末法有四比丘於法華經極生殷重雖卷舒秘教甘露未霑日夜翹誠晷刻無忘歎云苟非其人乎地非其處乎世間紛愀靜散相乖直爾求閑尚須猒棄況崇道乎於是結契山林志欣佛慧幽居日積衣糧單罄有待多煩無時不乏一餐啗嗜廢萬里之行十旬九飯屈雲霄之志可得言哉其一人云吾等四窮尚不存身法當安寄君三人者但以命奉道莫慮朝中我一人者捨此身力誓給所須於是振錫門閭以求供繼自春至冬周而復始如僕奉大家甘苦無喜慍三人得展其誠功圓事辦一世之益當無量生其一人者數涉人間屢逢聲色坯器未火難可護持偶逢王出車馬駢闐旌旗喑赫生心動念愛彼光榮功德熏修隨念受報人中天上常得為王福雖不貲亦有限也三人得道會而議云我免籠樊功由此王其耽果報增長有為從此死已不復為王方沈火坑良難可救幸其未苦正可開化其一人云此王著欲而復邪見若非愛鉤無由可拔一人可為端正婦二作聰明兒兒婦之言必當從順如宜設化果獲改邪婦者妙音菩薩是昔二子者今藥王藥上二菩薩是昔時王者今華德菩薩是所以白毫東召升紫臺而西引神呪護經使流通而大益說四聖之前緣故名妙莊嚴王本事品又妙莊嚴者妙法功德莊嚴諸根也此王往日於妙法有緣道熏時

熟諸根應淨生雖未獲其理必臻靈瑞感通
嘉名早立例如善吉雖未無諍已號空生故
下文云得清淨功德莊嚴三昧以是義故名
妙莊嚴王也前品說呪護今品說人護人護
尚爾呪護彌良普勸流通也文爲六一明事
本二雙標能所三能化方便四所化得益五
結會古今六聞品悟道事本如文彼佛法中
下第二雙標能所所化一人能化三人俱出
其名別顯二子福慧六度四弘餘經指此爲
十波羅蜜橫法門也三十七助道豎法門也
餘經爲正道行行爲助道今經指十度爲正
呼此是助道也禪度中具有三昧道品中節
節有三昧更標七三昧者廣顯法門耳從時
彼佛下第三能化方便文爲三一時至二論
議三現化初時至者彼佛出世常宣正法於
王緣弱則非其時若說法華則其時矣文云
彼佛將欲引導說法華經即其義也第二論
議文中子白母時至母讓令化父子怨出邪
見家母責令憂念悉如文從於是二子下是
第三現化現化應十八變可具釋之從時父
見子下第四所化得益文爲十一信子伏師
王覩邪變或一或二狹而且陋見子所作歎
未曾有信其子而伏其師問師是誰我亦願
見二父王已信宮中八萬四千又熟白母稱
慶願放出家母亦聽之三重催父母令正其
時佛難值故四化功已著佛歎功德法華三
昧者攝一切法歸一實相如前說離惡趣者
一往以三途爲惡趣具論二十五有皆乘眞
起妄悉是惡趣令皆離之即二十五三昧破
二十五有也佛集三昧者即祕密之藏佛集
其中唯佛行處非餘人也五俱詣佛所聞法
供養見瑞歡喜六佛與受記七出家修行八
稱歎二子九佛述行高十歎佛自誓佛讚善
知識大有義善知識能作佛事此則外護善
知識示教利喜者此則教授善知識所謂化
導令得見佛者此則同行善知識令入菩提
此則實際實相善知識雜阿含云善知識者
若貞良妻此即外護義又善知識者如宗親
財此即同行義又善知識如商主導此即教
授義又善知識如子臥父懷此即實際義也
佛告大衆下是結會古今先結會次結歎二
菩薩也品是下聞品得道如文

釋普賢菩薩勸發品

大論觀經同名徧吉此經稱普賢皆漢語梵
音邲輸颰陀此云普賢悲華云我誓於穢惡
世界行菩薩道使得嚴淨我行要當勝諸菩
薩寶藏佛言以是因緣令改汝字名爲普賢
此即三悉檀意復是因緣解釋又是行願得
名由來從於念處至四善根通稱爲普賢別
約世第一法隣眞近聖稱之爲賢此三藏中
說耳今明伏道之頂其因周徧曰普斷道之
後隣于極聖曰賢若十信是伏道之始非頂
非周隣于初聖之初非後非極乃至第十地
亦非周極況前諸位乎今論等覺之位居衆
伏之頂伏道周徧故名爲普斷道纔盡所較
無幾隣終際極故名爲賢釋論引十四夜月
如十五夜月斯義明矣此約圓教位釋後位
普賢也勸發者戀法之辭也遠在彼國具聞
此經始末既周欲令自行化他永永無已故
自東自西而來勸發具四悉檀意云云文云我

爲供養法華經故自現其身若見我身甚大歡喜其一已見我故轉復精進即得三昧及陀羅尼其二得是陀羅尼故無有非人能破壞者亦復不爲女人之所惑亂其三三千大千世界微塵菩薩具普賢道其四如此明文即四悉檀而來勸發也上判流通爲三從十九行偈已後三品半舉經力大以勸流通藥王品下五品舉菩薩化道力大以勸流通此一品舉普賢誓願力大以勸流通分文爲四一發來二勸發三述發四發益初經家敘發來爲三一上供二下化三修敬自在者理一也神通者行一也威德者人一也名聞者教一也又自在者常也神通者樂也威德者我也名聞者淨也言說如此即一而四德無不備自在義焉淨力故雨華樂力故奏伎神通故動地自在力故隨意而雨隨去隨雨隨動隨奏譬如大龍飛行不息身邊雲雨流起無窮普賢及眷屬以菩薩身用四德力來勸發四一所逕歷處自行上供其事如此從又與諸天龍下所逕歷處下化利益隨他所宜現八部像略

用二力隨所堪任其事如此三者修敬身旋面禮如文勸發爲二一請問勸發二誓願勸發有問有答問者遙聞經竟戀法無已遠來之志志在勸發是故更請正說勸發自行更請流通勸發化他如來若許二途再演光光無極是故雙請也佛答先總次別三結別列四法名如文其既雙請如來巧答略舉四以攝諸何者四法之要該括正通何者佛雖無偏若能遠惡從善反迷還正開權知見顯佛知見者則稱可聖心諸佛護念若佛知見開則般若照明是植衆德本亦是入正定聚不亂不味不取不捨亦是發救衆生當知此四與開權顯實名異體同無二無別又佛護念者是開佛知見植衆德本是示佛知見發救衆生是悟佛知見入正定聚是入佛知見迹門之要此四收矣又迹則有本從本開示悟入故有迹中開示悟入今開迹即顯本本迹無二無別以四法答其請正於義明矣以四法答請流通流通之方唯三唯四發救衆生是入如來室入正定聚佛所護念是著如來衣植衆德本是坐如來座是弘宣之要即四而三發救衆生是誓願安樂行入正定聚是意安樂行植衆德本是口安樂行護念是身安樂行當知後四即前四也一答酬其兩請舉四冠畢一經法華之重演斯經之再宣遠來之勸發其義如此三結者於如來滅後必得是經舊云能行四法於未來世常手得是經今謂不爾上文云諸法實相我已爲汝等說又云咸令衆生開示悟入佛之知見蓋法華之正體能行四法必得此解名解爲經此結其請正之問若能運此解行傳與他人他人得斯信解成初依人能得真解成第二第三第四依人此結其請流通之問此意不見浪作餘說耶白佛下第二誓願勸發文爲二一護人二護法護人爲六一擁其外難初總擁其難故言使無伺求得其便者是也次別擁其難舉十二非是也二教其內法凡三番教訓初行立讀誦乘六牙白象安慰其心次坐思惟復乘六牙教示其經與其三昧也陀羅尼旋假入空也百千旋者旋空出假也方

便者二爲方便道得入中道第一義諦也後三七一心精進復乘六牙示教利喜說呪如文三覆以神力若聞若持莫非神力如文四示勝因若能五種法師即三世佛所爲種爲熟爲脫此人同未來諸佛得脫故言同普賢行此人已於先佛植善故言深種善根此人爲現佛所熟故言手摩其頭五示近果但能書寫近在忉利具五法師欲在兜率如文六總結是故智者下是也從世尊我今神力下是第二誓願護法如文第三述發者即是如來舉勝述成其劣增進行者勇銳弘宣先述護法云汝能如是外多利益內積慈悲又久劫已來作如此護我亦以佛之神力守護是法況復汝耶如文從若有人下述其護人難不次第述成意足當知是人則見釋迦牟尼佛者述其示身教法其尚見我萬德果身況汝因中六牙白象其尚從佛口具足聞經況汝所教忘失章句其尚爲佛口讚手摩佛衣所覆況汝因人陀羅尼覆耶從不貪著世樂下述其舉因廣舉因中無諸過惡少欲知足修普賢行述勝因也從若如來滅後下述其舉近果也其人當詣道場必成遠果況近果耶亦於現世得其近果不但生天也從若人輕毀下述其能攘外難佛廣示毀者之罪令知過必改不相惱亂非但持經者難滅亦乃欲毀者福生無毀無難彼此安樂曠濟無偏慈之至也從應起遠迎當如敬佛述其結信者功德第四從說是下發益之文也一聞品益旋陀羅尼是初地位具普賢道是十地位二聞經益大衆歡喜是也歡喜如前說此中云何猶稱聲聞乃是經家存其本位耳又經家稱其是大乘聲聞以佛道聲令一切聞斯義彌顯也

妙法蓮華經文句卷第十下

妙法蓮華經文句卷第十下

校勘記

一　底本，明永樂北藏本。

一　二〇九頁中六行「化他」，南作「他化」。

一　二〇九頁中一〇行「佛受」，南作「受佛」。

一　二一一頁上一五行第一四字「太」，南、清作「大」。

一　二一二頁下一〇行第一〇字「住」，南作「任」。

一　二一三頁上一八行首字「未」，南、清作「生」。

妙法蓮華經文句卷第二　天台智者大師述　計四十紙　冥

憍梵波提此翻牛呞無量壽稱牛王增一云牛跡昔五百世曾為牛王牛若食後恒事虛哨餘報未盡唼唼常嚼時人稱為牛呞昔五百鴈一鴈常得花果供於鴈王佛一夏受阿耆達王請五百比丘皆噉馬麥而憍梵獨在天上尸利沙園受天王供養增一云樂在天上不樂人間者牛跡比丘第一樂在天上者是隨樂欲世界悉檀也供鴈王福所致者為人也避人笑者對治也天不笑者第一義也云云又云人但觀形不知有德若笑羅漢即得罪避人笑故常居天上天知有德不笑其形故居天也佛滅度後迦葉集千大羅漢遣下座僧使追憍梵憍梵問佛及和尚答言皆滅即言佛出我出佛住我住佛滅我滅四道流注大迦葉所水說偈云云大象既去象子隨世尊和尚既滅度我今在此復何為斯亦第一義也約教者住天園是示善有牛嚼是示惡三藏意也以牛嚼身得道此示惡非惡也居天園而嚼示善非善通教意示界內外善惡者別教意示善惡實相者圓教意本迹者本住四無所畏安住聖主如牛王第一義天迹示牛呞樂居天上也觀心者觀於心性中道之理安步平正其疾如風即牛王觀也離婆多亦云離越此翻星宿或室宿或假和合文殊問經稱常作聲父母從星辰乞子既其感獲因星作名雖得出家猶隨本字假和合者有人引釋論空亭中宿見二鬼爭屍告其分判設依理枉理俱不免害故隨實而答大鬼拔其手足

小鬼取屍補之食竟拭口而去其因煩惱不測誰身故言假和合常作聲者其疑此事若我本身眼見拔去若是他身復隨我行住疑惑猶豫逢人即問汝見我身不故言常作聲眾僧云此人易度語云汝身本是他遺體非已有也即得道也云云增一云坐禪入定心不倒亂者離越比丘第一約教言析破五陰非我所有三藏意體達五陰本非我有通意分別十法界五陰皆非已有別意達五陰非我有非他有見陰即相即圓意本迹者本住日星宿三昧迹示此名觀心者觀心念佛見十方佛多如夜觀星云云畢陵伽婆蹉此翻餘習五百世為婆羅門餘氣猶高過恒水咄小婢駐流恒神為之兩派神往訴佛佛令懺謝即合手小婢莫瞋大眾笑之懺而更罵佛言本習如此實無高心增一云樹下苦坐不避風雨者婆蹉比丘第一約教者滅慢無慢三藏意也即慢無慢通意也分別十法界高下別意也八自在我具足佛法圓意也本迹者本住常樂我淨八自在我微妙梵聲迹示慢心惡口耳觀心者觀麤言輭語皆歸第一義云云薄拘羅者此翻善容或偉形或大肥盛或脿囊或楞鄧或賣性然而色貌端正故言善容也年一百六十歲無病無夭有五不死報後母置熬槃釜中水中魚食刀破皆不死昔持不殺戒故九十一劫命不中夭昔施僧一訶棃勒果故身常無病能持一戒四戒莊嚴堅持不犯不避火水餘人雖持五戒多毀犯也云云身樂寂靜常處閑居不樂眾中眼不樂玄黃等色耳不樂聞

妙法華經文句卷第二　第二張　冥字号

世閒之聲鼻不嗅世閒香臭舌不嘗為人說一兩句語音常在禪定不散亂乃至舍利塔亦樂閑靜阿育王禮諸羅漢塔次至其塔而說偈言雖自練無明於世少利益供二十貝子增一云施一錢而貝子從塔飛出來著王足諸臣驚怪閑靜少欲乃至其塔猶有是力故增一云壽命極長終不中夭常樂閑居不處衆中薄拘羅第一約教者滅喧入真三藏寂靜即喧而真通寂靜離二邊入中別寂靜即邊而中圓寂靜本者本住大寂滅定長壽是常無病是樂不夭是我寂靜是淨居此四德之本迹示六根寂靜耳觀心者心性中道即空即假即中常樂我淨觀也摩訶拘絺羅此翻大膝舍利弗舅由來論勝姊姊爭論則不勝知所懷者智奇辯尚爾何況出胎云云即棄家往南天竺讀十八經時人笑之累世難通一生非異喟然歎曰在家為姊所勝出路為他所輕誓讀不休無暇翦爪時人呼為長爪梵志學訖還家問甥所在人云為佛弟子即大憍慢我甥八歲聲震五竺彼沙門者有何道術誘我姊子徑往佛所思惟良久不得一法入心語佛言一切法不忍忍即安義此言一切法我皆能破使不得安故言一切法不忍佛問汝見是忍不此墮兩負處若我見忍前已云一切不忍若我見不忍無以勝佛即低頭得法眼淨身子扇佛聞異論得阿羅漢果增一云得四辯才觸難能答拘絺羅第一南方天王毗留匐叉常來隨侍約教者外通四韋陀內通三藏三藏四辯也我無所得辯乃如是通教辯

也若名若義徧十法界別教辯也依於實相徧一切辯圓教辯也本者本住口密口輪不思議化大定大慧迹示大膝也觀心者觀心即空即定即假即慧以嚴其心云云難陀亦云放牛難陀此翻善歡喜亦翻欣樂淨飯王偪十萬釋出家即一人也有師言是律中跋難陀約教者事歡喜理無歡喜三藏意也即事歡喜是理歡喜是通教意也歡喜地即別教也歡喜住即圓教意也本者本住實際非喜非不喜迹名歡喜觀心者觀心與理相似相應故名歡喜觀也孫陀羅難陀孫陀羅此翻好愛亦端正難陀如前種姓如那律中說四月九日生短佛四指容儀挺特與世殊異若入衆中有不識者謂言佛來彌沙塞律云摩竭有裸形外道大聰明國人號為智者見者共身子論議結舌善心生欲於佛法出家見難陀色貌殊偉歎云短小比丘智慧難敵況堂堂者乎難陀即度出家婦即孫陀利極端正食息不相離佛與阿難迹行乞食到其門正共婦在高樓食即起迎佛婦言須君還乃共食耳白佛言轉輪王種云何自辱持佛鉢取飯佛即還尼俱類園語阿難令難陀送食來阿難宣佛言令其送飯奉佛佛令剃頭握拳語剃者勿持刀臨閻浮提王頂佛偪不得止仍剃頭明日佛與五百比丘應請求住守寺意欲逃去佛令關房掃地關南北開掃此彼汙復懼佛歸即逃走歸去於路值佛屏身隱樹樹迴升空佛見即喚將還問何故去即答昨與婦別待還乃食憶婦去耳佛將遊天堂地獄云云故以婦

字標之約教者俗諦有法喜真諦無喜三藏教也即俗喜是真喜通教也從通法喜有俗法喜中法喜別教也即通喜具一切法喜圓教也本迹觀心如前云云富樓那翻滿願彌多羅翻慈尼女也父於滿江禱梵天求子正值江滿又夢七寶器盛滿中寶入母懷母懷子父願獲滿從諸遂願故言滿願母名彌多羅尼此翻慈行亦云知識四韋陀有此品其母誦之以此為名尼者女也通稱女為尼通稱男為那既是慈之所生故言慈子增一云我父名滿我母名慈諸梵行人呼我為滿慈子此從父母兩緣得名故云滿慈子是人善知內外經書靡所不知就知滿故復名滿增一云善能廣說分別義理滿願子最第一下文云於說法人中最為第一第一者說滿字也欲還本國利益佛言彼國弊惡汝云何答我當修忍若毀辱我我當自幸不得拳毆拳毆時自幸不得木杖木杖時自幸不得刀刃刀刃時自幸離五陰毒器是為行忍滿故名滿七車喻經中說為大智舍利弗所稱歎一切梵行人皆當縈衣頂戴於汝若見汝者得大利益是為歎滿故名滿約教者殷勤析法所作已辦三藏願滿體達即空空法得證通教願滿法眼具足別教願滿住祕密藏圓教願滿本迹者本願久滿迹為說法第一示衆生知識也觀心者如止觀中人行理等善知識觀也須菩提此翻空生生時家中倉庫筐篋器皿一切皆空問占者占者言吉因空而生字曰空生從依報器皿瑞空以名正報依正俱吉故言空生

也常修空行故言善業若供養者得現報故言善
吉常樂遊止閑林石窟寂靜之處所修行業以空爲
本常入空定住無諍三昧喜說空法有所宣辯皆分
別空將護衆生不令起礙嫌行即住嫌住即行佛忉
利下率土輻湊爭前頂禮端坐石室念諸法空色非
佛乃至識非佛眼非佛乃至意非佛豁然悟道佛告
蓮華比丘尼非汝前禮汝禮色身須菩提前見法身
約教者自有滅色空智生體色空智生從有智生空
智從空智生俗智從俗智生中智空生即有智是圓
空智生而今是圓空智生也本者本住實相法身迹
示見空而生也觀心者不在內外中間非自有是爲
觀心法身也阿難此云歡喜或無染淨飯王異太子
爲金輪霸其宗社忽棄國捐王憂惱殆絕魔來誑之
汝子已死王哭云阿夷語既虛瑞相亦無驗復有天
來云汝子成佛王疑未決須臾信報昨夜天地大動
太子成佛王大歡喜白飯王奏云生兒舉國欣欣因
名歡喜是爲父母作字阿難端正人見皆悅佛使著
覆肩衣有一女人將兒詣井見阿難目視不眴不覺
以綆繫其兒頸中阿含云四衆若聞阿難所說若多
若少無不歡喜欲發問時先爲謦咳大衆皆歡喜四
衆若觀其默行住坐臥指撝處分進止動轉皆歡喜
阿難四月八日佛成道日生侍佛得二十五年推此
佛年五十五阿難年二十五佛時求侍五百請爲如
前說衆勸阿難阿難順從五百皆歡喜目連騰阿難
三願佛言預知識嫌求不受故衣食欲自利益求出

入無時佛印而許佛言阿難勝過去侍過去侍聞說
乃解今佛未發言阿難已解如來意須是不須是皆
悉能知故以法付阿難如來歡喜四天王各奉佛鉢
佛累而按之合成一鉢四緣宛然而此鉢大重阿難
歡喜荷持無倦中阿含第七云阿難侍佛二十五
年所聞八十千揵度皆誦不遺不重問一句念力歡
喜阿難隨佛入天人龍宮見天人龍女心無染著雖
未盡殘思而能不染一切天人龍神無不歡喜佛滅
度後在師子牀迦葉大衆讚曰面如淨滿月眼若青
蓮華佛法大海水流入阿難心自誓坐入涅槃住恐
離車有怨進恐闍王有怨於恒河中入風奮迅三昧
分身爲四分一與天一與龍一毗舍離一阿闍世阿育
王禮阿難塔奉千萬兩金偈歎曰能攝持法身法燈
故法住念感佛智海故設上供養念持多所聞口出
微妙語世尊所讚歎天人之所愛增一云知時明物
所至無疑所憶不忘多聞廣達堪任奉持阿難第一
也海阿難圓也本迹者本住非歡喜非不歡喜法身
約教者歡喜阿難三藏也賢阿難通也典藏阿難別
如虛空智慧如雲雨能持能受迹爲歡喜也觀心與
相似即空即假即中相應是觀心歡喜乃至自觀相
應云云羅睺羅此言覆障往昔塞鼠穴又不看婆羅
門六日由是緣故故言覆障太子求出家父王不許
殷勤不已王言若汝有子聽汝出家菩薩指指妃腹
卻後六年汝當生男在胎六年故言覆障具諦三藏
云羅睺本名脩羅能手障日月翻此應言障月佛言

我法如月此兒障我不即出家世世障我我世世能
捨故言覆障佛出家後耶輸有娠諸釋咸瞋何因
有此欲治欲殺惡聲盈路寶女劬毗羅證之小差因
焚火坑發大誓願我若爲非子母俱滅若眞遺體天
當爲證因抱子投坑坑變爲池蓮華捧體王及國人
始復不疑後佛還國耶輸令羅睺奉佛歡喜丸羅云
以幼稚之年於大衆中徑持上佛耶輸以此息誘謗
由有子故言覆障祖王歡喜雖失其父而獲其子孫
爲金輪吾亦何恨想其長大異神寶至而佛索令出
家父王不許耶輸將上高樓目連飛空來取佛度出
家付舍利弗爲弟子既出家已王位亦失故言覆障
羅睺以沙彌之年喜多妄語國王大臣婆羅門居士
來求見佛羅云答云不在令無量人不得見佛是爲
障他由是妄語佛即訶責行還使羅云洗足脚挑
澡盆三覆三仰然後覆地命令注水羅睺云盆覆注
水不立佛言汝如覆盆於佛法中法水不入今當實
語勿妄語也後時修道殷勤不獲以問佛佛言汝爲
人說五陰未答言未當爲他說竟又問汝說十二
入未說十八界未說法是得道之門若欲得道當爲
他說法因廣說法竟然後得道是爲覆障既已得
道見愛皆除三界生盡故言覆障三界生盡願不能
牽故言覆障佛勑四大羅漢不得滅度待我法滅盡
由是住持于今未得入無餘涅槃故言覆障云云約教
者析法道諦障四住三藏意也體法道諦障四住通
教也次第三智障五住別教也一心三智障五住圓

教也本迹者本住中道障塞二邊八種障障涅槃邊
一種障障生死邊一種非障生死非障涅槃障無餘
也觀心例前可解云云六結如是等衆所知識或言知
衹是識或言聞名爲知見形爲識見形爲知見心爲
識本者本爲衆生作滿字知識迹爲半字知識云云觀
行知識如止觀多知識衆竟次列少知識衆者復有
學無學二千人俱但擧位明數而不歎德呼此爲少
知識衆耳聖與凡絕交亦不分別多識少識特以希
高慕遠者以多識引之藏名隱德退讓者以少識
引之隨順衆生故有若干不可以多少之迹失其本
學無學者三藏中十八種學人九種無學人通教五
地皆名學六地名無學又通教九地名爲學佛地爲
無學別圓中或就功用無功用或就具足未具足明
學無學阿含云外道問佛羅漢更學不佛言羅漢
不作惡法住於善法學其無學即名爲學若爾學
人亦稱無學學人齊其所斷不復更斷即是無學
是爲四句就五方便非學非無學便是五句約四教
中例亦應爾四五二十句本迹者本法身大士居滿
字學無學位衆生應以半字學無學人莊嚴雙樹
也觀者正觀中道不緣二邊中間即是無學能如是
觀是名爲學若就觀門明數者觀色心具十法界
十如界如互論即具三千舉迹故摽本法迹即是本
迹也次列尼衆者舊以此例前爲二衆今不用若例
前爲多識少識二衆者又復無文義亦不可但是舉
兩衆主何須苦名爲大小多少耶先列波闍波提此

翻大愛道亦云憍曇彌此翻衆主尼者天竺女人
通名也本住智度法門迹爲千佛之母生育導師觀
釋者中觀廣博名大無緣慈名愛中理虛通名道大
即自行愛即化他如以愛故受生慈故涉有道即通
自行化他也六千者數也觀門者觀六根清淨具千
功德雖眼有八百耳千二百以多足少數滿六千表
本法門亦是觀行意也羅睺羅母耶輸陀羅者以
子摽母此翻花色亦曰名聞或云無翻溫良恭儉德
齊太子然在家爲菩薩之妻天人知識出家爲尼
衆之主位居無學豈是無名聞衆耶十二遊經出三
夫人第一瞿夷二耶輸三鹿野未曾有及瑞應皆云
羅睺是瞿夷子涅槃及法華皆云是耶輸子二義
云何通或可彼經舉大母此處舉所生釋論瞿毗
陀是寶女不孕即是瞿夷此翻明女故知定是耶輸
子也本迹者妻則齊也豈有博地爲太子妻故知本
住寂定微妙法喜迹爲佛妻悲花云寶藏佛所誓願
爲妻耳觀空無漏法喜即以鹿野表妻觀假道種智
法喜即以耶輸表妻觀中法喜即以瞿夷表妻上當
分明本迹觀心今更摠論顯善權曲巧明觀行精微
夫首楞嚴種種示現稱適根性靡所不爲今且近論
託迹王宮降神聖后法身菩薩皆輔佛行化散影餘
家若三十二瑞金姿誕應諸大士各各出生或空室兩
寶奇辯通夢若皇太子捨國捐王踰城學道諸大
士悉從師請業才藝兼通爲彼宗匠若法輪初啓甘
露門開闡諸大士化緣未熟示同不受分庭抗禮崇

我道眞能化所化全生如乳若所化緣熟則素絲易
染池花早開革凡成聖轉乳成酪師宗爲佛上首弟
子或智慧神通辯才三昧各各第一共輔法王更度
未度重熟已熟於方等座席聞菩薩不可思議功
德恥小慕大恥小則嗚呼自責失於如來無量知見
慕大則不知當云何得佛無上慧如轉酪爲生蘇次
聞般若摩訶衍門初歷色心終于種智令揀小大出
內取與或共或別或偏或圓奉命領知而無希取雖
未頓捨已漸通泰如轉生蘇爲熟蘇次聞法華會天
性定父子授記莂付大乘發三歸一如餘四味同一醍
醐不令一人獨得滅度皆以如來滅度而滅度之法
王法臣大事出世巧用方便初用半字法破二十五
有之繫彷成四枯雙樹利益衆生次用半滿法破二
乘之獨善成菩薩之廣大成四榮雙樹利益聖人後
用常住滿字破二邊之前後成非枯非榮佛祕密藏
究竟利益主將之功畢大誓之願滿故身子目連於
法華而息化聖主贖命斯亦不久文云如我本誓願
今者已滿足如來不久當入涅槃唱滅之言起自於
此二萬燈明迦葉佛等皆於法華究竟今以師弟皆
於此經發迹內祕菩薩道外現作聲聞我實成佛已
來無量億劫以此推之諸大羅漢從法身地俯影隨
緣迹臨萬木爲學無學作男作女示道示俗首楞嚴
力靡所不現方便善權爲若此云云摠明觀者上師弟
施化法身所爲若不作觀方便於行人無益如貧數
寶似盲執燭然心數甚多且約善數如弟子者衆但

舉十人耳十善數者謂信進念定慧善猗捨覺戒此十數輔心王能改惡就善革凡成聖辯一切法門但以十心爲本如十弟子輔佛行化共熟衆生立于佛法也信數對那律天眼第一眼是五根首如諸方以東爲上信於諸數初入佛法也進數對迦葉頭陀第一抖擻勤苦對進數也念數對波離持律第一念力牢強憶持不忘也定數對目連神通第一慧數對身子智慧第一皆可解喜數對阿難多聞第一多聞分別樂樂即喜數也猗數對旃延論體窮微盡理除邪顯正如猗離惡得善放苦入樂也捨數對善吉解空第一若住空平等與捨數相應覺數對富樓那說法第一覺是語本本立則辯說無窮戒數對羅云持戒第一可解十數扶心王能成觀行於一念中深入善法三寶具足王即佛寶數即僧寶所緣實際無王無數即法寶若入實際王數之功用足矣又取通大地十數與心王俱起入善入惡徧通一切謂想欲觸慧念思解脫憶定受也想對富樓那相得假名其人善達假名辯才無滯欲對迦葉迦葉無世間欲而欲於無爲觸對旃延觸入二事更相涉入旃延善論義能窮往復慧即身子可解念對波離念持律之上也思對羅云思是行陰此人實行持戒也解脫對善吉脫名無累此人解空於有得脫憶對那律憶動發取境修天眼易三摩提定數對目連可解受對阿難多聞領持無謬也十人各備衆德爲引導門宜示佛道隨衆生欲欲慧者師身

子乃至欲多聞者師阿難共輔法王各掌一職令觀心亦如是一一心中皆具王數爲成觀故王數相扶而取開悟或於想數入道或於欲數入道隨所宜者心王心數而共攻之化取塵勞諸心而作佛事作此觀未悟觀行如乳若發無漏觀行如酪若破塵沙如生熟蘇若破無明觀如醍醐至醍醐時王數皆畢心心法數不行故名行般若波羅蜜普賢觀云觀心無心法不住法我心自空罪福無主即是無心無數名爲正觀是心數塵勞若不盡者觀則不訖故經言衆生不度我不成正覺即此意也云云第三列菩薩衆者釋論云菩薩爲出家在家四衆攝何故別列荅有菩薩墮四衆中有四衆不墮菩薩中爲其不發心作佛故今別列同發心求作佛者名菩薩衆文爲六一氣類二大數三階位四歎德五列名六結句一氣類者即是菩薩摩訶薩也若具存應言菩提薩埵摩訶薩埵什師嫌煩略提埵二字菩提此言道薩埵此言心摩訶此言大此諸人等皆求廣博大道又成熟衆生故道心大道心之氣類也菩薩多種謂偏通別圓如釋論引迦旃延子明六度齊限而滿者此欲調血衆生爲乳也若大品明有菩薩發心與薩婆若相應者此欲調乳入酪也若大品明有菩薩發心遊戲神通淨佛國土又如淨名中得不思議解脫者皆能變身登座而復受屈被訶者此欲調酪爲生熟蘇也若大品明有菩薩發心即坐道樹成正覺轉法輪度衆生者此是調蘇爲醍醐也

故下文云菩薩聞是法疑網皆已除又云若菩薩不聞法華非善行菩薩道若聞此經即善行菩薩道又涅槃云菩薩不聞涅槃常有希望若聞涅槃希望都息故略有四種也本迹者本地難測或居等覺或齊法王如善財入法界見文殊色像無邊法門深遠本鄰諸佛迹輔釋迦爲菩薩普現色身三昧力散影垂容以口輪不可思議化隨冝廣說可以意知不可以言辯也所以迹引四味歸乎一實譬如鍛礎器諸淳璞成醍醐已一期化息然其本地究竟成就豈是今日始入大乘亦非寂滅道場高山先照若頓若漸皆迹所爲耳觀解者中道觀心雙照二諦名大通至菩提果名道破五住塵勞名成衆生云云八萬人者數也餘經集衆甚多此經何少或是語其大數或譬王論密事不可率土同謀云云約觀心者觀一善心具十法界十界交互具百法界千性相等十善即萬法約八正道即八萬法門也云云皆於阿耨三菩提不退轉者明位也阿耨此云無上道如境妙中說位如位妙中說不退轉者約位行念論不退應四種分別不生三惡道位不退不生邊地諸根完具不受女身即行不退常識宿命即念不退具此名阿鞞跋致地三藏義也若六心已前輕毛菩薩信根未立其位猶退七心已上從初地至六地不退爲凡夫二乘名位不退雖正使已盡而未能徧修萬行其行猶退至七地名行不退而猶起二乘念故有念退至八地道觀雙流入法流水名念不退此名阿鞞跋致地

此乃三乘共十地之義耳地師云十住是證不退十
行是位不退十迴向是行不退十地是念不退此是
別教義不會此經今所不用瓔珞云初地三觀現前
心心寂滅自然流入此亦別教不退今亦不用若華
嚴明初住得如來一身無量身具三不退此圓教不
退此是一實事今用此判位也本迹者本地寂滅尚
非十地況是初住尚非初住不退況復別通別通之
位宜釋餘經列衆圓教之位正在今經諸經論師既
不識迹安能知本所歎既謬毀在其中還成增減兩
謗何謂歎德觀心者三觀即三不退又一心三觀
即一心三不退云云舊云皆得陀羅尼去始是歎德
今取不退轉即具兩意成上屬明位起後屬歎德
舊云歎德作十二句分為四意初三句歎現德次三
句歎往行次四句歎內體後兩句歎外名四意不同
而德居於初故稱歎德歎現又兩初一句歎自行後
二句歎化他歎行為三初句歎行本本從諸佛得
般若次句歎本行行福德也既有福德能資於慧
次句為佛所歎體又三初慈悲歎應身中間兩句
歎心慧報身後一句歎法身歎名為二初句歎名普
聞次句歎能度衆生此之分文極有眉眼數論宗
體殊無趣向若歎通教通教無三身又非入佛慧
名不普聞種種義不成若歎別教別教初地已過
二乘云何七地更起聲聞支佛之念若歎圓教不應
言七地已下無不退之德進退無當覓知歎誰是所
不用今以十三句作橫豎消文一豎約十地義便二

橫約初住義便不退轉者成前即是明位起後即
是歎德以對初地初地名歡喜喜其不退墮二邊入
中道獲三不退故知歎初歡喜地也皆得陀羅尼歎
二地二地名離垢亦名離達離遮諸惡達持衆善
即陀羅尼義故知歎離垢地也樂說辯才歎三地
三地名明地內智明外說辯欲知智在說說有種種
樂說最勝故知歎第三明地也轉不退轉法輪
歎四地四地名燄燄能破闇又能焦炷轉法輪自害
已惑如焦炷破他迷如除闇故知歎第四燄地也供
養百千諸佛歎五地五地名難勝地此地得深禪
定用神通力難勝難及於一念頃徧至十方供養諸
佛故知歎第五地也於諸佛所植衆德本歎六地
六地名現前由得禪能供養諸佛福資種智種智
現前智是德本如植種於地故知歎第六地也常為
諸佛之所稱歎歎第七遠行地此地二智方便出過
一切廣修利益稱會佛心故知歎第七地以慈修身
歎第八不動地正智不動不出三界但以慈熏身應
入五道熏口為說法熏心為設方便正法華具熏三
業故知歎第八地也善入佛慧歎第九地九地名善
慧深入實際妙徹本源此名義最合故知歎第九
地通達大智歎第十地十地名法雲法身如虛空禪
定如大雲智慧如大雨善入佛法名慧巧用佛法名
智互舉耳到於彼岸歎十地內德到三諦之彼岸因
中說果又到在不久也名稱普聞歎十地外德由內
德深廣致令聲名普聞內外相稱若開等覺位者

此二句擬之能度百千衆生者餘地度人或一界至
九界不名能度十地勝前故稱能度諸地悉具衆
功德而今出沒釋者為人情好異故依十地名便故
又豎義易解故作此一途消文耳次橫歎者直約
初住說之餘位位例可解初發心住一發一切發出
過二邊革凡超聖入中道其心寂滅念念流入薩婆
若海故言得不退轉初住遮離取相無知無明等
障持達般若解脫法身等德故言得陀羅尼千信
似解尚能以妙音徧滿三千界何況初住真解口密
功德故言樂說辯才初住能分身百世界作佛論其
實處無量無邊以能作佛說法教化故言能轉不
退法輪初住得不思議神力徧能承事法界諸佛
故言供養百千諸佛初住得實相本能植衆德也
初住開佛知見知見已法與諸佛同故為佛之所稱
歎初住無緣慈普現色身徧應法界故言以慈修
身初住入祕密藏故言善入佛慧初住一心三智無
能障礙故云通達大智初住事理分究竟故言到
於彼岸初住圓德具實與名相稱故言名稱普聞
諸佛世界初住能為十法界而作依止安立救護故
言能度百千衆生初住更有無量無邊不可思議種
種功德略言十三句耳二住去乃至等覺亦復如是
故大品云初阿字門具四十一字功德後荼亦具諸
字功德中間亦爾字等語等功德亦等問此中歎
斷惑德三藏不斷惑可不被歎聲聞尚被歎迹為
通別何不歎德答通歎於迹乃有此義今經正明

圓人不歎方便耳問云何諸句功德皆歎初住耶答曰餘位亦如是何獨初住舊云八地有諸功德不以爲疑今圓歎初住何德不攝初住尚爾何況後位耶法華論云上支下支門揔相別相應知初得不退轉一句是揔此不退有十種示現聞法不退轉即是陁羅尼樂說不退轉即是樂說辯才說不退轉即是轉不退法輪依善知識不退轉即是供養百千諸佛植衆德本斷疑不退轉即是爲諸佛稱歎入事不退轉即是以慈修身入一切智如實境不退轉即是善入佛慧依我空法空不退轉即是通達大智入如實境不退轉即是到於彼岸應作所作不退轉即是度百千衆生故初揔句即是上支次諸別句即是下支記中橫歎初住德即與此意同也論云二者攝取事門者示現諸菩薩住何等清淨地中因何等方便何等境界何等應作所作故若從此義作豎歎菩薩德亦無妨觀心解歎德者不退轉如前說陁羅尼者空觀是旋陁羅尼假觀是百千旋陁羅尼中觀是法音方便陁羅尼又空觀觀心但有名字即聞持陁羅尼假觀觀心無量心心心數法皆是法門即行持陁羅尼中觀觀心心即實相即是義持陁羅尼假觀觀心具十法界法即法無礙辯中觀觀心十法界皆入實相即義無礙辯空觀觀心十法界但有名字語言即辭無礙辯觀一心即三心三心即一心一界一切界旋轉無礙即樂說無礙辯空觀是轉位不退法輪假觀是轉行不退法輪中觀是轉念不退法輪供養佛者秖是隨順佛語今順佛教修三觀心即是供養佛爲破五住得解脫故即供養法三諦理和即供養僧又衆行心資觀智心即供養佛觀智心開發境界即供養法境智心和即供養僧實相心是觀智心本觀智心是衆行心本得本種植則立故言植衆德本觀智心冥於境界境界印於觀智智有所照常與境合即是爲佛所歎空觀爲法緣慈所薰假觀爲衆生緣慈所薰中觀爲無緣慈所薰空觀入通佛慧假觀入別佛慧中觀入圓佛慧空觀到一切智彼岸假觀到道種智彼岸中觀到一切種智彼岸空觀聞於真諦假觀聞於俗諦中觀普聞中道第一義諦亦普聞三諦空觀度四住百千衆生假觀度塵沙百千衆生中觀度無明百千衆生一心三觀有無量德歎不能盡止略談耳五列名者大士大名或從法門或從行德或從本願雖是一名備無量義今依經依觀銷十八菩薩名文殊師利此云妙德大經云了了見佛性猶如妙德等無行經云滿殊尸利普超云濡首思益云雖說諸法而不起法相不起非法相故名妙德悲花云願我行菩薩道所化衆生皆於十方先成正覺令我天眼悉皆見之我之國土皆一生菩薩悉令從我勸發道心我行菩薩道無有齊限寶藏佛言汝作功德甚深甚深願取妙土今故號汝名文殊師利在北方歡喜世界作佛號歡喜藏摩尼寶積佛今猶現在聞名滅四重罪爲菩薩像影響釋迦耳觀心性理三德祕密不縱不橫故名妙德觀世音者天竺云婆婁吉低稅思益云若衆生見者即時畢定得於菩提稱名者得免衆苦故名觀音悲花云若有衆生受苦稱我名者念我者爲我天耳天眼所見聞不得免苦不取正覺寶藏佛云汝觀一切衆生生大悲心今當字汝爲觀世音此下文自釋名云云觀心釋者三智名觀三諦名世三觀是語本故名音得大勢者思益云我投足之處震動三千大千世界及魔宮殿故名大勢至悲花云願我世界如觀世音等無有異寶藏佛言由汝願取大千世界故今當字汝爲大勢至觀心釋者三止爲足投三諦地動十法界一切見愛所住之處皆悉傾動云云不休息者思益云恒河沙劫爲一日夜是三十日爲月十二月爲歲過百千萬億劫得值一佛如是值恒河沙佛行諸梵行修習功德然後受記心不休息故名不休息觀心者觀空不住空出假不住假而入中不住中雙照二諦名不休息寶掌者普超云彼上德鎧乃至佛無能沮敗今釋大乘若於夢中不忘二乘常以實心諸通慧心爲人講宣於珍寶心無所貪惜故名寶掌觀心者不思議三諦名之爲寶一心三觀名之爲掌以此觀掌執此諦寶自利利他故云寶掌藥王者悲花云願賢劫一千四佛初成道我皆供養諸佛入滅我皆起塔劫盡苦惱我皆救護刀兵疾疫作大醫王然後作佛寶藏佛言今當字汝爲火淨藥王在後作佛即樓至如來觀心釋云云此下欠釋七菩薩

跋陀婆羅者此言善守亦云賢守思益云若衆生聞
名者畢定得三菩提故名善守觀解者中道正觀
於諸善中最爲上首故言善守彌勒者此云慈氏
思益云若衆生見者即得慈心三昧故名慈氏賢愚
云國王見象師調象即慈心生從是得名慈氏悲花
云發願於刀火劫中擁護衆生今觀解者中道正觀
即是無緣大慈慈善根力令諸心數皆入同體大慈
法中離諸不善故稱慈氏又云慈乃姓也名阿逸多
此翻無勝下文云云此下大釋寶積導師者思益云於
墮邪道衆生生大悲心令入正道不求恩報故名導
師觀解者三觀妙智導一切行不墮二邊皆入正觀
故名導師未釋者俟後追註云云六如是下是結句也
第三列雜衆者舊云凡夫衆此中有聖舊云俗衆此
中有道舊云天人衆此中有龍鬼皆不便今呼爲雜
衆意則兼矣所謂五道三界八番是故言雜方等經
亦列地獄中陰經亦化無色此皆隨機適現不可一
例作並復不可定其次第舊云人是主主讓諸客在
前無量義經祇與此經同席明國王國臣國士國女
不論賓主相讓出經家趣列在文或有別意未詳今
觀此文有八番先標帝釋次列四王前龍後鳥鬼神
重出爲此義故呼爲雜衆不可言其次第又雜衆者
此中有得道未得道者雜果報與形服雜故言雜其
中得二乘道者無漏智與無明煩惱雜故言雜其中
得菩薩道者漚和與衆機雜故言雜其中得佛道者
一法具一切法故言雜雜義如是豈可以凡夫形俗

判之復不可以五道人天等判之故言雜也此是約
教釋云云釋提桓因因陀羅或云旃提羅此翻能作作
忉利天主忉利此翻三十三四面各八城就喜見城合
三十三共居須彌頂須彌此翻安明四寶所成高廣
三百三十六萬里此是欲天之主故前列雜阿含四十
云有一比丘問佛何故名釋提桓因答本爲人時行於
頓施堪能作主故名釋提桓因何故名富蘭陀羅爲
人時數數行施故何故名摩伽婆本爲人時名故何
故名娑婆羅本爲人時此衣布施故何故名憍尸迦
本爲人時姓故何故名舍脂鉢低舍脂是婦鉢低是
夫何故名千眼本爲人時聰明於一時坐思千種義
觀察稱量故名千眼何故名因提利爲三十三天主
瓔珞第三云天帝名拘翼教門者阿含中帝釋是
阿那含般若明十方難問般若者皆名釋提桓因別
圓中明釋提桓因得首楞嚴三昧内證不同過賢劫
二千二十四劫作佛號無著世尊云云本迹者十住行向
即三十十地爲一等覺爲二妙覺爲主同棲第一義
天共服實相甘露即本也居須彌頂迹也觀心解者
自行十善勸他隨喜此三十善皆空皆假皆中即是
三十三觀門也名月等三天子是内臣如卿相或云是
三光天子耳名月是寶吉祥月天子大勢至應作普
香是明星天子虛空藏應作寶光是寶意日天子觀
世音應作此即本迹釋也觀解者三觀即三智三智
即三光從三諦生三智諦即天智即子云云四大天王
者帝釋外臣如武將也居四寶山高半須彌廣二十

四萬里東提頭賴吒此云持國亦言安民居黃金山
領二鬼揵闥婆富單那南毗留勒叉此云增長亦云免
離居瑠璃山領二鬼薛荔多鳩槃荼西毗留博叉此
云非好報亦云惡眼亦云雜語居白銀山領二鬼毒
龍毗舍闍北毗沙門此云種種聞亦云多聞居水精
山領二鬼羅刹夜叉各領二鬼不令惱人故稱護世本
迹者本爲常樂我淨四王護持佛法不令外人取其
枝葉斫截破壞常王護東方常無常雙樹樂王護南
方樂無樂雙樹我王護西方我無我雙樹淨王護北
方淨不淨雙樹枝榦論常華論我果論於樂茂
葉論淨護此華果常能利益一切衆生故迹爲四王
而護世也觀解者觀四諦智即是四王二諦下除愛
見二惑即是護八愛見也次忉利上有燄摩此翻善
時大論云妙善去忉利三百三十六萬里善時上有兜
率陀此翻妙足去燄摩如地遠而不列者略耳何者
下天鈍上天著樂尚知來集況不著不鈍而不來耶
自在即第五天自在即第六自化五欲他化五欲云云
有人言是色界頂大自在此不應超至彼也本迹者
此兩天本住自在自在王等定迹爲兩天耳觀心者
入空是自在觀入中是大自在觀云云次列色界天娑
婆此翻忍其土衆生安於十惡不肯出離從人名土
故稱爲忍悲花經云云何名娑婆是諸衆生忍受三
毒及諸煩惱故名忍土亦名雜雜九道共居云云梵者
此翻離欲除下地繫上升色界故名離欲亦稱高淨
尸棄者此翻爲頂髻又外國喚火爲樹提尸棄此王

本修火光定破欲界惑從德立名賦經標梵王復舉
尸棄似如兩人使釋論正以尸棄爲王今經舉位顯
名恐目一人耳住禪中間内有覺觀外有言說得主
領爲王單修禪爲梵民加四無量心爲王也初禪有
梵衆梵輔大梵今舉王攝諸也光明者二禪也此有
少光無量光光音三禪有少淨無量淨徧淨四禪有
密身亦無挂礙無量密亦受福密果亦廣果無想密
亦無想又有五那含不煩不熱善見善現色究竟亦
大自在即摩醯首羅經文存略不具出但等等此諸
天也例有教門本迹觀心自思之次列八龍者難陀
名歡喜跋名善兄弟常護摩竭提雨澤以時國無
饑年瓶沙王年爲一會百姓聞皆歡喜從此得名即
目連所降者也居海中本迹解者本住歡喜地迹居
海門觀解者三觀即中道生法喜也娑伽羅從居海
受名華嚴所稱舊云因國得名本住智度大海迹
處滄溟和修吉此云多頭亦云寶稱居於水中本住
普現色身三昧迹示多頭也觀者入假之觀分別無
量法門也云云德义迦此云現毒亦云多舌或云兩舌
本住樂說無礙辯法門迹示多舌阿那婆達多從池
得名此云無熱無熱池長阿含十八云雪山頂有池
名阿耨達池中有五柱堂從池爲名龍王常處其中
閻浮提諸龍有三患一熱風熱沙著身燒皮肉及骨
髓以爲苦惱二惡風暴起吹其宮殿失寶飾衣等龍
身自現以爲苦惱三諸龍娛樂時金翅鳥入宮搏撮
始生龍子食之怖懼熱惱此池無三患若鳥起心欲
往即便命終故名無熱惱池也本住清涼常樂我淨
迹處涼池觀者三觀妙慧淨五住之煩惱免二死之熱
沙云云摩那斯此云大身或大意大力等修羅排海淹
喜見城此龍縈身以遏海水本住無邊身法門迹
爲大體觀者中道正觀其性廣博云云漚鉢羅此云黛
色蓮華池龍依住從池得名本住法華三昧迹居此
池觀者三觀即是修因因即蓮華也正法念經云龍
爲諸天保境修羅興兵前與龍鬪故知爲天所管
也次列四緊那羅亦云眞陀羅此云疑神似人而有
一角故號人非人天帝法樂神居十寶山身有異相
即上奏樂佛時說法諸天弦歌般遮于瑟而頌法門
舊云法緊奏四諦妙緊奏十二因緣大緊奏六度持
緊總奏前三今言奏四教法門也本住不可思議不
起滅定安禪合掌以千萬偈讚諸法王迹寄弦管歌
詠十力觀者觀音聲即空即假即中隨順三諦即是
讚佛也四乾闥婆此云嗅香以香爲食亦云香陰其
身出香此是天帝俗樂之神也樂者幢倒伎也樂音
者鼓節弦管也美者幢倒中勝品者美音者弦管中
勝者也阿修羅者此云無酒四天下採花醞於大海
魚龍業力其味不變瞋妬誓斷故言無酒神亦云不
端彌天安師云質諒質諒直信也此神諂曲不與名
相稱有二種鬼道攝者居大海邊畜生道攝者居大
海底婆稚者此云被縛或云五處被縛或云五惡物
繫頸不得脫故云被縛亦云有縛爲帝釋所縛本
能五繫繫魔外道迹爲此緣耳正法華云最勝觀者
以三觀智縛五住惑入實際中佉羅騫馱此云廣
肩胛亦云惡陰涌海水者正本云寶錦本住權實二
智慈荷衆生故迹爲廣肩胛觀者三觀能鼓覆五
住生死大海也毗摩質多此云淨心亦云種種疑波
海水出聲名毗摩質多即舍脂父也觀佛三昧云光
音天生此地地使有欲入海洗不淨墮泥變爲卵八
千歲生一女千頭少一二十四手此女戲于水水精入
身八千歲生一男二十四頭千手少一海水波音名爲
毗摩質多索乾闥婆女生舍脂帝釋業力令其父居
七寶殿納爲妻後讒其父遂交兵脚波海水手攻善
見帝釋以般若呪力不能爲害正本云燕居本者色
心本淨迹爲此名觀者正觀中道即是淨心羅睺羅此
云障持障持日月者也是畜生種身長八萬四千由旬
廣千由旬寶珠嚴身觀天女天園林若四天下人孝養父
母供養沙門者諸天有威力上空雨刀若不爾諸天
入宮不出又日放光照其眼不能得見舉手掌障
日世人咸言日蝕怪儉種種邪說掩月亦如是或作
大聲世人言天獸吼儉亂王衰種種邪說怖日月時
倍大其身氣呵日月日月失光來訴佛佛告羅睺
莫吞日月羅睺支節戰動身流白汗即放日月日月
力衆生力佛力衆因緣故不能爲害昔有婆羅門
聰明廣施四千車載食於曠野施有一佛塔惡人所
燒即以四千車載水滅火救塔歡喜發願願得大
身欲界第一既無正信好鬪愛戰喜施故生光明城
作羅睺羅修羅主也正本云吸氣本觀云云次列四

迦樓羅此云金翅翅翮金色居四天下大樹上兩翅相去三百三十六萬里有人言莊子呼爲鵬鵬行衆鳥畏之亦稱爲鳳皇私謂鳳不踐生草噉竹實捿乳桐金翅噉龍云何是類大威德者威勝羣輩又威懾諸龍也正本云具足大身者羣輩也大滿者龍恒充滿己意也如意者頸有此珠也正本云不可動迦樓鳥有神力雄化爲天子雌變爲天女化已住處有寶宮亦有百味而報須食龍胎能噉胎不能噉三卵能噉二溼能噉三化能噉四觀佛三昧經云正音迦樓一日山東噉一龍王五百小龍三方亦爾周而復始壽八千年臨終失勢欲噉龍子龍母嗽之不得食即嗔從金剛山透海穿地輪過不能過風輪風彈之從故孔湧到金剛山如是七返還山頂命終肉裂火起將燒寶山難陀兩兩滅之肉爛心衝風輪亦七返墮山上成如意珠龍得之即爲王人王亦感此珠者也次列人者韋提希母也翻思惟頻婆娑羅此翻摸實父也阿闍世者未生怨或呼爲婆留支此云無指內人將護呼爲善見善見之名本也無指之稱表迹大經云阿闍名不生世者名怨以不生佛性故則煩惱怨生煩惱怨生故不見佛性不生煩惱即見佛性又阿闍者名不生世名世法以世八法所不汙故故名阿闍世此是本義也普超經云阿闍世從文殊懺悔得柔順忍命終入賓吒羅地獄即入即出生上方佛土得無生忍彌勒出時復來此界名不動菩薩後當作佛號淨界如來其迹既爾本豈可量說

法華時預清淨衆至涅槃時引逆罪者何異迦葉於法華受記於涅槃不堪付囑不可迷迹而惑其本也觀解者貪愛母無明父害此故稱逆逆即順也行於非道通達佛道問佛在人中說法列人衆何少答文略不載人實不少文云及諸小王轉輪聖王等無量義中列四輪王國王國臣國民士女其衆則廣問天人龍鬼皆見佛聞法地獄一道無色一界何意不列答此義今當辨夫諸道升沈由戒有持毀見佛不見佛由乘有緩急然持戒有麤細故報有優劣持乘有小大見佛有權實且略判戒乘各爲三品依涅槃一句開爲四句釋之其義則顯一戒乘俱急二戒緩乘急三戒急乘緩四戒乘俱緩若通論戒乘一切善法一切觀慧皆得稱戒亦皆是乘人天五乘即是其義道共等戒悉是通意也今就別判三歸五戒十善八齋出家律儀乃至定共能防身口遮惡道果得人天報者名之爲戒若聞經生解觀智推尋四諦十二緣六度生滅無生滅等智能破煩惱運出三界者名之爲乘故大品云有相之善不動不出無相之善能動能出即此義也若戒乘俱急者持下品戒戒急報在人中持小乘乘急以人中身於三藏教時見佛聞法持中乘乘急以人報身於通教大乘乃至帶方便諸大乘經時見佛聞法持上乘乘急以人報身於華嚴法華等教及諸教中圓見佛聞法預列爲同聞衆者是也若持中品戒急報在欲界天持小乘乘急以欲界天身於三藏時見佛聞法餘如上說若持上

品戒急加修禪定報在色無色天等持小乘乘急以色無色天身於三藏中見佛聞法餘如上說釋第一句竟若戒緩乘急者三品戒皆緩報墮三途持小乘乘急以三途身於三藏中見佛聞法餘如上說釋第二句竟若戒急乘緩者三戒急故受欲界人天及色無色天身三乘緩故佛雖出世說三乘法愛著樂報耽荒五欲不見佛不聞法舍衞三億家及諸不見聞者三界著樂諸天等是也釋第三句竟若戒乘俱緩者受三途報不見佛不聞法也釋第四句竟此文不列地獄者以其戒緩苦重報隔上乘又緩不能於法華見佛聞法餘經有列者餘乘急耳又不列無色天者上戒急故受天身著定味上乘緩故不能於法華見佛聞法餘經有列者有餘乘急耳若得此意二勘天龍八部皆識本緣緩急來不來義悉可解廣釋如淨名疏又識權者引實本迹義轉明將此勘己觀行三世因果朗然可識各禮佛足者總結衆集也爾時世尊下訖品名別序文爲五一衆集二現瑞三疑念四發問五答問光宅逆順生起由衆集故現瑞乃至由問故答答由於問乃至瑞由衆集此乃翻覆緣起鉤鎖相連序於正意竟自未顯直是因緣一釋尚自不明況二三四緣了無趣向今明五序序正中四一集衆敍人一現瑞敍理一疑念敍行一問答敍教一此則因緣釋也約教者此序序正非三藏非通非別乃是序於圓正耳約本迹者若以序序壽量中本地四一者此義自可知不復記觀心可解云云就衆集又

二初衆集威儀次衆集供養法華論目此爲威儀如法住四衆者舊云出家在家各二合爲四衆此名局意不周今約一衆更開爲四謂發起衆當機衆影響衆結緣衆發起者權謀智鑒知機知時擊揚發動成辦利益如大象蹴樹使衆子得飽所謂發起令集發起瑞相乃至發起問荅等皆名發起衆當機者宿植德本緣合時熟如癰欲潰不起于座聞即得道此名當機衆影響者古往諸佛法身菩薩隱其圓極匡輔法王如衆星遶月雖無爲作而有巨益此名影響衆結緣者力無引導擊動之能德非伏物鎮嚴之用而過去根淺覆漏汙雜三慧不生現世雖見佛聞法無四悉檀益但作未來得度因緣此名結緣衆比丘衆既爾餘三衆亦然合十六衆類如大通智勝佛時王子覆講即彼時發起衆聞法得道即彼時當機衆聞法未度而世世相值于今有住聲聞地者即彼時結緣衆彼佛世時尚有四四十六衆今佛道同寧得無耶此是圓教十六衆約三教亦例可知本迹可解觀心者研境作觀在名字觀行位中即成結緣衆入相似位即成當機衆入分真位即成發起影響衆云云圓遶者佛初出世人未知法淨居天下化爲人像到已右旋旋已敬禮禮已卻坐聽法因於天敬人以爲楷此因緣解也圓遶者行旋威儀也表四門機動俱見圓理以圓對偏例有四義即教門解也又佛身周帀相好莊嚴四旋瞻仰增念佛定即觀心解也若觀佛色身得見法身即本迹解供養者通

三業皆是供養別論卑謹虔禮名恭敬至念專注名尊重發言稱美名讚歎施其依報名供養此中文略具辯應如無量義經廣說天廚天香天鉢器等即是供養大莊嚴菩薩及八萬大士合掌叉手即是恭敬一心瞻仰即是尊重說七言偈即是讚歎云云論衆集指彼文者彼經衆集說法竟儼然不散即彼座席似說法華故知三業供養不得有異用彼廣釋此略於義無咎從爲諸菩薩說大乘經下訖以佛舍利起七寶塔是現相序瑤師明七瑞此土開六他土總一光宅此彼各六瑞此六者動則說法度人靜則入定觀理動靜爲一雙上天雨四花下地六種動上下爲一雙大衆內懷歡喜如來外放光明內外爲一雙今謂尋文起盡如光宅若取名義便易表報之意並自未彰今明智定因果感應爲三雙智則指一說多定則諦緣義處因則四位天花果則六處地動感則大乘機發應則圓毫照之此六皆稱瑞相者文云今相如本瑞瑞秖是相耳人情分別以密報爲瑞奇異爲相相何所報妙理玄賾說之至難人情悠悠不能尊重先以異相駭變常情情既變而生欽渴故以異釋相以報釋瑞略明六瑞表報十妙感應妙中已說今更道說法瑞表報說法妙智妙入定瑞表報行妙雨花瑞表報位妙地動瑞表報境妙乘妙衆喜瑞表報眷屬妙利益妙放光瑞表報感應妙神通妙是故六種俱名現相序說大乘經者善戒經有七大一法大謂十二部毗佛略也二心大謂求於菩提也三解大謂解

菩薩藏也四淨大謂見道淨心云云五莊嚴大謂福德智慧也六時大謂三僧祇行行也七具足大謂以相好自嚴得菩提也六是因大七是果大因大果合爲大乘經也今將十妙義揀經應可解生師云無相空理大乘之本封三乘久頓說無三不能取信故說無相爲法華序觀師意同若爾般若淨名皆應是序何獨無量義耶彼釋云如此由五時故後教得起更問若爾無量義與諸經皆通途相生非關別序基師云空理無形故云無量序意同前難亦如是印師云無相善有成佛義故言無量又云彼經不說有三無三有異大品非法華所指指者不來秦地今謂此經是宋元嘉三年慧表比丘於南海郡朝廷寺遇曇摩耶舍受此本還武當山永明三年始傳於世經既已來豈可送還天竺光宅云無量義以萬善同歸能成佛道法華正明無二無三破三與一爲異故即爲序若言萬善同歸二三何不同歸二三若歸序正不異若言破二破三何不破萬破二破三則無二無三既其破萬是則無序取經互舉意爲異者不成異也異意不顯序義亦不成也劉虬注云無相爲本無相一法含義不背若含義不背即是有相何謂無相尋諸師各偏一種若言有相之善有成佛義此三藏意耳若言無相之善有成佛義此通教意耳若言含法不背此別教意耳並他經所明皆非序法華意耳若法華論列十七種皆法華之異名無量義者即法華之一名也今申論意佛直說此名而入此定故得

為序大品金光明涅槃皆先唱名於序無妨今經文殊引古佛亦名無量義又云當說大乘經名妙法蓮華此亦序中唱名與論意同也今按彼經釋無量義者從一法生其一法者所謂無相無相不相名為實相從此實相生無量法所謂二法三道四果今釋此文無相者無生死相也不相者不涅槃相也涅槃亦無故言不相無相指中道為實相也二法即頓漸頓謂華嚴頓中一切法也漸謂三藏方等般若一切法也三道即三乘四果即羅漢支佛菩薩佛此等諸法名為無量實相為義處從一義處出無量法得為無量法入一義處作序譬如算師從一算下諸算除諸算歸一算由下故除下為除序從一派諸收諸歸一開為合序亦復如是如此消釋不違彼經論亦與此經合云云復次無量義讚偈明法身百非洞遣應為丈六紫金輝普賢觀明常樂我淨四波羅蜜住處前後兩文皆明常豈有中間壽量而是無常耶他難云序已說常正何所道今反難之涅槃以純陀是序已開常宗正何所道他又例淨名序金剛無為無數而正說不明常法華亦應爾今還反難之純陀序常涅槃正應無常今論序常正常何疑也教菩薩法者無量義處用教菩薩也義處即諦理也下文普令一切衆亦同得此道又云若我遇衆生盡教以佛道即此意焉佛所護念者無量義處是佛自所證得是故如來之所護念下文云佛自住大乘也雖欲開示衆生根鈍久默斯要不務

速說故言護念佛說經已入無量義處三昧者慧定相成非禪不智須先入定非智不禪故先說法即智而定即定而智先後入出無有隔礙疑者云若未說無量義可入斯定說此經已何故入定釋言先入此定後說此經可解說此經竟而更入者是為法華作序耳何者若不先開則後無所合先入開定為合定作序稱為瑞相即此義焉若作次第者先入無量義三昧已應入法華三昧若明文影顯時衆則知何俟彌勒殷勤文殊斷固故知作序其義轉明身心不動者與所緣之處相應也身之本源湛若虛空心之理性畢竟常寂大通智勝身體及手足寂然安不動其心常憺怕未曾有散亂身若金剛不可動轉心若虛空無有分別無量義處三昧法持於身心故不動也稱為無量者此定寂而常照能知世間從此一法出無量法也若作序義身法體動運今令不動運心法體分別今令不分別序義明矣問瑞相本論奇異說法入定佛之恒儀何得為瑞答說法雖竟時衆不散肅有所待故知前之說法舉衆來集待於後聞此事奇特與常說異何意非瑞雖入開定意在合定與常入定有異何意非瑞相耶又文殊引古佛六瑞皆有此事若昔非瑞相何以證今古同然豈可以凡情而非之耶天雨四花者舊云小大白小大赤正法華云意花大意花濡嚮花大濡嚮花釋論十九云天花妙者名曼陀羅又七十九云八百比丘成佛國土常雨五色曼陀羅花舊雨小大白表在家二

衆小大赤表出家二衆表其昔來因而未果今謂此解狹而不當直論四衆收三藏中十六衆尚不盡況復四十八衆是故為狹夫花相密報其因四衆昔來已是因何俟花報若報其果天應雨實何故雨花故云不當今言雨花明其昔因非佛因三藏中因是二乘因通中因是共因別中是菩薩因皆非佛因今天雨花報其當獲佛因佛因者即四輪因也小白表銅輪習種性開佛知見也大白表銀輪性種性十行示佛知見也小赤表金輪道種性十迴向悟佛知見也大赤表琉璃輪聖種性十地入佛知見也四輪皆同是因是因由中而生故從天而雨由是因位故以花表之但因有趣果之義故而散佛上如此因果誰當感剋秖是此會時衆故言及諸大衆也下文殊釋疑吹大法蠡等四句又正說中開示悟入又與大車中遊於四方節節相承皆是位義故知花表因位也問四輪是別位義那得釋圓位耶答名通義圓尚無所失況名別義圓而不得用耶問別義暨聖圓亦有耶答已如玄義若言四花俱從天雨表四衆當同成一因如此釋者出三藏義未出通義若言四衆同是菩薩因者此釋出通義未出別義並非佛因皆非法華意也法華意如前說普佛世界地六種動者舊云動三乘人因果決定六執者此破三藏家三乘六執未破通教三乘六執通教約法三人因果同若約人三人因果異此之同異俱被破而舊家破意不破此也別教無三乘名則無六執舊

所不破今明別家因時三法縱横果時三法亦縱横此則須破今釋地六種動表圓家六番破無明無明磐礴未曾侵毀方將破壞故動地以表之無明若轉即變爲明故普佛世界六種震動也六種表住行向地等妙六番也優婆塞清淨行經云菩薩生時動地示此生已盡無復煩惱一切衆生應得道者煩惱將滅故動即此義也本迹解者如文殊釋疑引古佛爲答密得此意即是識本非謂他佛昔現斯瑞而我世尊本亦斯瑞非今一反也（云云）觀行者動六根也地相堅固如六根冰執未曾入大乘之道動難動之地表淨未淨之根東涌西沒者東方青主肝肝主眼西方白主肺肺主鼻此表眼根功德生鼻根煩惱互滅鼻根功德生眼中煩惱耳滅餘方涌沒表餘根生滅亦復如是六動者動起涌震吼覺二中又有三謂動偏動等偏動直動爲動四天下動爲偏動大千動爲等偏動餘五亦如是合十八種動此即表淨十八界也（云云）次明大衆心喜瑞者衆見雨花地動知甘露將降欣躍内充表大機當發感於勝應問喜怒人之常情何得爲瑞答天花悦眼地動震心大經云動時能令衆生心動花地是外瑞心喜是内瑞非常之喜昔雖曾有而不爲喜所動而能一心觀佛何得非瑞若言歡喜動陰心者人天義也若喜動真諦無漏心者藏通義也若喜動即假心者別義也喜動實相心者圓義也次明佛放光瑞即表應機設教破惑除疑白毫具種種功德觀佛

海三昧經云佛初生時牽長五尺苦行時長一丈四尺得佛時長一丈五尺其毫中表俱空如白琉璃筒内外清淨從初發心中間行行種種相貌乃至入涅槃一切功德皆現毫中毫在二眉之間即表中道常也其相柔輭表樂卷舒自在表我白即表淨放光破闇表中道生智慧光照此土他土表自覺覺他復次二乘雖達二諦不知中道如有二眉而無白毫別教雖知三諦不能毫中具一切法當知從初至後法界中事悉現毫内者即表圓教之意復次衆經明放光不同大品從足下千輻輪相乃至頂髻一一各放六萬億光明如彼廣說大經面門放光此經白毫放光緣宜不同耳又收光不同育王經云收從背入欲記過去事收從前入欲記未來事而不見記現在事私謂脅入應記現在事也足入記地獄踝入記畜生腳指入記鬼膝入記人左掌入記鐵輪王右掌入記金輪王及記諸天臍入記聲聞口入記緣覺白毫入記菩薩肉髻入記佛而今經放白毫光而未見收光之文者略耳又解云放光照現在事收光明將來事此經正論此土他土諸佛道同故正論放光若解諸佛道同即開示悟入任運獲記則放光爲正收光是傍故略而不說耳若丈六佛放光者三藏義也若尊特佛與丈六佛共放光者通義也若尊特佛獨放光者別義也若丈六佛即毗盧遮那法身放光者圓義也舊云此土六瑞訖至膩吒天今尋文從照東方萬八千土下即是他土六瑞之文蓋斟酌由人耳舊

云實照十方照東方者表一乘因果是諸因果之上萬是數圓表果位滿八千數缺表因果未足若照東方義已足更照九方復何所表今明東是方始表十住是位始迹門說法生身菩薩朗然覺理入於十住開佛知見舉初即知中後故云靡不周徧者當知諸方亦然諸位亦然若就本門說法四方佛集即表本門說法法身菩薩增道損生四位增長也觀解萬八千者約十八界論百法界千性相即有一萬八千此等境界佛慧未開今應當開故以數表之耳文云從阿鼻獄上至有頂即六法界也又見諸佛菩薩比丘等十界具足故文云靡不周徧即此意也若分文屬此土第六相若屬他土即是總相照他土文次明光照他土六瑞者一見六趣二見諸佛即是上聖下凡爲一雙三聞佛說法四見四衆得道即是人法一雙五見菩薩行行六見佛涅槃即是始終一雙既有可化衆生即有能化之佛有佛即有說法說法即有弟子弟子即是行始行始必致終也若此土六瑞總報衆生當獲自覺彼土六瑞總報衆生當獲覺他又此彼六瑞表此彼諸佛道同從盡見彼土六趣衆生下至行菩薩道者是現彼土已與此同從復見諸佛下至七寶塔者是現此土當與彼同略說竟更廣說者從又見六趣衆生是現彼佛爲五濁故出現於世此佛亦然二土出世意同也又聞諸佛所說經者是現彼佛初從無相一法非頓而頓與此土初說華嚴意同也從并見諸比丘下是現彼佛非漸而漸與此

土佛次說三藏意同也從復見諸菩薩下是彼佛三藏之後說方等般若衆經與此土佛三藏之後意同也從復見諸佛下至起七寶塔是現彼佛般若之後開權顯實收無量法還入一法唱入涅槃息化起塔光照彼土始終究竟炳然在目當知此土從一出無量非頓而頓非漸而漸其事已竟必當收無量法還入一法開權顯實息化歸眞與彼土同也復次種種因緣者昔善爲因今教爲緣又別說者正是三藏之後明共不共般若爲因助道戒定慧等爲緣約三人即有種種因緣又就共不共人種種因緣種種相貌者共不共各四門二門復有無量相貌五百比丘各說身因即其義也不共四門亦如是故知因緣相貌種別無量皆是彼與此同彼明此相因緣相貌還入一因一緣一相一貌當知此土亦與彼同爾時彌勒作是念說今當問誰是疑念序文爲兩一彌勒疑念二大衆疑念彌勒有三念一正念六瑞二念問誰三念文殊文殊念起第二念除唯初念在但成一疑也神變者神內也變外也神名天心即是天然內慧變名變動即是六瑞外彰首楞嚴云佛住不二法能作神通法王法力超蓋一切彌勒不則外變亦不知內慧故興念至此若夫庸人不知術者散人不知定者凡人不知聖者小聖不知身子身子不知菩薩菩薩不知補處補處不知尊極此就極處亦不知也又彌勒值佛植善既多何容不髣髴知應須隱明示闇權言不知也大衆有兩念一正念六瑞二念問誰若將下偈望此亦得有三念偈云四衆欣仰瞻仁及我無第三念何事瞻仁而此中無者欲推補處居先也舊解先有三意一是補處二有三念三能發問爲此義故大衆闕一念也問文殊彌勒德位相亞何故一問一答答夫機有在無位雖齊等實主異宜聖人承機非問者不能答也又法門有權實權補處須問實者須答又迹有久近近問久答又名有便易彌勒名慈慧爲衆生應須問文殊名妙德德應須答此即四種消文意

妙法蓮華經文句卷第二

妙法蓮華經文句卷第三　計四十二紙　冥

天台智者大師　述

從爾時彌勒欲自決疑下訖偈即是發問序文爲二長行偈頌長行中經家述自疑他疑發問問中此土他土如文何意有偈頌耶龍樹毗婆沙云一隨國土天竺有散花貫花之說如此間序後銘也二隨樂欲不同有樂散說或樂章句三隨生解不同或於散說得解或於章句得解四隨利鈍利者一聞即悟鈍者再說方悟又表佛殷勤重說又爲衆集前後故有偈也偈有六十二行文爲兩初五十四行頌上問後八行請荅就問爲兩前四行問此土後五十行問他土長行揔問此土六瑞偈中長有香風地淨無說法入定觀文謂言盈縮尋義不然說法是慧性入定是天心由天心慧性能作動地放光舉末即能知本故縮非縮也他不見此意謂彌勒不問兩事便不以爲瑞今友難之若彌勒不問文殊何故而荅又問指何處爲問今指長行揔問是也若更顯其別問秖導師兩字是也良以說法入定能導於人旣稱導師即是問說法入定也是故非縮他云風由檀林故香地加之嚴淨盈長兩事今謂非盈風本無香而香爲奇特故以成瑞夫天花至妙豈有色而無香此表因運至果如花有香風花旣集地地則嚴淨因若趣果果則嚴淨金光明云聚集功德莊嚴佛身故以二事顯成四花盈非盈也眉間光下次有五十行頌問他土六瑞舊云頌中不問三乘四衆不問佛涅槃今教廢三那

忽問三方說壽量那問滅度於義不便故不問也嗚呼不解消文抑經就情今明頌中具問他土六瑞文爲六初三行問六趣衆生三四行問見彼佛及說法三三行問他土四衆次一行半結前開後次三十一行半問他土修菩薩行次七行問供養舍利即是問佛涅槃也初三行問六趣驗此頌知上文光照東方是揔照他土意也此頌上揔問六趣衆生是能趣之人生死是所趣之處善惡業緣是趣因好醜是趣果也從又覩諸佛下第二四行問見彼佛上直見佛說法此廣明說法之相謂說頓教逗大根性聖主師子即如此土現盧舍那像也演說經法微妙第一者即如此土先照高山演華嚴教也教諸菩薩者即如此土七處等會無聲聞人也照明佛法開悟衆生者即如此土始見佛身入如來慧也若人遭苦下第三三行問彼土四衆即是頓說之後次明三藏教也若人遭苦者開聲聞乘也此頌具明四諦在文分明云云若人遭苦而造惡業苦不得盡底下衆生是也若人遭苦而造善業苦亦不盡猒下欣上如難陀爲欲故持戒等是也若人遭苦於外道法中求解脫增見長非者苦亦不盡若人遭苦猒集復猒依果感佛說涅槃者此人能盡諸苦際也他土亦開此乘也若人有福下一行是開中乘也若供養佛少遭苦致惱若供佛多雖遭苦而福故云聲聞三生種福支佛百劫種福形彼聲聞故言有福志求勝法者聲聞猒苦而修行支佛求道故修行深求緣起勝妙之理即是他土開中乘也若有佛子下是開六度大乘也具慈悲能

紹佛種故言佛子修於六度故言種種行志求故言無上慧六度中無六蔽如藥中無病故言淨道非畢竟淨也又聲聞苦諦爲觀門緣覺集諦爲門六度菩薩道諦爲門故言淨道文殊我住下第四有一行半結前開後見聞若斯即是結前如是衆多即是開後我見彼土下第五有三十一行半問他土菩薩種種修行就此爲三初一行揔問次十五行次第問次十五行半雜問初揔問可解或有行施下第二有十五行次第問中爲六初六行問檀二二行問尸三一行問忍四一行問進五二行問禪六三行問慧就問檀有三意初四行問捨財一行問捨身一行問捨命珍寶奴婢貴賤共能此施駟馬寶車豪俠者所施妻子等是外身身肉等是內身捨頭目即捨命而不言法施者讓後般若也又約身命財與生死後際等得不壞常住即是法施故不別說也文殊師利見王下第二二行問戒約比丘論持戒者在家施易戒難出家施難戒易故約比丘明戒此中引五王經云云或見菩薩下第三一行問忍忍有三種閑林遂谷惡人惡獸忍耐無瞋即生忍自節守志即苦行忍爲求佛道即第一義忍又而作比丘即苦行忍獨處閑靜即生忍樂誦經典即第一義忍又見菩薩勇下第四一行問精進者夫深山可畏非羸怯者所居勇進者能安之傍若無物思修實相念念不休進求佛道也又見離下第五兩行問禪前一行問修根本禪後一行問修出世上上禪通途皆得有根本之修也離欲者若離欲得五通通教定也又根本本離欲背捨亦修不淨等

離欲別教兼離二乘欲中道又離順道法愛欲云云深修禪定者發初禪一品此定未深乃至九品傳傳爲深又背捨九定八勝十一切入等傳傳爲深此定轉變自在能發諸通凡夫但五通二乘具六別教菩薩讓佛分有無漏亦但稱五通也圓教初後皆具六通安禪萬偈下第二一行明上上禪此是別圓之禪靜散不相妨不起滅定現諸威儀如脩羅琴不拊而韻無緣無念有感則形故能安禪讚佛也復見智深下第六三行問般若爲二初一行是自行智深者慧窮理本也志固者誓願廣大也此即二種莊嚴能問能持也又見佛子定慧下次兩行是化他也未到慧多無色定多四禪等又背捨慧多九定定多十一切中等又二乘定多菩薩慧多佛則等又空觀定多假觀慧多中觀則等無量喻即是種種方便諸教之中引無量譬類助顯第一義也破魔兵者空觀破四魔假觀次第破八魔中觀圓破八魔十魔一切魔擊鼓者初發心住便成正覺百佛世界作佛圓擊梵輪法鼓從又見菩薩寂然宴默下第三有十五行半不復次第隨見而問問上六度自收得萬行何須更問太煩雜耶答上問次第者自漸一途非次第者不定一途既言種種相貌何啻兩途而言是煩耶此次第雜亂兩番六度擬他土開三藏修說方等十二部經辨六度相貌具如此間不異就雜問中文爲七意初二行問禪又二前一行問入捨禪即是自行次又見菩薩放光下第二一行問入悲禪即是化他菩薩入定放光種種利益具出華嚴思益云云次又見佛子未嘗下

第二一行問精進即是般舟念佛等法門也次又見具戒下第三一行問戒威儀無缺即是初不缺戒淨如寶珠即是第十究竟戒中間可解十戒如玄義中說次又見佛子住忍下第四一行半問忍即生法二忍次又見菩薩離戲下第五兩行更問禪離戲笑是却掉悔蓋離癡眷屬即除瞋蓋近智者除疑蓋一心除亂是却貪蓋攝念山林除睡蓋次從或見菩薩至飲食下第六五行問檀爲二前四行明四事施如是下第二一行結成次或有菩薩說下第七有三行問般若初一行不可說而說般若二一行不可觀而觀般若三一行言語道斷心行處滅即是說不可說觀不可觀而論般若也或可用此三番般若成上見他土說方等中六度或可別擬他土說方等後明大品教咸譚般若寂滅無二清淨不著此彼同也或可說寂滅法是方等中意觀諸法性猶如虛空是般若意正是歷法作觀法相無二此義實與大品相會若作彼土見法華意者以此妙慧求無上道一行是也但見修妙慧人不見法華妙慧座席若見座席即知此如彼何事須疑但見人不見座闔衆疑問耳或可三番般若與此間般若相同未知此後次何所說是故疑問此兩意從人用之耳上長行文迮但舉六意偈頌既廣顯義伶然云云文殊師利又有菩薩下第六有七行明佛滅後以舍利起塔者正頌上他土佛出五濁從無相一法開漸頓教故有二法三道種種行類相貌不同如上所見也今見他土佛般涅槃佛子慕德爲樹墳塔即表無量悉歸入一一出無量前相已

表無量歸一正是入於涅槃云何畏妨壽量作起塔爲佛事耶痛哉痛哉就文爲六初一行摠標佛滅起塔次又見佛子造下第二一行明塔數次寶塔高妙下第三一行明塔量次一一塔下第四一行明塔相次諸天龍神下第五一行明供養次文殊下第六兩行結塔婆此云方墳方墳如此土冢墓大灌頂翻爲家也殿堂如此土靈宇崇臺峻階承露干雲長表淨域歸心上聖耳樹王者即波利質多正供舍利傍嚴佛國土云云從佛放下第二有八行請答爲二初三行舉疑事述請後五行釋伏難初三行爲三初一行舉見此土事白毫爲本故先舉及諸事故言種種次諸佛下第二一行舉見他土事諸佛爲本即摠攝餘五也我等下第三一行請答第三就釋伏難爲二初四行正釋伏難次一行結請言伏難者文殊內心構難不肯時答其意有三一此瑞希奇不可倉卒輕爾有判二智衆如海謙光推高三靳固前却生衆渴仰故以伏難潛而拒之彌勒彰灼釋難意亦有三一瑞大疑大若不爲釋憂兒在懷妨閡正說二衆海乃多機在仁者三闔衆瞻仁故知注誠殷重所以彰言釋難請令時答初伏難者因正請生請云佛子文殊願決衆疑文殊仍此起初伏難汝云衆疑衆未曾疑若疑應問衆既不疑我何所決彌勒即以第一偈釋云四衆欣仰瞻仁及我及我欲令我問瞻仁欲得仁答文殊因此起第二難衆同有疑不易可答待佛出定然後決疑彌勒即用第二偈釋若有疑在懷憂兒不泰應以時答復知如來何時起定故言佛子時答決疑

令喜文殊因此起第三難我與仁者同居學地欲測佛意微共筭壽量獨令我答於理不可彌勒即以第三偈釋我亦微心下思踟躕可盈爲說妙法爲當授記故言佛坐道場所得妙法爲欲說此爲當授記文殊因此起第四難若如汝說即是釋疑何煩我答彌勒即以第四偈釋安得以我猶豫之心而判大事故言示諸佛土此非小緣文殊伏難既窮謙光亦止後一偈結請答也此四伏難光宅受於次師次師受於江北釗師既是先賢文外巧思今用之從是時文殊師利語彌勒下訖偈名答問序有長行偈頌長行文爲四一從語彌勒下名惟忖答二從善男子我於過去下名略曾見答三從諸善男子如過去下名廣曾見答四從今見此瑞與本無異下名分明判答夫以下測上止可罔像上度惟昔儔今不可頓決所以初從髣髴次引略見略見未周更引廣見以多證一爾乃分判惟忖答上此土問略曾見答答上他土問廣曾見答雙答此土他土問判當答雙判此土他土問也惟忖答爲二初標章次正惟忖惟者思惟也忖者忖量惟今如昔忖昔如今然文殊古佛豈應不知迹示思惟也光宅以初後兩句是法說表因果廣略中間三句是譬說欲說大法是略開三顯一略開近顯遠演大法義是廣開三顯一廣開近顯遠大法雨者譬得記作佛昔因果定執不得作佛是枯涸義今皆作佛是被雨潤義吹蠡是改三乘之號嚴鼓誡兵譬破無明今明其法說不用何者迹本兩門由籍各異迹由籍起彌勒生疑文殊爲釋本由籍未起彌

勒何所疑文殊何所釋若於此中已是釋於開近顯遠之疑者後地裂衆涌彌勒何故更疑更疑則浪疑浪釋釋後既虛釋前亦謬此大有所妨故不用也今明彌勒但問迹中此彼二土等瑞文殊以惟忖答答迹中事不關壽量本中事也欲說大法者答說法瑞雨大法雨答雨花瑞吹大法蠡答大衆心喜瑞擊大法鼓答地動瑞演大法義答放光瑞欲說大法者惟昔諸佛說無量義後則開權顯實收無量歸一忖於今佛既說法已亦應開權顯實會無量以歸一一者即大法也雨大法雨者惟昔諸佛天雨四花之後普入圓因住行向地忖於今佛雨花之後皆成佛因住行向地故言雨大法雨也吹大法蠡者惟昔四衆見瑞歡喜得未曾有障除機動即改人教行理忖今衆喜亦應障除機動改人教行理所改既深故言吹大法蠡也擊大法鼓者惟昔地動已後即有六番破無明賊忖於今佛地動已後亦應六番破無明惑聲教極妙故言擊大法鼓演大法義者惟昔諸佛放白毫光後說法華彼此道同忖於今佛放光已後廣明五佛道同既是佛道故言演大法義如是五句悉是惟昔判今忖今類昔會文附義唯少入定一瑞而雨花動地放光等皆由入定故爾意則兼具無勞疑也闕此一條故稱略答耳今更別解初一句摠後四句別摠者大法是也別者雨吹擊演開示悟入是也如天非小大非赤白而雨赤白之花第一義非開示悟入見此理時即證開示悟入譬如種子得雨萌開今聞大法雨潤法性種破無明糠開於十住佛知見也

譬如吹蠡知是改號今之與先已得十住今從十住
聞法更改入十行示佛知見也譬如擊鼓知是誡兵
今之與先已在十行今從十行聞法誡入迴向悟佛
知見也演之言布橫闊豎深乃是演義今之與先
已在十向今從十迴向入於十地入佛知見窮源盡
邊深廣備足也惟昔六瑞已後即開示悟入忖今瑞
後亦應如是橫豎釋惟忖答竟從我於過去下第二
引略曾見答者初以已智惟忖今以略曾小分明於
前舉此答他土問也此土五瑞不通他土唯放光一瑞
徧照東方略曾見答專答放光故知是答他土之問
也今見如昔祇如今欲令衆生咸得聞知者即聞
思兩慧亦信法兩行收無量歸一改三乘教理六番
破無明等諸佛道同開示悟入佛之知見故言一切
世間難信之法也如過去下三引廣曾見答更分明
於略此廣答此土他土之問彌勒因光橫見東方以
爲問文殊引昔豎見而爲答橫豎顯諸佛道同也
文爲三初引一佛同次引二萬佛同後引最後一佛同
就前一佛又爲三一明時節二標名三說法時節如
文有佛號日月燈明者通號與今佛可同別名
云何同此當以名別義同爲釋何者日是慧月是定
定慧是自行德燈明是化他德能仁能定慧能自他
又日月燈是三智今佛亦三智隨緣稱別義則不殊
故言名同演說法下第三說法同者昔佛先頓後漸
與今佛初頓後漸同也演說正法初中後善者即是
頓教也夫七善之語乃通大小尋文是大乘七善初
中後善者即是頓教序正流通名爲時節善其義

深遠即是頓教了義之理二乘不測其邊底故言深
遠是名義善其語巧妙即是頓教八音所吐會理直
說悅菩薩心即頓教之文名爲語善純一無雜不與
二乘共即是頓教獨一善具足者具明界內界外滿
字之法即是頓教圓滿善清白無二邊瑕穢即是頓
教調柔善師云行善梵行之相者梵即頓教無緣慈
善又初中後善解者不同今且依一途若小乘以戒
定慧爲三善大乘以初中後心爲三善金光明云前
心如來不可思議中心如來種種莊嚴後心如來不
可破壞此亦三善之意也文殊引古佛頓教七善與
今佛頓說七善同亦與他土初頓說同所以用此爲
答者酬上彌勒據光橫問他土佛云聖主師子演說
經法微妙第一文殊豎引昔舉此爲答即是初佛說
頓法同也爲求聲聞人說應四諦法者即是古佛次
頓之後開漸教法同也上問若人遭苦爲說涅槃今
引古佛亦開此漸以答斯問也爲求辟支佛說應十
二因緣法答上若人有福志求勝法之問也爲諸菩
薩說應六波羅蜜答上佛子修種種行之問也皆引
古佛開漸教同也廣引曾見佛答他土之問也今得
三菩提成一切種智者此明古佛開頓漸後即顯實
之說始終究竟此答彌勒見他土佛般涅槃涅槃後
起塔之問也若引古佛說法至六波羅蜜者明今佛
已與昔同從今得三菩提去明今佛當與昔同云云次
引二萬佛名號說法皆同初引一佛備舉頓漸說法
同中舉二萬佛但舉說頓同故言初中後善也後引
一佛但舉開漸同所以然者互舉耳指前可知而不

引二萬之前佛者正爲名字說法皆同據義爲便
耳姓頗羅墮者此翻捷疾亦云利根亦云滿語也其
最後下第三引一佛同文爲三一明曾見事與今已
同二明曾見事與今同三明曾見事與今當同曾
謂昔之所更已謂謝在過去曾之與已俱謝俱更今
取久遠者爲曾小近者謂已取六瑞等爲今取佛出
定去爲當也第一從其最後佛有八子者是曾與已
同昔佛八子今佛一子數雖不等並出同居之土土
有見思俱示有子有子事同一八赴緣別有所表生
一子總表一道清淨生八子表八正道數異義同今
取有子義同也又昔佛子出家發大乘意今佛子住
小乘果此云何同昔化道已竟顯本事彰故言發
大乘意今未發迹猶言羅漢至下文發本即是菩薩
其義則同從是時日月燈佛說大乘經下第二明曾
與今同昔佛自土六瑞悉與今同次第如文昔佛他
土六瑞總云如今所見則知昔佛他土六瑞亦與今
同昔明別序既有現相懷疑二序同而無集衆發
問答問二序者義推則有既言說法知必集衆既道
懷疑知應有問若問必答例二序兼得三序同也又
若述昔答則不俟文殊貫辭既不言答亦不出問其
義可解從時有菩薩名曰妙光下第三明曾與當同
此文爲六一從時有菩薩者是因人同二從爾時日
月燈明佛從三昧起者是說法名同三從六十小劫
者是時節同四從說是經已於梵魔沙門者是唱
滅同五從時有菩薩名曰德藏者是授記同六從便
於中夜者明滅後通經同今初云何因人同昔佛定

起因妙光菩薩說經今佛定起因身子聲聞說經此云何同瑶師云因者因託付傳一乘之經非直對告之人也彼佛對告何必是妙光如今對告身子身子未必能有宣通因託宣通其若妙光如今因委其若文殊今佛不歎者往佛何必歎也文殊引往佛歎妙光者正明可因託耳又舊以藥王爲所因人者亦可爾但引往證今小不類耳或言因文殊釋疑得起定說經此對不便今明不爾經文自云因妙光正說而作因託流通之解又取藥王爲例此乃公抗佛語何關釋經昔因妙光今因身子正是所因人同昔佛八子師於妙光如來起定對告妙光又付託妙光今佛子羅云亦師身子佛從定起亦對告身子迹門竟又付託身子今古屏齊更若爲勝此而近棄身子遠取藥王疑者言妙光是菩薩身子是聲聞云何是同昔事已彰譚爲菩薩今事未發道是聲聞比及發迹身子是大菩薩非同何謂昔妙光垂迹何必不作聲聞特是文殊巧說方便隱顯耳從是時日月下第二說法名同者如文上彌勒見他土初頓頓後見漸漸後見種種行後無境後見佛涅槃今文殊荅曾見佛初頓頓後漸後云種種行即見法華此彼六瑞之後已說法華法華後即入涅槃此分明定荅他土之問也從六十小下第三時節同者如下文云五十小劫謂如半日即是同也從日月燈明下第四唱滅同者昔說法華即唱入滅亦如迦葉佛云云今佛說寶塔品中明如來不久當入涅槃代道已足唱滅事齊也時有菩薩下第五授記同者昔授德藏菩薩記今經授聲聞記皆得是同昔事已成故言授菩薩記然正是會三歸一聲聞得記也若說昔授聲聞記者佛從定起更何所論文殊巧譚故不發迹耳若說授菩薩記諸經皆尒執教者未驚也云云從佛授記已下第六通經同文爲五一時節即佛滅後也二出其人即妙光也三久近即八十小劫也四所化之衆即八子八百也五結會古今即求名妙德等也就所化之人又爲二初八子行成久已得佛八百之一方成今住補處所以引此八子八百者近則釋疑密開壽量釋疑者或謂彌勒補處爲大文殊非補處爲小小不應荅大不應問故舉八百宜應有問妙光昔親對佛先復爲師故釋疑非謬密開壽量者八子最小佛號然燈然燈是定光妙光是釋迦九世祖師孫今成佛師祖爲弟子師弟無定將密顯生非生滅非滅之意問彌勒昔見諸佛曾聞法華何故疑問荅時衆機宜應須扣發耳第四從今見此瑞下名分明判荅今昔三瑞既同惟忖決定不謬略曾廣曾皆決定也當說大乘決定前說法瑞也名妙法蓮華決定前雨花瑞也教菩薩法決定前衆喜瑞也佛所護念決定前地動瑞也兼揔入定悉在其中有人作已同當同不作今同尋文云今見此瑞與本無異此正語於今云何喚六瑞作已據此文爲今故作三同之釋也頌有四十五行偈不頌上惟忖略曾見荅於廣曾見中但頌前後不頌中間也初有兩行頌廣曾見中時節名號說法等同也從佛未出家下第二有三十九行偈頌最後佛三同次有四行頌決定荅就第二三同中有三初有一行偈頌曾與已同次第二有十五行半頌曾與今同第三次有二十二行半頌曾與當同從佛說大下第二就今同中又二初十四行頌此彼六瑞第二從爾時四部衆下一行半頌四衆懷疑初又二初有四行偈頌此土六瑞同而長出天鼓自鳴表無問自說也現諸希有事者即揔頌諸瑞也從此光照下第二次十行頌他土六瑞同長行但云如今所見是諸佛土其文則略此頌廣也文爲五初三行頌見六趣衆生同次又見諸如來下第二一行兩句頌見佛同次世尊在下第三兩句頌聞佛說頓教七善法同也次一一諸佛下第四三行頌見聲聞等三乘即是昔佛開漸教法同也次又見諸菩薩下第五二行頌見菩薩種種因緣即是頌開方等般若教同初三行如文第二一行半釋自然成佛道者方便道則加心修習發眞道即是自然任運與理合也約四教可知云云問發眞自然者何須諸佛說法荅如船順流若遇風加棹助疾有所至風喻見佛聞法棹喻修行例如初果任運七生若值佛加修或一生二生得至無學云云自然成佛道是報身瑠璃是法身本淨金像是應物現形世尊在大衆敷演深法義下第三半行此則將法約人法既深玄當知必運大機開頓教也此頌上純一無雜七善之文二諸佛土聲聞衆下第四三行此即將人約法人既二乘必知開三藏說也即頌上爲聲聞人說應四諦等也雖不頌出緣覺兼攝在中行施忍辱等等於四度耳此一行頌上六度大乘

也又見菩薩深入諸禪定下第五兩行頌上見他土菩薩種種因緣信解相貌也略不荅上起塔也上不見他土法華相故次此見起塔今荅出法華相故起塔入滅事在後荅也次爾時四部衆下第二行半追頌昔佛四衆疑念如文從天人所奉尊下二十二行半頌曾與今當同文爲六初兩行二句頌因人同次說是法下第二一句頌上說法同次滿六十小劫下第三一行一句頌時節同約不思議延促劫智也妙光皆悉受持昔佛法也亦如身子受佛付囑也次佛說是法華下第四五行頌上唱滅同即是荅上他土入滅之意也就此文有唱滅有囑累囑累如遺教有悲泣如涅槃有慰喻亦如遺教其得度者悉皆得度未度者作得度因緣例如今佛將付彌勒云云次是德藏下第五有一行半頌上授記次佛此夜第六有十二行頌上通經通經又爲五初有兩行頌上佛滅後時節四衆得益如薪盡火滅者小乘佛以果報身爲薪智慧爲火慧依報身身滅智亡大乘佛以機爲薪迴應爲火衆生機盡應形亦滅倍加精進者應以滅度者也次是妙光下第二有兩句頌上能弘經之人次八十小劫下第三有兩句頌上行經時節次是諸八王下第四有八行頌上所益弟子又爲二初三行頌已成弟子次是妙光下第二五行頌當成弟子次彼佛滅下第五有一行頌上結會古今後四偈舊云是結成令物慕仰今釋不爾上長行有分明判荅此文頌之文爲三初我見燈下初有一行頌上當說大乘經次今相如本下第二兩行頌上教菩薩法次諸求三乘人下第三一行頌上佛所護念在文可解又前彌勒釋四伏難令文殊必定有荅此中是文殊斷四伏疑使彌勒其復更問初第一疑因文殊廣引先佛曾說法華故彌勒潛疑欲問諸佛赴緣人時各異古佛雖名法華今佛何必如此文殊即以第一偈斷云我見燈明佛本光瑞如此以是知今佛欲說法華經此斷其疑名之問也彌勒因此又疑自有名同義同自有名同義異此名何所顯召文殊即以第二偈斷云今相如本瑞是諸佛方便今佛放光明助發實相義此是斷其疑體之問彌勒因此又疑實相無相何人會之文殊即以第三偈斷云諸人今當知合掌一心待佛當雨法雨充足求道者此斷其疑宗之問彌勒因此又疑佛雨法雨止洽菩薩亦潤二乘文殊即以第四偈斷云諸求三乘人若有疑悔者佛當爲除斷令盡無有餘此即斷其疑用之問彌勒聯翩構疑文殊頻煩爲斷既事窮理盡即得之於懷可謂善於問荅具三莊嚴光宅但知述於釗師釋四種伏難使文殊必荅顯彌勒之美不見文殊釋四伏疑令彌勒不問抑妙德之能此義出自天台非傳他跡寄語後賢勿過人長也自釗師已後數百年中講法華者濫路煩有見斯意不非長何謂也

釋方便品

釋此有略廣略爲二先略次料簡方者法也便者用也法有方圓用有差會三權是矩是方一實是規是圓若智詣於矩則善用偏法逗會衆生若智詣於規則善用圓法逗會衆生譬如偏舉指以目偏處是舉偏法以目智宜用法以釋方將用以釋便若總舉指以目圓處宜將祕以釋方妙以釋便也舉偏法釋方便蓋隨衆生欲非佛本懷如經令離諸著出三界苦是故如來殷勤稱歎方便此義可釋他經非今品意又方便者門也門名能通通於所通方便權略皆是弄引爲真實作門真實得顯功由方便從能顯得名故以門釋方便如經開方便門示真實相此義可釋他經非今品意又方者祕也便者妙也妙達於方即是真祕點內衣裏無價之珠與王頂上唯有一珠無二無別指客作人是長者子亦無二無別如斯之言是祕是妙如經唯我知是相十方佛亦然止止不須說我法妙難思故以祕釋方以妙釋便正是今品之意故言方便品也料簡者初番釋者是體外方便化物之權隨他意語次釋亦是體外方便自行化他之權亦是隨自他意語後釋是同體方便即是自行權隨自意語初釋方便非能入非所入次釋方便是能入非所入後釋方便是所入非能入故知名同其義大異世人多不見此意狼釋方便品云云問方便與權云何荅四句分別自有方便破權權破方便方便修權權修方便方便即權權即方便方便破權者四種皆是祕妙之方便此方便破隨他意權也權破方便者權是同體之權破於體外之方便也相修者亦可解相即者亦可解云云三句可釋他經第四句今品意也故正法華名善權品權即方便無二無別低頭舉手皆成佛道方便

善權皆眞實也廣釋者先出舊解五時權實十二年前照無常事爲權照無常理爲實指阿毗曇今謂釋論破無常是對治法皆屬三悉檀云何有實耶非今所用十二年後般若照假有爲權照假有即空爲實釋論亦破此義念想觀已除言語法皆滅照假有即空者猶是觀想耳非今所用次淨名思益內靜鑒空有二境爲實智外變動應用爲權智今謂內鑒外用爲二非入不二門非今所用次法華照三三爲權照四一爲實今謂三權一向不會實一實不關三權非今所用次涅槃金剛前無常爲權金剛後常爲實今謂道前眞如亦是常道後如量智亦是權此五時權實非今所用乃至半滿四宗所明權實二智亦非今所用復有人解方便是權爾實是審實又方便是權巧實是智慧又方便是權假假三車於門外又方便是權宜宜說三乘故又權是譬名譬如秤錘前之則重卻之則輕處中則平合於佛智照察稱量如是等釋各取一途權爾權假約處所權宜約法門權巧秤錘約智能各不包含義不融妙不可用此釋今品又有人以四種二慧初一是權一是實次空有二智觀空不證離二乘涉有無染出凡夫次空有內靜爲實外用爲權次金剛前後常無常爲權實初二慧令生信次二慧令生解次二慧令化他後二慧是果此諸二慧凡有三轉初以有爲俗空爲眞次空有爲俗非空非有爲眞次空有爲二非空非有爲不二不二皆爲俗非二非不二爲眞故智亦然何故爾爲人悉檀故自有人

聞前不悟聞後即悟是故二諦不同又如來常依二諦說法故二諦有三門又佛教雖多不出三門又漸引衆生故凡夫計心形是實蓋非實也法性空乃眞耳凡夫即捨有取空故說空有皆是俗非空非有乃是眞或者捨二邊復滯中道故第三遣離二邊不著中道乃是眞此爲五乘人初引凡夫生信出有次引二乘令入中次引菩薩令中偏俱捨又爲學中者謂三假爲世三假空爲眞此但得初意次非三假空有皆俗非空非有爲眞云云今詳彼釋乃是傍五時顯己意却漸次梯隥之非耳可釋他經非今品意經云咸令衆生皆得覩見何時前後開悟不同又云正直捨方便那用漸次會於圓妙又初引生信解化果等何關今經悟入之意耶如天親列十七名第十三名大巧方便又大乘方便經明方便十種第九名善巧移二乘令入大乘方便波羅蜜當知今品乃是如來方便攝一切法如空包色若海納流豈可以諸師一枝一派釋法界之大都耶今明權實者先作四句謂一切法皆權一切法皆實一切法亦權亦實一切法非權非實一切法權者如文云諸法如是性相體力本末等介爾有言皆是權也一切法實者如文如來巧說諸法悅可衆心衆心以入實爲悅又諸法從本來常自寂滅相又云如來所說皆悉到於一切智地又云皆實不虛又大經四句皆不可說也一切法亦權亦實者如文所謂諸法如實相是雙明一切亦權亦實例如不淨觀亦實亦虛云云一切法非權非實者文云非如非異又云亦復

不行上中下法有爲無爲實不實法非虛非實如實相也若一切法皆權何所不破縱令百千種師一一師作百千種說無不是權如來有所說尚復是權況復人師寧得非權如前所出悉皆權也若一切法皆實者何所不破唯此一事實餘二則非眞但一究竟道寧得衆多究竟道耶如前所出諸師皆破入實寧復保其樔窟耶若一切法亦權亦實復何所不破一切悉有權有實那得自是一途非他異解一一法中皆有權實不得一向權一向實也若一切法非權非實復何所不破何復紛紜強生建立直列名尚自如此遙觀玄覽曠蕩高明爲若此況論旨趣耶今就有權有實句更開十法就十法中爲八番解釋一列十名二生起三解釋四引證五結十爲三種權實六分別三種權實照三種二諦七約諸經判權實八約本迹判權實一列名者謂事理理教教行縛脫因果體用漸頓開合通別悉檀即是十種名也二生起者從無住本立一切法無住者理也一切法者事也理事故有教由教故有行由行故有縛脫由脫故成因果由果故體顯能用故有漸頓之化由開漸頓故有於開合開合故有通別之益分別兩益故有四悉檀是爲十章次第三解釋者理是眞如眞如本淨有佛無佛常不變易故名理爲實事是心意識等起淨不淨業改動不定故名事爲權若非理無以立事非事不能顯理事有顯理之功是故殷勤稱歎方便理教者總前理事皆名爲理例如眞俗俱稱爲諦諸佛體

之而得成聖者正實也欲以己法下被衆生因理而設教教即權也非教無以顯理顯理由教是故如來稱歎方便云云教行者依教求理則生正行行有進趣深淺之殊故行名權也教無進趣深淺之異故教名實也非教無以立行非行無以會教會教由行是故如來稱歎方便云云縛脫者爲行違理則縛縛是虛妄故稱權爲行順理則生解脫解脫眞於理故稱實非縛無求脫得脫由縛如因屍渡海屍有濟岸之力故稱歎方便因果者因有進趣暫用故名權果有剋終永證故爲實無果因無所望無因果不自顯是以二觀爲方便道斷惑成因得入中道解脫之果若非二觀豈契中道果由因剋故稱歎方便體用者前方便爲因正觀入住爲果住出爲體用體即實相無有分別用即立一切法差降不同如大地一生種種芽非地無以生非生無以顯尋流得源推用識體用有顯體之功故稱歎方便漸頓者修因證果從體起用俱有漸頓今明起用用漸爲權用頓爲實若非漸引無由入頓從漸得實故稱歎方便開合者從頓開漸漸自不合亦不合頓故名爲權漸今究竟還合於頓故名爲實由開故合開有合力從開受名故稱歎方便通別益者通則半字無常之益別即滿字常住之益然常益道長喜生退沒故以化城接引生安隱想然後息化引至寶所若無半益不得會常半有顯滿之功故稱歎方便四悉檀者三是世間是故爲權第一義是出世是故爲實非世不得出世由三悉檀得

第一義是故如來稱歎方便當用四句釋十番權實三番是他經意一番是此品意云云四引證者此十義通大小教且一切法且引今經不如三界見於三界三界者是事不如三界見者理也諸法寂滅不可言宣是理方便力爲五比丘說是教若聞此經是善行菩薩道諸教行也又汝等所行是菩薩道佛子行道已來世得作佛又種種因緣而求佛道但離虛妄名爲解脫未得一切解脫盡行諸佛所有道法道場得成果云云我以佛眼觀見六道衆生始見我身聞我所說即皆信受入如來慧除先修習學小乘者云云窮子初逃中間客賃後則付財初息化城後引寶所種種欲種種性相憶念等此通引一部爲證今別引一品雖不次第十文具足諸佛智慧甚深無量其智慧門難解難入者一切事理境智等悉名爲實施設詮辯阿含言教悉是智慧門此證理教論權實難解難入一切聲聞支佛不能知者即是縛脫論權實所以者何佛曾親近至名稱普聞即是教行論權實成就甚深至意趣難解即是體用論權實吾從成佛已來者成佛即是果果必有因即是因果論權實種種因緣譬喻至令離諸著即是漸頓論權實所以者何如來方便知見皆已具足即是開合論權實諸佛爲大事因緣故出現於世爲令衆生開示悟入佛之知見故者是爲利益論權實取要言之佛悉成就即是三悉檀成就也止止不須說即是第一義悉檀是爲四悉檀論權實所以者何佛悉成就第一希有至

諸法實相即是理所謂諸法如是相者即是事是爲理事論權實此一段長行明五佛權實佛佛皆爾然法華論解諸佛智慧甚深爲證甚深甚深有五謂義甚深實體甚深內證甚深依止甚深無上甚深無上甚深證大菩提也名智慧門爲說阿含義甚深此與理教權實意同論解佛曾親近百千佛爲修行甚深勇猛精進名稱普聞爲增長功德甚深此與教行權實意同論解成就甚深未曾有法爲微妙事甚深意趣難解等爲無上甚深入甚深此與體同權實意同論解吾從成佛已來爲說如來功德成就說法此與因果權實意同論解無數方便者即是教化成就說法成就此與漸頓權實意同論解如來方便知見乃至深入無際等是自身成就不可思議境勝餘一切菩薩此是明利也論解能種種分別悅可衆心等是言語成就此是益也與利益權實意同論解取要言之止不須說等爲可化衆生成就此與四悉檀分別可化不可化意同論解唯佛與佛乃能究盡爲無量福成就諸佛能知謂如來法身之體不變故覺能自證成就能隨順衆生說一切諸法相等此與理事權實意同彼論解佛經今疏宜存二聖可謂與修多羅優波提舍皆合也不結權實者此十種通四教合四十權實若三藏中自證十法名自行權實說己十法利益衆生名化他權實化他之十皆合爲權自行之十皆合爲實名爲自他權實餘三教十法束爲三種權實亦如是又當教各以事理教行縛脫因果

四種爲自行權實各以理教開合二種是化他權實各以體用漸頓通別悉檀四種爲自他權實其名雖同其義各異也別結者三教若通若別當分皆是化他權實隨他意語故圓教若通若別當分皆是自行權實隨自意語故化他之三皆名爲權自行皆名爲實次結成四句隨他意語者即一切法權隨自意語者即一切法實雙取即一切法亦權亦實雙非即一切法非權非實次結成三番釋品者若自行自意者此文稱道場所得法大經云修道得故攝大乘稱如理如量智皆是圓教自行權實隨自意語佛雖能於此不可說法方便能說而衆生不堪若發軫單說此法取衆生者即不能得也故言不可說不可說也復置此事以自行權實共別教權實共取衆生者大機利者直得鈍者曲得小機利鈍俱不得蓋華嚴意也復置此事單用三藏權實取衆生者大機利鈍者容得顯不得小機利鈍者但保於證取亦不得蓋三藏意也復置是事合用四種權實共取衆生者大機利鈍者曲直俱得小機利鈍者保證俱不得蓋方等意也復置是事捨三藏權實用三種權實共取衆生者大機利鈍俱得小機利鈍保證俱不得蓋般若意也復置是事捨三種權實單用圓教自行權實取衆生者大小機利鈍俱得蓋法華意也如來智慧靡所不達明照時宜用與可否故釋品云方者諸方法也便者善巧用也巧用方法取衆生得是故殷勤稱歎方便復次如來自證權實俱不可說愍念衆生說自證之權爲門於物非宜衆生不能得入故自證亦不可說說別權實爲門利者得入鈍者不入於物非宜別權實亦不可說說三藏權實爲門利者密入鈍者亦不入於物非宜亦不可說說三種化他權實爲門利者得入鈍亦不入於物非宜亦不可說說二種化他權實爲門於利者得入鈍亦不入亦不可說於物非宜捨三種化他權實但說自行之權於利者鈍者俱得入從始至終以方便爲門是故如來稱歎方便釋品云方便爲入實之門即此意也前一番明如來能知方便能用方便此一番明行者能隨順方便云云復次如來自證修道所得於一切方便即是眞實而此眞實不可得說雖能說之衆生不能即實以方便力帶不即說一即利者能即鈍不能即又純說一不即利者密即鈍者不即又帶三不即說一即利者能即鈍者不即又帶二不即說一即利者能即鈍者不即又廢三不即純說一切即利鈍者俱能即於方便得見眞實上兩意用方便從方便此一意即方便即眞實眞實即圓因圓因即自行之方便如此自行方便今始證入上釋品云方便者即是眞實從自行方便得名故言方便品六分別照諦者前既通別當分結束權實今還約此智照義則易見若通以十種明自行二智者即照隨智二諦也通用十法逗緣者即照隨情二諦也若束四爲二者即照隨情智二諦也若當分照諦者事理教行縛脫因果悉是自證即照隨智二諦也理教開合此兩屬化他即照隨情二諦也體用漸頓通別悉檀四通自他即照隨情智二諦也三教照諦準此可解又三藏三十種二智是化他二智皆照隨情二諦若通別六十種是自他二智即照隨情智二諦也通教或時與前三藏共爲隨情二諦若圓教三十種權實是自行二智照隨智二諦又三教若通若別皆是逗緣悉是化他二智照隨情二諦圓教若通若別皆是自行二智即照隨智二諦若束三教之實爲權束圓教之權爲實即自他二智照隨情智二諦也七約諸經者華嚴論教但是滿字論時但是乳論法是一自行一化他若對人但是菩薩二乘聾啞生身菩薩亦未能發自行之權隨智之實若依今經文未曾向人說如此事約三藏者若論教唯是半字若論法是一種化他若論時即是酪若依今文住立門外著弊垢衣執除糞器二乘人耳約方等教若論教對半論滿若論時並酪明蘇若論法有三種化他一種自行若依今文心相體信入出無難約般若若論教帶半論滿若依時挾生而熟若依法則有二種化他一種自行若依今文出內取與皆使令知約法華論教廢半論滿若論時純是醍醐若論法唯有自行若依今文開權顯實此實我子我之所生我實是父付以家業授記作佛前教不說者今皆發之正直捨方便但說無上道故是自行之權故言方便品自餘或是自他二智或化他二智復次華嚴對二菩薩說一自一他不擬二乘不聞不解三藏對二乘說一化他不擬菩薩故無自行方等具對小大對二乘說兩化他對菩薩說一自一他般若亦對三說一自二他對二乘說一他對菩薩說一自一他法華普對機熟者但明一自

不復論他文云菩薩聞是法疑網皆已除千二百羅漢悉亦當作佛一切衆生悉入自行之方便故言方便品云云八本迹者如來本地久已證得一切權實名爲自行中閒垂迹亦作兼帶等說今日垂迹寂滅道場帶別化他說自行次說一化他次說三次說二次說發三等皆名化他權實束本權名實束迹實名權即是自他權實也結此則有四句一切實一切權一切亦權亦實一切非權非實云云身子本證一切權實即自行迹在鹿苑單受化他在方等受一被三折在般若帶二轉一至法華發三悟一皆是化他權實束本權爲實束迹實爲權即自他權實亦是四句云云若從佛迹說亦是化他之權實亦稱方便品若從引入圓因自行亦是方便品若從身子迹權亦是方便品若從身子迹入實亦是方便品爲此諸義故稱方便品也從此品下訖分別功德品十九行偈或至偈後現在四信弟子文盡名爲正說分若作兩正說從此下訖授學無學人記品是迹門正說今且逐近就迹門正說更爲兩一從此下是略開三顯一二從告舍利弗汝已殷勤下是廣開三顯一略更爲二初從爾時世尊下是略開三顯一二從爾時大衆下是動執生疑略開三顯一有長行偈頌長行爲二一寄言歎二智二絕言歎二智若不措言則無能知者雖復稱揚言不能盡諸佛二智如前說云云寄言爲二一明諸佛權實二明釋迦權實諸佛道同是故俱歎上光照他土彌勒橫問文殊引古大衆豎聞正表於此故發軫定起即明諸佛道同也就歎諸佛文

爲三一雙歎二雙釋三雙結就雙歎中先經家提起次正歎爾時者當爾之時也佛常在定何故言起此有所示往古諸佛說此經時必前入無量義即入法華今佛亦爾此示世界悉檀哀從定起履歷法緣二俱審諦說必不謬增長物信此示爲人悉檀哀從定起佛寂而常照尚須入定方乃說法況復散心妄有所說此是對治悉檀哀從定起入定緣理安心實相出定令他安心實相此是第一義悉檀哀從定起安此四法故言安詳而起也告舍利弗者小乘中智慧第一將欲因其破小智顯大智廢會開覆凡十種如玄義中說此乃經家提起之文法華論云佛入甚深三昧正念不動如實智觀從三昧而起現如來得自在力故如來入定無能驚忤故論與今義相應第一義悉檀出過世間故無能驚忤四悉檀無障礙故得自在云云加趺坐者古往微塵恒沙諸佛及弟子盡行此法故又加趺起惡覺尚生他敬心況入深境界而不適悅天人耶又非世受用法不與外道共能破魔軍煩惱故又能生三種菩提道故私謂此是四悉檀意也問餘經云繫念在前者云何又答背色想生死煩惱境界在後故觀寂滅涅槃所緣在前故應作四解云云問云何在面答凡人於面起欲能生猗樂然後徧身又九處流穢面有七孔以不淨治欲故繫緣在面其一又六識在面心多上緣表一切賢聖尚空與空相應故繫緣在面其二又若觀於面則能分別六識爲分別故故繫緣在面其三又身有六分頭面爲勝表諸法中實相第一第一法故繫緣在面其四就雙歎二智

先歎實次歎權實者諸佛智慧也非三種化他權實故言諸佛顯自行之實故言智慧此智慧體即一心三智甚深無量者即稱歎之辭也明佛實智豎徹如理之底故言甚深橫窮法界之邊故言無量無量甚深深高橫廣云云譬如根深則條茂源遠則流長實智既然權智例爾云云其智慧門即是歎權智也蓋是自行道前方便有進趣之力故名爲門從門入到道中道中稱實道前謂權也難解難入者歎權之辭也不謀而了無方大用七種方便不能測度十住始解十地爲入舉初與後中間難示難悟可知而別舉聲聞緣覺所不能知者執重故別破之耳法身本意元以自行權實擬之無機逃走故言不知華嚴頓照聾啞聲瞶故言不知方等彈斥保住草庵故言不知般若轉教無心悕取一飧之意故言不知今大機啓發放光動地彼此今古諸佛道同由懷疑惑故言不知利根菩薩節節能知鈍同二乘是亦不知也門者光宅取二乘方便爲今經智慧門此須與奪若爾即是得門云何如來破言不知不知者則非門也與者此是最淺之能永不識所云云今解自有才便智慧爲門得入佛智慧如瓔珞云二觀爲方便道得入中道第一義諦亦是三教各各有四門爲方便得入中道光宅之解於二觀中祇是一觀於十二門祇是一門云云又方便智慧爲門得入方便智即是三教各各四門亦教入證也自有佛智爲門得入佛智慧如上說圓因稱方便品即是自行觀智爲門即是今經所歎其智慧門圓教四門即其一

也自有實爲門入方便智雙照二諦即其義也如此釋者豈富開闊何如光宅區區一種耶若依論以阿含爲門此須開拓諸教準觀可知云云從所以者何下光宅云歎釋迦章今推文意是雙釋諸佛二智也佛曾親近至盡行道法是釋諸佛實智良由外值佛多稟承至要故實智甚深良由内行純厚盡行道法故實智無量無量則釋橫廣甚深則釋竪高也勇猛精進名稱普聞是釋諸佛權智其智慧門難解難入良由勇猛精進能入難入之門既入門已澤被無疆物欽勝德故名稱普聞亦可分句勇猛精進能入法門即釋權智深名稱普聞即釋權智廣觀權文無深廣之語例實智此義則成云云從成就甚深下雙結諸佛二智稱理究竟故言成就到彼岸底故言甚深此結成實智也稱機適會故言隨宜非七方便所知故言難解此結成權智也隨情則隱理故言難解了義故意顯故言易知攝大乘云了義經依文判義不了義經依義判文即斯義也有時解成就甚深未曾有法結自行權實隨宜所說意趣難解結化他權實云云從吾從成佛已來者是歎釋迦權實舊云釋迦權實各各歎謂吾從成佛下是歎權所以者何是釋權如來知見廣大下是歎實從無量無礙下是釋實從如來能種種分別下是結歎實文舊料揀前後有三意一合歎諸佛二智者明二智體同開歎釋迦二智者明二智功用有異二明垂迹之本故諸佛先歎實明顯本之能故釋迦先歎權三諸佛顯自行先須得實釋迦明化他先

以權引童蒙而互現出沒者將明體圓不可偏存存則失旨也今謂不爾但依文次第於義易解不須曲辯又汝云諸佛道同云何異解如人善讚孝順而打擲父母云云就釋迦文亦爲三初雙歎次雙釋後雙結吾從成佛已來歎實智若實智不圓佛道不成既云成佛一成一切成即是歎實智也種種因緣下是歎權智四十餘年以三種化他權實逗會衆生設言種種因緣也譬諭者小乘中以芭蕉水沫爲譬大乘中以乾城鏡幻等譬依諸論者以小乘譬乳大乘譬醍醐也廣演者能於一法出無量義也無數方便者即七種方便也引導衆生令離諸著者說散十善離三途著說淨十善離欲界著說三藏離見思著說菩薩法離涅槃著說佛法離順道法愛著從所以者何是雙釋二智也如來半句即是釋實智從眞如實相中來而得成佛道故名如來即釋成實智也方便即是釋權智由於方便善巧故能種種因緣知見波羅蜜者即是雙舉權實知見也一切種智名實知佛眼名實見道種智名權知法眼名權見悉到事理邊故悉名波羅蜜皆已具足者權實悉究竟也若不作雙釋之意那忽言皆已皆已者雙釋意顯也從如來知見廣大深遠即是雙結釋迦二智也如來知見如前說廣大明橫深遠明竪如此實智非橫非竪寄言往歎論其橫竪照無限極如函大蓋大也無量無礙下即是結權智也自行之權道前方便約諸法門故知是結權智明矣實智無若干也光宅以此釋實智非但光宅不識實智梁代皆

不知其無礙慧無若干也云云無量即佛地四等也無礙即佛地四辯也能於一辭一義旋出無量樂說不窮此於別通菩薩如甲上去方地力即十力畏即四無所畏禪盡禪之實相定即首楞嚴定三昧即王三昧深入無際者結成竪深成就一切未曾有法結成橫廣從舍利弗如來能種種分別下舊將結成前權實今用起後將欲絕言更舉權實爲絕歎之由文爲二初舉絕歎之由次指絕言之境鄭重者表殷勤也如來能善分別巧說諸法者即舉權也言辭柔輭悅可衆心者舉實也何以得知上見他土說頓云其聲清淨出柔輭音下身子領解云聞佛柔輭音深遠甚微妙據前後兩文知是舉實智也前歎中前實後權今何意前權後實明前欲寄言故從實而舒權今欲絕言須卷權歸實耳從取要言之是指實境要者莫過于實也無量無邊未曾有法是指權境又舉要是創指之端無量無邊是指權未曾有法是指實言此二法佛悉成就修道得故此那可說若單明一事不應言悉既雙指權實其意明矣止者下第二即絕言歎也印師云欲因止生其疑請之心也觀師云實法難知故先抑止驚其常情今明此法深寂言語道斷體不可說故止而歎之設慈悲爲說聞不能解傷其善根是故止也從所以者何下是釋止歎之意意爲兩一就佛是最上人成就修得最上法故不可說次明甚深境界不可思議故不可說就佛成就下明上人權實橫滿不可說從唯佛與佛下明上人權實竪深不可說成就

對不成就乃至難解對不難解即是横明成就修
道得故不可説唯佛與佛乃能究盡者初中分獲
未盡其源如十四日月光用未普獨佛與佛究竟邊底
如十五日之月體無不圓光無不徧如此竪深修道
得故故不可説從諸法實相下即是甚深境界不
可思議故不可説光宅云初一句標二智章諸法標
權智境三三非一故言諸法三法之中其教最顯教
必逗機仍有其人故知三三是權也實相者是實智
境一理非虚故言實相四一之中偏舉一理理是本
故故是實也中有九句還釋上兩章耳前五句釋
權章如是相者三乘言教攬而可別也如是性者
三乘教性分不可移易也如是體者三乘之教八音章
句各各有體菩薩教以六度爲體云云如是力者三乘
教用訓導之力也如是作者三乘教被前人有造作
也廣實智境略不牒章實境有四一以四廣其一理
如是因者境生真解爲因萬善望果也如是緣者
境發實智爲緣以因所望處爲果果起酬因爲
報後二句雙結初句結權本即舉相末即舉作次
句結實究竟即結因等即結報也北地師云三乘
法皆有相性果報本末也瑶師云如是相性此釋智
慧照用三乘萌異爲相必爾成三爲性發心爲體隨
心所堪爲力力有所造爲作作行招果爲因因者
語其己分所由爲緣緣者語其外力遂剋爲果酬因
爲報相爲本報爲末終同一致爲究竟等也如是
者其事不差也暢師但約佛上作相者十力各有相
貌也性者從根各有所習所習不改謂之爲性是

性力境也體者根性不同所欲亦異言其心用縛著
故以體爲名此欲力境也力者定別名也神通變動
非定不運鎮心靜亂非定不寂故力爲禪定境也作
者是業即業力境也因者道爲因能至涅槃即至
處道力境也緣者緣宿命力境也果者據今因所
召果在未來是天眼力境也報者據今報以望往因
即徧盡力境也故語報是漏盡也本者是相末是
報揔而望之都是處非處力境也上來諸釋非不一
途然於理不通於文不允文不允者經云諸法何法
不收豈止三乘耶理不通者經云實相何所不在
而但在因果體若實獨在於佛佛則不權權獨在三
乘三乘則永無實若三乘但爲五則權法不足復全
無實若四句但在佛佛全無權實亦不足義不涉
於凡夫則諸法之文便是無用實相不徧實相外則
更有法如此等過故皆不用也釋論三十一明一一法
各有九種一各有體二各有法如眼耳雖同四大造
而眼有見用耳無見功如火以熱爲法而不能潤也
三各有力如火以燒爲力水以潤爲力四各有因五
各有緣六各有果七各有性八各有限礙九各有開
通方便達磨鬱多將此九種會法華中十如各有
法者即是法華中如是作各有限礙者即是法華
中如是相各有果者即是法華中如是果如是報
也各有開通方便者即是法華中如是本末究竟
等餘者名同可解今明此境爲二初一句略標權
實章如文次十句廣釋權實相今作四番釋一約
十法界二約佛法界三約離合四約位經云諸法故

用十法界釋也經云佛所成就第一希有之法故
用佛法界釋也經云止止不須説我法妙難思故用
離合釋也經云唯佛與佛乃能究盡故用位釋也
約十法界者謂六道四聖是爲十法也法雖無量
數不出十一一界中雖復多派不出十如如地獄界
當地自具相性本末亦具畜生界相性本末乃至具
佛法界相性本末無有缺減故毗曇毗婆沙第七云
地獄道成就他化天法即是其例餘九法界亦如是
當知一一界皆有九界十如若照自位九界十如皆
名爲權照其自位佛界十如名之爲實一一中具無量
無量中具一所以名不可思議若照六道三聖五如
爲權若照佛界四如爲實當分歷歷此則可説可
示何俟止絶言歎也所以一中無量凡夫雖具絶理
情迷二乘雖具捨離求脱菩薩雖具照則不周名
不了了如來洞覽横竪具足唯獨自明了餘人所
不見不可宣示止止絶言其在此耳上玄義中已説
今不具記云云二約佛法界釋者佛界非相非不相而
名如是相指萬善緣因故下文云衆寶莊挍即其義
也佛界非性非不性而名如是性指智慧了因故下
文云有大白牛也佛界非體非不體而名如是體
指實相正因故下文云其車高廣也佛界非力非
不力而名爲力指菩提道心慈善根力等故下文云
又於其上張設幰蓋也佛界非作非不作而名如
是作指任運無功用道故下文云其疾如風也佛界
非因非不因而名如是因指四十一位故下文乘是寶
乘遊於四方也佛界非緣非不緣而名如是緣指

一切助菩提道故下文又多僕從而侍衛之佛界非果非不果而名如是果指妙覺朗然圓因所剋故下文直至道場也佛界非報非不報而名如是報指大般涅槃故下文得無量無漏清淨之果報也佛界非本非末而言本末本即佛相末即佛報是自行權也佛界非等非不等而言究竟等指於實相故標章云實相也是自行之實也即實而權故言本末即權而實故言為等此是如來自行權實最為無上無上相乃至無上果報橫廣竪深而無有上故標章云諸法實相也例亦應言諸法實性實體實力乃至應言實究竟等但略舉一而該諸耳如來徧照橫竪悉周如觀掌果祇為凡夫如雙盲二乘如眇目菩薩夜視濛朧不曉不可得說止止絕言其意在此耳三約離合者若佛心中所觀十界十如皆無上相乃至無上果報唯是一佛法界如海攝萬流若千車共一轍此即自行權實若隨他意則有九法界十如相性等即是化他權實化他雖復有實皆束為權自行雖復有權皆束為實此即自行化他權實隨他則開隨自則合橫竪周照開合自在雖開無量無量而一雖合為一而無量雖無量而非一非無量雖非一非無量而一而無量唯佛與佛乃能究盡凡夫則誹謗不信二乘則迷悶不受菩薩則壓枕未明為此義故止止絕言云云四約位者如是相者一切衆生皆有實相本自有之乃是如來藏之相貌也如是性即是性德智慧第一義空也如是體即是中道法性之理也是為三德通十法界位位皆有若研此三德入於十信位則名如是力如是作入四十一地名如是因如是緣若至佛地名如是果如是報初三名本後三名末初後同是三德故言究竟等初位三德通惡通善通賢通聖通小通大通始通極雖在惡而不沈雖在善而不升雖在賢而不下雖在聖而不高雖在小而不窄雖在大而不寬雖在始而非新雖在極而非故故是不可思議不可得說止止絕言耳復次三德究竟等者十如相性權實開合差別若干以平等大慧如實觀之究竟皆等若迷此境即有六界相性名為世諦若解此境即有二乘相性名為真諦達此非迷非解即有菩薩佛界性相中道第一義諦若以此慧等於俗諦俗諦非迷等於真諦真諦非解非解非迷雙非迷解但名平等若雙照者權即是實實即是權雖二而不二亦名究竟等也又權實不二之境七種方便不能以不二智等不二之境唯有諸佛以不二智等不二境故言究竟等又今大乘機動不明九界性相直說一切性相悉入佛界性相昔教不說謂昔不與今等今教說之知昔與今等故言究竟等初約惑解等次約人等後約教等說此甚廣記者不能委悉耳若就絕言絕思明不可思議釋論七十九云不可思議名不決定出一切心心數法出一切言語道不能行不能到故名不可思議若就譬喻明不可思議如釋論十四不以敗壞色得趣平等道觀色不異乃能等於大乘如明與暗共合而汝不見謂明暗異欲知其義如彼月光又日出時暗不向十方暗常在無所歸趣明亦如是與暗共合生死與道合道即是生死佛之所盡已盡所度已度皆不可思議諸經諸論此例甚多若就事中不可思議者如阿含經明四不可思議謂衆生世界龍佛衆生從何處來向何處去爲底而生爲底而死世界爲有邊無邊爲可斷不可斷爲天龍人鬼誰所造耶阿含云一士夫於王舍城拘絺羅池側思惟世間邊無邊見四兵入藕絲孔自驚我狂耶世無此狂問佛佛言非狂是脩羅爲諸天所逐退入藕絲孔藏此乃世間思惟非涅槃道無義饒益無法饒益無梵行饒益云云龍雨爲從龍口耳眼鼻舌出耶實不從爾許出但從其念出念善念惡皆能出雨由前本行今得是力須彌腹有天名大力亦能作雨又經出五道各一不可思議地獄有斷續畜生能飛鬼能變少爲多人能令火燒薪天能自然致果報皆是果報法事不可思議云云此是約因緣事釋不可思議況甚深境界寧非不可思議耶偈有二十一行爲兩初十七行半頌長行後三行半略開三顯一動執生疑前又二初四行頌寄言歎後十三行半頌絕言歎夫偈頌長行互有廣略者今義易顯耳長行二佛權實各歎表化緣異故頌中二佛合歎示二智理同故初寄言中又二初兩行合頌二佛二智後二行合頌二佛釋歎結歎等也初又二今初一句世雄者頌上諸佛智慧也不可量者頌上甚深無量此頌諸佛實智也次三句頌上諸佛權智此有三異一上舉人又標法故云諸佛智慧今頌但頌人將人以美法故云世雄二者上開歎今合歎以法別故須開以人總故須合三者上云一切二乘不知今言一切衆生類

不知佛力下後一行頌歎釋迦二智也佛者頌吾從成佛也正頌實智力無畏等頌諸功德是頌權智餘法者即指化他之權是實智之餘助耳正頌上種種因緣云云本從下後二行合頌二佛釋歎結歎之意也本從無數佛具足行諸道頌上諸佛釋歎佛曾親近百千諸佛盡行道法之文也甚深微妙法頌上結歎實成就甚深未曾有法也難見難可了頌上結歎權意趣難解也於無量億劫行此諸道已頌上釋釋迦知見波羅蜜皆已得具足上三句舉因具足次下一句舉果具足我已悉知見一句頌上結釋迦二智如來知見廣大之文也或時用四偈合頌上三佛權實文爲六初世雄一句揔領二佛二智二諸天及世人三句頌揀人三佛力下一行頌釋迦中釋權實四本從下一行頌諸佛釋權實五於無量下半行頌上行因六道場得成下二句頌上得果從如是大果報去第二有十三行半頌上絕言也文爲五初半行如是大果報即頌不思議境但舉初後中間略可知義學兼頌究竟等也大與種種如玄義中說我及十方佛下第二半行追頌取要言之佛悉成就也不可示下第三半行追頌上止不須說也實相非方所故不可示非言語道故言辭相寂滅從諸餘衆生類下第四頌舉不知之人故上長行明無有知者故止而不說頌中十行半頌出不知之人文爲八初半偈揔揀不入者即七方便也除諸下第二三句揀能入者即圓教七信故言信力堅固者也長行明究竟佛知頌中明初信知互舉耳諸佛子下第三有一行半揀二乘不知假使滿下第四有一行舉身子不知正使滿下第五一行半舉諸大弟子辟支佛下第六二行舉支佛新發意下第七二行半舉發心菩薩不入發心語通或可六度菩薩三僧祇未斷惑名爲發心或可指上人天中自攝得六度而發心之語別擬通別等發心也不退菩薩下第八有一行揀不退菩薩亦不知也通教不退斷界內惑是故不知別理別教地前亦有證位不退行不退等亦所不知也次又告舍利弗無漏下第五一行半頌上難解法佛能知實相境無漏不思議者頌上結要舉權實所止之境也甚深微妙法一句頌上第一希有難解之法我今已具得三句頌上唯佛與佛乃能究盡也明諸佛道同同皆究竟故云唯我知是相十方佛亦然釋不思議者如如意珠無毫釐之有能雨衆寶實相不生能生般若也無漏不思議一行半爲本生出四種解釋已如上說從無漏半句爲十法界釋作本十法界十如收諸凡聖理性無漏失也收三諦無漏失權實智無漏失約不思議爲開合釋作本即權而實即實而權故不可思議也約甚深微妙法爲佛法界釋作本此可知約唯我知是相爲約位釋作本此亦可知云云從舍利弗當知諸佛語無異下略開三顯一動執生疑就開顯爲二初明諸佛顯實次明釋迦開三互明一邊耳諸佛語無異者此論諸佛化道是同次兩句勸信後兩句正顯實世尊法久後要當說真實即顯真動昔之執生今之疑將非魔作佛正由聞此語也佛既如實語勸信何事翻疑爲防因疑起謗者故須勸信耳從告諸聲聞衆下明釋迦開三文爲三初一行正明開三將明二乘之非故言逮得涅槃者又解我令脫苦縛逮得涅槃即擬六度菩薩乘何以知之修六度行即免四趣縛未能入滅度三僧祇百劫乃得涅槃逮之言遠乃及耳又六度行前度他故言我令脫苦縛後取無漏故言逮得涅槃此義推之知是六度乘也又以數推之下句云佛以方便力示以三乘教若不指此將何爲三不應重數二乘爲三乘也次半行正斥三乘皆是虛僞次兩句出立三之意意是權引離諸著故非爲真實位是方便門耳從爾時大衆下是騰疑致請由聞三僞一真故執動疑生文爲二一敘疑二正請決敘疑又二一經家敘二正出疑先敘千二百疑次敘四衆上斥三乘皆是方便致疑但在二乘者以其執重疑深偏舉若至下除疑中即云求佛諸菩薩大數有八萬亦皆有疑故知三乘僉疑偏舉二乘耳從各作是念下是正疑又爲二一疑佛二智二疑己所得從何故殷懃稱歎方便即是揔疑權實二智從而作是言佛所得法甚深者是疑實智有所言說意趣難知下是疑權智以聞諸佛語無異要當說真實從此生疑何者佛昔說三乘智慧同證不差但餘習有盡不盡耳今忽稱歎如來二智非我所及是故疑佛二智也從佛說一解脫義我等亦得此法下此是自疑所得三乘聖道是真出要我修此理亦到涅槃而今忽言皆是方便未知何者真實故言不知是義所趣此從上斥三爲僞而生是疑爾時舍利下第二正請文有三請二止就前爲三止瑶師龍師云初止爲理深難

解初請爲自他求決次止爲驚疑不信次請爲久殖必解後止爲必謗墮惡後請爲利根得益今師或時云佛豫知三周得益前後不俱故三抑倏其三請也就初請爲二一長行二偈頌長行爲二一陳疑二陳請陳疑疑二智陳請已請衆請頌中有十一行偈文爲六初二句頌疑實智自說得下第二三行頌疑權智無漏諸下第三有三行明三乘四衆有疑上句明羅漢後二行明緣覺中間稱及求涅槃者即是明六度菩薩何以得知上云逮得涅槃者此中稱及及者此菩薩自求涅槃又以及他故異二乘知是菩薩也於諸下第四有一行半明身子疑佛口所生下第五有一行明佛子疑諸天龍下第六二行總明同疑請也夫偈頌長行可以意推如其非頌即是長出於義非急者不能頌文分擘故略耳從爾時佛告下是二止更牒疑爲請悉如文云云

妙法蓮華經文句卷第三

妙法蓮華經文句卷第五　計卅八帋　異

天台智者大師述

從我始坐道場下第二十七行半頌施方便化就此爲二初有六行半明念用大乘擬不得次尋念下第二十一行明念同諸佛用三乘化稱宜可得就初念用大化又爲三初一行半明用大擬宜次衆生下第二三行明衆生無機次我即下第三三行明念息大化也始坐道場者至理無時假時化物爲化之初故言始也事釋者初在此處修治得道故言道場坐此樹下得三菩提故名道樹感樹恩故觀察念地德故經行道成賽澤之時欲以大法擬宜衆生也觀心釋者樹即十二因緣之大樹也深觀緣起自成菩提欲以無漏法林樹蔭益衆生故言觀樹經行者大乘三十七品是行道法自以道品履一切地得成佛道欲以此法化度衆生是故起行樹地無有分別豈須報恩未曾有經云秖以通化傳法名報恩耳過去因果經云佛成道初一七日思惟我法妙無能受者二七日思衆生上中下根三七日思惟誰應先聞法即至波羅柰爲五人說四諦陳如得法眼淨頞鞞拔提十力迦葉摩訶男拘利未得道佛重說四諦四人得法眼淨佛又說五陰無常苦空非我五人得阿羅漢爾爲佛寶四諦爲法寶五人及佛是六阿羅漢即是僧寶小雲疏云初三七日時已是說法華下文宿王華智佛在七寶菩提樹下說法華經當知今佛在菩提樹亦說法華而鈍根衆生不堪允同諸佛開三教化

後於王城說一乘耳若推智者意是則先在菩提樹下說於佛慧後在餘處說佛慧例如今佛先說華嚴後說法華故文云始見我身聞我所說入如來慧除先修習學小乘者而今亦令入如來慧與此義同也五比丘者諸女聽仙人說法惡生王瞋割兩臂耳鼻等血變爲乳惡生王者拘鄰是仙人者佛是佛誓令得甘露令初聞法音也問何故初爲五人轉法輪答人先見諦故人是現見故人爲證故佛所行事業與人同故諸天從人中得善利故人中有四衆故輪王出世聲至他化自在憍陳如得道聲至梵天佛得道聲至首陀會何故爾久善業名譽言業稱讚父母師長業有上中下故爾也若使有頂有耳識者佛聲亦至彼輪王行十善善生欲天欲天喜我眷屬增多殺陳如離欲故徹梵佛最勝至尼吒云云若依大乘佛得道聲徧至百億尼吒又徧十方無量無邊世界尼吒云云初轉法輪處菩提樹處初忉利下處大神變處此四處諸佛皆定餘處不定又除轉法輪一處其三處決定三七日者舊云思理散等又云勸誡等瑤師云擧之至深至聖猶思而後行一七思佛智微妙二七思衆生根性不同三七思法藥萬品即舉偈證之我所得智慧微妙最第一衆生諸根鈍云何而可度今明佛在法身之地寂而常照恒以佛眼洞覽無遺豈始至道場淹留三七方思此事言三七者明有所表也表佛初欲三周說法故假言三七耳初七思法說次七思譬說後七思因緣說皆無機不得是故息大施小也此偏就圓教大乘爲釋耳若通途約大乘釋者

初七思惟欲說圓教大乘次七思惟欲說別教後七
思惟欲說通教大乘皆無機不得是故息大說三藏
三乘爲方便之化也觀心釋者初欲觀中道中道妙
難觀不得次欲觀即假即假觀分別智難生不得後
欲觀即空即空巧度又不得方觀方便析法小觀也
從衆生諸根鈍下第二三行明無機又爲三初半行
明鄣重次如斯下第二半行明不堪聞爾時梵王者
下第三有二行明諸梵雖請說大佛知無機所以不
說我即自思惟下第三有二行明念欲息化又二初
一行半明無機強說聞則有損後半行正明息化從
尋念過去佛下第二有十一行頌上於一佛乘方便
說三也就此爲二初十行正明化得後一行釋疑就
前十行有四初一行明三乘擬宜次作是思下第二
六行半明有機次思惟是下第三一行半明施化次
是名下第四一行明受行尋念者念彼雖無大機不
容永捨要以方便而誘濟之非都不知開三欲引同
諸佛故云尋念也作是思惟下第二六行半明有小
機此又爲二初四行半明諸佛歎後二行明釋迦酬
順上欲大化於彼無機故諸佛不歎今欲說小曲會
根緣則始終得度所以佛歎也就初佛歎爲五初三
句釋迦自敘諸佛現佛現者由念佛方便力故現現
由擬法會機二義故佛現善哉下第二一行一句明
諸佛正歎釋迦能隱實設權故云善哉爲一施三引
入佛慧即是第一導師得是無上法者即是得實智
微妙第一也而用方便力者隨諸一切佛隱實用權
也我等亦皆得下第三一行明諸佛亦隱實用權如

文從少智樂小法下第四一行雙釋二義爲衆生少
智不堪聞大所以隱實而復樂小所以施權雖復說
三下第五半行雙結二義雖復說三終爲顯實也舍
利弗當知下第二有二行明釋迦酬順既聞諸佛歎
對曰南無南無此云敬從又二初一行發言酬順後
一行念順物機從思惟是事下第三一行半正明施
教也諸法寂滅相不可以言宣下即是前說中道無
性佛種之理此理非數又不可說今以方便作三乘
說又非生非滅而以方便作生滅說又偏眞之理亦
非示說以方便故作四門說初爲五人說無常有門
也是名轉法輪下第四一行明受行悟入也轉佛心
中化他之法度入他心名轉法輪陳如初得見諦即
斷見惑分證滅諦亦是分得有餘涅槃涅槃之音起
自於此由此得成無學便有羅漢之名能說三乘法
者名佛所說三乘即法見諦羅漢等名僧三寶於是
現世間從久遠劫來下第二一行是釋疑疑師云佛
初未能鑒機尋念諸佛始知根性即釋云非我不知
用於方便特欲引同故念諸佛非始念方知從久遠
劫來見其樂小已爲讚示今盡衆苦所以聞小即得
解脫也疑弟子云云何衆生一世暫聞即證羅漢即
釋云從久遠劫來爲其讚示稱於本習故速得道舊
云此偈懸指壽量義今明論秘密意或當如此明顯
露意是則不然何者將明壽量彌勒尚自不知云何
此中一偈懸指今以釋疑消文從我見佛子等下第
三有六行頌上顯實文具四一初我見佛子下二行
頌人一三乘行人皆是佛子上文兼有其意也我即

作是念下第二一行頌理一爲說佛慧即是上一切
種智佛知見也舍利弗當知下第三二行頌教一但
說無上道即教一也菩薩聞是法下第四一行頌行
一悉亦當作佛故是行一也更就此文爲四意初二
行明大乘機發亦云索果次兩行一句明佛歡喜衆
生得大乘益故次三句正明顯實次一行受行悟入
也明由機發故索果索果由於機發此應有四句自
有鄣除機未發如諸羅漢在三藏時以樂小故濁鄣
雖除大根鈍故妙機未發自有大機發鄣未除如法
華中諸凡夫人等雖未斷結以大根利故機發自有
鄣即除機即發如說無量義時證二乘果即於此座
大機即發自有鄣未除大機未發即五千等是也志
求佛道者即是索大非求小果也索有三意一大機
有感果之義機中論索二情中密求爲得爲不得即
此意三發言索即是殷懃三請也昔教之中已有二
求但未發言至於今日具此三索問昔出宅索三是
機情索者文云如先所許此乃求三何關求一答出
外不見必有異途將昔許三以求異意耳亦得是索
一也咸以恭敬心皆來至我所者一云恥小慕大大
機感佛故云至佛所今明非但機至佛所亦乃身到
如無量義中四衆圍繞合掌敬心欲聞具足道也曾
從諸佛聞方便所說法者此中初味調伏受行三藏
六度通別等三教方便由此調熟故使鄣除機發而
求大也從我即作是念下二行一句明鄣除佛喜佛
爲佛慧故出昔鄣重無機不得即說佛慧中間雖鄣
除又未得說今機發正是說時昔衆生根鈍智小恐

其謗法墮惡故未是說時今根利志大聞必信解故佛歡喜無畏者不畏執小謗大起罪墮惡故言無畏於菩薩中下三句正顯實也五乘是曲而非直通別偏傍而非正今皆捨彼偏曲但說正直一道也菩薩聞是法下一行明受行悟入六度通二菩薩初聞略說動舊執致新疑今悉已除非獨菩薩二乘亦爾而云聲聞皆當作佛者昔教不說二乘作佛今行與授記授記豈獨二乘除疑豈獨菩薩互存則兩備問菩薩何疑答三藏說三僧祇未斷惑一斷即入眞通教說菩薩斷正留習習盡即成佛初聞略說悉云方便昔眞昔成竟知安在又三乘同學一道何意有別今聞法華掃蕩諸疑無復遺芥從如三世諸佛下第四五行半頌上歎法希有非正為下不虛譬本就此為二初一行頌上如是妙法妙法者權實也如三世者引同諸佛用權權是引物之儀式也說無分別法引同諸佛顯實實則言語道斷豈存儀式又權實本無分別為鈍根小智分別權實今還悟入一三不二即知佛說三一無分別也諸佛皆爾何獨我耶諸佛興出世下四行半頌上時乃說之上亦舉曇花頌中還說諸佛興出世兩句久久懸遠時有佛出此舉人難正使出於世兩句此舉法難如今佛出世四十餘年始顯眞實云云無量無數劫兩句此舉聞法難如五千之流梵音盈耳越席而去聞豈不難乎能聽是法者兩句舉信受者難昔衆唯身子前達中下雖聽猶未能了舉曇花譬上四難但合聞者難餘例可解從汝等勿有疑下第五二行半頌上不虛又二初一行半

勿於可信人生疑次汝等舍利下一行勿於可信法起疑法王者夫為人王言則不二佛為法王豈容虛說夫方便可是權假眞實寧應是妄聞法王說法勿生疑也舊從汝等舍利弗下七行不頌敦信但是釋迦章中勸信弘經之意耳其文為兩初五行半令弘經使其行因次一行半略為受記初一行令其某果行因必須弘經四十餘年蘊在佛心他無知者名為祕一乘直道捴攝萬途故言要也以五濁惡世下一行釋祕要明鄭重之人終不能解故使如來祕不妄宣當來世下二行明弘經體初一行明不善人勿為說後明善人當為說舍利弗去一行半雙結二義初行結祕要明此法如是先以萬億方便然後乃示眞實後半行結弘經體其不習學不能曉了此正結不善者勿為說也兼對習學者則能曉了此乃可為說也汝等既已知下一行半略為授記上明三句論其有解中一句明其無惑下半偈明其得記既有解無惑正應歡喜作佛此中受記開下身子等得記作本此中弘經開下命身子流通作本也舊意如此今明從五濁下第六六行頌上揀衆敦信上幸有此文近而不頌耶又二初三行頌揀衆次三行頌敦信五濁者一行頌上揀非佛弟子何者若樂諸欲是行魔業故須揀之上文著涅槃尚非佛弟子此文著生死邪是佛弟子互揀非耳終不求佛道者頌上揀增上慢上慢者未得上法謂得上法是故其人不求佛道也當來世惡人一行頌上如來滅後解義者是人難得也有慚愧清淨一行頌上若遇餘佛便得決了次三

行頌上敦信若不信此法無有是處初一行半敦信於權次一行半敦信於實實權無疑自知作佛云云

釋譬喻品

先捴釋譬者比況也喻者曉訓也託此比彼寄淺訓深前廣明五佛長行偈頌上根利智圓聞獲悟中下之流抱迷未遣大悲不已巧智無邊更動樹訓風擧扇喻月使其悟解故言譬喻別釋者以世法比出世法因於曾有聞未曾有踊躍歡喜如經世間子父譬出世師弟又以世生法比出世生法使蒙佛音教不失大乘如經父知諸子先心各有所好珍玩之具又以世滅比出世滅雖得無漏聞亦除憂惱如經我為其父應拔其苦難令免燒煮又以世不住不滅比出世不生不滅令其安住實智中我定當作佛如經乘是寶乘直至道場當知佛以一音說於譬喻巧令中下得四悉檀益故言譬喻品也約教解者佛意本讚佛乘為物不堪尋念先佛大悲方便趣於鹿苑稱讚三車二乘以下中自濟恩不及人菩薩駕牛運他出火故名摩訶薩此三藏教中譬喻也又三人同畏燒煮聲聞如麞直去不迴緣覺如鹿母並馳並顧菩薩如大象身扞刀箭全羣而出涅槃云兔馬此通教中譬喻也又三乘發心近緣理淺智慧弱斷通惑不能盡邊到底非波羅蜜菩薩發心久遠理深智彊斷別惑窮源盡性大品云二乘如螢火菩薩如日光此別教中譬喻也又始見我身聞我所說即皆信受入如來慧如斯之人易可化度不令如來生於疲苦如華嚴中即事而眞不須譬喻為未入者四十餘年更以

異方便助顯第一義今日王城決定說大乘普令一切開示悟入佛之智慧不令一人獨得滅度如今如始如始如今無二無異上根利智聞即能解不今如來生於疲苦亦不須譬喻秖為中下動執生疑踟蹰岐道故須今日大車譬喻而得利益是名圓教中譬喻也本迹觀心例可解不復記云云法說有五段經文其一始竟四猶未了此品應在諸天說偈之後火宅譬喻之前出經者調卷置領解之初耳又人云發起中根置第二卷初如六瑞問答為法說作序領解得記為譬說作序此人情耳置法說之後中根可不悟耶此領解段領其所聞述其所解長行領與解合說偈中領與解各陳故言領解段也文有二一經家敘二身子自陳敘為二謂內解外儀內解在心名喜喜動於形名踊躍從妙人聞妙法得妙解若值一幸尚復欣抃況三喜具足寧不踊躍文云今從世尊聞此法音心懷踊躍內外和合致此歡喜即世界釋也又改小學大棄貧事草庵受富豪家業文云今日乃知真是佛子是故歡喜此為人釋也又憂悔雙遣疑難並除內外妨鄣廓然大朗文云我已得漏盡聞亦除憂惱是故歡喜此對治釋也又佛子所應得者皆已得之文云安住實智中我定當作佛此第一義釋也約教者夫歡喜喜於入位而阿羅漢出三界籠樊破四住子果對害不戚逢利不欣今言歡喜決非世間喜也若苦忍明發若究竟無學先已得之今不應重喜若三人同以無言說道體析雖異證空一致一致之喜久已得之亦不重喜若二空觀為方便道假觀

蕩二乘之隘陋空觀蕩凡夫之喧湫過二邊惡得大歡喜依圓悟初發心住名歡喜住初行亦名歡喜行初地亦名歡喜地身子既是上根利智必是超入之歡喜設不超入亦名歡喜此皆約教釋也本迹釋者身子久成佛號金龍陀迹助釋迦為右面智慧弟子始從外道拔邪歸正示乳味歡喜利益凡夫次示酪味歡喜利益賢聖次示生蘇熟蘇歡喜利益菩薩今作醍醐入佛知見歡喜利益學佛道者如此等歡喜皆迹所為也觀心解不復記云云敘外儀者即起合掌名身領解昔權實為二如掌不合今解權即實如二掌合向佛者昔權非佛因實非佛果今解權即實成大圓因因必趣果故言合掌向佛瞻仰尊顏者表其解實實即佛境非方便法瞻仰尊顏無餘思念表開佛知見意解於實亦即解權身領於權亦解於實互舉一邊白佛下正領解也即是身子自陳文為二初長行二偈頌初文為三一標三喜章二釋三結成今從世尊標我身見佛身故名身喜聞此法音依於佛口聞而歡喜故言口喜得未曾有是我意解佛意故名意喜是為標章也次所以者何下第二釋者提昔之失顯今之得從所以者何訖無量知見明昔不見佛為失昔佛為菩薩授記我不豫斯事見佛義遠既不見佛故無身喜聞如是法者若日照高山時密有聞義顯如聾如啞不得道聞如是法也秖是方等教中聞大乘實慧與今不殊故言聞如是法也受記者亦是方等中與菩薩記二乘不豫斯事甚自感傷思益淨名中聞褒大折小內疑而外鄙名為感傷失一切知見者失佛眼之見失

佛智之知也從世尊訖非世尊也明昔不聞法失良以身處山林心執小道則不聞法故無口喜我昔獨處者思過之所也同入法性者正出其過執所入之一理疑於三教之能門一理既同而我失知見三教既異而菩薩受莂受莂則如來有偏所以成過今述此失故言悔過是我等咎者由我迷權何關理教由我惑實何關佛偏追述昔非仰謝如來是為引過自歸也從所以者何訖每自剋責明意無解之失良以不待說所因則無實解又不識方便故無權解解無故故無意喜昔失既彰今得自顯不待說所因者自責不解實也不解方便者自責不解權也所因二義一不受待對於前二不停待於後初照高山明三諦之惠是得佛因以此待對於我而我不受失之於前諸佛法久後要當說真實我不停待於此兩盈閒忽忽取小不解實權如文而今從佛下結成三喜先結後成從佛是結身喜也聞法結口喜也斷諸疑悔是結意喜乃知真是佛子近佛義成也從佛口生結口成也從法化生是結意成如此消文文盡釋理理彰也更用四悉檀消文今從世尊下是世界歡喜從所以者何提昔失顯今得是為人喜從世尊我從昔來對治喜也從今日乃知下是第一義喜也更約喜心明四悉心喜動悅常未曾有喜動覺觀復動于形云云偈有二十五行半為三初一行頌標三喜舉我聞兼得佛也從昔來下第二二十二行頌釋三喜又為三今初一行半頌見佛喜長行明失知見頌中明不失大乘上論失論遠頌論近論得互現耳我處於山谷

下第二十一行頌上不聞法又爲二初九行頌上身遠故不聞次我本著邪見下第二兩行頌上入法性故不聞邪見是凡人著入法性是二乘著俱不聞法我嘗於日夜者生死爲夜涅槃爲日爲生死中有涅槃爲生死外有耶若得悟時二疑雙遣又生死涅槃俱爲夜此疑得除名爲日日出時二疑雙遣又世人二種一草創學大二習小入大稱其事相直入者劣例如從阿毗曇中入者勝菩薩亦應爾於華嚴中入者化道應弱五味洮汰入者勝從而今乃自覺下第三有九行半頌上心得妙解喜上明不待所因不解方便頌中明得所因又解方便聞當作佛是所因聞五佛道同解魔非魔是解方便互顯一邊五佛章即是領文也從聞佛柔輭音下第三二行半頌上結成如文爾時佛告舍利弗吾今下是第三述成段上身子自陳得悟今如來述解非虛文有三一昔曾教大二中忘取小三還爲說大所以引昔曾教述其見佛之緣若中忘取小述其憂悔聞法之緣還爲說大述其悟解不虛述成上三意也十住毗婆沙云身無上謂相好受持無上謂自利利他具足無上謂命見戒智慧無上謂四無礙不思議無上謂六波羅蜜解脫無上能壞二鄣行無上謂聖行梵行又身無上名大丈夫受持無上名大慈悲具足無上名到彼岸智無上名一切智不思議無上名阿羅訶解脫無上名大涅槃行無上名三藐三佛陀菩薩瓔珞十三云道當淸淨穢濁非道道當一心多想非道道當知足多欲非道道當恭敬憍慢非道道當撿意放逸非道道當

顯曜自隱非道道當連屬無行非道道當覺悟愚惑非道道當教化矜恪非道道近善友習惡非道如是等種種明無上道今經以圓通爲無上道若偏若次皆他經所論長夜隨我受學者昔雖大化未破無明惑闇心中隨佛受學了因雖遠猶尚不滅況今眞悟寧虛故舉曾教述見佛不謬也我以方便生我法中者此義兩牽若昔以大化今生大解此屬初意若今免惡道權以小引此是第二意從我昔教汝志願佛道汝今悉忘自有中途廢大習小名中途悉忘若而今便自謂已得滅度即是而今悉忘由汝忘大願即習小致有憂悔而得聞法不虛也我今還欲令汝憶念本願即是述其得解不虛先施權教成其中途小善後顯眞實遂其本願大心也從汝於未來下是大段第四授記段前自陳佛印竟是故與記若得大解自知得佛何俟須記記有四意一昔未記二乘而今須記二中下未悟以記勉勵之三令聞者結緣四滿其本願是故記也有長行偈頌長行爲十一時節二行因三得果釋十號甚多且記一種無虛妄名如來良福田名應供知法界名正徧知具三明名明行足不還來名善逝知衆生國土名世間解無與等名無上士調他心名丈夫爲衆生眼名天人師知三聚名爲佛壞波旬名婆伽婆四國土五說法六劫名七衆數八壽量九補處十法住久近悉如文大論四十八云舍利弗正法三十二小劫者三災飢病刀滅衆生者名小劫又直是時節名小劫如說法華經六十小劫亦是時節數耳非三災滅外物爲小劫也偈有十

一行半爲二初十行頌上九意略不頌補處長有供養舍利後一行半結歎初一行超頌得果次供養下第二一行追頌行因次過無量下第三半行超頌劫名次世界名下第四一行半頌國淨次彼國下第五一行半頌菩薩衆數次如是等下第六半行頌說法次佛爲王子下第七二行頌壽量次佛滅度之下第八一行半頌法住久近次舍利廣下第九半行供養舍利後華光佛下第二一行半結歎宜應自欣慶者成初入歡喜位之解也初住能百佛世界作佛行地倍是第五四衆領解有長行偈頌初經家敘衆喜次陳供養作是言下正領解初領開權今乃復轉下領顯實也偈有六行半爲二初二行頌上開權顯實後四行半自述得解隨喜迴向也我等亦如是者如身子之領解如身子被述成如身子之得記也問迦葉善吉諸大聲聞尚未得解四衆何人而先獲悟答四衆天人亦具三品上根同身子中下可知又解身子迦葉並是權行中下未開故迦葉滿願示同不解淨名云衆生未愈菩薩亦未愈云云從爾時舍利弗白佛下第二大段爲中根譬說文有四品此一品正是譬喩開三顯一信解明中根得解藥草如來述成授記與決此四番皆約譬說下四段皆約因緣陳如明繫珠緣而領解阿難引空王緣而獲記云云又例法說應有中根四衆歡喜而今無者一謂經家存略二例前後可知後文在法師品中云云譬說文爲二一請二答請爲三一自述無疑二述同輩有惑三昔爲四衆自述如文同輩是同行懷舊故須爲請四衆是化境今

新運大悲則普爲請佛常教化下執昔三教也而今於世尊前下執昔一理也昔說三是究竟今又說一爲眞實矛楯致迷故言皆墮疑惑有人云身子新舊兩疑千二百止有新疑今謂上根疑少中下疑多云何倒解善哉世尊下爲四衆普請也因縁者前三後一之因緣也爾時佛告舍利下第二佛答文爲三一發起二譬諭三勸信發起爲二一抑二引抑令憤勇引令速進我先不言下指上明權皆爲菩提指上顯實皆爲化菩薩者若權若實皆入佛道無住涅槃上已明言云何執教迷闇不解如此責謂是抑文也然舍利弗今當下是引接安慰前斥既切恐鄙懟自沈今許其譬喻更明此義若能解者猶稱智也二譬喻說長行偈頌長行開譬合譬開譬不同已如上說今爲二一揔二別揔譬譬釋迦章中今我亦如是兩行偈略頌開權顯實也別譬譬釋迦章中我以佛眼觀見四十一行半偈廣頌開權顯實六意也揔譬有六一長者二舍宅三一門四五百人五火起六三十子長者譬於我我即釋迦一化之主也火宅譬上處所安隱對上三界不安隱也一門譬上宣示佛道門也五百人譬上衆生也火起譬上對不安隱法五濁八苦也三十子譬上知衆生性欲三乘行人也長者譬爲三一名行二位號三德業名如賔行如主行有親踈名有近遠故舉處所以顯名行也封疆爲國最遠宰治爲邑居中聚落是鄰閭最近長者名行徧此三處近不見其細隔遠但挹其高風口無擇言身無擇行意無擇法名行相稱眞實大人內合如來三業隨

智慧行稱機施化名稱普聞德周法界也舊以十方虛空慈悲所被處名國三千爲邑一四天下爲聚落又大千爲國中千爲邑小千爲聚落今皆不用大論六十云柔順忍爲聚落無生忍三菩提爲城因果共爲譬今經直用果德爲譬實報土爲國有餘土爲邑同居土爲聚落從本垂迹攝迹反本名行相稱無賔主之異彪炳洋溢徧三土也二標位號爲三一世長者二出世長者三觀心長者世備十德一姓貴二位高三大富四威猛五智深六年耆七行淨八禮備九上歎十下歸姓則三皇五帝之裔左貂右插之家位則輔弼丞相鹽梅阿衡富則銅陵金谷豐饒侈靡威則嚴霜隆重不肅而成智則胷如武庫權奇超拔年則蒼蒼稜稜物儀所伏行則白珪無點所行如言禮則節度庠序世所式瞻上則一人所敬下則四海所歸十德具焉名大長者出世長者佛從三世眞如實際中生功成道著十號無極法財萬德悉皆具滿十力雄猛降魔制外一心三智無不通達早成正覺久遠若斯三業隨智運動無失具佛威儀心大如海十方種覺所共稱譽七種方便而來依止是名出世佛大長者三觀心者觀心之智從實相出生在佛家種性眞正三惑不起雖未發眞是著如來衣稱寂滅忍三諦含藏一切功德正觀之慧降伏愛見中道雙照權實並明久積善根能修此觀此觀出於七方便上此觀觀心性名上定則三業無過歷緣對境威儀無失能如此觀是深信解相諸佛皆歡喜歎美持法者天龍四部恭敬供養下文云佛子住是地即是佛受

用經行及坐卧既稱此人爲佛豈不名觀心長者今以十德帖經義足而闕一文國邑聚落有大長者三處稱譽爲大豈非姓貴長者豈非位高衰邁豈非耆老財富無量豈非豐足多有田宅即分略周贍豈非智深多有僮僕豈非勢大其家廣大豈非德行師之唯有一門豈非禮節訓人一路多諸人衆即下人所歸但闕上人所敬一文今以大字兼之大人所知故稱大也從其年衰邁下三歎德業德有內外內則智略外則貲財年高博達今古譬佛智德衰邁根志純孰譬佛斷德財富譬外德無量譬萬德也田宅別譬也田能養命譬禪定資般若宅可接身譬實境爲智所託略則十八空門廣則無量空門若論福德無行而不修若論智慧無境而不照故云多有田宅也僮僕者給侍使人譬方便知見皆已具足和光六道曲順萬機即實智之僮僕也二其家廣大者家宅譬上安隱對不安隱不安隱譬三界也衆生宂宂皆宅三界如來應化統而家之故言廣大也三唯有一門者譬上種種法門宣示於佛道道場觀云實相理不異慧亦宜一出無異路故言一門光宅雲曰三界雖曠九十雖多論於出要唯是佛教故言一門今明若單理爲門理無通塞何門之謂單教爲門得經者衆何意不出今取理爲教所詮文云以佛教門出三界苦得涅槃證門又二宅門車門宅者生死也門者出要路也此方便教之詮也車者大乘法也門者圓教之詮也若宅門是車門初三車救子亦應即是等賜大車若所出門非所入門驗車宅異也四五百人者

譬上衆生即五道也五堂閣下譬上安隱對不安隱
法五濁也先出所燒之宅相譬六道果報次明能燒
之火譬八苦五濁堂譬欲界閣譬色無色界牆壁譬
四大頹落譬減損傾危譬遷變柱根譬命梁棟譬意
識腐敗譬危殆不久欲令易解作觀釋之堂譬身之
下分閣譬頭等上分牆譬皮肉積落譬老朽柱根
譬兩足腐敗譬無常梁棟譬脊骨傾危譬大期周鄣
屈曲譬大小腸又云譬心云云周帀下明能燒之火八
苦徧在四大四生故言周帀此皆無常故云俱時欻
然譬本無今有本無此苦無明故有六長者諸子下
三十子譬上知衆生性欲曾習佛法天性相關則子
義性欲有異若十是菩薩子二十三十是二乘子此
機俱得出宅故名爲子無此機是五百人或者支佛
出沒不同或小乘攝或中乘攝皆言十者悉有十智
之性故云內有智性但無如實智性耳上二偈先頌
實後頌權今揔譬中先實後權云云從長者見是大火
下是第二別譬也別更爲四初長者見火譬譬上佛
見五濁四行偈爲本二捨机用車譬譬上釋迦爲五
濁寢大施小始坐道場十七行半偈爲本三等賜諸
子大車譬譬上釋迦示眞實相我見佛子等志求佛
道者六行偈爲本四長者無虛妄譬譬上我爲諸法
王二行半偈爲本就初見火其文有四其意但三一
明能見二明所見三明驚怖四廣前所見但成三意
長者見標出能見譬上我以佛眼觀見也是大火從
四面起者標出所見譬上所見六道衆生也即大驚
怖譬上爲是衆生故而起大悲心也而諸子等於火

宅內下廣第二所見之火也還是釋成驚怖之義身
受心法即宅之四邊從此四邊起淨樂等四倒八苦
之火衆苦皆集若知身不淨苦無常即煩惱大滅舊
有三解一云四大爲四面六識並託其中二即四生
三云四倒依下文以生老病死爲四邊也即大驚怖
者念其退大善故驚憂其將起重惡故怖驚即對慈
念其無樂怖即對悲憂其有苦我雖能於此所燒之
門安隱得出者即是釋成驚怖慈悲之義雖是未盡
之辭明佛以智慧力能尋正教見所詮諦不爲五濁
八苦所危故名安四倒暴風所不能動故名隱蕭然
累外故名得出而衆生不爾爲火所燒如來慈悲猶
爲憂火所熾故言雖也經言所燒之門者今開教爲
門者此教爲燒爲不燒救云教門不燒佛教爲門能
通所燒之人所通之人被燒名能通門名燒如門內
人死名門爲衰門實不衰又問若爾教是常住非有
爲法若不爾何故不燒今解不爾夫門有件有空非
件無以摽門非空無以通致件可灰燼空不可燒教
有能詮所詮若非詮辯無以爲教若非所詮何以得
出詮辯可是無常所詮非復無常得教下所詮故名
安隱得出能詮磨滅故言所燒之門不從所燒之門
何由安隱得出藉於言教契於所詮大經云因無常
故而果是常如此得者如經於所燒之門也若小乘
無常教門此從所燒門出若大乘常住教門文字即
解脫者此教即理體達燒無燒而安隱得出若就如
來權智即是從所燒門出若就實智體於所燒安隱
得出故先作衣裓几案出之不得後以無常出之即

此意也樂著嬉戲著見名嬉著愛名戲又耽湎四見
名嬉唐喪其功名戲著愛亦爾耽湎五塵名嬉空無
所獲名戲空生徒死而無猒離如彼兒戲不覺不知
者都不言有火名不覺不解火是熱法名不知既不
知火熱不畏傷身名不驚不慮斷命故不怖衆生全
不覺五陰八苦不知四倒三毒既不識惑云何憂慮
惑侵法身傷於慧命如是不覺於苦不知於集不驚
傷道不怖失滅以不聞四諦教則無聞慧名不覺不
得思慧名不知不得見解名不覺不得思惟解名不
知見諦即驚悟思惟即猒怖又不覺現在苦不知未
來苦故下文云現受衆苦後受地獄等苦即此義逼
身者五識也心者意識心王也身爲八苦所逼而心
不猒惱也亦云曾種大乘功德是法身智慧爲體體
爲四倒所逼而不知不覺心不猒患者不猒無常之
苦不患煩惱之集也無求出意者不修道求滅也今
謂火宅本譬五濁嬉譬見濁戲譬煩惱濁不覺不知
不驚不怖譬衆生濁火來逼身苦痛切己譬命濁心
不猒患無求出意譬劫濁此與五濁相當云云從是長
者作是思惟下是第二捨几用車譬譬上寢大施小
上六行半明大擬不得後十一行用小擬得上不得
有三思大擬宜二無機三息化今譬爲二初用勸門
擬宜二用誡門擬宜就勸誡各三一擬宜二不受三
放捨勸門三者一從長者作是思惟身手有力下譬
上念用大化於三七日中思惟如此事二從復更思
惟下明子不受譬上無機衆生諸根鈍云何而可度
三從或當墮落爲火所燒下即是放捨善誘譬上無

機息化我寧不說法疾入於涅槃也長者作是思惟下譬上三七日思惟也身手等者引下合譬云但以神力及智慧力以釋此譬身譬神通荷負手譬智慧提拔依三昧斷德則有神通依智慧智德則有說法智斷之力能成法身此之智斷還從勸誡兩門入勸即爲人悉檀誡即對治悉檀此二悉檀爲第一義悉檀而作方便如來初欲勸門擬宜衆生令衆善奉行成就十力無畏一切種智而衆生不堪次欲以誡門擬宜令諸惡莫作證大涅槃衆生不堪無機息化故知念用大乘祇是勸誡兩悉檀神通智斷耳故上文云定慧力莊嚴以此度衆生即其義也前歎長者其年衰邁即譬智斷智斷即是身手力也衣裓几案者三藏法師云衣裓是外國盛花之器貢上貴人用此貯之舊云衣襟譬大乘因几案譬大乘果初擬大乘因果是則無機也舊又云此物譬大乘戒定慧初七思惟所得法此如用衣裓二七思惟衆生根緣如用几三七思惟樹地恩如用案云此義出阿含經今取合譬文若我但以神力及智慧力讚如來知見力無所畏者衆生不能以此得度神力即是身慧力即是手如前說知見譬衣裓無畏譬几十力譬案如來以神通發動此三法以智慧宣說此三法無機息化衣裓几案等略中廣之異耳略說名如來知見知即一切種智見即佛眼名略義玄譬如衣裓一足而多含處中說即名四無所畏用對四諦如几於法小廣於物小安隱或作廣說名爲十力橫竪該括如案多足則無傾覆也於法則廣物則大安於三七日中思惟

欲作如此廣略佛法而衆生不堪故言衣裓几案也復更思惟下第二明子不受譬上無機唯有一門而復狹小門義如上說今更明通別別者一謂一理一道清淨門謂正教通於所通小謂不容斷常七方便等教理寬博則非狹小衆生不能以此理教自通將談無機故言狹小耳通者理純無雜故言一即理能通故言門微妙難知故言狹小教者十方諦求更無餘乘唯一佛乘故言一此教能通故言門此教微妙凡夫不知出處是不知權不知入處是不知實二乘因聞少知出要永不知入菩薩雖自知出亦不知入奪七方便皆不知入出上文云若我讚佛乘衆生沒在苦不能以教自通將談無機故言狹小行者圓因自行大直道無留難故故名爲一善行菩薩道直至道場故名爲門妙行難行方便無機故言狹小耳舊解人天小善故云幼稚無大乘善名未有所識今明二萬佛所教無上道大乘善根微弱名幼稚若闇大乘能生謗毀名未有所識也戀著戲處者前明善弱此明惡強即是因時深著見愛果時深著依正欲界著六塵色界著禪味無色界著定上文云衆生諸根鈍著樂癡所盲不堪聞大乘也或當墮落爲火所燒指此二句名放捨善誘也墮落有二一者幼稚憶本戲處故墮落二都無識執物不堅故墮落譬著五欲墮在三途二者善弱無識謗毀大乘墮落三途也從爲說怖畏下第二對治門三者一擬宜對治誡怖令出對治之相如大品中說四念是摩訶衍以不可得故異於小乘也既著戲處故說怖事令得免五濁

火燒五陰舍宜應捨離若久住著必斷善根故云無令爲火之所燒害從父雖憐愍下即是子不受誡也不驚不畏者不生聞思如上說不識八苦五濁能燒善根如不知火不識陰界入法是諸苦器如不識舍不知喪失法身之由如不知何者爲失從但東西走戲視父而已指此二句爲放捨苦言也皆背明向闇如東西生死往還速疾如馳走於中起見愛如戲也雖用大擬不從大教故言視父而已從長者即作是念此舍已爲大火所燒下即是第三用車譬譬上尋念過去佛所行方便力十一行偈上文有四今譬亦四一者擬宜三車譬譬上尋念過去佛亦作三乘化也二者父知先心所好譬譬上作是思惟時十方佛皆現三者歎三車譬譬上正施三乘思惟是事已即趣波羅柰也四者適子所願譬譬上受行悟入是名轉法輪也大乘化功爲父命衆生大善爲子命大善若盡即子命斷子命斷則化功亦廢即父命斷前言苦痛切已猶是未死今云必爲所焚即有死義也上文於所燒之門安隱得出今云若不時出必爲所燒此義云何前得出者即是法身出今言若不時出即是應身同疾衆生有善與應身時出衆生善斷不與應身時出即是俱爲所焚也今欲應身擬宜令其時出也從我今當設方便欲設權也從知子先心下第二明有得度之機也其昔曾習小是知先心性欲不同是知各有所好又知衆生昔曾習大習大未濃是爲大弱猒老病死故以小接是爲小強如身子六心中退本曾習大名知先心中猒老死名各有所好從

而告之言下第三是歎三車希有譬譬上正轉法輪也此即爲三謂勸示證玩好希有下即是勸轉如此種種下即是示轉汝等於此火宅宜速出來皆當與汝即是證轉也從爾時諸子聞父所說下第四適子所願譬譬上受行悟入前偈本略今譬事廣廣明修因至果依六句解釋一適願者機教相稱此即聞慧也勇銳者即是思慧思心動慮思慧方便也互相推排者推四眞理排伏見惑邪正未決名爲互相此入修慧屬煖頂位也競者競取勝理也此是忍法位競取勝理初觀三十二諦競趣眞道後縮觀趣苦法忍也共者是世第一法位同觀一諦與苦法忍四觀不別也馳走者入見道十五心速疾見理譬上便有涅槃音見道之中分得涅槃也爭出者思惟道也爭出三界成無學果斷思惟盡方出火宅即譬上偈及以阿羅漢法僧差別名也觀心解者中道正觀直觀實相心法相稱名適所願境無邊故觀亦無邊名勇境研心利名銳心境相研名互相推排心王心數緣境速疾名競共馳走徧歷一切陰界入等無非實相名爲出火宅也云云是時長者見諸子等下是別譬中第三等賜諸子大車譬譬上顯眞實相此文爲四一父見子免難歡喜譬譬上我即作是念所以出於世至今我喜無畏兩行一句偈爲本二諸子索車譬譬上大乘機發我見佛子等志求佛道者咸以恭敬心皆來至我所兩行偈爲本三等賜諸子大車譬譬上於諸菩薩中正直捨方便但說無上道三句爲本四諸子得車歡喜譬譬上菩薩聞是法疑網皆已除一偈

爲本上法說中先明機發次說鄣除佛喜無畏今譬中先明免難後明索車若具足論應作四句有先鄣除後機發如四大聲聞等於三藏中鄣除大品末法華初大機始發二鄣未除大乘機發如華嚴中及法華中諸凡夫衆得入佛慧者餘兩句如上說若大機先動後鄣除如方便品所說若先鄣除後機動如今所說機動鄣除互現共成一意也又方便品明佛喜無畏此中諸子歡喜以子喜故其父亦喜此亦互現共成一意也就免難中具二義謂免難歡喜若子未免難父則憂念若得離火心即泰然故免難歡喜得爲一譬以子歡喜其父亦喜得譬佛喜也四衢道中者舊云四濁鄣除如四達路更得一濁除如露地坐今不爾五濁直明垢鄣之法未論治道不應譬衢道衢道正譬四諦四諦觀異名爲四衢四諦同會見諦如交路頭見惑雖除思惟猶在不名露地三界思盡名露地住果不進故云而坐不爲見思所局故云泰然生滅度安隱想故言歡喜也各白父言下第二是索車譬文云願賜我等三種寶車文無索字義者依此請辭明索車耳有人云二乘索車菩薩不索作十難難之一云二乘出三界外至許車處索果車菩薩未至許處那忽索車二云大乘經無菩薩索小乘果故知不索三云所化菩薩從初發心終至補處皆是凡夫不出三界義則無索能化菩薩三十三心見傾思未盡三十四心便是佛佛從誰索四二乘果在正使門外佛果在習氣無知門外二乘斷正使盡不見車是故索菩薩未斷習與無知那忽索五明二是方

便可言索文云唯此一事實餘二則非眞以此推之但二索一不索六從大品已來至法華已前佛因佛果皆是方便者付窮子財此之珍寶皆應是方便若付財是眞實則大品等明佛乘已是眞實那忽更索七方便品偈敘昔說小是方便不敘大是方便當知佛子大乘非方便那忽有索八若三人索者何無領解領解無故故知不索也九合賜車文云見諸衆生出三界苦得涅槃樂故賜以大乘菩薩不證涅槃那忽索十諸子安坐故就父索二乘果滿不修行故安坐可得有索菩薩行未息無安坐義那忽索私以難別駁之索是求請之別名在意名求索在口名請索在身名乞索如矇者求知飢者請食如迷者問道凡居不達之地何有不索之理由索故許與許與故歡喜今文具有請與歡喜法說中千二百人身子爲首殷懃三請菩薩衆中彌勒爲首佛口所生子大數有八萬合掌以敬心欲聞具足道譬說之初身子爲中根人請又總爲四衆請傍爲下根請文云善哉世尊願爲四衆說其因緣法說許云汝已殷勤三請豈得不說譬說許云當以譬喻更明此義因緣許云我及汝等宿在因緣吾今當說法說竟身子歡喜譬說竟迦葉等歡喜宿世說竟樓那歡喜又合譬文云今諸子等日夜劫數常得遊戲與諸菩薩乘是寶乘直至道場以喜故知與與故知請三周三義明文炳然何故偏言二索一不索別駁其一齊三藏明菩薩不斷惑依法華有四句謂鄣除大機動鄣未除大機動機動則知索其二云大乘經無菩薩索小乘果大品云

三乘之人同以無言說道斷煩惱入涅槃斷煩惱入涅槃同何故不索其三云三十三心名菩薩三十四斷思盡即成佛佛從誰索此猶三藏義見鄙未除大機尚動況三十三心而當不動動即知索其四菩薩未斷習氣無知不應索斷盡成佛佛從誰索此三乘通教義具縛鄙存尚大機動況殘習無知耶其五唯此一事實實即是眞邪忽復索被會絕待之唯一一外更無法昔待二之唯一一外更有法一名同而體異闇執瓦礫魚目謂夜光月形愚蚩而智愍云云其六般若已來法華已上與付財法同不應有索汝不聞共不共般若不共不須索共者不應不索云云其七方便品初昔說小是方便不敘昔說大是方便大非方便是故不索者汝不聞壽量品中我少出家得三菩提乃至中間若小若大若己若他皆我方便諸佛亦然寧得不索其八若菩薩索菩薩應領解領解既無故知不索汝不聞法說竟天龍四衆皆領解其非菩薩謂是何耶又法師品中三乘皆與記若不領解那忽與記其九出三界苦得安隱樂乃賜乃索菩薩未出未證是故不索猶是三藏義耳其十諸子安坐爾乃賜車二乘行息名安坐菩薩行不息非安坐那忽索車猶是前義耳自有行息索行未息索又菩薩行行即是乘乘乘由索得何謂不索觀其詭累三藏故設此十難管見一斑都非大體今當為爾分別說之自有不斷惑不索車三藏菩薩是自有斷惑索車通教菩薩是自有亦斷惑亦不斷惑亦索亦不索別教菩薩是自有非斷惑非不斷惑非索非不索圓教菩薩

是又歷五味乳味兩意一亦斷亦不斷亦索亦不索二非斷非不斷非索非不索酪味一意不斷不索生蘇備四意熟蘇但三意醍醐一意宏綱大統其義如此於一一句一一意復各四句謂鄙除機動鄙未除機動鄙亦除亦未除機動鄙非除非不除機動斯宗不見執一非三深可悲愍世人執車數不同說車體不同或言初說三車後會二歸一或言初說有三後會三歸一或言初說有四後會三歸一所以出經勿信人語此文引昔佛為聲聞說應四諦法為緣覺人說應十二因緣法為菩薩人說應六波羅蜜法今佛說三數亦如此華嚴第八云下劣猒没者為示聲聞道根鈍樂因緣為說緣覺道根利有慈悲為說菩薩道無上樂大事說無量佛法三十六又云三解脫法出聲聞乘無諍法出緣覺乘六度四攝出大乘知一切法出佛乘又第九地說聲聞乘相支佛乘相菩薩乘相如來乘相地論釋第二地觀十不善集墮三途十善集生天上十善與四諦觀智合成聲聞又上十善與不從他聞觀智合成緣覺又上十善與具足清淨觀智合成菩薩地又上上十善與一切種一切佛法合成佛瓔珞第十三云十方佛說三乘一乘中又開三合九乘九乘悉會入平等大慧聖說如此不能融通互相是非非法毀人過莫大焉今約教分別之若說三乘法門異而眞諦同者三藏教也若說三乘法門同眞諦皆同者通教也若說三乘三三九乘若說四乘淺深階級各各不同而同入平等大慧者別教也若說三乘九乘四乘一一皆與平等大慧相應

無二無異者圓教也又歷五味分別乳味但明菩薩乘佛乘酪味但明異三乘生蘇味備明三乘四乘九乘各各分齊不相濫熟蘇味唯除異三乘餘如生蘇也醍醐中純說佛乘無復餘乘也若識此意異說無妨若不知者秖增諍論耳世人明佛乘乘體有異光宅取佛果究竟盡無生二智為車體遠出五百由旬之外對昔為高具含萬德對昔為廣莊嚴取因總萬行為體上求為高下化為廣舊曰不取功德功德與凡夫共唯取智慧為體舊又取福慧共為體文云乘是三車以無漏根力覺道禪定解脫三昧而自娛樂豈但智慧耶又師但取有解為體空解無動故不取盡無生智即有解也又一小乘取空慧為車體文云我等長夜修習空法云云大乘亦以實慧方便為車體車體譬有有有運動故也私謂諸師釋佛乘之體而競指具度何異衆盲觸象諍其尾牙依天台智者明諸法實相正是車體一切衆寶莊校皆莊嚴具耳至賜車文中當點出舊解小車者小果也果有有為無為功德正取有為以譬車運運入無餘也有為果中具有福慧以慧為正福屬具度其慧有十而八智通因果盡無生智唯是果位乃取二智以譬車果以是義故車在門外若依大品云是乘從三界出到薩婆若中住若未出時已乘是乘爭出火宅何故復言車在門外若先在外乘何而出然但乘通因果三十七品斷見思惑皆是因乘盡無生智皆名果乘要因因乘斷除惑盡方得果乘盡無生智故言車在門外但果正因傍就果為言車在門外若內因斷結運義名乘

外果不運何得名乘然果無斷惑之運要以盡無生智入無餘涅槃方是好運也若乘因到果何意方更索車舊云機索情索機索者可解情索者佛說盡無生教羅漢證此果已用神通天眼試觀未來猶見變易生死浩然自疑所得盡無生證若實無生云何見有如其浩然昔非究竟情中從佛索先所許是爲情索若尋經文文無此語若推索義義不應然文無可解推者下文云自於所得生滅度想旣以天眼見有生死何故復起滅度之想此則自相矛楯又佛滅後羅漢不值餘佛不能決了旣自以天眼照見生死何須見佛而決了耶又初禪天眼尚不見二禪況見變易亦與攝大乘乖也又羅漢得無漏業用天眼見變易未來生死果報者即時人修五戒十善應自見其未來果報當知界外果報豈是天眼所見耶不用此判情索也今言情索者昔日依教謂盡無生能入無餘而於方等中見菩薩不思議聞淨名彈斥若我所得是實大士不應折挫若我非實佛不應說真故云茫然不知所云至大品中領知大法聞此樂大心起方欲進修大乘而不能知得與不得此等皆是情中已索大乘之義故身子領解提昔疑情見諸菩薩授記作佛不豫斯事嗚呼自責欲以問世尊爲失爲不失即是指昔方等已有情索也今加口索者因聞方便品初偈略聞佛說並是方便即復執今方便疑昔未極故云我今不知是義所趣動宿疑情故發言三請索求昔日所說之實機在大乘情求昔實又情求大乘口問昔實六度通教例爾從舍利弗爾時下三

等賜大車有兩章兩廣兩釋一等子二等車以子等故則心等譬一切衆生等有佛性佛性同故等是子也第二車等者以法等故無非佛法譬一切法皆摩訶衍摩訶衍同故等是大車而言各賜者各隨本習四諦六度無量諸法各於舊習開示眞實舊習不同故言各皆摩訶衍故言大車其車高下廣車爲二一廣敘車體次釋有車之由敘車體中先敘高廣次明白牛後明價從假名車有高廣相譬如來知見深遠橫周法界之邊際豎徹三諦之源底故言高廣也衆寶莊校者譬萬行修飾也周帀欄楯者譬摠持持萬善遮衆惡四面懸鈴者譬四辯下化也張設幰蓋者譬四無量衆德之中慈悲最高普覆一切也珍琦雜寶而嚴飾之者具寶萬善嚴此慈悲大經云慈若具足十力無畏名如來慈慈中行布施等云云寶繩交絡者譬四弘誓堅固大慈心也垂諸花纓者譬四攝神通等悅動衆生也亦譬七覺妙鬘也重敷綩綖者譬觀練薰修一切諸禪重沓柔輭也安置丹枕者車若駕運隨所到處須此支昂譬即動而靜即靜而動若車內枕者休息身首譬一行三昧息一切智一切行也丹即赤光譬無分別法也駕以白牛者譬無漏般若能導諦緣度一切萬行到薩婆若白是色本即與本淨無漏相應體具萬德如膚充煩惱不染如色潔又四念處爲白牛四正勤中二世善滿如膚充二世惡盡如色潔四如意足稱行者心如形體姝好筋譬五根住立能生義也力譬五力摧伏幹用義也行步平正以譬定慧均等又譬七覺調平其疾如風者八正

道中行速疾到薩婆若僕從者譬方便波羅蜜能屈曲隨人給侍使令衆魔外道二乘小行皆隨方便智用故淨名云皆吾侍也又果地神通運役隨意即僕從也次所以者何下釋有車之由者由財富藏溢譬果地福慧圓滿名財富無量庫藏充溢行藏理藏一切法趣檀尸忍等是趣不過者是約行爲如來藏一切法趣陰入界根塵等是趣不過即是約理明如來藏自行此行理名充化他名溢實智滿名充權智用名溢入中道名充雙照故名溢非但藏多又皆充溢何法不是摩訶衍故大乘無量也而作是念下即是廣明心等文爲二一廣心等二釋廣心等者財富無量是子無偏是故心等若富而非子是子而貧則不得等今七寶大車其數無量若教若行皆摩訶衍即財多也各各與之不宜差別者不移本習而示眞實如身子於智慧開佛知見具一切佛法目連於禪定開佛知見具一切佛法餘人例爾又方等般若念處正勤根力覺道種種異名皆開示實相歷一切法亦復如是故言無量也所以者何以我下是釋兩等初釋財多尚周一國況復諸子譬大圓因徧該善惡況佛知見耶次釋子等者非子尚充況是子耶譬佛無緣者尚度況有緣子耶尋文可解從是時諸子各乘大車下第四適願歡喜譬上受行悟入本求羊鹿水牛期出分段今得白牛盡於變易過本所望豈不歡喜從於意云何下第四不虛譬譬法王不妄一問二答三述歎問如文舍利弗言下第二答爲二一免難不虛亦名以重奪輕不虛二不乖本心不虛亦云過

本望不虛各爲三謂標章解釋況結標免難如文何以故下第二釋者命重身輕全身免火已得大寶濟于重命豈應有虛結免八苦之火全五分之身已是大寶況二萬佛所大乘慧命圓因成就佛知見開寧是虛妄次世尊若是下第二不乖本心初標不乖本心章本知無三意令不誘不誘者已不乖本心釋云本知無小意令不毀墮惡既無毀因不墮惡果不與小車不乖本意結云自知財富無量欲饒益其子與一大車過本所望是故不虛結前章云方便救濟似譬斷德神通之力結後章云財富無量似譬智德辯說之力前是子等故不虛後是財等故不虛佛告舍利下第三歎述有二善哉者述其二不虛也問佛何不自說不虛答佛許三與一自說爲難身子說不虛取信爲易舍利弗如來亦復下第二合譬光宅開十譬但合七不合三七中正合五兼第五第八不合第七第九故知十譬繫而不會今合總別二譬總中有六今文皆合小不次第今初第一合上第一上長者名行位號德業合云如來亦復如是先合位號如來無量德號略舉十義如上說一切世間將處所以定名行上云國邑聚落合直云一切世間通指同居有餘自體皆是妙色妙心果報之處如來徧應三處即一切世間合上國邑聚落也於諸怖畏下合上歎內外德內是年高衰邁識達則多譬如來智斷於諸怖畏無明永盡合上衰邁顯斷德也成就無量知見合其年高顯智德也力無畏等合上外德財富無量也神力者深修禪定能得神通合上田也智慧力智必

照境如身之託處合上宅也具足方便波羅蜜合上諸僕從也從大慈大悲下第二合上第四慈悲是施化之本一切是五道恒爲慈悲所被合上五百人也而生三界火宅下第三合上第二其家也爲度衆生下第四合上第六衆生有緣親者前度合上三十子也生老病死等下第五合上第五欻然火起譬也教化令得三菩提下第六合上第三教能詮理尋理起行即得菩提故知教理共用合上唯有一門譬也若講說令前後可解一一須提方便品譬本來勘揀之後去例爾從見諸衆生下第二合別譬別譬有四今合第一見火譬譬有三意其文有四合亦四但譬中驚怖在前諸子戀著戲處在後合中不覺不驚在前拔苦與樂在後互現辯其不定耳今以一見字第一合上第一能見之眼即是如來寂照智眼能見也諸衆生爲生老下第二合上第二所見之火從四面起此中明八苦爲火四苦如文貪著追求求不得苦後受地獄天上人間是五陰苦愛離怨會如文此之八苦從四倒四面起也從衆生沒在其中下第三合上第四所見火譬諸子不覺不知等也不觀苦集故不厭不觀道滅故不求解脫雖遭大苦不以爲患合上心不厭患無求出意也從佛見此已便作是念下第四合上第三起驚怖我雖能於此所燒之門安隱得出意也應拔其苦難者即大悲之力與無量樂者即大慧之力也從如來復作是念下合第二捨几用車譬上譬有勸誡今但合勸不合誡法說中亦勸善不明誡惡故勸修爲正誡惡是傍亦是勸善即誡惡

誡惡即勸善今合勸善即知合誡惡也上勸文有三謂擬宜無機息化擬宜有身手衣裓等但以神力者合上身力及智慧力者合上手力也讚如來知見合衣裓也力無所畏合几案也若佛初出即用此擬衆生不能以此得度也所以者何下釋不得度合上第二子不受勸譬正由五濁鄣重未免生死等火大乘微妙不能得入故言何由能解佛之智慧此一句即合上唯有一門而復狹小小故不能解智不解智慧者即是行爲門意也如彼長者雖復身手有力而不用之合上第三放捨善誘無機息化或當墮落爲火所燒也此文無放捨語譬及譬本息化意甚分明也息化文爲二先牒前後三譬次正合息化牒前一譬正帖合息化牒後兩譬傍成息化也雖復身手有力而不用之此牒前身手救子不得譬以合息化如來亦應大化也但以殷勤下牒施三之譬也就然後各與下牒第三等賜大車譬也如來亦復如是下十六字正合第三息化也從但以智慧方便下合用車救得譬上文有四此中亦四但以智慧下合第一擬宜三車也爲說三乘下合上第二知子先心也而作是言下合上第三歎三車希有上有勸示諸今亦具合但不次第第一合上第二汝等莫得樂住三界下是示其盡無生處也三界是示苦諦勿貪麤弊乃至生愛等示其集諦速出三界示其滅道滅道即是示其三界外有智斷三乘之果故令速出三界當得三乘三乘正取道滅爲體也我今爲汝保任此事終不虛者是第二合上第三必與諸得不虛也復作是言汝

等當知下第三合上第一歎希有如此三乘是諸佛方便引物儀式故衆聖所稱得無生智爲自在得盡智爲無繫我生已盡不受後有名無所依所作已辦梵行已立名無所求也從若有衆生内有智性下合第四適子所願辟上有眞似等四位今合亦四但上惣今別三乘各爲四皆引上辟來帖合也内有智性者宿習三乘樂欲成三乘智性故佛施三乘之教也内有智乃至從佛聞法信受合上聞父所説玩好之物適其願故合上聞慧也慇勤合上心各勇鋭思慧也精進合上第二推排推是推理排是排惡去故精理明故進合上修慧也欲速出下合上第三競共馳走也是名聲聞乘合上第四爭出火宅三乘修行皆有此四而辟支佛求自然慧者辟支是法行人從他聞法少自推義多故取辟鹿鹿不依人自然者從十二緣門入此門本自有之非佛天人所作名自然慧不從他聞復名自然慧也菩薩稱一切智者不同二乘乃是佛智菩薩望此修因即是大乘兼運之意也如彼長者見諸子等安隱得出下合第三等賜大車辟上文有四一免難二索車三等賜四歡喜今略不合第二第四也但合免難義兼索車合等賜義兼歡喜今雙牒免難賜車二辟然後雙合二辟如彼長者下牒免難自惟財富下牒等賜如來亦復如是下合免難門有三義入義出義別義若三界爲宅五陰爲舍由迷色心而入色心即是入宅生死之門若作出者是乘從三界出即是稟佛通教下所詮爲門若別義者即是稟別教下所詮爲門也今言佛教門

者正是藏通二教教下之理共爲門得出三界而免難也如來爾時便作是念下合等賜也上等賜先列二章門二廣説三釋出今合闕略文小不次第如來爾時便作是念我有無量智慧力下第一合上第四釋有車之由上云財富無量庫藏充溢也是諸衆生皆是我子下第二合上第五廣等心上云我財物無極不應以下劣小車也不令有人獨得滅度皆以如來滅度而滅度之豈非合等心義是諸衆生脱三界下第三合上第一等心章門上云各賜諸子等也諸佛禪定解脱等下第四合上第二標車章門皆是一相一種下第五合上第三正廣大車通合上高廣乃至僕從等一相是實相即法身一種是種智般若能生淨妙之樂樂即無苦名爲解脱三德高廣具足莊嚴收羅衆德名摩訶衍合上大車辟也如彼長者以三車下合第四不虚辟上荅有二一全身命二不乖本心各有三別今但合不乖本心兼得全身何者佛意本爲除其五濁五濁既盡大善自全上不乖心有三一標次釋三況今但合釋合況也初牒三車誘引後與大車辟次合如來初説三乘誘導然後但以大乘此合解釋不乖本心上云先作是意我以方便令子得出也何以故下合上第三況出不虚即是長者自知財富無量欲饒益諸子故許三與一非是虚也此釋小異於前前意爲令諸子得出意不在三既出不與亦非虚妄今明如來出世本欲説大但爲小智樂著三界故以方便誘引既已得出還與大乘即稱本心故言能與衆生大乘之法但不盡能受也若華

嚴中能受即爲與大不俟開一爲三不能受者以方便力於一佛乘分別説三三由衆生非佛本意故用此釋成不乖本心不虚也

妙法蓮華經文句卷第五

法華文句記卷第一上　晉一

唐　天台沙門湛然　述

釋序品初

言文句者文謂文字一部始終故云文即是字爲二所依句謂句讀義通長短故云名詮自性句詮差別此亦不論色行等體今但以句而分其文故云文句古之章疏或單題疏或單題章者謂章藻詩云彼都人士出言成章亦云章段分段解釋成若干章疏者通意之辭亦記也又疎音即疏通疏條疏鏤也今並不云者意如向說題下注中六難意者此用下文法說歎法希有中諸佛興出世懸遠値遇難正使出于世說是法復難無量無數劫聞是法亦難能聽是法者斯人亦復難章安於經聞法能聽二難之中義開爲四謂傳譯等合成六難然聞法中正在時會及以阿難義通像末故籍傳譯則可得聞佛出已難出仍不値故經多劫聞者尚難況修行開悟說記流通於中初二約主約味三四歎教歎行五六自幸省已故初二在佛三四屬師五六序已故三雙中一一皆悉先通次別且初二中出世猶通通一代故次說則別別在今經次三四中初傳譯師通一切教次教詔師別我所承次五六中聞講仍通與他共故一偏記別唯屬已故三雙中從寬向狹是故後後狹於前前故自佛出來乃至聞於自悟者說一徧記故故記佛乘最爲甚難言主味者主與不易復經四味方演此經故知初二誠爲不易言歎教者傳譯不易經涉山海雖至此土民主道合國無諸難方可傳故言歎行者禀承南岳證不由他宿植所資妙悟斯發言自省者自幸得聞謙已輙記故玄序云江陵禀受玄旨建業方聽經文補接纔成一偏而已況二十七聽六十九治始末四十餘年乃成第七修補復難於傳譯前加結集難合爲八難以結集時亦假王臣大衆和合若魔若外令不得便添謂添破古師及引經論謂斥非以顯是削謂削其繁長及成文體使文約而義豐破古不全我已加彼異見故但云添削乃唯在於已初記繁務故須云削故玄序云或以經論誠言符此深妙或標諸師異解驗彼非圓留贈後賢者玄文序云斯文若墜將來可悲涅槃云若樹若石斯經稱若田若里後代行者知甘露門之在茲共期佛慧者自非靈岳親承道場契悟捜一代教旨顯五味宗極將何以爲後賢佛慧之基址耶故佛慧之言須開三教果頭之權實發四味兼帶之大小則人理教行之有歸開示悟入之無異方是今經之佛慧耳問諸經中圓與此何別而必須云開方是佛慧答圓實不異但未開顯初心之人謂圓隔偏須聞開顯諸法實相若已入實但論增進權人至此一向須開委釋等者別解題名方七八卷以初名中總三法故三法始末亘一部故何者一部之中莫過本迹本地總別超過諸說迹中三一功高一期故一中之三永殊前教即三之一不與他同即迹而本壽量方譚即本之迹具在今說且如迹中體非因果依之以辨因果因果取體方有勝用如是三法並由開顯若不先了能開之妙將何以明所開之麤故

對迹辨本理須分判所以釋題不可率爾題
下別釋理非容易以由釋題大義委悉故至
經文但粗分章段題名文句良由於此故但
分文句則大理不彰唯譚玄旨則迷於起盡
若相帶以說則彼此無歸故使消釋凡至大
義並指玄文名體宗用三一總別寄行約教
故知全迷玄文大旨而欲以文句消經固蔽
理觀深微而但以事相釋義言弘斯典者遠
矣今問弘經者爲名利埀己爲大悲益他自
行暗於妙宗何殊無目而導彼此俱迷自他
咸没又妙法之唱非唯正宗二十八品俱名
妙故故品品之内咸具體等句句之下通結
妙名教行人理彼此相攝使妙旨不失稍似
弘通衣座室誡思之自克然徧列事難不可
恒爾今隨義便廣略適時故方便安樂壽量
普門並是本迹之根源斯經之樞楗必須委
簡餘則隨宜序者下一部大名已指前釋一
品別號此下略申叡公亦有二十八品生起
次第今家隨釋準意可知然品品初通有四
意謂釋名來意釋妨釋文釋名必須因緣等

四來意釋妨或有或無或釋名中即帶來意
有妨須釋何例然耶又釋名與義更互有無
故釋名一種或於義前別釋或帶名以釋義
縱於義前別釋還將別以貫義名義若顯則
一品可從故使品品全同部旨如是釋者方
鏡於迷途徒自云云此彼淆混若得此意至
下易知今初釋名云訓庠序等者先釋字訓
次釋字義然釋訓中復似從義庠謂安庠學
舍養宮並非今意爾雅云東西牆謂之序別
内外也此可借用以釋別序如由別序方異
諸經通序異外亦可兼用所以初用字訓正
從別序故云階位等也兼用安庠即非忽卒
越次意也亦二序共有若對辨者必先證信
後發起故必先發起後證信故必先二序後
方正故二序各有前後亦爾故光宅生起非
全失理但闕表報是故序之故階位之言義
兼通別問答之語不關於通先瑞後問次第
故爾彌勒文殊即賓主也若問若答皆庠序
故伏疑伏難賓主存焉經家下從字義釋三
義分二次通二別二序之中通復冠別二序

俱首通最得名以冠於下冠即是首故云冠
首是則二十七品方名爲經以序從正通名
經也故云妙法蓮華經序品言由述者瑞疑
由也問答述也文中不以疑念對由述者亦
可兩兼謂發語宣疑亦可云述集衆亦可以
爲遠由跡故且置言序引者以譬顯也謂序
家之引故名序引亦可正序亦得名引如歌
引舞序義可知故正說如序二序如引故引
亦歌也謂譚述也亦引發義古人章疏以胤
音之便作胤釋又迷章草以序爲呼以胤爲
徹魚魯之謬自古有之徹字則成兩重之誤
具此三義者品兼通別故須具三品者序名
在別品義則通下去諸品以通從別不復更
釋故但釋別以置於通此中先翻名次釋義
後明立品所以所言義者釋品字義非品題
義故字義則通題名從別言義類同者諸品
咸然聚者是誰故出其人初汎指他經如心
地品佛自唱也如大論者即論所述大品一
部結集之家本唯三品一序二魔事三囑累
言譯人者亦指大品本唯三品什公僞秦弘

始五年四月二十三日譯訖乃依四意以類加之成九十品謂人義法事人如樓那義如觀空法如三假事如魔事亦如大經純陀哀歎等又非譯者但補助譯人即謝公加也準知諸經非佛自唱及以集者並譯人添也次正出今經如藥王品云佛告宿王華若有人聞是藥王菩薩本事品能隨喜讚善者等又云宿王華以此藥王菩薩本事品囑累於汝乃至云若有女人持是品者盡是女身後不復受妙音品末集經家云說是妙音來往品時四萬二千天子得無生法忍普門品末經家亦云佛說是普門品時八萬四千衆生皆發無等等阿耨菩提乃至陀羅尼嚴王勸發品末皆然故云等譯人未聞者今經所無若無集家之言及無佛自唱語似屬譯人以梵文中諸品先足當知並是集者所置信無譯人明矣故今經自餘諸品多是結集者所置以無聞品蓋故品後無結耳以通從別應具四釋以通序中句句皆存因緣等四別序時或闕於一兩故釋序字闕於四義若二序相對義立亦可二序不同世界也別序發起欣慕即爲人也通序證信除疑對治也二序序正第一義也約教等三具如釋三段中是也若別約通序者五義不同世界也通皆除疑對治也通皆生信爲人也通皆序正第一義也餘三及別序準此可知佛赴緣下欲分節經文先辨分文有無得失於中四先汎引諸經論次古講者之失三明品非章段四汎示分節初文者全非分文次古失者古來講者多無分節至安公來經無大小始分三段謂序正流通殆者危也非今正意亦幾也（幾巨依切近也）西京賦云人生幾亡言起盡者章之始末也若分節已大小各有總別起盡三又佛說下意明立品但從義類不從文相故貫散二相不可立品亦非分節四增一下經論亦有分節之例況末代弘經須識賓主故小乘三藏各有所開增一序云阿難說經無量數今且總略爲一聚我今分之爲三分契經一分律二分阿毗曇經爲三分契經今當爲四段初名增一二名中三名曰長多瓔珞雜經在後爲四分乃以四含名爲四段故今承此借爲分節律開五部者佛滅度後一百年間毱多持法所化衆生不相是非但爲一部大毗尼藏即八十誦一百年後毱多有五弟子各執一見不能均融齊一遂分一藏以爲五異如析金杖不失金用今分文亦爾雖分爲多段知大旨本一以所分對本故云及也阿毗曇開六足者文中自引阿含六度非六足論如增一云菩薩發起大乘法如來說此種種法人尊說六度無極布施持戒忍精進禪智慧力如月初逮度無極靚諸法佛說種種不出此六亦似分章意也若六足論全非今意如云一集異門足一萬八千偈舍利弗造二法蘊足有六千偈大目連造（此二論唐三藏譯）三施設足一萬八千偈迦多演尼子造唐三藏將來未譯此三論佛在世造四識身足有七千偈提婆設摩造即佛滅後百年五品類足佛滅後三百年世友造六界身足有六千偈三百年末亦世友造迦多演尼子造發智論以前六義少如足發智義多如身則足前而

身後分義不便況此六論並唐三藏將來隋
時未有不合指之況無分節之相鏡中破云
前之三論既在佛世如何却與佛滅後論爲
足未必全然以身攝足耳又成論云如六足
阿毗曇說者指六足阿毗曇論故不對發智
爲身謂根性等者略列揵度揵度西音此云
法聚以分一部爲八聚故謂蘊使智定根大
見雜文云根性道定者根性是根道即是智
但略舉三餘如向列大論問八揵度誰造六
分阿毗曇從何處出答佛在無失滅後百年
阿輸柯王會諸論師因生別部有利根者盡
讀三藏欲解佛經作八揵度後諸弟子爲後
代人不能全解作略阿毗曇其初造者即迦
旃延天親下次引今論有七功德五示現等
以例分章七功德者論云此法門初第一品
明七種功德成就一者序成就二者衆成就
三者從爲諸菩薩說大乘經去欲說時至成
就若說無量義經即欲說法華時至也四從
說是經去名所說法隨順威儀住成就以入
定故名威儀住五從故光去名依止說因成

就由放光故見他土說六從彌勒疑念去名
大衆欲聞法現前成就由問故答故云欲聞
七從文殊答問去名答問成就論云於序成
就又有二種一者一切法門中勝謂如是等
驗知論主全許一部爲法門中勝方指如是
等爲一切法門中勝一切法門即一代教不
然如何消釋一切之言既一代教中最爲其
上具如藥王品中歎教文也下六成就各有
分節五示現者論亦云五分一歎法勝妙分
二從吾從成佛去歎法師功德分三從爾時
衆中去智衆定疑分四從佛告舍利弗去定
記分五從舍利弗諸佛出五濁去斷疑分河
西下正明分節河西如本傳江東瑤即具與
小山寺（具如別傳）光宅轉細者如東安法師（唐東陽永
安寺法師曠）講三論及法華等諸經並著章疏貞
觀十三年正月十五日入滅反屈三指即第
三果人也著法華疏四卷初云自梁陳已來
解釋法華唯以光宅獨擅其美後諸學者一
槩雷同雲師雖往文籍仍存吾鑽仰積年唯
見文句紛繁章段重疊尋其文義未詳旨趣

今對雲義以研法實大師專破良有以也故
知雲公望前轉繁今家處中無彼二失但存
大旨不事繁碎重雰下章安斥古雰者猛雪
重霧也能翳太虛之清氣使三光隱而失曜
故碎亂分文失經之大道三軌隱而靡用津
者濟渡處也若細分碎段非求經旨者所宜
如在岐道有問路者不答問者所之而廣譚
逵徑故非問者之要曇鸞北齊人斥云細科
經文如煙雲等爲疾風所颺颺者風飛也隱
翳太虛雜礪等者準彼應作條例字謂科條
如塵或是轉其言借勢用語非全同彼故砂
石精者曰砥（音止）麁者曰礪雜塵隨颺同其煙
翳言若過等者以此望古進退俱失是則曇
鸞亦未全許碎擘經文廬山龍兩解前云身
方便等者意云自寶塔已前說權說實亦以
法華前權爲言方便至法華爲言眞實也從
寶塔下古佛現全身今佛集分身古身命今
身今身諳古身二身俱處塔表法今古同身
方便也壽量久成塵點尚倍中間被拂伽耶
非眞身眞實也道理必然偏立成失前可無

身後豈無說但依權實本迹任運俱收身說若但語身說則本迹事昏但譚本迹乃身說自顯故壽量中云或說已身或說他身故身說具足方便已下說必有身何須致惑第二釋中玄文廣破以今二門各有因果故也脊中興印者中興寺名（具如別傳）玄暢以迹門流通中達多持品及將本門壽量後流通中神力等共爲果分果在本門又分護持護持即是流通異名故不可也又有師去此師意以正宗爲體但在迹正不知却以本門之正反爲流通而云受持功德迹與昔教容可有同本與前經一向永異翻將永異混亂流通故不可用有師四段但合二三爲正甚符經文但闕立本迹二門各有三段意耳其名既闕義恐不周光宅二十四段者具在彼疏云云者彖氣之分散如雲在天非可卒量也意言下未說者尚多如雲下去皆爾已下有列光宅分文者多分與今大同小異蘭菊者章安破計也佛赴機說當時稱會後代分節寄茲顯理固執成諍進退俱非縱有異同彼彼蘭菊

仍許得意者爲言縱不全違聖心終是人之情見若祖得通用不須苦諍恐失四益易云其臭如蘭者古人一向以氣爲臭天台者章安對古故別云也天台之名具如止觀記今記等者雖復兩存且用初意故云從前問一經云何等者問意既存兩釋問後何妨所以二釋之中不專後釋者以本正前立流通故且一往耳答中云華嚴處處集衆等者處會具如釋籤所引每一會處皆先序次正以住處莊嚴義當於序言集衆者如妙嚴品名號品光明覺品及一一會皆先集衆意明一經具多別序阿含篇篇如是者此明一經多通序也彼四阿含各合多小經以爲一部每一小經不出一紙半紙唯長阿含遊行經文獨有兩卷又有大本經自爲一卷一一經首皆安五義既以阿含而爲通號故以部內小經爲篇大品前後付囑者明一經內有多流通故第二卷中有累教品爲前付囑第二十七有囑累品爲後付囑準彼三經二序何妨言不安五義者釋伏難難云若爾何不同彼阿

含今本門亦安如是等耶釋意者雖申今經本門非首然須更釋阿含之妨阿含多通序本門亦應然然阿含兼別經是故非次首亦得安五事今經同一經故但別無通是故但以華嚴爲例故阿含緣起各別今經緣起不殊是故本門不安五義迹門但單流通者以迹望本以本例迹本門非首但安別序迹門非後但單流通故但有勸持無囑累也故從法師至安樂行凡有五品明弘經福深以勸流通若本門中先以滅後五品去三品半爲勸持流通從神力去凡有八品明囑累流通迹門之後經既未竟非流通次未須付囑言云爾者如後消文言帖釋者但令通途消經尚異諸見況法華部又異諸經故一一句四意消釋仍恐後來不達四意預爲四重消釋四意言得意者至消文時或四釋不備但存一二餘者比知次釋四意所以中初問意者若略但一廣應無量既非廣略二途不成匪者非也何故唯作此四釋耶答中一文具有二意一者總明四義所以二明四中一一所

以兩義咸得以爲處中一者唯四不多不少
次因緣下明一一不失不差故一雖處中仍
須至四四攝義足故不須過餘使過此攝在
四義故四及一並名處中如十妙等一一妙
中亦具四意十亦入四猶名處中今秖須此
晉一　十三
四故得名中故初意云廣則等也若無初意
尚不殊外計況因緣語通通於一化始自地
獄終乎佛界中間頓漸若教若味故須知今
大事四悉非餘感應開顯四悉一道無外久
遠四悉諸經所無觀心四悉一觀徧收人理
等四準說可見以此四悉通於始末約教等
三亦須徧述意則可知若無次意不辨偏小
故以四八簡開廢等望昔部教今方眞實一
切能詮無復異稱故須明之以彰妙典無第
三意誰知迴出一期教中所譚身土中間今
日無非迹施指彼大通猶如信宿先愚寄教
復迷迹身至此方袪守株尚昧無第四意將
何以辨能詮教功將何以爲久成行本故一
一句入心成觀故云觀與經合非數他寶方
知止觀一部是法華三昧之筌第若得此意

方會經旨總斯四義方可略顯一部旨歸故
云略則意不周當知二三尚略一何能逮處
中至四今義易了故一一句得斯四義則使
句句咸異諸教則法華之義誠爲不難故云
易了次因緣下明一一別釋於中初是因緣
次若十方下是約教次若應機下是本迹次
若尋下是觀心初因緣者初文正釋始從如
是終至而去無非眞實感應道交故知今經
感應妙也法華已前小及鈍根一向無機理
是而迷故名雖近機生未契故云不見慈亘
始末名善根力事理不同故名爲遠無謀而
會故云自通故爾前感應妙道未交諸部異
同教主優劣被物漸頓施設不同一一無非
感應意也雖通名感應顯益未周雖通名四
悉淺深差別若兼若獨盈縮不剛來至法華
晉一　十四
方成一味言無機者反以昔無而釋今有慈
善根下正明今感故有今應舉遠而通明時
不差無緣慈徧何擇遠近但無機謂遠有感
必通諸佛不來衆生不往機應相稱故曰道
交慈善根力者相通事別其事略如止觀第

六記引大經十四梵行品諸佛神變皆慈爲
本故一切法皆由慈立故經云若有人問誰
是一切法之根本當言慈是故以感應攝一
切法次夫衆生下疑問意者既云四義乃曰
處中秖因緣一義尚機衆應衆其義更廣何
名處中義似過四故云更也所言衆者即五
乘九界等也次大經下答意者四尚處中一
廣何爽故事廣義中亦名處中故引大經門
雖無量神通攝盡神通即是應之異名對感
即名感應故也然神通之名義兼大小感應
之稱唯局在大大中通於地住已上今此正
當極果用也故神通之稱一名攝諸尚得名
略義非廣略豈不處中能應既然所應準此
故設應雖衆不過於慈求脫雖多詎出於感
故感應二字處中明矣次若十方下約教中
晉一　十五
先舉廣出妨次今論下釋出處中初出妨者
感應二名雖即處中通論化事十方六塵教
法彌廣是則約教處中不成次釋者今論娑
婆唯稟聲教雖有顯密若開若廢望彼諸土
亦名處中是則令前聲教感應處中更明則

甘露門開者則言乃表唯聲益故實相爲甘
露諸教爲其門門無開閉理非通塞此土入
者不假餘塵由之通理故曰門開言依教者
應云聲教但是言略雖有滅後色經乃至名
句行蘊所攝淨名香飯及以法行思惟悟等
並以金口聲教爲本不少不多故云明矣約
本迹者亦先擧廣辨妨次從須置指下釋出
處中次故肇下引肇證成初文者應機擧前
因緣設教擧前約教機多教異其迹必廣當
知本迹不名處中若準門開之言則唯圓處
中已如前說今將本望迹中間今日聲教感
應開已復施廢竟還設故云權實一代尚廣
況實成後中間施化對機差別言淺深者權
實理定淺深義通故重言之次明處中者前
以聲教望於感應故將娑婆而對十方則娑
婆聲教處中義足今欲論一本故却對多迹
迹多雖廣如指一月衆影自歸豈以能指四
指有四令所指一月非一故置迹尋本處中
明矣次引肇者但借其言不用其事肇用融
公九轍九轍未嘗引者如何故彼本迹無生

轍云多寶不滅釋迦不生多寶本也釋迦迹
也本不滅迹不生不生不滅本迹雖殊不思
議一豈得以多寶之本垂於釋迦之迹若借
彼顯今以久爲本望今爲迹本迹雖殊不思
議一也次明觀心者亦先擧廣辨失次但觀
下正明處中初尋迹等言語前三意有解無
行何益自他迹徧十方故名爲廣本指最初
故名爲高徒尋他果之高廣何益已因之該
深若以信行爲乘及知常住遠壽尋他高廣
有何不可但設教顯本本令契理故不契理
名數他寶華嚴經偈具如止觀記及釋籤但
觀心故達已心之高深見已本也以理攝故
達已心之該廣見已迹也一念心起徹實相
底故名爲高具足諸法故名爲廣又即權而
實故名爲高即實而權故名爲廣若非此觀
但感前三應則教下須開果權須廢故教被
會名爲有窮權觀須改機非妙感是故機成
親能有感觀成入位已利非他是故觀心具
上三意況入位有本垂迹設教三義具足何
得不用故觀心處中雖則四意展轉相生以

前前爲廣後後爲中但存當分皆名中故故
此四意從事名殊應以後後轉入前前總而
論之不逾感應但初名感應者且捨通從別
以無下三麤妙莫辨是故四悉淺深未分故
得聲教方辨感應權實不等會歸圓極教之
功也雖知圓極丞在今經猶覆久成而迷其
本若拂迹應感由本垂開迹中感應即本地
感應本迹秖是一妙高廣雖知高廣機成由
觀觀成有感員感應也故知感應通貫下三
況復一一展轉相攝理雖相攝事必甄分三
引證者初證感應又云下證教相壽量下證
本迹譬喻下證觀心初文先引若人天下釋
初言因緣者即感應之別名名異義同故得
爲證但因緣名通不局能所故止觀第一云
或因於聖緣於凡或因於凡緣於聖縱無强
弱亦可互爲何者從機則機親而應疎從應
則應親而機疎故使更互受名不同但感應
之名不可互立大事因緣雖在迹門據理應
須雙指本迹但佛出世正爲顯實故且從迹
又復讓下本迹故也釋中先擧非次實相下

顯是初擧非中所以不簡三教菩薩唯序人天小乘者具如玄文從難從要下去例然言不成機感者非今經之廣博實相因緣故也次顯是中既以實相一大對簡小理其義即足故不暇開等兼等簡之既得云大亦應云深言佛指此爲事者理不名事但佛欲以此理化人故名爲事能化所化故云因緣次證教中初正引次當知下結教意三大經下重引初正引者種種之言義兼一代若在他部意未必然佛道者別指今教故自此已前意歸於此次結意者微謂諸教初心人天小善著謂諸教果德權實微著皆爲獨顯故云筌蹄種種之言及以微著必須八教方顯四味爲醍醐筌蹄是故筌蹄並譬能通權教權部並爲一實魚兔而施設也或作蹏蒼頡篇云取兔具也莊子云得兔忘蹄作此蹄字今時俗依之說文作罤若言蹄是足者能詮不成若言蹄是迹者其義亦踈尋迹得兔義豈爾耶今須從義以罤爲正次引大經者引彼大經重證今部則以一實爲第一義麤輭須指

晉一　十八

四味權實引證本迹中三初約師次約弟子三結初文又二初正引本文次方便下引迹文以迹中此文密示本意故也若顯露說即迹中本迹下文顯已通得引用弟子者亦是擧資密顯於師弟子尚非實小驗知師非近成利根縱其已知須待彌勒扣發見本眷屬聞說不疑言云云者廣在下文兼斥古今諸師尚不知師之本迹因果特出諸教況弟子耶又弟子之本諸經容有如文殊觀音等也師之久本出自今經證觀心中先引次當知下結意初文者事論秖是信身子說義當見佛汝所說者必從佛聞能聞之人必是聲聞菩薩故也故聞汝說即是見佛等也次結意者所聞是法於能觀心即名爲佛義當見佛心所即是弟子等也即於已心識三寶一體其理究足具如聞說已下文是注云云者將向觀義對聞說已下文唯在一念又若具足應約因緣約教本迹以明觀心則有三觀對境因緣諸教理觀三寶境本觀迹及施開等思之可見示相者唯約今經示四種相雖始

晉一　十九

自如是終乎而去皆用四意但文勢起盡用與不同如釋通序則句句須四通貫正宗及流通故若釋正宗則本迹各三義通四種若釋流通還須具四通收正宗又正宗中迹門既闕久遠本迹所以借用體用本迹則四名不闕又序中約教須觀文勢或須以五時分別則教在其中或須以諸教分別則將時以判正中約教則一向明開本中約教則不從教判但點遠本遠妙自彰若解斯文則一部經心如觀指掌四意消釋無勞再思故今且寄三段大文通示其相既了通已還將此意委悉別消初因緣中未暇歷品且示三段即種熟脫然種等三亦須約於序等三法以辨因緣若唯序等則無階降過未因果若唯種等闕無所從以種等三於序等三所從得益不同故也且如序中通序在滅後別序通過現若佛在世別序五中節節益異如說無量義密得種等三益不同故覩定見光覺動蒙華乃至問答亦有種等三益可知正中本迹諸品不同故通別序至佛滅後被流通人勸

持誦說亦有種等況正宗耶故寄此兩三方曉因緣初約種等者須寄教相方分有無故諸教因緣長短不等如三藏人三祇百劫祇云自修六度肥功德身相好莊嚴與物結緣爲種熟脫通教初心自行近從七地留惑潤生與物結緣云初下種兩教入滅無未來化但成佛時而熟脫之教權理權非今經意別教初地尚能具之何況果滿别教雖具教終是權況復能有本因遠種今經本迹二門施化並異他經此文四節良有以也故四節中唯初二節名本眷屬初第一節雖脫在現具騰本種故名本眷屬今不云是本者以同在今始脫故也本種近脫者以彌勒不識發疑故來偏得本名然現脫者若未得佛智猶未能知種今出其意耳於中爲二初明種等三次明序等三初文四初正明因緣次雖未下釋疑三其間下約三世九世以釋因緣四何以故下引證三世九世因緣初文即是四節示相初之一節本因果種果後方熟王城乃脫次復次下本因果種果後近熟適過世脫

指地踊者故知地踊云本眷屬者乃是本種近世始脫既彌勒不識非極近也次中間種昔教熟今日脫次復次下今日種未來熟未來脫此四節者且取大縣本因本果訖至中間近世今日豎深橫廣何但四節乃至未來求求不絶若不爾者現果無因現因無果還同灰斷化無始終故知節節重重無極而終以佛乘三段爲本而以人天三教助顯雖未下釋疑也今明因緣準文次第且合在迹探約本地中間者正兼本迹示一部相取後文意取化儀意次約三世九世者具如止觀第一記引華嚴瓔珞故知盡未來際三世九世種熟脫三是則念念三密念念三九念念三段念念逆順念念身土一一不同一一入實四引本文證者證三世也若有三世即有九世九秖是三故且通證大體三世念念三世準例可知神通屬過去通義其實通於三世對餘二別故師子是現威猛是未爲令知佛化緣遠故還引本文舉遠攝近以證四節以如是下約序等三初文先通指二序故云序

分通無可表故衆見下别指别序爲生正之由故云衆見希有顯顯者仰也佛乘機下正宗三非但下正明正宗爲流通之本三段既其俱生種等則知字字句句會會味味世世念念常爲衆生作一佛乘種熟脫也此文且從今部大判如今釋迦說此經時通五别五無非因緣即證信之因緣發起之因緣又通五和合之因緣别五次第之因緣故從序至正於得脫者故云開示悟入降此之外餘皆種熟故未脫者益在流通故云遠霑妙道並是此經之感應言後五百歲者若準毗尼母論直列五百云第一百年解脫堅固第二百年禪定堅固第三百年持戒堅固第四百年多聞堅固第五百年布施堅固言後五百最後百耳有人云準大集有五五百第一乃至第四同前唯第五五百云鬪諍堅固言後五百者最後五百也若單論五百猶在正法雖出論文其理稍壅然五五百且從一往末法之初冥利不無且據大教可流行時故云五百故序等三莫非感應又示教相者教家之

相故云教相五味分別爲顯醍醐通論聖言被下俱名爲教今教別有顯實之功故名爲相又別約三段示醍醐相故名爲相故於三段各簡偏小此且通作一種三段讓下本迹是故未分二種三段問若爾與向因緣三段何別答前直寄三時對感應人以明種等今委辨所說用淺深法故略約四教以簡三段究而言之還是因緣妙三段耳況觀心本迹咸屬因緣委簡教相具如玄文先約相待以判麤次約絶待以辨妙問通序五義別序華地此等是事何得三段俱名示教答通論皆是正說前相別論唯問答是教且從通說無不表教故文簡云非爲人天作序等也二乘三藏也即空通也獨菩薩別也正直等者開權教也正及流通準此可見螢光者大品云菩薩一日行般若如日照世勝螢火蟲此斥三藏故指燈炬以譬通教燈如二乘炬如菩薩雖同般若不無明晦道種智是別如星月者地前如星登地如月故星雖有明光不及遠令遠見故凡智雖照不及聖明其心遠故月不及日帶教道故亦應更明三智三諦次不次等以顯教相於此非急楊葉等者大經嬰兒行品意也今文略出人天者然嬰兒在小義通諸教且從極小故指人天但彼經喻從頓向漸初云不能起住來去語言圓嬰兒也大字者藏也不知苦樂等通也不作大小等別也啼哭等人天也經既通以小善爲嬰兒故圓因位亦名嬰兒經云半字者謂九部滿字者謂毗伽羅論此云字本河西云世間文字之根本雖是外論而無邪法將非善權之所造作故譬衍門十二部經古人唯知衍門一大今則不然簡共別後唯以圓門而爲滿也依義不依語斯之謂矣

法華文句記卷第一上

法華文句記卷第一上

校勘記

一 底本，明永樂北藏本。金藏廣勝寺本現存卷一、三、四、五、七、八、九，共七卷，除卷五、八外，其餘各卷均有殘缺。兹將現存金藏本附於底本卷第十下後，供參考。

金藏本與底本卷次對應情況：

金藏本卷一第一版及最後兩版已殘缺。中間完好部分相當於底本卷一上第二版一六行至卷一下第二八版六行。

金藏本卷三缺第一、二版，第三、四版已殘缺。第五版至卷末相當於底本卷三上第八版六行至卷三下末版末行。

金藏本卷四第一、二、三版均有殘缺。第四版至卷末相當於底本卷四上第六版一四行至卷四下末行。

金藏本卷五(完整)相當於底本卷

五上、中、下。
金藏本卷七缺第一、二、三版。第四版至卷末相當於底本卷七上第六版一九行至卷七下末行。
金藏本卷八(完整)相當於底本卷八之一、二、三、四。
金藏本卷九缺第一、二版，第三版殘缺。第四版至卷末相當於底本卷九上第六版一七行至卷九下末行。

一　二六一頁上二行首字「唐」，南無。以下各卷之上(卷八爲卷八之一、三)同。

一　二六六頁上一一行第八字「此」，南無。

一　二七〇頁中卷末書名、卷次，南無(未換卷)。

法華文句記卷第一中　晉二

唐天台沙門湛然述

次示本迹者爲二先法次譬初法爲五先指本因所稟次但佛下指本果所說三中間行化四今日所說五未來所說自從本因所稟莫非眞實三段雖俱眞實本不可多故下三文咸同一本因果眞實三段教相此中正簡久本眞實是故云也然以本因所稟亦是彼佛迹說恐無窮故但在今佛因果爲本據理非不稟餘佛化因緣約教既指今佛故明本迹且廢於他故指今經壽量爲釋迦本不得更指前佛所說前佛復有前佛故云無窮唯指一佛則無斯過降茲一本餘皆是迹問恐墮無窮唯論釋迦今欲論諸佛展轉稟教終有一佛在初無教無教爲本有何無窮若許有窮墮無因過答拂迹求本本求所說以獲實利縱有最初不同今初何益行解耶問若許有最初無教何須稟今佛之教答無教之時則內熏自悟有教之日何得守迷如百迷盲俱不知路一迷先達以教餘迷餘迷守愚不受先教誰之過歟且驗釋迦一化得益難思況復爾前益難稱紀寧不稟教然終成無益之論不可以此爲窮以無益於稟教者故又十方世界亦有臭香覺觸瞪視而得悟者豈以聲教求其初耶師子奮迅未來永永者奮迅具二義左右如現前却如未故下疏文云釋此句者應具二解即現未也今存後解故云未來前存前解故云現在譬大樹者總譬前三節爲拂迹中本迹故也言云云者以易解故不復合喻次示觀心相者先總次別總中有二重一約修行二約法門行謂所行法即所用行必先戒次定後慧用必先以慧擇後方定戒定爲戒本故戒復居後又觀心者如玄文中或約行相或約法門或從觀境故消文例之亦對三分義當觀心次別意者三分各三初戒三者方便如序白四如正結竟如流通言前方便者單白已前皆方便也定三分者二十五方便爲序入觀坐儀爲正行住歷緣爲流通亦可以習學爲序自行爲正教他爲流通餘二悉爾次更約善入出住等此依經列若從三分則入序住正出爲流通慧三亦爾從文從義次第不同三分應云空序中正假爲流通言而退者經末但云而去去秖是退但準望等者盡令用四其辭則難但令不失旨如共輸鹹會鹹字恐誤秖應單作咸恐如流入海一同鹹味文體語倒故知不必皆用四意又觀心一文除安樂行中修攝其心等餘皆義立又本門雖本但壽量一文正明本迹餘亦義立又前迹門準部有故是故義立後本門中除壽量已理合有故是故義立又觀心文序及流通準望正宗理須義立於正宗中唯安樂行理定須故餘皆義立迹門正說既云開會若迷觀境開權顯實及本門中增念佛觀增道損生及流通中隨喜不輕三昧所依諸行所託一切不成以觀心名通於觀等中間三即結緣當機通用觀故影響發起化功若成成分證觀所以觀心一文人謂最寛於理甚要況今大師且爲成於初心學者始從如是以至而去觀異文識一觀亦識昔經文同觀異及文觀俱異亦

識當教文觀俱同兼等開等準例可識是故必須觀心以釋又因緣釋隨其義勢須分今昔先釋序中先對辨通別次正釋通序初文又二先分二文次正辨異中云通序通諸教者亦可云通序通諸部別序別一部亦可云通序通諸經別序別一教今經部教唯在一教故且以教對經言之又通序名通而體別別序事別而義通義通故通有別序體別故別在今經故知今經通別俱別別在佛乘以如是等不關諸經方可得名正家之序正名序家之正故一家相承三段可識故釋如是竟一部炳然不然豈有送客之序而敘遊山禪祖碑文而譚律頌故須摩頂至足皆是一身豈以通途之言能消通別二序若不異者發起徒施於中先標離合云或五六七者五者如文合佛及處六則離佛及處七則離我與聞初通序元起由阿泥樓逗令阿難問佛具如止觀第六記次略解五義謂法體等者略釋意顯故先明之下廣釋中縱有兼釋但旁通耳初云所聞之法體者下文四釋雖通

指一部別在正宗流通亦可兼於別序則懷疑答問及無量義通名聞故雨華動地從所表說通皆表聞故始末一經爲所聞體云聞持和合等者因緣會也通論五義無非因緣如前通辨四意中說又下總結五義云皆因緣也今且從別約時義強獨標和合聞持之言唯在阿難和合之語義通兩向由機會故聞持和合次第相生者且約一往若聞如是等及化主居初亦可通用次又如是下廣釋先釋如是初因緣中世界即是歡喜故云不諍諸佛皆然未足別顯若約今經先施次開方名不諍事在約教故今未論今引諸佛以異顯同亦世界義舉時方者如是可信良有時方即說如是得益時處方則崛山猶通於昔時顯別味今處非通即生實信方是今經爲人悉也阿漚者阿無漚有一切外經以二字爲首以其所計此二爲本部內所明不出所計故立如是對破外人不如不是故準下約教外典全無故云破惡百論云外曰汝指何爲善法耶內曰惡止善作外曰汝經有過

初不吉故我經不爾初後皆吉內曰凡一切法有於三種謂自他共以汝吉法無自等故故我先破有無自生及他共等故計有無爲自他等名之爲惡故我經先止若爾中論具破四句彼何不破自然答計自然者有無中攝亦有自然有無不攝且從一途故中論云從因緣生尚不可況無因緣自然易破故但況之但四計義通若唯破外尚未離小安會今經且引論文成破惡義若依今經尚破兼帶之惡何獨外耶第一義中且通指道邊未分深淺故知凡四悉文非不已破諸教淺深意在且明歡喜等四故更須教分判異同又釋序中前之三悉多分約事第一義中或已入實或且通方又前三悉望圓實邊名之爲事於前三教或亦在理若正宗中咸隨本文此四悉檀文在大論初明說經緣起中總有二十三復次於中先問有何因緣而說是經答中云第一義故乃別指衍門爲第一義因即釋出前之三悉且指三藏論云四悉檀攝八萬四千法藏故今通用具如玄文以開十

門又淨名前玄總有十卷因爲晉王著淨名疏別製略玄乃離前玄分爲三部別立題目謂四教六卷四悉兩卷三觀兩卷彼兩卷中文甚委悉言甚廣者一指大師所說二謂所攝意多況今經如是須歷八教以明四悉方顯今經唯一如是第一義悉故云甚廣又諸家異釋動即三四紙來多在因緣而第一義尚少況復約教本迹等耶約教中初經稱者在付法藏中此付法藏亦名付法藏經於中爲三初通解次別責三且依下正釋初文又四初通舉三世佛經爲本次引昔佛八教三引今佛教同四舉今經表異初三世者先舉過現例當正用過未例現或正引過以準今故指先佛八教言八教者將藏等四入頓等四則四味中如是各異況頓漸中祕密不定四教通塞一一不同先了不同如是不一方識法華如是不異施及開廢準例可知一切諸佛垂於五濁無不皆然故云亦爾餘如玄文次諸經下舉今經表異者又二先法次喻法華超手一期教表若將今教以對昔教

既差別部又不同兼但對帶權實遠近具知進否方曉今經如是既然他皆準此安得以諸師一匙而開於八教衆户攢於古師衆釋不出因緣一意故云一匙況一兩師寧開八教況約教等三信古今冥寞又佛阿難下立法別責又四初立法通者若二文不異爲如二如下所詮爲是八教皆然次今阿難下舉今經阿難以責今經於八爲屬何耶若非超八之如是安爲此經之所聞三不可以下結責故云不可以漸等略舉漸偏理須具明祕密不定及簡頓部諸師既不知八教異今故二文傳詮不如不是四傳詮下結過此義等者勸勉也若得今意不勞再詳其理自審三且依下正釋又三初約漸教者避繁文故寄漸明四次若頓下釋頓等三三數八教下結責古師初文又二初約傳詮相對以釋次若動下直約所詮觀諦以釋於所聞時具能所故亦是以理結略前釋𨓏故四釋皆以如爲名又前以文契理名之曰如乃指所詮稱文爲是此以智如境爲如如通二眞故前兩教

俗對偏眞後之兩教俗對中眞兩文各二隨義消之故前約傳詮一一文中皆約諦與文字故能詮既同驗知所詮理當故所傳所詮皆所聞體故初二教皆以文字爲俗所詮爲眞但有即不即異乃辨二教傳詮不同後二教皆以能詮對所詮三諦以說亦即不即異以四例四亦應可見若不爾者豈以阿難傳佛無詮之教故彼文理相稱之法是我所傳故下方云聞等也言云云者應更以是對向四文及以漸中具教多少準前可知次頓等三者言頓與圓同且從少分以彼兼別今且從勝故云圓同應更云頓中別教與漸中別同不云漸教有同異者漸既離四舉圓即攝諸部中圓三教即是諸部中異故但更對餘之三教不定中云更互者並約漸頓四教說之深淺相望故云前後祕密不傳者降佛已還非所述故尚非阿難能受豈弘教者所量又阿難非不傳祕赴機之密非所傳耳故祕密所用全是顯教是故傳祕秖名傳顯三數八教下結責者華嚴云張佛教網亘法界海

漉天人魚置涅槃岸故知佛教不出於八所詮無外故云法界教網既亘於法界涅槃必徧於偏圓岸唯果地一如教必權實本迹天人機具衆教漉至究竟涅槃故諸師偏釋不可獨張比竊讀者尚云天台唯藏等四一何昧哉一何昧哉是故須知消經方軌頓等是此宗判教之大綱藏等是一家釋義之綱目若消諸教但用藏等其文稍通若釋法華無頓等八舉止失措故又舉喻責云接四箭等故大經迦葉菩薩問云云何智者觀念念滅佛言譬如四人皆善射術聚在一處各射一方念言我等四箭俱射俱墮復有人念及其未墮我能一時以手接取佛言捷疾鬼復速是人如是飛行鬼四天王日月神堅疾天展轉疾前無常過此今借接四以喻八教未敢稱當況古一兩如驢鼈耶若深得是意入文自融言云云者應舉八教以合譬意況若不識開權拂近徒知八教經旨未分所以今文多不云開者以玄文具故又開顯圓與兼帶圓二理無殊故云頓與圓同等故不定祕密義各含四顯之與密定與不定相對論故次約本迹者文雖未至證信義通已如前說又爲五初通舉十方三世次通舉三世三獨舉釋尊四正約傳詮五更明示迹初二既通一本難定故且約下唯指釋迦次又阿難下約於傳詮師弟相望義立本迹又師弟下顯阿難本故五文中正用第三第四顯今如是初云橫竪者十方爲橫三世名竪十方諸佛各自有竪非今文意故且約下的出今佛過去一本餘皆屬迹師弟中亦指久本餘屬迹中本迹而已重明者欲述本地亦爲師弟故也故云非始今日當知空王時亦非阿難本也次觀心者前之三釋並是所觀故云觀前也悉檀是前因緣教是前約教迹是前本迹等取三釋各具諸義本雖久遠圓頓雖實第一義雖理望觀屬事故咸成境故對三爲觀便成四釋於中又三初通立觀相次引文證成三約文顯四初文言即通者具足應云緣生即空即指前三皆緣生故況前緣生境通三諦從即空邊且判屬通應知空觀通於一切空假成別者地前從別證道必同亦通亦別者凡通聖別故也凡通前教聖局證中故空假仍通中方別故地前空假通於所非及以所照登地別在能非能照眞實故也此是別家對他通別若唯別教與前永殊非通非別者無非法界故雙非辨別與前復殊此中既以因緣教迹而爲觀境不可復以藏通觀觀是故但寄通別四句寄約教義暫分別之又爲成四句故借別教離爲兩句故第四句即是今經之妙觀也次下文云去引譬喻品證成觀相三信則下更約觀心成因緣等而釋經文一心即具感應等四信機見應者於一心中能信如機覺心如應言淺深者義當判教信實相心不同於權實相之深不同餘淺又信下約觀論本則妙教爲迹所詮爲本見實相本即見經中師資之本以主及伴俱得實故以龍陀久成從所證爲本言龍陀佛者眞諦云須善提是東方青龍陀佛有引大寶積云舍利弗成佛號金龍陀未檢指此則知一切聲聞咸然故見空生身子之迹則識一

切聲聞之本又聞經下乃以觀心釋成觀心能覺之心名佛即此覺心名慧亦即覺心通數具足即此覺心與弘誓俱名慈心淨約心下結次若釋下判同異先明去取次當知下正判所言他者即他部也於前四味唯除鹿苑顯露無圓所言同者但云今圓同彼圓故應云兼帶復成異也又言異者彼無久本諸經亦有體用等本迹名同體異從體異邊故云異也應知亦可通用四釋但知諸經無久遠本義則可矣云云者此之四釋對於部教關涉處多故因緣等四望於前經各有施開兼帶等別故所傳亦別次釋我聞中三初辨互異次今例下準例如是三大論下正釋初因緣中先明世界初引論釋云耳根不壞等者先舉根塵根即清淨四大處者塵也非餘關緣故云可聞雖復可聞須發意識故云欲聞更藉諸緣故下總云衆緣和合但除空緣也次問答中有人不許滅後色經唯云名句屬於行蘊若其全不許見經初盡合改聞當知皆先眼耳所得次方流入想行若使一字

一聲眼耳二識不俱則名句文皆不成就和合之言不可欺也所言主者總舉識心即世流布仍藉阿難願力及以如來宿誓滅後衆生有機方乃能令和合成聞故且以我是衆緣主衆緣和合我方能聞故云我聞文舉緣具故但云聞因緣和合即世界也無學飛騰說偈者佛初入滅諸阿羅漢皆說偈云已度凡夫恩愛河老病死家已破裂見身篋中有四蛇今入無餘般涅槃諸在林中者又說偈言佛已寂滅入涅槃諸滅結衆皆隨去世界如是空無智凝瞑道增智燈滅於是飛騰各說偈言咄哉諸有苦輪轉如水月不堅如芭蕉亦如幻影響如來大雄猛功德超三界猶爲無常風漂流而不住佛話妒夫文殊結集者大論云文殊結集諸大乘經亦皆先稱如是等五經論二文並生戀慕之善諸阿羅漢戀慕之極故皆隨去佛指闍二寸三疑者前衆疑已下文是若此三佛皆應自說並不合云聞是故云聞三疑皆遣遣疑即破惡故也第一義中無我無聞者如陳如云第一義諦

無聲字等古來下通斥舊也於因緣中前三尚自不周況第一義況約教等三耶凡夫三種我者見我即利使中我慢我者雖通一切利鈍凡夫然諸凡夫皆於已身以立宰主雖非外計並屬見思若學人所伏唯屬鈍使雖無見我思惟未盡故云二種世名我者世流布一凡聖共有但聖無前二今亦不暇辨見修相付在餘文十住婆沙四句稱我者即有等四句故彼第一卷地相品問云云何爲無我而說偈言總有八行半偈最後云是故我非我亦我亦無我非我非無我我所非我所亦我亦我所非我非我所是皆爲邪論故離四句方名無我今但云無我乃是即我無我不云析破故在通教問論釋別地何判屬通答登地已去諸觀具足但云即空義在通攝況復地前義當通教引大經者經云阿難多聞士自然能解了是常與無常常無常義同我無我故也不二登地雙照地前照與分別名異義同圓教極故義兼權實以勝攝劣故望一代五味既別所聞不同正法念中三阿

難者與集法傳三人大同問正法念與阿含二經並小如何證四以傳四教答小中一人既分四種令演小令大以大擬小何不傳四況復名通義圓於理無失小在三藏通乘共故亦名爲雜況通菩薩利鈍復雜云云者一人四德以用對教及開顯等義如常說空王等者於佛亦是迹中本迹若於阿難或未是實本主尚晦迹弟子未彰故亦不云空王劫數言云云者應具對上因緣等四以明我觀亦應須寄因緣等四辨次不次此文已當約教觀心心境相對因緣觀也具妙望餘本迹觀也以心觀心觀心觀也釋聞因緣不分四悉但通結云因緣若欲分者初是世界舊解下爲人報恩下對治此文下第一義初問次大論下答中言集法者然結集之言通有三處謂一千七百五百一千正當最初結集七百即是佛滅百年因於跋闍擅行十事舍那迦那白於七百七百乃往毗舍離國重結毗尼舉跋闍過言五百者四百年後因迦旎吒王請僧供養論道不同因此五百往王舍城更集三藏今此從初廣如諸文展轉從他自他別故聞不聞異未聞者樂欲已得聞者生善並世界也三昧是善及能聞力新舊兩聞因聞善生言佛覺者秖是佛加覺力如佛故名佛覺三昧已證非從佛聞故云自能用本願力爲持佛法生後代善故舊解理當判屬爲人報恩經者第六佛求其爲侍者許已仍求四願一不受故衣二不受別請三不同諸比丘須見即見四二十年中佛所說法重爲我說佛粗示言端阿難皆解智速根利强持力故又密說者辨異覺力及重說故已知他不知名之爲密又大經佛告文殊阿難事佛二十年具足八種不可思議一不受別請二不受故衣三不非時見佛四見一切女人不生欲心五持一切法不曾再問唯除問於釋種被殺六知佛所入定七知至佛所者受益不同八悉能了知佛秘密法胎經者舉初況後也胎相尚聞況後諸經面如淨滿月者出育王經此中亦用前之四名及大經四句然大經顯圓今乃義開暨約四教隨名便故不復次第亦應具消四聞所以令順教意本迹末云云者一本事高難量二本理深難思三本迹化莫測具如釋如是中觀心中不聞不聞下云云者應具用上四且對次第分屬四人具如昔經我聞故也若依今文用妙觀故妙觀下注云云者開麤顯妙以明絶待次釋一時初引肇意者啓初開也運合宜也嘉善也佛化大運必稱物機故云善會稱機秖是因緣和合稱機歡喜故云世界此中世界即屬此經不同餘文異餘時故引大論文明生世善治世惡明二悉者寄示相耳復是論中釋一時文故且引之然此直云時彼方兩解若云迦羅即是實時若云三摩耶即是假時論問天竺釋時凡幾種答凡有兩稱（別者如白）迦羅二字以淺易故三摩耶三字重難說故若除邪見不說二字即是假時若內弟子依時食護明相即用實時當知秖是一時二別故聲難易耳是故外人計時爲實而說偈云時來衆生熟時去則催促時能覺悟人是故時爲因故須破邪說三摩耶故今文中以實時

示內生善假時破外斷惡第一義下云云者道合之言正當嘉會所發善根言通意別須約教味以判偏圓則四味三教權人理等雖有道合仍須開顯故下約教仍存四別此下中等亦如大經四因緣智今經之言亦略開等本時自行唯與圓合化他不定亦有八教言前諸者指向四教皆在迹中觀心下應注云云文無者闕此之麤妙各有觀與境合名爲一時相即觀者今經觀也若將此觀約前三文例說可知次釋佛字因緣中亦秖應釋覺而但云時處等者明覺之感應時及處耳非其時處不感佛興時處異故當世界也劫初劫盡是極長極短極苦極樂之時餘三天下富壽無我非感佛緣多病是減極三小災起謂刀疾飢疾居其中故略云病俱舍云刀疾飢如次七日月年止長壽時樂重舉劫初短壽時苦重舉劫盡東天下去舉不與處也並由壽定樂定保樂保常不成機緣故不感佛此仍且約人中處耳若論天上小乘亦有得小果者如梵王得三果等若准華嚴四天

王及化樂天并無色處並不感佛餘經非無但除難處言富壽者東名勝身勝南洲故富壽亦爾西名牛貨以牛爲貨故云多牛羊也北名俱盧此云勝處亦云勝生於四洲中有情處貨皆最勝故南名贍部從樹爲名於南洲中但舉初後中間亦有六四二萬且云八萬是減初也百年是方極故後減之初則彌勒也今減方極則釋迦也未見果等明感佛緣雖略云地亦應云時離車等者大經二十六云佛爲離車說不放逸離車云我等自知是放逸人何以故若不放逸如來世尊應生我國何故棄我出摩竭提時婆羅門子名曰無勝語離車言頻婆大王已獲大利佛出其國猶如大池生大蓮華華雖在水水不能染佛亦如是雖生彼國世法不染汝迷五欲不知親近名放逸人非佛出彼名爲放逸(無勝者阿逸多)汝耽五欲縱生汝國汝亦不見故此時處亦據多分舍衛三億非關苦樂摩竭提者此云不害劫初已來無刑殺故至阿闍世截指爲刑後自齧指痛復息此刑佛當生其地故

吉兆預彰所以先置不害之名日若不出等者大論文也日喻佛興池喻摩竭華喻物機佛若不出已未二善皆悉不成未者下種已者熟脫然合喻中且約世間有漏善法故舉刹利等況出世善故輕繫地獄尚因佛出乃有一念厭惡之因後方得離況復人天故論云若持五戒釋迦文佛在汝家中四姓舉二且從勝說對治中斷有頂種即斷三界惡故故名破惡問爲人但至有頂對治何故破三界惡答眞諦事理於中道理俱名爲事若前二教不得用此以爲破惡以讓理故今此圓教故得用之言三乘者即攝三教以菩薩乘攝別教故言餘不能感者約八相化必出世機方能感佛示九道身雖是感佛不名佛化故非感佛善斷之言在無漏智種謂能生垂盡非想復墮三惡名爲還生一去不來故名爲永第一義中既云法性煩惱即菩提故云無動生死即涅槃故云無出佛無苦集已住法性雖無動出不動而動動法性山示斷生因故名爲動不出而出出生死海化九道生

故名爲出此前皆謂實動實出至此方知非生而生無動而動則前二教及別地前但屬三悉引入今經第一義故約教中先釋次故經云下引證前明因緣說感應相今既約教約四極果初成之相故並云覺又自覺覺滿則據於初覺他通於初後西云佛陀此云覺者知者對迷名知對愚說覺名同對別並屬自覺故約四諦即以自覺而能覺他故云亦也總相別相者總謂無非無常別即觀四念處謂三界繫及四聖諦此別莫不皆觀無常老比丘者從後異故以通教佛亦可云老而云帶者辨異前教如阿含云佛臨涅槃如老比丘詣純陀舍三十四心者八忍八智斷見九無礙九解脫斷思斷伏不同具如止觀第三第六記具在婆沙俱舍及諸阿含此教求作餘釋不得一念相應斷餘殘習作三十四心釋終無其理具如大品第十地別佛具如瓔珞及諸大乘五十二位初地斷無明者是圓佛具如華嚴初住斷無明者是然小乘中立二無知染汙無知無明爲體不染無知劣

慧爲體謂味勢熟德數時量耳然四佛皆云自覺覺他者秖是當教自行滿位覺智不同化境寬狹是則徧搜大小乘教唯有此四成道之相具如玄文因果兩妙他釋但有自覺等三既無四教各具三義如何分別大小教主與而言之不出二教若云坐蓮華藏或云三世諸佛皆色究竟成無上道並別佛相若隱前三相從勝而說非謂太虛名爲圓佛別佛既云單論即是隱前二相如目連不窮其聲等若法華已前三佛離明隔偏小故來至此經從劣辨勝即三而一他迷一家所明四佛者以棄舊譯經論故也如四階成道三乘共位瓔珞賢聖華嚴融門此四成道不可孱齊以由設迹不同隱實覆本故開權顯本方知不殊又諸教中各有五人說經如大論云佛及聲聞天仙化人及華嚴中加諸菩薩又有衆生器世而皆以佛爲教主也然準大論下四印定即名佛說又華嚴中刹說塵說菩薩被加亦無印述餘三佛力通得名經故大論中所破幷能通具四教若得實意方知四

佛體同用殊講華嚴者皆云我佛讀唯識者不許他經故至今經乃知指昔唯佛究盡斯言有在次引經者像法決疑中通佛云大身小身者以云帶老比丘故約本迹中初寄本中體用故云本一迹三中間下次明迹中應化勝劣他受用報皆在迹也但生滅之言多在應化唯本地四佛皆本者準例而言則迹中體用俱迹本地體用俱本具如玄文本因果妙等料簡中說觀心中覺秖是智六即判之有本無云云者或是脫落應先辨藏通至別圓中方乃得云偏圓二覺然次第中亦可攝得藏通二佛或略之耳若望前三境智因緣佛也藏等四觀叩教佛也中望空假本迹佛也已心即是觀心佛也次釋住中全用大論恐他不曉故初標云能住所住若但身土但成世界心法相依方成三悉他人唯許身依於土乃成佛心無所依法忍土者悲華第五云何因緣故名曰娑婆是諸衆生忍受三毒及諸煩惱故也能所異故名爲世界故大論云住者四儀住世今文世界復有三種一者天

住謂欲天今云十善二者梵住即色天今云四禪但名異耳（今文為人）三者淨住即三果已去今云三三昧者論云入三三昧即得初果三三昧爲對治者以爲三明近對治門具如止觀第七記論又云布施持戒善心爲天住四無量心爲梵住（前從果此約因）三三昧爲聖住聖住秖是淨住耳論又有四住天梵聖佛更加佛住即今文中首楞嚴是故今四住收論文盡若以教收四教並有前四悉義四佛並爲第一義天但前二佛不得云用首楞嚴耳問若爾今釋佛住何以三悉但約欲色及以三果能住所住俱非佛耶答一從通以趣別二將勝以攝劣言從通者從廣之狹言從勝者佛依王城必攝欲色及以三果有人斥云今釋住王城何以引於天梵等住此人不曾讀大智論此是彼論釋住正文論具二意如向所述若秖以色身住土以釋住名則大菩薩神無方所便無所住況復佛耶故普賢觀常寂光土是佛住處豈王城耶故下約教皆以涅槃而爲所住次約教中涅槃皆是所住之法

並約第一義也釋前二佛皆云有餘無餘者巧拙雖殊所滅不異後兩秘藏證道亦一前三佛下判麤妙者別教證道雖妙從教道故判麤言能所者若約理判如向所說若約事判秖是依正他受用土故判爲麤若約中理雖俱秘藏亦是從教今經是圓復須開顯故名妙住本迹中言三藏佛應涅槃者應字平聲若據灰斷即應入滅入滅本也由慈悲故所以住世秖名住世以爲垂迹此佛報生無別理本通佛扶習此從因說以六七地入空爲本以誓扶習利他爲迹果同三藏故從因說別圓同云熏法性者教證小殊然皆因時起四弘誓冥熏法性但明法性即離不同智斷雖殊法性無別當知下總判前文以明本迹本迹莫不皆由慈悲前四俱迹故須更云本佛住也以慈悲下判既開迹已豈別有本次約觀中以智爲佛智住無常及空假中前直相對故四觀不同次約住意故云以無住法住於境中故無住之言通於四教麤智謂住於理實無若在圓中便成絕待王城者準

西域記此城崇山四周以爲外郭東西長南北狹周一百五十里子城三十里宮城北門是調達放醉象處東北是身子逢馬勝得初果處東北十四五里至鷲峯山是說法華等經處斑足緣亦出仁王論中又有異釋論問如王舍城迦毗羅波羅柰並有王舍何故此城獨得名耶答有人云是摩伽陀國王子一頭兩面四臂時人以爲不祥裂其身首棄之曠野有羅刹女名曰闍羅拾取合之而乳養之後大成人能兼諸國乃取諸王八萬人（下去）（同今疏文）楞伽又云昔有王遊獵馬驚入險乃絕居人共牸師子居而行醜行生息長大名曰斑足後紹王位領七億衆食肉餘習非肉不餐後乃食人所生皆是羅刹餘與今文大同四非常偈者秖是四無常偈具如止觀第七卷記言得空平等即是初地者彼既共教小即初果大即乾慧或在見地別即歡喜與大經梵行意同若爾何故聞無常而悟大耶答已聞般若復聞非常恐其吝國正助合行因得大益此約斑足緣異故屬世界千王取血

等雖失小國迭知大國生善屬爲人也百姓排舍以免燒惡即對治也斑足得道第一義也注云云者大論與諸經所出既多不可盡具雖多不出四悉約教中四見然辨土橫竪具在淨名疏即如下文純諸菩薩等例知者以娑羅例王城也本迹觀心在後者後與山文合明觀心後文仍略俱不出本迹若例上下應云本住王三昧三德之城迹居忍土之王城耳梁武等者字應作雎其鳥似鷹云似鵰者或恐誤樂而不淫哀而不傷雌雄各居欲交俱鳴交已各去故以之類皇妃也詩云關關雎鳩在河之洲窈窕淑女君子好逑今江東人呼爲鶚好在江洲梁武意謂雎形近鷲故引之耳此屬世界也又解山峯下爲人覩者生悅故也又云去對治能藏惡故亦當治惡又解去第一義三乘聖居是第一義次辨五峯及後問答但是第一義中釋疑又分別山相非四悉攝又增一三十一云佛在靈鷲告諸比丘久遠同名靈鷲更有別名汝等知不亦名廣普山負重山仙人窟山恒有羅漢菩薩得道及神通諸仙所居有五百辟支佛住如來欲下先令淨居天子來此告令令此土淨却後二年佛現此間支佛聞已燒身入滅何以故世無二佛國無二王一佛境界無二尊號此山爲下亦復不等四十七云俱留孫佛四日四夜行至山頂那含佛三日三夜迦葉佛二日二夜釋迦牟尼須臾至頂並以羅閱祇人行也時漸末山漸下故文闕本迹應云本住三德大涅槃山迹居靈鷲又本迹各有靈鷲壽量云常在靈鷲山本也約觀中先解王舍中初立觀境言心王造舍者識陰爲王造業諸心必有心所今欲消王且以善惡心王以對無記之舍故云王造若析下四觀此示觀解異於他經應如止觀十乘十境下去皆爾故注云云後兩重云若觀即後二教觀也亦須分別相別不同具如止觀不可即具約山作觀亦先立觀境正當觀陰具如止觀第五去文別圓觀中既云山即法性正因法身餘之二德準諸文說故知此觀不同他見所以又約山爲觀者山城雖殊同是依報是故約之以觀正報又諸觀境不出五陰今此山等約陰便故以諸文中直云境智自住其中等者以大經及此經意共爲自他定慧力莊嚴即自住其中以此度衆生即安置諸子云云者亦應於此以辨二觀同異之相方便正修簡境及心并對前二以辨權實等乃至四觀亦須開顯等也次釋中字既在山城之中因緣等四具如彼釋今但消中字義耳欲更說之先約所表以具四悉常好中道赴欲也升中天中日降爲人也中夜滅對治也說中道第一義也諸教皆有中道但有有體無體之殊本迹者觀圓理本中也示離斷常迹中也今經是開顯之中若約觀者即空即中具二中也

法華文句記卷第一中

法華文句記卷第一中

校勘記

一　底本，明永樂北藏本。

一　二七二頁上一行書名、卷次，二行述者，南無（未換卷）。

一　二七二頁上一行「卷第一」，經作「卷一」。

一　二七二頁中九行第七字「迹」，經作「遊」。

一　二七六頁上四行「下結」，至此，南卷第一上終，卷第一下始。

一　二八一頁下卷末書名、卷次，南無（未換卷）。

法華文句記卷第一下　晉三

唐天台沙門湛然述

釋列衆中初辨次第言多爾者亦有經中菩薩後列各有所表如華嚴經不列聲聞純無雜故舊解者多是先宅與大論意同故無別破但總結云似兩解耳注云云者事似因緣須具四悉義似約教復須論八事即身也故云覩跡義即諦理故云涅槃等形服異故即世界覩者生善跡者破惡不覩不跡即第一義於有義中既以三諦以諦對教則四可識於藏等四辨漸等四其義可知又兩二義並欣涅槃及四菩薩並不欣不著故皆居中唯詣實理兼能利人故居中求宗超彼凡聖若以入中爲菩薩即指別教地上圓教始終注家云聲聞學跡教之於內菩薩道覩忘之於外此但得事而失義似迹而迷本況復觀心因緣耶約本迹中此經列衆超出群經故人天二乘能引之人本非下地所引之衆堪通別記語通意兼故云內秘皆大薩埵既能迹引二邊判非凡小故云薩埵菩薩濫本故且不論應知亦且約體用論也觀解後云云者亦應更約因緣明觀諸教開顯及本迹觀釋列聲聞準法華論以八義故先列聲聞一爲顯覩聞後不謗故二攝不定性迴心入大故三除尊貴慢非究竟故四常隨佛故五形儀同故六令內眷捨欲故七令菩薩敬故八令衆生信故然論中八義唯第二一半獨屬今經以不定性此土得故仍少一半若定性者彼土得故未來得故餘之七義論衆前後通諸經故以第二義入餘七中使七一一皆有第二方令八義全在今經若依今意更有三義欲別記故別開權故先顯本故故令餘義永殊昔教故論文意諸經多爾所以通釋今使諸教雖共復殊方等先列以四義故欲斥奪故欲審引故令體信故令味變故般若亦四欲洮汰故欲委業故審引進故成熟酥故故知論文通前二味如向各四又異前後論又云先僧次尼亦有八義一男尊女卑二入道先後三師弟不同四傳法能不五結集進退六同住得不七多少推讓八得數有無此八全通前之三味多在酪教若準同是聲聞仍少第二意也於今別中唯除委業準義仍有以同比丘聞轉教故也故委業時非全無分自餘諸義並同比丘於五味中漸教當衆其義不異次出舊解云大小名聞者意云名即已名聞即他聞所以名大故聞大名小故聞小今但依文故破其無據言依文者但約所列多少以明所識多少前列萬二千又云衆所知識後云二千又無知識縱以名聞用釋知識後文全無何小之有況復大小一向無憑初釋類中先通釋五字次釋論下別釋四義比丘合故初通釋中五字通收諸有德者所與之徒既標於大豈唯異於下衆而已於比丘中其例復多四門三脫析體通智辦空之例秖得且云高譽德行何可具論今云如貴類之班輩也次別釋四義者初釋論下別釋與字初文即因緣釋若於此七爲四悉者時處世界戒是爲人心見對治道脫第一義若準前三在昔教者則七義唯三道脫等俱屬對治意也圓教七一俱屬圓四約教雖

別究竟唯圓雖七而同故七名一一即共也四教不同通在五味具如諸經不可偏述且準歎德在三藏教者同感佛時同鹿苑處同別脫戒同一切智心同無漏正見同三十七道同有餘脫爲同聞人入通序時已得記者全成圓人七一故也同妙感應時同見妙依處同得究竟戒同證種智心同無作正見同圓實道品同不思議脫得授記已即同菩薩安得復以聲聞歎德豈結集者謬抑德耶故知在四味時隨味而變經家從本列在聲聞故依本歎若不仍本焉知聲聞有權有實實者得記知有所從聞法華時大小別故故約教判須通始終故三教七或本是三或是轉入初約三藏一七一者生滅同故通教二者分利鈍故利兼圓別應云三七且通總說同爲一例別云爲無量者自行化他橫竪皆四門門門四悉入者不同圓教一者發心畢竟二不別故說者應於四教細明乃至教味先判後開若未下一句約本迹釋亦約體用論本迹耳別無聲聞但云藏通若通含別亦可

論之是則略也又時處二事且約教論故云三藏中時處且一若從元初得道時處或多人共處略如今文或多人多處或一人多處如阿含中多時處也問至此那得二種聲聞答亦從初說具如玄文廣歷諸味難轉易轉又有不歷析法元是通人云云直明兩意下欲明開顯先更辨異所言異者且置七同更於藏通七中辨異則三異四同何者時處等四不可不同如所會所依所稟所證若心等三安能不別別修別見別行故也此仍一往亦可戒法從別各各得故解脫從人各各證故是則五別二同又若從人亦可俱別今釋共義不合論之義分三四乃成旁耳是故且從七同以說別教同異準說可知決若至下正明開顯法華論者明被開者有權有實未開具四開已唯一令加佛道據新入者論中四者決定增上退大應化論自釋云後二與記前兩不記根鈍未熟故且約此會即經中云生滅度想決定性也若彼得聞論中未說天親豈可迷經文耶經云而於彼土得聞是經

論且一往據現說耳是故今師但除上慢即五千起去者是雖從座去仍判於涅槃中若四依邊得聞故上慢者亦非不聞已聞略開及在後故但不可云此會得記種熟脫三始終無廢故準今文遠近相望四種俱得今云住果兼於決定及退菩提住果變異故分二教是故二種總立住果又佛道者準經義立若爾佛道應化各有別圓問應化與佛道何別答應化約垂迹全語舊聖佛道約利他語新記者又應化從身佛道從說佛道有令他之言且云利他應化有發起之義且云垂迹既以聲聞爲名在昔則無應化佛道之稱在今則無住果決定之名增上慢中豈無應化四攝同事安隔此耶況復論中決定上慢同云未熟不可上慢亦根敗也他云未者不也應人未死名爲不死下種未生名爲不生故上慢決定二俱可發是決定義又此中引論似本迹釋應化本也餘三迹也化爲餘三無異途也唯闕觀心即前兩教七一境也後二教七一觀也又時處戒境也心見等觀也聲

聞義浩然者責人非論然用教者云大乘聲聞未爲通曉今云應化從本以說據衆全在小乘中也言浩然者藏通八門門門四種門門各有佛道應化迹在前教復同前數據本復應地住地住及行向地上慢所濫復同前數他無約教今昔本迹權實開合等釋但云住果及方便等是故責云以證涅槃者言云云者具如向辨釋大者前以共釋與阿難共彼萬二千者非直共人應共人七七中並大故云與大與既四釋不同大義理須準彼又前與字義兼時等今釋大字唯在具七之人復兼多勝又釋與字義兼能所今釋大字唯在於所此從阿難指他爲大此中初引論文大品在小心未轉故次今師意亦具三文以一一文皆兼論中三義故也以此三義通兼四悉大即世界多即爲人對治勝即第一義也應具明三念與外人異及以三念對大多勝之所以也還將三念以對四悉具如止觀第十記四章陀者如下第五經疏及止觀第十記次約教中牒前初釋判屬三藏準前文

故但云所敬等前從今明下應義通偏圓以前文中且對外釋故云三藏次大者下約後三教初明多義但是約事後三不可更加其數但約所知以釋其多故前通釋大多勝三各具三義故此後後漸優於前約別圓者昔則從初今從得記別存教道言大力羅漢者羅漢中大即無疑解脱也次本迹中初述本三次迹來下述迹中三初明本大次本得下明本勝次先已下明本多咨嗟者謀事也謀而方嗟非輒爾故言勝幢者借大品文言超諸外道者準理應云超諸偏小但所超雖近能超則遠於理亦成次迹中初示愛見即在乳味故此五味通萬二千若權若實皆經歷故今從權者故云迹也久矣下云云者各有久本隨本長短中間設化今日亦在釋尊諸味觀心中先直對三次雖約中具大多勝亦應更約空假各三言一心一切心者心境俱心各攝一切一切不出三千故也具如止觀第五文若非三千攝則不徧若非圓心不攝三千故三千總別咸空假中一文既然他皆

準此故向五味義通上下文寄此中釋比丘引肇公者在淨名疏什及四子並在僞秦故曰秦言肇有四義一淨命乞士二破煩惱三能持戒四怖魔什公分之一始三終具二魔怖者終中前二爲怖魔因引論者闕能持戒破惡秖是破煩惱耳故但三義而次第不同及通初心令魔怖等故破惡之言且在身口非不斷惑既並在初令什義壞豈以持戒破惑必在於終又復肇公但翻其名而云名含不云初後今之學者安令魔怖耶五繫者具如止觀第五記一曰等者田即農也應云在家四種如法更加工也涅槃寶梁下明經義略雖復不具三義四義破惡爲本今明此三義應通初後者義當約教兼斥肇什今非但以論文通後復通諸教況論但成因緣一釋若於此中立四悉者怖魔即世界乞士即爲人破惡即對治出界即第一義依經家等者義必通初證信必後向釋乞士中以求釋乞乃以離邪歷境求定等爲三藏教者未能於境即理故也故至通教方云求眞破障理等

也別教言八魔十魔者破惡既深釋魔須遠
具如止觀第八記圓教中非不破八破十但
以實相爲正破惡屬旁怖魔亦然本迹中此
諸比丘深淺莫測故未可定判其位迹示五
味者若不約五味非今經比丘桎梏者上質
音足械也下古沃反手械也二諦如桎梏大
慧如解縛運念爲無住望境爲無著故不著
境智出二死家乞士怖魔準釋可見云云者
中觀既然空假及以次不次等對教可見衆
者以一萬二千事法和故若作四悉者初是
世界衆和合故佛常下爲人生物善故釋論
下對治簡惡人故此中下第一義在眞實故
言事和等者僧界法等俱屬事故法和者如
前七共同眞理故九十人三明者中含二十
九文同舍利子問佛五百比丘中幾三明幾
俱解脱幾慧解脱佛答如文三明者即無疑
解脱具如止觀第七記淨命具如止觀第四
記五方便者四念處及四善根五停非正觀
法故苦法忍去者世第一後有十六剎那第
一心去即名眞實偏圓五味者五味不出偏

圓偏圓不出四教言今正是等者當證信時
已獲記故引諸衆生下云云者具如玄文七
二諦中委約五味以明教意出其相狀次約
觀中云若異等者以依今經成觀法故若不
依中道慧命觀行故名破十戒僧不解究竟
波羅蜜相一心十戒詮量之律名愚癡僧五
品六根名慙愧僧初住已去名眞實僧亦合
注云云歷前二諦十戒等及約四教偏作觀
相二明數中直爾舉數即是因緣亦可於中
義立四悉數異世界也聞數生善即爲人也
破惡入眞準例可見不論約教者教別數同
故無異釋若隨數生解即是教殊問凡諸列
衆及得道者何故其數必全無欶耶答大論
釋大數五千分中云若過若減皆存大數本
迹中云本是等者問凡言迹者皆先有本豈
萬二千元皆是大權若爾則唯有能引而無
所引答理實如然但欲均用四義故云皆有
然本不同事須分別若已入圓位能引之人
成於發起影響二衆灼然本是菩薩降斯已
外曾發大心亦名菩薩元住小者則是大經

未曾發心尚名菩薩此中具有退大應化及
元住小退大住小得記之後並堪爲同聞問
三周授記人數不多其不在會令爲轉說此
等又非同聞衆限何故此中云萬二千答三
周之中正數雖少如舍利弗得記之時四衆
八部即其流也故三周中亦有應化與實行
者同時得記故論中云退大應化二種與記
即其意也如菩薩衆但列八萬分別功德記
數蓋多故知大小二衆列同聞衆不可望得
記者也約觀中界入一一各十界者正當妙
境諸文但寄能觀觀耳山城雖約陰爲所觀
亦未結成不思議境又將數入理數即成境
境觀相對俱名法門又境據假邊且存其數
空中尚無其數安有然必約假以立空中觀
亦如是明位中亦從初說猶名羅漢準後皆
成大菩薩也即約教中圓位人也於中先翻
名者義當因緣次攬因緣以成初教初因緣
中初明有翻中阿跋經能所雙標應謂能應
之智眞即所應之理以智應理之人故云應
眞次瑞應經雖似雙標意指能證眞是所證

證眞之人故曰眞人三義如後釋次無翻中三初從果釋或言下從因三若論下判名所從初云後世田者世秖是有具如止觀第六記九十八使者八十八上加十思惟若作四悉者初明有翻即世界也於無翻中通因是爲人所從是對治從果是第一義約教中言不賊者猶從二乘得名故也若於圓別尚名爲賊是故須殺不生於生者取無爲證生於界外不生是生故不令生供彼所應名爲供應如阿含中佛至阿蘭若語比丘等具如上觀第四記復應更分前之兩教能殺法異後之二教不賊亦殊皆歎初地初住德者前有翻家以三爲名次無翻家以三爲義義即是德故約教中以三爲德若準入位不定具足應云地住已上降佛已還即約別圓歎本據後次約本迹中二重初約小三義次約大三德前寄迹名以申本迹次約本名以通至迹欲明名通義別故也若約體用釋者前釋從用以明體後釋從體以立用又前釋三義以通昔後釋三德而唯今若久遠本迹四俱是

迹今兼二重是故大小俱立本名義勢無盡故注云云所以本是平等大慧無破不破方能示迹諸教不生本證解脫無賊不賊方能示迹諸味殺賊本得法身非應不應方能示迹爲應供耳觀心中先直以三德對三觀釋以三德是境義可通觀次歷觀以對釋名中三義故一一觀皆具殺賊等三前本迹中則先對釋名次對三德今先對德次對三名於中先空次中中又二先釋三義次引經證以指供養歎名字觀行位人功德深也引方等文具如止觀第二記下文云等者法師品云佛告藥王若有惡人以不善心毀呰在家出家讀誦法華經者其罪甚重具如下文八風者利衰毀譽稱譏苦樂四違四順佛尚久離無明違順況人間耶失好時者若生憂苦失道合時大損下云云者所以引方等及此經者此二即是名字觀行不生等故乃至一切觀行之文皆應引之但於此中觀行位便故此中引法華論等者彼論乃約一十六句俱有三門一上上起門以後釋前故二總別門

以皆是阿羅漢一句名總下諸句釋上故下名別今先準論用總別門不用論文諸句但依妙經五句以釋仍合五句以爲三德三攝取事門論中具列一十六句以釋對事論文但是將十六句以釋五句不云經闕故十六句今文不用從初別故是故總約音教歎也三漏者一欲漏謂欲界一切煩惱除無明二有漏謂上兩界一切煩惱除無明三無明漏謂三界無明引二論一律者成論約失利義通因果律專在因毗曇唯果以失利故因果俱失良由下重釋三失明失所以初釋失利由於業因即成論意也次造諸下釋因招果即生死苦因即律文果即毗曇次亡身下重釋三句由上三過失於三德墮生死故亡法身造業故失慧命失道故喪重寶意云經中諸漏一句即是煩惱失道等三相由而有同名漏故所以引之漏相如何故於此下廣辨見思下諸句下皆破古人以釋三德不當亦應可見煩惱下釋次句初句約因果相對此句一向在因使等者使即九十八也通爲能

使墮落生死以爲所使流即四流謂欲有見無明扼名同流纏即十纏俱舍云纏八無慚愧嫉慳并悔眠及掉舉昏沉或十加忿覆蓋謂五蓋逮得者逮及也正爲除惑故功德云及言智斷功德者由前殺賊成斷功德斷必具智功成己利由己利故故堪應供次盡諸有結等者舉因果俱除明心得自在羅漢但應結盡等者有盡者非今所歎故云但是因中說果有謂報在二十五有生處盡在不久者縱如迦葉待後佛出亦不名久若羅漢皆以邊際定力持此報身入變易者佛身何故入涅槃耶若言佛身權示彼教何文云權示耶一切羅漢若至法華無不迴心何故除四大羅漢十六羅漢餘皆入滅肉身菩薩得無生者應皆不滅心自在句釋於上句二脫必漏盡因盡必果亡慧脫雖退此生必得俱解脫人必有慧故故云具足故以煩惱爲賊生死爲生所以古人不了斯旨故致謬也故知句五德三法秪是一依論總別釋竟次若依論用上上起門者論意以初句釋羅漢句竟

乃至以第五句釋第四句餘不復釋準此乃以下下展轉釋上故得名爲上上起門是則五句望羅漢句亦成總別及上上起本迹中初明五句是本三德次迹示下指二乘五句三德是迹初還依古爲不生德故本住祕藏示羅漢三德涅槃是總以對不生即初二句煩惱字是煩惱盡句漏流字是諸漏盡句不復下釋上二句明離二邊即本不生法身下釋本已利上二句雖總舉涅槃今明涅槃是己之利故須別述此中二句上句明修下句明性修性相對智斷對法身修三德也實相兩字性法身也功德兩字性二德也本利修性具足示具二乘三德得王下明本迹四五二句亦依古師爲殺賊德破有即第四句我性即第五句由煩惱賊破故也王三昧者玄文釋二十五三昧各具四義一諸有過患二本法功德三結行成四慈悲破有本地功德久已成就本三德也過患即是賊等三也本三具足即結行成本時應供是破有也今却用古義者以無大失故也故知已盡亦是不

生盡結義通殺賊八自在我亦名八神變具如止觀記及釋籤中約觀心中亦具五句初是初德二句能觀下次德一句正觀下第三德二句雖有煩惱等者重釋第三德中二句也初釋初句不斷下釋次句如無煩惱結盡也而入涅槃自在也約名字觀行俱得名爲如無煩惱入涅槃也列名中初總爲五初現數次立名意三證立意四消釋意五用義意引證中多引阿含者如增一中列四衆名各有偏好以引同類一一四釋下云云者即因緣等四不復更列然諸聖因緣多寄初教以是感應之始故也故諸聖初因並在外道爲破外故在釋種中爲調伏故爲導爲主而將引之是故具明入胎立行眷屬師友若逆若順能化所化縱有始終計不轉者亦爲後來得破之由顯諸聖者迹不徒設一一無非感應故也故四悉義一一應知故彼增一比丘中列百人有立齋建福有營建房舍有能調伏外道有善供給疾病有遊行教化有息事端拱有好著好衣有弊壞無恥有食無厭足

有語言蠡獱尼中列五十人如拘曇彌尼頭陀苦行耶輸陀羅降伏外道俗中二衆亦各有偏好但諸聖因緣今文則略大論具存事迹雖別皆是大權陳如中初是世界願去爲人行去對治太子去第一義此第一義仍在昔教但以教簡進否無在隨事轉釋令順四悉下云皆然其先事火者雖事火者多非初得道火不成德故初得道得照燒名破暗因滅物滅果亡初雖未亡後必亡故如人墮巖無知乃是知無者梵音倒耳所知之無即眞諦也故引二諦中眞也次引二經一論者本際秖是所知眞諦願者出因果經即佛爲菩薩時本願先度次又迦葉下即是已願夫巨夜下爲陳如興類也生死如世夜日出故今覺日光者諸大羅漢及諸菩薩故明星日光並破己身之大暗也入山學道等者中含五十六羅摩經云佛在鹿母堂告諸比丘有二種求一者聖求二非聖求聖求者安隱涅槃我爲童子時年始十九往阿羅羅迦摩羅所問言依汝法行梵行可不答言無不可云何此法自知證仙言我度識處得無所有處即往遠離處修證得已更往仙所述已所得仙問汝已證無所有處耶我之所得汝亦得耶即共領衆又自念此法不趣智慧不趣涅槃寧可更求安隱處耶是故更往鬱陀羅羅摩子所云我欲於汝法中學彼答無不可問曰知自證耶答我度無所有處得非想定我久證得便修得之乃至領衆等復念言此法不至涅槃即往象頭山鞞羅梵志村尼連禪河邊誓不起即得無上安隱涅槃道品成就四智具足次念誰應先度念已寧可先度二仙空中云二仙已終經於七日我亦自知念曰應度鬱陀羅羅摩子天又告言終來二七我亦自知因復念曰昔五人侍我勞苦念已觀於五人在波羅奈念已便往五人遥見自相約勑沙門多求好食粳糧及麵酥蜜麻油塗身今復來至汝等但坐預留一座莫請令坐及至到已語曰卿欲坐者便坐五人破制於中求水者敷座者坐已先教二人三人持食來六人共噉次教三人二人持食來六人共噉而便語之有二種行一著五欲二著苦行離此二邊是名中道次爲五人說譬喻次爲說四諦五人得無漏多論說佛爲三二人說法去住不等者由三是父親二是母親欲彰乞食事辦故也及知說法不空準婆沙中日初分爲二人則六人共食日後分爲三人則五人共食以佛性離非時食故爾時未爲弟子制非時食經三月教化或云四月餘如論文云三父親者謂馬星摩男拘利餘是母親初見佛道相等者初見在陳如爲後人前相應云佛如鼓機緣如椎法輪如聲初聞者五人俱初陳如初悟故云初聞香道品也昔機如身法輪如香初悟名服甘露滅理也法流即初果登眞即見諦分別功德論云佛最長子即陳如也最小子者即須跋也今未受化是故不論約教中應辨教殊但明觀異從觀判教理易分故故委以觀而分別之況萬二千陳如居首無生乃是諸觀之宗欲令聞名識行例人知心故大師歎古章疏云恨不見其面但恨不見其人今見其文則見其心矣

令如是等雖不見人乃見其智初三藏教人不了像虛故肘阿含盲爲譬也初總立譬境智次頭等下譬境因果如六分和合成身如和合成業業託父母如形對像生像必不實由謂實故令後陰起盲如無生智不見如不取三若開眼下明生不生於中初由取因故果生次若閉眼下喻不取因故果不生鏡是助因得果復由執心緣之方助於因而生於果下文準此於中二先總次別初總標不生次不見下總列因果不生次故阿含下別中三科爲二初觀陰次入界初觀陰中二先明陰生爲境次若能下無生觀智初又三法喻合法中義帶總別二境謂因計色淨餘四皆淨樂等亦爾是則五陰皆淨常等即總境也此中想行應云乃至受識應云乃至想行文且一往次觀中三初正明用觀次既知下明觀成破惑三如是下準因破果初文又三法喻合應知鏡譬若不對盲本在行門亦可通用具如止觀第五記初法中二釋結釋二先別次又能下總悉皆無常等知色中少無我

字是爲下結如盲下譬是爲下合次既知下明觀成破見此中即破二十身見次如是下準因破果中有法喻合次觀入界中先雙標入界次正釋釋中先更寄此便明因緣故知前陰即念處觀屬四諦也於中亦先大海以喻境生次云何下以苦種喻觀不生初境中先約入次以界例初約入中先約眼色二入廣明次耳鼻下舉十入例初約眼色中具列十二因緣初無明中喻文在阿含中五舵者手足及頭例中少五塵次觀中二初入次以界例入中二先明眼色次以十入例初眼色中三初略明不生次云何苦下反以生釋三若知下正明用觀初略觀中乃以臭種用喻因緣既以貪恚念欲爲苦種牙即無明又以取塵善惡爲臭汁蠅蛆是行此二不生故十不生阿若最初下結如文通教觀中以境即故不先立境亦先陰次入界陰中亦先總次又觀下別總謂總以鏡像喻五別謂五喻各別譬五並先喻次合初總中先約色陰次以四例亦如於巾求兔叵得人之與鏡皆云幻

者因緣各從因緣生故實因實緣和合所生尚自如幻況幻因緣所生非幻如巾如藥於兔名實兔於巾藥名之爲幻鏡像亦然況今先見因緣如幻像非幻耶細推具如止觀第五今且略辨令知觀別故不廣論今亦具有二空次觀根塵下觀界入亦更寄界入以明因緣故云無明等於中又二先推根塵無明次煩惱下推三世即十一支各有喻合初喻中云根塵聚落者文在大經二十一復以機關釋成根塵和合義也經云譬如有王以四毒蛇盛之一篋令人養飴瞻視卧起若令一蛇生嗔恚者我當準法戮之都市其人聞已捨篋逃走王時復遣五旃陀羅拔刀隨之密遣一人詐爲親友而語之言汝可來還其人不信投一聚落都不見人求物不得即便坐地聞空中聲今夜當有六大賊來其人惶怖復捨之去乃至路值一河截流而去云云合云蚖若害人不墮惡道無三學力必爲五陰旃陀羅害若不識愛爲詐親誑觀於六人猶如空聚群賊住於六塵六入欲捨復治煩惱駛

流應以進品船栰運手動足過分段河十住未免唯佛究竟經文本喻三乘始終今喻通教聲聞觀法言機關者機謂機微可發之義關謂關節假人而動故凡結身口皆由意動而成作業既云聚空即本空也言云云者界文乃略具足如前三藏教明一往且然若委修觀非此可了次別觀中亦先喻境智若欲下起行也初中先立境智次青下明境體量三皆於下結意初立中先境次觀境中初云鏡喻法界者通以迷悟事理始末自他同依一法界也眞如在迷能生九界即指果佛爲佛法界故總云十是故別人覆理無明爲九界因故下文中自行化他皆須斷九九盡方名緣了具足足故正因方乃究顯次體量者此中但以青等八法喻十界者或離或合隨便爲言故合二乘及以人天復略脩羅仍開菩薩亦可初地爲佛法界諸文開合隨義準知又青黃等別人初心與藏不別故得借用正法念喻但加長短等耳言皆於鏡中者不出法界法界不出迷悟迷悟不出於心次起

行又五先示自行化他分齊以別教中無性德九故自他斷別修緣了而嚴本有常住法身次依於下依境起行亦指但理爲九界覆而爲所依法界秖是法性復是迷悟所依於中亦應云從無住本立一切法無明覆理能覆所覆俱名無住但即不即異而分教殊今背迷成悟專緣理性而破九界三次第下明因滅四若無下明果滅五生亦下總結因果雙明不生即界內外二生不生俱不生也化物橫辨文闕不論次圖觀者先喻次合喻中言觀鏡者一法界也團圓者理境智也觀即是智團圓是境次不觀下明觀相背即無明面即智明鏡十界因形十界緣像十界果又鏡明性十界像皆脩十界故形像脩性皆具十界並不出於法性理鏡見明形像脩性本如鏡內外一離於三教分別情想總以不二無分別智依理通泯心境明暗故云不觀觀境不殊理無明暗故云非背等約脩得說故云不取等次但觀下結意中但是總略出其觀相不謀而照但觀團圓無始終故故無際

畔本有故無始常住故無終明暗如前無一異者雙非像無像也不取下合也初不取者泯前十界善惡六界也以六對小故云邪正以菩薩佛用對於小故云大小一切並泯故皆云無不復分別若性若脩但緣下泯前心境以法性實相即是三諦三觀一切佛法之大都若泯若照無非法性法性之體離泯照故全泯照是觀煩惱下明觀體秖觀三道生即苦道三道即是三德於中初總明立觀從陰入界即法身去教用觀法本觀理是不觀染除染體自虛本虛名滅故妙體滅不立除名障體即德不待轉除故云生即無生次解脫即業等結成無生次是三下複躡總結次況變易等者以重況輕界內重障尚即妙德況界外輕耶今仍約底下三道若具論者應約諸三法也此中圓觀不同藏別先境次觀者若法若喻皆不二故語雖似通觀境別故所以釋陳如中教相約觀其義廣者以最初故若聞阿字解一切義下去諸聖雖隨事別論其觀行不出無生如頭陀抖擻乃至密行

亦何出於智斷無生故下去文準此可知言云云者應具須十乘十境及方便等全指止觀一部文也故止觀破徧中亦以無生爲首故今略示大綱若於阿若權實始終不迷欲以圓觀消今經中五佛三周本迹流通無非無生之大體也則能兼識一代觀境故於名下略指方隅秖如世人爲子立號尚有所表况諸聖者豈應徒然若不然者則唐設無生之名永無無生之旨大小混濫權實杳冥此一旣然餘例準此本迹中初約五味正示本迹此中阿字顯徧八教次衆生下勸物思齊則五時功畢次非本下明不思議體用功畢故下文下引開迹證種種之言亦不出五時八教又隨本長短凡經幾度爲五時八教示不生來引阿含者引迹證本寄迹中本迹示其尊卑本地高下非此可悉故雜含三十一佛在舍衛夜晴天小雨時告阿難言汝以蓋覆燈隨佛後行阿難受教至一處世尊微笑阿難白佛佛言非無因緣汝今持蓋隨我而行我見梵王持蓋燈隨陳如後帝釋持蓋燈隨迦葉後乃至毗沙門天王持蓋燈隨劫賓那後所以偏於通序中如是乃至諸聖弟子具四釋者以如是通指一部我聞能聞一部時處教主必無異途咸是斯經之大略况諸弟子在大在小若顯若晦爲主爲伴示訥示辯有屈有申厭外欣内背大向小引小入大會偏歸圓自因之果皆爲衆生作種熟脱去來今益所歷旣多時處不一良由機緣生熟未等今旣咸會以昔望今令成今教人法俱美故用四釋令了機應從外至内後入法華本迹兩門先後悟入皆藉引導影響發起隨聞一句若人若法皆成化儀悉可爲觀故於一人徧須衆釋況令後代聞名起行稟教識體思迹觀本尋其因緣廣照始末若得此意於一人所於經一句可以爲上求境可以識下化機可以曉聖者化儀可以了凡衆稟益可以達名義同異可以知行等理殊可以知隨聞成觀可以解迹本人法可以信化事長遠可以仰聖恩難報可以知衆生難化可以知會理至難他不見者謂爲繁務況得今意凡聞諸經一法一事一人一行則解十方三世佛事唯除淨土餘塵施化況復亦以比丘思之故知諸土諸佛用教現身雖復不同然思修之門其理無別

法華文句記卷第一下

法華文句記卷第一下

校勘記

一　底本，明永樂北藏本。

一　二八三頁上一行書名、卷次，二行述者，[南]無(未换卷)。

一　二八五頁上一行第六字「責」，[徑]作「責」，七行第九字同。

一　二八七頁上一〇行末字「上」，[南]、[清]作「止」。

一　二八八頁下末行第一〇字「壞」，[徑]作「外」。

一　二八九頁上一一行末字「本」，[南]作「也」。

一　二九一頁上六行第二字「乃」，[南]作「仍」。

一　二九一頁上一九行第一〇字「耳」，[南]作「是」。

法華文句記卷第二上　晉四

唐　天　台　沙　門　湛　然　述

迦葉緣起傳中最廣豈可具書迦葉是姓故云氏也負圖者如此方河圖十二遊經云佛成道第三年始度五人第四年化大迦葉及三兄弟第五年化目連身子聚落多人所居但勝人當名畏勝王者民物不合勝王耳三捨者捨此已下是也後時佛語等者增一云佛在迦蘭陀與五百比丘俱時迦葉乞食前至佛所却坐一面佛言汝年老長大志衰根弊可捨乞食及十二頭陀亦可受請并受長衣迦葉曰我不從佛教若如來不成佛我作辟支佛辟支佛法盡壽行蘭若行佛言善哉善哉多所饒益若迦葉行頭行在世者我法久住增益人天三惡道減成三乘道十住婆沙十二頭陀一一各具十種功德廣在第十四卷十二頭陀品中增一四十六在增十一文中樹下露坐合之爲一故知法相不可一準大論四十九說無生忍爲十二頭陀屬通非藏故今約教極在涅槃有無同異具如止觀第四記四神三昧者四神足定也由四神足有此四用無形者能隱没故無量意者知他心故清淨積者能變穢故不退者能入惡故言四定者此是必定定得諸禪及以無漏能善簡擇戒法具足由是諸事得無退轉文陀竭王者頂生王也天人咸等者增一云迦葉聞天人稱爲佛師起鳴佛足云佛是我師我是弟子又迦葉下如別譯阿含第二十云佛在迦蘭陀迦葉共阿難入城乞食阿難云日時未至且往比丘尼精舍迦葉如言諸尼遥見來歡喜敷坐具竟迦葉即爲尼說法時偷羅難陀心不甘樂即私云長老迦葉在阿難前說法如販針兒至針師門求欲賣針終不可售迦葉亦爾在阿難前而說於法迦葉天耳遥聞語阿難言何足可怪迦葉於比丘尼前作師子吼從座而起即還所止今文從迦葉語尼言去文即迦葉師子吼文也又別譯阿含乞食法從家至家不足便止有云至七家不足便止四大弟子者迦葉賓頭盧羅云軍屠鉢漢文列七大若并本族大及諸天戀慕爲慈悲大合爲九大若以此爲四悉者姓及捨受即世界三行大即爲人聞名觀行皆生善故第四印可即是對治以佛印可息疑怪故位與慈悲即第一義見理入位故集法持法並入位之功集法中引肇公者明集法功多又文中位大者不獨論無學位也以德高望重所掌職大云云者因緣縱多並爲四悉攝盡次約教中先約事境次且約下乃約諦觀以分教別事境中云離五怖者王賊水火惡子二是衣等者從初次第以數對之但文中闕次第乞下之三教並以初事爲境說者須委解十二頭陀各作八十八使三十七品等頭陀既爾況餘劣行忝預道流聞此勝法而不自省心行耶相似相續者念念生滅迷謂相續凡夫不了妄謂爲常三受俱苦適意之受其實苦也動非自在動故無我通教者事境指前但約行相以辨諦觀亦應可見別教法身爲所依者期心法身修二德故文後云云者不委明橫竪位位料擻別位橫竪自他門戶不可卒備故也圓教既云住處

即二驗知即是本有三德修得亦然一即一切等者不出三德一即一切行衣也一切即一慧食也非一非一切身處也云云者未明行相且對頭陀約本迹中云捨法愛者既云與如來同得即捨眞似兩愛也乃至隨在何地地地離愛故論文本本地三德迹示五味頭陀事中衣等凡釋本迹大旨如前明數中辨觀下云云者亦不暇具述諸觀次第圓頭陀者正當不生不生之三德也故下三人復對三德其理宛同剎者應云剎摩此云田即一佛所王土也今名剎柱者表田域故故諸經中多云表剎若欲明四悉者初是世界族姓住處不同故毗婆尸下爲人也共立剎柱以爲善因佛作下是對治見佛即能除惡故也佛即語云下第一義能於小乘見眞理故

佛作十神變者文中一往且列十事然律論文不專此十又文中雖列事未委悉增一瑞應廣明其事今略出之使文可見增一云佛入迦葉窟毒龍放火等佛收毒龍住於盔內至迦葉所迦葉請住三月供養時至請食佛言前去便往閻浮樹取閻浮果乃至云沙門雖神不如我道眞次往東弗婆提取毗梨勒果次往瞿耶尼取呵梨勒果次往欝單越取自然粳糧皆如前云沙門等又於閻浮提取呵摩勒果欲作大祀五百弟子欲破薪斧舉不下迦葉問佛佛言欲得下耶斧即下下又不舉如前欲然火火不然欲滅火火不滅如前迦葉念欲大祀必有諸王貴人來瞿曇端正若人見者令我失利若明日不來我則大幸佛知已且往北方取粳糧瞿耶尼取乳汁往阿耨池食暮還石窟中迦葉問昨何不來佛言我知汝心故不來具爲說前事又因四天王來聽法夜有光明明日問佛佛具爲說次帝釋梵王來亦爾迦葉問能令我祖父來聽法不佛便令來云云恒水卒長迦葉恐佛爲水所溺使弟子往看水不沒足在水上行如前佛言汝是盲人目無所覩如是神變固云道眞佛云汝能水上行不令方共水上行云云汝若不捨邪見令汝長劫受苦聞已頭面禮佛求悔乃告弟子各隨所宜我師世尊語弟子言我見降龍時已有心歸佛乃至五百弟子皆聞善來得成沙門果並以術具投之於水隨流而下二弟復有五百弟子見火具下云云亦皆善來以成沙門佛欲至迦毗羅衛問佛何以至彼佛言一切諸佛俱有五事一轉法輪二爲父說法三爲母說法四當導凡夫立菩薩行五授菩薩記是以至彼爲父說法父王因令千釋出家以自圍繞約教者亦應具列四教解三人行德而列五味者味攝教故約本迹中以三人對三德者圓德必一人具三但一人偏從所表一德爲名餅是共表體同性一故也觀中亦爾初得中道次遮邊倒後照邊諦故知三德即不思議圓無生也釋舍利子引生經等亦具四悉初是世界以明宿世及胎中故難陀下生善以令國人生信及見頞鞞能生善故調達下對治能治調達及度差故中含下第一義歎與佛等故昔者等者彼經五卷出第一卷今更略出令文可見彼釋著我所中云昔無數劫甥舅俱爲官御織師見藏中好物便生貪心即共議云吾等織作勤苦

具知藏物好醜寧可共取用解貧乏後人定
開盜得無貲監覺白王(如疏下文)後時復來甥語
舅言舅年衰弱恐爲守者所得令從地窟却
入如他人見我力强壯便能濟舅果如甥言
甥知不濟恐明人識輒截頭留身而去王令
棄屍(如疏)王令微伺伺之不容甥因教童兒執
火舞戲猥鬧投火伺者不覺(如疏)王復出女嚴
飾璣珠安置房舍於大水邊(如疏)王先教女(如疏)
女執其衣其曰用執衣爲汝執我手其甥凶
黠先備死人(如疏)王曰如此方便無雙當奈之
何女妊娠十月生男端正使乳母抱周徧國
界令有鳴者捉之終日不獲甥爲餅師住爐
下小兒啼哭餅師與餅而鳴乳母白王王云
何不縛來乳母曰兒飢餅師與餅不意是賊
王又令如近兒者捉來甥又沽醇酒喚乳母
及伺者飲伺者大醉盜兒而去(如疏)前後各二
百五十騎甥在中央不下王因往入騎中捉
之云汝是前盜不前後捉汝何不得耶稽首
答曰乞此餘命王曰卿聰黠天下無雙隨卿
所願(如疏)兼則相不祥者在道以相則之所則

之相凡屬己者皆悉不祥師事沙然梵志等
者增一云舍利子與目連二人求道無尅乃
問師師云我自歷年求道無尅爲道無耶他
日師疾舍利弗在頭目連在脚命欲終時乃
笑二人俱問笑意(如疏)二人筆受(如疏)由是發誓
若得甘露必與共嘗中含第二至寧可盡者
彼七車喻經云舍利子見滿慈子(如疏)彼第二
七法品中廣述緣起言生處安居者經云生
地即本生處也生處諸比丘白佛稱說滿慈
子等(如疏)白皙(音析)光悅也若析音美色也二義
俱通戒淨等者準淨名疏云戒淨者正語業
命心淨者正精進念定見淨者正見正思惟
斷疑淨者是見道知道非道淨者亦名分別
淨道迹知見淨者亦名行淨此二是脩道道
迹智斷淨亦名涅槃淨即無學道至約教中
方分教別後二須用同體見思此以有餘稱
無餘者七淨始從事戒終至智斷皆是有餘
報終入滅方證無餘七淨乃是無餘之門若
即以七淨爲無餘者故知乃以有餘稱無餘
耳無餘必假七淨方至故云離七亦無拘薩

羅者舍衛婆羅帝者地名未知里數作師子
吼者雜含舍利子師子吼經中佛說一句義
三問身子三不能答佛少開已入於静室舍
利子集諸比丘語言佛未示我事端即不能
答我於七日七夜演其法而不能窮佛命目
連往祇洹喚身子等者佛在阿耨達泉五百
比丘俱阿難侍佛坐金蓮華七寶爲莖五百
皆集時龍王云此衆空缺不見舍利弗願佛
遣一比丘喚時舍利弗在祇洹補故衣(五納衹是)
(雜色)舍利弗曰汝先去至彼我即來目連云汝
神力可勝我耶乃令前去目連曰若不時去
吾捉汝臂將向彼泉舍利弗言目連試弄我
舍利弗即解衣帶著地語目連言汝能舉此
衣帶不然後捉吾臂將去於時目連念舍利
弗輕弄於我目連曰此必有意事不徒然中
手取帶不動一毫盡其神力亦不能動舍利
弗取帶繫閻浮樹枝令舉時閻浮提地一切
皆動舍利弗言目連尚能動閻浮提地何況
此帶今當繫餘天下乃至三天下皆能動之
如動輕衣次繫須彌山小千中千大千皆能

動之是時天地大動唯佛座及阿耨達池不動龍王問佛何故地動佛答[illegible]如龍王曰誰神力勝佛言舍利弗勝龍王曰前何故云目連神通第一佛言目連能住一劫舍利弗住多劫他云邊際定者秖此定耳舍利弗入三昧目連不知名舍利弗復作是念目連動於大地蠕動死者無數我躬聞佛說如來座者不可移動今以此帶繫之目連復舉所以不動今云他方佛座脚小異耳目連自念不於神力有退乎欲往佛所而問其事目連捨至世尊所遥見舍利弗在佛前坐又念佛弟子中我神力第一然今不如舍利弗耶便往問佛將無不失神力耶我前發今在後到佛言汝神力不退但舍利弗所入汝不識耳龍王聞此甚大歡喜諸比丘私論佛弟子中目連神力第一今不如舍利弗便於目連起輕薄心佛告目連汝現神力目連禮佛即於佛前往東方七恒沙界佛名奇光往盋緣上行彼衆見謂蟲示彼佛彼佛云西方七恒沙界云云彼佛令現神力莫令諸比丘起輕想乃至令盋

囊盛五百等者梵王一足蹋梵天一足蹋須彌說偈聲滿祇園諸比丘聞不知所在問佛佛言在彼界云云諸比丘白佛令目連歸云云彼比丘欲來佛令將來佛爲說六界法令還目連送歸云云如般若中說者彼經富樓那說破菩提見故是通意諸賢聖自說已法等者此中釋通教因引般若共菩薩行必破菩提法輪等見方名菩薩故引諸大乘經中凡諸菩薩自說已證皆爲利生或對佛述解非如凡夫自謂己見而稱己能故云妄有所說釋目連中吉占等者父名吉占其父初生時相者占之言吉因以爲名目伽略兮度五字並是西音故論第十釋如來語客中引目連舜聲彼佛告云目伽路子度何故來此目連乃答言等乃是彼佛稱此五字而命目連即是二土音輕重耳文中路字者誤作略字子字誤作兮字同名者多者如中含三十五云有算數目連善知算法彼經佛在舍衛鹿母堂算數目連中後彷徉至佛所問訊却坐白佛願有所問佛言恣汝所問乃至云我以算法存

命歸佛出家存本俗業故云也瞿曇善知法相目連不一故別標大見貴與取重文語從異其義一也皆以德行重之耳舍利弗才高而智明目揵連族豪而神爽爽亦明也藝謂六藝略如釋籤然西方智藝有殊此土以有得禪者故四章陀所攝甚廣此中因緣亦具四悉初是世界釋論去爲人外道下對治涅槃下第一義左面弟子者所以以身子目連爲轉法輪左右弟子者通因定生即定慧一雙以此二法爲一切法之根本亦是福慧一雙悲多現通亦是悲智一雙成破法輪準此可知巘峨者傾側貌也有作距跋有作岠峨並不見所出準文選江海賦云陽侯砐硪以岸起砐字五合切今作巘者扇動意耳難陀等者增一二十八云佛在給孤獨園帝釋白佛如來在世應行五事母在三十三天須行說法佛默然受云云於是便往云云龍嗔放火大風閻浮提洞然阿難白佛云何有此大煙火耶佛具答迦葉那律等各起白佛欲降此龍佛皆言此龍力暴難可化度卿可安坐目連

白佛佛亦止之又問汝云何降荅言先以極大身恐怯次以極小身鑚齧然後以常身降之佛言善哉汝能堪任佛復誡言固心勿亂恐爲所燒目連禮佛足至山上現十四頭繞山十四帀龍見恐怖自相謂言我今試降爲勝我不二龍即以尾擲大海水不至忉利目連以尾擲水水至梵宮并灑二龍二龍知劣極大嗔恚雷電霹靂放大火焰目連自念夫龍鬪者皆以煙火霹靂設我亦爾閻浮忉利悉皆被害乃化爲小形云云二龍伏退念言四生龍中無出家者此龍威力乃爾身毛皆竪尊者知龍心伏乃復常身於龍眼睫上行二龍於是始知非龍歎曰甚奇甚奇白目連曰何爲相惱何所誡耶目連曰汝昨有念云此禿沙門恒飛我上耶龍曰如是目連曰須彌山者是諸天路非汝居處龍曰願恕其過從今已去願爲弟子目連曰汝莫歸我歸我所歸龍曰我歸如來目連將二龍至舍衛目連曰世尊今爲無量大衆說法莫作汝形龍曰如是乃作端正人佛爲說法爲優婆塞時波斯匿王來問煙火事云云佛具荅云云王見二龍不起二龍嗔復念國中人民於我無惡云云二龍便於匿王宮上現大霹靂等尊者變爲優曇華龍嗔復雨大山復變爲餅食龍倍嗔而雨刀劒復變爲好衣龍更嗔復變爲七寶匿王不知便云閻浮有德不過於我宮內常有如是等物當作輪王乎龍又自念何無勢力一至如斯念已始復知是目連之力見已便去王得七寶飯等不敢自受將至佛所以事白佛佛令供養目連王得目連力王問何故爾耶佛具荅王方知云云調達引五百等者增一四十七云佛在拘留園時提婆達兜三白佛欲出家佛再不許便作是言此沙門懷嫉妬心我今宜自剃頭脩梵行何用是沙門爲有一比丘名脩陀頭陀乞食達兜往彼頭面禮足願教威儀比丘便教次從學通此比丘教云當知心意識輕重知已復知四大輕重知已當修自在三昧次修勇猛三昧次修心意三昧次修自識三昧如是不久便得神足依言修習名稱遠聞至三十三天採優盋羅華上太子膝上云云廣受供養欲破僧行舍羅等具如止觀第一記時舍利弗目連自相謂曰試共往彼聽說何等彼見歡喜謂來歸之一切諸人咸有此念語舍利弗汝能爲諸比丘說法不我今背痛便累足而卧舍利弗爲說法已目連將諸比丘去云云後因造逆云云爲火所燒遂入阿鼻阿難問佛當生何處佛荅云云雜含二十九等者彼文甚廣又增一四十四亦云佛在給孤獨阿難問佛如毗婆尸佛弟子幾時生瑕穢佛言初八萬四千年後八十七六三二十至十二次第對七佛帝釋與修羅戰具如止觀第五記佛梵聲深遠如止觀第一記佛求侍者如止觀第六記約教中十四變化者具如釋籤故以十四變化釋四禪耳此乃一切羅漢並得次觀等四俱解脫人方乃具之以具觀禪必得滅受想定次十一切欲令神通廣普故耳練熏修如止觀第九及法界次第中十一切具如法界次第事禪具如玄文及次第禪門十八變如止觀第十記又有人云十八變者謂震動等今爲頌

曰震動及熾然流布與示現轉變及來往卷
舒衆像身往同趣隱顯自在并制他施辨與
憶念施安及放光又有人云身上出火等依
空起慧者空即諦境依境生智通屬智性故
云以空慧心次第等者三諦功用通名神通
初地已去别名感應三諦次第故云深入獨
菩薩法故且云過於二乘其實超於兩教三
乘言不以二相等者不二即實相見土即神
通依理而見故云不二相見也言云云者令
分別之前二修得後二發得藏依事禪通依
真理别地前助圓任運發前二名通名化後
二名寄名應前二調伏物後二見物機前二
可破壞後二不可壞前二在教道後二在證
通前二身通唯現在後二通三世前二聖位
方修通後二凡位俱修通前二隨依皆可修
後二必須有勝依願得通應在前文因緣釋
中然亦可以四願表教今文中初教從事通
教從真後二在理故從容在此言云云者更
有多緣皆在願得亦有不願任緣得者即如
那律箭挑燈緣引令入極云云者分別五味

如前觀心中欻有等者三觀意也實相是中
境無有無心契中境故云通至次釋旃延中
初因緣具四悉者初是世界增一去爲人與
外道論對治及第一義斷見及世典各有破
邪及得道故也言文飾者善讚詠故言扇繩
者若作肩乘二字並誤以其生時父已去世
此兒礙母不得再嫁如扇繫繩亦可言好肩
好肩胛故言思勝者思是慧數論義功强得
思勝名所引長含十重問答者借彼迦葉童
女比丘破弊宿文以之爲例計斷者計死後
神滅故以不滅爲難若計常者反增其計故
應别以念念不住破之第一重中言今之日
月等者初反質荅者如今日月爲自立耶爲
爲他耶若爲他者爲天爲人秖緣天人他故
故有明日若無他世應唯今日若無明日亦
無昨日以今日即是昨之明日言析薪者具
緣有火如有神緣謝無火如無神豈析無神
之身而能見神如析闕緣之本而欲見火者
遠矣言貝聲者人身是色爲眼所見神則非
色云何可見如貝可見聲不可見若欲於可見

中求不可見者須更具緣緣既闕已更反轉
求終無得理神亦如是緣具在身緣闕神去
至第八番無理可難但云執久拒而固違第
九荅中兩商人者正邪二見鬼如汝師汝師
雖僻亦假稱智故詐爲人像說邪干正以邪
涅槃而云安樂故云前路豐求草也舊求草
者世正見也新求草者出世正見人是能乘
行者牛是所乘之智信邪師鬼言如汝棄舊
尚失人天況復涅槃故云人牛皆死爲邪所
噉壞世出世故云皆噉次一商者世正見人
得出世正見方棄人天有漏諸法我說正見
汝何不棄辭理既窮固拒亦息又世典者增
一第八云佛在釋翅尼拘留園與五百人俱
集普義堂時世典婆羅門往釋種所作如是
言諸君頗有人能與我論不諸釋言此中二
人正覺衆中無黠無聞言語醜拙不別去就
若與論者當供與千兩純金世典心念此國
中人多諸虛僞設得勝者何足爲奇或得我
便乃爲愚者所伏思是事已乃云我不論語
已便去道逢槃特世典念言我今當往問彼

人義便往問曰汝字何等疏如迦旃延天耳遥
聞作槃特形而語之曰汝若言我但有神足
不堪論者吾當報汝向義更引喻汝汝字何
等世典曰梵天又問丈夫乎答丈夫又問人
乎答是人又問人亦丈夫豈非繁重盲與無
目此義不同世典曰何名爲盲答猶如不見
今世後世生者滅者善業惡業不如實知永
無所覩稱之曰盲云何無目答即是無有如
上智眼世典曰疏如又問五陰有緣生無緣生
答有非無緣又問五陰何緣答愛爲緣又問
何者是愛答生是又問何者是生答愛是生
疏如世典聞已得果命終槃特報諸釋令辦薪
而闍維之爲起偷婆又長舍中外道諸計甚
廣如云不得手障形不得兩臂中間食二人
中間食二刀中間食二杵中間食二家中間
食又云先言義者不得食不得兩器食一餐
一咽至七餐止更益不過三度或一日一食
二日或至七日一食食米食菜牛糞鹿糞樹
根華果等自落者食或草衣樹衣毛衣皮衣
莎衣留鬢留鬚等常舉一足常坐座今世已有常

蹲卧棘卧糞卧瓜三日一浴一夜三浴如是
等於我法中名不淨法如是等略須識之比
有執專坐者未契大道言專坐者以不卧爲
功不以不行爲德豈有居暗室乃四儀同凡
觀來衆則端拱若聖君子之行尚闕菩薩之
道永虧自任胷襟無教可準使後輩不鑒者
許之尚之覩行動者輕若芥佛猶四儀動音四十六
作豈末學者過之夫道在心不在事法由己
非由人既不能縮德露疵且顯晦均等約教
釋中皆云破斷常者凡云論者以破邪爲先
故各於當宗以立能破依總持四辯者且以
俗諦三昧而爲總持四辯者具如法界次第
以藥逗病破斷常者入愛見假先破斷常故
又破斷常有二種義一以諸觀共破界內見
惑斷常則四教皆以見惑爲境具如止觀第
十二者展轉長短不同則三教皆破界内見
惑唯有别教先破界内斷常次破空有斷常
後破空假斷常圓教一念破三斷常觀心論
義中言往復者智研境爲往境發智爲復數
觀數發數往數復釋阿㝹樓馱中種姓等廣

在賢劫等經大論亦廣釋姓刹利也若言瞿
曇者具如下述若作四悉者初是世界仁賢
劫下爲人那律下對治佛廣下第一義言無
獵者免非獵得故云也具如後文稗飯雖輕
以盡所有及田勝故得勝報亦可於此廣
明施相但於此中非急始民主至善思者善音四十七
思生懿摩并及四鐵輪合八萬四千二百一
十王具如律中言草創者草亦初也如布衣
初遇汝當解王衣者令脱王服被瞿曇衣使
隨師姓此方古俗皆從師爲姓如竺道生本
不姓竺但事竺法汰爲弟子耳自安公來令
同一釋種譯十誦律乃見其文律云四河入
海無復河名四姓出家同一釋種四子被猜
者是次母之子爲長母所猜賢愚經者彼經
具列宿昔施食遇免等緣略如今文眠是眠
食者如止觀第四記佛與八百爲作衣者佛
在舍衛那律語阿難言倩諸比丘作三衣我
衣壞阿難房房語諸比丘又往娑羅邏巖中
梵俱薩羅音不同諸比丘如言佛見阿難問言汝作
何事阿難具答佛言汝何不倩佛佛與諸比

丘爲舒張截割諸比丘縫一日即成因說迦絺那云云約教中兩重者初重論發次重論修四教通論發者意明修成雖少不等大體不殊肉眼雖失天眼復成望後故論次第不次第具如止觀第五記亦應明開顯等此中正

明天眼兼明四眼耳觀心中不云慧眼者闕耳應云觀因緣定心即天眼空心即慧眼釋劫賓那中初是世界是比丘下爲人中夜下對治豁然下第一義禱星等者爾雅云天駟房注云龍爲天馬故房四星謂之天駟星也即東方七宿中第四宿也若準西方宿復不定具如止觀第十記約教中皆云棲者依如來所證處以釋宿也則當教明佛分齊不同釋憍梵中初文含四悉故不分之至後自結翻牛呞者過去世時曾作比丘過他粟田摘看生熟後五百歲作牛償之今得無學尚有餘習結四悉名在中間總釋前後文也故又云去重釋前四悉意也次佛滅去重更別釋第一義也水說偈者論云憍梵般提稽首禮妙衆第一大德僧聞佛滅度我隨去如大象

去象子隨約教中皆著示者若作垂示義兼本迹若作教示正當約教約觀心中正用丈夫牛王而通取白牛引駕釋離婆多因緣中初是世界假和合去爲人對治增一去第一義故且約爭屍一緣秖具二悉若依爭屍緣自具四悉者假和合世界也易度即爲人問人即對治聞說即第一義二鬼爭屍緣在止觀第七記引增一重證第一義耳有口失緣在金藏經約教中還寄爭屍以爲義本別教云非己有等者凡別教中立佛界者有其三意一者以理性爲佛界二者以果頭爲佛界三者以初地去分名佛界今言十界皆非己者指初地去分佛界耳若指果頭應云九界非己有耳圓教中非我非他者非眞非緣復非共離又非已有不同前兩非他有不同別教前約教則寄假合今本迹觀心並約星宿皆隨便耳見佛如星般舟中意觀心下云云者應廣引般舟三昧云云釋畢陵伽廣明慢緣在止觀第二記若約此爲四悉者五百世世界也懺悔具二悉引增一即第一義觀心後

云云者三觀總別俱是第一義所破之惑俱得是麤說等也釋薄拘羅因緣中初文是世界年一百六十去生善身樂去是對治故增一云壽命等是第一義昔施呵梨勒者過去毗婆尸佛時以呵梨勒施一頭痛比丘自爾已來而常無病言持一戒四戒莊嚴者少分優婆塞受時俱五期心多少增一云佛語優迦尼夫食者長善滅惡可以食之若長惡滅善則不可食持戒破戒亦復如是多毀犯下云云者應分別之如云若破一戒當墮地獄若持一戒得生人中再三問能持不者令三自歸故持一戒得名少分乃至滿分報恩第六五戒不許五種販賣一畜生直賣者得二弓箭三沽酒四壓油五五大染色罽賓已來麻中無蟲處聽流沙諸國染多殺生秦地染青亦多殺蟲前四皆云不販者得藏中有一卷五戒經分爲五品甚是持五戒者所要塔猶有是力者二義一者舍利之力二者護塔神力本迹中大寂定者秖是大般涅槃長壽去寄迹事以立本德本住眞常迹現長壽本

居極樂迹示無病本八自在迹居不夭本住圓淨迹示閑靜釋俱絺羅因緣中雖對身子爲成舅德且從舅說族姓即世界見姊即爲人棄家至墮負對治即低頭去並屬第一義中含五十八舍利子與俱絺羅論有多番初舍利子問云何不善云何不善根俱絺羅答身是不善貪等是不善根問何者是智慧答四諦是問何者是識知色聲香味觸法者是問識何所依答依壽問壽何所依答不別有依依壽有煗如因油有燈更有多番釋難陀因緣文甚略亦云放牛者大論云頻婆娑羅王請佛及比丘僧三月安居語放牛人令近處住令日日送乳酪酥等終竟三月王甚憨之令其見佛其乃與諸同輩議云曾聞一切智人即淨飯王子彼生在王宮頗知放牛事不乃入竹園端坐問佛佛爲說十一事等具如止觀第二記因發心出家成無學果從本爲名故云放牛言善歡喜者從初慕道爲名歡喜中勝故云善也欣樂是善喜之別名耳若以此義立四悉者翻名即世界十萬釋即

爲人佛說放牛事即對治得果即第一義約教中云歡喜住者住無歡喜之名但約別地證道既同故借地以名住釋孫陀羅難陀因緣中初是世界四月下爲人姊即下對治云云者文略義當後時得道是第一義彌沙塞者彼律乃是跋難陀且以名同釋之俱端正故地獄天堂已後文廣如止觀第二記本迹觀心如前者如前難陀中釋富樓那因緣中初是世界是人去爲人增一下第一義欲還本去對治歎滿者重舉第一義須菩提中初文世界常修下爲人空是最勝行即業也現報復勝故云善吉住無諍去對治佛忉利下即第一義觀心中列四句者雖通諸觀於脩空行其義更便言法身者且順前第一義中意非獨此中必云法身釋阿難因緣中初是世界中含下爲人自誓下對治育王下第一義宗社者具如止觀第四記本迹中約歡喜地以釋本住地即住也約觀中相似乃至相應者亦可通取名字言云云者具述觀相釋羅睺羅因緣中約往世今世及祖王歡喜並

世界也諸能破障邊多是爲人諸所破障邊多是對治後得道是第一義準雜寶藏經羅云是佛得道夜生以羅云六年在胎若佛十九出家乃成二十四得道若三十成道乃成二十五出家不同見別不須和會乃至諸釋起謗及息謗等具在彼經事不可具未曾有經復甚委悉寶女等者瞿毗羅云我常與耶輸進止共俱未曾有過言寶女者是天種不孕佛不出家當爲輪王天送寶女以爲侍者或云是羅剎女如天帝釋亦妻脩羅女大論十九云耶輸陀羅菩薩出家時自覺有娠菩薩六年苦行故懷妊亦六年乃令諸釋有疑因佛還國羅云以一器百味飲食及歡喜丸以上於佛佛變五百羅漢與佛不殊羅云送食直至佛所諸比丘空盋而坐章安云寶女能生千子法顯傳云王妃生肉團如瓜瓜有千瓤瓤生一子有千子此與大論文復小異而佛索令出家者未曾有經佛令目連從瞿姨索瞿姨不肯空聲告曰汝過定光佛世買華之時願爲他妻好醜不離所有盡捨唯與

父母今何以惜子問文中何故不云瞿姨但云耶輸答昔時瞿姨是今日耶輸今日瞿姨乃是天女故羅云以沙彌之年者中含第三云佛乞食訖至温泉羅云住處羅云爲敷坐具汲水洗足佛取水器瀉留少水問羅云見不答見佛言我説彼道少亦復如是次令水盡次令器覆皆答佛佛言彼道盡彼道覆皆語羅云當作是意不得戲笑妄語而説偈言人狂一往謂妄語是不畏後世無惡不作說是須已問羅云曰如人照鏡欲見其面見淨不淨如是羅云將已身業觀於彼淨及以不淨善不善已作當作皆當受善惡果報乃至口意亦復如是一一觀察四大羅漢名如前佛勅云吾法滅盡然後涅槃準寶雲經第七佛記十六羅漢令持佛法至後佛出方得入滅彼經一一皆列住處人名衆數等故諸聖者皆於佛前各發誓言我等以神力故弘護是經不般涅槃賓頭盧羅云在十六數却不云迦葉本迹中云八種障等者意云本住無障迹示十障障涅槃者謂生死障使不得入涅槃故即前文中初八番是一種障生死者障使不得至於生死即第九是次被佛勅不得涅槃故障無餘即第十是又前八文障義小異一二三兼六年在胎爲胎等障故云覆障第四謂宿世常障故云覆障第五爲疑所障故云障第六約父不許爲父所障故云障餘準可知觀心例前者具如諸文今應云即假故障涅槃即空故障生死即中故障非生死非涅槃乃至三惑能障三觀所障之惑有思議不思議等

法華文句記卷第二上

法華文句記卷第二上

校勘記

一　底本，明永樂北藏本。

一　二九四頁上一五行末字「姿」，南、徑、清作「婆」。

一　二九五頁下三行第一〇字「具」，南作「上」。

一　二九六頁下末行第五字「次」，南作「帶」。

一　二九七頁中一行「梵王」，南、徑、清作「梵天」。

一　二九七頁下一三行第六字「出」，南無。

一　二九八頁下八行至九行「四十四」，南作「三十四」。

一　二九八頁下一〇行至一一行「八十七六三二十」，南作「八十七六四十」。

一　二九九頁中一八行第一二字「本」，南作「木」。

一　二九九頁下八行第一一字「師」，

南作「思」。

一　三〇〇頁下一五行末字「眼」，南作「眠」。

一　三〇二頁下一七行第四字「生」，南作「生生」。

一　三〇三頁中五行「覆障」，南作「覆」。

一　三〇三頁中末行書名、卷次，南無（未換卷）。

法華文句記卷第二中　晉五
唐　天台沙門湛然述
次釋少知識衆中非但不歎又不列名以少
人知而云聖與凡等者釋少知識所以凡不
測聖故云絶交非聖全不交凡名之爲絶如
以凡望凡交者方識況以凡望聖理合絶交
交好既絶豈以識之多少言耶特以等者令
聖爲引凡發彼同類機緣不等隨類接之故
現少識之迹以接隱德之徒故不以凡夫能
知能識而判所知所識位高下也故言不可
以多少之迹失其本故不可以多人知識爲
本高以少人知識爲本下又不可多知識者
爲有實本少知識者爲無實本故知多識少
識俱迹而別有理本若久本者自有實成若
欲此中辨四悉者多少異故世界隨順物機
爲人藏名隱德對治高下莫測第一義三藏
十八種學人等者具如止觀第六記通教學
無學位兩節判者前約二乘後約菩薩又前
約三乘共位後約獨菩薩位約別圓中亦兩
節判者前云功用無功用即約地住前後次
具不具即等覺妙覺初入無功用亦得名爲
無學但是分得故更約具足引阿含意者爲
開第三句義端故也外人所以作此問者汝
云羅漢既云無學何故更須隨逐世尊若爾
下假問徵起答中即成第四句也凡言學者
爲進斷故如七反一來不還皆不復學若歷
果進者義屬前句況已所已斷不復更斷亦
當第四句也更加雙非即五句也兩教聲聞
悉皆如此四教例者通教更約菩薩者前兩
句如前後兩句者學無學當地住故無學學
者無學在佛不可更學還應退取六地爲無
學出假名爲學若準羅漢佛亦住於善法爲
無學學別圓後位唯不得令佛更有所學則
闕第三句準通可知並以凡位爲第五句則
後三教並有兩節皆成五句本迹中云居滿
字學無學者別圓兩教皆取未足位其中不
妨亦有古佛即是第二節無學人也又滿字
者滿通三教簡二從圓衆生應以半字學無
學莊嚴雙樹者初從半字引入圓滿即鹿苑
示枯方等示榮爾時已是莊嚴不二始行執
迹而暗其本來至法華涅槃方始顯說即大
經中舉因六人既見佛性同於如來二而不
二故云莊嚴觀心中已立學無學二句應更
立二句不緣而緣名無學學常如是觀名學
無學對未修者成第五句亦可約理爲第五
句亦得三觀各爲五句思之可見約觀爲數
中云界如互論即具二千者百界千如但成
一千即十界百界界界十如復應更以百如
千界又名一千且如十如初後相在則十如
爲百用對十界豈非千界此且一往論其單
數若百如中之千界界界十界百界中之千
如如如十如何但界如各一千耶是則重重
無盡不可數知將何以爲二千定數故云不
可思議諸境皆然且隨便說故云二千因緣
約教中並但列數於義即足不須別求故前
二文直列而已若欲義立聞數歡喜生善破
惡入眞諸教用觀對數解異即其意也舉迹
下本迹也舉迹等者即此迹法是本法也本
自有迹故云本迹非迹無以顯本此迹即是
本家之迹非本無以垂迹故二千迹中之迹

即二千本中之迹上下悉然釋妨如前多知識中列尼衆中破舊解云又復無文等者比丘衆末結云如是衆所知識故可云多學無學文末無此結故望前多得云少耳尼衆二文前無衆所知識之言後無可望以之爲少故云無文義不可者比丘衆約歎德不歎德列名不列名及數多少并有結無結以判多識少識今尼衆中但標二衆主名二人之後但云六千及亦與眷屬俱並無結列豈有六千爲他所識直云眷屬不爲他識耶尚不例上藏名隱德豈得云少大小者舊呼大小名聞等已如前破又復耶輸此翻名聞豈得却以爲無名聞云云二尼並闕約教者準例合有亦應約僧具有四教五味問大愛道之名何故用智度以消本耶復非佛母何以引佛母釋之答以有智故方能受道既愛大道智度亦大況凡女人皆能生子故借淨名法門之母令生已心導師之子數無約教大意如前觀解數中以六根爲六千者雖借下文法師功德品文今此並是義通初後若的屬尼

衆並是聖位六根已於三周得記故正用華嚴十種六根表本法門者兼本迹義也耶輸中以子標母者凡以子標父母或以父母標子皆有德業爲他所識者可以相顯比丘皆然或云無翻者非獨耶輸一切未翻者多具有翻無翻例修多羅等佛妻者果中說因也則出家之時已捨耶輸故有佛號時無復妻也觀解以表三夫人者鹿野不生故表空耶輸有生故表假復居三觀之中瞿姨位大表中明矣上當分下合明本迹觀心於中先明來意次正釋初又二初總次別初二句總明者當分兩字皆去聲呼所以共明本迹觀心者以因緣不可合釋約教理應互通今欲主伴共論本迹觀心便故然菩薩雜衆各有本迹觀心不共明者形服蹤故無始終故非物重故非經別爲故又因緣教相不別明者從本垂迹秖是感應感應所爲不過教相故但本迹自攝餘兩若爾上文已有此兩何須重明答由化緣不同莫非益物因緣相關須共設迹或一人關多人多人關一人或一人關

一多人關多故使始終親疎主伴顯密共成一化又諸聖觀行能觀所觀一刹那頃含納一期事理權實人法主伴隱顯善惡無不爲此心觀攝之是故須約王所以明次顯善權下別述來意初句明本迹來意次句明觀心來意權中之最故名爲善無一聖者不順機緣故云曲巧無一心所不成妙觀故云精微隨機故曲誘進故巧無雜故精理極故微從夫首楞嚴去先總釋本迹爲三先敘垂迹總論利物之道次今且下明主伴同懷化方三以此下總結三昧之功初文明本迹所依本地所依首楞本也示現迹也稱適者明垂迹意靡所者明垂迹相諸大小教明諸羅漢但得四智直被彈斥洮汰而已不明化意爾時誰云生陰未盡梵行未立所作未辦仍有變易故知但約界內明盡若開顯已本是大權所以先外次小傳引入圓故非首楞之本無以垂於化迹故云靡所不爲次明主伴化方者爲六初主伴降神次若三十二下明師資誕質三若皇皇下明共稟世道四若法下明

能所生熟即指鹿苑小乘五共輔下更熟未熟即指方等般若六次聞法華下明主伴功畢初又二初主也次法身下伴也次文又二初師也次諸大下資也第三文亦二初師示稟世道次諸大士下次示受邪化第四文亦二初知所化尚生次若所下鑒所化機熟第五文又二初方等次般若第六又二初正明功畢次法王下重述半滿以顯化功分文竟次略釋之言近論者且捨中間以述伽耶聖后者聖皇之后后亦德政故法身等者亦有古佛且云菩薩主既降神伴亦在迹金姿者金色美容也大士者大論稱菩薩爲大士亦曰開士士謂士夫凡人之通稱以大開簡別故曰大等如世云仁士志士等亦以仁等簡之令人中發大心者名大開是發之異名引物不同故諸相各異空室者須菩提生時室內一切皆空表解空故雨寶者樓那寄辯通夢者舍利弗太子等者初同後異欲奪先與故爲皇等處其極尊而爲先導如因果經云佛將降此閻浮時有九十九億衆棄斯大衆

及忘四天下故云捨國棄金輪位故曰捐王示習世定故云學道諸大士等亦示受邪化故云請業過其所習故曰兼通却攝彼衆故曰宗匠如身子十六聲振五天與目連共師沙然梵志未經旬月沙然徒衆盡以付之大法欲啓先爲開闢如陳如等知所化既生能化猶與分庭抗禮如迦葉等抗者易云知進而不知退知得而不知亡亦對也未肯爲臣故分庭不退崇我道眞者具如迦葉緣中機熟可化故云易染等諸大士各章一職智慧身子神通目連辯才迦旃延三昧富樓那更度未度者雖師徒受化化道未休度兼二義若全未受化則方等中更令入小若諸菩薩但令盡無明言重熟已熟者大小兩熟位既未終理須進入釋慕大中云不知者秖此不知之言即大機冥發下云機情二索即此意也舍挾等者謂般若中通教二乘故彼部中通教眞中具大小故名之爲含大帶於小故名爲挾從始至終通大小故出內等者明領業也自他之法皆令知故出內具如下疏中

說出內兩字江南多分去聲呼之非無所以若人之出入出字可從入聲人之所運可從去聲內字南北二音義同但恐濫內外故從南音共謂通教若爾何不付藏答先已得之別即別圓偏圓具如玄文分別被加爲奉命所說名領知名說爲領無別領也猶住小果名無希取轉成熟酥名未頓捨望後極教故名爲雖被加領法其心不驚名爲通泰故漸已之言通昔通泰唯在熟酥次聞法華明至第五時具如信解中廣說顯眞遺體故會天性天性定故父子義成昔結大緣名爲眞體得受記莂父子義成定昔二萬佛所方乃堪爲記莂孤調涅槃故云獨滅尚無一人獨滅豈留多人法王下更述一代化意初用下借半滿枯榮以成化事釋上方便權巧之言大化功畢故曰身子等不待涅槃故云息化贖命如釋籤若此釋者方釋法華經衆總別兩重消釋本迹尚恐失旨直爾一句翻名而已何異諸教聲聞衆耶唱滅等者正由功畢唱滅言興故唱滅之緣正在斯典二萬燈明等

者準文殊答問引往所見皆無後教當知即於法華訖化若東方所見具見法華涅槃是則引同今佛故也若迦葉出世其土猶淨理同往見雖涅槃有無不同並於此經顯實爲學等者男如寶積善德等女如月上無垢施等道謂出家二衆俗即在家二衆發起等四皆悉有之乃至良賤人畜親踈恭慢瞋喜凡聖其相非一故注云云次總明觀者總別大旨委如前說以二十心所共輔心王而緣善境如初起觀不離王數通數猶通通至善所以此大善歷緣對境其善轉深如至今經故此善數無別心體還秖轉其惡數而生故從外入小從小入大自始歸終方名善極善行雖多不出此十故云十心爲本轉既極已還同心王無善無惡如諸弟子得授記已分同法王故云立也又漸轉者如諸聲聞若頓轉者如頓菩薩無非實相使王成究竟法王子成法王眞子咸堪補處轉化餘生是故於中先取善心然今所列並準舊譯新云信及不放逸輕安捨慚愧二根及不害勤唯徧善心

初三句一字列後四字結若欲對舊名略辨同異者新云信謂於三寶所忍許故也與舊名義同新云不放逸者謂修諸善專注爲性舊名爲念念謂憶持名異義同新云輕安者謂輕利安適堪任爲性舊名爲喜喜悅安快亦名異義同新名爲捨謂離沈掉與舊名義同新云慚愧舊云猗覺名義俱異新云二根謂無貪無瞋舊云定慧名義亦別而道理大同以無此二定慧方成定慧亦深淺不同二根非無優劣新云不害謂無損惱爲性舊名爲戒名異義同新云勤舊名進名義大同其名義全不同者譯人意別不須和會今此貴在從名入觀故善王善數共導諸惡以成妙善故通心所輔王亦然以數對人隨其行相亦應可解十人既爾以十望諸乃至無數不出心所何但一萬二千乃至未受化來以惡心所攝之亦盡何但善及通耶十人各備等者寄本迹以明觀心本乃已成法王迹示善通心所以示入道不同故也言一一心中皆有王數者既二論不同今言相扶即是同時

亦應更云次第相生非但同時異時亦乃諸數互有信具諸數從信爲名餘九亦然從強而說故受別名十通心所準此可知是故展轉相扶攻惡若一心改餘者相從若相扶轉盡同入實境無非眞王非王非數故知隨人何者偏強強爲觀境弱者隨去妙得此意四儀三業修觀有託況復能觀須辨異同言共攻者通心善心即能攻也言不行等者指餘惡等能攻屬智故云行般若也引普賢觀者能所盡故故心無心法不住法計有能觀名爲我心有我心故能所不亡我所若空罪福無主無心無數名正觀者故云若不盡者觀則不訖故至妙覺方名爲訖所言盡者因心所盡果心無盡猶如五陰因果名同而其體釆別通引諸經意云衆生不度等者借事證理若所觀之心衆生不轉則能觀王數師弟不息云云者廣明王數能觀所觀訖與不訖成不成相正覺之名又通諸地等次列菩薩衆者大論第四先問何名菩提薩埵答一切諸佛法戒定及智慧能利益一切是名爲善

提其心不可動能忍成道事不斷亦不破是名爲薩埵應約三教以釋答文對小成四菩薩爲出家等者論有二問初問聲聞經中有四衆無菩薩者何答有二種道謂聲聞菩薩四衆是聲聞道故聲聞經無菩薩衆次問具如今文答云通雖如此別則不然具如今文論問若爾衍經何不獨列菩薩此問意者小乘教中菩薩非正但列聲聞及以四衆菩薩入在四衆中攝衍中聲聞非正亦應但列菩薩四衆攝在菩薩中耶論答云是乘廣大諸乘皆入如恒河中不受大海大海即能受於恒河論答意者實如所問但爲攝取漸令歸大如恒入海彼存方便若依今文先識諸部共別有無方識今經列衆之意非關列衆離合能辨大小偏圓如金剛經唯列小數及金光明大小俱無豈可能判大小別耶故知先以教定以教辨入則百無一失故今等者言通意別若具存等者先辨存略菩提下正釋名先約上求又成下約化他摩訶此翻亦大等三具有四教道知用三故云多種具如玄

等及止觀中一一四弘即其始也一一利生即其用也一一道品即其行也一一法門即所知也四弘若別四三必殊及簡五味方是今經圓妙菩薩也如釋論下至醍醐也寄五味名以辨四教菩薩論又云凡稱善法皆名爲薩善法體相名之爲埵故知菩薩自利利他皆是善法及善體相即是四種阿耨菩提之道一切賢聖之所稱歎是爲四種菩提之薩埵也又論云通論三種皆稱菩提所謂三乘前二乘人雖稱菩提非佛功德故不名薩埵凡爲雜血調成三祇百劫淨乳引大品三文證四味者且以三教義攝四味況今五味皆判菩薩故以酪對通二酥對別醍醐對圓以諸菩薩歷此四味入不定故義當三觀即三藏菩薩轉入通時義當於酪據時並在方等已前轉入別時在二味者以二味中皆有菩薩不思議事引淨名者已入實者於二味中心稱脫理八千受屈示同鈍根及二乘人彈斥洮汰方並入別準玄文意即離二味以對通別進退盈縮並有二意故入實者皆自

立身如彼座像座高四萬二千由旬身亦稱之借本迹中意以助約教菩薩疑除等者並證四菩薩中權者須開故至今經方除三菩薩疑方是善行菩薩之道又涅槃等者然二經同味咸息希望是故引同言略有者今昔合指本迹者爲三先明本迹莫測次所以下明施迹意三然其下正示本拂迹初文中云或齊法王者如文殊本是龍種上尊王佛餘並準知散影垂容等者同前聲聞總明本迹次施迹意中有法譬合譬中云槌砧者化主爲槌輔者爲砧乃至互爲皆爲成器本以古質爲淳朴今以未治爲淳朴令其成器故名爲器淳朴不一故名爲諸觀中名破爲成觀後云云者五住對三次與不次觀亦如是思之可知同謀下云云者應合喻云今開秘藏不涉權下故證信之人皆非率爾故今文列不必在多列衆雖爾本門得道數倍諸經即先得無生增道者是故知復是隨要列耳此明數中已當因緣雖即不明約教本迹因緣之人既預密謀必是圓人及有遠本八正即

八萬者既是無作道品八正無不觀彼百界千如十善既爲所觀八正即是能觀能所相從各有八萬次明位中初是因緣次應四種下約教初文中云無上道如境妙中者六境初四菩提是也境成妙道之所趣以所顯能故須指境若辨四悉者三不退異世界也入位功德生善也必治無明對治也證一分眞第一義也下去準知不能具記具此名跋致者阿者無也跋致者退也第三秪時横得三不退故離五障時三義俱得即是第三僧秪通至百劫通是三不退也至此名爲上忍故也次通教位引六心者通教地前無位可論借別位名以通其位即指別教七信已上入乾慧也故云初地至六地方名位不退或指地前假立七賢即以忍位爲第六心依小乘位雖云忍位名位不退望菩薩乘猶名爲退次別教中許地論師故不破圓位者諸教圓位不過華嚴餘文雖有位義不彰或略舉初住闕後諸位初住既爾行向豈殊豈得同其地前伏惑然又華嚴住後兼別或便一向作

次第解或以一向作圓頓解一何誤哉具三不退者若先以不次寄次第說者則七信名位不退八信已去名行不退初住已去名念不退今從初住已具三德名三不退故云具也般若是位離二死故解脫是行諸行具故法身名念證實境故彼經第七賢首品中廣明其相卷初帝釋問法慧云初住成就幾法幾功德藏法慧答云此處甚深難信難知難說難解難通難分別然承佛力具足演說仍先較量云供養十方阿僧秪衆生樂具經於千劫復令證支佛百千億分不及其一又云欲知十方世界一即多多即一一念無量念等望法華中施四百萬億阿僧秪世界六趣四生乃至令得無學不如初隨喜人彼經仍易彼是聖位故云十方等望此第五十人一念功德方顯圓位不可思議此經爲難既俱是圓初後不二亦何彼此尚非初住者此諸菩薩皆是一生補處尚是古佛況復初住自新譯來但以瑜伽唯識之位掩蔽華嚴圓常之說誰知唯識等文但明別位後代誰肯見

茲同異又復有人全毀唯識論之權宗此則全迷方便之路不識迹者迹居諸經之首來至法華經初驗知可是淺位人耶既失其本理迷其迹況從部判部妙人尊諸師既不曉於五時安知菩薩本迹故云所歎既謬等以藏歎通尚已成失以偏歎圓過莫大矣還成增減兩謗者秖此一謬義招二失經無三教苦欲增之抑圓成偏減豈過此三觀即三不退者空位假行中念一心者還約妙三一觀悉具云云者委釋次第不次第相及以一念須約六即極有眉眼者縱而奪之雖有眉眼大體全無從毅論下奪也無趣向者此現德等何教無之雖云法報不簡圓別儻分圓別爲初爲後乃至諸句爲横爲竪故總破云無宗體也若有宗體故證位人依經立位位之所依名爲位本本即是體位即是宗況復今經特出諸教諸位之上準教歎德意則可知故始自不退終于度生先定體宗方可歎德問此經何以竪歎十地別教位耶答一者寄本二者證同三者順論云何七地等者古人

所判云七地恐起二乘心者此似通位是故難其不成別義難圓亦爾若言七地始入無功用道此是別教教道明義故不成圓言進退等者斥進不成圓退非通別今文橫竪者竪歎赴情意本在圓先正釋次料簡然初竪中初文雖借離二之名須異瓔珞二爲方便還依一念具三不退以爲初地圓離三垢圓發三智圓明圓轉一念供養圓植德本爲佛圓歎具圓三慈不二佛慧下去準知若不開等覺則四句同歎十地今從開說故後三句歎於等覺文云二句者指第十一十二句爲十地内外德者耳但不從初即具故似別耳次橫歎中初句亦云過二邊者竪尚俱圓況此橫歎離二邊耶但約非竪而竪如前所說過二邊者麤惑前去又從勝說從中立名下去諸句準此應知阿字者今師承用具如止觀第五記問答者初問中初句立宗三藏下縱許聲聞下立例迹爲下立難立宗意者斷惑也地住已上皆約圓教斷位歎德三藏菩薩始終不斷容不被歎於斷惑中尚歎二乘迹爲通別斷惑菩薩何得不歎而橫竪二歎悉唯歎圓答意者義通本迹意唯在圓竪文似歎於別依部唯歎於圓借迹消文經意從本故準歎聲聞從迹亦應菩薩四教俱歎但欲知圓旨故亡迹以存本及去初而取後次問可見答中爲三初正答次舊云下引別位爲例八地位既未極舊釋尚具德不疑何妨圓人諸位位位具足諸德三法華論去引證論云彼菩薩德十三句二文攝取應知一者上支下支門二者攝取事門初上支下支謂總相別相應知初至不退轉是總餘者是別彼論云不退有十種示現具如今引但除初總句猶有十二句乃以供養植德二句合爲第四示現名稱度生二句合爲第十示現故但成十示現皆以不退爲名故知圓釋句句互通一一示現具十示現具一切諸句何但十示現十二句耶此與四十二字門意同又經云以慈修身句中論文具修身心二業經文所以略修心者慈即是心心熏於身故不別說乃至依我空法空不退故知地住俱證二空所以竪釋文雖別對意非別者一者以有次文橫釋是約竪論橫二者依論句句義意以對諸地如初地云不墮二邊三觀具足自利利他有無雙照若福若智不離一心内因外緣何嘗不具初地既爾後去悉然即此地中橫竪具足爲對次第權借地名爲顯唯圓復須橫釋故論中攝取事門即當竪釋是故今文具用論中二門解釋但今文中準論於何等境界下剩何等二字論但云何等境界中應作所作故論自釋云地清淨者八地已上三地無相行寂靜清淨今文意以彼論三何等言一一皆屬諸地清淨即諸地惑斷方便即諸地進趣境界即諸地所依應作等即諸地功用論云方便者有四種一者攝取妙法方便任持妙法以樂說力爲人說故（即初四句隨義思之）二者攝取善知識方便以依善知識應作所作故（即第五六七八句隨句思之）三者攝取衆生方便以不捨衆生故（即第九一句也）四者攝取智方便以教化衆生令入彼智故（即後四句）既諸句各對復云何等何等者辨別之辭今亦互通一

一方便通約十地順諸經論及瓔珞中初地已上入法流水念念趣故入證道也論中復有攝取事示現諸境地等於經非要故不更述言八地者雖不同瓔珞諸經非無復是別中教道異義去取俱得今且依瓔珞於論既

非大違且依一家承用言何等境界者利物處也次約觀心者此中前文叙古破舊義當因緣今文二釋義當教觀雖闕本迹德隨於人故不重明三觀無殊隨事名異若爾亦是諸句展轉互具以得不退一心三觀方得乃

至度生一心三觀乃至以得度生一心三觀故方得乃至不退轉一心三觀中間諸句準此可知當知百句秖是一句故初住去位位圓融句別義同不須曲釋小乘之中佛爲身子開一句義端身子尚說無窮盡況此圓善

薩德欲分張之令稽定耶況復觀門即是其德觀融德妙何可疑耶故應約諸句自在說之有人問何故此中文殊居首答序中既能釋於彌勒之疑乃是一經發起之首況二萬佛所咸爲衆啓疑是故列在八萬之首法門

等者依此名義例應四釋而今少者一者準例可知又菩薩事迹或隱或顯或真或俗或主或伴不同聲聞事迹顯著雖非顯著必具諸教而今開顯義必在圓況復如前約諸聲聞總別廣釋因已具知菩薩本迹本迹既爾

因緣教觀準類可知故不委述菩薩總別令初文殊中引五文者初三辨名思益舉說明行悲華論願益物初大經者從德立名即以見性立妙德名此準第十七闍王悔後發願文也次二經但舉梵音不同耳思益明如說

而觀觀謂不起法非法想觀即行也即言行相稱而得妙名悲華因取妙土益物事廣所化位高高廣願行一切皆妙名爲妙德菩薩利生迹因何定於此文中亦可義立四悉釋者即以妙德若名若體無非四悉取土即世

界說法即爲人立行即對治佛記等即第一義此是圓人復當約教從北方去即本迹也又如楞嚴經過去無量阿僧祇劫有佛號龍種上尊王亦文殊是觀音中作四悉者名即世界思益即爲人稱名即對治寶藏佛去即

第一義又思益見得菩提亦第一義下文指普門品注云云者亦闕約教及以本迹教即圓人本是古佛觀心中釋初二字與下不殊但第三字與下稍別下約事釋以所被爲音此約能觀以所宣爲音由觀故設教故云觀

是語本次大勢至者思益約行悲華約願思益約威勢以釋勢正當字義取大千者以世釋勢勢力取世不違其志以志大故故佛記之志取世故亦名世志若作四悉者思益世界悲華爲人對治寶藏佛去第一義也亦闕

約教本迹例前擬後可知文闕常精進如大寶積經云是菩薩爲一衆生經無量劫隨逐不捨猶不受化無一念棄捨以身心俱進故義通四悉教迹觀心準例可知不休息者與常精進義意略同欲辨別者無間趣入名爲

精進長時無廢名不休息是故觀解名爲不住故釋不休息亦約長時但得記與利生不同耳教迹準知釋寶掌者先釋掌次令釋下釋寶掌謂身分既被上鎧身分堅固以其固掌法身之分尚出無上出世之寶況復世寶

故此兩寶必具四悉於中云不志二乘者簡法寶濫通慧心者從寶起通通是慧性故云通慧約教本迹等云云釋藥王中三緣從後釋王義當於藥前二雖別是則佛世滅後皆立行生善火淨者從燒身立名文中且以世治表出世治云云欠七菩薩未檢經跋陀婆羅中初句是世界次思益下第一義此菩薩名在般舟經中亦名賢護善即賢也善巧將護令其不退彌勒中初句是世界思益是爲人賢愚是對治悲華第一義又云去應合在因緣中賢愚等者彼經第九佛在迦蘭陀阿難忽然思惟彌勒世尊往昔云何發此慈悲之心得是妙益從禪定起而白佛佛言過去久遠此閻浮提有一大王名摩訶波羅婆主五百小國與群臣出獵王所乘象欲心熾盛因見象師調象而便發心今爲補處又經亦有末濟跋兔緣而立慈稱以本願力熏見苦生慈前悲華中乃以拔苦而釋與樂故圓拔與而無別體云云云云者約教本迹觀心乃至迹門發起衆等釋導師中文舍四悉導師是舍婆提國人是白衣居士令入正道釋導字不求恩報釋師德以亡懷故方應師位具名之外但列數者因緣觀等具如前意但名不可盡陳故但標大數總而言之但由國人舊多知識者則先列之證信爲易一代教中諸大菩薩宿緣獲記多在悲華第二卷中經云有菩薩名曰寂意白佛言諸佛皆有淨土如來何故取此穢土佛言本願故取我於過去恒河沙阿僧祇劫世界名刪提嵐劫名善輪王名無諍念主四天下王有千子有一大臣名曰寶海梵志唯有一子三十二相八十種好常有諸天而來供養國爲作號名曰寶藏出家成道亦名寶藏說法度人其數無量其王千子各各供養經於三月過三月已欲爲授記先入三昧現十方佛土集諸菩薩先授寶海十方世界衆生寶海教化者一時成佛次授輪王千子授第一子云汝觀六道起大悲心斷諸煩惱令住安樂今當字汝爲觀世音阿彌陀佛般涅槃後二恒阿僧祇劫於夜初分正法滅時於夜後分其主轉名一切珍寶之所成就所有莊嚴勝安樂界於一念頃便成正覺號一切功德山王壽九十六億那由他百千萬億劫第二太子名大勢志如疏第三名文殊如疏第四名普賢在東方十恒沙世界微塵世界名不瞬乃至第九名阿閦如是次第授千太子中有願取五濁成佛者以大悲故其土名娑婆何以故是諸衆生忍於三毒及諸煩惱能忍斯惡故名忍土是千人中唯除一人餘並於賢劫而得成佛

法華文句記卷第二中

法華文句記卷第二中

校勘記

一　底本，明永樂北藏本。

一　三〇五頁上一行書名、卷次，二行述者，南無（未换卷）。

一　三〇九頁下六行「合指」，至此，南卷第二上終，卷第二下始。

一　三一一頁下七行第二字「復」，徑作「彼」。

一　三一三頁中末行第一〇字「主」，南、徑作「土」。

一　三一三頁下卷末書名、卷次，南無（未换卷）。

法華文句記卷第二下　晉六

唐天台沙門湛然述

次列雜衆者舊云凡等者如八龍多是八地菩薩乃至華嚴中並得不思議解脫此中有道者如閻王所將豈獨俗衆五道者無地獄即乘戒俱緩二界者無無色即戒急乘緩八畨者欲天色天龍乾緊脩迦人具如下列方等列地獄者具如釋籤第四戒緩乘急中陰化無色者中陰上卷分身品定化王菩薩白佛言快說斯義曉了衆生聞法易悟復有難悟者或在有對或在無對或可見或不可見前有對有可見不可見故可見有對如前不可見有對如臭毛鬼所至聞氣不可見無對即餘鬼神或在有色或在無色或在非有想非無想有色即欲色二界無色即下三空處雖復難化佛或至彼或攝到此此經無者或略等耳故云不可一例又準乘戒細論具如淨名疏舊云人是土主者意指八畨中閻王衆也今亦不用故引無量義破之豈有鬼神等必須外客耶言未詳者雖望無量義人不必在後或恐有意鬼神重出者即緊乾脩機雜者亦應更云諸機不同析與體雜偏與圓雜云云此是約教釋者二乘即兩教二乘菩薩即三教菩薩三教皆有出假智故佛道既云一攝一切唯得是圓二乘菩薩並是從初佛道即是元初修圓者不從漸來三十三天及三光四天王者俱舍云妙高層有四相去各十千旁出十六千八四二千量竪首及持鬘恒憍大王衆如次居四級亦住餘七山妙高頂八萬三十三天居四角有四峯金剛首所住中宮名善現周萬逾繕那外四苑莊嚴衆車麤雜喜若作四悉者住處得名世界能施爲人思義對治天主第一義約教者阿含證三藏般若證通別圓者華嚴經帝釋在第二地故知兩教並得首楞嚴定明矣過賢劫等者具如般若云云者得記義當三教菩薩本迹中云共服甘露者大經第六四依品云如三十三天有妙甘露不死之藥譬初住已上理同也名月等本迹並出正法華本必有教觀解意者三諦即第一義天諦即是境境生於智智如子也云云者境別智別生子不同居四寶山者秖是須彌正法念云四級各有十住處具如玄文廣二十四萬里者未知所出若俱舍依妙高半腹而住有四級頌云旁出十六千八四二千量向上一一各半減故東提頭等者名在金光明第二四天王品爾時提頭賴吒天王毘留勒叉天王毘留博叉天王毘沙門天王始自東方終于北方第三鬼神品列二十八部不令等者迹防四樹四樹既表於四德以迹表本本護四德雙樹雖復四枯四榮然非枯非榮之理亦不出於常樂我淨故護八樹是護四德護四德者有其二義一者不許偏取偏取成邪二者不許全取全取成執須知其理謂非枯榮今言枝葉者以一德中皆具四德若偏取一名不知具德名取枝葉等故外教中並有其名是故文云枝幹喻常等正顯一德各具四德護八愛見者一一諦下各一愛見四種四諦各隨其教除其愛見故四王各領不令惱人如各護見愛不令取境若從後說王即王三昧也當

教教主亦可皆王各破愛見他化五欲下云云者應具明欲天身量壽命俱舍云贍部洲人量三肘半四肘東西北洲人倍倍增如次欲天俱盧舍四分一一增色天逾繕那初四增半半此上增倍倍唯無雲減三人間五十年下天一晝夜承斯壽五百上五倍倍增色無晝夜殊劫數等身量無色初二萬後後二二增少光上下天大全半爲劫若論高下於一一天如去下量去上亦然別譯阿含第六廣明諸梵來下第八第十一廣明諸天讚佛諸天若來並同人形第四云梵王來禮佛佛入火光三昧不能得前因往瞿伽離門喚之瞿伽離問誰喚答梵王又問佛記汝得阿那含耶答如是又問阿那含名爲不來汝何以來梵王言如是之人不應與語故知一同人法還有違情而誡伽離例有教門等者既爲一代請法輪主請大則大請小則小本迹者本住清淨一實妙境觀除惑穢並得名淨又文中從釋諸天來唯帝釋具四釋三光四王自在等色天雖有因緣並關約教者然諸天常隨世尊處處聞法亦應隨諸教味以判淺深及開顯等如引身子得記之流但弘教事漸舉例而已故八龍下多然唯緊有教以義便耳無量法門下云云者從多頭故且以假觀爲首即是一假一切假若通說者一空一切空一中一切中亦多頭也長阿含等者彼經具明池出四大河如疏阿者無耨達者惠無彼三患故也本住法華三昧者實道所證一切皆名法華三昧今且以華釋華耳四緊者雜心云是畜生道攝緊那一角乾闥無角身相略同今言奏四教等者既歷五味皆有緊等當知所奏亦偏圓別來至今經獨顯實諦如大樹緊那羅經中大樹緊那羅王與無量緊及無量乾無量諸天奏八萬四千淨妙樂音來至佛所絃歌一動聲震大千須彌山王踊沒低昂一切聲聞皆從座起猶如舞戲天冠菩薩問迦葉言少欲知足頭陀第一乃於今日猶如小兒迦葉答言非本心也故知彼經屬方等部以大斥小緊那奏於別圓之樂故使聲聞不能自安故至法華理合純妙十寶山者華嚴具列已如止觀第五記若俱舍中先列七山并妙高八論云蘇迷盧處中次逾健達羅等於大洲等外有鐵輪圍山前七金所成蘇迷盧四寶并雪香山合十山也既云爲天奏樂天亦諸機不同歌詠十力者既云不起滅定即初住已上也故迹中絃管亦應歌於四教各有十力若大樹經中於香山南請佛供養佛受供已記其當得作佛號功德王理應法身記也若在初住八相之記猶在迹中今經所將不及大樹經中多者以聞實經不易故也又今經龍王舉八緊等各四者有所表故八擬八正諸教各有八正故也緊既四教大旨可知餘者俗樂以俗表眞四乾對教隨義釋出幢謂緣幢即竿木也倒謂擲倒等四脩亦云無天者無天德故佛地論屬天種正法念鬼畜種大權示現往緣何定準阿含等四脩次第住於海底各二萬由旬言畜天等種者並據元祖五繫繫魔外道者具如止觀第五記五住者他解秖是界内見思若爾與四住何別他云三界見爲見一

處住地欲思爲欲愛色思爲色愛無色思爲無色愛三界無明爲無明住地然依五性宗中以見疑無明等種子爲無明住地今意不爾五住爲二死作因即以三界通惑爲四住更加別惑爲第五住故別惑中總含內外無知及以障中無明故也望唯識等但加種子爲異耳正本者正法華耳水精入身者或是有情或是非情若是非情義同濕生而兼胎藏如阿含經有女人向火煖氣入身有孕父疑責女乃至達王王欲罪之女云何有此無道之王欲治無罪之人請王試驗王知無罪乃納爲妃具如止觀第四記色心本淨者對迹醜媄也本住色淨故般若淨般若淨即心淨此云障持者謂能障持世云常持者無憑日蝕者若全不許俗有計者然依曆數亦可預算知之何耶以器世間法爾與人陰陽理合故人身中五行與天地數合故虧盈之法須應曆數豈妨正業耶言種種邪說者然日月照四天下四天下亦陰陽不同不可虧盈則令一切王等盡皆衰耶水旱災變亦復如

是故知雖一分與陰陽理合而一分須依衆生業力故凡諸依土皆順正報如華藏土必順報佛及諸菩薩依正自在方便亦然怖日月時等者大論十一云羅睺欲噉月時月天子怖疾走詣佛而說偈言大智精進佛世尊我今歸命稽首禮是羅睺羅惱亂我願佛憐愍見救護佛爲羅睺而說偈言月能照暗而清涼是虛空中大燈明其色白淨有千光汝莫吞月疾放去爾時婆稚見羅睺汗出放月以偈問曰汝羅睺羅何故戰慄猶如病怖不安乃爾羅睺答曰我若不放月頭破作七分設得生活不安隱以故我今放此月昔爲婆羅門等者如俱舍云欲天俱盧舍四分一一增至第六天但一俱盧舍半既云身長八萬四千由旬尚可得於色天第一以色究竟天壽一萬六千劫身長一萬六千踰繕那應是變身能爲八萬四千好鬬戰等者此四脩羅與帝釋戰時次第布軍具如今列長含十八南洲有金剛山中有脩羅宮所治有六千由旬欄楯行樹等然一日一夜三時受苦苦具

自來入其宮中屬四惡趣者良有以也別譯阿含第三廣明脩羅與帝釋共戰須者柱檢若約教者亦可隨名立義今爲作之初五繫者初教菩薩具足五住故次廣肩者通教三乘通觀稍廣故次淨心者別教菩薩初知真淨故次云障持者圓教菩薩障惑持理故本觀云云者略不暇論亦可云本住第一義天迹示無天能觀即空故無三界之人天即假故無方便土之義天即中故無實報土之義天一心三觀常住寂光非人非天之人天四迦中云已住處有宮等者長含十八云大海北面有大樹名究羅睒摩羅圍七由旬高百由旬枝葉五十由旬樹東有卵生龍宮又有卵生金翅鳥宮南胎西濕北化各有其龍鳥之宮並有七重行樹衆鳥和鳴取龍之時翅摶海水卵生摶開二百由旬胎四百濕八百化一千六百胎卵濕化如是次第噉一二三四龍如是惡道住處欲比西方安樂世界故知福易而戒難戒易而乘難以不來者衆故又如阿含云香山有象名善住常住樹下有

六牙牙上有池等與普賢象相貌幾同一樹一象其數八千善住為王餘皆眷屬或持蓋扇餅或作倡伎樂或為王洗等云云其如猶是惡道何噭(五刀切)嗲(思刀切)咱嗲物也咱(徒濫切)金剛山者此洲之南將燒寶山者火欲至餘金山若約教者初云勝群輩者過諸外道故次云大身者亦大乘始故次大滿者出假足故如意者如理滿故次列人衆韋提希者亦云思勝言未生怨者毋懷之日已常有惡心於鉼沙王未生已惡故因為名無指者初生相者云凶王令升樓撲之不死但損一指故為名也八法者或八邪或八風或八倒普超經者第三決疑品云佛因為闍王破計定有殺父之罪廣說三世三心叵得令住法界闍王聞已得柔順忍說法華時者據得柔順在法華前故在法華為清淨衆至涅槃時身瘡始發悔得初果故知為引逆罪者耳此乃全作大權釋故引迦葉為例若作實行者在法華會雖云清淨未見獲益準理應云障未除機未動至涅槃時障欲除機已動故聞佛記領解歡喜次說偈讚佛故第十七云父王無辜橫加逆害乃至心生悔熱徧體生瘡世無良醫治身心者不信六臣六師之言禀受家兄耆婆之教聞佛說法獲記發願當知二處並是迹為於其本地有何逆順又如有婆羅門名曰不害以殺無量諸衆生故故名央掘以見佛故發菩提心又波羅奈有長者子名阿逸多殺父害母殺阿羅漢焚燒僧坊後欲出家諸比丘不度自發菩提心並是其例觀心者害貪愛母等如止觀記引楞伽言行於非道等者逆即是順非道即道又道以通達為義所覺之理能通觀智從因至果故名為道乃至九界心皆名非道何況逆心耶有人問法華一乘低頭舉手皆成佛道何得闍王重罪不滅但須依向機動障除四句等判時熟前後化緣隨機不須此問次問可知答中雖引無量義準理更應引分別功德以四天下乃至大千塵數得道其內豈無人衆類耶故知但略一句開為四句至如淨名疏者彼以七義解釋四句一明乘戒值佛不同二信法二行不同三大小乘別四根性漸頓五應迹六觀心七化他初云乘戒者有乘則值佛無乘則不來信法者坐禪聽學講說皆得值佛但隨所習大小耳漸頓者大小各有漸頓故也應迹者已得二十五三昧應二十五有引實行者來至佛所觀心者但隨觀行以判見佛化他者見與不見皆約利他大權現迹略如今文若得等者以此四句能辨自他值佛時處得道奢促諸經例衆多少有無以驗已身當來生處如印不差揣心自責於經序豈不懷慙於正宗

次釋別序(入第三卷文句)別序者望通得名且約當教相望為言佛及弟子經前經後二文可知又若從如來最後遺囑則通序唯通別序唯別若如來出世來至今經對昔辨者此之別序意別而兼通通敘昔故唯在今經通序文通而意別別在今故諸經通爾若直就昔論通別者通序文通而義通部含諸教故亦有義通而意別別在諸味故別序文別而義別不關他部故如持鉢合蓋事在當經亦有義別而意通通諸教故又亦

可通序文通而義別隨部對教多少別故別序文別而義通通敘部內教多少故為欲徧通通別故爾二序相對其名自分於今經中言通敘昔者說法則重敘出生放光則漸頓俱照唯有華地尊表斯典意密未宣入定乃義兼開合眾喜則悅動殊昔約昔異今疑念乃雙緣過現猶預於當答問則廣敘三同通收一代經意既遠序亦異常是故他經直爾發起爾時者欲現六瑞時也古人云眾集時者不體言旨凡云爾時皆指前事之末後事之始此指現六瑞之前欲說無量義經時眾初圍繞若云眾集時者不可云眾集時眾繞如方便品初即指文殊答問竟時不可云佛從三昧起時從三昧起如云爾後爾乃等皆是爾時之後若集眾竟可云爾乃說無量義故知別論即是欲說無量義時通論可指佛未定起之時初則四眾圍繞乃至雨華地動故云是時天雨等也所以重云是時天雨者別指入定後時也此雖小事其例實多事還不輕故令徧識翻覆者結前逆順也從前向後名順翻覆向前名逆言生起者從前向後則前生而後起從後向前則後生而前起即答生由於問起亦可云答起由於問生乃至集眾亦爾雖許其逆順意斥其無旨故云未顯其旨者何謂表四一一經所顯不出四故此亦以光宅義而破光宅若依今家應表十一直是等者斥其消文逆順但得因緣中世界一意餘三全無故云尚自不明況二三四即約教等三今明下於四悉中直對四一者表四一當同故知一家始末得旨人一是世界多人和合至今同故理一是第一義此名最順六瑞一一無不表中行一是為人修行之來為生物善構疑與念令眾行成教一是對治由答問故疑除教與問答即是除疑教也此且一往論其大旨然集眾等各具四一有此表彰方可生起逆順有由若不爾者何大乘經不集眾放光雨華動地但無生於大疑請答不必妙德答問不引三同今雖未正說但因疑請問答而後知則使華地之前既說定異常說定之前眾不孤集雖曾聞無量義既定不散知向聞未卒故知華地之後定起所說不輕以前後準中應華地亦異由是聞法表一乘人人由現瑞表一乘理為顯斯理生疑問答教行斯在人理宛然又由瑞中說開經表合教入合定表中行放中光表中理雨中華表中位中地動中感除總成人一良有以也故天表第一義天地表實相之地雖並有表光而時眾莫測故縱聞開經尚不知開本表於合況復能知定理等耶故待文殊引往方知化道不殊故知生疑本為立行疑決行稱引古教同乃知今佛方說教一而今時會成一乘人如是乃可為今經由漸作顯實先萌若不爾者徒云釋序表法華意終自未彰如此猶是因緣釋耳約教中應明施開廢會方顯序中所表而云非藏等者且約廢權故並云非先廢後開理數然耳故歷教簡三尚未名一若開顯已無非經王又開已唯圓故云非也故預辨能開不論藏等五味四味義亦如然如此釋者仍屬迹門約本迹下表本門者須至壽量亦可預表故知此序

顯表迹四容表本四久成不逾此四故也久近雖殊四一理等觀心可解云云者以皆表一理觀易彰然須略知以示云爾一心三諦理一也一心三觀行一也作是觀者人一也能詮觀境教一也又常觀三德能所皆四法身理也般若教也解脫行也和合三法成假名人即觀行如來也約六即位位位四一於念念中念念四一一色一香無非四一如此觀行眞法華之三昧也心境互發即因緣觀之四一也不同三教即約教觀之四一也久遠已得即本地觀之四一也向因破先宅以立四一耳總釋五章竟次衆集下正別解初釋威儀中先引論者論文有四成就一圍繞二前後三供養四尊重讚歎經文闕前後應云圍繞前後涉公云雖是論文不順經義涉公猶疑譯者故也然今家多依論文但一兩處不全用耳論以四釋三不須此斥如惟忖五句以八句釋之數羅漢德五句以十五句釋之如難解難入加難悟等釋之故加之無咎曾尋彼疏三二卷來可畏處多於孫息矣

四威儀中簡餘三儀欲有所聞異非時住故云如法況必待此經方云如法若通論者當部當機圍繞住者咸皆如法正釋中先斥古直云比丘等四有云天龍等四梵魔等四大小客舊雖有此列不判凡聖逆順權實說默今昔微著共別兼獨施開本迹都無旨歸今所列四乃徧諸四收向十雙凡聖乃至本迹不濫又涉公云天台立影響等衆有義無文未可依信若爾有義無文而不依信應當有文無義則可依耶今謂有文有義常人用之無文有義智人用之有文無義暗者用之無文無義迷者用之故經云依義不依語即此意也故外小權迹望內大實本並有名無義故佛斥迦葉汝昔但聞涅槃之名未聞其義法師自立聲聞菩薩二聖衆龍神人主二凡衆今間此四爲復有於天台四不若其無者何關法華尚無當機得益之人況發起等無則未可若其有者有文有義何謂無文故今經列衆必具此四即其文也義須必有發起等四即其義也有文有義甚可依承法師所

立無義有文反當斯責況復四義仍徧諸經在今須云發起本迹約教因緣此四次第者機雖可發必藉先導導機既發影響扶疎三利全無結緣衆也若言無文文殊彌勒豈非發起三周獲記豈非當機除發起外諸大菩薩豈非影響除當機衆如起去等豈非結緣況雜衆中雖無擊動亦能引導通名發起雖非鎮嚴亦能輔佐通名影響淨名云而生五道以現其身幷其所引四衆義足初釋發起中有法喻合初法者先明內德擊揚下外用也應物施設故名爲權順宜制立故名爲謀有權之謀故云權謀實智內融無謀而當故云智鑒鑒其宿善可生可成故名知機逗會無舛故名知時擊揚之言義當發起用以釋名發機令起故云發起初文釋發成辦下釋起亦可前四字正釋次四字功能動亦起也又剖之令開故名爲發因擊揚者啓之而動故名爲起義兼能所通及自他又擊平等之大慈發時衆之一善揚不二之大慧動稟益之三業又擊大會之宿因發當機之妙益揚

如來之大教動時衆之固執又扣佛大悲故名擊諮啓聖旨故名揚令聞所未聞故名發動使聞者果遂故云成辦遂必獲悟故云利益次舉喻者大權象王躡法身樹至起應地演一乘之實唱飽妙行之機緣次所謂下合中云發起五序咸益物機故知集必不孤大權作命由集故瑞乃至問答等者等取正說序意既彰正說垂啓故序中發起元期正宗驗知此序未通於本雖冠經首本由別故而兩處發起俱在邊多然迹事非遠可寄文殊久本難裁故唯託佛釋當機者亦有法譬合初法者由有發起當機可成當者當也下字去聲宿往也植種也德衆善也衆善之本故云德本以善有本故得成機大權作用利聖益凡如來三達說稱宿種故初成道護其沒苦方等般若處彼機生故至此經先略次廣三周容預攝無不該乃至本門位登無垢不差毫末稱其往因中我可發故曰當機令據釋衆當機二字並屬所化而須機應合論理合義兼能所今且從所以應所化宿植下先

釋機字緣合下次釋當字次喻中如癰者譬有機也欲潰者譬可發也爲佛大聖及發起衆不謀而捺煩惑分破機緣分熟智德分成法身分顯不起下合也不合往機但合現發現發即成現機故也故不起於從一以出無量之座即時聞於收無量以歸一之說咸登初住故曰得道此約剋體論當機也通收乃攝六根五品次釋影響衆者然化主形聲必資伴以影響方令發起擊動事遂如響之應聲影之隨形亦法譬合初法者初兩句明影響之本次隱其下明能輔之迹所輔唯一故云法王而能輔者䛇因示漸示始示終衆聖之威儀也示因故古佛隱極而現修行示漸故法身潛圓以現偏小此皆匡輔釋迦法王匡正也謚法曰貞心大度曰匡輔者毗助也貞心助主知物機有在讓正化之功故云影響次喻者如星晦獨照之用但建輔月之功顯德冥扶故云雖無爲作而有巨益大論問諸比丘何故常隨世尊答如病差隨醫顯醫功也此舉實行者尚有影響之儀況法身古

佛垂形助化故知四衆如輕病者差八部如重病者差輕重俱有權實影響次釋結緣者結謂結構立機之始緣即緣助能成其終則爲未來修得三德之先萌也無前三益故云結緣即此衆會前三之餘故此一緣兼具二義謂助現助當於中先對前三辨無力無下簡異發起德非下簡異影響而過下明非當機凡發起衆皆具二義一者引至會所二者扣佛成機而法身菩薩具斯二用故云之能而結緣者闕其勝利故曰力無鎮謂鎮重即內德也嚴謂莊嚴即外儀也內德既高外儀必整嚴飾化事光榮主用故結緣者於其所無故云力無等也又鎮以肅之嚴以伏之既肅既伏化道可行故云之用此結緣者自益尚薄安肅伏他故云德非也覆漏等者覆字入聲無聞慧故如器現覆闕思慧故如器已漏無修慧故如器汙雜如器雖仰而全以汙雜故爲用者棄故總結云三慧不生現世等者現雖得聞而不名慧聞慧尚無思修安有此即通取六根五品別則五千起去之流故

起去者雖無三慧然納種在性得爲繫珠故知亦無觀行位中世界益也故云無四悉益準此分位四悉俱得名爲當機故五品已來世界益也六根已來爲人對治益也初住已去第一義益是故下文隨喜品末尚成當機一句一偈結緣衆耳然聞略說則有過於一句一偈是則不論聞之多少但未入品俱名結緣故五品前無復三慧四悉益也無聞故無世界無思故無爲人無修故無對治無證故無第一義故第一義有通有別通於五品別在初住故得度之言亦有通別即是第一義之通別也是則雖復四悉義通終成結緣位別但作下正示結緣衆相比丘下結數爲十六者若據文殊彌勒但在比丘衆中諸尼雖無請法之文下文亦有請記之相但俗二衆雖無正文準例合有既至會所必爲權者之所引導二衆既爾八部亦然今從總相但云四衆故知但云比丘等四所攝未周云無文者深成不違次此是下次約三教者兼論昔教五味傳引準上可知本迹可解若且

約體用則本住尊極或深位法身迹爲四教一十六衆觀心明位取五品爲結緣者且約觀行爲言故以名字觀行而爲結緣以當機中初住即入影響故也應知初住具有二義若舊入者唯名影響乃至聞經超入後位意亦如是若新入者得是當機亦是影響又以發起即如發誓弘經之徒言云云者分別此四爲成觀行高下不同至此位時並堪爲此四衆故也五千起去尚得結緣故知不專名字五品故約觀行從容而釋圍繞初文具有四悉文不彰灼準上言之淨居天下即世界化爲人像即爲人人以爲楷即對治禮已聽法即第一義表四門去約教若直就當教論衆自有諸教中佛今從圓繞圓極義邊乃表三教四門機動故見理無量義時仍是偏小預表當聞圓四門也今昔相望四教義足故但云例故知昔教非無四門當教機動但小鈍未融至此方名大機動也若本圓人至此增進亦名爲動但不別而別得四門名約觀解者三教觀行猶如行旋皆成圓觀猶如

念佛又觀秖是念以觀轉故云增也若觀下寄觀以論本迹若約體用及久近者本住非動非不動之法身迹示諸教機動繞佛釋供養者猶在彼衆爲聞無量義經衆集之時而修供養故釋爾時不得云衆集時也彼經所列凡諸來者咸持供具有引華嚴經諸供養雲從十方來亦未全然若大莊嚴所獻供養此例似爾若國人所置並凡力所爲若爾何故並云天廚等耶答從勝而說讃以天名故知影響發起二衆供具必異當機結緣復應料簡諸位不同供具亦別上位尚非二乘所識何止天供儼然不散者說經纔竟即入彼定當時放先天便雨華地即六動時衆觀此便生疑念乃至問答由此遷延儼然不散同塵復說故名爲仍須全指彼故云不得有異文雖廣略事無別途問於三業中二業事畢意業如何答專注之言通事別若以始終專注由此而生疑念則意未休若且以身口讃歎供養則一期事畢意具斯二不可一向釋現相序者於中三先示文次破古中先

敘古次今謂下略破然亦許其文仍破其義義即表報言表報者瑞是能表表即報也云未彰者光宅雖即彼此同六皆云三雙全無所表故知動靜之言太淺上下之語既彰況內懷歡喜非唯觀光是故今不存其立稱況度人觀理何教無之所以言相預報令知當善故先示奇特警悟物情名爲表報但衆既未了知決在文殊文殊決已知定起所說不出一多相即從因至果感應道交故以三雙而先表報既列教首教須殊常上下等言事則易了何須文殊斷固彌勒懇懃耶三今明下正釋中三初略列釋次此六下辨二名同異三略明下以瑞對妙初文者六中除說法餘五同時雖復異同共顯一致然於六中雖前二後二正爲時衆以中二爲表正在因果故也所以華表眞因地兼分果說且顯露從多定乃密意從處圓機當發圓應照之故知六瑞並異諸經不同光宅次明同異中先引文明同人情分別去辨異雖以異爲相表報爲瑞異瑞之相本報妙理從同義強復有文據故順人情未爲盡理玄者黑色義同幽也顯即深也說之等者諸佛出世本爲佛乘四十餘年抑之在懷圓音將興慮不尊重又復以瑞而撞擊之令欽渴信生疑去解明表報十妙者若準前文秖應表報四一而已以四一文略順光宅若準今文廣則無量略則但十極略秖可云表一乘今雖云略乃成處中又十妙者此經既以妙報釋瑞妙義既十六之所表道理應然故近則表迹遠表於本具如玄文開合者是若且表迹亦如玄文引經六瑞言感應中已說者恐文誤也玄文列在神通妙中言更道者爲辨異故更說之今具録玄神通妙文對今辨別以各有所以故也玄文云地皆嚴淨表理妙放眉間光表智妙入于三昧表行妙天雨四華表位妙栴檀香風表乘妙四衆有疑表機妙見八千土表應妙供表感應妙也地動表神通妙天鼓表說法妙衆喜表眷屬妙修行表利益妙玄文通收香風地淨彼此六瑞故徧取之今文不列他土文者此土自足故也凡諸取文皆有通別況香風地淨但是開合至下釋文更有料簡又他土中上聖下凡義同感應人法復與說法義同唯始終中終同應息菩薩行行復同因果故行行文寬總攝於漸凡所表語意並含弘是故下文多番釋之古來諸釋都無此意光等徒施浪疑虛答狀若炫燿時衆何殊精魅外通故一家釋瑞必有所表是則大事大人作大感動大機大益顯於大理須大眷屬以輔大會俱感大時大運成熟自非靈山共稟此世親承焉能契之曷有測之釋說法瑞中復更分經爲四初列所說法體次列體上之名三明菩薩所依四明佛之所護初文者先略引經釋次今將下以十妙揀經等者且將迹妙十中五來揀字色喻反謂莊揀也既引彼經以此莊之令成今妙以彼善戒但從自行因果故無餘五法大境也通是教法別以十二部中毘佛略部是方等理心解智也淨嚴行也淨應具七即始終行也時位也亦始終位也具足是三法妙也由因有果能豈無所故但有前五必兼後五況復且

以因果名同義理循別兼獨開等思之可知云云況復三紙義涉三藏數有大小故使之然問以十妙拺經乃成麤妙不別答從名同邊可對十妙若從序表實如所問故須別釋以對序文次列體上之名者先破古涉法師云論採諸經名有十七慈恩廣釋乃爲過分今先破生觀於中先述彼所立次若爾下今文難者般若淨名無相非序安得以無量無相爲序次敘意者五時相生次第別故雖俱無相前後有殊二經之後方無量義無量義後方是法華故唯無量爲法華序餘二遠故序義不成若爾下更難者始自華嚴後後教起以至法華此則通途前經生後乃成次第展轉爲序別義不成若諸經不然豈獨無量義爲法華別序耶次基師所立不殊生觀破準前說次印師者印受於龍龍受於遠所計既等破立一同言無相善有成佛義者意云十二年前是有相教非成佛因指無相善有成佛義意云至法華中一切無不皆成佛道所言義者謂可成也故以成佛義爲一乘經序

又云等者若爾方等般若亦明無相亦應以方等般若爲法華序印師防此伏難故更述無量義與大品對辨大品無相猶說有三無三無量義中無相不說三之有無故大品無相非法華中無量義經無量義經未翻譯故此有三失一者錯解無量義云不說有三無三失二者謂無量義未翻譯失三者妄破古師以大品爲無量義失然初失者彼無量義既說二三從無相出何名不說有無之異次今謂下今文破也但破第二餘二可知故具叙經來翻譯年代注無量義經序云此無量義經雖法華首戴其名目而中夏未覩每臨講肆未嘗不廢譚而歎忽有武當山惠表比丘自僞帝姚秦略從子略是長子因爲晉軍何澹之所得養爲假子俄放出家勤苦求道以齊建元三年至廣州朝廷寺遇曇摩伽陀耶舍欲傳此經表乃致請僅得一本仍還武當永明三年九月十八日始傳於世經既已來等者笑印師也次破光宅中亦先依彼立彼立意者以同歸與法華仍有二異一者同

歸非無二無三二者同歸非破三與一雖有二異由同歸故可成此二故以萬善同歸爲無二三等序若言下先破初句問無量義中同歸萬善何異法華所無二三兩處若同破則俱破歸則俱歸二三下結難次若言下破其次句前舉其無量義難其法華今舉其法華難其無量義此難意者前破語存略破三正是破二破三故今牒言破二破三但加與一異於上句故先將破以難同歸故云何不破萬次破二下雙牒兩難初難唯二無序破即是無故破二三是無二三文中語略亦應更言若破二三即是破萬既其破萬是則無序若以低頭舉手爲萬善者二三尚無萬善何有若其俱無序義安在次取經下即縱難也若言二經俱歸俱破但此經舉破彼經舉歸今亦破云不成異也既云互舉歸必有破破必有歸互舉一邊豈得爲異次異意下結難也凡言序者須與正殊殊又表同方可爲序異同既混序義如何劉虬下破注家也亦先依其所立次若舍下破其不肯與其無相

自語相違故將其不賢難其無相尋諸下總
覽破之先總破次若言下去取也破序不成
爲去判屬方便爲取初判印先對彼無相況
立有相判入三藏次若言無相下正判印師
次若言下破注家此二既然餘例可見故諸
家所釋不出三教故指權教通名爲他次若
法華論下今文消論既云法華是無量義異
名故知無量義亦是法華異名則序中立名
於理無咎前說無量義經以爲法華序竟更
依論意即是先說法華異名還入法華之妙
定若爾前已說竟今何重說答前所說經灼
然成序重牒其名義兼於正故使論引今爲
異名名義兩兼序正雙得次大品下引證序
中立名無失故大品經序品云釋迦牟尼佛
今既現在爲諸菩薩說般若波羅蜜經金光
明經序品云是金光明諸經之王涅槃純陀
品中純陀自敘云我今所有智慧微淺何能
思惟如來涅槃之義古經此文元屬序品謝
公治定乃加純陀哀歎品名又云下重引者
異名同名俱序中唱今案下依經重釋無量

義名以證成序先列經文以辨今意次復次
下以無量義對普賢觀以破舊師初文先出
能生次所謂下所生今釋下解釋中有法譬
合初先釋上無相問經中亦以無相釋之與
他何別而苦破他答不同他也舊以所生無
量爲無相經以能生一實爲無相從實生諸
諸名無量無量是相何名無相故經云言無
量者從一法生故不同舊所生無相注者直
云舍法不賢但得所生失於能生經從能生
於所以題目人師將能爲所以釋題故云從
此實相生無量法故今更釋能生故知能生
中道實相與今經實相不別二法者下更釋
所生無量雖曰所生義兼於能從多名所頓
謂等者即頓部中具有漸頓能生所生亦指
所生故云頓中一切法也漸謂等者次舉三
味此三味中亦有能所例頓可知云云三道等
者此中三四亦具能所圓菩薩及佛以爲能
生三菩薩二二乘以爲所生故此三四攝法
亦徧例如漸頓亦具能所是則凡一實理皆
諸教流出無量義中述其意耳故三乘中二

乘舍四菩薩兼三若作三四義通四教如向
所對若作三四並是所生則菩薩及佛但在
三教從教判權玄文復以四佛爲四果若則
圓佛爲一而生權三能所相對故云四佛是
則菩薩名通於義無失故於獨一生於兼一
思之可見此等下更結所生以示能生能生
義處法華別名所生無量爲法華序故序中
一名義兼兩向然應知從一以出無量雖舉
能出通皆屬序若無量入一雖涉所生通皆
屬正故義處一法亦成兩向出生之義處屬
序收會之義處屬正即從一義處已下兩句
文是其兩意故佛入義處義兼二途譬者序
如下從一出多正如除從多歸一故知昔教
赴機益物如用錢市物而皆未知其大數從
一下合喻如此等者結前能所以成兩解能
生不違論所生不違經但依兩解經論理存
消釋既爾得意者何即所生爲能生方是異
名能生家之所生此乃成序若也專能何殊
生等及昔一圓若專論所何異注者及昔三
教是故各存還成雙失所以今家能所相從

二義俱立若專序者則法華已前非但未論會多歸一亦未曾説從一出多故無量義唯今經序復次下以前後二文對破古者此非正破於餘文中光宅等師云法華經不明常住今因明無量義序異便救法華經正常無量義經在法華前普賢觀經在法華後序結並常中何容別何故乃云神通延壽是無常耶故引彼經偈云如來清淨妙法身等豈非常耶言百非者彼偈略列三十四非以之爲式諸非準知此明法身性離諸非故總舉百然絶四離百之語猶通淺深節節比之今應從深觀經四波羅蜜者經云釋迦牟尼名毗盧遮那徧一切處其佛住處名常寂光常波羅蜜所攝成處我波羅蜜所安立處淨波羅蜜滅有相處樂波羅蜜不住身心相處既以此四成身成土爾前理合身常土常故大師追括五時悉皆有結具如玄文他難下他難今家序中能生已明常住則序已是正正何所説今反質之云序正俱常於理何失又例去他人濫引云例如淨名序中説常正不明常即是無常故將法華以例彼經應當法華序常正應無常他云淨名序常正無常者彼淨名經弟子品中呵阿難云金剛之體當有何疾乃至佛身無爲不隨諸數古人判弟子品菩薩品並屬序故又取通序歎菩薩德深信堅固猶若金剛今亦反難意者若以法華例於淨名亦應以涅槃例於淨名則涅槃序常正無常也故知秖可以淨名例於涅槃序正俱常汝自不了淨名宗體謂正無常而爲例耳當知淨名亦序正並常故問疾品中明第一義空空即常也不二法門正明中道常也不思議品明常家之用觀衆生佛道以空假顯中香積佛品明香飯體常菩薩行去復宗明常故知正宗始末俱常今論下結難若爾諸部何別答言序正俱常從極理説若須辨異五時自分具如玄文第一卷辨若爾序正何別答各有其致且論今經序中雖常未明會所正中須以會所乃常常外無餘序正乃別餘經例之各有其致

法華文句記卷第二下

法華文句記卷第二下

校勘記

一　底本，明永樂北藏本。

一　三一五頁上一行書名、卷次，二行述者，南無（未換卷）。

一　三一六頁下一行「十寶山」，南作「千寶山」。

一　三一七頁中一九行「脩羅官」，南、徑、清作「脩羅宮」。

一　三一七頁下一六行「二百」，南作「一百」。

一　三一八頁下九行「例衆」，南作「列衆」。

一　三二二頁下一四行「不散」，南作「未散」。

一　三二四頁中一二行第七字「戰」，南、徑、清作「載」。

法華文句記卷第三上　晉七

唐天台沙門湛然述

教菩薩法明因人所依此去仍帶異名以釋故加之以處處爲能生之一法一法秖是究竟相故云諦理諦理乃與法華不殊故燈明佛歎法華經亦云教菩薩法佛所護念故得引下普令等文以之爲證證義處也所以經名在序但云無量義耳以兼正故教菩薩法加於處也取下三昧來通釋之使兩處義齊俱序並正嘉祥云此有二義一者實相名爲無量二者實相所生名爲無量今謂無量之名可名所生實相之稱應申能生雖立能所俱名無量則未可也若對異名能生之法名爲實相斯則可矣直爾釋序意都不然經自釋云無量義者從一法生生即所生一法能生即實相也古來匠者如何得以能生釋耶故論云此是如來欲說法時至成就既云欲說非即全同若其全同即是已說故論存序乃云欲說意兼於正則爲異名論其二途今釋準彼亦順下文三昧爲歎若所入三昧唯依所生列名秖應但云無量故知經名文在所生意兼能出所入三昧義必雙含所以前消論云欲說此經先入此定今從經所表邊復以義處歎之及引文證全在此經佛護念者果人所護既是能生無量義處復是佛所證得豈佛所證而非實相故引自住而以爲證昔未說故名之爲護約法約機皆護念故從雖欲下明護念意佛意本欲唯說能生故說無量義時機仍未發隱而不說故云護念故無量義下一護念言亦成兩向但彼經文雖云從一出多未云從多歸一猶是覆相名爲護念若不爾者則已說法華何名爲序以未說故故云雖欲開示等也以未說故護未暢故念言久默者自昔至今斯要等意思之可知若唯從所生非專佛護在昔通說無時不然故法華論云蓮華二義一者出水二者開敷彼如出水此若開敷所以仍名爲蓮故華但有未開當開之別釋入定者先舉所入之定次明能入身心初文中三先結入意次非禪下釋結意三疑者下釋疑初結意者且約彼經彼定而相成者理則可見次釋結意者又二初明定慧之用互有相資各有力用次明相即即定慧體初相成者先說後定且從序說先定後說如下釋疑佛居果位必無先後爲順化儀現有先後究而論之其體相即次立疑者且依序問凡諸化儀皆先定後說此中何以先說後定答中先順問答佛之常儀次申定意欲明一定義分兩途次說此下述爲序意今時何故先說後定常儀說已即應衆散更入此定肅其現衆衆既不散得爲今序次何者下述爲正意以一定中義兼二意意雖復二時衆但見無量義後即便入定不知所入爲是何定不知定後爲說何法故結集者復符佛旨述所說經但云無量述所入定即加其處若從義處以出無量顯成序意若收無量以入義處密成正宗雖加義處衆亦莫知言若作次第等者亦順化儀辦定先後即以不次第而論次第於佛內照豈可分張若明文等者謂如來當時不先示定體故使彌勒勤勤置問乃是經家於別序中

且覆别以從通問如大通智勝說後所入爲是何定答文雖通云靜室入定豈妙法後入餘定耶問今佛何不準大通智勝亦先說後定是則皆用說前開定爲說後合定作序耶答彼佛讓王子結緣今佛但羅云通化結緣義同通化何妨故使今佛序定兼正即成先定後說也智定相成前後何在若爾彼佛前定豈不舍兩準有疑念彼此皆然彌勤等者慇懃指四伏疑靳固指四伏難皆累至四故曰慇懃等靳字（居覲切）牢也二定並得爲序故云其義轉明身心下明所依身心先明不動所以以得所緣實相故令身心不動次云身之等者釋上身心所依處也故知身心不動亦由義處故本源理性俱名爲處對彼身心假施二稱如來實證色心體一即此色心是三德故欲說本有理妙常經先以色心不動表之又身之與心俱表示迹今以迹表本故云虛空常寂次引大通入法華定證身心也故此定體名異理同若分所入相同時别上二句證身下二句證心身若下重譬身心稱

理故也非常住法身不可以金剛喻非本有理定不可以虛空比無量義下結此身心功歸義處稱爲下釋疑疑云定若依處應唯稱處何得復存無量名耶此定下釋也言無量者所照得名所照者何即所生是亦非異時故云而照無量即處存亦何妨若作等者向且存異名定體身心不動若將此相以表序者以此不動等正表序後當說一實今指不動不分别時如義處也上句釋身下句釋心是則卻對定前身心動運分别如無量也先開後合序義灼然次更問答釋疑先問可見次答意者若準常儀說已便散何足爲奇今說已入定知後不徒然後若不徒然前定體應别故衆集說定皆表當聞故令時衆肅有所待肅字（息六切）爾雅云肅肅翼翼恭也翼翼恭恭心有所得問彼經末云受持而去今何故云不散有待答彼結集家語通經者恭承嚴旨聞必流通故云而去今據此經無集衆文說已入定定起即告告前所集不散何疑故華嚴等經皆悉先以聲光集衆雖入開

定等者開定之言仍前序意未盡其旨故立雖言意既在合定體豈違常定尚未曾云從一出多況誰曾云從多歸一即開表合故與常殊文殊引古既云皆有此事故知一定二義不疑故云何以證今豈可以等者古人不立說定爲瑞故通斥之乃集經者大權所置故非凡下之所測量釋四華者先出舊人及經論明華名不定又大般若亦云適意大適意柔輭大柔輭然諸教不同文多列四若雲公所感言如雲母此乃一時徵應而已約所表中斥舊云狹而不當者於中先斥其狹次斥不當初斥狹者今教數十六豈比舊耶故責云收三藏十六不盡者唯四故也況直云十六爲何教一十六耶故應歷教簡一十六亦可責云爲是發起十六乃至結緣十六耶故云況四十八故知語比丘等四雖含發起等而無理顯之若標發起等四攝比丘等四況聲聞菩薩及以雜類類中一一無不皆具發起等也因古述四故須對比丘等言之夫華下釋不當者此華密報現得妙因當趣妙

果古直云四表比丘等故招今難所雨者華華應表因四衆已得何須更表此責古人不知雨華表現妙因異昔因也若表四衆唯希新果何須雨華此責古人不知散佛表妙果在當異昔果也今昔因果麤妙永乖混同一稱今昔無從又生公亦云表四果不實此乃用於三藏菩薩斥小之文則知四果不實尚未解通教何能顯法華次今言下正釋先舉昔偏因對今圓因昔圓因不別故但斥三教云云三藏中但云二乘者不可接故應如玄文云昔三因大異等佛因者秖是圓因四輪因者即初住已上銅銀金瑠止觀第一記具引瓔珞玄文復以四句判位開前合後如三十三天等開後合前如十四般若俱開如四十二字俱合如天雨四華次下文去引今經諸文並是位義問答中意者借別顯圓言借別者圓非無位借於次第高下以顯不次平等耳此之借義請後學在心以此宗學者或時亦迷瓔珞四輪是借別義若論圓位六即亦足何須更列四十二耶以分真位長故借別位分其品秩譬虛空體一而飛者淺深云云故止觀第六末云或借高成下等玄文尚用名通義圓況名別義圓耶次問者既借別位別有賢聖圓亦有不答指玄義者具如玄第九卷非無賢聖但高下不同又四念處中亦四句分別若定判者即住前屬賢若四句判但是義立更互得名住是賢位又去聖遠故名賢聖別地名聖圓行向人去此地近故名聖賢於今圓文行向是聖復更入地故云聖聖若不相望當教名定若言去復歷教破舊者雖曰一因應識因體四教菩薩各望其佛並是一因而一因異故玄文第十從一開一從一歸一既不辯異通教何疑故通教云二因大同同故一也故云不出通教若言四衆同是菩薩因者從初發心不共小故法華意如前者具如四輪乃至開顯釋普佛世界等者初破古者以六表六其義可然直云三乘但破三藏三乘因果義未周悉故以藏通兩三及別橫竪比之方顯圓經六番破也涉法師云地神令動此見甚薄約別破中云縱横者具如止觀第三所引今釋下正釋也初文似約教清淨行經似因緣初文釋中云磐礴者即堅大貌也即七方便人未破大無明來至此會始破無明無明難動猶如大石是故云也又前非不破據難破者至今皆破故云磐礴若準長含多緣地動亦可爲表經云有六緣地動謂入胎出胎出家成道法輪入滅小教雖即不云所表既在八相中之後六即初地初住位之功用也故此位居六番之首四輪但因故從因立名六動兼果從果立名又極果分果俱得名果故名爲果破古對今則具四教又妙覺者雖未即入到在不久始末兼舉故云從果本迹後言云云者應引本文我本行菩薩道時即本四輪也我成佛已來本六番也本初實成亦以此瑞用表六番故顯教中文殊引他佛之昔事同我佛之今序密意正表昔佛必有於今今佛豈無於昔昔成已久故非一反觀行釋中初句總標次正釋中初約動爲表次約六爲表初文者言雖兼六正語於動皆表當破無明名爲動難動

地即能表也淨未淨根即所表也次東等二六者俱約六數表也表淨六根約觀解故故得通約觀行相似分眞等位皆淨六根於中初六者事東踊等具如中陰等經今入觀心義復符會言表根者眼鼻已表於東西耳舌理對於南北中央心也四方身也身具四根心徧緣四故以心對身而爲踊沒謂中踊邊沒邊踊中沒可表六及十二入也復有六動者義兼十八於其六中前三是形後三是聲形實聲虛六根亦似三形三聲此六事釋新舊不同新云動踊震擊吼爆今且用舊搖颺不安名動自下升高名起𡒊壟凹凸名踊六方出沒亦名踊隱隱有聲名震砰磕發響名吼令物覺悟名覺新云擊如打搏爆若火聲經論略標多云震動即形聲三各標一也大經云純陀去後未久之閒其地忽然六種震動又各有三者以表一根各有根識境三初文表六中表雖更互破必同時淨十八界者次辨所表皆破無明故知秖是見陰界入皆常住耳云云者應具述所表以成觀心但略

存數並闕心境辨妙相狀次不次等亦可根根皆修三觀如十八動此中但約能動之相所動唯秖一地而已如根雖六以心破故一切俱破釋大衆心喜中先因緣者昔教奚嘗不覩雨華等相令欣躍殊常理應甘露方降時衆雖無測者必知機成不久機感相應何疑不釋問如文答中通明異常故也引大經證如文次若言下約教雖具列四對昔四喜不同於今純一實喜無復差別人天等四皆云動者權爲實動故也問實理無動今那言動答動即發也圓機當成名動實相以餘四動當趣實故文無本迹觀心若作本迹者本住不動三昧迹以地動表發義立觀心動者如二十五三昧中破四天王空假中動釋毫光者初文總標放光釋中初釋白毫次釋放光初文但有二釋初雙標二釋應機標因緣設教標約教破惑下明二事意也現光本表斯二具二方除疑惑白毫中初是因緣復次下約教初文四悉者初文世界其毫下爲人放光下對治光照下第一義四皆此經次約

教中具斥三教二乘即當前兩教也雖有菩薩同見二諦耳復次下明放光具爲四釋因緣中三初放次收三收放意初應具四悉文相不顯但可通令見得四益大品一一相各放者以身輪表般若徧也大經面門者面門口也表佛口密說於秘藏今經定中眉間表意隨機各現皆具三密四悉益也雖一代來三輪施化當當之益莫若言教臨滅之際面門放光表此言教流至來世今且通論放光若別論者準諸文說不照無色義同集衆次收光者初引育王多是因緣釋此中現在一文是章安私意從足入去並經文也各表記其當界所以他經授作佛記皆兼諸界唯此法華專表佛記言當界者但明諸界各有死此生彼及大小果位以下表下等部屬方等故對多緣而今經等者定起必收收必肉髻略耳者以至佛從定起必須收光以所表事辦須斂衆心令入一實是故合有收光但是文略又解下次收放意可見亦是一途非究盡故耳以現在正今會三歸一爲正未來當

得爲旁若文六下約教中先正釋次明光表表中先破舊者舊明雖橫照一萬八千土至尼吒皆此土瑞今意不然放光一瑞義通二土言由人者不能全破次舊下舊解但約一方表滿不滿若照下破也既許實照十方何得獨以東方而爲所表有人云眉者放光處也眉者媚也若人無眉則無媚也所言放者一者不制唯照大千二者作意發動則照一萬八千亦云表一乘此不知佛無謀而作以作意放釋諸佛之功用今明去正解次若就下本迹中表四位增長者四方表四集表增長言增長者從信入住乃至等覺故下文云餘一生在次觀解中云此等境界者即十八界各百界千如蘊在十八佛慧未開故以光照表開開即別在初住文云去引十界機皆開十八界也言分文屬此土等者始從爾時終至周徧並屬此土第六瑞文他土初瑞但從下至至尼吒天今文以此放光之文通兼彼此故其文勢亦含長短若短取者如向所列若長取者須至尼吒還將此第六而爲他

總若爲他總亦有長短準望應知次明下正明他土六瑞爲二先略次廣初略中爲四初標次一見下列章即當正解釋也三既有下生起六瑞四若此下對此以明瑞之所表次列文中但云上下不云感應者以感應義通三雙故不同此土前之二雙並在於應故第三雙得云感應又彼土瑞至第三雙生起中云行始必終者但互舉耳明菩薩有始而必終如來已終而有始又人法雙中雖人通鹿苑之末法唯乳味之初然法必有人人必對法故且對辨又上下雙中雖上說被下而被物未顯即雖未顯始末由之故得對之以論上下況凡諸取對皆是一往是故更須求其始終初雙中六趣者廣解章門非此中意乃至離合以爲四生五道七識住等如論廣釋云云言總報者瑞雖有六以光爲本光表覺智光照此彼先表二覺次表三同於三同中二先總次別先總明道同同相如何不出三同既今同仍隱但成二耳若所見中亦見授聲聞記說壽長遠則如來都無所作化儀不成

雖然縱見記小長壽此衆亦疑不知此土聲聞爲合記不既教踊出其壽若何等是未知故並隱之以生疑問文殊廣答具述三同衆機略知定後之相故知通序文通而釋契別理由四釋故別序文別而義妙由五時故所以答事纔訖定起於斯事符於答知文殊見極從盡見下別者即三同也次廣說中初文先出他土次當知下引彼例此結始終同起塔之相雖表二經法華之相猶未明了是故但成具於已當二同此土三同當仍未起言二土出世意同者同五濁故故施等不殊開權即是法華之相息化即是涅槃之儀非頓等者法華一乘非頓漸攝於一開出乃頓漸生是故今云非頓而頓非漸而漸準此可知起七寶塔者二經味同隱者未說十二因緣經云八人應起塔謂佛菩薩支佛四果輪王佛八露槃餘之七人次第減一此土既爾他應準知故今所見須皆佛塔也當知下引彼例此總結前文言從一出無量者始從華嚴至般若來皆從一法開出至般若時頓漸已

竟而人不知法華出頓漸外請觀竟字法華但是收無量以歸一次更約因緣釋者文中自有通別二釋初云通者通於漸頓徧於四時四時之中各有感應對今無非今教之因緣也故知因緣有其多種自行化他自他相對文從自行故云昔善今教等也次別說下正明現在之因緣也亦可此三展轉相生由發心因緣故信解由信解故行行若別說者別指般若中三教爲種種也故云三藏之後以般若部是菩薩行故又就下以般若中三教教教皆有四門及四悉等故云復有無量相貌言五百者明共門中種種廣故五百雖是三藏有門約所證同且證於共來至般若並成通人實得別益今且從顯故得引同仍舊乃成種種故也不共易知但例而已共不共名出在大論既云藏後理應通指方等般若唯云般若者以方等三同般若三小同鹿死故不別指他人於此離爲三門謂因緣門信解門相貌門今謂言辭雖爾義理不然因緣謂感應差別信解謂能感不同相貌謂信

後行異有此不同皆云種種雖復殊途不逾二味感應則互有疎密故云因緣能感則內懷納受故云信解修行則身口外彰故云相貌外相儀貌故云相貌問行一解異如何行別答觀外識內故名不同言彼明此相者彼謂彼土彼所現相故云此相雖復種種同至法華無復餘相但未見法華座席以入滅表之故但云一因一緣等言一因等者亦是彼土法華已前得云種種既會入實同一因緣相貌等也此是感應等指問光中所照一時橫見何得乃云先頓後漸乃至會歸耶又於見中可無純頓唯漸等耶答實如所問時眾但知因光得見大術在於世尊見者非其境界然令見意本爲證同所放光明爲成一實事殊理絶者非光所霑遠近既俱令其見聞過未亦何隔於視聽故使十方始末皎若目前安以凡情測量聖境何獨化主佛力令見同聞眾中及以集經者特有古佛晦迹其間智鑑當時述斯橫豎加令見者聖凡一等故知但依文次經意宛然次爾時下釋疑念序

初云但成一疑者本疑六瑞自力不任方思答者再思有在仰託文殊文殊念與有決疑地故第二念於茲自亡既已得人何須再念故第三念於時復息及至發問初疑尚存故云一疑問經稱文殊是法王子者此諸菩薩何人不是法王之子答有二義故一於王子中德推文殊二諸經中文殊並爲菩薩眾首次釋初念中初因緣釋云神變內外者此明表異須此別釋若通釋者如大寶積經一切諸法皆名神變具如止觀第一記引神名下釋名兼辨相首楞下明所依法法王下功用也亦是問由次若夫下即約教也亦是更釋功用及以問由又此問由雖由不測神變正由自決故利他機發故應赴因緣和合而設斯問令知彌勒不識所以故須諸位展轉比決散者若行外道及諸凡夫定者得禪外道及信者習定聖者三藏中除身子外諸聲聞也此就極處亦不知者凡若夫之言明其意通故下節節不知於上若極位者則一切下位而皆不知也故菩薩補處及以尊極此之

三祇苦行教道應通四教展轉互比文中且然今最居極故補處極不知尊極又彌勒去義當本迹隱本智明迹同暗訥若作觀心釋者智照靈通六即隨變初文因緣義對四悉其義宛然內外異故見聞歡喜六瑞外彰物覩生善依理變通偏調一切法王理極故無過上若將下偈顯大衆疑念同彌勒有三者此諸大衆共覩六瑞自入位來徧歷多會久知文殊神用莫測故至彌勒興念之時衆亦精誠專注妙德故使彌勒發問之際先觀大衆方宣因疑審知文殊是決疑地舊解可知準今問答意引偈既云三念不專彌勒但處一事任運發問居先言問答者文殊最能何獨彌勒應云物機在於問者答者故以四釋而消其文即因緣等也初問答下是因緣如文殊推堪問疾於無垢施仍爲所訶故云在餘文法門下約教四教不出權實故也又迹下本迹也又名下觀心也初因緣中其文雖狹若義立者亦具四悉問答隨樂即世界也起衆所欣爲人也咸釋衆疑對治也位行齊

等第一義也次發問序者頌初先料簡偈文有無先何意下問次龍樹下答論文十義今但列六前五即初五文也六使後人於經生信七易奪言詞轉勢說法八示義無盡九明至人有無方之說十如今文第六文是總論即因緣釋也初二世界三五爲人第四第一義又爲下第六對治能除後來疑故餘闕四文第六同爲人第七同對治八九同第一義故略不論正釋中先述古次觀文下且總非之說法下釋出顯是於中先明非縮次明非盈初文準義在初二句中故非縮也於中先立但舉放光動地之未則知說法入定之本若無定慧安能現變次他不見下責令反下引答以難又問下覈出問處令指下答也前長行但總問於光若執唯光是問餘不問者應當非瑞則雨華動地尚不成瑞何獨說法及入定耶故光既在此土瑞終仍居他土六瑞之首故總舉一光通收二六況若更下別問導師兩字義自兼之次明非盈者風地二瑞並有所依所依是瑞能依豈非故於今文

明非盈也於中亦先述非次破中初一句略序次風本下破爲二先明風有香尚得爲瑞況復風地本爲顯華雖各立瑞名而共成華德正法華中但直云香不云風也故知風若無香不成瑞也夫天華下明香本屬華華香如檀故云檀風若香風非瑞華亦非瑞地淨準知於中爲四先總明有香等次此表下釋出所以言因運至果者明華香入風如道風德香薰一切也三金光明下引證四故以下結成以果上二事顯因功也由華有香非獨風爾由香風故其地必淨言二事者謂功德法身功德因也法身果也由至果故成就二義一至果二果淨由因至果故令果淨次二句地動瑞次一行衆喜雖不依前次第六瑞宛足次初三行下言驗此等者前長行中光瑞乃居此土第六乘此即明他土六瑞他土六瑞無光不見故須判爲他土總瑞恐人不了至此點出故云驗此故偈中此土光瑞云大光普照前已明竟至他土瑞首重云眉間光明等者重牒總瑞文耳涉公都不立二土

六瑞但云此初行中上半譯是下半譯非應云佛在大衆入于三昧三時大事而不云放光下文自有今謂此文自是他土總瑞故知自未曉於經旨徒加譯者之非既爲他土總瑞所以不別分之但戴在六趣之始即初一行頌總瑞也次頌別瑞初頌六趣中云六是能趣人者四趣及天雖即非人通指宰主乃徧六趣於中初二句略舉上下諸世界下具列依正因果初諸世界者指萬八千非但見能趣有情亦覩所趣諸有非但見果報好醜亦知業緣善惡故見六趣但是取機之所又覩下云聖主師子等者聖即是主故云聖主有人云聖中之主謂於外道支佛羅漢法身菩薩諸聖中主今謂華嚴十方世界主伴之主非鬪二乘外道但是諸菩薩伴中之主聖主如師子故云也師子具如大經大論師子法門又師子吼者名決定說前兩教主非師子吼說非決定不譚真實第一義故雖云兼別最初純大故云第一前之兩教猶雜煩惱故非清淨赴機未徧不名柔輭並詮中道故

云深妙稱理當機故云樂聞有云如來胷中大種所起故名清淨無卒暴故名曰柔輭此以欲色凡夫報質釋佛梵聲一何苦哉各於世界者一者以萬八千爲各二者主伴不同爲各信知須判爲華嚴教前之兩教及中三昧無此事故二教八門名爲種種無三乘事名爲佛法若人下頌四諦等者他人不作華嚴消文遺苦巳前鹿苑之始豈有各於世界之文以小乘中無十方佛故頓後漸初唯有鹿苑三藏三乘初乘四諦乃至佛子三相宛然如何不以五時消文文中先出能厭之行厭不徧故未得名盡雙厭因果至說涅槃方乃厭盡在文分明若苦合因果即苦集諦厭老病死即道諦爲說涅槃即滅諦亦可爲說之言兼於道諦涅槃之道即道諦也所證滅理即滅諦也又遭苦是總標厭老病死是知苦知苦故斷集爲說涅槃是知滅知滅故修道難陀持戒具如止觀第四記支佛但說得果之由及以所求法勝若例聲聞須明行相云云若有佛子下是開六度大乘者修種種行

及無上慧諸教共有今初形凡小亦得種種及無上名不離凡小通得名淨非畢竟淨者且約三藏六度言之藥中無病名爲淨耳若欲於此辨四悉者三乘行異世界也緣覺爲人聲聞對治菩薩第一義況復各各皆具四悉三乘約教準例可知本迹觀心亦應可解下去諸度隨文略消又聲聞等者且約當教一途而說應知通教三乘並以界內滅諦爲初門別教菩薩以界外道諦爲初門圓人以界外滅諦爲初門此中明因允暫見不合廣求法相但略堪表同於理即足若論修行方可廣辨以下三十一行半廣明二味故判此文唯三藏也結前開後者結前中言見聞及事者據漸頓教皆云演說及爲說等即是聞也又見佛子等即是見也見中種種多皆事也大綱略足故云若斯同者略之謂千億事言開後者續後而說故云今當及千億事文中置之今應兩牽亦可前四句結前如是下二句開後蘭菊之言斯有在也此下三十一行半分文但云菩薩修行既居鹿苑之後又

在涅槃之前準下釋般若須兼二酥以法華相未決了故從容釋之雖約二酥教多在三如前分別故諸度約教別圓之前多不云教含二意一爾後釋義準部通四今識眉目以長行中具云方等般若故也總問中經云恒沙者阿耨達池四面各出一河東銀牛口出殑伽河南金象口出信度河西瑠璃馬口出縛芻河北頗胝迦師子口出徙多河各繞池一帀流入四海於中殑伽沙細而多外人所計以爲福河入洗滅罪佛亦順俗故常指之又佛說法多近此河故以爲喻此下六度但略指大體若依二味具出其相具如止觀第二第七記所引問旣云方等般若亦應具有兩教二乘何得總問唯求佛道答實如所問但避繁文還同鹿苑故略不說駟馬者四匹共乘故云駟也俠字胡帖反豪也文殊下經云往詣等者表往非餘故指佛所所問尊極云無上道所棄不輕故云樂土身心俱離故云剃除如是消釋世所共有凡諸解說貴在教宗顯理之精息其繁礿五王經者此是一卷小經經云昔有五王鄰國無競互爲親友有一大王名曰普安習菩薩行以餘四王邪見熾盛普安愍之呼來殿上七日七夜娛樂受樂四王曰國事衆多請退還家大王自送幷命左右而隨送之至於半道而問之言各何所樂一云願春陽之日遊戲原野一云願常作王種種嚴飾人民侍從道路傾日一云願得好婦兒端正無雙一云願父母常在多有兄弟美食音樂共相娛樂各各說已迴白大王王何所願答我先說卿所願不長若樂春遊冬先彫朽若樂爲王福盡相伐若樂婦兒一朝疾病受苦無量若樂父母常在等一旦有事爲他所執四王又問大王如何所樂答言我所樂者不生不滅不苦不樂不飢不渴不寒不熱存亡自在四王問曰如此之樂何處有耶何處有師大王曰吾師號佛近在祇洹諸王歡喜各詣佛所却坐一面白佛自責佛說八苦王及侍從百千萬人得須陀洹捨國入道大相略同旣云問無上道非關小果且據捨土出家事同故今引之光中所見亦可八苦以爲助行諸教共之故捨國事同觀行須別以分諸教又如長含有四輪王分於一國雇人剃頭旣云諸王機亦不一下去又見等亦通諸機故也

法華文句記卷第三上

法華文句記卷第三上

校勘記

一　底本，明永樂北藏本。

一　三二七頁上二行與三行之間，南有「釋序品餘」一行。

一　三二八頁中一〇行第三字「卻」，徑作「郤」。

一　三三一頁中一〇行第三字「未」，南、清作「末」。

一　三三三頁上一二行末字「處」，南作「據」。

一　三三三頁下八行第九字「者」，南作「一者」。

一　三三四頁下一五行第二字「又」，南作「及」。

一　三三五頁下卷末書名、卷次，南無（未換卷）。

法華文句記卷第三中　晋八

唐天台沙門湛然述

經云被法服者如瓔珞經云若天龍八部鬬爭念此袈裟生慈悲心意令此丘安可不忍亦令俗衆生慕樂故龍得一縷牛角一觸等云云彼王所慕與此大同此中秖合明所見意以序表正諸度行相功德及袈裟等但是寄此況明之耳然必須辨行體顯教以分味殊生忍等者文中兩解初通以三句用釋三忍次一一句別對三忍應須附文釋出所以若分三忍對四教者生忍苦忍別在初教通爲四境何人不須具此二耶別在地前求佛道者此中雖無但準例說次文即以誦經爲第一義者若不求佛忍不闕誦故以誦經同求佛道第一義忍通亦在三別唯圓別故令三句諸教不同如別譯阿含佛在舍衛有一梵志來至佛所種種罵佛種種惱佛佛告梵志如汝以種種飲食上王及遺親族彼不受者爲復屬誰梵志曰此屬於我佛言此亦如是我既不受還屬於汝故此不受亦是生忍故此生忍別屬三藏在阿含故通於通教理不受故況復通用諸教共之其名既通須釋相狀次進中實相亦可通四別二竅者如瓜在穴病也禪中云通途皆有根本修者諸教皆修故也若達根本即成出世及出世上上具如止觀釋境中明今文語略但云出世上上及以根本根本即三藏出世即通教上上即別圓又四教皆以根本爲境故釋前行通涉諸教於前行中云離欲者通教也又根本下藏通兩教也此兩皆修根本背捨等故然應須知觀行猶別以辨兩教別離二乘且從難說中道離欲中義通圓別從圓受名重釋深修者由深修故離欲不同則根本中亦應傳傳爲深故也此中根本乃至二乘具六已來亦具藏通二教意也別教五通如文亦可讓於初地已上圓教初後皆六通者但約理圓無漏失故義立六通若從實說初地初住分得無漏通耳安禪等者前通釋中通深淺故令上上禪別在別圓釋般若化他中云定慧具足者別人利物横具諸教乃至圓教令從極說故展轉比乃至地住方乃具足是故文中初從色定亦名爲等等故具足有漏尚等況復餘耶背捨等名等不等者約無漏事禪以判既云厭背故多屬慧九定名定從名判耳無間入故十一切處前八屬慧後二屬定又前八在色色界之中亦自得等已如前說前是因緣又二乘下約教判二乘即前兩教也菩薩及佛即四教義足空觀去約觀判也破魔等者四佛各有四降魔相具如止觀第八及記若對教者亦空二假別中圓則具教觀二義故也乃至地住各有破於八魔十魔八魔十魔具如止觀第八及記究竟破盡故名一切擊梵等者即眞妙梵音之所轉也既降魔已應轉法輪文從實說但云初住通論四佛各各能轉乃至眞妙亦通四佛次約不次第云隨見而問者問向明所見可非隨見答並是隨見但二途不同從不次邊最爲隨見尚許一見具經五時何妨觀行次與不次三藏後等者此則全是彼佛所說且如見人見行不妨見說捨禪者第四禪也亦可別圓

忘懷之捨忘彼禪故名之爲捨悲禪者婆沙云初禪修悲易二禪修喜易三禪修慈易四禪修捨易此中悲禪既云化他豈獨初禪故婆沙中尚有通別況大教耶故一一禪皆應云慈乃至喜捨華嚴思益等者華嚴具二思益具四故思益第二卷初網明菩薩放光徧照十方阿僧祇國一切煩惱一切疾病遇光安樂煩惱病苦並云一切乃至佛自放六度光觸者蒙益故皆具四以初地例佛亦應無妨故得引之第一云佛告思益梵天能教衆生一切智心是名布施不捨菩提心名持戒不見心相生滅名忍求心不可得名進除身心麤名禪離諸戲論名慧豈非三藏六度耶第二云我說布施名爲涅槃愚謂大富入諸法實相故持戒是涅槃不作不起故忍是涅槃念念滅故進是涅槃無所取故禪是涅槃不貪著故慧是涅槃不得相故又云布施平等即薩婆若乃至般若即薩婆若又云布施不施不慳乃至般若不智不愚此等豈非並是通教六度相耶第四云能達一切法無所

捨名檀達一切法無所漏失名尸達一切法無所傷損名忍達一切法平等名禪達一切法無有起相名慧豈非別圓六度相耶華嚴具如止觀第七記引又如地持六度各九此並蒙光得益之相以佛道名通悲禪不局初地初住及通七地俱皆得入故作通釋四相既分五時可辨是故不假諸餘繁論未眘睡眠具如止觀第四然彼是方便此中正修亦通四教若小乘中如那律具如止觀第四記此中在大以求佛道故引般舟以爲行儀般舟翻佛立此舉除睡中最以九十日常行故也準部又通通諸教故無歎乃至究竟但此十戒名出大論亦通諸教具如止觀玄文今十始終悉是菩薩故皆求佛道生法兩忍者合前二忍爲生忍第一義爲法忍初半能忍人次半所忍境下半用忍意意即兼於生法故也故知生忍之名名通義別三藏中生滅事忍爲生忍衍門中生忍法忍永異三藏力者阿含云力有六種小兒啼爲力女人嗔爲力國王憍爲力羅漢進爲力諸佛悲爲力比

丘忍爲力離諸等者五蓋具如止觀第四卷云云初一行半明所離次半行明離意以諸教禪皆離五蓋意在佛道如寶積經迦葉云有四法急走捨離百由旬外一利養二惡友三惡衆四同住多戲笑或嗔鬪等又云若有打截大千衆生若有惡心惱發菩提心人此過過是癡眷屬者具如般舟須離癡人及鄉里等望前亦有方便正修之別四事者前之三行正具四事初行二事謂飲食湯藥次行衣服次行卧具房舍諸教之中或復橋梁義井園林浴池今無橋等殽葅也膳美食也不知何事嘉祥及涉法師皆以殽爲肉縱有一分字義通肉何須置餘專用於肉使後代少識者疑之應云非殽而食曰餚若作脯者噉也說文曰膳者具食也秖云從肉作訓喫誰即名爲喫肉或云是肉未制之前斯言更謬大乘頓制一切斷肉何論楞伽前後制耶況復並是光中所見豈一萬八千咸同未施斷肉之制猶以脯肉供佛僧耶經名衣等者如此土迦葉袈裟直十萬兩金光中所見或當有

此次釋般若第三行中云言語道斷者心不著故必離言說言語道斷泯前初行不可說而說心行處滅泯前次行不可觀而觀雖復雙泯而說而照故云說不可說觀不可觀此語復通衍中諸教故不局此消此三行文有五釋初直消經文次釋三行全在方等而言六者五隨般若故也第三釋三行全同般若盛譚等是初行意寂滅等是次行意清淨等是第三行意以從名便同稱般若第四釋以三行具對三味第五復同般若問若爾此第五釋與第三何別答第三直以不說而說等與般若相同故且對之此中因第四釋中以第三行對於法華者良由妙慧二字仍云見人不見座席故却將初後二行歸於中間一行不覩而觀正同般若即與不見法華席同等是不見故未消法華皆云或者意在於斯問前分文獨在方等今釋具對三味耶答一者方等具足四教獨法多故二者唯未見法華座席是故於法華前從容說之而兼般若然又諸教六度別者皆由般若是故具論所以若說若觀及言語道斷諸教有故故須具論云云況所見難量故詳之至五波羅所廣不出於斯兩意從人者第四第五意中正指第三行也泠然下云云者如向略申上文但云種種因緣信解相貌未分三味四教之別釋者誰知三行含於二味又諸經論六之與十離合不同具如止觀第七記又瓔珞十度各各具三義通諸意故下卷云施有三謂財法無畏尸有三謂自性受法利生忍有三謂苦行外惡第一義進有三謂起大誓心方便進趣勸化衆生禪定有三謂亂想不起生諸功德利益衆生慧有三謂照有照無照中願有三謂自行神通外化方便有三謂進趣向果巧會有無不捨不受力有三謂報得修得變化智有三謂無想智一切種智變化智以佛舍利者略如長行新云窣覩波此云高顯方墳者義立謂安置身骨處也見有滅度之相則知佛已涅槃雖見入於涅槃不知爾前所說而時衆不決未測見由故不同古畏妨壽量又復爾前已見二酥大小理足應不重說是故懷疑諸天龍神等者塔藏身界故供者福大不同殿堂形貌安處故長阿含云佛臨涅槃有梵摩比丘佛前立執扇扇佛佛言却勿在吾前阿難思念此比丘常侍佛供給無厭今者末後須其給使乃令遣却何因緣耶佛告阿難今俱尸城十二由旬天神側塞嫌此比丘當佛前立今者末後諸天神等皆欲供養而此比丘有大威德光明映蔽使我不得親近禮敬是故令却阿難白佛何因緣故有是身光佛言毗婆尸佛時以歡喜心手執火炬照彼佛塔使其身體光明乃爾上至二十八天身光不及火照既爾餘皆準知故知舍利所住之處其功不輕慢之生罪罪莫大矣如斯等例經文甚多何可具列並非今正意經云天樹王者即忉利天波利質多羅樹具如釋籤引大經文結文意者正供舍利旁嚴國界若直爾嚴國何須起塔白毫爲本者此約道理白毫表中爲諸法本不必最初又由光見以之爲本如他土瑞六趣居首豈爲瑞本所以他土以佛爲本若論總別仍同因

光言佛爲本者下凡依佛佛之人法由佛始終始必歸終問他土六瑞容可因光此土但云佛放一光見此國界何曾關五答因光見處一切皆妙當知光是殊妙之本況復諸瑞並中爲本光即中也他六皆中由光亦爾次行者初二句歎光本初中初一句二字舉光本本即神力智慧言諸佛者舉諸顯一正指釋迦次二字正歎爾前不然故云希有由二事故其光乃淨下之二句歎光體用於中初句歎光體次句歎用所照國也過萬八千方云無量故前立歎且從所表況復諸方所照亦爾故云無量第三行中初二句重舉所照而歎過常次二句舉見稱號以請答云見此者二土瑞也與一化異故云未曾既殊凡諂未曾不虛諸佛子等疑事不輕故重啓之非專爲己故云衆也言構難者構者架也累也頻至於四故云累等彌勒節節設問文殊皆構而拒之此三意者初意明事大意遠次意將護發起影響二衆第三意將護當機結緣二衆雖復初二共成第三故彌勒三意並託

機緣故云妨閡機在仁者及以闔衆是故託衆翻其三意而請必答斬亦固也廣雅云彊輮也兕者音似似牛而一角似牛非牛故云疑兕今憂懷不決故云憂兕闔字胡臘反閉也漢書云闔衆不薦一人者闔盡也當知今會盡衆疑也初拒中云衆未曾疑者且據不發言者以質彌勒次待佛定起者佛若定起其疑自決言時答者催促之詞令其即答劍師招音作劉字者誤劍師有弟子行深從支遁貫山答問爲四初開章次生起三惟忖下所以四廣解生起中云罔像者亦可云仿像未實貌也髣髴二字古作仿佛上數往切下方物切上相似也下不審也若準此義上字正當惟忖答也惟忖答上此土瑞者欲說等五句既對六瑞即是以五忖此六瑞略曾既云放斯光已即說大法他土六瑞以光爲總因光先覩聖主演說故知答他土問也廣曾具述燈明六瑞及光所照如今所見乃至定起說經即是雙答二土問也雙問意在問於定後故云雙答惟忖下當因緣釋然文下本迹

也據未廣述似同未知既云今昔昔即廣曾但未彰言先示惟忖故先五句酬序六疑破古中先敘次今明下破先去取云其法說不用者仍存其譬不用法者本門太早故也問至此尚破太早何以迹序本迹釋耶答通序通於本迹別序唯在迹門故釋通序況用本門非通序中廣開壽量乃至別序雖有本迹之言或時且用體用本迹間若爾譬本譬法法既不用何以用譬答秖緣光宅法譬分張法則本迹俱譚譬唯迹門顯實去法存譬良有以也儻若全取仍須責云譬本譬法如何三譬唯譬得記欣小破惑二法乃以本迹雙論用譬除法良由斯也然論有八句一欲說大法二欲兩大法雨三欲擊大法鼓四欲建大法幢五欲然大法炬六欲吹大法蠡七欲不斷大法鼓八欲演大法義今但依五句以初句爲總下四爲別他以八句四對釋之而云一破惡進善對二開權顯實對三得智證眞對四說法利生對仍云尋釋來由唯有五句成兩對半有破惡生善說法利生開權一

句餘者則闕仍不次第讀者應知今謂論文八句釋經五句是知不斷幢炬釋法鼓耳不斷明鼓體相續幢是法鼓標幟炬明法鼓破暗以喻釋喻道理如然今依五句總別釋之然通序冠首乍可從容別由藉異無涉遠本文殊答迹尚自惟忖略廣方決乃酬問旨何得率爾示遠本耶若釋五句作顯本者略曾廣曾並須知遠光中横見應發近迹光中横見尚隱當同但以起塔容表入實豈容於此便見遠成及以塔踊并分身耶惟忖既未關於遠本故略廣唯譚於近迹釋後既虛等者釋顯遠既虛釋開三亦謬開三秖應如今總別不須以對廣略二文若不爾者徒稱權實正釋中先直述大意次正釋三横豎下結意正釋中先釋次結惟忖初文又二先對五瑞次別釋大聖忖量不徒涉慮此初惟忖乃為略廣二答之基故彌勒思瑞以設疑文殊附疑以忖度是故內惟昔佛正前之六瑞忖量今佛瑞後之三周故略廣時方顯內忖此即一經之胥目也初中三先對五瑞次欲說下

一一解釋悉令表正三如是下結示有無秖為釋中以瑞表當故論八句皆云欲也釋中初句答說法瑞者明昔說無量義經表欲迹門入實兩時無量義義既不殊驗知今日出生之後收入何疑法之大者豈過於此次句答雨華瑞者惟昔雨華時已表當說圓因四位故四而非果忖今天華而四兩了時會之一因一因必四位為所階四兩以義天為能表第三句答衆喜瑞者忖今同昔衆見瑞喜冥表必行行依理教故喜心內動圓障冥壞改昔權人成今妙衆人必稟教行理咸然第四句答地動瑞者忖今同昔見地動時已表當破六番無明故普佛世界六種震動動雖形聲二別且以大鼓忖之故知誠兵必破邊疆之大賊地動則除中理之無明故二乘昔來都無斯理序中冥利時衆未知第五句答放光瑞者忖今同昔覩光已表開顯道同故以一光俱照彼此此表釋迦彼表四佛故知迹門不得同本開大法法義二句何殊答大法表此土開顯法義表彼此道同此照於彼

彼同於此故云演也並一代所無信答問有在言兼具者驗知四瑞在定定不可無闕此至略耳者略謂極略一往略曾似如略於惟忖義則不然以略曾中既有過去諸佛之言但是望廣名為略耳非豎惟忖是故惟忖但忖量過現無曾見之言故更略也故此略言有其二意一者言略無曾見故二者闕略闕入定故次別解中復為總別總者以下四句皆是大法故知下四為成初句所言別者即以雨等別彼大法令入住等對四位故名為別即以光宅三喻而從今法故釋五句並託喻從法先以華瑞舉於横別以示豎總以初句中義含四位故也故次以雨等以離前總出四句故準此下四當位自具從始至末文中且從對豎以說故以雨華用表四位如吹法蠡通表改於四位而別在於十行擊鼓亦通表四番破惑而別在十向演說既通云横廣豎深豎深即如位位豎入徧通諸位而別在十地故初兩兩乃至法義一一徧於迹門廣說但於衆生得益不同須從豎釋束横

從豎故入住者且名法兩乃至入地且名法義是故迹門通名兩兩乃至法義故下廣釋句句皆云爲令衆生所入又有超次不同今且從次並言今之與昔等也如初明兩兩但表入住即不云今昔從信入住何所論改非不改信非改眞位不得改名故始入住不須云改故知二乘鈍根菩薩昔法華前未破無明今初入住但得名開是故略開利根深益在第二句故第二句容有昔時利鈍菩薩及二乘人先密入住并於今經始入住者並進入行俱名改號若顯若密至今不同三四兩句準第二句故知改名亦通於後誠兵亦然證位雖爾亦有今昔聞經薄益入品入信略如向明當機結緣具如玄文利益妙說故知爾前亦可義通開等四名橫闊豎深者前之三句非不深廣今至地位最得其名次惟昔下總結橫豎釋竟者若總別相對以總爲橫以別爲豎若於別釋初句雙顯橫豎二釋下之三句文正明豎位位兼橫涉法師云論釋此文略無奇巧難可具依是故今文亦不全

用經善男子者涉法師云離五不男豈法華中衆但離不男纔堪爲受聲聞無作一緣之中少分而已今言此名大小通共至今應云開七方便爲善堪聞獨妙名男男子即丈夫具如大經大經仍含三教佛性具如玄文所引云須陀洹人佛性如淨乳等豈小教中有佛性耶故知大經於法華之後開方便教徧立佛性之名名通義別故男子之稱通在五時諸教義別次釋略曾初言小分明者且從言說階漸而言意則不然向云惟忖還忖廣略故知略曾更述惟忖答中但略舉光瑞光照他方義當他土總而言之並答此土況他土之文元爲成此故知惟忖且此略曾且彼所以分於彼此者以惟忖中有今佛之言略曾中有過去之語以今表此以過表彼若爾廣曾亦置過去之言何以雙表答廣中具述三同可以三同顯此復有過去之語而以過去表他若爾判答之中無過去語何以雙判答今見此瑞與本無異本表過也今日如來即顯此也雙述過現故表雙判言曾見者即

是見廣但言中庠序略廣漸增爲答之方實主儀耳欲令等者欲令之言譚教意也聞即聞慧知即思慧即開顯之聞思故云難信旣有二慧必入修慧豈佛說法獨令唯二但以知釋修未可全當故但云思亦信法者即圓二行聞即信行如隨喜法師品等知即法行如安樂行等豈二行者全無修慧如三周授記及本門功德等並一往分別耳乃至云若聞是經思惟修習等故經文中其例不少以一部文凡論入法不出二行故也二慧二行得入諸位故欲令之言意通初後云收無量以歸一者指說大法意也義當於總次云改三乘者指法蠡十行次云六番指擊鼓十向次云諸佛等指演義十地次云開等却指法雨十住故知略曾還述惟忖瑞表所爲故云欲令一切世間等者若不通指諸位並開佛知見豈得云一切等耶如下文云一切世間多怨難信之珠四十餘年方乃信解次廣曾者還廣上二言橫豎者彼此相望爲橫今昔相望爲豎通號者應身皆具十故名爲

通法身望應亦得義立吾今此身即是法身故知應號即法號也然釋法號須從法立具如止觀第二記又諸經中或時通列三號即十中初三故淨名云若我分別此三句義窮劫不盡準三望七亦應可知應號無盡況法身耶別號不定如楞伽經佛告大慧我於此娑婆有三僧祇百千名號亦如華嚴此四天下十千名號十方各一世界各十千名號乃至十方盡虛空界種種不同此佛既然諸佛皆爾佛號既然佛身說法亦復如是十號功德如育王經香口比丘云云若爾今之一佛尚名字不同何以言今名與他同耶又釋別名作定慧自他釋者何佛無此自他定慧獨云燈明與釋迦同答應佛得名隨緣各別其義縱具不及燈明如楞嚴中堅意問壽佛今往東方過三萬二千佛土有佛名照明莊嚴自在王堅意往問竟白佛已阿難云如我解佛所說彼佛是釋迦異名故照明之言正與日月燈明義同涉法師云日破暗月作明日赧熱月清涼日開眾華合青華月合眾華開青

華燈於密室能破暗如彼智能破惑然全無合喻況復亦無三同之見依今合之方在今教方可依前定慧自他故云隨緣稱別義則不殊次說法同中即五時同也如華嚴四諦品云文殊告諸菩薩四聖諦此娑婆及十方世界一一各有磧八四百萬億十千名號十六大集亦爾故知諸大乘經多為辨異唯有今經特為顯同非但今佛與他佛法同亦乃己他皆入一味故下文云因緣譬喻皆至種智是故諸經不出異意大乘七善者既云通大小乘論中又以聞思修三而為三時成論又以少年中年老年所說為三不同今人令人老者所說非善又亦以三乘為三故云通也今文以三段為三其言仍通其義則別時節既爾餘六準知今經應云圓乘七善八音者一極好二柔軟三和適四尊慧五不女六不誤七深遠八不竭諸教悉有從所宜異判教不同從所依異判佛差別來至今教理無二途界內外等者別圓兩教攝彼二處總名滿字故名圓滿師云者指南岳也又初去重出異解金

光明者如金光明最勝王經第四云此經希有難量初中後善其義究竟雖不云其語巧妙等以餘文例可以意知部雖方等義圓極故可以證今前心者謂住前中心者謂登住後心者即妙覺理猶未顯名不思議分證定慧名為莊嚴磧八感究竟盡名為不壞十七此三如來凡有所說皆同一善初心尚云不可思議況復中後所說皆善是故亦與說法同中時節同也故但立三時餘皆善也有人云初句總六句別故離七為十初離三故四義深五語巧六無雜七具足八清淨九鮮白十梵行須為分其大小漸中不明方等般若者但以六波羅蜜擬之但是文略既云答上種種修行應具如上頓漸既同橫豎不別故知因光橫見非但生彌勒問異之疑端亦為文殊答同之先兆又非但二聖問答之冥符元是如來化道之玄旨故主伴相與密設一途使愜物機宜聞皆契轍問前問中以菩薩為三藏大乘三藏之後方云種種即指二酥今何以將菩薩六度答種種耶答凡諸問答及偈頌長

行皆有廣略此文望上應爲三意一者上廣
令略故令漸初但擧二乘二者上離令合故
上菩薩別開二酥別明諸教三者上旁正具
擧則通列三乘今直論正且語二乘問觀文
語勢令得菩提屬菩薩句何以離分對味不
同答有二種一者義意施前諸味本爲佛乘
故將令得以對元意二者答意問既具騰初
後答亦委述始終不可唯守略文令闕大旨
故隨問勢從義離開況此問答隨見而辨信
非二聖虛構言端方符今文釋者之巧引過
去無量劫遠事與東方萬八千爲同驗舊消
文未成答問成一切種智者五佛章中皆云
爲令乃至種智故知同也所以定起引同還
同光中所見故五佛章種種之言不出四味
昔同下云云者今更分別三同相狀令佛正
晉八　十八
在於定故以法華爲當古佛已說法華故以
三皆在昔所以古佛六瑞及以爾前四味而
爲與今今同已同唯說法華名爲當同古師
不以六瑞而爲今同具如下破初引至互擧
者文殊巧說爲避繁文故文殊見時皆具五

味言指前者以中後指前初一佛也二萬之
漸指最初及後最後之頓指二萬及初而不
引二萬之前等者且引同皆爲頓開漸過去
既爾驗知他土不過萬八千者以過此外不
同故也若云無量何妨照同若依現數則中
間不同尚亦不照況萬八千外雖然猶是一
往光但令見一萬八千答但引於過去二萬
足得表道同足可釋疑念故定起所引十方
三世何但如向所見所引問若爾何以將數
而爲所表答凡有表者皆約現數忽至三萬
豈無表耶以自在法門無盡故也況正爲所
表且至一萬八千二萬燈明觀釋還表二萬
如前二千即二萬也如菩薩八萬準說可知
若具以二萬爲表即表權實滿也姓頗羅墮
等者眞諦譯也婆羅門中之一姓也本行集
晉八　十九
翻重幢重字平聲一切諸佛皆不在餘二賤
姓故尚尊貴時則在刹利尚多聞時在婆羅
門又濁難伏時則在刹利清易調時在婆羅
門問三同判文姓何爲異答姓屬祖父名從
己德縱使姓異未足爲乖若作義同不無其

理尊貴多聞義同名別如會名中豈以今古
同名釋迦言能仁者亦根利捷疾不違物情
故得國人從之如市所言不二咸滿衆心故
云滿語故滿語等秖是能仁王子一八亦復
如是若爾十方諸佛誰非利根等耶答本引
令同何須求異況今但以三同例之名同乃
是從便來耳如五佛引同十方無不從頓開
漸無不令至一切種智此八子名作四對釋
者但得觀心餘三全無經云各領四天下者
有言金輪必不值佛此亦不然諸皆不例言
發大乘意者秖是四弘誓此諸聲聞大通佛
所先已曾發何況被會更有小名然發心者
雖華嚴十種不出四弘具如止觀第一卷廣
明今未發迹等者亦應云開權言發本者從
示迹說問集經者在發本後何故仍云聲聞
耶答此約文殊答問之時猶是聲聞若爾經
首不應猶名聲聞答從昔列之具如序釋故
解釋者先須順經現文次第且歎其小復更
約教及以本迹探取文意準令以說問此云
發本與發迹何殊答大同小異發者開也若

迹覆本開其能覆名爲發迹迹既發已即見其本約所開邊乃名發本以覆本故迹名能覆本名所覆約所除邊名爲發迹約所見邊名爲發本下文者具如五百受記中說則知一切頭角聲聞咸是菩薩昔明至則有者釋疑也恐疑昔與今同中應一切同何以今具五序昔但二耶初是現相從彌勒當知下懷疑從時有菩薩下便論說經所以古唯二者有二意故先徵竟次既言下釋中二先明文無義有次又若下明隱昔顯今從要答二理兼者略若具引三序以答彌勒之問還成文殊引往爲答有何不可但文殊鑒物知此時衆情在於己故彌勒云四衆欣仰瞻仁及我是以隱昔日之三而但述二令知問答之後即說法華巧申已見以愜衆情適時之宜何以加也又若下第二意秖緣不敘昔答故以垂辭具騰始末始說法華終盡滅後乃至結會方結述云今見此瑞與本無異等乃至偈云我見燈明佛本光瑞如此以是知今佛欲說法華經等但利物乘機何勞費辭故隱

問答但述已見若爾何妨述衆答據無量前無衆圍繞等言且云無衆而云說大乘經教菩薩法所教菩薩及二十億豈非衆耶況二兼三餘何須述若爾何不述問答問必有答相從須闕初所因人中先述不同以微起次述瑤師謬解言因託者是流通之人即指妙光言非直者非如今佛適從定起正說之初直告身子彼佛下次明妙光非彼佛定起對告之人如今下明身子但堪對告非堪流通故云未必次因託下明彼佛流通屬在妙光故云莫若次如今下引今流通之人同彼妙光莫無也若如也此佛弘宣無如文殊不可匹類故云無如次今佛下明今佛既其不歎身子往佛所以不歎對告故知今昔俱歎弘通之人故云何必何必者是不歎之辭文殊下重引所歎流通人耳次又舊下復述古師而以藥王爲所因者許而不用此師見下法師品初云爾時世尊因藥王菩薩告八萬大士即以藥王爲所因人若引藥王以例妙光稍似可爾没却身子深不可也但云文有所

因之言亦是對告之限且云可爾言引往小不類者若引往燈明正說之初對告之人以證今藥王故不類也例同身子此則類也所言小者猶同文殊故也或言下又引古師言不便者釋疑之時如來在定定起因機非因文殊定起唯云告舍利弗何得將在定釋疑之人用對定起對告人耶今明下斥舊所釋不當故總云不爾經云爾時燈明佛從三昧起因妙光菩薩而作下責舊文云因其說經何得云因其流通此乃下責二師公謂彰灼抗謂拒抗二處皆是定起對告告即所告乃以妙光爲流通藥王爲對告違經抗佛何關釋經昔因下引諸事同非唯一途云迹門竟等者非謂迹門全竟但是譬說周竟便云告舍利弗無智人中等今古下結斥言更若爲勝者前釋難云昔已發迹云是菩薩今未發迹云是聲聞衆事既齊故所因亦等而近下斥引藥王而近棄正說之初遠取流通之首是時下說法名同中經中所歎與無量義辭句不殊若釋此中教菩薩法等依前序義者

非正宗意若作異名與今不別故無重敘行
後無境者方等般若種種行後不見法華涅
槃之會但見起塔供養之事故云無境是故
今文下答出法華之會即行後事也六十小
劫如食頃者六十與五十食頃與半日數似
少異皆即長而短故云同也生公云豈實然
手表重法心志故寄時云耳若云寄時應言
如六十小劫何得直云六十小劫謂如食頃
故但情謂非實短也信六十小劫經文非虛
聞法之志加以佛威一坐經時忘其久耳注
家初引淨名促劫為日演日為劫者乃是佛
促以為食頃此則違經謂如之言猶不如於
重法之志但言寄時與經背耳引奢促已乃
云況玄匠真一之門何為不以歷劫為數刻
耶雖復況釋理竟未彰今謂且如世人苦則
以短為長樂則以長為短此亦情謂之長短
也有云受佛法食美未飽故此喻稍通有人
於此立以四句如中論破此亦不然必非聽
者於中修觀乃是佛力及聽者忘時故知中
論觀法但被末代鈍根者耳經梵魔等者梵

即色主亦三界主魔為欲主沙門此云勤息
勤息惡故婆羅門者此云淨行外道中出家
云淨行種也古人濫以此釋四衆者若攝衆
足何以更云及天人等所列不同並趣舉耳
此中先舉欲色二主四姓舉勝六道標善並
且從勝略餘惡道者皆取入佛法易者耳古
昔既爾今佛亦然迦葉佛下云云者應明佛
與土有淨穢涅槃進不以例燈明是故迦葉
以土淨故法華唱滅即入滅也今佛等者長
行末云即時釋迦牟尼佛以神通力接諸大
衆皆在虛空以大音聲普告大衆誰能於此
娑婆國土廣說此經今正是時如來不久當
般涅槃但今佛雖唱而未即滅故云不久信
解亦云將死不久以在穢土須說贖命為捃
拾故扶律說常令久住故兼權明實助發實
故帶實用權顯權力故過常未常始末一故
色身常身無生滅故雖此不同唱滅事等授
記同中先正述徵問昔事下答若說下明隱
昔意文殊巧譚不發迹者明所隱意意待定
起一代所說非無圓融未記二乘化道不暢

今方始遂推功有歸豈可文殊忽卒盡理故
隱所見待佛定起說記德藏時衆不驚故云
諸經皆爾執教者未驚下云云者應敘一代
記不記意如華嚴法界何所不含隔彼聲聞
使如聾瘂後分雖有授記事乖鹿苑初聞一
向唯小方等尚昧般若猶生雖楞伽方等有
記小之言楞伽乃密對菩薩方等為斥奪聲
聞故一代教文彰灼唯此請披檢大藏方驗
有所歸故將護執權教者謂聲聞永住涅槃
而隱昔記小之言從後以菩薩立號或恐聞
者驚疑憚教或恐拂席以亡後聞此前未驚
等文處處說故故不重論釋疑意者彌勒雖
在八百之數多遊棄習名曰求名雖藉宿因
補釋迦處豈若妙德諸教盛譚況曾為師釋
疑非謬言密開壽量者預擊時衆密發疑端
豈有伽耶適成而已師為弟子兩時弟子何
者為尊二處之師誰為實說既師弟無定實
本迹難憑終須剋取令理有歸密生其端本
門方審九代祖師者若論八子皆師妙光則
八子皆以妙光而為父師既云八子展轉授

記雖同師妙光應先記長子餘者次第展轉爲師故得妙光居八代之首八子最後名曰然燈然燈既爲釋迦之師是故妙光爲九代祖生非生等者既師弟更互當知師弟生實非生爾前曾滅滅亦非滅必久曾證非生非滅常住理故迹示生滅故云非等又迹難測故故生非生本理妙故故滅非滅本迹雖殊不思議一是故須以非生非滅之師弟預容表之問彌勒等者昔八十劫承稟妙光雖不通利安得不聞今爲補處宿智頗忘何故而今猶生疑問答意者此依權道不從實行實行雖即曾聞何妨今仍猶豫然憶昔曾聞法華會中得記等事亦應憶昔曾見法華會前瑞相釋疑故知實位補處輔應化佛示歷五味亦且從權是故文中從權以釋次分明判中先騰意次正釋先騰意者惟忖既忖量今昔當知惟忖見已分明故云不謬爲答之法先微後著故至明判顯向非疑故云皆決定也皆言表諸即初後皆決豈文殊大聖先思後當耶次當說下正釋中當說等者當說合

經定用開經以之爲表開爲合瑞理決無疑名妙法等者華必有蓮如因定剋果故知當入妙因定用天華四雨爲表教菩薩等者自此已前衆機仍隔此會之始根性欲純覩瑞欣然當入行理定用人喜以之爲表佛所護念等者所護之理中地無動欲念數弘令當入果入果見理理是所護故用地動爲其表也兼總入定等者四瑞總由中定而成說法雖即不專由定說是慧性全定爲體故開定合定總攝教行人理故也有人下述古正是現瑞時問故得以瑞爲今謝方名已云何在定華地炳然衆喜充懷毫光溢目古人稱已殊不體文唯說法適休況衆猶未散故從多瑞皆名爲今故引文云今見此瑞今何所隔瑞無不通降此屬當故云當說前昔同下注云云者正指此中故作等者六瑞爲今具兼二義一有文證故文云今見此瑞二者推理無量義經事訖衆存猶入其定又云爾時世尊放眉間光爾時者當爾時也若謂華止地靜爲已同者如來亦應已從定起偈中不頌

惟忖略曾者偈望長行廣略之意各有其方爲解義故爲攝持故互存互沒尚不失旨況爲答之法容與階漸長行既賓主禮足偈頌但存於大綱已有廣曾明判故不俟略及惟忖於廣至中間者舉前舉後中可比知表無問自說者方便品初從三昧起告舍利弗廣歎略歎此土他土寄言絕言若境若智此乃一經之根本五時之要津此事不輕故須先表即十二部中之一也現諸等者都指四行故名爲總其中六瑞文相猶別初一行頌說法次一行頌入定次二句頌雨華但加天鼓以助妙因次半行頌衆喜次半行頌地動次一句頌放光不能細分但且云總以兼天鼓天龍供養非灼然云喜故且云總良由此也頌他土中初頌六趣中三行爲四初半行重明總瑞次一句正舉六趣故云一切次一句中總明生死因果及處生死兩字總標也業明生死之因報明生死之果處即二十五有故亦與此同也次一行明所依土前長行文及問答中皆不云光色至此方云者前豈應

無次一行明諸趣供養雖云供養意表機成當知前亦非無也問既云莊嚴則是淨土既云道同那列淨土答淨由光照元具六道淨土則無惡道之名故知非但色淨由光亦乃衆寶具足各供則指萬八千土可知下云云者四機既徧於諸趣四佛徧赴於物機是故四教各有眞道一坐任運三十四念一念相應不加功力二處妙覺本得自然他不見之大小混亂次例如下引例以釋自然但舉小喻大七生等者意同前問若言眞道自然三教入眞何以聽法由答中如流得風故引小爲例如七生聞法尚滅至一生二生況諸菩薩應具辨三果家家一來以例地住眞道位也今光中所見應皆果佛義可通因既有本迹四句不同豈無一土本下迹高本高迹下及以俱下本迹俱高理數然也故自然之稱其例實多若云法報須約別圓故注云云言將法約人者但云深法不語菩薩約法須之第四三行者其中既云不領緣覺則初行頌㮤闕竟應云二行頌六度但云一行恐誤又

頌施忍等於四度亦恐誤也第二行中進戒二度第三行中施忍二度秖應等餘禪慧二度耳若作初二行頌聲聞則初一行直明見人次一行明所修行以云有諸比丘故也但諸文中多不以進戒表於聲聞然亦不以比丘爲菩薩前發問偈中但云又見菩薩而作比丘耳次一行明菩薩乘即唯指三藏言將人約法但云聲聞不云四諦約人須之第五二行云頌上種種相貌又云略無起塔者具如上文以對六度又如以般若三行對三昧是也亦可從或有諸比丘去至說法求佛道四行總頌菩薩即六度義足以第三行是禪第四行是智即如長行亦於菩薩乘中兼於二酥故云六波羅蜜從今得去爲法華意亦秖是進退取之耳若依向分即是六度含於多種以當酪及二酥菩薩也次爾時下一行半云追頌者隨頌也若準玄文用此追字皆云退耳如云涅槃追分別諸經即退向前也今此但以退後爲隨天人下初兩行二句頌因人同者經云從三昧起即讚妙光讚後方

始說經故知正是對告故不可依古作流通解之況復但云證知不云流通也囑累如遺教者彼經初云我滅度後當珍敬波羅提木又如暗遇明如貧得寶云云是汝大師若我在世無異此也一一文初皆云汝等比丘有悲如涅槃者涕泣盈目徧體血現如波羅奢華此即恭法慕人之志也有慰喻亦如遺教者彼經末云汝等比丘勿懷悲惱若我住世一劫二劫會亦應滅會而不離終不可得自利利人法皆具足若我久住更無所益例如今佛付彌勒云云者如云一稱南無佛皆得值彌勒等後彌勒初成道時語言釋迦牟尼種種呵責無奈汝何教植來緣今得值我即彌勒受付之文也我見下四偈不同舊釋以爲結成須頌上文判答意者若作結成之言則剩判答之文又闕豈得不將頌判答耶頌上當說大乘經者亦應云名妙法蓮華頌云佛當雨法雨等頌上教菩薩法故知上之六句但明欲說之由誠衆令生渴慕耳頌云諸求三乘人等頌上佛所護念是佛所護故爲斷

疑與上文相乖合何得不須上耶若作斷伏疑釋者文復妙同斷第一意者妙瑞本表報於法同斷第二意者瑞同法同法必實相斷第三意者至此會者咸無異求斷第四意者三疑得除功在於佛事窮等者事窮謂名等三也理盡謂所顯之體事理合一何所復疑

法華文句記卷第三中

法華文句記卷第三中

校勘記

一 底本，明永樂北藏本。

一 三三七頁上一行書名、卷次，二行述者，南無（未換卷）。

一 三三七頁上一〇行「三忍」，南作「三悉」。

一 三三八頁下一一行第九字「殺」，南作「肴」。次行第一一字同。

一 三四一頁上一五行「五瑞」，至此，南卷第三上終，卷第三下始。

一 三四九頁上三行「同法同法」，徑作「同法」。

一 三四九頁上卷末書名、卷次，南無（未換卷）。

法華文句記卷第三下　晉九

唐天台沙門湛然述

釋方便品

正法華題稱善權品及至釋文皆云善權方便當知法護亦以善權而釋方便善是巧之異名耳文自分二初略中自二初正釋中文自爲三初一從字訓後二從意義又初二從昔教後一屬今經雖有三釋並以三教而爲方便但有能通非能通及以即不即異致成三釋然須略譚三種大旨方可消文然於三中初約能用三教得名法是所用用是能用雖法之與用俱通四教但有方圓差會之殊故方便之稱從權立名權不即實故對昔辨成體外權非今品意文中舉圓即屬眞實相對來耳故知在昔不應以祕妙釋方便也乃是祕而不說名爲方便況圓於昔乃是兼帶之圓是故偏圓咸非今意次第二釋權屬能通三教亦得名爲方便然雖不即以能爲圓作遠詮故所詮之圓亦帶能詮爲方便故故知並非今品意也前釋不云三爲能者權實逗會各致其極故方法不同至第三釋方乃三權即是一實指此即實之權方名今經方便次消文者初約法用中爲五先法次舉譬三明用權意四引證五此義下結非初又三先釋訓方者法也者說文云法術也正當今文爾雅云則也即法家之則又云正也今亦如是其法正故方可逗機雖未開顯不得不正次法有下釋義雖俱法用以偏望圓偏差圓會會雖勝差然會非差用顯非妙三三權下釋相又二初釋法方圓以對規矩而分偏圓用顯非妙三方一圓者雖即四教俱名法用正以偏法名爲方便次若智下釋用差會所以俱置法用言者各契機耳非俱會圓故並云逗又法用者法名雖通用旣適時未爲純一爲以何法逗何等機故以四法赴機差會不等權實相待是非俱非如前釋法意旣未融逗物未暢規矩仍別且云善用詣謂所趣正是用也智詣不同用法不等次譬意者正譬法用不同有二重法譬於中置却圓中方法之名且借祕妙之號故隅偏之圓亦有體內方便故名祕妙祕妙之名似同第三然其意則別何者第三乃以開顯爲妙此中乃以獨圓爲妙故此文中四俱方法前之三教唯名方法非祕無妙後之圓教是祕是妙故後教中得祕妙名非關開顯故用偏法如以一指偏目一方若用圓法如以五指偏示諸方三明用權意者爾前未合即以權法名爲隨欲四引證者應以三權爲引出之法文寄小說故云三界況所離不同三界無別若於如來方便本一此意未宣故屬昔教雖是體外方便於理無非體內而衆生未知準佛意說故云稱歎方便以未開故非今品意次第二約能詮者若理教相望四教各論無非能詮今以三望一三爲一實作詮故三名能詮是則前之三教教行人理悉爲能詮於中爲七初直立三教爲門此從義釋非關字訓次門名下釋門義如世之門本爲能通三皆入實故名爲門三方便下明門意衆生不了元是所通依其所執得成弄引但不善曲者以引爲弄四眞實下明門用雖非即所得入由

玆五從能下明得名權實尚隔由物機差故前之二釋於顯露邊及別地前非今品意六引證意者明彼昔門但云能通於今須開故云開方便門非謂於彼巳明開門七此義下結非第三釋者即今品意但前二釋於昔但得名偏名門祕而不說今開其偏門即圓所也故云祕妙顯露彰灼故云眞祕又爲六初直立者於昔成祕彼祕被開於今成妙次妙達下釋功用者達即是開用妙之便以開祕方妙外無法故云即是三點內下約人敎以示相者衆生身中有昔種緣名爲衣珠自退巳來於彼醉客偏門尚無偏門之名何況圓所若不開之三權未顯如衣覆珠今經開之與果智一作人亦爾思之可知四如斯下結名方法及門即是祕妙故云如斯五如經下引證六故以下結名顯是次料簡中三初約自他三語寄前初釋以簡於三故初被開即第三也次約能所寄第二釋以簡三文故第二被開亦即第三三約四句共簡三釋初釋者自有三文簡初文者三敎一向名他名權

權隔實故釋次文者以三教之他與圓自對辨釋第三文者三俱體內無非眞實但名爲自自外無他三語亦然次約能所者亦自有三文並將能所兩字以簡能所是非釋初文者且指三教但是法用尚非能通況是所通是故三教非能非所故三方便悉皆爲麤釋次意者門是三教得是能通不云三教即是圓故故非所通旣其不即故猶是麤釋第三文者亦開前二非能非所及以能通並開成所所中善巧名爲方便故妙方便異於方法及能通門故知下結斥先結名體若同若異雖俱名方便有此三異豈但聞名便解其義故三釋皆有方便之言二非今品故云義異世人下總斥世人豈大師帶偏情有阿黨耶其如理何其如文何其如行何其如證何生公天眞獨秀尚云從昔題品若從昔題何故稱歎若稱歎昔豈非毁今若以昔歎今又失於昔則使體內之權全闕體外之用又虧乃成內外俱亡安得歎佛權智五佛開顯便濫初施三周善巧仍爲徒設若言品雖題昔品

內在今縣額牓州惑亂行者又初釋中旣以隨他等三通後二釋次釋復以門通初後理應亦以妙通前二文無者略但注云云應云初釋方便是祕而非妙次釋方便祕堪入妙後釋方便祕即是妙此乃從佛內解以說今成顯露故闕不論三約四句中初問意者正本旣云善權當知權是方便異名欲約異名料簡同異故先問起答中四先標列次釋三三句下判四故正法華下引證釋中相破一對分爲兩句相修相即各爲一句合四句也他文或以此爲三句或爲六句隨其法相立意不同句法常定今立三對巳乃開爲四句者欲以四句用對三釋以前三句屬初二釋若但爲三句以前二句判屬前二有何不可但相破中文相別故又準相破相修亦可分爲兩句四句屬前亦無大失名句隨時不可一準言相破者權與方便今昔並有二名於昔則偏圓二名相破於今則偏圓名體相即此對初釋故云相破在今則三教並妙亦名爲權亦名方便在昔則三種並麤亦名爲權

亦名方便故將昔二互破昔二以成二句即二酥三教對彼圓教故昔教中三於圓教人俱成祕妙及以同體故云四種皆是祕妙及同體也故相破言但從於名不從於體今從名釋其體常定言相修者亦並在昔二名互立但是三教二名互修圓教二名是故異前相破句也雖昔圓人亦見四種俱是祕妙然於彼教不得顯說相即之言故但依向於昔對論故相修者亦對三教以辨一圓何者若捨三修圓還同破句若即三是圓乃同後句不破不即從權入實故得修名若於爾前二味三教利根菩薩有顯露得兩教二乘唯祕密得由得入故即稱為門言相即者即秖是開故相破屬初釋相修者屬第二釋相即是第三釋言云云者更以四句約味比決若開若判具如餘文準說可見下復廣明故不重說三判可見四證者正本名即今乃體即三權三方便即一權一方便故次釋方便者亦應言方便即權舉彼釋今故不繁耳當知體外方便即體內之權名雖更互名下之體既

開體上之名本實由昔分於體外體內則今二處名下體殊故知今經方便即是正法華善權正法華善權是今經方便無二無別低頭等者尚開人天況復三教若被開已一體無殊前已三重總貫八門下第五門雖結權實寄彼便明三番釋品正意須以三種釋品通貫八門思之不謬乃可解釋況一一門十雙之中雙雙須解三番解釋一部之內一代教中不出八門十雙故也次廣解中先破古為四先述五時教非次述半滿等非三復有下述雜釋非四又有下述附傍非如是四失皆稱權實權即方便不知將何以釋今品初五時非者皆先敘次破先敘初時次今謂下破者大論破無常但是對治對治屬事事即無實但成小宗方便縱有第一義悉尚非行門三悉方便豈符今教第一義中權巧方便耶次破十二年後為般若者今不暇破其在方等前但破權實不出通教故云即空引論意者雖空有相即望實成想尚非般若中實無實則無同體方便豈成此經方便品耶問

般若三教俱念想耶答通別俱約未證實者故文但云照假有空空未實故故破云想心境未融故觀名想故有想觀非今方便次敘淨名意者以方等中自行內照空有二境如云修學三三昧不以三三昧為證等納海入芥名為變動意謂以此權實過前般若今謂下破者有二一者對前前教豈無內照外變二者當部內實對外還名為二亦非淨名入不二門既非不二則非圓教二諦相即豈是今經權實不二之方便耶亦不知他人指何為二及以不二故非所用次今謂下破其申法華以三三四一者具如下顯實中明況雖分權實而未出前教以不云相即之權故也故知權實尚隔何殊偏小次敘其判涅槃者昔妙覺方常今謂下破汝雖許涅槃明常而判在妙覺何者道前道後照真照俗俱有常與無常云何定以金剛前後判經部耶部中得益豈皆妙覺量謂數量及以體量以彼俗境是有量法如境而照是權智也此用攝論理量破之故今文意若明常住衆生理性尚

實尚常豈等覺後方乃常耶此五時下總結也故彼五時權實莫異並非今意次乃至下約半滿等破半滿等宗具如玄文第十五時既傾半滿諸宗不攻而敗三復有下破雜釋中四先別敘次如是下總破三權爾下別破四各不下結非於別破中云處所者謂智所託處爾之與假皆暫時之言故知還約暫時處也化城草菴等即其相也法門者智所用法隨物機宜指三乘故是法門也言智能者能施之智進否有則故於鹿苑設三乘也錘佇偽反亦可鎚佇違反隨物輕重前卻均平故是智之巧能也四結非中言不包含者權實自住不相即故況約處約法但云三車故使智能不逾於此文不收於四教行理故云不包義仍未攝開三人法故云不融欲消令品具如四句何法不收何法不融四敘附傍五時非者義勢多是嘉祥舊立故今上下三兩處破之令知得失如其無失何以歸心其失乃是歸心之前破之則是光其後也於中有三初略立次初二下略判三此諸下約諦

教智三重三轉先述其立初文意者彼以初重二慧爲本故但云一權一實意以權是凡夫實是二乘謂二乘實破凡夫權而迷凡夫未有權名此亦未可此附鹿苑非也次空有等者意以雙離向來空有而以觀空不證爲權涉有無滌爲實故以觀空非空觀有非有以顯中道此乃附般若非也不知般若之中中道非一故也次云空有內靜者意云息向空有權實爲實以此外用爲權非但內靜雙非復能外用雙照前雖雙非但同內靜此亦不知二教共有此附方等非也次更以此雙非雙照在金剛前仍爲無常在金剛後方是於常此乃非其內靜外照此附涅槃非也此師雖見涅槃五時不語法華眞實況亦除於乳味總論雖五唯附四時次述其略判意者初直立二慧令信有故故但直舉權實次生解者元立二智意本離著故離二邊方解立意第三意者離內二著方成自行復能不著雙用益他第四意者非唯益他自他俱權論其實意本在極果故指金剛後心爲實然今

明五佛非不在果及以本門久遠之果理則不然尚開凡夫即是眞實況金剛前仍判爲權權若唯在金剛之前則佛求無權智將何以消今品名善權耶況都不判四重權實爲權爲實況都不語法華全非今意是故不用向巳通辨故云略也次述三轉者具歷諦等所言三轉者於向四重除第四果以前三爲三於中又爲四初略對三轉次何故下明轉所以三又如下引證四又漸下述意初又二初正約諦次教智例初言諦者即二諦也權實爲本故先約諦以判於境境即眞俗於中先標次對二諦二諦語同深淺各別且判初重一實一權但名二諦以此二諦爲信本故即是轉凡而成小聖次重意者轉前二諦俱名爲俗雙非前二乃名爲眞此眞但是離著而巳第三重者先牒前空有爲二者牒前空有爲俗雙非不二者牒前雙非爲眞即此眞俗復轉成俗故云二不二俱俗非二非不二爲眞第四果重是三轉外既雙非理極但有因果相望權實是故不云次例教智者明此

所詮以爲所觀既有三轉能詮能觀豈無三耶次明所以中言爲人者三重二諦皆逗物機機即是人人有三種此不指四悉中爲人也所以始終不出二諦且約隨機又名爲人引證者常依之言不逾此三故但對之重與佛教所依證前約諦意也次又佛教去重引總意爲證即證前約教教中所述不出此三故云三門教即門也次又漸下約佛化意總述前之諦教智三化意能所不出此三初令凡夫捨有入空即初制小也次破二乘空著故空有雙捨意云小菩薩也雖捨空有應未見中古釋菩薩但以次位而分大小不論知中不知中等次或者下中邊並亡即大菩薩或指八地初地十地等覺次此爲下更以五乘判向化意意云佛世化意不出五乘於三重前以凡夫爲人天人天生信破有入空以爲二乘次又爲下約三假判此似次第修中之人先破三假此中一番但加三假餘無異也秖是分別向之五乘最初破有必具三假故初以三假爲俗諸意並同然諸番中雖不云假初重俗諦理須是假又前諸番不云初重元爲修中但是文略故破假修中多是中論師意第三重應云非三假空有爲二非空非有爲不二不二爲俗非二非不二爲眞準前可知故不重說今詳下但總略破之又爲五先略非次經云下引文正示三又初下結非示過四如天親下引例五當知下結示初文者附旁用他五時之意隱五時名潛爲巳釋今以一一時中橫論權實體用多少意明如來難思巧用巧用不立但成漸次是故云非後約三轉又除果地意欲擬爲智諦離著以因顯果不意亦成漸次之非次引文正示者今用五時八教相入方成一實一一時中橫豎間雜唯至法華諦智純一仍辨使成方便之相故方便初即歎五佛智諦方便是故品題須依圓頓經云皆得覩見汝乃至果方常經令捨於方便汝乃御更用之大經自指法華爲極汝乃唯指金剛後心應開諸教汝乃廢之次示過中云信解化果者即前四重始終漸入次何關下正示其非故嘉祥又云身之與乘各作四句乘四句者一三爲方便一爲眞實令捨三取一稟教之徒雖復捨三而封一實麤惑雖去細惑尋生今問至法華會若巳捨三復於何處而封一實若未至法華爾前復無捨三之教聲聞之人於法華前見修久破至此何等細惑尋生封實爲是何等惑攝豈有細惑由聞法生次云爲對破故明三與一皆爲方便今問不審三一俱是方便爲在法華經前爲巳至法華會耶爾前尚迷三是方便何曾云一亦是方便故此品初但云昔日方便示三的無三一俱名方便對破之語爲在何會三云稟教之人乃識三一俱是方便更封兩非而爲理極今問三周何周是稟兩非之文爾前二乘尚無前二況雙非耶若菩薩人處處得入何須法華三又以三一爲二兩非爲不二二不二皆方便非二非不二爲眞實破亦準前徵人及處四者二與不二及以兩非仍屬四句未免名言並稱方便諸法寂滅不可言宣乃是眞實今問三昧起告三周顯本爲說不說寂滅義徧何

但法華教下之理本自無言況大不可說先為五人況今廣明五佛開權辨教權實權實既顯誰復封言言封三者迷教迷情令約部判教消方便名須有指歸豈徒遣語以語遂語迷終未袪雖千萬破終不可盡身之四句準此可知況此品初題為方便應用方便以釋令品乃作實釋殊違品目故知嘉祥身雲妙化義已灌神舊章先行理須委破識此大旨師資可成準此一途餘亦可了亦如三種法輪殊乖承禀大師稱為頓乳其以根本為名大師以三味為枝條其亦以醍醐為歸本今問凡言根本即曰能生能生始成後攝歸本本卻非始二言相乖枝本不立攝亦無當況根本兩分攝歸方一一為根本二則名枝是則根本本來是枝應須會初而從於後故開華嚴枝別以入法華本圓況華嚴別圓俱成近迹根義復壞法華本成又言三味是枝末者鹿苑可爾二酥如何若二酥圓別是枝華嚴豈可成本若爾乃成會本歸本或即會枝歸枝若法華不開華嚴則令二本永異何

得名為會末歸本況法華部內無入華嚴之文但有入佛知見況涅槃終極五味明文本師所師舊章須改若依舊立師資不成伏膺之說靡施頂戴之言寄四引二文為例者即是今經體內方便之流類也大乘方便經十種方便未撿五當知下結示斥非言如空若海也總包諸經色流咸歸今經空海今明下正釋為二先通次別初文三先列次釋三若一切法下以四攝法辯法功用釋中四句皆先標次引文釋初句者既引文云諸法等者以有言故且從有說有言不出千如百界第二句者類引五文皆證入實且以入證對說為實初文是被機之意次文是諸法之本次文是化儀之宗次文是本行之源次文是亡教之理諸文皆以入證為實故知有說無說無不皆以真實為本第三句中引證意者諸法權也實相實也實即次句權即初句合彼二句共為第三以初二門無別法故例如下引例假想故虛治欲故實秖此一觀是實是虛何妨一法亦權亦實第四句者引文即

指中理虛實理等二諦難思雙非此諦以顯妙中亦不異於前之三門四門理同故皆云一切三若一切下辨功用又二初正辨句攝法功用次直列下明其句意初文者秖此四句尚互攝互破權則俱權乃至俱是非權非實況復餘法不攝破耶況四句外無復有法如此方成今經破立豈與諸師破立同耶當知諸師既不識於諸權諸實縱說諸實既未分判實義不成況彼彼相望互推迷實是故並為初句所破故云無不是權初句尚爾況復三耶故諸師權實並待權之少分耳言如來所說者舉果況凡佛有所說尚皆是權豈末世泛譚自言真實不思聖化唯蕩凡軀第二句者實即究竟佛說之權尚須入實況餘權實而不入耶故知一切唯有一實言巢窟者說文云鳥居木曰巢獸居穴曰窟保者住著也消通大旨須稱佛心直守一隅如保巢窟三四二句準說可知是故今文句句皆徧若攝令可識秖是三智照三諦境被三種機機偏法偏理偏事偏皆云一切所以可知以

一空一切空故一切皆實一假一切假故一切皆權三四二句秖是中智雙照雙非內由三德三身具足故使外用橫竪顯寄爲成今經破立之意以對昔故須爲四句通論大綱法相雖爾別論今品唯在第三亦權一半名方便品以對自證實智說之是故須云第三半句仍須攝彼餘三及半入此一半方可得名今方便品若專四句各攝一切尚非通方何況諸師徧計權教故云不得一向直列下次明句意者如向所釋雖復略引略釋相狀仍成直列以辯句相未及融通以論玄旨若破若立尚已無遺不偏一句不滯一隅故云尚自如此況以大旨而遙觀之非局一方故云玄覽方謂一人一行所謂一理一教隨立隨攝隨破隨亡取捨自在故云曠蕩升出晻滯故云高明又窮遠教曰遙觀察深理爲玄覽用橫周爲曠蕩指竪徹爲高明顯一家消通故云若此若作懸字意亦可見他不見此將何以釋方便品耶況論旨趣耶者爲破古失且以教相權實破立開施出沒盈縮行藏

若行解兼論自他合說覽向文以論其旨攝向事以論其趣須曉四句秖一法性法性秖是眞如實相如如涅槃以法性體不違諸法不受諸法不住諸法不入諸法故一一名字一一心法一一句偈一一因果一一凡聖一一依正乃至十雙[晉九]無非法界自在[十六]無礙其義可成具如不二十門所說若本若末體理無殊說而不說不說而說照性非遠自在無窮雖復無窮不出四句四句無句無句而句句徧收十方佛法但法華前教教四句句句未暢來至此會一味無殊云云具如藥草喻中差即無差無差即差次開章別釋者已知諸法互融徧入舉實即實中有權方指此權名方便品舉權即是不思議權此權有實方以此權名方便品舉亦權亦實則各有所歸此乃相即之兩亦攝三之兩亦故名方便品故用即眞實之方便爲方便品舉非權非實則秖是方便之理理收三句皆方便品開若爾句句皆徧皆方便品何必第三答一者名便具權實故二者義便所攝徧故餘句義便而

名不便餘三雖有權義權名不如第三即名即具用此即實而權爲今品也故下十雙雙雙皆具權實之名皆取即實而權爲方便品況初三總釋皆冠十文八門故也若不爾者非方便之事理乃至悉檀非列方便中法相之名乃至非今[晉九]經之本迹十義十[十七]義無二本迹似殊本迹雖殊不思議一十義相別實相一如爲衆生故列釋生起乃至本迹事理乃至悉檀不同得意忘言言說解脫若見此意常默常說言行無違還以此旨而爲觀境使彼觀境照然可觀諸釋所無良由於此如此解釋尚恐有漏況復諸家單淺隻獨縱多列法相大小難分雖判教時法華未顯若以法華與餘同味三說所無其言何在然此八中前七迹門第八本門本雖未至權實理徧故下文云是我方便諸佛亦然故方便之名通於本迹此旣玄釋不同消文是故不同光宅判句又此八門次第意者若不列名無以解釋若不生起迷於詮次解釋正示十文相狀引證爲防不信者故結歸爲明品元意故分

別爲令釋品有歸判釋令知麤妙有在如是方顯品之深旨又預辯本迹令識本地權實自他方顯大途久近之化於列名中一一須安權實之稱如云事理權實乃至悉檀權實即是事權理實乃至悉檀三權一實復以三種釋品分之乃成今經之方便也故論云自此已下示現此經因果相故故十雙中初五從因至果後五果家勝用況一部文亦可本迹而分因果故知因中若無前四則因義淺狹若無後五則果用麤近於中教是聖化且以受者得名不同世人以教爲因佛智爲果亦不同他三四等也餘如下結權實中生起後云云者應於章章述生起相細尋可見又復文標能化義須對所故後五雙唯體用中一隻對所餘四並從能對得名又此亦與十妙義同若不爾者誰知方便須具十法誰知十法義徧一經若無十法乃成經文不詮因果及以能所是故十雙皆窮至要方是今經之十雙也若爾一經始終皆名方便並指前教以爲所開方乃可云此經方便故知序中證信發起方便譬喻秖是比況方便因緣秖是往昔方便本門秖是久遠方便流通秖是諸佛菩薩通法方便由是方便故名眞實若得此意如觀掌果法華一部方寸可知一代教門刹那便識因果自他共成一法十方三世無懷異求以十法乘而觀察之法華三昧投足有地無上佛果修途可期有服諸賢請垂覩之

晉九　十八

法華文句記卷第三下

法華文句記卷第三下

校勘記

一　底本，明永樂北藏本。

一　三五〇頁上一行書名、卷次，二行述者，南無（未换卷）。

一　三五〇頁上一七行第五字「偏」，經作「徧」。

一　三五二頁中一五行末字「行」，南作「衍」。

一　三五三頁上七行首字「託」，南作「許」。

一　三五六頁上一五行「自在」，南作「自任」。

一　三五七頁上六行第八字「今」，南作「令」。

一　三五七頁上一〇行首字「挟」，南、經、清作「狹」。

法華文句記卷第四上　晉十

唐天台沙門湛然述

次正解釋者初釋事理中先釋次所以釋中先釋理云理是眞如至爲實者理實何在在心意識故理無所存徧在於事故事名權故俱舍云集起名心思量名意了別名識在彼一向全無即理若大乘中八識名心七識名意六識名識彼教爲迷又無即理故偏小教有漏之法全無性淨即常住理知之者寡故知有漏雖緣淨等同屬於事具如事理不二門明故所以中云非理無以立事事有顯理之功故稱歎方便誰肯以三界有漏心等以爲如來之所稱歎方便品耶若不爾者爲令衆生其義安在世間相言如何消釋釋理教中先正釋次非教下明所以初釋理中先略釋次引例初云總前事理者合前理惑也故知無明法性乃至界外一切諸法皆是所詮此心意識名之與體具足一切界外法故誰知法華之教以此等法而爲所詮若不爾者邪見嚴王惡逆調達從何而得次舉例者此即舉解以例於迷解理之時眞俗俱諦解由迷得故於迷中且名事理由詮此理而得成教以理望教教名爲權理在於迷迷亦名實故權實之名非一處得果教譚此能詮亦權故知其教秖詮其理是故如來稱歎此教自非今經誰肯歎此詮迷之教爲方便品若不爾者從三昧起所歎者何次教行中行有深淺者謂圓漸也圓漸者何謂七方便還指漸漸即是圓漸故教定行移行權教實故言教無進趣況教詮實相實相之理無復淺深問若無淺深應當無復詮行教耶答教有二種詮理之教無二表行之教自分秖緣行有差殊致詮行教小別又能詮教亦無進趣所詮之行自階差耳若不爾者如來方便波羅蜜等何所證耶次縛脫者行名猶通仍兼違順故以縛脫而甄權實名爲縛脫又通昔者諸經地前尚自違理未開權故此經彈指無非佛因以顯實故誰知此經佛以惡行亦得名爲善巧方便死屍之譬徧通一切具如修性不二門明因果中三初正釋次無果下所以三二觀下釋成釋成中云二觀爲方便者且約法示相借權例顯一一重中通攝諸教豈可定局別二觀耶如體用漸頓開合通別中亦有諸教體用等法從體起用從頓開漸從漸合頓等次體用者還指初住爲隨分果此果即有百界之用言立一切法者前事理中即以染緣爲一切法此中即是淨緣諸法具如染淨不二門明次漸頓中一者自他俱有漸頓二者化他起用義兼權實並體內權爲此利他權實法故須明開合開合者漸自不合者藏通兩教不廢小故亦不合頓者三教菩薩不入實故次通別者前漸頓門漸中雖有半教半在漸初今半通後悉擅即是判前體用乃至通別准前以釋次當用下結示方法言四句者相破等四具如前釋四引證中二先引次彼論下結歎初又二先經次論經中先引一部次引一品引一部者爲欲略示方便徧故具如前判引一品者正示尅體指文處故具如後列初引一部者又先簡意次正引文初簡意者簡通從別十雙一一具諸

教味若有不明事理乃至悉檀者信非佛教
且從相待故簡通從別次正引者初事理中
云不如三界者謂不同也始自二乘並異三
界未足辨今今從上句非如非異來成此文
故與方便教事理不同理教中理云寂滅者
眞俗二理不可說故次教中舉五比丘者從
漸初說亦應須云若無性者爲說人天乃至
脩羅爲下品善乃至爲說無作四諦故知從
理俱不可說從事大小俱可得說證教行者
若聞證教善行證行汝等下二文並皆證行
應廣約此經以明善行作佛之相種種之言
義含教行以有今昔因緣故也次但離下證
縛脫者但離等者小中離妄名爲解脫即以
虛妄名之爲縛小難解脫非一切脫小脫於
大仍名爲縛故云未得此證大小俱有縛脫
唯令名脫盡行下證因果盡行因也道場果
也須約此中明本迹果別故注云云佛眼體
也見六道用也始見頓也學小漸也注云云
者五時不同會令入頓窮子開也付財合也
化城通也實所別也種種四悉也次別引一

品者先結前生後諸佛下正引須一一釋令
義合十雙及與此經意會云云初引諸佛等等
二句者上句明佛智所知故云甚深即是理
也下句引門門即教也所詮旣妙故云難解
所知所詮其理無別一切等者事理俱境境
即理也智即能知望於能詮悉名爲理同是
所詮故也此正用門字故難解字更分屬下
聲聞不知於大名縛此舉不知正顯能知故
能知名脫次所以下釋上難知證教行者以
能知者屬在於佛良由稟教有行故也以親
近佛必聞教故名稱普聞必行備故次成就
下證體用者成就甚深即體具也隨宜所說
即是用也應知文中略隨宜字次吾從下證
因果者正取成字以證得果之因亦是有因
之果種種下證漸頓者種種證漸令離證頓
也所以者何下證開合者方便證開具足證
合且約自行論合自行旣具利他必然諸佛
大事下證利益者大事從別別必會通取要
言下證四悉者取無量無邊之言以證三悉
止止不須說爲證第一義正指不可說理如

是相性等證字者十界爲事實相爲理若取
究竟等者空中等爲理假等爲事若將此文
對下權實等皆約體内論之當部已開故也
言佛佛皆爾者諸佛顯實皆舉五佛以爲事
同次引論中與論小別但有八雙闕開合縛
脫利益即是通別開別出通爲利物故縛脫
與因果小異故不別對論釋諸佛智慧甚深
爲證甚深有五者今約所證故判屬理雖離
爲五不出於證義謂義味佛智得證有實義
故實體謂所證之理内證謂自行契境依止
謂正明所依之理無上謂歎所證之理至果
之時過於三五七九乘等論自轉釋無上甚
深云大菩提者論以大字以釋無上非引菩
提證無上也以第三自有證甚深故向約當
品亦以上句證理下句證教言阿含者此云
無比法即言教也前五證理而能起教名爲
理教令理通因論文在果門是教智名智慧
門此中縛脫一雙論文中無今若立者難解
難入仍加難見難覺難知於難解上云一切
聲聞辟支佛所不能知此正是解脫意也脫

須對縛即與縛脫意同論文合在阿含義中論於阿含義更開八示現即初從佛曾親近去爲受持讀誦甚深二百千萬億那由他佛所修善提爲修行甚深三從勇猛精進爲果行甚深四名稱普聞爲第四增長功德甚深今合論四文以爲教行權實論成就下爲第五快妙事心甚深論意趣下爲第六無上甚深論以隨宜說法爲第七入甚深今合論三共爲體用權實論以二乘不知爲第八住持甚深經既無文今無所對論從此後復立如來四種功德因果權實是一者初住成就漸頓權實是第二教化成就此中關一開合權實餘與論不同亦不須和會以論文增句今但直對如前引當品文故今更消現文從證教行中親近必修行精進必增長若不精進增長安有名稱普聞故二成行並由聞教次證體用中事即是用無上及入即得體也既云成就信用從體次證因果中云說如來功德成就者功德屬因成就在果經云成佛已來驗知果由因尅次證漸頓中云教化說法

晉十六

者教化通攝一切化儀兼於逆順說法唯在口輪局於順化當知三輪皆云成就不獨施頓次證利益中以自證釋利以利他釋益自證實故云成就不可思議隨他權故故云言語前云說法通於自他此云言語唯在於他次證四悉中言可化者四悉並從有機爲名故云可化前云教化通種熟脫此中可化多在熟脫今言不可化者相對來耳即無四悉機者也證事理中云成就諸佛能知法身之體此指果地法身爲理以隨衆生名之爲事亦是法身妙境事理具足今意通凡論文局果果由凡尅故義亦同此與佛經及菩薩論文理雅合故云與脩多羅等合也五結成三種權實者結成頭數也故以權實共爲其數若施若會法無增減若無此文則使前釋權實未分且列十名略釋而已故今對教乃分權實文自爲三初結成三種中又二先通後別束通成別通中又二先通中通次通中別初通通中初標至亦如是者標中雖云四教皆十乃成四教各二十也或三十或百六

晉十七

十言二十者即自十他十故也以自通他無別法故還以自十通利於他是故文中但列十耳或三十所以著或言者表不定故故自他一或無本數指自他故今仍分爲自他一對者一依教故以大經中有此自他一重二諦二依理故既攝單自他而爲自他合失彼單名自爲一對或但一十以自中合權爲實之十實對於他中合實爲權之十權總合方成十雙權實若二十者猶並存於自他十雙故爾當知四教或八十或百二十或百六十攬茲共成一不思議權實謂體內權以對於實若不爾者非法華也次又當教下別釋中云四種爲自行者前云通者十十皆通自他等故今云別者十中分於四二四故故知直爾分十以爲自他不對諸教教皆然又亦可以前五爲自後五爲他相對爲自他也恐一教內自他猶通自他相對今爲分十以成三義則一向成別故爾是故四教唯有四十各具自他故知今經唯屬圓中化他自行化他乃得名方便也次別結中云若通若別者

指前當教通別故也今總以四教共對自他則三教為他唯圓為自故云別也前通別名自之與他義涉餘教別束通別自則唯在今品是圓家方便施開等也云云次結成四句者結向別結自他以成四句問前立四句一一徧攝今何以分權實各明相對為句一切不成答雖借彼四句用申今意乃分四教離今對句者有其三意一者對論第三雖收一切教盡未可得為今品首題二者開竟還同前文圓融一切三者今第三句既收教盡但以此第三句中權實相即則任運收得餘之三句借彼一切者良有以也若以四句並通諸教思之說之三結成三種釋品者即初文中法用等三故將此三各歷五味以結品名故知前釋略依當分對教為言故一家顯妙必存五味方成妙故故一一釋徧於五時則令法用及門來至法華並開令成同體法用大車之門前二並成第三義也初約法用又三初直明五時次如來下明五時意三故釋下結成釋品名初直明又二初明出世施權

之意次正明五時初文又二初明入實本意道場所得實也修道得故權也故引攝大乘雙證二文即理量是次佛雖下明施權意為接小故及鈍根故軫者車行跡也初行之始故云發也次五時中言置是事者置獨說也故至華嚴兼說於別部中論主雖是圓教準五時意以別助圓下二亦爾此約前四時三種法用不能至實故但成於初義釋品若至法華繼名法用亦成秘妙之法用也即可以用釋今經品則方法之名昔日通四今無復三次約門中四初亦直立五時次從始至終下明五時意三釋品云下結成釋品四前一下與前章辨異初文亦先明出世施權之意次正明五時初文明自證望說以為權實故云自證亦不可說次乳教中不云兼別直言別者從門義故所以前釋法用通四今唯在三故今約五味釋門皆從能通所以乳一酪一生酥中三熟酥中二醍醐置之四辨異者與前法用雖同明五時此明能通至於所通故得辨異前一番等者初約方法中明如來

能知能用方便法是能知用是能用眾生不知是佛方便令並開之令眾生知此一番明令眾生從順方便者謂從門順實故也而亦不知方便即是所順之實今亦開之又前之二章並有機應二意但前多從應說故且云如來後多從機說故云行者故慇懃稱歎之言並從佛得復次下第三約秘妙釋者以妙故即為欲通前四時以圓為即三為不即故更對不即以釋於即於中又四亦初明化意次歷五味三上兩下對上辨異四上釋下以結品名初化意者文旨同前五味可見言辨異者雖同五味所對別故雖諸味中有即不即於佛常即眾生自離又凡五味釋但得名判若成今品復須更開此雖準前三義釋品則前二義至第五味已成開竟雖第三屬開令復通前前四亦云非今所用於今亦成所待之麤圓及所入方是真實後釋雖復更對五時但知醍醐無非秘妙開之與判咸在其中六明分別照諦者又二先明來意次若通下正明照諦初文意者前自他等既並云權

實但從智爲名今辨所照故重明之前明用
智非不照境欲令易解故重明所照次正明
爲三初通釋者名通而教别若束四爲二者
每一教中皆以四爲二如自中權實束爲一
實他中權實束爲一權故但成二次若當分
下别釋法别而教别準前可知此中準前别
結中文秖應以事理等四爲自證今云悉檀
文恐誤也悉檀屬後自他故也次又三藏下
即總束四明前是教别而法有總别今是教
總而法别此又三重初中以三藏爲他次以
二教爲他三以三教爲他而終以圓爲自由
他不定自他隨之亦進退不定故初重中以
通别爲自他仍是别相自他以由他唯三藏
故也次重既以通藏爲他故但以别爲自他
第三重既以三並爲他自他無復别體秖得
將三與圓相對言之故云束三教等也然初
重中通别兩教各兩向者通有不共故同别
别約共義故同藏别從教道故是他有證道
故同自約諸經者問今約諸經還列五味與
前何别答前以五時歷法用等三但成五時

各有法用等三今知法華三重俱妙故以五
味歷於諸經以部對部而辨麤妙則前六門
並須五味使一切教無非方法等三不無麤
妙各别及以一切俱妙況將諸經十雙徧歷
五味門戶别故不須此責如玄義中科科五
味若無此五則令一科一句部不異前故處
處明之於中初明五時具教多少次復次下
重以多少而明自他結成釋品初文者今正
明教味故委悉於前令知領解具騰五味初
乳爲五初半滿次約時三於法四約人人中
又辨生法不同五引今經以判味相四味亦
爾但酪等三味並皆關人文含義具酪中應
云約人但是二乘菩薩不用方等應云約人
且對大小斥偏入圓般若應云約人帶小明
大引小而歸大法華約人廣在後明即從此
實我子已下文是言未曾說者通論教等前
並未開别而論之教行理三前或已會若開
人者前教所無故以前教所無而爲品目故
知非同體方便無以施開等也次以多少判
者前既委明人時法等以論五時來意不同

此更略收前時法等唯約於人大小利鈍無
不入實其人若入餘無不歸故重明之文云
下引證以結品名云云者應更複釋前諸方
便並非今意意不殊前故不重明次本迹者
亦是品意以本迹中俱有方便故寄明之方
便名同遠近束異雖即束異不逾十雙以本
實得亦何出於自他因果故我本行菩薩道
時及我實成即是理事乃至因果成佛已來
即是體用乃至悉檀於中師弟二文各二並
先明自他等三次結成四句初師中二文者
初文本迹各有權實次束本爲實束迹爲權
則迹中麤妙望本俱麤本中麤妙望迹俱妙
故今唯指久成名之爲自故久成中非無化
他所以中間今日縱有廢三亦名爲他世人
不見而但以法身爲本何教無之但弊不知
父母之年故顯實成爲本次束但一久成之
外皆名爲他故自他中但束本迹得權實名
三結成四句言結成四句者對之應言本中
權實皆實迹中權實俱權以本中實望迹中
權名第三句不思議一本迹俱得雙非故也

云云者令如向對之次第子迹本相對各有權實亦從本迹而立二名若通論者本及中間乃至今日節節無不具有四句亦具四句云云者如前師中但以弟子爲異故云亦具雖師弟俱四若於師弟委判本迹則本中四句皆本迹中四句皆迹若以本迹之名作四句者應云本迹俱本迹本俱迹本迹各有本迹俱不思議思之可見復應但以二句判之即初兩句是具如玄文本門十妙乃至多少廣狹準知次若從佛迹下結成釋品也師弟從本垂迹據化本意既俱得稱爲方便品況師弟引入圓因而不稱方便品耶有人問云今方便品以何爲體他答有人云以後得智爲體引唯識說後五波羅蜜皆後得智我今以根本智爲體今謂所言體者爲取所依爲用當體若取所依即權而實爲體若取當體即實而權爲體此之二義根本後得奚嘗暫分況唯說五則後得無體況分本迹唯一久成而爲根本餘皆後得次正釋經文言或至偈後者第九疏云準南嶽意但至偈後爲正

若依此師偈後四信以聞經故判屬正說此分無失故兩存之若不等者述寄言意雖復等者述絕言意諸佛二智如前說云云者具如三種及以十雙今歎諸佛及以釋迦爲下五佛弄引諸佛兼四佛故也上光照至於此者俱有五時正表五佛二智不殊此彼相望故名爲横今古相望故名爲竪此表釋迦他表四佛即表五佛道同故也當爾之時者五瑞等時也佛常下問此有下答答具四悉古今異故有出入故即世界也言必前入無量義等者此準作序意也但一定之中義兼兩向俱成世界爲人中云履歷等者履歷即歷事對境法緣即內緣真理出入稱理方生物善即爲人也定治散惡須先入定即對治也約自他益俱得實相即第一義並云哀者愍之別名愍物之方必四悉故此不思議大感應之四悉也故四法並名安詳而起言安此者內安四法方起化他有人問此中告身子與大品何別今答何但大品始自四含終至此經自舍利弗出家已來處處有告各各不

同四含中或爲發起生滅法輪故告方等序故告般若加故告今經開故告本論云告身子不告餘聲聞者智慧深故不告諸菩薩者有五一爲聲聞所作事故二迴向大菩提故三令無怯弱故四爲發餘人善思念故五令不起所作已辦心故當知五意兼異他經前顯露教不云聲聞得入佛智十種如玄義中者玄文第九釋用中本迹各十迹中十者謂廢會開覆破三顯一住三顯一住三用一住一用三住一顯一住非三非一顯一若本中十但以本替一以迹替三說之可也故先告之以動聳羣此乃經家等者故知告舍利弗四字全屬經家應知經家從省若告舍利弗下更著舍利弗者繁也言論與今義相應者引此論文亦具四悉初文世界動不動異故如實智下爲人爲生物善從觀起故現如來下對治力能除惡故如來下第一義不離定故故文自釋云第一義又以四悉總釋自在若爾四悉總釋前二謂自在無忤此二各具四悉也加趺等者文在婆沙今更具録第二

十二雜揵度中間一切威儀盡堪修行何獨結加或有說者是過去恒沙諸佛行法後代行之今初文是有云令人恭敬非世俗儀故今第二文是又云能發三菩提心故今第四文是又云能破魔軍故今第三半文是又云可人天意不與外共今第三半文是今為成四悉所以合論第四第五為一對治論對治居第一義後私謂去私判前文云具四悉意者今如向點出兼釋出四意問餘經等亦是論文論云何名繫念在前答繫在面上故云在前論中初有眉間亦然又云無始已來男女相視起於欲想多在面故又云眼等五根能生欲心說之可知今文分在前在面以為兩釋義立故也初在前文作所表釋即四悉意次約在面義立四釋即四教意初有背有向即世界觀寂定生即為人背生死惡即對治寂滅有理即第一義次約教中不淨觀成灼然初教與空相應豈非通教為分別故豈非別教實相即是圓教意也問面唯四根何得云六答面具五根四並有身若緣現量色

等境時意又居上故俱舍云有身根九事十事有餘根言九事者即能造四大地水火風及以所造色香味觸并身根一故云九事言十事者餘眼等根皆具十事如眼根上有能造四及所造四眼及身根故成十也眼等覺觸即身根性非三種化他者非三教中權實也前已多重釋品且約一種以三屬化他為權圓為自行屬實故前文釋自他等三約諦釋中作三節釋第三節釋三俱屬化他深高橫廣者於中法譬合以此例後今釋實既周窮橫竪下釋權理應深極下當釋權預述其相故注云云其智慧門者其乃指前實果因智若智慧即門門是權也若智慧之門智即果也蓋是等者此中須以十地為道前妙覺為道中證後為道後故知文意在因之位除真如外凡有修入皆屬於權唯以果位真如究滿為清涼池此約自行因果相望以釋即釋品中第五重也若通餘九此則不然豈以道前而無實耶即初四雙中實也豈有道後而無權耶即後五雙中權也難解難入等者

略歎道前因位始末次從不謀而了去即於因中仍指事用為權也以此因權並是真因即知此權由證實理文中從用從因別數十住始解者解是開之異名故將名以對位論中此前更有三句謂難見難覺難知今謂此是難解方便亦可以對聞思修三法身本意者若望十方無時不應今準此方未設化前乃至久遠未結緣來於此段衆生並名在法身無有欲以小化之義故云擬之無機等者此從結緣已後為言其時猶寬從華嚴下今世設化今大機至不知者大機擊於大應故云啓發應言欲發何以云啓由大瑞已彰故且云啓次重釋門中光宅等者以五停等名小乘方便若論化意散心彈指尚得是門何獨小乘方便非門光宅之意未必全然不可全奪故云與奪先明奪者未能入大為佛所破既不能知門義不成所言與者三教並是能通之門二乘亦得能中少分既未能入猶失於能尚未成能永不識所言最淺者小乘已跳復是方便故也云云者此與仍奪應廣

分能所識不識等如前以門釋方便也今解去廣立四句欲以初句破光宅故泛舉第二第四以無佛智爲門入方便智故可義立若論今經唯在第三光宅但得初句少分況復諸門光宅之解乃至一觀者空分體析析是空中少分十二門者應分別十二門各有門中方便之相於三四門既有進否會墮在一一門者多指有門以有門中用七方便故也第四句者先已入中故云雙照若開顯中即是今經從體起用區區者屈曲貌此須開拓者開論一句如向諸教各有諸門云云者十六門中爲是何門若圓四門具如止觀第五圓教觀門及教智行理故論唯云阿含言教爲門今家乃以智爲智門意云初住佛智爲門入佛果智故住至地並名爲難以難數入令得入故故若得門無功用道必入佛慧無所疑也故上說圓因稱方便品因即門也是則開示悟入皆名智慧門也所以者何下至諸佛二智不同光宅釋者一者文初有所以者何驗知釋上二者下釋迦文初自云吾從

成佛已來方是釋迦自歎二智今釋諸佛云所以者何者雙冠二智何故實智甚深良由外值佛多故云親近等近佛必稟承至要純厚必由盡行勇猛精進即釋權智者諸行不出勇猛精進今於權智上加勇猛精進者有二意一者期心有在二者身心俱勤二智並由精進然今但以行道法邊以屬實智約名稱邊以屬權智恐未盡理故復加勇猛用釋權智又用實智深廣以例權智權智亦具橫豎故也故須勇猛精進一句用擬豎深故不得以精進釋實智也又難入門者若其退從分證八相亦墮諸佛之數者乃以教行爲門從行入證證不容易故門難入入已即能恩霑百界故曰無疆問百界有限何謂無疆答界雖有限益物不窮分證尚爾況論十方究竟果佛以果驗因豈有不盡行道法不勇猛精進而能令二智橫豎深廣耶次結二智中以成就爲結實隨宜爲結權者實必成就權必利他故實智云到彼岸底權智云稱機適會又實智中稱理故到岸甚深故究竟並隨

時爲言耳隨情等者法華已前不了義故故云難解即指今教咸皆入實故云易知若爾由入者不當故云難解耳若至今經更無不當但借昔之難解以釋今教之易知引攝大乘者今文顯了但依文判如記二乘過增上慢實得必信滅想猶聞大通結緣化城無實如來久成之塵數過於昨日之墨點持一四句偈功不可量聞壽命長遠獲無邊果報豈此文下更有義立令二乘人不得記等耶令佛壽量短促等耶故四意趣中平等意趣秖云諸佛咸然不可以他佛替此亦不可以別時意趣釋記聲聞意樂意趣釋迹本長遠縱使用者秖可云爾前不樂且逗滅想宜近之徒若全以意趣消此經文此經全成不了義說並須以義判文故也故前諸經隨何部意文義兼含如眞如眞諦無生無滅地前地上法身化身咸須義定方了文旨以部含教共不可依言須從義判乃稱部意言有時者非其聽次別諮決時故知自行不專於實利物何獨唯權以自行化他俱有權實故也所以

成就中云甚深隨宜中云難解甚深豈獨於實難解不專於權故但以成就對自隨宜對他則任運自他悉具二智言云云者亦可前句結自行之實後句結化他之權以自行故權實俱實以化他故權實俱權以初釋結文但在自行權實故也雖云適會正語功成故云云意中更須別對具足如前四句中說自行權實尚開四句況對化他化他理須具四故也所以歎實歎權及釋權實中權並從因者以釋前果權之所由以果從因得故也及至結中言隨宜等者須義兼於因果以因權用權俱名權故以用權中復通因果故也至釋迦章歎釋權實皆悉從果至雙結中權指因者雙結歎釋二文故也次斥舊三意中舊師亦有許所以者何下釋諸佛二智等但釋釋迦章分文前卻舊以舍利弗下盡屬權次舍利弗下盡屬實故使不同也初開合者今家諸佛亦權實各歎以釋迦二智豈不同耶諸佛二智豈不異耶故知後之二意亦不同古釋迦亦先實次權故也言但依文者依今

分文言又次云者責三不同也以五佛章門共顯一化故得本迹開合自他不別何得五佛互辨在無然非無此理但不須違文文順義當何須別途故注云云譬喻者且分小行故云芭蕉及如幻等此譬觀俗故且立之若譬眞諦及十六門各立事理廣如止觀四門料簡各立事譬言依諸論者恐誤應云本論本論略舉漸中初後故云乳及醍醐仍闕云乳譬十二部經玄文亦以乳對於小言悉到事理邊者應云邊底或闕或略事邊理底故也如來知見如前者如向釋知見波羅蜜如此下釋疑恐疑釋結實智而置深廣之言謂爲實智言說可及故今釋曰約實體邊實非橫豎斥彼攝法不周故云橫斥彼照理不極故云豎究而言之並非橫豎寄言者正破疑也說有橫豎理必不然無限故非橫無極故非豎如函大等者用不二智稱不二理無量無礙者如彼生數生無量故慈等無量故此無量猶名若干故以若干而歎於權權名便故以無限故名爲無礙今且從自能入邊說

故以能入稱無量等非但至梁代等者自梁朝來皆以此句以爲結實無礙智無復若干那云無量故知無量用表不一云云者四教實智皆無若干豈圓實智更有若干無量下釋若干等故四無量定在權智既云四等及以四辯驗非實智即是無緣四無量心任運應物八音四辯力無所畏略如法界次第及止觀第七記大論廣釋此中文略但舉樂說以說前三文仍略法但云一辭一義而已就此復略不云又與一切相即說故既云比於通別理合四教相望比決力無畏等禪盡禪之實相等者問實相之禪與楞嚴何別答不同何者於根本禪達即實相名爲達禪首楞嚴定本性健相經解脫者亦窮八脫之源三昧者禪定解脫至初住時破二十五有已得名爲王三昧也況今果地不得王三昧耶故下結云深入無際故知禪等皆無際也若以根本三三昧等而釋此中法華變成婆沙俱舍故釋經者先知部類爲屬何時時中爲在何會何教然可判釋法相淺深聞既云權

智𤔡云實相答自行之權全指圓因攬因成果故云成就即向無量皆實相故皆果德故以無量法得理故也故能橫竪橫竪不二鄭重者漢書云皇天所以鄭重頻降命也今文前以諸佛對釋迦乃成六重權實何故由中又兩重耶故此述云表慇懃也一代所無故慇懃以表之然西方重聞以表不輕此土根別聞重則慢故文爲述以息此見言辭等舉實者問既言悅可衆心赴物應是舉權那云舉實答衆心乃以得實爲悅故更引二文證之前歎中等者此明權實前後欲明今佛化儀始末不同古師以今佛望諸佛而爲同異異則成失今辨異者望他仍同又舉等者前分爲實則獨爲一句今重釋者則冠下二文皆云取要取要不過權實故也單明一事者舉偏顯非故不偏指若權若實故云悉也止者下正絕言歎者古非可見今意者文但二義初歎次設下止此取義便若從文便則應先釋止次釋歎所以從義者以初釋歎言兼二字指止爲歎故云止歎次釋一向以釋止

意謂云恐傷善根正以止生欽慕故不解者相後五千預分兩端知佛言音妙赴衆心應於二義離爲三意一以此理妙叵說故止二欲說妙理止而歎之三將護物機似止未說以初一文離二故也故不同印以下自有略說開其疑請之端故其解未當觀師仍似今之後意而不知常情何過必須止之次釋歎意中云兩意者初是修得修得之言通於境智行位自他局在於果次境界者通於凡聖始終逆順局在於佛次就佛成就下於初意中復以橫竪二意釋果人法橫竪理窮第一釋初意中云成就對不成就者以果對因因即因人自他相對即是橫也故知因人皆未成就須對教味委悉簡他經第一等三句亦爾今云成就對不成就乃至難解對不難解者中略二句故云乃至應云第一對不第一希有對不希有以降此外皆非第一希有故圓中極果他所無也說者委消不成就等四法對果兼辨因及諸權故也唯佛去明竪深者前句既以成就等言對他爲橫今有究盡之言故對因明竪

法華文句記卷第四上

法華文句記卷第四上

校勘記

一　底本，明永樂北藏本。

一　三五八頁上二行與三行之間，南有「釋方便品中」一行。

一　三六一頁中一〇行「方法」，徑作「方外」。

一　三六二頁中六行第七字「令」，徑作「今」。

一　三六三頁下一〇行「三住」，徑作「二住」。

一　三六四頁中一九行「即初四雙」，南作「所以初雙」。

一　三六五頁中一二行「諸佛」，南作「諸使」。

一　三六七頁上一行「全指」，南作「令指」。

一　三六七頁下末行書名、卷次，南無（未換卷）。

法華文句記卷第四中　楚一

唐天台沙門湛然述

次諸法下釋甚深境界者此是法華之理本諸教之端首釋義之關鍵衆生之依止發心之凭仗權謀之用體迷悟之根源果德之理本一化之周窮五時之終卒得此十義以消諸異坦然無誤所以先歎能依之智即五佛之權實權實何依所謂妙境境不稱智尚非佛智況無境可論直云對等何能曉此難思妙智是以廣破諸師次廣建立玄及止觀以此為主一家用義大括包富者莫不由此恐後輩猶亡其所歸故慇懃煩重覩見尋斯教者猶昧故耳故須思之故須思之若迷此意諸教之蹊徑任運失趣一化之條流於茲枯竭光宅云三三者謂人教因昔無果義故三乘各三一理非虛故言實相者應云非虛故實非相為相故名實相四一之中偏舉理者準光宅意既同舊人不立理一但云理是四一之本故四俱名一此不及今文云四中之一此去訖北師並是光宅釋也菩薩以六度為體者光宅亦立三祇菩薩以為三乘之中菩薩即今文三藏菩薩也近代以來此義全棄五百所集須歸五天若但會退大自歸佛道不關此者何但定性永滅亦乃菩薩空談云云清應明支佛聲聞以諦緣為體實境有四一以四廣其一理者因緣等四判為實境故以此等廣談理一暢師但約佛上唯立一實而無三權對十力者非無此理望今四釋佛乘一釋尚自未周以無究竟空假中等故也於中相是總舉十力之相次是別對性等體為根本最後云總者約前八力釋處非處即以本末總收前九上來諸釋非不一途者諸釋可見望今家釋各得十界十如中之少分故云一途光宅雖似自得四聖而但立九又分擗九五權四實北瑤二師雖具立十而不分判但在三乘又無一實然攢衆釋既許三乘及以一乘三一俱有性相等十何為不語六道十耶四聖是事從因至果六道亦事亦應例然因果既同十義寧闕四聖是能照六道是所照十界是所照佛乘是能照故佛智照十界十如三諦具足究竟等言其理究爾何故諸師各據一途使佛境智不具足耶今師不能細斥但總破光宅云文理不通等也理謂道理文即現文初文可見次破理中先以十中四五對辯因果者因緣是因果報是果若實下約人對破且依四五若依今文應約十界以論有無次義不下結破文云諸法須收十界界十如實相是界如之體若唯一但四體外尚遺九五況復十十皆如今欲正解先引大論即達磨所用引論意者但泛為類例非的同也論既云一一法各有九種故知光宅不應以四五別判諸師不應以三一各據故知但依十界十法則諸家咸壞況復四釋冠絕古今如此消文方契經旨諸師分擗理趣在何此達磨鬱多羅是雜心論主婆沙有法救論師是雜心論主所承從師為名既依大論不別分張今一一句中皆云即是法華中如是相等縱不委細免上諸非次今明下正解中先述標章次正釋中文為三意初列章次引聖言為證三正釋引證文

中初二文可見次引離合中云止止不須說等者以此十法隨自隨他唯佛決了故云我法妙難思偈引合文義兼於離既云難思方能徧逗故須離也引約位中云唯佛與佛等者三德極理非七方便所知故也雖復不知諸位法爾故分此十所屬不同三正釋者初十界中爲十先標列次法雖下界如攝法三如地獄下示相四故畊曇下以小例大五當知下以理準例知有界如六若照下判言自位者雖明十界界界各十且照當界以九爲權以一爲實故須結云一中無量一界具十一一十如若自若他若因若果在一心故故云無量中一一中無量不可以一說不可以多說不可以權說不可以實說因果善惡空有大小凡聖漸頓開合心法依正一多自在一切諸法悉皆如是達知譚法界者未窮斯妙致使惑果事而迷因理七若照六道下兼破光宅光宅既無十界今且依彼破之縱依十界各具十如當分歷歷思議境耳況復光宅但在四聖四五不同八所以下結位先重

立境云一中無量凡夫絕理等者自鄙無分故云絕理隨想異見故云情迷既絕且迷徒具何益二乘等者即二教二乘三道即是捨而不觀避空求空反賓小脫菩薩等者藏通照六別照次第故云不周皆迷已界不達佛界不了了言尚該十地故今應指別地及因橫竪具足者一中無量爲橫無量即一爲竪多一相即故云具足九唯獨下引證結意如文十上玄義下指廣具如玄文境妙末云舒之則充滿法界不知從何而來收之則莫知所在不知從何而去及釋法中廣釋十界十如也次約佛界爲四初正釋次此是下稱歎三例亦下例釋四如來下舉果結斥問此中佛界與前十中佛界何別答前則在迷在因通悟通果今乃唯果不通因迷故一一法皆用雙非非相非假非不相非空雖出雙非意存三諦下九準知乃至本末究竟等也如是方名究竟佛乘是故皆以大車文結此則於今品文是佛果家之諸法實相於彼譬說即至道場之莊嚴大車於彼宿世即極果佛之

開權實諸於彼本門即久成佛之所契妙法若正宗可識豈迷流通一句一偈之言彌可信也三德三軌之說皎若目前若得此意廣演於八年不出乎一念經五十小劫詎動於刹那例知一代逗機居于心性十方佛事宛然矚目法界根性覽而易通隨宜所說咸指藏理結斥中以眼爲喻者且以小乘慧眼見空與而爲論云得一眼初住菩薩乃至等覺猶有無明今且斥方便教菩薩未見中者並如夜視次釋離合中爲四初正釋次雖開下舉境稱歎三凡夫下斥四爲此下結初文爲三即三語也隨自方在今經細尋可見四約位中二先正釋十如次初位下重釋究竟等初文者相性體三與前佛界不無小異前明已成佛果故以修性對論而具十法今明位涉聖凡分對十法十法位別故云約位以初三唯理位定在凡力在五品作在六根因緣即是初住已上修得緣了果報即是極果菩提涅槃菩提果也涅槃報也是故初三且在通列十界界界三德同在理性故十界之言

亦唯在理若不爾者何故云若研此十界等
耶故理性三德共文在斯然諸文中多約修
性相對辯者爲成教相故也讀者悉之今見
此文應貫諸說若研至如是果報者初之三
法既俱在性在因合名爲正故力已下屬修
屬果所以觀行位去研此性境有除麤惑之
力及有似行之作若入分真對彼性三合名
爲正乃以負助名爲因緣至究竟位菩提名
果涅槃名報雖分對始末乃是一佛法界因
果之位故不同古人以權實辯判初三等者
初謂相等因中三法後即報中果地三法故
知三德即是三諦故云初後至究竟等初位
下重釋究竟爲二謂釋結釋中三先重釋三
德本末不二結成絕數之境次重釋究竟等
成於不二三釋不思議初釋三德者惡即三
惡善即三善賢謂小賢聖謂小聖小謂小中
賢聖大謂大中諸位重釋究竟等者又三初
約感中先立境次若迷下約於迷悟對辯三
諦三又權實下約人約教所以四釋者明理
攝徧約十界釋明自證極約佛界釋明佛化

用約離合釋明三德徧約諸位釋若望止觀
互用寬狹今具四釋則此寬彼狹此但正報
不語三千則此狹彼寬名目雖然理必齊等
因必具果正必有依然本論中釋此十如理
窮教極今述論旨使與一家義意冥會論云
成就不可說盡也實相者謂如來藏法身之
體不變故佛智具足知此實體經云如是相
等者論云何等法云何法何似法何相法何
體法何等法者謂三乘法云何法者起種種
事說何似法者依三門得清淨故何相法者
三種之義一相法故何體法者唯一佛乘無
異故也今謂初句先明十如通三乘法次句
者所謂三乘教差別故次句者即三乘人依
教契實次句者開三乘相無他相故次句者
開三乘體唯一實故論又云何等法者有爲
無爲法云何法者因緣非因緣法何似法者
常無常法何相法者生等三相即不生等三
相法故何體法者謂五陰非五陰今謂此番
離開三乘展轉別釋歸實相體初句者以聲
聞無爲對六道法是有爲故次句者以支佛

對餘非因緣故次句者以菩薩法對餘八界
悉無常故次句者總以三乘對餘六界皆三
相故次句者十界五陰皆實體故論又云何
似法者無常有爲因緣法何相法者謂可見
相等法故也何體法者謂五陰法能取可取
是苦集體又五陰者是道諦體今謂此一番
釋以上二句總合在於第三句中仍攝第三
入第四中謂三乘法皆可見故又攝第四入
第五中成初苦集復指苦集全是定慧故云
又五陰者是道諦體故知六道三乘望實猶
是苦集論又云復有依說何等法者謂名字
句身故云何法者依如來說法故何似法者
能教可化衆生故何相法者依音聲取彼法
故何體法者假名體法相故今謂此一番釋
還依五句欲以教法通說前故初句者具詮
十界權實法故次句者所依皆實無餘教故
次句者明權實根緣受不同故次句者明諸
根緣會大化故次句者明能化所化能詮所
詮皆假施設以望所詮唯證實故信知論文
不可輒判故用今意方應妙旨況論四釋耶

是今家四釋故也初釋既以三乘體相皆一體相即佛界釋也次釋既以三乘對六道釋即十界釋也次釋既約苦集對道此外無餘即約位釋次釋即約能詮教釋由教權實故有施會即離合釋故知一家大義並與論旨冥符是則現文一十六句乃成一十八重釋十如也論文豐富而人莫知今從總論故且四重釋耳三若就下釋不思議者前境雖已成不思議其名仍通故今更對思議辯之令識前四釋眞不思議先略出體相次引事類況三舉理況結初文先略出次諸經下指廣初文先法次譬初文先釋名也出心數法故不可思過言語道故不可議次不能行等出體也體非因果及非能趣行者因也到者果也此體不當因之與果若其屬能則不關體次舉譬譬中三謂法喻合初法者觀色是常故不敗壞常必具四四秖是心不異亦爾譬類中二重初以明暗喻不思議與惑同體故指月光全明是暗次又日出時下譬轉暗爲明云常在者秖是暗無暗性舉暗是明迷悟

亦爾理性無殊因位之明與無明雜體不可別故云共合入分眞位破一分暗所破之暗體變爲明豈有所破移在異方無所趣故故云常在豈智明發仍存先暗云常在耶雖云常在終須破盡究竟永淨方名常在生死與道合下合也次指廣如文就事況者四不思議中關釋佛者世易信故教多說故以佛在四中之一三類尚爾何況佛耶云如阿含者如增一十八云舍利弗說衆生不知如來壽命佛言有四不思議非小乘所知云何爲四如文因釋世界不可思議引經爲證言阿含云一士夫者雜含亦云佛在舍衛有多比丘在食堂上思惟世間佛知其念詣食堂上告諸比丘汝等思惟世間非義非饒益不順涅槃汝當思惟作四聖諦此是有義有饒益正向涅槃如過去世時有一士夫在王舍城俱絺池側不正思惟見無數四兵入藕絲孔中見已作是念狂耶失性耶世間無是狂而今見之時去城不遠有大會士夫往問如是之事大會皆謂是士夫狂失性故爾彼見佛

問佛言非狂是實彼池不遠有天與阿修羅共戰修羅兵敗入中藏耳是故比丘莫思惟世間非汝所及釋龍中兼明有天亦能出雨即龍類也五道下御釋衆生論云五道各有自爾力故婆沙雜揵度中云若因祭祀准鬼神得問爲勝爲劣答非勝非劣若勝天人應得若劣地獄應得以其道有自爾力故準斯誠教可證世人設六道者不可盡得此是梁武見江東人多好淫祀故以相似佛法權宜替之論云如人不能離地四指於須臾間鳥能飛空高下自在前寄兩一事者明餘道不能如善住龍王以比智力知帝釋欲與修羅戰春骨便鳴若帝釋欲入園時春上自然有香象現此畜生道中不思議攝如鬼能變食等又云諸土各有自爾力如釋籤言此有三異者以此頌二智文望前初章歎諸佛二智文具三異初句頌實智中但有二異下三句歎權智中又有一異初異應云雙隻次異中云開合者上長行中人法俱開故諸佛中並二智各明歎釋結故云開今但云世雄故云

合人必兼法故云人總也言法別者被物時異故有權實此別仍合無歎等三故第三異云二乘及一切衆生者同是不知之人尚未足異應云上人法並舉故云其智慧門法也一切聲聞等人也今但出人又是有無異也亦是雙隻異也又上文不分四佛但云諸佛故今前行但云世雄即當諸佛後行但云佛力不云吾今以前文中釋迦權智具有力無畏等知是頌釋迦也又前文有諸佛字則可分爲四佛今但云世雄似非諸佛然以義分以世雄句有世字故可屬三世世必有方故知是頌諸佛後行直云佛灼然可屬釋迦言佛力無畏是權智者前長行中指於因權此中既云功德功德之言亦多在因餘法等者前力無畏但是自行從因之權是故餘法爲化他權此之化他非指權法名爲化他但對自因名化他耳但舉初後者仍先舉後二卻舉初二故先云大果報次云性相義也義字等者義謂義理秖一究竟之言有空假中義理故也大與種種等者具如玄文破光宅中

彼云大故知是實種種故知是權今文意云權實互有豈果報唯大性相唯種種耶又釋妙中大妙相望以爲六句六度至發心者斷即成佛故也如意珠具如止觀及記無漏不思議者當知此不思議之無漏故無漏名同應思義別云生出四種解釋已如上者指上四番釋十如也此下偈文對者是也逮得涅槃指六度者以望二乘此生即得故云逮得逮者及也又今欲廢小菩薩爲旁故旁云及也當入滅耳若不爾者今準他人上之三句正明二乘脫縛即是已得涅槃云何更云逮得涅槃由聞三偈一眞是諸聲聞但聞三乘皆是方便方便即偽又聞要當說眞實所以疑其實未曾聞說唯一實偏舉二乘者世人若問若三俱會何故此中敘疑但二亦應反問若菩薩無疑何故下文云菩薩疑除若云疑通三人會唯有二菩薩何過而不會之經云疑除作不會釋此乃破經何名釋經一解脫者昔教三人同一解脫方等般若中雖聞勝脫今從初說有云已得三德中之一脫此

不然也釋三請者瑶師龍師非無眉目故不全破但不及今師以望三周抑令三請此則釋文所表俱有深致凡一家破義皆恐累後學於經有過彊復破之不同世人任其曾聽又偈後三行半云動執生疑至爾時衆中下但云騰疑致請者問準品初開章云初略開三顯一次爾時已下動執生疑及到此中何故乃以略開三文爲動執生疑爾時已下文爲騰疑請者何耶答但動執生疑之言兼兩向何者若在爾時大衆中下意明由前略開動其舊執生其新疑若在三偈半文意明此之略開動彼舊執令生新疑故復名長行之文爲騰疑致請執既被動因茲有疑令先騰疑後方致請是故此文兩向用之非參錯也若以此文爲騰疑致請則應更開章云略開三爲二先長行并十七行半偈歎二智次三行半正略開顯動執生疑文云執動疑生者由前略開動其執故執動由前生其疑故疑生疑既生已今但致請是故章首但云騰疑致請得益之者悟有淺深所引之人獲記

差別約能引權衆辯益不同已知顯益欲知冥利須辯待時爾時下次明二止初止意者恐懷疑故次舍利弗騰宿根利是故更請次佛止之護上慢故次舍利弗述慧益多牒疑更請一次正廣開三中三先分章示相次義門分別三依文正釋初文四初引經標章次舉品分周三亦名下三周異名四引例例如大品三根者第二十一方便品云須菩提白佛言如佛所說若廣若略諸菩薩等云何求耶佛言如是如是乃至一切種智如是相菩薩摩訶薩學是略攝般若波羅蜜則知一切法廣略相世尊是利根菩薩亦入耶佛言利根中根定心散心並入是門是門無礙亦如三種發心不同以十義料簡者自古此文多有紛諍今為評判及以自立因為十門然此十門雖泛拾破一家置章不無次第初欲明所被之人先明能益之法故先辯三周通別同異次辯所被權實有無故次明第二於實行中得入之人三周不同由感厚薄雖現感厚薄須知由宿根雖已成根根須在悟既得

悟已必知領解若有領解理須與記得記之者悟有淺深所引之人獲記得否能引之衆須益有無已識顯益欲知冥利故辯待時初門自立初文中云若我遇衆生等是因緣說者昔曾結緣即是昔因中間相遇處處皆以佛道成熟今日五時咸資佛道即始終赴物也根利未須述大通事若謂此文屬說法者雖在譬說文初分文仍屬法說文後既在譬說題內故且用之不然則取次文用之長者驚入是因緣者昔因今緣是感應義長者是應所聞是機驚入即是赴機故也故知應赴即是今之一化故也答意者許各具三根法說自被法說中三餘二亦爾但說三根攝九即足從正略旁者上根中上根為正中下是旁亦應云具論有三且言上耳若退上根上三俱被但上根為多為正中下是略是旁中中上下下中中上亦復如是第二義中光宅有實為權所引則成定有實行引權意令有實開善定執引權意令無實今云有無且約實行權應暫有何須論之開善指四念處為

初業故云外凡今言有者誰論初業能知常耶豈以初知令令無耶如大通佛所謂不知之亦言于今有住聲聞地言寧有者甚不可也法華之前所執者誰經明等者正為光宅所破既云寧執小果權者何所引耶今先總斥二家乖經失義乖經者光宅也今經二文得記故無未記則有又在昔故有於今則無故今引文約開約記破其定有若望後無計有則失失義者為開善若定無已下文是既有入城必有實行權何所引耶復以光宅結破開善故今立實有與光宅言同其意則別今雖云無亦與開善不同從得記後說故若定有者下破執定有恐計三周後猶有聲聞若定無者破定計無如序品初因光橫見文殊引往方便品初千二百人法說周竟尚自不悟仍待譬說宿世文中于今有住聲聞地者又舉不知之人云舍利弗辟支佛等乃至流通處處有之云何言無又云無者破住果者定計永滅非謂本無若言下今文泛難令許實有為權所引仍恐他以三藏佛例此

義不例下今文申之佛居果頭則無實行聲
聞不爾是故有之三藏佛言出自今教故知
不是他人難也何處者佛必三身圓滿故稱
此佛爲權若言三十四心此乃教權似實古
今學者此佛尚不敢爲權誰知寂場不實今
明下正解先立理次引論初略立次云若從
等者實智尚無阿鼻豈見定有聲聞若說時
未至有義非謬故長者佛眼始終皆無以法
眼觀中途須有作人亦約未得記前次引論
者爲五一正引論二若依下以今經望論義
立五種三若從下判四若得下結意五復次
下判大引論如文次今家依經望論但加佛
道一種三判中云若從決定至實所者約大
雖無準小仍有退菩提心仍屬有者由在小
教今評其初故云退大實者既爾下明應化
也所引迴心能化本大若增上慢二途不攝
本非商議五復次下更判大乘有無者先判
次結意指應化爲無第四第五並名大故故
論中則無大乘之名但云應化若從下正指
佛道此用今家所立之名而以發迹釋義仍

除開三得記已即名生身得忍菩薩故也故
取發迹者知有實本亦得名爲大乘聲聞是
則從隱德故無從發迹則有所以得大乘聲
聞名者彰言發迹仍示聲聞故得名也不同
他釋於大乘中自立聲聞從今開三下定文
正意須爲二人爲退大者與論不別今取決
定意似少殊論據在座得記今據通途被開
其不在座展轉爲說或在界外亦得聞之或
佛滅後教逼令信此經通說直云與記論云
退大且依一途知諸聲聞於法華前誰知退
大方等般若席咸稱滅種準今經意既彼此開
經必彼此與記一開之後無所間然迴與未
迴以分二義當知論涉有餘之說無以經意
靈同第三惑有厚薄者古師以迴惑釋惑今
師以煩惑釋惑故與舊不同於中先列古釋
重觀所證故云遊觀由遊觀故知一理同及
其下明其惑由由聞教異將必下正明互疑
生惑教本詮理能詮既三所詮寧一所詮若
一能詮豈三踟躕下明其惑相雖復迴遑未
辯得失以理下判其得失以理惑教有順理

之得以教惑理有違理之失上根等者乃以
小中理教得失而判入大三周不同故上根
執一理情多理名近大故聞無三而順一理
所以前悟教惑理者三聞方知一理無差所
以因斯成下根悟中根二情力等故悟居中
今謂下破先總破彼理教互惑而爲三根若
以互惑爲三根者不可未聞三周預生迴惑
次三人下具破二意一者大小永不相關二
破在小不應惑大此別破二意初中又二先
且定之故云何等若迴遑下正破又二先約
小破疑屬見惑初果尚非何得互疑名三根
耶次若迴遑大乘者下約大破也大小既別
安得於大理教互疑次意者用今經意若大
小理教更互惑者汝於何處聞斥三耶方等
雖斥般若雖加並未曾云三是方便故知爾
前大小未惑豈出入觀三一踟躕既預下縱
難爾前已曾理教迴惑當知已曾動執生疑
若已生疑略開三時已應領解何得聞略仍
云四衆咸皆有疑言今日者聞略開時進退
下結非次今明下正釋先判正意次約四句

以判三根三約三品以明入住初文者先總明根惑並異於他小乘根定迴惑又除安得還就小乘辯惑他縱以小而惑於大他又不立別惑之名故小迴惑不成厚薄聞諸聲聞人爾前無斷別惑之文何故今約以論厚薄答顯教雖無準理合有故被洮汰義當斷伏由根不等斷伏亦殊致有三根前後不一次約四句中先列次以四句別對四人根惑並由過去熏習致令悟有三周不同所以三判者初釋收機令盡故第四句攝結緣衆後兩釋不定者三根已定但句法至四將四判三故從容進退第二釋中應以中間二句爲中文云爲中下者或剩下字或下根字別爲下句三約三品惑者又二先釋次例初釋者即二位皆有三重今且明三周始入初住有三不同惑盡不等故使爾耳例如下以小例大十六剎那皆名無漏至第十五猶受向名故三品盡方入初住爾乃獲記第四轉根不轉根者亦先述古次若爾下破者雖有轉名聞時俱上三根不成若轉下破轉義不成亦無

三根三周悟時俱名爲上將何以辯三周三根餘未悟者不名爲轉次例意者先立事次難若二俱利及利鈍仍存不名爲轉身子一聞等具如止觀第六記次夫衆生下正解中初正解次料簡初文先引現爲類現既爲緣所轉驗往亦然先世下明宿生先轉三根已成故使三根前後悟入次譬者刀如根木如惑執者如機佛令其所受教如聞法運斫如用觀木斷如證曾磨如轉遇磨不同故有利鈍此中聞悟以是信行非不兼法由於往世信法迴轉相資不同信法等相具如止觀此一坐中應無六十四番問意者未入住前稱爲三根即此三根入住已後猶名三不答意可見次問意者住前名緣初住名真未證二住亦名緣修住前緣修既有差降第二住前亦差降耶答意者位同理同不應更別住前未證容有不同然圓住前亦名緣者唯有此中及四念處仍望別教義立其名五明悟不悟者初今文自立先引經立妨次若言下出妨三然經下辯別故云義未必然故昔三根

不同三周三周三乘各三成九今經下今家因此須辯支佛有無先徵起牒妨已知三根偏在三乘今經何文云支佛悟次支佛下釋妨言中根者依前三乘云隨根者以聲聞中亦三根故故身子下證無別支佛既明二乘得悟三根不同菩薩亦應偏在三周何者是耶故出舊師明菩薩悟許有三根而咸於法說並不至於中下二周言域懷者域謂限域期心分齊言近果者彼指共位謂離二乘即求作佛佛果仍與二乘位同故云近果今聞佛果過於五百縱有遠近之疑不同小故易悟三根下古判三時同在法說今明下破初周之前指法說初及略說中初周三乘菩薩居首然不併在初若爾下引證何得分別功德品及流通中如妙音品等猶有始悟無生忍者舊云下古敎意云初周先悟已成法身今言下重破六百八十億等豈可先是法身仍云得無生忍耶無生忍後方名增道次問者既不許菩薩唯在初周二乘亦應至壽量耶答意者人不局初名不通後問既於三周

已得無生即是法身何以不許古師釋耶答古師意者元是菩薩初周聞法得成法身至壽量中增道損生令云聲聞至後雖通是菩薩或有未得無生忍者不名增道故但云無生令師前難古人者本是菩薩尚有至彼方得無生如初釋惟忖中先得十住等自是一途豈令菩薩盡先於法說得無生耶故知二乘根性獲記者亦有至後方得無生忍故不可一槩當知一切皆通初後但三周後無小名耳第六領解有無者雖不云舊古有此計故今引破令明下先破緣覺次辯菩薩初文中四初立理次身子下引事三又四衆下意有四信解下義有

法華文句記卷第四中

法華文句記卷第四中

校勘記

一　底本，明永樂北藏本。

一　三六九頁上一行書名、卷次，二行述者，[南]無（未換卷）。

一　三七〇頁下一行第三字「寶」，[徑]作「實」。

一　三七二頁上八行「眞助」，[徑]作「具助」。

一　三七一頁上一二行「究竟等」，至此，[南]卷第四上終，卷第四下始。

一　三七二頁上九行末字「令」，[南]作「今」。

一　三七二頁下一行第一三字「天」，[南]作「人」。

一　三七四頁上五行第一五字「相」，[南]作「根」。

一　三七四頁上六行首字「門」，[南]作「開」。

一　三七七頁上末行書名、卷次，[南]無（未換卷）。

法華文句記卷第四下　楚二

唐天台沙門湛然述

次菩薩中二先總述意次又其意下別出所以其意有三初明無次意或有或無易故則無故云處處有文準理合有故云梵文等也三明有中云菩薩位行等者菩薩實位極至妙覺仍異於別故名爲深新入實者猶非所及故名爲絶始從權來故名爲新昔權位下故名爲小說壽量等者據理迹中具合有領新小自不敢耳故下總領頌云佛說希有法昔所未曾聞世尊有大力壽命不可量無數諸佛子聞世尊分別說得法利者乃至或無礙樂說餘有一生在等即是補處總爲領解八相易領故聲聞領之法身記難非淺所領言更求何物云云者應更責問者汝唯知聲聞別領而不見菩薩通領耶故此三釋其義猶通初意通指三教菩薩通皆求佛雖是權人執易轉故第二三意雖云處處有文及小菩薩等故應分別小在三權悟大語略故注云云良由於此第七得記不得記者亦是古

計先徵起次正釋中緣覺如前入聲聞數故但對菩薩亦爲三初文即具用向領解有無中初意義兼第二若同初二即同第三即是初文並用前三義也有記即有領解故也言如前云云者一者如前領解第二中少梵文或有但云隨要第二意者義同前第三但前文通令具通別龍女別法師通既彰灼記何妨領解第三意者據近遠別近非所欣遠記亦在分別功德言壽量者重聞於壽量故得記也望前第三但所對別前對小菩薩此小乘人次問意者何不直云過若干劫得妙覺法身但云初住八相此是一家教意正文而人多不悟答意有二一者明須八相二者後與法身以後形前知是初住且橫指法身本也故知二乘兩處得益且與八相記者更令與物結淨土因菩薩已於多劫利物隨熟隨脫不假八相淺近之記二乘不爾是故須之第八悟有淺深者此無古師於中又四初略明所以辨有淺深有明晦故次初聞下釋淺深意既云初聞法說已入佛慧佛慧之語住

中不專一品故也或唯初住或二三四乃至十地三節增進理實如然如釋惟忖中云先入令入故令入之言該於四節即三周壽量也但先入者顯密不同恐不了前意故重云耳三如聽下舉凡況聖舉麤況細若再聞無益初亦徒聞四節加功理應增進或至一生良由此也四單複下引事如寒得衣重重漸勝厚薄者釋單複也問若爾何故前云此真位人無復淺深答一往同位實無淺深細論明晦及明升入既登後位理有增進第九明權實得益者爲六初出舊解言一云者舊應多釋其一違文故且云一次今明下正釋言鄰圓者圓謂圓滿近於滿位鄰妙覺也言際極者顯鄰圓耳三所以下明得益由四文云下引證言化功者影響迹時已有化益前後增道即是深利權人處處得益深故五故一音下立理不必併須待至壽量故云一音又密益者宜聞長遠時處不同顯密各異故注云云六又我下正證影響得益之文若於已無益何謂欲得第十明待時不待時者初正

釋中先大判次若就下就三周及本委論待
等三周之中自論密者如法說時密聞大車
及大通事而得益者即不待時中周密聞準
說可見問三周及本有密說者玄文那云法
華唯顯答言顯密者爾前偏圓互不相知今
至此經同入一圓雖密而顯純一味故但於
一座有待不待但知彰灼授記二乘顯露分
明說長遠壽於茲一座無不聞知故名爲顯
問云非顯非密者謂決定性於前四時既無
密益不至法華復無顯得二處無益名失時
不答餘經等者謂前四時既云永滅諸聲聞
等不知變易故淨名中迦葉自叙云皆應號
泣聲震三千於此大乘已如敗種準彼經判
敗種豈生來至法華咸受佛記若爾佛於爾
時何不即記而使稽滯來至法華顯密不同
如前已釋若將永滅權論用釋開會實經經
既已生論何能滅但以滅者於彼得聞餘經
不說況通經論故失顯密亦非失時但弘教
者曲將釋此是釋者過非論咎也五千起去
等者無四時之密益失此會之顯功此化失

時彼土非冀故應失時答云滅後益者是也
問經云佛滅度後實得羅漢容可得益上慢
不實應非此收答敦過實者誠如所言既通
許過餘佛亦何隔於上慢如其不發待後佛
時問佛若大慈何不令其無謗生信答是盲
者過非日月咎法界衆生未益者衆況此五
千已蒙下種滅後時遠當當不遺問身子初
周爲三根請者此下雜料簡不關十門言爲
四衆三根者初周普請佛亦普說餘未悟者
還爲普請既普請普說云何言佛各爲說耶
此引三抑俟其三周佛既權抑預表身子權
能預謀何以不各各請之而三周之首通爲
三根譬周之初通爲中下故諸天領解文後
云爾時舍利弗白佛言我今無復疑悔是諸
千二百等故知是爲中根請也乃至文云願
爲四衆說其因緣即爲下根請也答意可知
然身子設使預知在三終須普請若爾初周
普請何故佛但作法說耶何故譬說復更請
耶譬說已雙爲中下何故復作宿世說耶答
初周普請說亦普說聞者未悟自在物機中

下尚昧是故重爲中下普請佛亦普爲中下
譬說故千二百中四人之外屬下根者故佛
鑑機不須更請便即許云宿世因緣吾今當
說若爾亦未申難若通被三根那云三抑俟
其三請以表三周答鑑物機情理須預照及
至爲說何擇下中故法說時已益中下乃令
中下再三便悟云云者豈有法說中下不聞
豈有初請專爲極利廣責舊見不曉大猷問
者將法譬二對於宿世似如三世若許三世
當現如何答中言無文者一往語耳如說法
中當爲汝說若將昔三以望今一則今爲昔
當此約縱無方之辯以答無方之問得作此
說若不爾者但得依常立法譬名既云無方
觸途皆轉如譬說中大車望小大亦是當如
法說中望三爲昔一亦成現今云譬是現者
譬是現事且云現耳準後望前者法譬在於
宿世之後故以宿世爲過去也準知法譬合
同當現問舊以五濁障大者舊師計也四句
料簡今家破之言如前者指上玄文五濁有
除不除大機有動不動不得一向云障於大

亦可云如後即後釋五濁中具歷五味四四句是有人下復引他解斷見惑竟有無明在故所證眞與此無明共爲大障無明舉修惑也即不發心初果故引法華論證言無煩惱者已斷見故有深慢者有修惑也未知常住即是大障若博地不執未有所證未曾斷見二癡合明無明惑還故云獨障意云五濁之中衆生劫命不全爲障爲障者見修兩濁若爾下他難也意云若二人無明若共若獨俱能障者此之無明若定能障即定須破若聞法已破不妨聞法何障之有若未聞法無明先破則聞法時無明已去復不名障此是三論師意不問無明爲障所以直以自他等責障有無答至爲通者聞法故破破由聞法言無前後者未聞法破爲前聞法已破爲後前

義二　六

名自破後名他破自他無破無因不可次雖不前後等者雖非自他因緣故破以因緣故亦前亦後亦前故暗滅亦後故明生今從破說故無前後今從立說無明定障又亦應云雖無前後聞法定破次更料簡知與不知初

引兩經皆云知何以此經三周說竟猶云不知然雖云知文意少別彼屬方等應具二意一者對諸菩薩云二乘人元發大心後終歸大二以不愚等一往斥之具如止觀第三文末彼漫引之以爲難辭云何三根之後等者法師品後段長行文中云若聲聞人聞是經驚疑怖畏當知是爲增上慢者此以上慢驚疑而顯不知但三根之後皆悉應知何故猶云驚疑怖畏初疑謂三周之初動執生疑後怪謂三周領解解後無疑何故此後尚自驚疑答中二意初通明知次凡有下分門別釋初文意者此經亦云知者責於問者何以專引不知之文故此經與記處處云知次引今文正答云知三根之後有不知者敦逼之辭諸不愚等來至法華皆悉已知假使更有不

義二　七

知之人判成上慢既非上慢道理皆知滅想尚知何況餘耶次分門釋者初明知者聲聞於彼亦不云知佛於彼經爲諸菩薩說其元意故云知耳此即答前兩經之問昔曾發大故云前知中間退大次明不知今至法華被

會方知若佛在世三根得記佛滅度後無不知者又身子下重引此經以證不知初句是身子敘千二百不知我今下法說之初自敘不知此是三周之前不知之文非關三周後也又大通下此當三周之後亦有不知之文何者既云說是經時十六沙彌皆悉信受聲聞衆中亦有信解其餘衆生千萬億衆皆生疑惑即是彼佛在世亦有不知之人然亦不得云永不知即是王子爲其覆講此十六子義當餘佛佛雖在世四依弘經理亦不失當知且對聞佛說時云不知耳若執下次爲和會於中先總非次正會初不許偏執者如前二文或初後知而中間不知或初不知後必得知生滅度想尚於彼知況在佛世暫時不知安得因執而生矛盾矛盾具如止觀記論者下抑挫凡情恐成巨損言餘事者修行趣果有饒益者方可論之聲聞等者且順大經諍論之文故大經皆云不解我意然彼經中二十三雙俱云不解者以對昔教故責迷者二俱不解若識化意則二俱名解在昔須云

不成執者望今成過在今須云必成望後退小成過以大小教開與不開並通三世若唯引不成以證定性既俱有過安偏引耶雙引各執尚違教旨迷實執權其過非小亡權執實斯愆猶薄既申實教須云定成人不見之徒援權輿用證實教今試下正存今教而為融會先正融會雖有二初大初為定豈從中間取小情執小滅為規故大教定成不須為諍一義既爾二十二雙請為觀之若佛世尊俱留有妨之文何成三達五眼故依此判諍論自消縱二十三內小部不同灼然易殄次若得此意下於念處中以分權實故知但點二種初業其滯自消何須復以一初作妨況若聞法華無復疑悔知與不知二門無壅故權實二人知不知別有人言下引古略立利鈍二人及至解釋離為四句純以權人示知不知故不應理今不取下總破故準今意具明權實是故不用純權四句若委論者約實行對權各為四句故注云云文且略立權者先知實者不知寄小初業生滅想者現世不

知知者現得悟者是也即初二句也第三句者初不知後知第四句者即方等中被斥者機未發故非知以被斥故非不知權人同實示知不知論其內心無時不知故不用舊於義自顯更廣約諸教何位何時顯密權實知不知等望舊雖爾今家於實秖是初則不知後方得知因此重料簡緣覺問可知答中引經云從知者問此佛亦有聞法緣覺何不令其聞佛說法如方等般若中二乘之人耶答未斷惑者可令聞法已斷惑者自謂獨覺以是應知世無二佛問緣覺在小住亦何妨答元為法滅無師獨悟既有佛興復不稟教去則不與稟教為妨是故不同方等元是稟教之人問從向何處答向無佛興處縱在此界亦是佛教所不及處如有德王興宣彗星不沒若爾其得神通豈不知耶答為護物機不護緣覺知亦何奚願生至十四生者以願簡其任運生數而值佛者若願生者生數未滿若復在天願尚牽來具如眷屬妙中是故此人即名聲聞言十四生者人天各七但總立

七或二十八具如止觀第六記明極鈍者至十四耳故生未滿即成無學二三果者如一來人及五含中後之三人知佛出世尚有從天下來親近佛等若上流者縱至無色及無色般並有起欲界化來見佛者若不見佛亦可容得有餘般時亦名獨覺故云二果三果例然今云例然者以從願故況復二果欲人天生願亦易牽變化緣覺者義準聲聞亦具四種今文列一義已含三所化兼二故也許文為三三文各二則以三文各二字是如初文中初是順次豈得下許次文初是誡吾當下許第三文初是簡汝今下許大經四善法者德王品釋十功德中云一者親近善友二者聽聞正法三者思惟其義四者如說修行唯此四法是涅槃因若言苦行是涅槃因無有是處後之三句即三慧也故佛誡之是涅槃近因緣也五千在座至簡衆者或當過去有謗法緣或機未熟聞必生謗故佛知時神力令去又如說瓔珞經時五千菩薩尚從座起去彼譬喻品因佛說法身功德座中有

五千菩薩從座起去目連問佛此諸正士修菩薩道已入如來正法之藏行過二乘何故聞說三身不受而退佛言善男子聞說是者沸血流面何以故是無數劫恒生誹謗是輩過去恒沙佛所修行六度起於著想有悔心故有退轉故當更經歷勤苦之難千佛過去猶未得度是人雖修菩薩之道欲得成佛終不可得如人欲於虛空造室終不可成今謂此乃三藏菩提之心機未合時若聞三身理合生謗通在衍門生謗義少故知今人雖欲發心不簡偏圓不解菩境未來聞法何能免謗問前云三止抑待三根今何故云由五千在座答三請已後五千必去秖一三止用當二義於理無妨有時一法當無量緣秖此二事何足生疑五濁障多者五濁加多表具見修復加執慢故根名深障罪是根而或未深故加執慢方乃名深枝葉細末者若實得果如根本大材任為器用但計枝葉謂為堪任而輕根本謂等謂過名增上慢執方便之方便者小乘四果已是方便更於煖頂執為真

極應知上慢不全無法但以淺位自謂增上而慢他人名增上慢四請者以受旨文義當一請并前為四毒鼓者大經云譬如有人以毒塗鼓於大眾中擊令出聲聞者皆死鼓者平等法身毒者無緣慈悲打者發起眾也聞者當機眾也死者無明破也今世惑破近死正當當機人也來世惑破遠死此五千等雖非當機如來何不彊為其說作久遠因如喜根等即遠益人具如止觀第八記答中云華嚴末席者此且一往寄結集說舊經三十七云時舍利弗秖園林出不見如來自在莊嚴變化及師子吼妙功德等不見諸大菩薩眷屬亦無智眼能見覺知及生意念亦不樂說不能讚歎以聲聞人出三界故此即如聾如瘂之文於彼末會即當漸初然亦寄於娑婆一期設化漸教以說用通今意應知華嚴盡未來際即是此經常在靈山何殊十方更互主伴至第三十八入佛境界品文殊從善住閣出與諸天龍等至如來所頭面禮足設供養已辭遊南方時舍利弗承如來力見文殊

師利從秖洹出而作是念今與俱行時舍利弗有六千弟子從自房出禮佛足已至文殊所此六千等皆新出家已曾親近過去諸佛皆是文殊之所化度舍利弗為諸比丘廣讚文殊文殊語諸比丘汝等善能成就十種大心則得佛地況菩薩地自古共云華嚴時長若爾乃是結集後教至般若來方可得云令諸比丘成十大心此乃義當轉教時也結此等意入華嚴中故云時長當知以法界論之無非華嚴以佛慧言之無非法華道理雖爾若約次第部類不便則鹿苑諸教皆應結取但是大小不同機見不等故令教主說亦不一驗舍利弗已有六千弟子故似方等般若教時何但鹿苑耶今文復云未破小執即似鹿苑之始準下釋信解品中長者之文但是機見著脫前後今亦且寄漸教大末小初為釋令諸佛至簡遣者以無容教同席益故今欲滅化城廢草庵乃是一化之大體此尚於小起增上慢況能大益耶故此等人正宜令去若去住俱謗等者聞略不謗聞廣必謗故

云去則有益故毒鼓二義謗及不謗前聞略說已成不謗毒鼓之因何須更加成謗因耶二因無別加謗墮苦不作謗因或於涅槃得當機益若加謗者多失近利故任其去以存近益喜根慈故令遠得益與其樂種如來悲故護令不謗拔其當苦次問可見答中非當機等者若唯以五千而爲結緣餘當機者則五品已上並屬當機然準望前文釋四衆中當機乃在初住已上堪爲影響則六根五品並爲結緣但是結緣義寬欲收起去之類縱以五品爲當機者此等亦得爲結緣也已如上說者如上待時中說即如來滅後待弘經人得益故也昔大通佛時等者具如上文釋結緣衆亦將此文而證結緣經備許時方乃得度如來滅後弘經人邊得當機益猶爲太近故知彼十六子衆豈無至今仍有未度者耶不見三世久遠之益而以現難深不可也此是大聖見機之說滅後弘經實可爲例說大經時萬五千億人等者師子吼菩薩言如佛所說一切衆生能信如是大涅槃經不可

思議世尊是大衆中有八萬五千億人於是經中不生信心故能信者不可思議䟽文欠八字䟽意云既云是大衆中又云不生信心故知已爲結緣衆也故五千雖去已聞略說不久者意亦指於弘經人益金光明等者第七云一者深信大乘方等二者毀呰不生信樂不生信樂者亦得結緣故引爲例正廣釋中爲二先示廣以開略次示廣列章相初文又二初對略開章次上句下略示廣所以次六者下正示廣相於中又四初列六章次生起六章亦名章意三於五章下示五佛有無四又六下明六章大體生起宛然大體隨時以此六義共成開顯之大旨言略而不闕等者五佛互略互存無闕請謂所至共成一化何假繁列如三世佛但各二章豈非拯略故六章中開顯二章略而無闕令權請實而略郤四章令文不繁前後無在云云者令說無在之意六章之要莫若開顯前後互無在餘四章但義存大共成一意應須具說大體以辯不次之理云令但下總佛章中所以但四

無二者四正二旁當知五六成就三四是故略指又前四中三四爲正初二助成故三世章各但三四釋迦化主五濁施三故復加之但闕歎法一段文耳總而言之必須具六爲避繁文故須互指四十餘年者善提流支法界性論云佛成道後四十二年說法華經久久稀踈者爾前非無指獨顯說故曰稀踈如華嚴佛慧隔小帶偏經歷三味今乃獨暢此有二意一者久乃說之二者是時乃說之雖列人已堪等三意在指時故也問方等般若雖有帶對亦說佛慧何名稀踈答此約二乘鈍菩薩說初於華嚴而不聞次於鹿苑而入證後於二味而不取今始得聞則成稀也諸利菩薩何嘗不聞但以增進爲今經益耳若約本門非此中歎問若爾華嚴與二酥一槩佛慧何但華嚴已說佛慧答二酥非無但華嚴雖兼佛慧稍純從純得名優曇華者新云鄔曇鉢羅翻爲瑞應金輪王出大海減少金輪路現此華乃生作金輪王之先兆也調熟者亦有通別通則二字通於二味別則調謂

謂序如方等也熟謂成熟即加說也醍醐下云云者廣約三昧明不說所以如上諸文故不重列靈下云云者須說靈即靈通以通一切隨義便故靈字在後從名便故靈應在前有此觀故必獲佛記亦名爲瑞有此觀故後方得果故名爲華三觀成已冥因方現三千爲表實可兼之此理下理教行人言反乖者以反以乖釋順釋正由昔乖反故今反乖昔逆即順何反乖耶皆云至者實之極也若至今經無過上故故皆云至還指等者釋勸信意何故勸信欲明昔麤即妙恐物生疑故預勸誡言四種者秖上所列此理已下四文是也故客作言下不云人等但云四種以客作之言而含於四故總貫之所以昔爲客作之四今成長者子四更無所改全成妙四故云汝等所行等信無等者佛世尚乃以人顯法末代安可法妙人麤若云大權必無以善而濫於惡神縱異迹並越二途世云勤學不如擇師故云汝等當信佛之所說初明佛道至難知也者施權意也以諸教中無施名故今

欲明開故先叙所開即所施是故玄文云爲實施權意在於實開權顯實意在於權當知以實爲權權名隱實開權顯實實外無餘潜之與顯利在物情常住本源未曾增減故未開之前非但不說顯實之名都無施權之語故說宜權之言即須顯實故也故知此是法華之宗致實教之源由釋尊之旨歸衆行之府藏若不體之徒施徒運每至此意皆勤勤者恐斯宗學者失經旨故所以者何下應釋諸佛云我以等者以我釋彼也借此者既將自權而釋於彼故借字亦子夜反去聲稱之意正引彼證此故且以此釋彼意亦明於道同彼此皆悉施開故也是法等者若結開權是法兩字指向演說諸法是也標人法中云舉無分別法者將向是法爲顯實法故云法也唯有諸佛舉人也即是向法故云能知除諸等者若爾法華之外皆魔事耶不然但前教中權魔亦說之唯此一實魔永不測故云除耳故感阿難時亦說中道但除其魔而開其法非五七九等者以三五等皆是方便故

皆云非三藏三乘加人天五也加通教二乘七也但會二乘何二乘耶以共二乘與婆沙中二乘永別般若不與彼二乘共故今問之若三藏三乘不須會者婆沙四階即是究竟圓常果不若秖歸此果即是大品共佛以不爲是瓔珞妙覺位不爲是華嚴遮那果不加通別菩薩九也若義分行向乃成十一此等皆是被會之異合彼異故名爲一一體收異故名爲大大即今經圓妙一乘位與華嚴圓位同也儀式者秖以開合之相爲威儀法式今開三者開三在昔而言今者指今一化從一乘開故云今耳如釋論等者文初適云諸佛大事今文復云何名諸佛大事等者佛所尊重故數言之故引爲例云云者論更有文亦二如王好施所生太子名數數與等次正明顯實中古以此四顯實今以開示等四並爲理一舊師所無但說者受者並於理上立因果耳此師於此立因果門以釋開等猶不及光宅於別序中以本迹門而釋四句別序雖序迹門仍居一部之首豈法說初更分

因果又正是因門者且從弟子因說言果門者且從師之遠果其實具有委如玄文若爾去反徵古師本門既移來此迹門理合向前不可本迹重張復令本門剩長若其雙標本迹品內之義混和豈有雙標於斯至下別生緣起況釋四一不及光宅下方等者舉本別由以責古釋塔現證前兼爲起後故寶塔踊爲本遠由地踊菩薩爲本近由二由未來安得辯本次叙光宅今亦不用下破也初作因果相違破三慧在因故也又三慧下但約於因以多種三慧即是縱難縱用三慧須簡三教三教三慧尚未入於當教聖位況圓聖位故復縱云若圓三慧此位亦未開佛知見故前兩教及別地前無佛知見若作餘三等者結難也初句結非佛知見若作下自違今經云云者應須廣辯不可用意將教及理明不用意次破地師先述次破初述中言第五恒等者彼依大經第六四依品云善男子若有衆生於一恒河沙諸如來所發菩提心然後乃能於惡世中不謗是經愛樂是經不能爲人分別演說二恒正解信樂受持亦不能廣說三恒受持書寫雖爲他說不解深義四恒廣說十六分中解一分義五恒八分六恒十二分七恒十四分八恒十六分具足解釋盡其義趣所謂如來常恒不變一一句如初句經文一恒之前又有一熈連河未能信受都咸九段以熈連河近俱尸城小於恒河言發心者有云值一佛發一願下一砂縱值多佛不發願者亦不下砂縱有發心不見佛者亦不下砂見一佛縱發多願亦秖下一砂一發心見多佛亦秖下一砂如是積數至八恒等以明入位初易後難故也初之一增即得八分此後但能二二增者如至太尉易丞相則難言十六分者如世間秤十六兩爲斤故大論中佛語鍱腹外道汝若出家比舍利弗智十六分中不及其一西方校量多用此意古人五恒判在賢位以六七八用對初地已上至十地以對十二十四十六分當知古意云多發心在方便教實教其心無多發故來對今教不可多發而分開等復約賢聖立位不同問彼多發心皆云於涅槃經得若干分解如何判之爲方便教答涅槃之名既通所緣生解亦異況非前之兩教但成別教教道以此而言教相難辯況古師對位自消彼經若見思斷位不成別義不可通位消圓開等若同體見思盡非六地故知現在能信如來甚深智慧甚深境界理不容易華嚴融通極頓說者尚失旨歸法華唯顯一乘不可會之成漸又有仙慧開善冶城各有判釋皆非今意章安云三十心是初依五恒也初地已去是第二依皆師位也意以初依具煩惱性爲弟子位章安亦自約彼經判位若判開等此亦不然何者今判四依須約四教並不可以此判於開等四依通凡開等唯聖聖復約圓故下結云不與經會引經等者大經對地前爲聞見即別教地安得證通登地眼見即佛眼也故六地思盡全在通教古來但知以地釋地而全不辯地之所在注云云者廣立理教以破古師略如向述難此同前者難同光宅用三慧也且破三慧故云同前亦應更云五濁先除

安指今教若今教除濁應始成聲聞若始除濁爲是何佛知見顯耶纔除理顯難亦如之次有人去兩師皆以法華爲入令法華成極卻失前三佛之知見並今經開等豈可分屬餘教則成餘教有佛知見乃言别教三乘别故即指鹿苑二師皆以通教三乘而爲般若言抑揚者以淨名中抑挫聲聞褒揚菩薩此甚不曉彼經亦有抑挫菩薩不獨褒揚故今家八字判盡經理謂析小彈偏歎大褒圓裂亦辯也亦分帛也四句不可分也有人云三十等者通無地前三十心位故名挾別但云初地六地乃至十地名爲旁通未見法華旁異者經之難思非凡所測準聖歎釋師資可知今依義附文略有十雙以辯異相與二乘近記開如來遠本隨喜歎第五十人聞益至一生補處釋迦指五逆調達爲本師文殊以八歲龍女爲所化凡聞一句咸與授記守護經名功不可量聞品受持永辭女質若聞讀誦不老不死五種法師現獲相似四安樂行夢入銅輪若惱亂者頭破七分有供養者福

過十號況已今當說一代所絶歎其教法七喻稱揚從地踊出何逸多不識一人東方蓮華龍尊王未知相本況迹化舉三千塵點本成喻五百微塵本迹事希諸教不說如斯等文準經仍有且依向指非奇何謂有人引華嚴等者他人意者卻責諸師地前有四十心位何不用釋開佛知見而但用地前三十位耶破有二失一者謬用華嚴十信二者賢位非佛知見言華嚴不明十信者古人亦以華嚴住前修十梵行空即入初住將十梵行空對十信位今文破者經無信名故云無也攝大乘等位具知釋籤所引恐是十地論剩七字有人去破用論四智者彼師所引云總別一時欲釋四句今無前後不意卻成高下不當今爲二破一者但云四智一時而不分位別二者四智在果開等通因由斯不當故今不用且準止觀引論四智以彼因果各有總別若唯指果四智位高今且直以果智責之四智者謂道慧道種慧一切智一切種智此四在果一體具足若開等四豎中論橫故須

因宗別對四智縱因果相對各有總別但成因果何名開等有人言非空等者意以雙非理顯爲開不出空有分明指理能空能有故名爲示見此空有不離於理方乃是悟復了此理不二而二方乃云入此人下破意者空有之言是約二諦雖作四重秖是空有二理而已失理淺深迷空有體但列空有徒分四重故無中體徒用雙非不出二乘恐涉通教有人云達三諦等者雖標三諦不辯融即任運分張别人初心何嘗不達三諦之理名達爲開不名開也至十行位分明見假至迴向位觀無一異若入初地方順法流如此何能免於别義亦未能辯開等别相非是初心畢竟不别故非佛界次有人去用總别相以釋知見此人不知論云一切智是聲聞智不應以此爲知一切種智居二智後屬别佛智不應以此爲圓佛見又古人見一切之言便以爲總以有種言乃判爲别此亦不見大論圓文論云爲令易解分屬三人況彼分二大小因果條然永别如何將釋圓佛知見有人解

無智等者盡無生名出自三藏無生之語稍
通於三約清淨之言並判屬通佛如上等者
都不見於法華大意總如玄文大意方了略
如今疏釋方便品至此僅知佛知見義
法華文句記卷第四下

法華文句記卷第四下

校勘記

一 底本，明永樂北藏本。
一 三七八頁上一行書名、卷次，二行述者，南無（未换卷）。
一 三七八頁中七行第八字「女」，南作「故」。
一 三八〇頁上三行第一五字「舉」，南作「與」。
一 三八〇頁下一二行第八字「正」，南作「止」。
一 三八一頁中二行第一〇字「者」，南無。
一 三八一頁中八行第三字「徙」，經作「從」。
一 三八一頁中一九行第二字「復」，經作「後」。
一 三八二頁上二行「二乘」，經作「三乘」。
一 三八二頁下一〇行末字「徧」，南作「是」。
一 三八二頁下一六行第六字「後」，經作「從」。
一 三八四頁下一五行「亦二」，南、經作「亦云」。
一 三八五頁上七行第一四字「故」，南作「古」。
一 三八五頁上一七行第二字「次」，經作「以」。
一 三八五頁中一〇行「一發心」，南作「發一心」。
一 三八五頁下一三行第二字「令」，南作「今」。
一 三八六頁上三行第一二字「入」，南作「人」。
一 三八六頁上四行第九字「並」，南作「並在」。
一 三八六頁中一行末字「七」，南作「十」。
一 三八六頁中二行第六字「踊」，經作「湧」。

法華文句記卷第五上　楚三

唐　天台沙門湛然　述

法華論云去引論釋也論有三文初約三乘意令二乘與菩薩乘同得同有於中先引論次論言下解釋論意云次第者與令解釋次第不違準論文意初以無上爲開論文又云佛知見者如來能證如實知彼義故經文既云爲令衆生若唯佛證何以乃云爲令衆生故非今釋義不可通第二句示同有無上初論文但云二乘與佛法身同等故此釋中言三乘者不獨菩薩故以菩薩合二乘釋即是三乘法身同佛第三句者令知無上即是悟也第四句者證無上故名爲不退證秖是得即入初住論意以前三句共令得入初住位也初開者指所知見爲無上次示此境同有次令悟同有次令入此境故云不退既先約二乘與菩薩同證故知經意先在二乘是故論文不簡定性況論云未熟即當熟也當非不故不得云無次約菩薩者驗知菩薩與二須會若不須會何故别立一釋同二乘耶釋初句中論無别釋今云如前者與二乘人同得耳鈍同二乘良有以也故知爾前非無上也釋示中云菩薩有疑令知如實故知爾前挾疑非實疑通會别理不應然若不被會豈知如實況知如實仍須修行釋悟中云未發心令發菩提心若不發心不名菩薩故知爾前得菩薩名未發圓心釋入中云已發心者令入法故故未發者或指藏通已發之言多指别教别教知中雖似已發不入證道故須令入佛知見言正簡於權當知三教菩薩有疑未發未入眞常所以論文現令菩薩開示悟入而若不許公違論文第三約凡夫釋中論亦不釋開句今亦指同初文故知凡夫與三乘同第二句雖釋其言全與初二乘中第二句同至第三句方異前二釋故知凡夫與三乘人同有法身佛性故下二句凡夫與三乘别者以外道計常故一切衆生未知菩提故既爲凡夫别一番釋故知不得深位釋之故釋悟句云令覺悟入句令入菩提當知凡夫不知不覺有無上法亦未曾發菩提之心而皆云與三乘同也故知三番人異義同是故初句皆可義同次釋菩薩第二句中云令知如實如實秖是法身異名此亦言異義同第三句對二乘不知故云令知對菩薩已曾發心令更發心對凡夫令異外道亦令外道悟故此則義異意同第四句中對二乘退大云不退對菩薩已發未入故云入法對凡夫未曾發故直云大道當知秖是一佛知見爲令此等人異開同故知舉三乘及以凡夫收機罄盡咸曰衆生凡收六界三乘對實即十法界釋若約所趣唯一佛界即佛界釋三番義徧即約位釋佛界對九復成離合況論釋四句與今位等四釋義同論句句釋者論三釋中句句别釋今於初釋乃離爲四即成三番各有四釋但舉二乘以例餘故亦是舉難況易二乘難故今初釋者先屬對論文初以證不退爲四位釋者即論第四句既云不退即開示悟入皆念不退次明佛所證得爲四智釋即第一句論云除一切智更無餘事次以同義即第二句論云二乘法身平等更無

差別若無觀心云何知同次以不知究竟處者即第三句處是所通二乘不知令爲令知知即是門門爲能通故作四門釋也二乘既然菩薩凡夫例皆如此是則三類皆須圓教教門以爲能通入觀修智方能到位知見佛境若作餘釋爲令之說徒施佛之知見何在故一家釋義依經順論契行得理佛出世意豈不然乎今釋佛意寧可乖耶若深張地位凡夫非冀若除二障方明開者則示等三皆在佛地此教尚非地前之分何益凡小者耶言云云者應須委明橫豎釋意以申橫豎用論文故故論三釋中一一豎釋令一一釋中句句橫豎令論四句亦成橫豎雖有橫豎意在不二次今釋下今文正釋先略對古今次若無量下明用今意引文釋成以論廢立初意者今古相對即略中廣初言廣者語少意含既顯實已須知諸法無不皆實若今十妙乃名處中但其名中而義則廣消顯實文似如難用故且和舊以存四一即極略也次用今意者廣則心塵行法人理無非一實於解

釋門太成通漫秖可覽照故云可知若作下述今十妙雖不消句對義非無故先引經對十令見問何故經文不依十妙卻雜亂耶答理智等六經已次第但後四文雖似前後不無深致何者若有感應即有眷屬眷屬取悟通以發之見通獲益良由說法依玄次第自是一途六不可越經文灼然初云非思量等對理一者所思故也唯有諸佛等對智一者能知故也唯以等文義既具三理須分別文雖具三語意在於一大家事事即因果故云義便乃爲行一又智能照境方達境大故大名智以事爲行有其二意自行化他俱名事故令化他故是佛出世之大事也應知初分別釋用前分字解意次逐義便用前總釋前雖二釋總釋易見故令用之次知見者下意取經文從欲令去爲位一文中但云知見者以經文一一句中皆云知見即能知見已屬智行所見諦理已屬理一雖不分於知見淺深乃以開等對位各別故屬位一次又取結文對三法一重取前文攬意而說故云又也

又取諸句下出現之言爲感應一四句皆同隨義故別無非感應餘四可知經文等者明廢立意雖消文不用義理非無是故三中存而用略從若略下欲用舊略復論去取簡義存數故也於中先簡次存初廢果立理舊以四句同是果一雖以果爲理名不別彰故須破之而別立理故依道理無理屬魔既句句中皆云知見故所知見豈非理一次廢因立行者行之始終即是因果但點行一即收二義雖廢果稱乃在行終但加理一爲教等本故使理名通開等四義順故也次人一下存其二也次正釋者先明來意云且從略對十等說故名爲略十等仍存故云且也先釋理一自爲四義今又爲三先標列次正釋三所以下結要歸宗正釋中初約四位者即眼智所階於中分八以出文相初標如文次諦境下以所依能用顯於所涉同述來意然此四一準下消文皆有兩向並從一邊左右互攝以別四一故四相望尚各具四況兩向耶何者如所知爲理則能知屬智能稟是人能詮

是教今文具二故且從理故云理一今顯此理理不獨顯以智門觀三歷所涉位共方顯理乃是卻將人教行三歷位取理觀心人也四門教也四智行也三種相由破惑入位階於至理若爾後三相成亦應可爾是故今初舉所依諦不能自顯智是能用由之見理故云乃能三二智下簡能用進否二智四眼否也種智佛眼進也雖體相即顯勝須分四經云下約位引文釋其所以衆生義兼佛果唯極極果知見令物即得故異前經五三教下約教判意古今諸師釋佛知見約爲衆生其理不顯自非今見委出妙境衆生心佛一體無差豈知衆生有佛知見故約教判其理宛然於中先出能知見人又分得下明衆生開局於初住方名開也六故寄下結意並是證佛知見位也七如瑞下明所表定慧之後尋雨四華可表同歸經於四位華皆散佛至果不虛又散大衆乘位之人入開者下正釋中二初正釋次然圓道下融通初釋開中二初略對次何者下正釋於中又五初明位障通

惑謂見思別惑謂無明通別兩惑同在一念念體即是是體非理是事非是是非一如同體爲障二惑叵分故云難可了知次初心下明依障之位者隨喜之前初心圓信名字位也圓受五品位也圓伏六根位也將此凡心即爲伏斷故云能也伏通信受信必在初不同世人初心即佛三內加下明加行除障有法譬合由此行故得入初住合云緣修者即指住前問若入初住方名開者當知此經凡夫絕分何故不許他從高位何故論文云爲凡夫答四釋之中約智約位唯聖方開約觀約門乃通名字況爲令之語令凡入聖結緣之益準此可知所以四釋方顯今意不妨高位不棄凡夫四引證除位入理之言義通深淺從初立稱故且云住五住於下結所表以立名次釋示中三先明破障體顯次明顯體具德三結位名準義亦應如入十住一者文略二者已入無功用道下去亦然次釋悟中四先明障除行成次事理下明體德徧收三引證四結名次釋入中五略無障除準上合

有但連牒前文故但云體次自在下歎體德也三自在流入下歎行滿也四引證五結位於釋悟入並引攝大乘者借別成圓故釋悟中云理量不二釋入中云理量自在當知別中無此事也若爾前釋住中引仁王云入理名住者準例借別亦可十住如理十行如量量即理故名住理即量故名行融通者爲借別故故須融通於中爲四初正融通即無復淺深次但如理下明淺深所以三引證中先引次釋四舉譬中有開有合先開中云朔望者朔明也謂月初明望謂相望即圓滿時日月相望月非朔望寄於朔望則有虧盈合文可見言云云者須引大經月愛喻也次約四智中初辯異者秖是圓位能契之智言不如者不同也簡異於偏彼般若中通三教故故名爲通今不依之唯一圓道故云不如如字平呼次正釋者先約位中已略明行相此中重明但直述而已有釋有結釋中二初正釋次又道慧下重以攝大乘意消之令可見故初文者慧因智果各通總別因果之上各加

種者故得別名各加一切故受果稱初言道者故受因稱慧之與智一往且然若依諸經未必全爾具如止觀第三記次此亦下結文意亦是融通言結意者既屬圓智故理量相即非因果總別而因果總別前文雖有如理等言非文正意今釋四智正應用之但須融通耳如彼俗境數量如於實理契之各云如者各稱境也然一一位各具二智不二雙入且寄四位四名便故不別而別初後理同次約門者門既是教理應先列今在此者各有其意若專釋此四則先教次觀後方智位此中釋理四皆能詮於四法中觀者先列具如下文逆順生起以觀先故故先位智次及教觀於位智中位爲所涉智爲能證則所觀能踈故先位次智於教觀中非教不觀故教前觀後於中亦先正釋次融通初云橫者初心所稟教法具四以法相望無復優劣故名爲橫應知位智多約於竪約觀乃成非橫非竪通論並是約非橫竪以論橫竪觀門亦有淺深故也教四相望似亦淺深於中初釋次能

通下以理攝教攝即融也故門門中皆通智位從淺至深以歷有等皆通於觀以至於住故門成橫雖對開等但明有等義同開等非對深淺約位開等又一一門中皆云一切者本顯互通互具故也猶恐不了故下更以理性融之次觀心釋且語大略以消開等委論觀法具如止觀觀本無障不須融通所以前之三釋初不述理故一一釋文後融通並是附理理是文義正意故也觀親依理是故初論三諦之理是爲下結歸也結於三觀以歸開等次所以下逆順生起者初明所由於能次明能顯於所總而言之結撮四釋以歸理二既知四釋並釋開等應知開等一一四重況復四文親踈互攝能所映顯此乃教行人三寄理以辯理既如是餘三例然故知今家似借論文而冥符論旨昔方便教等者別初地已去以分四義即初地爲開從二至六爲示七八爲悟第十爲入而帶地前非佛知見故別知見不可即爲衆生開之既依別義亦可通取三賢十地次第對之或準古師如前

諸釋判八恒中後四恒是故別知見信經劫數頗到故也通教見地開薄地示離欲悟已辦入三藏教中若約二乘準通教說若約菩薩則初祇爲開二祇爲示第三爲悟百劫爲入若兼聖位則以第三百劫爲悟三十四心斷結爲入此之二教始終不明佛知見也以當教不說是故云無不可將婆沙四階般若三共瓔珞次第能消法華佛之知見故知知見開示等名名可通用佛之一字唯局此經若其欲以佛義通用則以當教發心皆求當教佛果故使開等亦得云佛而須簡部簡教而已釋人一中言但化菩薩者據佛意說窮子自謂準次第論今從開說故云人一教行準知行一中光宅爲教一者約今判文與光宅不同非立名也光宅立名多同舊師爲圓故諸即是一事者所作名諸一是所爲一秖是圓即是一家之諸諸無不一故也亦可等者兩向釋也約教主者諸有所作常爲六字以明說意意在所爲故云一一家之事故云事郤指所作爲事故云教化若就行下牒約

行釋準前初意若準前文既以智爲行至今
釋行應具指四智若不爾者用是行爲教指
四門此亦如是能稟之人還修前觀下二準
此釋理具列良由此也然四句下今家一一
兩向釋之若論義有兩向且依今文古亦無
妨約經文勢所歸須依今釋文勢雖爾若以
義兼皆具四義從但以下釋教一於中先正
明教一次自別教下明教一中所無先示正
釋次破三師破中光宅尚亦知無四階菩薩
但光宅指昔不明故玄文有破此云偏行尚
該通別但由光宅猶尚不語通乘是權故須
破之況今復以菩薩而爲第三其第二師同
於光宅亦知廢偏菩薩但列三名望於光宅
顚倒異耳若作下通破二師亦但成破三藏
菩薩未涉通別故未全當第三師同於嘉祥
嘉祥尚然故並不知三乘共位及瓔珞等文
第行者是方便菩薩若不爾者何故大瓔珞
第九三道品中慧品中慧眼菩薩問佛云云
何三乘佛言菩薩乘者復有三種謂菩薩大
乘菩薩支佛菩薩聲聞支佛亦三謂支佛大

乘支佛支佛支佛聲聞聲聞亦三謂聲聞大
乘聲聞支佛聲聞聲聞故知菩薩三者別菩
薩也如大經中釋別五味亦寄三乘判菩薩
位支佛三者通三乘也聲聞三者三藏三乘
又第八云慧眼菩薩曰復有定意名無盡門
超過三乘成菩薩號既超三乘乃是超前三
種三乘不可獨云超第三乘經又不云超二
三乘豈非圓教菩薩乘耶若爾下破中有四
先破所存三藏菩薩尚存三藏必存通別次
何處下破其列名三若依下縱難四若如下
結難今言下正釋中無有餘乘等者既云無
有餘乘又云若二若三當知無餘之外復無
二三言餘乘者指華嚴中別教乘也既識三
味鹿苑可知即同方等所對中小故今文中
但況出鹿苑故云況三藏三耶若不作此釋
如何能顯經部之妙異他經耶他既不以教
部消經故知教部妙義難顯三世佛章各明
教行者文中各云是法皆爲一佛乘故是教
一文也是諸衆生下即行一文也後總論者
下三世佛章末總云舍利弗是諸佛但教化

菩薩人一也欲以巳下理一也居三世後名
之爲總若當章等者衆生即人一種智所知
即理一然約種智之衆生方名行一故此各
明不及下合又諸佛章中文巳具故爲避繁
文故三世中二別二合瓔珞十三九世者恐
誤文在十一彼經淨居天子問佛今有過去
諸佛及十方佛我亦不疑云何有未來諸佛
耶佛言汝爲問過去三世爲問未來三世現
在三世天子曰不問過現唯問未來佛言有
二因緣有未來佛一者過去諸佛以慈悲心
入未來世二者未來菩薩成佛今文依彼佛
答天子文也皆悉當世前後相望自有三世
故佛以三種三世以問天子故知即有九世
義也若華嚴經更加三世說平等句合爲十
句問華嚴何故更說平等答一者華嚴法相
至十令數圓故二者欲明三世難思令理滿
故故須第十又華嚴明非但九世及以平等
而云十種三世故知前九一一三世以彼欲
明九三秖是九世九世秖是三世三世秖是
刹那刹那刹那皆盡過未此乃長短相攝今

未論之且約三九相望以論爲引同故三世若同十方即同則塵剎皆同讀者但云剎說衆生說而不思剎及衆生皆爲能說所被者誰良由不思衆生剎性若得此意彼此互明兩則指上兩則指下者五佛章門皆須具六總佛章中但有其四闕第五六釋迦章中唯闕第一中間三世佛但各有二兩指總佛即初二意兩指釋迦即後二意然三世章顯實皆云是法及釋迦章如此兩字並指權是實故名顯實何者在昔施權尚無權名何況有實故今開權權即是實故云是法皆爲佛乘故知述其施權意在開也過去佛章於顯實中言兼得人一者亦應兼理以上兼字貫之於下以兼非正故上文云不及總文顯也未現亦然現在佛章從初即是開權顯實經舍利弗是諸佛下即當總文故前料簡中云三世佛章各明教行後總明人理準此應先開章云先別次總所以不先開者下總文中既無開權之總唯有顯實一文故對三世各有權實總別不便故也故合在現佛章中共成

文足故云文具也若爾何不祇合著現佛章中爲四一文而用爲總耶以經文初自云舍利弗是諸佛等故知是總經知諸衆生至方便力而爲說法即感應相對也知諸衆生去感也種種因緣去應也經種種欲等者但諸衆生過現未來根欲性三爲感佛機經中唯有欲性二種若有此二必有於根故加根對釋深心所著即是根者宿種難轉隨習不捨名爲所著在方便教故習者名著何者根以能生爲義由過習種成於現欲欲以取境爲能以能取於五乘教故習欲成性故性望欲性名未來未來望今名爲本性上已說至施權者據理先明隱實之權即是所開既已明開即知曾施無不眞實但恐不了所施之意故先明其意次釋五濁故初文云祇爲五濁等故故云於一佛乘等尚無帶二等者欲明施權先以實況今一實中尚無般若帶二方等帶三況有鹿苑單三單五縱加人天仍屬鹿苑有人云單五三藏單三通教此不應理通無別部已在般若方等中明有疏本云無

二者無別教及別入通之二無三者無通教及別圓入通之三後文自有此釋不須安此今且依此若無下文此釋無妨別圓入通亦在方等般若中明祇緣彼有通別故有相入之文然單論之與相入不無小異故不依之如是者體相也者濁體及相不可具須但略云如是經雖不具疏文略述於中先明其體故云劫濁無別體等還指釋文共爲體相下所引文是也云慳貪等即見修二濁又不善之言通於見修唯有命濁經文不釋既有衆生等三命必有故劫是長時等者至八十也劫者時也諸釋甚廣於今非要故但略論言短時者如俱舍中立三極少謂色名時色極少者即極微是論云極微微金水兔羊牛隙塵蟣蝨麥指節後後增七倍二十四指肘四肘爲弓量五百俱盧舍此八踰繕那名極少者即一字是論云一字爲名者爲名極少二字爲名亦名名身三字已去爲多名身四字爲句四句爲偈等時極少者即一剎那論云百二十剎那爲怛剎那量臘縛此六十此三

十須臾此三十晝夜三十晝夜月十二月為年衆生濁至假名者見慢是因果報是果由見慢故招生死果攬因成果故云攬見慢等也果上又起見慢二濁見慢秖是略舉見修二道之體次相中先釋劫相云四濁等者空成壞三而無劫濁於住劫中準悲華經八萬至三萬亦未有濁至二萬歲為五濁始廣明劫義淺近易知出經論文不繁具録僅須知耳四濁增聚故小劫名濁此總標也由四濁聚小三災起次瞋恚下明小災由由煩惱盛次三災起下明由三小故四濁增煩惱倍隆明由劫濁煩惱隆熾次諸見下明由劫煩惱故見濁熾盛次麤弊下明由前三故衆生濁麤弊色心惡五陰也攬此惡陰成惡衆生衆生假名也故云惡名穢稱表質示德曰名美響外彰曰稱今攬麤惡為質惡響外彰是故唯表惡名穢稱摧年去由四濁故命濁積年成壽年摧壽減年壽相逼故曰命濁衆濁下總結如水下舉譬由奔故昏昏秖是濁總譬劫濁劫濁在故餘四即濁故以風等譬餘四

濁故風波等以譬見慢魚龍者以譬衆生無慘賴者衆生不安正是濁相由三濁故令命短促如由風鼓令水奔昏龍魚不泰時使之然者重以劫濁結也如劫初等者更出四濁在劫濁時亦是有濁之由雖復四濁同在濁時四與濁時更互相濁光音等者[十六]且寄火後火災但壞初禪故也故初成時此天初下即從二禪初天故初下人間身有光明猶能飛行無男女根無所食噉如是乃至林藤地膚至粳米等男女根生具如阿泥樓駄中說俱舍劫章中明地是惡緣從緣而說故云使然如忉利等者亦是舉例更顯地生欲惡故也帝釋城外有四園苑謂衆車麤雜喜諸天欲戰從麤澀園出諸戰具須車出車苑若歡喜園入中生喜欲界生欲亦復如是次煩惱去復於總中以辯四別先明煩惱具列五鈍各舉一喻可以思知廸廸應用下字撓字說文撓擾也廸此非所用應作嚚次見濁若下釋見濁但別舉二見餘依大品十六知見等二見攝諸見盡況復十六及六十二邪無人謂

有人身見也有道謂無道邪見也又應反此句云無道謂有道戒取也所通非勝即見取也偏執有無即邊見也十六知見具如法界次第六十二見有三不同若作三世五陰各計四句謂過去如去等現在常無常等未來邊無邊等并斷常二為六十二[十七]秖是有無二見屬邊見邪見所攝若色大我小等四以四歷五陰三世六十并有無二此但身邊所攝若本劫本見等六十二則斷常邊邪戒取等攝若作五陰各計我所一一我所各各有三謂瓔珞僮僕窟宅等四陰十二并我十三五陰互論即六十五此但在我及以我所若婆沙使揵度中歷十二入十八界一一有六十五乃至無色亦然無色界中但隨義減色總此諸見徧一切處及一切法故云羅網及稠林等次衆生濁中二釋結釋中二重法譬兩法謂前明假名次明流轉譬中二處俱譬假名以二處法俱假名故次命濁中三法譬合次第者生起前後耳料簡中初問者今文假設令經由濁故不得說大且先施小即濁唯

障大若障於大說華嚴時何以不障然五濁中劫自屬時不可令佛不生滅劫若生滅劫即大小不障命隨報法亦不可除佛亦示生短壽故也指煩惱見名秉除濁如華嚴中許有凡衆聞華嚴經是故五濁不障於大既不障大何不漸初即說佛乘而設小耶而兼帶耶答四句分別者以根對土障俱不障但輕重不同以土對根利鈍以成四句初一句用答華嚴後一句答漸初不說大意中間兩句明土別耳即初後俱不障大但由利鈍初後不同根鈍障重故初說小云濁能障故約四句皆不障大故障大之問一往云耳問五濁障小不者既不障大爲障小不前文雖云小能治濁故不障小對向四句俱不障大則是大小一切不障何以五濁得名爲障故對小更問若障小者應一切不聞若不障者應一切俱聞何故初轉但爲五人答中亦開四句至第四句方乃爲障但是對根根鈍成障舊計直云五濁並爲大小障者其理大違故初爲五人及身子等屬初句也今舉央掘盤特

爲二句者則一切聲聞除此二例並上根攝問前第四句以身子爲遮重何故此中以身子爲遮輕答望大故重望小故輕問自有等者初四句答華嚴問因答出身子聞法華經後之四句唯小義當鹿苑爲欲簡出諸部大乘是故更問兩處不攝爲根利鈍爲障不障答中云此就四教者以方等般若中聞大小者是也既其於彼不能得入待至二酥望前爲鈍但以待時名爲鈍耳望前雖鈍於此得入自判利鈍於四門中以後從門勝前前故故四門中以第四門移者前者欲對四根勝者居首當知此中大小與前兩四句中大小不殊初四句中中間二句別在淨土今皆此土言云云者一一根意對一一門說其所以問前何故云根鈍遮重不聞於小此中乃云聞於有門答在前不入於今方入大小根性熟時不同故知不問有障無障悉皆得入但以障之輕重用對根之利鈍及時不同耳若都不聞大小者不問有障無障此土無機今世未熟非四句收四門不攝此中正用大論

二十四釋十力中文至第四力云世尊以是智力善知衆生上中下根若信進等五及根遮等四論唯約小今通大乘故知障與不障貴在有根有乘種耳障由破戒具如乘戒四句分別以對五時四教三品諸門分別注云云者良由此也細推之言恐遺落耳問五濁一往等者準初兩重四句則大小俱不爲障今從大根有障初不聞法華者爲問即初四句中第四句人也前三不障唯第四障言非盡理故云一往答中意者具用前文第四句意初障重也次若聞下根鈍也佛尚未說舊醫說於常我等名順其計謂無常等名能治於濁故唯障大而不障小如一種機緣五濁未除不堪聞大至鹿苑中以小治濁後方聞大所以見若不除不堪聞常計陰爲德即四念處所治者是騃亦癡也故責舊醫專用邪常爲不知乳不識藥也不知病等不識病也不知開等不知授藥法也不曉此三無客醫之術二常不同如乳好惡見惑輕重名曰根源先斷後用故曰開遮餌者食也食時異故

唯計常樂之名故云不知好惡說我增於邪習故云不識根源不了說常時異故云不解開遮故經云若佛世尊先說常者受化之徒當言此法同彼外道故云若但讚等兩醫具如止觀第三記 楚三

法華文句記卷第五上

法華文句記卷第五上

校勘記

一　底本，明永樂北藏本。

一　三八八頁中一九行第六字「令」，徑作「今」。

一　三八九頁中六行第一〇字「內」，南、徑、清作「由」。

一　三九〇頁下一五行第八字「偏」，徑作「徧」。

一　三九一頁下六行「爲八」，南、徑、清作「爲入」。

一　三九三頁中末行第一五字「本」，清作「今」。

一　三九六頁上末行書名、卷次，南無（未換卷）。

法華文句記卷第五中　楚四

唐天台沙門湛然述

次約五濁論四悉中劫命對世界者劫命秖是依正二報即世界也衆生即是所爲之人見是能計見者與衆生同由此二故有所爲機則見滅善生煩惱是對治者如五停中具治三毒正用小乘能治濁故屬第三悉亦準論意以第一義用對衍門此四悉門通酬五濁障大不障小之問也以四悉文所被多故著料簡門首從若論因果下更以多門分別五濁初是因果門也二因謂煩惱及見餘三是果義兼依正次一人下人法門人謂衆生法即餘四與生相對故皆成法並是生家之所計四法下法時門應云四法一時文闕略也時即劫也餘四屬法若對時說生亦屬法二報障下三障門二報者即衆生命二煩惱者見亦通得名煩惱故業在其間者煩惱潤業業能招報故云其間衆生下中論三假門相待可知者即劫煩惱見也劫即長短相待煩惱違順等相待見即有無等相待若通論者各具三假依正二報莫不皆從三假而成今從分別且別說也故別對之衆生下大論三假施設門衆生和合受衆生名命等並是衆生計法又有所計假名對衆生名故云名通兩處委釋具如止觀第五記煩惱下凡聖門煩惱在凡者謂諸凡夫定有故耳然見必在凡煩惱通聖如具縛聖者及羅漢向言三通者劫滅有佛劫增唯凡又減則有佛增通餘聖又增與減各通有無以大小乘不同故也豈華藏淨滿待劫減耶常在靈山此之謂也衆生之名具通凡聖命有凡聖報命不同命短下長短門一劫之中數數生故故長短別此乃約人又以欲天見佛處說若論初禪即劫命等二禪已去劫短命長乃至無色準說可知三通長短者煩惱在凡故長在聖故短諸見在餘凡夫故長在利根外道故短亦可在餘凡夫故短在鈍根外道故長亦可在小故短一生斷故在大故長留惑潤生入生死故又見前盡爲短煩惱後盡爲長今分別濁入空死者不名爲濁衆生準説劫但下帶不帶門命是不相應行法須帶陰法論長短時餘並屬法非不帶時非親帶故但在於法劫通下內外門大劫害器故名爲外小劫害人故名爲內或可四濁聚時時通內外三小下害不害門物即外器大劫起時人已上生隨三不同生三禪處小劫下五道三界門準應別論三五相參故合明之通色如前言命通者亦應云餘四通於三界五道命通具如俱舍中明五道壽別人間五十年等亦應云通於四生四生各有長短故也劫是下共別門次小劫下通別門從八萬下釋大小劫言正三毒者他方淨土如阿閦國亦有女人無邪欲故舉一準餘諸可例識廣歷諸土分別不同故注云云敦眞者敦實得者故斥言非上慢亦然終無實得而不信者嗣亦繼也身尚無量者小乘教中不說更有界外生處有計變易在界內者亦名生處大乘教中既其變易生處多故故云無量此述逼意言中但云名增上慢意指羅漢若實得者豈有不發大心者耶乃以大乘審而斥之若謂究竟應

變易盡若未盡者何以不信值遇餘佛者初文以有餘土佛名爲餘佛羅漢受先世身者酬先業故名先世身煩惱果故故須必滅若煩惱所感能不滅者有於因果不同之過縱云邊際定力持令不滅今問邊定爲大爲小若其小者小無變易之名亦無永常之説若言大者大邊際名唯在等覺豈得記之後即等覺耶若大入小定顯大無定用有引羅云等此不應爾但佛滅後諸阿羅漢隱顯不同皆隨機緣況本大菩薩此是大論龍樹菩薩假施此問欲準大教具委答之故也故答文中云不生三界況論還引法華證之故知博地之言無教可準餘國之義出自他人故古人云學不師安義不中難故此法華非兹不了又若變易不出界者而生五道之言卻入生死之説驚入火宅之喻非涅槃一日之文便爲虚搆南岳下三釋並是南岳釋也次釋中云羅漢若修念佛三昧等者若言念十方佛則已發大心若唯念釋尊乃因小感大亦是機發使之然耳然小乘之中諸部不同亦

有信有十方佛者即小乘人修第四禪邊際定力見十方佛等念佛觀成感佛爲説第三舉凡夫者舉凡夫況聖耳是故羅漢必無不聞之理瑶師意云實得羅漢無不信者不須餘佛遇餘佛者則指凡夫南岳豈不知凡夫於佛滅後能生信耶故值餘佛必指羅漢故淨名云凡夫有反復而聲聞無也故知聲聞難迴而須商議凡夫易受何須引例有人云至必然者意破瑶師立不信者義亦不然執心牢固必在昔教不應證今滅後之文此師又引身子於法華初聞略開之文以證滅後羅漢不受之語意云值佛羅漢尚疑是魔況佛滅後寧肯信受今則不然佛預敦逼無不信者故於滅後執經權説義容可爾云云者應廣明羅漢及以凡夫信不信意以破此師及以瑶師此直是異解等九字恐須作白字書之指前兩師亦非全失但未全順經意故耳不能全破故云異解若論瑶師見違經文經云羅漢遇餘佛生信而云不須經意云除佛滅後者欲顯四依通經功能而瑶不以四

依爲餘佛謂羅漢三根聞與不聞並不假從四依邊聞者深不可也又以凡夫爲況者此則可爾但須云遇四依耳後師意云凡夫易羅漢難此亦違經決了之語故云不用此義次釋偈頌上慢等三四衆通有者又凡夫上慢有五不同謂四善根及以四果通義易知且從別説從多分故故經云比丘等四有此三失於三別中仍從拂席者説故云也藏玼等者釋三失也藏玼揚德釋上慢不能自省釋我慢無愧人者釋不信若自見過無此三失雖未證果且名有羞於戒等者戒名通十即大論大經不缺不破等十驗知三失尚無不缺況道共等故云缺等律儀有三謂不缺不穿不破兼不雜若依大論即不缺第三若依大經則不缺居首名同義異各有其意具如釋籤今且依大經以不缺等三并定共道共即六戒也故知六中若無後二尚名爲漏況道共定共判在三藏四果今且近論無道定也故三失之人尚無煖法況有四果瑕是玉之内病故云内起玼是玉之外病故云外

動外病名缺內病名漏小中小者四果已小
四禪更小智已極小況加上慢糟糠者若依
世禪以得無漏如糟出酒從文入理如糠出
米既無無漏反計世禪如棄酒存糟不得眞
理反封文字如棄米存糠是五千有者以有
顯無有失無得言封文者亦應更云執禪爲
實如糟無酒文中兩釋初釋爲正後釋乃兼
實行聲聞起去之徒亦於現在未有大機是
故而退如有糟糠而無酒米枝葉者無入道
材問機器何別答雖並從譬各有一意機論
可發器語堪任得人天身通名爲器由懷三
失故器成非宿種又微無機可發二義俱闕
佛威令去凡有三異者先列次釋初云上有
歎法希有者上諸佛章六段之中但無後二
故有歎法文云如是妙法諸佛如來時乃說
之而無五濁之文頌中無歎法也先後者上
先歎法如向所引言不虛者次文方云汝等
當信佛之所說言不虛妄又以開顯上勸信
與不虛合者上云汝等當信佛之所說言不
虛也今隔不虛者今頌中勸信在前不虛在

後中隔五濁文也故前四今五由離勸信爲
二故也應云勸信不虛中爲五濁所隔章安
更云上以釋迦方便用釋諸佛施權者上釋
諸佛開權文云我以無數方便種種因緣譬
喻言辭演說諸法偈中如文修道得於諸權
法者自行因滿所感權法正當自行體內權
也即此法體亦不可說以方便故爲衆生說
成化他權即照九界已下文是故知立一開
權之言於今乃成二意一者騰昔施權二爲
顯實之所不指所開無由說實況指權以權
知非究竟既顯實已權全是實照九界機說
七方便者九是所被教不出七說七被九漸
令入實人法七九故立總言九界從自分立
名方便從進趣爲稱又九界從物機立名方
便從化主受稱總舉不同故云七九言不可
定判者七九之中隨何等機聞何等法適機
便逗故云不定現起等者念必對境故云現
起種種之言不出七九過去下釋欲性也欲
秖是念故知秖是先以希望釋念次以欣樂
釋欲故知念則且語內心欲論對境生想今

但約慕樂通從欲爲名不假對念辯別故但
以欲對性二世判之問前云過去名根未來
名性今何故云過去名性答各有其意性必
不改故從現至未從過至今二處並得性名
故亦可現在名根生未來故然根性乃可
互與樂欲必居現在欲名雖不從過亦可以
現望當以名互故故重釋云或可習欲以成
性成性生習欲上句現欲成未性下句過性
成現欲云云者或可過欲成現性現性成未
欲或可過欲成過性現欲成未性是則欲名
雖通過未仍從現說故知欲念之名定居現
在七方便至云云者具如止觀隨自意觀觀
惡中云通途善惡者是鈍根下至施權意此
是長文今不云長者但偈與長行不同隨事
要者則辯同異或可略明意則可知我設下
三行頌理者文多云說如何云理如云未曾
說說說時未至隨順說等亦是以能顯所準前
諸例略亦可知今文正取佛慧爲理之行聲
聞兼得緣覺者聲聞數中有値佛緣覺故也
又三藏聲聞必兼當教緣覺又菩薩既兼藏

通二乘必具兩教菩薩不云別者前以淨心爲別教竟既以聲聞菩薩共爲義立乃至一句皆悉成佛又誠言無疑當知此是極聖誠說而不肯信大經云一切二乘未來必定歸於大般涅槃如流入海又菩薩與二乘合明當知三乘悉皆被會牒假名三教等者三教是假名故也教本一實故三是假爲物假設三藏等權今既顯實重舉所除以示佛慧即上句所列者是無二是無通教中半滿相對之二者通眞含二故也由闕別教故更引上餘乘來此釋成語假則通論三教言餘及以二三且云相入以有餘皆假故得相入無餘無復相入之名以純一故此指乳及二酥三味文盡初一行半舉内心經云如我昔所願今者已滿足者問佛初立誓誓度一切令衆生尚多願云何滿答且從一期總而言之但令衆生得入佛乘即名願滿是故經云如我無異若我遇衆生等者明濁不障大過者盡令入於佛道無智不受故云障大衆生者文中三釋初釋對他得名次釋從自立稱後釋即是功能新譯恐濫稱爲有情雖簡無情三義都失十種生死短中言梵行少語者欲界諸地法爾多語以有言語皆由覺觀以少語故知覺觀少煩惱漸薄故云短也方者猶如方物動靜定故於此死已定生天上三角者角者聚也即善惡無記在生死中偏爲此三諸律論文多以聚名角闕釋紫者即修羅也種類多故謂天鬼畜如紫間色又輪迴者如見實三昧經云從地獄來聲嘶忽急數數戰慄夢見大火沸鑊等也從畜來者暗鈍懈怠多食性怯謇訥所爲多似諸蟲畜等從鬼來者髮黃常飢慳貪等也餘趣比知經具廣說我知下別明五濁前開章云別明五濁障三五濁望三必不能障爲三所治是所治障故云障耳亦是有濁故無三有三故無濁故云障耳受胎微形初文即約觀心者但隨便耳但云從心即名觀心其實此中仍帶事釋由此一念最微心故令增長也次受胎下全約事釋略如止觀第四記引入胎經有人具立受胎章門於此非要今意但在顯於五濁義須施權列名而已足明濁意何徒於此廣建長章使迷遠者乃謂法華亦明五濁與婆沙不別如世人云法華亦明三乘其失如之受陰身者或恐祇是入胎經耳總有三十八七日以論增長若俱舍等文但列五位云最初羯剌藍次生頞部曇從此生閉尸閉尸生羯男次鉢羅奢佉或云下如大品中說者即約二十身見如去等具如前引長時等者今文具二義故劫得濁名前初文中但有第二義後料簡中方有初義

過去佛章初二行正施三也名施爲開初一行略頌上三一文中以教人理三兼得行者具有二意一者通兼既有餘三豈無於行二者別兼即以佛道二字兼之所趣是理能趣是行初一行半總約五乘中乃以人行兼教一者既有人行必有所禀即是教也此中以七方便爲異方便者以藏人不同行門故成永異餘文多用今通用者未同圓來並名爲異若有下二行開菩薩乘中進退兩釋者亦有二義五乘之稱但在鹿苑七方便名通於

三昧六度之行不局一教故可通三以三諦爲本故云兼通別也何者下釋出三教六度行相非相非無相次第行者雙非即是所期故也亦應次第出於三諦行相然以相無相共論即三諦也又入地三諦無復論開然菩薩乘中亦云於昔聞教已成教一者若菩薩不開何須引昔令成教一故凡云昔者皆具二意一者在昔聞權二者昔已曾開今正語昔聞權者昔開已竟皆成佛道初義准化儀說次意準開竟說下去諸乘一一皆然往佛亦爾二乘文中有人理行不云兼教者秖是文略前菩薩文亦以三兼一諸佛滅後供養舍利者若以現擬過如增一中佛因手拏舍利廣稱歎已令於四衢而起偷婆佛言四人應起塔輪王羅漢支佛如來後分云輪王無級羅漢四級支佛五級如來十三級阿難問佛何故爾耶佛言輪王自行化他常住十善羅漢不受後有支佛無師自悟如來衆德具足世人上未逮於初果豈肯下等輪王滅後起塔不知進否動即皆至三五七九近代所

立縱云方墳而出檐者還成一級暗者雖昧豈非冥濫初果耶有方墳邊云作功德塔者其義又失使愚者雖禮我師或復對高禮下況復鄰接尊卑不成不便之意不可具論縱死者冥冥顯生者碌碌況今舍利之言局在於佛供佛舍利福屬人天開久遠因方名佛道況今凡實生福事難善者從之不應習俗地師言童眞地者地立童眞名者但古人云住爲能住地爲所依故以住名而名於地從住爲名早已太遠爲尚深故加之以地故今謂下責云乖文者文中但云童子故也言豎狹者橫收小善豎成佛因則橫豎無違非深非淺而深而淺若以童眞爲釋難豎無橫況豎深無當棄廣乖文是知豎狹二俱有過登地下且破唯深之失仍略棄橫之愆今以下正釋收於童稚以顯橫廣指微即著以辯豎深著在於微深即非深微即是著淺亦非淺指微即著緣因義成即著之觀非此可辯下去例爾故入地成佛如修羅渡海此準瓔珞故云入地凡夫之人一毫之善徑成佛因如

人渡大海從佛分明下重立理以斥二失若如下重牒失以斥失又例上下亦名乖文若恐童子事微不攝佛道散心一唱如何消融合掌舉手皆應理釋故知但尚佛道不識開權殆不攝二乘者殆幾也幾近也應云全不攝何但幾耶若在童眞尚不攝六地況復小道論深下結其豎狹定廣下結豎狹失次問答答中意言三佛性者過去微善願智所制咸趣菩提火焰向空理數咸滅水流趣海法爾無停但由願智未資便封果報故待今開方是緣因若據化意符待此開苟順凡情立以近稱今開近執法界本如豈由凡情局彼流焰關中雖立善不受報而不明善體本融但衆生無始唯流妄我凡所修習未嘗不俱不受報言爲從誰立若約已發心者乃由願行所引何關善不受耶未發心來隨生納福此善豈制令不受耶故知不受之言善體無力應知曾酬者其因已謝未酬者毫善不亡若曾發心如水寄海酬局因者如果酬華故令於彼未酬之因開其局情及曾趣向權乘

道者以一實觀一大弘願體之道之若不然
者徒云說開若不觀者則應善體自至菩提
何須更修菩提行願問若爾何故本論云童
子戲沙等謂發菩提心行菩薩行者所作善
根能證菩提非諸凡夫及決定聲聞未發心
者之所能得答此乃從開說之非語本善故
知定性及現未發縱有宿善如恒河沙終無
自成菩提之理故云非其能得若未開頃則
往已成非今若被開則宿作成已故知善體
本妙隨執者心是故開心宿善咸遂次大經
下釋出緣因所以三十二文具列四句舊云
闡提無者定無善性唯有惡境界性惡五陰
耳善根人有了因性俱有正因俱無果性河
西云闡提有惡陰性善人有善陰性俱有無
記俱無同前興皇三解一約理解理非善惡
有彼二用即指二人各有善惡一種用故俱
有俱無者互得有無一邊故也餘二解不要
章安云此釋涅槃河中七種衆生應云闡提
常没善人常出俱有者俱在河中俱無者俱
不至岸亦以果性爲俱無也又約三諦釋闡

提唯有世諦因惡善人唯有眞諦因善俱有
世諦果身俱無中道因果於諸釋中雖復少
別善人一句其旨大同其不同者今不暇釋
具如止觀第五記故今引同者證緣因善問
上釋三乘並以果成爲理一句令人天乘何
以佛道而爲緣因答所開不同前開兩教二
乘及以通別菩薩並有所證之理故開小理
以成大理今開人天小善已成緣因大善且
據能趣善體未深若從所趣邊說此則並有
所資此論開權皆約案位若從進入何獨住
前緣因而已此中但從往事以說人事既其
已定不可存法去人是故開爲緣因豈非如
貧得寶經云七寶等者佛地論中無玫瑰仍
云瑠璃與珠體別珠即赤珠也今兼瑠璃但
成七寶離即成八玫瑰多紅色硨磲青白色
碼碯或白或青木櫁者字林云香木切韻作
樒王篇云其樹似槐而香有人云斫經五年
始有香氣造像爲天業者如佛昇忉利以神
足力制諸弟子等具如止觀第一記若準冥
祥記此土總有一十八處造像應驗如吳中

石像等又有吳興太守吳佩女所感像等又
如宋衛軍臨康王在荊州於城内築堂三間
其壁多有畫菩薩像至衡陽文王代鎮江陵
廢爲卧堂悉皆泥塗乾則墮落畫狀新淨了
無汙損再塗猶然王不信敬亦謂偶然又更
濃泥而徹見炳然王復更毀故壁悉更繕改
後王疹疾每若閉眼輒見諸像森然滿目於
是方廢居此此或是造者心重或是毀者尤
害以輕望重以毀望成當知散心微善不失
理無違順心有是非優婆塞戒經等者此中
文意正開其善不論其罪因明用膠便釋之
耳今亦因此依彼略明故彼經廣明五戒持
破之相又云若不持戒名垢優婆塞臭優婆
塞旃陀羅優婆塞若持殺戒者乃至蟻子若
持戒酒乃至露珠於五戒上加不沽酒是名
六重今出家在家云持酒戒猶以酒和食一
人凡飲幾露珠耶尚不及優婆塞戒安能期
佛道耶於五戒上更有衆多失意之罪今文
未盡又有失意謂不供養師僧不瞻病空發
遣乞者不起迎逆四衆長宿見破戒者云彼

不如我六齋日不受八戒四十里內有講不
聽受僧招提卧具牀座疑水有蟲而飲嶮難
獨行獨宿尼寺爲財命故打拍奴婢及以外
人於路見比丘沙彌不得前行僧中行食不
得偏與本師好者及過分與路行見病不瞻
不視不囑授令治持如是戒者名淨名香名
分陀利優婆塞又制優婆塞令種種供養三
寶形像塔廟畫像不得雜乳膠雞子供養像
時晝夜不異不得酥油塗像身及乳洗不得
造半身像像身不具應密藏之應勸人治治
已當出供養又見毀像如全無異以四天下
寶供養不如直以種種功德讚歎尊像志心
供養二福無別供養法者志心信樂受持讀
誦解說書寫如法而行及勸人行種種書十
二部經供養經如供養佛唯除洗浴名供養
法供養僧者應當供養發菩提心受持戒者
出家之人四向四果名供養僧今經小善尚
爲佛因況復長時志心供養此等雖屬在家
優婆塞及有少許非文正意然制罪令持持
即人天之善並可開爲緣因然亦並是出家

行者之要堪爲常規是故便錄令經欲收無
始微善咸趣菩提若已發心隨有毫善莫非
緣因戒經立像前不得坐云云者更有多緣
若王難等隨時斟酌又造像功德經有十一
功德一者世世眼目清潔二者生處無惡三
者常生貴家四者身如紫磨金色五者豐饒
珍玩六者生賢善家七者生得爲王八者作
金輪王九者生梵天壽命一劫十者不墮惡
道十一者後生還能敬重三寶當知豈是欲
界人天善根經鉛者有云錫也今謂鉛青錫
白鉛䥫錫堅並名青金造像功德經云若人
臨終發言造像乃至如麥麰能除三世八十
億劫生死之罪廟者貌也古云支提新云制
多翻靈廟者應作廟字玉篇及白虎通並云
尊貌所居露盤爲銅鈸者長安亦無此音或
聲轉耳或是當時有人傳之章安隨便書耳
經云唄者或云唄匿此云讚頌西方本有此
土案梁宣驗記云陳思王姓曹名植字子建
魏武帝第四子十歲善文藝私制轉七聲植
曾遊漁山於巖谷間聞誦經聲遠谷流美乃

效之而制其聲如賢愚經鈴聲比丘緣等音
樂供養者有出家內衆音樂自隨云供養者
自思已行與何心俱雖有此文必須裁擇梵
網誠制何待固言秖恐供養心微增已放逸
長他貪慢敬想難成故別譯阿含第五佛在
迦蘭陀城有一妓主名曰長髮而白佛言我
昔曾於老妓人邊聞如是說於妓場上施設
種種戲笑之事令百千人而來觀者是人命
終生光音天如是所說爲虛爲實佛告之曰
止止莫作是問妓主復問如是再三佛悉不
答爾時如來語妓主言爾時無數百千人來
觀妓者諸人本是三毒所纏復更造作放逸
之事豈不增其貪瞋癡耶譬如有人爲毛繩
所縛以水澆之愈增其急本爲三毒所縛更
作妓樂當增熾然三毒之火終後生天無有
是處作是語者是邪見人邪見之果生於地
獄佛說是時妓主悲泣佛言爲是緣故三請
不說妓主云我不爲聞佛說故悲但愍諸妓
人長夜作如是說有人至此引諸經華香音
樂供養者即得不退如不退法輪經佛告阿

難以一華供養佛及佛塔亦得不退及業報
差別經禮拜得至大涅槃等者彼是已爲實
因者今文開麤即實故與今文不例有人引
大論小因大果者不例亦爾度我可施衆生
者若論度我應在物機施謂施設今釋迦因
聞十方諸佛慰喻乃稱南謨答於諸佛故知
釋迦不請諸佛度也五戒經至施佛者準佛
亦無驚怖之理依下譬中長者聞已驚入火
宅法身恩機義當驚怖喜稱南謨佛者即酬
順中稱南無諸佛五戒經釋歸命者云云那先
經等者彼經云那先小時有故舊爲邊小國
王善能問難有多問答亦可兼釋小疑那先
云諸沙門說世間火不如地獄火熱王曰持
小石置世間火至暮不銷取大石置泥犁火
中即銷者惡人死在泥犁百千萬歲何以不
銷那先問水中魚蛟以石爲食不王言如是
那先云石消不王云銷那先言腹中子消不
王言不銷那先言何以不銷王言福德使然
那先言在地獄中惡業未盡是故不銷亦如
狼食骨骨銷子不銷又問佛有相好不答有

王言佛父母有不答無王言佛亦無人生皆
似父母故那先言王見蓮華不答言見又問
生淤泥不答生淤泥那先云豈以蓮華生淤
泥似淤泥耶佛亦如是王又問一人死生罽
賓一人死生泥犁誰先到那先言如兩鳥共
飛從彼來此一止高樹一止下樹兩鳥飛誰
影先至地王言俱至地王言善哉善哉餘文
雖非疏正意因便知之亦增智破邪以顯念
佛胎經報恩經華林會等者經云第一會度
九十六億人第二會度九十四億人第三會
度九十二億人並是初教得果人也於彼佛
所至第五時亦悉被會若例上等者上六度
文後結三教爲此三句令了因智亦復如是
皆開偏小以成於實又雙非之言始自三藏
菩薩亦異凡小乃至別教地前並須開之然
亦須知開之所以若心麤境妙但開其心如
以相心持法華經若聞法華一句一偈等若
境麤心妙境已隨轉不須論開若俱麤者須
心境俱開亦可但開其心境無不轉道理必
須知善體性方乃名開總而言之心境並開

尚開久遠四惡麤智況人天智若不開之則
佛之知見永埋四惡長沒人天問答意者開
彼過去微善正擊現在執心已爲過佛之所
開竟所以於佛滅後聞一句經云與記者舉
淺況深並是預開其心令成心境俱妙若佛
滅後聞是經不信者尚付後佛法華會中爲
開其心經意正云三世皆開我豈不然未來
佛兩行頌教一者經文既云雖說及是故說
知是教一初一行中初三句云雖說百千億
等者指七方便一切權說同成了因其實爲
佛乘一句明說權意諸佛下一行明說一之
由由知無性而修淨緣令得成就能演此乘
知法常無性等者一實理上性相二空無性
性空即無四性既云實相無自性等故知即
是理性性空性空既爾相空準知無性亦無
即是相空故知經中一無性言具二無性即
是無性性無相性也本自有之故曰常無知
者照也具如止觀第五不思議境中一念三
千非自他等既無四性一念亦無即是性空
既無一念無念亦無即是相空即是不思議

之二空也若不了今家依於智論中論等準理準義緣於心性立此二空諸無可準非用法相者之所建也故於實道須關修性若本自二空即是性德若推撿入空即是修得推而不成須修萬行正助合行行中具足一切諸行方名緣因開斯義已方乃名開問世間因緣可以四句了生無生今性本淨非關緣起何須以此四句推之答世緣起法亦本無生但由情計謂之爲生理性亦爾由謂自他等故須推之二空不顯尚須更約續待推撿況因緣耶自有傳說此義者來少有曉此性相三假問今文何故不立斯觀答經從利根者開佛種等者注家云無空有性名曰無性堪紹繼菩提名爲種如此釋者此從修得未識性種嘉祥云無性者但云無自性又以三義而釋佛種謂一乘教菩提心如來藏教及發心但是種緣雖即云藏不云空與不空及行理故不知因中爲在何因成種成性故於正緣了中須識性種所謂三道次知類種即彈指等然應知緣起通於染淨理非染淨緣起宛然此淨緣起即是說由明由淨緣從因至果及不思議感應之理故以此說爲其種緣他云爲由行者善根力故如來識上文義相生具如前文釋開中破於中初云中道下立本無性爲本性德故知今種即性家之種是故還立無性爲本爲欲更明性家緣起以種言之種者生義即前十界界如理性俱性並種具如前釋迷此下雙明染淨二種緣起先染次淨染中由無明故爲法性緣由迷之緣而起九界界界三千事緣起也即是性種從迷緣故起於衆生即是眞如隨於染緣解此下明淨緣起即開一乘教起一乘行行通因果能成正覺欲起等者成正覺已能爲他說故說一乘在教一也即果佛種從淨緣起衆生佛種從說緣起若也通途爲染淨者亦可十界展轉互論今明佛乘須以九界皆名爲染又無性等者以緣資了正明緣了功能相成對正雖然若論行體一一無不三因具足即修得也種果既成故云得起一起一切起者顯果乘相依正主伴乃至酬因一塵一行一時俱起起者成也如此下結果乘成相修性一合無復分張即是理性三因開發通名三性自此已去不可改故此爲銷經直從開說具明修相委在止觀十法成乘境中具兼修性性種正行爲了助開爲緣二十五法爲前方便辯下九法明鑑修發教行正助所詣是理理一即是所住法位世間相常若不爾者依境修習委心無地故知修性俱有自他先推性中無明爲他依此起行方推行他以此兩他共推一自若推性者祛滯達理若推修者離著行成以性本亡泯於修始是則兩照同明雙感俱遣如是方了染淨緣起無始無本咸歸一如上從淨緣有所說邊故云教一故五佛言殊大理不別若不爾者豈因緣事引四佛同理一中云是法等者初是法者正示理一世人悉謂理性本淨理若本淨何用修之若本不淨修亦不成今云理淨非已淨也衆生下釋住法位衆生正覺重出是法法不出如皆如爲位衆生理是佛已證是故名爲住如位一故故名爲位染淨之法皆

名是法染謂衆生淨即正覺衆生正覺是能住法染淨一如是所住位分局定限故名爲位位無二稱同立一如不出眞如故唯局此此局即通徧一切故局之極也通之盛也如世王位爲人所住位亦性也不可改故如人王性始終不改布衣登極相殊性一世間相常住者相可表幟位可久居衆生正覺相位無二顯迷即理理即常住佛已契常衆生理是故正覺衆生相位常住染淨相位既同一如是故相位其理須等佛依世間修成極理驗知世間本有斯理故云常住問位可一如相云何等答位據理性決不可改相約隨緣緣有染淨緣雖染淨同名緣起如清濁波濕性不異同以濕性爲波故皆以如爲相同以波爲濕性故皆以如爲位所以相與常住其名雖同染淨既分如位須辯況世間之稱亦通染淨因果故也今且從悟顯迷以淨顯染則淨悟得於常事迷染但名常理又世間之名通收依正常住之稱不礙二途故云理一若不了此徒云開權如何顯實故今問之被開之法唯信佛說爲亦改迷雖復四法咸以人攝得意忘言說不可盡又釋下單約生釋世間相常向釋雖然事理通總未的示其理境所在故以陰入對正因說九界陰入位本常住

法華文句記卷第五中

法華文句記卷第五中

校勘記

一　底本，明永樂北藏本。

一　三九七頁上一行書名、卷次，二行述者，㘝南無(未換卷)。

一　三九八頁上一二行末字「愽」，㘝徑作「博」。

一　三九八頁上一六行「一日」，㘝南作「一百」。

一　四〇〇頁下八行「前引」，至此，㘝南卷第五上終，卷第五下始。

一　四〇二頁中一〇行第二字「資」，㘝徑作「貲」。

一　四〇四頁上一〇行第三字「稱」，㘝徑作「釋」。

一　四〇五頁下七行首字「諸」，㘝徑作「諸」。

一　四〇六頁中卷末書名、卷次，㘝南無(未換卷)。

法華文句記卷第五下　　楚五

唐天台沙門湛然述

次然此下以正陰入對修緣了三因六法不即不離言正因等者互舉一邊應云陰入與性正因不即不離復與修得緣了不即不離正因與六法理是故不離但理故不即緣了與六亦復如是問文中何故作偏說耶答以易顯故正本不離令加不即緣了不即令加不離故須各具方名盡理此用大經摸象之喻喻文具如止觀第三記引言六法者五陰神我是故此六亦名正因同屬苦故亦名緣了兼惑業故此中須有通別二對別者六中行及神我是緣因種餘數及色是了因種識是正因種若通對者具如今文六法性德正因與六法修得緣了不即不離是故修六性六一體無殊當知陰入秖是常住若將此文與止觀中對通別者彼對大經三德四德各有其意道場等者果理先成故言久暢且望寂場四十餘年爲久暢耳物情障重者除三味中圓餘皆障重云云者歷部約味細分別之上文有四者準上但三一出世意二開權三顯實今既云四當知上文亦可爲四應云第四總以人一理一結上三世可不如上理合文別故今云四又有二不同一者上先開權次顯實今先顯實次開權二者上文實中但有教行今此理教或理行也不同無妨故不別云指上本下者下譬品文用此爲本譬必有法故云本下文義交加者此中指下至下指此故云尋蹤等也章安預點使無眩亂眩亂在鈍利者何憂然諸師分譬與法叅互宿世外隔欲爲譬本取定莫從故先叙非後方正釋初師五譬者一長者譬即若國邑下文是法說即指今我亦如是已下文是二思濟譬即長者作是思惟已下文是法說即指我以佛眼觀已下文是三權誘譬即爾時長者即作是念已下文是法說即指我始坐道場已下文是四平等譬即爾時長者各賜已下文是法說即指我見佛子等志求已下文是五不虛譬即舍利弗於汝意已下文是法說即指汝等勿有疑已下文是若於今家初是總譬總譬有六豈獨一長者故不用之第二思濟於今家是救子不得者但是別譬中用大擬宜譬耳故知但云思濟其理不盡故用大救子中三擬宜無機息化不應獨云思濟故也第三譬去今家從我以去於別譬中離爲六意彼但有三譬本不足故亦不用瑤師盡以五佛章用爲顯實言四章者合初章在釋迦章中而以權實合爲一章以五濁章爲不得說一又以敦逼文爲不得者並不應文故不用也而云譬中但三則闕第三不得者者以譬中無此文故凡者不一也文中所列乃以開權爲第一開權即顯實應對第二等賜文也此則譬本及譬大爲疎略然長行中五佛章門諸佛猶總又闕五濁三佛準例其文更略釋迦化主文相稍委故但取釋迦離爲四章瑤師賒漫是故不用次暢龍二師並立六譬其言似殊其意不別二師並皆不立總譬無可以對方便略頌於別譬中文廣須略於中六義仍先分爲四細分更多故知二師並與譬品義不相當以第三第四秖是

今家第二寢大施小耳又不虛文合歎法希
有而不述其意是故不用次光宅十譬意者
初立總譬與今文同但下九譬望今即是廣
頌六義若望今文下之九譬秖應合爲四譬
於中第二四行是今見火義耳次我始下第
三六行半及第四十一行明三乘化得是今
寢大施小意耳次我見下第五去總有五文
六行是今顯實意耳次汝等下第十一文是
今不虛文耳今家細開稍似光宅然與信解
宿世不同故不細開有人去此是他人將今
家義仍參光宅故將此意以難光宅等是細
開何不作十九句以光宅十譬對今總六別
四總別各開合有十八句加光宅一句成十
九句何者光宅第一即今家總譬應離爲六
光宅但合爲一第二見火去今家別中離爲
四譬光宅爲九一見火今離爲三光宅但一
三我始等即今文別四中第二寢大施小光
宅離爲二文是也光宅第五已下至第九總
五段文今家合爲一等賜譬即別四譬中第
三譬也故光宅第五我見佛子等及第六咸
以恭敬心二文即今文別四中第三等賜離
爲四文中初文是也第七我即已下即今文
四別譬中第三四文中第二文是第八於諸
菩薩中下即今文四別譬中第三四文中第
三文是第九菩薩聞是下即今文四別譬中
第三四文中第四文是第十不虛即今文別
四中第四一文又離爲三謂歎法希有并本
不虛及下立敦信文也此乃別中離成十二
光宅更開今文四別譬中第三四文中初文
爲免難索車二文今已極細但爲十八若於
別十二中第六更開爲二則有四失良由此
也既開爲二則成十三并總中六合成十九
何以不名爲十九句耶令雖十八不名十八
句者但在法譬宿世信解無此義故欲令通
有復合爲五或總別二章段既少上下易同
故今文中三種分文光宅定十無此盈縮進
不成十九退不成五總別廣略又不相當況
開大機以爲兩段法中有妨故不合開然望
餘師光宅最勝若以至六義之内者若立此
六則攝十九入此六中何以不但云爲六義
耶何者依前總六卻合爲一於別四中但離
第二以爲二段則爲五章對前總一即成六
義若全依今文但成五義他且依彼而爲問
辭又十譬至參差等者開爲十譬法譬二處
尚自參差況與信解等文合耶故法說下出
參差相又光宅句數與今細開似同而章目
未穩故亦不用下結云四失者一前後二大
小三有無四引文今初前後不同失者若於
今別細開中第五離爲五六并第七文爲父
喜者對於法說索車父喜前後迴互言法說
中索車在前者先云舍利弗當知我見佛子
等至求佛道者等二行即索車在前即光宅
第六文是次二行一句中最後一句方云今
我喜無畏即父喜在後也譬說中父喜在前
者先云爾時長者見諸子等安隱得出等索
車在後者次文方云時諸子等各白父言等
若光宅十譬中合於五六二段同爲一索車
譬本及免難譬本不云歎喜譬本則無此失
言雖欲會通者縱欲曲通云由喜故索由索
故喜亦未穩便故云迂迴又大小下於大小

中復爲三失言法說中大機動者即大小不對今我喜無畏更進用下句云於諸菩薩中故知此是見大機動故喜若云見諸子等安隱得出故知是見小機免火宅難故喜文因果不對者法說中意云由昔不信故云舍利弗當知乃至今我喜無畏故知是大因譬中云見諸子等得出火宅故知是小果法說中大障將傾者爾後即云菩薩聞是法疑網皆已除去除不遠譬說中云安隱得出故云小果有此三失過由光宅五六七文故作譬本未爲穩便言又有無異者破其十中第六爲下索車譬本法說文中無索車語至譬說中由根非利所以方有故不得用爲索車譬本況法說中但云我見佛子等志求佛道者非關二乘索小車也四若引下爲引文失宜得濫用來至之言便爲小乘索車譬本此從合爲四別譬責故別譬第三復合爲一等賜文也縱開此爲四第一名爲大乘機動爲後索車譬本但不得云索小車耳故前約大小破中云譬說叙小果秖云叙小而情求於大即

名機動故云殊不體文旨故知其文自是大機將動然有無者下今文自辯同異有六初有無中云長行有眞僞者簡僞敎信文也言偈中無者此且一往順舊以偈末七行爲法說流通若依今意以此七行爲敎信文則闕此有無一意頌中有歎法者從諸佛興出等四難文是長行中全無次第中云長行先開三後顯一者長行中初云舍利弗我今亦復如是知諸衆生有種種欲等豈非施三次文云如此皆爲得一佛乘即顯一也頌中初總頌中二行初行顯實次行施權故先云安隱又示佛道次文乃云我以智慧力知衆生性欲若取別譬文先五濁中更開爲三初能見眼亦當顯實次所見火及寢大施小皆屬權也若論別譬文竟亦先權後實若取總頌則前行顯實次行施權開合中云初合而不開者若將二偈但爲總譬作本故云合而不開若以二偈離六總亦有別且從合說故對下譬亦復更分五濁文離爲四譬本者恐文誤應云三譬本即別四譬中初文復離爲三即

能見所見驚入對下譬文仍有四也彼以第四廣明見火合在第二文也故知但三次明取捨中云四段經文爲六譬本者四段者別四也六譬者離五濁爲三并下三段即是六也歎法非六譬本者於四別中離第四段出嘆法敎信非下六譬本也次總別中初開三顯一者即初二行總頌也本迹者且約迹中論本迹耳即法身爲本起應爲迹即此初章離爲三意能見之眼爲本第三大悲爲迹第二所見乃爲諸佛垂迹之由耳云云者須廣約迹本久近今昔體用等以簡同異具如玄文六重本迹及前序中已略簡竟今謂下正示義宗宗旨別故故云正是等也前直法說下欲破諸師立譬不能盡理故先騰三周理同次若作下辯古譬之失故云若作三六十譬於三周不合也如前所列瑤三暢龍各六光宅有十然今文非不立於三六等數但分節盈縮與他不同言於三周不合者法譬不合已略如上於宿世文秖可分爲二譬三譬故多不可言四人信解乖離者若對信解秖

可總六別四若對他五三六及今十八則乖張離分具如前破光宅十譬故破古已自立三等今立三者如下文云又一時三譬若爲五者如總一別四若爲六者如總別各六若爲十者即總六別四亦可爲十一即總一別十亦可爲十六即總六別十亦可十八如前十八句也但本下承上不相應耳若欲通於上下不差但依三節銷文若應四處但爲三譬四譬若但在法譬則略六廣六安隱至住處者佛既已證亦令衆生住於此處而今衆生尚住三界不安隱處扣佛大悲致令驚入言種種法門即對不種種者亦是從佛本意以說如來本以一門利物事不獲已施種種門施權之意本在顯實故云宣示於佛道佛道唯實以權對實引權入實故云相對相對秖是感應意耳本末相承等者本法說也末譬等也云云者如下所引言廣頌上六義中分爲四者若於別四第四分三名爲六義若第四爲一第一爲三但名六譬若言六義不應譬文但可頌上故但云六義若爲譬本則合四五六但爲一不虛此中有敦信敦信即簡偽故知上文不得云無是則別六廣於總六故今但合六義爲四若更子泒開者若欲更分如前別中爲十二句爲對上諸廣文故開爲對下諸略文故合舊以最後七行爲法說流通今文不用者若望譬及宿世文後雖似流通而非流通所以入見當來世言言似流通故舊例之將爲得意文意不爾譬喻品末但爲身子爲三周請主自已得悟復爲中根重請譬說既酬請已故以此法而略付之究而論之但是示其信謗罪福若爾何不待第三周後一時付之譬後既付前法說後何不付之答至三周末自有流通廣付菩薩豈獨身子如下文中尚不偏付他方菩薩豈獨身子法說周末身子初領自行始成未宜利物然大旨在佛不須苦論用頌歎法敦信者然上文料簡有無中云頌中無眞偽者即無敦信也今此中用頌歎法敦信者但是通方敦勸凡夫使其生信故云歎法敦信以無專敦聲聞之語故前云無耳今但頌數名體三也者此中從六道已去頌上五濁此五即數六必五故此貧窮等即是出體以此五法即名濁故亦無別名舉下證上等者此引長者在門外文入即起應外即法身復云佛眼故所見機即佛法界若根下思無大機方入鹿苑鹿苑之初既云圓照乃至一乘故知華嚴佛慧無別不可於此強生分別佛眼下云云者應廣分別此之五眼次及不次而辯體用故觀色等用於四眼從本爲名仍名佛眼貧窮等爲衆生濁者貧故由無福癡故由無慧癡貧衆生聚在一處故名濁也入生死爲命濁者於生死中又加嶮道嶮道之中命易斷故即短壽處而猶相續爲命濁也五欲爲煩惱濁者名體最顯不求大勢佛等爲劫濁者劫中無佛故名爲濁四濁生此亦無所求劫若有佛雖濁能破入邪爲見濁名體亦顯六十二多故名爲諸或云諸見是即受者由此見故則有三受見家之受故云見即是受三受皆苦以此苦受欲捨苦者無有是處五道源來者五道因也從一至一故名爲趣衰秖

是賊能損耗故毗曇地獄初生念者一切地獄初生之時皆有三念知此處是地獄由其因故生從其處而來此文似不足義已具三又云者亦婆沙文也五道各有自爾法者具如前釋不思議中解脫達分者涅槃名解脫所修善根不住生死名之爲達聲聞三生支佛百劫解脫之分名解脫分得正決定者初果也婆沙云云何得禪即根本禪云何決定即是無漏以無漏心修諸禪定得入初果即此禪定而得解脫解脫是初果即決定也天中至所須即得云云者應明諸天自然報相一切依報悉是化有及山河流出其實報得約受報時說名爲自然地獄至中間可知者過去人中有順後業其業未滿至地獄中遇緣能起如是等心業即成就於地獄中無有身口現行故也唯在輕報非無間也廣簡可知故今不論中陰倒懸者俱舍云天首上三橫地獄頭歸下此約人中天在人上旁生及鬼同在此洲故非上下獄在此下故頭歸下從獄生人理合首上鬼畜亦然天來生人其首必下他皆例此初將罪人至閻王所等者有情非情並是共業所感而爲心變初皆正語等者初至地獄如本有語後時但作波波等聲不復可辯劫初時等者諸教相中畜生能言皆此時也後生云祖父者從初受名二者後生亦是後生之祖父也前是因緣等者從引阿含下即觀心解前因緣中亦可具有四悉意也五道不同即世界也人是所爲惡是所破天是第一義也後以觀心者從心判義義當觀心六道不同略如止觀第二記諸論及以小乘諸經分別甚廣不要不列我始坐等者准下引小雲疏意指華嚴也故地論云佛成道後第二七日說華嚴也世講說者嗔法華經應佛所說或責地論失於圓宗今問此之二七日與法華中三七何別縱除促不同及所說各異秖是機別顯密有殊說時既然身相亦爾當知法華報佛所說如論云一者報佛菩提如經我成佛來等也應佛菩提則指伽耶古德皆云伽耶既非彼長何獨是乎即成法佛說也地論既云二七日乃表應佛說之豈報佛成及以說法必第二七耶理而言之彼此無別機見不一大小分途小見三七停留大覲始終無改故二七之言知非盡理若云不起道樹而遊鹿苑此即迹中圓佛成相復準部意義兼於別小機所觀弊服宛然今此正當小化之首道場在摩竭提國西南去尼連河不遠西域記云菩提樹所周帀累甎崇峻嶮固東西長南北狹周五百餘步正中有金剛座此即迹中化佛之道場也觀心釋樹者託事見理佛豈不然何佛不作因緣觀耶今在小也若約華嚴爲最初者皆須約於圓別以判經行者此亦是觀解若但事解秖是漸初故且附觀約法相說故云道品等事釋經行具如律文威儀經等具如止觀第二記始坐等者文具四釋初云假時等即世界得道即爲人感恩報德即對治欲以大擬即第一義若作約教應爲四佛十二因緣又以因緣釋樹如婆沙中無明爲根等具如止觀第二記應細釋出以對今文即無漏與實相俱得爲林三十七品是行道法者

道品即定慧均等名行道法況復七科皆是所行即是以定慧足履實相地理攝諸法故云一切初安此地故云得道欲令他行先自表之庶令下效樹地下徵起未曾有經下答經云於三七等者且以三乘而為三根以初成道通思根故具如前云思度二仙文也小雲疏意衆生機自未堪法華不必居後故引後文彼佛初成即說法華以令例之謂為有據亦如方便品中若但讚佛乘而衆生不堪方始允同諸佛而施權化故云後於王城若推下章安通釋二處不殊不可全非故但云若推今須辯列何者若以佛慧為法華則始終俱有若以會歸為法華則終有始無故知彼佛在菩提樹初說佛慧為法華耳而小雲未曉斯旨便以初成顯說會歸者不然故準今意文理俱通若密說者非所辯也惡生王者哥利王也佛誓者害佛之時佛發大願我若得道應先度之甘露者眞諦也問何故初為五人等者答中六文問雖涉五意正問人故皆以人答次輪王下舉三事問答中善業

輪王因名譽業陳如因稱讚業佛因故云尼吒有頂者非想也為顯佛聲彼無耳識非聲不及色界唯無香味二識餘悉行故雖有四悉意總而言之秖是為顯宿報不同致令聲及遠近不等若依下約教兩尼吒下並注云云者應明尼吒百億尼吒十方尼吒及徧法界以分四教初文藏也百億即是衍初通教十方法界即是別圓一成一切成故十方塵剎起四威儀互為主伴初轉法輪等四處定者聲既分四處亦應然大神變者非謂小小偏對一機如化迦葉帝獻方石之徒其處必定又除轉法輪等者漸初則定此初化邪其處必定通論一代故可不定舊云思理教等者即以三七用對大乘理教行三並無機不受又云勸誡者亦此師也即如譬及信解大乘二門各有擬宜無機息化用對此三亦應可爾瑤意者亦示化物之儀思而表深何必事深令大聖思而後行表佛初三周說等者此與因果經意大同四分律薩婆多皆云六七興起行經等七七日五分八七大論五十

七地論等並二七機見不同不須和會今是終窮極教故且依之觀心釋中且約四觀以示化儀即四教觀以最後云析法故也諸梵雖請大者問如何得知梵王請大答據佛酬云若但讚佛乘等今欲至始終得度者若不先小則大小俱失若先用小則終必大益諸法寂滅等者問此中三釋義有何別答然初一說以權實相對即實不可說說屬於權三權是數故一實非數次生滅不生滅相對即不生滅不可言宣此小衍相對也亦是事理相對故向三乘之言通指衍教故也此約實理權教對辯第三即是偏眞之理對偏四門偏眞之理亦不可宣是則大小兩理俱不可說方便為物俱可得說雖俱可說佛意在大衆生於實並非其宜故思方便作生滅說受行悟入者機會即受隨聞觀轉即煖法去名之為行若準有宗時節雖促不妨具歷內外凡位至世第一名之為悟若得初果名之為入轉佛等者此有二義若約跡節通四如來諸法具足隨扣而赴凡有所說無非化他對

自證說若以圓自對三教他此即約法亦名爲他今從當分約漸初說此佛内證故云心中證有權實權法利物故名爲他涅槃音者由弟子受行煩惱斷處涅槃名生故名爲音音者聲教眾教之始故云起自於此三寶於是現世間者亦約漸始且在小乘未論一體從久遠劫來者久遠之言準下宿世乃指大通之後以小熟故以一文釋其二疑上文兼有其意者三乘行人皆是佛子也上諸佛章亦云有佛子心淨等並指昔教聞方便時已名佛子然於昔教未可彰言我即下一行亦指種智等以能顯所所即理也更就下重分文中云大乘機發亦名索果問前文何以斥光宅云法說文中無索車耶答光宅若云情索於大則爲無失若用爲下索小譬本是故須破破其引文亦復如是此應有四句者問前文已約四句對根此中何須更說四耶答前初對乳酪各爲四句簡其大小爲障不同復以四句釋出二酥通對諸教四根聞法進否異同故前初重唯第四句在法華中餘

文多在前之四味今第五時乃對開三獨一爲大言即發者但不起當座且名爲即從彼座來非不經時但不跨味故名爲即索有三意者二索既云在機在情機中但云有感果義情中既云悕求而已故前二在昔發言唯今昔言雖即通於四味此指二酥並聞大時是故得有二索之言又二索言有通有別通則俱通二味機則冥在於内情則内動於中二味咸然故云通也別則二索別對二味在方等中聞不思議雖斥爲非冥有大利被斥不謗義當於索故知不謗理在有求在熟酥時爲大洮汰雖無希取轉教情親縱不彰言索義漸切雖二不同機遥情近得不得者爲獨菩薩亦利聲聞情中進退義當於索是則情帶於機稍切於昔故至般若別受情名至領解時以得顯失故云欲以問世尊爲失爲不失請索雖即唯在今教及至啓言機情必具從彊屬口機情亦殊在昔但潛伏居懷於今乃助彰於口三索咸扣於至聖赴亦自分於顯密時熟既會内因具也聞略說故外緣

足也因緣具故發言于茲問昔出宅等者舉譬品以顯今彼云諸子詣父願賜我等三種寶車今何得言機等索實答意者未出聞許出已不見所許之車唯見許人是故從人索昔所許所許不與必有異途故索昔在今元求異意今問鹿苑出宅唯保小果何曾索車答若在法說至鹿苑時義當出宅復經二味二索在懷但譬短含長義至法華之始故譬中諸子詣父索車乃與之仍賜於大故彼譬意兼含二酥信解譬長方開體命故譬品文義含三索當知豈與光宅爲儔咸以等者他人意云約機論到恥小慕大者般若方等也故今破之機身俱到般若方等況復法華三業俱領且釋請義故云機情到必三業不可偏也今行與等者隨便記之且受八相故云行與又記大唯在分別功德此中且小故云行與昔眞等者昔眞指理昔成指果昔羅漢等既皆是實並得眞成今三乘俱斥則二義並失故云竟知何在又三乘同學一道等者此即重述通三乘疑既同一理證眞不殊眞

雖不殊菩薩於昔已曾得記若已得記何故而今並斥爲方便若俱方便昔不應別故云何意有別故疑今昔若二若三若理若行既並方便失本實證何得不疑前文多處通斥三教此中但斥藏通二者一者三乘同證眞諦二者此兩教證俱權若更約別者當教論中自有眞實既帶方便初後行殊通皆開斥是亦生疑如是妙法者具如釋籤中故云秖是權實法耳次如三世者下引同中文具兩解前約爲實施權後約開權顯實又初文約教三權一實次又約理故有權有實爲權權實不二爲實此第二釋秖是顯前實教之理即是權實不二經云懸遠等者若準此劫六四二萬望下梵天百八十劫空無有佛仍未爲遠彌勒佛後第十五減九百九十五佛次第出興應無此說夫方便可是權假者意明前教可是權施據佛本懷雖非虛妄以實望假故云權假施已復廢終歸眞實今已說實故勸勿疑舊從去更叙舊解前雖略破非無一途故復引之令知同異若樂著諸欲至互

簡非耳者凡小俱捨方堪授記

釋譬喻品

有人於此立來意云大凡無譬應有譬成小有云佛法多門門門有譬此則可爾云先總者總釋兩字通冠四釋若今若昔以因緣等皆有別故品初雖兼第一周文釋題且依第二周意故云中下之流未達等也初總爲三先字訓次釋訓三來意次釋訓中託此下釋譬字寄淺下釋喻字至篇云以類比況謂之譬開曉令悟謂之喻既兩字雙題應有小別具如釋訓故以比況曉訓時衆此謂界內人中車宅彼謂界外佛事迷悟淺深可知彼但佛乘深義唯一故迷之與悟唯小對圓樹扇風月唯圓教理前廣下明來意者亦是結前生後初句結前中下下生後故知機雖無已還待不已悲智中機當生更動樹舉扇使風月意彰然法說實相何隱何顯如長風靡息空月常懸但中下之徒大機未啓敲情猶壅謂月隱風停逗兹二途須舉扇動樹因緣等四大旨咸然故以二字總冠諸釋次別釋者初

因緣中並以世四法喻一實四法初世界中直云世法者以世冠三故也聞譬生喜名世界也所以下三皆云世法但生等別得下三名是故下三皆由聞譬而生喜等因於曾有世間父子今聞譬說成佛眞子聲聞與佛天性不殊唯在今經故未曾有所以密遣之日尚無傭作之心領財之時豈生己物之念特由天性相關遂荷領知之澤爾前憂悔至此方除譬說之時乃名眞子今始得悟踊躍彌加此指聞譬生於實喜即信解初歡喜之文故大小兩乘皆名歡喜次爲人中云世生法者即資具也故云珍玩出世生法即三乘法生善中最豈過於此故昔三車妙珍玩攝汝等所行是菩薩道世滅法者宅內衆災可免離也出世滅法者謂惑斷也無漏述昔除憂指今拔苦本在等與大車除惡之極莫若於此昔破見思通論於今莫非除惡世不生滅者即大車也父之本有故不生至處不壞故不滅出世不生不滅者性德本有故不生修得果常故不滅以信解中聞譬歡喜等是故

四悉俱譬父子然前之三悉以寄施權第一義悉方約開顯當知三悉即第一義之弄引也故引先心各好及以火宅免難若開顯已無非大車又四悉各一法一譬法中或取法說身子領解之文並且助成其語耳若直銷兩字何足題品故結云一音巧喻此則遮那始終一音一音唯實巧喻兼權權引歸實故不同舊純用一音故譬義含因緣等四若不爾者如何銷於小車大車火宅父舍中下得益者問下根未悟何以云益答法譬通被中下自迷故下根聞法譬中根聞法說雖未顯悟非無冥益故至譬及宿世獲悟故約教等三咸須約譬譬既三車一車今昔相對法亦若權若實並列偏圓若不爾者開何所開本許三車索而不與及至爲說等賜大車當知其車本無三一爲物方便權立三名出宅廢權破三唯一四教譬中初三藏云菩薩駕牛等者此菩薩從初至後皆化他故最得其名通教譬云三人同畏等者三藏二乘理亦應爾爲對始終一向利他是故彼二且云自濟

此教緣覺自他兼益勝於聲聞故云並馳並顧悲劣菩薩故有並言自行故馳兼他乃顧菩薩自行既滿唯以利物爲懷是故但云全羣而出別教中初斥兩教三乘俱近次菩薩去正釋對前所列句句並決約大象說故云邊底三大品下證對前二教二乘簡也通教菩薩對通二乘斷證既同略無形斥故知是別菩薩斥兩二乘故以螢對日爲別作譬也準義簡譬秖應於牛車以簡菩薩以由證經幸有三乘俱異之譬兩教三乘譬外又有獨菩薩譬如大象及以螢日用斥二乘又始見去圓教中先指華嚴及爲未入下明今經意二處化事皆不須譬即華嚴利根及法華上周次如今下明二處理等雖即化儀前後而始終理一始即華嚴今謂法華秖緣慧如是故理等故云無二無異問無異無二此兩何別答重以不異複於不二以無異故方名不二上根利智至不須譬者重牒二處顯上周中得悟者爲辯異故秖爲下明今有中下故須譬喻然華嚴中非無譬喻但彼入道不正

由茲如今曇華爲成法說言動執等者上根一處中根二處或云五處廣中有長行偈頌并法說領述二文下根三處或云十一處於前五處更加譬中領述各有長行偈頌乃至下根二十二番開權顯實具如化城品末列由未悟故迷於法說權實岐道我昔與彼同居無學彼蒙記述我獨未霑初聞略說已懷進退爲是極果爲何方便爲永在小爲當成大重聞五佛疑仍未除故須更以車譬誘之故云圓譬世云天台抑華嚴者乃由不善他宗故耳既判佛慧二經不殊但部望部不無小別既不可指鹿苑爲始復云聞我餘義不成涉公云法華華嚴廣略別也此嗅瞻蔔之流芳而未窮餘香之奧旨以不能盡思於斯宗故也廣略雖爾兼帶如何顯本未彰記小非例乃至下文十義同異踟躕者猶預之象岐道者爾雅云二達曰岐本迹觀心云云者並須約譬本迹具如蓮華三譬玄文第七若欲進寄初成設教豈無一三故千枝萬葉同宗一根乃至五百三千塵點可以意知觀心

譬者空如白牛假如具度中如車體乃至幻空幻假幻中次分文解釋者置譬且釋前品之餘初領解中云置譬說之前等者有云爲譬作序則應難云信解藥草授記亦應安化城品内爲化城作序長行領與解至各陳者長行三業各標釋結標結二文並具三業而不分領解但於釋中以身業爲領口意爲解初令從世尊下領也從所以者何我昔從佛下解也偈各陳者三段各二至下偈中一一點出一幸者謂一業遇喜今三業俱喜乃成三幸我今身已近佛況更聞法聞法即是口喜得解即是意喜又昔但機情機情居内名爲一幸今由口請三業並欣故云三喜過意所謀故云幸也故下文云非先所望而今自得抃者撫手舞也心口之喜暢至于形由二動形故三俱動文云下引證者正證三喜也文雖且列意口二喜有二必三理數應爾内外異故即世界也又此四文應約前品而今後三約信解者開顯義同彼此通用意同時異亦應無奕棄貧受富者開三藏珍玩也得

真善利生善中極憂悔雙遣等者開二味也永除憂疑故除惡窮也我念昔在方等時被斥故憂至般若時住小故悔方等被斥故疑般若不取故難獨爲外障小爲内障又被彈不受名爲外障蒙加不取名爲内障今則無此三雙之失故云大朗住一實第一義也次約教中初文通途簡昔喜體故先叙昔小次今言下簡異即簡無顯有也若若下正釋既世間之喜久已除之藏通二喜久已得之若二空教道復非所擬歷三教簡良有以也非今所明故唯圓喜湫小水也如凡無潤無出世智故也圓教中初位次人初住名歡喜者義立耳既三法開發與初地不殊亦名歡喜身子至歡喜者未敢定判故或二途超入即行或向或地設不超者亦入初住名歡喜也注家直云疑慮外除喜心内發不覺足之蹈之故云踊躍故須教分方辯優劣故阿羅漢無三界喜言踊躍者爲别感所熏妙法外被觀心不記云云者應云一心三觀六即之喜次釋外儀中此是經家事釋可解他縱有表

但云表合不知能所爲是何智而合何理今表異諸部文中尚略廣簡如釋方便品此中亦簡向佛令知是實故也合掌向佛何教所無而今表唯佛果知昔向非實今開既實向表非常序中瑞報亦復如是瞻仰尊顔等者向雖合掌表不二之實無可表於内心已解故向而復瞻委覩尊顔以表於解知是佛非餘如非權唯實故知非但外儀覩佛亦乃意無異思表覩他實境而自開知見意解去分於身意以對領解既云互舉二業並具領解權實故也亦約所表以分身意故以合掌表身瞻仰表意昔身遠佛如二掌表權今身見佛合掌表實故云即權而實意亦昔未解實今以念而表之故云解實即是權故云互舉白佛下言口領者對彼經家今以自陳而爲口領領必具三非獨口也故標等三各具三也標中三者既云白佛應唯在口云何言三然言領者必先彰於口口述所得豈專一途是故具述所從所聞而生歡喜三業具也次釋中先釋身云若日照高山密有聞義者問

窓通鹿苑及以二酥何故獨云高山先照答此對小乘顯聾瘂故部唯大故顯一向無且云窓耳鹿苑有窓準例可知受記指方等者有指阿含授彌勒記阿含未曾明佛知見何失之有我甞獨處思過所者所即山林亦應云行等思過儀也作是念下思過心也今思昔日處儀及心無非是失故云思過同入下出其過相處等有過由計法性問縱使昔入小乘法性爲有何過答但由謂與菩薩同入而對三教以辯已失疑佛有偏所以成過以由不知小法性外別有妙理菩薩得之故也故三藏中聲聞至佛無別法性佛印迦葉當教論同即此義也通教三人俱坐解脫中論實相三乘共得是則三乘通教法性亦與三藏法性不殊諸聲聞人雖在方等密成通人未合彰言云小入大故今所論且在三藏述初遇頻鞞及聞舅論義得法性也非關聞妙始入圓常次由我迷權等者述過由也由迷權故謂法性同何關所惑理一教三由惑實故指權爲實何關世尊偏授菩薩所以者何

下引待自責次所因二義下正釋所因初標二義若知所證不實則應待說實因若知已在方便則解即實之權初照下釋若爾怨怨之言非但鹿苑亦指二酥此二味中亦有初得小果故也然依文中二酥並在兩楹之間若鹿苑初證亦可以二酥釋停但二酥機雜故以初後釋對釋停以彼乳中圓說佛因我自不對過不屬他經言必以大乘者語通諸教意則不然雖但發大乘心則不死今則簡別意唯在圓應知所因不出因果及以願行行即六度願謂四弘故佛地論中通因三種一應得因謂菩提心即四弘也二加行因謂諸波羅蜜六亦攝諸三圓滿因即指佛果通取果者果爲因所期故亦名因剋體而論唯在前二成就菩提即是果也從佛結身喜者具如前釋斷諸疑悔等者通則通指二酥覩菩薩事時別則唯在略說斥爲方便時又通言諸者方等勝境非一般若法相該通凡有見聞莫非生疑之境由境生疑由疑故悔今聞法說悔失二待復由廣說疑悔悉除由昔

絕分二義俱闕今日乃知眞是等者初約三句結成三文文已分明上下有序復以三成佛法有分分即初住分眞位也不須從佛口下對於三慧文無從生三慧通漫故云文盡理彰此即道理之理故也言更用四悉者更卻向前銷諸領文初標三喜爲世界者踊躍即歡喜也所以者何下以釋身口喜文爲爲人者三業相望身口且從生善說也亦應從破惡說以爲對治不及意喜破惡義彊若爾意喜亦是最能生善故且一往次我從下以釋意喜爲對治者剋責除疑即破惡義次以成文爲第一義者眞佛子者由入理故成第一義也更約喜心爲四悉者雖復標三及以三業領之與解總而言之不出於喜故單從喜以論四益動悅世界也未曾有者明所得喜即爲人也動覺觀明破昔喜即對治也動于形明別理顯即第一義云云者令依此文釋四悉相又通論者既悅相異常心形俱動異常故世界動悅故爲人除疑故對治入理故第一義

法華文句記卷第五下

法華文句記卷第五下

校勘記

一 底本，明永樂北藏本。

一 四〇七頁上一行書名、卷次，二行述者，南無（未换卷）。

一 四一〇頁上三行第一四字「三」，南作「爲三」。

一 四一二頁中一七行第七字「示」，徑作「云」。

一 四一二頁下一五行第一三字「作」，徑作「非」。

一 四一三頁中一六行第七字「失」，南作「實」。

一 四一四頁中四行首字「有」，南作「者」。

一 四一四頁下五行第九字「成」，徑作「我」。

一 四一五頁上八行第一一字「舍」，南作「含」。

一 四一五頁中六行第七字「證」，南無。

一 四一五頁中七行第一〇字「同」，南作「聞」。

一 四一六頁中六行第九字「朗」，南作「明」。

一 四一七頁下一行第六字「關」，南作「闕」。

法華文句記卷第六上　楚六

唐天台沙門湛然述

次偈文者上云偈文領解各陳前長行中以身爲領以意爲解全似各陳而言合者領中合解解中合領故云合耳今言各者三業各有領之與解雖似合明但一一業中自分領解故名各耳略須分節後可依文既分爲三即標釋結初通標者我聞標口歡喜標心言兼佛者兼從佛也即是兼標身也既是總標且以我聞是法音下領也心懷大歡喜解也

次釋三業初一行半頌身領解中初一行身領也次半行身解也次我處下十一行明口領解於中又二初九行明身遠次二行明入法性初又二初八行明口領次一行明口解以領解昔口之過入法性中二初一行半明口領次半行明口解以領解昔口之得故次而今下九行半意領解中初八行意領次一行半意解後二行半通結中初一行半結領次一行結解領謂外領佛說解即內受佛意所以長行中合偈頌離者共爲一意故也又總此九行半意領解文頌上心得妙解且依前文同以解爲名然須於中更曲細分亦可爲八初二行領昔非實次一行正頌聞於初周妙解即頌方便中顯實三一行卻頌上法說周初略說之時而生疑悔四一行頌上諸佛章門種種領上開權譬喻頌上曇華五佛說下一行頌過去佛章門六現在下一行頌現未佛章門七如今下一行頌上釋迦章門八世尊下一行半悔過自責驗知初疑過在於我前身領中經云金色三十二乃至十八不共等者並如止觀第七今文屬圓此說可見又八十種好準大經文佛好無量此應色中唯八十者世間衆生事八十神故佛具之以生尊敬今經文意總言敘昔失耳然八十好各具四悉以利於他不必全爲八十神也故一一好無非好海今聞開權正領昔失不思議好具如下調達中言我昔於日夜等者若諸聖者還以昏曉而爲晝夜於此思惟何足可述是故此中應從所表釋有二重並約昔教機中任運冥有此疑未得彰灼有此說也若生死中有即大乘意若生死中無即小乘意既得小已不知此證爲在何許昔猶曾也昔曾機中有此疑來此乃以藏對衍而爲中外若今獲悟此疑必遣又生死下次以生死涅槃俱名爲夜得聞中理名之爲日此乃別圓以對藏通冥生疑也後聞開顯此疑方除此於方等般若並聞故也然疏文語少應更云中道實理爲日在昔於大聞此中理雖對已證冥生猶預未證此中如日仍隱適聞略開尚有此疑況在昔居小今聞五佛廣顯實權方二疑俱遣如日出也又世人等者意譬聲聞歷諸座席或訶或被或喜或憂來至法華備經艱苦自行利物無不聞知但謂非已所任自他少別故與諸味草創者殊故知始自微賤具歷文武歷淺階深知物可否如香積菩薩更學儴流故草創者少諳衆行然又兩途互爲勝劣不可一向言五味淘汰者通指五味以爲淘汰非獨般若經云無漏難思議等者昔謂無漏但至無餘今乃方知至實道場解魔非魔等者昔聞異本謂佛爲魔

今方知本愚覺所誤是佛故云也經云佛以
種種緣等者前以釋迦開權釋諸佛顯實云
我以無數方便種種因緣譬喻言辭等乃至
三世佛章一一皆云亦以乃至是法皆爲一
佛乘故結中云結成者又可爲二初一行半
頌結次一行頌成初結中三初三句結佛音
聲即口喜次三句結意喜還以聞佛用兼於
身故有歡喜疑除所證所成感報作用述成
上三意者見佛述身喜聞法述口喜悟解述
意喜昔尚曾教大何但今日得身近耶雖復
中迷曾聞非謗則顯今日重聞之緣中途教
小尚不爲小今還得聞信由昔教驗今意解
準昔不虛然見佛等三通有三領言見佛緣
者由昔大見乃爲今日得實之緣實方名見
故也言憂悔聞法緣者自中忘來由取於小
又聞兩酥至略說來凡憂悔者皆由昔小故
也言不虛者昔元聞大信今不虛次引十住
以釋無上次引瓔珞以釋道者且借別名以
顯圓義義圓名別一切皆然他無此意不可
濫用此七無上文列兩重初重者前一爲果

後六在因於六因中初二六和次二福智次
二證行雖分三二互相與力是故六因並名
無上望果行因故果先因後言六和者初受
持無上即身口意以有三和故自利益彼大
乘六和攝諸法盡二障秖是煩惱所知此之
二障若別論者在別地前無知唯是界外塵
沙若通上下無知即攝內外無知及以無明
故知但是開合異耳行無上中秖語聖梵無
餘三者天是所證病兒果用修二證一有斯
二能是故但二不列餘三次重者更從果立
即以六因從果立稱尋名委釋以出經旨下
既結云如是種種明無上道故道義無量隨
何教成故云今經圓無上道也即是無上家
之道名無上道一一無上皆具諸道之無上
也昔雖大化等者界內無明亦未曾破故云
惑暗若初心圓修縱未破見思所聞一句納
種在識永劫不失以暗望明暗尚非謬真悟
窜虛況悟真者有次有超具如前說故惑暗
者指六根已前六根雖即未破無明似位不
退且名不暗若得大解下徵問記有四意下

答須記意此之四記具在三周中周四中但
除第二意中中字故至下周但三無四又此
四中初意具有下之三意又初四對昔二三
唯今又初四唯自二三約他又第三通當現
初一唯現在第二唯未來第四唯過去嘉祥
十意繁而不會今粗點示令知繁略一證解
不虛二令無疑悔此二屬述成何須更云記
三引物生信屬今第三四令身子慕果此屬
章初歎五佛二智爲欲開權兼令慕極今此
但是授八相記初住自得不須云慕五爲引
八部故正引同類八部乃旁此同今文第二
旁意昔未記二乘故二乘根性永絕斯望而
今記之旁引八部故云須記六爲引物往生
與今意同七顯經祕密祕密屬理記小屬事
又記屬顯露不名祕密此屬昔教八欲成大
乘此屬初意九和會大小云如昔訶彌勒得
記等和會是開權別名由開權故方可與記
十爲引有緣亦第三意十意數多義少仍闕
今文第四意也元發大心皆期記莂故知十
義繁而不足彼疏諸文斯例甚衆餘不可叙

正授記中行因等十經文各二時節中有世有數行因中有供佛修行得果中有通號別號國淨中有國名國淨說法中有三乘一乘經文雖無一乘之言既酬願說三說一爲正旁正兼具劫名中有標有釋衆數中有人有行壽量中有佛壽人壽單論成佛後壽故除王子補處中有依有正法住中有正有像於國淨中先立名其土下相也無高下曰平不偏曰正安隱下土用瑠璃下重明勝相說法中準今釋迦故云亦以舍利下明說三意土淨唯一酬願說三即施即廢問何處願說答準大悲空藏經於六十劫行菩薩道因婆羅門乞眼退時願成佛日開三乘法問既得記已何故更經若干劫耶答若記菩薩但通途云得無生等今記聲聞須約劫國應佛成處須有機緣此諸聲聞昔未曾有淨土之行蒙記已後與物結緣物機不同致劫多少龍女雖畜以乘急故先習方便若據權迹此復別論又諸聲聞時不同者爲逗物宜隨機長短機緣不等初住何殊世人覩聲聞受記則嫌

劫數長遠見龍女作佛乃疑時節短促或疑少過獲罪太廣或恩小善招功自多或譏佛說迴或不定或責菩薩示迹參差或聞勝行多劫疑教門虛構聞諸佛神變謂世術相兼或疑六十小劫以爲半日或迷一剎那經無量劫如是邪言不可知數乃由邪見種彊宿熏力弱端拱守弊空談是非但信教仰理何須臆度赴緣益物非世所知當知是人豈了初住得八相記十方作佛種種示現雖種種示現與法身記殊若不爲物修淨土行成佛之處爲誰取土頌中經云十力等者即指佛果方名爲力初住分得名爲功德所言等者非唯供佛兼淨土行或可由得十力功德分故成初住記若引大論菩薩有十種力分者此明入住菩薩具足十力因耳經云各各脫衣等者此中通語四衆八部出家二衆言上衣者即大衣也若論三衣俱不可捨以西方法多但三衣如大品中三百比丘聞般若已皆以僧伽梨而用供養論中或云亡相爲法或云當日更得若通說之以兼俗故或如大

論經云而自迴轉者表聞身子得記法性自然而轉因果依正自他悉轉經言最大法輪者最是今經圓中開也大是人等四種妙也或境等十或佛等三妙法之輪名妙法輪此略對初後不述中間方等般若具如玄文華嚴十事名轉法輪此乃通方又云圓音不當大小衆生自殊此乃郤貶妙法何名稱歎何謂弘經後四行半自述者但列二名於中應分初一行自述次二行半隨喜三一行迴向應須對文細述其意五悔之中無餘三者已預記莂無罪可悔已獲分記故無勸請已有所至略無發願若望極果唯除懺悔餘四非無五悔具如止觀第七記如身子等者於前四文但述三段者法先共聞不假重述但見身子領解等三義今同聞亦應共得並是權者秖緣實行未熟權行同生故四十餘年不顯眞實纔聞五佛妙理豁然即破無明尋堪與記實病既愈權疾亦痊豈一代化功全任實行未愈下云云者應廣敘諸土示疾及愈○獲記下云云者亦應騰於此及下周四段

皆約譬及因緣後文在法師品中云云者宿
世文後四衆歡喜指法師中初段長行初出
人類中具列四衆三乘人已云如是等類咸
於佛前聞妙法華經一句一偈一念隨喜亦
當歡喜文也今新運大悲等者初周本爲自
疑此中一向利物新運大悲此即更須修淨
土行是菩薩行之基也準此釋前意則可見
有人下古人意云身子法譬二周之初各有
一疑故云新舊以千二百初周末疑故止有
新今謂等者上根初聞略說動執生疑蒙五
佛章便獲大悟中根執重略說之時與上同
疑法說未悟其疑猶存豈非中根疑多於上
故身子自叙云我今無復疑悔是諸千二百
等述同華有惑云何卻云身子疑多問凡夫
亦有一聽便悟已聞略廣五佛開權及聞身
子領述得記龍鬼尚能引例中下何頓猶迷
答此有二義一者久執二者入位解即破執
執破入住凡夫無此或當易領聲聞之人以
二義故雖聞未證於執久中根性不同故分
三品經聞所未聞等者聞身子四段昔教所

無準五佛章門我非佛知見驗昔所得知無
眞實今昔眞實同異不分故云疑惑爲四衆
普請等者問前法說中亦前三後一聞既不
悟今還請於前三後一與前何別答言因緣
者即是前三後一始末根由故云因緣四佛
章略釋迦稍廣雖以五濁用釋於權始末未
明故使中根於茲不曉譬說委明輪迴之相
具列三車出宅之由兼示索三與一之意廣
叙等賜等子等心此乃方酬因緣之請此中
四衆於前四中非但當機結緣二衆發言領
解即是發起影響二衆對怨恨也開譬者準
大經喻可云徧喻通界內外及大小乘等亦
可云非喻世間無此火宅始終及救火者必
以車運先與後奪先三後一然譬與合互有
廣略若譬略合廣先攝合文來對譬竟至合
更須委悉消之若譬廣合略世尊豈可徒施
悠言須委消譬合但略對總譬中云一門者
上云種種對不種種即一門也上舉所施對
佛道說佛道即是一門種種即是施權今出
所顯雅云一門亦是各出其能以能對所其

意不別思之可見名如賓等者行在我已名
從他傳實行則親權行則疎行親名遠徧於
三土行疎名近唯在同居方便實報迭爲遠
近雖復親疎更互相顯名行相稱他無謬傳
所以行高則名遠名厚必行親故以慶表之
驗名行不濫封疆等者封謂所統之限域疆
即所封之界畔小曰邦大曰國又云天子建
國故以最遠處爲國宰謂宰主有主所治爲
邑邑內各居名爲聚落故邑與聚落等降漸
狹不用舊釋者唯以虛空對於三千同居之
土闕於方便實報二土是故不用次引論意
者從論同異凡云立譬取捨不同論則因果
並論今且單語果報且譬長者果佛故也修
因之義非今所論於極果中仍以依顯正極
果既成必徧三土土體雖即橫豎相帶二而
不二今從土用唯約豎論故寬狹不等以顯
居徧從本垂迹等者今日之前從寂光本垂
三土迹至法華會攝三土迹歸寂光本行所
契理本也名所及處迹也理徧三土化境必
周終無行劣而名廣也即體用相稱故云無

賓主之異即名行身土皆相稱也如舊所解不取二土乃以慈悲被處爲國則令同居與邑不別故不知慈悲所被廣狹而爲國也則全失於實報方便彪虎文也炳明也即文彩分明可畏之相洋溢者内滿外充也内滿故行周外充故名布三皇者伏犧神農黃帝五帝者少昊顓頊高辛唐虞彼唯剎利等二且借此以類彼黃者中也帝者德象天地此土諸姓誰不承之一往且以非其中途偏僻別得者爲其本裔裔者衣末也有本可承故也有云苗裔者草之初生曰苗即得姓之始也承嗣不雜如苗初裔後也左貂右揷者貂者說文云似鼠徐廣車服注云即侍中冠左貂右蟬如蟬之清高飲露不食又云右揷者簪也左輔右弼丞相也鹽梅阿衡者釋丞相也如殷高宗聘傅說具如止觀第七記阿倚也倚寄也衡平也銅陵等者如鄧通漢文帝夢墮井爲通所接乃召通至占者云不免餓死帝乃令人於蜀銅山鑄錢供之豈餓死耶後衰帝登位被告私鑄因在囹圄餓死也有人云秖是文帝時爲他所嫉後遂餓死一往且借初富爲言如晉書云石崇有金谷在洛陽東肅延進也亦導也謂威以肅物不厲而成嚴潔如霜隆高也高而且重不令而行智則坐計帷帳折衝萬里猶如武庫何器而無用之則行捨之則藏白珪者織上玉也說文云瑞玉也上圓下方白虎通云玉之潔者也式瞻仰也一人者孝經云天子也出世長者十文具足佛從下姓也功成下位也法財下富也十力下威也一心下智也早成下耆也三業下行也具佛下禮也十方下敬也七種下歸也若以果望因應云圓教自等覺來以其實因發心畢竟二不別故故此十德皆從極果若從當分果分權實則權三實一十德名同名下之體當教辨異故使實際三諦不同乃至所歸多少亦別所以長者名通今須從別以別冠通即蹄跡也觀心十者觀心下姓也三惑下位也三諦下富也正觀下威也中道下智也久積下耆也此觀下行也歷緣下禮也能如下敬也天龍下歸也此之十德不出境智行三雖未入位如王子胎故名觀行如來十德若對出世還隨其教觀別果別準教望觀因果自分即以三觀對於四教具覽德相以歎於觀使後學者修因具足以觀十德成果十德以能一心具照三法即是觀心十德具足故引佛子等文以爲觀心之證如止觀中具佛威儀等又此十德即十法成乘次第合之甚有深致何者實相即是正境故緣理起誓故名住忍由心安理稱理含藏除三諦惑得破徧名中道雙照無塞不通無作道品過七方便助使三業於理無過對境無失由依眞位信解既深故能安忍不生法愛方感下供三教十法展轉釋出令成今經觀心十法如此十觀不但橫在觀行位中初心至後十觀具足故此十德義復豎深復與橫豎十乘泯合況復十德帖經義足分略周贍者部分謙略故有周贍大度通見貲者說文云貲財也所以須立三長者者長者之號本用世道以譬出世出世之由莫不須觀故知直語出世觀心不分權教及以遠本仍是存

略此中已成因緣約教觀心三釋略則十八等者釋能託之智門雖略廣不出所入之宅言略廣者一境一空亦可境境具一十八故云無量如以一色一心皆具十八如色對根根内色外及内外俱此空亦空故云空空若得此意乃至無法有法準說可知但從總說空十八有名十八空故云略耳於十八中廣略多少具如止觀第五記及法界次第大論廣明若論下衆福慧以釋田宅多有田宅者一宅一門其門尚多況家富宅廣一宅多門理合無量門謂出宅之路入宅路門不可一故田謂養命之方對命田不可狹又復徧該權實故曰多門若依四觀同觀則車門宅門不異僮僕至具足者僮僕名具如止觀第七記夫僮僕者資於身命故知並是一實定慧之餘助也所資無闕故云具足用與權變故云和光等穴穴者剩也亦位外散官也衆生居聖位之外故云穴穴於餘教觀尚無所屬況復能屬極聖位耶皆宅者宅居也不出三界久而居之故云宅也世無不然故云皆也如來誘物統而家之統主也家亦居也有人以第八識爲家等是隨迷何不總八而言第八耶道場觀意理爲智通理既是一門豈容二出必由門故無異路光宅以教爲門宅者三界也九十者文語從略即九十六也九十六者衆路也若欲出宅唯有一門九十六道雖各謂道眞如交横馳走故九十六道經云唯有一道是正餘者悉邪有人引多論云六師各有十五弟子并本師六即九十六也準九十六道經無此說也彼論自是一途豈可六師必定各秖十五弟子九十六中有邪有正具如止觀第三記今明去破二家也於中爲五先破二師若單理下先難道場理是所通若以所爲能則能通是所更何所通門義不成故云何門之謂單教下次破光宅若不爲所立能得能者衆終不至所然理不容多門豈唯一今言一者具如後釋宅既所棲唯應立一尚云多有況能通門即淨名中不二之門有八千也今理教相望不可單論次今取下定其門相即取理家之教爲門理既是一教不容二且總爲一秖此一句雙破二家則取所家之能故從能有至雖不正破道場用智智望於教同是能取教能既廢智能亦然但智必依教而觀於境義已兼於能所又不可云得智者也雖然現違經文經云教門而觀師云理智故亦與光宅同壞三文云下引證教是能詮涅槃是所並異二師四門又二下分別解釋釋中二先簡大小雖同有能所大小天隔是故須辯權實二能若識二能則二所有在若識實所權之能所俱成實能善分判已後方論會五若宅下設難且以今昔相待爲難宅是所出車是所入宅門是所出之路車門是所入之路既二路不同出入各異是故宅門非車門也故今難云若車宅門一何故出宅仍未得車若絶待者今應徵云若大車門非宅門者索時亦應别有出路何故還從所出索大長者亦秖於此與大又問得宅門已未得車門住在何處答大小異途是故云别開小即大同異如何故今申之斥則車宅永殊開則二門不異宅與車一二門

何殊是故三乘具有二義承教出宅不見小車中間已經二味調熟乃從父索先所許車既索須與開彼小門無非大教門下小理終無別途絕理無二麤妙體一法住法位世間相常三界尚如何別之有若不先異何所論同沒苦之人於今咸會安隱對不安隱法者如來已住安隱涅槃對彼五濁不安之法機感相遇故名爲對不安隱處亦復如是牆壁譬四大者應通三界無非減損無色雖無四大造色定果所爲皆是牆壁三界皆以意識維持若約諸宗無色非全無四大色雅合其宜欲令下觀解者前則通於三界己他故屬於事此觀己身即觀心義有人至此具以依正二報合喻有何不可且如成壞各二十中已無有情如何釋濁燒義稍隔故不用之故今文但約三界正報因果以正攝依其義自足欵然等者若唯約小乘無始相續乃成本有念念生滅乃是今無今附大乘性理本無無明故有故云本無今有故無明之言含於麤細今指麤是細宜可餘途然本無之言人

之常說斯爲至難故大經云本無今有本有今無三世有法無有是處今雖引一句與三句相關故須略辯識其大旨然此一偈四處出之古人名爲涅槃四柱亦云四出偈故知釋不當理涅槃室傾言四出者謂第九十五二十五二十六[麓六]大理雖同對[十六]文小別第九釋菩薩品明差別無差別義第十五釋梵行品明得即無得無得即得二十五師子吼品釋有不定有無不定無二十六破定性明無性古來解釋隨情不同成論師云金剛心前無常常則本有今無無常則本無今有又云本有煩惱今無般若如此有無並在於昔故在金剛前後三世有法無有是處地論師云常法體用本有今無章安難云本隱今顯亦應顯已復沒三藏云衆生無始而有終涅槃無終而有始今難之無始之法方乃無終無終之法必須無始若煩惱有終是可壞法可壞之法義必有始有始有終皆從緣生何得涅槃而言有始有始必終全同煩惱應言煩惱無始體即菩提是故無終菩提無始即煩惱

是涅槃生死亦可準知今即約大是故且云本無今有其實本有即生死之涅槃以從迷故而今無也理淨本無從迷今有故云本無今有小宗若云本無今有從緣生故故云無明觀諸師意與涅槃理都不相當章安五解初約三諦次[麓六]約常無常三約三智[十七]四約四悉五約四門今文正與第二義同本無今有常即無常云云單準小宗秖應準下偈初釋久故義而云三界無始爲久非今所造稱故今開妙教須附妙宗故釋欵然云本無今有但依章安第二釋意文義則合故知且用無常一邊即常一邊義當且覆又他人至此廣列八苦四生義章非文正意但知而已無此機是五百人者諸子語通三十指別故知前通五道今在結緣無此之言卻指前列是則語五百唯有正因論三十別在緣了文中列者以此五百是生機處故或小乘攝等者值佛世不值佛世不同故耳皆云十者文中合說云或十二十乃至三十意云三乘各十而已皆云內有智性者智必具十望大品十一智無

如實智耳言十智者謂世智他心智苦集滅
道智法比智盡無生智略如玄文智妙中說
廣如俱舍智品中明彼文總爲六門解釋一
有漏無漏二展轉相攝三與三三昧相應四
與根相應五明緣境多少等如此十智三藏
三乘始末俱修故三乘人乘之出宅非今正
意不暇廣云身受等者倒所依也從此下倒
相也略如止觀第七文及記準經論次立此
前須立五停心位俱舍云入修要二門不淨
觀數息貪尋增上者如次第應修爲通治四
貪且辯觀骨鎖廣至海復略名初習業位除
足至頭半名爲已熟修繫心在眉間名超作
意位所言貪者顯色形色供奉妙觸望大論
六關人相音聲姿態數息等者阿那此云遣
來般那此云遣去秖是息出入耳八苦者倒
果也大經十二云所言苦者逼迫爲義言逼
迫者三苦八苦言三苦者依三受生苦受生
苦苦生在欲界苦等三途故云苦苦三界已
苦欲界復苦故云苦苦樂受生壞苦樂壞時
苦等於三途故云壞苦處中苦者名爲行苦

通至無色俱舍云如以一睫毛置掌人不覺
若置眼睛上爲損極不安凡夫如手掌不覺
行苦睫故大經云於下苦中橫生樂想別論
雖爾通徧三界各具三苦言八苦者即生等
是生苦有五一生苦即初受胎時二至終三
增長四出胎五種類老有二種念念終身又
有二種增長滅壞病苦者一四大不調即有
二種謂身病心病死苦者有三一業報二惡
對三時節代謝復有二種病死外緣云云愛別
離者捨所愛故即是壞苦怨憎會者即是苦
心苦心領於苦境故也求不得者還約愛離
怨會以說五盛陰者經釋前七是五盛陰迦
業難言是義不然如佛昔說一切衆生皆求
於色色若是苦不應求色佛言苦有三種即
三受是雖求不得不苦如前若知去起念處
觀俱舍云修五停已次修念處謂以止觀自
相共相修身受心法自相別修也一切有爲
皆無常相一切有漏皆是苦相及一切法空
相除此三外自餘一切皆法念處攝一一各
有三緣謂自他俱總成十二從麤至細言總

相者或總二三四此總仍別雜法念總具如
玄文四句分別四生者胎卵濕化具如俱舍
第八世品明論云於中有四生有情謂卵等
人旁生具四地獄及諸天中有唯化生鬼通
胎化二即大驚怖至有苦者長者大悲小應
與其退大之心同時而起無樂有苦之言義
兼大小昔曾聞大義如有樂退大流轉亡其
觀解慈念無樂唯有其苦故宜悲大小應
法須釋出之我雖至之義者雖出而入故成
慈悲次雖是下卻釋雖字於中先通釋大意
次別釋所燒之門初文者長者先已安隱得
出雖安而驚雖出須入方知如來恒住大悲
安處涅槃而不離三界故以安隱得出釋驚
怖也生見子有大志如父已安隱由退墮苦
更起小悲如始驚怖安隱不久故名爲雖而
衆生下釋驚怖由由未與父同安隱故如來
下明入火由由小悲也子已墮苦從子苦處
以釋安隱故云不爲八苦四倒等也故佛智
之言雖通本實且從權迹而爲正教故下釋
門從詮小釋次經言下別明門義以釋疑也

先重舉經次今問下別釋初立疑救云下他人雖救救仍未通恐燒教有過乃避教燒人人猶被燒何須是教如門下他人立喻令問縱使不燒從人得名人定燒不人若定燒何殊九十況經云以佛教門出三界苦人何曾燒若爾二俱不燒則有二失一者俱常此未明常二者違經經云所燒之門安隱得出令無此妨從又問下重難意者重立燒家難也若不許燒教應常住令欲正解令解去正釋有譬有合意明小教既非色即中道法界此教安得不名無常然小理不滅大教抑之小教無常義同被燒猶如門楗理非無常猶如門空燒與安隱二義俱成若依古人人既被燒不得名爲安隱得出立門本意令其不燒唯燒無出門義不成大經下引證經以十仙前因義同能詮以因望果亦可借用如因小證大小雖無常大豈無常若小下此更將小通對衍門言文字即解脫等者大小色教並皆是常但有即不即殊乃成燒不燒別隨宜故不即順理故無燒今皆開顯即燒無燒若

就下更以權實二智對釋從拖權邊故云權從所燒同體之權本自常住縱從覆說權爲所燒乃須分別則三教權中唯三藏權生滅名燒餘二少別故先作下引證佛元欲用實智凡業事不獲已拖於無常無常即是所燒權智有人云約不信者名爲所燒佛昔從出故云安隱雖是一途不及今文經云若不時出必爲所焚故得出之言非獨長者被燒之語豈稚不信故知教法生滅名爲所燒非由衆生不信故滅宅以濁故被燒教門何濁之有但聲教不住義同生滅生滅云燒故須分判樂著等者先分字釋嬉遊樂也遊名偏樂故譬見惑偏於三界戲雖亦樂隨處非偏於三界中所繫別故又耽湎去合字解者此兩字義通名樂故故以兩字俱通見修以著愛見俱喪道故愛見是集集必招苦具苦集故必無道滅

法華文句記卷第六上

法華文句記卷第六上

校勘記

一　底本，明永樂北藏本。

一　四一九頁中一八行「晝夜」，徑作「昏夜」。

一　四二二頁下一五行第二字「旣」，徑作「說」。

一　四二二頁下一八行首二字「三土」，南作「二土」。

一　四二三頁下七行第五字「佛」，徑作「成」。

一　四二六頁上八行第一六字「立」，南作「位」。

一　四二六頁下一一行第五字「燒」，徑作「境」。

一　四二六頁下一四行第三字「生」，南作「先」。

一　四二七頁上一七行第四字「雖」，徑作「無」。

一　四二七頁中五行第二字「凡」，南、清作「几」。

一　四二七頁中卷末書名、卷次，南無（未换卷）。

法華文句記卷第六中　楚七

唐天台沙門湛然述

不覺不知下約於四諦釋此四句但初舉文應具列四句但是文略於中爲三初約凡釋次約位釋三約三世初文又三謂標釋結初文者都不言下標苦也火者三界五濁八苦也不解火下標集也火本能燒如集招苦既不知下標失道也既不畏傷故云不驚傷即失也不慮斷下標失滅也無道諦身慧命亦斷衆生下釋前四句陰必是苦釋前有苦既全不覺即不識苦不知去釋前集也四倒三毒釋前有集既全不知故不識集三毒修惑四倒見惑既不下釋失道滅由不知苦集故道滅俱失不識惑者不識集也既不識集不憂慮苦惑侵法身失道諦也必損慧命失滅諦也如是下結以不聞下次寄位釋者於中先以初二句二重順釋次以後兩句反釋初文先以二句對於聞思應云不覺聞思不知修慧但是文略次以兩句進約聖位次反釋者應云無見諦故不驚無思惟故不怖文中反釋故云見諦故驚悟等也此明四諦觀成見思兩惑究竟盡也以惑盡故四諦全顯初得見諦迷悟創分如久迷初正故云驚悟復更猒怖迷途方盡次約三世者不云過去及以集者現觀未苦由於現集又觀現苦由過去集如因緣中名爲輪迴雖論三世正觀現苦以斷現集令當苦息故知不覺現苦即苦集俱迷由此能招未來世苦既迷苦集理無道滅舉二世苦以攝三世具如引文亦秖以苦而攝於集然前三釋雖復約凡約位等三總而言之並是迷諦以迷諦故八苦逼身五識等者逼近也濁在五識名之爲近以切己故名爲逼身同時意識俱受苦境非初剎那未分別時又秖此五識體是異熟八苦故也近豈過此故此同時安能猒患故此心王心所不能以此意識成觀雖能分別以成三受三受義成故云切己逼甚故切故一一苦皆田五識以對於境次至第六而重分別復立苦因何能生猒亦云去出他釋昔結大乘名之爲種功德即是法身家之智慧即以此智爲體爲苦所逼大理智乘俱遭苦集不覺不知名爲火逼今謂下但約濁名不須對大既流轉已小尚不知故總諸義共成五濁不覺等四爲衆生濁者四句秖是迷於四諦以迷諦故衆生即濁次火來等爲命濁者苦感壽促令命成濁心不猒等爲劫濁者由不猒苦常在三界必遇三小名爲劫濁云云者意斥舊師不須將此對大說也以五濁故正當廣上所見之火故上但云從四面起長者作是下先釋能施身手次釋所施衣裓能所俱廢故云不得初文爲十先標次引合譬三依三昧下明二義所依四智斷下明二義功能五此之下明二義之門六勸即下以四悉釋七如來下明用二義意八故知下結歸九故上文下引證十前歎下重指前證前四可知五此之等者則以因果相對勸是智家之門誡是斷家之門故云從二門入今於勸門中復言誡者門體理合互具故也各一義便故且別說六四悉中云此二悉檀爲第一義作方便者二悉是修得智斷第一義即是性德法

身方便品初以法身智斷取物不得是故息
化問何不云世界悉檀答二門不同隨樂各
別又聞二歡喜皆世界也故此佛乘生善滅
惡徧生八門圓別四門各二各四故此二門
攝一切法餘如文釋所施中文又爲三先出
所依三藏次出舊解三今取下正釋初雖依
三藏但辯物相未明法門次舊解中初師云
大乘因果理何不可但闕施化之相故不用
之次師既云出阿含經不應用小而釋於大
縱云大乘何異四階有言裓者亦袂袂袖也
今不用之豈以救火袖盛子耶次正解中亦
取下合譬佛自釋義豈同世情於中爲五先
引下文次神力下正釋身手指前釋衣裓等
三如來下明用三意四衣裓下明立名意前
三可知言名略義玄者知見二故名略攝一
切法故義玄如衣裓一足故略盛多故玄四
無所畏略如法界次第及止觀第七記智論
廣釋通言無畏者十力內充外用無怯名爲
無畏佛自誠言我是一切知者見者無有一
切沙門及婆羅門若天魔梵及以餘衆言如

來不知乃至無有如微畏相用對四諦者盡
苦道即苦諦說障道即集諦一切智即道諦
漏盡即滅諦四種四諦即四四無畏今須在
圓徧一切四離二爲四二俱依諦諦爲所依
故名爲安次十力中通言力者諸佛所得內
實智用了了分明無能勝者無能壞者故名
爲力無畏與力內外之別一一徧攝故名爲
橫十力依理故名爲豎則十處明諦豈不大
安無畏與力雖有內外今皆約用故內外具
足五三七下結施化意言而衆生不堪者此
正施大不堪之言取意說也唯有一門至狹
小者於中二先指上類同次分門解釋初言
義如上說者如上車門此中亦是宣一佛乘
之車門也若已出宅門未入車門者取難當
故名爲狹小初言別者別約三義分字釋也
於中先正釋教理下釋所以初正釋者一既
是理門又屬教小即無機以無行故不入理
教故名狹小言不容斷常七方便者應云斷
常及七方便於實不入義言不容言衆生不
能以此理教自通者但守方便行也言通釋

者理教行三一一通明一門狹小以不入故
不得至果初約理者唯一法界故云無雜由
一理故徧通一切令至此理故云能通由子
不入故云難知約教者唯約圓理對教以明
出入秪是理教故耳云凡夫不知出者則不
及二乘已從宅門小教而出不知入者不知
車門兩教二乘但從門出故云少知昔教未
詮永不知入菩薩雖自知出等者通菩薩也
三藏菩薩雖有出教三祇百劫並未出故又
通教菩薩約鈍根者未知入處與二乘同故
云亦也奪七方便者前與言之猶云知出猶
未入實名不知入若奪說者出亦不知何者
而不自知上中下性故不知出與而言之通
別衍門猶可知入然帶教道故奪說者別教
地前皆不知故尚不自知上中下性況一地
兩從不知權邊云皆不知故別教地前雖知
中道教道仍權據教道論乃至入地入地必
證故廢不論次上文云下引文也七方便人
皆悉未入佛乘故也不能以教等者方便之
言必用通實若佛未開皆不能以已教通極

言將標者爾前未斥不云無機略開方說故
云肆譯約行可知幼稚無識者舊師若云人
天之善爲幼稚者此乃大善未生何名幼稚
依今爲正戀著等者前明善弱故未有所識
今明惡彊遊戲被燒因時者初退大時果時
者受八苦時退大已後著愛見因依正即是
愛見果也欲界著依上界著正故云禪定等
對治之相至小乘也者今大乘誡門名對治
者不同小乘無常等也故引大品四念處等
皆摩訶衍觀不淨等能所俱忘皆不可得問
若爾但是觀理何名對治答修對治時能所
皆空今此亦爾約施大化復令離濁於佛正
是摩訶衍相是故得名大乘治相既著下大
之所治宜應用大以捨惡故若久等者久住
見思大小俱失不驚至如上者如上釋不覺
等文廣約凡夫及三世是也背明等者東西
譬苦集也若明見苦集東西向明以不知苦
故而起於集如日東而西走不識集故而招
於苦如日西而東馳馳走義一故經云戲死
如往生如還還已復往生死不絕無彼變易

二土之壽如速疾也又從苦起集如往從集
受苦如還一苦一集一生一死是故名爲馳
走還往雖用大擬等者聞而不受視父而已
如雖見父怖畏逃走失聞見利故云而已已
者息也又機扣於應故名爲視機生不受故
云而已大乘下至父命斷者並以大乘爲父
子命者雖大救未得種不可亡所以雖欲小
化爲存大命不廢化功前云切已者初退大
時適起五濁如初逼身大善容在若久不出
流轉五濁名必爲所焚即大小俱失此語起
小應時故云若不時出大乘善根理實無斷
意令速出以必死逼之若久不出義同於死
故云死義上文於所燒至若不時出等問意
者得出與俱焚內外義別二文相反其義如
何次前得出下答意者法應不同二義各別
從文從理二意不同若準前文文既寄小還
從小教所燒門出則還且約五分法身若義
兼於理則法通二種若法應相對理須常住
法身已出今論應身物機受化則機應俱濟
故云時出不受化則機息應謝灰斷入滅義

當俱焚焚故義當子父命斷以此擬宜而催
逼之問前云得出是法身者大之與小法並
無燒何須言出答秖以無燒名之爲出然則
法應並皆無燒應本同物從物云燒從理則
法應無壞從事則物燒佛出今說俱燒意在
同出故云若不等也有云感應俱時今謂但
得俱出之理而失俱燒之義故以俱燒要令
同出從知子先下明有小機故接以小開一
爲三故名爲各又知至小彊者大退故弱小
彊二義一者猒苦二者是治六心中退者準
瓔珞意身子於十住中第六心退恐是爾前
見思俱斷至六心時見猶未盡六心尚退歎
三車者有人問何以車三使二城一城有車
無俱譬方便而數不同他答有餘今更爲答
凡立譬者各從一邊不可執一而疑異途故
一二三但是離合爲對三周信解等異是故
別耳皆譬方便其義不殊車則通舉方便故
三使則從難別對故二城是二三之處故一
當知城亦從人故二故云息處說二車亦從
難但二使亦義兼菩薩此三俱有人理教行

城若說化故亦無車依造作故還有使約權
同故亦有權乃非實故亦無權實相對俱通
四句從權化故俱有從實義故俱無俱通權
實故有無同約一理故雙廢勸示證者示應
居初隨經次第先勸後示亦應無失證中皆
與之言正當已證亦令他證故名為與言前
偈本略者譬本但云是名轉法輪等也廣明
至六句者賢合為四見修為二賢所以合者
四念法同故為一煖頂同退故為一忍不出
觀故為一世第一無上故自為一見修道異
故各為一廣如俱舍賢聖品中此須略明三
十二諦者上下各有十六行相上下合論故
三十二具如俱舍釋籤略明與苦法忍不別
者世第一心同此剎那即入苦忍同觀苦諦
應云四中隨觀一行與苦忍同故總舉之馳
走入見道十五心者世第一後十六剎那皆
是無漏有云十六心仍在見道部別不同便
有涅槃音者此約初轉為言觀心中用大乘
觀者凡附文作觀多分在圖令一一文不違
所習非數他故初至所願者心望觀境名之

為願心未稱境故非適願境至勇者境多觀
少非勇進者境研心者還以心思妙境而研
於心數數為之心觀乃利心境相研者向令
以境研心前又以心觀境故名互相心王等
者創心修觀莫不以第六王數為發觀之始
縱使觀境圓融不二其如麤惑尚未先落故
皆仍屬第六王數乃至未淨六根已來未離
王數此是見思家之王數故也若欲約教即
有四教賢聖位別馳走不同今在三藏上法
說中先明等者上釋迦章頌顯實中有六行
偈先約四一即是消文次約索車即是譬本
謂初兩行從我見佛子等即是聞前諸方便
教三菩薩也次我即作是念下二行一句明
障除佛喜言今我喜無畏者即障除故喜今
先明免難後明索車者前後既殊光宅直將
大機以對免難所以破之此明經文前後不
同非謂障除有前後也以諸聲聞皆[illegible]先除
大機今發若具足等者由法譬文免難與機
前後迴互承此不同釋出四句先釋兩句餘
兩指上令兩句者以前兩句但經文互互義

不成欲令成互對華嚴等名同義異初句雖
引四大聲聞通指羅漢義及三周次句所引
凡夫理通初後於次句中義兼華嚴法華教
者異前初句餘之兩句云如上者指上頌釋
迦章偈中四一消文末四句料簡中初二
句與此大同仍有少別是故更釋彼初句云
在三藏時未云大品末等次句但云法華中
諸凡夫不云華嚴中人其言雖闕大旨是同
言餘二如上者即第三第四句也彼云障即
除機即發如無量義中得小果者即座聞大
障未除機未發如五千起去唯第四句非法
華中人若大機下更重示向經文迴互若大
機等者如向引方便品文但彼品文文有前
後非謂彼品先大機發後障除也若先障除
者如向引云今譬中已下文是四諦同會見
諦者阿含經中亦有四衢譬四諦下惑盡次
明索車義云作十難者古人立難不許菩薩
有索車義會二歸一近代拾用何足為怪故
令叙破令有索會先述次破初二可見第三
云所化是凡夫未出三界不應有索能化位

在三十三心不可於兹更云有索若入佛果
佛果無二佛從誰索第四明先斷正使習無
知在理不合索斷盡成佛佛復無索第五引
今經文以證菩薩第六云從大品等者古以
般若在方等前故云大品已來先引妨云法
華已前皆方便者先定付窮子下設難也二
乘領業皆菩薩法若是方便所付之財何以
乃云皆是我有若付財下重徵也若所付財
是眞實者菩薩於彼先得此財已成眞實豈
至法華更索眞實第七意者方便品云一切
聲聞辟支佛所不能知故小名方便是故須
索佛子大乘者偈云佛子行道已來世得作
佛作佛是實實不須索下三可見古今所計
不出此十次破中云私總別駁之者私破也
駁謂斑駁不純之狀亦雜也破彼如駁正釋
卷七　十一
如純所言總者通立菩薩有索車義則十義
皆破索是求請至名求索者引前三業皆有
索文有法喻合法意者三乘之人咸居未足
皆未善行來至此經咸須有索喻中三句次
第以對三法凡居下合中初明索意索義兼

三及引文證具騰始末由索故許由許故與
許與有文何得無索初明請中請既彌勤居
先許豈獨酬身子況身子普請恩霑自他故
云願爲四衆四衆豈獨二乘佛許非專小衆
故但通云當爲說等許文可見故知三周通
語三乘法說竟身子歡喜即第二卷初譬說
竟迦葉歡喜如信解初云聞世尊授舍利弗
記發希有心歡喜踊躍宿世竟樓那歡喜如
五百記初云復聞宿世因緣之事心淨踊躍
次別駁者先破第一云齊三藏明菩薩不斷
惑者前云菩薩未至許處以不斷惑故不與
二乘同至許果之處故不索者唯三藏中明
菩薩不斷故判云齊言依法華有四句者謂
準今經須作四句攝機方盡若無四句恐人
謂機發獨在無障之人故第二句即三藏菩
薩若獨二乘二乘何曾障未除耶遂更且列
機發二句破舊不索若不索者何以機發然
機不動亦有障除第三句也未發且指法華
已前若至法華除五千外無不發者破第二
義者彼師意云索但在小諸大乘經並無菩

薩索小乘果今經菩薩豈應索小故今破云
入涅槃既同何得不索者乃以通教破之汝
云菩薩不索小果通三乘人得理既同俱被
斥云悉是方便欲更求實理須俱索通教尚
索況三藏耶破第三者彼文云所化三祇百
卷七　十二
劫至補處來猶是凡夫道理無索此貶太甚
豈三祇百劫一向同凡文仍不破但破其能
化三十三心思仍未盡故不應索至佛復無
索車之義但總判云屬三藏耳故菩提樹下
三十二心猶名菩薩時節既促索義不成此
則可爾言思未盡此不應然故以見惑凡夫
況之惑障全在大機尚發況三十三心言佛
不索道理如然彼亦不知因不至果至三十
三心必無實行可中此佛實是三祇至果但
斷見修而已還同羅漢如云世間有六羅漢
羅漢安得不索車耶秖由彼不知權故且難
之其教既權進退有妨破第四意中亦先牒
難云菩薩未斷習乃至斷盡等者此以第三
文爲例前第三文若菩薩進斷習氣無知理
合成佛索義不成此三乘下正判屬通教既

未實菩薩須索次以具縛況之破第五意者彼以三乘之中菩薩為唯一次被會下破縱許菩薩伏斷不同望二乘人亦名唯一應知唯一語通待二不局彼以所待二外祇一唯一不知四教當教菩薩俱名唯一故三唯一仍須索車當知前三是待二唯一圓教唯一方是絕待如三藏唯一之外猶有三教通別可知夜光明月珠也破第六意者彼謂般若至法華來一槩眞實汝不下以共不共責之共不共文出自大論不共菩薩容可不索彼有圓故又不共兼別別尚須索況共菩薩故汝不知所付之財兼共不共而一向云眞實不索又若云般若中菩薩眞實不索今反難之二乘於彼被付眞實即同菩薩何須更索況汝自云至法華來皆是眞實以汝不知三味異故破第七中牒難竟次破中引本門文者彼本門文既大小已他俱是方便望彼本文圓尚方便況復偏耶今迹中三教皆是方便況方便品初云佛以方便力示以三乘教何時獨云唯示二乘三俱方便是故俱索破

第八者亦先叙難次汝不聞下破亦應更引前三周初十義之中有領文來破第九者已如前破破第十云猶是前義者不出三藏破亦如前世人明義多分不受四教之言今但破云四階及以三乘共位與華嚴中菩薩不同若復不受請送婆沙俱舍及大品經卻還天竺自有行息等者大小別故小乘息索菩薩未息教權故索又菩薩下更以義破索是求請別名豈有不求而得覲其詭累者詭詐也累重疊也十義多是詐累藏通故一三九十全是三藏第四五六博附通教餘之三意義含藏通彼由不見瓔珞位行尚屬權施非是發心二不別故若是實者與華嚴經普賢行願同耶異耶故一家立義別尚須索況復藏通由彼立菩薩不斷及以斷惑未窮並不須索二乘斷惑是故須索此則全迷斷惑菩薩亦須索車況障未除大機動人今當下離為四句斷與不斷有索不索況十六句徧約五時初許古人墮在一句若至十六句今無索成索全令墮非無句可得於中先列四句

問初句與古人菩薩不索何別答今別有意判在三藏故也彼謂一切菩薩不斷故俱不索或斷未盡是故不索又引經論偶成通藏以彼不知別圓義故若本知者何事不立故今初且離為四句用對四教次歷五味故初句中望後三句名同古師其意永殊一往對句且立根本名不索耳以三藏菩薩始終不斷縱被斥時亦無可索一往雖然猶未盡理所以更開為十六句又根本句中第二句為通教者三乘俱斷故俱索車第三句者約未破無明名為不斷是故須索登地已斷是故不索此則永異古今諸師況第四句無非法界更何斷索故第四句方名不索前三句中初雖不索終卒須索故三句中俱名為索利者先索鈍者今索以須開故應須必索圓教尚不當於不索何索之有故不同古所立十義次更隨味具教多少準例說之故法華前三教菩薩一切容索兩教二乘約時前後顯密不同更約五味良有以也宏綱大統者且立四句以對五味未細分故言一一句者如

前四句一一意者若直對句祇是四教句復
離四故句亦名意意者祇是教中句也如云
乳味兩意等也故知障除祇是惑斷機動理
合索車準此中句若從根本四中初句為首
應先從障未除機未動離為四句應云未除
未發已除未發亦除亦未除未發非除非未
除未發未發非宗故不用之初文且以除等
對動似是從根本中第二句上開出既云一
一句各開為四祇是皆以文中四句列諸教
上是則四教各以除等對動為句以明索車
宗在動故故一一教中皆以除等對動為言
故文但列四句為式仍將此句歷五味簡令
知四味中諸機未純故有當教後教不同依
今經意雖有諸教障除不除機動必稚圓教
故也問前之三教當教論發還對當教除不
除等此則可見若並望於圓機論發則菩薩
通前二乘不定圓教如何論斷等四云何更
動答應將初住以對住前而論四句一切凡
夫不斷五品名斷初心修觀雖即法性須作
意斷且立斷名六根即為第三句也以第四

句是圓本句須歸初住是故爾耳故法華前
教句教未融來至法華唯有四除以對一發
故至法華無不索者口索既爾機情可知是
則味味無有不索但機情冥密故不論之所
以且對顯教諸味以成諸句索之與斷其義
眾多如何乃以一言輒判故云斯宗不見等
次明體數不同者舊三師中初一全非次師
似當然第三師令不全許者其理未顯並由
不說佛菩薩乘離合初後同異所以須會不
會所以下破古先通非之次別引教初引昔
三三既在昔驗一在今次華嚴下皆引證四
即能所具列初云說次云出說約教法出約
行儀初三從應第二從機當知定有四法故
也地論等者地論在別尚列四觀觀於十善
當知諸法咸通四觀瓔珞三乘即前三教三
各開三即別教之乘也平等即是圓教乘也
令約教下重以教門判向三四但云三四未
言優劣故須教判若三乘對真論同異者即
判初家判三四九屬別圓者更須約行方分
別圓應知藏通大意亦爾雖引前經具足四

教妙部未顯復須歷味方辯今經正法華中
亦先云象馬羊後乃各賜大白象車同一梵
文誰非誰是有人問云出不見車是故即索
此未立城應須索城今為答之城約有譬見
何須索問車城俱方便有無義必同何故有
無異致令索不等答車由斥方便失實故須
索城若非真實亦同車處無問若爾應俱索
何故索不同答車但說方便求實故有索城
云寶處近是故不須索問方便略開三未實
故有索已聞五佛章何故譬中索答中根迷
法說故說車虛譬有無宛然齊智者無斯難
有人問三車容可有上下一城何得有出入
答車亦無文說有下城亦不曾說有出車被
斥虛義同下城關說化義同出彼此從譬咸
義立皆已入證並須開大車實所既無殊兩
處妙理何差別世人下明大車體者應如玄
文顯體中辯此為破古略辯異同上雖明數
及索不索若不辯體將何以明解行之本已
下諸師章安所引故出今釋云天台師初光
宅莊嚴雖並云高廣而據果計因對昔未絕

故光宅指果此有五失一者因乘無體乘何
而出二者名濫小乘果尚須索三者以用為
體能所不分四者待昔無絕開權不成五者
攝法不徧以隔凡下別無盡智之語況復圓
耶別圓雖有無生之名語同意別斷證永乖
是故不用況以今待昔方為高廣當知當體
無高廣也莊嚴在因果必無體況行是具度
亦非所嚴上求下化四教皆然況雅知語其
高廣不解始終不二舊師不取功德意斥莊
嚴欲同光宅又不云果智屬白牛體亦不成
過準前說又一師取福慧者總破前三引無
漏根力等屬慧釋定解脫等屬福豈但慧耶
者正斥第三福慧已非車體復謬引昔文證
今深不可也過失云又取有解者似符光宅
空解無動故不取者意謂運義不成不意運
贊七 十八
都無體盡無生智即有解者從所盡所無立
名故也又一師分對小乘大乘但取實慧方
便運動如前私謂下章安通斥牙等雖象通
別不同通則無非象身別則身非耳等準譬
破義意亦可知故亡體者通別俱迷至賜車

中點出者高廣為體永異諸古次辯小車并
運不運兼辯因果及索不索者因便明之令
識所開既先索小先須識小言八智通因果
者亦應云通漏無漏如他心智即以法類道
及俗智所成故也何者若他心智緣他無漏
心須以法類道他心智知若他心智緣他有
漏心須以世俗他心智知若果地他心智即
果地他心世俗智知若因人他心智即因地
他心世俗智知自餘六智若初果人斷見六
智灼然屬因若二三果及以非想餘一品來
所有六智亦屬於因最後一品方乃屬果若
依去古人引教破前一向用果然但下古人
正釋要因下釋妨有旁正故若內下更立妨
然果下釋妨果無自剋由因至故故使此果
得名好運中道不達表非好運從後為名故
廿七 十九
名好運乘秖是車車本動運運因至果得好
運名既可並須理須雙立若乘下古人乘向
所釋立索車妨舊云下釋妨釋御成妨舊釋
意云機索可解者機蘊於內可發名索機雖
有索但冥在心情未猶豫故使不述雖情動

於中未彰於口秖由情故以天眼觀進退生
疑情從佛索若尋下今家破舊有文義二妨
於第二妨中有四相違第一與當文滅想相
違二又佛下與須見餘佛決了相違三又初
下與下不見上相違四又羅漢下與修因時
未見果相違初二可見第三引例又與攝大
乘違者諸論天眼下不見上必無二乘見於
界外今言下正釋言昔日者昔住小教既其
被斥情有所望準此判意情通二味因斥舊
解情索理違故今為立情索之義若單論情
取意為語以機生故所以情動故機情索通
偏二酥別分二味索求至之實者若是方便
昔實何在機在大乘等者釋求實意至口索
時大機已發情求昔實意在今具此則機實
而情假又情下重申假以扣實故情實而口
假故機情時未彰於口口索之日必具機情
六度通教例爾者向明兩教二乘既然故知
兩教菩薩亦爾何者昔五百八千俱被彈斥
般若淘汰受益事同既見身子騰疑佛釋理
應霑已默然在座佇聖申通有兩章兩廣兩

釋者此依未次疏列稍似難見準文次第兩章並標廣釋間出

法華文句記卷第六中 美七

二十

法華文句記卷第六中

校勘記

一　底本，明永樂北藏本。

一　四二九頁上一行書名、卷次，二行述者，南無(未換卷)。

一　四三〇頁上二行第一〇字「答」，經作「各」。

一　四三二頁中九行「三藏」，至此，南卷第六上終，卷第六下始。

一　四三二頁下七行第五字「未」，清作「末」。

一　四三三頁下一〇行「三十二」，南作「三十三」。

一　四三四頁中一二行第二字「舍」，南、經、清作「含」。

一　四三七頁上卷末書名、卷次，南無(未換卷)。

法華文句記卷第六下　　楚八

唐天台沙門湛然述

一等子下標兩章門言子等故則心等者先明子等者無非子故故心必等其心若等其子必等心即心性故佛性等由皆是子故心無偏財法復多是故心等車等者初明等意所賜不二是故云等但點所習無非妙乘秖緣性同賜義則等而言下御以子等釋車等疑既云車等何以各賜昔習不同諸位不一至此所說無非一乘何以故若一人不徧不名子等且云本習應徧諸法一物不與不名賜等所謂色心逆順依正行理因果自他解惑小大慧福故知等賜秖是開彼三乘六道無非一如故一一如無不徧攝徧具徧入一切衆生誰無四方道場之分誰不理有大車具度待時待緣是故爾耳故至今日方云各賜言横周等者法界三諦並非横竪雖無横竪法界從徧言横則便三諦名異言竪則便不二互顯思之可見言四辯者謂法義辭說七辯大同法謂一切法之名字分別無滯分別三乘不壞法性義謂諸法之義了了通達知一切義皆入實相辭即言說名字莊嚴隨其所應能令得解一切衆生殊方異類多少廣狹諸道男女三世九世諸教諸門聞者悉解樂說謂能於一字說一切字於一語中說一切語於一法中說一切法隨所說者無不真實十二八萬隨根所樂而爲說之四無量者四諦爲境二苦二樂故也本是不思議之梵行也故大經云慈若有無非有非無如是之慈名如來慈故三諦慈攝四徧也四弘四攝並依境判方異餘經四弘具如止觀第一第五此之四弘即是前來四無量也四攝略如止觀第七記神通七覺並以無緣而爲所依如止觀第七無作道諦中明綩繡衣也縱者天子覆冠衣前後垂者是也非此中意此應作莚即鋪席也觀練熏修如法界次第具出名相止觀禪境玄文定聖行中皆爲實相故修至果禪中勝用無盡丹枕云支昂者即車外枕車住須支支之恐昂故云支昂支持也昂舉也譬動靜相即者車行枕閑車息枕用用時常靜閑時常動實體與用亦復如是自因之果法性無動所以如風不移寂然而到萬行無作衆智莫觀此則三德俱不二也以三即一故使爾耳車内枕者智首行身三昧如枕所息得理法理而然赤光等者無他法間名無分別以光譬智故云智光朱正紫間故以赤表無雜之光南山註經音云西方無木枕皆以赤皮内著綿毛用倚卧也赤而且光白牛爲三先明功能次白是下辯體德三又四念下論行相初文者修得般若能導假中三教諦緣無不至極故云到也此名通有須體簡之次體德中云白爲色本本體無垢故云本淨修稱於性故云相應體具等者縝圓智也感體本淨約性論修名爲不染此即内充而外潔也又四念下即是約境以釋行相念即是智處即是境四觀觀處處觀一合如全白是身即此觀境善滿惡盡可譬正勤由此成故復令欲念思惟一心成無記通化化不絶任運常然去住自在故云稱意餘法例如道品說之問此中大車等賜諸子諸

子得亡始至初住乃至猶在名字觀行如何
純以果義釋之答以證示人人行差別明因
等果舉事示理故但示云汝等所行是菩薩
道心佛衆生三無差別是故理賜行位等賜
即果賜也果理在行方可云賜豈可理果與
衆生耶僕從者準對三德應車體中分正及
緣對牛爲了此則義當修二性一一復具三
高廣不二此中僕從與偈儐從言異意同儐
者進也導也侍衞者供左右也僕者下品也
今習大乘者自量己心與此經文所列同異
若一句即是爲是何句一句即足何須諸句
豈佛謬說殭騁文詞煩列車儀衒惑迦葉此
大羅漢久爲僧首四十餘年不受眞化纔聞
方便通歎二智略開顯已動執生疑情方猶
豫慇懃三請廣聞五佛十番開權又覩身子
三業領解八部引例四衆酬恩如來述成分
明與記經斯重疊宿種未開纔聞大車便堪
記莂故知此乘觀法具足仍存蔚略粗點十
觀若廣張行相何由可備不別解釋即悟無
生望上稱中比下仍利若此車譬一句徒設

則顯佛有綺語之辜或舉集人添糅之咎及
責譯者混雜之愆若屬對有由則行儀可軌
豈學大觀頓爾全棄既失大檢小徑莫從大
小咸亡恐隨邪濟乘壞驢乘爲向何方譬果
地福慧圓滿者行理窮也福成行也慧趣理
也自行德備是故內充化他德具是故外溢
徧一切法故財無量皆具二德故云種種列
二藏者行攝理故理籍行故更互相收方堪
等賜一切下引證二藏如其不了陰入理藏
徒自虛修諸度行藏言一切趣者文在大品
發趣品中趣謂趣入即一切法入一法中一
法既然諸法皆爾行理具攝一切法也一切
法趣文相開合如止觀第二引自行此行理
下次釋充溢先直約行理次實智下能導能
照即是修得三德意也果極利物故名充溢
雖有二釋佛智不殊廣等心中亦二但以心
釋子故云心耳文具三義乃名心等一者財
富二者皆子三者無偏是故心等亦應更云
所以心等由皆子故財富無量自行滿也皆
子無偏化緣熟也若富下反以不等用釋於

等由財子互闕令心不等應知非子及財不
等寄在昔教故昔偏教教主化機二義並闕
如兩教教主貧法財故不得云富不知常住
不得皆子縱當教名子收機不偏故亦非子
則成有偏互闕非等並闕可知別教教道雖
云皆子兩義尚無證道自同分等無缺下釋
子等例之可知是故今經一實之外更無餘
法一切衆生皆是吾子緣因尚收於散善了
種通攝於一句正乃不棄無聞方稱一切之
說是故玄文明利益中則序正流通未來永
永嚴王調達不輕龍女以義準知況應以之
言何簡於四趣隨宜之教靡擇於順違此等
賜之大體也故知子等心等之言豈獨四大
聲聞而已所以諸法皆藏咸子無偏今七寶
下釋三義也先明財多言教行者機應相對
且從現文益者說也次各各下明是子無偏
言各各者由俱子故不差別者由無偏故各
賜等一紙是開權次釋各義故引身子等本
習不同故各皆同入實故等又方等般若者
約法已開自在根力其根鈍者於二味初得

方便教中之益者於彼得益諸位諸法種種不同故皆以實當位開之所以者下釋子等中言兩等者應但云子兩者恐誤文舉財等況於子等且以處等而況子等子本一家今周一國何況子也言一國者寂光土也偏益法界理亦不窮況同居土結緣人耶此舉廣處以況略人次釋下正明子等復以非子況之言非子者且貶正因不同緣了故抑言非等陰無偏況結緣子故約無緣慈對本有理無非吾子寄化儀說且以昔世未結緣者而爲非子如來常給子自不歸無緣通覆故云周給人天善惡與法界同故父果車是子理車但開其情假名等賜衆生無盡車亦不窮不窮故不匱不匱故無偏望逮爲開悟本非閉無緣尚度者緣了之子是先結緣者而熟脫之正因之子未結緣者爲其下種故云尚度故以種者況先結緣釋不虛中初佛問者本但許三而今與一非虛妄不欲令身子領實故以虛妄問之答初免難不虛釋中經云若全身命者具舉身命況而拔濟之意云全

於小乘五分法身入空慧命則爲已得昔來所玩況於火宅方便濟苦本在大耶問經文即以拔濟況於身命拔濟正應以大況小身命何故疏文不用拔濟而云命重身輕乃以小乘五分爲身用況大乘實慧爲命何以小身對大命耶答此乃借義互說小中自以無漏慧爲命大乘自有平等法身具足應以大小身命以爲對況免八苦下結向命重身輕意也當知借於小命爲大命初用小濟存五分身已得珍玩況常於火宅方便教小本在於大而今獲大豈虛妄耶小乘五分法身具如俱舍云云況二萬億佛下指昔因也經中但以今世火宅況之疏中加於昔大以釋從圓因成去指今果也不乖本中意者此述長者本意若小若大俱有本心大本爲本小本非本許小不與尚無所乖況更與大寧乖本意如許少財與少非妄況與大位得過於昔寧乖本心信知如來本非小化所以則但免於分段之貧位則超於二死之賤一義兼備何乖之有但小非究竟不須更與故云不與耳

本知無三至本心者明不與意昔非本意故令不與經云方便令出疏云令不墮惡者令不墮故方便令出方便令出故令不墮惡則一意也結前等者雙釋兩結皆安似者文似偏結理必兼具二輪別故所對不同故借二輪以消二結自體者實報土也此是攝大乘師從因立名謂有爲緣集即同居因無爲緣集即方便因自體緣集即實報因亦云法界緣集今疏前二仍舊從果立名後一依彼從因立稱皆是妙色妙心報處者既云一切世間之父故知三土皆是證道色心報處寂光既徧遮那亦等諸身既與法身量同諸土亦與寂光不異如像如飯如鏡如器方之可知一切衆生無不具此果報未滿全局在迷迷故陰質局被太虛滿故即與法界等量應三土者從化事說故云處等於諸怖畏等者且約界內因果而言以對諸子是所畏故故云永盡所離同麁能離理極故云無量知見等有人以初地離五怖畏用釋此中都不相關上不及諸佛下過於離界望諸釋義其例若

斯但譬中驚怖在前等者前云即大驚怖而作是念等次云戀著即是重釋所見今合不覺在前者先云衆生没在其中等即是略後便明廣也拔苦等在後者次此文後方云我爲衆生之父應拔其苦難等應拔其苦至慈之力者大悲且從拔濁大慈與其大樂故慈從化意悲從用小上譬有勸誡等者釋譬及法有無之意即是旁正相即即是其體本同況此二文既是二悉當知勸善本令斷惡斷惡本令勸善問二體既同何須立二先辯互無復更相即答門別故二體同故即雖復勸即是誡但是勸家之誡誡即是勸但是誡家之勸故兩門各存不妨體一問若爾一門廢之理亦何爽答若善達二門一門亦足但一門若廢則二義俱虧況表父慇懃先勸又誡或時各逗機宜不同化時不別共成一事我生已盡等者無學四智羅漢皆具或慧解脫未得無生今以無依是初後二智無求是中間二智後有即是所依處故若生已盡未來無依中間二智盡三界因名已辦等故云無

求上有真似等四位者賢合爲二及聖位二今依前外凡亦但聞慧爲一思修爲一辟支是法行人者一往且對聲聞憑教所以支佛自思爲法然支佛必自證聲聞具信法信法具如止觀第五記引婆沙等文聞法少者支佛或聞教隨在聲聞者亦是因信但云聞少此門至非佛等者大論云有一道人問佛大德十二因緣佛作耶佛言我不作又問餘人作耶佛言亦非餘人作有佛無佛本性有之夫答問有四此即決定答也若其廣出三藏諦緣具如俱舍婆沙玄文略出但合等者以此四中二正二旁當知由免難故索車由等賜故歡喜門有三義者三門之中出别是門入者義立從一色心入一色心門以經遊爲義但未出名入從一入一義言爲入實非外來若作出者須兼三藏今立通教所詮以此兩教所詮同故言若別義者依別理人言所詮者意顯獨教門義不成經雖云教必須對理故知別教雖詮別理亦非車門但對通藏而立別名由緣別理故名爲別次第之初與藏

通人咸出火宅據出宅同仍可名通初證又同兩教涅槃故亦可云得涅槃樂三德具如玄文三法及止觀第三顯體中說此釋小異於前者前云意不在三今云本欲與大雖復小殊名異義同有一大宅者有人云且指一方三界故云一他人廣列利鈍章門三界無始爲父者問若從因說或當無始若從依報初禪已下賢劫近成云何無始答衆生無始具三界因惑種不亡故云無始故依報處壞而復成第四禪去及無色界雖無災壞因果相成皆是無始無常故也然終不如約正報釋其理便也念念相續等者相續故高無常故危意識綱維者統御一身其猶梁棟樹立一屋圮坼者上下毀裂褫脫衣褫也因緣觀心兩釋者如云頭殿腹堂即觀心也如云色堂欲舍等即因緣也命根已下文並觀心也八鳥譬八憍者但慢與憍能所別耳諸教亦以七慢釋慢此中所釋亦與俱舍大同其意稍別今略比之盛壯憍如我慢與俱舍名義並同壯故我獷姓憍如大慢俱舍云於他勝

謂已勝如世寡姓尚未謝於崔盧如梟尚食於母況貴姓耶富憍如過慢俱舍云於他勝謂已等如世貧者尚不下於石崇況實富耶自在憍如邪慢俱舍云於有德中謂已有德如薄祐者尚無屈於有德況有自在者壽命憍如增上慢俱舍云未得謂得壽高計常如少尚未肯尊老況實壽高聰明憍如憍慢俱舍云於他等謂已等於等而輕如力雖劣尚欲輕彼況實齊耶行善憍如不如慢俱舍云於多分勝謂已少劣德業天隅謂稍下於高蹤況少劣者色憍如憍慢俱舍云色不如他亦謂已等陋者自得未肯劣於潘安況美姿貌略對且爾如名不同此中直爾有此八事故憍慢者未必全有自愛爲貪去更以三毒例釋同異故四思惟並有二名所從得名不定故也蟲名獸狀鬼體神形雖即非要與使爲譬亦可略知蚖即黑蛇也故漢書云玄蚖蝮者爾雅云虺長三寸大如指江南謂虺爲蝮有牙毒鼻上有針蜈蚣者蝍蛆也有人云能制蛇若伏蛇者多是赤足者此語有損不

思來報守宮者蝘蜓是有云在舍爲守宮在澤爲蝘蜓虺似鼠若獸名作狖以捺若作狖字玉篇云似貍亦敢鼠天若雨於樹倒懸尾有兩岐以塞兩鼻貍字說文從豸䝕者說文云小鼠玉篇云有毒螫人及獸至盡不痛即甘口鼠也咀舐是齧搏擊打也攝搏取也亦拍亦撫也愛心貪等者寄此與鈍使對辯諸見在後鬼神中明亦可是鈍中利也若從鈍說道理亦是鈍中道理推求去釋也如此土儒宗亦計天命氣等並鈍使攝欲比西方道理天隅一云去重更全作鈍使釋也摣者釋名云叉也謂五指俱取也掣牽也亦云向前摣向後掣嗺嘌者嘌字亦作齗聚唇露齒也嗥吠者出聲大吼也經魑魅者物之精也通俗文云山澤之怪謂之魑也西京賦云山神虎形曰魑宅神豬頭人形曰魅魍魎者木石變怪玉篇云水神孚乳者玉篇云伏卵曰孚通俗文云卵化曰孚廣雅云孚亦生也乳者養也故鳥生曰孚獸生曰乳言自類等者即同類因得等流果以子似父故以喻之俱舍

云同類因相似自部地前生即五部九地但約過去以現在爲因廣如彼文鳩槃荼者可畏鬼也蹲踞坐也踞實坐也次捉狗等者有此一釋故曰一云狗足如因捉之如謗捉足撲之如令絕聲故云令其失聲因果法爾不由執無卻由捉撲所以有聲如由計故所以有生以脚加頸者聲不絕故復以狗脚加於狗頸謗無苦因之上復更撥無苦果如脚加頸望必絕聲聲豈不甚撥因尚生撥果彌甚集本得果下釋上句捉狗兩足豈能絕聲徒謗無因果何能免果集無得苦下釋下句如加頸時欲令絕聲由加聲大又謗無苦因者秖指非因計因即是謗也本是世因今謂出世即當謗無兩因故也觀解者前約事釋多在斷見故云撥無等今約觀釋義通常見及以邪正以佛弟子亦有修六行觀者故今用之若外人修多在計常或計四禪乃至非想爲常故也凡云觀解須順内故又云作不淨等此意亦以出聲爲失由觀故生如由撲故聲令不得起者復以絕聲爲失釋也故云不

起竪入心等者如六十二見雖有衆釋多約三世過去來今從今入未故名爲竪横徧等者如二十身見一陰四句四句相望無復優劣故名爲横不修善法爲此縱恣所以不修非撥無也雖不撥無亦名無慚言見取者非果計果非想非是涅槃之果計之爲常無色唯心名爲咽細三界壽極名爲命危計之爲常名爲保壽保壽正當計果義也非想下重釋計失首如等者根本之我如牛世以牛力爲大自在計我亦爾於中復計我之有無如生二角爲身是我等者以我與身更互有無爲身是我者執所爲我爲我是身者以能爲所身即是所我即是能如以五陰計一陰爲我餘皆我所謂僮僕瓔珞窟宅若計常者身非是我身斷我常若計斷者身斷我斷或俱常斷具如止觀第五記引阿含本劫本見末劫末見然其所計能所雖殊計有義等或時等者是諸外道於一身中前後計轉所計之極極至非想以所計爲頭彼地斷常更互起計如髮蓬亂計常等者互相是非彊者伏弱弱者從彊皆破他從已如相殘害計此我者有斷有常即邊見也夜叉等者初二句總結欲者未分利鈍亦是下更別語利鈍意亦指初二句即上句利下句鈍並是有漏下釋第三句有漏之心皆無道味之食故飢以由飢故生死速疾故云急經四向者見惑雖多不出四句利鈍並有飢急之義經文且從利使以釋鬬看者私竊也看不正者由隅牎牖故見空而偏空無偏正由從牎闚理無是非計者成過故云滯著心多不會正理故知邪正誰不各謂仰慕至道此二句通結二使次下二句收廣結非是朽故宅等者上文云今此三界皆是我有此從化主統而言之爲生取土言朽故者從生以說故前後文國城家等隨其義勢或優或劣無不屬生感歸長者一色一香一切皆然長者下釋下二句内合至捨應者合此二句若以十六王子爲常教者應云王子捨應今從果說故云如來又捨應不孫由大薄故故知非但捨應之後起濁亦乃由濁起故捨應故知前諸起濁救火大化擬宜等文意皆探取大通後文準此中意隨根上下三周不同究其根源莫不皆爾故得通用壽量者助成近義實成既遠中間數成成即是出且約一期故不云多又覆本故不可云多火起之勢者此中勢相皆應須作見修兩釋應知通論勢有二種一者勢分二者威勢勢分通至非想威勢燒無不壞今當界二勢亦復如是宅寬舍狹三界爲宅五陰爲舍若且指欲界準例可知由濁倒故身命無常故作無常消此文也被燒相中分爲三義初二句屬見次一句屬修次三句明不出所以專由於見故重云槃茶又初二句通列故云鬼神等等取蟲獸次一行別列故更云鳩槃茶等初二句中下句正明燒相故云大叫次一行中下二句明愚不知出正由不出故燒燒故不出故總屬燒相哭泣爲揚聲者此以十二支後愁歎憂惱來釋此文此是古人釋哭泣等通徧三界今不用舊釋者但在欲界人中南洲有禮度處餘所不攝戒取本不計斷者因擬果故色界火起所燒類中亦初二

句鈍使次二句利使然火勢中文略不分利鈍應須義說故欲界中亦不分利鈍今色界亦爾次明相中方具利鈍即相奪等也既於禪中起諸見惑帶見修禪或禪已見起或禪見俱發若禪已見或可見存或復俱失所計異者具如本劫本見等也言默然者此準大乘一一禪中各立默然如初禪中默然第六乃至四禪默然第五以著默故失於無漏依餘經論通以著禪而爲默然或以一心支而爲默然欲界貪未來定已斷者性障未除名伏爲斷耳故惡獸瞰時方乃名盡欲界至如猛焰等者煙焰上升以煙過焰故用譬色又焰猛煙微如色輕欲重身等徧於二界四倒故云四面等也亦通下亦可雙譬二四故四大皮肉在身四邊如四面咸苦故云充塞蜈蚣下明空中事者前云藏穴以譬色界今乃出穴故譬無色言空中者非謂虛空既以含內譬欲入穴譬色今以穴外空地爲空以譬無色色界如穴猷下如燒欣上如出穴若爾嗔通三界者前欲界中以蜈蚣譬嗔此中例

之不別分出既云蜈蚣復是無色故譬彼嗔色界之中雖無蜈蚣而云毒蟲即兼蜈蚣如色界利云毗舍闍即兼諸鬼故知嗔通三界小乘中云上界無恚非盡理也然諸煩惱輕重雖殊尚至等覺豈隔無色但名同體異理須分別今所燒類略無鬼神若得等者若無色定起尋即生著故名爲隨既離下緣定計非想故云又諸餓鬼頭上火然非想亦有八苦者文已列七闕愛別離應云失定時苦名愛別離但文中七苦初之四苦約彼定體生彼細想剎那不住名爲念念病死可知次有二苦以對修說修上失下通得名離次五盛陰復約定果前四第八在果故也若因若果皆約彼定故得言之不處第一空座者第一義空爲智理合與悲同體今言不住無悲之智恒居有智之悲故云不處故知無緣慈悲方可與智同體舊云等者佛豈不知而待他告又云等者豈有物機還卻語佛云汝子耶縱感應相關以生望佛爲他人者有何不可然消經文聞有等言卻如以下語上故不用

也今云去正釋凡云汝者可施於師師即法也他義及上二理俱成問真如法界可是佛師觀機三昧縱名爲法秖是照俗如何名師答觀者屬智智即是佛也依三昧起照故得是師雖云觀機照體是法如佛眼觀等故有此眼方能觀機義之如遣又云下約大悲者他義更親汝義稍切以無緣慈望於應身故無緣慈告於應身令起化物云云者對上辯異出親疎意但令法正齊且分成問子本等者答中兩解妙得事理初事答者雖未曾出義似先出雖即非入義似後入由出未出故入似入又下約理解者本淨故出無明故入亦從義立非出非入而言出入約事解中即退大後以著五欲而爲遊戲約理解中即以戲論而爲遊戲言戲論者即三界見思見思即理故出理即見思故入如淨名中尚以小證而爲戲論故云若言我當見苦斷集證滅修道是則戲論非求法也故實相外皆名戲論故事理二解並於大通佛時雖發大心未破無明是故具於事理二義大善下釋退之

由又以樂著昔結緣淺名爲未著退後流轉雖有無明故名無知即此釋意亦具二釋思之可見四行半頌上我當等是誡門擬宜應更略分初一行正明擬宜次一句總立所燒即是見思次一句總明燒勢次兩句略明燒相也次一行半廣明所燒文中雜列見思二類不復次第次一行況結於中初二句舉所況次二句正況由無定慧是故飢渴已可怖畏況復更爲濁火所燒如得上界有漏定時無無漏定已爲小火之所焚燒況墜下欲大火所燒即指飢渴以爲此苦是故應求大乘永離諸子下三句不受即是無機亦是稚小無知故也文中略故但云無知經云猶故樂著者既無大志復不習小已無大小復著三界次第三一句正息化者見思不已故息大化若見思不已尚有大機如來於時亦不恪大但緣大小俱失雖有見思故於二途且令出濁先施小耳前三行頌擬宜者初一行明擬宜意次一行用小之由由著見思故雖施小次半行用小之意若不用小則大小並亡

故云將爲火害害故喪身喪身故失命次半行正思用小勸轉中經云妙寶者仍屬方便如滅止妙離阿含云妙中之妙等若妙寶是大何故皆詣父所索車示轉中經云在門外者如示四諦令知出世故重勸中云汝等出來勸其行相應須觀諦而得出宅次證轉中經文意者吾善造車以給一切驗知自必不乏於車引自無謬證賜不虛故知以己所用之車勸其令得舉已例彼故云在外經言四衢者即四諦也前不許作四濁解者準此中意初在門外者初子猶在內是故父立今子既出是故安坐又大機未會是故云立小化已周是故安坐故知立者冥利坐者顯益經云而自慶言等者得所化機是故慶快二萬億佛所教其大緣是故云生中間小熟是故云育經此多時數數成熟將養不易故云甚難大微故憑小起濁由無知由因招果故云入宅經多諸下二句述其所起見思之火經大火下述其被燒火勢經而此下合其見思經我已下明歡喜之由經是故下結歡喜意

知父下三行索車者初二句明索車時驗知上文是父坐也次二行正索次二句結索於正索中初一行正索次一行述許等賜中云上文至合有五文者無合釋等心頌中合復無廣等心既有等車必知心等行具一切法名藏者但約含藏爲義六根具一切法名庫者藏寬庫狹亦可互論云云但約盛貯諸庫不同如根各異雖異各具故於諸根具一切行以行歷根即是根行皆具諸法即藏深庫近如行遠根淺雖有遠近皆具諸法約根論行無復差別自非一家依經述釋章疏之例豈可聞此以根以行爲藏爲庫各備諸法經大車中意者因果所有總名衆寶約教修得義之如造性修不同權宜名造行多子子故車非一是故所造諸而復大又須示方知子又修名造以性泯修造還本有即車體也莊校下即具度也初一行如前釋經云眞珠等者出幰蓋相慈門非一猶如網孔一一孔中皆一眞珠如衆慈門並稱於實前文但云垂諸華纓秖是直令見者欣悅今云處處垂下乃明

衆機徧悅經云衆彩等者上句明垂化之處設應不同下句明攝物之宜無所闕少經云柔輭者前直云重敷今加歎柔輭又以貴氎而覆其上諸禪自在故云柔輭以妙冠纛如細覆上茵者說又云車中重席具足事禪有異凡小故云解白淨潔得車歡喜中云橫遊等者諸法在於一行一法權實具足故雖合一四相究然四門至四十一位具如法說理一四釋中位門二釋其義已具餘二已如前說準上釋意本無橫竪義分四相今亦如是本無橫竪寄於門位而論橫竪亦可諦是約智前從能照今從所依望前唯闕觀心一種究竟四德即道場也九種世間者秖是九界耳七望於九但除四趣離開菩薩以子義通故世間從九結緣義局故方便唯七經云一切衆生皆吾子者如大經中一切衆生無不皆至大般涅槃子義在因涅槃在果大乘宗要莫逾此二皆悉云有安順權教云一分無經云無慧心者通語無實衆苦下於中初二句總標次二句釋次二句結經云寂然等者

在王三昧用智即是安處故也經云不退菩薩者不退義通亦兼三藏云云長行不合索及歡喜者以免難兼索以等賜兼喜故也合中但合後二不合前二者於四段中又是免難索車爲旁賜大歡喜是正我雖下第三一行半文又二初一行明障除次半行遂本心若人小智下第二七行具足四諦初二行苦諦次二行集諦次一行滅諦次半行正明道諦次一行半明此四諦脫非究竟於苦諦中初一句標說苦由由小智故但有世智唯堪說小次一句明以集重故須明苦諦次一句重指苦由次一句正明說苦衆生心喜去一行明稱本習於中初二句明機次二句明應應中言無異者如遺教云實苦不可令樂次明集諦中初一行正明集諦次半行顯集諦能治次半行明集過患次明滅諦中初半行明滅集功能次半行得名次明脫非究竟中初半行重舉得脫次是人下二句徵也觀諦得脫爲是何脫次但離下釋離界繫但明小脫次其實下釋離障三偈釋者初一行半以無

上道法斥次一行半出佛本心明惡數者令文但云說不說耳有人分此云先列惡因次列惡果惡因十四一憍慢二懈怠三計我四淺識五著欲六不解七不信八顰蹙九疑惑十誹謗十一輕善十二憎善十三嫉善十四恨善次惡果中先釋次舍利弗下二行結初又二初明由謗墮惡次如斯下明由墮惡故不得值佛初文又三初地獄者廣敘非時如此分文非不一意而無所以次畜生中言斷佛種者正當破壞緣了二因故前文則斷一切世間佛種此經徧開六道佛種若謗此經義當斷也問謗經生罪非經爲罪緣咎罪福由心經乃緣助其猶四大損益斯成然從佛元意唯爲生福是迷者過非路咎也三三賤人次文又三初明不值佛次復入惡道三復得爲人

法華文句記卷第六下

法華文句記卷第六下

校勘記

一 底本，明永樂北藏本。

一 四三八頁上一行書名、卷次，二行述者，南無(未換卷)。

一 四三九頁下九行第九字「不」，南作「未」。

一 四四〇頁中一九行「一義」，南作「二義」。

一 四四二頁下末行第二字「令」，徑、清作「今」。

一 四四六頁中末行「離障」，徑作「離下」。

法華文句記卷第七上　楚九

唐天台沙門湛然述

釋信解品

有人以信解相對爲四句鈍根正見信而不解利根邪見解而不信利根正見有信有解鈍根邪見無信無解初二二句依何得名若第三句當此品者若約小乘得作此說不合釋此若法執中見等聲聞領時合入七地云何猶在初信心耶有人以通大地信數慧數爲信解體今問體是何義指心所耶如此心所聖位攝耶凡位攝耶若聖位者大小聖耶小非今意大深淺耶況今聞實而領解耶故信解今經已入初住則非小乘心所所攝舉一例諸餘皆準此有人云對前七異不成異也一所從異今謂不然三根聞略悉生疑動執但信解前後何得云身子從疑此中從執有疑必執有執必疑況疑執名通而須簡小小乘疑執見道已除安隔二酥仍須互立二廣略異者此亦不爾但文異義同故身子云將非魔等及述五佛言略意廣豈名略耶三遠近異此亦不爾文義俱同非但此文述道樹前身子述本著邪見時亦過道樹故無異也四通別異者此亦不爾文異意同身子既云我等不預又云我等同入法性又云若我等待說所因又云我等不解方便叙失之文四度云等豈有述得別在一身此雖列四僧首又局是則身子通及一切迦葉別在四人若爾初周何不多記聲聞答四衆八部即其人也第五不論六歡喜異者此亦不然若言身子獨有先憂後喜前置等言則憂通一切故知喜雖前後憂無等降七云一四不同不爾之意亦如向破有引婆沙云身子上目連中餘皆下者其語似同彼小今實文意永異不可靄同正法華名信樂品其義雖通樂不及解今明領解何以云樂今未釋品名便引古人判品意者釋題失所由失文意於中初通列三時云一往等者以此品內具領始末退大之後更以小起以爲一往中間爲隨逐最後爲畢竟古人但得三時之名不了其意今爲五時加於探領法身之化尚恐不了四聖之情但作一往等名焉消此品故須引破方識正理總有六師僧那者此云弘誓次私謂下破初總斥者書云斲絲盈篋不可織爲綺綬玉屑滿匣不可琢爲珪璋諸解碎亂不堪依準夫一往下別破仍先標初後略出大旨中間例知次正別破中初兩句縱而破之乃許第二第三一往故以其一往而破初師及第五師次若法華下復以第五師一往對第二一往而爲倒並次又二乘下以第三師一往破第一師一往於中先並破次若一破一不破下立例次又父子下單破初師畢竟遙見其父即名相見名畢竟者華嚴教時已應得記則法華無用若後畢竟下倒並若後是者前無復用若無復用昔日聞大結緣不成又若第二三四師所立畢竟皆在法華意則可爾一往隨逐近遠難依第五師一往既同前破隨逐畢竟非釋法華豈有現在一化必令至於金剛第四師章安無破但是略耳其云一往在於轉教則轉教已前向非一往爲何所名以得悟爲畢竟五品六根復非一

徃及以隨逐爲名何等然諸師畢竟皆不破者前四及第五多分皆至法華云至佛果縱有小失而無大過但不可定以金剛心爲畢竟耳今師意者一徃等言待至下根論宿世時方可商度以人天乘及以說大在徃昔故徃昔巳後皆名隨逐如何二三四師以今世三味而爲隨逐故不用之次私謂下破本迹者若指此爲迹應當巳是本門動執若預說後品乃是此中成顯本竟後文無用故不可也今釋品者下今意且論中根信解故先以三周之初十義中五而判其意夫根有利鈍即前轉根不轉根感有厚薄即前感有厚薄說有法譬即前通別悟有前後即前悟不悟及悟有淺深餘意非正以是義故所以三根前後領解何須於此立一徃等豌豆者若作剜刀剜字耳二乘之人於法華前如生豌豆鑽剌不入但念空無相願者是其當教入無漏門故常思之歡喜踊躍等者文中雖以信等四字用對信解以爲爲人此善必藉初歡喜也況理善生破惡獲證圓融四悉一時俱得即分證之第一義也餘之三悉當位爲名相從云分故此四悉發必俱時但以信解對爲人便且別言之此乃通中之別耳此中何故四悉俱實以從聞法得解故也不同前文列衆帶小三悉在事第一義悉仍須教分五時之終方辯今意次稟小下約教釋此欲約位以釋信解應具列四教但總標云稟小大教小即三藏大須指圓且略中二以大小教無不皆立二行二道故先明小次準小下以大望之乃分兩字以屬二道破疑故信進入名解信通二道解唯在修故云修道名解若準此意但應初住以爲見道初見理故初住加功名爲修道依理修故文中不云二住巳去但云進入即從初住必有增進故諸聲聞聞法巳後多入修道今從聞法增進邊說故云信解亦如十六心名爲修道若昔密入至此灼然全成修道從顯露說信解同時次文云下且通證入位不分信解近領火宅等者聞譬解巳必解於法豈有悟後而更迷前是故皆須法譬雙領慧命二釋者前是因緣次諸慧下約教三一對辯從事行異故屬因緣佛命轉教屬約教者此有二意屬熟酥教巳名約教至熟酥時冥成別人復名約教亦應具對五味四教思之可知三弟子下釋疑非全不轉多少論耳新名具壽具不及慧壽豈過命譬喻四番者長行偈頌各有總別亦可各有開譬合譬二途四番各有開顯然前釋勝則應後文二十二番心發至意也者準此但以聞譬信生入位即初住去不論見修例身子等者發希有心領解也即從座起身領解也而白佛言口領解也應注云云令如向對具如身子領偈文無者略述僧首等三不求者述昔失也初失者執小朧則大法全闕不棄小由未識開三自固則小執未移護彼乃迷於大執第二失者一生斷證是故自鄙年高敗種未祛不任之見仍在第三失者昔迷義旨徒計正位之功由斯固情大心難發高原下引譬自斥先譬次合巳有得故所以不求經云但念等者亦可具依俱舍出十六行以爲所思十六行對三空如止觀第七記或指至

為僧首不求者由居僧首故於小大諸座久
聞無量珍寶者昔般若領教謂為菩薩豈圖
於今全蒙等賜咨發下云云者應如世禮欲
有所決須先諮發譬文為五始自相失即結
緣已後終至等賜即聞譬之時若合四五紙
成四段故光宅十譬不應今文故前文云於
四人乖離離破光宅乖斥餘師餘師雖不離
為十譬對當文相又亦乖張具如前斥西方
等者彌陀釋迦二佛既殊豈令彌陀隱珍玩
服乃使釋迦著弊垢衣狀當釋迦無珍服可
隱彌陀唯勝妙之形況宿昔緣別化道不同
結緣如生成熟如養生養緣異父子不成珍
弊分途著脫殊隔消經事闕調熟義乖當部
之文永無斯旨舍那著脫等者迷於舍那不
動而往彌陀著弊諸教無文若論平等意趣
彼此奚嘗自矜縱他為我身還成我化我立
他像乃助他緣人不見之化緣便亂故知夫
結緣者並約應身如云我昔曾於二萬億等
況十六王子從始至今機感相成任運分解
是故不可以彼彌陀為此變換非結緣已界

等者本結大緣寂光為土期心所契法界為
機退大已來機土全失今流五道望本為他
方便有餘尚非已界況復五道流轉者耶今
窮子所居現處五濁且以所住望本為他自
爾已來常在三界故云久住此緣至長大者
機中稍厚且與著名仍未復初但云三十緣
既下以苦為機故知猶在小化前也到而不
識故名為遇是昔曾見故名為本苦為機者
既失大小唯有生死於生死中有機可發冥
扣妙應大悲之城大應尚疎機且對苦一念
失子苦等者以念子苦思種種門念令得樂
復思一門雖復雙念二俱未剋今忽得之從
本志說當宣佛道且云一門子既下釋上兩
意初棄大善而入生死故云不當前釋譬中
門有入義良由此也故動父憂釋初意也雖
種種誘父意元以圓門通之當有得義預動
父喜釋第二意也初譬如至領耳者第三經
初述領不及意在此也十界七善進退等中
菩薩最難以兼三故故別語之菩薩尚然佛
界永絕解心無力至長大者昔修觀行雖觀

理即未入似解不能除濁故云無力義之如
幼退大已後名字全迷義如厚重內熏如加
故名為被大仍未遂但可先小大善當遂名
稍欲著此探後說也逃逝等者佛豈捨物隔
故不見義當於逃言生死五欲以為他者既
大涅槃方成自國故且以五道流轉為他或
十至五十者自退大來升沉不定故著或言
幼有二義至耽迷不返者初標二義則不下
結成次譬下合譬中云結緣已後一句總合
通貫下二夾大解下合初義尚有下合次義
由發大已來三惑全在義之如癡解心雖薄
冥資遠漬密益不輕以緣微故挫言殘福自
爾已後未墜三惡名未遭苦但保世樂故未
復初次今習下反上二義初文反前初義既
微向道有斷惑義義似免癡遭苦下反前次
義納種在內故曰冥熏復被中間外緣擊之
自爾微發復由遭苦為助發緣故善惡兩途
冥顯熏被此二為機者若宿無大緣及中間
小熟借使遭苦機感不成秖由大小兩業冥
熏成機感佛佛居本國義當向國若以人天

等者若無大種單人天善無感佛義不獨爲人天垂八相故若有出世機緣諸佛菩薩尚入惡道況人天耶在三界下明諸子等大善未熟縱生人天亦未感佛今佛下以有斥無具指四見明機成感佛及佛出機成若通論機雖通十界終於十界取出世機今從別置通用消此品是故下文東南方梵云一百八十劫空過無有佛乃至上方云於無量億劫空過無有佛大通出世乘光而來當知中間皆蒙冥被於中求正道等者以計常等而爲正道種種苦行以爲助道雖思惟邪理堪爲正機然由久遠大種熏被大經云諦觀四方者大經三十如恒河中七種衆生第一人者入水即沒譬一闡提第二人者出已復沒有信故出不修故沒第三人者出已不沒即內凡人第四人者入已沒沒已出出已住徧觀四方身重故沒有力故出習浮故住不知出處故徧觀四方譬於四果觀於四諦第五人者入已沒沒已出出已住住已觀方觀方已行怖故即去譬支佛也第六人者入已即去

淺處即住何以故觀賊近遠故譬菩薩也不住生死故去安心故住淺處第七人者即至彼岸外道得度皆由觀諦與觀方義同是故暫引本國如上者上以佛已界爲本餘皆屬他下文下問下城舍與上國何別一切下欲辯同異重釋出國一切佛法與上佛界語異意同城舍亦爾斷德還須具足佛法大悲亦從斷德而成此二咸收一切佛法但約取機以國望城以城比舍義立疎密但由一切佛法義寬斷德禦惡似狹大悲對子更近同是長者實慧所依同是應身權智所託起應之前機先知此故云至國城等止國城等中止一城等者且以一方一類而爲一子故次合云不爲一處處必在人秖是同居人類未熟且止方便不廢化儀娑婆指彼以爲餘方若準餘方之言應指十方國土設十界化具如妙音娑婆既然他方準此此中仍存思此同居得乎便故且語有餘若云垂形六道事則不便流轉之後豈不然耶今機既親須從勝說若爾何不云在實報土耶答理非不然實

報義對發大心時故退大後思同居機復消中字義便故也舊云下敘舊今謂下破今取下正釋還於有餘國中涅槃名國中之城亦住此涅槃之中名之爲止又依此涅槃而爲所居故名爲家問向答問云以此城爲斷德以下舍爲慈悲何以至此云城是有餘家亦依此涅槃答國城家舍雖寬狹異並是所依有餘不逾斷德今家對珍寶故云實境下舍對子機故云慈悲故知云無緣慈悲必須等於實相故二舍義一隨所對耳上句既云求子不得即依自受用土一實慈悲求子不得故今止於自他中間住於方便還用本所依慈悲而思於子故國爲居民城元安主家本養性爲未入圓者即七方便民垂形方便住彼有餘思求圓機是故居彼化事無廢思同居機其義又成家既是舍於彼有餘運無緣慈故云處此所以止於無緣慈家起於勝劣偏圓兩應然彼秖應但用勝應言勝劣者勝兼兩處劣唯鹿園小機若起理當赴之始末雙明故云勝劣既云五人彼土生者皆爲善

薩故八六等至彼土時不須小化漸趣圓實豈仍滯偏習方便者多迷其教止觀第七判八六等教道須廢法華開顯方堪此間菩薩機成所應何別五人即是四果支佛從本立名云須陀洹乃至支佛斷盡乃云斷通惑者或取三藏二乘及通三乘爲斷通惑者此亦可爾三藏五人自攝通五通教菩薩先名菩薩不可更云至彼皆是菩薩當知全指兩教二乘兼通菩薩若以四人例通菩薩名皆爲菩薩有何不可但彼對勝應其義不成但兩教二乘彼尚迴心通教菩薩豈應守舊若準改觀通別菩薩並須發心故云訓令修學不云別者以此五人證同故也若也通論方便人數則應云九藏二通三別三圓一不得云五今且對小故云五耳大富至無量者土雖有餘親所依家不違實相言無量者具足六度大富總稱財寶是別雖分財寶般若導五無不成寶況一切行皆成珍貴故云無量金銀等者等及餘寶即餘助行道品故也實不出七可譬七科是故七科六度收盡故大集

中三十七品以爲菩薩寶炬總持其貴如寶其明如炬破暗中最具一切法名爲總持言大乘者應云圓乘文從便耳言禪生百八者達禪實相故也自資等者智定各有自他故也具如前釋僮僕等者方便波羅蜜約自行權滿屈曲去明利他權用並僮僕之功也如布衣所使共至貴位同成體內權也事理不二故俱云稱就位等者向通約方便但云僮僕從位別判攝藏通別望實望正義當賤役通論亦可收得人天以異方便即此意也別圓十地者仍存教道故立別名以無兩重十地故也向僮僕中已有別三十心今臣佐位是圓四一心也兼收別教十地而已率土下釋臣佐等深淺之意所收既多名爲率土雖同佛家不無等級初通皆聖故雖得下即是十住得入聖位同王所居眞實土境而位最下故也始從十行終至如臣並是圓漸故須圓釋次一心三觀至二乘之法者次明僮僕臣佐吏民所乘所乘不出諸觀故也隨教用觀即當所乘然此境智雖即隨教同爲圓人

所用驅策雖通因果不同歷位別別當分故此因果並是圓家之所用也無數者以此諸法不出權實臣佐吏民所用實也僮僕等所用權也此亦一體權實也並皆長者之所有故非但下結攝前釋不出教觀教觀多故教教四門門門有觀雖復無量被物無餘入出兩字文中四釋初三自行後一自他於自三中初以雙非爲入雙照爲出次番者出入相對本相即故出入之名亦更互得故此智體出入互照此之兩釋約三諦說次無量去約二諦說二三開合具如玄文第四還用向之三二自利化他故知此皆聖位自他義合意當故須衆釋此是觀諦復唯在實對權義立有何不可但以二對不二二已攝權故不勞也行於非道者理通三土法性之外皆名非道從法性出益三土生功歸於佛故云歸已此但功歸法性佛道商估等者應作賈字謂居賣曰賈通物曰商若作價字非文正意非但佛自化物無邊亦令善薩化境周徧菩薩化利猶資佛本往來諸國具如諸經十方菩薩

來往受益華嚴大集即其例也如世間下譬向二釋令他如菩薩亦自如二身初內合等者初通譚大意次觀下明邪慧所觀云觀察五陰等者還以邪觀觀陰斷常以此邪慧冥資於正成見佛由苦境爲機者牒向邪慧助正成機然外道苦因應招苦果故云苦境由帶正種熏邪慧心故得成機感佛正慧涅槃通半滿者名同體異並現所居化物名殊佛境無別故子所到二義雙成機熟若證證父所證名到父城此乃小機先知大應義立窮子已到父城故使城名涅槃大小雙得故以半滿共收物機機既不同收亦先後父母念子等者前雖機漸知聖今明聖漸收機化道之儀且云憂念未曾向人等者文約兩意以中此義先方便次此土初方便者彼方便中非但唯有地前住前亦有垂迹登地登住即臣佐等豈全不知窮子機性但約窮子說時未至主伴相與覆實未宣權從物機故云不說以由界內五人斷通惑者未堪彰灼聞如是言故云不向臣佐等說以爲臣佐意在僮

僕故也於中指小故云不向所以在長者心無非已子從機異故立以小名漸漸誘之方成臣佐故知法身本自懸鑑又應世已來下第二意者進明此土昔教顯露未說對此蔽彼故云不說是則前立勝應之義義兼兩處劣應之語逗彼偏機故不說之言通及四味四味之內具足臣佐及僮僕等既非下釋第二意中小乘人也如聾瘂等指華嚴席或華著等指方等也不逮之言兼於般若而無希取即其事也華著即身子棄鉢即空生故知不說之言何關法身菩薩心懷下卻釋遠由遠由即是不說之緣良由昔結大時未入相似者已斥彼故云不勤由此退大失中途調熟故云無訓背自向他故云逃走逃走三義一機息應謝二背自向他三居不得所即五道也故使如來無緣而憶恨子下專斥於子非但悔應早息亦乃恨子機生致令疎我正法觀他六塵內合等者爲論免難須淨六根準理退者多在五品位前爲對不退位且以五品爲退位耳文釋悔恨分對自他準意亦

可並對彼此化期等者約後意釋即應世來至法華前故云老朽亦不約此等者不約應化聲聞故也胤者嗣也繼也若身子受決至不斷者驗知授記爲引物機權實皆然故云後來衆生等也更修淨土與物結緣身子成時開權顯實則佛種不斷於彼方機緣成熟於其土其中亦有種在釋迦脫歸身子故須此會彰灼發言若身子無可化下反以無釋有若身子自無成佛之機則身子所化安得成耶故以此顯令令有寄也經言終沒者指涅槃時也復作下第二意者前明失苦本願得樂故著我若之言以現說當舉生領熟總譬具論始末權實故得雙辯勝劣兩應及以劣應化道始終故譬本中前一行實後一行權況開六義權實相對法譬至互舉者感應道交不前不後但隨文便互舉一邊先出不同次就佛下約生佛互論如止觀明感應意中先凡聖相望互爲因緣次感應道交自他破已方乃名爲不思議發今取文使者今此雖有三文且依二文消便非即二文使見有

前後故別譬之初還從退大之後在五濁時
故有三文也見父之由至展轉者由猒苦等
見修二性俱有猒義修推理弱見生奪鈍諸
見互興皆能推理傭賃之法以力易財本起
邪見遂希脫苦雖復邪求冥資正道故使世
閒猒苦遂成出世善機世易出世故云傭賃
從一至一故云展轉言善根者猶是可生之
義故有轉至之理故云以此乃至父舍不期
而會故名爲遇不意因於世法忽感出世慈
悲又不意世間邪推而生正見感佛又不意
小善之内冥入大乘圓門大小二機雙扣此
舍者大機未熟正見而遙小感稍親門側而
近所以從退從末義當雙扣從本從大獨在
於圓從近而譚偏機先遂見父之處即門側
者前則大小雙扣處乃獨指門側者以小親
故言二觀爲方便者二邊俱有得見之義故
總借證之二邊並偏眞最僻正見有二至
爲遙者於正見中又分此二近即華嚴中諸
菩薩衆遠即二乘二俱未合但在門側文中
二釋先機次應俱名爲遙踞師子牀作所表

釋者事師子座亦無師子之形但有所表故
大論云佛爲人中師子故佛所坐名師子座
佛之所說名師子吼諸聲聞人述佛所說尚
得名爲作師子吼部雖兼別從勝從本故曰
圓報此乃取機之本故此下去皆須圓釋寶
几等者一几承於二足定慧所依無殊從定
名諦從慧名境具如止觀第三故合云無生
定慧依眞如境即定慧力莊嚴法身從所名
能故云無生定慧言依眞如境者託境成觀
故名爲依果體起用復名爲依又從因說因
性有修故名爲依舊云下出古釋稍似別義
非今所用準例易知故不須破次舊云此經
下古有四失一法身非常二他方爲此三以
應爲法四對面違教今謂去破中言父子等
者父子譬機應先譬後法著脫譬體用先法
後譬二俱不成著脫義異前文已破從又不
容下更破他方自有三節此師亦以他方爲
彌陀若以尊特爲彌陀者此有三失大小兩
機並在今佛乃成見垢衣爲扣此見瓔珞爲
扣彼結緣亦爾又往昔大小兩緣俱在釋迦

今尊特垢衣俱在彌陀者更成可笑故第三
重立難難之往緣大小定在今佛豈應今日
雙應他方又何得大應在彼小應在此平等
意趣義亦未成具如前破今明下正釋此則
續前應世已來釋耳故知勝應在華嚴也今
經下破非常住古人皆云涅槃明常華嚴法
界法華不明者不曉部類兼但對帶垢衣乃
是敘昔之說在昔尚無垢衣之言何有常住
所說法相至無別者今經意在結會始終設
論法相如彼圓說今非全無文相存略華嚴
部内不出四十二位依正自在近善知識今
經明位具如四華開示悟入知識具如觀音
妙音藥王嚴王依正具如分別功德寶塔神
力但廣略少異舉一例諸故下疏文十義辯
異且如十方之言何所不攝實相之理無事
不收豈迷廣略而失大體總如玄文十妙引
諸文證即其相也人不見之妄生去取故此
經空無所有等言諸法實相之說見佛常在
等人此土不毀等事堂閣種種莊嚴衆生種
種遊樂乃至迹門因果諸相多以華嚴文消

筭數孔目藏在此典行頭取與散在諸經大本若亡徒論小利居士至即三十心者中止中以民爲十住臣爲十地令居士是民以文狹故不分臣等亦圓四十一位也眞珠至法身者並究竟戒楞嚴定一切種慧法音陀羅尼莊嚴圓因四十一地地是所階身是能階四是能嚴身是所嚴若用遠因亦以初心圓戒定等以嚴性德若從因說亦四十一位之所服也至果同皆嚴極法身言價直者有貴賤故如諸位也吏民等者向列圍繞不云吏民令明侍立則與僮僕共列故知立名隨義不可一定元譬事理何得守株故前以吏民在實今此吏民權攝故在同異二門跨節爲同當分爲異是則同爲同體異爲異體異約施權同約開顯秖一吏民義當兩屬内與等者釋向同字同從内同得名外同爲顯於内喻如下喻向二義猶如良吏内應主意外用驅使亦如要臣於内則爲國股肱於外則民之主長臣體無別所對不同問此中雖是華嚴座席勝應相狀與前中止義意大同何故

前以僮僕爲别教賢位吏民爲圓教聖位耶答言雖少别意亦不殊隨其言勢逐便消之前僮僕之外有臣等四故别分之此中但云吏民僮僕共爲一位以爲所使又此中意斷别惑者即入地住非驅使人又此與中止雖則同是他受用報此既示入忍界爲菩提場爲諸教之始故加之以破塵白拂覆之以慈悲寶帳前叙長者所居所有今明窮子所見所有所有既同廣略轉用侍立下云云者此中既爲中道方便並宜地前以釋吏民中正二旁民主異故準部應明次及不次乃至兩教教主不同各有侍立拂塵相異垂諸華旛者四攝現通利下爲垂雖華旛並垂而華嚴於旛如通有四攝見者生喜又雖旛華俱動得名處殊旛寄翻轉華約端美神通下化令物欣悅運此二者必上等無緣故並懸之於帳用稱於體如徧覆佛上香水等者若約自行如第二釋若不灑以香水於地則帳旛華爲塵所坌故以智香水灑實相地除三惑塵則如來長者慈等俱淨若約初釋香水灑於

菩薩心地既從利他修因以釋故知七淨須從菩薩行因以釋名雖同小此即圓教故舉三聚及楞嚴等若依方便隨教義别令依圓心皆由此七布於諸地自行此令他修此是故文中並依圓釋羅列等者華表因嚴寶表果德因果萬德皆嚴實理故使布列皆在於地地非華實而布列華實理非因果而修證因果出内如前釋云云者指前四重但前唯在果今或通因相海者全指華嚴如來相海品及以隨好光明品中明毗盧遮那具足十蓮華藏世界海微塵數相一一皆以妙相莊嚴故云須作舍那釋之四見父畏避者父子相見雖譬感應道交不可思議然約化事漸教以論若云父先見子是如來鑑機道理如此今云子先見父相及覺等非即已見並是約機應具述始末受化元由或是王王等者既云見父畏避即在頓漸教初若據頓漸之前未有畏魔之處約漸機對大論畏避等故曰未曾見聞等也從略開已下以後驗前驗昔可中初與於大過於身子聞略說時故

云有過今日復次下重釋意者小機爾時豈知二身故是述於機中不受猶如窮子見王王等問法是報師師弟義別如何齊等答此是等師之子如法報相稱諸經多名經王等者重約教釋諸經有明法身義者即名經王智契於法相稱名等故約機中對法對智名王王等即諸部大乘與小相對世人不了見諸大乘皆稱經王乃謂法華與諸教等今謂乳及二酥皆譚法報雖俱稱王非諸經王縱有經云諸經之王不云已今當說最爲第一兼但對帶其義可知肆者放也泄也申也次時富下見子譬者然諸聲聞向施子見父譬巧喻領小遇大而機中不受今設父見子譬妙喻領佛見機而不誅恒了見子處者如來不起空座歡喜適願故但約化儀言父見子豈以佛眼必待子見後父見耶今機來稱慈者大小並得名爲來稱彼明拔苦等者譬品也亦應云前譬如來與慈爲其墮苦此譬諸子領受荷佛與樂如來拔苦本在與樂子領樂已知拔苦二處義同隨文互出即作是念

至不得者此亦述於退大已來既入五塵大法非治尋誅用小小又未遂今機漸來方施小化言取小者非謂往時已得於小亦非今世漸初之小是故往日不名機來誰論付財亦無歡喜故但云昔見欲與等也今日至有所付者見小機至知大非遠是故喜其是付財地我常下卻釋向來退大已後頓漸之前無時不思大小二化雖大小並失以流轉對悲故使今時付財有在今有可度機生等者問機生由佛那云自來答雖機生由佛感亦由生且寄世長者歎子自來昔機不生望今可發應歎機發稱爲自來若機尚生追猶不至安能自來我雖下探說後期儻一期報謝無付故惜如唱滅度法皆隨滅垂滅尚惜故名爲雖即遣旁人等者從此方領施頓漸化故知爾前譬頓漸前若大若小但方便品至併領者意云文雖增減意必俱存方便既爲上根是故不須別說譬說既爲中品故須雜總出別合及頌中雖復闕略以譬爲正餘並互兼今既領譬應須偏述言但方便品總誡

勸等者恐尋者紛紜更重疏出方便品文釋迦章中但云寢大施小雖不云勸誡之別語意在勸故云於三七日中思惟如是事等即大擬也衆生諸根鈍即無機也如斯之等類即息化也即趣波羅柰等即施小也雖不云誡義含二門火宅開勸出誡者故從法說於勸開誡釋各三者勸門中三初云長者作是思惟等擬宜也復更思惟是舍等即無機也或當墮落等即放捨也誡門三者初云我當爲說等即擬宜也父雖憐愍等即無機也東西馳走等即放捨也長行合勸不合誡者勸中有三初云如來復作是念若我但以等即擬宜也所以者何是諸衆生未免等即不受也如彼長者雖復等即息化也言息化文廣者先牒前後三譬次方以三合正明息化初如彼長者牒初不得一譬正帖息化次但以慇懃下牒施小[illegible]後各與下牒等賜此兩旁合息化次如來亦復下一十六字始正合息化故云廣也偈中但誡者亦具有三初方宜救濟下四行半頌擬宜次諸子無知下三句

頌不受嬉戲一句頌息化巳下屬用車文也此頌譬文則具有三但頌合中亦但合誡有一行長頌仍進退二釋初釋亦具有三雖復教詔一句擬宜而不信受一句無機於諸欲添二句息化又云或可下二句亦頌無機依第二釋故云不頌息化即遣旁人下出併領也然義則有六文但有五先勸誡各二謂擬宜無機次勸誡合一即二門息化

法華文句記卷第七上

法華文句記卷第七上

校勘記

一　底本，明永樂北藏本。

一　四四八頁下一九行第一四字「向」，南作「尚」。

一　四四九頁上一二行第七字「感」，南作「惑」。

一　四五一頁下一六行第五字「又」，徑作「文」。

一　四五二頁中一四行「臣佐」，徑作「臣位」。

一　四五五頁下三行第一五字「今」，南作「令」。

一　四五七頁上卷末書名、卷次，南無（未換卷）。

法華文句記卷第七中　楚十

唐天台沙門湛然述

次遣旁人者約教約人約教則理教相望約人則師弟相望人必指教教必待人二釋方周不可偏顯初約教者理即法身智即報身由智故說智爲能遣智雖能遣所依者理能遣如臣所依如王所遣者教故理正教旁故報望教報亦名正然報由理成理親報踈故二正中從親以說又旁人者下約人釋者賢首品後十住品在忉利天十慧菩薩法慧爲首餘之九慧各以偈讚次法慧菩薩廣說十住次夜摩天自在品有十林菩薩九林亦各以偈讚已功德林廣說十行次升兜率品有十幢菩薩九幢亦各以偈讚已次金剛幢廣說十向次升他化品有三十六藏菩薩金剛藏爲首有菩薩名解脫月請說十地是四菩薩說此位時並云佛力故說故名所遣次釋疾走中亦約人教先約教中但以顯露爲疾若以菩薩下重述約人菩薩自有神通又被佛加故名爲疾乘心等者乘必不識驚必愕然如覩不意乘心不識此教於彼亦復如是稱怨大喚者經但云怨而不云苦疏文釋中即以大喚爲苦痛所以具有二義者逢怨必苦故以大喚擬之義理合然若令煩惱即菩提者即是令其不斷煩惱煩惱不斷必招苦報豈有生死即涅槃耶是故稱怨大喚義當因果文意兩申自念無罪等者自省未能同物入惡起貪欲等令若爲之名爲罪行菩薩必入生死牢獄故云囚執無大方便者無入假智令起貪欲入生死名失慧命必墮下二釋墮三途苦則大小咸失溺無明地地須義乘界內界外約人爲使者者取機之法須同類身淨名等者遣化菩薩往取香飯彼菩薩見聞化菩薩化菩薩答以彼菩薩聞說穢土佛及菩薩能此勞謙彼聞欲來成雙流行彼佛誡曰攝身香等彼來於此亦令此土未發心者發心已發心者修行故令攝勝從劣現同類也普賢入此等者普賢菩薩身量無邊音聲無邊色像無邊欲來此國乃以自在神通之力促身令小閻浮提人三障重故以智慧力化乘白象亦爲不宜見於勝應者故菩薩勝報亦不可令二乘見之問若爾經何不云汝勿令見威德之身而但云勿彊將來耶答身若同類謗之必來汝身猶勝必令彼懼故告使言不須彊以勝身化之故云勿彊勿彊之言釋成前句私謂下此中雖無思惟之言譬文誡勸並有此語勸門擬宜云作是思惟我身手有力誡門擬宜云如所思惟具告諸子故私引之須即生善故云不須即息勸善彊即誡惡故云勿彊即息誡惡宜以至如面也者覩其秖宜聞生滅教取灰斷理說有理之教故云理水面者以向釋之有背生死向涅槃機故名爲面非謂灑彼涅槃名面莫復與語語秖是教不語他人至菩薩也者此中一往但云昔小然法華前諸大乘經不說二乘是菩薩者將護二乘豈關菩薩覆實護權故云覆護亦是覆陰將護不彰其實故法華前一實之外皆名隨他且隱四味之言通云小乘教耳以昔二味猶有小教定無小乘作佛之語故乳及二酥並對小機云不說耳

乃由彈斥加說得二味名即是息化至從地而起者此中二釋兩地不同二起無別故息一大化離二種地讚大墜苦故有前釋用小取得故有次釋次釋中云無明地者若云卧地則譬二無明若言而起則且從界內故知不解大小具二無明並名為卧今逼小法先治界內故且云起於四諦中至衣食者宜趣所對之境故云往至小仍在機故以欲釋求下句方云長者將欲故也境攝法狹故云貧里欲趣小果還須正助故云衣食又以他日下取意領法身地者言中且云在道樹前意則俱指漸頓教前以云致難尊特故知通至頓前問四大弟子等者答中意者既聞譬已具領二周入大不虛故自推云若始等也納法既重必有此知約化儀說從容進退故先齊後探耳豈有自獲小來方五十載具覩菩薩難思境界徧聞諸法一切融通非全不知然未測本源省已絕分今蒙法譬分深圓常推知如來往日先照故下佛歎甚為希有故以二味所覩驗先見非真脫大小相者相為

大相海好為小相海全隱無量相好海身故譬云脫相好難量喻之於海密遣二人者於中先釋二人次初擬下方釋密遣人是所遣密是遣意初文先明但二之意故對菩薩且通指二人次約法下約法約人以分二也次釋密遣者先對旁人以辯異即之與密顯覆異耳今明密遣者覆實名密用小為遣覆滿明半準例可知即是分字解也亦是從大施小故云遣小不測大故云密然半滿字不同古釋今須在圓具如玄文約人準知形者下次釋形色亦具二意初直約小教百劫所種雖在小論不在二乘故二乘教無好形色又說無常名為憔悴次約人下隱本為密現迹為遣具如下文富樓那中問若準下文雅發滿願及阿難等迹為諸聲聞亦有本耶答入大乘論云不但羅云獨是菩薩如諸童子阿難難陀及調達等皆是不退菩薩若爾雅權無實答以權引實豈此等外悉是權耶此亦義當本迹釋也若釋無威德者隨於形色以釋大教等者前大教疾故云即遣將護小志

故云徐語倍與等者於中二釋初以戒善諦緣相對為一倍戒善在欲諦緣出界又外道下漏無漏相對為一倍亦是內外二治不同名為一倍六行非永斷故且云伏耳略如止觀第六記窮子若許等者對彼不許故須云若化儀容與苟順物情故云也不論淨佛國土者淨佛土義略如淨名佛國品中橫十七句豎十三句廣如華嚴迴向中說涅槃大集智論等文並皆具明小乘無此但令除糞故得記已方乃造修與物結緣非關行具二乘至先取者先問價直故云先取非謂已領故云慕果其父見子等者問若愍而怪者何故密遣教其取果答旁追不來事須密遣雖教除糞非父永懷欲有彰言委付故先愍而怪之齊此是領法譬至其文竟者此是寢大施小二處並有前段文竟自此文後法說但有開權譬說唯有等賜並闕中間二味若論探領法譬二處雖無正文但指法譬能見之眼即法身也故齊教領且領漸初以所稟小名為齊教別有探領故云又以於中先總述來

意次列章文開四段云擬宜等者意云佛在
法身預知我有大小四意故云擬宜等也次
釋又字先釋字次釋義次釋他日者釋他日
兩字於中先離釋兩字次齊教下約齊探二
領合判兩字初離釋中其義則總以未分於
齊教探領次合判中其義則分別自他等三
爲教探故初文釋他爲二先釋次判先釋者
約二乘人以小望大爲他次判者向約二乘
雖以大爲他未知此大元用何身令故判之
即法身也次釋日者於法身地以用權實
自權他二乘法中無法身之智故名爲他若
從下判若從法身用於權智望二乘人亦名
爲他此他須指佛之權智次合字釋者於中
三釋即依大經隨他語等及化他等語以爲
法式仍對齊教探領二時文爲三初釋三相
次若從下判令所屬三令從下用令意結初
又二初約化他即指齊教次約自行及以自
他即指探領言齊教者即法譬二文但至鹿
苑依教所有故云齊教所言探者謂過探也
探向道樹寂場之前初齊教者既屬初義先

約機說是故齊教但領化身即非化身時爲
他日次從若就去探領者又爲二初正明二
義次此之下結也初文者雖是法身既以自
行對他故以化他權實俱他所以二乘昔亦
不測其旨此中自行之語似於自他以對自
辯他俱有權實故雙言之次自他中自之與
他各單語權實者準理合雙此中語似自行
爲對化他成自他也所以自行亦指化他爲
他自他亦指化他爲他故知探中皆指法身
時權二乘於彼雖稟小化同體之權二乘不
曉於佛二自皆指同體法身時權雖有兩意
他日皆成次結中云若有若無等者結於法
身權智所照若有機若無機也言可否者明
法身用智逗物稱機爲可不稱機爲否時至
爲可待時爲否雖有有無可否皆是權智權
機得他日名次判中云若從等者判向齊探
探領自他者自是第二自行他是第三自他
應重云自方顯第三義也並是對法身爲他
故非二乘事也雖有兩意者齊探兩中俱有
他義故云俱成齊中則以法身照機爲他探

中二義則以如來自行之中皆權爲他他即
二乘所用雖有二乘所用及非二乘所用兩
意不同皆得他名今依下屬對文意今依二
乘所領即齊教探領也又逐他日者探及齊
教二處三他故二乘領已望佛又領如來用
他言探領者亦應云齊教但是文略是故二
領皆指法身之取機也但從義別二他不同
牕牖者說文云在屋曰牕在牆曰牖非戶故
偏明處仍狹今亦如是非中故偏不偏故狹
故法身地觀無大機唯見偏狹先熟故也乃
由子隔牕牖之外何關長者偏視之非況是
長者欲取偏機於圓仍遠故名爲遙脫妙至
之具者如前已釋生忍法忍等者忍有情惱
名爲生忍忍無情惱名爲法忍謂寒熱風雨
等屬法故也左手等者小中權實狀有所畏
者狀似也權似實也具如釋籤引成論文又
有寒風等者大論第九佛有惱謂六年苦行
孫陀利謗金鏘馬麥瑠璃殺釋乞食空鉢旃
遮女謗調達推山寒風索衣加雙樹背痛爲
十若依興起行經但有七緣無孫陀利謗及

乞食不得大論直列與起行經委悉釋之次語諸作人下譬四念處去即對位也今但略對無復行相七覺在八正前婆沙中具有料簡略如止觀第七記不云五停者停心但是對治除障令堪修觀故從念處正修以說雖云約位須兼相生方堪消此故下文云勤修念處等生空如來等者此教作法所有生法不涉大乘即阿含中是老死誰老死故生法二空並屬正道具如止觀第三記無常等爲助者若諦觀中云無常者乃是正觀今以二空望於事中對治無常但得名助況復更以一期念念以之爲助如大經中大乘治門乃至用常何但無常近指煖等四位者外道求理在此位前故名爲遠應云念處等四但是隨便爲言耳此文等者以世第一是五力位無五過也下忍十六剎那下至世第一法位者忍應上下各十六行乃成三十二觀今文且以四諦言之於三十二漸滅緣行二十四周滅行七周滅緣乃至最後唯留一行觀一剎那入世第一略如玄文釋籤略引俱舍文也阿含至子義未成者既阿含中亦明不斷結惑菩薩而大論斥權非謂全無論云迦旃延造者從所造論及所計者說豈以會二還歸阿含法華準舊十二年前一何可笑若得初果至大乘者意云從見道後不發大心還令小乘道中斷結故云由是之故若準大論至初果已名之爲死不任復發大師從容於止觀中進退二釋所以初果亦名死等故可發心二十年者文存七釋初一合數爲二十次六釋但立二名如斷見爲一斷思爲一初文者見斷與伏無復前後即以八忍通伏八智通斷修道九九通爲一九故但總立九無礙九解脫五上分者謂掉舉慢無明色染無色染五下分者謂身見戒取疑貪嗔五上分中色染無色染一向唯上掉慢等三雖復通下不能牽下故云上分言下分者貪雖通上不是唯上嗔一唯下不通於上餘三徧攝一切見惑雖復通上而能牽下故名爲下故俱舍云由二不超欲由三復還下縱斷貪等至無所有由身見等還來欲界廣如俱舍言猶於二乘法中斷思惑者前見道中不發猶令斷盡殘思言共斷餘結者或在外道中斷少思惑更依權行斷令無餘第四領付譬者是第四五合爲一段則使鹿苑文後不入方等之文大章雖爾細開仍有免難等文以應一代五時之說今猶存開標領及付領謂領業指方等般若中付即付財在法華中譬文開爲等賜四章即今文中初二後二者是即免難索車等賜歡喜以方等般若爲索車者彼二周文免難之後即云索車但索車文促既不對二味故以口索對之今以二味爲索亦秖且對機情索名雖同不無少別況前索文義非局口今言索者不局機情亦是方便品顯實四意者上方便偈頌釋迦章顯實文中長行但云如是皆爲得一佛乘一切種智故頌譬本中開則爲四意初從舍利弗當知我見佛子等下二行明大機動爲今索車譬本二從我即作是念下二行一句明佛歡喜爲今免難譬本三於諸菩薩中正直捨方便下三句正是顯實爲今等賜譬本四從菩薩聞

是法下一行明受行悟入爲今得車歡喜譬
本由心相體信下生起四譬次內合下預合
向來生起四譬文也即是始從方等終至法
華譬中秖是一等賜耳若開七譬不應信解
良由此也又前誘引壁至思盡中言誘引者
密遣二人也言出宅等者出宅與思盡兩終
義同法身與道樹遠近不等今領亦二者今
至領等賜中總合前文兩箇始終爲一始終
故云遠近始終是則齊教爲近始探領爲遠
始二終但共爲一望誘引等中終則極於等
賜故云始四味終付財既以四味爲始驗知
探領至寂場前次何者下釋也釋出共爲一
始終相即五味也旁人譬牛者問前以旁人
即華嚴中四大菩薩大經中云從牛出乳譬
從佛出十二部經今何得以牛譬菩薩爲旁
人耶答佛加菩薩與佛不別雖主伴異俱是
能說所說義當俱從牛出褒揚也貶挫也既
領知至豈不樂哉者據無希取未名欣欲既
已領知增後慕樂機近付財故云脫更機已
冥會故云樂哉判天性者理性同故定父子

者會結緣故二乘在昔天性父子二義俱迷
至法說時開其知見是會天性天性若會父
子義成示其中迷故名爲會中根尚昧至譬
說已方定所生是故四人今方信悟菩薩疑
除者故法說中爲令一切豈獨二乘譬中等
賜非唯根敗但由領者力未及他故使詞中
不涉餘衆已正他旁未還餘及已難他易故
且從難又已別在今他通昔教故且從別已
死他生且從初活他從昔顯已唯今顯故且
從今見此多意餘則可知是從般若至第五
味者問前會三云說法華今還引大經云出
涅槃云何得同答一家明義多處說之無煩
廣辯欲重論者更述大猷判味同時而有部
異約理名別咸歸常住約機彼稱捃拾約法
彼存三權論意彼帶律儀語謐彼兼小果受
益彼無廣記說時長短永殊譚常過未不同
論譬大陣餘黨現瑞表彰各別破執難易不
同領解近遠迹乖述成被根不等用治生死
不同付囑有下有此得十六意準此略知事
異意同不可失旨失斯同異講授殊難豈雅

兩經餘亦不易今初相者若不互釋相義不
成然子體父以大而比小父體子人小而無
違始終而論子未體父故見尊特覩而不受
見身既爾諸例可知由此見尊特身者如淨
名中譬如須彌山王顯于大海安處衆寶師
子之座蔽於一切諸來大衆藥師中巍巍堂
堂如星中之月大集中集二界中間諸方等
經是例非一乃至聞說大法見大神通覩大
菩薩難思大事等皆由已得阿羅漢果斥奪
不疑故云由此金即別教等者問大品有圓
何故但云不出通別答一者但語通別理已
攝餘二論能詮教必須具四全且從理故云
不出此二兼復二乘至此多成通別亦且言
之通別倉庫準此可知其中多少至廣略相
者第二十一方便品云須菩提白佛如佛所
說若廣若略諸菩薩云何求耶佛言如是如
是若菩薩摩訶薩學是廣攝般若則知一切
法廣略相又說般若時前後二周即廣略相
又二乘下重釋意者密示知同故云體意言
體法空者實理無二此有三者初一正是般

若中意次一據理者於般若時密明不二而二乘不知謂在般若意通法華第三就今意者於佛即是付財二乘自謂加說故般若中云豈聲聞人敢有所說有所說者皆是佛力由機未轉且言被加宜加用心等者述佛元意不出此二顯在菩薩密被二乘然領上四時皆具二意一述佛化意二已納密機是則我身領佛二義是故名領若至法華佛意亦盡機顯非密問何時名少時答中分二先約二經中間次約無量義時初文即是情口二索兩極之際般若非一故其間時寬總名少時望後逼故隨領一時一會咸有思量失不失者失則於已無分不失復未同菩薩踟躕之際即機欲發時正發乃在三請時也次約無量義者去法華極近時極少也既聞從一出多義必收多歸一四味之終故云漸已機無隔異故云通泰發在須臾故名爲即二正付業者前云付財今云付業財從所營業即造作皆是菩薩修得三因之作業也名異義同故得互舉靈山八載者菩提流支法界論

云佛成道後四十二年說法華經北人者諸文所指多是相州北道地論師也古弘地論相州自分南北二道所計不同南計法性生一切法北計黎耶生一切法宗黨既別釋義不同豈地論令爾耶若爾下雙破二家言迹門說法者秖是三周彼解云下地論師救今謂下重破自古不知開近顯遠永異諸經謂迹說竟無可證也若云言不疊安即向法師品後方便品前何以不著若云佛定已起不得說者經家何事不先著耶若得迹門竟何不更待本迹後耶叡公生起便爲無用一家次第道理泠然依薩云者如下多寶品中所引若三請之時佛未說經何得經云佛說無央數偈時故知無數之言即寶塔已前經也既言無央數偈豈唯三卷半經況地涌讚偈之文其數甚多古傳法華西方猶廣準此文也令明等者意云雖非親生既迹中同業非無相關故是父之流例義當伯叔當知今日影響在昔不無高下是則昔示高位如伯示下位者如叔並是父族故云親族并會宇貫

下國王至是王者前約昔教諸部爲諸王言興廢者委論興廢具如玄文第九卷明今欲略論對部說者則華嚴二興二廢乃至法華一興三廢今乃廢諸小王唯立一主是故法華名王中王次有此經下約此經會教以今經中部無餘教部即部中尊極爲王教即部內教主爲王既教分大小王亦尊卑國界寬狹民有多少資產各異所出不同故部內教通別二轍別則當界施恩通乃須歸大國故知部教俱須會通故前云部後乃云教在昔未會如一國內二三小王各理倉品未歸大國故方便教主王名不無但兼部中圓極主弱若會已後同霑一化民無二主國無二王自爾已前或歸不歸不歸仍是小王被輔不獲已而統之小王本無背長良由民心未歸民若歸從王本一統以此會法義可比知無量義中先已收集者雖云從一出多密擬多皆屬一故云收集又乃由先說一出於多方可定起收多歸一故知爾前當機益物雖於一施三而三掩其一欲說收入故預譚開彼

云下引彼無量義經示相如何得知收集諸經彼經既云諸經無量皆從一出故指前經以爲無量四諦因緣即鹿苑也方等般若次第宛然言華嚴者具有二義已在玄文彌勒等者昔教既偏圓未融人亦權實不一今教已會補處宜多補處既然餘下準此民歸王順如向所論初地等者爲會偏教故不云圓其城者正本亦秪云居一城遁義通逃隱今逃即是隱今我至一切所有者所付般若有共不共不出因果因爲萬行果爲萬德行即諦緣十八空等德謂十力四無所畏不共法等具如廣乘無非衍也此我之德既云子有當知汝等並有如來因果之藏故加說之即是領口又般若中數見放光覩難思身即令領身般若方便即是領意故知知之與見並是所有所以法華但總說云佛之知見而今忽聞等者以他準已既法譬俱解必知定同身子得記嘉祥至此更卻結前都爲五雙十雙一從旁人指華嚴爲頓從水灑去至法華爲漸即漸頓一雙今問適作三種法輪今但判爲二教則自言相反歸頓不成如何以捨方便唯佛乘會萬善顯久本之教而爲漸耶二從灑面去爲世間從除糞去至法華爲出世世出世一雙今謂諸子不稟人天之乘故知人天非漸教始若以除糞去爲出世者未審鹿苑之後說戒善耶況將十二年首訖至法華同立出世之言安顯法華之別三就出世中大小一雙未審方等般若有小乘不三味之大同爲一判如何能顯妙法之能四就大中自他一雙即指付財爲化他領業爲自行未審諸部般若有自行不聲聞在昔謂爲菩薩佛化元意正付令知況領業之時本在自利自爾已後未改小途五從二使來是密領業是顯顯密一雙若微密爲密則法華爲密若以顯密爲密今此聲聞自鹿苑來皆稟顯教何名爲密爾前得記乃名爲密至此方索驗非爾前況三種與五雙理自相反云若以五使同在法華如向所破若從廣之狹以最後一使爲法華者全不云開還同昔大致令後學對數而已不求教旨用教何耶貴在得意者譬中已委故不更論似有二義者由結緣不壞雖大小俱似雖貶曰似子義不亡次子既下舉正因況若論正因不似亦子況復似耶既曾結緣誰非真子據曾逃走父且貶之由位淺迷深斥之云似云云者如上分別問初釋品云信解入真等者真是修位即初住已去品初又云年既朽邁小尚非似位今那云似答意者若據子逃父後大小俱非似位何況真耶仍指結緣之時於今稍得名似而但合見子便識者上見父有四謂由處相避見子亦四謂處識喜適今見子便識一句即合前來八文文雖前後意必同時豈非子見父時即父見子見故便識雖復逃走機在不久故父亦喜故知一文即攝於八我等以三苦故等者譬中勸誡兩門先各論擬宜無機後合論二門息化今三雙合領初從上初下先騰前三意旁追即勸中二意冉追即誡門二意孜捨即二門息化言三苦者由三苦故五濁加重所以二門並無大機但堪小化五濁逼故即是三苦無明覆故即是無知

今合下正合二門無機者何爲見捉即勸門無機自念無罪即誠門無機不云二門擬宜者即以二門無機兼之次樂著小法者合有小志者即二門息化言不合放捨者捨即是息但上譬文息化有四一思惟息化二釋息化三正息化四息化得宜上初思惟又二一知大弱二知小彊今言有小志者即第二文也言不合放捨者不合第三正息化也是則但合初文第二即攝下三及初第一故上文正放捨云我今放汝隨意所趣已知有小志故於大放捨上有齊教擬領今合二意者上二文各四小擬宜知先心歎三車適所願今齊教中但合第三具陳上事即歎三車也及第四先取其價即適願也闕第一第二文也此二任運兼得餘二思之可知上有四文今但三者闕適願一餘三次第對擬宜等具指齊教文也教作即是擬領文也合付家業譬上有由有付者上由有遠近即小果爲遠體業爲近今但合近上有命有受今但合受者不合命也既有於受必知已命而自等者兼

得餘二上付業有四者一時節二命子聚衆爲證三結會父子四正付家業今既付與仍兼上三須出其意上開譬有四相失等者此四標文文似四章但成三段乃略追誘下釋具有造立舍宅者有餘之土非寂光自然現勝應身非法身本有於彼更運依空慈悲故云造立經云頓止一城者頓謂頓乏示迹之相義同於乏又頓止即不行也秖於此中求覓子機超頌第四憂念等者但頌子背父去即失子之苦而無得子之樂失苦得樂俱在父懷是故失時已懷於樂必知後時還來故也遠鑑機緣未若於佛經云夙夜者有人云自行爲夜利他爲夙此不應爾夙早也謂晨起夜暮也謂黃昏夙即化初夜即化末大化始末準說可知若丈六佛常說無常化欲終時節節唱滅若言自行爲夜不可自行亦云死時將至有無善上等者雖復時緣無所得善未能斷結故此體上仍有見思法身是師是王等者此文合在次文畏避段中若準上文秖應法身如王加著師者重加一譬耳報

應是長者者秖應云報如王等兼語應身者報是勝應故也以長者如王王等故便言之私謂以廣顯略等者如華嚴中廣明身相國土行願本欲以此廣佛知見顯實相體故云以廣顯略授決者華嚴前文無授記語入法界品旁論授記亦得名爲授記故也弘誓及行者彼最委悉又誓爲券者誓許利他有如券約隨修隨償如蹤隨還說至菩提償之方畢又華嚴中菩薩行願多明事數名筭計也上旁人追文有三者初喚爲勸門二義次喚爲誡門二義次是人下第三二行頌無機即放捨無機者重牒二門無機以無機故方乃息化故云釋放捨也初三行頌顧作至教作譬者顧作即上齊教教作即上擬領齊教文意自道樹來以取小機義爲顧作擬領文意法身地時無時不愍何嘗不教豈待顧耶故云教作油塗足等者有人云外國下濕使作之人足多皴坼故以油塗此語甚鄙於今經中坼譬何等何油塗之上受命有四今但頌三者初如文第三是第四大機將動也但闕

第二而無希取初二十年等者上文具引此中二十年已辯異竟今言轉教者前云住二乘位中轉教今以別惑見思名二十也合譬中佛亦如是合相失者上相失有四知我樂小合父子相見上相見文有二先子見父又四父見子亦四今復應知若單以佛亦如是一句合父子相失意仍未顯次知我樂小一句合父子相見意亦未顯何者上句借下句成知樂小故義當相失次下句借上句成佛知樂小故得相見樂小由退大所以相失退大由樂小所以相見故二句相成攝八句也知樂小句義當便識未曾至其意者秖一追喚即具二義故云總也上文譬中齊教探領各有四段擬宜有機歎車適願既但說於成就無漏小乘教中無漏之言通於諸果言成就者雅在後位故亦總攝二四文也上合有二相信委業今不合體信者驗知相信為旁委業為正言委業者委即是命今初一行長頌受命領知上頌所無者上頌譬中全無命知但有受命中三耳初一行標斷德者以云內滅內即惑體三界惑盡故云內滅故屬斷德也次標智德者既云若聞聞教屬智故云智德以小智具故不欣大智此二並舉失顯過次所以者何下六行雙釋智斷者初二行釋斷次一行半釋智次一行半重釋斷次一行重釋智故知初二行明自住小斷次一行半明失大智次一行半重釋小斷次一行釋失大智分得大乘習果也者得初住時破一品無明名為習果言牛頭者華嚴云出離垢山若用塗身火不能燒十恩文者文中自對室衣座三初室有三恩初一是通徧被之恩次二是別拔與之恩通被是四弘之始別被是塡願中終則發心後起行之來自成道前處處蒙益蒙益之相不出與拔與拔之澤知何可報所以難報者初以自行之眞令我修習自稟教後退大輪迴慈悲不離處處與拔次衣恩有四者我受教已大小並忘處處調停知我機遂即於此界頓漸道成雖先正為大機兼亦憂我善種故於頓後便垂小化彈斥淘汰鎚砧鍛鍊貶之以貧事草庵誘之以富豪家業宿萠稍剖尚未敷榮長遠之恩何由可報是故四中初以人天次及三味如來座恩有三者至法華時始獲妙益兼能利物化道初成難報之恩良有以也所以第八是授記恩九十令我能利物恩所以室得衣故有覆育之恩室有座故成與拔之用座假衣室令自他行成衣假座室令初後理顯是故三義合成大恩此始終恩將何以報注家但云物不答施於天地子不謝生於父母以感報斯亡今意正論荷恩難報何得以亡報釋之況復秖緣令我報亡斯恩巨報故不得直以亡報釋之凡言亡者治彼不亡今非領亡但領難報二時既別且釋荷恩

法華文句記卷第七中

法華文句記卷第七中

校勘記

一　底本，明永樂北藏本。

一　四五八頁上一行書名、卷次，二行述者，[南]無(未換卷)。

一　四六〇頁上六行「分別」，[南]作「別分」。

一　四六二頁上五行第九字「壁」，[南]作「譬」。

一　四六二頁下一二行第一二字「金」，[南]作「今」。

一　四六三頁上九行「非密」，至此，[南]換卷，卷第七上終，卷第七下始。

一　四六三頁中五行第一〇字「爾」，[南]作「是」。

一　四六四頁上八行「正本」，[徑]作「王本」。

一　四六四頁中一九行第一六字「大」，[南]作「大至」。

一　四六六頁下卷末書名、卷次，[南]無(未換卷)。

法華文句記卷第七下 更一

唐天台沙門湛然述

釋藥草喻品

法華論以七譬立七對治一顛倒功德增上慢煩惱熾然求人天果報說火宅治聲聞人與如來乘等說窮子治大乘上慢人謂無二乘說雲雨譬治實無涅槃生涅槃想說化城治不求大乘以虛妄解脫為第一義說繫珠治有大乘人取非大乘說髻珠治無功德人不取第一乘說醫師治若但依此七各有對治則為法作譬說譬領解佛以譬述等理似不成應知論意火宅則不指大車邊窮子正用領付之意雲雨令開權二乘故化城以寶所引之餘則可知他若云今品唯出生者全違經旨況復論文從於能潤以雨為名經從所潤故云藥草藥草則二乘不無一雨則述其歸大嘉祥云草木有二一不知同二不知異若有瑞草即能知同以喻迦葉此則但從迦葉所領可爾若從佛述豈可餘之藥草悉云不知又亦不知三草二木是瑞非瑞是故

須云今昔方顯瑞之是非今謂至此法華何得更有非瑞之草應云是諸草木雖元一地所生一味之澤而不自知忽蒙開顯莫非祥瑞乃使彈指合掌適成妙因生無生慧咸成種智然文中四悉且從迦葉領述邊說於中先總徵起次土地下別釋四悉以酬向徵初世界中二先譬次合譬中土地約今草木兼昔故云通皆有用藥草在今藥之草故名為藥草所生等者若從如來所述義邊無非是藥故云通皆有用若從能領中草為名則秖應云中草品耳故云藥草用彊有漏下合先合昔次無漏下合今於中先合次引證三述其下結意初文者問若從佛述應云草木及以地雨今品既是述成之文如何但指聲聞中草云四大弟子等耶答實如所問言通意別故云藥草言別意通且指聲聞佛意雖通述其得解別在迦葉述其不及及以復宗若別若通皆成藥草地雨復是述其領實故不別說佛讚下證者經告摩訶迦葉者迦葉居僧之首故別告之故知信解雖具列四人空

生居首然自陳之唱屬在迦葉故今別告又言及諸大弟子信知得悟不專四人述其等者悟必通該領述從別佛雙述善哉及迦葉領通名藥草並與歡喜意同及領兼述同名世界故可從通次文二先譬次合譬中云叢育等者譬昔各有積習故名為叢育養也曰久者經二萬億猶在方便今始開顯故曰一蒙雲雨此下次喻今雲雨如下釋言扶疏者扶謂扶助爾雅云林有草木曰疏以昔助今堪可與記言暐曄者明盛貌也一蒙雲雨使草木敷榮無始性德如地發大乘心如種發二乘心如草木芽莖今入初住如同成佛乘芽莖等內具十力名力力有勝能為用對於芽莖故俱名內小果得記如芽豐等譬諸下合昔今得下合今先合次證後結意初文者既開顯已自利兼物從於自他受益得名名為為人次對治第一義中二譬合譬中亦初譬昔今蒙下譬今言四大等者世藥三品俱非藥王下治四大中益五藏上可還年言風冷者略標二大昔除四住病但養五分身還

眞理年駐變易色令蔭以無緣慈雲洒以無
私法雨使其遠種獲益無偏使無常微草乃
成常住藥王自行兼人悉除三惑故云徧治
當知自他並成常身佛大仙也次譬諸無漏
四字合昔從聞經下合今亦合證結意言嘉
著等者嘉善也著滿也稱字去聲善始令終
名爲嘉著聞契理故曰稱徹且寄二乘領解
以說故皆云無漏此並成於佛乘四悉言是
對治第一義者從徧治邊即對治義從成仙
邊即第一義餘約教等三不記云云者草木
即是三教地雨即是圓教即爲約教若本迹
者本住智地曾施雲雨迹爲草木引彼增長
觀心具如玄文利益妙後又約藥爲觀者如
止觀第十四藥治見備述權實思亦例然舊
師雖云述佛恩深無十恩意述亦不徧古師
亦不以教作而爲探領縱立探領此亦秪如
下文南嶽所判權功德耳師云者正指南嶽
二乘雖復自領已界既云善說即是具領一
代權實令佛委悉述其所領十三偈下文將
古所引還破古人迦葉雖自領佛恩深其如

佛述善說如來眞實功德豈獨二乘法耶教
作譬是佛權功德者亦斥古人述不周徧教
作人譬是權法中少分而已具如前釋他日
即是二他義也他即是權應云此實我子豈
獨教作人耶今言下今師釋也始天性等者
天性即指大通佛所如十恩中初恩意也中
間下具如已下九恩意也天性猶通結緣從
別自微等者自從也從小之大至第十恩故
云諸也豈止一代教耶雙述等者兩處謂方
便火宅也以信解中雙領兩處今亦雙述二
處所領若不爾者徒述何益善說下述其具
領如來權實教法此約因緣釋也故不同他
引論破無小也又華嚴云去徧述所領即約
教也前釋尚總此釋則別總別義一本即觀
心大意同前領所不及者舉迦葉之不及顯
餘類之有分又出迦葉之不及示迦葉之徧
領又示迦葉之徧領則知一攝一切於中先
列次所以者何下釋釋意者若但述二乘秪
應從中草題品於所領外更述不及令知如
向所列意也又說不能盡之言寄之以明不

盡佛說不盡況迦葉耶此中先叙佛意佛意
既徧驗領有窮次那忽下責其齊教通貫諸
句不道下正述不及退進等者以二乘位望
上爲進望下爲退十界各各自有因果不由
次第故名爲橫一人漸起亦得爲豎今取雜
起及具有邊但得爲橫又以多人次第相望
及法淺深亦得爲豎人人各住亦得爲橫七
方便豎者若七人各七先後相望七人各一
大小相望七人傳入七人入實俱得名豎又
三世名亦橫亦豎者世世徧於十方十界亦
名爲橫如是品類皆從諸味八教調熟方於
今日與迦葉等或同或別未閑徧領故佛示
之夫山川至不及者此非橫非豎不及如下
諸文結差無差無差即差差即無差不當橫
豎無差即差而橫而豎今從無差名非橫豎
從而差邊如前橫等初山川下具對諸法皆
與理等同以一地而總貫之初有人以地譬
賴耶常住其理不成對五陰世間以明一實
差無差等無非實相故總言地次草木下約
五乘七善習因對於一實明差無差等次一

雲下至初三末一約五時教對今一實明差無差等先喻次如來下合生公以雲喻法迮家以雲喻應桼何道中天具而謝俗子篤論其理何道俗哉如龍興下譬佛身中能被法體總譬是爲下總合更無進退橫竪等也雖具橫竪及亦橫竪對於一實任運施設論非橫竪約開顯說結差無差則開前一切皆成無差次不及下明佛斥不及意二乘初聞始入初住且自述已所入之法佛欲委述所不領者其法尚多二乘若聞亦成偏領具如前說言未窮者極指後地竪入邊說若欲偏述未暇窮終所以迦葉述已者是初是因緣釋又初悟下約教若迦葉領已即攝一切以圓對偏即偏領教也迦葉所證即初阿也既即後桼偏領無別又權行下本迹唯闕觀心具如玄文釋法中說若依今領者即空故差即無差即假故無差即差即中故非差非不差橫竪例知廣述成中二段初文具述三草二木差無差等即是廣釋領所不及既貴迦葉領所不及所以下文仍歎迦葉者明其雖復

有領不及縱領諸意不出權實復接引之故結歎云汝等能知如來功德勸信者此不及等既唯如來能知故舉法王以勸迦葉所不及者彌須信受若依此領已是能知爲下大雲譬本者大雲普覆於一切大雨普潤於三千受益既實能被不虛於一切等者非智無以說非教無以詮欲知智在說觀教而知智今從述教故先教也若方便品初欲引五佛所說則先歎二智既是相成前後互舉一切法等者問何故前文領不及中七方便是竪今那云橫答約人故竪約法故橫又人法各有橫之與竪具如前說不可定判故更以橫對實亦名爲竪若言不爾下釋此橫竪初釋竪中云若言一切法不是七方便以對一實爲竪者如二萬億佛所初發大心即是一切法實中間流轉或復發心不出七法故七法是橫對一實爲竪又十法界下釋橫也一人身中尚具於十況不具七一人既爾多人亦然一趣既爾餘趣亦然故七法是橫如來身中若十若七一念洞照橫竪無遺此法雖多

等者七攝權盡一切逗機不出七故爲人天等者明佛能照是故能說此中既別列二乘故三藏事度即菩薩通無生名通於三乘述其開三者具叙七善而云三者三從出世但開菩薩加於人天義須通七究竟等者此明諸權皆歸實相是故三教教智未會不名爲一又非明示此法從於無住本立故不得云究竟不二今言不二者始終一也其性等者廣博之一故名爲切切字七計切七結切並通訓衆也共顯不二是一家之切名一切智寂而常照者智所依地能生諸智故名智地此從境說若智即地能所不二故智亦得名無住本是故亦得名智爲地正顯能立立亦生也故此智地能生諸法故雙名智地爲無住本云何等者斥古師也降此之外餘解不當暗而復寤迷深故也於無明夜寤解聖言何能當理例大品下引證智地故先翻名實相是體智即是用若智家之地即指實相一切皆大由智顯地由乘至極亦是從始至終依地至極大事大乘皆須簡於莊嚴白牛餘二等者

但是不一皆名爲二此約至開權顯實也者以漸頓中不出七方便故故漸頓中有權咸開如來下至釋教也者權教咸成實教者良由以不二智而同照之知所歸趣至各有歸趣者能有所趣故故名所趣戒善下明七方便法皆有遠近者當位名近趣極名遠當位名權趣極名實權藥所治故名權病關中唯遠是亦不然善無自性遠近在人於中先舉戒善近在人天言作緣者從遠得名故云若作念處下言福德者大經意也經云聲聞者福德莊嚴有爲有漏亦由在法華後故說開相可嚴法身念處兼於兩教二乘今且在於三藏聲聞中越三人故云乃至六度通別一一善根皆有二趣如來善知問別趣已遠如何亦二答十二品惑及以我之果爲他之因豈非近耶又近遠者近從物情遠有三意一者善體二從本期三從佛意佛意又二一者順機二者從體唯有如來善知體性體性之語還通二途接近今遠體性俱存此於權中取意實釋即是今經權實正意又戒善下重

釋者單從藥邊釋七方便名爲識藥深心所行名爲知病能知即是識藥故也言二種者所執兼細惑依正唯麤惑故障人天者且從近說著所執者以四倒等各對諸乘然麤惑亦非全不障乘但不執理障乘義弱著所執者非無十惡失人天乘隨其淺深皆名計故故以計等隨義對之一智徧照等者應非但照一切而已須於一藥一病見一切藥一切病下文既云一切法者即是十界故一藥一病皆具十界知諸法盡名知病者寄藥顯病知一切深心等者若無識藥不知深心寄病顯藥若干者若如也如彼法體法體本空故若干無若干又如下舉心法塵譬差無差初二句明法相約心所緣法塵以辨次心有下辨別次心不下辨即次無數下辨即相權實下合譬具法本無由心有數名法爲數全心是法全法是心不能具合但令述之故注云云譬如下第二譬說文爲二初譬後復宗稱歎者準前初開云初述開顯次結歎於初文中自分爲三謂法譬合今至譬中又云先譬次

復宗者以由汝等迦葉以下文具二義亦名結前開顯即如前所開亦名復宗稱歎如後所開言復宗者此中大意本述迦葉於中廣歎如來二智似如唯歎如來不關述成故後文云汝等迦葉甚爲希有此則更復前宗以述迦葉此中以述迦葉爲宗故云復宗以歎如來是歎迦葉故云稱歎三草二木下述譬釋差無差次若觀下辨譬差無差所以若觀草木之末泒則有差別內合方便下合權智實智下合實智差別下云云者皆應細說以差無差用對一實及以七五植種由如來智地物情自謂之差別數禁由如來法雨法不由情而能差衆生所受亦是智地地亦是法但植種時智地義兼衆生心地故初心名地釋差別譬者問土地與下一地何別而此中譬差下譬無差答用譬各別下譬實理今譬報陰故不同也此中先破舊者習因報果二義不同故知古人不應以山川等而譬習因習因必須增長故也故此下文三草二木各有增長即習因也今文正釋但以山川等用

譬衆生五陰二種世間假實不同故今引下二文俱證人天等報果義也又更下別譬者前通爲五乘五陰作譬今各譬五乘五陰如山雖高峻亦有洿隆等五相者洿字烏花切若依今義應作窊字凹也亦應作洼深也隆高也謂山川谿谷土地一一相中復有五相如地雖平亦有高下似山等也川者穿也水大能穿通者曰川潘岳關中記曰水有八川謂涇渭灞滻澧滈澇潏音決滈音浩當知通水之處俱名川也谿者窮瀆源出於山故云窮也谷者水注於谿又泉之通川者曰谷何妨此等皆有五相故以譬於五乘五陰山川依世界下云云者細合陰入習因法性三法展轉相依之相應云習因開爲緣了與彼陰入不即不離陰習與正法性不即不離六文宛然者責於古人不立第六爲習因增長義也所言六者一土地二草木乃至六增長故知初義但當山川未關種子增長二義也又次第如此至前後耶者古師以今家第六安置第一是故責云抄著前後又以最後土地及最初三千爲總而以谿谷等爲別間之故云間糅經文治病力用勝者若分藥草二字則以小草偏受草名餘通名藥即指無漏且從所述二乘人說是中草故故稱下草治病力弱上草同凡治病亦劣從發大心故亦名藥二木復從覆陰爲功故知通題別在中草通論皆藥但略木字耳具如品初分別可見質幹法體也覆蔭慈悲也器用利物也喻二菩薩者通別菩薩望兩教二乘及三藏菩薩且云大耳然通菩薩若望三藏弘誓之境雖無優劣以通菩薩一者衍門通圓二通於別故云廣也七善秪是七方便耳若從修習當體爲名方便進趣功能立稱密雲即三密者凡云三密必約應化自受用報平等法身何所論密覆蔭譬佛慈悲等者蔭廣則質大蔭狹則質微質微則利近質大則利遠遠密近踈赴物各異隨其用智化境不同不雨下云云者因將雲等以譬三密便引雲色不同電師名異有雷之由雨緣不等今以雲譬應身雷譬名稱電譬放光雨譬說法長行無雷電頌中具有電必有雷雷必有雲雲必霔雨今不取無電無雷之雨無雨之雲爲譬須以此意合身雲等應色非一且汎舉五以應五乘佛爲教主譬如電師衆生機緣亦如電師感應相扣猶電師鬪隨機有感應之以光又四大鬪亦譬機應言五事無雨者總以無五乘機用釋有機以無機故法雨不降凡引事譬皆有近遠此中不須用華嚴中六天四域秪借阿含意爲譬耳又雜含云風雲天作是念我今欲以神力遊戲作是念時風雲即起電天雷天晴寒熱天亦復如是問此六譬者本譬差別何以密雲一雨爲無差別譬答下文雲雨秪是此中雲雨譬耳但今從所雨得差別名若爾與草木何別答草木唯從草木立名雲雨乃從所顯爲能是故不同八音四辯如法界次第應分教別今從極說普洽等者雖說五乘本被一實宣受潤時離實地耶信戒等者五乘皆藉此之四法唯有人乘闕於定慧以心所當之明其草木隨分至兩因者習因增長以成報因故習因增長即報因增長具如止

觀第八記略述諸論習報因等但彼明發相此辨修習彼六蔽度此七方便以此爲異耳華果數實至二果者華如習果果如報果此隔字爲對應言華數果實亦有華而未數果而未實亦可譬二因也今取已數已實者也故至果時依正明了道前心地至智地者此道前後之名名有通別道後定在果後道前通至凡夫故方便品中亦以等覺已前爲道前此中須以博地凡夫無戒善者爲道前以五乘爲道中所以道前道後眞如之理等皆是地地體無別然皆能生故知衆生道前心地奚嘗不有能生性耶而不能生不能成者必假道後極果智地令生令成發心已後究竟已前皆假智地而成熟之開發道中者且以初望後五乘居中非謂五乘即有眞如五種善根即五乘也並約如來化意邊說故云終是一音言終是者終無定五故云也被物雖五化意唯一從權宜邊須名四味合譬次第者此中但明合中相生準理亦應明譬相生譬相生者由有五陰衆生故有五乘草木

有五乘種子故密雲應世應必說法說必有潤潤必增長云云者應以差別對潤同說差無差等章門者十號如止觀第二記略釋四弘者肇云發僧那於始心終大悲以赴難本業瓔珞具對四諦然彼屬別今須在圓知道等三不護者常與智俱六種法門始自十號終至三業諸教所明一切果地神用法門此六攝足故略舉之況此六門一一互攝此六次第者由具十號故有四弘故云未度令度等雖用四弘若無三達照機不徧三智具足方乃名達智必有眼二法既以定慧爲因而獲眼智兩果故有智必有眼如此五科無不三業隨智慧行故略舉六科以示能應佛自稱此以顯能注即是十法界至差別者雖通十界四趣無增長義也于時者觀機時也言若論者且置華嚴故利鈍之言通三四味十界故也通別圓云云者應須此三迭明利鈍然初句云聲聞觀生滅菩薩觀不生滅已是通竟下又具列通等三者但重舉對別圓耳即以聲聞偏收藏教爲進下云云者須約三

教菩薩求佛者傳明進息隨其至無增減之失者稱五乘機故無增減如人機授以十善爲增天機授以五戒爲減如是乃至菩薩展轉相望亦然報因至習果者前文但云華果數實以譬二果今合中乃以華合報果果合習果若不依此合即準前文或別有意如說般若方等明地獄衆者大品中如來放光照諸地獄具如釋籤所引說方等經亦如釋籤此中引三惡者經中但云善處今取惡道者一者爲欲攝十界故二者三惡有七善機令云亦者取意釋耳生身菩薩且指地前然準權教地前不可一生故須依實教以說後生淨滿界者舍那彼音此指實報土爲淨滿界也菩薩乘出內無利智者且指三藏菩薩問下現文都有八重問答意欲如問而不別云但注云云者約義仍有八中初者但應以出世方乃名乘何故須列人天乘耶故廣列諸意以辨隨宜逗物之相又人天等者準此亦應云菩薩亦斷亦不斷但是文略次云二乘亦斷亦不斷者二乘雖斷斷仍未盡故云亦

斷亦不斷餘悉可見以此爲例取諸經意自在作問乃至具歷四教七方便爲問此並一家依義假說問答耳次大論去更引文設問出離合之式通前諸意大論即於五乘爲五善根故得對於藏等爲問人天下答於五乘中合二乘開佛菩薩爲二也此以五善望五乘說四藏合凡開聖者將四藏以望五乘是故四藏合人天在二乘中開二乘爲兩佛菩薩爲兩若以五乘望四藏即是俱開人天二乘各二仍合佛菩薩爲一既云爲緣不同所以亦得爲三乘但是凡聖俱合耳但以名狹攝法不周明顯不顯故不得但以二乘爲攝若直論乘何法不得具準上意思之可知兩於一切帖合六章門者六章正出注兩相故一相者至一地也者眞如秖是一實相耳七相秖是七方便以實相對七相是故云相即行相也七教秖是七方便教以教對教是故云教所謂下雙釋者初雙標理教也次衆生下先釋性對理德之相初總舉解脫下列結此性三德雖有三相秖是一相如來下釋一味由佛說故此性可修性本無名具足諸名故無說而說說即成教依教修習方名修三比讀此教者不知修性如何消釋此中疏文敬請讀者行者思之照之此三相下重指性三以爲修境緣生下重舉修相故名爲行行即因也終則下舉果地三三智滿故從智爲名即是智三行三性三開合多少準望可知有時下舉分文不同解脫下廣釋相味先相次味初釋相中性德秖是本有三道解脫相者即於業道是解脫德離相者即於煩惱是般若德寂滅相者即於苦道是法身德無生死等寄修以釋唯有下結故云實相一相下轉釋一相即無住本立一切法理則性德緣了事則修得三因迷則三道流轉悟則果中勝用如是四重並由迷中實相而立此無住本具如釋籤第七已釋故無明實相俱名無住今以無相對於差別專指實相名無住本無住即本名無住本隨緣不變理在於斯起住二門義準可識染淨二類具在十門一味下約教釋者上相但云無生死耳約教乃云無二死者教在分別故也前相但云離相者無涅槃相此教乃云得中道智慧乃至離於二邊著也前相但云無相亦無無相今教中云二邊因果滅者應云通別二惑內外二死滅也今對中道中道從理故此因果名離二邊此二涅槃永殊小典小典二滅必不同時此中二滅更無前後句句例作差無差者既句句約教教亦須顯差無差等故應具如前一相中即無住本至即是無差別文是也故今對教明差無差若不爾者徒開浪會虛說漫行空列一乘之名終無一乘之旨稟權教者尚須識權對此終窮安得昧實忽都未聞性惡之名安能信有性德之行究竟等者前總釋中已略明竟今於廣釋理教雙結所歸能詮所詮咸資果智故究竟之言通論理教具有三法而但云種智者從智取境故也七種等者亦有人言此中諸句何意節節皆云五乘七善太煩重耶今請離此釋外與今經合者無有是處故知不以七善簡之無由顯實第二等者前六科顯能知之人法今滅辨所

知之人法故舉此十攝諸法盡又前乃唯約於能今則約能論所故種等四三慧所取所取四法不出因果因果之體體唯實性一一對辯他經十法三道是三德種者即性種也有生性故故名爲種生時此種純變爲修修性一如無復別體言相對者且從當體敵對相翻即事理因果迷悟縛脫等始終理一故名爲性波水之義準望可知波是水種豈可不信若就類者類謂類例即修德也衆生無始恒居三道於中誰無一毫種類夫有心者法身種者合彼性三爲一法身對修方合約性恒開此三從別一一各異問若爾般若解脫有於種類及以對論法身類種與對論種爲同爲異答理一義異言理一者秪緣理一是故性修相對離合言義異者對生死邊名爲相對理體本淨名爲種類又聞能觀智名爲了種聞所緣理名爲正種即是理淨與事淨爲類諸種差別等者須約諸教諸界廣說不可具述唯是理體一三德種如來能知若約教者別教唯有種類之種而無相對於中

法身類種仍別始終常淨唯不從覆故得種名藏通兩教全無此義但約當教其名非無因時三學爲五分種達分即爲二解脫種念處即爲般若種也隱顯並別具如止觀第三記故三教教道之有差本在圓實之無差相體性三既通始末所以須約十界十如釋者向釋種字既以相對及種類釋今此三法亦應例之又前種中不云十界取極下界類中自云世智等也故此十界不出一念如彼廣釋十如中明又前釋種不約十界者欲明三德義便故也此相等三亦是三德已有種義不須依前約界則便故十界中有佛與凡論差無差或對三諦次約三法即是三慧於三重中皆初云念者念所取境思修亦然境即所聞所思所修皆言何者指所取境所念等者教下所詮向之四法隨教則有思修不同對界爲境多少增減觀體巧拙隨義應知爲差無差以權對實初言用者有取境慧方有所取舉事顯慧故曰用也所言體者即當體也境中舉事事是所取念等居先取所取事

今先言云何指能念體思修亦然故知即是三慧當體此體即是能聞能思能修故云記錄所聞等法言因緣者謂以何之言須所聞教念等即是能聞等也不由能取令殊而爲別相乃由所聞法異分五乘七善能所和合即聞思修之因緣也言取境聞法爲因緣者所取能取並名爲因聞法爲緣生慧即是所生法也又取境者取境必須聞法爲因且先標之故三境爲因聞法爲緣即初雖有聞等更須聞法以爲良緣故云因緣應知三慧境體及以因緣雖三而二重釋因緣者合向境體體即是智境必從體得名體必由境立稱重云因緣者既加聞法防自他計及立更互因緣故也三義具足方乃成慧及成所爲如此三乘等者五除人天以人天乘未名慧故問前云十界此中何以但云三乘答廣略雖殊其理一也但種通乘局合大開小故但三乘又種等四必徧十界於中起慧必唯三乘三乘通於四界故也五乘之因等者慧必唯三因果通五離七準釋可以意得不云四趣

者且從升出生公具約諸度等法辨聞思修然六度未能分於三乘六則通漫三則攝六是約一法者故四意中前三約所辨能此約能論所所中無差即一法故故前三意如來並有一法無差但且約所以對能知無差別下云云者秪是如前差無差等而為分別一中無量者意云是一家之無量耳一一德中皆可為緣分別無量如云多諸名字等無量中一準此可知何者去對小辨別何者以二乘人亦有二脫離著入寂名同體異重對釋之常寂滅等更以無差結二乘差終歸於空準例可見鄭重抵掌者抵吳也吳手於掌表勤勤也向已釋竟今復釋者此事不易故重勤勤佛世尚然何況末代斥舊云至若佛等者古人以此釋下壽量失旨逾甚今復以此釋常住教故云若經不生不滅而云灰斷故言若佛經佛無苦加之者過故云若佛等耳光宅有餘未足辨異然光宅諸文皆破三祇菩薩不知何事至此即以小乘有餘之名消畢竟空有人去他難光宅諸古尚有不許斯

釋何況今師經文下今師正解前對二乘重釋者良有以也龍印去引舊諸釋以責光宅一往且爾然亦不知舊第一義空與小何異隨三悉者亦以一實為第一義對權為三即昔日隨欲順權機也次復宗釋疑者雖未之言許為儔類得受記已即分真佛自鹿苑後具領權實至醍醐時領業不虛當知前歎釋迦本欲稱歎迦葉所領言釋疑者恐此時衆聞佛述其領所不及不曉佛旨而謂迦葉所領不當故述已權實以歎迦葉能知如來隨宜說法雖自領已實兼一切問何不釋探疑耶答齊教顯露虛實易辨故佛且約齊教述歎若爾探最可疑何獨齊教答雖難而易時衆聞說如來二智知佛法身恒恩大小秖恐領教未必盡善故佛以二教二智述其齊教無差謬也又齊教領尚自不虛驗知探領亦應非謬釋述意者向適斥其所領不及豈至此中即云所領甚為希有故知前文但是如來自述能知何關迦葉故今釋云世尊雖即自述理當迦葉一切皆領迦葉既其始末自

領而亦經涉五時權實義含一切故亦堪歎甚為希有然章安重釋但作述前品一十三偈歎佛恩深即是當界能知隨宜當界事理徧收一切問此中述前歎佛恩深與古人何別答古人直云恩深不辨恩之近遠故前以十三偈具領始末今佛具述方名述成此是章安之助見依大師意自成深致豈有等者即指迦葉等以為一機指此娑婆以為一方餘機不領故云說不能盡迦葉等四於前品未但云如來大恩如來遙鑑迦葉既能教探二領豈不能知初四弘恩乃至最後令我化他十方儀式亦不出此故今此中長行偈頌通徧述之則三草二木一地一雨盡述迦葉始末之解身心法財者身得受記心獲法財已證第一義一實空座若依此義佛本徧述迦葉始末時衆不解故須除疑是故釋云迦葉能知若尋此意何得以四伏難與此同言耶若不爾者大恩之言何所主耶述恩不周翻成背義若也出生還應自鄙何以佛歎能信能受次頌中不須略但頌廣者廣攝略故

次有智下約權智者問既云有智若聞此必屬機云何屬佛答若非有智人說云何能令有智人信自此之前皆名邪者迦葉等四未聞譬前義當邪見見未正故故別大經迦葉童子自述為例彼亦未聞涅槃已前自稱邪見應身至含潤者凡說法之言乃對應身故勝劣應皆是色身口業宣辨新經乃以他受用報而為遮那尚非自報豈不說耶若言體即十身俱即何獨應耶乍可云三身即一說默無殊安棄丈六偏尊相海如空為華華外無空能具等者故知說昔偏小典藉不降閉顯十二部中佛性圓常之雨故雲不含潤前二味中雖說不受雖有不偏義非含潤須簡多佛不說法者此以全不說為不含大論文也多寶不說義如下文九十八使初斷見愛得真諦益而云地上清涼者六根淨位亦且除之百穀語通至百善也者五乘各以百善為本言能生者從果以說若從因說乃是百善生於五乘大小乘因豈過十善故以十善更互莊嚴若不能修互嚴因者今所不論若爾人乘無百答酒防意地通說非無甘蔗等者既舉二物應有屬對今試對之甘蔗質一可以譬定蒲萄形多可以譬慧慧約所破定約所緣且分多一既出下三行頌十號者文略義含出世即無上士及佛于於也為說即正徧知明行足世尊即第十號於天人中即調御丈夫及天人師如來即第一號來善去善兼於善逝又出于世即世間解充潤下四弘者充潤眾生即初弘誓皆令離苦即第二誓皆令離於因果苦故得安隱樂即第三誓及涅槃樂即第四誓五乘咸有世間之樂皆令得於第一之樂勸聽受中又更為二初二行先歎佛次為大眾下能說人尊故所說法妙七善無不皆歸一乘故勸聽受此舉無差以釋於差佛平等說等者有愛憎故則有彼此不於佛機者愛餘機者憎貴賤上下約位持戒毀戒約行利根鈍根約習亦須具歷五乘七善展轉說之有人去次釋三草二木者古師不同但於大草二木不定以名含故小中二草經自結名必無違諍仍不知有二種二乘是故初師具列五位第二三師但列三位以二草意同三皆未稱然三草下今釋先總非云師心反佛違經者無稟承故即師心佛意不爾即反佛違經者經明受潤不同以對五乘差別如何三位並同在一教別受潤中進退兩解者初正消經文次以木例草準義以釋草既有三木亦應例人見大草中云求世尊謂義亦通後見小樹中云專心佛道謂通初後見大樹中云度無量億謂通前二便作一種歷位解釋以近代來棄舊經論諸教菩薩此為消釋之大患也故今別釋寘順經文上草為六度者既云行精進定於六度中精進為最故大論云施戒忍世間常法欲修定慧必須精進況復通進徧入五中為是義故舉進攝六故不可二木唯在三祇小樹中經既云常行慈悲自知作佛六度菩薩第三僧祇方乃定知故不及通但過二地必知作佛故與前異乃從勝標大樹中既云轉不退輪別人初地能轉法輪是念不退藏通至果方轉法輪豈得名為如是菩薩故知在別

次義立三木通三菩薩令識通方故更釋之故正法華初例則云三木二草以小草爲愍愍藥以上草爲上尊藥頌文乃云三藥二木是故今文通別二解釋增長中二乘增長二解不同並今師意前釋得小乘盡生死方名最後次釋大乘中方名後身大小兩種並名增長增長皆由值佛衆生自謂當分增長今準佛意莫非地雨故今當分遠有增長所以至此方知合一無後之言且任小教權名爲無非永無也若得法身等覺一轉當入妙覺乃云最後論云羅漢發心已後邊際定力令分段身延至變易不復改報成無上果者此多屬通義以通菩薩過二乘地感潤生身或不經生而成正覺豈華王佛果而用二乘邊際定身故應問言此定與彼首楞嚴定同耶異耶諸論皆云捨分段身而入變易天親論主意未必然但恐論釋義不正耳故知最後增長之言大小各別無人有教深可爲規問若爾餘之三位皆應兩釋一者三位若不值佛各不增長若得值佛當位增長二者於法華前住四位身被佛調熟若至法華得入一實方名增長答然五位中二乘執彊謂爲最後故須二釋餘三已有彰灼明文上下文意一切皆爾問二乘同云住最後身必須見佛緣覺不然者何答雖生佛後元因佛世思之可見增長後云云者具述大小今昔之意五位雖即自謂增長萌動之初莫非地雨說雖地雨居後長必始在初毫今始示於地雨初後耳亦應委說通別增長之意問一雲一雨與一音同異者問意以一地一雨與一音教爲同爲異答意者今一雲一雨別譬開顯彼一音之教通於因果及以偏圓於中先分因果次辨偏圓先因果別別意雖爾亦隨諸教二種雲雨以譬諸教因果隨分一音今從究竟雲雨以問答中別中二種一音言下地者或指圓教六根或指別教地前若指初住已上等覺已前豈可全無隨類一音次辨偏圓中先出舊非次正解中三先圓次偏後明自報先圓中引大論者破上三師所言報者即酬答也如此一音亦通下地但不關六根次婆沙去引偏擬圓類例欲同然其秖是三藏教佛之一音耳若不爾者能以婆沙釋華嚴不五百羅漢有七菩薩見解以不瑜伽尚別同異永乖迦葉當知者開譬頌初已云汝等迦葉及當知等故頌文後不更復宗重稱歎者良由此也隋朝笈多所譯名添品法華者自餘諸文全依妙本後見正本偈後更有一長行偈頌乃重譯之添此文後又移囑累安勸發後自餘先譯並無所改重譯言辭多似正本其所添者初長行中先以日月譬用歎佛智(此與前文重故什師不譯)次明五趣中有三乘於三乘中而說平等(亦與前文似重)次迦葉問何故施此三乘教耶佛以瓦器譬之所盛不同非關泥異迦葉又問彼種種解出三界外爲一爲二三耶佛答若覺體等無復二三(此亦同於第一經中滅度想者也)次因此後佛爲迦葉說生盲喻初不見色譬諸凡夫次以眼開譬於二乘次天眼開譬大乘也偈重頌耳故知無此添文大旨無闕若其有者述成又剩什公不譯意不煩文南山云笈多輒移囑累品也準此亦應云移

品法華

法華文句記卷第七下

法華文句記卷第七下
校勘記

一　底本，明永樂北藏本。
一　四六八頁上一行書名、卷次，二行述者，[南]無（未換卷）。
一　四六九頁上六行「著滿」，[徑]作「著漏」。
一　四七〇頁上一三行首字「又」，[清]作「文」。
一　四七一頁下九行第五字「泒」，[徑]作「派」。
一　四七三頁下一三行第八字「音」，[南]作「言」。
一　四七四頁中一九行首字「住」，[南]作「信」。
一　四七五頁下末行末字「趣」，[徑]作「起」。
一　四七六頁上一〇行「脫離」，[徑]作「既離」。
一　四七六頁下一〇行首字「未」，[南]作「末」。
一　四七七頁上四行第一三字「別」，[南]作「引」。
一　四七七頁中五行第三字「含」，[徑]作「合」。一九行第一五字同。
一　四七八頁上二行第六字「例」，[南]作「列」。

法華文句記卷第八之一　更二

唐天台沙門湛然述

釋授記品

注家云業似先達心符後順既拂殊音之異
寧爽一味之果哉故與記也今云事似先達
心機本順然諸菩薩豈無先違後順之人故
知今記聲聞須除通釋釋此品題先翻譯次
料簡於中初諸經下先引經問中初文總舉
問意次淨名下別引三經初引淨名者彌勒
得記既爲補處必生兜率爲彼天主彼諸天
子預來脩敬彌勒因爲說得記由由不退位
廣爲天子說不退行即不退因也乃被呵云
衆生諸法賢聖與彌勒如同記同何獨彌勒
況如無生滅何以得記次思益云者以記虛
假願不聞名大品亦爾答中爲八初通答次
約二諦三約四悉四若通途下正明今經五
他經下對於他經以辨有無六元諸佛下廣
約四悉七授記下判能所異名八中根下來
意初文言此見須破等者意云有見須破願
記須與豈可專引淨名等耶若約今經須具
五意一破方便教所得近記二破始記者生
染著心三爲顯衍門記無記相四爲未合記
者息希望心五爲宜聞破著得益者故衍門
破小義兼三教四門記相云云次二諦者四教
並然何得以真難俗三四悉者略同二諦廣
如下釋何得以一難三四正約今經有五一
通別二三因三遲速四師弟五懸記應言現
未但是文略然此五意須約今教以簡他經
或遲如聲聞或速如龍女五對他經辨有無
者又二初明今有次瓔珞下辨無明有又諸
經爲對菩薩多授法身究竟果記今此品中
秖記八相如前後說瓔珞八記者今經已衆
無不知者故前四句中今經唯有第三句純
顯露故於中不必在第七地如不輕中一句
通記故他經記深後四句中初句雖云遠處
不覺化道同故亦非不覺故今經有第三句
義同初三二句也故知諸經實義未暢言未
得無著行及以七地者無著之言應約通判
別圓教中初入地住已名無著或在別教約
教道耳入無功用方無著故據空觀成秖合
在通言七地者在於通教以過二乘堪與記
故然論文中先列四種聲聞則退大應化與
記增上決定不與有人救云決定亦記此亦
不然他計決定即是定性永不發心須指經
文雖生滅想彼土得聞彼義自壞何須別求
但以滅想者作凡夫釋曲會經文令成已義
又寶性論秖云聲聞出界根鈍不云根敗言
根敗者迦葉於方等即是其人若至法華敗
根還復若入滅者出界方生生公云會理無
累豈容有國雖曰無土而無不土無身無名
而身名逾有故國土名號應物而然引之不
足耳若得今意但云八相誘物斯言蔽諸法
華論云二乘有佛性法身故與記非修行具
足論言未足者據極果耳豈可不修淨土行
耶據斯灼然更須供佛若緣覺人入聲聞數
即同聲聞出無佛世同決定性六從元諸下
廣約四悉總有十重以成四悉世界中二者
初約機應相對次單約物機雖義云單終成
機應機感相稱如歡喜也爲人中二者初文
改小入大已生已善時衆下衆願者又有利

他之善四對治者初破菩薩退爲小惡次破欲發小心之惡次正破小惡次破將欲證小之惡第三巳證第四巳入賢位故異第二若對菩薩擊彼小人餘經亦有今明記小復引小人故唯今經第一義二者先正釋次釋疑疑文可見然衆生下釋者爲成第一義意前之三悉不必無生又第一義中唯約自記者前之三悉或兼自他如對治中一向對他爲人中初一兼自他後一唯他初世界中若將化主以對所記亦唯在他雖有此十亦且約記二乘以說佛記一句及菩薩記等此中未論初迦葉頌中初四行行因次半行得果次六行國淨次半行佛壽次一行正像次半行總結無劫國名言三人記各有行因至數量如文者但旃延中無劫國名餘文並同次須菩提中長行可見偈中初一行誠聽次二行行因次一行得果次六行半國淨次半行佛壽次一行正像闕劫國名旃延中長行如文偈中初一行誠聽次二行行因此三句得果次三行一句國淨闕佛壽正像目連長行如文偈中初四行半行因次一行半得果兼國名次半行佛壽次二行半國淨次一行正像

釋化城喻品

因緣釋中爲四初約喻釋名次以法合三蘇息下說化意四權假下總結初文者以大涅槃非化作故不專禦敵理性即故具衆德故次合中初總標權智下合神力所爲以權下合無而欻有用教下合化防思下合城教無實故名爲欻言非敵譬見思者非寬敵急見遏思遮見親礙故思不障果三說意者蘇息施小引入顯大故二酥名引醍醐方入是教道故而言下卻釋城也權假去結意者辨異實故於此四中立四悉者若通方義立從於權智若從機說無而欻見見巳生喜即世界益得入蘇息即爲人益防非禦敵即對治益而言滅度第一義益若從能引權立此城即世界化爲生小善即爲人化且除見思即對治化終引入大即第一義化次約教中三藏菩薩全未發足是故不論通教菩薩雖同至城入而能出不同小故元出界故一脚入城以大悲故不證有餘故一脚不入三界機緣名之爲子久發心者義之如妻通教以二乘爲惡道別教以生死爲險阻至涅槃而不入故名經過不極之言對小以說圓教言化者在昔則斥奪但云不堪亦未曾云涅槃是化故至今教動執開權方云是化乃至顯實化乃成眞即實潜故知藏通謂極非化別教非極非化圓教非極是化亦可是極是化亦可是極非化與藏通教言同意別今是等者亦從破計故且云化若開顯巳無非眞實本迹觀心不記者可比知故應云本住三德涅槃之城迹入化城若從化主迹示說化問此等品者此人附正法華設此問也正法華名往古品問者潛改云宿世品故答中不違問者以順正經可消令部又上根下約三時釋言探取等者其文雖在法說述成述成正爲引起中根故釋譬喻幼稚等文皆引用之若從下自約當品別論三時者二經俱具正經從初不及今經處中之說並不云實所者如藥草中不云地雨若信解譬喻題通意

別別在實故藥草化城題別意別問化城等可知答中意者此中文促無復二味但叙城後即向實所準此文意說化即是開權開權即是顯實顯實秖是說化故前約教中是圓教也故應知是開顯之圓又領解下釋妨以陳如記後方領故也若記後領具領聞法及以授記或文少等通有諸意如今下云云者應出前漸後頓之相具如文中古今二同次偈七行頌前三義初一行頌所見事次四行頌譬久遠三二行頌結今昔經云其佛等者一切八相垂迹之處皆先破魔準說法華亦應先漸復云破魔似同穢土若準壽長復非穢土故知同居淨穢其相蓋多故成道等不可全同此土三藏故知不可若引此土小教以消彼文問時諸梵天雨衆天華其華如山樹座猶下其相如何答不思議事彼此不礙列十方梵文正本中先四方次四維次上下此則並是隨譯者意不知梵本次第如何然正本列數與此多異相應下云云者皆據諸梵請法偈文亦與大小半滿意同然彼佛說

法亦約五味故依古難當謂示勸證云云者應略辨三轉之相示者謂此是苦乃至此是道勸者謂苦應知集應斷滅應證道應修證者苦我已知不復更知乃至道我已修不復更修示謂示其相狀勸謂勸其令修證謂引已證彼大論俱舍諸文委釋若以大小經論轉法輪義同異之相盡著此中紙數盈百尚不可盡意令知彼先小後大同此土耳故不多述今辨諸門略示同異於中為四初約所對次為聲聞下約所為三何故下明三轉意四問下料簡初文二先對四法次對三道以四法中義類同故第三意中云為衆生有三種根者聲聞乘中自有此三故於鹿苑取悟不同大論婆沙亦云三根上根聞初轉中下準知問初為等者既云聲聞自有三根五人並是聲聞根性既具三根復有諸天何意無三為生下答人天通有三義故也謂慧根道聞等不同是三慧悟有前後即三根見修無學即三道色無色般義準亦有但非因轉法輪得耳次釋十二行者為二先雙標兩門教

十二者下釋釋中又六先略釋次又教下判能所三十二下判輪非輪四若作下判教行五教輪下判名體寬狹六或通下判通別初文中云十二行者四諦各用示等為教一轉各生眼等為行言能所者四皆佛說故云能度入彼心故云所言是輪非輪者輪以摧碾為義唯教無行豈能摧惑若不摧惑亦無輪名佛知機知時亦不無行而徙轉也今言非者教從化主行從受者是故行輪從受者得功歸化主故從佛得以未盡理故重釋之若作二輪教行相循共能摧惑況復教行俱由佛轉是故教行俱得名輪但眼智等無別體故還指忍等故眼等行約於諦教而成十六故三根人聞三轉教各生眼等成四十八寬狹中云教輪等者是化他智但屬一權則能轉唯一所轉十二則能轉名狹體寬所轉名寬體狹行法輪者教是能詮行是所詮故行隨教並有十二雖俱十二寬狹則異教定十二行生眼等若以示等生於眼等數同名異次辨通別中所言或者不定辭也或三人各

聞三轉或一人前後聞三初雖別簡今就下正釋初轉法輪得見諦解三乘之人方有十二所不下簡不能轉者又爲二初略示其人次有解下因茲通辨大小通別初文二先正示人次夫轉下明不能轉意初文云沙門謂佛法出家者不因佛說尚不知名豈能轉耶故法輪名唯從佛得沙門尚爾況餘衆耶有云外道中出家者名沙門若爾何故云尚不能知當知以正況邪有解至之意者今師有時作此解也因此通辨非初轉也於中四先明一代卷舒次小乘下辨一代體三十二下辨名體同異四又三人下辨通別初文者且從諦體以論卷舒從無舒四卷四歸無卷舒秖是開合意耳具如玄文七重二諦中說言大小者且約小衍釋出體耳委悉應約五味四教以明開顯具如玄文及以止觀辨體中說三明名體中云十二因緣是別相者一者總離而爲三世二者別離因二果五因三果二具如玄文及俱舍等四明通別爲三先約因緣次約四諦三約六度初文又二初對三人次無生下明卷舒初三人下通別可見相生傳傳滅者舒則傳生卷則傳滅具如玄文以辨興廢次約四諦但以二乘對菩薩者但是文略亦應先明離合次對三乘四教後明卷舒三約六度中四先明通小次明通凡三若爾下釋疑釋中但云二乘不云凡夫者二乘猶有分得故也四阿毗曇下引小證通實雲經三乘毗尼者引事證通云云者應具明所以脫子果兩縛者叙初顯後俱解脫云云者應釋三脫相對三念處具如止觀第十卷乃顯俱解脫人具足事定名深妙耳諸根等者文有二釋意者初釋即相似位次釋云入佛境界者即初住位具如華嚴十種六根下文頌中云分別眞實法者分別故始自色心終至種智皆不出實相故云眞實八萬四千劫下云云者須得具明時節之意諸佛寘嘗不與定俱但由物機在十六子結緣齊限故爾許時具如次文所述者是正法華云入定經三十萬劫不知法護何以所譯其數頓乖逢值有三種者前二可知第三既云但論遇小中間之言自望元初結小緣者耳第三類人未曾聞大便即流轉此人即以初聞小時爲初結緣復於中間唯習於小今遇王子初且聞小人見釋迦一代教中一分聲聞未發心者便即判云永滅無發是則不知如來長遠之化次問答答中約四悉說文少不次先對治次爲人次樂欲次第一義問此經何文赴其樂短答龍女是法師品中雖無時節計應非遠小乘教中尚乃秖云六十百劫出界但經八六四二雖大小有殊猶在權教故實教中六根五品一世可期乃至金光明經一生十地故南嶽用普賢觀意云六根極遲不出三生雖四悉赴機隨好長短論其自行終無端拱準論即是衆生意樂意趣意樂正當四悉之初仍少餘三若指他佛爲平等者終不及以四悉意也問法華實教秖應實說何故劫數猶短說長答言權實者論所行法時節乃是誘進疲夫應知權教一向說長如婆沙三秖及諸大乘經無量劫此則定不可短雖實教中有長有短若依實道定短爲正如

常不輕輕毀之衆秪經四千億佛皆悉得度豈有必經多塵劫耶雖然長短在機理豈爾耶既長短約人但不篤自勤何須論他時長短耶三乘通教有餘國者一家明義以土對教具如止觀及淨名疏並有用教横竪二對横論土體與教相當竪論約土用教多少則二乘人於彼有餘已成通人故云通教有餘國也亦有於此已成通人謂從鹿苑至方等部重入通教成無生人亦非更用此教斷惑教道者化道也教爲化道故云教道衆又清淨至立也者化道欲畢由衆機熟謂智斷二德具足故清淨言表煩惱盡故云斷德正解屬智智必照諦故云了達諸禪之言義通智斷界内惑盡也四不壞信者俱舍二十五云證淨有四種謂佛法僧戒見三得法戒見道兼佛僧法謂三諦全菩薩獨覺道信戒二爲體四皆唯無漏論云經說有四證淨謂佛等四四是所證見三諦時得法界二見道諦時兼得佛僧廣如論　全從小釋也此以鹿苑對涅槃時次釋中　有淨一句在小信

解去具騰漸中二味教也前釋應方便譬喻品意次釋應信解品意若世無二乘等者問意者準理世無一人合永入滅會必歸大何用施三答意可見世言入者但自謂耳經文既云無有二乘而得滅度豈可必立定性者耶若中間至第二譬也者此兩中間各有二意若爲菩提者須已入不退位或是初心不必盡退若住聲聞者或是初小或是中途二類俱須設化城譬問此中等者問化城品但云始終隨逐何故無信解中相失及譬品驚入等耶若其無者彼無隨逐又亦應與中上永乖何得以此而例於彼答中意者用譬方法不同故也文不合用非意闕也故云而其意則通所言通者相失相見既是中根得悟已後領於今日未有大小化前名爲背父及明見父不識之外譬中云驚入者我雖背父而父不捨恒思我機機生之初故有驚入之義若論機應結緣已後奚嘗不隨如今文耶此中既云中間相遇乃至今日相見得度故知中間不無相失驚入當知隨逐由驚入驚

入故相見相見由相失各舉一邊大旨無別次問者既云隨逐不云失等今既得益那無不虛答中意云開顯已多取信爲易故不假用不虛譬也又上爲中下未悟今此迹事已周二十二番者準下疏文問五處開權何異答中具列五文處所故知此前但有四處四處則有二十二番五佛章爲一處長行偈頌各五即十番也譬喻中開譬合譬各有長行偈頌故有四番信解中領上開合各有長行偈頌又有四番藥草喻中亦有開合各有長行偈頌又有四番三四并十即二十二略開但是動執生疑非正開顯頌中雖有略頌等文但屬釋迦章中共爲一意法說雖有領解述成非正開顯藥草疏中雖云先智次教總爲開合若各立者則成多番有何不可是故且依疏文爲定釋五百由旬中先出他解基師中先述次破云今謂非別非通者七地斷習非正別義八地斷無明又非通義正似別接通耳論云初地見道二地去入脩道者應知地前是伏別惑登地是斷同體見思若不

爾者宜有大乘回向而齊小乘上忍十住已斷界內惑盡故瓔珞云七心不退何處變位名不退耶十行徧入十方世界頂法仍退何能徧遊忍無出觀之文安能法界回向瓔珞初地三觀現前如何初地始入見道請將四十心位一一以消凡文伏斷義殊功用天隔論中破外破小本令入正入大爲存定性而令永滅小乘自謂住果大判終無不生故知滅後彼土得聞不可復依不聞之論論宗旣無開權之說永滅乃是蔽實之文有定不定秖可用申斥奪之經廢偏廢小權實之路永隔具消此意諸教自顯有家云流來等者依攝大乘師立七種生死仍少有後無後復合及出流來故但云四具如止觀第七及記彼文破云割二死於荒外等今文乃成割於四種故須更開等是以生死爲譬何故合反出流來又無餘二中間即是方便生死有人難者難向攝師夫因果相當準數以立因果之稱具如勝鬘彼以五因對於二果四住即是分段之因無明即是變易因也汝於分段果

上旣更立流來於變易果中更開中間亦應四住無明各更別立具如止觀中破次引大論二文者證生死但二言肉身者四住未盡通名肉身言法身者且通界外兩土俱稱變易及法性身者是也此證二死非論常身此大論正文當代大乘師豈過於龍樹云阿羅漢須捨分段方入變易有人云下此師所計似通教義故云二國中間難過以六地與二乘齊至此多墮二乘地故難者下他人難向所立義也汝以四百喻於七地故須六地對於三百三百又以二乘功齊旣與二乘共行三百至此去住不同何名共行故下難云不應得齊言六十劫等者聲聞極久六十劫支佛極久百劫二乘於佛道紆迴者明二乘人與行菩薩道別且取證故今謂下破云非通非別者破其難者二十二大僧祇故非通六地齊二乘故非別二十二僧祇請檢大論此亦似別接通義也有人言下別義不成不應七住已上爲五百如大經八萬劫到等者具如止觀第七記具引大經三文此師意以發

菩提心處是七住已上言如三根等者此師意以三周得記爲三根人以同至大經發菩提心處言五種人者指前大經四果支佛此五種人發心同三周人度於五百此取下破前所引明八萬與三周不同當知此師全迷次位亦全不識八萬之言亦不解二乘得記之位亦不了於界內外教若挫若引其意各別故須善識難云去今文難意經云爲二乘人立於化城故云二地豈是度三乘而云菩薩至六地時等耶三乘之人不盡住城縱入城已亦不皆至八六四二發心方出次若五人去縱難縱有此義如涅槃中二乘人必至界外方度五百者義不盡然故云大經一意耳言一意者經存教道被鈍根者豈可悉然耶又經雖三文但是一義故云一意然大經意今其弊遠逼今現發豈可一向待界外耶此中下今家略解此化城意元爲此世先權後實之人若五人下明此五人若於界外經於長時皆自能進非此中意若法華前密進之人爲自進者亦非此中意準今經意待廢

方進故不聞妙經自度自進者亦失化城意
即是失今經意也今經意者出在外界亦須
聞經況此界耶有人云三界爲三等者具如
止觀中破破其二乘不待開權而自顯實名
爲輙行四百五百凡夫等者今家雜列過二
障滅二見離水火免二獄越二邊超自他並
至五百大品下此立通義令知非實既是通
義故合二乘共爲一百論文以二乘爲四百
故若至法華更須開之以爲五百五百須過
具如正解中說次引大品辨非故來彼大品
中明涌菩薩過二乘地既未彰言此城是化
故知彼部兼權顯實若云化城即須引進若
引進者須記二乘既未記二乘是故彼部城
仍是實既未論下今文設徵既未云城是化
即未開權若未開權應亦無實何故般若已
明實慧實慧即是實所故也答意者顯實語
通開權局此十義別中行因六百劫者恐文
誤應云六十劫百劫聲聞六十支佛百劫餘
者可見火宅三車今爲二百者今文假立難
也何故譬品三車須廢化城但云二百須進

意以二百但是二乘三根下答先答三車者
三乘根性俱爲火燒俱求出宅以喻三車次
佛道下答二百言佛道者指圓果也故藏通
二乘去佛果遠是故須過二乘二百方至佛
果言佛乘非障者藏通菩薩亦名佛乘爾前
皆進故云非障又三藏菩薩若據斷惑劣於
二乘三百須離豈二百耶但此菩薩已發大
心雖未斷惑且名佛乘人見佛乘便爲一槩
若爾牟尼說法蘊應已攝九會五百阿羅漢
應是四菩薩世品應說蓮華藏海賢聖品應
說四十二位定品應是楞嚴三昧智品應是
諸陀羅尼若法若衆既其不同化主化事安
能不別如是別相無量無邊不可具舉菩薩
求此乘故亦且名爲摩訶薩耳何故下更難
何故界內凡夫開爲三百界外聖人但爲二
百此問意者離分段界內應短迷佛道界外
應長如何卻短此引下答可見若爾下更難
若也今經是了義者何故實少而言多實多
而言少佛道下答界內雖少以有墮苦而難
行界外雖多已住法性而易進約行論難易

非約地近遠故所說者真了義也問二百是
二乘難等者問意實所總有五百由旬凡夫
二乘俱須過之不云須過菩薩菩薩應當非
是難耶菩薩下以菩薩重徵若菩薩非難何
故云願賜我等三種寶車若俱須車則三人
俱爲三百所障既得出已應同二乘二百是
障云云者先以通教答此難意凡夫須出界
故三百是難二乘須發心故二百是難菩薩
已發心雖難而可度菩薩在凡時同凡離三
百不共二乘證不憂二百難若別教菩薩初
亦同凡夫本期於五百圓人初發心即名至
寶所大論下引論辨別是通教意當知共二
乘同至於四百今經獨在圓一切權已廢廢
已一切開無非菩薩道是故七方便皆過於
五百故大論通義三乘所息處同皆名四百
菩薩至此位能入界化物故初發足處復名
爲一百此經下明圓異通五百之內位在菩
薩名菩薩道過五百者名爲果道開權顯實
藏通菩薩是菩薩道故云即入佛道云云者
應更明諸教佛道不同然後開權論入不入

今依下方是正釋親奉聖旨尚云難知雖曰難知不出此三二險難至言恐道也者導師意本令度五百以三藏人自行曠絕三百生疲導師立化一曠絕等者入城多是三藏二乘且云無人據理通於通教二乘有人之言通指衍教圓別二教非曠有人故有依無依俱行曠路即藏通二乘有一導師至六根淨者即十種六根初住分得即十六子初結緣時若諸方佛令日已前或可亦在初住已上今八方作佛唯在極果故釋慧明云三智五眼三明十力經云慧文云智隨語便耳然明慧等亦通初住眞因分成以是故知通指今昔並名導師俱六根淨故下釋中多種導師並共在此所將人衆等者上立難云何不立相失驚入令雖無其言似有其義以所將之言其意尚寬與所將共即入義也故云別譬廣頌等第二白導師言至結緣之導師者此四導師第一通因果第二唯在因三四唯在果言通途者通他人故言結緣者局我師故言權智者取施小時言實智者取開權時四

從時異人秖是一並是王子從始至今言白結緣者初退已後小機欲生名之爲白示城之日通往及今雖有餘三必須通途常相隨逐感於法身者大機已滅小機當生故未見應佛冥感法身非冥非顯應耳作化說化者前雖云化作一城乃是意輪故知說化即口輪也非意無以說說必身輪身輪但據示爲丈六先須意輪不謀而運故知三輪未嘗暫離汝等勿怖等者義含三轉文不次第者且明化城具三轉義何必次第前至實所者初今文正釋義在衍門約共菩薩次一說下他人異解若爾下今文判此三乘中仍取菩薩似同別教從假入空若引勝鬘但是通途論退大者故亦應云別義不成且一往耳何者別中更無作二乘文然大經中亦借二乘以判別位故且言之又說云下他人釋大品下今師引大品淨名判向一師云別接通耳者但入化城竟通也然後前進者別接也大品中明三種菩薩皆云初發即是被接若二乘人顯無此事淨名亦爾與而言之似別接通

耳又二乘人聞菩薩不思議法仍取小果秖於此座即被彈訶及加說大故知從此密蒙被接若準玄文至般若時冥成別人故顯露接唯是菩薩二乘密得無處不通若言至般若時成別人者仍是次第之密非不次第不次第密處處顯實豈但別耶但於今佛等者釋出其意亦如今人等者非文正意對退大等一往言之具足應知從今現在已下文是言今現在等者指佛未開權前也故知末代一時得聞聞而生信事須宿種如涅槃中意者即十仙等至法華中化道已足故於涅槃顯露教中取小果者皆知眞實大經三文者然此三文其言小別其意大同若至菩提心必至菩提涅槃初一是因後二是果果中既是智斷二德故初發心菩薩可指初住分得智斷然經三文皆云八六四二豈可因果同經爾許時耶此且一往故菩提涅槃並通因果若教仍權但至初住縱至極果其教亦權豈必八六等方至極果耶則與一生入地生身得忍爲妨然過五百三義者先列三意次

菩提心下釋成三意菩提心即初住菩提行
者即從初住起行二文並在因即大經初文
也得佛道者即二三兩文即是極位菩提涅
槃然須依理使實所義通此亦何必以極果
爲實所雖有二意應從初說良由實渚菩提
涅槃其名旣通故得兩釋故從圓義從初發
心三義具足下文云下至得佛道也者引今
文證三義也何故下問二乘下答一往從果
故佛度五百免難大機發者以文狹故準譬
品可知大經下正判但至初住也此取鈍根
者有二義一者五中前三人鈍以住果故二
者五人大乘根鈍以教權故云若如三藏
中至豈須八萬與十千耶驗知八萬等其教
是權未至界外者尚於此生法華即發豈定
界外必爾許耶云云者釋出教權須廢所以
當知諸教長遠之位多是教道豈有出界聞
勝應說必須更經八六四二雖爾若不釋此
開權妙經豈可專輙汎有此說令根淺者便
生疑謗佛世尚經四十餘年不顯眞實若除
佛滅後及首楞嚴謗亦成種但非故惱成種

何疑漸入佛慧者此中文狹秖云滅化即至
實所不云城中經諸味者準信解品文理必
須有舊問者先立妨次車何故下列三問答
中先答有無者初約譬次理教下約法先譬
者今問車城二譬並出三界宅與三百俱譬
三界可由對車使三界與涅槃有隔可由對
城使三界望涅槃即迥次約法者城在界外
如何執教即令理有長者說車不應唯理教
何必無然所譬之處是同安得車隔城迥長
者旣其露地而坐車亦應迥其路旣經三百
由旬城亦應隔若言其路曠絕名爲迥者門
宅俱燒何隔之有旣難法喻無可爲憑何以
有無不同而爲答耶今約法寄喻方爲通之
昔覆實明權權隱於實故云車隔今彰灼說
云城是化故云迥地豈有執教取理令一理
是有執理取教令三教成無若爾車城俱有
理教咸是有無次車三下答三一中亦先約
譬次約理教先譬中云息處所樂三一不同
者車可非息處城可非所樂車旣皆云運載
息其東西馳走城云快得安隱令其樂於中

止次約法中盡無生智不異等者並是通義
失藏三乘及別菩薩盡無生智不名爲理習
盡不盡不名爲教知見得否亦復如是如何
初立理教乃以智習釋之況正當三藏二乘
唯以通教答義故不可也應知通教三人各
證無生故三三人同坐解脫牀故一是則人
理相望人三理一三藏人理相望亦然但菩
薩與二乘不得同坐解脫牀耳次三家下答
動靜者城豈無造立之日及須能通之路車
可無作訖之時及以所至之極故知果城爲
因車之所至果車踐城路之能通故使索車
即是求城滅城即是等賜二義無別何足辨
殊故釋仍闕先譬文也難云云者意令準望
餘文難之略如向辨順此注意故略論之次
今明下正解初斥有無從三車下斥三一問
城與二使下破動靜破初文中言約衆生心
爲有者一者本有二者中途今約中途故二
並有又亦可云元發大心故無中以小接謂
有次約佛智先立句次釋亦應更須翻倒說
之實智所明說城爲化故亦無權智所明爲

子造車故亦有云云者應須具明多種有無
約能設教故俱有約所證理故俱無覆實故
有開權故無施權故有廢權故無俱是造作
故有俱是化他故無故知法華非但化城亦
是化車皆逐便耳化城正意爲退大者更與
上周對論同異故今文云前路猶遠今欲退
還上兩周未有此語但云沒苦及以所燒此
亦一往亦可退大者利通上二周元小者鈍
應在第三三車通今昔等者昔指三昧今謂
法華故二教中俱有三車但昔正用今述昔
耳又應以體外體内之名以簡今昔言化城
等者亦應更云化城唯在今言教意者若不
於今經以說教意不可輙云小果是化正施
小時云是實故云未道是化至今經中初
設之時即云化作者以是聲聞大機動時得
說教意云城是化故知化城在昔對人亦三
三車在昔對理亦一間化爲三車等者間意
者車城二果俱在涅槃城有化名車豈非化
忽若許化同異云何答中一往二輪雖復小
異論其施化大旨仍同今從便易適且從化

說宜從教又亦應云譬如幻士爲幻人說車
亦名化而於中道說二涅槃城亦是教故知
不可從譬互執又約聲色者亦暫約喻車亦
通色說城是教如前云云問城與等者問也
使能下答也亦且一往城亦教故下所列
因緣四諦還是城家能詮教也城既有教城
還是動何故唯靜教通因果者能詮因果故
也車城唯爲果作譬也故知俱教並果何須
別途教通有爲無爲等者亦約能詮有爲無
爲耳車城在果約無爲故意亦如向令無各
計故更於權智廣破定計五處明開權中云
雖各於教行人理及知不知且隨文相一往
而說故一一文皆須並具四一明如來知不
知等也今爲汝等作大導師爲合多諸人衆
者此以能將顯於所將說二涅槃者下此中
三釋具如前文約煩惱生死及智初文約惑
次文約二乘是約智也後文約生死言中道
下云云者二死中間名爲中道當知亦可作
空有二邊共不共眞俗權實大小等說之如
文下云云者今引文耳上懈退中三今略不

頌第一中路又不頌第三不能復進文闕重
空三昧者大論云無相無相乃至無願無願
觀心釋化亦須約圓頌合譬中經云爲一切
導師文云合五百者即導師譬五百由旬從
所行說上頌開中不頌中路者亦是文略應
云亦不頌不進今頌合中路又無餘二不縱
不橫具如止觀第二第三及玄文三法

法華文句記卷第八之一

法華文句記卷第八之一

校勘記

一　底本，明永樂北藏本。

一　四八〇頁上一行「卷第八之一」，南作「卷第八上」。

一　四八一頁上一〇行首字「化」，南作「他」。

一　四八一頁中一四行第一一字「欸」，徑作「欲」。

一　四八六頁中九行「若爾」，南作「若是」。

一　四八六頁中一五行末字「二」，徑作「三」。

一　四八七頁中一六行首字「判」，徑作「別」。

一　四八八頁中一六行「若爾」，南作「若是」。

一　四八九頁上一五行首字「設」，南作「說」。

一　四八九頁下卷末書名、卷次，南無（未換卷）。

法華文句記卷第八之二　更三

唐天台沙門湛然述

釋五百弟子受記品

先標五百故須作受字五百是數等非要上二周下問也次上爲下答也亦具四悉初文世界三品異故又上來下對治除嫌惡故又默念下爲人生大善故又權實下第一義理非言念故上來何意下但是釋疑非四悉數我等於佛下述領不及上中根聞譬具領五時及法身地中止方便見勝應身如來猶斥領所不及我今聞此雖欲領會豈能逾於四大弟子當知所領之外不及處多是故亦云所不能宣然聞迦葉身子具領如來委述非全昧旨但仰佛法高深未敢逾於先悟耳助宣我法等者若以本望迹豈不曾於過去佛所或助單半單滿等而必須滿中相帶及開等耶對於今佛出五濁世宜引開權廢會等化是故皆從同類以說如文殊引往光照東方豈無餘途引同例耳自捨至方便也者若據除佛之言補處亦應不測既其不測本迹難量何但曾於過去諸佛亦可本與過去佛齊就過去佛本復難量或當亦是過去佛師何但齊耶言七方便者且以偏圓相對論耳故知遠本寘寔良難若爾此是迹中本耳六波羅蜜互相收攝具如止觀第二記大品富樓那品六度互嚴在文可解云云者經文相狀對義分明又如諸文所列五時純是善道者於中亦有差品不同若無女人必無惡道或時有女人亦無惡道如阿閦佛國雖有女人而無女事無量壽國二種俱無不同之相不可具列但以乘戒各有三品互相交絡略可準知月藏第九法食等者法食聞法也如安養界下品生人在蓮華中常聞彌陀觀音說法法喜食者聞法歡喜正聞屬法食聞已爲喜食禪食者謂以禪法自資不須段食或可法即是喜月藏第五十善各十功德亦與淨名十善是菩薩淨土意同故一一文末皆云後作佛等彼第五經信敬品云戒清淨平等所謂十善業道休息休息殺生獲十功德何等爲十一者於諸衆生得無所畏二者於諸衆生得大慈心三者斷惡習業四者少病決斷五者長命六者非人所護七者無諸惡夢八者無怨九者不畏惡道十者命終生善道若能以此息殺善根迴向菩提必到菩提成無上智到菩提時彼離諸害仗長壽衆生來生其土下九並十從若能已下去並同故菩薩因時行於不殺爲淨土因而自不殺教他不殺等四法具足後成佛時十類衆生同生其土故淨名云十善是菩薩淨土菩薩成佛時命不中夭等衆生來生其土故智論中菩薩行於一行皆具四法方成淨因身子示嗔等具如止觀第二所引文中正意語示爲凡夫外道故云三毒邪見但兼出於示小乘習示通二義故更言之云云者令具引事列行兼諸聖者各有偏示陳如等者問若其居首別記何不初周記耶答大小緣別兩初不同引物希向二意各異垂迹之法不可一准譬說有二至顯實者皆云領法譬者故前開譬本中直作開權顯實則應三周及信解五百領解文也三節開文意在於此言譬如有

人即二乘人者二乘機耳小機當起爾時猶大醉有二義與前隋落中二義意同初是幼稚譬著五欲但如法師常不輕等或一句結緣次是善弱或五品初未入相似故云弱耳以由結緣厚薄不同遂名無明以為輕重故云醉有二種當知貧人本來先醉如蒙肴膳受已而卧三教助道猶如肴膳更以異方便助顯第一義也肴膳食已便消如方便教非究竟益往在大通佛所未結大緣已前歷諸味中並聞三教及至法華雖聞圓頓但成結緣如繫珠也無價至真如智寶也者此是約教乃以了因而為繫珠教中詮理故云真如教是智用故云智寶約受化者教能生智亦名為智寶有二義俱是智家之寶繫其衣裹者初結緣時具足二衣具慙愧故有信樂故方能結緣退大墮惡則無外衣若約現無信樂乃似內衣亦無且據當時所繫內種仍存與本信俱義如內衣猶在但是衣弊非全無衣故親友示還示衣裹即是示本慙信時也據此而言無衣繫身理亦無失起已遊行至求於小乘衣食者應更求於實衣天饌而但求於纔蔽身之衣劣充軀之食者由向他國故也文中二釋他義皆成若論有求今日稍切故云厭苦等若魔佛相望等者今日初得小乘之他且從大小以說故知若往他國求濟非但衣食不充亦迷所繫之寶示珠之文居本土故勸貿譬得記作佛竟者珠雖價直無數衆寶必須貿易方有濟用了因內解雖復究竟必以種易現以昔一解一切解而貿一行一切行珠體不竭貿亦無窮故須更聽更修方顯寶之功用如華嚴中得摩尼珠十種瑩治方能雨寶解行相稱方堪佛記從是已後則具有寂滅忍衣首楞嚴食自行化他無量衆寶無功用位彼此不窮三周皆有此意者若以繫珠望上二周法說但在佛樹者初坐道樹思用大時以法說時未論往古且據現文若譬周中在二萬億佛彼亦未論塵點界故然上中二周豈不亦有於大通佛所曾繫珠耶如探領中尚領法身豈止道樹且約現文耳但由根利聞便信解不假指昔是故未論故前文中以發軫學小為中間故不唯在道樹時也共年等言亦唯在擬不通二周無量佛寶者實由貿得故亦可云得佛之寶即利他也

釋受學無學人記品

因緣初文應具四悉學無學別即世界見道位即為人脩道位即對治無學位即第一義又得記即第一義約教者三教如文研如來藏去圓教又如通序中釋若約觀心者六即之中究竟即為無學位餘四名為學理即非學非無學又六即者通皆非學非無學分真已去而學而無學云云者如向略舉二人在上數中者在多知識中列今之得記何為在此答中總論得記在千二百中仍是下根中之上流耳雖有多人所識意為引下根故也若爾不答上問問意何不同上周今答中但云下中之上如何稱問然非上者為引實故四悉擅故

法華文句記卷第八之二

法華文句記卷第八之二

校勘記

一　底本，明永樂北藏本。

一　四九一頁上一行書名、卷次，二行述者，南無（未換卷）。

一　四九二頁下六行「應具四悉」，南作「應與四釋」。

一　四九二頁下末行「卷第八之二」，南作「卷第八上」。

法華文句記卷第八之三

唐天台沙門湛然述

釋法師品

釋此品者爲二先總釋次別釋初文二先釋五法師次減數釋初又二初出經論以辨離合有無次判通別以結品名初中二初依今經列五次大論下出異釋名對今以辨離合有無乃至如下減數以釋故若多若少俱名法師初五法師者未有一文著一二等言古今共立稱爲五種法師故經論所立多少不同所以此品但通名法師天王般若云受持此經有十種法一書寫二供養三流傳四諦聽五自讀六憶持七廣說八誦九思惟十修行十中第一是今文第五第四第六是今文第一第五是第二第八是第三第七是第四流傳攝在廣說文中餘三並攝在憶持文中彼經憶秖是受大論中分受持爲二則應不得單云憶持此別論下判通別以結品名於中先分自他以別師位言大經分九品等者元是別義且借以證五種法師九品秖是熈

連幷八恒第四恒廣說於十六分中解一分義云前四無解者三恒幷熈連五恒八分六恒十二分七恒十四分八恒具足盡解其義故須應從能解一分義去能爲他說即是師位次通論下捨別從通自他俱得受此品名從通義邊無有一句不任爲師次減數釋又四謂四三二一並是展轉束多入少無非法師云如後者具如安樂行品初釋四行是也四既指彼此應用四以結品名文無者略已有前後中例可知若欲知者秖是先判通別次從通四以結品名束四爲三又爲三意初三業次三門三三法一一皆先釋次判通別以結品名次束三爲二謂自行化他云不復記者準前可解亦是先釋次判通別以結品名以此自他既徧前三故知自他亦有通別別論各別通論互通自他皆互堪任故也今通從化他故名法師品次束二爲一者謂如來行具一切行者此依大經聖行品文復有一行是如來行所謂大乘大般涅槃涅槃秖是三德秘藏故今卻以室衣座三以釋三德

三德秖是一大涅槃此大涅槃徧一切處徧一切法總名爲一先釋次指廣初釋中爲二初通次別通者一行通具室等三法別對爲二先對次料簡初文爲九於中並以三法對諸法故初對善惡及逆相也次又慈忍下福慧智慧是目等者亦應云目足備者必有所依所依具二故也三又慈悲下對斥偏邪亦先釋次引淨名證勝於偏邪勇修於圓四又慈悲下破四魔亦先釋釋中並須約於界外圓釋次引證空也云云者釋出其意五又慈悲下明具二嚴仍爲二釋秖是翻倒前釋準後望前前應云慈忍也六慈忍故下約譬破立等具二例前七又慈悲故何所下約體用用即離過八出三諦下約名不同次第三諦慈室包含忍衣三珠九經言下引經無相是座次指廣云不可盡云云者具如玄文明圓五行攝一切行亦如止觀十乘十境橫豎徧收及破徧中橫豎法門乃至四種三昧收一切行一切行秖是一行故爲九文釋之次問下料簡初問者準初釋品應云五種準後減

數應云一法何故但以衣座室三而對諸法答者準事顯理須具三法況依當文應具三法乃為衆說故具事理二三方可說法故先事解次事理合三單約理事解如文合釋中言三門者初二屬事後一屬理事理並是所迷之境初約苦果者故用慈悲門苦須拔故次約結業者故用忍門依理離故三約諦境故用空門善住空故第三單約理者理即諦理故約三諦即向第三具三諦故言云云者應以多種三法對釋此三令成圓融通暢自在乃識此文攝教徧相故下總約教云凡多種釋品者皆約圓教次法者下別釋法師二字通貫上來一切諸釋以上諸法是師法故故今釋名亦約二種乃至五種若自等因緣釋者初自他不同即世界即自軌訓人也自行成就即生善化他除惡即對治自他俱得名法師者第一義也凡多種下約教如向多種不可餘釋洽潤也外凡去今文正釋若爾與舊何別答今明為自他故異聲聞故自行無有憂擯辱故利他無鄙力劣弱故唯有退

沒一分似舊故云未必言外凡至不慮危苦者外凡五品欣弘通之福聲聞一向絕利物心聞諸大士被衆擯棄自顧觀力未深若不依之內汙淨觀外招譏議失利人之道故佛為說四安樂行令無是患遠彼十惱故云不慮且證且助者實塔證經故來分身助開故集由證由助因慕流通又示通經方軌者著衣等三具如後說因告等者本託藥王因茲告餘此流通初先告八萬大士者大論云法華是祕密付諸菩薩如今下文召於下方尚待本眷驗餘未堪總別記者總與七百別與劫國等絓乎卦切挂也預也乃至一念等者明乘此念必得菩提遠因不亡藉茲而發不同餘善是故簡之究而論之必須盡行諸佛道法二乘記已尚經劫數然曉其經旨與具足何殊但自行化他令始末耳聞一句一偈者通論但云聞極少法舉經功深部內隨取一句一偈別論但令義合權實本迹十妙四一之流功福皆爾然義通大小故下引增一集云如四諦之流及下引四安樂行等今亦準之

言皆與授記者必由此經成菩提故雖無劫國當得理同此中容用別時意趣是故應須以聞約行廣明供養宣通益他內觀具足具如止觀豈可端拱唯仰初心中上亦然者若不爾者豈可上周唯在一人中周四人得記者耶說寄在此事乃通彼故云亦然見實三昧經等者第四云先記八部次第五卷空天品空行諸天見諸八部供養得記即便供養悉皆得記同名火持次三十三天授記品中有八億忉利諸天見前諸天供養獲記亦皆化為諸供養具同時得記名因陀羅幢說如幻法次夜摩天品有四億夜摩亦見諸天供養獲記亦以化事及以說偈供養佛已同時得記同名淨智言拘翼者彼經無恐誤觀心者以一實觀貫其所誦故名為一無一句偈不入實者云云者應明一觀之相乃至大師誦經觀法還約誦持以成觀相細思勸發四意者一諸佛護念二植衆德本三入正定聚四發救一切衆生之心下文亦以四法對開示悟入雖是迹要若顯本已即成本要具如

下辨喜心有二者横竪二釋又二先正釋次
融通初自二初竪論隨喜爲三初即權而實
次即於下雙非雙非雖不異於向實更能解
實即雙非故初於一念者非唯經於一念時
須指一心法名爲一念信佛知見者於初心
中深信妙理此理是己佛知見境境非權實
故曰雙非以理望聞淺理深故名爲竪此
即初隨喜位相也三又能下於向雙非復更
雙照事理圓融即名秘藏具煩惱下雖未入
品亦可通證具煩惱性能知故也煩惱望藏
藏深惑淺故亦名竪次又若聞下横論隨喜
者還秖指向不二權實故云若聞等四法横
論以釋隨喜謂一心二法三説四人初言心
者即以一心望於餘心名之爲横此中一心
無復餘心故下文云即横而竪及一切法者
以一切心望一切法亦名爲横一心一法皆
横縁故法純是心心純是法故下結云横即
是竪此中自云皆是佛法佛法理合横竪不
二若欲下次約説者能廣分別一一心法月
四月至歲者雖引意根之文非即六根淨位

今且約觀雖未下約人可見引大經者此初
一念正當少聞多解亦名少解多聞故且舉
之以斥多聞不知義者後當更説者在第六
經初云上下品師者但約凡位以判十種供
養者一華二香三瓔珞四末香五塗香六燒
香七旛蓋八衣服九妓樂十合掌音樂如前
料簡次藥王至是人自捨清淨者悲願牽故
仍是業生未有通應願兼於業具如玄文眷
屬中説如釋論有慧無聞等者此偈及四法
師偈具如止觀第一記故知亦許爲弘法故
於内教中廣習異義以助正教世有習俗典
而云助正反淪至理當知是人等者如王使
傳命若赴主心故得名使得所遣名初經是
下釋如來能遣能遣是教次今日下釋所遣
所遣是人行如來事下釋所遣事先約自行
釋事佛無他事唯尊照理次今日下我今唯
行如來之事眞如是理照即名事一如智下
約化他釋如來利物由境智合還説此理以
爲化事故知大悲還依如理照如説如名如
來事今日下依此利他名行佛事佛則平等

悉不干遍等者若爾供佛無福何須供佛毀
佛無罪何須制罪答實是但爲成校量故向
云不論福田濃薄若從田論凡薄聖濃故應
毀供重於凡也譬如至倶薄者亦約初心易
成壞説若約田説義例可知如八福田看病
第一人多厭故看者福增此乃約心難易故
也若約田就事豈一病人比於大聖及妙法
耶如濟匹夫與獻主天隔匹夫恩不自蔽主
澤露及萬民四悉適宜不可一準然約此經
功高理絶得作此説餘經不然爲如來肩等
者佛得權實及非權實我亦得之乃稱佛得
是則義當在佛肩背亦是用佛權實等法名
在肩背亦是衆生常在肩背日用不知餘經
不然故須説之若不爾者豈持經者盡爲如
來肩背荷擔是故此文須廢事釋若迷今文
權實施開縱作權實之名消之亦未會此妙
旨經云應持天寶等者先舉人中上供次以
天寶況之尚以天寶奉獻故云應持況人中
上供有人云西方舉勝皆云天也若爾前云
人中上供即是天供何重言之第二長行初

歎所持法等者前約能持即擧利他信毀以取人此明所持則擧人處因果以歎法於中先列五章次明生起故知人法處三互相光顯方成因感果有師下述他解經歎法華至闕一節者破也但立過未以爲所校即以法華爲現爲能此師闕於所校中今故云一節云云者依下今文釋出現節也今初等者此正釋中先列三時在法華外次大品下明三時不及法華故以法華人法永異衆經若不爾者故欲貶挫法華之妙毀在其中何成弘讚嘉祥猶然況復餘者大品等帶具如玄文節節明五味者是也若不爾者安知從昔未曾顯說祕密之藏不妄與人多怨嫉等當鋒者法華在前如大陣難破涅槃在後如餘黨不難初當先鋒斯爲不易此經具說至亦即是祕密藏者初是開權亦即是下顯實權即是實故云亦即如來至怨嫉者思宿惡爲怨忌現善曰嫉故障未除者爲怨不喜聞者名嫉今通論者迹門以二乘鈍根菩薩爲怨嫉五千起去未足可嫌本門以菩薩中樂近成者而爲怨嫉闔衆不識何得爲怪本仍在迹意則可見理在難化者明此理者意在令知衆生難化四信等三力者文中二釋共顯一意初對三德次對三法故四信爲行始四弘爲能導大智爲能開故此四信須約圓乘謂一體三寶一念十戒方爲圓門四弘之首故次文云信則信理理即法身若有法身即有理性一體三寶志願是立行者四弘大誓立一切行法身約所信諸行約所引衆善之根即般若是故所信中具足四法既對三德從勝立名若不爾者安爲此界他方佛之所念初心棲此等者此用所表如前荷負若不爾者色身共宿乃至摩不淨頭於理何益生處得道轉法輪入涅槃等處具如止觀第七化身八相此四相處尚應起塔況復五師及此經所在即是法身四處皆應起塔況經著塔中則爲已有法身全身舍利故引論證生法二身各有全碎云云者今釋出四相生身全碎如釋迦多寶法身二者諸方便教法身碎也法華一實法身全也四教五時委簡可見故知諸經全碎相半唯此法華法身全身更無餘法皆入實故注家云向以人爲魚兔故與丈六齊功今以詞爲筌蹄故與舍利等妙若其不簡詞之麤妙還與色身齊功此經何殊阿含婆沙故知注家不曉持者與法佛共宿不知所持與法身界齊故十七名中名堅固舍利碎身身界不受堅固之名巧度者如止觀第六記釋巧拙二度彼大論文通以行門爲巧今別以一實爲巧則有二種者先列二文今言下簡取初意又望下釋近當體前約偏爲遠以圓爲近次今以下消文正意以一如實智爲因趣於近遠二菩提果故因明近果道前眞如至爲了因者此以修得對彼正因正中緣了同成正因修中正因同成緣了約眞之緣了亦曰即眞之緣了並可云眞如緣了全性爲修即此義也唯有此法世法不染魔不能壞二乘不能滅皆即是故此乃以博地爲道前發心已後爲道中於道中位分之爲二初住已前爲緣登住已去爲了一位分二故名爲亦妙覺證後名爲道後與前

小異對文別故譬中必須教觀二重方盡其理教觀相循共顯其妙教觀若偏二俱無力初約觀中初總明觀言雖通諸意且在圓依通觀下歷教明觀析體理同故略三藏法華論等者水如佛性取之不同故云次第即諸教觀相淺深不同須了其旨故云當知約教中二亦先總明三藏教門下別約四味今論漸初故初出三藏華嚴後明前約觀中已寄四教故今更約味以顯部妙若止觀中復約四教理亦如然玄文一切皆先四教次引華嚴者證獲水同也次有人去五家四解三家並約五時以釋然取時不盡及不次第於漸教中初家棄初及三次家棄初二及第四第三家雖以大品在淨名後亦棄前教並違五時生公與注者全於法華中判亦未全當尚爲他破故云去佛遠近等也乃以前三師同用五時爲一解生注二家同於法華爲一解今師許此破意是故錄之此師意欲判前五師四解即前三後二兩例破之故前三以諸經去佛遠於法華後皆以佛果而爲清水故

知三師去佛遠也一解近者後二師約法華論遠近始自乾土終訖清水並在法華若元依實教道理然也若以實對權理不全爾尋經下今師和會以前三師指於前教無清水故又用五時皆有小失其後二解但於法華中以論近遠失於開權法華已前是所開故十六今師二義約教約味約教即對前漸教中三教爲麤故須更唯約法華中圓以釋約味則對前四味中未轉者爲麤至第五味教雖已轉或行未入故須於第五味作遠近釋是故二釋闕一不可問餘經等者他問前二釋中初釋也因向他人判前三師釋則諸教去佛遠準答文中具答遠近亦應具問遠近二意約鈍菩薩及二乘人準化元意本求佛果於昔未開權機未轉故云未決次問般若何故遠者古來亦許般若能生阿耨菩提何故亦與諸經同遠答意者大旨同前然分二義先約共菩薩同於二乘未開權邊名去佛遠次夫般若去重順問答般若非去佛遠能生法佛何遠之有以具權實二慧故也故舉譬云

如病人等病人者共般若中新發心菩薩也兩健者二慧也由此二慧令至菩提故云徧能遠去言最勝者意在不共同於法華故且云勝故云法華開權不異般若顯實故開權與顯實左右異名法華還開般若中權入般若實也故言不異及以異名所以通論則不共般若與法華種智何殊據帶不帶開未開十七別不無同異諸師全順今義故但直錄而無所破菩薩下合譬文既約法華爲言故可依前以爲二釋釋開方便門中所以先廣引料簡者此迹門之大旨此旨若傾將何流通於中先出光宅次私破云是破非開者由光宅云廢除昔教不云即是故開義不成又由光宅語昔別指鹿苑故知消釋言不容易由除之一字便爲臧否嘉祥亦云開二種之方便示二種之眞實昔不云二是方便故門閉今云二種是方便故方便門開今開義善成二乃違教經云佛以方便力示以三乘教何嘗但二今文尚五七皆開何但三耶然此乃是未改時文乃今後德混用河西云直名三爲

方便者意云昔謂爲實無入實之期故其門尚閉今稱爲方便有進實之望故其門名開還引方便品初云佛以方便力示以三乘教故章安許之故古人立義秉用實難有人下言十二八萬者秖是十二部八萬藏耳私謂至非開義者印禀龍龍從遠印旣用教身兩種方便故知破其竊龍印之義及將破義以解開門何能異於光宅義耶故略破之雖用教身且免會二問方便當體等者私假設斯問欲出後答私答中初正出二門次此二下釋二門中各有開閉初云當體者未有所通約體外說且以當教可入稱門若云爲實相門者約能通至實相以說引算砂觀海者算砂如釋籤第四觀海者即新經六十七云有城名樓閣中有船師名婆陀羅集諸商人爲說一切海法門此二門各有開閉者能通當體法體不別從今昔說故昔閉今開實相亦爾於中先明當體次明能通二義各對眞實以說以實相亦有當體能通二義故也初當體中雖亦名門於實猶閉故須明開然但說

三爲方便即須說一爲眞實相對論之故耳二者下次釋能通即爲實作門準佛本意俱是能通據物機緣所解有二諸鈍菩薩亦有能知三教能通但法華前機未會是故在昔俱閉於今並開故亦與實對辨宣能通方便開實相猶閉方便仍閉眞實得開此釋同河西實相亦二者向但直對方便故今委論同於方便故云亦也虛通者釋實當體爲門無礙名虛無壅曰通故得全體成能通門含受一切無所隔礙得名爲門徧一切處無非門故是則約實無通而通故云不二及以法界法界即門名法界門不同算砂當體門也二能通方便作門者使方便至實故名能通若非實相之力方便無由得開故知秖一實理從二得名由虛通故令他所歸如赦體徧原罪無不釋劉虬意者初句正明眞實爲方便作門次句明三方便爲眞實作門言非三去明二門互開故劉虬非不與私釋稱會但語略意沈經旨難顯有人去他人立三章門互爲方便互得爲門若望注家其詞甚繁其理

混亂雖然多言少實不如守一於中先列次如以下釋此是釋方便品中附五時家三轉意也但加更互爲門爲異唯釋初章餘二但列初章意者權爲情壅今旣開權故云通也實本無三爲物故三故云起也乃至下餘二例者於中先例次但不得下說文意通塞若欲敘出第二例者如以三一爲非三非一之門由達三一通至雙非即以三一爲雙非門由雙非故起於三一故非三非一爲三一門第三準例亦應可見次通塞者若能通能起可互論門但不得以一爲權以三爲實用勝鬘文非今意也下二章亦然但得更互爲門次私破中但破初章餘二亦例於初章中但破三爲一門未破一爲三門初文兩重初破門義次以非因破初門義者初句定中但定三通一句破其門義但以不通遮之任自非門亦應更云若其通者昔何不通使至今耶昔不通者於昔非門若開下至今即開開已非三何得以三爲一作門顯他不知體內體外是故須破準佛本意元爲通一故未開時

本來是門彼未云開而言是門是故須破故知三為一門尚自不可一為三門何俟別破若爾經何故云開方便門答若從今意門雖未開有可開義亦得名門如本是門閉時豈非但名閉門開已無三何妨從昔以三為門又三非佛因者破意同前若未開者別尚非因若其開已散心尚是次例破餘二準初應知云云者若委破初章次半謂實為權門及下二章煩碎義薄不能具述他既破已依今乃可更立二句破他既壞立義自成具如前釋問方便等者今設此問為欲開其四句義端故今師前文自有二句為更得作餘二句不此有下答具有四句後之二句理無別趣但寄名義申釋句相於中先指前二次列後二句三如名下次引例釋先列名義由方便下即以例釋義是名下之旨故得更互為門於中先釋方便次實相下但以例釋先例次中論序下引證實名實義更互為門實者義也中者名也故寄中名以顯中義即是名為義門文但舉一邊亦應更云亦由實義能應

中名以名非實不立故舉實以引之問得以三顯三等者方便具實秖是三一方便具實既為四句三一亦例有後兩耶此亦下答云二如前者三為一門如以三顯一一為三門如以一顯三以三顯三去釋後二句前之二句既以三一望於權實名義相顯若後二句前雖名義相對義立今不得用名義以釋但以法體相對釋之於中為三先對釋次三一既不下正判結三以因緣下修性相顯初又二標釋初文但標一句略不標以一顯一句言昔下釋中具含二句又二先示非次破此下正釋先示非者寄開顯說破今昔異於中初舉非相此尚不得三一互通況能以三通三以一顯一故一下結非言一非三一等者以其三一既不相即若不開者相顯不成故一非三家之一三非一家之三次破此下依今經正釋先引於一佛乘分別說三證即一之三次引汝等所行是菩薩道證即三之一即為一施三之一三乃是開三顯一之三一前句騰昔故云分別說三次句顯今故云是

菩薩道昔教未說故三一尚隔不云相顯三是一三一是三一由今說已一外無三此三為一家之三即是以昔一外之三全成一家之二故云以三顯三既開成一三外無一還是三家之一即是以昔三外之一全成即三之一故云以一顯一故知由體外之三顯即一之三由三外之一顯即三之一次三一既不下判結欲開下文因緣三一故先判之言三一既不相異者判向開顯全屬因緣言因緣者秖是感應化儀亦名修得三以因緣下修性合辨自性者即是性德故性德三一雖復本有非修非作乃由因緣即三而一能顯性德即三之一又由性德即三而一能成因緣即三之一亦由因緣即一之三方顯性德一中之三復由性德一中之三能施因緣即一之三是則因緣即三之一顯自性即三之一名以一顯一以因緣即一而三顯自性即一而三名以三顯三以性顯緣準說可知下結文中三一互出者以互顯不互耳以三顯三秖是以三顯一以一顯一秖是以一顯三

雖因釋妨妙盡根源尋一家教門若迷斯旨徒費心神引十五處明門者雖列頭數亦復不知何者須開何者已開門相如何如其不判徒列何益準今文意十五門内但是方便悉皆須開具如隨文解釋者是於中有違今所釋者亦應破之如引方便品智慧爲門此是同體權智豈得云爲實作門次種種門此是權門而但云大乘教耶次唯有一門下不尋在教所燒之門三界限域者豈可但云從限域出次車在門外言三界者破亦同前小教爲門未判燒等在門外立分爲二釋云正旨盡但在通意門側若大應已得大猶在門外亦如前者與前兩釋並不相應門内如前者意與前在門外同前在二死門外今不可在二死之内開甘露門云大小者是十方梵語文或當如此不知今在何處大小教耶今文意者本爲開門不爲數門本爲解門不爲知數若數而簡之簡已開之數亦何咎昔說一切世間下更引意根釋開顯意爲開古人所數諸門資生於昔尚非方便於今顯已悉是眞實況復三乘五乘等耶若門若非門者非門謂小乘理教色香資生等是門謂別教二觀爲方便從初說故有門非門於今一切無非通途勸修者住於三法仍勸不懈息心然後說者故知此是觀行位中初二位耳故勸弘圓經以利於他化功歸已至相似位任運妙音徧滿三千不待勸也於中三法相望各各具三初標慈悲次若就下明一中具三修如來下標柔和次若就下明一中具三若就能坐下無標直明般若中三雖復各具秖是一三三尚非三豈離爲九是則菩薩常觀涅槃故勸弘經者而常觀之願弘經者觀而弘之不觀能弘之心爲曉所弘之理故佛令入我室著我衣坐我座若無三法何謂弘經安樂行下引下品文同有是利故勸弘者依方法也上文下引上文釋成五事者如前利益中列第一遺化人等五是也

法華文句記卷第八之三

法華文句記卷第八之三

校勘記

一　底本，明永樂北藏本。

一　四九四頁上一行「卷第八之三」，南作「卷第八下」。

一　四九五頁中一六行第九字「末」，徑、清作「未」。

一　四九五頁中一八行第六字「令」，徑作「今」。

一　四九七頁上一〇行第三字「故」，徑作「破」。

一　五〇一頁中卷末書名、卷次，南無（未换卷）。

法華文句記卷第八之四

唐天台沙門湛然述

釋見寶塔品

此中四度云見寶塔下文云四番即四悉也初世界中翻名有無三世不同觀必歡喜故是世界言經云佛三種身者借普賢觀經也既結此經故可證同當佛亦然者未來有說法華經處此塔還現彼佛亦坐本論亦云此經爲三身菩提故此經已說師弟因果故古佛證集分身佛彼華嚴經加四菩薩說菩薩因果能加但是迹佛主伴故不假集佛但云十方互爲主伴仍不云伴是佛分身但云眷屬而已文中諸品皆云集諸菩薩注家云道非存亡古今一揆然則裂地踊塔以表雙林不滅更延接影徽顯丈六非生故云見寶塔品今謂古佛塔今佛坐則表古今實道不生未必預表雙林不滅一往觀之謂今現佛入古滅佛之塔表滅不滅今謂不然古佛塔現示滅而不滅釋迦入塔示生而不生不生不滅故並坐表之集分身召本屬乃顯舍那非成豈唯丈六示滅他人問云大衆見塔爲根爲識爲塔今見廣約譬類以破自他此深不曉經之大旨三周之後縱有凡夫咸殊凡見然中論觀法被末代鈍根佛世當機何勞設此消經觀行理合如然凡諸釋經若無通見致令後學不閑宗途今正爲證經旁論所表有人問召古佛集分身身何故多塔何故一今爲答之證經義足故寶塔不多合多寶願故分身不一假令證經須集多塔塔豈不多既能應現十方信知塔亦非一故分身是化塔亦宜權今從所表今佛一身而集多身密表迹用之非一古佛多塔但示一塔顯表實理之不二況從地在空及諸校飾悉非徒爾明顯此事者三世諸佛轉法輪等皆至法華出世事訖故今經文加四支徵瓔珞下爲人者以校量福爲生善也善吉問等者第九供養舍利品云佛因善吉問供養全碎生法同耶別耶佛廣校量云如供養一佛舍利起塔滿一四天下不如供養生身由色身有舍利故又起塔滿大千供養色身不如供養法身由法身有色身故當知見色不及聞經以由聞經有法身故故經偏圓即法身全碎功德不等頂王等者曾檢大乘頂王經及方等頂王經各一卷並未見此難意者教與舍利時同益同何得不等答意者舍利時等亦生身之力北地師下破謬斥非義當破惡即對治也云說經竟者意云正經已畢地師去表身不二以稱理故屬第一義也釋論下證地師非師言南嶽也雖亡三身意將法報以斥地師無來者不合東來無出者不應踊出巍巍者不應塔內應身者不應唯此若即此等者如南嶽所述三身勝相若其直云多寶是法佛者必不可也尚非應身豈具三身故知多寶是法身者未盡經旨秖是表示等者秖以釋迦等事表理可也故知非直來證乃表經常故多寶表法及具三身多寶久滅今出證經生不生也往昔滅度猶現全身滅非滅也既非生滅常住不移可表法身釋迦入塔二身相稱如智稱境故可表報分身表應丈理自成如境智相冥故能起應三佛至而不一

異者能表三中各三故不一所表三中皆一故不異又能表中三相別故不一法體同故不異又所表中亦以體同故不異以身別故不一又化道別故不一共成此故不異總而言之即三而一故不異即一而三故不一見寶塔下云云者於前四文明示四相以消四文略如前釋四皆屬圓從塔出為兩去次約教本迹初雙標兩義次釋出兩意釋中又四初正釋次若塔從地下辨同異三若塔來下判顯密四今取下釋妨初文又二先明塔出證前起後次明在空以表二意故二文皆以證前當約教起後當本迹初證前中二先約眞實次約大慧以此二是多寶證詞初文三初示三周無非圓實次辨廣略等三示流通初如文次文者先略次廣初文者既重述證秖可從略故但云眞實況處中及廣皆約所非所非必多能非唯一故三周中雖或四一若十若多不出實相次處中中言八不者具如止觀第六記引中論文中論顯理故八不歎佛塔證中經亦八不歎實故塔踊事復表

八不以義同故故云塔從地等又證下示證流通亦是眞實問何不證序答二段既實其序豈虛若爾何不待至安樂行末踊出初耶答以法師中具明人法方軌現未師弟因果及以處所天龍作護化人集聽足辨弘經故多寶出證證已命覓弘通之人故引達多往以證今佛益而勸流通舉持品人以證弘者而勸流通雖爾未有始行弘通之法故重舉安樂行耳故安樂行末關踊出次約大慧者眞實者通雖四一別在所顯故先歎大慧次歎所說所顯之法大慧秖是種智前已具釋今但更與不共般若辨同異耳於中先問次釋論下答三如一下譬彼般若及此大慧俱能入故妙法之言一分通智四當知下結二文意同次起後明本者對迹明本可云本迹於中為二先明所起之由由塔出故請開由塔開故見佛由見佛故請加由得加故在空由在空故命衆由命衆故聲徹由聲徹故衆至由衆至故生疑由生疑故得說言明玄等者略舉經題玄收一部故云佛欲以此妙法

云云也久云云下明能起所表表於本地三世益也久滅今出故云神通現益在說故云音聲誓願不休故盡未來以此起彼故名為開問經中但云大慧眞實有說處證聞說故出那云證前及起後耶答文無理有從此中出尋歎眞實故知證前如明起由即是起後次在空中亦初約教七方便人見理圓也次修得下本迹也亦先敘迹次若發下明本觀心釋中既云依經修觀當知經經皆可修習奈何章疏都不涉言故此宗徒行解無廢消文理觀二義無虧冀懷道者尊之尚之每觀斯旨恨已所未需盤桓經思頂戴永永於中三初明三身各有能表及以所表初明以觀為因得法身果得法身時不獨法身故云境智必會如塔下能表境智下報身如釋迦下能表以大報下應身如分身下能表次由多寶下總舉能表當知約觀持經方具三身三普賢下引證得三種身皆是方等大乘教也次有人下出舊分文此下應云十六品前從彌勒問來但有十品此是廬山龍意太早云云者

應叙上下文相分齊以證此師分文太早如破光宅惟忖之例此且據本迹之名以破然準此師意言約身者以多寶爲本釋迦爲迹前約說者釋迦自說三周開權及以流通今所以從名破者以此師不知今經顯遠諸經所無方望一代及前迹門乃受本名何須於此即云本迹若預密表意則可然於此分文故成太早七寶爲塔者即七覺七聖財七聖財謂聞信戒定進捨慚隨其教位明七深淺既是佛塔之七又證實經並用無作七覺七財於無作中尚須性德何況修得七覺聖財俱修得故雖分實別七實即塔能所不別然塔是所依嚴是能依高五百等者既塔所表須皆圓釋豎即因中望果萬行一行一切行酬因果中萬德一德一切德從始至終名之爲豎當位具足名之爲橫凡一切行歷緣對境諦緣度等無不莊嚴從因至果若橫若豎皆須有體方可名爲萬善莊嚴地者止住第一義空者然體無明即第一義空故無明無所破亦無所住故第一義空即無能住無能住故地既無破而破空亦無住而住種種等者定慧無多對暗散說又定慧徧攝故亦云多具如止觀攝法中說無量慈悲室者以龕爲室故云龕室重云亦是者重釋室也室亦名舍幢亦旛類如大長者中說垂寶等者從因至果果德皆籍因中萬行由莊嚴故即能下化如嚴復垂四面等者即無作四諦也由四諦四方道風吹四面四德之香充而且徧即是天然四德之理假修德以遠布平等有二者法等者大慧所觀理也同得者皆用因理以至果也若所觀理與衆生異不名大慧如是如是等者一如法相者歎佛所說稱於實故二如根性者至第五時不差機故先答第二問中問初云地踊此云東方者何耶答東述本緣踊申昔願若所表者方始表開地踊表顯告比丘等者驗具四衆非不說法當是多寶者問十方世界豈無一佛不得開顯不開顯者皆應發願何獨多寶若不發願佛道不同若發願者皆合聽經又諸佛化皆預照機豈成佛竟不得開顯方始發願答同與不同開與不開有願無願皆是隨緣若宜有願皆悉盡來何慮不集後方發願亦是鑑物三變淨土由背捨等者問佛有楞嚴三昧之力何以仍用小乘事禪又表破三惑復非所治答是定聖行攬因成果果地事用無爽於理即楞嚴中具諸三昧非昔因時見禪法界豈背捨等變過三千然化佛事宜附小名故大論中亦是準小故云欲得自在脩勝處欲得廣普修一切處若但小用唯於三千又初一變下表破三惑者既楞嚴中即理之事不妨一一皆破三惑況今三昧直論功用破惑乃是所表而已表前破已表後更破如僧中與欲者不必全同僧中法事故云如耳多寶願力須諸佛集復令時會知分身多故此諸佛爲開塔集集又不至但遣侍者傳問訊等狀如與欲故諸侍者但申問訊無說欲辭大集若干諸佛與欲者於欲色二界大空亭中廣集十方一切諸佛二十一云南方有佛名曰金藏彼諸菩薩見光明已問於彼佛彼佛答云北方世界有佛名釋迦牟尼欲爲大衆

說法破大憍慢遣使從我索欲我今與之餘方亦爾各令一大菩薩與十恒沙諸菩薩等來此偈讃亦無別欲詞大品亦千佛同說令已開權次欲顯遠使諸佛道同故令諸佛與欲有人問衆俱在空分身何故猶處於地令答時衆已聞迹門開權初入寂光之土故以居空表之分身示迹各有所化之土故居地以表之又釋迦不久顯本亦先居空以表之各有其致不須疑也爾時釋迦下亦約所表爲開權者多寶本爲證經故來應令衆見佛身表實塔開表權故開塔表開權見佛表顯實有人於此立本迹者不然本文在下問凡云本迹本應勝迹望下本門則釋迦顯本舍那猶迹何以迹勝而本劣耶答此義不然舍那是迹中之迹自望本時遮那爲本釋迦開已望迹成妙舍那迹妙迹妙猶麤具如玄文本門十妙經見二至加趺坐者法華論云爲顯三身爲成大事八萬二萬者八萬在法師品初二萬在持品之首偈中第二八行半頌分身佛集者上文有七今頌甚略仍不次第初三行頌第二應集義兼大樂說欲見及以請集次一行頌土淨次四行半頌諸佛同來明難持中經云八萬四千皆不及者八萬之名不必全大具如止觀第一記引俱舍報恩等經乃至十二部亦通大小具如玄文說法妙中但令他得小六神通亦未爲難若立有頂此約不得通者爲況故知圓經暫讀暫說誠爲不易若有能持則持佛身者體宗用三衣座室三即三身故

釋提婆達多品

注四釋中唯無觀心初因緣中但通語感應故云生時等也問惡人出世何名感應答令無量人不敢造惡天熱者從事說耳問何無四悉答義立非無見者喜其已身不作即世界不作善生即爲人也不作惡邊即對治也無障果事即第一義因行下約教理順即圓教事逆即三教唯圓教意逆即是順自餘三教逆順定故本迹中言同衆生病者大經云提婆達多必不破僧報恩經云若有人言提婆達多實是惡人入阿鼻獄者無有是處大雲經云提婆達多不可思議所修行業同於如來諸新舊章皆云什譯元無此品並準齊宋録云上定林寺釋法獻於于闐國得梵本來瓦官寺沙門釋法意齊永明八年十二月譯訖仍自別行至梁初有滿法師講經百徧於寺燒身乃以此品置持品前亦未行天下至梁末有西天竺國沙門拘羅那陀此云眞諦重譯此品置寶塔後今謂若準正法華西晉時譯已有此品則梵本不無若觀所譯全似什公文體若準嘉祥三義度量一者外國相傳流沙已來多無此品恐什公未見今謂什公親遊五竺豈獨流沙二者什公譯經多好存略如智度百論之流此亦不然西方好廣但略其重豈可全除正文一品三云寶塔命人持品應命以提婆間者全成剩經何以安此今文不云眞諦重譯復云南嶽私安若必眞諦重譯不虛何妨本譯江東未有以此驗之乃成三人俱契經理望嘉祥三義全不可依涉法師云不合安此授記調達應安授學無學記品中從智積後應安神力品内今

謂若爾于闐應將兩摇經來法意乃有補接之過若爾何不學無學記無學將入千二百中學人自爲一品況提婆達多不云得果那忽安置學無學中兩存兩没者文云此經是五年譯之東安法師云七年三月十六日譯訖慧遠經序同或云弘始十年二月譯竟不同之事未可追尋竺法護太康元年八月十一日譯訖爲十一卷名正法華亦云八卷出聶道真録此兩存本也次有沙門支道根晉咸康元年譯爲五卷名方等法華外國沙門支彊梁接魏甘露元年七月於交州譯彼沙門釋道數筆受爲六卷名法華三昧出姚録魏録武丘道亮云有五本四如前更有薩雲分陀利本既存於世乃成三存敵開九轍者什譯纔畢敵便講之開爲九轍時人呼爲九轍法師一者昏聖相扣轍即序品是次有七轍即是正宗一者涉教歸眞轍爲上根人二者興類潛彰轍爲中根人三者述窮通昔轍中根領解四者彰因進悟轍爲下根人即化城授記五讚揚行李轍即法師品爲如來使

六本迹無生轍即多寶品多寶不滅釋迦不生多寶爲本釋迦爲迹本既不滅迹豈有生本迹雖殊不思議一七舉因徵果轍即踊出壽量品彌勒舉因徵果佛舉壽量因果所由八稱揚遠濟轍即隨喜去訖經屬流通也名目甚美而宗體不顯敵公又有二十八品生起甚有眉目於今無妨但品旨未彰而不的語遠本但云因果何成發迹四瀆者江河淮濟意云天下大同提婆達多至爲五逆者倶舍云殺父殺母殺阿羅漢破和合僧出佛身血今初云破僧略如前目連緣中及止觀第一記出血者如佛在阿耨達泉告舍利弗往昔世於羅悅祇有長者名須檀財富七珍子名須摩提父命終後其異母弟名修耶舍須摩提設計不與彼財分者唯當殺之便語弟言詣耆闍崛山有所論説弟即可之即執弟手將至懸崖推弟崖底以石塠之即便命終佛告舍利弗爾時長者今大王是須摩提者即我身是異母弟者即調達是以是因緣無數千劫入餓鬼中入塠山地獄以殘緣故我

於耆闍崛山經行提婆達多於高崖擧石長三丈闊丈六以擲我頭耆闍崛山神名鞞羅以手接石小片迸墮傷佛母指出於佛血出興起行經教阿闍世放醉象等具如釋籤第三餘文可見具列在諸經論倶舍業品云五並業障攝約處人除北約人除扇搋四身一語業三殺一虛誑一殺生加行無間一劫熟隨罪增苦增入比丘分二以爲所破僧言若作等者如文調達但有破出殺三逆兼放象毒爪二殺方便正兼方便且云五耳論有同類五逆謂汙母無學尼殺住定菩薩及有學聖者殺有學聖者殺羅漢同類奪僧和合緣是破僧同類破壞窣覩波是出血同類不以放象毒爪爲同類者彼是方便非同類故入大乘論問彼提婆達多世世爲佛怨云何而言是大菩薩論答云若是怨者云何而得世世相值如二人行東西各去步步轉遠豈得爲伴此五逆緣當因緣釋若作下本迹者前題注中又並略述竟此品下別明來意者驗嘉祥三意全無所以可以意知下云云者應

重叙文殊是遊方大士十方弘經乃至入海唯常宣說妙法華經乃至一切大乘諸經文殊皆爲發起之衆度義等者大論始從十五終二十一廣釋六度一一度中皆存衆釋今撮其大略文相顯著者分爲四類亦非一處次第列之若欲委知尋論本文諸家取捨廣立義門雜引大小不任證據不知何者是釋迦所行具足今一家立教則體相可識迹示四相本行唯圓初三藏中二一略釋次分別初又二先直明六相次束十善以爲六度以此六度屬世法故且以世間十善而用對之次分別者引善戒經自開三種文中先明對治即所治也次相生者約行次第果報中云具者謂諸根具足色謂端正力屬精進若言下六各十者名出地持華嚴月藏下屬圓教者於中先責世心次今依第一義以成波羅蜜者謂但取初心一念具足則一色一香無非十度華嚴下借彼教道深位以證圓人初心驗知華嚴存於教道別義明矣若圓極說宜至七地方具十耶故地持中念念具十六

之與十開合不同具如止觀第七記若念念具十何行何念而不具十一行一切行斯之謂也經中以持般若校量過捨恒沙身者乃以實行對事捨說耳若六皆法界此則不然故不可以三事皆空及以次第出生諸行而比之也又此六度上下諸文非不略釋觀其文意隨事各別若序中橫見但是現相發彌勒疑文殊引古種種之言爲引同耳過去佛章爲開五乘菩薩之文六度甚略藥草喻中三菩薩位不語行相意在辨於差與無差分別功德略舉五度爲校量本亦非正意故無行法唯此中經文雖略列而正明行因趣果之相故釋者委列使一切行會入一乘三十二相者諸教所列修得不同多在教道若實道者但是發得不須各修如下龍女歎佛偈中自非深達安能具相具如止觀第一見相發菩提心中已略辨之今文雖即具對四相意在發得故次文云實相是圓教相本雖修發不等相體多同今文多在大論兼在諸經法界次第具列名竟今與彼文仍有同異今

剩有二相又足跟直踝不現項光萬字青髮此五相法界次第中無法界次第中有丈光喉中津液此二相今文則無八十種好文亦不同秖是經論譯異非胎卵濕化之化生者不同界內四生中之化生如諸天化生仍在父膝等生況同四趣中耶今此忽然而有如藥王中云於淨德王家忽然化生亦稱濕卵等者但以蓮華在濕未剖如濕如卵含在華內義之如胎大寶積云菩薩成就八法於諸佛前蓮華化生一者乃至失命不說他過二者化人令歸三寶三者安置一切於菩提心四者梵行不染五者造佛形像安華座上六者能除衆生憂惱七者於貢高人常自謙下八者不惱他人此一經雖爾以諸經論隨宜說耳假使一切經論所列生蓮華緣並爲今文聞品功德之所超過故華生雖同本緣各別云云者亦可釋妨非今文意爾時文殊下第三尋來有人問序中在座今云何海來者今爲答之宜以凡情而度聖境不起此會於海化物義亦何妨亦可在序一期益訖去時

豈要白知來時大利方生與衆自海而至若
例地踊菩薩讃詞此經甚略或當彼有廣文
具有出會之語而傳至此者略耳問三千之
外各四百萬億無復大海文殊何故仍云海
來答事釋未爽況不思議今三義通之一者
既移天人及變大海從所移處來應無遠弊
二者海衆縱移而龍宮不動龍謂不動而所
居已變從變而不變處來有何不可三者無
緣者被徙有緣者今來此不思議山海究然
令衆不見但是變見非謂改體文殊既不起
而往其土亦即穢而淨故淨名云移置他土
都不使人有往來相此中乃使有往來相而
本不移故知應有機者則土變衆移而尚來
其無緣者土復衆來而不至所以理雖無動
化事成規故使所見不同來往時異菩薩化
儀尚爾豈佛設變同凡問不起而往何故云
來答示彼此衆知經功力識稟教益故須云
來不往而往不來而來皆爲利物何須此難
故知他土未必見來彼不見來此不見去不
來不去而移事灼然如淨名足指按地是時

大衆自見坐寶蓮華而土穢如故經中文殊
所歎龍女不出弘誓定慧諸行智慧下是慧
深入等是定慈念等是誓功德下行也下去
諸文有此流例準此應知正示圓果中云龍
女作佛者問爲不捨分段即成佛耶若不即
身成佛此龍女成佛及胎經偈云何通耶答
今龍女文從權而說以證圓經成佛速疾若
實行不疾權行徒引是則權實義等理不徒
然故胎經偈從實得說若實得者從六根淨
得無生忍應物所好容起神變現身成佛及
證圓經既證無生豈不能知本無捨受何妨
捨此往彼餘教凡位至此會中進斷無明亦
復如是凡如此例必須權實不二以釋疑妨
言權巧者不必一向唯作權釋秪云龍女已
得無生則約體用而論權巧非謂專約本迹
爲權巧也故權實二義經力俱成他人釋此
或云七地十地等者不能顯經力用故也
釋持品
有本云勸持義須俱存隨題皆得不及從初
故文爲兩段若欲於此立四悉者雙釋似世

界二萬似爲人八十似對治佛意似第一義
故佛意言雙指兩段尼請記中應開此文爲
四先二尼各有請及記三諸尼領解四諸尼
發誓經云姨母者本行集云釋種善覺生於
八女時淨飯王兄第四人各納二女淨飯王
妃即摩耶愛道摩耶生已七日命終生忉利
天愛道是姨故云姨母次問答答中云爲引
始行及開安樂行者始行見諸大德尚不能
此土弘經況我等耶是故須下安樂行品爲
始行之軌豈得下方未出預云踊出所行若
爾品初文殊應問踊出菩薩當行何行而但
云於後惡世等耶忽聞踊出時衆應問踊出
是誰次偈頌者是孤起偈諸菩薩等請護弘
經即是自述弘經方軌以由佛於法師品中
說方軌竟寶塔慕覓用方軌人達多引往用
方軌者釋迦即是稟方軌衆故云以身爲脉
坐等持品即是惡世方軌安樂行是始行方
軌故云住忍辱地等具如後品若不爾者則
弘經無軌無軌弘經斯無是處如赤身入陣
自損不虛被鎧之言應不徒設初十七行被

忍衣文三初一行總論時節以明著衣有諸下九行別明所忍之境三我等下七行明著衣意初如文次文三初一行通明邪人即俗衆也次一行明道門增上慢者三七行明僭聖增上慢者故此三中初者可忍次者過前第三最甚以後後者轉難識故初二如文第三文中言寶雲經第六阿蘭若等者恐誤文在第五先釋名者阿無也蘭若名諍文中云事有事故諍令依經先出正行次方辨邪初文云住阿蘭若者不與世諍不近不遠便於乞食有樹陰多華果足淨水無難事不險阻易登陟獨無侶誦所聞云云有王大臣長者等來尋詣之作是言善來善來若至住處應喚令坐若不坐勿獨自坐若不就鄙座應種種安慰爲其說法若不樂廣說應爲略說等云云若不爾者非蘭若行凡居蘭若爲調煩惱自舉蔑他非無諍行未知端拱意在何之輕倨師友傲慢王臣況令無識者謂聖使有眼者寒心羅云之行永乖空生之德安在但由心無内實專以身營外虛篤論其道諸無所云

審如賓頭盧知七年失國及稠禪師進否爲王故起居適時安得一向十住婆沙明蘭若比丘乃至具五十法方堪止住乃至十二頭陀各具十法不然則且尋師進道何遽守愚不應式者出家離世割愛慕道應以五分而爲正則尚違小乘之式而反輕於大教者尤害之甚若以此名而均於大則圓乘三學二脫可以自規方應出家蘭若之式雖說至得活等者謂著其所說不勤行之專恩自活如斯等輩名相似三學矯三學賊三學詐三學而欲輕於通經者故令弘者當著忍衣專弘正法有戒之人具增三學方名增戒守一不行信知戒滅戒尚不行安行定慧是故須歷五分勸之三明衣意中文引中阿含第五黑齒比丘訴佛者準彼中含第三明人有五去文相應也彼經舍利子相應品水喻經云佛在給孤獨舍利子告諸比丘我說五陰惱有五緣云何爲五即以五喻喻於三業更檢第五經人有五者秖是三業單善爲三俱善爲一俱惡爲一若更作雙善爲三句即成八句

惡邊定無單雙者單善即是雙惡雙善即是單惡故不得有惡邊句也經中不作餘三句者或舉五知八或是隨機有文中初云身惡口意善者恐誤準合喻中秖有單善但應云身善口意惡口善身意惡意善身口惡故初喻云納衣等者此是身善口意不善以合文云念用身淨棄於口意口善中喻者拔草避熱身相不善掬水不稱即意不善水得到口且名口善文云若掬若手者秖是手掬耳切韻釋掬者手取也亦有單作匊雖身口俱醜但爲止渴故名意善若欲喻三雙善者準單思之喻三俱善者池既寬涼入則身善不匊口善止渴意善婆沙第八云念罵是一語等者論第十雜揵度智品中問曰行時得罵云何觀察名句身等令恚心不生答曰或有說者阿拘盧奢秦言罵拘盧奢秦言喚聲我今不應念其阿字若有阿字是名爲罵若無阿字即是喚聲當知西方有三合聲阿與拘盧奢合方成名句乃名爲罵彼方此方卑陋稱讚斯例甚多如云尸羅羼提於此未爲端正

之辭彼方乃是二波羅蜜又觀此罵字等者此方亦有顛倒即成讚罵如見客去命云去早即名爲留若云早去即名發遣發遣是罵留即是讚如正食遇客若云來早即是罵也若云早來即是讚也世人執覽定有前後共爲讚罵妄情聚積言聲本無又罵是一界少分等者屈曲意思行蘊法處法界少分所攝此借婆沙文爲所觀境乃用四句三假觀之以聲對於根識及空推無自性成就性相方名即空又罵既是聲聲界有八有執受無執受大種爲因各有有情名非有情名可意不可意有情身中所發音聲名有執受衆生語聲有詮表故拍手等聲非詮表故風林河等名無執受無執受中有情名者所謂化人語聲雖無執受能詮表故餘例思知今此罵聲既是有執受有情名不可意聲但是八中之一然由計其初後而成名句若言聲界是罵八方是罵今猶無七云何名罵況復一中念念不住聲入少分色陰少分罵少等者觀我既是所罵之境若罵色時即不罵心罵心之時即不罵色形顯受等準此可知成就自彼等者彼自攬聲以成名句而謂是罵我觀因緣念念不住此觀因緣也又罵是一字去觀相續也又能罵去對推相待用空者通教也故知借彼婆沙因緣之境一一推之便成即空語略意廣具如止觀入空無生觀中已說十七云凡聖俱有三受者恐文誤文在第十文云亦有畏懼者過於異生及以聖者以有畏故即具三受亦云五受五受即憂喜苦樂捨又有五受全是三受謂未得樂受已得樂受已生苦受未生苦受不苦不樂受但聖人不以心受故有凡聖之別亦是借彼婆沙分別四聖爲聖六道爲凡十界不同以成別義今經去即圓教也念佛者觀受爲法界故云是念法佛等也由能觀別得諸教名所觀五受其相不別故持經者應觀三受故云能受諸惡行等鎧者甲也

法華文句記卷第八之四

法華文句記卷第八之四

校勘記

一　底本，明永樂北藏本。

一　五〇二頁上一行書名、卷次，二行述者，〔南〕無（未换卷）。

一　五〇四頁上一八行第一五字「止」，〔南〕作「至」。

一　五〇四頁下一六行第一四字「説」，〔南〕作「證」。

一　五〇五頁下末行第七字「從」，〔徑〕作「後」。

一　五〇六頁上一行第九字「掘」，〔徑〕作「握」。

一　五〇六頁下一六行第一五字「而」，〔南〕作「能」。

一　五一〇頁上一四行第二字「無」，〔徑〕作「爲」。

一　五一〇頁中一六行末字「受」，〔南〕作「忍」。

一　五一〇頁中末行「卷第八之四」，〔南〕作「卷第八下」。

法華文句記卷第九上　更五

唐天台沙門湛然述

釋安樂行品

今古釋品皆有生起十緣五緣等及明來意三意五意今則不爾但隨品文勢逐義釋之不必一槩故至釋此品應委騰前四品之意謂法師下三通以法師室衣座三為流通之軌故釋前三品題及以消文咸依此三明品元意若隨文相別生起不同文起盡耳以法師品是流通之始是故具列三法為軌況流通者演布正說故令說者依三建志方顯所弘之典令物慕仰法可弘通寘資顯益是如來使若不爾者何故世尊命弘經人量其功用堪掌任者故使此土他土上方下方進否異轍若己自行不長物信如熱病者而貸冷藥是故不可率爾傳經故三周開顯若法若喻不逾三德若修若性準而則之性德不當開與不開修德隨時轉名赴物在今同異無非一乘一乘者佛性也具如大經佛性三種即是祕藏故流通之首還約此藏以之為軌所以法師名室衣座以於敷弘義便故也寶塔品中若從塔說塔踊在空座也處處證經室也衆寶莊嚴衣也若從釋迦在空座也入塔衣也命弘室也又以三佛表於三身亦此三耳多寶衣也釋迦座也分身室也若從三變所表說者初變表破見思座也次變表破無知室也後變表破無明衣也故命弘者令依三法弘此妙三若調達中身為牀座若非深達此三安能輕生重法故相好之身必有法報法身衣也報身座也應身室也若從因行五波羅蜜衣也般若波羅蜜座也慈悲喜捨室也況師弟成道具足三身至持品偈文彰灼三法而弘此經此安樂品雖為始行亦以三德而用題品以一品內無非三德及三德行於中為五先以三義總釋次明四行來意三明四行次第四明四行體異五正解釋初文二初標列次釋釋中先略次廣略中初依事釋者二業安樂進於弘經口業之行若附文中二先附法師次附今品初文皆約三德三軌故也法身若有三德之行故使所嚴法身安也故玄文云法身體素天龍之所忽劣故具三法共導弘經之行問若爾與涅槃何別答妙法秖是一心三德本來不別彼寄示滅名涅槃耳附今品文即進為行秖由自進是故弘經法門者引諸經論所列三門釋成此意即不動等於中列釋釋中一一皆先出行相次明所離三結意初不動者正是中道引文並表不動故也五受者經云行亦不受乃至不受亦不受彼經在衍為破三藏家不受凡夫之五受故下廣釋通從外道等四句及以絕言絕言亦捨故五不受乃至圓教四門及絕若爾未證實來俱名為受若著圓門五受尚名為受體教入理理無所受方名不受次廣釋中初廣事釋中因果對辨秖是展轉釋此安樂行三令識極地三耳大品等者且借彼經如實巧度以對小耳彼行門中三教皆是因果俱樂尅體論之應須更簡樂名既同但以偏圓而用判之通教三乘因果俱偏別教菩薩因偏果圓圓教菩薩因果俱圓故以俱樂並圓為今品名所引大經

菩薩循通結是下結品文意必用七方便簡
方應令經次廣附文中廣附上品釋成今品
以今品四行不出三業止觀及慈悲故於中
爲三先立能趣及所趣境次行有下釋能趣
行三問答料簡於能趣行中爲十初列三行
次止行者下解釋三總此下結對境行四境
稱下結歸品名五大論下引證觀境即因果
也六因時下判位七因名下判因果名異八
又因下判因果名異以辨化用云三業等者
三業三密三輪並三德異名意密即般若口
密即解脫身密即法身九如此下總結十此
行下引同會異總有二重初總次別別自分
三總別皆悉名異義同總而言之等者總不
異者如來涅槃人法名殊大理不別人即法
故別不異者此中離爲忍衣等三彼經離爲
法身等三此明下釋於兩處不異之相故引
彼經寶樹等三及以五行初三譬法身等三
三喻具如玄文及釋籤所引即大經第十文
也依此座等以對三德亦應可見又五行中
亦與衣等同者聖行座也天行衣也餘三室

也梵行室因病兒室果應知今品具斯十意
正在於因因中正被五品之人或至六根是
故品題從行爲目即安樂家之行也三料簡
中先問次答文意者雖復夸正兩處互有今
且分折攝以對二悉然彼此皆四則有無無
疑一子地者大經云聖行住三地戒聖行住
堪忍地定聖行住不動地慧聖行住無所畏
地梵行成住二地慈悲喜成住一子地捨成
住空平等地今且引慈悲一子而反質持弓
執箭未是通途故云何曾無攝受五地同在
初歡喜地此地無種不爲普現色身隨宜益
物故折攝兩門收一切教或出或没不應偏
難今云同者同味同理同因同果廣法門至
不記也者準望前解又應更以種種三法通
釋此文具如十種三法準例可知若以此義
爲四悉者三法異即世界解脫即爲人般若
即對治法身第一義二釋並云皆四悉故次
此品下釋來意又二先明深行不須次若初
依下正明始行須者故來初文明不須之人
云若二萬八十億等者持品初二萬菩薩眷

屬俱皆於佛前發誓弘經有經本云八千億
應云八十億即持品中諸尼索記佛與記已
諸尼說偈讚佛已爾時世尊視八十億諸菩
薩等佛稱讚已是諸菩薩念佛告勑當如佛
教等深識下正明不須之行具對四行以論
不須初深識權實故不須初行以初行中令
不與二乘共住等恐濫受權法故廣知者明
不須第二行以第二行中令不說漸法之過
令不倚圓蔑偏偏秖是漸又達下明不須第
三行以第三行中令將護二乘及令不以圓
訶別神力下明不須第四行以第四行中令
後得神通方令入實若初依下始行之人無
此四故以四行防護兼堪自進故云欲修圓
行欲利他故故云入濁弘經爲濁下明無此
四故自他俱失爲是下正結來意言若初依
始心者五品六根並屬初依始心即在五品
初心故初品中雖非說法之位隨力弘經須
此四行至第三品正當說法以資自行說即
是弘理須此品以爲方法三此安樂下行次
第中四先明不次第次今且下寄於前品以

明次第不同之相三若約下約行次第四雖
作下約行無次具如智者釋四行文四行既
是三業止觀及以弘誓俱行俱運止觀同時
況一一行攝一切行況前初品衣座室三無
三差別故無次第四明行體者先出古釋初
師初云假實者何教無之未顯今行說法離
過雖似一途而無慈悲止觀之相第四慈悲
而濫向三行基師所釋不及前師龍師初行
稍近今意南嶽所釋若望天台仍未委悉故
今師釋云止觀等者前三皆有慈悲止觀且
初身業又三先明有所離故不墮次有止行
故下具三方軌三止行離下具足三德於中
先明具德次明相生餘口下例者三業俱有
慈悲誓願亦具止觀故四行例同故知還用
前品爲今行相若不爾者非普弘經五正釋
者釋行處近處中先三古師次章安破者以
初家行淺近深即初兩家於中次家二釋初
釋因果別後釋通因果故破初家及次家初
釋云十地有行非獨初心次破後家者瑤師
以七住已上爲行七住已前爲近故引淨名

等覺極深亦名爲近若兩行去總判三家互
失言兩行者行近兩處俱得名行所以俱淺
俱深並皆有過言前品者指持品中能忍違
從即深行也何關此中言七方便者權行所
行不涉今品然行名下立理破也得名雖別
二義相假一一行中皆習近故俱通深淺不
可並深俱淺及互深淺然今品文始行正當
並淺而永異古師以通俱深異七方便淺名
雖通其意則別下去約位義通於深以深攝
淺故也又行近下引義以破既是法師品中
衣座室三理無淺深又忍辱下約行以破若
爾下徵起釋疑詣理下正判言詣理者以經
云住忍辱地故也附事者離十惱亂等事中
下文亦觀空等如引義中寂滅忍與畢竟空
豈容深淺但對事說得忍衣名約理以說得
空座名故附事必依理從理必經事不應闕
行事理條然亦如二諦必眞俗相即各說一
邊非無所詣約行準說問既對衣座何不對
室答室通二行亘於始終二行雖殊慈悲義
等問標云慈悲熏止觀導三業下釋但見止

觀三業而無慈悲者何答誓願不孤通前徧
導況皆有爲說感是慈悲問初身業文但云
行近何名爲身答行近二文但廣略異故離
十惱亂正當於身約近論近灼然在身當知
住忍亦身住也忍地即是陰實相也一十八
空還觀界入若是口意二文止觀明著身何
無耶答口意別明身中合舉既近處三皆云
助觀助前止觀其言雖單即是雙助止觀故
也今約三法下正釋行處即從忍地至亦不
行不分別文也約三法增數以爲三重初約
一法又二初標一法即緣諦也直緣一諦而
立三行但云一法者以能從所但受一名一
諦爲一切下明一理功能理既能爲一切所
歸故能依三行功亦如之於中又五初列功
能有三即所歸作本無分別也故三爲行緣
於一處次一切所歸者下釋三行也三無三
行下對處結名四如此下明與前品三法義
合五是名下總結釋中自三初又二先消經
次結名消經意者所住之地謂實理也次衆
行去明能住行即依理起行此即下結名云

行不行者理雖無行依理而行行得理息即名不行能住是行人得理故能行勝行行即不行故云行於不行之行也次釋第二行者亦先消經次結名消經者亦指前一地爲一切本本謂忍地住一地故具柔和等三初如萬物下總牒前一地立第二行初句譬說衆行下合譬若得下正明能生之功於中別消三句此即約理方有能柔乃至在驚能安無量下總釋功德所由地無所生指前實理而生功德即柔和等即不下正結行名依理不行而行於行也釋第三行者亦先消經次即是下結行名言徧無分別者行與不行性相無二見諸法實名不分別無不分別名亦不行不分別三無三下對處結名以得實處故使其行有一三相四如此下與前品義合者初句總標休息下對前三句休息即行不行隨生即不行行徧無即非行非不行五是名下總結可知故知一法即三法三法爲本故先明之次約二法者即以生法二忍消文於中爲四初標次二忍下會異名即二空是三

二空下辨異於中初標次何者下釋異相真俗假實通於三教今意在圓何但異二乘耶且隨難辨故暫對之言真俗假實明二空者真諦即法空俗諦即生空俗假真實故玄文云世諦破性真諦破假假破即相空性破即性空故真俗不二二空俱時爲對所破以分真俗即不思議之真俗也通中亦有此之二空名同義異俱時不殊須善斟酌三若更開者下明開合也若開爲四忍柔和兩字爲伏忍善順兩字爲順忍又復下爲無生忍亦不下即寂滅忍若爲五忍即離順忍中善字餘同四忍若爲六忍即離伏忍中和字餘同五忍若更開爲四十二忍但於無生寂滅二忍中出若對住前隨前四五六忍增減可知義皆通後若言一地具四十一則地地四十一忍亦地地有伏順等合則依前爲四爲二二復爲一同立忍名地地無非伏順無生寂滅四今且下正釋仍離二空以爲四忍則經中諸句皆具二空四忍於中爲十初標次列名三此四忍下舉別異圓四今圓下出今圓意

辨異於別五大經下引證六若約下約無淺深以明四忍七聞生死下消經八行此下以三法結九二空下結名十是名下總結初二如文三舉別教中即以二忍判彼四忍即伏順在地前故云生忍無生在地上寂滅在極果故從初地依法得忍通名法忍四今圓中圓位諸忍俱無淺深五引證不二明文在茲六約無淺深立四忍者若借別名圓且以伏順爲住前無生爲登住寂滅爲妙覺暫離對當行理必融故云皆見中理應如今文以初伏忍亦通金剛寂滅無生亦通於下七正消經中所以不消住忍辱地等者向立圓四忍皆由住忍辱地故且置之又不消法忍但略消生忍者但生忍義深法忍可識於生忍中又不消柔和善順者即不卒心不驚去是柔和等德既了不卒暴等前則準知故知四忍並依理者爲顯圓故於略釋中初之二句釋而不卒暴次聞佛下釋心亦不驚此句既融餘句可見故云聞生死涅槃乃至非難非易則知其心常住忍地八以三法結亦是行不

行等三行也九十可見第三約三法又八初
直標三法次三法下示三法相三住忍下正
消經文初句總柔和下別別中言忍見愛等
此眞諦空由依中理且據空邊故云見愛若
從理說即同體見思四此則下結名五行亦
爲三下結成三行三法六是爲下總結七出
異解八彼明下約教通斥不融下云云者應
具明圓相以顯今經若不然者非安樂之行
次云何名近處下釋近處爲對離邊應約去
聲近遠兩字若對所近應並上聲今明能行
對所離法故皆去聲於中爲四初標次遠十
下列三門三上直下示三來意四就初有下
正釋三處列中三學皆云助者始行弘經須
此助故三學能助助於正行問非遠非近即
是正行云何言助答此是觀行初心之則附
此三學名所附爲助助法弘通故云助耳皆
云附者非全正體附近而已又如初門但是
隨要略引於十戒亦未周次門且云修攝其
心定亦未周第三似正圓慧慧亦不周何者
若正立圓戒須指梵網無非具足若圓定慧

須十法成乘具辨諸境一往且明十八空耳
三示來意者對上行處以辨廣略而爲異也
今欲重明故說之也問何故所助通名觀耶
答委論修行具如止觀若汎爾通論則舉觀
攝止故弘經行者須專修妙觀用三爲助方
稱聖旨當知行處即正行近處即助行正助
合行三行兼理故非遠近對事設觀以助照
理之正觀也問若正助合行何故向云助眞
似耶答正助合行可入眞似若正一向在於
眞位何名發心二不別耶言非持刀仗等者
今明圓行對所辱境處中而說不同凡夫刀
仗自防亦非二乘棄捨不觀雖復正行須遠
其事以十八空觀其能所豈同凡小若棄若
防皆云廣上等者文雖前後行必同時說雖
廣略法體無二故用前略以對今廣不同古
德分拚經文四正釋中初釋約遠論近中豪
勢者恐人恃附失正道故初似小益久則大
損邪人法者恐人染習迷於正理正觀未成
切須防斷在家事梵名爲梵志出家外道通
名尼乾路伽耶等者注家云前如此土禮義

名教後如此土莊老玄書伽耶陀亦云韋陀
近咒戲者恐散逸故那羅此云力即是捔力
戲亦是設筋力戲也近旃陀羅令人無慈近
二乘人令人遠菩提故西方不雜故云或來
旣未受大無妨小志故云隨宜欲想殺害菩
提心故欲想如止觀第八記不男壞亂菩提
志故五不男者謂生劇妬變半生謂胎中或
初生時劇謂截等妬謂因他變謂根變半謂
半月餘即不能廢如論釋危害難處不合入
故譏嫌增他不善心故畜養妨人正修業故
如是十法諸教皆然但離二乘諸教小異今
弘圓經須屬圓人此當因緣約教兩釋但闕
本迹若欲立者本離十種二邊境界迹示離
此十種惱耳觀心十種云云者令比類說之
應作總別二種總者無非法界何所可離何
所不離非離非不離而論離耳還同非遠非
近而論近初心雖了一切本無而須數數近
於遠離別者遠離三教教主豪勢二邊之行
即是邪行二邊人者即名邪人二觀神通名
爲凶戲三惑尤害殺三智命偏空滅想名二

乘衆偏觀眞俗名爲欲想乃至尚離上地法愛滅色住空名爲不男方便觀智皆害圓極一切俗境名爲識嫌遠離魔外名不畜養一皆以所離爲境皆以三觀爲近皆以三惑爲遠近近處者大論問菩薩云何自靜等論答云如病將身等具如止觀第四記三意云云者如向所列定心定處定門也列竟即應廣釋廣簡心謂能期之心處謂五緣中處門謂五事調心未暇廣論故二十五方便隨要列二如是三法皆令親近此約對前遠以說近近此近法故云近近非遠非近而論近者初開三章作境智釋又觀下全約觀釋初文三標門列章解釋解釋者初觀字標智中間一切法三字標境後空字文中不釋但是結成智境若單論下明境智意智即方便品初五佛智慧境即方便品初十如實境但下空字隨位判之但此屬弘經之行彼屬五佛所顯又單論等者今正明觀何以舉一切法耶舉所顯能故空顯於觀一切法家之空觀也次別釋者如實相三字別釋境也二邊三諦

者二邊對中中必三諦三而不三名無一異三諦如實對七辨異故云實耳實即無相徧相一切故云實相不顯倒者別釋智也具如方便品初今不多說境爲觀中諸句所觀但能觀觀部內尚少故於此中其文稍廣無八顚倒者無於常無常等各四即表中道然常等之名名兼界外以變易中非但獨有無常等倒望於雙非仍有出假常等四倒若不立雙非義則不爾具如止觀第七文以雙樹表之諸法即中故無二死倒即生因無因必無果故大論中喻如墮巖雖未至地即名已死不退者契寂滅理入薩婆若以從圓故因立果名不轉者必定不爲凡小所轉尚乃不爲三菩薩轉況復凡小須約六即以論不轉下去準知如虛空者先立譬也不爲二邊轉故故觀者叵得但有名字次中道下合也但有名字即性空名字亦無即相空此即所得二空觀體無所有下出二空相無所有即性空相一切言語道斷即絕言思爲相空相性空中云無自等者應約眞妄互論自他及以共

等今眞如理正當無因而云無無因者無彼外人無因故也具足二空故不生不出出者退也今是觀行三不退也言惑智等不生者具足應云行位因果等但是文略今略明者惑智及理體本不生惑智稱理故俱不生釋不出中言如來治者全體即是故無可出不起者以入理故方便理教一切皆寂無名者重牒前無所有等詮所不能詮理非名故無相者相所不能相又云十境所不相也無所有者重歎觀體無量者非界入陰諸數法故無邊者非如偏小分限法故無礙者徧入諸法故無障者無能遮止故雖復多句秖是能觀無相無作與境合耳對十八句立十八觀對一切法名一切空三但以下結者初總結諸句莫非因緣上直明下明結束意上多明雙非且云中觀照於中境豈有中觀不照二邊今此重明照於二邊用結諸文以顯中觀不思議體言理性畢竟清淨者重牒中境是雙照境故云如上所說於中爲三初約初句以明雙照二邊境也中體無作二邊從緣以

無作觀照緣解惑又因緣下重釋者即以初句而爲空邊照於緣生緣生故空空名涅槃即以次句而爲有邊故云顛倒倒亦從緣且從倒邊故名顛倒用前中觀無偏而照言意顯者勝以因緣一句義開兩境然初文不釋顛倒者顛倒即是說由故不別釋今從故說下不別釋者故說即是妙教教必被機不必須云顛倒故也常樂之言無別他釋故總在後示因緣顛倒三諦以明觀法即常樂三觀故也三又但下又合前二句同爲三諦之境凡從因緣生顛倒之法皆妙境體由本有境說上諸觀亦由第二說用觀故有第三結說結觀又於結中三重釋者由於上來諸境也初釋由顛倒故說次釋由二邊故說第三釋由不思議故說雖三釋不同共顯一致雖顯一致不無觀蹤初說從機故云顛倒從機語道次說漸觀由二邊故中本無說第三全約不思議三諦體說雖有觀蹤觀法無別同觀三諦一實之境故常樂一句無所離合所以前後共成一意次又觀下通上下文全作

觀釋於中又二初作觀體觀相以釋次凡有十九句下作十八空總別以釋初云觀一切法空如實相云標觀體者實相是所觀以所顯能觀方有體次不顛倒下釋觀相云九句者對下十八單複不同故但九耳複故但九一不顛倒等更五二不退等三如虛空等十六四一切語言等五不生等六無名等七無量等八但以等九常樂等略出三句示複句相令餘準知此中九句說常樂觀也下十八空唯至無障次引釋論釋如虛空等更釋不生等句以由如虛空故三世不攝初如虛空者總標也無入是不生不從於現以入未故無出是不出不從於現以出過故無住相是不起即現在不住攝大乘意引與大論同復引大論四十三者存異釋耳次約總別作十八空者於前體相亦可以爲總體別體總相別相令總別者於前九句除後二句以餘七句離爲十七進取如實相句合爲十八以前七中初之三句二二爲句第四句單第五六句三三爲句第七一句四句爲句故使句法盈縮不同

此十八空從所得名能空秖是一大空耳大無大相即圓空也故次文云中道正慧即是能空故句句中皆有能空及以所空能空即是如不無斷等也所空即是顛倒乃至礙障等也如云顛倒顛倒是內內顛倒空故名爲不下去準知更五於空空中先立能所者十七餘句所無以此句中能所名同是故別顯餘文相別是故不論於中雖復所空名空望能空智猶名爲有此中甚略委釋相狀及以離合具如止觀第五記若曉妙境及圓十觀方了此中十八觀境若不爾者彼止觀文乃成徒設故彼正當安樂行人之觀法也故知始行須達彼意方可弘經若具不愜爲利爲名爲衆爲勝復肯同於二乘道不大乘進退審自思之所以勤勤於弘經者願共霑斯大利故耳故彼境境結成大車故彼觀觀皆依實相四十餘年祕要之教教已難觀所詮行理何由可曉自非四依弘法之力末學迷滯安遇斯文遇而不求何異日月於盲者耶何異雷霆於聾者乎但今文中觀法未周屬在彼部文雖

不委品相略周今粗點之使緣心有在何者實相妙境也慈悲發心也止觀安心也一切破徧也十八道品也亦不分別通塞也離十惱亂助道也夢中所見表後三也通括四行十觀略周通論又以四行助十若四若十並涉因果四總十別若總若別俱通橫豎四行事儀且在於始十法道理無不兙終豈涅槃行獨在於始又此十八名在大品大論委釋經通三教論釋復含但簡二乘而不細辨通別菩薩是故讀者彌須置心故須對經一一圓釋偈中等者義異故開意同故合故前行近以廣顯略上行近至次第者上文行三雖有三釋應取第三離爲三諦釋以三重釋各徧消故不同於近中三也但得云各言復不次第者非但不次亦乃通總頌中多是近處文故應入下至頌事遠近者約遠論近也亦應云頌雙標行近亦是頌人空行處者前行處中第二作二空消文於二空中離十惱亂亦當生空柔和善順言即兼者近中遠近亦同生空法空還於遠近修空修觀故耳又遠

近等三亦秖約前行三而已準偈標結俱雙故也常離國王等者乃至官長準例可知非直弘法他皆準此作此謗比丘等者世謗者言既比丘作此爲佛聽耶佛法爾耶韋陀者具如止觀第十記所以不許親韋陀者或恐人疑比丘教彼言佛法若斯又復外道常恩佛過若親近此或謂比丘須彼則佛法不如於彼故誡內衆勿親近外法乃至六諦二十五諦等具如止觀第十記乃至讚詠準此可知初爲跋耆子說阿毗曇者故知別有阿毗曇藏是佛自說人不見者諍計云云或謂是十二部中論義部者不然言相續解脫經者是佛自說故且名經當佛滅後阿難所結集者名修多羅五百集者初名解脫後廣集法相乃名爲論欲相者頌中雖無欲相之言以長行有故今略釋俱舍云六受欲交抱執手笑視淫今依舊名目須輪者修羅耳如中阿含云有一異學問簿拘羅云汝於正法中已八十年頗曾行欲事不簿拘羅言莫作是語更有別事何不問耶異學又問汝於八十年

起欲想不答不應作如是問我八十年未曾起欲想尚未曾起一念貢高未曾受居士衣未曾割截衣未曾倩他作衣未曾用針縫衣未曾受請未曾從大家乞食未曾倚壁未曾視女人面未曾入尼房未曾與尼相問訊乃至道路亦不共語八十年坐故知衣食等欲想一切尚無況復染欲想耶弘法之徒觀斯龜鏡世人笑他濫大乘者以爲合雜在小撿者亦可思詳況今弘經息譏爲本云云八精進等者具如止觀第二記又復不行上中等者約廢權說故前三教名上中下或指三乘或三菩薩不倚圓等者佛尚以異方便及餘深法用助正道後學順教豈可固違習實尚徹而蔑偏小須順佛旨將護物機問偏圓與權實何別答通則不別別論小異偏圓約教權實約法法即教下所詮通於理智行等問佛世觀機恐物墮苦先以小接次以偏引末代弘法豈必然耶答今云助者舉況而已恐倚圓蔑偏然弘經者隨其行位若始行者具如今文不以小答若深位人始未弘法必以

生滅等三方能顯於圓頓具如止觀諸文皆先漸後頓面譽等者如對二人偏譽一人其不譽者義當對毀然好譽者必當善毀令他懷此故須並息又面譽如對毀故智者息之問經讚小善安遮面譽答好面譽者未必讚善讚通隱顯制面防喻故安樂行人自護防彼亦不得約張說趙長等者寄張家長說趙家長故令趙家謂說張長而識己短謂見趙行慽云張人勤豈不令趙謂以張勤而識己怠似善法罵故不應爲若向張說趙短復令張人謂向趙人而說我短故大論云自讚自毀讚他毀他如是四法智者不爲何以故自讚者是貢幻人自毀者是妖惑人讚他者是諂佞人毀他者是讒賊人智者應以四悉籌量而護自他若歎二乘等者對大歎小令失大故若毀二乘或令二乘大小俱失此約始行二乘人也亦是習小助大之人如涅槃中二乘是也不生怨嫌心者怨字去聲損己則怨違情曰嫌若作平聲者傷己未重心積大仇安樂行者尚去順己之喜況構無怨之恨

大集云過去世時有羅刹王於俱留孫佛法中出家發菩提心誦持大小乘法聚各八萬四千由意嫌頭陀比丘云不誦經典猶如株杌由此墮獄受大苦惱從獄出已受羅刹身於賢劫末樓至佛所方脫羅刹身常人尚爾況安樂行爲弘大典將護小行又怨怪嫌責怨深嫌淺淺深俱捨方稱正行此口安樂行中所言心者爲制口故觀諸法空等者心已住於畢竟空理牒前行法故必不執大而輕於小但隨順法相復順物情尚不令順法而違物情況令違法而復背機故從若不見去但答大法隨義而答有三者三種語也智者語即可答王者語愚者語即不可答不應以圓行呵別者經雖但云學佛道者以藏通菩薩雖亦求佛與小共故猶屬小攝既云求短以權有短是故爾耳比丘下云訶通者四衆通有三乘故也去道甚遠復云別者以通教中復有別機沈空下卻釋通也豈踊出菩薩補處尚皆不識一人云何令修此等行耶況人未出預說行耶況復出已赴命弘持不見

更令有修行處經又亦不應戲論諸法此中不須引中論觀法品見論愛論彼乃通屬三界之惑亦不須引淨名見苦斷集是則戲論此乃別斥小乘果人又不應引大論若言非有非無是戲論法及第四句名戲論謗等今制嘲謔之論妨安樂行耳故知釋義須望本經棄淺從深未爲當理止觀二行各有四者此中初二行頌止四次三行頌觀四初止四者初一行頌第一離嫉諂次一句頌第二離輕罵三一句頌第四離諍競四半行頌第三離惱亂次三行頌觀四者初一行頌第一大悲次一行頌第三大師三二句頌第二慈父四二句頌第四等說但其皆曾發心者以皆曾發偏小之心入實不遙通成大機即慈境也此悲境攝一切三界内者者文中既不云出家則知是界内流轉之徒經雖但云非菩薩以大例小驗知亦不發小準前大小俱是慈境故也應知與樂拔苦隨舉一邊故各釋妨令通大旨經云不聞不知等者據理而言偏亦應有不問不信等圓亦應有不聞不知

等問云何得知前三是權後三是實答準正發誓文但牒後三而爲是經經以神通等者二力秖是福智二嚴深觀如來室衣共爲大善寂力者不起即衣現儀即室言八萬等者秖是小乘八萬而已如俱舍云牟尼說法蘊數有八十千未關於大第五隨功者始自七賢終至羅漢並有定慧分故城即涅槃者即第四果也得有漏者賢位法也六合譬中次第合六初合初而請下合第二如來下合第三其有下合第四於四下合第五而不下合第六合與珠中經云見賢聖等者大集云知苦壞陰魔斷集離煩惱魔證滅離死魔修道壞天子魔今不云天子魔者以小乘多斷三魔未壞天子魔故然有壞義經云有大等者如來見此小乘賢聖已除界內因果名與陰戰至般若後名大功勳故三毒等且在小中爾後時長通云歡喜煩惱障中初又三即貪等三毒次十六行云一切者準下釋一切始自十信終至妙覺故知三惑但在欲界麤三毒耳以十信具除三界惑故下去猶有見思等三故云一切以一切言通收三惑俱轉故也安樂既是如來之行故弘經者預表果成故知弘功其力不小問何以至此即歎教耶答此在迹門流通之末前已明佛去世後弘經功深古佛證經今佛成道二萬八十萬億此土他方宣通之益不可測量人獲妙功良由法實故流通末重辨所通所通者何三周開顯故眾輪王威伏兵衆獲勳勳有大小故所賜不同此四行後復結成者顯四行功成能行此行兼弘經力化功歸已果相先彰故從大士剎那夢逾億世表一生弘教功超累劫初十信中既云慈悲又云正見及以無癡慈悲是弘誓似發正見無癡是界內真成即無見修二惑故也住中既云見佛表自當得八相即分真無生忍位也見身處中表入實也歡喜以表入歡喜住發心見中與初地等故亦云喜得三總持具三不退佛知者得記之由下去得記可知修習云行者前非無行不別而別至此最得行名故也證諸者諸言正表斷三十品言無垢者初住已得爲顯大經且從初地若云入金剛定義當等覺合在第十地中此中明信等五根乃至八正者釋佛道也所行之道不逾七科隨要略明信後四科耳

法華文句記卷第九上

法華文句記卷第九上

校勘記

一　底本，明永樂北藏本。

一　五一一頁中一三行「此經」，南作「此法」。

一　五一二頁下末行第一〇字「令」，南、徑作「今」。

一　五一三頁下六行第七字「是」，南作「爾」。

一　五一五頁下七行第九字「劇」，南作「劇」。次行第四字同。

一　五二〇頁下卷末書名、卷次，南無(未換卷)。

法華文句記卷第九中　更六

唐天台沙門湛然述

釋踊出品

先以四悉通釋於世界中初明命赴之由次如來下正明命赴師嚴等者二義互明道在師故道尊師有道故師嚴師嚴故命不可違道尊故有命必赴由師具二故鞠躬祇奉次正明命赴所言命者一由寶塔品末云佛欲以此妙法華經付屬有在此命猶通二由下文他方菩薩八恒沙衆請他土弘經佛止之曰我娑婆世界自有六萬恒河沙衆即別命也故經家叙之諸菩薩聞釋迦牟尼佛所發音聲從下發來四方奔踊者奔疾也恭之至也自在升此故是世界下三共成初感應也三世下為人者有法喻合初法者自本感來三世益物故此三世皆屬過去今佛自當現在益物菩薩弘經且在於當慧利既廣非心所測舉月譬者一月本也萬影迹也但使有水應之不倦豈可以三世思之若不撥影安知天月明諸菩薩實本難測寘顯如來迹不可量召過等者若不開迹降佛已還無能知者今欲顯本先出本屬具有二世善根增長故召本人示現人令現人生現善使本人弘現經令當人生當善虛空等為對治者約所表也虛空理也本迹事也事有本迹理無早晚惑者迷理而暗本迹故執近迹以失遠本本迹尚迷況不思議一故本之弟子居下虛空本地之師經久虛空今之師弟在今虛空久空今空下空上空雖則體一然本弟子元知近迹今之弟子猶迷遠本破執近故召昔示今今弟子因疑致請聞說方破破執近惡故云對治寂場去第一義者寂場舍那示始成故父少寂光菩薩行久著故兒老譬樂力者父何以少子何以老準下父子譬意父久先服種智還年之藥父老而若少子亦久稟常住不死之方子少而若老雖各有服餌之功而父子久定此之四悉雖通釋今文並意兼後品然初一悉文在今品第二意兼後品三四二悉探用後品皆是助後以成顯遠善生惡破見本故也故知世界即是三悉之由故踊出品專在世界文云下引證總證四悉即四悉因緣故集流通段下云云者應具述諸品如下委論又二十八品唯有十一品半本迹流通十六品半以經力大舉法舉人引令往東方西方若顯若祕總身別身或逆或順往佛今佛自微自著現益當益畜益人益男益女益親益疎益事益理益等稱之不已故耳又半品四信之文去取不定況本迹二處流通意別故注云云故本門流通永異諸部他方菩薩聞通經福大者已聞迹門說流通竟以慕勝福而欲流通如來止之者上廣募弘經今他方請弘何故不許故以三義釋之初所任別故無二世利則無世界益二他方於此無巨益者即無為人第三二義迹疑不破即無對治遠本不顯無第一義問諸佛菩薩共熟未熟有何彼此分身散影普徧十方而言已任及廢彼耶答諸佛菩薩實無彼此但機有在無無始法爾故以第二義顯初義云結緣事淺初從此佛菩薩結緣還於此佛菩薩成熟平等意趣義如前云由此二

義須力下方故一召下方亦成三義是故止彼無三義者無四悉益召下三義即具四益初子弘父法有世界益次以緣下緣深利多有為人益三又得下近疑破故有對治益遠本顯故有第一義益此是召本弘經之益於前四悉但在世界為人斷疑即是本由此中未述住處下釋本處也先出土名次以四德釋之三是為下結名本有四德為所依修得四德為能依能所並有能依之身依於能所所依之土二義齊等方是毗盧遮那身土之相若云塵剎重重相入重重相有重重事等重重說等為未了者以事顯理若不了此一旨誰曉十方法界唯有一佛亦許他佛若許他佛他亦身土重重互現互入互融當知秪是約一論徧四以不下釋住意五下方下釋下方也法性之淵底釋下也玄宗之極地釋方也玄理之宗故名玄宗宗謂宗致取果所期此諸菩薩分到所期且云極地又地裂者地覆本屬如迹隱本今開迹顯本故裂地表之然諸菩薩於此已前亦曾有迹雖但顯本

於理未彰但弟子被覆義當覆師弟子若顯師無不顯故顯弟子義當顯師言在下不屬此空中不屬彼者在下空故不屬此界住於空故不屬彼界以彼表無以此表有以空表中出此不在上者非上界也不在此下者此界在上空之下此即是下故云此下復以上界表無此界表有空亦表中故上下二空俱表中理理即寂光來之由者下至皆如上說者從開命下四句故來是結釋品四悉意也亦是止他方召下方三義故云如上若依法門者此五字應合著六萬非多下非多已上仍屬因緣亦不須移一即一道等者既云法門須通因果事則從多至少法門從少至多者義當依理起行故也增至六度既結為六萬成圓觀行行依妙境故度成萬度實無萬六中各萬秪是一萬無別萬也六全是萬無別六也一一度行無非法界無界相秪一剎那即一道也一六既然二三四五準此可見是則六中無不一多一切具足當知一道至五眼來一眼一諦皆具一萬無非三觀觀

法界也皆云善者不適迷故多不多空也一不一假也雙非雙照中也言云云者應須具論妙境妙觀具如上下不復更云是彼菩薩之行德也就初三業供養至徧見者此乃感應道交於五十劫令如半日此明如來不可思議延促之事顯於如來自在之力則顯無機雖借雖隱而亦不能於長見短於狹見廣鏡豈惜妍由形故耳有人云聽法之志而忘其長或云長短斯亡長短斯在此並得感而失應何以抑於如來神力耶借子夜切拜繞下更釋感應初釋三業供養為機五十劫下釋感應相初釋即長而短四衆下釋即狹而廣於長短中又為四初略示次如來下明非長而長三解者下約解惑判即是赴機四斯為下明現長短意初文者即八自在中之一也次文者佛眼觀之長短不二四眼觀之不無長短故赴長短機令見不一第三文者解惑俱機故使菩薩即短而見長執者即長而見短如萬像森羅凡夫謂異二乘為如如來見之非如非異而如而異既云令諸大衆謂如

半日即促彼長令其見短故云隱長廣狹亦爾如有漏報法尚乃盲者在明而無見蝙蝠於夜而能視故知明暗在眼非境爾也況機應相召今昔之力問既云感者何名妙機答菩薩已破無明稱之爲解大衆仍居賢位名之爲感機中辯位故云解感四斯爲等者現此非長非短之長短及非廣非狹之廣狹明成佛既久化迹必多所以爲下非本非迹之遠本及非少非多之廣迹而爲先兆也故知開竟尚達非遠非近之遠本況復近迹若未開顯尚昧近迹況非遠非近之遠本以未知久本而爲惑者斯理必然及至開顯咸知本無長短遠近斯存故名不思議一故先現之寄表非本非迹之本迹四衆徧見下明廣狹中亦先略示次夫肉眼下釋肉天二眼任其自力所見不遠今忽見遠知非已力即知如來現此神變必說妙法次雨猛華感譬見應也龍大池深譬知真也見應下合譬也見諸菩薩應相既多必並證得彌法界真秖向見短之人而見於廣廣若是機短豈尊應既見

即狹之廣理亦方見即短之長寄表當破無明故且抑其一分陳問偈中亦頌前二初一行頌前如來安樂初二句正頌安樂次二句雖云教化亦屬安樂耳次一行頌第二意易度下言云云者令出頌中二句之意但舉四人云欲擬者比擬也亦對也如華嚴下引同也四十位下言云云者明彼此佛慧既同人法相望亦等但彼迹此本彼兼此獨乃至如後十義不同本迹雖殊彼此俱四感爲導首故待例之雖有加與不加及名不等焉知不是彼法慧等薄須塗熨者猶如嬰兒爲病服藥暫須斷乳權以毒塗藥勢歇已洗乳令服初乳後乳乳體不殊中間爲病進否權設亦如癰瘡熱氣正盛且須冷熨熱休息冷初身後身其體不異爲熱暫熨熱退如初此入彼入二處不異但根鈍者入時未至如癰如嬰尚須塗熨以略等三暫時調熟故云薄耳言十意者雖佛慧不殊化緣生熟顯晦仍別是故略須述其異同不可事異令佛慧殊豈佛慧同令教一槩二酥時異佛慧必同況復猶

是一佛所化應須了知異本非異於中先列次釋列中第三語至準下釋中此應題云橫竪廣略至下釋中二處各別次釋中初始見今見者華嚴始見經文自云始成正覺後文秖是廣明因果之相依正通同所以一經之內三處明文即世主品初名號品初十定品初皆云於菩提場始成正覺以成始故見者成初今即法華乃於王城開佛知見能見所見境智何殊二日照下開合不開合者華嚴望小且名不開猶帶於漸故名不合於彼不入爲令令入更開於小三味調之令經方合言五味者兼論初後耳況彼不合者今亦合之故知彼經開亦不徧逗機未足合亦不周尚存權迹應知彼開亦是此開然亦此合何殊彼合一佛化事同異宛然但彼無小機在初名頓自開小後名漸歸頓開合雖殊二頓不別三竪廣橫略者華嚴且約入法界邊及從初住終至十地名爲竪入經四十二位故名爲廣且約不用六方便邊故名橫略方便對實故名爲橫若準廣論行願佛身佛土相

好名字身土四句主伴十方亦是横廣然自在大豎中論横故云横略此述一化徧歷五味味味諸教教教相望故名横廣從初至後處處得入故名豎廣本迹二門無不入實又名豎廣又亦應言若本若迹皆論久遠三世益物永永不窮亦名豎廣三世化中八教相入故名横廣況復放光横叙他土諸菩薩行答問豎叙過去化儀三周三節說領述記復得名為横廣豎廣並是如來巧順物宜稱適當會當知此廣何殊彼廣況彼豎廣義含横廣故顯密不同說時未至凡有施設語不同耳第四本一迹多等者唯華嚴但以一臺為迹中本本非久遠故使千葉成迹中迹但臺望千葉以之為本縱令十方互為主伴十方亦復不離一塵一塵秖在此臺此葉當知秖是迹中依正是故迹多與衆經共所以法華迹說與衆經同華嚴但與迹中分同然已廣叙依正融通何事不明久遠之本若論本門與衆經異華嚴即被法華本異華嚴雖有久遠行因但是今日一番之因尚未曾云中間

一番之果況有中間數數成佛當知此異則異於彼故云本獨若言不異伽耶尚是華藏寧非開則俱開不思議一此乃以法華之遠本異華嚴之近迹故知教門不得不異第五被加等者華嚴多是加菩薩說乃至文殊普賢及入法界尚是菩薩自說不見佛印之文法華除叙文殊釋疑及流通中有諸菩薩發誓弘通皆是佛述及以對佛便為有印故本迹正經皆佛自說雖加不加皆成佛慧化儀施設時處不同印與不印其理一也須知同異以顯化由第六言不變土者淨穢不同常自差别今云變者穢為施權變表顯實穢屬五濁元在小機機會權開土變為表故顯本已純諸菩薩淨土不毀而衆見燒又彼則種種世界不同淨不妨穢此則寶樹華菓遊樂穢不妨淨況常寂光土端醜斯亡寂光所對咸有淨穢雖變不變佛慧何殊豈由初後變不變殊令佛慧異若也不信不毀之說乃固執於見燒之文而以華嚴形斥法華如人毀訾其身稱讚手臂故知約迹言變不變淨穢

難思體同名異第七多處不多處者七處八會與二處三會雖多少不同所說何别豈多少異令佛慧殊若以同一報土亦非多處此中横對四土處却成多還以彼多對此寂光多亦即一彼此體一佛慧不殊第八斥奪者亦可更云彼如聾如瘂故有斥奪皆與佛記故無斥奪又有小須改故餘經斥奪彼經無小故當部無斥又别教權說此權易轉故不須斥小乘難轉故須斥奪轉九直顯實等者雖有别教以易開故且云直須決了者小難開故故須云開十利鈍根者據次第調熟名為鈍根今無不開豈得鈍鈍若據兼别彼仍一鈍此乃鈍利故約五味判諸利鈍良由此也一往且從會於鈍者故云鈍耳所以至此機同感同故佛慧同約化儀說故須辯異若識理同等者問一切諸經乃至草木理無不等何獨法華答教之同異具如玄文雖一切理同說在今教今所歎者歎能詮教故諸教中無舊云等者先出古釋次今以下十文並之方知二部了滿同等云云者乃至應以

多重並決而破古師與問碩異者先問何故
問家隨喜能問人即指諸菩薩能問諸佛聞
已信行者即指諸菩薩所化之人聞菩薩說
已而能信行我等隨喜者隨喜能問發起大
利隨喜菩薩所化之人如來述歎但云汝等
能於如來發隨喜心何故與上問語乖耶碩
者大也然能問下答可見此亦密表壽量者
今數菩薩尚是古佛密表今佛非今成也若
非今成必有遠本未得彰灼故云密表仍須
委明密表之意故注云云已如向辯下結云
此約四悉等者須示此下悉檀四文及意初
是世界次三又字是餘三悉此約彌勒不識
邊無四悉益由問故識識即四益初文爾時
彌勒及八萬大士者恐文誤準經文云八千
恒沙初中初約來者次約去處若來下結上
二事所以今見皆不識者此有二義一約權
教雖於十方橫竪遊履教權時淺不測本人
二約實道雖居補處猶在迹中豈可云知若
實位高爲衆發迹應須發起約十方界去來
異故識不識別以不識故無世界益後不知

前是爲人者前進之人有所證善彌勒不知
彼之內善自善不生故無爲人雖先進位深
豈過補處雖云末學無垢位成如何得以前
後判之亦用前二義通之可見所化異故屬
對治者夫化物者本治物病彌勒不知其應
無彼利物之道即不識病無對治也然智人
知智虵自識虵豈補處之人不識其真應亦
具二義雖同補處久近不等故知近者不測
遠者密開壽量是第一義者即此一部最極
之理豈非第一生云以其悟性非十住所見
故彌勒不識一人然彌勒位在補處何以判
爲十住又不知生以彌勒證何十住有人云
彌勒何不直問長壽如涅槃中問長壽耶今
答此都不曉今謂伽耶近成不知過去長壽
由見地踊不識因疑眷屬所由佛答其由須
論長壽故眷屬現豈徒然哉故知地踊爲生
疑故現如來爲顯長故召之故遠近二由皆
爲說遠迦葉童子已於此中聞長壽竟於彼
但問長壽之因故彼經云云何得長壽即問
因也已聞過去爲顯未來故問長因以生佛

答此難彼易理數如然云云者令點出四悉
釋之如向請答師主下云云者釋出請意抑
待彌勒云云者答問之益不在於我故不爲
答抑待釋迦答彌勒問故云待彌勒耳何者
彌勒所問事迹不輕釋尊一代未曾顯說因
玆答問廣顯長壽此一代玄秘在佛自開汝
自當聞我不應答師子奮迅等者此中二釋
前諸所釋用義不同良由此也從前釋彌勒
不知乃至此中云十方者多指八方總云十
方耳又私謂至此點四德云云者須述四德
對三世意此之四德非前非後隨德流類有
三世用故以四德對於三世不別而別思之
可見一切萬德對用皆然況四既非四三亦
非三若欲略對三四名相者神通是菩薩遊
戲故名爲樂益盡來世故得是常餘二易見
三行頌三世者前師子等以明三世文中亦
無三世之語但以義勢同三世耳今頌亦爾
直以佛無不實語等一偈半文而用通之語
既不虛必知三世益亦真實雙答雙釋者雙
答從來及以師主下方空中引大論云有衣

散者底者下也散者空也此但消名若出體狀即約教釋者是也文初云四後云約教即四教是非想是有漏底空是真諦底邊際智是俗諦底皆以極釋也是則初一是藏次一是通次一是別今經是圓以中爲底於四釋中但云釋底不云散者底即散故不復別釋云云者應簡真中教門各二故底不同今是開顯圓中道底從不依止等者居止下空並不依於上下人天言人天是二邊者約所表釋人多滯著表有邊天住淨福表空邊居此空中以表中道初五行半等者又二初四行答師弟次一行半答處所於中又二初半行正答處次一行歎菩薩德下三頌雙釋者於中又二初二行半頌釋師弟次半行頌釋處所經不云處但云久遠教化之者前正答中已云處竟故但以時而釋處也過去久遠於何處化化令入實即空中也言云云者應消經文兩問雙釋之意略如向辯白佛下准下文此應先開爲二初騰疑次請答執遠疑近者問彌勒既不知其數不識一人云何得知

久植善根答秖由不知不識并由佛歎住處德業既多又深豈近成佛之所化耶結請中經但舉難信者託物不信拒而擊佛令必有答色美等者以色等爲喻者總在年少爲言耳指百歲等者先略合譬次叙淮北諸師用譬釋譬者先釋譬次合釋譬言子不服藥者且據不現劣應之身而云不服仍以勝表本故云百歲既云若佛及佛則顯彌勒不知次如來下令合譬令師用之故無非斥合文仍略言如來橫服垂應藥者智契深理由豎服於真諦之藥處處益物乃由橫服垂應之藥真諦藥者假即空故權即實故自行冥故垂應藥者空即假故實即權故化他起故如是初心由橫豎不二之妙藥也此之三藥無前無後真諦藥者以治病故垂應藥者以還年故不二藥者以延壽故以還年故雖老而少現不二身故云本地九次第定是善入者從禪至禪無間入故奮迅是善出者從禪至禪皆經散心以散名出超越是善住者雖經超散住禪宛然畢法性爲善入者畢者窮也窮

法性故首楞嚴者能現威儀故王三昧者如王安國故此中約教藏通同者所證同故據因爲善習等者自淺階深故云次第言云云者善出善住皆應從果立名因皆善習如向分別此中不論本迹者既是本中弟子未須論迹信者即增道下云云者未來稟權多疑遠本應須委約諸方便教明不信者消今文意今文並約久成明信而論增道增道必損生具如後品

釋壽量品

初文所以不明四悉爲因緣釋者即前品未得四悉益者今此答竟即是四益此中爲二初引古通釋次正釋品初文又四初明諸師異解次前代下縱諸師以破光宅三鵠蚌下今四句釋四問下問答料簡初睿師叙意者舉分身以釋壽量而以理況事並舉不足以釋足意明壽而非壽方名爲壽身而不身乃可爲身並由得理能現身壽故云然則等也所以初句壽得理故方非長而長次句身得理故乃異而無異壽既數而非數身亦分無

所分以理性非量故不可以數求法身非形故無得以身取分身既以法身爲身壽量亦以常壽作壽故更引普賢多寶而爲興類普賢居菩薩極位尚名爲賢可表伽耶成亦非成多寶滅度甚久而出證經預表雙林滅亦非滅今謂以非壽釋壽理實如然但似不荅所問彌勒問踊出菩薩從誰發心等意疑伽耶成來未久如何所化身相難思本既不疑長壽何須以非長而長爲荅但先以長爲荅顯所化多長壽之由其唯法報是故今以三身釋之法華論意亦復如是河西與睿意同詞劣意云應身本是法身法身眞化分而不分故云不異無生無滅故云理一故以多寶滅而非滅用釋釋迦量即無量故云與太虛齊等若爾引多寶現不云密表應當多寶現即是釋迦長壽何須更明壽量品耶況但是法身而失報應若言釋迦量即無量秖可顯未來長壽與大經同如何得知過去壽量耶故今先知壽無量劫然始方云不思議一道場觀意以法華爲乘始以涅槃爲乘終終始

隔部所以木可等是隔部何不以華嚴爲乘始若以會歸爲乘始者教行人理一切皆會會已無始亦復無終若迹門爲乘始者又不全然若但乘始何故法說中明佛智等譬喻說中明至道場因緣說中云至寶所所以初釋惟忖中五句意云今之與昔或已入住行向地等入復增進唯有一分鈍根聲聞於此終開仍入初住豈名乘始若初住名始彈指如何故不依此能判經部若涅槃澄神爲乘終者說大經時十仙諸外道並初發心復無量人退菩提心又法華之始則在物機涅槃澄神約於教主由法華教主久成故涅槃澄神不滅又滅影爲息迹則法華猶迹澄神爲本非今經本應知今經以久遠實成爲本中間今日示成爲迹若依他釋本迹二門俱屬乘始若不釋本直於迹中明始終者具如玄文乘妙中說注家先舉非存亡出脩夭爲非壽量用釋壽量次明壽量意然釋兩字仍似顛倒存亡之數是量脩夭之限是壽一期曰壽壽內之數曰量故也次法身下明意者重

本向非壽非量之體非形牒非壽非年牒非量此違論文使大士下正明說壽量意意令菩薩修踐極照令知如來遠壽之體是大士智之所遊所遊既深故云踐極達彼非壽故名爲照不以兩字貫下百年期頤者期要也頤養也百歲之人不知衣食要假孝子而扶養之今佛不然故云不以生公意者雖亦明無長無短長短恒存故與上三家其意稍別仍關注家說壽意也於中初明伽耶色身形壽不實用爲法身無壽之表然則下以形例壽萬形一致顯身分而不分古今爲一明壽量即非量古亦今也下明今古不二當不思議一然準今文先須辯長後方明一言古亦今者明本佛古不異伽耶之今今亦古者明伽耶今不殊本佛之古無時不有下重釋形壽無時不有釋壽也無處不在釋形也無時不有非獨今日無處不在豈專伽耶若有時下明形壽在物應非有無次是以下秖指近成即久成也故云伽耶是也次伽耶是者下轉釋也雖指其是謂近非近伽耶既非下明

短既非短長亦非長次長短下眞俗相對以釋長短眞乃長短斯盡俗則長短恒存生公意云一身之處三身備矣近成之果與遠果同故八十之壽卽無量壽道理雖然須先各判方可融通驗前諸師偏得片意並以法身爲極皆違論文論文但指過去報壽爲長何得用法身非壽以釋法身非壽諸教常談但未曾說久成遠壽故知尚不及於注家踐極及以生公長短恒存然不云恒存之長諸經未說當知消當文非無一意釋遠趣出自一家故說佛慧彼此悉同若論遠壽一向須異前代下卻存諸釋諸釋皆不以壽量爲無常先宅乃以壽量爲延壽若約今師三身四句望諸師意並無可存又感下引古師難次今爲下通難先略破古人次正釋先引事云鸖蚌相拕等者(更六)引春秋事具(十八)如止觀第五記但用事不同彼但借相拕之言此正用乗弊之意我乗下正釋今如彊秦使常無常家如燕趙也及金光明者彼第一卷壽量品云信相菩薩自思惟言何緣釋迦壽命短促方八十

年如佛所說二因長壽一者不殺二者施食佛無量劫具足十善云何短促思是事時其室自然廣博嚴事因見如來希有瑞相乃感四佛爲其說偈偈云諸水滴山斤地塵空界可知其數無有能知如來壽者品文具有此義者卽此品後文具三身義還攬此三分爲四句是故應知今品題意迹中指本本具三身故不偏執常與無常今正應以本地之長用開迹短曉長本巳方達本理無復長短故借迹中三身四句對本以釋當知本迹俱具四句本四俱本迹四俱迹問若壽量等者涅槃亦云惟佛與佛其壽無量無量故常明常旣同經應不別經部雖異二常何殊答中爲二先反質令同次分別辯異初反質者一乗旣同俱常何咎大經云一切衆生悉一乗故其部雖異常理(更六)何殊若部(十九)異常殊亦應部殊乗別云云者雖如向述亦應更立名異義同而爲多並分別答者先涅槃次勝鬘初涅槃者明常雖同廣略稍別亦應結云豈廣略別令常不同次文云爲一明一者三外之一自

爲一機非會三一故但云一部屬方等對斥偏三未至法華不應云會云云者亦應更云帶不帶異一乗何殊亦應具約五時明會不會一乗共別次問近成是方便等者今師假設先引華嚴大經以定次若爾法華下引法華於華嚴大經爲妨法華若與皆開成遠則法華中無復方便何故本後不輕卻近當知下結難若爾會三下以迹例本本門開巳更近亦應迹門會已不會應知此中文略須先結云迹門會巳無更不會所以本門遠巳無更不遠縱不經中更明近迹不可長壽更令短促次若爾下重以迹例本以定道同故一切諸佛悉皆爾也若爾下難諸佛壽同何獨釋迦長壽可歎若獨下結難若獨釋迦壽長則有佛道不同之過故云前諸義壞答意者捨異從同一切諸佛悉皆如此故云亦然意在同顯實本不必長短悉齊又諸菩薩下引證且引願長宜卽全等此卽下結同亦不偏言者明常壽等願往時異長短不同望未來常一向平等故諸佛顯本各有遠近若論壽

豈無得復云一近一遠故諸菩薩聞長壽已亦願未來說報身壽如今釋迦但開迹已無復近遠故知下明本迹體用體用即法應相望若應迹相望不無近遠約近迹應望本初應得有近遠故對緣長短無別長短所以不云報身長者欲以法身亡其長短又欲顯於諸佛道同其實開三佛道可同事成久近不可同也以是方可破他諸師故云諸師不可師也問既云遠成真實近成方便者亦可云近成真實遠成方便不答若初住中本下迹高被物說遠即其事也故諸菩薩發願利物隨四悉益亦可說長問若爾那知釋迦不是初住答今顯實已不復隱本故知非也是則初住說長為權開權說近為實既有本下迹高亦有本近迹遠用此高下開諸經中長短俱常既了諸經長短俱常自曉今經久遠之本唯云常者尚未可依驗知諸師計無常者不可依也問義推等者如向所說法華明常道理實爾據文不如涅槃常顯故今經明常似無文據答意者詮教也宗旨也糟糠及橋

並能詮教能詮雖異失旨如糠問橋具如止觀第十此且通途以斥執者又教本下別明化意前雖通斥今別明四悉宜長宜短被物不同即因緣也又文下以部望部據多少論非全無文即約教也若隨多棄少等者忽若俱少則二經俱棄非魔何謂具如涅槃第七邪正品中不知法身常住皆名魔說又此經處處明法身者略如向引但名異義同人便迷名而失其旨若但隨名尚是魔說況多少耶亦如玄文同體異名中說即是實相實諸非如非異平等大慧等問既明法身等者若明法身無三德者當知則非常住法身答文可見論文亦云成就三身三身即是三德故也次正釋品名為二先通次別初中先釋如來次釋壽量初云通號者且指如來一名餘九非無初號最顯具如下釋具通三身並具十號略如止觀第二記次釋壽量詮量也者壽家之量故曰詮量故釋量字詮量十方三世三佛等故云也次今正下結歸品意乃指今之本佛何故爾耶以如來名通壽量亦爾

不可局故故須且通題名雖通意則局本故結歸也問法報是本應身屬迹何以乃言本地三佛答若其未開法報非迹若顯遠已本迹各三次如來下別釋亦先釋如來先置廣從略所言廣者如四身十身三十三身無量身等從義既廣今從略名以消品目所言二三者二即真應三即法等不云化者化應一往其體大同問華嚴十身此但二三身數既少攝義不周是則此經身義不足答義有通別通義可爾別則不然彼通云身故云十身盧舍那也別釋如來故不應云業報佛國土佛等若欲通收彼經十身應開為四則以化身攝於業報智即報身虛空屬法餘皆化攝故知此經亦立多身則妙音觀音三十三身十法界身或己或他即其事也況今釋品如來之名故但可二三諸教定故消名便故復辯本迹方在今品故知今品即是本地二三如來初二如來者先借論文如實之名次釋此名以成真應又二先真次應真即法報二身合明故舉境智和合以釋真身乘是下釋

也既但以如智契境故屬真身論中秖一如字釋中境智各雙言之者秖是能如如於所如所如如於能如此用金光明意也若單論下明境智和合成因取果闕一不可次道覺下結成真身因果滿故云義成所以真身云成應身云生以如實下明應又二先以報爲本前釋真身乘實道三字屬因今因成果全屬果用用本所證契境之智乘於果上利物權道即實而權故云實道故以方便生於三界次來生下正明應身亦借成論小名以顯圓義善簡名義理則可歸次明三如來中但離二爲三於中又三先出三如來義通本迹次又法華下別顯本地三如來也三論云下引經論證初文又三先出正釋次法身下翻名三是三如來下融通初又二先借大論立義次如者下解釋論文一句三身具足初以如之一字名爲法身指所如之境還指所證爲來故云不動而至此即如非因果而通因果來字在果不通於因次報身如來又三先正釋次從理下結得名三故論云下結示論文初文者專約報身解其二字但初如字義與前異前如法二字屬所今如之一字屬能法通境智智謂能如境即所如智還乘於所如之境得成於果故云乘於真實之道次智稱去釋今如字所以也雖即智如於境然如從境立名故云從理名如等次引論者如能稱於法相故也解即屬智稱境而解即能如也以解滿故名之曰來準此法身亦應引論文云如法相也但是文略

更六　廿三

法華文句記卷第九中

法華文句記卷第九中

校勘記

一　底本，明永樂北藏本。

一　五二二頁上一行書名、卷次，二行述者，[南]無（未換卷）。

一　五二二頁中一三行第一六字「樂」，[南]作「藥」。

一　五二四頁中一〇行第一五字「馬」，[南]作「焉」；[徑]作「爲」。

一　五二五頁下九行「小乘難轉故須斥奪」，[南]作「小乘難奪故須斥」。

一　五二六頁上九行「未得」，[徑]作「求得」。

一　五二六頁下一行第一〇字「云」，[南]作「師云」。

一　五二六頁下一〇行第四字「私」，[徑]作「私」。

一　五二七頁下九行「後品」，至此，[南]卷第九上終，卷第九下始。

一　五二八頁中一行第五字「木」，[南]、[清]作「未」。

一　五二八頁中六行第三字「忖」，徑作「初」。
一　五二九頁上六行「論文論文」，南作「論文」。
一　五三〇頁上一三行第四字「令」，南作「令」。
一　五三〇頁下一〇行第二字「通」，南無。
一　五三一頁中卷末書名、卷次，南無（未換卷）。

法華文句記卷第九下　更七

唐天台沙門湛然述

三明應身又四先正釋次引證三明應相四引論同初文者先明應由由智稱境示能說身說即應也自報無說故言以如如境智合但云以如不云法如者法既屬於境智用此境智能起應故以解屬智別對報身應非無智且以稱機用擬於說故他受用亦得名報亦得名應若勝若劣俱名應故故知大師善用論文妙至於此次翻名中具三身也近代翻譯法報不分三二莫辯自古經論許有三身若言毗盧與舍那不別則法身即是報身若即是者一切衆生無不圓滿若法身有說衆生亦然若果滿方說滿從報立若言不離三身俱然何獨法報生佛無二豈唯三身故存三身法定不說報通二義應化定說若其相即俱說俱不說若但從理非說非不說事理相對無說即說即說無說情通妙契諍計咸失沃焦者舊華嚴經名號品中及十住婆沙中所列大海有石其名曰焦萬流沃之至石皆竭所以大海水不增長衆生流轉猶如焦石五欲沃之而無厭足唯佛能度是故云也前二身名一切常定故應身名十方各有不可說佛剎微塵名號故彼品中新經云釋迦如來亦名毗盧遮那舊經云亦名盧舍那舊經意明應身異名故總彼二經三名具足其體本一但新經意以毗盧為舍那舊經直舉他受用報義復何失三融通中四先略示意次引教三修性四引論初如文引教中三先引經次總結三問答釋妨引經中二先引大經者意明三德秖是三身三身具如諸文所釋引梵網等三結經者以義大旨與三經同而義意攝要若華嚴中十方臺葉互為主伴此梵網經唯一臺葉故天台戒疏判云華臺華葉本迹之殊所以華臺華葉本迹定者被緣雖別道理恒同所結既同能結豈別像法決疑意亦同於所結故也普賢觀云準上可知結與釋妨文相可知若但下約修性縱橫不縱不橫以判圓別者即是約教於中先別次圓後以藏通況之言修縱性橫者非圓妙也性德之名名通別教別教雖有性德之語三皆在性而不互融故成別義若三皆在修前後而得道理成縱具如止觀第三及記故知今經不說縱橫若性若修三皆圓妙云云又法華下明本迹也先正示同異爾前非不明圓三佛但與法華迹門義同非今品之三如來也故云永異問論中但指報為久遠應指伽耶法非今昔如何三佛悉指於本答論雖互指理必咸通豈昔有報而無餘二豈今但應而無法報以中間今日悉具三身但自實成望於中間今日所現身處通屬應化故且對之又法身雖即不當今昔約修相望還分近遠下釋壽量可以準知故今日中間節節具三次引論如文次釋壽量兩字即向三如來之壽量也故釋壽量中各具足三義於中先略釋壽次廣釋量此是壽家之量故廣釋量即是廣壽初釋壽中先釋字義次真如下即以字義而通三身次釋量字於中為七初明義通隨三如來自無定故以成三句用釋三身次復次下更專以四句消前三身三

一身即是下融通三身四隨緣下赴機不定五此品下約身以判六復次下判於本迹七問答釋疑初立三句者即是前二三如來之壽量也既但開合之殊今但從三爲便於中三先釋字次對身三立句次法身下即以三句釋三身也初法身爲四初略標次有佛下釋出所以三文云下引證四蓋是下結歸初如文次釋所以中又二初正出法身所以次不論下簡異二身又二先身次壽初簡身者不論相應簡非報身與不相續簡非應身與字引下句耳不論兩字貫下二句次簡壽中亦無有量簡非應壽及無量簡非報壽亦無兩字貫下二句故以及字引之故華嚴云法界非有量亦復非無量牟尼已超越有量及無量彼但迹中約體用論體必雙非迹能雙用此乃約用明體故云超越若直引此以證從本良未可也以彼不云已成壽故文云下三引證兩句並雙非報應詮量報身中亦四初標次以如如下正釋三文云下引證四此是下結正釋中二初正釋次境既下釋出所

以先正釋中二先正明智契於境故有報身次境發下借義釋名由冥故發發方名報是故得有難思之壽次所以中二先法次譬函境也蓋智也由相稱故有含藏用所藏之物方任外資引文者初句證報體次句證報因次句證報用次句證報力三詮量應身中亦四初略標次應身下釋所以三文云下引證四此是下結次所以中三先明功能次緣長下應用三云云下明應即體引證中初二句證應相次二句證應用復次下約四句中二初正釋四句次四句下四句料簡初正釋中先正釋次總破古初正釋者依身次第不依句次第故初法身爲第四句報身即第二句以金剛前未名報故即第一句是有量也而未名佛且云無常其實更須分別同異金剛至凡節節異故應身即第三句言通途者欲以四句收一切故以第一句自金剛來通及凡夫故非佛之言所攝該廣況復凡夫亦得以爲三身之本故入初句次破舊中云兩謗者品中明常不以常解名爲滅謗品無無

常用無常釋名爲增謗次四句料簡中又二先結前生後次正解於中文自分二初言別者三身別釋分句屬人所屬指定故也釋報身中先定句次釋疑於中先明法報義等同第四句次但取下明對句意凡夫共者今文釋佛但三身之外皆屬凡收故文尚以金剛之前不屬三身並入凡例言別教者三身別別各對句故故是別教分別之相次通途下通釋也各具四句三身互實故云圓釋三身各四故云通途於中初通標次一一通釋初法身四句中云雙破凡聖八倒者凡四聖四中理任運常雙破故然亦須簡八倒體狀如前十八空中說也第三句言無常者無彼常故第四句者指寂爲法身兩亦而照次報身四句中皆須約智初雙非者境既雙非智必稱境第二句中云出過二乘故者小智但有計無常故問此中雙照與向何別答向以寂即法身寂而常照此中約雙照之智故得爲別問法身是境境何能照答相照四句具如玄文應身四中非報身故非常非生死故非

無常兩存者雙具前兩凡夫四句中先明用句所以今明如來何得通凡爲成四句旣一句對凡今旣通釋望佛非無況復性德三身具足諸句言性德無名字者未有修故明無果佛四句故也但約理三以立四句第三融通者一身即三不同他釋三身定計是故身句皆悉互通名通義通理通法通通而恒別方釋妨也第四隨緣中三先示相次引經三所以下釋出所以即約教判也言若諸菩薩未登地住云同前者同二乘也與奪者以他受用亦名應故地上見者是他受用但以報應二名而論與奪大經下更舉大經三譬以證三身五此品下約身以文義判品令知久成又三初正出本報何以故下釋出所以上實法本下契物機三以此下結成本報六復次如是下廣約本迹示今品意於中又四初正明本地三身爲本即正示也次諸經下與諸部以辯異三非本下明本迹之由四本迹雖殊不思議一於中又五初正明本迹體性性即實相實相非久誰論其本實相非近誰

論其迹實不思議故名爲一次正斥肇師言寂場者若以叡師九轍中仍寄多寶表本而肇公指釋迦本迹須云寂場三復次下更舉近中多種本迹通斥諸師四今攝下別示久本近迹明不思議五如此下結異初二如文第三文三謂標釋結釋中又二初別約三諦以論本迹復次此三下總約三諦三一不異以論本迹且約次不次以論總別若別若總俱不思議但據設應之相用法不同致成總別皆依本時即總而別乃能用於即別而總總別不二適時言殊然於別中出別相者從眞起應但以神通通名爲應俗則但指俗諦三昧以之爲本隨方便教得作此說未知下總結四別示中三先正簡示次示本迹相顯三本迹下示不思議初簡中言三番四番者三番三諦也四番加一心若本若迹皆攝繫者攝屬繫持繫字亦重疊也三四重繫同在本迹故也若本若迹皆有如是四三本迹在本在迹隨時別故簡中間本迹爲迹本地本迹爲本他人不見今經本迹但知從勝尊求

法身如此法本與衆經共勝翻成劣若得久本則近迹不失若但云法身則尚失中間況復遠本從箇下明本迹相顯從於本地本迹之本垂於中間今日本迹之迹如是本迹久近相顯方知本是迹家之本迹是本家之迹三本迹不思議者即是約理五結異如文七料簡中先問意者勝方名異諸經所明法相此經尚少應劣諸經何得反能超異諸說次答中二文皆云種種不出因果及以自他文有譬合前文云業即能行之行實即所行之法位即所階之果方便教中行因獲果故云種種若無法身常住之壽因果無歸故知諸經諸行不同皆入今經常住之命此常住命一體三身徧收一切此約自行次大經下更約自他具如法門下雙合海中之要下結出勝意爲三謂法譬斥斥云非異是何法性法身智即報身應即應身故法性海中要宣過此故應皆以三身合喉等四然諸經中豈無三身但爲兼帶及未明遠是故此經永異諸教若不爾者請檢諸經何經明佛久遠之本

同此經耶何以苦財父成之德爲釋疑耶此若釋疑方便亦是釋現相疑方便釋疑則序品爲正方可此中踊出爲正況他並判以爲流通然論中自列十種無上一種子無上指澍雨譬二行無上指大通事三增長力無上指化城譬四令解無上指繫珠譬五淨土無上指多寶現六說無上指髻珠譬七化生無上指踊出菩薩八成道無上指壽量三菩提九涅槃無上指醫子十勝妙力無上指下諸品爲餘殘修多羅當知論意指分別品去爲餘殘修多羅即正經之殘流通分也望今所判唯差半品若以功德而言可俱屬流通今從記領判屬正耳並異諸經故云無上若爾雨譬已前豈非無上答雨譬已述譬及領解方便品已判甚深甚深秖是無上異名況方便品已是譬本若以方便去八品爲正猶得迹門中正若以十三品爲正復雜迹門流通故知取迹流通爲正棄本正爲流通深不可也具如別記故知本地三身即諸經諸身之喉如衣之襟諸根之目如假之莫莫字從草

出風俗通故知今明本迹不與諸經諸師同也此品文句疏文稍繁前後難見故前錄出但依此開顯文二先誡信次正答又二長行偈頌長行二謂法譬初法說爲二一三世益物二總結不虛初三世爲二初過去爲二初從如來秘密下出執近之謂二從然善男下破近顯遠初文又三初出所迷之法二出能迷之衆三出迷遠之謂次破近顯遠又二初顯遠二益物所宜初又二法說譬說譬說又三初舉譬問二答三合次益物所宜中又三初益物處二拂迹上疑三若有衆生下正明益物所宜於中又二一感應二施化於中又二先明形聲益次得益歡喜先形聲又二先形次聲形益又二一非生現生二非滅現滅聲益如文得益歡喜如文次從諸善男子如來見下現在益物又二先機感次應化於中又二一非生現生次非滅現滅初文又二一現生次現生利益現生又二一現生二非生第二現生利益中二先形聲次不虛不虛又二先不虛次釋不虛又二初照理不虛次

從以諸下明稱機不虛於中又二先機感次施化次明非滅現滅又二一非滅現滅二現滅利益初又二初本實不滅於中又二初明果位常住次舉因況果二從然今下迹中唱滅次現滅利益又二初不滅有損二從以方便下唱滅有益初又二初不滅有損次廣釋次有益中二先歎佛難值次釋如文第二總結不虛爲三先明諸佛出世必先施三次明皆爲化物三皆非虛妄次譬中二開合開譬爲二一良醫譬三世二治子譬不虛初文又三一醫遠行譬過去二還已復去譬現在三尋來譬未來過去又二初發近顯遠二化益所宜令但化益上化益又三一處所二拂迹三正化令但正化上正化又二一機感二正應化令具譬之命就初文爲二初如有良醫超譬應化從多諸子息追譬機感次正應化(已上譬文勗上法文)此文有三誡三請至鄭重者請中旣云如是三白已復言者當知至四佛於三請之後又云汝等諦聽即第四誡也幷前迹門誡許及三請即五誡七請鄭重如前釋昔

七方便至誠諦者言七方便權者且寄昔權若對果門權實俱是隨他意也以圓人中亦有無生忍者易聞遠故置而不論故此自他隨用別故具如玄文法說中未來語少者但指常住不滅四字爲未來文也譬說偈中文多者長行譬說中從其父聞子已下文是其文尚少偈法說中從我見諸衆生下十行半文故云多也一身即三身等者文中二解各有其意初釋約三身法體法爾相即次釋約今昔相望以今法體望昔故也亦可前釋通諸味後釋斥他經唯在今經故也即秘密家之神通故還約三身以釋故知神通力言隨於諸教教主故也故廣約諸味簡已更約今昔簡之方顯本地三身神通若釋小乘及以漸教則不得以此中三身釋之引大品者此經舉一切世間皆謂近成唯列天人脩羅不云三惡者然計近者亦多在此三故引爲例前雖有二乘之名從初以說若被開已俱成菩薩故今但從開邊以說彼大品意云勝出者但勝出小小在此三亦不須三惡故暫引同

從此法身地至長遠之說者法忍菩薩尚自須聞當知壽量非說不知然得無生者亦聞應即法身但不聞久成而已言自應等者但不同界內經歷五味跨涉本迹七請五誡方乃得聞以見一分法身理合得聞長遠故前文云地住已上得聞常故但常與餘時異故更論之破近顯遠略有十意如玄義云云者玄文第九明用中有十門不同彼具列釋兼與迹門十意以辯同異今但略舉破廢二門注家云無始之壽晦而未彰者此不應爾何者此中正明久遠之長以破伽耶近成之短彰灼顯著何晦之有又言何佛不然此亦不爾久近不同長短別故言直下塵被點之界者此中經文不云下點但兼彼迹文成其語耳僧傳云準羅什舊經無一塵一劫四字有齊高僧曇副誦經感夢云少一句後果得之若金光明云一切海水可知滴數無有能知如來之壽此亦明未來之壽非過去也若引證此殊不不相關益物處者此之娑婆即本應身所居之土今日迹居不移於本但今昔

時異見燒者謂近照本者達遠故經云我土不毀常在靈山豈離伽耶別求常寂非寂光外別有娑婆於是中間等者先正釋次或有下出古三今謂下破古正釋中初總立能拂次疑因下示所拂事先標次昔教下釋出所疑次今拂下正示拂相正由經文先舉事竟結云皆是方便即名爲拂昔於諸教雖見不同而生於疑乃不知是果後方便等及如是示差別意即說值然燈等及在然燈之世入涅槃也次古釋者又有人云說然燈者說他爲我爲平等意趣經文但云我說他身何須改云說他爲我今釋意云是釋迦菩薩入滅不得云是然燈涅槃亦非釋迦爾時於然燈世已曾成佛而般涅槃不可二佛一時興故是故但以得記弘法壽終爲果佛眼等者既對佛眼舉於兩應故他受用亦應攝也人天及以法眼皆云華報者非無近果讓佛報故其土既爾身豈不然信等諸根者既爲如來本地佛眼所觀窮其久遠照其根源故此五根須約本地中間緣了復經漸頓大小及人

天乘名同體別通得名爲信等五根以人天乘通名緣因故也此乃望彼偏開通成緣了於中先約漸頓判次約大小人天以判小即漸初漸中利鈍但云藏通者漸通具四以別圓同入華嚴中頓教攝也是故且以漸中界內巧拙對於利鈍通在方等般若二味又以小對人天辯利鈍者且以優劣相望故耳但人天乘徧在一切大小教中十界至二因也者應云十法界中亦有惡法而言不用者以十法界是生善機處故不取惡但十界中展轉相望有五乘七善及圓實等種是故聖人更立方便傳傳引出良由有機機宜不同不可頓出問若爾佛果既極如何亦得名生機處答此中論機及辯利鈍故佛法界未是佛果故彼玄文十界交互以論機緣則果佛機通在十界故也若直宜以佛界度者則是佛界有佛界機若未宜佛界則漸於菩薩界而成熟之乃至地獄即至地獄方迴心者是也具如釋籤亦如觀音妙音現身不同自說名字等者既對十界或但論四聖以辯勝負及應勝劣當知此中且對佛界勝劣應耳所以頻論者恐仍謂法身說法故也橫論即十方者昔十方也約竪處所至然燈佛等者以釋迦望昔值然燈名儒童時非取他然燈以望我也若取他佛非我竪也若指然燈佛身則可引類而已故云如今等也言生法者如下所釋勝劣各有生法二身次約橫中云亦如華嚴十號等者名號品云如來於此四天下現種種身種種名種種食種種形種種相種種脩短種種壽命種種處種種根種種生種種業令諸衆生各別知見又於十方各有十千名號令諸衆生各別知見既云如來於此四天下等故不得將他佛以望我也竪中亦然又諸經下明佛有三身自互相望名字不同初通標或說去舉三身相望亦得是橫法身佛去乃至般若首楞嚴者於法身中又有異名不同般若是智楞嚴是定不思議定慧並法身之異名具如止觀釋名中以大經佛性有五名也但舉法身餘二仍略以橫望故即得以佛望佛如前竪望秖得以佛望往昔薩身耳今既已成可得橫望或說壽二萬至可知者此借他佛以顯釋迦如彼諸佛故皆云如也縱橫可知者釋迦彌勒即縱也對現十方即橫也若自身今望往日壽即竪也望自身壽即橫也如玄義云云者彼玄文壽命妙中具明迹中四佛壽命及以本中大小不同優劣相望及以彼此而論橫竪然不以優劣判本迹但以久近判本迹耳今辯同異故注云云或三身相望者於一教中自以三身而有優劣用爲大小則義通別圓次或三身各別皆爲小者此乃別圓相望圓大別小故也例三點云云者秖是並別及非縱橫即譬別圓具如止觀第三古師六釋皆爲縱橫今師三釋不縱不橫若更於縱橫判大小者小乘三德爲小別教三德爲大亦復現言當入涅槃此指開迹竟文者若開迹竟得言雙林是示滅度爲益物故以今準昔亦復如是師子奮迅等者奮迅之名及十功德通於本迹乃至初住今須簡之此是久成現作現在有十德者前九可見如第十云具上十善即如

四觀觀其十善圓即上上十善也十善秖是
三業故云身三等故四三業節節不同故上
上者至果名爲師子奮迅中第十功德秖是
三業隨智慧行及三密等故佛果地亦以師
子三昧奮他塵垢若論諸佛世世皆然餘九
準此云云者委釋十相辯中間今日世世皆
有現在迹化由本功德如來見下乃至樂小
法者者以久近相望爲小佛以本地佛眼見
之未宜遠說以樂近說爲樂小耳華嚴至人
耳者先引經此是十地品初金剛藏止解脫
月辭也案彼經下今文判也故知彼經以未
至回向爲不久行此但次第行耳若普賢行
初發心住已圓證竟豈至地前云不久行而
不爲說若言寄次而論不次何故初住不亦
且次第耶故寄次之言須有典據故彼以不
久行爲樂小者也今文乃以樂近成爲樂小
但引因類本非即本文若云對小乘爲樂小
者地前住前及藏通菩薩尚不被小況彼經
十地況今經本門師云者引南嶽說同爲證
今當下大師於下通約教道始自弊欲終至

別教通名樂小德薄垢重者其人未有實教
二因故也言下文云諸子幼稚者指下醫子
譬文尚未堪聞圓況聞遠耶見思未除者且
消譬中幼稚之言定未知遠次問者若前四
味但樂近成爲樂小者華嚴頓部諸味中圓
及以因門云何亦爲樂小法者答中四義三
在因門第四在果門故樂小之名尚通弊欲
何況小耶故今果門別在樂近故前三人中
前之二人自退大後著愛著見此人尚不樂
於小乘況圓乘耶次一是著三方便教尚不
堪聞圓況復聞遠所對別故故對果門以樂
近爲樂小故知果門圓人賢位猶有樂近成
者若果門之後一切開已初心亦聞況賢位
耶末代未曾發心亦聞況發心耶問末代咸
聞佛世安簡答佛世當機故簡末代結緣故
聞若得此意凡諸法相所對不同何須問言
圓不應樂小前明利鈍至兩應者前明兩機
通漸頓教總判利鈍故今總以兩應言之劣
應至法身生者二應之相經文各有生法二
身生相當知兩處相望不可以乘栴檀樓閣

濫同貫日之精不可以種智圓明同正習俱
盡復以十方七步不同而表勝劣故知兩處
皆無久成但以至作如是說者未開但說云
生開已方云非生今述昔妻方便對今開已
之言故總云耳餘經至非生者一往且從小
乘以說如佛問均提沙和尚戒身滅不乃至
知見身滅不皆答云不佛印許之既許不滅
故云不破若大乘中亦非不破又雖以大破
小但大小相奪大小仍存終無以遠而奪於
近故云尚不等也故今經望寂場遮那之體
既是迹成故云正破未及委論四教且約兩
處成相即曉藏通二身是劣應耳別圓二身
是勝應也文中雖云兩應各有生法二身然
劣應之上五分法身義同生身勝應之上雖
云生身義同於法言值然燈至說他身者以
然燈佛身爲他身者若準此意他身之言應
存兩釋示即必在於我說則兼於自他如今
之說彌陀亦成我事及彌陀事緣相關故如
一衆會或集十方或集一方或往十方或往
一方示現依報者非直現土土塵皆說具如

華嚴上過去至世界之益者一往且以得歡喜邊名爲世界豈過去世無餘三耶故云似也今明皆不虛者今現在文皆具四悉俱至本門故也故知過去還須具三大論四悉檀並實者彼論通以第一義爲衍門法相以三悉爲三藏故各有其實篤論下彼大論意剋判虛實一在衍門故實三在三藏故虛言緣中者如向隨緣不定機在於小小即名實如三藏人於此四悉則三實一虛通別二人則三虛一實圓乘則一切俱實凡夫則一切俱虛若以下借此虛實判二門者以此二門對於漸頓二種衆生未曾當機爲虛當機爲實且置四悉而以因果相對辯虛實者於中先以七方便人對二門判次以實人對二門判若方便教二門俱虛因門開竟望於果門則一實一虛本門顯竟則二種俱實故知迹實於本猶虛約圓頓下若本圓人望於二門亦秖一虛雖云更不別得非無增道益也若於昔教曾密顯遠對此二門亦名二實準前亦應云更不別得不無二門增道之益若五十

起去對此二門猶名俱虛又前教密開不來至此亦名俱實於踊出衆非虛非實亦名爲實自欲得故於滅相者此虛彼實於有退者現虛當實影響發起亦非實非虛有虛有實於迷教者一切俱虛問意者昔是昔教今謂二門今昔本迹俱名入實以昔望今爲二虛者應當今日二門實相勝昔實耶實本無二今昔豈殊答意者且以迹答本準可知教門前後入實無殊初指華嚴次指二味壞草庵入即指法華入時在人非理別也次例者以小例大此乃以横例竪若還以竪例竪應云鹿苑入小與二味中入小不殊此則入大入小無處不有五味從次第相生鈍小從顯露以說此中六句者明今日應身即是久成法身不思議一故云照理等故本迹者寄事以說如實知見等者論云如來知見三界相者謂衆生界即涅槃界不離衆生界有如來藏故也無有生死等者論云常恒清淨不變義故亦無在世等者論云如來藏眞如之體與衆生界不即不離故非實等四者論云離四

種相以四種相是無常故當知論意諸句皆圓是故諸句皆云與衆生界不即不離故今並作圓常中道佛性釋之不作此釋尚不能見昔教中實況開顯實況久遠實故此須指本智照境不見斯旨徒消本門言六句者初如來去二亦無在世去三非實非虛四非如非異五不如三界去六如斯去於中初明句意者如來明見應云法界何以但云三界相等爲令衆生知垂迹處無非法界法身常住故云如實感法身者機擊法身令起二應故名爲感不可單以法身爲應如實下正解解中初第一句若準下句中云無二死應云無二種三界之因相也直云三界者能知見者名之爲智所知見如如即中境中境不出三界故也於所見中既通凡聖今以如來知見皆實餘所知見望佛皆虛而猶有因佛如實見故云無因離三界已無別理故無生死去即無二死果也起集下結上無二死家之因果耳故有五住集名退有二死果名出而云無常果現者二死望中二俱無常別指二土

以爲二死通論金剛已前尚名無常故也亦無在世及滅度者者亦是雙非二邊因果此之二句及兩雙非故云此四故前從如實知滅度者約如理所離次二句者共顯中體According之二句約能見說若雙非等者此之四句並成雙非此雙非言若彼結之即成偏句其言雖顯恐與權教雙非相濫是故重釋雙非結句若屬一邊並在權教例如下出結句相以餘結句結令雙非令成偏句則非圓實故歷諸句次第結之結初句云非生非死等者以生爲生死邊以死爲涅槃邊是生是死乃是雙照若結爲生成生死邊非生非死乃是雙非若結爲死但成涅槃退出亦然下二準此若兩結已復更雙非方顯中道故云令皆非之令經中直爾雙非顯中不偏結句故唯圓極如此之流者此例尚多即乃至已下文是如單複具足處處雖有雙非之言以句結之各有所屬故一切見唯結成有二乘諸句唯結成無此有此無但成別俗非此有無秖成別中今明圓理故須細辯經云如來如實知

見儻以二乘等釋則有毀佛之辜然此結句雖在一家判諸經論一切句法以辯文義宗趣不同淨名疏中因釋迦旃延章旃延但云苦義空義無我等義在三藏淨名結成通義呵云空無所起是苦義等當知空無所起是無苦無樂但結歸於苦既云無起復云是苦故但成通若云空無所起雙非空有結成樂義即成別意別以出假爲樂故也若更雙非別教苦樂方成實中如是廣出況復單複具足亦徧諸教如四教四門門門四門門門四悉一一悉中復有四悉即成門悉各有具足故別具足更須非之圓門起見尚隨有句安得更成複具等耶故知若見非見若門若悉皆須以法方能定句終無以句能定法體故釋義者不觀句下法體所歸如何能辯法句淺深如何能消今經雙非若以法定隨舉一句即成實理不如下釋第五句不如三界者如者同也不同餘人見於三界迷佛見也佛必權實二智具足必不同彼二種三界所見二邊因果之因不如二種至之相者秖是

二死及以五住應知三界名通通界內外若界外立三界名者以外準內故也中理未窮通名見惑通三界也變易土中勝妙五塵名欲界思不思議法塵名上界思淨名疏中委出其相次唯佛一人下釋第六句如斯已下文也既總云如斯覽前所照通成一見故皆重牒前五實句共明權實二智之相故前實智唯照實境今加權智隨物見權明非見而見等即二智不二故云如衆生見示二死身隨他意等初文牒前初句如實知見三界之相等雖如實見亦於衆生見處而見具五眼故如實知見下牒前無有生死等次亦無下牒前亦無在世等次無實下牒前非實等次無三世下牒前非如等次同於下牒前不如三界等皆以如來明見以爲權智一一釋之如來下牒前不如三界已下文也如來雖即自如實見物機不同所見各別故佛亦以隨類而見而垂應之以諸下明機感中初明機相即四悉機欲令下明應相以逗四機一一悉中能所皆足自爲四別既云種種故對徧

頓以釋所以玄文中十門解釋一一門中具
足諸教此依圓教消經而巳性即爲人者先
正釋次釋疑初正釋中凡言爲人所爲必擬
生其宿善宿善不改今方可生故性屬生善
次習欲下釋疑者先立疑釋云下釋釋中先
正釋次舉例三性欲下結同如因下舉例者
如大經云善男子一切衆生身與煩惱俱無
先後雖無先後要因煩惱而得有身終不因
身而有煩惱性欲亦然雖無先後必因習欲
方乃成性結同者今雖性前欲後終須欲義
居先故云習欲成性世界名欲此準禪經具
如止觀第一云禪經從因故云樂欲大論從
果故云世界次釋行中善生惡滅俱得名行
故於行中以分二悉廣如玄文料簡行起宿
善治破現惡云云次釋憶想中更爲四初得名
所以明第一義而通於初且以相似解起對
治麤惑未入眞道慧名爲想次漸頓衆生下
明四悉次第由三悉故第一義來於諸内外
凡位亦得名第一義也但想慧名須在因位
如五品前修行五悔初入隨喜尚乃得名爲

第一義況入内凡位耶又隨喜前獲少定心
尚亦得名入第一義況入初品三隨其下明
入眞之緣四乃至下明憶想通後至金剛心
問應云初住何以云地答從漸頓來且寄地
位欲令下至若干因緣譬喻者此用五佛章
中施權之言皆云種種因緣等以申今文本
迹俱有漸頓之化如爲懈怠等者舉小對大
如俱舍論釋忍位中始從下忍三十二觀乃
至上忍留一行相入世第一但所留行二義
不同利名見行鈍名愛行利人又二著我多
者留無我行著我所者留於空行鈍人又二
著我慢多者留無常行懈怠多者留於苦行
今文且舉鈍中二人復諸論師諸計不同不
能具述通教中云亦如是者觀門雖巧諦觀
次第不殊三藏然約四門四悉二空三假與
藏不同且約大同亦名種種頓中別圓雖三
十二及入不二種種行類亦何出於各四門
耶無有虛出至昔虛爲實故者爲字去聲稟
權出界名爲虛出三乘無不皆出三界人天
無不爲出三途並名爲虛如來本爲一實施

權無有毫差而皆入實寄此四字者常住不
滅也既其不滅益至未來舊人下先舉舊計
云前過恒沙等者古師見經中有所成壽命
之言謂爲果壽乃指前文過於塵界爲前過
恒沙以非恒沙可能喻故乃用世界以之爲
喻于今未盡爲後倍上數又古人見復倍之
言便爲有限況復不知是實因壽而云神通
經中云復他云後者章疏之言從此已後復
倍上數如是並爲神通延壽意言今雖未盡
必有盡時經舉因況果者明本行菩薩道時
所感因壽尚自未盡況果壽耶古人不曉判
屬無常故知以不盡之因壽況不盡之果壽
明因果俱常古釋反令因果無常云何稟所
況等者彼見能況有所成之言便爲所況之
果但經文中前已明果何重言之言縱令者
指初住位分得常壽豈有初住具變易壽使
同分段有無常耶若言盡者何當盡耶何名
分常分但對佛及以後地準行證文自應知
之譬如下舉太子祿以爲況者猶是分況對
世人財言不盡耳捩字（里結切）謂拗捩也拗字

烏𠊱切

不順之貌謂棄於常而取無常

法華文句記卷第九下 更七

法華文句記卷第九下

校勘記

一 底本，明永樂北藏本。

一 五三三頁上一行書名、卷次，二行述者，南無(未換卷)。

一 五三四頁上一八行第九字「報」，南無。

一 五三四頁下一四行第六字「指」，南作「相」。

一 五三五頁中五行第二字「近」，南作「迹」。

一 五三七頁上一〇行第四字「以」，南無。

一 五三七頁下一二行第四字「他」，徑作「我」。

一 五三九頁中九行第七字「大」，南作「次」。

一 五四〇頁中三行第八字「相」，南作「想」。

一 五四一頁上六行第九字「彼」，南作「被」。

一 五四一頁下七行第四字「五」，南作「更」。

一 五四三頁上末行「卷第九下」，南作「卷第九之下」。

法華文句記卷第十上　　更八

唐天台沙門湛然述

釋壽量品之餘

迹中唱滅通約三身又二初總立如淨名下釋釋中初明三身非滅唱滅次明三身常住不滅三明三身不生不滅以不滅故唱滅非滅以不生不滅故名爲非滅總而言之顯於不滅初文自三初明法身爲六初借淨名文以立義者問此中法身那引淨名迦旃延中通教義耶答彼旃延章總有五句初之四句名藏義通後之一句名通四教義局衍門結歸之文旣通圓別故前四句現結成通不闕圓別後之一句雖結成通仍通圓別今從通義故得成圓若得此意諸句可明故略引之法本不生故無可滅是寂滅義云唱滅者此唱寂滅是滅生之滅非即生之滅即生之滅是不滅故當知此滅名爲不滅法身常住無滅不滅今言寂滅義當唱滅何者下釋唱滅意爲不了者而云寂滅若了寂滅還指於生若全指於生於懈怠者無利故須唱滅三若言下以瓔珞中寂照帖釋然彼經中以照寂爲等覺以寂照爲妙覺彼約別教教道以說故分二句以對二位今借別教極果之名以通初後而釋圓教不滅而滅四夫法身下釋唱滅義由唱滅故智生惑滅此約事理相對論也若迷心等者一往觀語似同報身其意則別此中正明所滅之惑爲法身體體有生滅良由於智故寄能顯以彰所顯五滅惑下次判圓別別教尚屬無常之滅以十住中同於小乘滅三界惑方生出假俗智之解入中亦然今約圓教故唱寂滅此之等者雖別圓不同並名生滅雖俱生滅悉約理性六若無等者明唱滅之緣意云從迷從解故云迷解尅論但以解爲唱緣別圓俱是從迷生解故也次約報身亦六先標次誰有下正釋惑智本無生滅以爲報身無生滅體三此即下結報身體明即是智暗即無明體性全是故無相除旣無相除即不滅也四衆生下唱滅之由五有煩惱下明唱滅之相所以更互得滅名者從事故滅六豈非下結唱滅也三應身者亦先標次應是下明不滅三但爲下明唱滅次又法身下明三身不滅中初法身不滅中言當體者不望餘身以餘二身須望法耳若將體望用用却成滅次約報身不滅者爲二先牒前說不滅即是報稱於法法旣不滅報亦不滅次以理下約事理相對以釋先約理無滅次就有下約事有滅從約理邊即是不滅初約理中云爲到故等者於其惑智四句檢責還約體檢惑尚不滅智體無破此用大經師子吼難難言若毗婆舍那破煩惱者何故復脩奢摩他耶佛反質云若言智慧能破煩惱爲到故破爲不到能破若到故破凡夫能破若不到破初念應破若初念不破後亦不破若到不到破者是義不然如是推求誰有智慧能破煩惱言共獨者佛言如一盲人不能見色雖伴衆盲亦不能見慧定共別準說可知此即報智不能滅惑次就有智慧等者復更約事而定判之智能滅惑智不名滅三約應身明不滅者亦望法報報約於法故前法身但云當體今此應身利物不斷亦

是不滅故云常然應用不絕者三身相稱故也法報徧故應體亦徧機自在無應法恒爾若不爾者雖釋圓常還同生滅言衆生不盡即不滅度者滅度之時生實未盡其義何耶應反質云驗生未盡則不滅度故唱滅度爲不生於難遣想者非爲生盡故知應身常在不滅何獨法耶若不了者法報亦滅何獨應耶三明三身不生不滅者法身同前不當生滅報身者智自了智無能滅者智屬於能旣不生滅豈能令感若生若滅應身者相續故不生相續故不滅三身但云不生滅者不字貫下滅字即不生不滅遂語便故但云不生滅耳云云者釋出三身不生滅意以至融故此因應身非滅唱滅一句之文廣開三身有滅不滅不生不滅若不爾者生滅則定何名三身不即不離若得此意徧一代教但聞一句唱滅之言即識一切滅不滅義具身多少滅不滅異方達本地本不生滅方達中間今日化道有滅不滅以本地化中間今日一切迹教不出三身四句故也釋不滅有損中爲二初釋唱由次以四悉帖釋損益此中且寄應佛以釋由此衆生至二善損而不生者由不唱滅懈怠之徒眞中二善俱不生長見思已生尚自不斷別惑未生安能令斷惑不斷故唯能損於眞中二善已生未生等具如止觀第七記中料簡次若依至第一義者以四悉檀帖釋唱滅是故唱滅有四悉益由唱滅故善生惡滅故分四悉以對善惡第一義滅未生等者第一義悉能見中道能破無明是故無明名未生惡對治滅已生惡者凡對治言皆治現惡世界生未生善者樂欲在初期心遠故如聞法生喜則細善當生又世界是陰入陰入若轉法身則顯是故法身名未生善又樂欲時善根未生亦由此生名生未生爲人生已生善者眞諦望中名已生善縱使未生望中乃遠從近名已又世界滅已生惡者從近更釋但除現計此則可知對治滅未生者治道長故如禪五陰下釋向世界如脩禪時爲滅欲惡故色陰起能滅欲陰以界望界名爲世界故欲界陰名已生惡準此無色除色空除三界中滅變易於當位陰皆名已生脩上滅下名滅已生對治治未文無重釋但治名雖同通至等覺大經優婆塞衆中云常無常樂無樂等常樂觀察如是諸對治門旣是淨無垢稱王之所用治故不近也旣約三身論滅不滅故四悉感應亦須深明多番釋者良由此也第二廣釋中爲二初現滅由二見聞下通約三身以明損益初文須唱滅者有損無益由常在故前雖明唱由仍未知所以次通約三身中初別明損益即約三佛一一正示初仍總標次便謂下初約法身者法身本無寂滅之名爲上慢者計如不殊須唱寂滅具如前釋云云又聞下即約報身前自謂如此自謂智二謂俱是大乘上慢然二上慢不無深淺謂如乃成大無慙人謂智猶知須智照惑以不了故不解即名凡云即者以顯於離如冰不離水理須融冰義同於離方乃顯即又言離者爲成於即若不離者衆生即佛何須修道爲不識離直云即者故須唱滅等覺一品尚唯佛智之所能斷豈以博地

謂即是耶應身如前後文次若唱言下别約
報身明益由又二初唱次益初文先寄法身
以辯須智次經云下舉教立妨次引譬釋妨
然明時無暗驗知暗時無明故以智慧斷煩
惱暗汝今下以理責之當知下結意也應身
可見故略衆生下總於三佛皆生敬者以報
智處中既有智慧上寘下契若得見一必具
足三故生恭敬醫有十種者通收邪正貫彼
偏圓前之三種亦稱醫者佛未出時一切外
道皆自謂出家各自領衆故大經云王之土
境清夷閑靜真是出家住止之處第三醫中
云差已生者雖斷事惑還墮三途具如本劫
等見各計四禪等斷惑不同故阿含云良醫
有四一善知病相二知病因起三善知方治
四畢竟不發然此醫知病不出界内知病因
起不出依正方治不逾生滅無常不發秖是
住二涅槃望今但成第四五醫若以四名義
通諸教則一一教隨義各别乃至圓教於理
無妨直引證此深違經旨尚不能同通教二
乘安譬本門數數生滅若釋大經曉八術者

但對小外對此仍踈第六醫不能治必死者
所證同故第七别教但地前耳後之三醫初
云不能令平復者但自入未深未能令他見
本法身無明本有義之如損令還得見方名
爲復第九雖乃得云後心以第八醫但在十
信第九理須初住已上至今剛心第十究竟
名過本者對前名復故此云過以第九醫始
從初住終至等覺已名復故何者法身本有
今令證本故名爲復若爾妙覺復畢何名爲
過以對性得無功用故故脩名過若爾初住
已上亦名分過何獨妙覺言殘惑在且名爲
復又讓極地究竟名過又七客醫中初二拙
度初斷乳故故無巧術三四有術用而不徧
第三不云二乘人者所治同故五六雖徧所
益不多後七等者對極簡小有術下對因顯
果故以三達五眼爲八前六並無以讓佛故
故云無耳五六二客亦分得故若離八倒爲
八術者前四有分以初二客醫亦得無常等
故故云如用辛苦等故大經中總爲六味苦
爲酢味無常鹹味無我苦味樂爲甜味我爲

辛味常爲淡味彼世間中有三種味謂無常
苦無我煩惱爲薪智慧爲火以是因緣成涅
槃食令諸弟子悉皆甘耆但無常苦無我三
味在小故云世間今文云辛恐字誤應云苦
酢鹹故有術遠來即七客中唯指第七以彼
經中唯以如來對彼外道爲新舊故知新
醫三達五眼具足能用無常等八所以先令
斷乳用無常等後還服乳方用常等今從後
説但云服乳若取因人亦可通於第五六客
又通論者通别菩薩轉教聲聞皆能説常然
八術者經中舉譬有八復次治八種病今此
且明八數而已三達者三明居極故得達名
略如止觀記十二至方藥者文方也理藥也
藥通行理但且云理下釋色香爲三三昧及
以三德故也三三昧行三德理也無量義云
醫王大醫王者第八九醫通得名王唯第十
醫獨名大王多諸下至菩薩之子凡有三者
且置二乘先别指菩薩者通以未發心者爲
第一二乘仍攝在第二例中者以取退大二
乘故耳於菩薩中更爲三者脩性三因有離

合故一就一切衆生即大經中未發心名爲菩薩是也雖十心中別對三因此即性三合成正因聞何不指善惡心所共爲正因答善屬發心惡復別屬通則攝別別不攝通故知通心與王同時而起必具三因但名爲正未有世出世善根故也準下緣因言微脩行當知隨聞一句一彈指善並緣因收準引證云其中衆生悉是吾子則人天善根仍屬正攝引證緣因云三十子則二乘善根亦在緣攝若準今日被開人天亦在緣數據大隔小二乘非緣今據退大讓得記者入初住位名爲了故觀行相似並入緣收爲讓前後以正從旁故發心已後訖至住前皆名爲緣且將正因但在十通互入爲百結緣即是會發心者已有了因但以十信相入爲百數者通皆得成住前善根故十信心彼彼相入方得成百以三乘善根皆成相似仍收五品並入其中得記之後顯成分眞故使緣正今日聞經即以十信之百入於初住爲分眞百從佛口生今日聞教得佛法分入初住也此亦有三因

至了因佛子者對前緣正應但云了又云亦者前二各三故今亦三從強受名並束三從一所以束者衆生無始非不具三以在迷故從理立名故理中三皆爲迷攝從緣從了準例可知還將等者攝前入後既攝通入信故攝信入住政似爲眞故亦但百轉冰爲水其義可知修性三因玄文止觀俱有此意唯此文中文相顯著爲欲塱昔聞經力大故束性三俱爲正因緣了各合俱名爲一故知諸文約修以說緣了各三或但論理性始終具三如云三道三德三佛性等具如修性不二門說九門共成方了此旨若得此意圓教行理骨目自成皮膚毛彩出在衆典故知此經是紀定大綱之教不可以網目釋之若得此意則一家教旨大理可通欲習觀門修行有地闡衆怪說情慮坦然觀諸權經投心不謬融通名相豁矣無疑法數增減離合可見與奪他釋令歸大途以前三教無此事故究轉于地者望出世法故且云地譬上形益者文中開略應云上有二先非生現生次非滅現滅

生中分二言受邪師等者但非出世皆名爲邪自迹中相遇已後便信邪外以信邪厚薄不同致有失與不失並云失三乘者以迹中相遇施化不同具如迹中大小二初成熟咸一不失心者唱生而成熟之失心者唱滅付待後期故唱生滅非實生滅善彊下重釋唱生唱滅之緣言彊弱者於未斷間去宿種遙現難發者名惡彊耳善彊準此遙見者者障已五分故與佛五分成遙譬上聲益中云二諦者應云三諦二通三別且捨別從通即頓中二諦也譬勸誡者如三周中大擬宜也藥草名通好義不局故使漸頓俱名經方無非好等從佛出脩多羅者準五味相生云從十二部出脩多羅乃至涅槃從人從時相生以說應知五味並從佛出今置頓從漸故也色香等者漸頓通皆具戒定慧戒麤定細香不可見香可遙知味到方知如慧到理方名爲得此戒定慧即八正道者語業命戒也正定定也餘者慧也今文從別且屬藥作文雖且別其義則通既是藥草之色香藥草既通色

香寧局今云見佛性及對三德者從初而說初被頓故意在一實但三德之名尚通外計況偏小耶具如止觀大小六義及以圓三說三乘空等者次舉漸中所服之法雖具戒等及以三德必假空等方能行故一一三昧具戒定慧故頓中戒等於漸中機如藥未擣不任服用雖擣未篩如著空相雖篩未合猶計所作故三具足服可治疾空假中三準此可知雖被漸頓本在實乘具如止觀釋道品後圓三空中具一切法即其事也故舉共別二相以攝頓漸次第一心準例可識擬宜等者經云當設方便當即擬也留經教者如付法藏或取涅槃中等者他云或取大聲或用神通等如佛涅槃後金棺自遊出入四門等令一切人知佛已滅舍利經卷意亦如然雖衆釋不同非無一理終不及以四依爲使如趣多者趣多是滅後四依具如止觀第五記如遺教下明佛滅後得度不同正在當來還見釋迦亦有等者非獨釋迦故引普賢觀經見多寶等因儀所見與值何殊其父聞子得差者得差之言不全惑斷但有三乘機及堪會者不論斷與不斷皆名得差常在靈山爲報土者若準餘國指有餘土者報土須指他受用也據常在之言即屬自受用土若準頌文寶莊嚴言則非自土即本時他也如華嚴中多明他受用耳即上餘國義也者指上我於餘國文也此且指於報土之外通則亦徧十方若淨若穢諸有脩功德等者即指緣了具足者也經云則皆見我身實報土也經云或時爲此衆等者亦初地初住也經云久乃見佛者即指五濁重者經云我智力如是總結大勢力也

釋分別功德品

此品具有授記領解流通分別屬記從初以說故云分別二世者地踴過去靈山現在言功德者出所判也此文等者若據闕經功德但屬餘殘今準當得之言復同授記論法力有五五中引前三文證今品意餘二旁來法者由法而成名爲法力證者六百八十萬億乃至一生信者八世界也供養者說是菩薩得大法利時於虛空中雨天華等乃至讀誦持等非不是行且以眞因法成名爲法力釋增道損生光宅意以從初至中千明行進爲功德門八生至一生約損生爲智慧門八界爲外凡未有進損夫授記下光宅釋出向來三意於中先總以通別判之通在因果總名授記故通取三文發心因也剋終果也故發心等通皆剋果次下八界下釋出三意次第所以迴經文者從淺至深故爾即外凡入內凡爲發心門次從內凡入初地以至六地爲增道門從小千去爲損生門損生門中乃以七地已上至第十地位位各斷上下二品等覺一品合爲九品即以八生對前八品次法華論者論云彌勒品中四種門一證二信三供養並在今品四關法指隨喜品初文具如今文次信者八世界等今謂論前深後淺等者今家評之論以無生忍爲初地八生至一生爲地前故云前深後淺光宅亦以初地爲無生忍但以八生乃至一生爲金剛心爲異故成前淺後深二家相違自古不判夫無生

下令師欲釋先歷四教定其位次方知二釋並不稱經故結云皆聖教明文不可參濫光宅未當信不在疑論主天親豈應徒爾但恐譯者曲會私情如攝論識分八九及婆沙一十六字並進退在人何關聖旨況光宅釋直爾云地不判教相雖分惑品義無所歸又淨名下至通途之意不可定用者須廢通從別不可以無等等有無生之義釋今無生以今無生定在初住不可見金剛頂有伏忍之名判為八界以伏位定在住前故也故通途之名不可別對今於無生已去明增損門不可分隔應知增道非無損生損生定有增道安可分於六地前後二文定耶復不可以無生在初地去況將八生去卻向地前故知二家並失經之大旨從即光宅去將今家所用而判光宅以屬三義地前至初地成別初地至六地成通七地已上成別接通通不斷無明故非通別教初地即斷無明故非別故至七地無明者許屬別接仍須正云九品別惑故被接者上根七地即破一品二品況復無文

品分上下義涉三文故云遊濫初云光宅以發心為內凡三十者已如前列前云住三十心今云為者為秖是作秖是內凡作初地耳餘二意可見論文既以地前地上相對則一向專判別義今分三者秖合有二加經家敘耳佛語圓妙者指本迹二門故得道實故上文下釋本迹二門也故仁王十善菩薩者此明十信信通皆具足十善非謂專以人天不殺盜等用對十信既云長別三界苦輪諸經信位有云長別三界苦海者不可將判住行向位當知須是斷惑十信自非今家準法華文判以法師功德六根互用為十信位而為內凡於十信前以分別功德末如來滅後已下文立五品位為外凡寧判十信斷三界苦仁王經意何由可消若不然者如何可判華嚴初住為聖位耶若判華嚴十梵行文以十信心功齊極位復成太過初住屬聖十信如何非內凡耶此與地前伏惑初地見道永不相關是故今以圓意消文各更引經而為證據故六即判位理不可亡十行不思議假

且對閑持樂說及旋對位釋之使與位相應若論去對破光宅及以論文初雙標二門不如下破但破損生門耳亦應更破二家增道何者論以地前為損生則無增道光宅以七地已上為損生安得無增道況光宅但云八品損生語因而失果論家但在分段則俱失界外變易因果從但約下即是今意但約智斷相對以明增損約法身下釋向增損月喻準知故他不了見有滅生之言判為損生見有閑持等言判屬增道故今但從破無明去每一位中皆一增損故云不同言八番者且寄從八生說之以破古計具足應從無生已去言世及念等以跡多位及以八位不可即云四十二念等故寄後位譚之經文雖略據位必八文中一往雖從地判然超越人增損無定故云八世等具足應如文中屬對此則正破因生果生今文處處不違論文唯留餘殘脩多羅半品入正及此授記一向不用故知凡有去取並不徒然諸論文無生忍文多在初地唯華嚴起信彰灼明文十住八相

言數倍者非謂一倍一往語耳捃拾指涅槃文涅槃自指八千聲聞於法華中得授記莂如秋收冬藏更無所作故知大穫須在法華故大經中得道衆者如梵行品末云摩伽國無量人發菩提心至陳如品末十千菩薩得一生實相五萬菩薩二生法界二萬五千菩薩得畢竟智三萬五千菩薩悟第一義四萬五千菩薩得虛空三昧五萬五千菩薩得不退忍亦名法忍六萬五千菩薩得陀羅尼七萬五千菩薩得師子吼三昧八萬五千菩薩得平等三昧發菩提心及二乘心各云無量恒沙二萬億人現轉女身前八節文始自一生終至平等並非地前雖深雖多若比今經四天下塵及大千塵蓋不足言今經正宗三周及以本門得益並不與諸經同也況流通中自藥王下六品品品之中皆有結得道者皆過八萬勸發品中大千界塵人具普賢道故知捃拾今經之餘雖然爾前諸味之權文爲今經之方便爾後涅槃捃拾此機乃至扶律明一乘常住得此經旨一毫行一句法無

非法界十方佛法起平等見而常分別諸佛化儀方稱斯經一乘之旨應思我等爲何所依方稱此經弘宣之相上迹門菩薩等者準上開章此中正當領解段也前分別門即是第二授記段也所以迹門雖記二乘佛旨未周收機未盡故諸菩薩未陳領解今以供養而表領解故迹門中諸天領解亦申供養諸聲聞人久脩自行但直領解而無供養聞本門已與諸菩薩同申供養重表領解以聞本後薄脩行願俱成菩薩同獻供養隨其位行以供表之故云次第及番番等別立品目是故文中以陳供養作所表釋南師從此爲流通者意以四信信解功德亦屬流通不須必到滅後五品文殊等者如迹門後文殊入海教化通經豈必在於佛滅後耶故進退二途並可承用準此文意三周之後文殊方始入海教化義亦未失但菩薩事迹不可思議匆以凡情而商度之已如前說況準迹門無領記後猶屬正者故依南方初品果者且以五品對於相似一往說耳分果遠果仍須指後

如上說者指授記文云何四信者問意兩兼一問云何但立四數二問云何四俱名信略解去釋也四人通名爲信則二義俱成攝五成四不須至五又名從初得故俱名信略解三人者去通從別則受別名廣及觀成必有略故故略通三人唯除初信初無解故廣說二人除略解者廣局第三不通前二觀成一人復除廣解不通餘三除信一事餘不通四唯信解四名爲四信若一念信解未有下三乃是初信最局略具初信廣具初二觀必具三故後漸寬但後後者勝於前前故成後局一念信解者即是本門立行之首故文稍委於中分十令文可見初總標其大綱次謂隨下明信解之力三又信下明信解相狀四亦是下以事釋成五無所有下以三諦意結六如門下舉譬七舉六根合譬八無疑下釋名九若坐下加行十如是下判位欲令文旨可見且分爲十總而言之秖是信成初總標可見次文者聞於長遠開通無礙信一切法皆是佛法又信如來化功長遠是人能知本迹

妙理是佛本證若但秖信事中遠壽何能令
此諸菩薩等增道損生至於極位故信解本
地難思境智信心初轉自在無礙方名爲力
尚能增進以至一生況信力耶罣者[戶卦切礙也亦作絓]
相狀者自曉已心應此相者方曰信成釋
成者謂能達九界非道純佛法界妙道之用
結者能信所信若本若迹無非三諦舉譬幗[呼陌切快也]
從巾裂帛聲耳合譬者因於聞壽通
達一切凡有所對無非佛法釋名可知加行
者令信增進前是信行此是法行二行雖殊
所信不二判位者顯觀境彌深實位彌丁答
意者五得般若名波羅蜜何故除之仍得復
名波羅蜜此翻度岸若得般若方云度耳問
中先答次結示先答意者如别教人各自於
五而盡其邊亦得名度故且以次第之五爲
校量本然般若名通此中則局故以本門正
慧校次第權五故令般若即是深信解相爲
能校量問次第中自有般若還同所校何以
除之答豎中空假般若可爲所校中證不殊
名等體等故闕之耳言戒施邊者邊謂邊表

期心出假名爲盡邊故十向後心名假邊際
第三位行不退者文判四信得十信故初信
至七信爲位不退八信已去爲行不退七心
不退者即是别教七住見思俱除名位不退
故舉信位望住爲下令云初住或恐字誤應
云初信故文云圓順信解自内而熏等也或
恐剩字有本無此住字但云初心若以五品
在十信前故圓初信即不退也有人云聞長
遠壽即是般若不可般若還校般若今問六
度之中那得有長壽般若是故應知於信心
中信於本地圓門妙智尚不與迹門圓觀六
根位同豈與别教五度同耶況復藏通六度
行耶尚不與三教第六度同況與前三前五
度同大品云有菩薩等者意明别教菩薩退
位有魔不退無魔圓教初心魔不得便況不
退位若初住去分破八魔故得云無以能即
魔爲法界故唱楞嚴名魔尚被縛況修觀者
況自證者魔能退耶當知圓人五品之初魔
已遠避經云願我於未來等者既云起誓但
是聞壽願當同之間近成者無長可說何得

皆言亦如是耶答言如是者謂說常壽若得
常壽盡未來世必當過此何但如是令從實
成來故且舉爾許具在玄文過滅不同經云
深心等者此於本地圓門仍具五法方乃斷
疑一者聞遠生信二者深心三者直心四者
多聞心五者爲他說有人於此廣引諸文以
釋多聞於此非要何者先聞遠本次入深心
及以直心生於多聞方是此中多聞義也深
謂窮理不二直謂始終一揆以此而觀一一
句義無非多聞第四觀成中云想成相起者
理具此相依理起想故此想成便見此相從
初習觀但得想名觀行淺故仍順想故又順
理故理相乃現餘教脩觀違於理縱有氣
分不順中理方便觀成尚猶名想況未成耶
又見此相雖未真證以觀力故暫見二土若
三惑分滅方永與相應乃不名想準前釋四
悉中等覺第一義尚通名想有餘土大小共
者藏通二乘斷通惑者仍本爲名準彼而見
純諸菩薩爲報土者亦他受用但依此想漸
深漸成入初住位任運徧見應用無方問稱

理起想何須土想但觀一念妙理即足答二教初心皆滅陰入況復土耶別教初心亦且破陰後心能見帝網之土唯圓即觀一念三千三諦具足是則一心一切心一身一切身一土一切土一念俱觀若身心土若空假中更無前後故觀成時一心見一切心一身見一切身一土見一切土十方諸佛身中現故故於自心常寂光中徧見十方一切身土若唯觀他遮那之土必迷自境若了心境自即他故他即自故不了此境自尚咸他況觀他耶觀土既爾身佛心然故聞長壽須了宗旨故知想名名同體異故本門聞壽益倍餘經良由所聞異常故也次釋滅後五品中初云後隨喜品校量初品者此是深見作法師往名在三不在五者師從利他故除初二準法師品讀誦亦得通名法師但此中文意且資理是故爾耳指經文至不須安生身舍利者大教所詮是法身實相經所住處中有法身舍利復是起塔經文能詮如塔能盛故也問若爾等者若不須事塔及色身骨亦應不須持事戒乃至不須供養事僧耶答意者有二一違問答即指初品未能入事故且依理以爲舍利以經爲塔次順問答即能持得初二篇也若爾此亦但成違問答也何者持初二篇但成初二品耳故不應以能持下篇三品爲難諸修圓行者請觀斯文若初二品人初心念念常在四種三昧容於下三衆法少違至下三品止作二持衆別兩行纖毫不犯具如止觀持戒清淨中尚事理雙美方堪向道況入道者令事虧耶若未專於四種三昧五篇七聚菩薩重輕不可微犯方稱一期教門大旨何以故出家菩薩具足堅持毗尼篇聚大乘教意一切皆然但護篇聚於彼梵網八萬律儀未爲持相但此土器劣且以小撿助成大儀仍曉開遮輕重緣體制緣漸頓捨義有無坐次分流儀法天隔復有七衆同否大小共別方於自行量已品位去取適時或慕大節而昧存亡有據小文而迷觀道若得今意先以理教定次以位行驗若不爾者鳥鼠人也安論品位爭敬請受佛遺言少分忝稟經阿提目多伽有人云此云龍舐華其草形如大麻赤華青葉子堪爲油亦堪爲香已趣道場至處也者既對行近並通淺深故亦可爲觀行行近第五品齊第四信者以初二品當初信解第三品當第二信故二處判三慧將二信及此三品共在聞慧位也問何故現在唯四信滅後立五品答其義既齊四五無別但是滅後加讀誦位爲第二品耳

法華文句記卷第十上

法華文句記卷第十上

校勘記

一　底本，明永樂北藏本。

一　五四四頁中一六行第一五字「即」，[徑]作「總」。

一　五四六頁中六行「今剛」，[南]作「金剛」。

一　五四七頁中一四行「網目」，[徑]作「綱目」。

一　五四七頁中一八行第三字「令」，[南]作「今」。

一　五五一頁上一一行「丁答」，[南]作「下問」。

一　五五一頁上一二行末字「復」，[南]作「度」。

一　五五一頁上一三行至一四行「問中先答」，[南]作「答中先答」。

一　五五一頁上一七行第三字「次」，[徑]作「此」。

一　五五一頁中二行「得十信」，[南]作「得爲十信」。

一　五五二頁下卷末書名、卷次，[南]無（未換卷）。

法華文句記卷第十中　　更九

唐天台沙門湛然述

釋隨喜功德品

釋品題中四重結名亦四悉意但不次第理須消釋使義相當然下諸品並是流通本迹二門所以此中雖於對治中雙消二意義亦通於餘之三悉以隨喜品文既校量滅後五品之初義當現在四信之首並由聞長壽增益品秩故須雙述今昔二門下法師功德品正當現在四信之位及隨喜後位所以不復雙存兩釋由分別中及隨喜中已具釋竟又是稱揚五種法師功用能入六根同於現在四信之位不輕已下既總云法華豈獨在迹若爾爾前諸文亦云法華亦應具二答後未說故初世界中文先略釋名次廣釋三總結以初貫後故先釋名初文先隨次喜初釋隨中事理秖是權實異名了此權實即非權實故無二無別即隨順開權顯實之事理也次廣釋釋喜中言已人者還是迹中事理之力理有事故故能慶人事有理故故能自慶又不二

而二故慶已他二而不二故了非已他次聞深下再釋中亦先釋隨具權實功德次慶已有智慧下又再釋喜具悲智功德雖曰慶已正為利他雖曰慶人正為顯已故云有智及有慈悲以自聞經復能教他故悲智具足方乃名喜況聞經之始行願俱時故一句一偈自他俱益今此初心專立自行亦以願力而慶彼耳權實下結前兩意共立品名權實結隨智斷結喜慈悲即化他化他屬解脫解脫即屬斷且以自他事理慶喜故屬世界又順理下對治中約本門者亦先釋次結品初釋中先隨次喜隨中先正釋次即廣下結成觀相融通事理三結成初文先理次事先理者若信長遠信必依理理與迹中妙理不殊但指在久本功歸實證理深時遠故云深遠言信順者於理聞久豈敢竊疑故無一毫疑於久理次順事者秖是如來自從本成利物之相迹中但有橫論化儀本中須加久遠豎相故以化久為豎化廣為橫中間節節徧十方故該亘秖是橫豎徧耳觀相者非理無以能

化非化無以顯理即施迹近事見遠本理亦是本迹雖殊不思議一雖一而本迹宛然故云不二而二問別與二同異云何答有二通約本迹別對多境以本迹中各有不同之相故也次雖二下却覆收入若本若迹皆以三千方顯稱理之妙事也三如此下結者秖是收東向來事理不二而二等同名一隨如來下釋喜先寄時約人以斥迹權故四十餘年及七方便非至今經不會方便無以顯本望彼不聞故慶我得聞次慶我下正釋喜三以凡夫心下明喜心相由聞故知因知生見唯佛知佛久遠之壽唯佛見佛久證實理聞佛聞顯與佛不殊入觀行位如此下結觀相亦是橫豎不二意也究竟法界義通橫豎應云深廣但是言略廣無涯等者通歎橫豎無可與彼無等同者故重云無等等亦應結云是名為喜文無者略佛今下結成品名除事理疑故名對治第五十人下釋為人中四初重牒人相即是牒位次初但有下牒隨次但有下牒喜三未有下雙牒隨喜敘意校量四誰

聞下結勸也於校量中又三初明行薄隨中但理未有權用喜中但已未能益他次所獲下雙明隨喜功大三如來下正引經校量即舉下文四百萬億故云巧喻喻第五十人是故況云何況最初此是初品故云何況第五品耶此是圓位之始故云何況後心後心者指極位也四結勸中二初引經意以勸如來下結經勸意以立品名令進理入位能生理善即爲人也景者大也亦慕也上來下第一義中上來即指法師至持品及分別功德中四信五品時衆下恐人謬解者不測初心功德之大而推功上位蔑此初心故今示彼行淺功深以顯經力忽聞下舉好堅迦陵以譬初心聖言親讚使推功疑除故舉釋然以擬第一義好堅迦陵具如止觀第一第七記希有下結成文品外道下約教展轉比決先斥外道諸偏小等小雖居極未及隨喜圓位初初別人知中言門拙者以於地前聞但中名未即觀故佛令舉阿等者正明圓位初後不二故諸教所無問初阿在初住何以證初品

答名別義通若以此對四十二位則不可通初若對六即理即尚是況復初品今從圓行以明不二故通用之問答中先問可見答中此法者展轉聞法故彼人者大品云若聲聞人能發心者我亦隨喜亦應更問彼兼此獨云何得同答不從所兼不共不別恐濫名同辯別故來況彼是引進之語此判初心實功故彼無發心之理此明隨理已成是故名同其事永別前品已校量四人者分別功德品末於後四人經文節節自校量訖唯初品文未有校量故生此品故前品末䟽云今具列五品校量四品後隨喜品校量初品乘機者由佛知機隱之未說故使彌勒乘機扣佛廣校初文方知後四功大時衆益廣故曰乘機南方者江南也言勝劣平者意謂後後漸勝爲勝後後相似爲平後後漸弱爲劣乃以漸劣況出平勝劣中最後第五十人功德尚多況平況勝至第五十耶文雖未破理不全然但依漸劣以後況初何用平勝平乃初後相似勝又後勝於前並非校量之限今正解者

以因古人非五十位解傷文失理故今助之暫寄教門以立人數但約六衆不列式叉者亦一往對數且暫除之豈有式叉不聞經耶意亦不必從於有門以大比丘而爲初會中人此中雖復累人及門并行至四十八意明教教及一一人隨從一門一行皆可從於法會人聞所以二解者初約三教義當昔教有五十人至今聞圓二者至今復成五十即是聞經皆被開顯全成四人故圓舉數無可以辯且寄數法以一七而止如七世等七中從大故四十九皆是師弟等者展轉教故言最後一人無教他者且約一期校量爲言言大七等者此方數法黃帝所立有二不同下數十萬爲億上數億億爲億七數亦然故以七七而爲大七於小乃成四十九也并最後人即成五十此亦一往合其數耳正義如前破古師中今謂不爾已下文是經四生者有人於此廣約俱舍婆沙及諸經論出四生義章非今文要但可略知六趣略如第一卷及止觀第一記四生者謂胎卵濕化又顯識論中

又立四生一觸生者因交會故二嗅生者雄有欲心嗅雌者根門即便有孕三沙生者如雌雀以欲心坋沙因即有孕四者聲生如雌孔雀以欲心故聞雄者鳴便即有孕此四但攝胎卵二生濕化但染香處不須此相與世間樂拔果苦者且與四事及以七寶故云世樂令果身安故云拔果令得羅漢故云拔生死苦此是梵福者此人敎他令得聖果自未得聖但名梵福若得聖果方名爲聖今更廣之者此用大論文也福中大者莫先於梵故論釋百福莊嚴相中以梵福爲一福有此校量今經令得四果者亦梵福也於中復更校量出聞經福今以衆聖福之初用校最後聞經之益故聞妙經隨喜初心尚過後聖何況初聖故知世人目視如意而爭求水精已遇日光而誅燈燭薩埵大薩埵者以三菩薩展轉相望一往且以大小言之故方便極位菩薩猶尚不及第五十人何況但敎他得二乘耶言聖福者望上屬福故也然華嚴中以初住校量其事仍易今初隨喜位校量聖福自非大聖嚴旨安能信斯希奇故知但從事判云此品行旁不輕行正故此一部無得以旁言之並是法華之正轍也此中功德對五十人章安但直標數而已不指經文今略對之每兩功德結爲一句

一處及利根　智慧不瘖瘂　口香舌無病
口無病不垢　不黑亦不黃　不踈不缺落
亦不差不曲　脣不垂不褰　不縮不麁澀
不瘡亦不胗　不缺亦不壞　不咼亦不厚
不大及不黧　不黑無可惡　不匾不曲戾
不黑亦不狹　不長及不窊　不曲無不喜
脣好及好舌　好牙及好齒　鼻脩及高直
面圓滿眉高　眉長并額廣　平正人相具
見佛及聞法

前是相似功德等者指分別功德品中云滅後五品大師有時依普賢觀判五品位在六根內故云相似若指四信正當相似此中校量初品復是第五十人初法會聞容是初品第五十人必在隨喜位初人也然品題隨喜不的局初通該五十人也修行下云云者廣應明行相此五十德或一人具足或一人各一隨其功力不可必具頌中頌前隨喜中五不頌問答準可知故頌聞經中少不次第對之可知

釋法師功德品

先釋品名次釋功德增減即法師之功德也初釋品題中亦約四悉故下結云備斯四意初文世界次行者下爲人次明識下對治次似解下第一義初世界中先指前品共此釋名故法師二字全指前品亦以五種爲法師故故云如上問此品既云是隨喜果法師之名何以指前答弟子通初後法師唯二三義亦兼後二或全未入品何者若以五品入六根中五師但爲六根因耳縱以五品在六根外五師不云脩於觀行但以誦說名通且通第二三品說復該於四五故且一往似通若具約位簡之一向未入凡位以法師名彼品釋廣故須指彼以消今名法師之稱既通不隔四信五品故指彼文用申品目功德者下辯異也初指初品之初指第五十人今謂五

品之上指此六根同名功德高下永別法師之功德故云法師功德内外莊嚴等者兩重解之初正約六根次又從下更進寄真位即此相似至初住時普現色身乃至極位節節皆以初功為本五相亦然者入真位時六根皆有内外二嚴見聞十界而為外化餘三準知色等亦然又若以相似普現色身為言則可通於似位也次讀誦下例餘師者此五法師皆生似解此且須置真位普現色身退取似位為令功德五師五品真似不同故名世界問書寫何以淨六根耶答同資正解四品加然者明發不定始自隨喜終至正行皆發六根何必過五方入相似言加然者以初望後初尚得入後四加前相似既爾等者以分真中根淨倍前以真望似故云倍也次為人者應勤思修四種三昧令速入後信信相望故名為倍次對治中深識圓聞如前校量名為大勢方能除於執權迹疑第一義中云似解初初者依普賢觀隨喜已當似解之首第五十人復在隨喜之初故云初初過二乘

之極極者羅漢已極無疑又極縱是無疑亦不能及初隨喜人百千萬倍如前校量指始等者以隨喜始顯妙覺終凡夫發心尚與妙覺畢竟不二況今五品後望六根耶六根功德下正釋六根功德增減先略出二家次總結斥先光宅中文無別破所立未當何者五種法師各得六根如何五師共為六千故一師四百若有三品雖成一千二百那成一師六千功德況三品人耶故下結破根不依文況但言十善是散善耳此土三根彊弱引大論文全不應此此文眼鼻身八百耳舌意一千二百論中眼耳意三用彊故不相當又有師以光宅數為三品者今經但有八百千二如何更立一千若分六根為三則二二分對全無此理諸師下總斥未會今經六根增減及功德等不合諸教者法華之外如下所列三經一論何者六根所對對三千塵此塵之外見聞四聖故知經力助内觀解發相似分真普熏諸根故有如是見聞等用又有人引俱舍等所辯界内六塵用釋此中六塵但得

斥義非文正意故不用也且六根中眼耳鼻三不假至者還依不至可見對眼可聞對耳有氣對鼻舌身二根須到了者依至變現故舌則以變說為功身則以現像為用而皆以十界為量不關小乘根塵對境故不須云色二十二聲八種等若不爾者三千本非凡夫肉眼肉耳之所見聞何故而言見聞三千若復更釋天人等因所感六塵獨非今意大品去正引三經一論破前兩師次今經下正釋初引經論者又二初正引次略結今經具足以斥正引中初引大品明六根般若豈非分別功德中校量正慧塵淨慧等故無差降此未云數且言等淨若六根下破前次師先破次若一下反徵云云者應更多並引正法華中亦先引根等不論下亦同前破次引論文意亦明等經力不應令根勝劣雖未等者雖未入地功如入地次引大經明互用相既等既至理豈應偏次正釋為四初明一經之内具前四文次正解三若論下辯增減四相似下判位次又二先約弘經方軌明等有一千

次約理境等千二百初欲正釋更斥光宅令依安樂行以明三業正當法師依於弘經方執故令獲得六根清淨不同光宅直云十善及以五種法師共爲合數今明數足竟方云五種法師悉具六千故今先約安樂行三業十善次明一界十如對化他邊及衣等三已有六千方成圓行此中三業即是六根故不更對六根三業功成即六根淨五種下明一一師皆淨六根次復次一心下約理境以對行中亦是互用相似位上釋也故云一根通具六塵若從因釋但是觀行理具六塵若論下明增減相先明增減也清淨牒前般若莊嚴中有盈縮等等莊嚴者牒前正經關於牒論秪是凡力等聖明肉眼等耳若言千二下次辯盈縮即在今經秪於向等而論盈縮若言清淨更牒前般若六根互用牒前大經亦可不可思議牒前引論若偏下結斥相似下判位中云四輪者瓔珞經中具列六輪今且用四若依五十二位唯瓔珞經始終整足故今借之以成圓義但斷不斷異鐵輪仍在四輪位前即十信第三心者恐誤應云第二信通進別故寄明之若始末明位略如菩薩戒疏及玄文位妙止觀次位中具論修觀入位行相今文但明法師功德故置不云此下經文六根六章準華嚴經六根各十十義亦與此中文同但眞似別耳是則五十俱通眞似又五與十但離合異然小乘不以鼻舌爲通於意離三未爲了說諸大乘經亦有六通不云六根者秪是旁小而復斥小今經華嚴方成了義況復與小修發不同所依各別尚不同別況復餘耶初眼根中未論脩發眞天眼等直以肉眼能見大千故云父母所生若論其用已過天眼有漏天眼下無見上梵王所見雖徧大千至邊乃爲風輪所隔六根淨者則不如是故今應云相似佛眼乃至相似五眼故亦應云見於二乘及佛菩薩等以準耳鼻必合有故見大千內外爲天眼者且約見於麤細色邊見業因緣爲法眼者以天眼力所不見故見業見淨者業有差別淨無差別雙見二境即表中智又能圓伏故是佛眼大經云等者此是別引肉眼能有佛眼之用以證父母所生等也佛眼故下是重牒前破光宅四文及今所立并判盈縮等文顯成正釋眼根清淨是牒前般若具五是牒前論文莊嚴是牒前正經等亦應云互具五根以牒涅槃文無者略下去五根一一皆爾但此具竟下去並略但注云云或出一兩經而已至下更引無令失意又下五根一一二釋先約能見聞等次約所見聞等故重云也耳根可見以於鼻根最委悉故於鼻根更辯互用準例餘根亦應如是但是文略若舌根中準吝問意亦應須先知味法界方乃令其味變爲美況六根俱淨豈可舌根劣耶身根中云無謬假也無著空也俱照名中意根中云月四月等作所表釋以通前五皆不二故若存事釋唯第六根所以六根所對不須委論然隨喜品校量初品分別功德直明四信及以五品今法師功德但明相似六根功德不輕品中明弘經人現生後報六根清淨神力囑累果人自明弘經力用以勸流通藥王妙音觀

音明分眞人弘經功能故知但依今經判位自顯餘依論判自是一途下去可見故隨喜品已下不勞委釋物像相貌但略示文相以顯傳弘則流通之功其義自了

釋常不輕菩薩品

此品既前正引昔當知不輕已有五品可以證因後獲六根可以證果故云引證嘉祥具對今經上諸品文以爲七別一者以上二品對今爲三品功德隨喜下法師中今爲上也二者對上二品爲三世功德隨喜現法師當今品過三者對法師功德明果今品辯因四明衆生唯一乘故五者上明佛記今明菩薩六者上明勸福今明滅罪七者引事以證六根言三品者隨喜容下法師及此俱淨六根豈分中上況此尚有先謗墮獄言三世者隨喜乃指佛滅度後法師現籍五種功成不輕雖往明現生後言因果者俱淨六根豈分二別言一乘者通於一部豈唯此耶唯對分別功德分佛菩薩記此則可爾言罪福者今謗獲罪信者得福上文生謗豈無罪耶隨喜中與陀羅尼菩薩共生一處利根智慧豈唯福耶言滅罪者生謗墮獄此乃生罪臨終根淨豈唯滅罪法師中報陰現轉何罪不滅言引事以證六根淨者何不云弘宣一句必淨六根爲章所引不思本文諸如此例不可具引故略述之以生後見故今更以六義說之於中初一亦望今經前品餘五皆以法華望前一者上全弘經文今略弘經意故不讀誦但宣不輕二者小典生信尚未爲二因今經或毀感六根清淨三者諸經但明順化弘教此品禮俗逆化通理四者餘經所表權實尚隔此品表開莫非四一五者諸經所表迹尚不周此品兼表本迹二相六者諸經上慢永言墮苦此品即能信伏隨從嘉祥七義非不一見未有遠致得此中意諸例可從問爲不輕謬有所記見者悉云皆當作佛爲復末代弘者迷津法華論云此菩薩知衆生有佛性不敢輕之二論俱是天親而立性不同者豈其相違但申經文使各得教旨若令一人著論則使諸說咸同不可所釋大乘盡用對法小義故知彼論自申方等所以迦葉自悲敗種至法華會敗種還生天親即以其論申之若棄如來顯實之文而滯菩薩弘權之教偏執之愆莫大謬申之過可知今文品初具足四一以解貫四於中先列次釋釋中云法華論等者論許此菩薩知一切衆生悉有佛性故凡見者皆往禮之此四衆中豈無滅種而妄說之若其有者論文不說則過在天親若唯識說正乃過在不輕及在於佛而不先責不輕之過猶却以爲弘經之人豈有誤宣誤記之失今現生後淨六根耶正因通亘等者性德通於迷悟因果故緣了云種子本有還約性德以明二因以對新熏成修得故此三爲因轉因成果果中菩提及以涅槃名爲果性果果性也若對性辯修秖是修得緣了至果名爲菩提涅槃了秖是智智名菩提緣秖是斷斷名涅槃亦可以性三因至果之時了名三種菩提緣名三種涅槃若云衆生具有因果性者則五佛性皆在衆生徧一切處但住因之日果性名因在果之時攬因名果名雖

互得其法恒如初是因緣等者初内懷不輕之解等五文是也後是圓教者約教也從見實三昧去是也對偏成四對味則五以餘教中必無衆生即佛之言前既因緣應具四悉於五文中初二世界後三餘三具如序中亦以四一而對四悉云云者三教對辯今雖在圓我昔隨喜種現生後者重明來意故後文云臨欲終時具聞威音王佛說法華經得六根淨更增壽命即現報也命終之後復值二千億佛同號日月燈明即生報也以是因緣復值二千億佛同號雲自在燈王復值千萬億佛即後報也於現報中獲六根淨是故弘經其功不淺說此三益意在流通昔時不輕三報宛爾今日豈得不流通耶有人云欲顯安樂行威勢無比我爲不輕行安樂行今謂安樂行者始行弘經故與不輕其儀十别何者彼則安處法座隨問爲說此乃遠見四衆故往禮拜彼則有所難問方乃爲答此乃瓦石打擲猶彊宣之彼則常好坐禪在空閑處此乃不專讀誦入衆申通彼則深愛法者不

爲多說此乃被虚妄謗仍彊稱揚彼則初問云何讀說此經此乃但云流通作佛一句彼則初修理觀觀十八空此乃但懷一句作佛之解彼則化佛觀說詮虚空身此乃虚空身說詮於化事彼則夢中遠表當獲大果此乃口宣當得佛因之教彼則約解譬喻開二乘權此乃約結緣表一乘之實彼則以順化故存於軌儀此乃以逆化故亡於恒迹彼則列勝行法以取於人此乃偏引往人以通勝法事本本事者通舉往昔威音王佛爲不輕事之本名爲事本於中别以最初威音佛時不輕之事故云本事得正說之宏宗等者先標兩句名常下釋此二句先釋初句次不輕深敬下釋次句宏寬大也宗尊高也本迹二文四一三性正說大宗不過實相實相秖是常住佛性此指宗極之宗非宗體之宗一代雖說或兼或帶或純小教或雜助門或抑或覆文寬事廣教教不同味味意别不輕但宣二十四字有標有釋具述因果因既三性果即三德況以四一兼益自他直指二因以爲不

輕所宣之法故云宏宗顯實之宗不出四一四一一一秖是三故故今還依四一消文於中先釋四一宏宗次引文判位三隨喜下明隨喜意四敬人下結隨喜意初文中二先表迹門顯實次表本門開近前明法師隨喜示佛滅後聞弘經者所說之益此引過去弘者聞者俱獲大功若弘若聞皆雙及本迹豈獨直云作佛而已故須皆約二門釋之方稱不輕所宣乃會威音所演可與五品之理合後得六根而有歸具聞之言全表本迹況法華之號不專一門先表迹中云名常不輕是人一等者應委將文相用消四一今合此文旨雖上慢者爲之立名已是菩薩行願所感故使詬者冥會其事從乃至遠見表本四一者只是以遠而表於遠乃至不輕自有本地之四一也故使未堪顯本乃以遠住表之迹中顯實尚以迹四而彊毒之況復本實能即受耶迹顯而本密故知四一是經宏宗次引證判位中云不專等者顯不請誦故以不輕爲尊而云但禮以入位之法不獨五種法師或

自或他若信若法或冥或顯或廣或略故秖宣一句功莫大焉故今文判屬隨喜位爲六根之親因有人云不專是雜今謂但顯不雜不專對尊有人問何故禮俗今爲答之菩薩化緣法無一準唯利是務故設斯儀見衆生理與果理等故禮生禮佛其源不殊此自行也欲令衆生生慕果願果願者何我等但理彼尚故禮況證果理而不尊高又云汝等皆行菩薩道當得作佛豈非擊我令修圓因此約現在順從者也亦信行也亦法行也夫益有冥顯顯近冥遠遠如勝意現雖不受聲納於懷由謗罵之辜墮於惡道聞順從之力還遇不輕乃至今日還令會入以是義故上慢尚感遠因聞信尊無現益故毀謗者成毒鼓因廣略準知自行莊嚴化功歸己自他熏瑩故淨六根有人此中引大經中禮知法者及淨名中比丘禮俗此義不然涅槃常儀顯教法之志從彼請益故忘情禮下淨名聞法已獲重恩故忘犯設教不存恒則若大乘正儀出俗恒則亦無令遵而禮於俗不輕立行咸異於斯不爲宣通大小非教有人云菩薩不作是禮即是有犯今謂有犯須準科梵網無文小乃無制又云菩薩於性罪必護於遮罪有越今謂於遮必越越名持不越不名持破非菩薩忘犯濟物貴在物安若也物安何簡遮性今禮四衆濟衆何辜故大小二乘咸遮禮俗禮尚不受濟義不成三隨喜下約人約法明隨喜意者必具三因安樂是總三因是別故云皆一實相又云皆有三因讀誦下別釋三因不輕深敬下釋流通之妙益句也於中初正約三四以示流通如此下結成初文者若得三法弘經之軌則自他咸濟當知三法雖順前品其實即是此品三因故復亦對四安樂行四安樂行準前可知不受四一者應將罵等委消不受四一之相本地亦然文但略對經而已不輕以大而彊下云云者爲唱令聞故也應釋彊毒以作當來聞法之相具如經文後時得益者也意業淨下云云者應釋三業對三力相復應更對衣座室等神通室也說辯座也忍辱衣也廣對一切準此可見毀者等者即生隨從尚猶墮苦是則擊信毀之二鼓爲生後之兩因問若因謗墮苦菩薩何故爲作苦因答其無善因不謗亦墮因謗墮惡必由得益如人倒地還從地起故以正謗接於邪墮務當勤習五種行者五種法師行也偈文但云初十五行半頌果報後四行勸持準此頌文應云不頌雙指唯頌雙開雙勸二文初雙開中長行文二事本本事今一行半總頌事本闕劫國等次頌本事長行有三今初一行半頌雙標二人次二行半明得失初一行半得次半行失次半行重明得次其罪下十行明信毀果報及結會古今乃至定謂等者此乃不專判於邪外佛權實教執皆名著牛皮等如止觀第五記以著心著無著教如牛皮等向日加堅亡失正法猶如損體故棄方便教者於外凡位並未免謗故有不受不輕圓實之言

釋如來神力品

釋品名者如來如上壽量品釋神力者神在於內即體宗也力名幹用即是用也佛說本

迹口輪力用已竟於前今復身輪現此勝用令衆流通本迹之教故云體深力大此字下別明來意自此下總明來意初所對衆中言一切指他方舊住指本化者應非四衆八部也故一切者即從及諸已下文是十神力者前五正明現在流通本迹後五總表未來不已又前五中初一令衆總信本迹次四即是現在四一第二表二門理一智家之境故云智境第三表二門教暢即是教一第四表二門入實即是人一第五表二門破惑即是行一第六門中既指五千被移失心三類人者如此三例即是滅後得益之人所言機者機義當總總於未來四一故也即是得於四一之益下去四相別表未來四一文自結名但各述其要令成一也所以四但云一不言本迹者在未來故尚未入實誰論其本若見實者亦見其本故總結云表現表將將猶當也初五文中一一皆有迹本流通三相初文先標令經下叙前迹訖關顯內祕下叙前開迹顯本明三世下明中間用福德人下初神力意第二文者先標今神用所表上白毫下叙於迹門神用表同境智合故初見一理今本門下勝向表意由見遠理故使增道損生至於鄰極分身等者此相既同各於其土利益亦爾第三文者先標名辯意述相四十餘下正述表迹欲以下明表本意言具二者事即本迹付他令通於未來世第四文者初標名辯意隨喜下表迹益隨喜圓道下表本益隨喜諸菩薩下表流通益此一下流通功能第五文者雖不分本迹一文兼諸下五可知結要有四句者本迹二門各有宗用二門之體兩處不殊名冠此三而總於三一部之要豈過於此故總攬之以成流通八自在者如止觀記經中要說等者叙今意也道場釋上甚深事者事是因果今道場是果果必有因以菩提釋藏者菩提是能契之智必有所照之境境即祕藏以能顯所也以轉法輪釋一切法者有所轉法法必有名以涅槃釋力用者滿理釋攉疑唱滅釋近疑宗雖近遠同名因果不復別判阿含者借小證大彼則從事今借證理開小即大故可爲證頌文初頌十神力中但有五者關後五也前五現見違要存之前後二五現未異耳舉現例未是故略之囑累下二行總頌四法者但云囑累至得邊際具含四義四義皆是無邊際故能持下別頌者初一偈半中言一切法者不出能化能證所化故也無二乘故不兼帶故其法祕妙令我下二偈頌神力者既云歡喜即是用暢次一偈頌祕要者名同易見於諸法下頌深事者教化諸菩薩畢竟住一乘乘是因果後一偈半頌總結者總結四法言若能持持四法也

法華文句記卷第十中

法華文句記卷第十中

校勘記

一　底本，明永樂北藏本。

一　五五四頁上一行書名、卷次，二行述者，[南]無(未換卷)。

一　五五四頁中一行「次聞」，[南]作「又次聞」。

一　五五五頁下九行第九字「四」，[南]作「圓」。

一　五五八頁上七行「六千」，[經]作「六十」。

一　五五九頁上四行「自了」，至此，[南]卷第十上終，卷第十下始。

一　五六〇頁中末行「二因」，[南]作「三因」。

一　五六一頁下七行「不頌雙指唯頌」，[南]作「不唯雙指頌頌」。

一　五六二頁上二行第一六字「字」，[南]作「中」。

一　五六二頁下卷末書名、卷次，[南]無(未換卷)。

法華文句記卷第十下　更十

唐天台沙門湛然述

釋囑累品

釋此品先辯他人判品前後次令文正釋初文者慈恩安國並令移之於勸發後若在此中有八相違十不可也余雖嘗見頗有稟承每於聽莚忝參慈訓垂示教旨深有所憑近見秀公法華圓鏡廣立難勢不越先規今攢舊聞兼資後見總別救之亦八不可初總救者出塔已後凡述多寶皆云塔中不云見佛若移在後無出塔處一不可也分身散後凡有所述唯論佛塔不涉分身若移在後佛無散處二不可也囑累文中佛散土穢已下經文言不涉淨若移在後無復穢處三不可也會本居地因塔外空佛散出塔後文在地若移在後無還地處四不可也囑累品後經既未盡但述衆喜不云而去若移在後須加而去五不可也勸發品後無復餘文經既已終則云而去若移在後須除而去六不可也本迹二門佛事既畢須有所付是有囑累若移在後法無所歸七不可也囑累已後明乘乘人弘經本事須囑累若移在後師弟參雜八不可也次別救者具述元破一一救之一云衆本相違者準正法華及以隋朝崛多三藏添品法華中此品並皆在於經末救曰正妙二本譯人既異所見各別若令盡同此不可也言添品者準南山內典錄云崛多擅移囑累著後崛多既其擅改法護未可爲憑正本既其居先添品不名擅改南山既斥添品義當二本俱非何者羅什生雖龜茲徧遊五竺豈獨不見梵本法華久居長安豈不曾見法護所譯而再譯不用者當知法護非堪指南若堪指南何不文義咸依正本若嫌後譯文義淺薄則隋朝所譯彌薄於前今依什譯理可準憑故叡公云梵音錯者正之以天竺秦言譯者正之以字義不可譯者即而書之宣什公與四子頓爾無識輒移一品安置經中若不測旨歸應仰之而已何得以凡見斗尺量度大海虛空耶二云經論相違者法華論云修行力有五第五護法力中云如普賢勸發品及後品後品即指囑累品也救曰論亦人譯擅指何疑況論雖西來譯時既在正法華後秖是譯者順正法華故正經在西晉時譯論在後魏時譯如隋笈多見正法華藥草喻後有一長行偈頌及囑累在後便以正經添於品內及移囑累在勸發後餘無所云遂使後人云添品法華故知譯者不妨隨見妙正二本同一梵文乍可信羅什而寢於法護安得釋妙本專以論爲憑秀云言後品者是普賢觀經以同是普賢發起令依經修觀又言後品者既其不出名目則似經度不盡若不爾者何不云及囑累品但言後耶此亦是一見然準天台判爲結經不云在勸發品後三諸教相違云一切諸經並在經末如何此經獨在於斯救曰例同諸經違妨更甚即如大品中間有累教品經末復有囑累品不可一切皆兩處安如大寶積四十九會會會皆有付囑之文豈令諸經一切皆爾如金剛經問名問持乃在經中不可一切悉令居中法華開權顯本授聲聞記豈令一切悉皆顯

實不類之例其數不一四云二事乖角者分身若還此土復穢準妙音被誡故知土穢囑累中亦令多寶還歸觀音不應施寶分二分二即多寶未還遣去既同不應乖角救曰秖由未還故寶分二是故但云一分奉多寶佛塔而不云奉多寶佛故知事畢者去有緣者住於理何傷若多寶在分身不合散者經文但云塔可如故如故秖是依初還閉令分身散即云各還本土故知雖即令其塔還聽餘經故塔閉而在如塔未開時但云多寶於寶塔中出大音聲又云四衆聞寶塔中所出音聲大樂說云於其塔中發是音聲又佛告大樂說是寶塔中有如來等故塔未開大衆但云多寶如來於寶塔中次塔開已大衆皆云見二如來在寶塔中若塔閉後如藥王品末云多寶如來於寶塔中妙音至此但上釋迦瓔珞以申問訊次方問云此久滅度多寶如來在寶塔中來聽法不仍對釋迦申彼佛問云安隱堪忍久住不當知塔閉住而未去又云唯願世尊示我令見豈二佛並坐乃云請見又多寶佛於寶塔中告妙音言秖云汝為供養釋迦等不云分身豈分身囑目而不供養又妙音欲還但云供養釋迦及多寶塔已不云見佛到彼見淨華宿王但云供養釋迦及多寶塔亦不云見多寶如來及以分身又文殊來時即云頭面敬禮二世尊足囑累之後全無此文故塔已閉分身已散若分身在觀音施寶理應供養不應但二五二命不齊者何故分身多寶二俱唱散去留不等若云但令塔閉云如故者何故正本云還本土救曰二命縱同所緣各別寶塔為聽經故來分身為開塔故集塔既已閉分身須散經尚未畢故塔未還分身既散土合復常故前文云為諸佛當來坐故各淨八方況正法華云可還本土自是法護所譯不正豈判什本令從正經若正經為正不應重譯但云如故若欲依正經何不講正本徧觀正本處處相違及以妄誤前後非一故不須以正經為準又問釋迦出塔塔何須閉塔閉分身何必須散答多寶本願但云以塔聽經若以我身示四衆者令集分身當知分身開塔故集釋迦亦為開塔住空住空故開塔塔開故命坐囑累故出塔出塔故塔閉塔閉故分身事訖事訖故須散故塔開閉分身聚散各有因緣何須難言二命不齊六塔無還處者分身諸佛令去咸歸多寶佛塔迄至經末更無還處若品在後即唱竟時還救曰經畢自還何須求處至勸發後一切大衆作禮而去作禮雖不通於寶塔而去徧該一切多寶本願聽經故來經若終後何慮不去但慮塔無歸去之文不憂土無復穢之語若土後復穢何得亦無人天來時七云淨穢不同者妙音被誡復非淨土故知分身久已還國者分身集日那令侍者皆諸靈山信諸山並無而猶有靈鷲文殊海出亦云靈山忽有華現故妙音來還依舊誡救曰經文炳然而讀者不見經云移諸天人置於他土唯留此會衆故知土淨為安諸佛靈山舊衆不移可然準文殊來時即云詣靈鷲山住虛空中妙音至時不云住虛空中故知淨時處空復穢在地令分身既散故一切

皆穢而沒却復穢之理苦執靈鷲獨穢妙音被誡具云誡土不獨云山故云莫輕彼國土等故文殊妙音二人來時其理不等欲令一例此理難齊八云衆喜弄情者囑累品令分身還而塔不去若非經末云囑累者阿修羅等歡喜太早旣非聞法歡喜乃是見客佛去以生歡慰深可怪也救曰至此歡喜而嫌太早三周之末各有歡喜更早於此何不怪耶說壽量竟分別功德中云聞佛壽無量一切皆歡喜今本迹俱畢復聞隨喜事少功多又聞法師聽持深救又聞不輕能化所化現益後益明弘經法無定常儀又見釋尊現十神力授四結要三摩付囑三反領受大事功畢豈得不喜而云太早耶當知是人訖至經末亦未歡喜何能弘經令他喜耶言喜客佛去者移在後文更加塔去而生歡喜復彌可怪驗此一切皆以凡情測聖徒費筆語舉一蔽諸又云但是先施神力故見淨土此土本穢恐妙音見本土穢相而生譏毀故佛誡之非妙音至分身已還而土唯穢如雖淨土猶見

靈山雙不唯淨兼見穢故上見下故救曰靈山是佛自留故令大衆俱見如來自云淨土曲釋云不唯淨佛言皆令清淨乃云本穢仍在若言上能見下於淨見穢何不妙音於穢見淨復能見穢其心淨故佛土淨若猶見於穢則知妙音心不淨故而佛尚誡之妙音見穢尚生譏毀豈得名爲上能見下耶下生下想非上人也尚生譏毀豈上人耶次涉法師更加二難總成十難故云十不可先破總叙次翻二難先破叙者彼先叙云什公安囑累品在神力品後自是已來皆共信受並云移著此中甚得經意若在後者所列諸妨略如向述而云以義判文正應安此唯我唐代慈恩法師不許斯義法師又云妙音被誡若是穢者文殊海來何有靈山秖云唯留此會不云唯留靈山當知內外俱淨但是仍舊而說又云分身即是釋迦若多寶全身亦與一分釋迦分身唯與一分若受多分者便是釋迦長受利養修六和敬詎應然耶故但與一分又云若囑累在此如來起立不云更坐分

身佛去不應立送受觀音施不應立受又云大衆皆喜唯少奉行不應安此又云神力去穢未必全除要若全除併之何處何處淨土容此穢生救曰正本法華自西晉至唐都不行用此妙法經後秦譯訖四海盛傳天下仰止況流行之處必藉寘加寘加已遂安可議耶況復受持應驗無量昔賢尚授以句退而不責移品況復爾後名僧維蹤碩學如林共許囑累安著此中豈至唐朝所見乖昔然此經以常住佛性爲咽喉以一乘妙行爲眼目以再生敗種爲心腑以顯本遠壽爲其命而却以唯識滅種死其心以婆沙菩薩掩其眼以壽量爲釋疑斷其命以常住不徧割其喉以三界八獄爲大科形斯爲小以一乘四德爲小義無可會歸據斯以論諸例可識言仍舊說者妙音未曾於此生慢若土猶淨滿中諸佛釋迦及塔衆又在空神力所現十方通達何須仍舊枉誡妙音彼佛現見高下不平而掩佛智能言土猶淨而言釋迦不長受利順六和敬者乃是令聖效凡若言分身即是

釋迦釋迦開塔亦即分身何須更集若舊應迹各別爲是分身恐釋迦偏多而不受爲是觀音恐諸佛多受而不與若觀音不與乃表觀音施偏何關六和少欲若分身不受應先施而後讓何故但分爲二分耶故知令分二分表現表當其義已圓分身已去其理善成何須此難若言不應立迭分身及立受施縱品移在後免斯過者受觀音施容可尚坐摩頂之際仍立唱散經後正當立迭之咎徒設譴並嘲調尊儀於此妙經未成弘讚若且順凡情釋迦與分身齊肩坐迭便成踈闕故立迭客正當其儀況立迭立受何教所制云迭受不成又云已有衆喜唯少奉行不合安此秖緣少奉行故不應在後又云何處淨土客此穢生者何不問劫燒擔草不同灰燼毛孔納海身不隨波凡此諸釋並任已心不順經文其例若是次別破第九第十者第九佛無就座難云開塔蒙命釋迦入坐閉塔還出亦宜復座豈得立說下諸經耶如涅槃經如來現卧還從卧起如荼毗時從金棺起上升梵宮梵宮下已還復本座此亦應爾何事不然翻曰若摩頂已理須復座若言無文令佛常立者如文殊答問竟無入海文何故至此忽云海來又云於海常說法華常說之言應常在海若本在海序不應列何得復爲彌勒釋疑又說經竟佛但令衆各散元無更坐之文佛應立迭天龍八部何但獨迭多寶分身立迭分身其儀稍順立迭八部尊卑倍乖又何不責云諸分身佛但令侍者齎華以宣問訊及云彼某甲佛與欲開此寶塔即云爾時釋迦見分身集與欲開塔不見侍者至會說欲欲應不成法師與彼雖則稍親黨理不黨親古可依也又何不責教門皆云達多世世造惡今忽說爲佛師復云與師記莂顛倒不可具言何不責龍女成佛太速何不責聲聞成佛太遲第十衆無命坐難云佛處高遠衆人請接令既還處地亦應命下勑令復坐何容久立不賜安居故知囑累定居經後翻曰凡假他力必須請加若任自力不求他援處空非已力所及故請佛神通還本任自力所能故不待佛命況本緣佛入塔故請在空令佛從座起豈可安坐故云益加恭敬曲躬低頭佛既復座說法時衆理應復座無文之論義準應知又衆若不起不坐應仍在空何故普門品中無盡意云從座而起陀羅尼品初藥王從座而起故知不可見略却就座等文移品向後又品題有囑累之說令向後者品內有囑累之義亦應皆移然囑累品題雖云囑累品內但通云我於無量阿僧祇修習難得阿耨三菩提法付囑汝等故神力品題雖云神力品內云爲囑累是經故乃以如來四法囑累上行等也故應先移囑累次移神力著囑累後又囑累品初云現大神力神力品內有囑累之言是故二品俱移向後若俱移向後不可兩品重張不可兩品前後若有前後還失最後若言經文次第不輕已後即合勸持何事以神力而間雜之寶塔慕覓宣弘之人秖應次以持品續之何得許以調達品間若其品次不依羅什理須一切並依正經令經聲聞一萬二千正經但有一千二百數聲

聞德乃有一十一句歎菩薩德則有二十八句與妙經及論復不相關何不答論違正法華而嫌妙經違論又正經列名之中云光世音光觀聲同便即書之後代何不依光釋義寶掌菩薩離開爲二更加寶印首也掌已是手復加頭首離爲二人自在天子以大梵冠首亦云三萬天子俱即是迴梵文大梵字不盡別序中不云說大乘經名無量義直云說斯經已升座三昧又闕無量義處三昧不知爾前爲說何經爲入何定何不責妙經增加無量義耶又放光但云上至三十三天法譴何事抑佛光明妙經云八百弟子正經云十八人中凡云如恒河沙一切皆云如江河砂序品既爾正宗之中錯不可數何不依之而獨引囑累是故正經並未可依縱是什公所移應見梵文深旨若也漫移何不安餘品後而必著此中使無如上諸妨更移著後生諸妨耶故使流行之處衆聖冥加次正釋品中亦具四悉初世界中約得名以釋品得名事別即世界又累者違及也字應單作後人加口者意言口囑即義立也言煩爾者爾汝也謂累汝後代如帶累也左傳云相時而動無累後人此是如來適時而化示有誡詞又令於三世傳法不絕三世不同亦世界也次爲人者此是後世宣布生善次對治者令後世受者使不失故治其失惡故名對治次第一義者令後代人奉旨入住入住即證眞也初兩字並在能付次兩字皆在所付三囑在能付累在所付次正付囑中釋三摩者先約所表釋所付不輕須以淺表深故身口心三付方表慇懃次約四悉者即具事理經言現大神力者如來向現十種神力已表當現四一益竟而今復云現神力者正表身口心三付故也從座而起以如來一手一時徧摩故名爲大有人引大經中內有弟子解甚深義不爲利養不生諍競外有清淨檀越佛法久住若不爾者法不久住此是彼經最後誡勸道俗弘通亦据拾之遺囑耳不同今經乃是一期宣暢他方欲散現十神力囑累十方佛觀摩頂菩薩三受表法慇懃佛之智慧等者取覺照邊屬一切智見畢竟空如來智慧爲道種智者即取從因至果得道種名道種從權具如第一卷中悉以能契之行名爲權也於如來室至如是明三智者即依座室三各具三智秖是三一相即三一互融故一中具三以此三事弘經益他令他各得果地三智之用故知室若無二弘揩不普衣若無二法身不滿座若無二感被不周如是施主下結能施意應云如是施主三法無闕自他不空是施主故有大慈悲自既入室令他入室無慳吝故自既著衣令他著衣無所畏故自既坐座令他坐座亦可云無慳吝故施此三法無所畏故說此三法若施若說皆具慈悲即入室三法也汝等等者汝等當學如來以此三法而流通之以此三三應施一切故經云汝等即是衆生之大施主此明經之功用必具三三況復所弘三三之法方名令他得於所弘世尊勅者具奉行之他人於此辯凡夫慳引成論云慳有五種住處護他物稱讚法慳法慳七報一生生常貧二生生愚癡三生怨

家中四受胎或死五爲諸佛怨六善人遠離
七無惡不造若消此文都不相關且言如來
若以小乘化我則墮慳貪勸弘法者捨凡夫
慳此稍可爾若直以此證令佛同凡深不可
也

釋藥王品

釋品引觀經釋名即世界也此文去具以令
經而成四悉若推下明得名前後非四悉意
竭其神力者用神通力三昧供養也盡其形
命者用其報法即燒臂也庶令弟子等者上
人行之令下效故此則自他二義具足諸佛
下云云者令述有無不輕乃至方便品來豈
獨佛耶下品亦有佛者雲雷音王佛寶威德
上王佛等況釋迦化主始末恒在況復應以
佛身度等然應須云上品有菩薩佛事爲正
下品有佛菩薩事爲正通途論之從化主説
一切皆以佛爲正也藥王至流通義便者佛
獨果已大事功畢隨物偏好故乘乘不同眞
如實相是所乘之體一乘因果是所乘之事
苦行等是乘乘之緣隨物機宜故使弘者隨
緣不等故所乘體皆妙法也以依一實立因
果故乘於所乘以利物故故曰乘乘問爲三
者初一利他次一自行遊化亦苦行苦行亦
利他已下去文如妙音等皆不出自他自行
皆不出智斷福慧利他皆不出三昧神通通
問遊者遊必具足十法界身並如妙音觀音
但別舉苦行以逗所宜故請答之言意在苦
行有佛聲聞者文略具如經列有菩薩及菩
薩壽等經即時入是三昧者普現三昧理無
出入表用三昧之力故云入耳經以神通力
願者明不以世火還依所得三昧起利他願
以智觀火焚難思境故使光明起斯照彼佛
亦以逗物故讚眞法供養等者先總舉能觀
所觀次及觀相當是之言正顯眞法所以燒
身名眞法者由內觀故所觀者何即此生身
由惑因故感斯惑果皆用之言顯因果俱蕩
又觀若身若火等者於中先明法空次謂燒
下辯生空初法空者既即實相實相無燒身
火能所安得有燒有能所耶次生空者非但
身等皆是實相身等宰主一切皆無故名爲
誰燒者能燒火也然者所然身也身火並是
能供事也佛法即是所供田也宰主即是能
觀觀者身火能所觀境也境智不二能所斯
亡以不二觀觀不二境成不二行會不二空
作是觀時苦爲法界見聞者益故曰乘乘若
不爾者成無益苦行佛有誡誡實可先思所
以投巖無招外行之論赴火不爲內衆之譏
良由內有理觀外曉期心故勝熱息善財之
疑尼乾生嚴熾之解篤論其道行方有剋心
正行正智邪事邪行不可發智不可亡後學
之徒無失法利有人問云律制燒身得蘭燒
指得吉此中讚燒其事如何令爲答之大小
開制教法不同小制結過大制令燒故梵網
中若不燒者非出家菩薩豈獨令俗而不制
道故知順小行易不燒何難從大誡難燒乃
不易世以不持爲大則大小俱傾信此土機
緣咸迷大小不知先小後大依何夏次先大
後小何心而受先小後大開小乘遮不先大
後小遮菩薩開不一界之內兩衆如何一身
之中二體同異大乘於小取捨從何小誦於

大招損誰測勤勤慇別用爲求種所乘之乘皆妙法故以依一實立因果故乘其所乘以利物故但自揣巳德歷境觀心與心相應當順開制令藥王父證並出開制之方重法亡懷起神通之願爲軌凡下思之可知經以旃檀爲積者他人疑云何得旃檀而爲積耶答此土大變遺入涅槃後猶用旃檀闍維況彼淨土何足爲難然淨穢並陳非世有也皆聖力故經云七萬二千歲等者問燒身但經千二百歲燒臂何故時長答前爲自行身盡入滅令爲弘法令物會三故云令無數等既言無數聲聞發菩提心故知喜見於佛滅後不令此等住於小果此土亦然經云金色之身者前巳得普現即八相金色故知此中須在極果能生等者如父母必以四護護子令發心由法爲生始終隨逐爲養令滿極果爲成能應法界爲榮雖四不同以法爲本又此四法即四悉檀次第對之亦應可見此即始終對四悉也然前三教各得四益令對圓說例上可知問初開章云數能持人何故向云不如一偈又云法是佛師等耶答前數有法之人令數在人之法言初數體次數用者非宗體之體非宗用之用通指一部爲體部內體宗用三共有如是抜與等用十寶山者具如止觀第五記引華嚴經或一或二者俱舍云前七金所成蘇[更十]迷盧四寶金或兼[十六]餘故云一二諸經說權智等者權不即實致令教法皆非自在諸機不融故教主別爾諸經明實智等者並是權外之實故破疑不備尚不及此經說施權意巳破諸疑故云即實而權況復令經本爲顯實有疑皆斷故云即權而實所以權實之語非獨令經相即之言出自於此不收於小是故異也文云學無學等者指三教菩薩爲發菩薩心者令經爲彼之父能生彼故昔謂非子至此方知餘經要因功用者但取發心畢竟不別不同三教要因功用如別教地前爲方便也如風下云云者初住巳入無功用位應具簡車體及具度等釋如風所以至入初住無功用道經云五百歲者大集經中有五五百具如前文經云若有女人等者此中秪云得聞是經如說修行即淨土因不須更指觀經等也問如何修行答既云如說修行即依經立行具如分別功德品中直觀此土四土具足故此佛身即三身也故此大衆即一切衆以感未斷故故安樂行是同居淨土行之[更十]氣分也故不[十七]離同居穢見同居淨間同居穢多何必極樂答教說多故由物機故是攝生故令專注故宿緣厚故約多分故下文究率其例不同但在機感

釋妙音菩薩品

此品初具三釋初文因緣次昔得下約教次此品下本迹唯無觀心因緣甚略且義立者音樂世界自隨爲人奉鉢對治道器第一義觀音有問得名之由此中無者此從自行下從利他又如常不輕中亦有本事即名以顯本事始從內解終至利他同在一名之內雖自他不同準觀音名下有普門之名此亦應爾同得普現色身三昧若爾藥王下五一切皆然藥王又在獻呪之初淨德又指妙音身是故五品法門定無優劣但隨機便乘乘不

同況普門居中理通上下以人對法理亦咸均單消其名義亦無殊不可從名異而蔽其法門當畢其地去勸成機緣明普現意若不以兕畜爲兕畜但畢已心之地則自壅妙法之流大人相等者爲四先正略釋是不思議相海故名爲大次徧體下寄於所現展轉校量三此相下大小對並四問答下釋疑初二可見三對並中二先寄小表大故以應迹之相因順於師長之毫光因果相召照之必來言本弟子者照非無緣本曾關涉名昔爲本未必久本白毫下次明大中實因所感照之令弘開顯之經此乃因勝果勝令弘勝教是故放之釋疑中二重問答初問答能放光疑次問答所召衆疑初疑意者約不思議相海總立用問約事校量答中云他經所明等者召他屬事宜且從他故附方便教云有優劣又約應身現相宜附他經令弘實教故復從大大復從因而爲所表故云放光令弘此法況顯本已尚無近迹豈存小耶何故召東說西者問意者十方菩薩豈皆無緣何故放光

但召東方妙音竟次說西方觀世音答中從表於中四初辯能表次未發心下正明所表三一菩薩下舉例四聖不下結用表意初文三先明能表之先次明光所照意三東是下舉能表意次未發下出所表中但舉始終任運攝照三舉例者妙音既爾諸來悉然但以照東表始爲便若召南至北四維準知聖不繁文理合十方咸至如華嚴大集諸部般若光及所召尚通十方故此但以一方爲表準下觀音初釋爾時亦以妙音對辯此中既稱以說西對問故可預以西方對明云欲說西方菩薩事先召東方菩薩等敘福之由者既值多佛亦是慧由但是文略正敘福慧中經云悉又云甚深故是圓慧三昧屬定對慧名福尚異三教豈同世有又此十六並是法華三昧異名耳隨義說之今稱法華三昧之相佛誠至而覲此耳者爾延進也妙音高位豈可待勸至此見穢寧生劣想但佛寄誠妙音而覲其所將覲謂覲模夫佛至諸佛道同者先正敘同次結同初文自三初云約座爲誠

者依空亡相身是有相理爲妙空一塵之身咸與理等況丈六之質生劣想耶次夫師等者佛及弟子身俱劣者俱隱寂忍而耐其拙夫依報等者應住無緣安其穢土此佛下結同者一切應身化儀示迹說法之處皆具此三誡衆而爲弘經之軌故此佛弘經亦勅三意以例於彼化儀不出佛身化境國土故也受旨中三力者菩薩不無推功化主如來先誡令菩薩自運菩薩推者往彼實難何況往復應須利他故知往來皆如來力然又如來加於可加菩薩有分但未至極故以極三加於分三令用弘經宗要衣座室耳故知皆如來力起於神通種種莊嚴方能利物是則如來以中空故能以慈悲加諸菩薩具足莊嚴故隨機利益言莊嚴者因中萬行此會者彼土也若文殊位下等者妙音辭彼佛時云及見文殊豈可遠來求見下位文殊位高見華應識何以問佛以何因緣等答中二義並文殊位高或同是補處一位之中分始中終或同是古佛則無高下同位居始未謝不知忝

者辱也豈一事不知成屈辱耶又大衆無敢問者文殊雖高爲欲發起示爲不知上品云初得等者上藥王品云過去名一切衆生喜見菩薩於日月淨明德佛法中得現一切色身三昧後重生其國於淨德王家忽然化生白其父言我先已得解一切語言陀羅尼既云轉身得一切語言即似轉身方得若云我先已得即似指先所得色身三昧即此三昧亦名語言陀羅尼故云猶是色法猶是之言表與前同故此語言與色身但是身口之異豈可現身不能說法但從事別其理必同故作異名消文最便此則圓門三昧陀羅尼必是體同名異三昧從定陀羅尼從慧即不思議之定慧故得互用準下釋中三輪具足又舌下判三昧與陀羅尼秖是眞位六根耳

釋普門品

初不云因緣等此通別解具足三釋唯闕觀心十雙中智斷下云云者但次第標釋不暇先列人法並云有多種各注云云者並是示爲一實并七方便及以人法前後問答前問如文後問答者云何而爲衆生說法等是也福能轉壽者羅漢尚能迴福爲壽況普門示現以不思議福轉成種智即福智不二名之爲轉方例九雙如珠雨寶者所轉若成不思議福不同下位如意珠者珠具多德具如止觀第五鑿井等者如華嚴云若有世界初成時衆生所須資生具菩薩爾時爲工匠終不造作殺生器初略如釋籤中初釋爾時注其四者四悉耳若消文意今會四悉說東方菩薩等者問何以前云召今言說答前文初召須云召今是說竟故云說故品後云說是品時二處皆有初聞名時即世界也皆有隨應爲說即爲人也皆有答問得三昧由即除疑也皆有聞品得益不同即得道也經云偏袒者此土謝過而肉袒彼國興敬而偏服蓋二土風俗不同耳先釋無盡意名於中初釋無盡先引三經次總結成三觀初引大品空大集假淨名中大品明空則無盡大集八十無盡門既多門不同即是假也淨名夫無盡者無有盡與不盡雙非故中也次釋意中亦先約三觀次結初空觀中雖並引境智正在和合皆無自性智隨境空無盡家之意名爲空意次又齊心下約假者世出世是境智隨於境境多智多次約中心者以能觀心性中故所觀亦中此約智照境說此約下結二處結文並云觀智者咸約能立問答俱云慧莊嚴者問答已是二莊嚴竟今釋其意云問答名莊嚴者定慧二嚴之中慧莊嚴也況二菩薩名及以佛名俱從慧立多苦苦一人等四句一一句中有苦皆救咸可持名以有五使十雙普故念念咸益圓菩薩皆然但隨緣耳經云觀世音菩薩即時等者有人以觀世音三字著下句上與皇著上句末於下句上又足觀世音三字二俱不然依下句頭亦不須足有人問何以同念有脫不脫答同念是顯機得脫有冥顯由過現緣差受益有等級若其機感厚定業亦能轉若過現緣淺微苦亦無微亦有人云三災有大小大謂火水風小即命身財大次第有二一從小至大此義可然又從急至緩此未必爾火不盡急風不併緩

小亦有二一從重至輕二從難至易此或應爾事益具如謝數等觀音應驗記說別答中三業機者七難是口機以稱名故三毒是意機令常念故二求是身機常禮拜故火難者有人引仁王經七火不同一鬼火二龍火三霹靂火四山神火五人火六樹火七賊火人火者惡業發時身自出火樹火者如久旱時諸木自出火及至釋水則無七相況復七相無所表對故不用也今文俱三火名雖同淺深各異若不爾者云何顯觀音力大念者功深入大乘下引論格量六十二億等者有云菩薩無殊欲令偏重觀音故也有云佛法二門謂等不等不等如禮諸佛教說功異平等者得福無殊今問若平等者佛既無偏無不平等何故不等以佛不可有等級故等不等秖是被緣雖是被緣亦未申難故須依令偏圓以釋非但菩薩諸教不一亦乃一教設迹不同此約境判若心境相對四句分別令此乃是兩俱句邊持六十二億心境俱劣受持觀音心境俱勝此即定教當教而觀若二交互句並境隨心轉問何故法華論中乃以持六十二億恒沙佛名爲校量耶答有云論誤今云不爾今先出論文次略消釋論云受持觀音名與六十二億恒沙諸佛名彼福平等者有二種義一信力故二畢竟知故信力復二一者求我如觀音畢竟信故二生恭敬心如彼功德我亦得故二畢竟知者決定知法界故法界者名爲法性初地菩薩能證入一切諸佛平等身故平等身者謂眞如法身是故受持觀音與六十二億恒沙諸佛功德無差今謂以此驗知須依圓釋何者於二義中信力約事畢竟約理事理相資方成所念如信力二中既云求我身如觀音即指化身又云觀音功德我亦得之乃指報身願齊報應方乃成念但念果德者何必識理故次義云知法界等次引證位即是初地且引分證令人識之故知若念觀音三身須却以念佛校之若以念法身論之縱引十方諸佛其功亦等何但六十二耶所以論文雖似舉經乃是增句釋義亦如方便初加難解難知欲說大法乃增三句而爲申釋三十三身十九說法云云者應具指離合結說少故但十九如八部四衆但結一說結別開總者前三十三身是別故結云成就如是功德即以此句復爲開下總句之首故下總云種種形等也問此經會三何故云應以三乘等耶答形異法一故妙音品云種種變化說是經與人不見之謂說三乘者謬矣問何以妙音中四乘居後觀音中三乘在初又無菩薩答總而言之無非菩薩於須別現者秖是文略又三十三身隨感即應亦何前後但二文互顯別文廣意狹至云云者離開多句故云文廣意唯現文故云意狹總答文狹者但十二字言意廣者既云種種何所不該聞品功德云持地者寶雲經云菩薩有十法名持地三昧如世間地一者廣大二衆生依三無好惡四受大雨五生草木六種子所依七生衆寶八生衆藥九風不動十師子吼亦不能驚菩薩亦爾經一一合今謂以八教判方應今經聞品功德下云云者應對諸經及以今部辯其得益共

別不同以判教相兼帶等異教若唯小顯露
終無結得大益密得大益教不可傳教雖不
傳須辯其旨若如方等般若之流以部共故
聞益亦共則具顯密及以不定互相知者名
為不定互不相知名為秘密是則部內或品
似大益有大小或品似小益亦大小或兼大
小益亦大小皆以向來三義消之不能具指
諸經品相思之今經唯大大中唯圓無
密偏小故聞品益始終無偏雖於圓中亦有
發心不退及無生等不與偏小共也約部判
益良由於此故嚴王品雖云法眼名同體異
定非初果須判為六根清淨法眼位耳即七
信已上若聞法華令得初果則法華一部文
義俱壞初一是横釋等者結前三重釋無等
等以成大車佛界一念望理名横佛心望理
二義均等故名為横次約初心緣畢竟理初
後相望為竪第三意者心之與理實符一體
俱不可說誰論横竪初釋唯佛心即空也次
釋通一切假也第三明前二俱不可得中也
文後偈頌什公不譯近代皆云梵本中有此

亦未測什公深意續僧傳中云偈是闍那掘
多所譯今從舊本故無所釋還著本人具如
止觀第八記

釋陀羅尼品

總持下二番云其四者並是四悉初約翻名
次諸師下約釋義三惡世下總攬二重以明
來意初又二先正約四悉次對諸經開遮以
明四悉初文者善惡異故即世界次一番具
二悉故注其二三者能持善邊即為人能遮
惡邊即對治中善即第一義故秖遮持二字
四悉具足生云近識受持心薄故教之以呪
術注云幽顯扶贊故曰陀羅尼觀生公去注
遠矣本為弘經者護難豈唯敢過呪術全濫
矯俗如藥王獻六十二億佛之所說勇施恒
河等佛之所說況護國四王羅剎七女皆為
護法請佛印許如何謂為呪術教之耶然呪
之為義本不合翻如勸發中云菩薩得聞當
知普賢神通之力豈同術耶若全不可翻竺
法護何故翻之若其不曉不翻之意務品何
疑大明等三者通論秖是般若般若總攝故

名為呪總用總持總破總安俱得名呪別對
三教思之可見如此通別復名為通今別在
今經護法故也他經隨事禳災增益攝召不
同彼文亦各別有觀法所以新譯並名真言
及以明者古人見秘密不譯例如此土禁呪
等法便以呪名往翻令言皆是如來難思秘
密真言種子注云云者今說其意如向略知
從諸師下說呪義者初文者王名異故息惡
生善次文者即以相應謂為生善雖有治罪
之言正令順教第三文者密治即對治也第
四文三先明呪意次引事釋成三呪亦如是
下重牒結前具足四法成第一義以密具四
為稱理也初病愈世界罪除對治生善為人
道合第一義三惡世下來意可知故知此與
生公永異注家云贊未損大儀終不及護

釋嚴王品

因緣出他經未撿此文亦有四悉初是世界
又莊嚴下為人此王下治諸根之惡即對治
生雖下即第一義初文者暑音執日月運行
也刻謂渦刻嗒嗒吐聲也不進之貌意云一

餐不進長途妨於萬里十日爲句但唯九飯復阻高志白毫東照照妙音也一欲示弘經之利以勗受法弟子二示結會不虚故經云淨德夫人者今佛前光照莊嚴相菩薩是妙音也神呪護經者且從後說準前亦應云若行神呪護法弘經現身說法雙規師弟所以家照東至者知有來往之勲故也欲來先云欲見藥王等華德復爲妙音所將及以此土發起之衆藥王乃爲總持之主共成二子之化兼爲結會古今令時會並識了宿因不失信化迹功深知權謀叵測仰遠種難亡說四聖之前緣者前緣不同得聖前却便分能所方乃改邪又利物多端邪正異轍所化既熟能化棄邪今從示迹及從後說故設化之時一凡三聖若準佛云爲欲引導妙莊嚴王及一切衆生故說是法華經王宮八萬四千皆任受持二子四萬二千俱至佛所則王及能化一切悉權從本爲言四俱大聖如勝鬘受化有稱歸心元爲國人先迷後悟化道之軌理數而然今從迹說受化得記四聖名生生

雖未獲者雖闕生知化時非久臻至也是故預彰入道之兆例如空生等空故無諍德號預呈餘經指此爲十波羅蜜者未曾有經收六度四等爲十度耳亦不的對道品中節節有三昧者七科之中唯念處屬慧正勤屬進餘五科內皆有定名復別列名者當知隨用立名其理不異先白母者父邪母正故先白母共設化方若據其本母子元知今約化儀機熟應發槌磓相扣物器方成是故云白若附世情則母慈先白利他之本慈復居先父王已信宮中又熟父王一人何是可化秖緣宮內未熟所以王亦待時能化兩重遠鑑機理推功化主結會古今經云譬一眼龜者約事秖是譬難值耳若作所表凡龜魚之眼兩向看之既云一眼所見非正在生死淤而又邪見何可值於佛法浮木實諦之孔善知識者具如止觀第四記華嚴亦云如父母導師醫船等聞品益中法眼淨者有云初果也豈王夫人及與八萬皆持此經皆當作佛而聞品者得小果耶名同義殊善須斟酌已如前

說住者亦云所見清淨不云小乘初果位也

釋普賢品

三悉者初世界悲華下爲人我行下對治若從勝他爲名乃是賢於一切名爲普賢言即三悉至解釋也者既以翻名發願義當三悉故云復是及以又是行願又行願下亦却指三悉並是行願即是以三悉判行願也未立第一義者由釋賢故讓聖方名第一義故悲華願兼於行我行而兼於願由來下次約教也爲四先古人釋判屬三藏由來者由從也謂古從來作此釋耳以普賢名通義別亦應云通於通別文無者略故知三教釋於普賢並謬次今明去即從圓釋也三若十信下更對前位況破通別四今論下重釋問華嚴云普賢菩薩依於如如不依佛土今何故云從東方來答此據應迹所從彼明所證自體既云等覺猶有一分報土身在經從極理初住即證一分如如正當圓教所以伏通斷徧斷極之伏方名普賢伏通在初故云伏始是賢非普故非頂非周故鄰初下約初住位十住

之初故非後極十地但斷四十品盡非斷伏極知非普賢義也四重約位正判先正判次引釋論以證圓極論引大經文也具四悉云云者不預列耳即其四文是隨去等者去動紙是表來去也隨者非先積而後兩非先畜而後奏故以龍雨譬之此是心力法力鄰生力應化力不思議力之所致也略用二力者威德神通前已具列自在等四以表四德今略無自在及以名聞但二兼二故也經文既云與無數等各現二力者當知所隨皆法身也主伴並具四德故云各也此文既在流通之末故顧聞之言雙請正宗及流通也別列四句文中二解正宗流通初又二即迹本也迹又二先約開權顯實次約開示悟入初文初句法身二三般若第四解脫二德莊嚴法身是故後三約於初句於初句中遠惡下八字即四悉也次約開等中經典四句迴互者以從開等次第故也准三唯四者四紙是四安樂行三紙是三德及座衣室三前文釋衣等三皆通兩句各有能所今從一邊則以空

座爲般若所覆爲法身能覆爲解脫此中正定合在法身德中前對開顯中即合正定入般若中以此一句兩句得名故也浪作餘解者設若有人不許此解則爲不許自行化他則爲不許開示悟入則爲不許室衣座三則爲不許方軌弘經若言非是不許但是無文若謂經無即是不許迹要重説若不爾者將何以攬今經正宗至此爲重説耶經初存其開等四句而爲四釋今至此經末又示開等還須四釋故知始末並是此經體宗用也是則序正流通無非妙法教内法中云三番者即讀誦思惟三七日也有人至此亦引文云行有五法一三七見二七七見三一生見四二生見五三生見又云應有六法一嚴道場二淨身三六時四啓請五讀誦六思惟甚深空法作是觀時能滅百千萬億阿僧祇重罪若爾何以解釋一經都無落心投想之地至此乃引普賢觀經況今自云讀誦書寫者欲修習是法華經於三七日中一心精進我當乘象至其人前故知若修行若解説請依今

師方有所至所以非玄文無以導非止觀無以達非此疏無以持非一家無以速若不爾者用是教爲用講宣爲故東京安國寺尼慧忍置法華道場今天下仿效而迷其本不知此尼依憑有在而親感普賢然雖有置道場處多分師心況今講者而欲輕略斯教良由不知教旨故也適與江淮四十餘僧往禮臺山因見不空三藏門人含光奉勅在山修造云與不空三藏親遊天竺彼有僧問曰大唐有天台教迹最堪簡邪正曉偏圓可能譯之將至此土耶豈非中國失法求之四維而此方少有識者如魯人耳故厚德向道者莫不仰之敬願學者行者隨力稱讚應知自行兼人並異他典若説若聽境智存焉若宴若顯種熟可期並由弘經者有方故也若直爾講説是弘經者何須衣座室三之誡如來所遣豈可聊爾余省躬揣見自覺多慙迫以衆緣彊復疏出縱有立破爲樹圓乘使同志者關佛知見終無偏黨而順聽受冀諸覽者悉鑑愚誠一句染神咸資彼岸思惟修習永用舟

航隨喜見聞恒爲主伴若取若捨經耳成緣或順或違終因斯脫願解脫之日依報正報常宣妙經一刹一塵無非利物唯願諸佛冥熏加被一切菩薩密借威靈在在未說皆爲勸請凡有說處親承供養一句一偈增進菩提一色一香永無退轉

法華文句記卷第十下

法華文句記卷第十下

校勘記

一　底本，明永樂北藏本。

一　五六四頁上一行書名、卷次，二行述者，[南]無（未换卷）。

一　五六五頁下一四行第二字「諸」，[南]、[清]作「詣」。

一　五七〇頁下五行「衆以」，[南]作「衆生」。

一　五七一頁中六行「妙音」，[徑]作「妙意」。

一　五七五頁中一四行第一一字「表」，[徑]作「乘」。

聽　難之中義開　譯等　聞法中
及以阿難義通傳末故稍傳譯則可得聞佛出
經多劫聞者尚難　開悟說記流通於中初二
約味三四　行矣　省己故初二在佛三四屬師五六
序已故三雙中二皆悉先通次別且初二中出世猶通通一代
故次說則別在今經次三四中初傳譯師通一切教次教詔
師別我所承次五六中聞謙仍通與他共故一偏記別唯屬己
故故三雙中從寬向狹是故後後狹於前前故自佛出來乃至
聞於自悟者說一偏記故記佛乘最為甚難言主味者主興不
易復經四味方　一誠為不易言歎教者傳譯不
易經涉山　國無諸難方可傳故言
稟承　岳證不由他宿植所資妙悟斯發言自省者自幸得
聞　輒記故玄序云江陵稟受玄旨建業方聽經文補接
一偏而已況二十七聽六十九治始末四十餘年乃
補複　便譯前加結集難合為八難以結集時亦

衆和合若魔若外令不得便添謂添破古師及引經論謂序非
以顯是削謂削其繁長及成文體使文約而義豐破古不全我
已加彼異見故但云添削乃唯在於己初記繁務故須云削故
玄序云或以經論誠言符此深妙或標諸師異解驗彼非圓因
贈後賢者玄文序云斯文若墜將來可悲涅槃云若樹若石斯
經稱若田若里後代行者知甘露門之在茲共期佛慧者自非
靈岳親承道場契悟搜一代教旨顯五味宗極將何以為後賢
佛慧之基趾耶故佛慧之言須開三教果頭之權實發四味兼
帶之大小則人理教行之有歸開示悟入之無異方是今經之佛慧
耳問諸經中圓與此何別而必須云開方是佛慧答圓實不異
但未開顯初心之人謂圓隔偏須開開顯諸法實相若已八實
但論增進權人至此一向須開委釋等者別解題名方七八卷
以初名中揔三法故三法始末亘一部故何者一部之中莫過本
迹本地揔別超過諸說迹中三一功高一期故一中之三亂殊前
教即三之一不與他同即迹而本壽量方譚即本之迹與在今
說且如迹中體非因果依之以辯因果因果取體方有勝用如
是三法並由開顯若不先了能開之妙將何以明所開之麤故
對迹辨本理須分判所以釋題不可率爾題下別釋理非容易
以由釋題大義至義故至經文但粗分章段題云文句良由於此
故但分文句則大理不彰唯譚玄旨則迷於起盡若相帶以說
則彼此無歸故使消釋凡至大義並指玄文名體宗用三一揔別
寄行約教故知全迷玄文大旨而欲以文句消經固蔽理觀深
微而但以事相釋義言弘斯典者遂失今問弘經者為名利
塞己為大悲益他自行暗於妙宗何殊無目而導彼此俱迷
自他成沒文妙法之唱非唯止宗二十八品俱名妙故品品之內
咸具體等句句之下通結妙名教行人理彼此相攝使妙旨不

失稍似弘通衣座室誠恐之自克然徧列事雖不可恆爾今隨義便廣略適時故方便安樂壽量普門並是本迹之根源斯經之樞楗必須委簡餘則隨宜序者下一部大名已指前釋一品別號此下略申敘亦有二十八品生起次第今家隨釋章意可知然品品初通有四意謂釋名來意釋妨釋文釋名必須因緣等四來意釋妨或有或無或釋名中即帶來意有妨須釋何例然耶又釋名與義更互有無故釋名一種或於義前別釋或帶名以釋義縱於義前別釋或將別以貫義名義若顯則一品可從故使品之全同部旨如是釋者方鍵於迷途徒自云云此彼淆混若得此意至下易知今初釋名云訓序等者先釋字訓次釋字義然釋訓中復似從義序謂安序學舍養宮非非今意爾雅云東西牆謂之序別內外也此可借用以釋別序如由別序方異諸經通序異外亦可兼用所以初用字訓正從別序故云階位等也兼用安序即非忽卒越次意也亦二序共有若對辨者必先證信後發起故必先發起後證信故必先二序後方正故二序各有前後亦爾故光宅生起非全失理但闕義耳是故序之故階位之言義兼通別問答之語不闕於通先瑞後問次第故爾彌勒文殊即賓主也若問若答皆序序故伏疑伏難賓主存焉經家下從字義釋三義分二次通二別二序之中通復冠別二序俱首通最得名以冠於下冠即是首故云冠首是則二十七品方名為經以序從正通名經也故云妙法蓮華經序品言由述者瑞疑由也問答述也文中不以疑念對由述者亦可兩兼謂發語宣疑亦可云述集眾亦可以為遂由跡故且置言序引者以序顯也謂序之家之引故名序引亦可正序亦得名引如歌引舞序義可知故正說如序二序如引故引亦歌也謂譚述也亦引發義古人章疏以亂音之便作亂釋

又述章草以序為呼以亂為徹魚魯之謬自古有之徹字則成兩重之誤具此三義者品兼通別故須具三品者序名在別品義則通下去諸品以通從別不復更釋故但釋別以置於通此中先翻名次釋義後明立品所以所言義者釋品字義非品題義故字義則通題名從別言義類同者諸品咸然聚者是誰故出其人初汎指他經如心地品佛自唱也如大論者即論所述大品一部結集之家本唯三品一序二魔事三囑累言譯者亦指大品本唯三品什公僞秦弘始五年四月二十三日譯訖乃依四意以類加之成九十品謂人義法事人如釋那義如觀空法如三假事如魔事亦如大經純陀哀歎等文非譯者但補助譯人即謝公加也準知諸經非佛自唱及以集者並譯人添也次正出本經如藥王品云佛告宿王華若有人聞是藥王菩薩本事品能隨喜讚善者等又云宿王華以此藥王菩薩本事品囑累於汝乃至云若有女人持是品者盡是女身後不復受妙音品末集經家云說是妙音來往品時四萬二千天子得無生法忍普門品末經家亦云佛說是普門品時八萬四千眾生皆發無等等阿耨菩提乃至陀羅尼嚴王勸發品末皆然故云等譯人未聞者今經所無若無集家之言及無佛自唱語似屬譯人以從文中諸品先足當知並是集者所置言無譯人明矣故今經自餘諸品多是結集者所置以無聞品益故故品後無結耳以通從別應具四釋以通序中句句皆存因緣等四別序時或闕於一兩故釋序字闕於四義若二序相對義立亦可二序不同世界也別序發起欣慕即為人也通序證信除疑對治也二序正序第一義也約教等三具如釋三段中是也若別約通序者五義不同世界也通皆除疑對治也通皆生信為人也通皆序正第一義也餘三及別序準此可知佛赴緣下欲分節經先辨分文

有無得失於中四先汎引諸經論次古講者之失三明品非章段四汎示分節初文者全非分文次古失者古來講者多無分節至安公來經無大小始分三段謂序正流通殆者危也非今正意亦幾也（巨依反近也）西京賦云人生幾亡言起盡者章之始末也若分節已大小各有總別起盡三又佛說下意明立品但從義類不從文相故貫散二相不可立品亦非分節四增一下經論亦有分節之例況末代弘經須識賓主故小乘三藏各有所闕增一序云阿難說經無量數今且總略為一聚我今分之為三分契經一分律二分阿毗曇經為三分契經今當為四段初名增二名中三名曰長多纓絡雜經在後為四分乃以四含名為四段故今承此借為分節律開五部者佛滅度後一百年間雖多持法所化眾生不相是非但為一部大毗尼藏即八十誦一百年後雖多有五弟子各執一見不能均融齊一遂分一藏以為五異如析金杖不失金用今分文亦爾雖分為多段知大旨本一以所分對本故云及也阿毗曇開六足者文中自引阿含六度非六足論如增一云菩薩發起大乘法如來說此種種法人尊說六度無極布施持戒忍精進禪智慧力如月初逮度無極觀諸法佛說種種不出此六亦似分章意也若六足論全非今意如云一集異門足一萬八千偈舍利弗造二法蘊足有六千偈大目連造（此二論唐三藏譯）三施設足一萬八千偈迦多演尼子造唐三藏將來未譯此三論佛在世造四識身足有七千偈提婆設摩造即佛滅後百年五品類足佛滅後三百年世友造六界身足有六千偈三百年末亦世友造迦多演尼子造發智論以前六義少如足發智義多如身則足前而身後分義不便況此六論並唐三藏將來隨時未有不合指之況無分節之相鏡中破云前之三論既在佛世如何卻與佛滅後論為足未必全然以身攝足耳又成論云如六

足阿毗曇說者指六足阿毗曇論故不對發智爲身謂根性等者略列犍度犍度西音此云法聚以分一部爲八聚故謂業使智定根大見雜文云根性道定者根性是根道即是智但略舉三餘如向列大論問八犍度誰造六分阿毗曇從何處出答佛在無失滅後百年阿輸柯王會諸論師因生別部有利根者盡讀三藏欲解佛經作八犍度後諸弟子爲後代人不能全解作略阿毗曇其初造者即迦旃延天親下次引今論有七功德五示現等以例分章七功德者論云此法門初第一品明七種功德成就一者序成就二者衆成就三者從爲諸菩薩說大乘經去欲說時至成就若說無量義經即欲說法華時至也四從說是經去名所說法隨順威儀住成就以入定故名威儀住五從放光去名依止說因成就由放光故見他土說六從彌勒疑念去名大衆欲聞法現前成就由問故答故云欲聞七從文殊答問去名答問成就論云於序成就又有二種一者一切法門中勝謂如是等驗知論主全許一部爲法門中勝方指如是等爲一切法門中勝一切法門即一代教不然如何消釋一切之言既一代教中最爲其上具如藥王品中歎教文也下六成就各有分節五示現者論亦云五分一歎法勝妙分二從吾從成佛去歎法師功德分三從爾時衆中去智衆定疑分四從佛告舍利弗去定記分五從舍利弗諸佛出五濁去斷疑分河西下正明分節河西如本傳江東瑤即吳興小山寺（具如別傳）光宅轉細者如東安法師（唐東陽永安寺曠法師）講三論及法華等諸經並著章疏貞觀十三年正月十五日入滅反屈三指即第三果人也著法華跡四卷初云自梁陳已來解釋法華唯以光宅獨擅其美後諸學者一槩雷同雲師雖往文藉仍存吾鑽仰積年唯見文句紛繁章段重疊尋其文義未詳旨趣今對雲義以研法實大師章破良有以也故知雲公望

前轉繁人今家處中無彼二失但存大旨不事繁碎重霧下章安斥古霧者猛雲重霧也能翳大虛之清氣使三光隱而失曜故碎亂分文失經之大道三軌隱而靡用津者濟渡處也若細分碎段非求經旨者所宜如在岐道有問路者不答問者所之而廣譚遠徑故非問者之要曇鸞北齊人序云細科經文如煙雲等爲疾風所飄飄者風飛也隱翳大虛雜碎等者準彼應作條例字謂科條如塵或是轉其字借勢用語非全同彼故砂石精者曰砥（音止）麤者曰礪雜麤隨飄同其煙翳言若過等者以此望古進退俱失是則曇鸞亦未全許碎擘經文廬山龍兩解前云身方便等者意云自實塔已前說權說實亦以法華前權爲言方便至法華爲言真實也從實塔下古佛現全身今佛集分身古身命今身今身詣古身二身俱處塔表法今古同身方便也壽量久成塵點尚倍中間被拂伽耶非真身真實也道理必然偏立成失前可無身後豈無說但依權實本迹任運俱收身說若但語身說則本迹事昏但譚本迹乃身說自顯故壽量中云或說己身或說他身故身說具足方便已下誡必有身何須致惑第二釋中玄文廣破以今二門各有因果故也齊中興印者中興寺名（具如別傳）玄暢以迹門流通中遠多持品及將本門壽量後流通中神力等共爲果分果在本門又分護持護持即是流通異名故不可也又有師去此師意以正宗爲體但在迹正不知卻以本門之正反爲流通而云受持功德迹與昔教容可有同本與前經一向永異翻將永異混亂流通故不可用有師四段但合二三爲正甚符經文但闕立本迹二門各有三段意耳其名既闕義恐不周光宅二十四段者具在彼疏云云者象氣之分散如雲在天非可卒量也意云下未說者尚多如雲下去皆闕已下有列光宅分文者多分與今大同小異蘭菊者章

安破計也佛赴機說當時稱會後代分節寄茲顯理固執成諍進退俱非縱有異同彼彼蘭菊仍許得意者爲言縱不全違聖心終是人之情見若粗得通用不須苦諍恐失四益易云其臭如蘭者古人一向以氣爲臭天台者章安對古故別云也天台之名具如止觀記今記等者雖復兩存且用初意故云從前問一經云何等者問意既存兩釋問後何妨所以二釋之中不專後釋者以今正前立流通故且一往耳答中云華嚴處處集衆等者處會具如釋籤所引每一會處皆先序次正以住處莊嚴義當於序言集衆者如妙嚴品名號品光明覺品及二會皆先集衆意明一經具多別序阿含篇篇如是者此明一經多通序也彼四阿含各含多小經以爲一部每一小經不出一紙半紙唯長阿含遊行經文獨有兩卷又有大本經自爲一卷二經首皆安五義既以阿含而爲通號故以部內小經爲篇大品前後付囑者明一經內有多流通故第二卷中有累教品爲前付囑第二十七有囑累品爲後付囑準彼三經二序何妨言不安五義者釋伏難難云若爾何不同彼阿含今本門亦安如是等耶釋意者雖申今經本門非首然須更釋阿含之妨阿含多通序本門亦應然然阿含兼別經是故非次首亦得安五事今經同一經故但別無通是故但以華嚴爲例故阿含緣起各別今經緣起不殊是故本門不安五義迹門但單流通者以迹望本以本例迹本門非首但安別序迹門非後但單流通故但有勸持無囑累也故從法師至安樂行凡有五品明弘經福深以勸流通若本門中先以滅後五品去三品半爲勸持流通從神力去凡有八品明囑累流通迹門之後經既未竟非流通次未須付囑言云函者如後消文言帖釋者但今通途消經尚異諸見況法華部文異諸經故二句四意消釋仍恐後來不達四意預爲四重消釋

四意言得意者至消文時或四釋不備但存一二餘者比知次釋四意所以中初問意者若略但一廣應無量既非廣略二途不成匪者非也何故唯作此四釋耶答中一文具有二意一者揔明四義所以二明四中一一所以兩義成得以爲處中一者唯四不多不少次因緣下明一一不失不差故一雖處中仍須至四四攝義足故不須過假使過此攝在四義故四及一並名處中如十妙等一一妙中亦具四意十亦入四猶名處中今秖須此四故得名中故初意云廣則等也若無初意尚不殊外計況因緣語通通於一化始自地獄終乎佛界中間頓漸若教若味故須知今大事四悉非餘感應開顯四悉一道無外久遠四悉諸經所無觀心四悉一觀徧收入理等四準說可見以此四悉通於始末約教等三亦須徧迷意則可知若無次意不辨偏小故以四八簡開廢等望昔部教今方眞實一切能詮無復異稱故須明之以彰妙典無第三意誰知迴出一期教中所譚身土中間今日無非迹施指彼大通猶如信宿先愚密教復迷迹身至此方祛守株尚昧無第四意將何以辯能詮教功將何以爲久成行本故二句入心成觀故云觀與經合非數他寶方知止觀一部是法華三昧之筌蹄若得此意方會經旨揔斯四義方可略顯一部旨歸故云略則意不周當知一二三尚略一何能速處中至四令義易了故二句得斯四義則使句句咸異諸教則法華之義誠爲不難故云易了次因緣下明二別釋於中初是因緣次若十方下是約教次若應機下是本迹次若尋下是觀心初因緣者初文正釋始從如是終至而去無非眞實感應道交故知今經感應妙也法華已前小乏鈍根一向無機理是而迷故名雖近機生未契故云不見慈亘始末名善根力事理不同故名爲遠無謀而會故云自通故爾前感應妙道未交諸部異同教主優劣被物漸頓施設

不同二無非感應意也雖通名感應顯益未周雖通名四悉淺深差別若兼若獨盈縮不馴來至法華方成一味言無機者反以昔無而釋今有慈善根下正明今感故有今應卑遠而通明時不差無緣慈徧何釋遠近但無機謂遠有感必通諸佛不來衆生不往機應相稱故曰道交慈善根力者相通事別其事略如止觀第六記引大經十四梵行品諸佛神變皆以慈爲本故一切法皆由慈立故經云若有人問誰是一切法之根本當言慈是故以感應攝一切法次夫衆生下疑問意者既云四義乃曰處中秖因緣一義尚機衆應衆其義更廣何名處中義似過四故云更也所言衆者即五乘九界等也次大經下答意者四尚處中一廣何妨故事廣義中亦名處中故引大經闡雖無量神通攝盡神通即是應之異名對感即名感應故也然神通之名義兼大小感應之稱唯局在大大中通於地住已上今此正當極果用也故神通之稱一名攝諸尚得名略義非廣略豈不處中能應既然所應準此故設應雖衆不過於慈求脫雖多詎出於感故感應二字處中明矣次若十方下約教中先舉廣山妨次今論下釋出處中初出妨者感應二名雖即處中通論化事十方六塵教法彌廣是則約教處中不成次釋者今論娑婆唯稟聲教雖有顯密若開若廢望彼諸土亦名處中是則今前聲教感應處中更明則甘露門開者則言乃表唯聲益故實相爲甘露諸教爲其門門無開閉理非通塞此土入者不假餘塵由之通理故曰門開言依教者應云聲教但是言略雖有滅後色經乃至名句行籌所攝淨名香飯及以法行思惟悟等並以金口聲教爲本不少不多故云明矣次約本迹者亦先舉廣辯妨次從須置下釋出處中次故肇下引肇證成初文者應機舉前因緣設教舉前約教機多教異其迹必廣當知本迹不

名處中若準門開之言則唯圓處中已如前說今將本望迹中間今日聲教感應開已復施廢竟還設故云權實後尚廣況實成後中間施化對機差別言淺深者權實理定淺深義通故重言之次明處中者前以聲教望於感應故將娑婆而對十方則娑婆聲教處中義足今欲論一本故卻對多迹迹多雖廣如指一月衆影自歸豈以能指四指有四今所指一月非一故置迹尋本處中明矣次引肇者但借其言不用其事肇用融公九轍九轍未當引者如何故彼本迹無生轍云多寶不滅釋迦不生多寶本也釋迦迹也本不滅迹不生不生不滅本迹雖殊不思議一豈得以多寶之本垂於釋迦之迹若借彼顯今以久爲本望今爲迹本迹雖殊不思議一也次明觀心者亦先舉廣辨失次但觀下正明處中初尋迹等言語前三意有解無行何益自他迹徧十方故名爲廣本指最初故名爲高徒尋他果之高廣何益己因之誣深若以信行爲乘及知常住遠壽尋他高廣有何不可但設教顯本本令契理故不契理名數他寶華嚴經偈具如止觀已及釋籤但觀心故達己心之高深見己本也以理攝故達己心之誠廣見己迹也一念心起徹實相底故名爲高具足諸法故名爲廣又即權而實故名爲高即實而權故名爲廣若非此觀但感前三應則教下須開果權須廢故教被會名爲有窮權觀須改機非妙感是故機成親能有感觀成入位已利非他是故觀心具上三意況入位有本垂迹設教三義具足何得不用故觀心處中雖則四意展轉相生以前前爲廣後後爲中但存當分皆名中故故此四意從事名殊應以後後轉入前前揔而論之不逾感應但初名感應者且捨通從別以無下三應顯妙莫辯是故四悉淺深未分故得聲教方辯感應權實不等會歸圓極教之功也雖知圓極並在今經猶迷久成

而述其本若佛迹應感由本垂開迹中感應即本地感應本迹秖是一妙高廣雖知高廣機成由觀觀成有感真感應應也故知感應通貫下三況復二展轉相攝理雖相攝事必須分三引證者初證感應又云下諸教相寄量下證本迹譬喻下證觀心初文先引若人天下釋初言因緣者即感應之別名名異義同故得為證但因緣名通不局能所故止觀第一云或因於聖緣於凡或因於凡緣於聖縱無強弱亦可互為何者從機則機親而應疎從應則應親而機疎故使更互名不同但感應之名不可互立大事因緣雖在迹門據理應須雙指本迹但佛出世正為顯實故且從迹又復讓下本迹故也釋中先舉非次實相下顯是初舉非中所以不簡三教菩薩唯斥人天小乘者具如玄文從難從要下去例然昔不成機感者非今經之廣傳實相因緣故也次顯是中既以實相一大對簡小理其義即足故不暇開等菩等簡之既得云大亦應云深言佛指此為事者理不名事但佛欲以此理化人故名為事能化所化故云因緣次證教中初正引次當知下結教意三大經下會引初正引者種種之言義兼一代若在他部意業必然佛道者別指今教故自此已前意歸於此次結意者微謂諸教初心人天小善等著謂諸教果德權實微著皆為獨顯故云筌蹄種種之言及以微著必須八教方顯四味為醍醐筌蹄是故筌蹄並譬能通權教權部並為一實為兔而施設也或作跳者頡篇云取兔具也莊子云得兔忘蹄作此蹄字今時俗依之說文作蹏若言蹄是足者能詮不成若言蹄是迹者其義亦疎尋迹得兔義且兩取今須從義以筌為正次引大經者引彼大經重證今部則以一實為第一義廣軌須指四味權實引證本迹中三初約師次約弟子三結初文又二初正引本文次方便下引迹文以迹中此文密示本意故也若顯露說即迹

中本迹下文顯已通待引用弟子者亦是舉資顯於師弟子尚非實小驗知師非近成利根縱其已知須待彌勒扣發見本眷屬聞說不疑言云云者廣在下文兼序古今諸師尚不知師之本迹因果特出諸教況弟子耶又弟子之本諸經容有如文殊觀音等也師之久本出自今經證觀心中先引次當知下結意初文者華論秖是信身子說義當見佛汝所說者必從佛聞能聞之人必是聲聞菩薩故也故聞汝說即是見佛等也次結意者所聞是法於能觀心即名為佛義當見佛心所即是弟子等也即於己心識三寶一體其理究足具如聞說已下文是注云云者將向觀義對聞說已下文唯在一念文者具足應約因緣約教本迹以明觀心則有三觀對境因緣諸教理觀三寶境本觀迹及施開等思之可見示相者唯約今經示四種相雖始自如是終乎而去皆用四意但文勢起盡用與不同如釋通序則句句須四通貫正宗及流通故若釋正宗則本迹各三義通四種若釋流通還須具四通收正宗又正宗中迹門既闕久遠本迹所以借用體用本迹則四名不關又序中約教須觀文勢或須以五時分別則教在其中或須以諸教分別則將時以判正中約教則一向明開本中約教則不從教判但點遠本遠妙自彰若解斯文則一部經心如觀指掌四意消釋無勞尋思故今且寄三段大文通示其相既了通已還將此意委悉別消初因緣中未暇歷品且示三段即種熟脫然種等三亦須約於序等三法以辯因緣若唯序等則無階降過未因果若唯種等則無所從以種等三於序等三所從得益不同故也且如序中通序在藏後別序通過現若佛在世別序五中節節益異如說無量義處得種等三益不同故觀定見光覺動蒙華乃至問答亦有種等三益可知正中本迹諸品不同故通別序至佛滅後被流通人勸持誦

說亦有種等況正宗耶故寄此兩三方曉因緣初約種等者須寄教相方分有無故諸教因緣長短不等如三藏人三秖百劫秖云自修六度肥功德身相好莊嚴與物結緣為種熟脫通教初心自行近從七地留惑潤生與物結緣云初下種兩教人滅無未來化但成佛時而熟脫之教權理權非今經意別教初地尚能具之何況果滿別教雖具教終是權況復能有本因遠種今經本迹二門施化並異他經此文四節良有以也故四節中唯初二節名本眷屬初第一節雖脫在現具騰本種故名本眷屬今不云是本者以同在今始脫故也本種近脫者以彌勒不識發疑故來偏得本名然現脫者若未得佛智猶未能知種今出其意耳於中為二初明種等三次明序等三初文四初正明因緣次雖未下釋疑三其間下約三世九世以釋因緣四何以故下引證三世九世因緣初文即是四節示相初之一節本因果種果後方然王城乃脫次復次下本因果種果後近熟遍過世脫指地踊者故知地踊云本眷屬者乃是本種近世始脫既彌勒不識非極近也次中間種者教熟今日脫次復次下今日種未來熟未來脫此四節者且取大概本因本果託至中間近世今日豎深橫廣何但四節乃至未來永永不絕若不爾者現果無因現因無果還同外斷化無始終故知節節重重無極而終以佛乘三段為本而以人天三教助顯雖未下釋疑也今明因緣準文次第且合在迹探約本地中間者正兼本迹示一部相取後文意取化儀意次約三世九世者具如止觀第一記引華嚴瓔珞故知盡未來際三世九世種熟脫三是則念念三密念念三九念念三段念念逆順念念身土二不同二入實四引本文證者證三世也若有三世即有九世九秖是三故且通證大體三世念念三世準例可知神通屬過去通義其實通於三世對餘二別

故師子是現威猛是末爲令知佛化緣遠故還引本文舉遠攝
近以證四節以如是下約序等三初文先通指二序故云序分
通無可表故衆見下別指別序爲生正之由故云衆見希有顯
顯者仰也佛承機下正宗三非但下正明正宗爲流通之本三
段既其俱生種等則知字字句句會會味味世世念念常爲衆
生作一佛乘種熟脫也此文且從今部大判如今經迹說此經時
通五別五無非因緣即證信之因緣發起之因緣文通五種合之
因緣別五次第之因緣故從序至正於得脫者故云開示悟入
降此之外餘皆種熟故未脫者益在流通故云遠霑妙道並是
此經之感應言後五百歲者若準毗尼母論直列五百云第一百
年解脫堅固第二百年禪定堅固第三百年持戒堅固第四百
年多聞堅固第五百年布施堅固言後五百最後百年有人
云準大集有五五百第一乃至第四同前唯第五五百云鬪諍堅
固言後五百者最後五百也若單論五百猶在正法雖出論文
其理稍難然五五百且從一往末法之初冥利不無且據大教
可流行時故云五百故序等三莫非感應文示教相者教家
之相故云教相五味分別爲醍醐通論聖言教下俱名爲教
今教別有顯實之功故名爲相文別約三段示醍醐相故名爲
相故於三段各論偏小此且通作一種三段謂下本迹是故未
分二種三段問若爾與向因緣三段何別答前直寄三時對感
應人以明種等今委辨所說用淺深法故略約四教以簡三段
究而言之還是因緣妙三段耳況觀心本迹咸屬因緣委簡教
相具如玄文先約相待以判麤妙文約絕待以辨妙問通序五
義別序華地此等是事何得三段俱名示教答通論皆是正
說前相別論唯聞答是教且從通說無不表教故文簡云非
爲人天作序等也二乘三藏也即空通也獨菩薩別也正直等

依義不依語斯之謂矣次示本迹者爲二先法次譬初法爲五先指本因
所顯次但佛下指本果所說三中間行化四今日所說五未來所說自從本所
稟莫非真實三段雖俱真實本不可多故下三文咸同一本因果真
實三段教相出中間久本具實且故云也然以本因所稟亦是彼
佛迹說恐無窮故但在今佛因果爲本據理非不重餘佛化因緣
約教既指今佛故明本迹且藉於他故指今經壽量爲釋迹本不得
更指前佛所說前佛復有前佛故云無窮唯指一佛則無斯過釋
茲一本餘皆是迹問恐墮無窮唯論釋迦今欲論諸佛展轉果教
終有一佛在初無教無教爲本有何無窮若許有窮應無因過若辨
迹求本本求所說以獲實利縱有最初不受今初何益行解即問若許
有最初無教何須稟今佛之教答無教之時則內熏自悟有教之何
得守迷如古迷盲俱不知路一迷先達以教餘迷餘迷守愚不受先教誰
之過與且驗釋迦迹花得益雖思深後與前益難稱紀寧不辜數禁終
感恐如流入海同一鹹味文體語倒故知不必皆用四意又觀心一
文除安樂行中修攝其心等餘皆義立文本門雖本但壽量一
文正明本迹餘亦義立文前迹門準部有故是故義立後本門
中除壽量已理合有故是故義立又觀心文序及流通準望正
宗理須義立於正宗中唯安樂行理定須故餘皆義立迹門正
說既云開會若迷觀境開權顯實及本門中增念佛觀增道
損生及流通中隨喜不輕三昧所依諸行所託一切不成以觀心
名通於觀等中間三即結緣當機通用觀故影釋發起化
功若成成分證觀所以觀心一文人謂最寬於理甚要況今大師
且爲成於初心學者始從如是以至而去觀異文識一觀亦識昔
經文同觀異及文觀俱異亦識當教文觀俱同兼等開等準例
可識是故必須觀心以釋文因緣釋隨其義勢須分今昔先釋
序中先對辨通別次正釋通序初文又二先分二文次正辨

異中云通序通諸教者亦可云通序通諸部別序別一部亦
可云通序通諸經別序別一教今經部教唯在一教故且以教對
經言之又通序名通而體別別序事別而義通義通故通有
別序體別故別在今經故知今經通別俱別別在佛乘以如是
等不聞諸經方可得名正家之序正名序家之正故一家相承
三段可識故釋如是竟一部炳然不然豈有送客之序而叙遊山
禪祖碑文而譚律頌故須摩頂至足皆是一身豈以通途之言
能消通別二序若不異者發起從施於中先標離合三或五六
七者五者如文合佛及處六則離佛及處七則離我與聞初通序元
起由阿泥樓追令阿難問佛具如止觀第六記次略解五義謂
法體等者略釋意顯故先明之下廣釋中縱有兼釋但旁通
耳初云所聞之法體者下文四釋雖通指一部別在正宗流通
亦可兼於別序則懷疑答問及無量義通名聞故雨花動地
從所表識通皆表聞故始末一經爲所聞體云聞持和合等
者因緣會也通論五義無非因緣如前通辨四意中說又下
總結五義云皆因緣也今且從別約時義邊獨標和合聞
持之言唯在阿難和合之語義通兩向由機會故聞持和合
次第相生者且約一往若聞如是等及化主居初亦可通用
次又如是下廣釋先釋如是初因緣中世界即是歡喜故云不
諍諸佛皆然未足別顯若約今經先施次開方名不諍事在約
教故今未論今列諸佛以異顯同亦世界義舉時方者如是可
信良有時方即說如是得益時處方則崛山猶通於昔時顯
別味今處非通即生實信方是今經爲人悉也阿漚者阿無漚
有一切外經以二字爲首以其所計此二爲本部內所明不出所計
故立如是對破外人不如不是故準下約教外典全無故云破惡
百論云外曰汝指何爲善法耶內曰惡止善作外曰汝經有過初

法華文句記卷第一

不吉故我經不爾初後皆吉內曰凡一切法有於三種謂自他共以然言法無自等故故我先破有無自生及他共等故計有無為自他等名之為惡故我經先止若爾中論具破四句彼何不破自然答計自然者有無中攝亦有自然有無不攝且從一途故中論云從因緣生尚不可況無因緣自然易破故但況之但四計義通若唯破外尚未離小安會今經且引論文成破惡義若依今經尚破兼帶之惡何獨外耶第一義中具通指道邊並分深淺故知凡四悉文非不已破諸教淺深意在且明歡喜等四故更須教分判異同又釋序中前之三悉多分約事第一義中或已入實或且通方又前三悉望圓實邊名之為事於前三教或亦在理若正宗中咸隨本文此四悉檀文在大論初明說經緣起中總有二十三復次於中先問有何因緣而說是經答中云第一義故乃別指衍門為第一義因即釋出前之三悉且指三藏論云四悉檀攝八萬四千法藏故今通用具如玄文以開十門又淨名前玄總有十卷因為晉王著淨名疏別製略玄乃離前玄分為三部別立題目謂四教六卷四悉兩卷三觀兩卷彼兩卷中文甚委悉言甚廣者一指大師所說二謂所攝意多況今經如是須歷八教以明四悉方顯今經唯一如是第一義悉故云甚廣又諸家異釋動即三四紙來多在因緣而第一義尚少況復約教本迹等耶約教中初經稱者在付法藏中此付法藏亦名付法藏經於中為三初通解次別責三且依下正釋初文又四初通舉三世佛經為本次引昔佛八教三引今佛教同四舉今經表異初三世者先舉過現例當正用過未例現或正引過以準今故指先佛八教言八教者將藏等四入頓等四則四味中如是各異況頓漸中祕密不定四教通塞二不同先了下同如是不一方識法華如是不異施及開廢準例可知一切諸佛垂於五

法華文句記卷第一　第十九張　治字號

濁無不皆然故云亦爾餘如玄文次諸經下舉今經表異者又二先法次喻法華超乎一期教表若將今教以對昔教教既差別部又不同兼但對帶權實遠近具知進否方曉今經如是既然他皆準此安得以諸師一匙而開於八教衆戶積於古師衆釋不出因緣一意故云一匙況一兩師寧開八教況約教等三信古今冥寞又佛阿難下立法別責八四初立法通者若二文不異為如二如下所詮為是八教皆然次今阿難下舉今經阿難以責今經於八為屬何耶若非超八之如是安為此經之所聞三不可以下結責故云不可以漸等略舉漸偏理須具明秘密不定及前頓部諸師既不知八教異今故二文傳詮不如不是四傳詮下結過此義等者勸勉也若得今意不勞再詳其理自審三且依下正釋又三初約漸教者避繁文故寄漸明四次若頓下釋頓等三三數八教下結責古師初文又二初約傳詮相對以釋次若動下直約所詮觀諦以釋於所聞時具能所故亦是以理結略前釋是故四釋皆以如為名又前以文契理名之曰如乃指所詮稱文為是此以智如境為如如通二具故前兩教俗對偏真後之兩教俗對中真兩文各二隨義消之故前約傳詮二文中皆約諦與文字皆以文字為俗所詮為真但有即不即異乃辨二教傳詮不同故能詮既同驗知所詮理當故所傳所詮皆所聞體故初二教後二教皆以能詮對所詮三諦以說亦即不即異以四例四亦應可見若不爾者豈以阿難傳佛無詮之教故彼文理相稱之法是我所傳故下方云聞等也言云云者應更以是對向四文及以漸中具教多少準前可知次頓等三者言頓與圓同且從少分以彼兼別今且從勝故云圓同應更云頓中別教與漸中別同不云漸教有同異者漸既離四舉圓即攝諸部中圓三教即是諸部中異故但更對餘之三教不定中云更互者並約漸頓四教

法華文句記卷第一　第二十張　治字號

說之深淺相望故云前後秘密不傳者降佛已還非所述故尚非阿難能受豈弘教者所量又阿難非不傳秘赴機之密非所傳耳故秘密所用全是顯教是故傳秘秖名傳顯三數八教下結責者華嚴云張佛教網亘法界海漉天人魚置涅槃岸故知佛教不出於八所詮無外故云法界教網既亘於法界涅槃必偏於偏圓岸唯果地一如教必權實本迹天人機具衆教漉至究竟涅槃故諸師偏釋不可獨張比竊讀者尚云天台唯藏等四何昧哉一何昧哉是故須知消經方軌頓等是此宗判教之大綱藏等是一家釋義之綱目若消諸教但用藏等其文稍通若釋法華無頓等八舉止失措故又舉喻責云接四箭等故大經迦葉菩薩問云云何智者觀念念滅佛言辟如四人皆善射術聚在一處各射一方念言我等四箭俱射俱墮復有人念及其未墮我能一時以手接取佛言捷疾鬼復速是人如是飛行鬼四天王日月神堅疾天展轉疾前無常過此今借接四以喻八教未敢稱當況古一兩如驢鼈耶若深得是意入文自驗言云云者應舉八教以合辭意況若不識開權拂近徒知八教經旨未分所以今文多不云開者以玄文具故又開顯圓與兼帶圓二理無殊故云頓與圓同等故不定秘密義各含四顯之與密定與不定相對論故次約本迹者文雖未至證信義通已如前說又為五初通舉十方三世次通舉三世三獨舉釋尊四正約傳詮五更明示迹初二既通一本難定故且約下唯指釋迦次文阿難下約於傳詮師弟相望義立本迹又師弟下顯阿難本故五文中正用第三第四顯今如是初云橫豎者十方為橫三世名豎十方諸佛各自有豎非今文意故且約下的出今佛過去一本餘皆屬迹師弟中亦指久本餘屬迹中本迹而已重明者欲迹本地亦為師弟故也故云非始今日當知空王時亦非阿難本

也次觀心者前之三釋並是所觀故云觀前也悉檀是前因緣教是前約教迹是前本迹等取三釋各具諸義本雖久遠圓頓雖實第一義雖理望觀屬事故咸成境故對三爲觀便成四釋於中又三初通立觀相次引文證成三約文顯四初文言即通者具足應云緣生即空即指前三皆緣生故況前緣生境通三諦從即空邊且判屬通應知空觀通於一切空假成別者地前從別證道必同亦通亦別者凡通聖別故也凡通前教聖局諸中故空假仍通中方別故地前空假通於所非及以所照登地別在能非能照具含具故也此是別家對他通別若唯別教與前永殊非通非別者無非法界故雙非雙別與前復殊此中既以因緣教迹而爲觀境不可復以藏通觀觀是故但寄通別四句寄約教義暫分別之又爲成四句故備別教離爲兩句故第四句即是今經之妙觀也次下文云去引譬喻品證成觀相三信則下更約觀心成因緣等而釋經文一心即具感應等四信機見應者於一心中能信如機覺心如應言淺深者義當判教信實相心不同於權實相之深不同餘淺又信下約觀論本則妙教爲迹所詮爲本見實相本即見經中師資之本以主及伴俱得實故以龍陀久成從所證爲本言龍陀佛者具諦云須菩提是東方青龍陀佛有引大寶積云舍利弗成佛號金龍陀未撿指此則知一切聲聞咸然故見空生身子之迹則識一切聲聞之本文聞經下乃以觀心釋成觀心能覺之心名佛即此覺心名慧亦即覺心通教具足即此覺心與弘誓俱名慈心淨約心下結次若釋下判同異先明云取次當知下正判所言他者即他部也於前四味唯除鹿苑顯露無圓所言同者但云今圓同彼圓故應云兼帶復成異也又言異者彼無久本諸經亦有體用等本迹名同體異從體異邊故云異也應知亦可通

用四釋但知諸經無久遠本義則可矣云云者此之四釋對於部教開涉處多故因緣等四望於前經各有施開廢帶等別故所傳亦別次釋我聞中三初辨五異次今例下準例如是三大論下正釋初因緣中先明世界初引論釋云耳根不壞等者先舉根塵根即清淨四大處者塵也非餘關緣故云可聞雖復可聞須發意識故云欲聞更藉諸緣故下總云衆緣和合但除空緣也次問答中有人不許滅後色經唯云名句屬於行蘊若其全不許見經初並合改聞當知皆先眼耳所得次方流入想行若使一字一聲眼耳二識不俱則名句文皆不成就和合之言不可欺也所言主者總舉識心即世流布仍藉阿難願力及以如來宿誓滅後衆生有機方乃能令和合成聞故且以我是衆緣主衆緣和合我方能聞故云我聞文舉緣具故但云聞因緣和合即世界也無學飛騰說偈者佛初入滅諸阿羅漢皆說偈云已度凡夫恩愛河老病死家已破裂衣見身篋中有四蛇今入無餘般涅槃諸在林中者又說偈言佛已寂滅入涅槃諸滅結衆皆隨去世界如是空無智癡暝道增智燈滅於是飛騰各說偈言咄哉諸有苦輪轉如水月不堅如芭蕉亦如幻影響如來大雄猛功德超三界猶爲無常風漂流而不住佛話户反文殊結集者大論云文殊結集諸大乘經亦皆先稱如是等五經論二文並云悉慕之善諸阿羅漢戀慕之極故皆隨去佛指闍二寸三疑者前衆疑已下文是若此三佛皆應自說並不合云聞是故云聞三疑皆遣遣疑即破惡故也第一義中無我無聞者如陳如云第一義諦無聲字等古來下通斥舊也於因緣中前三尚自不周況第一義況約教等三耶凡夫三種我者見我即利使中我慢我者雖通一切利鈍凡夫然諸凡夫皆於己身以立宰主雖非外計並屬見思若學人所伏唯屬鈍使雖無見我思惟未盡故云二種世名

我者世流布一凡聖共有但聖無前二今亦不暇辨見修相付在餘文十住婆沙四句稱我者即有等四句故彼第一卷地相品問云云何爲無我而說偈言總有八行半偈最後云是故我非我亦我亦無我非我非無我我所非我所亦我亦我所非我非我所是皆爲邪論故離四句方名無我今但云無我乃是即我無我不云析破故在通教問論釋別地何判屬通答登地已去諸觀具足但云即空義在通攝況復地前義當通教引大經者經云阿難多聞士自然能解了是常與無常無常義同我無我故也不二登地雙照地前照與分別名異義同圓教極故義兼權實以勝攝劣故望一代五味既別所聞不同正法念中三阿難者與集法傳三人大同聞正法念與阿含二經並小如何證四以傳四教答小中一人既分四種今演小令大以大擬小何不傳四況復名通義圓於理無失小在三藏通乘共故亦名爲雜況通菩薩利鈍復雜云云者一人四德以用對教及開顯等義如常說空王等者於佛亦是迹中本迹若於阿難或未是實本王尚晦迹弟子未彰故亦不云空王劫數言云云者應具對上因緣等四以明我觀亦應須寄因緣等四辨次不次此文已當約教觀心心境相對因緣觀也眞妙望餘本迹觀也以心觀心觀心觀也釋聞因緣不分品悉但通結云因緣若欲分者初是世界舊解下爲人報恩下對治此文下第一義初問次大論下答中言集法者然結集之言通有三處謂一千七百五百一千二當最初結集七百即是佛滅百年因於跋闍擅行十事舍那迦那白於七百七百乃往毗舍離國重結毗尼舉跋闍過言五百者四百年後因迦膩吒王請僧供養論道不同因此五百往王舍城更集三藏今此從初廣如諸文展轉從他自他別故聞不聞異未聞者樂欲已得聞者生喜並世界也三昧是善及能聞力斷惑爲兩聞

因聞善生言佛覺者秖是佛智覺見力如佛故名佛覺三昧已證
非從佛聞故云自能用本願力爲持佛法生後代善故舊解理
當判屬爲人報恩經者第六佛求其爲侍者許已仍求四願一
不受故衣二不受別請三不同諸比丘須見即見四二十年中佛
所說法重爲我說佛粗示言端阿難皆解智速根利強持力
故又密說者辨其覺力及重說故已知他不知名之爲密又大經
佛告文殊阿難事佛二十年具足八種不可思議一不受別請
二不受故衣三不非時見佛四見一切女人不生欲心五持一切
法不曾再問唯除問於釋種被殺六知佛所入定七知至佛所
者受益不同八悉能了知佛秘密法胎經者舉初況後也胎相
尚聞況後諸經面如淨滿月者出首王經此中亦用前之四名
及大經四句然大經顯圓今乃義開豎約四教隨名便故不復
次第亦應具消四聞所以令順教意本迹未云云者一本事高
難量二本理深難思三本迹化莫測具如釋如是中觀心中不
聞不聞下云云者應具用上四且對次第分屬四人具如著經我
聞故也若依今文用妙觀故妙觀下注云云者開麤顯妙以明
絕待次釋一時初引肇意者啓初開也運合宜也嘉善也佛
化大運必稱物機故云善會稱機秖是因緣和合稱機歡喜故
云世界此中世界即屬此經不同餘文異餘時故引大論文明
生世善治世惡明二悉者寄示相耳復是論中釋一時文故且引
之然此直云時彼方兩解若云迦羅即是實時若云三摩耶
即是假時論問天竺釋時凡幾種答凡有兩稱別者如向迦羅二字
以淺易故三摩耶三字重難說故若除邪見不說二字即是假
時若內弟子依時食護明相即用實時當知秖是一時二別故
聲難易耳是故外人計時爲實而說偈云時來衆生熟時去
則催促時能覺悟人是故時爲因故須破邪說三摩耶故今文

中以實時示內生善假時破外斷惡第一義下云云者道合之
言正當其會所發善根言通意別須約教味以判偏圓則四
味三教權人理等雖有道合仍須開顯故下約教仍存四別此
下中等亦如大經四因緣智今經之言亦略開等本時自行唯
與圓合化他不定亦有八教言前諸者指向四教皆在迹中觀
心下應注云云文無者闕此之麤妙各有觀與境合名爲一時
相即觀者今經觀也若將此觀約前二文例説可知次釋佛字由
緣中亦秖應釋覺而但云時處等者明覺之感應時及處耳
非其時處不感佛興時處異故當世界也劫初劫盡是極長
極短極苦極樂之時餘三天下富壽無我非感佛緣多病是滅
極三小災起謂刀疾飢疾居其中故略云病俱舍云刀疾飢如次
七日月年止長壽時樂重舉劫初短壽時苦重舉劫盡東天
下去舉不興處也並由壽定樂定保樂保常不成機緣故不
感佛此仍且約人中處耳若論天上小乘亦有得小果者如梵王
得三果等若準華嚴四天王及化樂天並無色處並不感佛餘
經非無但除難處言富壽者東名勝身勝南洲故富壽亦勝西
名牛貨以牛爲貨故云多牛羊也北名俱盧此云勝處亦云勝
生於四洲中有情處貨皆最勝故南名贍部從樹爲名於南
洲中但舉初後中間亦有六四二萬且云八萬是減初也百年是方
極故後減之初則彌勒也今減方極則釋迦也未見果等明感
佛緣雖略云地亦應云時離車等者大經二十六云佛爲離車
說不放逸離車云我等自知是放逸人何以故若不放逸如來
世尊應生我國何故棄我出摩竭提時離車難門子名曰無勝
語離車言頻婆大王已獲大利佛出其國猶如大池生大蓮華
華雖在水水不能染佛亦如是雖生彼國世法不染汝迷五欲不
知親近名放逸人非佛出彼名爲放逸無勝者可思[illegible]汝耽五欲縱生汝

國汝亦不見故此時處亦據多分舍衛三億非關苦樂摩竭提
者此云不害劫初已來無刑殺故至阿闍世截指爲刑後自齧
指痛復息此刑佛當生其地故吉兆預彰所以先置不害之名
日若不出等者大論文也日喻佛興池喻摩竭花喻物機佛
若不出已未二善皆悉不成未者下種已者熟脫然合喻中且
約世間有漏善法故舉剎利等況出世善故輕繫地獄而因佛
出乃有一念厭惡之因後方得離況復人天故論云若持五戒釋
迦文佛在汝家中四姓舉一且從勝說對治中斷有頂種即斷三
界惡故故名破惡問爲人但至有頂對治何故破三界惡答具
諦事理於中道理俱名爲事若前二教不得用此以爲破惡以讓
理故今此圓教故得用之言三乘者即攝三教以菩薩乘攝別
教故言除不能感者約八相化必出世機方能感佛示九道身雖
是感佛不名佛化故非感佛善斷之言在無漏智種謂能生
垂盡非想復憎三惡名爲還生二去不來故名爲永第一義中
既云法性煩惱即菩提故云無動生死即涅槃故云無出佛無菩
集已住法性雖無動出不動而動動法性山示斷生因故名爲動
不出而出出生死海化九道生故名爲出此前皆謂實動實出至
此方知非生而生無動而動則前二教及別地前但屬二悉引入
今經第一義故約教中先釋次故經云下引證前明因緣說感應
相今既約教約四極果初成之相故並云覺又自覺覺滿則攝
於初覺他通於初後西云佛陀此云覺者知者對迷名知對愚
說覺名同對別並屬自覺故約四諦即以自覺而能覺他故云
亦也總相別相者總謂無非無常別即觀四念處謂三界繫及
四聖諦此別莫不皆觀無常老比丘者從後異故以通教佛亦可
云老而云帶者辨異前教如阿含云佛臨涅槃如老比丘誦純陀
舍三十四心者八忍八智斷見九無礙九解脫斷思斷伏不同具

如止觀第三第六記具在婆沙俱舍及諸阿含此教求作餘釋
不得一念相應斷餘殘習作三十四心釋終無其理具如大品第
十地別佛具如纓絡及諸大乘五十二位初地斷無明者是圓佛
具如華嚴初住斷無明者是然小乘中立三無知染汙無知無明
爲體不染無知劣慧爲體謂味勢執德數時量耳然四佛皆
云自覺覺他者秖是當教自行滿位覺智不同化境寬狹是則
偏搜大小乘教唯有此四成道之相具如玄文因果兩妙他釋
但有自覺等三既無四教各具三義如何分別大小教主與而
言之不出二教若云坐蓮華藏或云三世諸佛皆色究竟成無
上道並別佛相若隱前三相從勝而說非謂太虛名爲圓佛別
佛既云單論即是隱前二相如目連不窮其聲等若法華已前
三佛離明隔偏小故來至此經從劣辨勝即三而一他迷一家所
明四佛者以乘舊譯纓論故也如四階成道三乘共位瓔珞賢
聖華嚴融門此四成道不可易齊以由設迹不同隱實覆本
故開權顯本方知不殊又諸教中各有五人說經如大論云佛
及聲聞天仙化人及華嚴中加諸菩薩又有衆生器世而皆以
佛爲教主也然準大論下四印定即名佛說又華嚴中刹說塵
說菩薩被加亦無印述餘三佛力通得名經故大論中所破并
能通具四教若得實意方知四佛體同用殊講華嚴者皆云義
佛讀唯識者不許他經故至今經乃知指昔唯佛究盡斯言有
在次引經者像法決疑中通佛云大身小身者以三藏帶老比丘故
約本迹中初寄本中體用故云本一迹三中間下次明迹中應
化勝劣他受用報皆在迹也但生滅之言多在應化唯本地四
佛皆本者準例而言則迹中體用俱迹本地體用俱本具如玄
文本因果妙等料簡中說觀心中覺秖是智六即判之有本無
云云者或是脫落應先辨藏通至別圓中方乃得云偏圓二覺

然次第中亦可攝得藏通二佛或略之耳若望前三境智因緣
佛世藏等四觀四教佛世中望空假本迹佛也已心即是觀心
佛也次釋住中全用大論恐他不曉故初標云能住所住若但
身土但成世界心法相依方成三悉他人唯許身依於土乃成佛
心無所依法忍土者悲華第五云何因緣故名曰娑婆是諸衆
生忍受三毒及諸煩惱故也能所異故名爲世界故大論云
住者四儀住世（今文世界）復有三種一者天住謂欲天今云一善二者
梵住即色天今云四禪但名異耳（今文爲人）三者淨住即三果已去
今云三三昧者論云入三三昧即得初果三三昧爲對治者以爲
三明近對治門具如止觀第七記論又云布施持戒善心爲天住
四無量心爲梵住（前從果此修因）三三昧爲聖住聖住秖是淨住耳論
又有四住天梵聖佛更加佛住即今文中首楞嚴是故今四住
收論文盡若以教收四教並有前四悉義四佛並爲第一義天
但前三佛不得云用首楞嚴耳問若爾今釋佛住何以三悉但
約欲色及以三果能住所住俱非佛耶答一從通以趣別一將勝
以攝劣言從通者從廣之狹言從勝者佛依王城必攝欲色
及以三果有人斥云今釋住王城何以引於天梵等住此人不曾
讀大智論此是彼論釋住正文論具二意如向所述若秖以色
身住止以釋住名則大菩薩神無方所便無所住況復佛耶故
普賢觀常寂光土是佛住處豈王城耶故下約教皆以涅槃
而爲所住次約教中涅槃皆是所住之法並約第一義也釋前
二佛皆云有餘無餘者巧拙雖殊所滅不異後兩秘藏證道亦
一前三佛下判麤妙者別教證道雖妙從教道故判麤言能
所者若約理判如向所說若約事判秖是依正他受用土故判
爲麤若約中理雖俱秘藏亦是從教今經是圓復須開顯故
名妙住本迹中言三藏佛應涅槃者應字平聲若據灰斷

即應入滅入滅本也由慈悲故所以住世秖名住世以爲垂迹此佛
報生無別理本通佛扶習此從因說以七地入空爲本以習扶
習利他爲迹果同三藏故從因說別圓同云兼法性者教證小殊
然皆因時起四弘誓兼法性但明法性即離不同智斷雖殊法
性無別當知下總判前文以明本迹本迹莫不皆由慈悲前四
俱迹故須更云本佛住也以慈悲下判既開迹已豈別有本次
約觀中以智爲佛智住無常及空假中前直相對故四觀不同次
約住意故云以無住法住於境中故無住之言通於四教麤智
謂住於理實無若在圓中便成絕待王城者準西域記此城崇
山四周以爲外郭東西長南北狹周一百五十里子城三十里宮城
北門是調達放醉象處東北是身子逢馬勝得初果處東北
十四五里至鷲峯山是說法華等經處班足緣亦出仁王論
中文有異釋論問如王舍城迦毗羅婆羅柰並有王舍何故此
城獨得名耶答有人云是摩伽陀國王子一頭兩面四臂時人以
爲不祥裂其身首棄之曠野有羅刹女名曰闍羅拾取合之
而乳養之後大成人能兼諸國乃取諸王八萬人（下去同今略文）[illegible]伽又
云昔有王遊獵馬驚入險乃絕居人共牸師子居而行醜行生
息長大名曰班足後紹王位領七億衆食肉餘習非肉不餐後
乃食人所生皆是羅刹餘與今文大同四非常偈者秖是四無
常偈具如止觀第七卷記言得空平等即是初地者彼既教
小即初果大即乾慧或在見地別即歡喜與大經梵行意同
若爾何故聞無常而悟大耶答已聞般若復聞非常恐其宿
國正助合行因得大益此約班足緣異故屬世界千王取舉等
雖失小國迭知大國生善屬爲人也百姓推舍以免燒惡即對
治也班足得道第一義也注云云者大論與諸經所出既多不
可盡具雖多不出四悉約教中四見然辨土橫豎具在淨名疏

即如下文純諸菩薩等例知者以娑羅例王城也本迹觀心在後者後與山文合明觀心後文仍略俱不出本迹若例上下應云本住王三昧三德之城迹居忍土之王城耳梁武等者字應作雎其鳥似鷹鳥云似鴞者或恐誤樂而不淫哀而不傷雌雄各居欲交俱鳴交已各去故以之類皇妃也詩云關關雎鳩在河之洲窈窕淑女君子好仇今江東人呼為鶚好在江洲梁武意謂雎形近鷲故引之耳此屬世界也又解山峯下為人觀者生悅故也又云去對治能藏惡故亦當治惡又解去第一義三乘聖居是第第一義次辨五峯及後開各但是第一義中釋疑及分別山相非四悉攝又增一三十一云佛在靈鷲告諸比丘久遠同名靈鷲更有別名汝等知不亦名廣普山負重山仙人窟山恒有羅漢菩薩得道及神通諸仙所居有五百辟支佛住如來欲下先令淨居天子來此告令令此土淨卻後二年佛現此間支佛聞已燒身入滅何以故世無二佛國無二王一佛境界無二尊號此山高下亦復不等四十七云俱留孫佛四日四夜行至山頂那含佛三日三夜迦葉佛二日二夜釋迦牟尼須臾至頂並以羅閱祇人行也時漸末山漸下故文關本迹應云本住三德大涅槃山迹居靈鷲又本迹各有靈鷲壽量云常在靈鷲山本也約觀中先解王舍中初立觀境言心王造舍者識陰為王造業諸心數者心所今欲消王且以善惡心王以對無記之舍故云王造若析下四觀此示觀解異於他經應如止觀十乘十境下去皆爾故注云後兩重云若觀即後二教觀也亦須分別相別不同具如止觀不可即具約山作觀亦先立觀境正當觀陰具如止觀第五去文別圓觀中既云止即法性正因法身餘之二德準諸文說故知此觀不同他見所以又約山為觀者山城雖殊同是依報是故約之以觀正報又諸觀境不出五陰今此山等約陰便故

以諸文中直云境智自住其中等者以大經及此經意共為自他定慧力莊嚴即自住其中以此度眾生即安置諸子云云者亦應於此以辨二觀同異之相方便正修簡境及心并對前二以辨權實等乃至四觀亦須開顯等也次釋中字既在山城之中因緣等四具如彼釋今但消中字義耳欲更說之先約所表以具四悉常好中道赴欲也升中夫中日降為人也中夜滅對治也說中道第一義也諸教皆有中道但有有體無體之殊本迹者觀圓理本中也示離斷常迹中也今經是開顯之中若約觀者即空即中具三中也釋列眾中初辨次第言多爾者亦有經中菩薩後列各有所表如華嚴經不列聲聞純無雜故舊解者多是光宅與大論意同故無別破但摠結云似兩解耳注云云者事似因緣須具四悉義似約教復須論八事即身也故云親疎義即諦理故云涅槃等形服異故即世界親者生善疎者破惡不親不疎即第一義於有義中既似三諦以諦對教則四可識於藏等四辨漸等四其義可知又兩二義並欣涅槃及四菩薩並不欣不著故皆居中唯謂實理兼能利人故居中求宗超彼凡聖若以入中為菩薩即指別教地上圓教始終注家云聲聞學疎教之於內菩薩道親之於外此但得事而失義似迹而迷本況復觀心因緣耶約本迹中此經列眾超出羣經故人天二乘能引之人本非下地所引之眾堪通別記語通意兼故云內祕皆大薩埵既能迹引二邊判非凡小故云薩埵菩薩濫本故且不論應知亦具約體用論也觀解後云云者亦應更約因緣明觀諸教開顯及本迹觀釋列聲聞華法華論以八義故先列聲聞一為顯親聞後不謗故二攝不定性迴心入大故三除尊貴慢非究竟故四常隨佛故五形儀同故六令內眷捨欲故七令菩薩敬故八令眾生信故然論中八

義唯第二半獨屬今經以不定性此土得故仍少一半若宗性者彼土得故未來得故餘之七義論眾前後通諸經故以第二義入餘七中使七二皆有第二方令八義全在今經若依今意更有三義欲別記故別開權故先顯本故故今餘義亂殊昔教故論文意諸經多爾所以通釋今使諸教雖共復殊方等先列以四義故欲斥奪故欲密引故今體信故今味變故般若亦四欲洮汰故欲委業故密引進故成熟蘇故故知論文通前二味如向各四又異前後論又云先僧次尼亦有八義一男尊女卑二入道先後三師弟不同四傳法能不五結集進退六同住得不七多少推讓八得數有無此八全通前之三味多在略教若準同是聲聞仍少第二意也於今別中唯除委業準義仍有以同比丘聞轉教故也故委業時非全無分自餘諸義並同比丘於五味中漸教當眾其義不異次出舊解云大小名聞者意云名即已名聞即他聞所以名大故聞大名小故聞小今但依文故破其無據言依文者但約所列多少以明所識多少前列萬二千又云眾所知識後云二千又無知識縱以名聞用釋知識復文全無何小之有況復大小一向無憑心初釋類中先通釋五字次釋論下別釋四義比丘合故初通釋中五字通收諸有德者所與之徒既標於大豈唯異於下眾而已於比丘中其例復多四門三脫析體通智辨空之例秖得且云高尚德行何可具論今云如貴類之班輩也次別釋四義者初釋論下別釋與字初文即因緣釋若於此七為四悉者時處世界戒是為人心見對治道脫第一義若準前三在昔教者則七義唯三道脫等俱屬對治意也圓教七一俱屬圓四約教雖別究竟唯圓雖七而同故七名二即共也四教不同通在五味具如諸經不可編述且準歎德在三藏教者同感佛時同鹿苑處同別脫戒同一切智心同

無漏正見同三十七道同有餘脫為同聞人入通序時已得記者全成圓人七一故也同妙感應時同見妙依處同得究竟戒同證種智心同無作正見同圓實道品同不思議脫得授記已即同菩薩安得復以聲聞歎德且結集者謙抑德耶故知在四味時隨味而變經家從本列在聲聞故依本歎若不仍本焉知聲聞有權有實者得記知有所從聞法華時大小別故故約教判須通始終故三教七或本是三或是轉入初約三藏一七一者生滅同故通教二者分利鈍故利兼圓別應云三七且通總說同為一例別云為無量者自行化他橫竪皆四門門門四悉入者不同圓教一者發心畢竟二不別故說者應於四教細明乃至教味先判後開若未下一句約本迹釋亦約體用論本迹耳別無聲聞但云藏通若通含別亦可論之是則略也又時處二事且約教論故云三藏中時處且一若從元初得道時處或多人共處略如今文或多人多處或一人多處如阿含中多時處也聞至此那得二種聲聞答亦從初說具如玄文廣歷諸味難轉易轉又有不歷析法元是通人云云直明兩意下欲明開顯先更辨異所言異者且置七同更於藏通七中辨異則三異四同何者時處等四不可不同如所會所依所稟所證若心等三妄能不別別修別見別行故也此仍一往亦可戒法從別各各得故解脫從人各各證故是則五別二同又若從人亦可俱別今釋共義不合論之義分三四乃成旁耳是故且從七同以說別教同異準說可知次若至下正明開顯法華論者明被開者有權有實未開具四開已唯一今加佛道據新入者論中四者決定增上退大應化論自釋云後二與記前兩不記根鈍未熟故且約此會即經中云生滅度想決定性也若彼得聞論中未說天親豈可迷經文耶經云而於彼土得聞是經論且一往據現說耳是故今師

但除上慢即五千起去者是雖從座去仍判於涅槃中若四依邊得聞故上慢者亦非不聞已聞略開及在後故但不可云皆會得記種熟脫三始終無廢故準今文遠近相望為四種俱得今云住果兼於決定及退菩提住果變異故分二教是故上種總立住果又佛道者準經義立若唯佛道應化各有別圓開應化與佛道何別答應化約垂迹全語菩聖佛道約利他語新記者又應化從身佛道從說佛道有今他之言且云利他應化有發起之義且云垂迹既以聲聞為名在昔則無應化佛道之稱在今則無住果決定之名增上慢中豈無應化四攝同事安隔此耶況復論中決定上慢同云未熟不可上慢亦根敗耶他云未者不也應人未死名為不死下種未生名為不住故上慢決定二俱可發是決定義又此中引論似本迹釋應化本也餘三迹也化為餘三無異途也唯闕觀心即前兩教七一境也後二教七一觀也又時處戒境也心見等觀也聲聞義浩然者責人非論然用教者云大乘聲聞未為通曉今云應化從本以說據衆全在小乘中也言浩然者藏通入門門門四種門門各有佛道應化迹在前教復同前數據本復應地住地住及行向地上慢所濫復同前數他無約教今昔本迹權實開合等釋但云住果及方便等是故責云以證涅槃者言云云者具如向辨釋大者前以共釋與阿難共彼萬二千者非直共人應共八七七中並大故云與大與既四釋不同大義理須準彼又前與字義兼時等今釋大字唯在具七之人復兼多勝又釋與字義兼能所今釋大字唯在於所此從阿難指他為大此中初引論文大品在小心未轉故次今師意亦具三文以二文皆兼論中三義故也以此三義通兼四悉大即世界多即為人對治勝即第一義也應具明三念與外人異又以三念對大多勝之所以也還將三念以對四悉具如止

觀第十記四韋陀者如下第五經疏及止觀第十記次約教中牒前初釋判屬三藏準前文故但云所敬等前從今明下應義通偏圓以前文中且對外釋故云三藏次大者下約後三教初明多義但此約事後三不可更加其數但約所知以釋其多故前通釋大多勝三各具三義故此後後漸優於前約別圓者昔則從初今從得記別存教道言大力羅漢者羅漢中大即無疑解脫也次本迹中初述本三次迹來下述迹中三初明本大次本得下明本勝次先已下明本多咨嗟者讚事也謀而方嗟非輕爾故言勝幢者借大品文言超諸外道者準理應云超諸偏小但所超雖近能超則遠於理亦成次迹中初示常見即在乳味故此五味通萬二千若權若實皆經歷故今從權者故云迹也久矣下云云者各有久本隨本長短中間設化今日亦在釋尊諸味觀心中先直對三次雖約中具大多勝亦應更約空假各三言一心一切心者心境俱心各攝一切一切不出三千故也具如止觀第五文若非三千攝則不徧若非圓心不攝三千故三千總別咸空假中一文既然他皆準此故向五味義通上下文寄此中釋比丘引肇公者在淨名疏什及四子並在偽秦故曰秦言肇有四義一淨命乞士二破煩惱三能持戒四怖魔什公分之一始三終具二魔怖者終中前三為怖魔因引論者闕能持戒破惡秖是破煩惱耳故但三義而次第不同及通初心令魔怖等故破惡之言且在身口非不斷惑既並在初令什義壞豈以持戒破惑必在於終又復肇公但翻其名而云名含不云初後今之學者安令魔怖耶五繫者具如止觀第五記四果等者即農也應云住家四種如法更加工也涅槃實況下明經義略雖復不具三義四義破惡為本今明此三義應通初後者義當約教兼斥肇什今非但以論文通後復通諸教況論但成因緣

一釋若於此中立四悉者怖魔即世界乞士即爲人破惡即對治出界即第一義依經家等者義必通初諸信必後向釋乞事以求釋乞乃以離邪歷境求定等爲三藏教者未能於境即理故也故至通教方云求眞破障理等也別教言八魔十魔者破惡既深釋魔須遠眞如止觀第八記圓教中非不破八破十但以實相爲正破惡屬竟怖魔亦然本迹中此諸比丘深淺莫測故未可定判其位迹示五味者若不約五味非本經比丘桎梏者上質音足械也下古沃反手械也三諦如桎梏大慧如解縛運念爲無住望境爲無著故不著境智出三死家乞士怖魔準釋可見云云者中觀既然空假及以次不次等對教可見衆者以一萬二千事法和故若作四悉者初是世界衆和合故佛常下爲人生物善故釋論下對治簡惡人故此中下第一義在眞實故言事和等者僧史法等俱屬事故法和者如前七共同眞理故九十人三明者中含三十九文同舍利子問佛五百比丘中幾三明幾俱解脫幾慧解脫佛荅如文三明者即無礙解脫具如止觀第七記淨命具如止觀第四記五方便者四念處及四善根五停非正觀法故若法忍去者世第一後有十六剎那第一心去即名眞實偏圓五味者五味不出偏圓偏圓不出四教言今正是等者當證信時已獲記故引諸衆生下云者具如玄文七二諦中委約五味以明教意出其相狀次約觀中云若異等者以依今經成觀法故若不依中道慧命觀行故名破十戒僧不解究竟波羅蜜相一心十戒詮量之律名愚癡僧五品六根名慙愧僧初住已去名眞實僧亦合注云云展前二諦十戒等及約四教徧作觀相二明數中眞開舉數即是因緣亦可於中義立四悉數異世界也聞數生善即爲人也破惡入眞準例可見不論約教者教別數同故無異釋若隨數生解即是教殊問

凡諸列衆及得道者何故其數必全無數耶荅大論釋大數五千分中云若過若減皆存大數本迹中云本是等者問凡言迹者皆先有本豈萬二千元皆是大權若爾則唯有能引而無所引荅理實如然但欲均用四義故云皆有然本不同事須分別若已入圓位能引之人成於發起影響二衆灼然本是菩薩降斯已外曾發大心亦名菩薩元住小者則是大經未曾發心尚名菩薩此中具有退大應化及元住小退大住小得記之後並堪爲同聞問三周授記人數不多其不在會今爲轉說此等文非同聞衆限何故此中云萬二千荅三周之中正數雖少如舍利弗得記之時四衆八部即其流也故三周中亦有應化與實行者同時得記故論中云退大應化二種與記即其意也如菩薩衆但列八萬分別功德記數蓋多故知大小二衆列同聞衆不可以云得記者也約觀中界入一一各十界者正當妙境諸文但寄能觀觀耳山城雖約陰爲所觀亦未結成不思議境文稍數入理數即成境境觀相對俱名法門又境據假邊且存其數空中尚無其數安有然必約假以立空中觀亦如是明位中亦從初說猶名羅漢準後皆成大菩薩也即約教中圓位人也於中先論名者義當因緣次攬因緣以成初教初因緣中初明有翻中阿跋經能所雙標應謂能應之智眞即所應之理以智應理人故云應眞次瑞應經雖以雙標意指能證眞是所證證眞之人故曰眞人三義如後釋次無翻中三初從果釋或云下從因三若論下判名所從初云後世田者世秖是有具如止觀第六記九十八使者八十八上加十思惟若作四悉者初明有翻即世界也於無翻中通因是爲人所從是對治從果是第一義約教中言不賊者猶從二乘得名故也若於圓別尚名爲賊是故須殺不生於生者取無爲證生於界外不生是生故不令生供彼所應名爲

供應如阿含中佛至阿蘭若語比丘等具如止觀第四記復應更分前之兩教能殺法異後之二教不賊亦殊皆具歎初地初住德者前有翻家以三爲名次無翻家以三爲義義即是德故約教中以三爲德若準入位不定具足應云地住已上降佛已還即約圓歎本據後次約本迹中二重初約小三義次約大三德前寄迹名以甲本迹次約本名以通至迹欲明名通義別故也若約體用釋者前釋從用以明體後釋從體以立用又前釋三義以通昔後釋三德而唯今若久遠本迹四俱是迹今兼二重是故大小俱立本名義勢無濫故注云云所以本是平等大慧無破不破方能示迹諸教不生本證解脫無賊不賊方能示迹諸味殺賊本得法身非應不應方能示迹爲應供首觀心中先直以三德對三觀釋以三德是境義可通觀次歷觀以對釋名中三義故二觀皆具殺賊等三前本迹中則先對釋名次對三德今先對德次對三名於中先空次中中又二先釋三義次引經證以指供養歎名字觀行位人功德深也引方等文具如止觀第二記下文云等者法師品云佛告藥王若有惡人以不善心毀呰在家出家讀誦法華經者其罪甚重具如下文八風者利衰毀譽稱譏苦樂四違四順佛尚久離無明違順況人間耶失好時者若生憂苦失道合時大損下云云者所以引方等及此經者此二即是名字觀行不生等故乃至一切觀行之文皆應引之但於此中觀行位便故此中引法華論等者彼論乃約一十六句俱有三門一上上起門以後釋前故二總別門以皆是阿羅漢一句名總下諸句釋上故下名別今先準論用總別門不用論文諸句但依妙經五句以釋仍合五句以爲三德三攝取事門論中具列一十六句以釋對事論文但是將十六句以釋五句不云經闕故十六句今文不用從初別故是故總約昔教歎也三漏者一欲漏謂欲界一切煩惱

除無明二有漏謂上兩界一切煩惱除無明三無明漏謂三界無明引二論一律者成論約失利義通因果律專在因毗曇唯果以失利故因果俱失良由下重釋三失明失所以初釋失利由於業因即成論意也次造諸下釋因招果即生死苦因即律文果即毗曇次亡身下重釋三句由上三過失於三德愽生死故亡法身造業故失慧命失道故喪實意云經中諸漏一句即是煩惱失道等三相由而有同名漏故所以引之漏相如何故於此下廣辯見思下諸句下皆破古人以釋三德不當亦應可見煩惱下釋次句初句約因果相對此句一向在因使等者使即九十八也通為能使情落生死以為所使流即四流謂欲有見無明扼名同流纏即十纏俱舍云纏八無慚愧嫉慳并悔眠及掉舉昏沈或十加忿覆蓋謂五蓋逮得者逮及也正為除惑故功德云及言智斷功德者由前殺賊成斷功德斷必具智功成已利由已利故故堪應供次盡諸有結等者舉因果俱除明心得自在羅漢但應結盡等者有盡者非今所歎故云但是因中說果有謂報在二十五有生處盡在不久者緣如薪待後佛出亦不名久若羅漢皆以邊際定力持此報身入滅易者佛身何故入涅槃耶若言佛身權示彼教何文云權示耶一切羅漢若至法華無不迴心何故除四大羅漢十六羅漢餘皆入滅肉身菩薩得無生者應皆不滅心自在句釋於上句二脫必漏盡因盡必果亡慧脫雖退此生必得俱解脫人必有慧故故云具足故以煩惱為賊生死為生所以古人不了斯旨故致謬也故知句五德三法秖是一依論標別釋竟次若依論用上上起門者論意以初句釋羅漢句竟乃至以第五句釋第四句餘不復釋準此乃以下下展轉釋上故得名為上上起門是則五句望羅漢句亦成總別及上上起本迹中初明五句是本三德次迹示

下指二乘五句三德是迹初還依古為不生德故常住秘藏示羅漢三德涅槃是總以對不生即初二句煩惱字是煩惱盡句漏流字是諸漏盡句不復下釋上二句明離二邊即本不生法身下釋本已利上二句雖總舉涅槃今明涅槃是已之利故須別述此中二句上句明修下句明性修性相對智斷對法身體三德也實相兩字性法身也功德兩字性二德也本利修性具足示具二乘三德得王下明本迹四五二句亦依古師為殺賊德破有即第四句我性即第五句由煩惱賊破故也王三昧者玄文釋二十五三昧各具四義一諸有過患二本法功德三結行成四慈悲破有本地功德久已成就本三德也過患即是賊等三也本三具足即結行成本時應供是破有也今卻用古義者以無大失故也故知已盡亦是不生盡結義通殺賊八自在我亦名八神變具如止觀記及釋籤中約觀心中亦具五句初是初德二句能觀下次德一句正觀下第三德二句雖有煩惱等者重釋第三德中二句也初釋初句不斷下釋次句如無煩惱結盡也而入涅槃自在也約名字觀行俱得名為如無煩惱入涅槃也列名中初總為五初現數次立名意三證立意四消釋意五用義意引證中多引阿含者如增一中列四衆名各有偏好以引同類二四釋下云云者即因緣等四不復更列然諸聖因緣多寄初教以是感應之始故也故諸聖初因並在外道為破外故在釋種中為調伏故為道之為主而將引之是故具明入胎立行眷屬師友若逆若順能化所化繼有始終計十轉者亦為後來得破之由顯諸聖者迹不徒設二無非感應故也故四悉義二應知故彼增一比丘中列百人有立齋建福有樂閑居舍有能調伏外道有善供給疾病有遊行教化有自事端拱有好著好衣有慚愧無恥有食無厭足有語言能辯尼中列

五十人如拘曇彌尼頭陀若行耶輸陀羅降伏外道俗中二衆亦各有偏好但諸聖因緣今文則略大論具存事迹雖別皆是大權陳如中初是世界願去為人行去對治太子去第一義此第一義仍在昔教但以教簡進否無在隨事轉釋今順四悉下去皆然其先事火者雖事火者多非初得道火不成德故初得道得照燒名破暗因滅物滅果亡初雖未亡後必亡故如火喩無知乃是知無者梵音倒耳所知之無即真諦也故引二諦中真也次引二經二論者本際秖是所知真諦願者出因果經即佛為菩薩時本願先度次又迦葉下即是已願夫日夜下為陳如興類也生死如世夜日出故今覺日光者諸大羅漢及諸菩薩故明星日光並破已身之大暗也入山學道等者中含五十六羅摩經云佛在鹿母堂告諸比丘有二種求一者聖求二非聖求聖求者安隱涅槃我為童子時年始十九往阿羅羅迦摩羅所問言依汝法行梵行可不答言無不可云何此法自知證仙言我度識處得無所有處即往遠離處修證得已更往仙所述已所得仙問汝已證無所有處耶我之所得汝亦得耶即共領衆又自念此法不趣智慧不趣涅槃寧可更求安隱處耶是故更往鬱陀羅羅摩子所云我欲於汝法中學彼答無不可問曰知自證耶答言我度無所有處得非想定我久證得便修得之乃至領衆等復念言此法不至涅槃即往象頭山鞞羅梵志村尼連禪河邊誓不起即得無上安隱涅槃道品成就四智具足天念誰應先度念已寧可先度二仙空中云二仙已終經於七日我亦自知念曰應度鬱陀羅羅摩子天又告言終來二七我亦自知因復念曰昔五人侍我勞苦念已觀於五人在波羅奈念已便往五人遙見自相約勅沙門多求好食粳糧及酥蜜麻油塗身今復來至汝等但坐預留一座莫請令坐及至到已語曰卿欲坐者便坐五

人破制於中永水者數塵者坐已先教二人三人持食來六人共噉次教三人二人持食來六人共噉而便語之有二種行一著五欲二著苦行離此二邊是名中道次爲五人說譬喻次爲說四諦五人得無漏多論說佛爲三二人說法去住不等者由三是父親二是母親欲彰乞食事辦故也及和說法不空華嚴沙中日初分爲二人則六人共食日後分爲三人則五人共食以佛性雖非時食故爾時未爲弟子制非時食經三月教化或云四月餘如諸論文云三父親者謂馬星摩男拘利餘是母親初見佛道相等者初見往陳如爲後入前相應云佛如鼓機緣如椎法輪聲初聞者五人俱初陳如初悟故云初聞香道品也昔機如身法輪如香初悟名服甘露滅理也法流即初果登真即見歸分別功德論云佛最長子即陳如也最小子者即須跋也今未受化是故不論約教中應辨教殊但明觀異從觀判教理多分故故委以觀而分別之況爲二千陳如居首無生乃是諸觀之宗欲令聞名識行例入知心故大師歎云尊跡云恨不見其面但恨不見其人今見其文則見其心矣今如是等雖不見人乃見其智初三藏教人不了像虛故用阿含鏡爲譬也初標立譬境智次頭等下譬境因果如六分和合成身如和合成業業託父母如形對像生像必不實由謂實故令後陰起盲如無生智不見如不取三若開眼下明生不生於中初由取因故果生次若開眼下喻不取因故果不生鏡是助因得果復由執心緣之方助於因而生於果下文准此於中二先摠次別初摠標不生次不見下摠列因果不生次故阿含下別中三科爲二初觀陰次入界初觀陰中二先明陰生爲境次若能下無生觀智初又三法喻合法中無常摠別二境謂因計色淨餘四皆淨樂等亦爾是則五陰皆淨常等即摠境也此中想行應云乃至受識應云乃至想行文

且一往次觀中三初正明用觀次既知下明觀成破惑三如是下準因破果初文又三法喻合應知鏡譬若不對盲本在衍門亦可通用具如止觀第五記初法中二釋結釋二先別次又能下摠然皆無常等知色中少無我字是爲下結如盲下譬是爲下合次既知下明觀成破見此中即破二十身見次如是下準因破果中有法喻合次觀入界中先雙標入界次正釋釋中先更寄此便明因緣故知前陰即念處觀屬四諦也於中亦先大海以喻境生次云何下以若種喻觀不生初境中先約入次以界例初約入中先約眼色二入廣明次耳鼻下舉十入例初約眼色中具列十二因緣初無明中喻文在阿含中五鮑者手足及頭例中少五塵次觀中二初入次以界例入中二先明眼色次以十入例初眼色中三初略明不生次云何若下反以生釋三若知下正明用觀初略觀中乃以臭種用喻因緣既以貪恚念欲爲若種牙即無明又以取塵善惡爲臭汁蠅蛆是行此二不生故十不生阿若最初下結如文通教觀中以境即故不先立境亦先陰次入界陰中亦先摠次又觀下別摠謂摠以鏡像喻五別謂五喻各別譬五並先喻次合初摠中先約色陰次以四例亦如於巾求兔叵得人之與鏡皆云幻者因緣各從因緣生故實因實緣和合所生尚自如幻況幻因緣所生非幻如巾如藥於兔名實兔於巾藥名之爲幻鏡像亦然況今先見因緣如幻像非幻耶細推具如止觀第五今且略辨令知觀別故不廣論今亦具有二空次觀根塵下觀界入亦更寄界入以明因緣故云無明等於中又二先推根塵無明次煩惱下推三世即十二支各有喻合初喻中云根塵聚落者文在大經二十一復以機關釋成根塵和合義也經云譬如有王以四毒蛇盛之一篋令人養飴瞻視臥起若令一蛇生嗔恚者我當準法戮之

都市其人聞已捨篋逃走王時復遣五旃陀羅拔刀隨之密遣一人詐爲親友而語之言汝可來還其人不信投一聚落都不見人求物不得即便坐地聞空中聲今夜當有六大賊來其人惶怖復捨之去乃至路值一河截流而去云云合云蛇若害人不隨惡道無三學力必爲五陰旃陀羅害若不識愛爲詐親誑觀於六入猶如空聚羣賊住於六塵六入欲捨復值煩惱駛流應以道品船栰運手動足過分段河十住未免唯佛究竟經文本喻三乘始終今喻通教聲聞觀法言機關者機謂機微可發之義關謂關節假人而動故凡結身口皆由意動而成作業既云聚空即本空也言云云者界文仍略具足如前三藏教明一往且然若大乘觀非此可了次別觀中亦先喻境智若欲下起行也初中先立境智次責下明境體量三皆於下結意初立中先境次觀境中初云鏡喻法界者通以迷悟事理始末自他同依一法界也真如在迷能生九界即指果佛爲佛法界故摠云十是故別人覆理無明爲九界因故下文中自行化他皆須斷九盡方名緣了具足足故正因方乃究顯次體量者此中但以青等八法喻十界者或離或合隨便爲言故合二乘及以人天復略脩羅仍開菩薩亦可初地爲佛法界諸文開合隨義準知又青黃等別人初心與藏不別故得借用正法念喻但加長短等耳言皆於鏡中者不出法界法界不出迷悟迷悟不出於心次起行又五先示自行化他分齊以別教中無性德九故自他斷別修緣了而嚴本有常住法身次依於下依境起行亦指但理爲九界覆而爲所依法界秖是法性復是迷悟所依於中亦應云從無住本立一切法無明覆理能覆所覆俱名無住但即不即異而分教殊今背迷成悟專緣理性而破九界三文第下明因滅四若無下明果滅五生亦下摠結因果雙明不生即界內

外二生不生俱不生也化物橫辯文關不論次圓觀者先喻次合
喻中言觀鏡者一法界也圓圓者理境智也觀即是智圓圓
是境次不觀下明觀相背即無明面即智明鏡十界因形十界
緣像十界果又鏡明性十界像生修十界故形像修性皆具十
界並不出於法性理鏡見明形像修性本如鏡內外一離於三教
分別情想摠以不二無分別智依理通泯心境明暗故云不觀
觀境不殊理無明暗故云非背等約修得說故云不取等次但
觀下結意中但是摠略出其觀相不謀而照但觀圓圓無始終
故故無際畔本有故無始常住故無終明暗如前無一異者雙非
像無像也不取下合也初不取者泯前十界善惡六界也以六
對小故云邪正以菩薩佛用對於小故云大小一切並泯故皆云無
不復分別若性若修但緣下泯前心境以法性實相即是三諦
三觀一切佛法之大都若泯若照無非法性法性之體離泯照
故全泯照是觀煩惱下明觀體秖觀三道生即苦道三道即
是三德於中初摠明立觀從陰入界即法身去教用觀法本觀
理是不觀深除深體自虛本虛名滅故妙體滅不立除名障體
即德不待轉除故云生即無生次解脫即業等結成無生次
是三下複疎摠結次況重易等者以重況輕界內重障尚即妙
德況界外輕耶今仍約底下三道若具論者應約諸三法也此
中圓觀不同藏別先境次觀者若法若喻皆不二故語雖似
通觀境別故所以釋陳如中教相約觀其義廣者以最初故
若聞阿字解一切義下去諸聖雖隨事別論其觀行不出無生
如頭陀抖擻乃至密行亦何出於智斷無生故下去文準此可
知言云云者應具須十乘十境及方便等全指止觀一部文也故
止觀破徧中亦以無生為首故今略示大綱若於阿若權實始
終不迷欲以圓觀消今經中五佛三周本迹流通無非無生之

大體也則能兼識一代觀境故於名下略指方隅秖如世人為
子立號尚有所表況諸聖者豈應徒然若不然者則唐設無
生之名乳無無生之旨大小混濫權實杳冥此一既然餘例準
此本迹中初約五味正示本迹此中阿字顯徧八教次眾生下勸
物思齊則五時功畢次非本下明不思議體用功畢故下文下
引開迹證種種之言亦不出五時八教文隨本長短凡經幾度
為五時八教示不生來引阿含者引迹證本寄迹中本迹示
其尊卑本地高下非此可　含三十一佛在舍衛夜暗天小
雨時告阿難言汝以蓋覆燈隨佛後行阿難受教至一　世
尊微笑阿難白佛佛言非無因緣汝今持蓋隨　而行我見
梵王持蓋燈隨陳如後　持蓋燈隨迦葉後乃至無沙門
天王持蓋燈　劫賓那後所以偏於通序中如是乃至諸聖弟
子具四釋者以如是通指一　闕一部時處教主必無異
途感是斯經之大略況諸　小若顯若晦為主
示訥示辯有忍有中厭　引小入大會偏歸圓
自因之果皆為眾生作種　益所歷
不一良由機緣生熟未等　皆由奚今令成
法俱美故用四釋令了機應　入法　本迹兩門
先後悟入皆籍引導影響　句若人若
化儀悉可為觀故於一人偏　令後代聞名起
教識體思迹
所於經一句　為上求　以曉聖者
可以了凡眾　益可以　等
知隨聞成觀可以解迹本人法可以信　仰
難報可以知眾生難化可以知會理
況得今意凡聞諸經一法一事一人　世佛

除淨土餘塵施化況復亦以比　思　諸佛用
現身雖復不同然思修之門其理

法華文句記卷第一

以以得所緣實相故今身心不　云身　等者釋上
所依處也故知身心不動亦由義處故本源理性俱名爲處對彼
身心假施二稱如來實證色心體一即此色心是三德故欲說本有
理妙常經先以色心不動表之又身之與心俱表示迹今以迹表
本故云處也常寂次引大通入法華定證身心也故此定體名
異理同若分所入相同時別上二句證身下二句證心身若下
東辯身心稱理故也非
不可以虛空比無量義下
云定若依處應唯稱處何得
量者所照得名所照者何
即處存亦何妨若作等者向具存異名定　心不動
相以表序者以此不動等正表序後當說一　指不動不分
別時如義處也上句釋身下句釋心是則卻對定前身心動運
分別如無量也先開後合序義灼然次更問答釋疑先問可見
次答意者若準常儀說已便散何足爲奇今說已入定知後不徒
然後若不發　別故聚集疑定
肅有所待肅字良久反
有所待問彼經末云受持而去今
家語通經者恭承嚴旨開必須通
文說已入定起即告告前所集示教何
以聲先集眾雖入開定等者開定之言仍前序意未
立難言意既在今定體具進常定尚未曾云從一出多況誰曾
云從多歸一即開表合故與常殊文殊引古既云皆有此事故知
一定二義不疑故云何以證今當奇以等者古人不立說定爲瑞故
通序之乃集經者大權所置故非凡下之所測量釋四華者先
出舊人及經論明華名不定又大般若亦

本末輾然諸教不同文多列四若　毋此乃
徵應而已約所表中序舊云様而不當者於中先斥其様次斥
不當初斥様者今敎教十六豈此舊耶故舊云故三藏十六不
當者唯四故也況直云十六爲何教一十六耶故應歷教簡一
十六亦可責云爲是發起十六乃至結緣十六耶故云況四十
八故知語比丘等四雖令發起等而無理顯之若標發起等四
攝此丘等四況聲聞菩薩及以雜類類中二無不皆具發起
等也因古述四故須對比丘等言之夫華下釋不當者此華密
報現得妙因當證妙　直云四表比丘等故
華華應表因四眾已得何須更表此責
因異昔因也若表四眾唯希新眾　此責古人不知敎
佛表妙果在當異昔果也今昔因果咸妙故兼濟同一稱今昔
無從入生公亦云表四果不實此乃用於三藏菩薩斥小之文則
知四果不實尚未解通教何能顯法華次今言下正釋先舉昔
偏因對今圓因昔圓因不別故但斥三教云云三藏中但云三乘者
不可操故應如玄文云昔三因大異等佛因者秖是圓因四輪
因者即初住已上銅銀金瑠止觀第一記具引瓔珞玄文復以
四句判位開前合後如三十三天等開後合前如十四般若俱
開如四十二字俱合如天雨四華次下文耳
義問答中意者借別顯圓言借別者圓非無位借於次第高
下以顯不次平等耳此之借義請後學在心以此宗學者或時
亦迷瓔珞四輪是借別義若論圓位六即亦足何須更列四十
二耶以分具位長故借別位分其品秩辯虛空體一而飛者淺
深云云故止觀第六末云或借高成下等玄文尚用名通義圓況
名別義圓耶次問者既借別位別有賢聖圓亦有不答指玄義
者具如玄第九卷非無賢聖但高下不同又四念處中亦四句分

別若定判者即住前屬賢若四句判但是義立更互得名住是
賢位又去聖遠故名賢聖別地名聖圓行向人去此地近故名
聖賢於今圓文行向是聖復更入地故云聖聖若不相望當部教
名定若言去復歷教破舊者雖曰一因應識因體四教菩薩各
望其佛並是一因而一因異故玄文第十從一開一從一歸一既
不辨異通教何疑故通教云三因大同同故一也故云不出通教
若言四衆同是菩薩因者從初發心不共小故法華意如前者
具如四輪乃至開顯釋普佛世界等者初破古者以六表六其
義可然直云三乘但破三藏三乘因果義未周悉故以藏通兩
三及別橫竪比之方顯圓經六番破也涉法師云地神令動此見
甚薄約別破中云縱橫者具如止觀第三所引今釋下正釋
也初文似約教清淨行經似因緣初文釋中云般若者即堅大
貌也即七方便人未破大無明來至此會始破無明無明難動猶
如大石是故云也又前非不破據難破者至今皆破故云磐礴
若準長含多緣地動亦可爲表經云有六緣地動謂入胎出
胎出家成道法輪入滅小教即不云所表既在八相中之後六
即初地初住位之功用也故此位居六番之首四輪但因故從因
立名六動兼果從果立名又極果分果俱得名果故名爲果
破古對今則具四教又妙覺者雖未即入到在不久始末兼舉
故云從果本迹後言云云者應引本文我本行菩薩道時即
本四輪也我成佛已來本六番也本初實成亦以此瑞用表六
番故顯教中文殊引他佛之昔事同我佛之今序密意正表昔
佛必有於今今佛豈無於昔昔成已久故非一反觀行釋中初
句摠標次正釋中初約動爲表次約六爲表初文者言雖兼六
正語於動皆表當破無明名爲動難動地即能表也淨未淨
根即所表也次東等二六者俱約六數表也表淨六根約觀解故

故得通約觀行相似分真等位皆淨六根於中初六者事東踊
等具如中陰等經今入觀心義復符會言表根者眼鼻已表於
東西耳舌理對於南北中央心也四方身也身具四根心徧緣四故
以心對身而爲踊沒謂中踊邊沒邊踊中沒可表六及十二入也
復有六動者義兼十八於其六中前三是形後三是聲形實聲
虛六根亦似三形三聲此六事釋新舊不同新云動踊震擊吼
爆今且用舊曰搖颺不安名動自下昇高名起墳壟凹凸名踊六
方出沒亦名踊隱隱有聲名震砰磕發響名吼令物覺悟名覺
新云擊如打搏爆若火聲經論略標多云震動即形聲三各
標一也大經云純陀去後未久之間其地忽然六種震動文各有三
者以表一根各有根識境三初文表六中表雖更互破必同時
淨十八界者次辨所表皆破無明故知秖是見陰界入皆常住
耳云云者應具述所表以成觀心但略存數並闕心境辨妙相
狀次不次等亦可根根皆修三觀如十八動此中但約能動之相
所動唯秖一地而已如根雖六以心破故一切俱破釋大衆心喜中
先因緣者昔教奚嘗不覩雨華等相今欣躍殊常理應甘
露方降時衆雖無測者必知機成不久機感相應何疑不釋問
如文答中通明畏常故也引大經證如文次若言下約教雖具列
四對昔四喜不同於今純一實喜無復差別人天等四皆云動
者權爲實動故也問實理無動今那言動答動即發也圓
機當成名動實相以餘四動當趣實故文無本迹觀心若作
本迹者本住不動三昧迹以地動表發義立觀心動者如二十五
三昧中破四天王空假中動釋毫光者初文摠標放光釋中初釋
白毫次釋放光初文但有二釋初雙標二釋應機標因緣設教標
約教破惑下明二事意也現光本表斯二具二方除疑惑白毫中
初是因緣復次下約教初文四悉者初文世界其毫下爲人放

光下對治光照下第一義四皆此經次約教中具序三教二乘
即當前兩教也雖有菩薩同見二諦耳復次下明放光具爲四
釋因緣中三初放次收三收放意初應具四悉文相不顯但可
通令見得四益大品二相各放者以身輪表般若徧也大經
面門者面門口也表佛口密說於秘藏今經定中眉間表意隨
機各現皆具三密四悉益也雖一代來三輪施化當當之益莫
若言教臨滅之際面門放光表此言教流至未來世今且通論放
光若別論者準諸文說不照無色義同集衆次收光者初引育
王多是因緣釋此中現在一文是章安私意從足入去並經文也
各表記其當界所以他經授作佛記皆兼諸界唯此法華尊
表佛記言當界者但明諸界各有死此生彼及大小果位以下表
下等部屬方等故對多緣而今經等者定起必收收必肉髻
略耳者以至佛從定起必須收光以所表事辦須斂衆心令入
一實是故合有收光但是文略又解下次收放意可見亦是一途
非究盡故耳以現在正令會三歸一爲正未來當得爲旁若
去六下約教中先正釋次明光表表中先破舊者舊明雖橫照
一萬八千上至尼吒皆此土瑞今意不然放光一瑞義通二土言由
人者不能全破次舊曰下舊解但約一方表滿不滿若照下破也
既許實照十方何得獨以東方而爲所表有人云眉者放光處
也眉者媚也若人無眉則無媚也所言放者一者不制唯照大千
二者作意發動則照一萬八千亦云表一乘此不知佛無謀而作
以作意放釋諸佛之功用今明去正解次若就下本迹中表四
位增長者四方表四集表增長言增長者從信入住乃至等覺
故下文云餘一生在次觀解中云此等境界者即十八界各百界
千如雖在十八佛慧未開故以光照表開開即別在初住文云
去引十界機皆開十八界也言分文屬此土等者始從爾時

終至周徧並屬此土第六瑞文他土初瑞但從下至上至尼吒天
今文以此放光之文通兼彼此故其文勢亦含長短若短取
者如向所列若長取者須至尼吒還將此第六而爲他摠若爲
他摠亦有長短準望應知次明下正明他土六瑞爲二先略次
廣初略中爲四初標次一見下列章即當正解釋也三既有下
生起六瑞四若此下對此以明瑞之所表次列文中但云上下不
云感應者以感應義通三雙故不同此土前之二雙並在於
應故第三雙得云感應又彼土瑞至第三雙生起中云行始必
終者但互舉耳明菩薩有始而必終如來已終而有始又人法
雙中雖人通鹿苑之末法唯乳味之初然法必有人人必對法故
且對辨又上下雙中雖上說被下而被物未顯即雖未顯始末
由之故得對之以論上下況凡諸取對皆是一往是故更須求
其始終初雙中六趣者廣解章門非此中意乃至離合以爲
四生五道七識住等如論廣釋論云言摠報者瑞雖有六以光爲
本光表覺智光照此彼先表二覺次表三同於三同中二先摠
次別先摠明道同相如何不出三同既今同仍隱但成二耳
若所見中亦見授聲聞記說壽長遠則如來都無所作化儀
不成雖然縱見記小長壽此衆亦疑不知此土聲聞爲合記不既
教踊出其壽若何等是未知故並隱之以生疑問文殊廣荅具
述三同衆機略知定後之相故知通序文通而釋契別理由四
釋故別序文別而義妙由五時故所以荅事纔訖定起於斯事
符於荅知文殊見極從盡見下別者即三同也次廣說中初文
先出他土次當知下引彼例此結始終同起塔之相雖表二經法
華之相猶未明了是故但成具於已當二同此土三同當仍未
起言二土出世意同者同五濁故施等不殊開權即是法
華之相息化即是涅槃之徵非頓等者法華一乘非頓漸攝

於一開出乃頓漸生是故今云非頓而頓非漸而漸準此可知起七
寶塔者二經味同隱者未說十二因緣經云八人應起塔謂佛菩
薩支佛四果輪王佛八露槃餘之七人次第減一此土既爾他應
準知故今所見須皆佛塔也當知下引彼例此摠結前文言從一
出無量者始從華嚴至般若來皆從一法開出至般若時頓漸
已竟而人不知法華出頓漸外請觀竟字法華但是收無量
以歸一次更約因緣釋者文中自有通別二釋初云通者通於
漸頓徧於四時四時之中各有感應對今無非今教之因緣也
故知因緣有其多種自行化他自他相對文從自行故云昔善
今教等也次別說下正明現在之因緣也亦可此三展轉相生
由發心因緣故信解由信解故行行若別說者別指般若中三
教爲種種也故云三藏之後以般若部是菩薩行故又就下以
般若中三教教教皆有四門及四悉等故云復有無量相貌言
五百者明共門中種種廣故五百雖是三藏有門約所證同且
證於共乘至般若並成通人宜得別益今且從顯故得引同
仍舊乃成種種故也不共易知但例而已共不共名出在大論既
云藏後理應通指方等般若唯云般若者以方等三同般若三
小同鹿苑故不別指他人於此離爲三門謂因緣門信解門相
貌門今謂言辭雖爾義理不然因緣謂感應差別信解謂能
感不同相貌謂信後行異有此不同皆云種種雖復殊途不逾一
味感應則互有疎密故云因緣能感則內懷納受故云信解修
行則身口外彰故云相貌外相儀貌故云相貌問行一解異如何
行別荅觀外識內故名不同言彼明此相者彼謂彼土彼所現相
故云此相雖復種種同至法華無復餘相但未見法華座席以
入滅表之故但云一因一緣等言一因等者亦是彼土法華已
前得云種種既會入實同一因緣相貌等也此是感應等相

問光中所照一時橫見何得乃云先頓後漸乃至會歸耶又於
見中可無純頓唯漸等耶荅實如所問時衆但知因光得見大
術在於世尊見者非其境界然今見意本爲證同所放光明
爲成一實事殊理絕者非光所霑遠近既俱令其見聞過未亦
何隔於視聽故使十方始末皎若目前安以凡情測量聖境何獨
化主佛力令見同聞衆中及以集經者時有古佛晦迹其間智
鑑當時述斯橫竪加令見者聖凡一等故知但依文次經意宛
然次爾時下釋疑念序初云但成一疑者本疑六瑞自力不任方
思荅者與思有在仰託文殊文殊念興有決疑地故第二念於
茲自亡既已得人何須再念故第三念於時復息及至發問初
疑尚存故云一疑問經稱文殊是法王子者此諸菩薩何人不是
法王之子荅有二義故一於王子中德推文殊二諸經中文殊
並爲菩薩衆首次釋初念中初因緣釋云神變內外者此
明表異須此別釋若通釋者如大寶積經一切諸法皆名神變
異如止觀第一記引神名下釋名兼辨相首標下明所依法法
王下功用也亦是問由次若夫下即約教也亦是更釋功用及以
問由又此問由雖由不測神變正由自決故利他機發故應赴因
緣和合而設斯問令知彌勒不識所以故須諸位展轉比決歎者
若行外道及諸凡夫定者得禪外道及信者習定聖者三藏
中除身子外諸聲聞也此就極處亦不知者凡若夫之言明其
意通故下節節不知於上若極位者則一切下位而皆不知也
故菩薩補處及以尊極此之三位若存教道應通四教展轉互
比文中且然今最居極故補處極不知尊極又彌勒去義當本
迹隱本智明迹同暗訥若作觀心釋者智照靈通六即隨變
初文因緣義對四悉其義宛然內外異故見聞歡喜六瑞外彰
物觀生善依理變通徧調一切法王理極故無過上若將下偈顯

大衆疑念同彌勒有三者此諸大衆共覩六瑞自入位來徧歷多
會又知文殊神用莫測故至彌勒興念之時衆亦精誠專注
妙德故使彌勒發問之際先觀大衆方宣自疑審知文殊是決
疑地舊解可知準今問荅意引偈既云三念不專彌勒但據一
事任運發問居先言問荅者文殊最能何獨彌勒應云物機在
於問者荅者故以四釋而消其文即因緣等也初問荅下是因
緣如文殊推堪問疾於無垢施仍爲所訶故云任無文法門下
約教四教不出權實故也又迹下本迹也又名下觀心也初因
緣中其文雖狹若義立者亦具四悉問荅隨樂即世界也赴
衆所欣爲人也咸釋衆疑對治也位行齊等第一義也次發問
序者頌初先料簡偈文有無先何意下問次龍樹下荅論文十
義今但列六前五即初五文也六使後人於經生信七易齊言詞
轉勢說法八示義無盡九明至人有無方之說十如今文第六文
是揔論即因緣釋也初二世界三五爲人第四第一義又爲下
第六對治能除後來疑故餘闕四文第六同爲人第七同對治
八九同第一義故略不論正釋中先述古次觀文下且揔非之
說法下釋出顯是於中先明非縮次明非蓋初文準義在初句
中故非縮也於中先立但舉放光動地之未則知說法入定之本
若無定慧安能現變次他不見下責今反下引荅以難又問
下叙出問處今指下荅也前長行但揔問放光若執唯光是問
餘不問者應當非瑞則雨華動地尚不成瑞何獨說法及入定
耶放光既在此土瑞終仍居他土六瑞之首故揔舉一光通收二
六況若更下別問導師兩字義自兼之次明非蓋者風地二
瑞並有所依所依是瑞能依豈非故於今文明非蓋也於中亦
先述非次破中初一句略斥次風本下破爲二先明風有香尚
得爲瑞況復風地本爲顯華雖各立瑞名而共成華德正法華

中但直云香不云風也故知風若無香不成瑞也夫天華下明香
本屬華華香如檀故云檀風若香風非瑞華亦非瑞地淨準
知於中爲四先揔明有香等次此表下釋出所以言因運至果
者明華香入風如道風德香薰一切也三金光明下引證四故以
下結成以果上二事顯因功也由華有香非獨風爾由香風故
其地必淨言二事者謂功德法身功德因也法身果也由至果
故成就二義一至果二果淨由因至果故令果淨次二句地動
瑞次一行衆喜雖不依前次第六瑞宛足次初三行下言驗此
等者前長行中光瑞乃居此土第六乘此即明他土六瑞他土
六瑞無光不見故須判爲他土揔瑞恐人不了至此點出故云驗
此故偈中此土光瑞云大光普照前已明竟至他土瑞首重云眉
間光明等者重牒揔瑞文耳涉公都不立二土六瑞但云此初行中
上半譯是下半譯非應云佛在大衆入于三昧三昧大事而不云
放光下文自有今謂此文自是他土揔瑞故知自未曉於經旨徒
加譯者之非既爲他土揔瑞所以不別分之但載在六趣之始即
初一行頌揔瑞也次頌別瑞初頌六趣中云六是能趣人者四趣
及天雖即非人通指宰主乃偏六趣於中初二句略舉上下諸
世界下具列依正因果初諸世界者指萬八千非但見能趣有
情亦覩所趣諸有非但見果報好醜亦知業緣善惡故見六
趣但是取機之所又覩下云聖主師子等者聖即是主故云聖
主有人云聖中之主謂於外道支佛羅漢法身菩薩諸聖中
主今謂華嚴十方世界主伴之主非關二乘外道但是諸菩薩
伴中之主聖主如師子故云也師子具如大經大論師子法門又
師子吼者名決定說前兩教主非師子吼說非決定不譚眞
實第一義故雖云兼別最初純大故云第一前之兩教猶雜煩
惱故非清淨赴機未偏不名未賴並詮中道故云深妙稱理

當機故云樂聞有云如來胸中大種所起故名清淨無卒暴故
名曰未賴此以欲色凡夫報質釋佛梵聲一何苦哉各於世界
者一者以萬八千爲各二者主伴不同爲各信知須判爲華嚴教
前之兩教及中三昧無此事故二教八門名爲種種無三乘事名
爲佛法若人下頌四諦等者他人不作華嚴消文遭苦已前鹿
苑之始皆有各於世界之文以小乘中無十方佛故頓後漸初
唯有鹿苑三藏三乘初乘四諦乃至佛子三相宛然如何不以
五時消文文中先出能厭之行厭不偏故未得名盡變厭因果
至說涅槃方乃厭盡在文分明者苦含因果即苦集諦厭老
病死即道諦爲說涅槃即滅諦亦可爲說之言兼於道諦涅
槃之道即道諦也所證滅理即滅諦也又遭苦是揔標厭老病
死是知苦知苦故斷集爲說涅槃是知滅知滅故修道難陀持戒
具知止觀第四記支佛但說得果之由及以所求法勝若例聲聞
須明行相云云若有佛子下是開六度大乘者修種種行及無上
慧諸教共有今初形凡小亦得種種及無上名不雜凡小通得名
淨非畢竟淨者且約三藏六度言之乘中無病名爲淨耳若欲
於此辨四悉者三乘行異世界也緣覺爲人聲聞對治菩薩第
一義況復各各皆具四悉三乘約教準例可知本迹觀心亦應可
解下去諸度隨文略消又聲聞等者且約當教一途而說應知
通教三乘並以界內滅諦爲初門別教菩薩以界外道諦爲初
門圓人以界外滅諦爲初門此中明因光暫見不合廣求法相
但略堪表同於理即足若論修行方可廣辨以下三十一行半
廣明二味故判此文唯三藏也結前開後者結前中言見聞及
事者據漸頓教皆云演說及爲說等即是聞也又見佛子等即
是見也見中種種多皆事也大綱略足故云若斯同者略之謂千
億事言開後者續後而說故云今當及千億事文中置之今應

兩牽亦可前四句結前如是下二句開後蘭菊之言斯有在也
此下三十一行半分文但云菩薩修行既居鹿苑之後又在涅槃
之前準下釋般若須兼二蘇以法華相未決了故從容釋之雖
約二蘇教多在三如前分別故諸度約教別圓之前多不云教
含二意一兩後釋義準部通四令識眉目以長行中具云方等般
若故也移問中經云恒沙者阿耨達池四面各出一河東銀牛口出
殑伽河南金象口出信度河西瑠璃馬口出縛芻河北頗胝迦師子
口出徙多河各繞池一帀流入四海於中殑伽沙細而多外人所計
以為福河入洗滅罪佛亦順俗故常指之又佛說法多近此河故
以為喻此　度但略指大體若依二味具出其相具如止觀第
二第七記所引問既云方等般若亦應具有兩教二乘何得揔
問唯求佛道答實如所問但避繁文還同鹿苑故略不說駟馬
者四匹共乘故云駟也俠字胡帖反豪也文殊下經云往詣等者
表性非餘故指佛所所問尊極云無上道所棄不輕故云樂土
身心俱離故云剃除如是消釋世所共有凡諸解說貴在教宗顯
理之精息其繁務五王經者此是一卷小經經云昔有五王鄰國
無競互為親友有一大王名曰普安昔菩薩行以餘四王邪見熾
盛普安愍之呼來殿上七日七夜娛樂受樂四王曰國事衆多請
退還家大王自送并命左右而隨送之至於半道而問之言各何
所樂一云願春陽之日遊戲原野一云願常作王種種嚴飾人民侍
從道路傾目一云願得好婦兒端正無雙一云願父母常在多有兄
弟美食音樂共相娛樂各各說已迴白大王王何所願答我先說
卿所願不長若樂春遊冬先彫朽若樂為王福盡相代若樂婦兒
一朝疾病受苦無量若樂父母常在等一旦有事為他所執四王又
問大王如何所樂答言我所樂者不生不滅不苦不樂不飢不渴不寒
不熱存亡自在四王問曰如此之樂何處有耶何處有師大王曰吾師

號佛近在祇桓諸王歎喜各詣佛所卻坐一面白佛自責佛說八
苦王及侍從百千萬人得須陀洹捨國入道大相略同既云問無
上道非關小果且據捨土出家事同故今引之光中所見亦可八
苦以為助行諸教共之故捨國事同觀行須別以分諸教又如長含
有四輪王分於一國屋人剃頭既云諸王機亦不一下去又見等亦
通諸機故也經云被法服者如瓔珞經云若天龍八部鬬爭念此
袈裟生慈悲心意令比丘安可不忍亦令俗衆生慕樂故龍得
一縷牛角一觸等云云彼王所慕與此大同此中秖合明所見意以序
表正諸度行相功德及袈裟等但是寄此況明之耳然必須辨行
體顯教以分味殊生忍等者文中兩解初通以三句用釋三忍次
二句別對三忍應須附文釋出所以若分三忍對四教者生忍若
忍別在初教通為四境何人不須具此三耶別在地前求佛道
者此中雖無但準例說次文即以誦經為第一義者若不求佛恐
不闕誦故以誦經同求佛道第一義忍通亦在三別唯圓別故令
三句諸教不同如別譯阿含佛在舍衛有一梵志來至佛所種種
罵佛種種惱佛佛告梵志如汝以種種飲食上王及遺親族彼
不受者為復屬誰梵志曰此屬於我佛言此亦如是我既不受
還屬於汝故此不受亦是生忍故此生忍別屬三藏在阿含故通
於通教理不受故況復通用諸教共之其名既通須釋相狀次進中
實相亦可通四別三森者如瓜在穴病也禪中云通途皆有根本修
者諸教皆修故也若達根本即成出世及出世上上具如止觀禪
境中明今文語略但云出世上上及以根本根本即三藏出世即
通教上上即別圓又四教皆以根本為境故釋前行通涉諸教
於前行中云離欲者通教也又根本下藏通兩教也此兩皆修根
本背捨等故然應須知觀行猶別以辨兩教別離二乘且從難
說中道離欲中義通圓別從圓受名重釋深修者由深修故離

欲不同則根本中亦應傳傳為深故也此中根本乃至二乘具六
已來亦具藏通二教意也別教五通如文亦可讓於初地已上圓教
初後皆六通者但約理圓無漏失故義立六通若從實說初地初
住分得無漏通耳安禪等者前通釋中通深淺故今上士禪別
在別圓釋般若化他中云定慧具足者別人利物橫具諸教乃至圓
教今從極說故展轉此乃至地住方乃具足是故文中初從色定
亦名為等等故具足有漏尚等況復餘耶背捨等名等衣等者
約無漏事禪以判既云厭背故多屬慧九定名定從名判耳無
閒入故十一切處前八屬慧後二屬定又前八在色色界之中亦自
得等已如前說前是因緣又二乘下約教判二乘即前兩教也菩
薩及佛即四教義足空觀云云約觀判也破魔等者四佛各有
四降魔相具如止觀第八及記若對教者亦空三假別中圓則具
教觀二義故也乃至地住各有破於八魔十魔八魔十魔具如
止觀第八及記究竟破魔故名一切魔即梵等者即真妙梵音之所
轉也既降魔已應轉法輪文從實說但云初住通論四佛各各能
轉乃至真妙亦通四佛次約不次第云隨見而問者問向明所見可
非隨見答並是隨見但二途不同從不次邊最為隨見尚許一
見具經五時何妨觀行次與不次三藏後等者此則全是彼佛所說
且如見人見行不妨見說捨禪者第四禪也亦可別圓忘懷之捨
忘彼禪故名之為捨悲禪者婆沙云初禪修悲易二禪修喜易
三禪修慈易四禪修捨易此中悲禪既云化他豈獨初禪故婆
沙中尚有通別況大教耶故二禪皆應云慈乃至喜捨華嚴思
益等者華嚴具二思益具四故思益第二卷初網明菩薩放光
偏照十方阿僧祇國一切煩惱一切疾病遇光安樂煩惱病苦並云
一切乃至佛自放六度光觸者蒙益故皆具四以初地例佛亦應
無妨故得引之第一云佛告思益梵天能教衆生一切智心是名布

施不捨菩提心名持戒不見心相生滅名忍心求心不可得名進除身心麤細名禪離諸戲論名慧豈非三藏六度耶第三云我說布施名爲涅槃悲心謂大富入諸法實相故持戒是涅槃不作不起故忍是涅槃念念滅故進是涅槃無所取故禪是涅槃不貪著故慧是涅槃不得相故又云布施平等即薩婆若乃至般若即薩婆若又云布施不施不慳乃至般若不智不愚此等豈非並是通教六度耶第四云能達一切法無所捨名檀達一切法無所漏失名尸達一切法無所傷損名忍達一切法平等名禪達一切法無有起相名慧豈非別圓六度耶華嚴具如止觀第七記引又如地持六度各九此並蒙光得益之相以佛道名通悲禪不局初地初住及通七地俱以得入故作通釋四相既分五時可辨是故不假諸餘繁論未脅睡眠具如止觀第四然彼是方便此中正修亦通四教若小乘中如那律具如止觀第四記此中在大以求佛道故引般舟以爲行儀般舟翻佛立此舉除睡中最以九十日常行故也準部又通通諸教故無数乃至究竟但此十戒名出大論亦通諸教具如止觀玄文今十始終悉是菩薩故皆求佛道生法兩忍者合前二忍爲生忍第一義爲法忍初半能忍人次半所忍境下半用忍意意即兼於生法故也故知生忍之名名通義別三藏中生藏事忍爲生忍行門中生忍法忍亦異三藏力者阿含云力有六種小兒啼爲力女人嗔爲力國王憍爲力羅漢進爲力諸佛悲爲力比丘忍爲力離諸等者若具如止觀第四卷云云初一行半明所離次半行明離意以諸教禪皆離五蓋意在佛道如寶積經迦葉云有四法急走捨離百由旬外一利養二惡友三惡衆四同住多戲笑或嗔鬪等又云若有打截大千衆生若有惡心惱發菩提心人此過過是癡者具如般舟須離癡人及鄉里等者前亦有方便正修之別四事者前之三行正具四事

初行二事謂飲食湯藥次行衣服次行臥具房舍諸教之中或復橋梁義并園林浴池今無橋等者矯也勝美食也不知何事嘉祥及涉法師皆以肴爲肉縱有一分字義通肉何須置餘事用於肉使後代少識者疑之應云非殺而食曰餚若作膳者獸也說文曰膳者具食也秖云從肉作訓咲誰即名爲肉或云是肉木制之前斯言更診大乘頓制一切斷肉何論楞伽前後制耶況復並是光中所見豈一萬八千咸同未施斷肉之制猶以餚肉供佛僧耶經名衣等者如此土迦葉袈裟衣直十萬兩金光中所見或當有此次釋般若第三行中云言語道斷者心不著故必離言說言語道斷泯前初行不可說而說心行處滅泯前次行不可觀而觀雖復雙泯而說而照故云說不可說觀不可觀此語復通行中諸教故不局此消此三行文有五釋初直消經文次釋三行全在方等而言六者五隨般若故也第三釋三行全同般若咸讀等是初行意寂滅等是次行意清淨等是第三行意以從名便同稱般若第四釋以三行具對三昧第五復同般若問若爾此第五釋與第三何別荅第三直以不說而說等與般若相同故且對之此中因第四釋中以第三行對於法華者良由妙慧二字仍云見人不見座席故卻將初後二行歸於中間一行不觀而觀正同般若即與不見法華席同等是不見故未消法華皆云或者意在於斯問前分文獨在方等今釋具對三昧耶荅一者方等具足四教攝法多故二者唯未見法華座席是故於法華前從容說之而兼般若然又諸教六度別者皆由般若是故具論所以若說若觀及言語道斷諸教有故故須具論云云況所見難量故詳之至五收難既廣不出於斯兩意從人者第四第五意中正指第三行也冷然下云云者如向略申上文但云種種因緣信解相貌未分三昧四教之別釋者誰知三行含於三昧又諸經論六之與十離合不同具如止

觀第七記又瓔珞十度各各具三義通諸意故下卷云施有三謂財法無畏尸有三謂自性受法利生忍有三謂苦行外惡第一義進有三謂起大誓心方便進趣勸化衆生禪定有三謂亂想不起生諸功德利益衆生慧有三謂照有照無照中願有三謂自行神通外化方便有三謂進趣向果巧會有無不捨不受力有三謂報得修得變化智有三謂無相智一切種智變化智以佛舍利者略如長行新云窣覩波此云高顯方墳者義立謂安置身骨處也見有滅度之相則知佛已涅槃雖見入於涅槃未知爾前所說而時衆不逮未測見由故不同古畏妨壽量復爾前已見三蘇太小理足應不重說是故懷疑諸天龍神等者塔藏身界故供者福大不同殿堂形貌安處故長阿含云佛臨涅槃有梵摩比丘佛前立執扇扇佛佛言卻勿在吾前阿難思念此比丘常侍佛供給無厭今者末後須其給使乃令遣卻何因緣耶佛告阿難今俱尸城十二由旬天神測塞嫌此比丘當佛前立今者末後諸天神等皆欲供養而此比丘有大威德光明映蔽使我不得親近禮敬是故令卻阿難白佛何因緣故有是身光佛言毗婆尸佛時以歡喜心手執火炬照彼佛塔使其身體光明乃爾上至二十八天身光不及火照既爾餘皆準知故知舍利所住之處其功不輕慢之生罪罪莫大矣如斯等例經文甚多何可具列並非今正意經云天樹王者即忉利天波利質多羅樹具如釋籤引大經文結文意者正供舍利旁嚴國界若直爾嚴國何須起塔白毫爲本者此約道理白毫表中爲諸法本不必最初及由光見以之爲本如他土瑞六趣居首具爲瑞本所以他土以佛爲本若論總別仍同因光言佛爲本者下凡依佛佛之人法由佛始終始必歸終問他土六瑞容可因光此土但云佛放一光見此國界何曾關五荅因光見處一切皆妙當知光是殊妙之本況復諸瑞並中爲本光即中也他六皆

中由光亦爾次行者初二句歎光本初中初一句二字舉光本本
即神力智慧言諸佛者舉諸顯一正指釋迦次二字正歎爾前
不然故云希有由二事故其光乃淨下之二句歎光體用於中初句
歎光體次句歎用所照國也過萬八千方云無量故前立歎且從
所表況復諸方所照亦爾故云無量第三行中初二句重舉所照
而歎過常次二句舉見稱號以請答云見此者二土瑞也與一化
異故云未曾既殊凡諂未曾不虛諸佛子等疑事不輕故重啓
之非尊爲己故云衆也言構難者構者架也累也頻至於四故云
累等彌勒節節設問文殊皆構而拒之此三意者初意明事大
意遠次意將讓發起影響二衆第三意將讓當機結緣二衆雖
復初二共成第三故彌勒三意並託機緣故云妨閒機在仁者及以
闇衆是故託衆翻其三意而請必答斬亦固也廣雅云彊蕀也
兕者音似似牛而一角似牛非牛故云疑兕今直愛懷不決故云憂
兕闖字胡𩓐反閉也漢書云闖衆不爲一人者闖盡也當知今會
盡衆疑也初拒中云衆未曾疑者且據不發言者以質彌勒次待
佛定起者佛若定起其疑自決言時答者催促之詞今其即答劍
師持音作劉字者誤劍師有弟子行深從文遁貫山答問爲四初
開章次生起三推忖下所以四廣解生起中云周像者亦可云彷像
未實貌也具第二字古作彷佛上敷往反下方物反上相似也下
不審也若准此義上字正當惟忖答也惟忖答上此土瑞者欲說
等五句既對六瑞即是以五忖此六瑞略曾既云放斯光已即說大
法他土六瑞以光爲總因光先覩聖主演說故知答他土問也廣
曾具述燈明六瑞及光所照如今所見乃至定起說經即是雙答
二土問也雙答問意在問於定後故云雙答惟忖下當因緣釋然
文下本迹也據未廣述似同未知既云今昔昔即廣曾但未彰言
先示惟忖故先五句酬序六疑破古中先敘次今明下破先去取

云其法說不用者仍存其辭不用法者本門大旱故也問至此尚
破大旱何以通序本迹釋耶答通序通於本迹別序唯在迹門
故釋通序汎用本門非通序中廣開壽量乃至別序雖有本
迹之言或時且用體用本迹問若爾辭本辭法法既不用何以用辭
答秖緣光宅法辭分張法則本迹俱譚辭唯迹門顯實去法存
辭良有以也儻若全取仍須責云辭本辭法如何三辭唯辭得
記改小破惑二法乃以本迹雙論用辭除法良由斯也然論有八句
一欲說大法二欲雨大法雨三欲擊大法鼓四欲建大法幢五欲然大
法炬六欲吹大法蠡七欲不斷大法鼓八欲演大法義今但依五
句以初句爲總下四爲別他以八句四對釋之而云一破惡進善對
二開權顯實對三得智證眞對四說法利生對仍云尋釋來由
唯有五句成兩對半有破惡生善說法利生開權一句餘者則闕
仍不次第讀者應知今謂論文八句釋經五句是知不斷幢炬釋
法鼓耳不斷明鼓體相續幢是法鼓標幟炬明法鼓破暗以喻釋
喻道理如然今依五句總別釋之然通序冠首乍可從容別由藉
異無涉遠本文殊答迹尚自惟忖略廣方決乃酬問豈得率爾
示遠本耶若釋五句作顯本者略曾且廣曾並須知遠光中黃見
應發近迹光中橫見尚隱昔同但以起塔密表入實豈容於此便
見遠成及以塔踊并分身耶惟忖既未關於遠本故略廣唯譚於
近迹釋後既虛等者釋顯遠既虛釋開三亦謬開三秖應如今
總別不須以對廣略二文若不爾者徒稱權實正釋中先直述大
意次正釋三橫竪下結意正釋中先釋次結惟忖初文又二先對
五瑞次別釋大聖忖量不徒涉慮此初惟忖乃爲略廣二答之基
故彌勒思瑞以設疑文殊附疑以忖度是故內惟昔佛正前之六瑞
忖量今佛瑞後之三周故略廣時方顯內忖此即一經之骨目也
初中三先對五瑞次欲說下二解釋悉今表正三如是下結示有無

秖爲釋中以瑞表當故論八句且云欲也釋中初句答說法瑞者
明昔說無量義經表欲迹門入實兩時無量義義既不殊驗知
今日出生之後收入何疑法之大者豈過於此次句答雨華瑞者
惟昔雨華時已表當說圓因四位故四而非果忖今天華而四雨
了時會之一因一因必四位爲所階四雨以義天爲能表第三句答
衆喜瑞者忖今同昔衆見瑞喜冥表必行行依理教故喜心內動
圓障冥壞改昔權人成今妙衆人必稟教行理感然第四句答地
動瑞者忖今同昔見地動時已表當破六番無明故昔佛世界六
種震動動雖形聲二別且以大鼓忖之故知誡兵必破邊疆之大
賊地動則除中理之無明故二乘昔來都無斯理序中冥利時衆
未知第五句答放光瑞者忖今同昔覩光已表開顯道同故以一光徧
照彼此表釋迦彼表四佛故知迹門不得同本問大法法義二句
何殊答大法表此土開顯法義表彼此道同此照於彼彼同於此故
云演也並一代所無信答問有在言兼具者驗知四瑞在定定不可
無關此至略耳者略謂極略一往略曾似如略於惟忖義則不然以
略曾中既有過去諸佛之言但是略廣名爲略耳非望惟忖是
故惟忖但忖量過現無曾見之言故更略也故此略言有其二意一
者言略無曾見故二者闕略闕入定故次別解中復爲總別總者
以下四句皆是大法故知下四爲成初句所言別者即以雨等別彼
大法令入住等對四位故故名爲別即以光宅三喩而從今法故
釋五句並託喩從法先以華瑞擧於橫別以示竪總以初句中
義含四位故也故次以雨等以離前總出四句故準此下四當位自
具從始至末文中具從對竪以說故以雨華用表四位如吹法蠡通
表改於四位而別在於十行擊鼓亦通表四番破惑而別在十向
演說既通云橫廣竪深竪深即如位位竪入徧通諸位而別在十
地故初雨雨乃至法義二一徧於迹門廣說但於衆生得益不同

須從竪釋束横從竪故入住者且名法雨乃至入地且名法義是
故迹門通名雨雨乃至法義故下廣釋句句皆云爲令衆生所
入又有超次不同今且從次並言今之與昔等也如初明雨但表
入住即不云今昔從信入住何所論改非不改信非改眞位不得改
名故始入住不須云已故知二乘鈍根菩薩昔法華前未破無
明今初入住但得名開是故略開利根深益在住第二句故第二
句容有昔時利鈍菩薩及二乘人先密入住并於今經始入住者
並進入行俱名改號若顯若密至今不同三四兩句準第二句故知
改名亦通於後誠兵亦然證位雖爾亦有今昔聞經薄益入品入
信略如向明當機結緣具如玄文利益妙說故知爾前亦可義通
開等四名横闊竪深者前之三句非不深廣今至地位最得其名
次惟昔下摠結横竪釋竟者若摠別相對以摠爲横以別爲竪
若於別釋初句雙顯横竪二釋下之三句文正明竪位位兼横涉
法師云論釋此文略無奇巧難可具依是故今文亦不全用經善男
子者涉法師云離五不男豈法華中衆但離不男纔堪爲受聲
聞無作一緣之中少分而已今言此名大小通其云夫今應云開七方
便爲善堪聞獨妙名男男子即丈夫具如大經大經仍含三教佛
性具如玄文所引云須陀洹人佛性如淨乳等豈小教中有佛性
耶故知大經於法華之後開方便教偏立佛性之名名通義別
故男子之稱通在五時諸教義別次釋略曾初言小分明者且從
言說階漸而言意則不然向云惟忖還忖廣略故知略曾更述惟
忖答中但略舉光瑞光照他方義當他土摠而言之並答此土況他
土之文元爲成此故知惟忖且此略曾且彼所以分於彼此者以惟忖
中有今佛之言略曾中有過去之語以今表此以過表彼若爾
廣曾亦曾具過去之言何以雙表答廣中具述三同可以三同顯此復
有過去之語而以過去表他若爾判答之中無過去語何以雙

判答今見此瑞與本無異本表過也今日如來即顯此也便述
過現故表雙判言曾見者即是見廣但言中序序略廣漸增
爲答之方賓主儀耳欲令等者欲令之言譚教意也聞即聞
慧知即思慧即開顯之聞思故云難信既有二慧必入修慧並佛
說法獨令唯二但以知釋修未可全當故但云思亦信法者即圓二
行聞即信行如隨喜法師品等知即法行如安樂行等豈二行者全
無修慧如三周授記及本門功德等並一往分別耳乃至云若聞是
經思惟修習等故經文中其例不少以一部文凡論入法不出二
行故也三慧二行得入諸位故欲令之言意通初後云悉無量以
歸一者指說大法意也義當於摠次云改三乘者指法益十行次
云六番指擊鼓十向次云諸佛等指演義十地次云開等卻指
法雨十住故知略曾還述惟忖瑞表所爲故云欲令一切世間等者
若不通指諸位並開佛知見豈得云一切等耶如下文云一切世間
多怨難信難信之珠四十餘年方乃信解次廣曾者還廣上三
言横竪者彼此相望義爲横今昔相望義爲竪通號者應身且具十
故名爲通法身望應亦得義立吾今此身即是法身故知應號
即法號也然釋法號須從法立眞如止觀第二記又諸經中或時
通列三號即十中初三故淨名云若我分別此三句義窮劫不盡準
三望七亦應可知應號無盡況法身耶別號不定如楞伽經佛告
大慧我於此娑婆有三阿僧祇百千名號亦如華嚴此四天下十千名
號十方各一世界各十千名號乃至十方盡虛空界種種不同此
佛既然諸佛皆爾佛號既然佛身說法亦復如是十號功德如首
王經香口比丘云若爾今之一佛尚名字不同何以言今名與他
同耶又釋別名作定慧自他釋者何佛無此自他定慧獨云燈
明與釋迦同答應佛得名隨緣各別其義縱具不及燈明如楞
嚴中堅意問壽佛今往東方過三萬二千佛土有佛名照明莊嚴

自在王堅意往問竟白佛已阿難云如我解佛所說彼佛是釋迦異
名故照明之言正與日月燈明義同涉法師云日破暗月作明日成
熟月清涼日開衆華合青華月合衆華開青華燈於密室能
破暗如彼智能破惑然全無合喻況復亦無三同之見依今合之方
在今教方可依前定慧自他故云隨緣稱別義則不殊次說法同
中即五時同也如華嚴四諦品云文殊告諸菩薩四聖諦此娑婆及
十方世界一一各有四百萬億十千名號大集亦爾故知諸大乘經多
爲辨異唯有今經特爲顯同非但今佛與他佛法同亦乃己他
皆入一味故下文云因緣辭喩皆至種智是故諸經不出異意大乘
七善者既云通大小乘論中又以聞思修三而爲三時成論又以少
年中年老年所說爲三不同今人今人老者所說非善又亦以三
乘爲三故云通也今文以三段爲三其言仍通其義則別時節
既爾餘六準知今經應云圓乘七善八音者一極好二柔輭三和
適四尊慧五不女六不誤七深遠八不竭諸教悉有從所宜異
判教不同從所依異判佛差別來至今教理無二途界內外等
者別圓兩教攝彼二處摠名滿字故名圓滿師云者指南岳也又
初去重出異解金光明者如金光明最勝王經第四云此經希有難
量初中後善具義究竟雖不云其語巧妙等以餘文例可以意知
部雖方等義圓極故可以證今前心者謂住前中心者謂登住後
心者即妙覺理猶未顯名不思議分證定慧名爲莊嚴或究竟
盡名爲不壞此三如來凡有所說皆同一善初心尚云不可思議況復
中後所說皆善是故亦與說法同中時節同也故但立三時餘皆
善也有人云初句摠六句別故離七爲十初離三故四義深五語巧
六無雜七具足八清淨九鮮白十梵行須爲分其大小漸中不明
方等般若者但以六波羅蜜擬之但是文略既云答上種種修行
應具如上頓漸既同横竪不別故知因光横見非但生彌勒問

異之疑端亦爲文殊答同之先兆又非但二聖問答之冥符亦是如來化道之玄旨故主伴相與密設一途使愜物機且聞皆契輒問前問中以菩薩爲三藏大乘三藏之後方云種種即指二蘇今何以將菩薩六度及種種耶答凡諸問答及偈頌長行皆有廣略此文望上應爲三意一者上廣今略故今漸初但舉二乘二者上離今合故上菩薩別開二蘇別明諸教三者上旁正具舉則通列三乘今直論正且語二乘問觀文語勢今得菩提屬菩薩句何以離分對味不同答有二種一者義意施前諸味本爲佛乘故將今得以對元意二者答意問既具騰初後答亦委述始終不可唯守略文今闕大旨故隨問勢從義離開況此問答隨見而辯信非二聖虛構言端方符今文釋者之巧引過去無量劫遠事與東方萬八千界同驗者易消文未成答問成一切種智者五佛章中皆云說法乃至種智故知同也所以定起引同還同光中所見故五佛章種種之言不出四味昔同下云云者今更分別三同相狀今佛正在於定故以法華爲當古佛已說法華故以三皆在昔所以古佛六瑞及以爾前四味而爲與今今同已同唯說法華名爲當同古師不以六瑞而爲今同具如下破初引至云舉者文殊巧說爲避繁文故文殊見時皆具五味言指前者以中後指前初一佛也二萬之漸指最初及後最後之頓指二萬及初而不引二萬之前等者且引同皆爲頓開漸過去既爾驗知他土不過萬八千者以過此外不同故經若云無量何妨照同若依現數則中間不同尚亦不照況萬八千外雖然猶是一往光但令見一萬八千答但引於過去二萬足得表道同足可釋疑念故定起所引十方三世何但如向所見所引問若爾何以將數而爲所表答凡有表者皆約現數忽至三萬豈無表耶以自在法門無盡故也況正爲所表且至二萬八千二萬燈明觀釋還表二萬如前二千即二萬也如

菩薩八萬準說可知若具以二萬爲表即表權實滿也姓頗羅惰等者具謂譯也婆羅門中之一姓也本行集翻重幢重字平聲一切諸佛皆不在餘二賤姓故尚尊貴時則在剎利尚多聞時在婆羅門又濁難伏時則在剎利清易調時在婆羅門問三同判文姓何爲異答姓屬祖父名從己德縱使姓異未足爲乖若作義同不無其理尊貴多聞義同名別如會名中豈以今古同名釋迦言能仁者亦根利捷疾不違物情故得國人從之如市所言不二咸滿衆心故云滿語故滿語等秖是能仁王子一八亦復如是若爾十方諸佛誰非利根等耶答本引今同何須求異況今但以三同例之名同乃是從便來耳如五佛引同十方無不從頓開漸無不今至一切種智此八子名作四對釋者但得觀心餘三全無經云各領四天下者有言金輪必不值佛此亦不然諸皆不例言發大乘意者秖是四弘誓此諸聲聞大通佛所先已曾發何況被會更有小名然發心者雖華嚴十種不出四弘具如止觀第一卷廣明今未發迹等者亦應云開權言發本者從示迹說問集經者在發本後何故仍云聲聞耶答此約文殊答問之時猶是聲聞若爾經首不應猶名聲聞答從昔列之具如序釋故解釋者先須順經現文次第且歎其小復更約教及以本迹採取文意準今以說聞此云發本與發迹何殊答大同小異發者開也若迹覆本開其能覆名爲發迹迹既發已即見其本約所開邊乃名發本以覆本故迹名能覆本名所覆約所除邊名爲發迹約所見邊名爲發本下文者具如五百受記中說則知一切頭角聲聞咸是菩薩昔明至則有者釋疑也恐疑昔與今今同中應一切同何以今具五序昔但二耶初是現相從彌勒當知下懷疑從時有菩薩下便論說經所以古唯二者有二意故先徵意次既言下釋中二先明文無義有次又若下明隱昔顯今從要故言二理兼者略若具引三序以答彌勒之

問還成文殊引往爲答有何不可但文殊鑒物知此時衆情在於己故彌勒云四衆欣仰瞻仁及我是以隱昔日之三而但述二令知問答之後即說法華巧中已見以愜衆情適時之宜何以加也又若下第二意秖緣不敘昔答故以己辭具騰始末始說法華終盡滅後乃至結會方結述云今見此瑞與本無異等乃至偈云我見燈明佛本光瑞如此以是知今佛欲說法華經等但利物乘機何勞費辭故隱問答但述已見若爾何妨述衆答據無異前無衆圍繞等言且云無衆而云說大乘經教菩薩法所教菩薩及二十億豈非衆耶況二兼三餘何須述若爾何不述問答聞必有答相從須關初所因今中先述不同以徵起次述瑤師謬解言因託者是流通之人即指妙光言非直者非如今佛適從定起正說之初直告身子彼佛下次明妙光非彼佛定起對告之人如今下明身子但堪對告非堪流通故云未必次因託下明彼佛流通屬在妙光故云莫若次如今下引今流通之人同彼妙光莫無也若如也此佛弘宣無如文殊不可匹類故云無如次今佛下明今佛既其不歎身子往佛所以不歎對告故知今昔俱歎弘通之人故云何必必者是不歎之辭文殊下重引所歎流通人耳次又舊下復述古師而以藥王爲所因者許而不用此師見下法師品初云爾時世尊因藥王菩薩告八萬大士即以藥王爲所因人若引藥王以例妙光稍似可爾沒卻身子深不可也但云文有所因之言亦是對告之限且云可爾言引往小不類者若引往燈明正說之初對告之人以證今藥王故不類也例同身子此則類也所言小者猶同文殊故也或言下文引古師言不便者釋疑之時如來在定定起因機非因文殊定起唯云告舍利弗何得將在定釋疑之人用對定起對告人耶今明下斥舊所釋不當故摠云不爾經云爾時燈明佛從三昧起因妙光菩薩而作下責舊文云因其說

經何得云因其流通此乃下責二師公謂彰灼抗謂拒抗二處皆是定起對告即所告乃以妙光爲流通藥王爲對告遣經抗佛何關釋經昔因下引諸事同非唯一途云迹門竟等者非謂迹門全竟但是辯說周竟便云告舍利弗無智人中等今古下結斥言更若爲勝者前釋雖云昔已發迹云是菩薩今未發迹云是聲聞衆事既齊故所因亦等而近下斥引藥王而近藥王說之初遠取流通之首是時下說法名同中經中所歎與無量義辭句不殊若釋此中教菩薩法等依前序義者非正宗意若作異名與今不別故無重敍行後無境者方等般若種種行後不見法華涅槃之會但見起塔供養之事故云無境是故今文下答出法華之會即行後事也六十小劫如食頃者六十與五十食頃與半日數似少異皆即長而短故云同也生公云豈實然乎表重法志故寄時云耳若云寄時應言如六十小劫何得直云六十小劫謂如食頃故但情謂非實短也信六十小劫經文非虛聞法之志加以佛威一坐經時忘其久耳注家初引淨名促劫爲日演日爲劫者乃是佛促以爲食頃此則違經謂如之言猶不如於重法之志但言寄時與經背耳引著促已乃云況玄匠眞一之門何爲不以歷劫爲數刻耶雖復況釋理竟未彰今謂且如世人苦則以短爲長樂則以長爲短此亦情謂之長短也有云受佛法食美未飽故此喻稍通有人於此立以四句如中論破此亦不然必非聽者於中修觀乃是佛力及聽者忘時故知中論觀法但被末代鈍根者耳經梵魔等者梵即色主亦三界主魔爲欲主沙門此云勤息勤息惡故婆羅門者此云淨行外道中出家云淨行種也古人濫以此釋四衆者若攝衆足何以更云及天人等所列不同並趣舉耳此中先舉欲色二主四姓舉勝六道標善並且從勝略餘惡道者皆取入佛法易者耳古昔既爾今佛亦然迦葉佛下云云者應明佛興土有淨穢

涅槃進不以例燈明是故迦葉以土淨故法華唱滅即入滅也今佛等者長行未云即時釋迦牟尼佛以神通力接諸大衆皆在虛空以大音聲普告大衆誰能於此娑婆國土廣說此經今正是時如來不久當入涅槃但今佛雖唱而未即滅故云不久信解亦云將死不久以在穢土須說贖命爲捃拾故扶律說常令久住故兼權明實助發實故帶實用權顯權力故過常未常始末一故色身常身無生滅故雖此不同唱滅事等授記向中先正述簡昔事下答若說下明隱昔意文殊巧讀不發迹者明所隱意意待定起一代所說非無圓融未記二乘化道不暢今方始遂推功有歸豈可文殊忽卒盡理故隱所見待佛定起說記德藏時衆不驚爲故云諸經皆爾執教者未驚下云云者應敘一代記不記意如華嚴法界何所不含隔彼聲聞使如聾瘂後分雖有授記事非鹿苑初聞一向唯小方等尚昧般若猶生雖楞伽方等有記小之言楞伽乃密對菩薩方等爲斥奪聲聞故一代教文彰灼唯此請授檢大藏方驗有所歸故將讀執權教者謂聲聞永住涅槃而隱昔記小之言從後以菩薩立號或恐聞者驚疑憚毅或恐拂席以亡後聞此前未驚等文處處說故故不重論釋疑意者彌勒雖在八百之數多遊豪貴名曰求名雖藉宿因補釋迦處豈若妙德諸教咸讚況曾爲師釋疑非讀言密開壽量者預擊時衆密發疑端豈有伽耶適成而已師爲弟子兩時弟子何者爲尊二處之師誰爲實說既師弟無定實本迹難憑終須剋論今理有歸密生其端本門方審九代祖師者若論八子皆師妙光則八子皆以妙光而爲父師既云八子展轉授記雖同師妙光應先記長子餘者次第展轉爲師故得妙光居八代之首八子最後名曰然燈然燈既爲釋迦之師是故妙光爲九代祖生非生等者既師弟更互當知師弟生實非生爾前曾滅滅亦非滅必久曾證非生非滅常住

理故迹示生滅故云非等文迹難測故故生非生本理妙故故滅非滅本迹雖殊不思議一是故須以非生非滅之師弟預密表之問彌勒等者昔八十劫承稟妙光雖不通利安得不聞今爲補處宿智頓忘何故而今猶生疑問答意者此依權道不從實行實行雖即曾聞何妨今仍猶豫然憶昔曾聞法華會中得記等事亦應憶昔曾見法華會前瑞相釋疑故知實位補處輔應化佛示麻米五味亦且從權是故文中從權以釋次分明判中先騰意次正釋先騰意者惟忖既忖量今昔當知惟忖見已分明故云不謬爲答之法先徵後著故至明判顯向非疑故云皆決定也皆言表諸即初後皆決豈文殊大聖先思後當耶次當說下正釋中當說等者當說今經定用開經以之爲表開爲合瑞理決無疑名妙法等者華必有蓮如因定剋果故知當入妙因定用天華四雨爲表教菩薩等者自此已前衆機仍隔此會之始根性欲純覩瑞欣然當入行理定用人喜以之爲表佛所護念等者所護之理中地無動欲念數亦令當入果入果見理理是所護故用地動爲其表也兼總入定等者四瑞總由中定而成說法雖即不專由定說是慧性全定爲體故開定合定總攝教行人理故也有人下述古正是現瑞時問故得以瑞爲今謝方名已云何住定華地炳然衆喜充懷毫光溢目古人稱已殊不體文唯說法適伏況衆猶未散故從多瑞皆名爲今故引文來見此瑞今何所隔瑞無不通降此屬當故云當說前昔同下注云云者正指此中故作等者六瑞爲今具兼二義一有文證故文云今見此瑞二者推理無量義經事訖衆存猶入其定又云爾時世尊放眉間光爾時者當爾時也若謂華止地靜爲已同者如來亦應已從定起偈中不頌惟忖略留者偈望長行廣略之意各有其方爲解義故爲攝持故互存互沒尚不失旨況爲答定法略與階漸長行既廣王禮足偈頌但存於大綱

已有廣曾明判故不復略及惟忖於廣至中間者舉前舉後中可
比知表無問自說者方便品初從三昧起告舍利弗廣歎略歎此
土他土寄言絕言若境若智此乃一經之根本五時之要津此事不
輕故須先表即十二部中之一也現諸等者都指四行故名為摠
其中六瑞文相猶別初一行頌說法次一行頌入定次二句頌雨華但
加天鼓以助妙因次半行頌衆喜次半行頌地動次一句頌放光不
能細分但且云摠以兼天鼓天龍供養非灼然云喜故且云摠良由
此世頌他土中初頌六趣中三行為四初半行重明摠瑞次一句正舉
六趣故云一切次一句中摠明生死因果及處生死兩字摽標也業明
生死之因報明生死之果處即二十五有故亦與此同也次一行明
所依土前長行文及問荅中皆不云光色至此方云者前豈應無
次一行明諸趣供養雖云供養意表機成當知前亦非無也問既
云莊嚴則是淨土既云道同那列淨土答淨由光照元其六道淨土
則無惡道之名故知非但色淨由光亦乃衆寶具足各供則指
萬八千土可知下云云者四機既偏於諸趣四佛偏赴於物機是故
四教各有真道一坐任運三千四念一念相應不加功力二處妙覺
本得自然他不見之大小混亂次例如下引例以釋自然但舉小喻
大七生等者意同前問若言真道自然三教入真何以聽法由
荅中如流得風故引小為例如七生關法尚滅至二生三生況諸菩
薩應真辨三果家家一來以例地住真道位也今光中所見應
皆果佛義可通因既有本迹四句不同豈無一土本下迹高本高
迹下及以俱下本迹俱高理數然也故自然之稱其例實多若
云法報須約別圓故注云云言將法約人者但云深法不語菩薩約
法須之第四三行者其中既云不頌緣覺則初行頌聲聞覺應
云三行頌六度但云一行恐誤又頌施忍等於四度亦恐誤也第
二行中進戒二度第三行中施忍二度秖應等餘禪慧二度耳若

作初二行頌聲聞則初一行直明見人次一行明所修行以云有諸比
丘故也但諸文中多不以進戒表於聲聞然亦不以比丘為菩薩
前發聞偈中但云又見菩薩而作比丘耳次一行明菩薩乘即
唯指三藏菩薩將人約法但云聲聞不云四諦約人須之第五三行
云頌上種種相貌又云略無起塔者具如上文以對六度又如以般
若三行對三昧是也亦可從或有諸比丘去至說法求佛道四行
摠頌菩薩即六度義足以第三行是禪第四行是智即如長行
亦於菩薩乘中兼於三蘇故云六波羅蜜從今得去為法華意
亦秖是進退取之耳若依向分即是六度含於多種以當略及三
蘇菩薩也次兩時下一行半云追頌者隨頌也若準玄文用此追
字皆云追耳如云涅槃追分別諸經即追向前也今此但以追後
為隨天人下初兩行二句頌因人同者經云從三昧起即讚妙光讚
後方始說經故知正是對告故不可依古作流通解之況復但云證知
不云流通也囑累如遺教者彼經初云我滅度後當珍敬波羅
提木叉如闇遇明如貧得寶云云是汝大師若我在世無異此也二文
初皆云汝等比丘有悲如涅槃者涕泣盈目偏體血現如娑羅者華
此即恭法慕人之志也有慰喻亦如遺教者彼經末云汝等比丘
勿懷悲惱若我住世一劫二劫會亦應滅會而不離終不可得
自利利人法皆具足若我久住更無所益例如今佛付彌勒云云者
如云一稱南無佛皆得值彌勒等後彌勒初成道時語言釋迦牟
尼種種呵責無未汝何教植來緣令得值我即彌勒受付之文也
我見下四偈不同舊釋以為結成須頌上文判荅意者若作結成
之言則剩判荅之文又闕荅得不將頌判荅耶頌上當說大乘經
者亦應云名妙法蓮華頌云佛當雨法雨等頌上教菩薩法故
知上之五句但明欲說之由誡衆令生渴慕耳頌云諸求三乘人
等頌上佛所護念是佛所護故為斷疑與上文相涙合何得不

頌上耶若作斷伏疑釋者文復如何斷第一意者妙瑞本表報於
法同斷第二意者瑞同法同法必會實相斷第三意者至此會者
咸無異求斷第四意者三疑得除功在於佛事窮等者事窮謂
名等三也理盡謂所顯之體事理合一何所復疑

釋方便品

正法華題稱善權品及至釋文皆云善權方便當知法護亦以善
權而釋方便善是巧之異名耳文自分二初略中自二初正釋中文
自為三初一從字訓後二從意義又初二從昔教後一屬今經雖
有三釋並以三教而為方便但有能通非能通及以即不即異致
成三釋然須略譚三種大旨方可消文然於三中初約能用三教得
名法是所用用是能用雖法之與用俱通四教但有方圓差會之
殊故方便之稱從權立名權不即實故對實辨成體外權非今
品意文中舉圓即屬真實相對釋來耳故知在昔不應以祕妙釋
方便也乃是祕而不說名為方便況圓於昔乃是兼帶之圓是故
偏圓成非今意次第二釋權屬能通三教亦得名為方便然雖
不即以能為圓作遠詮故所詮之圓亦帶能詮為方便故知並非
今品意也前釋不云三為能者權實逗會各致其極故方法不同
至第三釋方乃三權即是一實指此即實之權方名今經方便次
消文者初約法用中為五先法次舉辟三明用權意四引證五此
義下結非初又三先釋訓方者法也者說文云法術也正當今文
爾雅云則也即法家之則又云正也今亦如是其法正故方可
逗機雖未開顯不得不正次法有下釋義雖俱法用以偏望圓偏
差圓會會雖勝差然會非差用顯非妙三權下釋相又二初釋
法方圓以對規矩而分偏圓用顯非妙三方圓者雖即四教俱名
法用正以偏法名為方便次若智下釋用差會所以俱置法用言
者又合契機耳非俱會圓故並云逗又法用者法名雖通用既適時

未爲純一爲以何法逗何等機故以四法赴機差會且不等權實相待是非俱非如前釋法意既未融道物未暢規矩仍別且云善用詮謂所趣正是用也智顗不同用法華等次辟意者正辟法用不同有二重法辟於中置卻圓中方法之名且借秘妙之號故隔偏之圓亦有體內方便故名秘妙秘妙之名似同第三然其意則別何者第三乃以開顯爲妙此中乃以獨圓爲妙故此文中四俱方法前之三教唯名方法非秘無妙後之圓教是秘是妙故後教中得秘妙名非關開顯故用偏法如以一指偏目一方若用圓法如以五指徧示諸方三明用權意者顯前未合即以權法名爲隨欲四引證者應以三權爲引出之法文寄小說故云三界況所離不同三界無別若於如來方便本一此意未宣故屬昔教雖是體外方便於理無非體內而衆生未知準佛意說故云稱歎方便以未開故非今品意次第二約能詮者若理教相望四教各論無非能詮今以三望一三爲一實作詮故三名能詮是則前之三教教行人理悉爲能詮於中爲七初直立三教爲門此從義釋非關字訓次門名下釋門義如世之門本爲能通三昧人實故名爲門三方便下明門意衆生不了元是所通依其所執得成弄引但不善用者以引爲弄四眞實下明門用雖非即所得入由茲五從能下明得名權實尚隔由物機差故前之二釋於顯露邊及別地前非今品意六引證意者明彼昔門但云能通於今須開故云開方便門非謂於彼已明開門七此義下結非第三釋者即今品意俱前二釋於昔但得名偏名門秘而不說今開其偏門即圓所也故云秘妙顯露彰灼故云眞秘文爲六初直立者於昔成秘彼秘被開於今成妙次妙達下釋功用者達即是開用妙之便以開秘方妙外無法故云即是三點內下約人教以示相者衆生身中有昔種緣名爲衣珠自退已來於彼解客偏門尚無偏門之名何況圓所若不開之

三權未顯如衣覆珠今經開之與果智一作人亦爾思之可知四如斯下結名方法及門即是秘妙故云如斯五如經下引證六故以下結名顯是次料簡中三初約自他三語寄前初釋以簡於三故初被開即第三也次約能所寄第二釋以簡三文故第二被開亦即第三三約四句共簡三釋初釋者自有三文簡初文者三教一向名他名權權隔實故釋次文者以三教之他與圓自對辨釋第三文者三俱體內無非眞實但名爲自自外無他三語亦然次約能所者亦自有三文並將能所兩字以簡能所是非釋初文者且指三教但是法用尚非能通況是所通是故三教非能非所故三方便悉皆爲麤釋次意者門是三教得是能通不云三教即是圓故故非所通既其不即故猶是麤釋第三文者亦開前二非能非所及以能通並開成所所中善巧名爲方便故妙方便異於方法及能通門故知下結斥先結名體若同若異雖俱名方便有此三異且但開名便解其義故三釋皆有方便之言三非今品故云義異世人下總斥世人豈天師帶偏情有阿黨耶其如理何其如文何其如行何其如證何生公天眞獨秀尚云從昔題品若從昔題何故稱歎若稱歎昔豈非毀今若以昔歎今又失於昔則使體內之權全爲體外之用又虧乃成內外俱亡安得歎佛權智五佛開顯便爲初施三周善巧仍爲徒設若言品雖題昔品內在今縣類膀州惑亂行者又初釋中既以隨他等三通後二釋次釋復以門通初後理應亦以妙通前二文無者略但注云云應云初釋方便是秘而非妙次釋方便秘堪入妙後釋方便秘即是妙此乃從佛內解以說今成顯露故闕不論三約四句中初開意者正本既云善權方知權是方便異名欲約異名料簡同異故先問起答中四先標列次釋三三句下判四故正法華下引證釋中相破一對分爲兩句相修相即各爲一句合四句也他文或以此爲三句

或爲六句隨其法相立意不同句法常定今立三對已乃開爲四句者欲以四句用對三釋以前三句屬初二釋若但爲三句以前二句判屬前二有何不可但相破中文相別故又準相破相修亦可分爲兩句四句屬前亦無大失名句隨時不可一準言相破者權與方便今昔並有二名於昔則偏圓二名相破於今則偏圓名體相即此對初釋故云相破在今則三教並妙亦名爲權亦名方便在昔則三種並麤亦名爲權亦名方便故將昔二互破昔二以成二句即二麤三教對彼圓教故昔教中三於圓教人俱成秘妙及以同體故云四種皆是秘妙及同體也被相破言但從於名不從於體今從名釋其體常定言相修者亦並在昔二名互立但是三教二名互修圓教二名是故異前相破句也雖昔圓人亦見四種俱是秘妙然於彼教不得顯說相即之言故但依向於昔對論故相修者亦對三教以辨一圓何者若捨三修圓還同破句若即三是圓乃同後句不破不即從權入實故得修名若於兩前二味三教利根菩薩有顯露得兩教二乘唯秘密得由得入故即稱爲門言相即者即秖是開故相破屬初釋相修者屬第二釋相即是第三釋言云云者更以四句約味比決若開若判具如餘文準說可見下復廣明故不重說三判可見四證者正本名即今乃體即三權三方便即一權一方便故次釋方便者亦應言方便即權舉彼釋今故不繁云耳當知體外方便即體內之權名雖更互名下之體既開體上之名本實由昔分於體外體內則今二處名下體殊故知今經方便即是正法華善權正法華善權是今經方便無二無別低頭等者尚開人天況復三教若被開已一體無殊前已三重總貫八門下第五門雖結權實寄彼便明三番釋品正意須以三種釋品通貫八門思之不謬乃可解釋況一門十雙之中雙雙須解三番解釋一部之內一代教中不出八門十雙故也次廣解

中先破古爲四先述五時教非次述半滿等非三復有下述雜釋非四又有下述附傍非如是四失皆稱權實權即方便不知將何以釋今品初五時非者皆先敘次破先敘初時次今謂下破者大論破無常但是對治對治屬事事即無實但成小宗方便纔有第一義悉尚非衍門三悉方便豈符今教第一義中權巧方便耶次破十二年後爲般若者今不暇破其在方等前但破權實不出通教故云即空引論意者雖空有相即望實成想尚非般若中實無實則無間體方便豈成此經方便品耶問般若三教俱念想耶答通別俱約未證實者故文但云照假有空空未實故破云想心境未融故觀名想故有想觀非今方便次敘淨名意者以方等中自行內照空有二境如云修學三三昧不以三三昧爲證等納海入不二名爲變動意謂以此權實過前般若今謂下破者有二一者對前前教豈無內照外變二者當部內實對外還名爲二亦非淨名入不二門既非不二則非圓教二諦相即豈是今經權實不二之方便耶亦不知他人指何爲二及以不二故非所用次今謂下破其申法華以三四一者具如下顯實中明況雖分權實而未出前教以不云相即之權故知權實尚隔何殊偏小次敘其判涅槃者昔妙覺方常今謂下破汝雖許涅槃明常而判在妙覺何者道前道後照真照俗俱有常與無常云何定以金剛前後判經部耶部中得分豈皆妙覺量謂數量及以體量以彼俗境是有量法如境而照是權智也此用攝論理量破之故今文意若明常住衆生理性尚實尚常豈等覺後方乃常耶此五時下揔結也故彼五時權實莫異並非今意次乃至下約半滿等破半滿等宗具如玄文第十五時既傾半滿諸宗不攻而敗三復有下破雜釋中四先別敘次如是下揔破三權爾下別破四各不下結非於別破中云處所者謂智所託處爾之真假皆暫時之言故知還約暫時處也

化城草庵等即其相也法門者智所用法隨物機宜指三乘故是法門也言智能者能施之智進否有則故於鹿苑設三乘也鍾佇僑反亦可鍵佇違反隨物輕重前卻均平故是智之巧能也四結非中言不包含者權實自住不相即故況約處約法但云三車故使智能不遍於此文不收於四教行理故云不包義仍未攝開三人法故云不融欲消今品具如四句何法不收何法不融四教附傍五時非者義勢多是嘉祥舊立故今上下三兩處破之令知得失如其無失何以歸心其失乃是歸心之前破之則是光其後也於中有三初略立次初二下略判三此諸下約諦教智三重三轉先述其立初文意者彼以初重二慧爲本故但云一權一實意以權是凡夫實是二乘謂二乘實破凡夫權而迷凡夫未有權名此亦未可此附鹿苑非也次空有等者意以雙離向來空有而以觀空不證爲權涉有無染爲實故以觀空非空觀有非有以顯中道此乃附般若非也不知般若之中中道非一故也次云空有內靜者意云息向空有權實爲實以此外用爲權非但內靜雙非復能外用雙照前雖雙非但同內靜此亦不知二教共有此附方等非也次更以此雙非雙照在金剛前仍爲無常在金剛後方是於常此乃非其內靜外照此附涅槃非也此師雖見涅槃五時不語法華真實況亦除於乳味揔論雖五唯附四時次述其略判意者初直立二慧令信有故故但直舉權實次生解者元立三智意本離著故離二邊方解立意第三意者離內二著方成自行復能不著雙用益他第四意者非唯益他自他俱權論其實意本在極果故指金剛後心爲實然今明五佛非不在果及以本門久遠之果理則不然尚開凡夫即是真實況金剛前仍判爲權權若唯在金剛之前則佛永無權智將何以消今品名善權耶況都不判四重權實爲權爲實況都不語法華全非今意是故不

用向已通釋故云略也次述三轉者具歷諦等所言三轉者於向四重除第四果以前三爲三於中文爲四初略對三轉次何故下明轉所以三又如下引證四又漸下述意初又二初正約諦次教智例初言諦者即二諦也權實爲本故先約諦以判於境境即真俗於中先標次對二諦二諦語同深淺各別且判初重一實一權但名二諦以此二諦爲信本故即是轉凡而成小聖次重意者轉前二諦俱名爲俗雙非前二乃名爲真此真但是離著而已第三重者先牒前空有爲二者牒前空有爲俗雙非不二者牒前雙非爲真即此真俗復轉成俗故云二不二俱俗非二非不二爲真第四果重是三轉外既雙非理極但有因果相望權實是故不云次例教智者明此所詮以爲所觀既有三轉能詮能觀豈無三耶次明所以中言爲人者三重二諦皆逗物機機即是人人有三種此不指四悉中爲人也所以始終不出二諦且約隨機又名爲人引證者常依之言不逾此三故但對之重舉佛教所依證前約諦意也次又佛教去重引揔意爲證即證前約教教中所述不出此三故云三門教即門也次又漸下約佛化意揔述前之諦教智三化意能所不出此三初令凡夫捨有入空即初制小也次破二乘空著故空有雙捨意云小菩薩也雖捨空有應未見中古釋菩薩但以次位而分大小不論知中不知中等次惑者下中邊並亡即大菩薩或指八地初地十地等覺次此爲下更以五乘判向化意意云佛世化意不出五乘於三重前以凡夫爲人天人天生信破有入空以爲二乘次又爲下約三假判此似次第修中之人先破三假此中一番但加三假餘無異也秖是分別向之五乘最初破有必具三假故初以三假爲俗諸意並同然諸番中雖不云假初重俗諦理須是假又前諸番不云初重二元爲修中但是文略故破假修中多是中論師意第三重應云非二假空有爲二非空非有爲不

二三不二爲俗非二非不二爲眞準前可知故不重說今詳下但
梗略破之又爲五先略非次經云下引文正示三又初下結非示
過四如大觀下引例五當知下結示初文者附旁用他五時之意
隱五時名潛爲已釋今以二時中橫論權實體用多少意明如
來難思巧用巧用不立但成漸次是故云非後約三轉又除果地
意欲擬爲智諦離著以因顯果不意亦成漸次之非次引文正示
者今用五時八教相入方成一實二時中橫竪間雜唯至法華
諦智純一仍辨使成方便之相故方便初即歎五佛智諦方便是
故品題須依圓頓經云皆得親見汝乃至果方常經今捨於方便
汝乃卻更用之大經自指法華爲極汝乃唯指金剛後心應開諸
教汝乃廢之次示過中云信解化果者即前四重始終漸入次何關下
正示其非故嘉祥又云身之與乘各作四句乘四句者一三爲方便
一爲眞實今捨三取一稟教之徒雖復捨三而封一實麤惑雖去細
惑尋生今問至法華會若已捨三復於何處而封一實若未至
法華爾前復無捨三之教聲聞之人於法華前見修久破至此
何等細惑尋生封實爲是何等惑攝豈有細惑由聞法生次云爲
對破故明三與一皆爲方便今問不審三一俱是方便爲在法華經
前爲已至法華會耶爾前尚迷三是方便何曾云一亦是方便故
此品初但云昔日方便示三的無三一俱名方便對破之語爲在何會
三云稟教之人乃識三一俱是方便更封兩非而爲理極今問三周
何周是稟兩非之文爾前二乘尚無前二況雙非耶若菩薩人
處處得入何須法華三又以三一爲二兩非爲不二三不二皆方便非
二非不二爲眞實破亦準前徵今又處四者二與不二及以兩非
仍屬四句未免名言並稱方便諸法寂滅不可言宣乃是眞
實今問三昧起告三周顯本爲說不說寂滅義偏何但法華教
下之理本自無言況大不可說先爲五人況今廣明五佛開權辨

教權實權實既顯誰復封言豈言封三者迷教迷情今約部判教
消方便名須有指歸豈從遣語以語遣語迷終未祛雖千萬破
終不可盡身之四句準此可知況此品初題爲方便應用方便以
釋今品乃作實釋殊違品目故知嘉祥身宮妙化義已灌神舊
章先行理須委破識此大旨師資可成準此一途餘亦可了亦如
三種法輪殊乖承稟大師稱爲頓乳其以根本爲名大師以三味
爲枝條其亦以醍醐爲歸本今聞凡言根本即是能生始成後
攝歸本本卻非始二言相乖枝本不立攝亦無當況根本兩分
攝歸方二爲根本二則名枝是則根本本來是枝應須會初而
從於後故開華嚴枝別以入法華本圓況華嚴別圓俱成近迹
根義復壞法華本成又言三味是枝末者鹿苑可爾一蘇如何
若二蘇圓別是枝華嚴豈可成本若爾乃成會本歸本或即會
枝歸枝若法華不關華嚴則今二本孔異何得名爲會末歸本況法
華部內無入華嚴之文但有入佛知見況涅槃終極五味明文本師所
師舊章須改若依舊立師資不成伏膺之說靡施頂戴之言奚
寄四引二文爲例者即是今經體內方便之流類也大乘方便經十種
方便未撿吾當知下結示斥非言如空若海也總包諸經爲流成歸今
經空海今明下正釋爲二先通次別初文三先列次釋三若一切法下
以四攝法辨法功用釋中四句皆先標次引文釋初句者既引文
云諸法等者以有言故且從有說有言不出千如百界第一句者
頻引五文皆證入實且以證對說爲實初文是被機之意次文
是諸法之本次文是化儀之宗次文是本行之源次文是立教之
理諸文皆以證爲實故知有說無說無不皆以具實爲本第
二句中引證意者諸法權也實相實也實即次句權即初句合
彼二句共爲第三以初二門無別法故例如下引例假想故虛治欲
故實秖此一觀是實是虛何妨一法亦權亦實第四句者引文即

指中理虛實理等二諦雙非此諦以顯妙中亦不異於前之
三門四門理同故皆云一切三若一切下辨功用文二初正辨句攝法
功用次直列下明其句意初文者秖此四句尚互攝互破權則俱
權乃至俱是非權非實況復餘法不攝破耶況四句外無復有法如
此方成今經破立並與諸師破立同耶當知諸師既不識於諸權
諸實縱說諸實既未分判實義不成況彼彼相望互推迷實是
故並爲初句所破故云無不是權初句尚爾況復三耶故諸師權
實並得權之少分耳言如來所說者舉果況凡佛有所說尚皆
是權豈末世況譚自言具實不思聖化唯虧凡軀第二句者實
即究竟佛說之權尚須入實況餘權實而不入耶故知一切唯有一
實言權窟者說文云鳥居木曰巢獸居穴曰窟保者住著也消
通大旨須稱佛心直守一隅如保巢窟三四二句準說可知是故今
文句句皆偏若攝今可識秖是三智照三諦境被三種機機偏
法偏理偏事偏皆云一切所以可知以一空一切空故一切皆實一假一
切假故一切皆權三四二句秖是中智雙照雙非內由三德三身具
足故使外用橫竪顯密爲成今經破立之意以對昔故須爲四
句通論大綱法相雖爾別論今品唯在第三亦權一半名方便品
以對自證實智說之是故須云第三半句仍須攝彼餘三及半入
此一半方可得名今方便品若尊四句各攝一切尚非通方何況
諸師偏計權教故云不得一向直列下次明句意者如向所釋雖
復略引略釋相狀仍成直列以辨句相未及融通以論玄旨者破
若立尚已無遺不偏一句不滯一隅故云尚自如此況以大旨而遙
觀之非局一方故云玄覽見方謂一人一行所謂一理一教隨立隨攝
隨破隨亡取捨自任故云曠蕩升出暗滯故云高明又窮遠教
曰遙觀察深理爲玄覽用橫周爲曠蕩指豎徹爲高明顯一家
消通故云若此若作懸字意亦可見他不見此將何以釋方便

品耶況論自趣耶者為破古失且以教相權實破立開施出沒
盈縮行藏若行解兼論自他合說覽向文以論其旨攝向事以
論其趣須曉四句秖一法性法性秖是真如實相如涅槃以法性
體不違諸法不受諸法不住諸法不入諸法故二名字二心法二
句偈二因果二凡聖二依正乃至十雙無非法界自在無礙其
義可成具如不二十門所說若本若末體理無殊說而不說說
說照性非遠自在無窮雖復無窮不出四句四句無句無句而句
句句徧收十方佛法但法華前教教四句句句未暢來至此會一味
無殊云云具如藥草喻中差即無差無差即差次開章別釋者已
知諸法互融徧入舉實即實中有權方指此權名方便品舉權即
是不思議權此權有實方以此權名方便品舉亦權亦實則各有
所歸此乃相即之兩亦攝三之兩亦故名方便品故用即真實之方
便為方便品舉非權非實則秖是方便之理理收三句皆方便品
問若爾句句皆徧皆方便品何必第三荅一者名便具權實故
二者義便所攝徧故餘句義便而名不便餘三雖有權義權名
不如第三即名即具用此即實而權為今品也故下十雙雙皆
具權實之名皆取即實而權為方便品況初三標釋皆冠十
文八門故也若不爾者非方便之事理乃至悉檀非列方便中
法相之名乃至非今經之本迹十義十義無二本迹似殊本迹
雖殊不思議一十義相別實相一如為衆生故列釋生起乃至本
迹事理乃至悉檀不同得意忘言言說解脫若見此意常黙常
說言行無遣遣以此旨而為觀境使彼觀境昭然可觀諸釋所
無良由於此如此解釋尚恐有濫況復諸家單淺徒獨縱多列法
相大小雖分雖判教時法華未顯若以法華與餘同味三說所無
其意何在然此八中前七迹門第八本門本雖未至權實理徧故
下文云是我方便諸佛亦然故方便之名通於本迹此既玄釋不同

消文是故不同光宅判句又此八門次第意者若不列名無以解釋
若不生起迷於詮次解釋正示十文相狀引證為防不信者故結
歸為明品元意故分別為令釋品有歸判釋令知麤妙有在如
是方顯品之深旨又須辨本迹今釋本地權實自他方顯大途
久近之化於列名中二須安權實之稱如云事理權實乃至
悉檀權實即是事權理實乃至悉檀三權一實復以三種釋
品分之乃成今經之方便也故論云自此已下示現此經因果相
故故十雙中初五從因至果後五果家勝用況一部文一可本迹而
分因果故知因中若無前四則因義淺狹若無後五則果用麤近
於中教是聖化且以受者得名不同世人以教為因佛智為果亦
不同他三四等也餘如下結權實中生起後云云者應於章章述
生起相細尋可見文復文標能化義須對所故後五雙唯體用中
一隻對所餘四並從能對得名又此亦與十妙義同若不爾者誰
知方便須具十法誰知十法義徧一經若無十法乃成經文不詮
因果及以能所是故十雙皆窮至要方是今經之十雙也若爾一
經始終皆名方便並指前教以為所開方乃可云此經方便故知
序中證信發起方便譬喻秖是比況方便因緣秖是往昔方便
本門秖是久遠方便流通秖是諸佛菩薩通法方便由是方便故名
真實若得此意如觀掌果法華一部方寸可知一代教門剎那便
識因果自他共成一法十方三世無懷異求以十法乘而觀察之
法華三昧投足有地無上佛果脩途可期有眼諸賢請垂觀之

法華文句記卷第三

法華文句記卷第四

釋方便品中　　天台沙門　湛然述

次正解釋者初釋事理中先釋次所以釋中先釋理六理是真
如至爲實者理實何在在心意識故理無所存徧在於事故事名
權故俱舍云集起名心思量名意了別名識在彼一向全無即理
若大乘中八識名心七識名意六識名識彼教爲迷又無即理故
小教有漏之法全無性淨即常住理知之者尟故知有漏雖緣
有顯理之功故稱歎方
歎方便品耶若不爾
釋理教中先正釋次
云總前事理者合前　八也　知無明法性乃
皆是所詮此心意識名之爲體具足一切界外法故誰知法華之教
以此等法而爲所詮若不爾者邪見嚴王惡逆調達從何而得次
舉例者此即舉解以例於迷解理之時真俗俱諦解由迷得故於
迷中且名事理由詮此理而得成教以理望教教名爲權理在於
迷迷亦名實故權實之名非一處得果教詮此能詮亦權故知
真教秪詮真理矣　稱此　自非今　誰肯辭　迷之
教爲方便品若
者謂圓漸也圓漸者何謂七
移行權教實故言教
若無以深應當無復
之教自分秪緣行有差殊致詮行教小別又能詮教亦無進趣所
詮之行自階差耳若不爾者如來方便波羅蜜等何所詮耶次縛脫
者行名猶通仍兼違順故以縛脫而對權實名爲縛脫又通昔

者諸經地前尚自違理未開權故此經彈指無非佛因以顯實故許
知此經佛以惡行亦得名爲善巧方便死屍之餘徧通一切具如倩
性禾二門明因果中三初正釋次無果下所以三　下釋　成
中云三觀爲方便者且約法示相儀
可定局別二觀耶如體用漸頓開合通別
從體起用從頓開漸從　等
果此果即有百界之用言立一切法者前事理中　爲一
法此中即是淨緣諸法具如染淨不二門明次漸頓中二者自他
俱有漸頓二者化他起用義兼權實並體內權爲此利他權
實法故須明開合開合者漸且不合者藏通兩教不廢小故亦不
合頓者三教菩薩不入實故次通別者前漸頓門漸中雖有半
教半在漸初今半通後兼權　判前體用乃至通別準前以
釋次當用下結示方法言四句者相破等四具如前釋四引　中二
先引次彼論下結歎初又二先　部次引
部者爲欲略示方便徧故具
故具如後列初引一部者　意次正
十雙二具諸教味若有不明事理乃至　者信非
待故簡通從別次正引者初事理中云不如三界者謂不同也始自
二乘並異三界未足辨今今從上句非如非異來成此文故與方便
教事理不同理教中理云寂滅者真俗二理不可說故次教中舉
五比丘者從漸初說亦應須云若無性者爲說人天乃至脩羅爲下
品善乃至爲說無作四諦故知從理俱不　爭大小俱可得
說證教行者若聞證教善行證行汝等下二文並皆證行應廣
約此經以明善行作佛之相種　言義合教行以有今昔
故也次但離下證縛脫者但離等者小中離妄名　即以
妄名之爲縛小離解脫非一切脫小脫於　縛故云未

此證大小俱有縛脫唯今名脫盡行下證　行　也
也須約此中明本迹果別故注云云佛眼體也見六道用也如見
頓也學小漸也注云云者五時不同會令入頓窮子開也付財合
也化城通也實所別也種種四悉也次別引一品者先結前生後
諸佛下正引須二釋令義合于雖文與此經意會云云初引諸佛
等二句者上句明佛智所知故云甚深即是理也下句引門門即
教也所詮既妙故云難解所知所，其理無別一切等者事理俱
境境即理也智即能知望於能詮名爲理同是所詮故也此正
用門字故難解字更分屬下體　不知於　不知正顯
能知故能知名脫次所以下釋上難知證　屬在
於佛良由果教有行故也以親近佛必　教故名
故次成就下證體用者成就甚深即體具也隨宜所說即是用
也應知文中略隨宜字次言從下證因果者正取成字以證得果
之因亦是有因之果種種下證漸頓者種種證漸令離證頓也所以
者何下證開合者方便證開具足證合且約自行論合自行既具利
他必然諸佛大事下證利益者大事從別別必冒通取要言下證
爲者取無量無邊之言以證三悉止止不須說爲證第一義正指不可
說理如是相性等證事者十界爲事實相爲理若取究竟等者
空中等爲理假等爲事若約此文對下權實皆約體內論之當
部已開故也言佛佛皆有者諸佛顯實皆奉五佛以爲事同次引
論中與論小別但有八雙開閉合縛脫利益即是通別開別出通
爲利物故縛脫與因果小異故不別對論釋諸佛智慧甚深爲
證甚深有五義今約所證故判屬理雖離爲五不出於證義謂義
味佛智得證有實義故實體謂所證之理內證謂自行契境依
止謂正明所依之理無上謂歎所證之理至果之時過於三五七九乘
等論自釋無上甚深云大菩提者論以大字以釋無上非引菩

提謂無上也以第三百有謂甚深故向約當品亦以上句證理下句證
教言阿含者此云無比法即言教也前五證理而能起教名爲證教
今理通因論文在果門是教智名智慧門此中縛脫一雙論文中
無今若立者難解難入仍加難見難覺難知於難解上云一切聲聞
辟支佛所不能知此正是解脫意也脫須對縛即與縛脫意同論
文合在阿含義中論於阿含義更開八示現即初從佛曾親近去
爲受持讀誦甚深二百千萬億那由他佛所修菩提爲修行甚
深三從勇猛精進爲果行甚深四名稱普聞爲第四增長功德
甚深今文合論四文以爲教行權實論成就下爲第五快妙事心甚
深論意趣下爲第六無上甚深論以隨宜說法爲第七入甚深今
合論三共爲體用權實論以二乘不知爲第八住持甚深經既無文
今無所對論從此後復立如來四種功德因果權實是一者初往成
就漸頓權實是第二教化成就此中闕一闕取權實餘與論不同亦
不須和會但以論文增句今但直對如前引當品文故今要消現文旣
證教行中親近必修行精進必增長若不精進增長安有名稱
普聞故三成行並由聞教次證體用中事即是用無上及入即得
體也既云成就信用從體次證因果中云說如來功德成就者功
德屬因成就在果經云成佛已來驗知果由因剋次證漸頓中云
教化說法者教化通攝一切化儀兼於逆順說法唯在口輪局於順
化當知三輪皆云成就不獨施頓次證利益中以自證釋利以利他
釋益自證實故故云成就不可思議隨他權故故云言語前云說
法通於自他此云言語唯在於他次證四悉中言可化者四悉並
從有機爲名故云可化前云教化通種熟脫此中可化多在熟脫
今言不可化者相對來耳即無四悉機者也證事理中云成就諸
佛能知法身之體此指果地法身爲理以隨衆生名之爲事亦是
法身妙境事理具足今意通凡論文局果果由凡剋故義亦同

此與佛經及菩薩論文理雅合故云與修多羅等合也五結成三
種權實者結成頭數也故以權實共爲其數若施若會法無增減
若無此文則使前釋權實未分且列十名略釋而已故今對教乃
分權實文自爲三初結成三種中又二先通後別束通成別通中
又二先通中通次通中別初通通中初標云云亦如是者標中雖云
四教皆十乃成四教各二十也或三十或百六十言二十者即自十
他十故也以自通他無別法故還以自十通利於他是故文中但列
十耳或三十所以者或言者表不定故故自他一或無本數指自他
故今仍分爲自他一對者一依教故以大經中有此自他一重三諦二
依理故既攝單自他而爲自他合失彼單名自爲一對或但一十
以自中合權爲實之十實對於他中合實爲權之十權總合方
成十雙權實若二十者猶並存於自他十雙故爾當知四教或八
十或百二十或百六十攬茲共成一不思議權實謂體內權以對
於實若不爾者非法華也次又當教下別釋中云四種爲自行
者前云通者十十皆通自他等故今云別者十中分於四三四故故知
直爾分十以爲自他不對諸教教皆然又亦可以前五爲自後
五爲他相對爲自他也恐一教內自他猶通自他相對今爲分十以
成三義則一向成別故爾是故四教唯有四十各具自他故知今經
唯屬圓中化他自行化他乃得名方便也次別結中云若通若別
者指前當教通別故也今總以四教共對自他則三教爲他唯圓
爲自故云別也前通別名自之與他義涉餘教別束通別自則唯
在今品是圓家方便施開等也云云次結成四句者結向別結自他
以成四句問前立四句二偏攝今何以今分權實各明相對爲句一
切不成答雖借彼四句用申今意乃分四教離合對句者有其三
意一者對論第三雖收一切教盡未可得爲今品首題二者開竟
還同前文圓融一切三者今第三句既收教盡但以此第三句中

權實相即則任運收得餘之三句借彼一切者良有以也若以四句並通諸教思之說之三結成三種釋品者即初文中法用等三故將此三各歷五味以結品名故知前釋略依實分對教為言故一家顯妙必存五味方成妙故故二釋徧於五時則今法用及門來至法華並開令成同體法用大車之門前二並成第三義也初約法用又三初直明五時次如來下明五時意三故釋下結成釋品名初直明又二初明出世施權之意次正明五時初文又二初明入實本意道場所得實也修道得故權也故引攝大乘雙證二文即理量是次佛雖下明施權意為接小故又鈍根故軫者車行跡也初行之始故云發也次五時中言兼者置獨說也故至華嚴兼說於別部中論主雖是圓教準五時意以別助圓下二亦爾此約前四時三種法用不能至實故但成於初義釋品若至法華縱名法用亦成秘妙之法用也即可以用釋今經品則方法之名昔日通四今無復三次約門中四初亦直立五時次從始至終下明五時意三釋品云下結成釋品四前一下與前章辨異初文亦先明出世施權之意次正明五時初文明自證望說以為權實故云自證亦不可說次乳教中不云兼別直言別者從門義故所以前釋法用通四今唯在三故今約五味釋門皆從能通所以乳一酪一生蘇中三熟蘇中二醍醐置之四辨異者與前法用雖同明五時此明能通至於所通故得辨異前一番等者初約方法中明如來能知能用方便法是能知用是能用眾生不知是佛方便今並開之令眾生知此一番明令眾生從順方便者謂從門順實故也而亦不知方便即是所順之實今亦開之又前之二章並有機感三意但前多從感說故且云如來後多從機說故云行者故懇勤稱歎之言並從佛得復次下第三約秘妙釋者以妙故即為欲通前四時以圓為即三為不即故更對不即以釋於即於中

又四亦初明化意次歷五味三上兩下對上辨異四上釋下以結品名初化意者大旨同前五味可見言辨異者雖同五味所對別故雖諸味中有即不即於佛常即眾生自離又凡五味釋但得名判若成今品復須更開雖準前三義釋品則前二義全第五味已成開竟雖第三義開今復通前前四亦云非今所用於今亦成所待之麤圓及所入方是真實後釋雖復更對五時但知醍醐無非秘妙開之與判咸在其中六明分別照諦者又二先明來意次若通下正明照諦初文意者前自他等既並云權實但從智為名今辨所照故重明之前明用智非不照境欲令易解故重明所照次正明為三初通釋者名通而教別若束四以為二者每一教中皆以四為二如自中權實束為一實他中權實束為一權故但成二次若實分下別釋法別而教別準前可知此中準前分結中文秘應以事理等四為自證今云恐權文恐謬也恐權屬後自他故也次又三藏下即總束四明前是教別而法有總別今是教總而法別此又三重初中以三藏為他次以二教為他三以三教為他而終以圓為自由他不定自他隨之亦進退不定故初重中以通別為自他仍是別相自他以由他唯三藏故也次重既以通藏為他故但以別為自他第三重既以三並為他自他無復別體秖得將三與圓相對言之故云束三教等也然初重中通別兩教各兩向者通有不共故同別別約共義故同藏別從教道故是他有證道故同自約諸經者問今約諸經還列五味與前何別答前以五時歷法用等三但成五時各有法用等三今知法華三重俱妙故以五味歷於諸經以部對部而辨麤妙則前六門並須五味使一切教無非方法等三不無麤妙各別及以一切俱妙況將諸經十雙徧歷五味門戶別故不須此責如玄義中科科五味若無此者則令一科一句部不異前故勉勉明之於中初明五時具教多少次復次

下重以多少而明自他結成釋品初文者今正明教味故委悉於前令知領解具勝五味初乳為五初半滿次約時三約法四約人人中又辨生法不同五引今經以判味相四味亦爾但略等三味並皆闕人文今具義略中應云約人但是二乘菩薩不用方等應云約人具對大小斥偏入圓般若應云約人帶小明大引小而歸大法華約人廣在後明即從此實教乎已下文是言未曾說者通論教等前並未開別而論之教行理三前或已會若開人者前教所無故以前教所無而為品目故知非同體方便無以施開等也次以多少判者前既委明人時法等以論五時來意不同此更略收前時法等唯約於人大小利鈍無不入實其人若入餘無不歸故重明之文云下引證以結品名云云者應更複釋前諸方便並非今意意不殊前故不重明次本迹者未是品意以本迹中俱有方便故寄明之方便名同遠近永異雖即永異不逾十雙以本實得亦何出於自他因果故我本行菩薩道時及我實成即是理事乃至因果成佛已來即是體用乃至悉檀於中師中二文各二乘先明自他等三次結成四句初師中二文者初文本迹各有權實次束本為實束迹為權則迹中麤妙望本俱麤本中麤妙望迹俱妙故今唯指久成名之為自故久成中非無化他所以中間今日縱有麤三亦名為他世人不見而但以法身為本何教無之但無不知父母之年故顯實成為本次束但一久成之外皆名為他故自他中但束本迹得權實名三結成四句言結成四句者對之應言本中權實是實迹中權實俱權以本中實望迹中權名第三句不思議一本迹俱得雙非故也云云者今如向對之次弟子迹本相對各有權實亦從本迹而立二名若通論者本及中間乃至今日節節無不具有四句亦具四句云云者如前師中但以弟子為異故云亦具雖師弟俱四若於師弟委判本迹則本中四句皆本迹中四句皆迹若以本迹望

名作四句者應云本迹俱迹本迹俱本迹各有本迹俱不思議
思之可見復應但以二句判之即初兩句是具如玄文本門十妙
乃至多少廣狹準知次若從佛迹下結成釋品也師弟從本垂
迹據化本意既俱得稱爲方便品況師弟引入圓因而不稱方
便品耶有人間云今方便品以何爲體他答有人云以後得智爲體
引唯識說後五波羅蜜皆後得智我今以根本智爲體今謂所
言體者爲取所依爲用當體若取所依即權而實爲體若取
當體即實而權爲體此之二義根本後得悉皆暫分況唯說五
則後得無體況分本迹唯一久成而爲根本餘皆後得次正釋經
文言或至偈後者第九跡云準南岳意但至偈後爲正若依北
師偈後四信以聞經故判屬正說此分無失故兩存之若不等者述
寄言息雖復等者述絕言意諸佛二智如前說云云者具如三
種及以十雙今歎諸佛及以釋迦爲下五佛弄引諸佛兼四佛
故也上光照至於此者俱有五時正表五佛二智不殊此彼相望故
名爲橫今古相望故名爲豎此表釋迦他表四佛即表方便
同故也當爾之時者五瑞等時也佛常下問此有下答又具四悉
古今具故有出入故即世界也言必前入無量義等者此準作
序意也但一定之中義兼兩向俱成世界爲人中云履歷等者
履歷即歷事對境法緣即內緣眞理出入稱理方生物善即
爲人也定治散惡須先入定即對治也約自他益俱得實相即第
一義並云哀者愍之別名愍物之方必四悉故此不思議大感應之
四悉也故四法並名安詳而起言安此者內安四法方起化他有
人間此中告身子與大品何別今答何但大品始自四含終至此經
自舍利弗出家已來處處有告各各不同四含中或爲發起生滅
法輪故告方等斥故告般若加故告今經開故告本論云告身子
不告餘聲聞者智慧深故不告諸菩薩者有五一爲聲聞所作

事故二通向大菩提故三云今無怯弱故四爲發餘人善思念故五今
不起所作已辦心故當知五意兼異他經前顯露教不云聲聞
得入佛智十種如玄義中者玄文第九釋用中本迹各十迹中十者
謂廢會開覆破三顯一住三顯一住三用一住一用三住一顯一住非三非
一顯一若本中十但以本替一以迹替三說之可也故先告之以動執
葉此乃經家等者故知告舍利弗四字今屬經家應知經家從
省若告舍利弗下重舉舍利弗者敘也言具論與今義相應者引
此論文亦具四悉初文世界動不動異故如實智下爲人爲生物
善從觀起故現如來下對治力能除惡故如來下第一義不變定
故故文自釋云第一義又以四悉總釋自在若兩四悉總釋前二
謂自在無怯此二各具四悉也加趺等者文在婆沙今更具錄第
二十二雜揵度中問一切威儀盡堪修行何獨結加或有說者是
過去恒沙諸佛行法後代行之今初文是有云今人恭敬非世俗
儀故今第二文是又云能發三菩提心故今第四文是又云能破魔
軍故今第三半文是又云可人天意不與外共今第三半文是今
爲成四悉所以今論第四第五爲一對治論對治居第一義後私謂
去私判前文云具四悉意者今如向點出兼釋出四意間餘經等
亦是論文論云何名跏趺念在前答跏趺在面上故云在前論中初有
眉間亦然又云無始已來男女相視起於欲想多在面故又云眼
等五根能生欲心說之可知今文分在前在面以爲兩釋義立故也
初在前文作所表釋即四悉意次約在面義立四釋即四教意初
有背有向即世界觀寂定生即爲人背生死惡即對治寂滅有
理即第一義次約教中不淨觀成灼然初教與空相應豈非通教
爲分別故豈非別教實相即是圓教意也問面唯四根何得云六
答面具五根四並有身若緣現量色等境時意又居上故俱舍云
有身根九事十事有餘根言九事者即能造四大地水火風及以所

造色香味觸并身根一故云九事言十事者餘眼等根皆具十事
如眼根上有能造四及所造四眼及身根故成十也眼等覺觸即身
根性非三種化他者非三教中權實也前已多重釋品且約一種以
三屬化他爲權圓爲自行屬實故前文釋自他等三約諦釋中
作三節釋第三節釋三俱屬化他深高橫廣者於中法譬合以此
例後今釋實既周窮橫竪下釋權理應深極下當釋權預述
其相故注云云其智慧門者其乃指前實果因智若智慧即門
門是權也若智慧之門智即果也蓋是等者此中須以十地爲
道前妙覺爲道中證後爲道後故知文意在因之位除其如外
凡有修入皆屬於權唯以果位具如究竟爲清涼池此約自行因
果相望以釋即釋品中第五重也若通餘九此則不然豈以道前
而無實耶即初四雙中實也豈有道後而無權耶即後五雙中
權也難解難入等者略歎道前因位始末次從不謀而了去即於
因中仍指事用爲權也以此因權並是眞因即知此權由證實理
文中從用從因別歎十住始解者解是開之異名故將名以對位
論中此前更有三句謂難見難覺難知今謂此是難解方便亦
可以對聞思修三法身本意者若身十方無時不應今準此方
未設化前乃至久遠未結緣來於此段衆生並名在法身無有欲
以化之義故云擬之無機等者此從結緣已後爲言其時猶實
從華嚴下今世設化今大機至不知者大機擊於大應故云啓發應
言欲發何以云啓由大瑞已彰故且云啓次重釋門中光宅等者
以五停等名小乘方便若論化意散心彈指尚得是門何獨小
乘方便非門光宅之意未必全然不可全奪故云與奪先明奪
者未能入失爲佛所破既不能知門義不成所言與者三教並是
能通之門二乘亦得能中少分既未能入猶失於能尚未成能
況不識所言最淺者小乘已淺復是方便故也云云者此與仍奪

廣廣分能所識不識等智前以門釋方便也今解去廣立四句欲
以初句破光宅故從舉第二第四以無佛智爲門入方便智故可
義立若論今經唯在第三光宅但得初句少分況復諸門光宅之
解乃至一觀者空分體析析是空中少分十二門者應分別十二門
各有門中方便之相於三四門既有進否會恒在二門者多指有
門以有門中用七方便故也第四句者先已入中故云雙照若開顯中
即是今經從體起用區區者屈曲貌此須開拓者開論一句如向
諸教各有諸門云云者十六門中爲是何門若圓四門具如止觀第
五圓教觀門及教智行理故論唯云向令言教爲門今家乃以
智爲智門意云初住佛智爲門入佛果智故住至地並名爲難以
難歎入今得入故故若得門無功用道必入佛慧無所疑也故上說圓
因稱方便品因即門也是則開示悟入皆目名智慧謂門也所以者何
下至諸佛二智不同光宅釋者一者文初有所以者何驗知釋上三
者下釋迹文初自云吾從成佛已來方是釋迦自歎二智今釋諸
佛云所以者何者雙冠二智何故實智甚深良由外值佛多故云親
近等近佛必重承至要純厚必由盡行勇猛精進即釋權智
者諸行不出勇猛精進入於權智上加勇猛精進者有二意一
者期心有在二者身心俱勤二智並由精進然今但以行道法邊
以屬實智名稱邊以屬權智恐未盡理故復加勇猛用釋
權智又用實智深廣以例權智權智亦具橫豎故也故須勇猛
精進一句用擬豎深故不得以精進釋實智也又難入門者若其
進從分證入相亦情諸佛之數者乃以教行爲門從行入證證不容
易故門難入已即能思議百界故曰無疆問百界有限何謂無疆
答界雖有限益物不窮分證尚爾況論十方究竟果佛以果驗因
豈有不盡行道法不勇猛精進而能令二智橫豎深廣耶次結二
智中以成就爲結實隨宜爲結權者實必成就權必利他故實智

云到彼岸底權智云稱機適會名實智中稱理故到岸甚深故
究竟並隨時爲言耳隨情等者法華已前不了義故故云難
解即指今教咸皆入實故云易知若爾由入者不當故云難解耳
若至今經更無不當但借昔之難解以釋今教之易知引攝大乘
者今文顯了但依文判如記二乘過增上慢實得必信滅想猶聞
大通結緣化城無實如來久成之塵數過於昨日之墨點持一四句
偈功不可量聞壽命長遠獲無邊果報豈此文下更有義立令二
乘人不得記等耶令佛壽量短促等耶故四意趣中平等意趣秖
云諸佛咸然不可以他佛替此亦不可以別時意趣釋記聲聞意樂
意趣釋迹本長遠縱使用者秖可云爾前不樂且退滅想宜近之
徒若全以意趣消此經文此經全成不了義識並須以義判文故也
故前諸經隨何部意文義兼含如眞如眞諦無生無滅地前地
上法身化身感須義定方了文旨以部合教共不可依言須從義
判乃稱部意善有時者非其聽次別請決時故知自行不專於實
利物何獨唯權以自行化他俱有權實故也所以成就中云甚深
隨宜中云難解甚深豈獨於實難解不專於權故但以成就對自
隨宜對他則任運自他悉具二智言云云者亦可前句結自行之
實後句結化他之權以自行故權實俱實以化他故權實俱權
以初釋結文但在自行權實故也雖云適會正語功成故云云意
中更須別對具足如前四句中說自行權實尚開四句況對化他化
他理須具四故也所以歎實歎權及釋權實中權並從因者以
釋前果權之所由以果從因得故也及至結中言隨宜等者須義
兼於因果以因權用權俱名權故以用權中復通因果故也至釋迦
章歎釋權實皆悉從果至雙結中權指因者雙結歎釋二文故
也次斥舊三意中舊師亦有許所以者何下釋諸佛二智等但釋
釋迦章分文前卻舊以舍利弗下盡屬權次舍利弗下盡屬實

故使不同也初開合者今家諸佛亦權實各歎以釋迦二智豈不
同耶諸佛二智豈不異耶故知後之三意亦不同古釋迦亦先實
次權故也言但依文者依今分文言又汝云者責三不同也以五佛章
門共顯一化故得本迹開合自他不別何得五佛互辨在無然非
無此理但不須違文文順義當何須別途故注云云譬諭者且分
小衍故云芭蕉及如幻等此譬觀俗故且立之若譬眞諦及十六
門各立事理廣如止觀四門料簡各立事譬言依諸論者恐誤
應云本論本論略舉漸中初後故云乳及醍醐仍闕云乳譬十二
部經玄文亦以乳對於小言悉到事理邊者應云邊底或闕或
略事邊理底故也如來知見如前者如向釋智見波羅蜜如此下
釋疑恐疑釋結實智而置深廣之言謂爲實智言說可及故今
釋曰約實體邊實非橫豎斥彼攝法不周故云橫斥彼照理不
極故云豎究而言之並非橫豎寄言者正破疑也說有橫豎理
必不然無限故非橫無極故非豎如由大等者用不二智稱不二理無
量無礙者如彼生數生無量故慈等無量故此無量猶名若干
故以若干而歎於權權名便故以無限故名爲無礙今且從自能
入邊說故以能入稱無畏等非但至梁代等者自梁朝來皆以此
句以爲結實實無礙智無復若干那云無量故知無量用表不一
云云者四教實智皆無若干豈圓實智更有若干無量下釋若
干等故四無量定在權智既云四等及以四辯驗非實智即是無
緣四無畏心任運應物八音四辯力無所畏略如法界次第及止觀
第七記大論廣釋此中文略但舉樂說以說前三文仍略法但云
一辭一義而已就此復略不云又與一切相即說故既云比於通別理合
四教相望比決力無畏等禪者禪之實相等者問實相之禪與楞
嚴何別答不同何者於根本禪達即實相名爲達禪首楞嚴定
本性健相經解脫者亦窮八脫之源三昧者禪定解脫至初住時

破二十五有已得名爲王三昧也況今果地不得王三昧耶故下結
云深入無際故知禪等皆無際也若以根本三昧等而釋此中
法華變成婆沙俱舍故釋經者先知部類爲屬何時時中爲在
何會何教然可判釋法相淺深問既云權智耶云實相答自行之
權全指圓因攬因成果故云成就即向無量皆實相故皆果德故
以無量法得理故也故能橫豎橫豎不二鄭重者漢書云皇天所
以鄭重頻降命也今文前以諸佛對釋迦乃成六重權實何故
由中又兩重耶故此述云表慇懃也一代所無故慇懃以表之然
西方重關以表不輕此土根別關重則慢故文爲述以息此見言辭
等舉實者問既云悅可衆心赴物應是舉權耶云舉實答衆心
乃以得實爲悅故更引二文證之前歎中等者此明權實前後欲
明今佛化儀始末不同古師以今佛望諸佛而爲同異異則成失
今辨異者望他仍同又舉等者前分爲實則獨爲一句今重釋
者則冠下二文皆云取要取要不過權實故也單明一事者舉偏
顯非故不偏指若權若實故云悉也止者下正絕言歎者古非可見
今意者文但二義初歎次設下止此取義便若從文便則應先釋
止次釋歎所以從義者以初釋歎言兼二字指止爲歎故云止歎次
釋一向以釋止意雖云恐傷善根正以止生欲慕故不解者指後五
千預分兩端知佛言昔妙赴衆心應於二義離爲三意一以此理妙
叵說故止三欲說妙理止而歎之三將護物機似止未說以初一文
離二故也故不同印以下自有略請開其疑請之端故其解未當
觀師仍似今之後意而不知常情何過必須止之次釋歎意中云
兩意者初是修得修得之言通於境智行位自他局在於果次
境界者通於凡聖始終逆順局在於佛次就佛成就下於初意
中復以橫豎二意釋果人法橫豎理窮第一釋初意中云成就對
不成就者以果對因因即因人自他相對即是橫也故知因人皆未

成就須對教味委悉開他經第一等三句亦兩今云成就對不成
就乃至難解對不難解者中略二句故云乃至應云第一對不第一
希有對不希有以降此外皆非第一希有故圓中極果他所無也
說者委消不成就等四法對果兼辨因及諸權故也唯佛去明
豎深者前句既以成就等言對他爲橫今有究盡之言故對因
明豎次諸法下釋甚深境界者此是法華之理本諸教之端首
釋義之關鍵衆生之依止發心之任仗權謀之用體迷悟之根源
果德之理本一化之周窮五時之終卒得此十義以消諸異坦然無
誤所以先歎能依之智即五佛之權實權實何依所謂妙境境
不稱智尚非佛智況無境可論直云對等何能曉此難思妙智是
以廣破諸師次廣建立玄及止觀以此爲主一家用義大括包富
者莫不由此恐後輩猶亡其所歸故懇懃煩重親見尋斯教者
猶昧故耳故須思之故須思之若迷此意諸教之蹊徑任運失趣一
化之條流於茲枯竭光宅云三三者謂人教因昔無果義故三乘
各三一理非虛故言實相者應云非虛故實非相爲相故名實
相四一之中偏舉理者準光宅意既同舊人不立理一但云理是四
一之本故四俱名一此不及今文云四中之一此去訖北師並是光宅
釋也菩薩以六度爲體者光宅亦立三祇菩薩以爲三乘之中
菩薩即今文三藏菩薩也近代已來此義全棄五百所集須歸
五天若但會退大自歸佛道不關此者何但定性永滅亦乃菩
薩空譚云云者應明支佛聲聞以諦緣爲體實境有四一以四
廣其一理者因緣等四判爲實境故以此等廣譚一理暢師但
約佛上唯立一實而無三權對十力者非無此理今四釋佛
乘一釋尚自未周以無究竟空假中等故也於中相是總舉十
力之相次是別對性等體爲根本最後云總者約前八力釋
麤非麤即以本末總收前九上來諸釋非不一途者諸釋可

見今家釋各得十界十如中之少分故云一途光宅雖似自
得四聖而但立九又分擗九五權四實此瑤二師雖具立十而不分
判但在三乘又無一實然攢衆釋既許三乘及以一乘三俱有
性相等十何爲不語六道十耶四聖言是事從因至果六道亦事
亦應例然因果既同十義寧關四聖言是能照六道是所照十界
是所照佛乘是能照故佛智照十界十如三諦具足究竟等言
其理究竟何故諸師各據一途使佛境智不具足耶今師不
能細斥但總破光宅云文理不通等也理謂道理文即現文
初文可見次破理中先以十中四五對難因果者因緣是因果
報是果若實下約人對破具依四五若依今文應約十界以
論有無次義不下結破文云諸法須收十界界界十如實相是界
如之體若唯一但四體外尚遺九五況復十十皆如今欲正解先引
大論即達磨所用引論意者但泛爲類例非的同也論既云一
一法各有九種故知光宅不應以四五別判諸師不應以三各據
故知但依十界十法則諸家咸壞況復四釋冠絕古今如此消文
方契經旨諸師分擗理趣在何此達磨鬱多羅是雜心論主婆
沙有法救論師是雜心論主所承從師爲名既依大論不別分
張今二句中皆云即是法華中如是相等縱不委細究上諸
次今明下正解中先述標章次正釋中文爲三意初列章次引
聖言爲證三正釋引證文中初二文可見次引離合中云止止不須
說等者以此十法隨自隨他唯佛究了故云我法妙難思但引合
文義兼於離既云難思方能偏逗故須離也引約位中云唯佛與
佛等者三德極理非七方便所知故也雖復不知諸位法爾故分此
十所屬不同三正釋者初十界中爲十先標列次法雖下具界如攝
法三如地獄下示相四故略下以小例大當知下以理準例知有界
如六若照下判言且位者雖明十界界界各十且照當界以九爲權

以為實故須結云一中無量一界具十二十如若自若他若因若果在一心故故云無量中二中無量不可以一說不可以多說不可以權說不可以實說因果善惡者有大小凡聖漸頓開合心法依正一多自在一切諸法悉皆如是是知譚法界者未窮斯妙致使惑果事而迷因理七若照六道下兼破光宅光宅既無十界今且依彼破之然依十界各具十如當分歷歷思議境耳況復光宅但在四聖四五不同八所以下結位先重立境云一中無量凡夫絕理等者自鄙無分故云絕理隨想異見故云情迷既絕且迷徒具何益二乘等者即二教二乘三道即是捨而不觀遊空求空反資小惑菩薩等者藏通照六別照次第故云不周皆自迷已界不達佛界不了了言尚該十地故今應指別地及因横竪具足者一中無量為横無量即一為竪多一相即故云具足九唯獨下引證結意如文十上玄義下指廣具如玄文境妙末云舒之則充滿法界不知從何而來收之則莫知所在不知從何而去及釋法中廣釋十界十如也次約佛界為四初正釋次此是下稱歎三例亦下例釋四如來下舉果結斥問此中佛界與前十中佛界何別答前則在迷在因通悟通果今乃唯果不通因迷故二法皆用雙非非相非假非不相非空雖出雙非意存三諦下九準知乃至本末究竟等也如是方名究竟佛乘是故皆以大車文結此則於今品文是佛果家之諸法實相於彼辯說即至道場之莊嚴大車於彼宿世即極果佛之開權實諸於彼本門即久成佛之所契妙法若正宗可識豈迷流通一句一偈之言彌可信也三德三軌之說皎若目前若得此意廣演於八年不出乎一念經五十小劫謂動於剎那例知一代逗機居乎心性十方佛事宛然矚目法界根性驗見通隨宜所說咸指藏理結斥中以眼為喻者且以小乘慧眼見空與而為論云得一眼初住菩薩乃至等覺猶有無明今且斥方

便教菩薩未見中者並如夜相次釋離合中為四初正釋次雖開下舉境稱歎三凡夫下斥四為此下結初不為三即三諦也隨自方在今經細尋可見四約位中二先正釋十如次初位下重釋究竟等初文者相性體三與前佛界不無小異前明已成佛果故以修性對論而具十法今明位涉聖凡分對十法十法位別故云約位以初三唯理位定在凡力在吾作在六根因緣即是初住已上修得緣了果報即是極果菩提涅槃菩提果也涅槃報也是故初三具在通列十界界界三德同在理性故十界之言亦唯在理若不爾者何故云若研此十界等耶故理性三德具文在斯然諸文中多約修性相對辯者為成教相故也讀者悉之今見此文應貫諸說若研至如是果報者初之三法既俱在性在因合名為正故力已下屬修屬果所以觀行位去研此性境有除癡惑之力及有似行之作若入分真對彼性三合名為正乃以具助名為因緣至究竟位菩提名果涅槃名報雖分對始末乃是一佛法界因果之位故不同古人以權實料判初三等者初謂相等因中三法後即報中果地三法故知三德即是三諦故云初後至究竟等初位下重釋究竟為二謂釋結釋中三先重釋三德本末不二結成絕歎之境次重釋究竟等成於不二三釋不思議初釋三德者惡即三惡善即三善賢謂小賢聖謂小聖小謂小中賢聖大謂大中諸位重釋究竟等者又三初約惑中先立境次若迷下約於迷悟對辯三諦三文權實下約人約教所以四釋者明理攝偏約十界釋明自證極約佛界釋明佛化用約離合釋明三德偏約諸位釋若約止觀互有寬狹今具四釋則此寬彼狹此但正報不語三千則此狹彼寬名目雖然理必齊等因必具果正必有依然本論中釋此十如理窮教極今述論旨使與一家義意冥會論云成就不可說盡也實相者謂如來藏法身之體不變故佛智具

足知此實體經云如是相等者論云何等法云何法何似法何相法何體法何等法者謂三乘法云何法者起種種事說何似法者依三門得清淨故何相法者三種之義一相法故何體法者唯一佛乘無異故也今謂初句先明十如通三乘法次句者所謂三乘教差別故次句者即三乘人依教趣實次句者開三乘相無他相故次句者開三乘體唯一實故論又云何等法者有為無為法云何法者因緣非因緣法何似法者常無常法何相法者生等三相即不生等三相法故何體法者謂五陰非五陰今謂此番離開三乘展轉別釋歸實相體初句者以聲聞無為對六道法是有為故次句者以支佛對餘非因緣故次句者以菩薩法對餘八界悉無常故次句者據以三乘對餘六界皆三相故次句者十界五陰皆實體故論又云何似法者無常有為因緣法何相法者謂可見相等法故也何體法者謂五陰法能取可取是苦集體又五陰者是道諦體今謂此一番釋以上三句攝合在於第三句中仍攝第三入第四中謂三乘法皆可見故又攝第四入第五中成初苦集復指苦集全是定慧故云又五陰者是道諦體故知六道三乘悉實猶是苦集論又云復有依說何等法者謂名字句身故云何法者依如來說法故何似法者能教可化眾生故何相法者依音聲取彼法故何體法者假名體法相故今謂此一番釋還依五句欲以教法通說前故初句者具詮十界權實法故次句者所依皆實無餘教故次句者明權實根緣受不同故次句者明諸根緣會大化故次句者明能化所化能詮所詮皆假施設以望所詮唯證實故信知論文不可輒判故用今意方應妙旨況論四釋即是今家四釋故也初釋既以三乘體相皆一體相即佛界釋也次釋既以三乘對六道釋即十界釋也次釋既約苦集對道此外無餘即約位釋次釋即約能詮教釋由教攝實故有施會即離合釋故

知一家大義並與論旨符足則現文一十八句乃成一十八重釋十如也論文雖甚略而人莫知今從總論故且四重釋耳三若就下釋不思議者前境雖已成不思議其名仍通故今更對思議辯之今識前四釋具不思議先略出體相次引事類況三舉理況結初文先略出次諸經下指廣初文先法次譬初文先釋名也出心數法故不可思過言語道故不可議次不能行等出體也體非因果及非能趣行者因也到者果也此體不當因之與果若其屬能則不關體次舉譬譬中三謂法喻合初法者觀心是常故不敗壞常必具四四秪是心不異亦兩譬類中二重初以明暗喻不思議與惑同體故指月光全明是暗次文日出時下譬轉暗為明云常在者秪是暗無暗性舉暗是明迷悟亦爾理性無殊因位之明與無明雜體不可別故云共合入分真位破一分暗所破之暗體變為明豈有所破移在異方無所趣故故云常在宜智明發仍存先暗云常在耶雖云常在終須破盡究竟永淨方名常在生死與道合下合也次指廣如文就事況者四不思議中關釋佛者世易信故教多說故故以佛在四中之一三類尚爾何況佛耶云如阿含者如增一十八云舍利弗說眾生不知如來壽命佛言有四不思議非小乘所知云何為四如文因釋世界不可思議引經為證言阿含云一士夫者雜含亦云佛在舍衛有多比丘在食堂上思惟世間佛知其念詣食堂上告諸比丘汝等思惟世間非義非饒益不順涅槃汝當思惟作四聖諦此是有義有饒益正向涅槃如過去世時有一士夫在王舍城俱絺池側不正思惟見無數四兵入藕絲孔中見已作是念狂耶失性耶世間無是狂而今見之時去城不遠有大會士夫往問如是之事大會皆謂是士夫狂失性故爾彼見佛問佛言非狂是實彼池不遠有天與阿脩羅共戰脩羅兵敗入中藏耳是故比丘莫思惟世間非汝所及釋龍中兼明有天亦能出雨即龍類也五道下卻

釋眾生論云五道各有自爾力故婆沙雜揵度中云若因祭祀唯鬼神得問為勝為劣答非勝非劣若勝天人應得若劣地獄應得以其道有自爾力故準斯誠教可諳世人設六道者不可盡得此是梁武見江東人多好淫祀故以相似佛法權宜替之論云如人不能離地四指於須臾間鳥能飛空高下自在前寄兩一事者明餘道不能如善住龍王以比智力知帝釋欲與脩羅戰脊骨便鳴若帝釋欲入園時脊上自然有香象現此畜生道中不思議攝如鬼能變食等又云諸天各有自爾力如釋義云此有三異者以此頌二智文望前初章歎諸佛二智文具三異初句頌實智中但有二異下三句歎權智中又有一異初異應云雙歎今次異中云開合者上長行中人法俱開故諸佛中並二智各明歎釋結故云開今但云世雄故云合又必兼法故云人攝世言法別者被物時異故有權實此別仍合無數等三故第三異云二乘及一切眾生者同是不知之人尚未足異應云上大人法並舉故云其智慧門法也一切聲聞等人也今但出人又是有無異也亦是雙隻異也又上文不分四佛但云諸佛故今前行但云世雄即當諸佛後行但云佛力不云吾今以前文中釋迦權智具有力無畏等知是頌釋迦也又前文有諸佛字則可分為四佛今但云世雄似非諸佛然以義分以世雄句有世字故可屬三世世必有方故知是頌諸佛後行直云佛灼然可屬釋迦言佛力無畏是權智者前長行中指於因權此中既云功德功德之言亦多在因餘法等者前力無畏但是自行從因之權是故餘法為化他權此之化他非指權法名為化他但對自因名化他耳但舉初後者仍先舉後二卻舉初二故先云大果報次云性相義也義字等者義謂義理秪一究竟之言有空假中義理故也大與種種等者具如玄文破光宅中彼云大故知是實種種故知是權今文意云權實互有且果報唯大性相唯種種

耶又釋妙中大妙相望以為六句六度至發心者斷即成佛故也如意珠具如止觀及記無漏不思議者當知此不思議之無漏故無漏名同應思義別云生出四種解釋已如上者指上四番釋十如也此下偈文對者是也逮得涅槃指六度者以望二乘此生即得故云逮得逮者及也又今欲勝小菩薩為劣故云云及也當入滅耳若不爾者今准他人上之三句正明二乘脫縛即是已得涅槃云何更云逮得涅槃由聞三偽一真是諸聲聞但聞三乘皆是方便方便即偽又聞要當說真實所以疑其實未曾聞說唯一實偏舉二乘者世人若問若三俱會何故此中敘疑但二亦應反問若菩薩無疑何故下文云菩薩疑除若云疑通三人會唯有二菩薩何過而不會之經云疑除作不會釋此乃破經何名釋經一解脫者昔教三人同一解脫方等般若中雖聞勝脫今從初說有云已得三德中之一脫此不然也釋三請者瑤師龍師非無眉目故不全破但不及今師以望三周抑令三請此則釋文所表俱有深致凡一家破義皆恐眾後學於經有過彌復破之不同世人任其胸臆又偈後三行半云動執生疑至爾時眾中下但云騰疑致請者問準品初開章云初略開三顯一次爾時已下動執生疑及到此中何故乃以略開三文為動執生疑爾時已下文為騰疑請者何耶答但動執生疑之言兼兩向何者若在爾時大眾中下意明由前略開動其舊執生其新疑若在三偈半文意明此之略開動彼舊執令生新疑故復名長行之文為騰疑致請執既被動因茲有疑今先騰疑後方致請是故此文兩向用之非參錯也若以此文為騰疑致請則應更開章云略開三為二先長行并十七行半偈歎二智次三行半正略開顯動執生疑文云執動疑生者由前略開動其執故執動由前生其疑故疑生疑既生已今但致請是故章首但云騰疑致請得益之者悟有淺深所引之人會記差別

約能引權衆辨益不同已知顯益欲知冥利須辨待時爾時下
次明二正初正意者恐懷疑故次舍利弗騰宿根利是故更請次佛
止之護上慢故次舍利弗述蒙益多騰疑更請次正廣開三中三
先分章六根次義門分別三依文正釋初文四初引經標章次舉
品分周三亦名下三周異名四引例例如大品三根者第二十一方便
品云須菩提白佛言如佛所說若廣若略諸菩薩等云何求耶佛
言如是如是乃至一切種智知是相菩薩摩訶薩學是略廣若
波羅蜜則知一切法廣略相世尊是利根菩薩亦入耶佛言利根中
根定心散心並入是門是門無礙亦如三種發心不同以十義料簡
者自昔此文多有紛諍今為評判及以自立因為十門然此十門
雖迭捨破一家置立不無次第初欲明所被之人先明能益之法
故先辨三周通別同異次辨所被權實有無故次明第二於實行
中得入之人三周不同由惑厚薄雖現惑厚薄須知由宿根雖已
成根根須在悟既得悟已必知領解若有領解理須與記得記之
者悟有淺深所引之人種記得不能引之衆須益有無已識題
益欲知冥利故辨待時初門自立初文中云若我遇衆生等是因
緣說者昔曾結緣即是昔因中間相遇處處皆以佛道成熟今
日五時咸資佛道即始終赴物也根利未須述大通事若謂此
文屬說法者雖在譬說文初分文仍屬法說文後既在譬說題
內故且用之不然則取次文用之長者驚入是因緣者昔因今緣
是感應義長者是大應所聞是機驚入即是赴機故也故知應赴
即是今之一化故也若具者許各具三根法說自被法說中三餘二亦
爾但說三根攝九即足從正略旁者上根中上根為正中下是
旁亦應云具論有三且言上耳若退上根上三俱被但上根為多
為正中下是略是旁中中上下下中中上亦復如是第二義中光
宅有實為權所引則成定有實行引權意今有實開善定執引

權意今無實今云有無且約實行權應暫有何須論之開善指四
念處為初業故云外凡今言有者誰論初業能知常耶豈以初
知令今無耶如大通佛所誰不知之亦言于今有住聲聞地言實
有者甚不可也法華之前所執者誰經明等者正為光宅所破既
云爲畢執小果權者何所引耶今先據序二家乖經失義乖經者
光宅也今經二文得記故無未記則有文在昔故有於今則無故今
引文約開約記破其定有若望後無計有則失義者破開善
若定無已下文是既有入城必有實行權何所引者復以光宅結破
開善故今立實有與光宅言同其意則別今雖云無亦與開善不
同從得記後說故若定有者下破執定有恐計三周後猶有聲聞
若定無者破定計無如序品初因光橫見文殊引往方便品初千二
百人法說周竟尚自不悟仍待譬說宿世文中于今有住聲聞地
者文舉不知之人云舍利弗辟支佛等乃至流通處處有之云何
言無又云無者破住果者定計永滅非謂本無若言下令文證難
令許實有為權所引仍恐他以三藏佛例此義不例下今文申之
佛居果頭則無實行聲聞不爾是故有之三藏佛言出自今教
故知不是他人難也何處者佛必三身圓滿故稱此佛為權若言
三十四心此乃教權似實古今學者此佛尚不敢為權誰知寂場不
實今明下正解先立理次引論初略立次云若從等者實智尚無
阿鼻豈見定有聲聞若說時未至有義非謬故長者佛眼始終
皆無以法眼觀中途須有作人亦約未得記前次引論者為五一
正引論二若依下以今經望論義立五種三若從下判四若得下結
意五復次下判大引論如文次今家依經望論但加佛道一種三判
中云若從決定至實所者約大雖無準小仍有退菩提心仍屬有
者由在小教今譚其初故云退大實者既斷下明應化也所引迴
心能化本大若增上慢二途不攝本非商議五復次下更判大乘

有無者先判次結意指應化為無第四第五並名大故故論中則
無大乘之名但云應化若從下正指佛道此用今家所立之名而
以發迹釋義仍除開三得記已即名生身得忍菩薩故也故
取發迹者知有實本亦得名為大乘聲聞是則從隱德故無從
發迹則有所以得大乘聲聞名者彰三發迹仍示聲聞故得
名也不同他釋於大乘中自立聲聞從今開三下定文正意須為二
人為退大者與論不別今取決定意似少殊論據在座得記今據
通途被開其不在座展轉為說或在界外亦得聞之或佛滅後教
過今信此經迹說直云與記論云退大且依一途如諸聲聞於法華前
誰知退大方等等席咸稱滅種準今經意既彼此聞經必彼此
與記一開之後無所聞然迴與未迴以分二義當知論涉有餘之說
無以經意靈同第三惑有厚薄者古師以迴惑釋惑今師以煩
惑釋惑故與舊不同於中先列古釋重觀所證故云遊觀由遊觀
故知一理同及其下明其惑由由聞教異將必下正明互疑生惑教
本詮理能詮既三所詮寧一所詮若一能詮豈三蹤躡下明其惑相
雖復迴遑未辨得失以理下判其得失以理惑教有順理之得以
教惑理有違理之失上根等者乃以小中理教得失而判入大三周
不同故上根執一理情多理名近大故聞無三而順一理所以前悟
教惑理者三聞方知一理無差所以因斯成下根悟中根二情力等
故情居中今謂下破先摽破彼理教互惑而為三根若以互惑為
三根者不可未聞三周預生迴惑次三人下具破二意一者大小永
不相關二破在小不應惑大此別破二意初中又二先且定之故云
何等若迴遑下正破又二先約小破疑屬見惑初果尚非何得互
疑名三根耶次若迴遑大乘者下約大破也大小既別安得於大
理教互疑次意者用今經意若大小理教更互惑者汝於何處聞序
三耶方等雖斥般若雖加並未曾云三是方便故知爾前大小未

或豈出入觀三跡斷既預下縱難爾前已曾理教通或當知已
曾動執生疑若已生疑略開三時已應領解何得聞略仍云四
衆咸皆有疑言今日者聞略開時進退下結非次今明下正釋
先判正意次約四句以判三根三約三品以明入住初文者先總明
根惑並異於他小乘根定迴惑又除安得還就小乘辨惑他縱
以小而惑於大他又不立別惑之名故小迴惑不成厚薄問諸聲
聞人爾前無斷別惑之文何故今約以論厚薄答顯教雖無準
理合有故被洮汰義當斷伏由根不等斷伏亦殊致有三根前後
不一次約四句中先列次以四句別對四人根惑並由過去熏習致令
悟有三周不同所以三判者初釋收機令盡故第四攝結緣衆後
兩釋不定者三根已定但句法至四將四判三故從容進退第二釋
中應以中間二句爲中文云爲中下者或剩下字或下根字別爲
下句三約三品惑者又二先釋次例初釋者即二位皆有三重今
且明三周始入初住有三不同惑盡不等故使爾耳例如下以小例
大十六剎那皆名無漏至第十五猶受向名故三品盡方入初住爾
乃獲記第四轉根不轉根者亦先述古次若爾下破者雖有轉名
聞時俱上三根不成若轉下破轉義不成亦無三根三周悟時俱
名爲上將何以辨三周三根餘未悟者不名爲轉次例意者先
立事次難若三俱利及利鈍仍存不名爲轉身子一聞等具如
止觀第六記次衆生下正解中初正解次料簡初文先引現
爲類現既爲緣所轉驗往亦然先世下明宿生先轉三根已成
故使三根前後悟入次辟者乃如根未如惑執者如機佛令其斫
受教如聞法運斫如用觀未斷如證曾磨如轉遇磨不同故有
利鈍此中間悟似是信行非不兼法由於往世信法迴轉相資不
同信法等相具如止觀此一坐中應無六十四番問意者未入住
前稱爲三根即此三根入住已後猶名三不答意可見次問意者

住前名緣初住名具未證二住亦名緣修住前緣修既有差降
第二住前亦差降耶答意者位同理同不應更別住前未證容有
不同然圓住前亦名緣者唯有此中及四念處仍望別教教義其
名五明悟不悟者初今文自立先引經立妨次若言下出妨三然經
下辯別故云義未必然故昔三根不同三周三周三乘各三成九
今經下今家因此須辯支佛有無先後起嫌妨已知三根偏在三
乘今經何文云支佛悟次支佛下釋妨言中根者依前三乘云隨
根者以聲聞中亦三根故故身子下證無別支佛既明一乘得悟
三根不同菩薩亦應偏在三周何者是耶故出舊師明菩薩悟
許有三根而咸於法說並不至於中下二周言域懷者域謂限域
期心分齊言近果者彼指共位謂離二乘即求作佛佛果仍與二
乘位同故云近果今聞佛果過於五百縱有遠近之疑不同小故
易悟三根下古判三時同在法說今明下破初周之前指法說初及
略說中初周三乘菩薩居首然不併在初若爾下引證何得分別
功德品及流通中如妙音品等猶有始悟無生忍者舊云下古救
意云初周先悟已成法身今言下重破六百八十億等豈可先是
法身仍云得無生忍耶無生忍後方名增道次問者既不許菩薩
唯在初周二乘亦應至壽量耶答意者人不局初名不通後問
既於三周已得無生即是法身何以不許古師釋耶答古師意者元
是菩薩初周聞法得成法身至壽量中增道損生今云聲聞至
後雖通是菩薩或有未得無生忍者不名增道故但云無生今師
前難古人者本是菩薩尚有至彼方得無生如初釋惟忖中先得
十住等自是一途豈令菩薩盡先於法說得無生耶故知二乘根
性獲記者亦有至後方得無生忍故不可一槩當知一切皆通初
後但三周後無小名耳第六領解有無者雖不云舊古有此計故
今引破今明下先破緣覺次辨菩薩初文中四初立理次身子下

引事三文四衆下意有四信解下義有二於菩薩中二先總述意二
又其意下別出所以其意有三初明無次意或有或無易故則

無故云處處有文準理合有故云梵文等也三明有中云菩薩位
行等者菩薩實位極至妙覺仍異於別故名爲深新入實者
猶非所及故名爲絕始從權來故名爲新昔權位下故名爲小說
壽量等者據理迹中具合有領新小自不敢耳故下總領云佛
說希有法昔所未曾聞世尊有大力壽命不可量無數諸佛子
聞世尊分別說得法利者乃至或無礙樂說餘有一生在等即是
補處總爲領解八相易領故聲聞領之法身記難非淺所領言
更求何物云云者應更責問者汝唯知聲聞別領而不見菩薩通領
耶故此三釋其義猶通初意通指三教菩薩通皆求佛雖是權人
執多轉故第三意雖云處處有文及小菩薩等故應分別小在三
權悟大語略故注云云良由於此第七得記不得記者亦是古計先徵
起次正釋中緣覺如前入聲聞數故但對菩薩亦爲三初文即具
用向領解有無中初意義兼第二若同初二即同第三即是初文並
用前三義也有記即有領解故世言如前云云者一者如前領解第
二中少分文或有但云隨要第二意者義同前第三但前文通今
具通別龍女別法師通既彰灼記何妨領解第三意者據近遠
別近非所欣遠記亦在分別功德言壽量者重聞於壽量故得記
也望前第三但所對別前對小菩薩此小乘人次問意者何不直云
過若干劫得妙覺法身但云初住八相此是一家教意正文而人
多不悟答意有二一者明須八相二者後與法身以後形前知是
初住且橫指法身本也故知二乘兩處得益且與八相記者更令
與物結淨土因菩薩已於多劫利物隨熟隨脫不假八相淺近之
記二乘不爾是故須之第八悟有淺深者此無古師於中又四初略
明所以辨有淺深有明晦故次初聞下釋淺深意既云初聞法說

已入佛慧佛慧之語住中不專一品故也或唯初住或二三四乃至十地三節增進理實如然如釋惟忖中云先入今入故今入之言該於四節即三周壽量也但先入者顯密不同恐不了前意故重云耳三如聽下舉凡況聖舉麁況細若再聞無益初亦徒聞四節加功理應增進或至一生良由此也西單複下引事如寒得衣重重漸勝厚薄者釋單複也問若爾何故前云此真位人無復淺深答一往同位實無淺深細論明晦及明外入既登後位理有增進第九明權實得益者為六初出舊解言一云者舊應多釋其一還文故且云一次今明下正釋言鄰圓者圓謂圓滿近於滿位鄰妙覺也言際極者顯鄰圓耳三所以下明得益由四文云下引證言化功者影響迹時已有化益前後增道即是深利權人處處得益深故五故一音下立理不必併須待至壽量故云一音又密益者宜聞長遠時處不同顯密各異故注云云六又我下正證影響得益之文若於已無益何謂欲得第十明待時不待時者初正釋中先大判次若就下就三周及本委論待等三周之中自論密者如法說時密聞大車及大通事而得益者即不待時中周密聞準說可見問三周及本有密說者玄文那云法華唯顯答言顯密者兩前偏圓互不相知今至此經同入一圓雖密而顯純一味故但於一座有待不待但知彰灼授記二乘顯露分明說長遠壽於茲一座無不聞知故名為顯問云非顯非密者謂決定性於前四時既無密益不至法華復無顯得二處無益名失時不答餘經等者謂前四時既云永滅諸聲聞等不知變易故淨名中迦葉自敘云皆應號泣聲震三千於此大乘已如敗種準彼經判敗種豈生來至法華咸受佛記若爾佛於爾時何不即記而使稽滯來至法華顯密不同如前已釋若將永滅權論用釋聞會實經經既已生論何能滅但以滅者於彼得聞餘經不說況通經論故失顯密亦非

失時但弘教者曲將釋此是釋者過非論咎也五千起去等者無四時之密益失此會之顯功此化失時彼土非異故應失時答云滅後益者是也問經云佛滅度後實得羅漢容奇得益上慢不實應非此收答教遍實者誠如所言既通許過餘佛亦何隔於上慢知其不發待後佛時問佛若大慈何不令其無謗生信答是盲者過非日月咎法界衆生未益者衆況此五千已發下種滅後時遠當更不遣問身子初周為三根請者此下雜料簡八關十門言為四衆三根者初周普請佛亦普說餘未悟者還為普請既普請普說云何言佛答為說耶此引三抑保其三周佛既權抑預表身子權能預謀何以不答其請之而三周之首通為三根解周之初通為中下故諸天領解文後云爾時舍利弗白佛言我今無復疑悔是諸千二百等故知是為中根請也乃至文云願為四衆說其因緣即為下根請也答意可知然身子設使預知在三皆須普請若爾初周普請何故佛但作法說耶何故解說復更請耶解說已竟為中下何故復作宿世說耶答初周普請說亦普說聞者未悟自在物機中下尚昧是故更為中下普請佛亦普為中下解說故千二百中四人之外屬下根者故佛鑒機不須更請便即許云宿世因緣吾今當說若爾亦未申難若通被三根那云三抑保其三請以表三周答鑒物機情理須預照及至為說何據下中故法說時已容中下乃至中下尋三便悟云云若當具有法說中下不聞豈有初請身子為機利廣責昔見不曉大猷聞者將法譬二對於宿世似如三世若許三世當現如何答中言無文者一往略耳如說法中當為汝說若將昔三以望未今一則今文為昔當此約縱無方之辯以答無方之問得作此說若不爾者但得依常立法譬名既云無方嚮令還旨轉如譬說中大車望小大亦是當如法說中望三為昔一亦成現今云譬是現者譬是現事且云現耳準後望前者法譬

在於宿世之後故以宿世為過去也準知法譬合同當現問舊以五濁障大者舊師計也四句料簡今家破之言如前者指上玄文五濁有除不除大機有動不動不得一向云障於大亦可云如後即後釋五濁中具歷五味四四句是有人下復引他解斷見或竟有無明在故所證真與此無明共為大障無明舉修惑也即不發心初果故引法華論證言無煩惱者已斷見故有染慢者有修惑也未知常住即是大障若博地不執未有所證未曾斷見二疑合明無明感強故云獨障意云五濁之中衆生劫命不全為障為障者見修兩濁若兩下他難也意云若二大無明若共若獨俱能障者此之無明若定能障即定須破若聞法已破不妨聞法何障之有若未聞法無明先破則聞法時無明已去復不名障此是三論師意不問無明為障所以直以自他等責障有無答云至為通者聞法故破破由聞法言無前後者未聞法破為前聞法已破為後前名自破後名他破自他無破無因不可次雖不前後等者雖非自他因緣故破以因緣故亦前亦後亦前故暗滅亦後故明生今從破說故無前後今從立說無明定障又亦應云雖無前後聞法定破次更料簡知與不知初引兩經皆云知何以此經三周說竟猶云不知然雖云知文意少別彼屬方等應具二意一者對諸菩薩云二乘人元發大心後敘歸大二以不愚等一往斥之具如止觀第三文未彼還引之以為難辭云何三根之後等者法師品後段長行文中云若聲聞人聞是經驚疑怖畏當知是為增上慢者此以上慢驚疑而顯不知但三根之後皆悉應知何故猶云驚疑怖畏初疑謂三周之初動執生疑後悟謂三周領解解後無疑何故此後尚自驚疑答中二意初通明知次凡有下分門別釋初文意者此經亦云知者責於聞者何以尊引不知之文故此經與記處處云知次引今文正答云知三根之後有不知者教通之辭猶不愚等來至法華皆悉已知根使

更有不知之人判成上慢既非上慢道理皆知滅想尚知何況餘耶次分門釋者初明知者聲聞於彼亦不云知佛於彼經爲諸菩薩說其元意故云知耳此即具前兩經之間昔曾發大故云前知中間退大次明不知今至法華被會方知若佛在世三根得記佛滅度後無不知者又身子下重引此經以證不知初句是身子敘十二百不知我今下法說之初自敘不知此是三周之前不知之文非關三周後也又大通下此當三周之後亦有不知之文何者既云說是經時十六沙彌皆悉信受聲聞衆中亦有信解其餘衆生千萬億衆皆生疑惑即是彼佛在世亦有不知之人然亦不得云永不知即是王子爲其覆講此十六子義當餘佛佛雖在世四依弘經理亦不失當知且對聞佛說時云不知耳若執下次爲和會於中先總非次正會初不許偏執者如前二文或初後知而中間不知或初不知後必得知生滅度想尚於彼知況在佛世暫時不知安得固執而生矛盾矛盾具如止觀記者下抑挫凡情恐成巨擠言餘事者修行趣果有饒益者方可論之聲聞等者且順大經諍論之文故大經自云不解我意然彼經中二十三雙俱云不解者以對昔教故責迷者二俱不解若識化意則二俱名解在昔須云不成執者望今成過在今須云必成望後退小成過以大小教開與不開並通三世若唯引不成以證定性既俱有過安偏引耶雙引各執尚違教旨迷實執權其過非小亡權執實斯過猶薄既申實教須云定成人不見之徒據權典用證實教今試下正存今教而爲融會先正融會雖有二初大初爲定旨從中間取小情執小滅爲規故大教定成不須爲諍一義既爾二十二雙請爲觀之若佛世尊俱留有妨之文何成三達五眼故依此判諍論自消縱二十三丙小部不同灼然易殄次若得此意下於念處中以分權實故知但點亡種初業其滯自消何須復以一初作妨況若聞法華無復疑悔

第卅四張　治字號

知與不知二門無壅故權實二人知不知別有人言下引古略立料簡二人及至解釋離爲四句純以權人示知不知故不應理今不取下總破故準今意具明權實是故不用純權四句若委論者約實行對權各爲四句故注云云文且略立權者先知實者不知寄小初業生滅想者現世不知知者現得悟者是也即初二句也第三句者初不知後知第四句者即方等中被斥者機未發故非知以被斥故非不知權人同實示知不知論其內心無時不知故不用對於實自顯更廣約諸教何位何時顯密權實知不知等皆具雖爾今家於實秖是初則不知後方得知因此重料簡緣覺問可知答中引經云徒之者問此佛亦有聞法緣覺何不令其聞佛說法如方等般若中二乘之人耶答未斷惑者可令聞法已斷惑者自謂獨覺以是應知世無二佛問緣覺在小住亦何妨甚是爲法滅無師獨悟既有佛興復不更稟教去則不與稟教爲妨是故不同方等元是更教之人問從向何處答向無佛興處縱在此界亦是佛教所不及處如有德王興昔星宿星不沒若爾其得神通豈不知耶答爲護物機不護緣覺知亦何爽願生至十四生者以願間其任運生數而值佛者若願生者生數未滿若復在天願尚臺來具如眷屬妙中是故此人即名聲聞言十四生者人天各七但總立七或二十八具如止觀第六記明極鈍者至十四耳故生未滿即成無學三三果者如一來人及五含中後之三人知佛出世尚有從天下來親近佛等若上流者從五無色及無色般並有起欲界化來見佛者若不見佛亦可容得有餘般時亦名獨覺故云三果三果例然今云例然者以從願故況復三果欲人天生願亦易牽變化緣覺者義準聲聞亦具四種今文列一義已含三所化兼二故也許文爲三三文各二則以三文各二字是如初文中初是順次豈得下許次文初是誡吾當下許第三文初是簡汝今下許大

經四善法者德王品釋十功德中云一者親近善友二者聽聞正法三者思惟其義四者如說修行唯此四法是涅槃因若言苦行是涅槃因無有是處後之三句即三慧也故佛誡之是涅槃近因緣也五千在座至簡衆者或當過去有謗法緣或機未熟聞必生謗故佛知時神力令去又如瓔珞經時五千菩薩尚從座起去彼譬喻品因佛說法身功德座中有五千菩薩從座起去目連問佛此諸正士修菩薩道已入如來正法之藏行過二乘何故聞說三身不受而退佛言善男子聞說是者沸血流面何以故是無數劫恒生誹謗是輩過去恒沙佛所修行六度起於著想心有悔心故有退轉故當更經歷勤苦之難千佛過去猶未得度是人雖修菩薩之道欲得成佛終不可得如人欲於虛空造室終不可成今謂此乃三藏菩提之心機未合時若聞三身理合生謗通在行門生謗義少故知今人雖欲發心不簡偏圓不解揩境未來聞法何能免謗問前云三止抑待三根今何故云由五千在座答三請已後五千必去秖一三止用當二義於理無妨有時一法當無量緣秖此二事何足生疑五濁障多者五濁加多義具見修復加執慢故根名深障罪是根而或未深故加執慢方乃名深枝葉細末者若實得果如根本大材任爲器用但計枝葉謂爲堪任而輕根本謂等謂過名增上慢執方便之方便者小乘四果已是方便更於煖頂執爲真極應知上慢不全無法但以淺位自謂增上而慢他人名增上慢四請者以受旨文義當一請并前爲四毒鼓者大經云譬如有人以毒塗鼓於大衆中擊之令出聲聞者皆死鼓者平等法身毒者無緣慈悲打者發起衆也聞者當機衆也死者無明破也今世惑破近死正當當機人也來世惑破遠死此五千等雖非當機如來何不彊爲其說作久遠因如毒根等即遠益人具如止觀第八記結中云華嚴末席者此且一往寄結集說舊經三十七

云時舍利弗祇園林出不見如來自在莊嚴變化及師子吼妙功德等不見諸大菩薩眷屬亦無智眼能見聞知及生意念亦不樂說不能讚歎以聲聞人出三界故此即如聾如瘂之文於彼未曾即當漸初然亦寄於娑婆一期設化漸教以說用通今意應知華嚴盡未來際即是此經常在靈山何殊十方更互主伴至第三十八入佛境界品文殊從善住閣出與諸天龍等至如來所頭面禮足設供養已辭遊南方時舍利弗承如來力見文殊師利從祇桓出而作是念今與俱行時舍利弗有六千弟子從自房出禮佛足已至文殊所此六千等皆新出家已曾親近過去諸佛皆是文殊之所化度舍利弗為諸比丘廣讚文殊文殊語諸比丘汝等善能成就十種大心則得佛地況菩薩地自古共云華嚴時長若爾乃是結集後教至般若來方可得云今諸比丘成十大心此乃義當轉教時也結此等意入華嚴中故云時長當知以法界論之無非華嚴以佛慧言之無非法華道理雖爾若約次第部類不便則鹿苑諸教皆應結取但是大小不同機見不等故令教主說亦不一驗舍利弗已有六千弟子故似方等般若教時何但鹿苑耶今文復云未破小執即似鹿苑之始準下釋信解品中長者之文但是機見著脫前後今亦且寄漸教大末小初為釋今諸佛至簡遣者以無量教同席益故今欲滅化城廢草庵乃是一化之大體此尚於小起增上慢況能大益耶故此等人正宜今去若去住俱謗等者聞略不謗聞廣必謗故云去則有益故毒鼓二義謗及不謗前聞略說已成不謗毒鼓之因何須更加成謗因耶二因無別加謗憍若不作謗因或於涅槃得當機益若加謗者多失近利故任其去以存近益善根熟故今遠得益與其樂種如來悲故誰令不謗拔其當苦次問可見答中非當機等者若唯以五千而為結緣餘當機者則寄品已上並屬當機然準望前文釋四衆中當機乃在初住

已上堪為影響則六祖五品並為結緣但是結緣義意欲收起去之類解以五品為當機者此等亦得為結緣也已如上說者如上待時中說即如來滅後待弘經人得益故也昔大通佛時等者具如上文釋結緣衆亦將此文而證結緣經爾許時方乃得度如來滅後弘經人邊得當機益猶為大近故知彼十六子衆豈無至今仍有未度者耶不見三世久遠之益而以現難深不可也此是大聖見機之說滅後弘經實可為例說大經時萬五千億人等者師子吼菩薩言如佛所說一切衆生能信如是大涅槃經不可思議世尊是大衆中有八萬五千億人於是經中不生信心故能信者不可思議跡文次八字跡意云既云是大衆中又云不生信心故知已為結緣衆也故五千雖去已聞略說不久者意亦指於弘經人益金光明等者第七云一者深信大乘方等二者毀呰不生信樂不生信樂者亦得結緣故引為例正廣釋中為二先示廣以開略次示廣列章相初文又二初對略開章次上句下略示廣所以次六者下正示廣相於中又四初列六章次生起六章亦名章意三於五章卞示五佛有無四又六下明六章大體生起宛然大體隨時以此六義共成開顯之大旨言略而不闕等者五佛互略互存無闕詣謂所至共成一化何假繁列知三世佛但各二章豈非極略故六章中開顯二章略而無闕令權詣實而略卻四章今文不繁前後無在云云者今說無在之意六章之要莫若開顯前後互無在餘四章但義存共成一意應須具說大體以辨不次之理今但下揔佛章中所以但四無三者四正二旁當知五六成就三四是故略指又前四中三四為正初二助成故三世章各但三四釋迦化主五濁施三故復加之但闕歎法一段文耳揔而言之必須具六為避繁文故須互指四十餘年者菩提流支法界性論云佛成道後四十二年說法華經久久稀疎者爾前非無指獨顯說故曰稀疎如華嚴佛

慧隔小帶偏經歷三昧今乃獨暢此有二意一者久乃說之二者是時乃說之雖列人已堪等三意在指時故也問方等般若雖有帶對亦說佛慧何名稀疎答此約二乘鈍者菩薩說初於華嚴而不聞次於鹿苑而入證後於二昧而不取今始得聞則成稀也諸利菩薩何嘗不聞但以增進為今經益耳若約本門非此中歎問若爾華嚴與二蘇一槃佛慧何但華嚴已說佛慧答二蘇非無但華嚴雖兼佛慧稍純從純得名優曇華者新云鄔曇鉢羅翻為瑞應金輪王出大海減少金輪路現此華乃生作金輪王之先兆也調熟者亦有通別通則二字通於三昧別則調謂調斥如方等也熟謂成熟即加說也醍醐下云云者廣約三昧明不說所以如上諸文故不重列靈下云云者須說靈即靈通以通一切隨義便故靈字在後從名便故靈應在前有此觀故必種佛記亦名為瑞有此觀故後方得果故名為華三觀成已具因方現三千為表實可兼之此理下理教行人言反乘者以反以乘釋順釋正由昔乘反故今反乘昔逆即順何反乘耶皆云至者實之極也若至今經無過上故故皆云至還指等者釋勸信意何故勸信欲明昔麤即妙恐物生疑故預勸誡言四種者秪上所列此理已下四文是也故客作言下不云人等但云四種以客作之言而含於四故揔貫之所以昔為客作之四今成長者子四更無所改全成妙四故云汝等所行等信無等等者佛世尚乃以人顯法末代安可法妙人麤若云大權必無以善而濫於惡神變異迹並越二途世云勤學不如擇師故云汝等當信佛之所說初明佛道至難知也者施權意也以諸教中無施名故今欲明開故先敘所開即所施是故玄文云為實施權意在於實開權顯實意在於權當知以實為權權名隱實開權顯實實外無餘潛之與顯利在物情常住本源未嘗增減故未開之前非但不說顯實之名都無施權之語故說宜權

之言即須顯實故也故知此是法華之宗餘實教之源由釋義之旨歸衆行之府藏若不體之徒施徒運每至此意皆勤勤者恐斯宗學者失經旨故所以者何下應釋諸佛云我以等者以我釋彼也借此者既特自權而釋於彼故借字亦于夜反去聲稱之意正引彼證此故且以此釋彼意亦明於道同彼此皆悉施開故也是法等者若結開權是法兩字指向演說諸法是也標人法中云舉無分別法者特向是法為顯實法故云法也唯有諸佛舉人也即是向法故云能知除諸等者若爾法華之外皆魔事耶下然但前教中權魔亦說之唯此一實魔亦不測故云除耳故惑阿難時亦說中道但除其魔而開其法非五七九等者以三五等皆是方便故皆云非三藏三乘加人天五也加通教二乘七也但會二乘何二乘耶以共二乘與婆沙中二乘亦別般若不與彼二乘共故今問之若三藏三乘不須會者婆沙四階即是究竟圓常果不若秖歸此果即是大品共佛以不為是瓔珞妙覺位不為是華嚴遮那果不加通別菩薩九也若義分行向乃成十一此等皆是被會之異今彼異故故名為二體收異故名為大大即今經圓妙一乘位與華嚴圓位同也儀式者秖以開合之相為威儀法式今開三者開三在昔而言今者指今一化從一乘開故云今耳如釋論等者文初適云諸佛大事今文復云何名諸佛大事等者佛所尊重故數言之故引為例云云者論更有文亦云如王好施所生太子名數數與等次正明顯實中古以此四顯實今以開示等四並為理一舊師所無但說者受者並於理上立因果耳此師於此立因果門以釋開等猶不及光宅於別序中以本迹門而釋四句別序雖敘迹門仍居一部之首且法說初更分因果又正是因門者且從弟子因說言果門者且從師之遠果其實具有妻如女文若開去反徵古師本門既移果此迹門理合向前不可本迹

重張復今本門剩長若其雙標本迹品內之義混和且有雙標於斯至下別生緣起況釋四二不及光宅下方等者舉本別由以貴古釋塔現證前兼為起後故寶塔踊為本遠由地踊菩薩為本近由二由未來安得辯本次敘光宅今亦不用下破也初作因果相違破三慧在因故也又三慧下但約於因以多種三慧即是縱難縱用三慧須簡三教三教三慧尚未入於當教聖位況圓聖位故復縱云若圓三慧此位亦未開佛知見故前兩教及別地前無佛知見若作餘三等者結難也初句結非佛知見若作下自違命章云云者應須廣辯不可用意將教及理明不用意次破地師先述次破初述中言第五恒等者彼依大經第六四依品云善男子若有衆生於一恒河沙諸如來所發菩提心然後乃能於惡世中不謗是經愛樂是經不能為人分別演說二恒正解信樂受持亦不能廣說三恒受持書寫雖為他說不解深義四恒廣說十六分中解一分義五恒八分六恒十二分七恒十四分八恒十六分具足解釋盡其義趣所謂如來常恒不變（二一句如初句）經文一恒之前又有一凞連河未能信受都成九段以凞連河近俱尸城小於恒河言發心者有云值一佛發一願下一砂縱值多佛不發願者亦不下砂縱有發心不見佛者亦不下砂見一佛縱發多願亦秖下一砂一發心見多佛亦秖下一砂如是積數至八恒等以明入位初易後難故也初之一增即得八分此後但能二三增者如至太尉易丞相則難言十六分者如世間秤十六兩為斤故大論中佛語鹿頭外道汝若出家比舍利弗智十六分中不及其一西方校量多用此意古人五恒判在賢位以六七八用對初地已上至十地以對十二十四十六分當知古意云多發心在方便教實教其心無多發故來對今教不可多發而分開等復約

賢聖立位不同問彼多發心皆云於涅槃經得若干分解如何判之為方便教答涅槃之名既通所緣生解亦異縱非前之兩教

但成別教教道以此而言教相難辯況古師對位自消彼經若見思斷位不成別義不可通位消圓開等若同體見思盡非六地證知現在能信如來甚深智慧甚深境界理不容易華嚴融通極頓說者尚失旨歸法華唯顯一乘不可會之成漸又有仙慧開善治城各有判釋皆非今意章安云三十心是初依五恒也初地已去是第二依皆師位也意以初依具煩惱性為弟子位章安亦自約彼經判位若判開等此亦不然何者今判四依須約四教並不可以此判於開等四依通凡開等唯聖聖復約圓故下結云不與經會引經等者大經對地前為聞見即別教地安得證通登地眼見即佛眼也故六地思盡全在通教古來但知以地釋地而全不辯地之所在注云云者廣立理教以破古師略如向述難此同前者難同光宅用三慧也且破三慧故云同前亦應更云五濁先除安指今教若今教除濁應始成聲聞若始除濁為是何佛知見顯耶纔除理顯難亦如之次有人去兩師皆以法華為入今法華成極卻失前三佛之知見並在今經開等豈可分屬餘教則成餘教有佛知見乃言別教三乘別故即指鹿苑二師皆以通教三乘而為般若言抑揚者以淨名中抑挫聲聞褒揚菩薩此甚不曉彼經亦有抑挫菩薩不獨褒揚故今家八字判盡經理謂折小彈偏歎大褒圓裂亦擗也亦分帛也四句不可分也有人云三十等者通無地前三十心位故名挾別但云初地六地乃至十地名為受通未見法華奇異者經之難思非凡所測準更歎釋師資可知今依義附文略有十雙以辯異相與二乘近記開如來遠本隨喜歎第五十人聞益至一生補處釋迦指五逆調達為本師文殊以八歲龍女為所化凡聞一句咸與授記守護經名功不可量聞品受持永離女質若聞讀誦不老不死五種法師現獲相似四安樂行夢入銅輪若惱亂者頭破七分有供養者福過十號況已今當說一

代所絶歎具叙法十喻稱揚從地踊出向逸多不識一人東方蓮
華龍尊王未知相本况迹化舉三千塵點本成喻五百微塵本
迹事希諸教不說如斯等文準經仍有具依向指非奇何謂有
人引華嚴等者他人意者仰責諸師地前有四十心位何不用釋
開佛知見而但用地前三十位耶破有二失一者謬用華嚴十信二者
賢位非佛知見言華嚴不明十信者古人亦以華嚴住前修十
梵行空即入初住將十梵行空對十信位今文破者經無信名故
云無也攝大乘等位具如釋籤所引恐是十地論剩七字有人
去破用論四智者彼師所引云總別一時欲釋四句令無前後
不意卻成高下不當今爲二破一者但云四智一時而不分位別二者
四智在果開等通因由斯不當故今不用且準止觀引論四智以
彼因果各有總別若唯指果四智位高今且直以果智責之四
智者謂道慧道種慧一切智一切種智此四在果一體具足若
開等四豎中論橫故須四位別對四智縱因果相對各有總別
但成因果何名開等有人云言非空等者意以雙非理顯爲開不
出空有分明指理能空能有故名爲示見此空有不離於理方
乃是悟復了此理不二而二方乃云入此人下破意者空有之言
是約二諦雖作四重秖是空有二理而已失理淺深迷空有體
但列空有徒分四重故無中體徒用雙非不出二乘恐涉通教
有人云違三諦等者雖標三諦不辯融即任運分張別人初心何嘗
不違三諦之理名違爲開不名開也至十行位分明見假至迴向
位觀無一異若入初地方順法流如此何能免於別義亦未能辯
開等別相非是初心畢竟不別故非佛界次有人去用總別相以
釋知見此人不知論云一切智是聲聞智不應以此爲知一切種智居
二智後屬別佛智不應以此爲圓佛見又古人見一切之言便以
爲總以有種言乃判爲別此亦不見大論圓文論云爲令易解

分屬三人况彼分于大小因果條然永別如何將釋圓佛智見有
人解云智等者並無生名出自三藏無生之語稍通於三約清
淨之言並判屬通佛知等者都不見於法華大意據如玄文
大意方了略如今疏釋方便品至此方知佛智見義

法華文句記卷第四

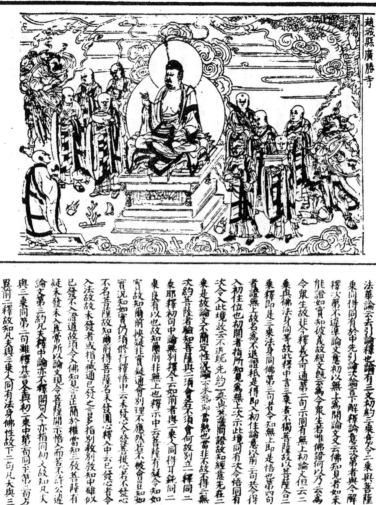

法華文句記卷第五　　天台沙門　湛然述　　治

法華論云去引論釋也論有三文初約三乘意令二乘與菩薩乘同得同有於中先引論次論意下解釋論意云次第者與今解釋次第不違準論文意初以無上爲開論文文云佛知見者如來能證如實知彼義故經文既云爲令衆生若唯佛證何以乃云爲令衆生故非今釋義不可通第二句示同有無上初論文但云二乘與佛法身同等故此釋中言二乘者不獨菩薩故以菩薩合二乘釋即是三乘法身同佛第三句者令知無上即是悟也第四句者證無上故名爲不退證秖是得即入初住論意以前三句共令得入初住位也初開者指所知見爲無上次示此境同有次令悟同有次令入此境故云不退既先約一乘與菩薩同證故知經意先在三乘是故論文不簡定性況論云未熟即當熟也當非不故不得云無次約菩薩者驗知菩薩與二須會若不須會何故別立一釋同二乘耶釋初句中論無別釋今云如前者與二乘人同得耳餘同二乘良有以也故知爾前非無上也釋示中云菩薩有疑令知如實故知爾前挾疑非實疑通會別理不應然若不被會豈知如實況知如實仍須修行釋悟中云未發心令發菩提心若不發心不名菩薩故知爾前得菩薩名未發圓心釋入中云已發心者令入法故故未發者或指藏通已發之言多指別教別教知中雖似已發不入證道故須令入佛知見言正簡於權當知三教菩薩有疑未發未入真常所以論文現令菩薩開示悟入而若不許公違論文第三約凡夫釋中論亦不釋開句今亦指同初文故知凡夫與三乘同第二句雖釋其言又全與初二乘中第二句同乎第三句方異前二釋故知凡夫與三乘人同有法身佛性故下二句凡夫與三乘別者以外道計常故一切衆生未知菩提故既爲凡夫別一番

釋故知不得深位釋之故釋悟句云令覺悟入句令入法機當知凡夫不知不覺有無上法亦未曾發菩提之心而皆云與二乘同也故知三番人異義同是故初句皆言義同次釋菩薩第三句中云令知如實如實秖是法身異名此亦言異義同第三句對二乘不知故云令知對菩薩已曾發心今更發心對凡夫今異外道亦令外道悟故此則義異意同第四句中對二乘退故云不退對菩薩已發未入故云入法對凡夫未曾發故直云大道當知秖是一佛智見爲令此等人異闕同故知舉三乘及以凡夫收機盤盡咸曰衆生凡收六界三乘對實即十法界釋若約所趣唯一佛界即佛界釋二乘義偏即約位釋佛界對九復成離合況論釋四句與今位等四釋義同論句句釋者論三釋中句句別釋今於初釋乃離爲四即成三番各有四釋但舉二乘以例餘故亦是舉難況易二乘難故今初釋者先屬對論文初以證不退爲四位釋者即論第四句既云不退即開示悟入皆令不退次明佛所證得爲四智釋即第一句論云除一切智更無餘事次以同義即第二句論云三乘法身平等更無差別若無觀心云何知同次以不知究竟處者即第三句是所通二乘不知今爲令知知即是門門爲能通故作四門釋也三乘既然菩薩凡夫例皆如此是則三類皆須圓教教門以爲能通入觀修智方能到位智覺佛境若作餘釋爲令之說徒施佛之知見何在故一家釋義依經順論契行得理佛出世意豈不然乎今釋佛乘寧可乖耶若深張地位凡夫非類若除二障方明開者則示等三皆在佛地此教尚非地前之分何益凡小若耶言云者應須委明橫豎釋意以中橫豎用論文故故論三釋中一豎釋今二釋中句句橫取今論四句亦成橫豎雖有橫豎意在不二次今釋下今文正釋先略對古今次若無量下明用今意引文釋成以論廢立初前者今古相對即始中廣

初言廣者語少意含既顯實已須知諸法無不皆實若今十妙
乃名處中但其名中而義則廣消顯實文似如難用故且和舊以
存四一即極略也次用今意者廣即心麁行法入理無非一實於解
釋門大成通漫秖可時實照故云奇知若作下述今十妙雖不消句
對義非無故先引經對十今見問何故經文不依十妙卻雜亂耶
答理智等六經已次第但後四文雖似前後不無深致何者若有感
應即有眷屬眷屬取悟通以發之見通獲益良由說法依玄
次第自是一途六不可越經文灼然初云非思量等對理一者所
思故也唯有諸佛等對智一者能知故也唯以等文義既具三理須
分別文雖具三語意在於一大以一大事事即因果故云義便乃為行
一又智能照境境方遠境大故大名智以事為行有其二意自行化
他俱名事故今化他故是佛出世之大事也應知初分別釋用前分
字解意次逐義便用前摠釋前雖二釋摠釋易見故今用之次知
見者下意取經文從欲令去為位一文中但云知見者以經文二句中
皆云知見即能知智已屬智行所見諦理已屬理一雖不分於知
見淺深乃以開等對位各別故屬位一次文取結文對三法一重取
前文摠意而說故云文也文取諸佛下出現之言為感應一四句
皆同隨義故別無非感應餘四可知經文等者明廢立意雖消
文不用義理非無是故三中存而用略從若略下欲用舊略復論
去取簡義存數故也於中先簡次存初廢果立理舊以四句同是
果一雖以果為理名不別彰故須破之而別立理故依道理無理
屬感既句句中皆云知見故所知覺豈非理一次廢因立行者行
之始終即是因果但顯行一即收二義雖廢果稱乃在行終但加
理一為教等本故使理名通開等四義順故也次人下存其二也
次正釋者先明來意云且從略對十等說故名為略十等仍存
故云且也先釋理一自為四義今文為三先標列次正釋二所以下

結要歸宗正釋中初約四位者即眼智所階於中分八以出文相
初標如文次諦境下以所依能用顯於所涉向述來意然此四一
準下消文皆有兩向並從一邊左右互攝以別四一故四相望尚各
具四況兩向耶何者如所知為理則能知屬智能稟是人能詮是
教今文具二故且從理故云理一今顯此理理不獨顯以智門觀三
歷所涉位共方顯理乃是卻將人教行三歷位取理觀心人也四
門教也四智行也三種相由破惑入位階於至理若爾後三相成
亦應可爾是故今初舉所依諦不能自顯智是能用由之見理故
云乃能三三智下簡能用進否三智四眼否也種智佛眼進也雖
體相即顯勝須分四經云下約位引文釋其所以衆生義兼佛果
唯極極果知見今物即得故異前經五三教下約教判意古今諸
師釋佛知見約為衆生其理不顯自非今見焉出妙境衆生心
佛一體無差豈知衆生有佛知見故約教判其理宛然於中先出
能知見人又分得下明衆生開局於初住方名開也六故寄下結
意並是諸佛知見位也七如瑞下明所表定慧之後寄兩四華可
表同歸經於四位華皆散佛至果不虛又散大衆乘位之人八開
者下正釋中二初正釋次然圓道下融通初釋開中二初略對次何
者下正釋於中又五初明位障通惑謂見思別惑謂無明通別
兩惑同在一念念體即是體非理是事非是是非一如同體為
障二惑叵分故云難可了知次初心下明依障之位者隨喜之前初
心圓信名字位也圓受五品位也圓伏六根位也將此凡心即為伏斷
故云能也伏通信受信必在初不同世人初心即佛三內外下明加行除
障有法譬合由此行故得入初住合云緣修者即指住前問若入
初住方名開者當知此經凡夫絕分何故不許他從高位何故論
文云為凡夫咨四釋之中約智約位唯聖方開約觀約門乃通名字
況為令之語令凡入聖結緣之益準此可知所以四釋方顯今意不

妨高位不棄凡夫四引證除位入理七言義通深淺從初立稱故且
云住五住於下結所表以立名次釋示中三先明破障體顯次明
顯體具德三結位名準義亦應如入十住一者文略二者已入無
功用道下去亦然次釋悟中四先明障除行成次事理下明體
德偏收三引證四結名次釋入中五略無障除準上合有但運
牒前文故但云體次自在下歎體德也三自在流入下歎行滿也
四引證五結位於釋悟入並引攝大乘者借別成圓故釋悟中
云理量不二釋入中云理量自在當知別中無此事也若爾前
釋住中引仁王云入理名住者準例借別亦可十住如理十行如
量量即理故名住理即量故名行融通者為借別故故須融
通於中為四初正融通即無復淺深次但如理下明淺深所以三
引證中先引次釋四舉譬中有開有合先開中云朔望者朔明
也謂月初明望謂相望即圓滿時日月相望亦非朔望寄於朔
望則有虧盈合文可見言云云者須引大經月愛喻也次約四
智中初辯異者秖是圓位能契之智言不如者不同也簡異於偏
彼般若中通三教故故名為通今不依之唯一圓道故云不如
如字平呼次正釋者約位中已略明行相此中重明但直述而
已有釋有結釋中二初正釋次又道慧下重以攝大乘意消之
今可見故初文者甚因智果各通摠別因果之上各加種者故得
別名各加一切故受果稱初言道者故受因稱慧之與智且往且
然若依諸經未必全爾具如止觀第三記次此亦下結文意亦
是融通言結意者既屬圓智故理量相即非因果摠別而因
果摠別前文雖有如理等言非文正意今釋四智正應消之但須
融通耳如彼俗境數量如於實理契之各云如者各稱境也然二二
位各具二智不二故又且寄四位四名便故不別而別初後理同次
約門者門既是教理應先列今在此者各有其意若並釋此四則

先教次觀後方智位此中釋理四皆能詮於四法中觀者先列具如下文逆順生起以親先故故先位智次及教觀於位智中位爲所涉智爲能詮則所觀能詮故先位次智具於教觀中非教不觀故教前觀後於中亦先正釋次融通初二橫者初心所稟教法具四以法相望無復優劣故名爲橫應知位智多約於竪約觀乃成非橫非竪通論並是約非橫竪以論橫竪觀門亦有淺深故也教四相望似亦淺深於中初釋次能通下以理攝教攝即融也故門門中皆通智位從淺至深以歷者等皆通於觀以至於住故門成橫雖對開等但明有等義同開等非對深淺約位開等又二門中皆云一切者本顯互通互具故也循恐不了故下更以理性融之次觀心釋止語大略以消開等夾論觀法具如止觀觀本無障不須融通所以前之三釋初不述理故二釋文後融通並是附理理是文義正意故也觀親依理是故初論三諦之理是爲下結歸也結於三觀以歸開等次所以下逆順生起者初明所由於能次明能顯於所揔而言之結攝四釋以歸理一既知四釋並釋開等應知開等一四重況復四文親疏互攝能所映顯此乃教行人三寄理以辯理既如是餘三例然故知今家似借論文而反符論旨方便教等者別初地已去以分四義即初地爲開從二至六爲示七八爲悟第十爲入而帶地前非佛知見故別知見不可即爲衆生開之既依別義亦可通取三賢十地次第對之或準古師如前諸釋判八恒中後四恒是故別覺信經劫數頗到故也通教見地開薄地示離欲悟已辦入三藏教中若約二乘準通教說若約菩薩則初祇爲開二祇爲示第三爲悟百劫爲入若兼聖位則以第三百劫爲悟三十四心斷結爲入此之三教始終不明佛知見也以當教不說是故云無不可將婆沙四階般若三共瓔珞次第能消法華佛之知見故知知見開示等名名身通用佛之一字唯局此經若其欲以

佛義通用則以當教發心皆求當教佛果故使開等亦得云佛而須簡部簡教而已釋人一中言但化菩薩者據佛意說然弟子自謂準次第論今從開說故云人一教行準知行一中光宅爲教一者約今判文與光宅不同非立名也光宅立名多同舊師爲圓教諸即是一事者所作名諸一是所爲一祇是圓即是一家之諸諸無不一故也亦可等者兩向釋也約教主者諸有所作常爲六字以明說意意在所爲故云二家之事故云事命指所作爲事故云教化若就行下牒約行釋準前初意若準前文既以智爲行至今釋行應具指四智若不爾者用是行爲教指四門此亦如是能秉之人還作前觀下二準此釋理具列良由此然四句下今家二兩向釋之若論義有兩向且依今文古亦無妨約經文勢所歸須依今釋文勢雖爾若以義兼皆具四義從但以下釋教一於中先正明教一次自別教下明教一中所無光宅正釋次破三師破中光宅尚亦知無四階菩薩但光宅指昔不明故玄文有破此云偏行尚該通別但由光宅猶尚不語通乘是權故須破之況今復以菩薩而爲第三其第二師同於光宅亦知廢偏菩薩但列三名望於光宅顛倒異耳若作下通破二師亦但成破三藏菩薩未涉通別故未全當第三師同於嘉祥嘉祥尚然故並不知三乘共位及瓔珞等次第行者是方便菩薩若不爾者何故大瓔珞第九三道品中慧眼菩薩問佛云何三乘佛言菩薩乘者復有三種謂菩薩大乘菩薩支佛菩薩聲聞支佛亦三謂支佛大乘支佛支佛支佛聲聞聲聞亦三謂聲聞大乘聲聞支佛聲聞聲聞故知菩薩三者別菩薩也如大經中釋別五味亦寄三乘判菩薩位支佛三者通三乘也聲聞三者三藏三乘又第八云慧眼菩薩曰復有定意名無盡門超過三乘成菩薩號既超三乘乃是超前三種三乘不可獨云超第三乘經文不云超二三乘豈非

圓教菩薩乘耶若爾下破中有四先破所存三藏菩薩尚存三藏必存通別次何妨下破其列名三若依下縱難四若如下結難今言下正釋中無有餘乘等者既云無有餘乘又云若二若三當知無餘之外復無二三言餘乘者指華嚴中別教乘也既識三味鹿苑可知即同方等所對中小故今文中但況出鹿苑故云況三藏三耶若不作此釋如何能顯經部之妙異他經耶他既不以教部消經故知教部妙義難顯三世佛章各明教行者文中各云是法皆爲一佛乘故是教一文也是諸衆生下即行一文也後揔論者下三世佛章末揔云舍利弗是諸佛但教化菩薩人一也欲以已下理一也居三世後名之爲揔若當章等者衆生即人一種智所知即理一然約種智之衆生方名行一故此各明不及下合又諸佛章中文已具故爲避繁文故三世中二別二合瓔珞十三九世者恐誤文在十一彼經淨居天子問佛今有過去諸佛及十方佛我亦不疑云何有未來諸佛耶佛言汝爲問過去三世爲問未來三世現在三世天子白不問過現唯問未來佛言有二因緣有未來佛一者過去諸佛以慈悲心入未來世二者未來菩薩成佛今文依彼佛答天子文也皆悉當世前後相望自有三世故佛以三種三世以問天子故知即有九世義也若華嚴經更加三世說平等句合爲十句問華嚴何故更說平等答一者華嚴法相至十令數圓故二者欲明三世難思今理滿故故須第十又華嚴明非但九世及以平等而云十種三世故知前九二三世以彼欲明九三秖是九世九世秖是三世世秖是刹那刹那刹那皆盡過未此乃長短相攝今未論之且約三九相望以論爲引同故三世若同十方即同則塵刹此間讀者但云刹說衆生說而不思刹及衆生皆爲能說所被者誰良由不思衆生刹性若得此意彼此互明兩則指上兩則指下者五佛章門皆須具六惣佛章中但有其四闕第五六釋迦章中唯闕

第一中間三世佛但名有二兩指揔佛即初二意兩指釋迦即後二意然三世章顯實皆云是法及釋迦章如此兩字並指權是實故名顯實何者在昔施權尚無權名何况有實故今開權權即是實故云是法皆爲佛乘故知述其施權意在開也過去佛章於顯實中言兼得人一者亦應兼理以上兼字貫之於下以兼非正故上文云不及揔文顯也未現亦然現在佛章從初即是開權顯實經舍利弗是諸佛下即當揔文故前料簡中云三世佛章各明教行後揔明人理準此應先開章云先別次揔所以不先開章下揔文中既無開權之揔唯有顯實一文故對三世各有權實揔別不便故也故含在現佛章中共成文足故云文具也若爾何不秖合著現佛章中爲四一文而用爲揔耶以經文初自云舍利弗是諸佛等故知是揔經知諸衆生至方便力而爲說法即感應相對也知諸衆生去感也種種因緣去應也經種種欲等者但諸衆生過現未來根欲性三爲感佛機經中唯有欲性二種若有此二必有於根故加根對釋深心所著即是根者宿種雖隨習不捨名爲所著在方便教故習者名著何者根以能生爲義由過習種成於現欲欲以取境爲能以能取於五乘教故習欲成性故性該去欲性名未來未來該去今名爲本性上已說至施權者據理先明隱實之權即是所開既已明開即知昔施無不具實但恐不了所施之意故先明其意次釋五濁故初文云秖爲五濁等故云於一佛乘等尚無帶二等者欲明施權先以實況今一實中尚無般若帶二方等帶三況有鹿苑單三單五縱加人天仍屬鹿苑有人云單五三藏單三通教此不應理通無別部已在般若方等中明有跡本云無二者無別教及別入通之無三者無通教及別圓入通之三後文自有此釋不須妄此今且依此若無下文此釋無勞別圓入通亦在方等般若中明秖緣彼有通別故有相入之文然

曇論之與相入不無小異故不依之如是者體相也者濁體及相不可具頒但略云如是經雖不具跡文略述於中先明其體故云劫濁無別體等還指釋文共爲體相下所引文是也云堅貪等即見修二濁又不善之言通於見修唯有命濁經文不釋既有衆生等三命必有故劫是長時等者至八十也劫者時也諸釋甚廣於今非要故但略論言短時者如俱舍中立三極少謂色名時色極少者即極微是論云極微微金水兔羊牛隙塵蟣蝨麥指節後後增七倍二十四指肘四肘爲弓量五百俱盧舍此八踰繕那名極少者即一字是論云二字爲名者爲名極少二字爲名亦名名身三字已去爲多名身四字爲句四句爲偈等時極少者即一刹那論云百二十刹那爲怛刹那量臘縛此六十此三十須臾此三十晝夜三十晝夜月十二月爲年衆生濁至假名者見慢是因果報是果由見慢故招生死果攬因成果故云攬見慢等也果上又起見慢二濁見慢秖是略舉見修二道之體次相中先釋劫相云四濁等者空成壞三而無劫濁於住劫中準悲華經八萬至三萬亦未有濁至二萬歲爲五濁始廣明劫義淺近易知出經論文不繁具錄僅須知耳四濁增聚故小劫名濁此揔標也由四濁聚小三災起次瞋恚下明小災由煩惱盛次三災起下明由三小故四濁增煩惱倍隆明由劫濁煩惱隆熾次諸見下明由劫煩惱故見濁熾盛次衆生下明由前三故衆生濁衆生弊色心惡五陰也攬此惡陰成惡衆生衆生假名也故云惡名穢稱表質示德曰名美響外彰曰稱今攬衆生惡爲質惡響外彰是故唯表惡名穢稱摧年去由四濁以命濁積年成壽年摧壽減年壽相逼故曰命濁衆濁下揔結如水下舉譬由奔故昏民秖是濁揔譬劫濁劫濁在故餘四即濁故以風等譬餘四濁故風波等以譬見慢魚龍者以譬衆生無憀賴者衆生不安正是濁相由三濁故今命短促如由風鼓令水奔昏龍

魚不泰時使之然者重以劫濁結也如劫初等者更出四濁在劫濁時亦是有濁之由雖復四濁同在濁時四與濁時更互相濁光音等者且寄火後火災但壞初禪故初成時此天初下即第二禪初天故初下人開身有光明猶能飛行無男女根無所食啖如是乃至林藤地膚至粳米等男女根生具如阿泥樓馱中說俱舍劫章中明地是惡緣從緣而說故云使然如忉利等者亦是舉例更顯地生欲惡故也帝釋城外有四園苑謂衆車麁澁雜喜諸天欲戰從麁澁園出諸戰具須車出車苑若歡喜園入中生喜欲界生欲亦復如是次煩惱去復於揔中以辯四別先明煩惱具列五鈍各舉一喻可以思知趣趣上許羈反下五言反應用下字檨字乃絕反說文檨擾也鉗鍬反此非所用應作蹈音銀次見濁者下釋見濁但別舉二見餘依大品十六知見等二見攝諸見盡況復十六及六十二耶無人謂有人身見也有道謂無道邪見也又應反此句云無道謂有道戒取也所通非勝即見取也偏執有無即邊見也十六知見具如法界次第六十二見有三不同若作三世五陰各計四句謂過去如去等現在常無常等未來邊無邊等并斷常二爲六十二秖是有無二見屬邊見邪見所攝若色大我小等四以四歷五陰三世六十并有無二此但身邊所攝若本劫本見等六十二則斷常邊邪戒取等攝若作五陰各計我所一我所各有三謂瓔珞僮僕倉宅等四陰十二并我十二五陰互論即六十五此但在我及以我所若婆沙使揵度中歷十二入十八界二有六十五乃至無色亦然無色界中但隨義減色揔此諸見徧一切處及一切法故云羅網及稠林等次衆生濁中二釋結釋中二重法譬兩法謂前明假名次明流轉譬中二處俱譬假名以二處法俱假名故次命濁中三法譬合次第者生起前後耳料簡中初問者今文假設今經由濁故不得說大且先施小即濁唯障大若障於大說華嚴時何以不障然五濁中劫

自屬時不可令佛不生滅劫若生滅劫即大小不障命隨報法亦不可除佛亦示生短壽故也指煩惱見名未除濁如華嚴中許有凡衆聞華嚴經是故五濁不障於大既不障大何不漸初即説佛乘而設小耶而兼帶耶荅四句分別者以根對土障俱不障但輕重不同以土對根利鈍以成四句初一句用荅華嚴後一句荅漸初不説大意中間兩句明土別耳即初後俱不障大但由利鈍初後不同根鈍障重故初説小云濁能障故約四句皆不障大故障大之問一往云耳問五濁障小不者既不障大爲障小不前文雖云小能治濁故不障小對四句俱不障大則是大小一切不障何以五濁得名爲障故對小更問若障小者應一切不聞若不障者應一切俱聞何故初轉但爲五人荅中亦開四句至第四句方乃爲障但是對根根鈍成障舊計直云五濁並爲大小障者其理大違故初爲五人及身子等屬初句也今舉央掘鬘特爲二句者則一切聲聞除此二例並上根攝問前第四句以身子爲遮重何故此中以身子爲遮輕荅望大故重望小故輕問自有等者初四句荅華嚴問因荅出身子聞法華經後之四句唯小義當鹿苑爲欲簡出諸部大乘是故更問兩處不攝爲根利鈍爲障不障荅中云此就四教者以方等般若中聞大小者是也既其於彼不能得入待至二蘇望前爲鈍但以待時名爲鈍耳望前雖鈍於此得入自判利鈍於四門中以後後門勝前前故故四門中以第四門移著前者欲對四根勝者居首當知此中大小與前兩四句中大小不殊初四句中中間二句別在淨土大今皆此土言云者二根意對二門説其所以問前何故云根鈍遮重不聞於小此中乃云聞於有門荅在前不入於今方入大小根性熟時不同故知不問有障無障悉皆得入但以障之輕重用對根之利鈍及時不同耳若都不聞大小者不問有障無障此土無機今世未熟非四句收四門不攝此中正

用大論二十四釋十力中文至第四力云世尊以是智力善知衆生上中下根若信進等五及根遮等四論唯約小今通大乘故知障與不障貴在有根有乘種耳障由破戒具如乘戒四句分別以對五時四教三品諸門分別注云云者良由此也細推之言恐遺落耳問五濁一往等者準初兩重四句則大小俱不爲障今從大根者障初不聞法華者爲開即初四句中第四句人也前三不障唯第四障言非盡理故云一往荅中意者具用前文第四句意初障重也次若聞下根鈍也佛尚未説舊醫莫説於常我等名順其計謂無常等名能治於濁故唯障大而不障小如一種機緣五濁未除不堪聞大至鹿苑中以小治濁後方聞大所以見若不除不堪聞常計陰爲德即四念處所治者是騃亦癡也故責舊醫專用邪常爲不知乳不識藥也不知病等不識病也不知閑等不知授藥法也不曉此三無容醫之術二常不同如乳好惡見惑輕重名曰根源先斷後用故曰開遮餌者食也食時異故唯計常樂之名故云不知好惡説我增於邪習故云不識根源不了説常時異故云不解開遮故經云若佛世尊先説常者受化之徒當言此法同彼外道故云若但讚等兩醫具如止觀第二記次約五濁論四悉中劫命對世界者劫命秖是依正二報即世界也衆生即是所爲之人見是能計見者與衆生同由此二故有所爲機則見滅善生煩惱是對治者如五停中具治三毒正用小乘能治濁故屬第三悉亦準論意以第一義用對衍門此四悉門通酬五濁障大不障小之問也以四悉文所被多故著料簡門首從若論因果下更以多門分別五濁初是因果門也二因謂煩惱及見餘三是果義兼依正次一人下人法門人謂衆生法即餘四與生相對故皆成法並是生家之所計四法下法時門應云四法一時文闕略也時即劫也餘四屬法若對時説生亦屬法二報障下三障門二報者即衆生命

二煩惱者見亦通得名煩惱故業在其間者煩惱潤業業能招報故云其間衆生下中論三假門相待可知者即劫煩惱見也劫即長短相待煩惱違順等相待見即有無等相待若通論者各具三假依正二報莫不皆從三假而成今從分別且別説也故別對之衆生下大論三假施設門衆生和合受衆生名命等並是衆生計法又有所計假名對衆生名故云名通兩處委釋具如止觀第五記煩惱下凡聖門煩惱在凡者謂諸凡夫定有故耳然見必在凡煩惱通聖如具縛聖者及羅漢向言三通者劫減有佛劫增唯凡又減則有佛增通餘聖又增與減各通有無以大小乘不同故也豈華藏淨滿待劫減耶常在靈山此之謂也衆生之名具通凡聖命有凡聖報命不同命短下長短門一劫之中數數生故長短別此乃約人及以欲天見佛處説若論初禪即劫命等二禪已去劫短命長乃至無色準説可知三通長短者煩惱在凡故長在聖故短諸見在餘凡夫故長在利根外道故短亦可在餘凡夫故短在鈍根外道故長亦可在小故短一生斷故在大故長留惑潤生入生死故又見前盡爲短煩惱後盡爲長今分別濁入生死者不名爲濁衆生準説劫但下帶不帶門命是不相應行法須帶陰法論長短時餘並屬法非不帶時非親帶故但在於法劫通下內外門大劫害器故名爲外小劫害人故名爲內或可四濁聚時時通內外三小下害不害門物即外器大劫起時人已上生隨三不同生三禪處小劫下五道三界門準應別論三五相參故合明之通色如前言命通者亦應云餘四通於三界五道命通具如俱舍中明五道壽別人間五十年等亦應云通於四生四生各有長短故也劫是下共別門次小劫下通別門從八萬下釋大小劫言正三毒者他方淨土如阿閦國亦有女人無邪欲故舉一準餘諸可例識廣歷諸土分別不同故注云云數負者數實得者故序言非上慢

亦然終無實得而不信者𨽁亦繼也身尚無量者小乘教中不說更有界外生處有計變易在界內者亦名生處大乘教中既其變易生處多故故云無量此述通意言中但云名增上慢意指羅漢若實得者豈有不發大心者耶乃以大乘密而斥之若謂究竟應無變易盡若未盡者何以不信值遇餘佛者初文以有餘土佛名爲餘佛羅漢受先世身者酬先業故名先世身煩惱果故故須必滅若煩惱所感能不滅者有於因果不同之過縱云邊際定力持令不滅今問邊定爲大爲小若其小者小無變易之名亦無永常之說若言大者大邊際名唯在等覺豈得記之後即等覺耶若大小定顯大無定用有引羅漢至等此不應爾但佛滅後諸阿羅漢隱顯不同皆隨機緣況本大菩薩此是大論龍樹菩薩假施此問欲準大教具委答之故也故答文中云不生三界況論還引法華證之故知博地之言無教可準餘國之義出自他人故古人云學不師安義不中難故此法華非茲不了又若變易不出界者而生五道之言卻入生死之說豈入火宅之喻非涅槃一百之文便爲虛構南岳下三釋並是南岳釋也次釋中云羅漢若修念佛三昧等者若言念十方佛則已發大心若唯念釋尊乃因小感大亦是機發使之然耳然小乘之中諸部不同亦有信有十方佛者即小乘人修第四禪邊際定力見十方佛等人念佛觀成感佛爲說第三擧凡夫者擧凡夫況聖耳是故羅漢必無不聞之理瑤師意云實得羅漢無不信者不須餘佛遇餘佛者則指凡夫南岳豈不知凡夫於佛滅後能生信耶故值餘佛必指羅漢故淨名云凡夫有反復而聲聞無也故知聲聞難遇而須商議凡夫易受何須引例有人云至必然者意破瑤師立不信者義亦不然執心牢固必在昔教不應證今滅後之文此師又引身子於法華初聞略開之文以證滅後羅漢不受之語意云值佛羅漢尚疑是魔況佛滅後寧肯信受

今則不然佛須敎遍無不信者故於滅後執經權說義亦可爾云云者應廣明羅漢及以凡夫信不信意以破此師及以瑤師此直是異解等九字恐須作白字書之指前兩師亦非全失但未全順經意故耳不能全破故云異解若論瑤師見違經文經云羅漢遇餘佛生信而云不須經意云除佛滅後者欲顯四依通經功能而瑤不以四依爲餘佛謂羅漢三根聞與不聞並不假從四依邊聞者深不可也又以凡夫爲況者此則可爾但須云遇四依耳後師意云凡夫易羅漢難此亦違經決了之語故云不用此義次釋偈頌上慢等三四衆通有者又凡夫上慢有五不同謂四善根及以四果通義易知且從別說從多分故故經云比丘等四有此三失於三別中仍從摽席者說故云也藏玭等者釋三失也藏玭揚德釋上慢不能自省釋我慢無慙人者釋不信若自見過無此三失雖未證果且名有者於戒等者戒名通十即大論大經不缺不破等十驗知三失尚無不缺況道共等故云缺等律儀有三謂不缺不穿不破兼雜若依大論即不缺第三若依大經則不缺居首名同義異各有其意具如釋籤今且依大經以不缺等三并定共道共即六戒也故知六中若無後二尚名爲漏況道共定共判在三藏四果今且云丙起玭是玉之外病故云外動外病名缺內病名漏小中小者四果已小四禪更小智已極小況加上慢糟糠者若依世禪以得無漏如糟出酒從文入理如糠出米既無無漏反計世禪如棄酒存糟不得真理反封文字如棄米存糠是五千有者以有顯無有失無得言封文者亦應更云執禪爲實如糟無酒文中兩釋初釋爲正後釋乃兼實行聲聞起去之徒亦於現在未有大機起故而退如有糟糠而無酒米枝葉者無入道材問機器何別答雖並從辭各有一意機論可發器語堪任得人天身通名爲器由根三

失故器成非宿種又微無機可發二義俱闕佛威令去凡有三異者先列次釋初云上有歎法希有者上諸佛章六段之中但無後二故有歎法文云如是妙法諸佛如來時乃說之而無五濁之文頌中無歎法也先後者上先歎法如向所引言不虛者次文方云汝等當信佛之所說言不虛妄及以開顯上勸信與不虛合者上云汝等當信佛之所說言不虛也今隔不虛者今頌中勸信在前不虛在後中隔五濁文也故前四今五由離勸信爲二故也應云勸信不虛中爲五濁所隔章安更云上以釋迦方便用釋諸佛施權者上釋諸佛開權文云我以無數方便種種因緣譬喻言辭演說諸法偈中如文修道得於諸權法者自行因滿所感權法正當自行體內權也即此法體亦不可說以方便故爲衆生說成化他權即照九界已下文是故知立一開權之言於今乃成二意一者騰昔施權二爲顯實之所不指所開無由說實況指權是權知非究竟既顯實已權全是實照九界機說七方便者九是所被教不出七說七被九漸令入實人法七九故立摠言九界從自分立名方便從進趣爲稱又九界從物機立名方便從化主受稱摠擧不同故云七九言不可定判者七九之中隨何等機開何等法遍機便逗故云不定現起等者念必對境故云現起種種之言不出七九過去下釋欲性也欲秖是念故知秖是先以希望釋念次以欣樂釋欲故知念則且語內心欲論對境生相今但約慕樂通從欲爲名不假對念辯別故但以欲對性二世判之問前云過去名根未來名性今何故云過去名性答各有其意性必不改故從現至未從過至今二處並得性名故爾亦可現在名根生未來故然根性乃可互擧樂欲必居現在欲名雖不從過亦可以現望當以名互故故重釋云或可習欲以成性成性生習欲上句現欲成未性下句過性成現欲云云者或可過欲成現性現性成未欲或可過欲成過性

現欲成未性是則欲名雖通過未仍從現說故知欲念之名定居現在七方便至云云者具如止觀隨自意觀觀惡中云通途善惡者是鈍根下至施權意此是長文今不云長者但偈與長行不同隨事要者則辯同異或可略明意則可知我設下三行頌理者文多云說如何云理如云未曾說說時未至隨順說等亦是以能順所準前諸例略亦可知今文正取佛慧爲理之行聲聞兼得緣覺者聲聞數中有值佛緣覺故也又三藏聲聞必兼當教緣覺又菩薩既兼藏通二乘必具兩教菩薩不云別者前以淨心爲別教竟既以聲聞菩薩共爲義立乃至一句皆悉成佛又誠言無疑當知此是極聖誠說而不肯信大經云一切二乘未來必定歸於大般涅槃如流入海又菩薩與二乘合明當知三乘悉皆被會牒假名三教等者三教是假名故也教本一實故三是假爲物假設三藏等權今既顯實重舉所除以示佛慧即上句所列者是無二是無通教中半滿相對之二者通真含三故也由闕別教故更引上餘乘來此釋成語假則通論三教言餘及以二三且云相入以有餘皆假故得相入無餘無復相入之名以純一故此指乳及二蘇三味文盡初一行半舉內心經云如我昔所願今者已滿足者明佛初立誓擔度一切今衆生尚多願云何滿答且從一期揔而言之但令衆生得入佛乘即名願滿是故經云如我無異若我遇衆生等者明濁不障大遇者蓋令入於佛道無智不受故云障大衆生者文中三釋初釋對他得名次釋從自立稱後釋即是功能新譯恐濫稱爲有情雖簡無情三義都失十種生死短中言梵行少語者欲界諸地法爾多語以有言語皆由覺觀以少語故知覺觀少煩惱漸薄故云短也方者猶如方物動靜定故於此死已定生天上三角者角者聚也即善惡無記在生死中偏爲此三諸律論文多以聚名角闕釋紫者即脩羅也種類多故謂天鬼畜如紫閒色

又輪迴者如見實三昧經云從地獄來聲嘶忽急數數戰慄夢見大火沸鑊等也從畜生來者暗鈍懈怠多食性怯蹇訥所爲多似諸蟲畜等從鬼來者髮黃常飢慳貪等也餘趣比知經具廣說我知下別明五濁前開章云別明五濁障三五濁望三必不能障爲三所治是所治障故云障耳亦是有濁故無三有三故無濁故云障耳受胎微形初文即約觀心者但隨便耳但云從心即名觀心其實此中仍帶事釋由此一念最微心故令增長也次受胎下全約事釋略如止觀第四記引入胎經有人具立受胎章門於此非要今意但在願於五濁義須施權列名而已是明濁意何徒於此廣建長章使迷途者乃謂法華亦明五濁與婆沙不別如世人云法華亦明三乘其失如之受陰身者或恐秖是入胎經耳揔有三十八七日以論增長若俱舍等文但列五位云最初羯剌藍次生頞部曇從此生閉尸閉尸生鍵男次鉢羅奢佉或云下如大品中說者即約三十身見如去等具如前引長時等者今文具二義故劫得濁名前初文中但有第二義後料簡中方有初義過去佛章初二行正施三也名施爲開初一行略頌上三一文中以教人理二兼得行者具有二意一者通兼既有餘三豈無於行二者別兼即以佛道二字兼之所趣是理能趣是行初一行半揔約五乘中乃以人行兼教一者既有人行必有所稟即是教也此中以七方便爲異方便者以藏人不同衍門故成乖異餘文多用今通用者未同圓來並名爲異若有下二行開菩薩乘中進退兩釋者亦有二義五乘之稱但在鹿苑七方便名通於三味六度之行不局一教故可通三以三藏爲本故云兼通別也何者下釋出三教六度行相非相非無相次第行者雙非即是所期故也亦應次第出於三諦行相然以相無相共論即三諦也又入地三諦無復論開然菩薩乘中亦云於昔聞教已成教一者若菩薩不聞何須引昔今成教一故

凡云昔者皆具二意一者在昔聞權二者昔已曾開今正語昔聞權者昔開已竟皆成佛道初義準化儀說次意準開竟說下去諸乘二皆然往佛亦爾二乘文中有人理行不云兼教者秖是文略前菩薩文亦以三兼一諸佛滅後供養舍利者若以現擬過如增一中佛因手擎舍利廣稱歎已令於四衢而起偷婆佛言四人應起塔輪王羅漢支佛如來後分云輪王無級羅漢四級支佛五級如來十三級阿難問佛何故爾耶佛言輪王自行化他常住十善羅漢不受後有支佛無師自悟如來衆德具足世人上未逮於初果豈肯下等輪王滅後起塔不知進否動即皆至三五七九近代所立縱云方墳而出濟者還成一級暗者雖昧豈非冥濫初果耶有方墳邊云作功德塔者其義又失使與者唯禮我師或復對高禮下況復鄰接尊卑不成不使之貴又不可且論縱死者宜冥顯生者碌碌況今舍利已言局在於佛供佛舍利福資人天開久遠因方名佛道況今凡質生種事難善者從之不應習俗地師言童眞地者地立童眞名者但古人云住爲能住地爲所依故以住名而名於地從住爲名早已大遠爲尚深故加之以地故今謂下責云乖文者文中但云童子故也言豎狹者橫收小善豈成佛因則橫豎無遺非深非淺而深而淺若以童眞爲釋唯豎無橫況豎深無廣棄廣乖文是知豎狹二俱有過登地下且破唯深之失仍略棄橫之德今以下正釋收於童稚以顯橫廣指微即著以辨豎深著在於微深即非深微即是著淺亦非淺指微即著緣因義成即著之觀非此可辨下去例爾故入地成佛如脩羅渡海此準瓔珞故云入地凡夫之人一毫之善徑成佛因如人渡大海從佛分明下重立理以斥二失若如下重牒失以斥失又例上下亦名乖文若恐童子事微不稱佛道散亂一唱如何消息合掌舉手皆應揮釋故知但尚佛道不識開權殆不攝二乘者殆幾也幾近也應云

全不攝何但幾耶若在圓具尚不攝六地況復小道論深下結其
豎狹定廣下結豎狹失次開答答中意言三佛性者過去微善
願智所制感趣菩提火焰向空理數感滅水流趣海法爾無停但
由願智未資便封果報故待今開方是緣因若據化意何待此
開苟順凡情立以近稱今開近執法界本如豈由凡情局彼流焰
開中雖立善不受報而不明善體本融但衆生無始唯流妄我凡
所修習未嘗不俱不受報言爲從誰立若約已發心者乃由願行
所引何關善不受耶未發心來隨生納福此善豈制令不受耶故知
不受之言善體無力應知曾酬者其因已謝未酬者善不亡若
曾發心如水寄海酬局因者如果酬華故今於彼未酬之因開其局
情及曾趣向權乘道者以一實觀一大弘願體之道之若不然者
徒云說開若不觀者則應善體自至菩提何須更修菩提行願
問若爾何故本論云童子戲沙等謂發菩提心行菩薩行者所
作善根能證菩提非諸凡夫及決定聲聞未發心者之所能得答
此乃從開說之非語本善故知定性及現未發縱有宿善如恒河沙
終無自成菩提之理故云非其能得若未開顯則往已成非今若
被開則宿作成已故知善體本妙隨執者心昇故開心宿善咸遂
大經下釋出緣因所以三十二文具列四句舊云闡提無者定無善
性唯有惡境界性（惡五陰耳）善根人有了因性俱有正因俱無果性河
西云闡提有惡陰性善人有善陰性俱有無記俱無同前興皇三
解一約理解理非善惡有彼二用即指二人各有善惡一種用故俱有
俱無者互得有無一邊故也餘二解不要章安云此釋涅槃河中
七種衆生應云闡提常沒善人常出俱有者俱在河中俱無者俱不
至岸亦以果性爲俱無也又約三諦釋闡提唯有世諦因惡善人唯
有眞諦因善俱有世諦果身俱無中道因果於諸釋中雖復少
別善又一句其旨大同其不同者今不暇釋具如止觀第五記故今

引同者證緣因善問上釋三乘並以果成爲理一句今人天乘何以
佛道而爲緣因答所開不同前開兩教二乘及以通別菩薩並
有所證之理故開小理以成大理今開人天小善已成緣因大善豈
據能趣善體未深若從所趣邊說此則並有所資此論開權皆
約案位若從進入何獨住前緣因而已此中但從往事以說人事
既其已定不可存法去人是故開爲緣因豈非如貧得寶經云七
寶等者佛地論中無玫瑰仍云琉璃與珠體別珠即赤珠也今
兼琉璃但成七寶離即成八頗梨多紅色車渠青白色碼碯或
白或青木櫁者字林云香木切韻作櫁玉篇云其樹似槐而香者
人云所經五年始有香氣造像爲大業者如佛升忉利以神足力制
諸弟子等具如止觀第一記若準冥祥記此土總有一十八處造像
應驗如吳中石像等又有吳興太守吳佩女所感像等又如宋衛
軍臨康王在荊州於城內築堂三間其壁多有畫菩薩像至衡
陽文王代鎭江陵廢爲臥堂悉皆泥塗乾則隤落畫狀新淨
了無汚損再塗猶然王不信敬亦謂偶然又更濃泥而像見炳
然王復更毀故聲悉更糟改後王疾疾每若閉眼輒見諸像森
然滿目於是方廢居此此或是造者心重或是毀者大害以輕況重
以毀冥成當知微心微善不失理無違順心有是非優婆塞戒經
等者此中文意正開其善不論其罪非因明用釋便釋之耳今亦因此
依彼略明故彼經廣明五戒持破之相又云若不持戒名垢優婆塞
臭優婆塞旃陀羅優婆塞若持殺戒者乃至蟻子若持酒戒乃
至露珠於五戒上加不沽酒是名六重今出家在家持酒戒猶以
酒和食一人凡飲幾露珠耶尚不及優婆塞戒安能期佛道耶於
五戒上更有衆多失意之罪今文未盡又有失意謂不供養師僧不
瞻病不發遣乞者不起迎逆四衆長宿見破戒者云彼不如我六齋
日不受八戒四十里內有講不聽受僧招提臥具牀座疑水有蟲而

飲噉難獨行獨宿尼寺爲財命故打拍奴婢及以外人於路見比
丘沙彌不得前行僧中行食不得偏與本師好者及過分與路行
見病不瞻不視不囑授令治持如是戒者名淨名香名分陀利優
婆塞又制優婆塞令種種供養三寶形像塔廟書像不得雜乳
胅雜子供養像時晝夜不異不得蘇油塗像身及乳洗不得造
半身像像身不具應藏之應勸人治治已當出供養又見毀
像如全無異以四天下寶供養不如直以種種功德讚歎尊像志
心供養二福無別供養法者志心信樂受持讀誦解說書寫如法
而行及勸人行種種書十二部經供養經如供養佛唯除洗浴名
供養法供養僧者應當供養發菩提心受持戒者出家之人
四向四果名供養僧今經小善尚爲佛因況復長時志心供養此
等雖屬在家優婆塞戒有少許非文正意既制罪令持持即人
天之善並可開爲緣因然亦並是出家行者之要堪爲常規是故
便錄今經欲收無始微善咸趣菩提著已發心隨有善莫非緣因
戒經立像前不得坐云云者更有多緣若王難等隨時斟酌又造像
功德經有十一功德一者世世眼目清潔二者生處無惡三者常生貴
家四者身如紫磨金色五者豐饒珍玩六者生賢善家七者生
得爲王八者作金輪王九者生梵天壽命一劫十者不墮惡道
十一者後生還能敬重三寶當知豈是欲界人天善根經鈴者有
云錫也今謂鈴青錫白鈴鍮錫堅並名青金造像功德經云
若人臨終發言造像乃至如麥麩能除三世八十億劫生死之
罪廟者貌也古云支提新云制多翻靈廟者應作庿字玉篇
及白虎通並云尊貌所居露盤爲銅鈸者長安亦無此音或聲
轉耳或是當時有人傳之音訛隨便書耳經云唄者或云唄匿此
云讚頌西方本有此土案梁宣驗記云陳思王姓曹名植字子
建魏武帝第四子十歲善文藝私制轉七聲植曾遊漁山於

巖谷開關誦經聲遠谷流美乃效之而制其聲如阿含經鈴聲比丘緣等音樂供養者有出家內眾音樂自隨云供養者自思己行與何心俱雖有此文必須裁擇梵網誡制何待固言秖恐供養心微增己放逸長他貪慢敬相難成故別譯阿含第五佛在迦蘭陀城有一妓主名曰長髮而白佛言我昔曾於老妓人邊聞如是說於妓場上施設種種戲笑之事令百千人而來觀者是人命終生光音天如是所說為虛為實佛告之曰止止莫作是問妓主復問如是再三佛悉不答爾時如來語妓主言爾時無數百千人來觀妓者諸人本是三毒所纏復更造作放逸之事豈不增其貪瞋癡耶譬如有人為毛繩所縛以水澆之愈增其急本為三毒所縛更作妓樂當增熾然三毒之火終後生天無有是處作是語者是邪見人邪見之果生於地獄佛說是時妓主悲泣佛言為是緣故三請不說妓主云我不為聞佛說故悲但愍諸妓人長夜作如是說有人至此引諸經華香音樂供養者即得不退如不退法輪經佛告阿難以一華供養佛及佛塔亦得不退及業報差別經禮拜得至大涅槃等者彼文已為實因者今文開為即實故與今文不例有人引大論小因大果者不例亦爾度我可施六生者若論度我應在物機施謂施設令釋迦因聞十方諸佛懺悔乃稱南讀答於諸佛故知釋迦不請諸佛度也五戒經至施佛者準佛亦無驚怖之理依下辭中長者聞已疑驚入火宅法身恐懼義當驚怖喜稱南無佛者即酬順中稱南無諸佛五戒經釋歸命者云云耶先經等者彼經云耶先小時有故舊為遶小國王喜能問難有多問答亦可兼釋小疑耶先云諸沙門說世間火不如地獄火熱王曰持小石置世間火至暮不銷取大石置泥犁火中即銷者惡人死在泥犁百千萬歲何以不銷耶先問水中魚蛟以石為食不王言如是耶先云石消不王云

銷耶先言腹中子消不王言不銷耶先言何以不銷王言福德使然耶先言在地獄中惡業未盡是故不銷亦如狼食骨骨銷子不銷又問佛有相好不答有王言佛父母有不答無王言佛亦無人生皆似父母故耶先言王見蓮華不答言見又問生淤泥不答生淤泥耶先云豈以蓮華生淤泥似於泥耶佛亦如是王又問一人死生罽賓一人死生泥犁誰先到耶先言如兩鳥共飛從彼來此一止高樹一止下樹兩鳥飛誰影先至地王言俱至地王言善哉善哉等文雖非跡正意因便知之亦增智破邪以顯念佛胎經報恩經華林會等者經云第一會度九十六億人第二會度九十四億人第三會度九十二億人並是初教得果人也於彼佛所至第五時亦悉被會若例上等者上六度文後結三教為此三句今了因智亦復如是皆開偏小以成於實又變非之言始自三藏菩薩亦異凡小乃至別教地前並須開之然亦須知開之所以若心麁觸境妙但開其心如以相心持法華經若聞法華一句一偈等若境麁觸心妙境已隨轉不須論開若俱麁者須心境俱開亦可但開其心境無不轉道理必須知善體性方乃名開總而言之心境並開尚開久遠四惡麁智況人天智若不開之則佛之知見永埋四惡長沒人天問答意者開彼過去微善正教現在執心已為過佛之所開竟所以於佛滅後聞一句經云與記者舉淺況深並是預開其心令成心境俱妙若佛滅後聞是經不信者尚付後佛法華會中為開其心經意正云三世皆開我豈不然未來佛兩行頌教一者經文既云雖說及是故說知是教一初一行中初三句云雖說百千億等者指七方便一切權說同成了因其實為佛乘一句明說權意諸佛下一行明說一之由由知無性而修淨緣令得成就能演此乘知法常無性等者一實理上性相二空無性性空即無四性既云實相無自性等故知即是理性性空性空既爾相空準知無性亦無即

是理性故知經中一無性言具二無性即是無性性無相性也本自有之故曰常無知者照也具如止觀第五不思議境中一念三千非自他等既無四性一念亦無即是性空既無一念無念亦無即是相空即是不思議之二空也若不了今家依於智論中論等準理準義緣於心性立此二空諸無可準非用法相者之所逮也故於實道須開修性若本自二空即是性德若推檢入空即是修得推而不成須修萬行正助合行行中具足一切諸行方名緣因開斯義已方乃名開問世間因緣可以四句了生無生今性本淨非關緣起何須以此四句推之答世緣起法亦本無生但由情計謂之為生理性亦爾由謂自他故須推之二空不顯尚須更約續待推檢況因緣耶自有傳說此義者來少有曉此性相三假問今文何故不立斯觀答經從利根者開佛種等者注家云無空有性名曰無性堪紹繼菩提名為種如此釋者此從修得未識性種嘉祥云無性者但云無自性又以三義而釋佛種謂一乘教菩提心如來藏教及發心但是種緣雖即云藏不云空與不空及行理故不知因中為在何因成種成性故於正緣了中須識性種所謂三道次知類種即彈指等然應知緣起通於染淨理非染淨緣起宛然此淨緣起即是說由明由淨緣從因至果及不思議感應之理故以此說為其種緣他云為由行者善根力故如來識上文義相生具如前文釋闡中破於中初云中道下立本無性為本性德故知今種即性家之種是故還立無性為本為欲更明性家緣起以種言之種者生義即前十界界如理性俱性並種具如前釋迷此下雙明染淨二種緣起先染次淨染中由無明故為法性緣由迷之緣而起九界界界三千事緣起也即是性種從迷緣故起於眾生即是真如隨於染緣解此下明淨緣起即聞一乘教起一乘行通因果能成正覺欲起等者成正覺已能為他說故說一乘在教一也即

果佛種從淨緣起衆生佛種從說緣起若也通途爲染淨者亦可十界展轉互論今明佛乘須以九界皆名爲染又無性等者以緣資了正明緣了功能相成對正雖然若論行體二無不三因具足即修得也種果既成故云得起一起一切起者顯果乘相依正主伴乃至酬因一塵一行一時俱起起者成也如此下結果乘成相修性一合無復分張即是理性三因開發通名三性自此已去不可改故此爲銷經直從開說具明修相委在止觀十法成乘境中具兼修性性種正行爲了助開爲緣二十五法爲前方便辨下九法明鑑修發教行正助所詣是理理一即是所住法位世間相常若不爾者依境修習委悉無地故知修性俱有自他先推性中無明爲他依此起行方推行他以此兩他共推一自若推性者袪滯違理若推修者離著行成以性本亡泯於修始是則兩照同明雙惑俱遣如是方了染淨緣起無始無本咸歸一如直從淨緣有所說邊故云教一故五佛言殊大理不別若不爾者豈因緣事引四佛同理一中云是法等者初是法者正示理一世人悉謂理性本淨理若本淨何用修之若本不淨修亦不成今云理淨非已淨也衆生下釋住法位衆生正覺重出是法法不出如皆如爲位衆生理是佛已證是故名爲住如位一故故名爲位染淨之法皆名是法染謂衆生淨即正覺衆生正覺是能住法染淨一如是所住位分局定限故名爲位位無二稱同立一如不出眞如故唯局此此局即通徧一切故局之極也通之感也如世王位爲人所住位亦性也不可改故如人王性始終不改布衣登極相殊性一世間相常住者相可表幟位可久居衆生正覺相位無二顯迷即理理小常住佛已契常衆生理是故正覺衆生相位常住染淨相位既同一如是故相位其理須等佛依世間修成極理驗知世間本有斯理故云常住問位可一如相云何等答位據理性決不可改相約隨緣緣有染淨

緣雖染淨同名緣起如清濁波濕性不異同以濕性爲波故皆以如爲相同以波爲濕性故皆以如爲位所以相與常住其名雖同染淨既分如位須辨況世間之稱亦通染淨因果故也今且從悟顯迷以淨顯染則淨悟得於常事迷染但名常理又世間之名通收依正常住之稱不礙二途故云理一若不了此徒云開權如何顯實故今問之被開之法唯信佛說爲亦改迷雖復四法咸以人攝得意忘言說不可盡又釋下單約生釋世間相常向釋雖然事理通攝未的示其理境所在故以陰入對正因說九界陰入位本常住次然此下以正陰入對修緣了三因六法不即不離言正因等者互舉一邊應云陰入與性正因不即不離復與修得緣了不即不離正因與六法理是故不離但理故不即緣了與六亦復如是問文中何故作偏說耶答以易顯故正本不離今加不即緣了不即今加不離故須各具方名盡理止用大經摸象之喻喻文具如止觀第三記引言六法者五陰神我是故此六亦名正因同屬苦故亦名緣了兼惑業故此中須有通別二對別者六中行及神我是緣因種餘數及色是了因種識是正因種若通對者具如今文六法性德正因與六法修得緣了不即不離是故修六性六一體無殊當知陰入秖是常住若將此文與止觀中對通別者彼對大經三德四德各有其意道場等者果理先成故言久暢且望寂場四十餘年爲久暢耳物情障重者除三昧中圓餘皆障重云云者歷部約味細分別之上文有四者準上但三一出世意二開權三顯實今既云四當知上文亦可爲四應云第四總以人一理一結上三世可不如上理合文別故今云四又有二不同一者上先開權次顯實今先顯實次開權二者上文實中但有教行今此理教或理行也不同無妨故不別云指上本下者下辭品文用此爲本辭必有法故云本下文義交加者此中指下至下指此故云尋跡等也章安預

點使無眩亂眩亂在鈍利者何曾於諸師分辭與法參互宿世辨陽谷爲辭本取定其從故先敘非後方正釋初師五辭者一長者辭即若國邑已下文是法說即指今我亦如是已下文是二思濟辭即長者作是思惟已下文是法說即指我以佛眼觀已下文是三權誘辭即爾時長者即作是念已下文是法說即指我始坐道場已下文是四平等辭即爾時長者各賜已下文是法說即指我見佛子等志求已下文是五不虛辭即舍利弗於汝意已下文是法說即指汝等勿有疑已下文是若於今家初是總辭總辭有六宜獨一長者故不用之第二思濟於今家是救子不得者但是別辭中用大擬宜辭耳故知但云思濟其理不盡故用大救子中三擬宜無機息化不應獨云思濟故也第三辭去今家從我以去於別辭中離爲六意彼但有三辭本不足故亦不用瑤師盡以五佛章用爲顯實言四章者合初章在釋迦章中而以權實合爲一章以五濁章爲不得說一又以數過末爲不得者並不應文故不用也而云辭中但三則闕第三不得者者以辭中無此文故凡者不一也文中所列乃以開權爲第一開權即顯實應對第二等賜文也此則辭本及辭大爲踈略然長行中五佛章門諸佛猶總又闕五濁三佛準例其文更略釋迦化主文相稍委故但取釋迦離爲四章瑤師除漫是故不用次暢龍二師並立六辭其言似殊其意不別二師並皆不立總辭無可以對方便略頌於別辭中文廣頌略於中六義仍先分爲四細分更多故知二師並與辭品義不相當以第三第四紙是今家第二寢大施小耳又不虛文合數法希有而不述其意是故不用次光宅十辭意者初立總辭與今文同但下九辭望今即是廣頌六義若望今文下之九辭秖應合爲四辭於中第二四行是今見火義耳次我始下第三六行半乃至第四十一行明三乘化得是今寢大施小意耳次我見下第五去總有五文六行是今

顯實意耳次汝等下第十一文是今不虛文耳今家細開稍似光宅然與信解宿世不同故不細開有人去此是他人將今家義仍參光宅故將此意以難光宅等是細開何不作十九句以光宅十譬對今總六別四總別各開合有十八句加光宅一句成十九句何者光宅第一即今家總譬應離為六光宅但合為一第二見火去今家別中離為四譬光宅為九一見火今離為三光宅但一三我始等即今文別四中第二寢大施小光宅離為二文是也光宅第五已下至第九總五段文今家合為一等賜譬即別四譬中第三譬也故光宅第五我見佛子等及第六咸以恭敬心二文即今文別四中第三等賜離為四文中初文是也第七我即已下即今文四別譬中第三四文中第二文是第八於諸菩薩中下即今文四別譬中第三四文中第三文是第九菩薩聞是下即今文四別譬中第三四文中第四文是第十不虛即今文別四中第四一文又離為三更開今文四別譬中第三四文中初文為免難索車二文今已極細謂歎法希有并本不虛及下立敦信文也此乃別中離成十二光宅但為十八若於別十二中第六更開為二則有四失良由此也既開為二則成十三并總中六合成十九何以不名為十九句耶今難十八不名十八句者但在法譬宿世信解無此義故欲今通者復合為五或總別二章段既少上下易同故今文中三種分文光宅定十無此盈縮進不成十九退不成五總別廣略又不相當況開大機以為兩段法中有妨故不合開然至餘師光宅最勝若以至六義之內者若立此六則攝十九入此六中何以不但云為六義耶何者依前總六即合為一於別四中但離第二以為二段則為五章對前總一即成六義若全依今文但成五義他直依彼而為問辭又十譬至參差等者開為十譬法譬二處尚自參差況與信解等文合耶故法說下出參差相又光宅句數與今細開似同而章目未

穩故亦不用下結云四失者一前後二大小三有無四引文今初前後不同失者若於今別細開中第五離為五六并第七文為父喜者對於法說索車父喜前後過互言法說中索車在前者先云舍利弗當知我見佛子等至求佛道者等二行即索車在前即光宅為第六文是次二行一句中最後一句方云今我喜無畏即父喜在後也譬說中父喜在前者先云爾時長者見諸子等安隱得出等索車在後者次文方云時諸子等各白父言等若光宅十譬中合於五六二段同為一索車譬本及免難譬本不云歡喜譬本則無此失言雖欲會通者縱欲曲通云由喜故索由索故喜亦未穩便故云迂迴文大小下於大小中復為三失言法說中大機動者即大小不對今我喜無畏更進用下句云於諸菩薩中故知此是見大機動故喜若云見諸子等安隱得出故知是見小機免火宅難故喜次因果不對者法說中意云由昔不信故云舍利弗當知乃至今我喜無畏故知是大因譬中云見諸子等得出火宅故知是小果法說中大陰將傾者爾後即云菩薩聞是法疑網皆已除去除不遠譬說中云安隱得出故云小果有此三失過由光宅五六七文故作譬本未為穩便言又有無異者破其十中第六為下索車譬本法說文中無索車語至譬說中由根非利所以方有故不得用為索車譬本況法說中但云我見佛子等志求佛道者非關三乘索小車也四若引下為引文失豈得濫用來至之言便為小乘索車譬本此從合為四別譬責故別譬第三但合為一等賜文也縱開此為四第一名為大乘機動為後索車譬本但不得云索小車耳故前約大小破中云譬說敘小果秖云敘小而情求於大即名機動故云殊不體文旨故知其文自是大機將動然有無者下今文自辨同異有六初有無中云長行有真偽者簡偽教信文也言偈中無者此且一往順舊以偈末七行為法說

流通若依今意以此七行為敦信文則關此有無一意頌中有歎法者從諸佛興出等四難文是長行中全無次第中云長行先開三後顯一者長行中初云舍利弗我今亦復如是知諸衆生有種種欲等皆非施三次文云如此皆為得一佛乘即顯一也頌中初總頌中二行初行顯實次行施權故先云安隱及示佛道次云乃云我以智慧力知衆生性欲若取別譬文先五濁中更開為三初能見眼亦具顯實次所見火及寢大施小皆屬權也若論別譬大意亦先權後實若取總頌則前行顯實次行施權開合中云初合而不開者若將二偈但為總譬作本故云合而不開若以二偈離六總亦有別且從合說故對下譬亦復更分五濁文離為四譬本者恐文誤應云三譬本即別四譬中初文復離為三即能見所見驚入對下譬文仍有四也彼以第四廣明見火合在第二文也故知但三文明取捨中云四段經文為六譬本者四段者別四也六譬者離五濁為三并下三段即是六也歎法非六譬本者於四別中離第四段出歎法敦信非下六譬本也次總別中初開三顯一者即初二行總頌也本迹者且約迹中論本迹耳即法身為本起應為迹即此初章離為三意能見之眼為本第三大悲為迹第二所見乃為諸佛垂迹之由耳云云者須廣約迹本久近今昔體用等以簡同異其如玄文六重本迹及前序中已略簡竟今謂下正示義宗宗旨別故故云正是等也前直法說下欲破諸師立譬不能盡理故先騰三周理同次若作下辨古譬之失故云若作三六十譬於三周不合也如前所列瑤三暢龍各六光宅有十然今文非不立於三六等數但分節盈縮與他不同言於三周不合者法譬不合已略如上於宿世文秖可分為二譬三譬故多不可言四入信解乘離者若對信解秖可總六別四若對他五三六及今十八則乘張離分具如前破光宅十譬故破古已自立三等今立三者如下文云又一時為

三辟若爲五者如揔一別四若爲六者如揔別各六若爲十者即揔
六別四亦可爲十一即揔一別十亦可爲十六即揔六別十亦可大
如前十八句也但本下承上不相應耳若欲通於上下不差但依三
節銷文若應四處但爲三辟四辟若但在法辟則略六廣六安隱
至住處者佛既已證示今衆生住於此處而今衆生尚住三界不安
隱處扣佛大悲致令擧入言種種法門即對不種種者亦是從佛
本意以說如來本以一門利物事不獲已施種種門施權之意本在
顯實故云宣示於佛道佛道唯實以權對實引權入實故云相對
相對秖是感應意耳本末相承等者本法說末辟等也云云者
如下所引言廣頌上六義中分爲四者若於別四第四分三名爲六
義若第四爲一第一爲三但名六辟若言六義不應辟文但可頌
上故但云六義若爲辟本則合四五六但爲一不應此中有數信數
信即簡僞故知上文不得云無是則別六廣於揔六故今但合六義
爲四若更子派開者若欲更分如前別中爲十二句爲對上諸廣文故
開爲對下諸略文故合舊以最後七行爲法說流通今文不用者
若望辟及宿世文後雖似流通而非流通所以人見當來世言言
似流通故舊例之將爲得意文意不爾辟喻品末但爲身子
爲三周請主自已得悟復爲中根重請辟說既酬請已故以此
法而略付之究而論之但是示其信謗罪福若爾何不待第三
周後一時付之辟後既付前法說後何不付之答至三周末自有
流通廣付菩薩豈獨身子如下文中尚不偏付他方菩薩豈獨
身子法說周末身子初領自行始成未宜利物然大旨在佛不
須若論用頌歎法歎信者然上文料簡有無中云頌中無真僞
者即無歎信也今此中用頌歎法歎信者但是通方歎勸凡夫使
其生信故云歎信以無真歎聲聞之語故前云無耳今但
頌數名體三也者此中從六道已去頌上五濁此五即數六必五故

此貧窮等即是出體以此五法即名濁故亦無別名擧下證上
等者此引長者在門外文入即起應外即法身復云佛眼故所
見機即佛法界若根下思無大機方入鹿苑鹿苑之初既云圓照
乃至一乘故知華嚴佛慧無別不可於此強生分別佛眼下云云者
應廣分別此之五眼次及不次而辨體用故觀色等用於四眼從本
爲名仍名佛眼貧窮等爲衆生濁者貧故由無福癡故由無
慧癡貧衆生聚在一處故名濁也入生死爲命濁者貪生死中
又加嶮道嶮道之中命易斷故即知壽處而猶相續爲命濁也
五欲爲煩惱濁者名體最顯不求大勢佛等爲劫濁者劫中無佛
故名爲濁四濁生此亦無所求劫若有佛雖濁能破入邪爲見濁名
體亦顯六十二多故名爲諸或云諸見是即受者由此見故則有三
受貪愛之受故云見即是受三受皆苦以此苦受欲捨苦者無
有是處五道源來者五道因也從一至一故名爲趣衰秖是賊能
損耗故毗曇地獄初生念者一切地獄初生之時皆有三念知此處是
地獄由某因故生從某處而來此文似不足義已具三又云者亦婆沙
文也五道各有自爾法者具如前釋不思議中解脫達分者涅槃
名解脫所修善根不住生死名之爲達聲聞三生支佛百劫解脫
之分名解脫分得正決定者初果也婆沙云云何得禪即根本
禪云何決定即是無漏以無漏心修諸禪定得入初果即此禪
定而得解脫解脫是初果即決定也天中至所須即得云云者
應明諸天自然報相一切依報悉是化有及山河流出其貴報得
約受報時說名爲自然地獄至中間可知者過去人中有順後業
其業未滿至地獄中遇緣能起如是等心業即成就於地獄中無有
身口現行故也唯在輕報非無間也廣簡可知故今不論中陰倒
懸者俱舍云天首上三橫地獄頭歸下此約人中夫在人上旁生及鬼
同在此洲故非上下獄在此下故頭歸下從獄生人理合首上鬼畜亦

然天來生人其首必下他皆例此初將罪人至閻王所等者有情非
情並是共業所感而爲心變初皆正語等者初至地獄如本有語
後時但作波波等聲不復可辨劫初時等者諸教相中畜生能
言皆此時也後生云祖父者從初受名二者後生亦是後生之祖父
也前是因緣等者從引阿含下即觀心解前因緣中亦可具有四
悉意也五道不同即世界也人是所爲惡是所破天是第一義也復
似觀心者從心判義義當觀心六道不同略如止觀第二記諸論
及以小乘諸經分別甚廣不要不列我始坐等者準下引小雲師
意指華嚴也故地論云佛成道後第二七日說華嚴也世講說者
嗔法華經應佛所說或責地論失於圓宗今問此之二七日與法華
中三七何別縱除從不同及所說各異秖是機別顯密有殊說時既
然身相亦爾當知法華報佛所說如論云一者報佛菩提如經我成
佛來等也應佛菩提則指伽耶古德皆云伽耶既非彼長何獨是
乎即成法佛說也地論既云二七日乃表應佛說之豈報佛成及
以說法必第二七耶理而言之彼此無別機見不一大小分途小見三
七停留大觀始終無改故二七之言知非盡理若云不起道樹而遊
鹿苑此即迹中圓佛成相復準部意義兼於別小機所覩弊服
究然今此正當小化之首道場在摩竭提國西南去尼連河不遠
西域記云菩提樹所周市累甎崇峻險固東西長南北狹周五百
餘步正中有金剛座此即迹中化佛之道場也觀心釋樹者託事
見理佛豈不然何佛不作因緣觀耶今在小也若約華嚴爲最
初者皆須約於圓別以判經行者此亦是觀解若但事解秖是漸
初故且附觀約法相說故云道品等事釋經行具如律文威儀
經等具如止觀第二記始坐等者文具四釋初云假時等即世界
得道即爲人感恩報德即對治欲以大擬即第一義若作約教
應爲四佛十二因緣文以因緣釋樹如婆沙中無明爲根等具

如止觀第二記應細釋出以對今文即無漏與實相俱得為林
三十七品是行道法者道品即定慧均等名行道法況復七科
皆是所行即是以定慧足復實相地理攝諸法故云一切初安此
地故云得道欲令他行先自表之應令下效樹地下微起未曾有經
下答經云於三七等者具以三乘而為三根以初成道適思根故具如
前云思度三仙文也小乘疏意衆生機自未堪法華不必居後故引
後文彼佛初成即說法華以今例之謂為有據亦如方便品中若
但讚佛乘而衆生不堪方始允同諸佛而施權化故云後於王城
若推下章安通釋三處不殊不可全非故但云若推今須辨別何
者若以佛慧為法華則始終俱有若以會歸為法華則終有始
無故知彼佛在菩提樹初說佛慧為法華耳而小乘未曉斯旨
便以初成頓說會歸者不然故進今意文理俱通若密說者非所
辨也惡生王者等利王也佛誓者害佛之時佛發大願我若得道
應先度之甘露者具諦也問何故初為五人等者答中六文問雖
涉五意正問人故皆以人答次輪王下舉三事問答中善業輪王因
名與善隣如因稱讚業佛因故云尼吒有頂者非想也為顯佛聲
彼無耳識非聲不及色界唯無香味二識餘悉行故雖有四悉
意總而言之秖是為顯宿報不同致今聲及遠近不等若依下約
教而尼吒下並注云者應明尼吒百億尼吒十方尼吒及徧法界以分
四教初文藏也百億即是行初通教十方法界即是別圓一成一切
成故十方塵剎起四威儀各為主伴初轉法輪等四處定者聲既
分四處亦應然大神變者非謂小小偏對一機如化迦葉帝獻方石
之徒其處必定又除轉法輪等者漸初則定此初化邪其處必定通
論一代故可不定若言思理教等者即以三七用對大乘理教行三
並無機不受又云勸誡者亦此師也即如譬及信解大乘二門各有
擬宜無機息化用對此三亦應可爾張意者亦示化物之儀思而表

深何必事深今大聖思而後行表佛初三周說等者此與因果經
意大同四分律薩婆多皆云六七興起行經等七七日五分八七大
論五十七地論等並三七機見不同不須和會今是終窮極教故且
依之觀心釋中且約四觀以示化儀即四教觀以最後云析法故也
諸梵雖請大者問如何得知梵王請大答據佛酬云若但讚佛乘等
今欲至始終得度者若不先小則大小俱失若先用小則終必大益
諸法寂滅等者問此中三釋義有何別答然初一說以權實相對
即實不可說說屬於權三權是數故一實非數次生滅不生滅相
對即不生滅不可言宣此小行相對也亦是事理相對故向三乘之言
通指行教也此約實理權教對辨第三即是偏具之理對偏四
門偏具之理亦不可宣是則大小兩理俱不可說方便為物俱可得
說雖俱可說佛意在大衆生於實並非其宜故思方便作生滅說
受行悟入者機會即受曉聞觀轉即燒法去名之為行若蓬有
宗時節雖促不妨具歷內外凡位至世第一名之為悟若得初果
名之為入轉佛等者此有二義若約跨節即通四如來諸法具足
隨扣而赴凡有所說無非化他對自證說若以圓自對三教他此
即約法亦名為他今從當分約漸初說此佛內證故云心中證有
權實權法利物故名為他涅槃音者由弟子受行煩惱斷處
涅槃名生故名為音者聲教衆教之始故云起自於此三寶於
是現世間者亦約漸始且在小乘未論一體從久遠劫來者久遠之
言準下宿世乃指大通之後以小熟故故以一文釋其二疑上文兼
有其意者三乘行人皆是佛子也上諸佛章亦云有佛子心淨等
並指昔教開方便時已名佛子然於昔教未可彰言我即下一行
亦指種智等以能顯所所即理也更就下重分文中云大乘機發亦
名索果問前文何以斥光宅云法說文中無索車耶答光宅舊云
情索於大則為無失若用為下索小辟本是故須破破其引文亦

復如是此應有四句者問前文已約四句對根此中何須更說四耶
答前初對乳酪各為四句簡其大小為障不同復以四句釋出二蘇
通對諸教四根聞法進否具同故前初重唯第四句在法華中
餘文多在前之四味今第五時乃對開三獨一為大言即發者但不
起當座且名為即從彼座來非不經時但不跨味故名為即索有
三意者二索既云在機在情機中但云有感果義情中既云索求
而已故前二在昔發言唯今昔言雖即通於四味此指二蘇並閒
大時是故得有二索之言又二索言有通有別通則俱通二味機
則冥在於內情則內動於中二味咸然故云通也別則二索別對
二味在方等中聞不思議雖斥為非冥有大利被斥不謗義當冥
索故知不謗理在有求在熟蘇時為大非謗雖無希取轉教情
親縱不彰言索義漸切雖二不同機遂情近得不得者為獨菩薩
亦利聲聞情中進退義當於索是則情帶於機稍切於昔故
至般若別受情名至領解時以得顯失故云欲以問世尊為失為
不失請索雖即唯在今教及至啟言機情必具從彊屬口機情亦
殊在昔但潛伏居懷於今乃助彰於口三索咸扣於至聖赴亦自分
於顯密時熟既會內因具也聞略說故外緣足也因緣具故發言
于茲問昔出宅等者舉譬品以顯今彼云諸子詣父願賜我等三
種寶車今何得言機等索實答意者未出聞許出已不見所許
之車唯見許人是故從人索昔所許所許不與必有異途故索昔
在今元求異意今問鹿苑出宅唯保小果何曾索車答若在法
說至鹿苑時義當出宅復經二味二索在懷但譬短合長義至
法華之始故譬中諸子詣父索車索乃與之仍賜於大故彼譬意兼
含二蘇信解譬長方開體命故譬品文義含三索當知豈與光宅
為儔或以等者他人意云約機論到恥小慕大者般若方等也故
今破之機身俱到般若方等況復法華三藏俱領且釋請義故

云機情到必三業不可偏也今行與等者隨便記之且授八相故云行與又記大唯在分別功德此中且小故云行與昔日具等者昔具指理昔成指果昔雖洟等既皆共實並得具成今三乘俱斥則二義並失故云覺知何在又三乘同學一道等者此即重述通三乘疑既同一理證真不殊真雖不殊菩薩於昔已曾得記若已得記何故而今並斥爲方便若俱方便昔不應別故云何意有別故疑今昔若二若三若理若行既並方便失本實證何得不疑前文多處通斥三教此中但斥藏通二者一者三乘同證真諦二者此兩教證俱權若更約別者當教論中自有真實既帶方便初後行殊通皆聞斥是亦生疑如是妙法者具如釋籤中故云秖是權實法耳次如三世等下引同中文具兩解前約爲實施權後約開權顯實又初文約教三權一實次文約理故有權有實爲權權實不二爲實此第二釋秖是顯前實教之理即是權實不二經云懸遠等者是舉此劫六四二萬望下梵天百八十劫空無有佛彼來爲遠彌勒佛後第十六減九百九十五佛次第出與無此說夫方便可是權假者意明前教可是權施施佛本懷雖非虛妄以實望假故云權假施已復廢終歸真實今已說實故勸勿疑者從去更叙昔日解前雖略破非無一途故復引之令知同異若餘處等諸欲至互簡非耳者

釋譬喻品

凡小俱捨方堪授記

有人於此立來意云大九無譬應有譬成小者云佛法多門門門有譬此則可爾云先總者總釋兩字通冠四釋若今若昔以因緣等皆有別故品初雖兼第一周文釋題且依第二周意故云中下之流未達等也初總爲三先字訓次釋訓三乘意次釋訓中託此下釋譬字寄淺下釋喻字玉篇云以類比況謂之譬開曉令悟謂之喻既兩字俱須應有小別具如釋訓故以比況曉訓時衆此謂界內人中車宅彼謂界外佛乘迷悟淺深可知彼但佛乘深義唯一

故述之與悟唯小對圓樹扇風月唯圓教理前廣下明來意者亦是結前生後初句結前中下生後故知機雖無已還待不已悲智中機當生更動樹舉扇使風月意然法說實相何隱何顯如長風靡息空月常懸但中下之徒大機未啓故悟猶歷謂月隱風停追兹二途須舉扇動樹因緣等四大自感然故以二字總冠諸釋次別釋者初因緣中並以世四法對一實四法初世界中直云世法者以世冠之故也聞譬生喜名世界也所以下三皆云世法但生等別得下三名是故下三皆由聞譬而生喜等因於曾有昔聞父子今聞譬說成佛真子故聞與佛天性不殊唯在今經故未曾有所以密遣之日尚無備作之心領財之時並生已物之念特由天性相關遂荷領知之澤兩前憂悔至此方除譬說之時乃名真子今始得悟踊躍彌加此指聞譬生於實喜即信解初歡喜之文故大小兩乘皆名歡喜次爲人中云出世生法者即資具也故云珍玩出世生法即三乘法生善中最貴過於此故昔三車妙珍玩稱洟等所行是菩薩道世滅法者宅內衆火可免離也出世滅法者謂惑斷也無漏述昔除憂指今拔苦在等與大車除惑之極莫若於此昔破見思通論於今莫非除惑世不生滅者即大車也又之本有故不生至處不壞故不滅出世不生不滅者性德本有故不生脩得果常故不滅以信解中聞譬歡喜是故四悉俱譬父子然前之三悉似寄施權第一義悉方約開顯當知三悉即第一義之弄引也故引先心各好及以火宅免難若開顯已無非大車又四悉各一法一譬法中或取法說身子領解之文並且助成其語耳若直銷兩字何足題品故結云一音巧喻此則遠揮始終一音一音唯實巧喻兼權權引歸實故不同書純用一音故譬義含因緣等四若不爾者如何銷於小車大車火宅父舍中下得益者問下根未悟何以云益答法譬通被中下自迷故下根聞法譬中根聞法說雖

未顯悟非無其益故至譬及宿世獲悟故約教等三咸須約譬譬既三車一車今昔相對法亦若權若實並列偏圓若不爾者開何所開本許三車索而不與及云未爲說等賜大車當知其車本無三一爲物方便權立三名出宅廢權破三唯一四教譬中初三藏云菩薩駕牛等者此菩薩從初至後皆化他故最得其名通教譬云三人同異等者三藏二乘理亦應爾爲對始終一向利他是故彼二且云自濟此教緣覺自他兼益勝於聲聞故云並馳並顧悲劣菩薩故有並言自行故馳兼他乃顧菩薩自行既滿唯以利物爲懷是故但云大合車而出別教中初斥兩教三乘俱近次菩薩去正釋對前所列句句並決約大共說故云遠底三大品下證對前二教二乘簡也通教菩薩對通二乘斷證既同略無形斥故知是別菩薩斥兩二乘故以螢對日爲別作譬也準義簡譬秖應於牛車以簡菩薩以由證經幸有三乘俱異之譬兩教三乘譬外又有獨菩薩譬如大象及以螢日用斥二乘又始見去圓教中先指華嚴及爲未今下明今經意二處化事皆不須譬即華嚴利根及法華上周次如今下明二處譬等雖即化儀前後而始終理一始即華嚴今謂法華秖緣慧如是故理等故云無二無異間無異無二此兩何別答華小不異複於不二以無異故方名不二上根利智至不須譬者華嚴上周中得悟者爲辨異故秖爲下明今有中下故須譬喻然華嚴中非無譬喻但彼入道不正由茲如今經華爲成法說言動執等者上根一處中根二處或云五處廣中有長行偈頌并法說領述二文下根三處或云十一處於前五處更加譬中領述各有長行偈頌乃至下根二十二皆開權顯實具如化城品末列由未悟故迷於法說權實岐道我昔與彼同居無學彼蒙記述我獨未沾初聞略說已懷進退爲是極果爲何方便爲私在小爲當成大重聞五佛疑仍未除故須更以車譬誘之

故云圓解世云天台抑華嚴者乃由不善他宗故耳既判佛慧二經不殊但部望部不無小別既不可指鹿苑爲始復云簡秋餘義不成涉公云法華華嚴廣略別也此嗅嘗之流芳而未窮餘香之奧旨以不能盡思於斯宗故也廣略雖爾兼帶如何顯本未彰記小非例乃至下文十義同異躡者猶預之象岐道者爾雅云二達曰岐本迹觀心云云者並須約辭本迹具如蓮華三辭玄文第七若欲進寄初成設教豈無一三故千枝萬葉同宗一根乃至五百三千塵點可以意知觀心辭者空如阜假如其度中如車體乃至幻空幻假幻中次分文解釋者置辭且釋前品之餘初領解中云置辭說之前等者有云爲辭作序則應難云信解藥草授記亦應安化城喻爲化城作序長行領與解至各陳者長行三業各標釋結標結二文並具三業而文分領解但於釋中以身業爲領口意爲解初今從世尊下領也從所以者何我昔從佛下解也偈各陳者三段各二至下偈中二點出一幸者謂一業遇喜令三業俱喜乃成三幸我今身已近佛況更聞法聞法即是口喜得解即是意喜又昔但機情機情居內名爲一幸今由口請三業並欣故云三喜過意所謀故云幸也故下文云非先所望而今自得抃者皮變反撫手舞也心口之喜暢至手形由三動形故三俱動文云下引證者正證三喜也文雖且列意口二喜有二必三理數應爾內外異故即世界也文此四文應約前品而今後三約信解者開顯義同彼此通用意同時異亦應無取兼貪受當者開三藏珍玩也得具善利生善中極憂悔斷等者開二味也兼除憂疑故除惡窮也我念昔在方等時被斥故憂至般若時住小故悔方等被斥故疑般若不取故難濁爲外障小爲內障又被彈不受名爲外障蒙加不取名爲內障今則無此三雙之失故云大朗住一實第一義也次約教中初文通途簡昔昔體故先敘昔小次今言

下簡異即簡無顯有也若昔下正釋既世間之喜久已除之藏通二喜久已得之若二空教道復非所擬歷三教簡良有以也非今所明故唯圓喜湫子小反小水也如凡無潤無出世智故也圓教中初位決人初住名歡喜者義並可既三法開發與初地不殊亦名歡喜身子至歡喜者未敢定判故或二途超入即行或向或地聲不超者亦入初住名歡喜也法華直云疑處外除喜心內發不必要在通之故云踊躍故須教分方辨優劣故同踊躍無三界喜曾踊躍者爲別惑所熏妙法外被觀心不記云云者應云一心三觀六即之喜次釋外儀中此是經家事釋可解他經有表但云表合不知能所爲是何智而合何理今表異諸部文中尚略廣簡如釋方便品此中亦簡向佛令知是實故也合掌向佛何教所無而今表唯佛果知昔向非實今開既實向表非常序中瑞報亦復如是瞻仰尊顏等者向雖合掌表不二之實無可表於內心已解故向而得瞻睇觀尊顏以表於解知是佛非餘如非權唯實故知非但外儀覩佛亦乃意無異思表覩他實境而自開知見意解其分於身意以對領解既云互舉二業並具領解權實故也亦約所表以分身意故以合掌表身瞻仰表意昔身遠佛如二掌表權今身見佛合掌表實故云即權而實昔意亦昔未解實今以念而表之故云解實即是權故云互舉白佛下言口領者對彼經家今以自陳而爲口領領必具三非獨口也故標等三各具三也標中三者既云白佛應唯在口云何言三然言領者必先彰於口口述所得世尊一途是故具述所從所聞而生歡喜三業具也次釋中先釋身云若日照高山密有聞義者問密通鹿苑及以二蘇何故獨云高山先照答此對小乘顯聾其瘂故部唯大故顯一向無且云密耳鹿苑有密準例可知受記指方等者有指阿含授彌勒記阿含未曾明佛知見何失之有我昔獨處思過所者所即山林亦應云行等思過誡也作是念下思

過心也今思昔日威儀及心無非是失故云思過同入下出其過想處等有過由計法性間從佛昔入小乘法性爲有何過答但由謂與菩薩同入而對三教以辯已失疑佛有偏所以成過以由不知小法性外別有妙理菩薩得之故也故三藏中聲聞至佛無別法性佛印迦葉當教論同即此義也通教三人俱坐解脫中論實相三乘共得是則三乘通教法性亦與三藏法性不殊爲聲聞入雖在方等密成通人未合彰言示小入大故今所論且在三藏述初遇頻鞞及聞身子論義得法性也非關聞妙始入圓常次由我述推等者述過由也由迷權故謂法性同何關所惑理一數三由惑實故指權爲實何關世尊偏授菩薩所以者何下引待自責次所因二義下正釋所因初標二義若知所證不實則應待說實因若知已在方便則解即實之權初照下釋若爾忽忽之言非但鹿苑亦指二蘇此二味中亦有初得小果故也然依文中二蘇並在兩楹之間若鹿苑初證亦可以二蘇釋傳但二蘇機雜故以初後釋對釋傳以彼乳中圓說佛因我自不對過不屬他經言必以大乘者語通諸教意則不然雖但發大乘心則不死今則簡別意唯在圓應知所因不出因果及以願行行即六度願謂四弘故佛地論中通因三種一應得因謂菩提心即四弘也二加行因謂諸波羅蜜六亦頓諸三圓滿因即指佛果通取果者果爲因所期故亦名因然體而論唯在前二成就菩提即是果也從佛結身喜者具如前釋斷諸疑悔等者通則通指二蘇觀菩薩事時別則唯在略說斥爲方便時又通言諸者方等勝境非一般若法相該通凡有見聞莫非生疑之境由境生疑由疑故悔今聞法說悔失二待復由廣說疑悔悉除由昔絕分二義俱闕今日乃知具是等者初約三句結成三文文已分明上下有序復以三成佛法有分分即初住分具位也不須從佛口下對於三慧文無從生三慧通漫故云文盡理彰此即道

理之理故也言更用四悉者更卻向前銷諸領文初標三喜爲世界者踊躍即歡喜也所以者何下以釋身口喜文爲爲人者三業相望身口且從生善說也亦應從破惡說以爲對治不及意喜破惡義彊若爾意喜亦是最能生善故且一往次我從下以釋意喜爲對治者剋責除疑即破惡義次以成文爲第一義者真佛子者由入理故成第一義也更約喜心爲四悉者雖復標三及以三業領之與解揔而言之不出於喜故單從喜以論四悉動悅世界也未曾有者明所得喜即爲人也動覺觀明破昔喜即對治也動于形明別理顯即第一義云云者今依此文釋四悉相叉通諭者既悅相異常心形俱動異常故世界動悅故爲人除疑故對治入理故第一義

法華文句記卷第五

依俱舍出十六行以爲所思十六行對三空如止觀第七記或指至
爲僧首不求者由居僧首故於小大諸座交聞無量珍寶者普般
若領教謂爲菩薩豈高於今入全教等賜資發下云云者應知世禮
欲有所決須先諮發辭文爲五始自相失即結緣已後終至等賜
即聞辭之時若合四五秖成四段故光宅十辭不應今文故前文云
於四人乘雜雜破光宅乘斥餘師餘師雖不雜猶爲十辭對當文相又
亦乘張具如前斥西方等者彌陀釋迦二佛既殊豈令彌陀隱珍
玩服乃使釋迦著弊垢衣狀當釋迦無珍服可隱彌陀唯勝妙之
形況宿昔緣別化道不同結緣如生成熟如養生養緣異父子不成
珍弊分途著脱殊隔消經事闕調熟義乖當部之文永無斯旨舍
那著脱等者迷於舍那不動而往彌陀著弊諸教無文若論平等
意趣彼此奚曾自矜縱他爲我身還成我化我立他像乃助他緣
人不見之化緣便亂故知大結緣者並約應身如云我昔曾於二萬億
等況十六王子從始至今機感相成任運分解是故不可以彼彌陀爲
此娑婆非結緣已界等者本結大緣寂光爲土期心所契法界爲機
退大已來機土大全失今流五道而未爲他方便有餘尚非己界況復
五道流轉者耶今弟子所居現處五濁且以所住而未爲他自爾已
來常在三界故云久住此緣至長大者機中稍厚且與著名仍未復
初但云三十緣既下以苦爲機故知猶在小化前也到而不識故名爲
過是昔曾見故名爲本苦爲機者既失大小唯有生死於生死中有
機可發冥扣妙應大悲之城大應尚疎機且對苦一念失子苦等者
以念子苦急種種門念今得樂復思一門雖復雙念二俱未剋今
忽得之從本志說當宣佛道且云一門子既下釋上兩意初乘大善
而入生死故云不當前釋辭中門有入義良由此也故動父憂釋初
意也雖種種誘父意元以圓門通之當有得義損動父喜釋第二
意也初辭如至領耳者第三經初述領大文意在此也十界七善進

退等中菩薩最難以兼三故故別語之菩薩尚然佛界永絕解心
無力至長大者昔修觀行雖觀理即未入似解不能除濁故云無
力義之如幼退大已後名字全迷義如厚重內熏如加故名爲稍大
仍未遂但可先小大善當遂名稍欲著此探後說也逃逝等者
佛豈攝物隱故不見義當於逃言生死五欲以爲他者既大涅槃方
成自國故且以五道流轉爲他或十至五十者自退大來外流不定故
著或言幼有二義至耽迷不返者初標二義則不下結成次辭下合
辭中云結緣已後一句總合通貫下二次大解下合初義尚有下合次
義由發大已來三惑全在義之如凝解心雖海寶資遠濟益不
輕以緣微故挫言成福自爾已後未隊三惡名未遭苦但保世樂
故未復初次合習下反上二義初文反前初義既微向道有斷
惑義似免癡遭苦下反前次義納種在內故曰實重復被中間
外緣擊之自爾微發復由遭苦爲助發緣故善惡兩途實顯熏
被此二爲機者若宿無大緣及中間小熟借使遭苦機感不成秖
由大小兩兼實熏成機感佛佛居本國義當向國若以人天等者若
無大種單人天善無感佛義不獨爲人天垂八相故若有出世機
緣諸佛菩薩尚入惡道況人天耶在三界下明諸子等大善未熟
縱生人天亦未感佛今佛下以有斥無具指四見明機成感佛及佛
出機成若通論機雖通十界終於十界取出世機今從別置通用
酒此品是故下文東南方梵云一百八十劫空過無有佛乃至上方云
於無量億劫空過無有佛大通出世乘光而來當知中間皆冥冥
被於中求正道等者以計常等而爲正道種種苦行以爲助道雖
思惟邪理堪爲正機然由久遠大種熏被大經云諦觀四方者大經
三十如恒河中七種衆生第一人者入水即沒辟一闡提第二人者出
已復沒有信故出不修故沒第三人者出已不沒即內凡人第四人者
入已沒沒已出出已住徧觀四方身重故沒有力故出習浮故住不

知出處故偏觀四方辭於四果觀於四諦第五人者已沒沒已出出
已住住已觀方觀方已行佈故即去辭支佛也第六人者入已即去淺
處即住何以故觀賊近遠故辭菩薩也不住生死故云安心故住淺處
第七人者即至彼岸外道得度皆由觀諦與觀方義同是故暫
引本國如上者上以佛已界爲本餘皆屬他下文下開下城舍與上
國何別一切下欲辯同異重釋出國一切佛法與上佛界語異意同
城舍亦爾斷德還須具足佛法大悲亦從斷德而成此二咸收一切
佛法但約取機以國望城以城比舍義立疏密但由一切佛法義寬
斷德傳惡似狹大悲對子更近同是長者實慧所依同是應身權
智所託起應之前機先扣此故至國城等止國城等中止一城等者
且以一方一類而爲一子故次合云不爲一處處必在人秖是同居人類未
孰且止方便不廢化儀娑婆指彼以爲餘方若準餘方之言應指
十方國土設十界化具如妙音娑婆既然他方準此此中仍存思此
同居得子便故且語有餘若云垂形六道事則不便流轉之後豈不
然耶今機既親須從勝說若爾何不云在實報土耶答理非不然
實報義對發大心時故退大後思同居機復消中字義便故也舊
云下敘舊今謂下破今取下正釋還於有餘國中涅槃名國中之城
亦住此涅槃之中名之爲止又依此涅槃而爲所居故名爲家問
向答問云以此城爲斷德以下合爲慈悲何以至此云城是有餘家
亦依此涅槃答國城家合雖寬狹異並是所依有餘不逾斷德今
家對於實故云實境下合對子機故云慈悲故知云無緣慈悲
必須等於實相故二合義一隨所對耳上句既云求子不得即依自
受用土一實慈悲求子不得故今此於自他中間住於方便還用本
所依慈悲而思於子故國爲居民城元安主家本養性爲未入圓
者即七方便民垂形方便住彼有餘思求圓機是故居彼化事無
廢思同居機其義又成家既是大舍於彼有餘運無緣慈故云處

此所以止於無緣慈云家起於勝劣偏圓兩應然彼秖應但用勝應
言勝劣者勝兼兩處劣唯鹿園小機若起理當赴之始末雙明故
云勝劣既云五人彼土生者皆名爲菩薩故八六等至彼土時不須小化
漸趣圓實豈仍滯偏背方便者多迷其教止觀第七判八六等教
通須廢法華開顯方堪此間菩薩機成所應何別五人即是四果
支佛從本立名云須陀洹乃至支佛斷盡乃云斷通惑者或取三
藏二乘及通三乘爲斷通惑者此亦可爾三藏五人自攝通五通
教菩薩先名菩薩不可更云至彼皆是菩薩當知全攝兩教二乘
兼通菩薩若以四人例通菩薩名皆爲菩薩有何不可但彼對勝
應其義不成但兩教二乘彼尚迴心通教菩薩豈應守舊若準
改觀通別菩薩並須發心故云訓令修學不云別者以此五人證同故
也若也通論方便人數則應云九藏二通三別三圓不得云五今且
對小故云五耳大富至無量者土雖有餘親所依家不違實相言
無量者具足六度大富總稱財寶是別雖分財寶般若道等五無
不成實況一切行皆成珍貫故云無量金銀等者等及餘寶即
餘助行道品故也寶具不出七可辟七科是故七科六度收盡故大
集中三十七品以爲菩薩實炬總持其具如寶其明如炬破暗中
最具一切法名爲總持言大乘者應云圓乘文從便耳言禪生百
八者達禪實相故也自他等者智定各有自他故也具如前釋僮
僕等者方便波羅蜜約自行權滿屈曲去明利他權用並僮僕之
功也如布衣所使至其位同成體內權也事理不二故俱云稱就
位等者向通約方便但云僮僕從位別判攝藏通別並實並正義
當戲但通論亦可收得人天以異方便即此意也別圓十地者仍存
教道故立別名以無兩重十地故也向僮僕中已有別三十心今自佐
位是圓四十心也義收別教十地而已垂土下釋自佐等深淺之意
所收既多名爲率土雖同佛家不無等級初通皆如故雖得下即

是七住得入聖位同王所居真實土境而位最下故也始從十行終
至如臣並是圓漸故須圓釋次一心三觀至三乘之法者次明僮僕
臣佐吏民所乘所乘不出諸觀故也隨教用觀即當所乘然此境
智雖即隨教同爲圓人所用驅策雖通因果不同歷位別別當分
故此因果並是國家之所用也無數者以此諸法不出權實臣佐吏
民所用實也僮僕等所用權也此亦一體權實也並皆長者之所有
故非但下結攝前釋不出教觀教觀多故教四門門門有觀雖
復無量被物無餘入出兩字文中四釋初三自行後一自他於自三中初
以雙非爲入雙照爲出次番者出入相對本相即故出入之名亦更互
得故此智體出入互照此之兩釋約三諦說次無量去約二諦說二三開
合具如玄文第四還用向之三百利化他故知此皆聖位自他義含意
當故須眾釋此是觀諦復唯在實對權義立有何不可但以二對不
二已攝權故不勞也行於非道者理通三土法性之外皆名非道從法
性出益三土生功歸於佛故云歸己此但功歸法性佛道商估等者
應作賈字音古謂居賣曰賈通物曰商若作價字非文正意非但
佛自化物無邊亦令菩薩化境周徧菩薩化利猶資佛本往來
諸國具如諸經十方菩薩來往娑婆華嚴大集即其例也如世間下
辟向二釋今他如菩薩亦自如二身初內合等者初通譬大意次觀
下明邪慧所觀云觀察五陰等者還以邪觀觀陰斷常以此邪慧
冥資於正成見佛由苦境爲機者謂向邪慧助正成機然外道苦
因應招苦果故云苦境由帶正種熏邪慧心故得成機感佛正慧
涅槃通半滿者名同體異並現所居化物名殊佛境無別故子所
到二義雙成機熟若證證父所證名到父城此乃小機先扣大應義
立窮子已到父城故使城名涅槃大小雙得故以半滿共收物機機
既不同收亦先後父母念子等者前雖機漸扣聖今明聖漸收機化道
之儀且舍念未曾向人等者文約兩意以申此義先方便次此土初

方便者彼方便中非但唯有地前住前亦有垂迹登地菩住即月佐等豈全不知窮子機性但約弟子說時未至主伴相與覆實未宣權從物機故云不說以由界內五人斷通惑者未堪彰灼聞如是言故云不向臣佐等說以為臣佐意在僮僕故也於中指小故云不向所以在長者心無非己子從機異故立以小名漸漸誘之方成臣佐故知法身本自慈鑑又應世已來下第二意者進明此土昔教顯露未說對此藏彼故云不說是則前立勝應之義義兼兩處劣應之語通彼偏機故不說之言通及四味四味之內具足臣佐及僮僕等既非下釋第二意中小乘人也如聲聞等指華嚴席或華著等指方等也不遠之言兼於般若而無希取即其事也華著即身子棄鉢即空生故知不說之言何關法身菩薩心懷下卻釋遠由遠由即是不說之緣良由昔結大時未入相似省已斥彼故云不動由此退大失中途調熟故云無訓背自向他故云逃走逃走三義一機息應謝二背自向他三居不得所即五道也故使如來無念而悔恨子下專斥於子非但悔應子息亦乃恨子機生致令疎我正法親他六塵內合等者為論免難須淨六根準理退者多在五品位前為對不退位且以五品為退位耳文釋悔恨分對自他準意亦可並對彼此化期等者約後意釋即應世來至法華前故云老朽亦不約此等者不約應化聲聞故也胤者嗣也繼也若身子受決至不斷者驗知授記為引物機權實皆然故云後來眾生等也更修淨土與物結緣身子成時開權顯實則佛種不斷於彼方機緣成熟於其土中亦有種在釋迦脫歸身子故須此會彰灼發言若身子無寄化下反以無釋有若身子自無成佛之機則身子所化安得成耶故以此顯今人今有寄也經言終沒者指涅槃時也復作下第二意者前明失若本願得樂故者我若之言以現餘常舉主領執總舒具論始末權實故得雙辯勝劣

兩應又以劣應化道始終故辯本中前一行實後一行權況開六義權實相對法譬至方舉者感應道交不前不後但隨文便互舉一邊先出不同次就佛下約生佛互論如止觀明感應意中先凡聖相望方為因緣次感應道交自他破已方乃名為不思議發今取文便者今此雖有三文且依二文消便非即二文便具有前後故別辯之初還從退大之後在五濁時故有三文也見父之由至衰轉者由厭苦等見修二性俱有厭義修推理弱見生本等稱諸見互興皆能推理傭賃之法以力易財本起邪見還希脫苦雖復邪求冥資正道故使世間厭苦遂成出世善機世易出世故云傭賃從一至一故云展轉言善根者猶是可生之義故有轉至之理故云以此乃至父舍不期而會故名為遇不意因於世法忽感出世慈悲又不意世間邪推而生正見感佛又不意小善之內冥入大乘圓門大小二機雙扣此舍者大機未熟止見而遙小感稍親門側而近所以從遙從來義當雙扣從本從大獨在於圓從近而譚偏機先遂見父之處即門側者前則大小雙扣處乃獨指門側者以小親故言二觀為方便者二邊俱有得見之義故復借譚之二邊並偏偏真最隣正見有云至為邊者於正見中又分此二近即華嚴中諸菩薩乘遠即二乘二俱未合但在門側文中二釋先機次應俱名為遙路師子林作所表釋者事師子座亦無師子之形但有所表故大論云佛為人中師子故佛所坐名師子座佛之所說名師子吼諸聲聞人述佛所説尚得名為作師子吼部雖兼別從勝從本故曰圓報此乃取機之本故此下去皆須圓釋實凡等者凡承於二足定慧所依無殊從定名諦從慧名境具如止觀第三故今云無生定慧依真如境即定慧力莊嚴法身從所名能故云無生定慧言依真如境者託境成觀故名為依果體起用複名為依又從因說因性有修故名為依舊云下出古釋稍似別義非今所用準例易知故

不須破決舊云此經下古有四失一法身非常二他方為此三以應為法四對面違教今謂去破中言父子等者父子譬機應先譬後法著脫譬體用先法後譬二俱不成著脫義異前文已破從又不容下更破他方自有三節此師亦以他方為彌陀若以尊特為彌陀者此有三失大小兩機並在今佛乃成見垢衣為扣此見瓔珞為扣彼結緣亦爾又往昔大小兩緣俱在釋迦今尊特垢衣俱在彌陀者更成可笑故第三重立難難之往緣大小定在今佛豈應今日雙應他方又何得大應在彼小應在此乎等意兼義亦未成具如前破今明下正釋此則續前應世已來釋耳故知勝應在華嚴也今經下破非常住古人皆云涅槃明常華嚴法界法華不明者不曉部類兼但對帶垢衣乃是敘昔之說在昔尚無垢衣之言何有常住所說法相至無別者今經意在結會始終設論法相如彼圓說今非全無文相存略華嚴部內不出四十二位依正自在近善知識今經明位具如四華開示悟入知識具如觀音妙音藥王嚴王依正具如分別功德寶塔神力但廣略少異舉一例諸故下疏文十義辯異且如十方之言何所不攝實相之理無事不收且迷廣略而失大體總如玄文十妙引諸文證即其相也人不見之妄生去取故此經空無所有等言諸法實相之說見佛常在等人此土不毀等事當聞種種莊嚴眾生種種遊樂乃至迹門因果諸相多以華嚴文消算數孔目藏在此典行頭取與散在諸經大本若云從論小利居士至即三十心者中止中以民為十住臣為十地今居士是民以文狹故不分臣等亦圓四十一位也真珠至法身者並究竟戒楞嚴定一切種慧法音陀羅尼莊嚴圓因四十一地地是所階身是能階四是能嚴身是所嚴若用遠因亦以初心圓戒定等以嚴性德若從因說亦四十一位之所服也至果同皆嚴極法身言價直者有貴賤故如諸位也吏民等者向列圍繞不云吏民今明侍

立則與僮僕共列故知立名隨義不可一定若解事理何得守株故前以吏民在實今此吏民權攝故在同異二門隨節爲同當分爲異是則同爲同體異爲異體異約施權同約開顯秪一吏民義當兩屬内與等者釋向同字同從内同得名外同爲顯於内喻如下喻向二義猶如良吏内應主意外用驅使亦如憂吾於内則爲國股肱於外則民之主長臣體無別所對不同問此中雖是華嚴座席勝應相狀與前中止義意大同何故前以僮僕爲別教賢位吏民爲圓教聖位耶荅言雖少別意亦不殊隨其言勢逐便消之前僮僕之外有臣等四故別分之此中但云吏民僮僕共爲一位以爲所使又此中意斷別惑者即入地住非驅使人又此與中止雖即同是他受用報此既示入忍界於菩提場爲諸教之始故加之以破塵自拂覆之以慈悲寶帳前敘長者所居所有今明窮子所見所有所有既同廣略轉用侍立下云云者此中既爲中道方便並並地前以釋吏民中正二旁民主異故準部應明次及不次乃至兩教教主不同各有侍立拂塵相異並諸華幡者四攝現通利下爲垂雖華幡並垂而華嚴於幡如通有四攝見者生喜又雖幡華俱動得名處殊幡寄翻轉華約端美神通下化令物欣悅運此二者必上等無緣故並懸之於帳用稱於體如遍覆佛上香水等者若約自行如第二釋若不灑以香水於地則帳幡華爲塵所坌故以智香水灑實相地除三惑塵則如來長者慈心等俱淨若約初釋香水灑於菩薩心地既從利他修因以釋故知七淨須從菩薩行因以釋名雖同小此即圓教故華三聚及楞嚴等若依方便隨教義別今依圓心皆由此七布於諸地自行此今他修此是故文中並依圓釋羅列等者華表因嚴寶表果德因果萬德皆嚴實理故使布列皆在於地地非華寶而布列華寶理非因果而修證因果出内如前釋云云者指前四重但前唯在果今或通因相海者全指華

嚴如來相海品及以隨好光明品中明毗盧遮那具足十蓮華藏世界海微塵數相二皆以妙相莊嚴故云須作舍那釋之四見父畏避者父子相見雖辭感應道交不可思議然約化事漸頓以論若云父先見子是如來鑑機道理如此今云子先見父相又如王等非即已見並是約機應具述始末受化元由或是王王等者即云見父畏避即在頓漸教初若據漸頓之前未有畏避之處約漸機對大論畏避等故曰未曾見聞等也從略開已下以後驗前驗其可中初與於大過於身子聞略說時故云有過今日復云下重釋意者小機兩時豈知二身故是述於機中未受猶如窮子見王王等問法是報師師弟義別如何唐等荅此是等師之子如法報相稱諸經多名經王等者重約教釋諸經有明法身義者即名經王智契於法相稱名王等故約機中對法對智名王王等即諸部大乘與小相對世人不了見諸大乘皆稱經王乃謂法華與諸教等今謂乳及二蘇皆譚法報雖俱稱王非諸經王纔有經云諸經之王不云已今當說最爲第一兼但對帶其義可知肆者放也泄也申也次時富下見子辭者然諸譚辭閒向施子見父辭巧喻領小遇大而機中未受今設父見子辭妙喻領佛見機而不謀恒了見子處者如來不起空座歎喜遍顧故但約化儀言父見子豈以佛眼必待子見後父見耶今機來稱慈者小大並得名爲來稱被名拔苦等者辭品說亦應云前辭如來與慈然以無其情若此辭諸子領受荷佛與樂如來拔苦令在與樂子領與樂已知拔苦二處義同隨文互出即作是念至不得者此亦述於退大已來既入五塵大法非治尋謀用小小又未逮今機漸來方施小化言取小者非謂往時已得於小亦非今世漸初之小是故往日不名機來雖論付財亦無歡喜故但云昔見欲與等也今曰至有所付昔見小機至知大非過是故昔其是付財地我常下卻釋向來退大已後頓漸之前無時不息大

小二化雖大小並失以流轉對悲故使今時付財有在今有可度機生等者問機生由佛那云自來荅雖機生由佛感亦由生且寄世長者歎子自來昔機不生今矣可發應歎機發稱爲自來若機當生追猶不至安能自來我雖下探說後期儻一期報謝無付故惜如唱滅度法皆隨滅垂滅尚惜故名爲雖即遣旁人等者從此方領施頓漸化故知兩前俱頓漸前若大若小但方便品並併領者意云文雖增減意必俱存方便既爲上根是故不須別說辭說既爲中品故須離揔出別合及頌中雖復闕略以辭爲正餘並互兼今既領辭應須徧述言但方便品揔誡勸等者恐尋者紛紜更重跡出方便品文釋迦章中但云寢大施小雖不云勸誡之別語意在勸故云於三七日中思惟如是事等即大擬也衆生諸根鈍即無機也如斯之等類即息化也即趣波羅柰等即施小也雖不云誡義含三門火宅開勸出誡者故從法說於勸開誡釋各三者勸門中三初云長者作是思惟等擬宜也復更思惟是舍等即無機也或當墮落等即放捨也誡門三者初云我當爲說等即擬宜也父雖憐愍等即無機也東西馳走等即放捨也長行合勸不合誡者勸中有三初云如來復作是念若我但以等即擬宜也所以者何是諸衆生未免等即不受也如彼長者雖復等即息化也言息化文廣者先牒前後三辭次方以三合正明息化初如彼長者牒初不得一辭正怙息化次但以慇懃下牒施小然後各與下牒等賜此兩妄合息化次如來亦復下十六字始正合息化故云廣也偈中但誡者亦具有三初乃宜救濟下四行半頌擬宜次諸子無知下三句頌不受嬉戲一句頌息化已下屬用車文也此頌辭文則具有三但頌合中亦但合誡有一行長頌仍進退二釋初釋亦具有三雖復教詔一句擬宜而不信受一句無機於諸欲染二句息化又云或可下二句亦頌無機依第二釋故云不須息化即遣旁人

下出併領也然義則有六文但有五先勸誡各二謂擬宜無機次勸誡合一即二門息化次遣旁人者約教約人約教則理教相望約人則師弟相望人必指教教必待人二釋方周不可偏顯初約教者理即法身智即報身由智故說智爲能遣智雖能遣所依者理能遣如臣所依如王所遣者教故理正教旁故報旁教報亦名正然報由理成理親報疎故二正中從親以說又旁人者下約人釋者賢首品後十住品在忉利天十慧菩薩法慧爲首餘之九慧各以偈讚次法慧菩薩廣說十住次夜摩天自在品有十林菩薩九林亦各以偈讚已功德林廣說十行次升兜率品有十幢菩薩九幢亦各以偈讚已次金剛幢廣說十向次升他化品有三十六藏菩薩金剛藏爲首有菩薩名解脫月請說十地是四菩薩說此位時並云佛力故說故名所遣次釋疾走中亦約人教先約教中但以顯露爲疾若以菩薩下重述約人菩薩自有神通又被佛加故名爲疾乖心等者乖必不識驚必愕然如覩不意乖心不識此教於彼亦復如是稱怨大喚者經但云怨而不云苦疏文釋中即以大喚爲苦痛所以具有二義者逆怨必苦故以大喚擬之義理合然若令煩惱即菩提者即是令其不斷煩惱煩惱不斷必招苦報豈有生死即涅槃耶是故稱怨大喚義當因果文意兩申自念無罪等者自省未能同物入惡起貪欲等今若爲之名爲罪行菩薩必入生死牢獄故云囚執無大方便者無入假智令起貪欲入生死名失壽命必慣下二釋慣三途苦則大小咸失弱無明地地須義兼界內界外約人爲使者者取機之法須同類身淨名等者遣化菩薩往取香飯彼菩薩見問化菩薩化菩薩答以彼菩薩聞說穢土佛及菩薩能此勞謙彼聞欲來成雙流行彼佛誡曰攝身香等彼來於此亦令此土未發心者發心已發心者修行故令攝勝從劣現同類也普賢入此等者普賢菩薩身量無邊音聲無

邊音像無邊欲來此國乃以自在神通之力促身令小閻浮提人菩薩重故以智慧方化乘白象亦爲不宜見於勝應者故菩薩勝報亦不可令二乘見之問若爾經何不云汝勿令見成德之身而但云勿彊將來耶答身若同類謗之必來汝身猶勝必令彼慚故告使言不須彊以勝身化之故云勿彊勿彊之言釋成前句私謂下此中雖無思惟之言辭文誡勸並有此語勸門擬宜云作是思惟我身手有力誡門擬宜云如所思惟具告諸子故私引之須即生善故云不須即息勸善彊即誡惡故云勿彊即息誡惡宜以至如面也者觀其秖宜聞生滅教取灰斷理說有理之教故云理水面者以向釋之有背生死向涅槃機故名爲面非謂灑彼涅槃名面其復與語者語秖是教不語他人至菩薩也者此中一往但云昔小然法華前諸大乘經不說二乘是菩薩者將護二乘豈關菩薩爲復實護權故云爲復護亦是爲復隱將護不彰其實故法華前一實之外皆名隨他且隱四味之言通云小乘教耳以昔二味猶有小教定無小乘作佛之語故乳及二蘇並對小機云不說耳乃由彈斥加說得二味名即是息化至從地而起者此中二釋兩地不同二起無別故息一大化離二種地讚大隊善故有前釋用小取得故有次釋次釋中云無明地者若取地則辭二無明若言而起則且從界內故知不解大小具二無明並名爲臥今追小法先治界內故且云起於四諦中至衣食者宜趣所對之境故云往至小仍在機故以欲釋求下句方云長者將欲故也境攝法狹故云貧里欲趣小果還須正助故云衣食又以他日下取意領法身地者言中且云在道樹前意則俱指漸頓教前以云致難尊特故知通至頓前問四大弟子等者答中意者既聞辟已具領二周入大不虛故自推云若如等也納法既重必有此知約化儀說從容進退故先奪後探耳豈有自獲小來方

五十載具覩菩薩難思境界徧聞諸法一切融通非全不知然未測本源省己絕分今蒙法辭分深圓常推知如來往日先照故下佛歎其爲希有故以二味所覩驗先見非真脫大小相者相爲大相海好爲小相海全隱無量相好海身故辭云脫相好難量數之於海密遣二人者於中先釋二人次初擬下方釋密遣人是所遣密是遣意初文先明但二之意故對菩薩且通指二人次約法下約法約人以分二也次釋密遣者先對旁人以辨異即之與密顯覆異耳今明密遣者覆實名密用小爲遣覆滿明半準例可知即是分字解也亦是從大施小故云遣小不測大故云密然半滿字不同古釋今須在圓具如玄文約人準知形者下次釋形色亦具二意初直約小教百劫所種雖在小論不在二乘故二乘教無好形色又說無常名爲憔悴次約人下隱本爲密現迹爲遣且如下文富樓那中聞若準下文唯發滿願及阿難等迹爲諸聲聞亦有本耶答入大乘論云不但羅云獨是菩薩如諸童子阿遊難陀及調達等皆是不退菩薩若爾唯權無實答以權引實豈此等外悉是權耶此亦義當本迹釋也若釋無威德者隨於形色以釋大教等者前大教疾故云即遣將護小志故云徐語倍與等者於中二釋初以戒善諦緣相對爲一倍戒善在欲諦緣出界又外道下漏無漏相對爲一倍亦是內外二治不同名爲一倍六行非永斷故且云伏耳略如止觀第六記窮子若許等者對彼不許故須云若化儀容與者順物情故云也不論淨佛國土者淨佛土義略如淨名佛國品中橫十七句豎十三句廣如華嚴迴向中識涅槃大集智論等文並皆具明小乘無此但令除糞故得記已方乃造修與物結緣非關行具二乘至先取者先聞價直故云先取非謂已領故云慕果其父見子等者問若愍而怪者何故密遣教其取果答曰爲追不來事須密遣雖教除糞非父永懷欲有彰言委付

故先騐而悕之齊此是領法辟至其文竟者此是從大施小二處並有
前段文竟自此文後法說但有開權辟說唯有等賜並開中間二味
若論採領法辟二處雖無正文但指法辟能見之眼即法身也故齊
教領且領漸初以所稟小名爲齊教別有採領故云又以於中先
揔述來意次列章文開四段云擬宜等者意云佛在法身預知我
有大小四意故云擬宜等也次釋又字先釋字次釋義次釋他日
者釋他日兩字於中先離釋兩字次齊教下約齊採二領合判兩字
初離釋中其義則揔以未分於齊教採領次合判中其義則別分
自他等三爲教採故初文釋他爲二先釋次判先釋者約二夫人以
小望大爲他次判者向約二乘雖以大爲他未知此大元用何身今故
判之即法身也次釋日者於法身地以用權實自權他二乘法
中無法身之智故名爲他若從下判若從法身用於權智望二乘
人亦名爲他此他須指佛之權智次合字釋者於中三釋即依大
經隨他語等及化他等三以爲法式仍對齊教採領二時文爲三
初釋三相次若從下判命所屬三今從下用今意結初又二初約
化他即指齊教次約自行及以自他即指採領言齊教者即法辟
二文但至鹿苑依教所有故云齊教所言採者謂遇採也採向道樹
寂場之前初齊教者既屬初義先約機說是故齊教但領化身
即非化身時爲他日次從若就去採領者又爲二初正明二義次此之
下結也初文者雖是法身既以自行對他故以化他權實俱他所以二
乘昔亦不測其旨此中自行之語似於自他以對自辨他俱有權實
故雙言之次自他中自之與他各舉語權實者準理合雙此中語似
自行爲對化他成自他也所以自行亦指化他爲他自他亦指化
他爲他故知採中皆指法身時權二乘於彼雖稟小化同體之權
二乘未曉於佛二自皆指同體法身時權雖有兩意他日皆成次
結中去若有若無等者結於法身權智所照若有機若無機也言

可否者明法身用智逗物稱機爲可不稱機爲否時至爲可待時
爲否雖有有無可否皆是權智權機得他日名次判中云若從等
者判向齊採採領自他者自是第二自行他是第三自他應重云自
方顯第三義也並是對法身爲他故非二乘事也雖有兩意者
齊採兩中俱有他義故云俱成齊中則以法身照機爲他採中二
義則以如來自行之中皆權爲他他即二乘所用雖有二乘所
用及非二乘所用兩意不同皆得他名今依下屬對文意今依二
乘所領即齊教採領也又逐他日者採及齊教二處三他故二乘
領已望佛又領如來用他言採領者亦應云齊教但是文略是故二
領皆指法身之取機也但從義別二他不同隱牖者說文云在屋
曰隱在牆曰牖非戶故偏明處仍狹今亦如是非中故偏不偏故狹
故法身地觀無大機唯見偏狹先熟故也乃由子隔隱牖之外何
關長者偏視之非況是長者欲取偏機於圓仍遠故名爲遠脫妙
至之具者如前已釋生忍法忍等者忍有情惱名爲生忍忍無
情惱名爲法忍謂寒熱風雨等屬法故也左手等者小中權實
狀有所畏者狀似也權似實也具如釋籤引成論文又有寒風等
者大論第九佛有九惱謂六年苦行孫陀利謗金鏘馬麥瑠璃
殺釋乞食空鉢旃遮女謗調達推山寒風索衣加雙樹背痛
爲十若依興起行經但有七緣無孫陀利謗及乞食不得大論
直列興起行經委悉釋之次語諸作人下辟四念處去即對位也
今但略對無復行相七覺在八正前婆沙中具有料簡略如止觀第
七記不云五停者停心但是對治除障令堪修觀故從念處正修以
說雖云約位須兼相生方堪消此故下文云勤修念處等生空如來
等者此教作法所有生法不涉大乘即阿含中是老死誰老死故生
法二空並屬正道具如止觀第三記無常等爲助者若諦觀中云
無常者乃是正觀今以二空望於事中對治無常但得名助況

復更以一期念念以之爲助如大經中大乘治門乃至用常何但
無常近指煖等四位者外道求理在此位前故名爲遠應云念處
等四但是隨便爲言耳此文等者以世第一是五方位無五過也下忍
十六刹那下至世第一法位者忍應上下各十六行乃成三十二觀今
文且以四諦言之於三十二漸減緣行二十四周減行七周減緣乃至最
後唯留一行觀一刹那入世第一略如玄文釋籤略引俱舍文也阿含
至子義未成者既阿含中亦明不斷結惑菩薩而大論斥權非
謂金無論云迦旃延造者從所造論及所計者說豈以會三還歸阿
含法華準舊十二年前一何可笑若得初果至大乘者意云從見
道後不發大心還今小乘道中斷結故云由是之故若準大論至
初果已名之爲死不任復發大師從容於止觀中進退二釋所以
初果亦名死等故可發心二十年者文存七釋初一合數爲二十次
六釋但立二名如斷見爲一斷思爲一初文者見斷與伏無復前後
即以八忍通伏八智通斷修道九九通爲一九故但揔立九無礙九解
脫五上分者謂掉舉慢無明色染無色染五下分者謂身見戒取
疑貪嗔五上分中色染無色染一向唯上掉慢等三雖復通下不
能牽下故云上分言下分者貪雖通上不是唯上嗔一唯下不通於
上餘三稱攝一切見惑雖復通上而能牽下故名爲下故俱舍云由
二不超欲由三復還下縱斷貪等至無所有由身見等還來欲界
廣知俱舍言猶於二乘法中斷思惑者前見道中不發猶今斷盡
殘思言於斷餘結者或在外道中斷少思惑更依權行斷令無餘
第四領付辟者是第四五合爲一段則使鹿苑文後不入方等之文
大章雖爾細開仍有免難等文以應一代五時之說今猶存開標
領及付領謂領業指方等般若中付即付財在法華中辟文開爲
等賜四章即今文中初二後二者是即免難索車等賜歡喜以方
等般若爲索車者彼二周文免難之後即云索車但索車文從既不

對二味故以口索對之今以三味爲索亦秖且對機情索名雖同不無少別況前索文義非局口今言索者不局機情亦是方便品顯實四意者上方便偈頌釋迹章顯實文中長行但云如是皆爲得一佛乘一切種智故頌譬本中開則爲四意初從舍利弗當知我見佛子等下二行明大機動爲今索車譬本二從我即作是念下二行一句明佛歡喜爲今免難譬本三於諸菩薩中正直捨方便下三句正是顯實爲今等賜譬本四從菩薩聞是法下一行明受行悟入爲今得車歡喜譬本由心相體信下生起四譬次內合下預合向來生起四譬文也即是始從方等終至法華譬中秖是一等賜耳若開十譬不應信解良由此也文前誘引譬至思益中言誘引者密遣二人也言出宅等者出宅與思益兩終義同法身與道樹遠近不等今領亦二者今至領等賜中總合前文兩个始終爲一始終故云遠近始終是則齊教爲近始探領爲遠始二終但共爲一望誘引等中終則極於等賜故云始四味終付財既以四味爲始驗知探領至寂場前次何者下釋也釋出共爲一始終相即五味也旁人譬牛者聞前以旁人即華嚴中四大菩薩大經中云從牛出乳譬從佛出十二部經今何得以牛譬菩薩爲旁人耶答佛加菩薩與佛不別雖主伴異俱是能說所說義當俱從牛出衆揚也貶挫也既領知至豈不樂哉者擧無希取未名欣欲既已領知增後慕樂機近付財故云貶更機已冥會故云樂哉判天性者理性同故定父子者曾結緣故二乘在昔天性父子二義俱迷至法說時開其知見是會天性若會父子義成示其中迷故名爲會中根尚昧至譬說已方定所生處故四人今方信悟菩薩疑除者故法說中爲令一切豈獨二乘譬中等賜非唯根敗但由領者力未及他故使詞中不涉餘衆已正他旁未遑餘及已雖他易故且從難又已別在今他通昔教故且從別已死他生且從初活他從昔

顯已唯今顯故且從今見此多意餘則可知是從般若至第五味者開前會三云說法華今還引大經云出涅槃云何得同答一家明義多處說之無煩廣辨欲重論者更述大猷判味同時而有部異約理名別咸歸常住約機彼稱拾約法彼存三種論意彼帶律儀誘諸彼兼小果受益彼無廣記說時長短亂殊譚常過未不同論譬大陣餘黨現瑞表彰各別破執難易不同領解近遠迹乘述成被根不等用治生死不同付屬有下有此得十六意準此略知事異意同不可失旨失斯同異讓投殊難豈唯兩經餘亦不易今初相者若不互釋相義不成然子體父以大而比小父體子入小而無遠始終而論子未體父故見尊特覩而不受見身既爾諸例可知由此見尊特身者如淨名中譬如須彌山王顯于大海安處衆寶師子之座蔽於一切諸來大衆藥師中巍巍堂堂如星中之月大集中集二界中間諸方等經是例非一乃至聞說大法見大神通覩大菩薩難思大事等皆由已得阿羅漢果斥奪不疑故云由此金即別教等者問大品有圓何故但云不出通別答一者但語通別理已攝餘二論能詮教必須具四今且從理故云不出此二兼復二乘至此多成通別亦且言之通別倉庫準此可知其中多少至廣略相者第二十一方便品云須菩提白佛如佛所說若廣若略諸菩薩云何求耶佛言如是如是若菩薩摩訶薩學是廣攝般若則知一切法廣略相又說般若時前後二周即廣略相又二乘下重釋意者密示知同故云體意言體法空者實理無二此有三者初一正是般若中意又一據理者於般若時密明不二而二乘不知謂在般若意通法華第三就今意者於佛即是付財二乘自謂加說故般若中亘豈聲聞人敢有所說有所說者皆是佛力由機未轉且言被加宜加用心等者述佛元意不出此二顯在菩薩密被二乘然領上四時皆具三意一述佛化意二已納密機是則我身領佛二義是故名領若

至法華佛意亦盡機顯非密問何時名少時答中分二先約二經中間次約無量義時初文即是情口二索兩楹之際般若非一故其聞時寬總名少時若法華後遍故隨領一時一會咸有思量失不失者失則於已無分不失復未同菩薩踟躕之際即機欲發時正發芽在三請時也次約無量義者去法華極近時極少也既開從一出多義必收多歸一四味之終故云漸已機無隔異故云通泰發在須臾故名爲即二正付業者前云付財今云付業財從所營業即造作皆是菩薩修得三因之作業也名異義同故得互舉靈山八載者菩薩提流支法界性論云佛成道後四十二年說法華經北人者諸文所指多是相州北道地論師也古弘地論相州自分南北二道所計不同南計法性生一切法北計黎耶生一切法宗黨既別釋義不同豈地論今爲耶若爾下雙破二家言迹門說法者秖是三周彼解云下地論師救今謂下重破自古不知開近顯遠孔異諸經謂迹說竟無可證也若云言下處安即向法師品後方便品前何以不著若云佛定已起不得說者經家何事不先著耶若待迹門竟何不更待本迹後耶叙公生起便爲無用一家次第道理冷然依薩云者如下多寶品中所引若三請之時佛未說經何得經云佛說無央數偈時故知無數之言即寶塔已前經也既言無央數偈豈唯三卷半經況地踊讚偈之文其數甚多古傳法華西方猶廣準此文也今明等者意云雖非親生既迹中同業非無相關故是父之流例義當伯叔當知今日影響在昔不無高下是則昔示高位如伯示下位者如叔並是父族故云親族并會字貫下國王至是王者前約昔教諸部爲諸王言興廢者玄論興廢具如玄文第九卷明今欲略論對部說者則華嚴二興二廢乃至法華一興三廢今乃廢諸小王唯立一主是故法華名王中王次又此經下約此經會教以今經中都無餘教部即部中尊極爲王教即部內教主爲王

既教分大小王亦尊卑國界寬狹民有多少貲産各異所出不同故部內教通別二轍別則當界施恩通乃須歸大國故知部教俱須會通故前云部後乃云教在昔未會如一國內三小王各理養品未歸大國故方便教主王名不無但兼部中圓極主弱若人邑後同霑一化民無二主國無二王自爾已前或歸不歸不歸仍是小王被輔不獲已而統之小王本無背長良由民心未歸民若歸從王本一統以此會法義可以知無量義中先已收集者雖云從一出多密擬多皆屬一故云收集乃由先說一出於多方可定趣收多歸一故知爾前當機益物雖於一施三而三捧其一欲識收入故預讀開彼云下引彼無量義經示相如何得知收集諸經彼經既云諸經無量皆從一出故指前經以為無量四諦因緣即鹿苑也方等般若次第宛然言華嚴者具有二義已在玄文彌勒等者昔教既偏圓未融人亦權實不一今教已會補處甚多補處既然餘下準此民歸王順如向所論初地等者為會偏教故不云圓某城者正本亦秖云居一城逋（彼固反）義通逃隱今逃即是隱今我至一切所有者所付般若有共不共不出因果因為萬行果為萬德行即諦緣十八空等德謂十力四無所畏不共法等具如廣乘無非行也此我之德既云子有當知汝等並有如來因果之藏故加說之即是領以又般若中數見故先觀難思身即今領身般若方便即是領意故知之與見並是所有所以法華但總說云佛之知見而今意閒等者以他準已既法俱解必知定同身子得記嘉祥至此更卻結前都為五雙十隻一從旁人指華嚴為頓從水灑去至法華為漸即漸頓一雙今間適作三種法輪今但判為二教則自言相反歸頓不成如何以捨方便唯佛乘會萬善頓人奉之教而為漸耶二從灑而去為世間從除糞去至法華為出世出世一雙今謂諸子未果人天之乘故知人天非漸教始若以除糞去為出世者未審鹿苑之

後說戒善耶況前十二年直說至法華同在出世之言安顯法華之別三就出世中大小一雙未審方等般若有小乘不三味之大同為一判如何能顯妙法之能四就大中自他一雙即指付財為化他領業為自行未審諸部般若有自行不覺聞在昔謂為菩薩佛化元意正付今知況領業之時本在自利自爾已後未敢小途五從二使來是密領業是顯顯密一雙若微密為密則法華為密若密顯密為密今此聲聞自鹿苑來皆宜顯教何名為密爾前得記乃名為密至此方索驗非爾前況三種與五雙理自相反若以五隻同在法華如向所破若從廣之狹以最後一隻為法華者全不云開還同昔大致今後學對教而已不求教旨用教何耶貴在得意者辟中已委故不更論似有二義者由結緣不壞雖大小俱似雖貶曰似子義不亡次子既下舉正因況若論正因不似亦子況復似耶既曾結緣誰非真子豫曾迷走父且貶之由位淺迷源斥之云似云云者如上分別問初釋品云信解人具等者真是修位即初住已去品初又云年既朽邁小尚非似位今那云似答意者若據子逃父後大小俱非似位何況真耶仍指結緣之時於今稍得名似而但合見子便識者上見父有四謂由觀相避見子亦四謂觀識尊遁今見子便識一句即合前來八文文雖前後意皆同時豈非子見父時即父見子見故便識雖復逃走機在不久故父亦爾故知一文即攝於八我等以三苦故等者解中勸誡兩門先各論擬宜無機後合論二門息化今三雙合領初從上初下先勝前三意苦追即勸中二意毒追即誡門二意放捨即二門息化言三苦者由三苦故五濁加重所以二門並無大機但堪小化五濁適故即是三苦無明覆故即是無知今合下正合二門無機者何為見捉即勸門無機自念無罪即誡門無機不云二門擬宜者即以二門無機兼之次樂著小法者合有小志者即二門息化言不合放捨者捨即是息但上辭

文息化有四一思惟息化二釋息化三正息化四息化得宜上初思惟又三一知大躬二知小疆今言有小志者即第二文也言不合放捨者不合是第三正息化也是則但合初文第二即攝下三及初第一故上文正放捨云我今放汝隨意所趣已知有小志故於大放捨上有齊教探領今合三意者上三文各四小擬宜知先心歎三車適所願今齊教中但合第三具陳上事即歎三車也及第四先取其價即適願也闕第一第二文也此二任運兼得餘二思之可知上有四文今但三者闕適願一餘三次第對擬宜等具指齊教文也教作即是探領文也合付家業辭上有由有付者上由有遠近即小果為遠體業為近今但合近上有命有受今但合受者不合命也既有於受必知已命而自等者兼得餘二上付業有四者一時節二命子聚眾為證三結會父子四正付家業今既付與仍兼上三須出其意上開辭有四相失等者此四標文文似四章但成三段乃略追誘下釋具有造立舍宅者有餘之土非寂光自然現勝應身非法身本有於彼更運依空慈悲故云造立經云頓止一城者積謂頓之示迹之相義同於之文頓止即不行也秖於此中求覓子機超頌第四憂念等者但頌子背父去即失子之苦而無得子之樂失苦得樂俱在父懷是故失時已懷於樂必知後時還來故也遠鑑機緣者若於佛經云夙夜者有人云自行為夜利他為夙此不應爾夙早也謂晨起夜暮也謂黃昏夙即化初夜即化末大化始末準說可知若文六佛常說無常化欲終時節節唱滅若言自行為夜不可自行亦云死時將至有無善上等者雖復時緣無所得善未能斷結故此體上仍有見思法身是師是王等者此文合在次文長短段中若準上文秖應法身如王加著師者重加一辭耳報應是長者秖應云報如王等兼語應身者報是勝應故也以長者如王王等故便言之私謂以廣顯略等者如華嚴中

廣明身相國土行願本誓以此廣佛知見驗實相躰故云以廣頌
略受決者華嚴前文无受記語入法界品旁論授記亦得名為
授記故也弘誓及行者彼最委悉又指爲劵者誓許利他有如劵約
隨餘隨償如跡隨還說至菩提償之方畢又華嚴中菩薩行
願多明事數名等計也上旁人追文有三者初嘆爲勸門二義嘆
爲誡門二義次是人下第二二行頌與機即放捨无機者重牒二門
无機以无機故方乃惡化故云釋放捨也初三行頌雇作至教作
譬者雇作即上索教教作即上操領索教文意自道樹來以求
小機義爲雇作操領文意法身地時无時不照何嘗不教豈
待雇耶故云教作油塗足等者有人云外國下濕使作之人足多
龜坼故以油塗此語甚鄙於今經中坼譬何等何油塗之上受命
有四今但頌三者初如文第三是第四大機將動也但闕第二而无希
取初二十年等者上文具引此中二十年已辨異竟今言轉教者爾
亦住二乘位中轉教今以別義見思名二十也合譬中佛亦如是合相失
者上相失有四知我樂小合父子相見上相見文有二先子見父含
父見子亦四今復應知若單以佛亦如是一句合父子相失意仍未顯
次知我樂小一句合父子相見意亦未顯何者上句借下句成知樂小義
義當相失次下句借上句成佛知樂小故得相見樂小由退大所以相
失退大由樂小所以相見故二句相成攝入句也知樂小句義當使誘未
曾至其意者秖一追喚即具二義故大總也上文譬中索教操領
各有四段擬宜有機歎聿通顯既但說於成就无漏小乘教中无漏
之言通於諸果言成就者唯在後位故亦總攝二四文也上合有二
相信委業今不合躰信者驗知相信為旁委業為正言委業
者委即是命今初一行長頌受命領知上頌所无者上頌譬中全无
命知但有受命中三耳初一行標断德者以云內滅即惑躰三界
惑盡故大內滅故屬断德也次操智德者既云若聞聞教屬智

故云智德以小智具故不欣大智此二並舉失驗過次所以者何
下六行雙釋智断者初二行釋断次一行半釋智次一行半重釋
断次一行重釋智故知初二行明自住小断次一行半明失大智次一
行半重釋小断次一行釋失大智分得大乘習果也若得初住時破
一品无明名爲習果言牛頭者華嚴經云出離垢山若用塗身
火不能燒十恩文者文中自對室衣座三初室有三恩初一具通
徧被五恩次二是別拔與之恩通被是四弘之始別被是填願中
終則發心後起行之來自成道前處處蒙益蒙蒙益之相不出
與拔與拔之澤知何可報所以難報者初以自行之真令我脩
習自稟教後退大輪迴無悲不離處處與拔次衣恩有四者
我受教已大小並忘處處調停知我機遂即於此界頓漸適成
雖先正爲大機熏亦處處我善種故於頓後便垂小化彈斥洮汰
鎚砧鍛鍊聚之以貧事草庵誘之富豪家業宿萌稍剖尚
未敷榮長遠之恩何由可報是故四中初以人天次及三昧如來
座恩有三者至法華時始獲妙益兼能判物化道初成難報
之恩良有以也所以第八是授記恩九十令我能利物恩所以室
得衣故有覆育之恩室有座故成與拔之用座假衣室令自他
行成衣假座室令初後理顯是三義合成大恩此始終恩將何以
報注家但云物不答施於天地子不謝生於父母以感報斯志含育
正論荷恩難報何得以亡報釋之況復祇緣令我報亡斯恩叵
報故不得直以亡報釋之凡言亡者治彼不亡今非領亡但領難報
二時既別且釋荷恩

釋藥草喻品

法華論以七譬五七對治一顛倒功德增上慢煩惱熾然求矣
果報說火宅治聲聞人謂與如來乘等說窮子治大乘上慢人
謂无二乘說雲雨譬治實无涅槃生涅槃想說化城治不求大

乘以虛妄解脫爲第一義說繫珠治有大乘人取非大乘說醫
珠治无功德人不取第一乘說醫師治若但依此七各有對治則
爲法作譬說譬領解佛以譬述等理似不成應知論意火宅
則不指大車邊窮子正用領付之意雲雨今開權二乘故化城以
寶所引之餘則可知他若云今品唯出生者全違經旨況復論文
從於能潤以雨爲名經從所潤故云藥草藥草則二乘不充一雨
則述其歸大嘉祥云草木有二不知同二不知異若有瑞草即
能知同以喻迦葉所領可爾若從佛述豈可餘之藥草悉云
不知又亦不知三草二木是瑞非瑞是故須云今昔方顯瑞之是
非今謂至此法華何得更有非瑞之草應云是諸草木雖云延
所生一味之澤而不自知忽蒙開顯莫非祥瑞乃使彈指合掌
通成妙因生死生惠咸成種智然文中四悉且從迦葉領述邊說
於中先揔徵起次至地下別釋四悉以酬向徵初世界中二先譬次
合譬中土地約今草木兼昔故云通昔有用藥草在今藥之
草故名爲藥草所生等者若從如來所述義邊无非是藥故
云通昔有用若從能領中草爲名則秖應云中草品耳故云藥
草用通有漏下合先合昔次无漏下合今於中先合次引證三述
其下結意初文者問若從佛述應大草木及以地雨今品既是述
成之文如何但指聲聞之草云四大弟子等耶答實如所問者
通意別故云藥草言別意通且指聲聞佛意雖通述其解解
別在迦葉述其不及及以後宗若別若通皆成藥草地雨復是
述其領實故不別說佛讚下證者經告摩訶迦葉若迦葉者
僧之首故別告之故知信解雖具列四人空生居首然自陳之由
屬在迦葉故今別告又言及諸大弟子信知得悟不專四人述
其等者悟少通該領述從別佛雙述善哉及迦葉領通名藥
草並與歎善意同及領兼述同名世界故可從通次文二先譬

次合譬中云叢有等者譬昔各有積習故名為叢叢有叢也曰叢若經云萬像猶在方便今始開顯故曰一蒙雲雨此下次喻今雲雨如下釋言扶疏者扶謂扶助爾雅云林有草木曰疏以昔助今堪可與記言暐曄者明盛貌也一蒙雲雨使草木敷榮充始性德如地發大乘心如種發二乘心如草木芽莖人天初住如同成佛乘芽莖等內具十力名力力有能為用用對於芽莖故俱名內小果得記如芽葉等譬諸下合昔今得下合今先合次證後結意初文者既開顯已自利兼物從於自他受益得名名於為人次對治第一義中二譬合譬中亦初譬昔今家下譬今言大等者世藥三品俱非藥王下治四大中益五藏上可還年言風冷者略標二大皆除四住病但養五分身還真理年駐變易色今蔭以无緣慈雲灑以无杖法雨使其遠種獲益无偏使无常微草乃成常住藥王自行兼人悉除三惑故云徧治當知自他並成常身佛大仙也次譬諸无漏四字合昔彼聞經下合今亦合譬結意言嘉著等者嘉善也著藹也稱字云聲善始令終名為嘉著聞經契理故曰稱微且寄二乘領解以說故皆云无漏也並成於佛乘四悉言是對治第一義者從徧治邊即對治義從成仙邊即第一義餘約教等三不記云云者草木即是三教地雨即是圓教即為約教若本迹者本住智地冒施雲雨迹為草木引彼增長觀心具如玄文利益妙後又約藥為觀者如止觀第十四藥治見備述權實恩亦例然舊師雖云述佛恩深无十恩意述亦未徧古師亦不以教作而為採領縱立採領此亦秖如不文南岳所判權功德耳師云者正指南岳二乘雖復自領已界既云善說即是具領一代權實入佛委悉述其所領十三偈下文將古所引還破古人迦葉雖自領佛恩深其如佛述善說如來真實功德豈獨二乘法耶救作譬是佛權功德者亦斥古人述不周徧救作

人譬是權法中少分而已具如前釋他日即是二他義也他即是權應云此實我子豈獨敷作人耶令言下今師釋也始天性等者天性即指大通佛所如十恩中初恩意也中間下具如已下九恩意也天性猶通結緣從別自敘等者自從也從小之大至第十恩故云諸也豈止一代教耶雙述等者兩處謂方便火宅也以信解中雙領兩處今亦雙述二處所領若不爾者徒述何益善說下述其具領如來權實教法此約因緣釋也故不同他引論破無小也又華嚴云云徧述所領即約教也前釋尚揔此釋則別揔別義本迹觀心大意同前領所不及者舉迦葉之不及顯餘類之有分又出迦葉之不及示迦葉之徧領又示迦葉之徧領則知一攝一切於中先列次所以者何下釋釋意者若但述二乘秖應從中草起品於所領外更述不及令知如向所列意也又既不能盡之言寄之以明不盡佛說不盡況迦葉耶此中先敘佛意次佛意既徧驗領有窮次耶忽下責其舊教通貫諸句不道下正述不及退進等者以二乘位望上為進望下為退十界各各自有因果不由次第故名為橫人漸起亦得為豎今取雜起及具有邊但得為橫又以多人次第相望及淺深深亦得為豎人人各住當得為橫七方便豎者若七人各七先後相望七人各一大小相望七人傳入七人入實俱得名豎又三世名亦橫亦豎者世世徧於十方十界亦名為橫如是品類皆從諸味人教調熟方於今日與迦葉等或同或別未聞徧領故佛示之夫山川至不及者此非橫非豎不及如下諸文結差无差无差即差差即无差不當橫豎無差即差而橫而豎今從無差名非橫豎從而差遊如前橫等初山川下具對諸法皆與理等同以一地而攝世界之初有人以地譬賴耶常住其理不成對五陰世間以明一實且立七差等无非實相故揔言地次草木約五乘七善習因對於一實以明差无差等次一雲下至初三末一約五時教對今一實明差无差異等先喻

次如來下合生公以雲喻法注家以雲喻應未何道中夫真而謝俗子篤論其理何道俗哉如龍興下譬佛身中能被法軀擬譬是為下揔合更无進退橫豎等也雖具橫豎及亦橫豎對於一實任運施設論非橫豎約開顯說結差无差即開前一切皆成无差次不及下明佛所不及云二乘初開始入初住且自述已所之法佛欲委述所不領若其法尚多二乘若聞亦成徧領具如前說言未窮者極指後地豎入邊說若欲徧述未暇窮終所以迦葉述已著是初是因緣釋又初悟下約教若迦葉領已即攝一切圓對偏即徧領教也迦葉所證即初阿也既即後荼徧領无別又權行下本迹唯關觀心具如玄文釋法中說若依令領者即空故差即无差即假故无差即差即中故非差非不差橫豎例知廣述成中二段初文具述草木差无差等即是廣釋領所不及既責迦葉領所不及所以下文仍歎迦葉者明其雖復有領不及縱領諸意不出權實復擬引之故結歎云汝等能知如來功德勸信者此不及等既唯如來能知故舉法王以勸迦葉所不及者彌須信受若依此領已是能知為下大雲譬本若大雲普覆於一切大雨普潤於三千受益既實能被不虛於一切等者非智无以說非教无以詮欲知智在說觀教而知智今從述教故先教也若方便品初欲引五佛所說則先歎二智既是相成前後互舉一切法等者問何故前文領不及中七方便是豎今那云橫答約人故豎約法故橫又人法各有橫之與豎具如前說不可定判故更以橫對實亦名為豎若言不爾下釋此橫豎初釋豎中云若言一切法不是七方便以對一實為豎者如二萬億佛所初發大心即是一切法實中間流轉或復發心不出七法故七法是橫對一實為豎又十法界下釋橫也一人身中尚具於十況不具七一人既爾多人亦然一趣既爾餘趣亦然故七法是橫如來身中若十若七一念洞照橫豎无遺此法雖多等者七攝權盡一切退機不出七故為人天等

者明佛能照是故能說此中既別列二乘故三藏事度即菩薩通
无生名通於三乘述其開三者具敘七善而去三者三從出世但開其
薩加於人天義須通七宗竟等者此明諸權皆歸實相是故三教
智未會不名為一又非明示此法從於无住本立故不得云竟不本
言不二者始終一也其性等者廣傳之二故名為切切字十對並通訓
衆也若顯不二是一家之切名一切智寂而常照者智所依地能生諸智
故名智地此從境說若智即地能所不二故智亦得名无住本是故亦
得名智為地正顯能立立亦生也故此智地能生諸法故復名智地為
无住本去何等者斥古師也降此之外餘解不當暗而復窮逆深故
也於无明夜窮解埋言何能當理例大品下引證智地故先顯名
實相是一即智即是用若智家之地即指實相一切皆大由智顯地而衆
至極亦是從始至終依地至極大乘大乘前須簡於莊嚴白牛餘三
等者但是不一暫名為二此約至開權顯實也者以漸頓中不出七方
便故故漸頓中有權感開如來下至釋教也者權教成實教者能
由以不二智而照之知所歸趣至各有歸趣者能有所趣故故名所
趣戒善下明七方便法皆有遠近者當位名近趣極名遠當位名權
趣極名實權藥所治故名權病開中唯遠是亦不殊善无自性遠
近在人於中先舉戒善近在人天言作獄者從遠得名故去若作金藏
下言福德者大經意也經大聲聞者福德莊嚴有為有漏亦由在
法華後故既開相可緣法身念處並於兩教二乘今且在於三藏
聲聞中趣三人故去乃至六度通別二善根皆有二趣如來善知開
別趣已遠如何亦二答十二品藏及以我之果為他之因豈非近耶又近
遠者近從物情遠有三意一者善解二從本期三從佛意佛意又二
一者順機二者從解唯有如來善知解性解性之語還通二途權近
今遠解性俱存此於權中取意實釋即是今經權實正意又戒善
下重釋者單從藥邊釋七方便名為識藥深心所行名為知病能

知即是授藥故也言二種者所執異細感依正唯處感故障人天善
且從近說著所執者以四倒等各對諸乘異麤感亦非全不障
乘但不執理障乘義弱著所執者非死十惡失人天乘隨其淺
深皆名計故以計等隨義對之一智徧照等者應非但照一切
而已須於一藥一病見一切藥一切病下文既云一切法者即是十界故藥
一病皆具十界知諸法盡名知病者寄藥顯病知一切深心等者
若无識藥不知深心寄病顯藥藥若千也若如也如彼法解法藥
空故若千无若千又如下舉心法塵譬差无差初二句明法相約心
所緣法塵以辨次心有下辨別次心不下辨次無數下辨即相權實
不合譬真法本无由心有數名法為數全心是法全法是心不能具
合但合迹之故法云云譬如下第二譬說文為二初譬後復宗稱歎
者准前初開本初迹開顯次結歎於初文中自分為三謂法譬合今
至譬中文云先譬次復宗者以由汝等迦葉已下文具二義亦名結
前開顯即如前所開亦名復宗稱歎如後所開言復宗者此中大
意本迹迦葉於中廣歎如來二智似如唯歎如來不開迹彼故復文
云汝等迦葉甚為希有此則更復宗前宗以述迦葉此中以述迦葉為
宗故云復宗以歎如來是歎迦葉故云稱歎三草二木下述譬稱差
无差以若觀下辨譬差无差所以若觀草木之末泳則有差別內
无差用對一寄以及以七五識種由如來智地物情自謂之差別敷榮
合方便下合權智實智下合實智差別下云云者皆應細說以差
由如來法雨法不由情而能差衆生所受亦是智地地亦是法但種
種將智地義兼衆生心地故初心名地釋差別譬者開土地與下一
地何別而此中譬差下譬无差答譬各別下譬實理今譬報陰
故不同也此中先破舊者習因報果二義不同故知古人不應以山川
等而譬習因習因必須增長故也故此下文三草二木各有增長
習因也今文正釋但以山川等用譬衆生五陰三種世間假實不同

故今引下二文俱證人天等報果義也又更下別譬者前通為五乘者
陰作譬今各譬五乘五陰如山雖高峻亦有淨隆等五相者淨字
鳥花若依今義應作宊字四也亦應作洼深也隆高也謂山川谿
谷土地二相中復有五相如地雖平亦有高下似山等也川者穿也水大
能穿通曰川潘岳關中記曰水有八川謂涇渭灞滻澧滈潦潏
澗谿當知通水之處俱名川也谿者窮瀆源出於山故去谿谷
者水注於谿又泉之通川者曰谷何妨此等皆有五相故以譬於五
乘五陰山川依世界下去者細合陰入習因法性三法展轉相依之
相應文習因開為緣了與彼陰入不即不離陰習與正法性不即不
離六文宛然者責於古人不立第六為習因增長義也所言六者王
地二山卅木乃至六增長故知初義但當山川未開種子增長二義也又
次第如此至前後耶者古師以今家第六安置第一是故責云抄著
前後又以最後土地及最初三千為總而以谿谷等為別開之故云
開縣經文治病力用勝者若分藥草二字則以小草偏受草名藥
通名藥即指无漏且從所述二乘人說是中草故故稱下草治病力
弱上草周九治病亦劣從發大心故亦名藥二不復從實陰為功
故知通通別在中草通論皆藥但略木字耳具如品初分別可見
實謂法解也雷復陰慈悲也器用利物也喻二菩薩者通別菩薩
望兩教二乘及三藏菩薩且云大耳然通菩薩若望三藏亦弘誓土
境雖无優劣以通菩薩一者衍門通圓二通於別故云廣也七善根
是方便耳若從修習當體為名方便進趣功能立稱密雲即三
密者凡云三密必約應化自受用報平等法身何所論密雲覆陰
譬佛慈悲等者陰廣則覆大陰狹則覆微覆微則剎近覆
大則剎遠遠密近疏赴物各異隨其用智化境不同不雨下云云者
因將雲等以譬三密便引雲色不同電師名異有雷之由雨緣
不等今以雲譬應身雷聲音名稱電譬放光雨譬說法長行无

雷電頌中具有電必有雷靄必有雲雲必雨注雨今不取先電無靄之雨先雨之雲為譬須以意合身雲等應色非亘況擧五以譬五乘佛為教主譬如電師衆生機緣亦如電師感應相和猶電師鬪隨機有感應之以光又四大鬪亦譬機應言音華先雨者揔以光五乘機用釋有機以先機故法雨不降凡引事譬皆有近遠此中不須用華嚴中六天四域祇借阿含意為譬耳又雜含大風雲天作是念我今欲以神力遊戲作是念時風雲即起電天雷天晴寒熱天亦復如是開此六譬者本譬差別何以雲一雨為先差別譬答下文雲雨祇是此中雲雨譬耳但今從所得差別名若蒲與草木何別答草木唯從草木立名雲雨乃從所顯為能是故不同八音四辯如法界次第應分教別今從極說普洽等者雖說五乘本被一實豈受潤時離實地耶信戒等者五乘皆藉此之四法唯有人乘關於定慧以心所當之明其草木隨分至雨因者習因增長以成報因故習因增長即報因增長具如止觀第八記略述諸論習報因等但彼明發相此辯修習故六蔽度此七方便以此為異耳華果數實至二果者華如習果果如報果此隔字為對應言華數果實亦有華而未數果而未實亦可譬二因也今取已數已實者也故至果時依正明了道前道後至智地者此道前後之名名有通別道後究在果後道前通至凡夫故方便中中亦以等覺已前為道前此中須以博地凡夫戒善者為道前以五乘為道中所以道前道後具如之理等皆是地地解脫別然皆能生故知衆生道前心地悉皆不有能生性耶而不能生能成者必假道後極果智地今生今成發心已後究竟已前皆假地而成熟之開發道中者具以初望後至乘居中非謂五乘即有具望種善根即五乘也並約如來化意遠說故云終是一音言終是著與熟究竟故也被物雖五化意唯一權實遠須名四味合譬次第者

此中但明合中相生准理亦應明譬相生譬相生者由有五陰衆生警有五乘草木五乘種子故密雲應世應世說法說必有潤潤必增長文云若應以差別對潤同說差別差等草門者十事如止觀第二記略釋四弘若擧去發僧那於始心終大悲必起難本業瓔珞具對四諦然彼曆別今須在圓知道等三不讓著常與實俱云藉門始自十号終至三業諸教所明一切果地神用法門此六攝足故略擧之況此六門一一互攝此六次第者由具十号故有四弘故云未度令度等雖用四弘若無三達照機不徧三智具足方乃名遍智必有眼二法既以定惠為因而獲眼智兩果故有智必有眼如此五科先不三業隨智惠行故略擧六科以示能應佛自稱此以顯能注即是十法界至差別者雖通十界四趣无增長義故云時著觀機時也言若論者且置華嚴故利鈍之言通三四味十界故也通別圓者者處須此三逕明利鈍然初句去聲聞觀生滅菩薩觀不生滅已是通意下文具列通等三者但重擧對別圓耳即以聲聞偏收藏教為進下去者須約三教菩薩求佛者傳明通意顯其至無增減之失者稱五乘機故无增減如人機擬以十善為增五機擬至減為減始是乃至菩薩展轉相望亦然報因至習果若前文但云華果數實以釋二果今合中乃以華合報果果合習果若不依此合即違前文或別有意如說般若方等明地獄衆者大品中如來放光照諸地獄具如釋籤所引說方等經亦如釋籤此中引三思者經中但云善處今取思道者一者為故攝十界故二者三思有七善機今云亦者取意釋耳生身菩薩且指地前然准權教地前不可一生數須依實教以說後生淨滿界者含那彼音此指實報云為淨滿界也菩薩乘出內充利智者且指三藏菩薩聞下現文都有八重問答並是如問而不引云但注云云者約義仍有八重初者但應以出世方乃名乘何故須列人天乘耶故實列諸意以辯隨宜通物

之相又人天等者唯此亦應云菩薩亦斷亦不斷但是文略次云二乘亦斷亦不斷者二乘雖斷斷仍未盡故云亦斷亦不斷餘義可見以此為例取諸經意自在作問乃至具歷四教七方便為問此並一家依義假設問答耳次大論去更引文設問出離合之式通前諸意大論即於五乘為五善根故得對於藏等為問人天下答於五乘中合二乘開佛菩薩為二也此以五善望五乘說四藏合凡開聖者將四藏以望五乘是故四藏合人天在二乘中開二乘為兩佛菩薩為兩若以五乘望四藏即是俱開人天二乘各二仍合佛菩薩為一既云為緣不同所以亦得為三乘但是凡聖俱合耳但以名技攝法不周明顯不顯故不得但以乘為攝若直論乘何法不得具准上意思之可知兩於一切皆合之華門者六章去注兩相故一相者至一地也者真如祇是一實相耳七相祇是七方便以實相對七相是故云相即行相也七數祇是七方便教以數對教是故云教所謂下雙釋著初雙標理教也次衆生下先釋性對理德之相初揔擧解脫下列結此性三德雖有三相祇是一相如來下釋一味由佛說故此性可修性本元名具足諸名故先說而說能成教次教修習方名修三此讀此教者不知修性如何消釋此中疏文欲請讀者行者思之照之此三相下重指性三以為修境緣生下重擧修相故名為行行即因也終則下擧果地三三智滿故從智為名即是智三行三性三開合多少准望可知有時下擧分文不同解脫下廣釋相味先相次味初釋相中性德祇是本有三道解脫相者即於業道是解脫離相者即於煩惱是般若德寂滅相者即於苦道是法身德無生死等寄修以釋唯有下結故云實相一相下轉釋一相即無住本立一切法理則性德緣了事則修得三因迷則三道流轉悟則果中勝用如是四重並由迷中實相而立此無住本是始釋籤第七已釋故無明實相俱名無住今以無相對於差別事指實相名無住本無住即本名無住

本隨緣不變理在於斯起住二門義準可識染淨二類具在十門一味下約教釋者上相但云無生死耳約教乃云無二死者教在分別故也前相但云離相者無涅槃相此教乃云得中道智慧乃至離於二邊者也前相但云無相亦無相今教中云三邊因果滅者應云通別二惑內外二死滅也今對中道中道從理故此因果名離二邊此二涅槃永殊小典小典二滅必不同時此中二滅更無前後句句例作差無差者既句句約教教亦須顯差無差等故應具如前一相中即無住本至即是無差別文是也故今對教明差無差若不爾者徒開浪會虛說漫行空列一乘之名終無一乘之旨稟權教者尚須識權對此終窮安得昧實忽都未聞性惡之名安能信有性德之行究竟等者前摠釋中已略明竟今於廣釋理教雙結所歸能詮所詮咸資果智故究竟之言通論理教具有三法而但云種智者從智取境故也七種等者亦有人言此中諸句何意節節皆云五乘七善大煩重耶今請離此釋外與今經合者無有是處故知不以七善簡之無由顯實第二等者前六科顯能知之人法今滅辨所知之法故舉此十攝諸法盡又前乃唯約於能今則約能論所故種等四三慧所取所取四法不出因果因果之體體唯實性二對辨他經十法三道是三德種者即性種也有生性故故名為種生時此種純變為修修性一如無復別體言相對者且從當體敵對相翻即事理因果迷悟纏脫等始終理一故名為性波水之義準此可知波是水種豈可不信若就類者類謂類例即修德也眾生無始恒居三道於中誰無一毫種類夫有心者法身種者合彼性三為一法身對修方合約性恒開此三從別二各異問若爾般若解脫有於種類及以對論法身類種與對論種為同為異答理一義異言理一者秖緣理一是故性修相對離合言義異者對生死邊名為相對理體本淨名為種類又聞能觀智名為了種

聞所緣理名為正種即是理淨與事淨為類諸種差別等者須約諸教諸界廣說不可具述唯是理體一三德種如來能知若約教者別教唯有種類之種而無相對於中法身類種仍別始終常淨唯未從覆故得種名藏通兩教全無此義但約當教其名非無因時三學為五分種達分即為二解脫種念處即為般若種也隱顯並別具如止觀第三記故三教教道之有差本在圓實之無差相體性三既通始末所以須約十界十如釋者向釋種字既以相對又種類釋今此三法亦應例之又前種中不云十界取極下界類中自云世智等也故此十界不必一念如彼廣釋十如中明又前釋種不約十界者欲明三德義便故也此相等三亦是三德色有種義不須依前約界則便故十界中有佛與凡論差無差或對三諦次約三法即是三慧於三重中皆初云念者念所取境思修亦然境即所聞所思所修皆言何者指所取境所念等者教下所詮向之四法隨教則有思修不同對界為境多少增減觀體巧拙隨義應知為差無差以權對實初言用者有取境慧方有所取舉事觀慧故曰用也所言體者即當體也境中舉事事是所取念等念先取所取事今先言云何指能念體思修亦然故知即是三慧當體此體即是能聞能思能修故云記錄所聞等法言因緣者謂以何之言須所聞教念等即是能聞等也不由能取令殊而為別相乃由所聞法異分五乘七善能所和合即聞思修之因緣也言取境聞法為因緣者所取能取並名為因聞法為緣生慧即是所生法也又取境者取境必須聞法為因且先標之故三境為因聞法為緣即初雖有聞等更須聞法以為良緣故云因緣應知三慧境體及以因緣雖三而三重釋因緣者合向境體體即是智境必從體得名體必由境立稱重云因緣者既加聞法防自他計及立更互因緣故也三義具足方乃成慧及成所為如此三乘等者五除人

天以人天乘未名慧故問前云十界此中何以但云三乘答廣略雖殊其理一也但種通乘局合大開小故但三乘又種等四必徧十界於中起慧必唯三乘三乘通於四界故也五乘之因等者慧必唯三因果通五離七準釋可以意得不云四趣者且從外出生公具約諸度等法辨聞思修然六度未能分於三乘六則通漫三則攝竟是約一法者故四意中前三約所辨能此約能論所所中無差即一法故故前三意如來並有一法無差但且約所以對能知無差別下云云者秖是如前差無差等而為分別一中無量者意云是一家之無量耳二德中皆可為緣分別無量如云多諸名字等無量中一準此可知何者去對小辨別何者以二乘人亦有二脫離著入寂名同體異重對釋之常寂滅等更以無差結二乘差終歸於空準例可見鄭重抵掌者抵昊也昊手於掌表勤勤也向已釋竟今復釋者此事不易故重勤勤佛世尚然何況末代斥舊云至若佛等者古人以此釋下壽量失旨逾甚今復以此釋常住教故云若經不生不滅而云灰斷故言若佛經佛無若加之者過故云若佛等耳光宅有餘未足辨異然光宅諸文皆破三祇菩薩不知何事至此即以小乘有餘之名消畢竟空有人去他難光宅諸古尚有不許斯釋何況今師經文下今師正解前對二乘重釋者良有以也龍印去引舊諸釋以責光宅一往且爾然亦不知舊第一義空與小何異隨三藏者亦以一實為第一義對權為二即昔日隨欲順權機也次復宗釋疑者雖未之言許為偽類得受記已即分真佛自鹿苑後具領權實至醍醐時領業不虛當知前數釋迦本欲稱歎迦葉所領言釋疑者恐此時眾聞佛述其領所不及不曉佛旨而謂迦葉所領不當故述已權實以歎迦葉未能知如來隨宜說法雖自領已實兼一切問何不釋探疑耶答齊教顯露虛實易辨故佛且約齊教述歎若爾探取可疑何獨齊教教雖而易時眾聞說如來

二智知佛法身恒思大小秖恐領教未必盡善故佛以二教二智述其齊教無差謬也又齊教領尚自不虛驗知探領亦應非謬釋述意者向通斥其所領不及旨至此中即云所領甚爲希有故知前文但是如來自述能知何關迦葉故今釋云世尊雖即自述理當迦葉一切皆領迦葉既其始末自領而亦經涉五時權實義合一切故亦堪歎甚爲希有然章安重釋但作述前品一十二偈歎佛恩深即是當界能知隨宜當界事理備收一切問此中述前歎佛恩深與古人何別答古人直云恩深不辨恩之近遠故前以十三偈具領始末今佛具述方名述成此是章安之助見依大師意自成深致豈有等者即指迦葉等以爲一機指此娑婆以爲一方餘機不領故云說不能盡迦葉等四於前品但云如來大恩如來遍鑑迦葉既能教探二領豈不能知初四弘恩乃至最後今我化他十方儀式亦不出此故今此中長行偈頌通備述之則三草二木一地一雨盡述迦葉始末之解身心法財者身得受記心獲法財已證第一義一實空座若依此義佛本備述迦葉始末時衆不解故須除疑是故釋云迦葉能知若尋此意何得以四伏難與此同耶若不爾者大恩之言何所主耶述恩不周翻成背義若也出生還應自鄙何以佛歎能信能受次頌中不頌略但頌廣者廣攝略故次有智下約權智者問既云有智若聞此必屬機云何屬佛答若非有智人說云何能令有智人信自此之前皆名邪者迦葉等四未聞前義皆名邪見見未正故故引大經迦葉童子自述爲例彼亦未聞涅槃已前自稱邪見應身至大合潤者凡說法之言乃對應身故勝劣應皆是色身且果宜彌新經乃以他受用報而爲遮那尚非自報豈不說耶若言體即十身俱即何獨應耶作可云三身即一說默無殊要案文六徧尊相海如空爲華華外無空能具等者故知說昔偏小典籍不降開顯十二部中佛性圓常之雨故云不合潤前二味中雖說不受

雖有不備義非合潤須屑多佛不說法者此以全不說爲不含大論文也多寶不說義如下文九十八使初斷見愛得眞諦益而云地上清涼者六根淨位亦且除之百穀語通至百善也者五乘各以百善爲本言能生者從果以說若從因說乃是百善生於五乘大小乘因豈過十善故以十善更互莊嚴若不能修互嚴因者今所不論若爾人乘無育答酒防意地通說非無甘蔗等者既舉二物應有屬對今試對之甘蔗質一可以譬定蒲桃形多可以譬慧慧約所破定約所緣且分多一既出下三行頌十號者文略義含出世即無上士及佛于於也亦爲說即正徧知明行足世尊即第十號於天人中即調御丈夫及天人師如來即第一號來善去善兼於善逝又出于世即世間解充潤下四弘者充潤衆生即初弘指皆令離苦即第二指皆令離於因果苦故得安隱樂即第三指及涅槃樂即第四指五乘咸有世間之樂皆令得於第一之樂勸聽受中又更爲二初二行先歎佛次爲大衆下能說人尊故所說法妙七善無不皆歸一乘故勸聽受此舉無差以釋於差佛平等說等者有愛憎故則有彼此不於佛機者愛餘機者憎貴賤上下約位持戒毀戒約行利根鈍根約習亦須具歷五乘七善展轉說之有人去次釋三草二木者古師不同但於大草二木不定以名合故小中二草經自結名必無違諍仍不知有二種二乘是故初師具列五位第二三師但列三位以二草意同三皆未稱然三草下今釋先總非云師心反佛違經者無稟承故即師心佛意不爾即反佛違經者經明受潤不同以對五乘差別如何三位並同在一教別受潤中進退兩解者初正消經文次以木例草準義以釋草既有三木亦應例人見大草中云求世尊謂義亦通後見小樹中云專心佛道謂通初後見大樹中云度無量億謂通前二便作一種歷位解釋以近代來乘舊經論諸教菩薩此爲消釋之大鬼也故今

別釋冥順經文上草亦爲六度者既云行精進定於六度中精進爲最故大論云施戒忍世間常法欲修定慧必須精進況復通進徧入五中爲是義故舉進攝六故不可二木唯在三祇小樹中經既云常行慈悲自知作佛六度菩薩第三僧祇方乃定知故不及通但過二地必知作佛故與前異乃從勝標大樹中既云轉不退輪別人初地能轉法輪是念不退藏通至果方轉法輪豈得名爲如是菩薩故知在別次義立三木通三菩薩今識通方故更釋之故正法華初列則云三木二草以小草爲偟偟藥以上草爲上尊藥頌文乃云三藥二木是故今文通別二解釋增長中二乘增長二解不同並今師意前釋得小乘盡生死方名最後次釋大乘中方名後身大小兩種並名增長增長皆由值佛衆生自謂當分增長今準佛意莫非地雨故今當分遠有增長所以至此方知合一無後之言且任小教權名爲無非永無也若得法身等覺一轉當入妙覺乃云最後論云雖復發心已後邊際定乃令分段身延至變易不復改報成無上果者此多屬通義以通菩薩過二乘地或潤生身或不經生而成正覺豈華王佛果而用二乘邊際定身故應問言此定與彼首楞嚴定同耶異耶諸論皆云捨分段身而入變易天親論主意未必然但恐論釋義不正耳故知最後增長之言大小各別無人有教深可爲規問若爾餘之三位皆應兩釋一者三位若不值佛各不增長若得值佛當位增長二者於法華前住四位身被佛調熟若至法華得入一實方名增長答然五位中二乘執強謂爲最後故須二釋餘三已有彰灼明文上下文意一切皆爾問二乘同云住最後身必須見佛緣覺不然者何答雖生佛後元因佛世思之可見增長後云云者具述大小今昔之意五位雖即自謂增長萌動之初莫非地雨說雖地雨居後長必始在初事今始示於地雨初後耳亦應委說通別增長之意問一雲一雨與一音同異者問意以一地一雨與一音教爲

同爲異荅意者今二雲二雨別辟開顯彼一音之教通於因果及以偏圓於中先分因果次辨偏圓先因果別別意雖兩亦隨諸教二種雲雨以辟諸教因果雖分一音今從究竟雲雨以問荅中別申二種一音言下地者或指圓教六根或指別教地前若指初住已上等覺已前豈可人天無隨類一音次辨偏圓中先出舊非次正解中三先圓次偏後明自報先圓中引大論者破上三師所言報者即酬荅也如此一音亦通下地但不關六根次婆沙去引偏擬圓類似欲同然其秖是三藏教佛之一音耳若不爾者能以婆沙釋華嚴不五百羅漢有七菩薩見解以不瑜伽尚別同異況乖迦葉當知者闕辟頌初已云汝等迦葉及當知等故頌文後不更復宗重稱歎者良由此也隋朝笈多所譯名添品法華者自餘諸文全依妙本彼見正本偈後更有一長行偈頌乃重譯之添此文後又移囑累安勸發後自餘先譯並無所改重譯言辭多似正本其所添者初長行中先以日月辟用歎佛智此與前文已重故什公不譯次明五趣中有三乘於三乘中而說平等亦與前文似重次迦葉問何故施此三乘教耶佛以瓦器辟之所盛不同非關泥異迦葉又問彼種種解出三界外爲一爲二三耶佛荅若覺體等無復二三此亦同於第一經中滅度相者也次因此後佛爲迦葉說生盲喻初不見色辟諸凡夫次以眼開辟於二乘次天眼開辟大乘也偈重頌耳故知無此添文大旨無關若其有者述成文剩什公不譯意不煩文南山云笈多輒移囑累品也準此亦應云移品法華

法華文句記卷第七

法華文句記卷第八

釋授記品　　天台沙門　湛然　述

法家云兼似先違心得後順既拂殊音之異寧與一味之果哉故與記也今云事似先違心機本順然諸菩薩旦無先違後順之人故知今記聲聞須除通釋釋此品題先翻譯次料簡於中初諸經下先引經問中初文㩀果問意淨名下別引三經初引淨名者彌勒得記既爲補處必生兜率爲彼天主從諸天子預來修敬彌勒因爲說得記由不退位廣爲天子說不退行即不退因也乃被呵云衆生誰法賢聖真彌勒如同記同何獨彌勒況如無生滅何以得記次思益云者以記虛假爾不聞名大品亦爾答中爲八初通答次約二諦三約四悉四若通達下正明今經五他經下對於他經以辨有無六元謂佛下廣約四悉七授記下判能所異名八中根下未意初文言此見須破等者意云若有見須破授記須與豈可專引淨名等耶若約今經須具五意一破方便教所得近記二破始記者生染著心三爲顯衍門記無記相四爲未入已記者息希望心五爲宜聞破著得益者故衍門破小義兼三教四門記相云次二諦者四教並然何得以真難俗三四悉者略同二諦廣如下釋何得以一難三四正約今經有五一通別二三因三遲速四師弟五懸記應言現未但是文略然此五意須約今教以簡他經或雖如聲聞或速如龍女五對他經辨有無者又三初明今有次瓔珞下辨無明有又諸經爲對菩薩多授法身究竟果記今此品中秪記八相如前後說瓔珞八記者今經已兼無不知者故前四句中今經皆有義三句純顯意故於中不必在第七地如不輕中一句通記故他經記深後四句中初句雖云遠處不覺化道同故亦非不覺故他經有第三句義同初三句也故知諸經實義未暢言未得無著行及以七地者無著之言應約通判別圓教中初入地住已名無著或在別

法華文句記卷第八　第二張

教約教道胄入無功用方無著故攝云觀成紙合存道言七地者在於通教以過二乘地與記故然論文中先列四種聲聞則退大應化與記增上決定不與有人救云決定亦記此亦不然他計決定即是定性永不發心須指經文雖生滅相彼土得聞彼義自壞何須別求但以滅想者作凡夫釋曲會經文令成己義又實性論秪云聲聞出界根鈍不云根敗言根敗者迦葉於方等即是其人若至法華敗根還復若入滅者出界方生生公云會理無累豈容有國雖曰無土而無不土無身無名而身名遍有故國土名號應物而然引之不足耳若得今意但云八相誘物斯言該諸法華論云二乘有佛性法身故與記非修行具足論言未足者據極果耳豈可不修淨土行耶據斯灼然更須供佛若緣覺人入聲聞數即同聲聞出無佛世同決定性六從元諸下廣約四悉總有十重以成四悉世界中二者初約機應相對次單約物機雖義云單終成機應機感相稱如歡喜也爲人中二者初文改小入大已生已善時衆下衆願者又有利他之善四對治者初破菩薩退爲小惡次破欲發小心之惡次正破小惡次破將欲證小之惡第三已證第四已入賢位故具第三若對菩薩擊彼小人餘經亦有今明記小復引小人故唯今經第一義二者先正釋次釋疑文可見然衆生下釋者爲成第一義意前之三悉不當無生又第一義中唯約自記者前之三悉或兼自他如對治中一向對他爲人中初一兼自他後一唯他初世界中若將化主以對所記亦唯在他雖有此十亦且約記二乘以說佛記一句及菩薩記等此中未論初迦葉頌中初四行行因次半行得果次六行國淨次半行佛壽次一行正像次半行摠結無劫國名言三人記各有行因至數量如文者但旃延中無劫國名餘文並同次須菩提中長行可見偈中初一行誡聽次二行行因次一行得果次六行半國淨次半行佛壽次一行正像闕劫國名旃延中長

行如文偈中初一行誡聽次二行行因次三句得果次三行一句國
淨關佛壽正像自遠長行如文偈中初四行半行因次一行半得
果兼國名次半行佛壽次二行半國淨次一行正像

釋化城喻品

因緣釋中為四初約喻釋名次以法合三蘇息下說化意四權假
下摠結初文者以大涅槃非化作故不專禦敵理性即故具衆德
故次合中初摠標權智下合神力所為以權下合無而欻有用教
下合化防思下合城教無實故故名為欻言非敵辟見思者非覺
敵急見過患道見親礙故思不障果三說意者蘇息施小引入顯
大故二蘇名引醍醐方入是教道故故而言下卻釋城也權假去結
音者辯異實故於此四中立四悉者若通方義立從於權智若從
機說無而欻見見已生善即世界益得入蘇息即為人益防非禦
敵即對治益而言滅度第一義益若從能引權立此城即世界化
為生小善即為人化且除見思即對治化終引入大即第一義化次
約教中三藏菩薩全未發足是故不論通教菩薩雖同至城入而
能出不同小故元出界故一腳入城以大悲故不證有餘故一腳不入
三界機緣名之為子久發心者義之如妻通教以二乘為惡道別
教以生死為險阻至涅槃而不入故名徑過不極之言對小以說圓教
言化者在昔則斥奪但云不堪亦未曾云涅槃是化故至今教動
執開權方云是化乃至顯實化乃成真即實諸故故知藏通謂極
非化別教非極非化圓教非極是化亦可是極是化亦可是極非化
異藏通教言同意別今是等者亦從破計故且云化若開顯已無非
真實本迹觀心不記者可比知故應云本住三德涅槃之城迹入
化城若從化主迹示說化問此品等者此人附正法華設此問也正
法華名往古品問者潛改云宿世品故答中不違問者以順正經可
消今部又上根下約三時釋言採取等者其文雖在法說述成述

成正為引起中根故釋辟喻幼稚等者皆引用之若從下自約當
品別論三時者二經俱具正經從初不及今經處中之說並不云實
所者如藥草中不云地雨若信解解喻題通意別別在實故藥草
化城題別意別問化城等可知答中意者此中文促無復二味但敘
城後即向實所準此文意說化即是開權開權即是顯實顯實
秖是說化故前約教中是圓教也故應知是開顯之圓又領解下
釋妨以陳如記後方領故也若記後領具領聞法及以授記或文
少等通有諸意如今下云云者應出前漸後頓之相具如文中古
今二同次偈七行頌前三義初一行頌所見事次四行頌辟久遠
三三行頌結今昔經云其佛等者一切八相垂迹之處皆先破魔
準說法華亦應先漸復云破魔似同穢土若準壽長復非穢土
故知同居淨穢其相蓋多故成道等不可全同此土三藏故知不
可若引此土小教以消彼文問時諸梵天雨衆天華其華如山樹
座猶下其相如何答不思議事彼此不礙列十方梵文正本中先四
方次四維次上下此則並是隨譯者意不知梵本次第如何然正本
列數與此多異相應下云云者皆據諸梵請法偈文亦與大小乘滿
意同然彼佛說法亦約五味故依古難當謂示勸證云云者應
略辯三轉之相示者謂此是苦乃至此是道勸者謂苦應知集
應斷滅應證道應修證者苦我已知不復更知乃至道我已修不
復更修示謂示其相狀勸謂勸其令修證謂引己證彼大論俱舍
諸文委釋若以大小經論轉法輪義同異之相盡著此中紙數盈
百尚不可盡意今知彼先小後大同此土耳故不多述今辯諸門略
示同異於中為四初約所對次為聲聞下約所為三何故下明三
轉意四問下料簡初文二先對四法次對三道以四法中義類同故
第三意中云為衆生有三種根者聲聞衆中自有此三故於鹿苑
取悟不同大論婆沙亦云三根上根聞初轉中下準知問初為等者

既云聲聞自有三根五人並是聲聞根性既具三根復有諸天何意
無三云為生下答人天通有三義故也謂慧根道聞等不同是三慧悟
有前後即三根見修無學即三道色無色般義準亦有但非因
轉法輪得耳次釋十二行者為二先雙標兩門教十二者下釋釋
中又六先略釋次又教下判能所三十二下判輪非輪四若作下判教
行五教輪下判名體寬狹六或通下判通別初文中云十二行者四
諦各用示等為教一轉各生眼等為行言能所者四皆佛說故
云能度入彼心故云所言是輪非輪者輪以摧礙為義唯教無行
豈能摧惑若不摧惑亦無輪名佛知機知時亦不無行而徒轉也
今言非者教從化主行從受者是故行輪從受者得功歸化主故
從佛得以未盡理故重釋之若作二輪教行相循共能摧惑況復
教行俱由佛轉是故教行俱得名輪但眼智等無別體故還指
忍等故眼等行約於諦教而成十六故三根人聞三轉教各生眼
等成四十八寬狹中云教輪等者是化他智但屬一權則能轉
唯一所轉十二則能轉名狹體寬所轉名寬體狹行法輪者教是
能詮行是所詮故行隨教並有十二雖俱十二寬狹則異教定十二
行生眼等若以示等生於眼等數同名異次辨通別中所言或
者不定辭也或三人各聞三轉或一人前後聞三初雖別簡今就
下正釋初轉法輪得見諦解三乘之人方有十二所不下簡不能
轉者又為二初略示其人次有解下因茲通辨大小通別初文二先
正示人次夫轉下明不能轉意初文云沙門謂佛法出家者不因
佛說尚不知名豈能轉耶故法輪名唯從佛得沙門尚爾況餘衆
耶有云外道中出家者名沙門若爾何故云尚不能知常知以正況
邪有解至之意者今師有時作此解也因此通辨非初轉也於
中四先明一代卷舒次小乘下辨一代體三十二下辨名體同異四又
三人下辨通別初文者且從諦體以論卷舒從無舒四卷四歸無卷

釋衹是開合意耳具如玄文七重二諦中說言大小者且約小行釋出體耳委悉應約五味四教以明開顯具如玄文文又以止觀辨體中說三明名體中云十二因緣是別相者一者總離而爲三世二者別離因二果五因三果二具如玄文文又俱舍等四明通別爲三先約因緣次約四諦三約六度初文又二初對三人次無生下明卷舒初三人下通別可見相生傳傳滅者舒則傳生卷則傳滅具如玄文以辨興廢次約四諦但以二乘對菩薩者但是文略亦應先明離合次對三乘四教後明卷舒三約六度中四先明通小次明通凡三若兩下釋疑釋中但云二乘不云凡夫者二乘猶有分得故也四阿毗曇下引小證通寶雲經三乘毗尼者引事證通云云者應具明所以脫子果兩縛者敘初顯後俱解脫云云者應釋三脫相對三念處具如止觀第十卷乃顯俱解脫人具足事定名深妙百諸根等者文有二釋意者初釋即相似位次釋云入佛境界者即初住位具如華嚴十種六根下文頌中云分別真實法者分別故始自色心終至種智皆不出實相故云真實八萬四千劫下云云者須得具明時節之意諸佛垂旨不與定但由物機在十六子結緣齊限故爾許時具如次文所述者是正法華云入定經三十萬劫不知法護何以所譯其數頓乖蓮值有三種者前二可知第三既云但論遇小中間之言自望元初結小緣者耳第三類人未曾聞大便即流轉此人即以初聞小時爲初結緣復於中間唯習於小今遇王子初且聞小人見釋迦一代教中一分聲聞未發心者便即判云永滅無發是則不知如來長遠之化次問答中約四悉說文少不次先對治次爲人次樂欲次第一義問此經何文赴其樂短答龍女是法師品中雖無時節計應非遠小乘教中尚乃衹云六十百劫出界但經八六四二雖大小有殊猶在權教故實教中六根五品一世可期乃至金光明經一生十地故南岳用普賢觀

意云六根極遲不出三生雖四悉赴機隨好長短論其因行終無端拱準論即是衆生意樂意趣意樂正當四悉之初仍少餘三若指他佛爲平等者終不及以四悉意也問法華實教秖應實說何故劫數猶短說長答言權實者論所行法時節乃是誘進疲夫應知權教一向說長如婆沙三秖及諸大乘經無量劫此則定不可短雖實教中有長有短若依實道定短爲正如常不輕輕毀之衆秖經四千億佛皆悉得度豈有必經多塵劫耶雖然長短在機理豈爾耶既長短約人但不爲自勤何須論他時長短耶三乘通教有餘國者一家明義以土對教具如止觀及淨名疏並有用教橫豎二對橫論土體與教相當豎論約土用教多少則二乘人於彼有餘已成通人故云通教有餘國也亦有於此已成通人謂從鹿苑至方等部重入通教成無生人亦非更用此教斷惑教道者化道也教爲化道故云教道衆又清淨至立也者化道欲畢由衆機熟熟謂智斷二德具足故清淨言表煩惱盡故云斷德正解屬智智必照諦故云了達諸禪之言義通智斷界內惑盡也四不壞信者俱舍二十五云證淨有四種謂佛法僧戒見三得法戒見道兼佛僧法謂三諦全菩薩獨覺道信戒二爲體四皆唯無漏論云經說有四證淨謂佛等四四是所證見三諦時得法界二見道諦時兼得佛僧廣如論文此全從小釋也此以鹿苑對涅槃時次釋中唯清淨一句在小信解去具臘漸中二味教也前釋應方便辟喻品意次釋應信解品意若世無二乘等者問意者準理世無一人合永入滅會必歸大何用施三答意可見世言入者但自謂耳經文既云無有二乘而得滅度豈可必立定性者耶若中間至第二辟也者此兩中間各有二意若爲菩提者須已入不退位或是初心不必盡退若住聲聞者或是初小或是中途二類俱須設化城辟問此中等者問化城品但云始終隨逐何故無信解中相失及

辟品驚入等耶若其無者彼無隨逐文亦應與中上永乖何得以此而例於彼答中意者用辟方法不同故也文不合用非意闕也故云而其意則通所言通者相失相見既是中根得悟已後領於今日未有大小化前名爲背父及明見父不識之名辟中云驚入者我雖背父而父不捨恒思我機機生之初故有驚入之義若論機應結緣已後莫不隨如今文耶此中既云中間相遇乃至今日相見得度故知中間不無相失驚入當知隨逐由驚入驚入故相見相見由相失各舉一邊大旨無別次問者既云隨逐不云失等今既得益那無不虛答中意云開顯已多取信爲易故不假用不虛辟也又上爲中下未悟今此迹事已周二十二番者準下疏文問五處開權何異答中具列五文處所故知此前但有四處四處則有二十二番五佛章爲一處長行偈頌各五即十番也辟喻中開辟合辟各有長行偈頌故有四番信解中領上開合各有長行偈頌又有四番藥草喻中亦有開合各有長行偈頌又有四番三四并十即二十二略開但是動執生疑非正開顯頌中雖有略頌等文但屬釋迦章中共爲一章法說雖有領解述成非正開顯藥草疏中雖云先智次教總爲開合若各立者則成多番有何不可是故且依疏文爲定釋五百由旬中先出他解基師中先述次破云今謂非別非通者七地斷習非正別義八地斷無明又非通義正似別接通耳論云初地見道二地去入修道者應知地前是伏別惑登地是斷同體見思若不爾者豈有大乘迴向而齊小乘上方十住已斷界內惑盡故瓔珞云七心不退何處煖位名不退耶十行偏入十方世界項法仍退何能偏遊恐無出觀之文安能法界迴向瓔珞初地三觀現前如何初地始入見道請將四十心位一一以消凡文伏斷義殊功用天隔論中破外破小本令入正入大爲存定性而令永滅小乘自謂住果大判終無不生故知滅後彼上得聞不可

復依不開之論論宗既無開權之說永滅乃是教實之文有定不定秖可用申斥奪之經廢偏廢小權實之路永隔具消此意諸教自顯有家云流來等者依攝大乘師立七種生死仍少有後無後復合反出流來故但云四具如止觀第七及記彼文破云劃二死於界外等今文乃成劃於四種故須更問等是以生死為辭何故合反出流來又無餘二中間即是方便生死有人難者難向攝師夫因果相當準致以立因果之稱具如勝鬘彼以五因對於二果四住即是分段之因無明即是變易因也汝於分段果上既更立流來於變易果中更開中間亦應四住無明之更別立具如止觀中破次引大論二文者證生死但二言内身者四住未盡通名内身言法身者且通界外兩土俱稱變易及法性身者是也此證二死非論常身此大論正文當代大乘師皆過於龍樹云阿羅漢須捨分段方入變易有人云下此師所計似通教義故云二國中間難過以六地與二乘齊至此多慚二乘地故難者下他人難向所立義也汝以四百喻於七地故須六地對於三百三百又以二乘功齊既與二乘共行三百至此去住不同何名共行故下難云不應得齊言六十劫等者聲聞極久六十劫支佛極久百劫二乘於佛道紆迴者明二乘人與行菩薩道別且取譯故今謂下破云非通非別者破其難者二十二大僧祇故非通六地齊二乘故非別二十二僧祇請檢大論此亦似別接通義也有人言下別義不成不應七住已上為五百如大經八萬劫到等者具如止觀第七記具引大經三文此師意以發菩提心處是七住已上言如三根等者此師意以三周得記為三根人以同至大經發菩提心處言五種人者指前大經四果支佛此五種人發心同三周人度於五百此取下破前所引明八萬與三周不同當知此師全迷次位亦全不識八萬之言亦不解二乘得記之位亦不了於界內外教若橫若引其意各別

故須善識難云去今文難意經云為二乘人立於化城故云二地豈是度三乘而云菩薩至六地時等耶三乘之人不盡住城縱入城已亦不皆至八六四二發心方出次若五人去縱難縱有此義如涅槃中二乘人必至界外方度五百者義不盡然故云大經一意耳言一意者經存教道被鈍根者豈可悉然耶又經雖三文但是一義故云一意然大經意令其弊遠通令現發豈可一向待界外耶此中下今家略解此化城意元為此世先權後實之人若五人下明此五人若於界外經於長時皆自能進非此中意若法華前密進之人為自進者亦非此中意準今經意待發方進故不關妙經自度自進者亦失化城意即是失今經意也今經意者出在外界亦須聞經況此界耶有人云三界為三等者具如止觀中破破其二乘不待開權而自顯實名為輒行四百五百凡夫等者今家雜列過三障滅二見離水火免二獄越二邊超自他並至五百大品下此立通義令知非實既是通義故合二乘共為一百論文以二乘為四百故若至法華更須開之以為五百五百須過具如正解中說次引大品辨非故來彼大品中明通菩薩過二乘地既未彰言此城是化故知彼部兼權顯實若云化城即須引進若引進者須記二乘既未記二乘是故彼部城仍是實歸未論下今文設徵既未云城是化即未開權若未開權應亦無實何故般若已明實慧實慧即是實所故也答意者顯實語通開權局此十義別中行因六百劫者恐文誤應云六十劫百劫聲聞六十支佛百劫餘者可見火宅三車今為二百者今文假立難也何故辭品三車須廢化城但云二百須進意以二百但是二乘三根下答先答三車者三乘根性俱為火燒俱求出宅以喻三車次佛道下答二百言佛道者指圓果也故藏通二乘去佛果遠是故須過二乘二百方至佛果言佛乘非隱者藏通菩薩亦名佛乘爾前皆

進故云非隱又三藏菩薩若據斷惑劣於二乘三百須離豈二百耶但此菩薩已發大心雖未斷惑且名佛乘又見佛乘便為一槃若蘭牟尼說法蘊應已攝九會五百阿羅漢應是四菩薩世品應說遵華藏海賢聖品應說四十二位定品應是楞嚴三昧智品應是諸陀羅尼若法若報既其不同化主化事安能不別如是別相無量無邊不可具舉菩薩求此乘故亦具名為摩訶薩耳何故下更難何故界內凡夫開為三百界外聖人但為二百此問意者離分段界內應短迷佛道界外應長如何卻短此引下答可見若爾下更難若也今經是了義者何故實少而言多實多而言少佛道下答界內雖少以有怖苦而難行界外雖多已住法性而易進約行論難易非約地近遠故所說者具了義也問二百是二乘難等者問意實所總有五百由旬凡夫二乘俱須過之不云須過菩薩菩薩應當非是難耶菩薩下以菩薩重徵若菩薩非難何故云願賜我等三種寶車若俱須車則三人俱為三百所障既得出已應同二乘二百是障云云者先以通教答此難意凡夫須出界故三百是難二乘須發心故二百是難菩薩已發心離難而可度菩薩在凡時同凡難三百不共二乘證不真二百難若別教菩薩初亦同凡夫本期於五百圓人初發心即名至寶所大論下引論辨別是通教意當知共二乘同至於四百今經獨在圓一切權已廢廢已一切開無非菩薩道是故七方便皆過於五百故大論通義三乘所息處同皆名四百菩薩至此位能入界化物故初發是處復名為一百此經下明圓異通五百之內位在菩薩名菩薩道過五百者名為果道開權顯實藏通菩薩是菩薩道故云即入佛道云云者應更明諸教佛道不同然後開權論入不入今依下方是正釋親奉聖音尚云難知雖曰難知不出此三險難至言惡道也者導師意本令度五百以三藏人自行曠絕三百生疲導師立化一曠絕

等者入城多是三藏二乘且云無人據理通於通教二乘有人之言通指衍教圓別二教非曠有人故有依無依俱行曠路即藏通二乘有一導師至六根淨者即十種六根初住分得即十六子初結緣時若諸方佛今日已前或可亦在初住已上今八方作佛唯在極果故釋慧明云三智五眼三明十力經云慧文云智隨語便耳然明慧等亦通初住真因分成以是故知通指今昔並名導師與六根淨故下釋中多種導師並共在此所將人衆等者上立難云何不立相失驚入今難無其言似有其義以所將之言其意尚寬與所將共即入義也故云別譬廣頌等第二白道導師言至結緣之導師者此四導師第一通因果第二唯在因三四唯在果言通途者通他人故言結緣者局我師故言權智者取施小時言實智者取開權時四從時異人秖是一並是王子從始至今言白結緣者初退已後小機欲生名之爲白示城之日通往及今雖有餘三必須通途常相隨逐感於法身者大機已滅小機當生故未見應佛冥感法身非冥非顯應冥作化說化者前雖云化作一城乃是意輪故知說化即口輪也非意無以說說必身輪身輪但據示爲文六先須意輪不謀而運故知三輪未嘗暫離次等多佈等者義含三轉文不次第者且明化城且三轉義何必次第前至寶所者初今文正釋義在衍門約共菩薩次一說下他人異解若爾下今文判此三乘中仍取菩薩似同別教從假入空若引勝鬘但是通途論退大者故亦應云別義不成且一往耳何者別中更無作二乘文然大經中亦借二乘以判別位故且言之又說云下他人釋大品下今師引大品淨名判向一師云別接通耳者但入化城竟通也然後前進者別接也大品中明三種菩薩皆云初發即是被接若二乘人顯無此事淨名亦爾與而言之似別接通耳又二乘人聞菩薩不思議法仍取小果秖於此座即被彈訶及加說大故知從此

密家被接若準玄文至般若時冥成別人故顯露接唯是菩薩二乘密得無處不通若言至般若時成別人者仍是次第密非大論第不次第密密處處顯實豈但別耶但於今佛等者釋出其意亦如今人等者非文正意對退大等一往言之具足應如從今現在已下文是言今現在等者指佛未開權前也故知末代一時得聞開而生信事須宿種如涅槃中意者即十仙等至法華中佗道已足故於涅槃顯露教中取小果者皆知真實大經三文者然此三文其言小別其意大同若至菩提心至菩提涅槃初一是因後二是果果中既是智斷二德故初發心菩薩可指初分得智斷然經三文皆去八六四二豈可因果同經爾許時耶此且一往故菩提涅槃並通因果若教仍權但至初住縱至極果其教亦權豈必八六等方至極果耶則與一生入地生身得忍爲妨然過五百三義若先列三意次菩提心下釋成三意菩提心即初住菩提行者即從初住起行二文並在因即大乘初文也得佛道者即二三兩文即是極位菩提涅槃然須依理使寶所義通此亦何必以極果爲寶所雖有三意應從初說良由寶渚菩提涅槃其名既通故得兩釋故從圓義從初發心三義具足下文去下至得佛道也者引今文證三義也何故下開二乘下答一往從果故佛度五百免難大機發者以文狹故準譬品可知大經下正判但至初住也此取鈍根者有二義一者五中前三人鈍以住果故二者五人大乘根鈍以教權故故云若如三藏中至豈須八萬與十千耶驗知八萬等其教是權未至界外者尚於此生法華即發豈定界外必爾許耶云云者釋出教權須廢所以當知諸教長遠之位多是教道豈有出界聞勝應說必須更經八六四二雖爾若不釋此開權妙經豈可專輒況有此說令根淺者便生疑謗佛世尚經四十餘年不顯真實若除佛滅後及

首楞嚴謗亦成種但非故惱成種何疑漸入佛慧者此中文狹秖云滅化即至寶所不云城中經諸味者準信解品文理必須有舊問若先立妨次車何故下到三問答中先答有無者初約譬次理教下約法先譬者今聞車城二譬並出三界宅與三百但譬三界可由對車使三界與涅槃有隔可由對城使三界望涅槃即迴次約法者城在界外如何執教即令理有長者說車不應唯理教何名無然所譬之處是同安得車隔城迴長者既其露端坐車亦應迴其路既經三百由旬城亦應隔若言其路曠絕名爲迴者門宅俱燒何隔之有既雜法喩無可爲思何以有無不同爲答耶今約法寄喩方爲通之昔曾淺實明權權隱於實今車隔今彰約說去城是化故去迴地豈有執教取理今一理是有執理取數今三數成無若爾車城俱有理數咸是有無次車三下答三一中亦先約譬次約理教先譬中云息處所樂三二不同者車可非息處城可非所樂車既皆云運載息其東西馳走城云使得安隱今其樂於中止次約法中盡無生智不異等者並是通義失藏三乘及別菩薩盡無生智不名爲理習盡不盡不名爲教知見得否亦復如是如何初立理教乃以智習釋之況正當三藏二乘唯以通教義故不可也應知通教三人各證無生故三三人同坐解脫床故一是則人理相望三理一三藏人理相望亦然但菩薩與二乘不得同坐解脫牀耳次三家下答動靜者城豈無造立之日及須能通之路車可無作說之時及以所至之極故知果城爲因車之所至果車踐城路之能通故使云車即是求城滅城即是等賜二義無別何足辨殊古釋仍闕先譬文也難云去者意今準望餘文難之略如向辨順此法意故略論之次今明下正解初文有無從三車下斥三一問城與二使下破動靜破初文中言約衆生心爲有者一者今有二者中途今約中途故二並有又亦可云元發大心故無中以小接謂有次

約佛智先立句次釋亦應更須顛倒說之實智所明說城為化故
亦無權智所明為子遣車故亦有云去者應須具明多種有無約
能詮教故俱有約所詮理故俱無還實故有開權故無施權故有廢
權故無俱是遣作故有俱是化他故無故知法華非但化城亦是化車
皆遂便耳化城正意為退大者更與上周對論同異故今文云前路
猶遠今欲退還上兩周未有此語但云沒苦及以所燒此亦一往未必退
大者利通上三周元小者鈍應在第三三車通今昔等者昔指三昧今
謂法華故二教中俱有三車但昔正用今述昔耳又應以體外體內
之名以簡今昔言化城等者亦應更云化城唯在今言教意者若
不並今經以說教意不可輒云小果是化正施小時亦是實故故云未
道是化至今經中初設之時即云化作者以是聲聞大機動時得
說教意云城是化故知化城在昔對人亦三三車在昔對理亦一間化
為三車等者問意者車城二果俱在涅槃城有化名車豈非化
忽若許化同異云何答中一往二輪雖復小異論其施化大旨仍同
今從便易通且從化說宜從教又亦應云譬如幻士為幻人說車
亦名化而於中道說二涅槃城亦是教故知不可從譬云執又約
聲色者亦暫約喻車亦通色說城是教如前云云問城與等者
問也使能下答也亦且一往城亦教故下所列因緣四諦還是城家
能詮教也城既有教城還是動何故唯靜教通因果者能詮通
果故也車城唯在果作譬也故知俱教並果何須別途教通有
為無為等者亦約能詮有為無為耳車城在果約無為故意
亦如向今無各計故更於權智廣破定計五處明開權中云雖
各於教行人理及知不知且隨文相一往而說故一一文皆須並具四
明如來知不知等也今為汝等作大導師為合多諸人衆者此以
能將顯於所將說二涅槃者下此中三釋具如前文約煩惱生死及
智初文約感次文約二乘是約智也後文約生死言中道下云云若

一死中間名為中道當知亦可作空有二邊共不共異俗權實大
小等說文如文下去者令引文耳上解退中三今略不須第一中路
又不須第二不能復進文闕重空三昧者大論云無相無相乃至無
願無願觀心釋化亦須約因頌合譬中經云為一切導師文來合
五百者即導師譬五百由旬從所行說上須開中不須中路者
亦是文略應云亦不須不進今頌合中路又無餘二不縱撮其始
止觀第二第三及玄文三法

釋五百弟子受記品

先釋五百故須作受字五百是數等非要上三周下開也次上為
下答也亦具四悉初文世界三品異故又上來下對治除嫌恐
故又默念下為人生大善故又權實下第一義理非言念故上
來何意下從是釋疑非四悉數我等於佛下述領不及上中
根聞譬具領五時及法身地中亡方便見勝應身始來猶斥
領所不及我今聞此雖欲領會貴能逾於四大弟子當知所
領之外不及處多是故亦云所不能宣然聞迦葉身子具領始終
今述非全昧旨但仰佛法高深未敢逾於先悟耳助宣我法等
者若以本望迹豈不曾於過去佛所或助單半單滿等而必
須滿中相帶及開等耶對於今佛出五濁世宜引開權廢
會等化是故皆從同類以說如文殊引往光照東方豈無餘
途引同例耳自揺至方便也者若據除佛之言補處亦應不
測既甚不測本迹難量何但曾於過去諸佛亦可本與過去
佛齊說過去佛本復難量或當亦是過去佛師何但齊耶言
七方便者且以偏圓相對論耳故知遠本宜寘良難若正論豈是
迹中本耳六波羅蜜互相收攝具如止觀第二記大品富樓那
品六度互嚴在文可解去去者經文相狀對義分明又如諸文所列
五時純是善道者於中亦有差品不同若無女人必無惡道

或時有女人亦無惡道如阿閦佛國雖有女人而無女事無量壽
國二種俱無不同之相不可具列但以來來各有二品互相交絡略可
準知月藏第九法食等者法食聞法也如安養界下品生人在蓮
華中常聞彌陀觀音說法法喜食者聞法歡喜正聞屬法
食聞已為喜食禪食者謂以禪法自資不須段食或可法即
是喜月藏第五十善各十功德亦與淨名十善是菩薩淨土意
同故二文來皆云後作佛等彼第五經信敬品云戒清淨乎等所
謂十善業道休息休息殺生獲十功德何等為十一者於諸衆生
得無所畏二者於諸衆生得大慈心三者斷惡習業四者少病消斷
五者長命六者非人所護七者無諸惡夢八者無怨九者不畏惡
道十者命終生善道者能以此息殺善根迴向菩提必到菩提成無
上智到菩提時彼離諸害伏長壽衆生來生其土下九並十從若能
已下去並同故菩薩因時行於不殺為淨土因而自不殺教他不殺等
四法具足後成佛時十類衆生同生其土故淨名云十善是菩薩淨
土菩薩成佛時命不中夭大富梵行等衆生來生其土故智論中菩薩行於
一行皆具四法方成淨因身子示嗔等具如止觀第二所引文中生意
語示為凡夫外道故云二毒耶是但兼出於示小衆習示通二義故
更言之云去者今具引事列行兼諸聖者各有偏示陳如等者開若
其居首別記何不初開記耶答大小緣別而初不同引物希向二意
各異論迹之法不可一準譬說有二至顯實者皆云領法譬者故
前開譬本中直作開權顯實別應二周及信解五百領解文也三
節開文意在於此言譬如有人即一衆人者一衆機耳小機當起兩
時猶大醉有二義與前懷衣淨中二義意同初是幼稚譬者五欲但
如法師常不輕等或一句結緣次是善弱或五品初未入相似故云
弱耳以由結緣厚薄不同遂名無明以為輕重故云醉有二種當
知貧人本來先醉如蒙有膳覺已而卧三藏助道猶如饌膳更

以異方便助顯第一義也有勝食已便滿如方便非究竟益往在大通佛所未結大緣已前歷諸味中並聞三教及至法華雖聞圓頓但成結緣如繫珠也無價至真如智實也若此是約教乃以了因而為繫珠教中詮理故云真如教是智用故云智寶約受化者教能生智亦名為智寶有二義俱是智家之寶繫其衣裏者初結緣時具足二衣且慙愧故有信樂故方能結緣退大墮惡則無外衣若約現無信樂乃似內衣亦無且據當時所繫內種仍存與本信俱義知內衣猶在但是衣弊非全無衣故親友示還示衣裏即是示本數信時也據此而言無衣繫身理亦無失起已遊行至求於小乘衣食者應更求於寶衣天饌而但求於纔蔽身之衣為充軀之食者由向他國故也文中二釋他義皆底若論有求今日稍切故云厭苦等若魔佛相望等者今日初得小乘之他且從大小以說故知若往他國求濟非但衣食不充亦迷所繫之寶示珠之友居本土故勸貿營得記作佛意若珠雖價直無數衆寶必須貿易方有濟用了內解雖復究竟必以種易現以昔一解一切解而貿一行一切行珠體不竭貿亦無窮故須更聽更修方顯寶之功用如華嚴中得摩尼珠十種瑩治方能雨寶行相稱方堪佛記從是已後則具有寂滅忍衣首楞嚴食自行化他無量衆寶無功用位彼此不窮二周皆有此意若以繫珠望上二周法說但在佛樹者初坐道樹思用大時以法說時未論往古且據現文若譬喻中在二萬億佛彼亦未論塵點界故然上中二周豈不亦有於大通佛所曾繫珠耶如探領中尚領法身豈止道樹且約現文耳但由根利聞便信解不假指昔是故未論故前文中以發軫學小為中間故不唯在道樹時也某年等言亦唯在機不通二周無量佛寶者寶由貿得故亦可云得佛之宝即利他也

釋授學無學人記品

因緣初文應具四意學無學別即世界見道位即為人修道位即對治無學位即第一義又得記即第一義約教者旦教如文妍如來藏去圓教又如通序中釋若約觀心者六即之中究竟即為無學位餘四名為學理即非學非無學文六即者通皆非學非無學今真已去而學而無學文去者如向略舉六人在上數中者在多知識中列今之得記何為在此答中穢論得記在千二百中仍是下根之上流耳雖有多人所識意為引下根故也若爾吞上開聞意何不同上周今答中但云下中之上如何稱聞然非上若為引實故四悉擅故

釋法師品

釋此品者為二先總釋次別釋初文二先釋五法師次滅數釋初又二初出經論以辨離合有無次判通別以結品名初中二初依今經列五次大論下出異釋名對會以辨離合有無乃至如下滅數以釋故名多若以俱名法師初五法師者未有一文著二等言占今共立稱為五種法師故經論所立多少不同所以此品但通名法師天王般若云受持此經有十種法一書寫二供養三流轉四諦聽五自讀六憶持七廣說八誦九思惟十修行十中第一是今文第五第四第六是今文第一第五是第二第八是第三第七是第四流傳攝在廣說文中餘三並攝在憶持文中彼經憶秖是受大論中分受持為二則應不得單云憶持此別論下判通別以結品名於中先分自他以別師位言大經分九品等者元是別義且借以證五種法師九品秖是興連弃八恒廣說於十六分中解一分義云前四無解者三恒并興連五恒八分六恒十六分七恒十四分八恒具足盡解其義故須應從能解一分義去能為他說即是師位次通論下稍別從通自他俱得受此品名從通義邊與有一句不住為說

滅數釋又四謂四三二一並是展轉束多入少無非法師云如後者具如安樂行品初釋四行是也四既指彼此應用四以結品名文無者略已有前後中例可知若欲知者秖是先判通別次從通四以結品名束四為三又為三意初三業次三門三三法一一皆先釋次判通別以結品名次束三為二謂自行化他云不復記者準前可解亦是先釋次判通別以結品名以此自他既偏前三故知自他亦有通別別論各別通論互通自他皆互堪任故也今通從化他故名法師品次束二為一者謂如來行具一切行者此依大經聖行品文復有一行是如來行所謂大乘大般涅槃秖是三德秘藏故今部以室衣座三以釋三德三德秖是一大涅槃此大涅槃徧一切處徧一切法總名為一先釋次指廣初釋中為二初通次別通者一行通具室等三法別對為二先對次料簡初文為九於中並以三法對諸法故初對善惡又並相從又慈悲忍三福慧智慧具目等者亦應云目足備者必有所依所依具二故也二又慈悲下對斥偏邪亦先釋次引淨名證勝於偏邪更借於圓四又慈悲下破四魔亦先釋釋中並須約於界外圓釋次引證文也云云者釋出其意五又慈悲下明具二嚴仍為二釋秖是翻倒前釋準後前前應云慈悲忍世六對故下約警破立等具二例前七文慈悲故何所下約體用用即離過八出三諦下約名不同次第三諦慈室包含忍衣立三昧九經言下引經無相是座次指廣云不可盡云之者具如玄文明圓五行攝一切行亦如止觀十乘十境橫竪徧收及破徧中橫竪法門乃至四種三昧收一切行一切行秖是一行故為九文釋之次簡下料簡初問者準初釋品應云五種準後滅數應云一法何故但以衣座室二而對諸法合者準事顯理須具三法況依當文應具三法乃為果說故具事理二三方可說法故先事解次事理合三單約理事解如文合釋中言三門者初二屬事後一屬理事理並是所迷之境初約苦果者故用慈悲門苦須拔故次約結業者故用忍門依理離故

二約諦境故用空門菩住空故第三單約理者理即諦理故約三諦即向第三具三諦故言云云者應以多種三法對釋此三令成圓融通暢自在乃識此文攝教偏相故下總約教云凡多種釋品者皆約圓教故法者下別釋法師二字通貫上來一切諸釋以上諸法是師法故故今釋名亦約二種乃至五種若自等因緣釋者初自他不同即世界即自軌訓人也自行成就即生善化他除惡即對治自他俱得名法師者第一義也具多種下約教如向多種不可餘釋洽潤也外凡未今文正釋者兩與舊何別答今明為自他故異聲聞故自行無有憂擯辱故利他無鄙力劣弱故唯有退沒一分似舊故云未必言外凡至不應危苦者外凡五品故弘通之福聲聞一向絕利物心聞諸大士被眾擯棄自顧觀力未深若不依之而汙淨觀外招機議失利人之道故佛為說四安樂行令無患害遠彼十惱故云不應且證且助者寶塔證經故來分身助閑故集由證由助閑慈流通又示通經方軌著衣等三具如後說因告等者本許慈王因嫩告餘此流通初先告八萬大士者大論云法華是祕密付諸菩薩如今下文及於十方尚待本眷驗餘未堪總別記者總與七百別與劫國等娃對五預也乃至一念等者明來此今必得菩提遠因不忘藉茲發不同餘善是故簡之若論之必須蓋益行諸佛道法二眾記已尚經劫數然曉其經首與具足何殊但自行化他令始末耳聞一句一偈者通論但太開極少法舉經功深部內隨取一句一偈別論但令義合權實本迹十妙四一之流功福皆爾然義通不亦故下引增一集云如四諦之流及下引四安樂行等今亦準之言皆與授記者當由此經成菩提故雖無劫國當得理周此中容有別時意趣是故應須以開約行廣明供養宣通益他內觀具足具如止觀豈可端拱唯仰初心中上亦然者若不爾者豈可上同唯在一人中周四人得記者耶說容在此事乃通彼故云亦然見寶三

睐經等者第四去先記八部次第五卷空天品空行諸天見諸八部供養得記即便供養悉皆得記同名人持次三十三天授記品中有八億忉利諸天見前諸天供養獲記亦皆化為諸供養具同時得記名因陀羅幢說如幻法次夜摩天品有四億夜摩亦見諸天供養獲記亦以花事及以說偈供養佛已同時得記同名淨智言拘翼者彼經無恐誤觀心者以一實觀貫其所誦故名為一無一句偈不入實者去去者應明一觀之相乃至大師誦經觀法還約誦持以成觀相細思勸發四意者一諸佛護念二植眾德本三入正定聚四發救一切眾生之心下文亦以四法對開示悟入雖是迹要若顯本已即成本要具如下辨喜心有二者橫豎二釋又二先正釋次融通初自二初豎論隨喜為三初即權而實次即於下雙非雙非雖不異於向實更能解實即雙非故初於一念者非唯經於一念時須指心法名為一念信佛知見者於初心中深信妙理此理是已佛知見境境非權實故曰雙非以理望聞聞淺理深故名為豎此即初隨喜位相也三又能下於向雙非復更雙照事理圓融即名秘藏具煩惱下雖未入品亦可通證具煩惱性能設也煩惱望藏藏深惑淺故亦名豎次又若聞下橫論隨喜者遂抵指向不二權實故名若聞等四法橫論以釋隨喜謂一心二法三說四人初言心者即以心望於餘心名之為橫此中一心無復餘心故下文云即橫而豎及一切法者以一切心望一切法亦名為橫一心一法皆橫緣故法純是心心純是法故下結云橫即是豎此中自去皆是佛法佛法理合橫豎不二若欲下次約說者能廣分別一心法月四月至歲者雖引意根之文非即六根淨位今且約觀雖未下約人可見引大經者此初一念正當少聞多解亦名少解多聞故且舉之以斥多聞不知義者後當更說者在第六經初去上下品法師者但約凡位以判十種供養者一華二香三瓔珞四末香五塗香六燒

香七幡蓋八衣服九妓樂十合掌音樂如前料簡次藥王至是人自捨清淨者悲願牽故仍是業生未有通應願兼於業具如玄文眷屬中說如釋論有慧無聞等者此偈及四法師偈具如止觀第一記故知亦許為弘法故於內教中廣習異義以助正教世有習俗典而云助正反論至理當知是人等者如王使傳命若赴志故得名使得所遣名初經是下釋如來能遣能遣具數次今日下釋所遣所遣是人行如來事下釋所遣事先約自行釋事佛無他事唯專照理次今日下我今唯行如來之事真如是理照即名事一如智下約化他釋如來利物由境智合還說此理以為化事故知大悲還依如理照如說如名如來事今日下依此利他名行佛事則平等悉不干通等者若爾供佛無福何須供佛毀佛無罪何須制罪答實爾但為成校量故而云不論福田濃瘠若從田論凡瘠聖濃故應毀供重於凡也應以如聖供薄者亦約初心易成壞說若約田說義例可知如八福田看病第一人多厭故看者福增此乃約心難易故也若約田就事豈一病人比於大聖及妙法耶如諸臣夫與獻主天隔四天恩不自敵主澤需及萬民四悉適宜不可一準然約此經功高理絕得作此說餘經不然為如來有等者佛得權實及非權實我亦得之乃稱佛得是則義當在佛有對亦是用佛權實等法名在有對亦是眾生常在有對日用不知餘經不然故須說之若不爾者豈持經者盡為如來有持荷擔是故此文須廢事釋若迷今文權實施開終作權實之名消之亦未會此妙宗經云應持天寶等者先舉人中上供次以天寶況之尚以天寶奉獻故云應持況人中上有人云西供方舉勝皆云天也若爾前云人中上供即是天供何重言之答第二長行初歎所持法等者前約能持即舉利他信毀故歎人此明所持

則畢今屬因果以歎法於中先列五意次明生起故知人法屬二互相共顯方成因故果有師下述他解經歎法華至闕一節者破也但五過未以為所校中今故云一節云云者依下今文釋出現節也今初等者此正釋中先列三時在法華外次大品下明三時不及法華故以法華人法永異衆經若文滿者故欲顯法華之妙既在其中何成弘讚嘉祥猶然況後餘者大品等帶具如玄文節節明五味者是也若不爾者安知昔未曾顯說秘密之藏不妄與人多怨嫉等當鋒者法華在前如大論雖破涅槃在後如餘黨不難初當先鋒斯為不異此經具說至亦即是秘密藏者初文開權亦即是下顯實權即是實故云亦即如來在怨嫉者思宿惡為怨怨忍現著曰嫉敵障未除者為怨不喜聞者名嫉今通論者迹門以二乘鈍根菩薩為怨嫉五千起去未足可嫌本門以菩薩中樂近成者而為怨嫉闇衆不識何得為怪今仍在迹意則可見理在難化者明此理者意在令知衆生難化四信等三力者文中二釋其顯一意初對三德次對三法故四信為行始四弘為能導大智為能開故此四信須約圓乘謂一體三寶一念十戒方為圓門四弘之首故次文云信則信理理則法身若有法身即有理性一體三寶志行是立行者四弘大誓立一切行法身約所信諸行約所引般若之根即般若是故所信中具足四法既對三德從勝立名若不爾者安為此界他方佛之所念初心頓此等者此用所表如前備具若不爾者色身共窮乃至摩不淨頭於理何益生處得道轉法輪入涅槃等處具如止觀第七化身八相此四相處尚應起塔況經著塔中則為已有法身全身舍利故引論證生法二身各有全碎云云者今釋出四相生身全碎如釋迦多寶法身二者諸方便教法身碎也法華一實法身全也四教五時委簡可見故知諸經全碎相半唯此法華法身全身更無餘法皆入實故注家云向以人為魚見故與文文齊勢今以詞為舍利故與舍利等故若其不閑詞之無窮也

還與色身齊功此經何殊阿含安沙故知注家不曉持者與法佛共宿不知所持與法身佛齊故十七名中名堅固舍利碎身身界不必堅固之名巧度者如止觀第六記釋巧拙二度彼大論文通以衍門為巧今別以一實為巧則有二種者先列二文今言下簡取初意文從下釋近當體前約偏為遠以圓為近次今以下消文正意以一如實智為因趣於近遠二菩提果故因明近果道前真如至為了因者此以修得對彼正因正中緣了同成正因能中正因同成緣了約真之緣了亦曰即真之緣了並可云真如緣了全性為修即此義也唯有此法世法不染魔不能壞二乘不能滅皆即真故此乃以博地為道前發心已後為道中於道中位分之為二初住已前為緣登住已去為了一位分二故名為亦妙覺證後名為道後與前小異對文別故辭中必須教觀二重方盡其理教觀相俗共顯共妙教觀若偏二俱無力初約觀中初總明觀言雖通諸意且在圓依通觀下歷教明觀析體理同故略三藏法華論等者水如佛性取之不同故云云次第即諸教觀相淺深不同須了其旨故云當知約教中二亦先總明三藏教門下別約四味今論漸初故初出三藏華嚴後明前約觀中已寄四教故今更約味以顯部妙若止觀中復約四教理亦如然玄文一切皆先四教次引華嚴者證前水同也次有人去五家四解三家並約五時以釋然取時不盡及不收第於漸教中初家棄初及三次家棄初三及第四第三家雖以大品在淨名後亦棄前教並通五時生公與注者全於法華中判亦未全當尚為他破故云去佛遠近等也乃以前三師同用五時為一解生注二家同於法華為一解今師許此破意是故錄之此師意欲判前五師四解即前三後二兩例破之故前三以諸經去佛遠於法華後皆以佛果而為清水故知三師去佛遠也一解近者後二師約法華論遠近始自乾土終訖清水並在法華若元依實教通理然也

若以實對權理不全爾壽經下今師和會以前三師指於前教無清水故文用五時皆有小失其後二解但於法華中以論近遠失於開權法華已前是所開故今師二義約教約味約教即對前漸教中三教為遠為近故須更准約法華中圓以釋約味則對前四味中未轉者為遠醍醐第五味教雖已轉或行未入故須於第五味作遠近釋是故二釋闕一不可問餘經等者他問前二釋中初釋也因向他人判前三師釋則諸教去佛遠准答文中具答遠近亦應具問遠近二菩提約鈍菩薩及二乘人准化元意本求佛果於昔未開權機未轉故云未決次問般若何故遠者古來亦許般若能生阿耨菩提何故亦與諸經同遠答意者大品同前然分二義先約共菩薩同於二乘未開權邊名去佛遠次夫般若去重顯問答般若非去佛遠能生法佛何遠之有以具權實二慧故也故舉譬云如病人等病人者共般若中新發心菩薩也兩健者二慧也由此二慧令至菩提故云偏能遠去云最勝者意在不共同於法華故且云勝故云法華開權不異般若顯實故開權與顯實左右異名法華還開般若中權入般若實也故言不異及以異名所以通論則不共般若與法華種智何殊據帶不帶開未開別不無同異諸師全順今義故但直錄而無所破菩薩下合譬文既約法華為言故可依前以為二釋釋開方便門中所以先廣引料簡者此迹門之大旨若傾將何流通於中先出光宅次私破云是破非開者由光宅云廢除昔教不云即是故開義不成文由光宅語昔別指鹿苑故知消釋言不容易由除之一字便為藏否嘉祥亦云開二種之方便示二種之真實昔不云二是方便故門閉今云二種是方便故方便門開今開義善成二乃進教經云佛以方便力示以三乘教何嘗但二今文尚五七皆開何但三耶然此乃是未改時文乃令後德混用河西云直名三為方便者意云昔謂為實無入實之期故其門尚閉今稱為方便有進實之益故其門名開還引方

便品初云佛以方便力示以三乘教故章安許之故古人立義采用實難有人下言十二八萬者秖是十二部八萬藏耳私謂至非開義者印束龍龍從遠印既用教身兩種方便故知破其竊龍印之義及將破義以解開門何能異於光宅義耶故略破之雖用教身且免會二問方便當體等者私假設斯問欲出後答私答中初正出二門次此下釋二門中各有開閉初云當體者未有所通約體外說且以當教可入稱門若云爲實相門者約能通至實相以說引筭砂觀海者筭砂如釋籤第四觀海者即新經六十七云有城名樓閣中有船師名婆施羅集諸商人爲說一切海法門此二門各有開閉者能通當體法體不別從今昔說故昔閉今開實相亦爾於中先明當體次明能通二義各對真實以說以實相亦有當體能通二義故也初當體中雖亦名門於實猶閉故須明開然但說三爲方便即須說一爲真實相對論之故耳二者下次釋能通即爲實作門準佛本意俱是能通據物機緣所解有二諸鈍菩薩亦有能知三教能通但法華前機未會耳故在昔俱閉於今並開故亦與實對辨皆能通方便開實相猶閉方便仍閉真實得開此釋同河西實相亦二者向但直對方便故今委論同於方便故云亦也虛通者釋實當體爲門無礙名虛無擁曰通故得全體成能通門含受一切無所隔礙得名爲門徧一切處無非門故是則約實無通而通故云不二及以法界法界即門名法界門不同筭砂當體門也二能通方便作門者使方便至實故名能通若非實相之力方便無由得開故知秖一實理從二得名由虛通故今他所歸知敵體偏原罪無不釋劉虬意者初句正明真實爲方便作門次句明三方便爲真實作門言非三去明二門互開故劉虬非不與私釋稱會但語略意沈經旨難顯有人去他人立三章門互爲方便互得爲門若望注家其詞甚繁其理混亂雖然意少

實不如守一於中先列次如以下釋此是釋方便品中附五時家三轉意也但加更互爲門爲異爾釋初章餘二但列初章意者權爲情擁本今既開權故云通也實本無三爲物故三故云起也乃至下餘二例者於中先例次但不得下說文意通塞若欲紋出第二例者如以三爲非三非一之門由達三通至雙非即以三爲雙非門由雙非故起於三故非三非一爲三門第三準例亦應可見次通塞者若能通能起可互論門但不得以一爲權以三爲實用勝鬘文非今意也下二章亦然但得更互爲門次私破中但破初章餘二亦例於初章中但破三爲一門未破一爲三門初文兩重初破門義次以非因破初門義者初句定中但定三通一句破其門義但以不通遮之任自非門亦應更云若其通者昔何不通使至今耶昔不通者於昔非門若開下至今即開開已非三何得以三爲一作門顯他不知體內體外是故須破準佛本意元爲通一故未開時本來是門彼未云開而言是門是故須破故知三爲一門尚自不可一爲三門何俟別破若爾經何故云開方便門答若從今意門雖未開有可開義亦得名門如本是門閉時豈非但名閉門開已無三何妨從昔以三爲門又三非佛因者破意同前若未開者別尚非因若其開已散心尚是次例破餘二準初應知云云者若委破初章次半謂實爲權門及下二章煩碎義薄不能具述他既破已依今乃可更立二句破他既壞立義自成具如前釋問方便等者今設此問爲欲開其四句義端故今師前文自有二句爲更得作餘二句不此有下答具有四句後之二句理無別趣但寄名義申釋句相於中先指前二次列後二句三如名下次引例釋先列名義由方便下即以例釋義是名下之旨故得更互爲門於中先釋方便次實相下但以例釋先例次中論序下引證實名實義更互爲門實者義也中者名也故寄中名以顯中義

即是名爲義門文但舉一邊亦應更云亦由實義能應中名以名非實不立故舉實以引之問得以三顯三等者方便真實秖是三一方便真實既爲四句三亦例有後兩耶此亦下答云三如前者三爲一門如以三顯一一爲三門如以一顯三以三顯三去釋後二句前之二句既以三一望於權實名義相顯若後二句前雖名義相對義亦今不得用名義以釋但以法體相對釋之於中爲三先對釋次三一既不下正判結三以因緣下修性相顯初又三標釋初文但標一句略不標以一顯一句言昔下釋中具含二句又二先示非次破此下正釋先示非者寄開顯說破今昔異於中初舉非相此尚不得三一互通況能以三通三以一顯一故一下結非言一非三等者以其三一既不相即若不開者相顯不成故一非三家之三非一家之三次破此下依今經正釋先引於一佛乘分別說三證即一之三次引汝等所行是菩薩道證即三之一即爲一施三之三乃是開三顯一之三一前句勝昔故云分別說三次句顯今故云是菩薩道昔教未說故三一尚隔不云相顯三是一三是三一由今說已一外無三此三爲一家之三即是以昔一外之三全成一家之三故云以三顯三既開成一三外無一還是三家之一即是以昔三外之一全成即三之一故云以一顯一故知由體外之三顯即一之三由三外之一顯即三之一次三一既不下判結欲開下文因緣三一故先判之言三一既不相異者判向開顯全屬因緣言因緣者秖是感應化儀亦名修得三一以因緣下修性合辨自性者即是性德故性德三一雖復本有非修非作乃由因緣即三而一能顯性德即三之一又由性德即三而一能成因緣即三之一亦由因緣即一之三方顯性德中之三復由性德一中之三能施因緣即一之三是則因緣即三之一顯自性即三之一名以一顯一以因緣即一而三顯自性即一而三名以三顯三以性顯緣準說可知下結文中三一互出者以互顯不互耳以三顯三秖是以三

顯一以一顯一紙是以一顯三雖因釋妨妙盡根源尋一家教門若迷斯旨徒費心神引十五處明門者雖列頭數亦復不知何者須開何者已開門相如何如其不判徒列何益進今文意十五門內但是方便悉皆須開具如隨文解釋者是於中有違今所釋者亦應破之如引方便品智慧爲門此是同體權智豈得云爲實作門次種種門此是權門而但云大乘教耶次唯有一門下不專在教所燒之門三界限域者豈可但云從限域出次車在門外言三界者破亦同前小教爲門未判燒等在門外立分爲二釋云正習盡但在通意門側若大應已得大猶在門外亦如前者與前兩釋並不相應門內如前者意與前在門外同前在三死門外今不可在二死之內開甘露門云大小者是十方梵請文或當如此不知今在何處大小教耶今文意者本爲開門不爲數門本爲解門不爲知數若數而簡之簡已開之數亦何益昔說一切世間下更引意根釋開顯意爲開古人所數諸門資生於昔尚非方便於今顯已悉是真實況復三乘五乘等耶若門若非門者非門謂小乘理教色香資生等是門謂別教二觀爲方便從初說故有門非門於今一切無非通途勸修者住於三法仍勸懈怠心然後說者故知此是觀行位中初二位耳故勸弘圓經以利於他化功歸己至相似位任運妙音徧滿三千不待勸也於中三法相望各各具三初標慈悲次若就下明一中具三修如來下標柔和次若就下明一中具三若就能坐下無標直明般若中三雖復各具秖是一三三尚非三豈離爲九是則菩薩常觀涅槃故勸弘經者而常觀之願弘經者觀而弘之不觀能弘之心焉曉所弘之理故佛令入我室著我衣坐我座若無三法何謂弘經安樂行下引下品文同有是利故勸弘者依方法也上文下引上文釋成五事者如前利益中列第一遣化人等五是也

釋見寶塔品

此中四度云見寶塔下文云四番即四悉也初世界中翻名有無三世不同觀必獻喜故是世界言經云佛三種身者借普賢觀經也既結此經故可證同當佛亦然者未來有說法華經處此塔還現彼佛亦坐本論亦云此經爲三身菩提故此經已說師弟因果故古佛證集分身佛彼華嚴經加四菩薩說菩薩因果能加但是迹佛主伴故不假集佛但云十方互爲主伴仍不云伴是佛分身但云眷屬而已文中諸品皆云集諸菩薩注家云道非存亡古今一揆然則裂地踊塔以表雙林不滅更延接影微顯丈六非生故云見寶塔品今謂古佛塔今佛坐則表古今實道不生未必預表雙林不滅一往觀之謂今現佛入古滅佛之塔表滅不滅今謂不然古佛塔現示滅而不滅釋迦入塔示生而不生不生不滅故並坐表之集分身召本屬乃顯舍那非成豈唯丈六示滅他人問云大衆見塔爲根識爲塔今見廣約辟類以破自他此深不曉經之大旨三周之後縱有凡夫咸殊凡見然中論觀法被末代鈍根佛世當機何勞設此消經觀行理合如然凡諸釋經若無通見致令後學未閑宗途今正爲證經旁論所表有人問召古佛集分身何故多塔何故一今爲答之證經義足故寶塔不多合多寶願故分身不一假令證經須集多塔塔豈不多既能應現十方信知塔亦非一故分身是化塔亦宜權今從所表今佛一身而集多身密表迹用之非一古佛多塔但示一塔顯表實理之不二況從地在空及諸校飾悉非徒爾明顯此事者三世諸佛轉法輪等皆至法華出世事訖故今經文加四天王瓔珞下爲人者以校量福爲生善也善生品問等者第九供養舍利品云佛因善生問供養全碎生法同耶別耶佛廣校量云如供養一佛舍利起塔滿一四天下不如供養生身由色身有舍利故又起塔滿大千供養色身不

如供養法身由法身有色身故當知見色不及聞經以由聞經有法身故故經偏圓即法身全碎功德不等頂王等者曾檢大乘頂王經及方等頂王經各一卷並未見此難意者教與舍利時同益同何得不等答意者舍利時等亦生身之力北地師下破謬斥非義當破惡即對治也云說經竟者意云正經已畢地師云表身不二以稱理故屬第一義也釋論下證地師非師言南岳也雖云三身意將法報以斥地師無來者不合東來無出者不應踊出巍巍者不應塔內應身者不應唯此若即此等者如南岳所述三身勝相若直云多寶是法佛者必不可也尚非應身豈具三身故知多寶是法身者未盡經旨秖是表示等者秖以釋迦等事表理可也故知非直來證乃表經常故多寶表法及具三身多寶久滅今出證經生不生也往昔滅度猶現全身滅非滅也既非生滅常住不移可表法身釋迦入塔三身相稱如智稱境故可表報分身表應文理自成如境智相冥故能起應三佛至而不一異者能表三中各三故不一所表三中皆一故不異又能表中三相別故不一法體同故不異又所表中亦以體同故不異以身別故不一又化道別故不一共成此故不異總而言之即三而一故不異即一而三故不一見寶塔下云云者於前四文明示四相以消四文略如前釋四皆屬圓從塔出爲兩去次約教本迹初雙標兩義次釋出兩意釋中又四初正釋次若塔從地下辨同異三若塔來下判顯密四今取下釋妨初文又二先明塔出證前起後次明在空以表二意故二文皆以證前當約教起後當本迹初證前中二先約真實次約大慧以此二是多寶證詞初文三初示三周無非圓實次辨廣略等三示流通初如文次文者先略次廣初文者既重述證秖可從略故但云真實況處中及廣皆約所非所非必多能非唯一故三周中雖或四一若十若多不出實相次處中中言八不者具如

止觀第六記引中論文中論顯理故八不歎佛塔證中經亦八不歎
實故塔踊事復表八不以義同故故云塔從地等又證下示證流
通亦是真實問何以證序答三段既實其序豈虛若爾何不待
至安樂行末踊出初耶答以法師中具明人法方軌現未師弟因
果及以處所天龍作護化人集聽足辦弘經故多寶出證證已命
覓弘通之人故引遠多往以證今佛益而勸流通舉持品人以證
弘者而勸流通雖爾未有始行弘通之法故重舉安樂行耳故安
樂行末開踊出次約大慧者真實者通雖四一別在所顯故先歎
大慧次歎所說所顯之法大慧秖是種智前已具釋今但更與不
共般若辨同異耳於中先問次釋論下答三如一下辟彼般若及此
大慧俱能入故妙法之言一分通智四當知下結三文意同次起後明
本者對迹明本可云本迹於中為二先明所起之由由塔出故請開
由塔開故見佛由見佛故請加由得加故在空由在空故命眾由命
眾故聲徹由聲徹故眾至由眾至故生疑由生疑故得說言明玄
等者略舉經題玄收一部故云佛欲以此妙法等也久遠下明能
起所表表於本地三世益也久滅今出故云神通現益在說故
云音聲指願不休故盡未來以此起彼故名為開問經中但云大
慧真實有說處證聞說故出那云證前及起後耶答文無理有從
此中出尊歎真實故知證前如明起由即是起後次在空中亦初約
教七方便人見理圓也次修得下本迹也亦先敘迹次若發下明本
觀心釋中既云依經修觀當知經經皆可修習奈何章疏都不
涉言故此宗徒行解無廢消文理觀二義無虧異懷道者尊
之尚之每觀斯旨恨己所未霑盤桓經思頂戴禮禮於中三初
明三身各有能表及以所表初明以觀為因得法身果得法身
時不獨法身故云境智必會如塔下能表境智下報身如釋迦下
能表以大報下應身如分身下能表次由多寶下總舉能表當

知約觀持經方具三身三普賢下引證得三種身皆是方等大乘
教也次有人下出舊分文此下應云十六品前從彌勒問來但有十
品此是廬山龍意太早云云者應敘上下文相分盡以證此師分文太
早如破光宅惟忖之例此且據本迹之名以破然準此師意言約身
者以多寶為本釋迦為迹前約說者釋迦自說三周開權及以流
通今所以從名破者以此師不知今經顯遠諸經所無方望一代及
前迹門乃受本名何須於此即云本迹若預密表意則可然於此
分文故成太早七寶為塔者即七覺七聖財七聖財謂聞信戒定
進捨慚隨其教位明七深淺既是佛塔之七又證實經並用無作
七覺七財於無作中尚須性德何況修得七覺聖財俱修得故雖
分寶別七寶即塔能所不別然塔是所依嚴是能依高五百等
者既塔所表須皆圓釋豎即因中少果萬行一行一切行酬因果
中萬德一德一切德從始至終名之為豎當位具足名之為橫凡一切
行歷緣對境諦緣度等無不莊嚴從因至果若橫若豎皆須有
體方可名為萬善莊嚴地者至住第一義空者然體無明即第一義
空故無明無所破亦無所住故第一義空即無能住無能住故地
既無破而破空亦無住而住種種等者定慧無多對暗散說又定
慧偏攝故亦云多具如止觀攝法中說無量慈悲室者以龕為室
故云龕室云云亦是者重釋室也室亦名舍幢亦幡類如大長者
中說垂寶等者從因至果果德皆籍因中萬行由莊嚴故即能
下化如嚴復垂四面等者即無作四諦也由四諦四方道風吹四面四
德之香充而且徧即是天然四德之理假修德以遠布平等有二
者法等者大慧所觀理也同得者皆用因理以至果也若所觀理
與眾生共不名大慧如是如是等者一如法相者歎佛所說稱於實
故二如根性者至第五時不差機故先答第二問中問初云地踊此
云東方者何耶答東述本緣踊由昔願若所表者方始表開地

踊表顯告比丘等者驗具四眾非不說法當是多寶者問十方世
界豈無一佛不得開顯不開顯者皆應發願何獨多寶若不發
願佛道不同若發願者皆合聽經又諸佛化皆須照機豈成佛
竟不得開顯方始發願答尚與不同開與不開有願無願皆是隨緣
若宜有願皆悉盡來何處不集後方發願亦是鑑物三變淨土由
背捨等者問佛有楞嚴三昧之力何以仍用小乘事禪又表破三惑
復非所治答是定聖行攝因成果果地事用無礙於理即楞嚴中
具諸三昧非昔因時見禪法界豈背捨等變通三千然化佛事宜
附小名故大論中亦是準小故云欲得自在修勝處欲得廣普修一
切處若但小用唯於三千文初一變下表破三惑者既楞嚴中即理
之事不妨二皆破三惑況今三昧直論功用破惑乃是所表而已
表前破已表後更破如僧中與欲者不必全同僧中法事故云如耳
多寶願力須諸佛集復令時會知分身多故此諸佛為開塔集
集文不至但遣侍者傳問訊等狀如與欲故諸侍者但申問訊無
說欲辭大集若干諸佛與欲者於欲色二界大空亭中廣集十方
一切諸佛二十二云南方有佛名曰金藏彼諸菩薩見光明已問於彼
佛彼佛答云北方世界有佛名釋迦牟尼欲為大眾說法破大
憍慢遣使從我索欲我今與之餘方亦爾各令一大菩薩與十恒
沙諸菩薩等來此偈讚亦無別欲詞大品亦千佛同說今已開
權次欲顯遠使諸佛道同故令諸佛與欲有人問眾俱在空分身
何故猶處於地今答時眾已聞迹門開權初入寂光之土故以居空
表之分身示迹各有所化之土故居地以表之又釋迦下亦顯本亦先
居空以表之各有其致不須疑也爾時釋迦下亦約所表為開權
者多寶本為證經故來應令眾見佛身表實塔開表權故開
塔表開權見佛表顯實有人於此立本迹者不然本文在下問凡云
本迹本應勝迹今上下本門則釋迦顯本舍那猶迹何以迹勝而本

歩耶若此義不然舍那是迹中之迹自望本時迹那爲本釋迦開已
望迹成妙舍那迹妙迹妙猶應具如玄文本門十妙經見二至加趺
坐者法華論云爲顯三身成大事八萬二萬者八萬在法師品初
二萬在持品之首偈中第二八行半頌分身佛集者上文有七今
頌其略仍不次第初二行頌第二應集義兼大樂說欲見文以請
集次一行頌土淨次四行半頌諸佛同來明難持中經云八萬四千
皆不及者八萬之名不必全大具如止觀第一記引倶舍報恩等經
乃至十二部亦通大小具如玄文說法妙中但令他得小六神通亦
未爲難若立有項此約不得通者爲況故知圓經暫讀暫說誠
爲不易若有能持則持佛身者體宗用三衣座室三即三身故

釋提婆達多品

注四釋中唯無觀心初因緣中但通語感應故云生時等也問惡
人出世何名感應答令無量人不敢造惡天熱者從事說耳問何無
四悉答義立非無見者意其已身不作即世界不作善生即爲人
也不作惡邊即對治也無隱果事即第一義因行下約教理順
即圓教事逆即三教唯圓教意逆即是順自餘三教逆順定故
本迹中言同衆生病者大經云提婆達多必不破僧報恩經云若有人
言提婆達多實是惡人入阿鼻獄者無有是處大雲經云提婆達
多不可思議所修行業同於如來諸新舊目皆云什譯元無此
品並準齊宋錄云上定林寺釋法獻於于闐國得梵本來瓦官
寺沙門釋法意齊永明八年十二月譯訖仍自別行至梁初有滿
法師講經百徧於寺燒身乃以此品置持品前亦未行天下至梁末
有西天竺國沙門拘羅那陀此云真諦重譯此品置寶塔後今謂
若準正法華西晉時譯已有此品則梵本不無若觀所譯全似什
公文體若準嘉祥三義度量一者外國相傳流沙已來多無此品
恐什公未見今謂什公親遊五竺豈獨流沙二者什公譯經多好存

略如智度百論之流此亦不然西方好廣但略其重豈可全除正文
一品三云寶塔命人持品應命以提婆間者全成剩經何以安此今
文不云真諦重譯復云南岳私安若必真諦重譯不虛何妨本譯
江東未有以此驗之乃成三人俱製經理會嘉祥三義全不可依涉
法師云不合安此授記調達應安授學無學記品中從智積後應
安神力品內今謂若爾于闐應將兩掘經來法華乃有補接之
過若爾何不學無學記無學將入千二百中學人自爲一品況提婆
達多不審得果耶忽安學無學中兩存兩沒者文云此經是五
年譯之東安法師云七年三月十六日譯訖慧遠經序同或云弘
始十年二月譯竟不同之事未可追尋竺法護太康元年八月十
日譯訖爲十一卷名正法華亦云八卷出聶道真錄此兩存本也次有
沙門支道根晉咸康元年譯爲五卷名方等法華外國沙門支彊
梁接魏甘露元年七月於交州譯彼沙門釋道數筆受爲六卷名
法華三昧出姚錄魏錄武丘道亮云有五本四如前更有薩雲分陀
利本既存於世乃成三存叙開九轍者什譯纔畢叡便講之開爲九轍
時人呼爲九轍法師一者昏聖相扣轍即序品是次有七轍即是
正宗一者涉教歸真轍爲上根人二者興類潛彰轍爲中根人三者
述窮通昔轍中根領解四者彰因進悟轍爲下根人即化城授記
五讚揚行李轍即法師品爲如來使六本迹無生轍即多寶品多
寶不滅釋迦不生多寶爲本釋迦爲迹本既不滅迹豈有生本迹
雖殊不思議一七舉因徵果轍即踊出壽量品彌勒舉因徵果佛
舉壽量因果所由八稱揚遠濟轍即隨喜去訖經屬流通也名
目甚美而宗體不顯叡公又有二十八品生起甚有眉目於今無妨
但品旨未彰而不的語迹本但云因果何成發迹四瀆者江河淮
濟意云天下大同提婆達多至爲五逆者俱舍云殺父殺母殺阿
羅漢破和合僧出佛身血今初云破僧略如前目連緣中及止觀

第一記出血者如佛在阿耨達泉告舍利弗往昔世於羅悅祇有
長者名須檀財富七珍子名須摩提父命終後其異母弟不脩耶
舍須摩提設計不與彼財分者唯當殺之便語弟言詣耆闍崛山
有所論說弟即可之即執弟手將至懸崖推弟崖底以石磓之
即便命終佛告舍利弗爾時長者今大王是須摩提者即我身是
異母弟者即調達是以是因緣無數千劫入餓鬼中入草山地獄以殘
緣故我於耆闍崛山經行提婆達多於高崖擧石長三丈闊丈六
以擲我頭耆闍崛山神名金毗羅以手接石小片迸墮傷佛母指出
於佛血出興起行經教阿闍世放醉象等具如釋籤第三餘文可
見其列在諸經論俱舍業品云五並業障攝約處人除北約人除扇搋
四身一語業三殺一虛誑一殺生加行無間一劫熟隨罪增苦增八比
丘分二以爲所破僧言若作等者如文調達但有破出殺三逆兼教
象毒瓜二殺方便正兼方便且云五耳論有同類五逆謂汙母無學
尼殺住定菩薩及有學聖者殺有學聖者殺羅漢同類奪僧和
合緣是破僧同類破壞窣覩波是出血同類不以教象毒瓜爲同類
者彼是方便非同類故入大乘論問彼提婆達多世世爲佛怨云何
而言是大菩薩論答云若是怨者云何而得世世相值如二人行東西
各去步步轉遠豈得爲伴此五逆緣當因緣釋若作下本迹者前
題注中並略述竟此異別明來意者觀嘉祥三意全無所以可以
意知下云云者應重敘文殊是遊方大士十方弘經乃至入海唯常宣
說妙法華經乃至一切大乘諸經文殊皆爲發起之衆度義等者
大論始從十五終二十一廣釋六度一一度中皆存衆釋今攢其大
略文相顯者有分爲四類亦非一處次第列之若欲委知尋論本文
諸家取捨廣立義門雜引大小不任證據不知何者是釋迦所行
具足今一家立教則體相可識迹示四相本行唯圓初三藏中二
一略釋次分別又初二先直明六相次束十善以爲六度以此六

度屬世法故且以世間十善而用對之次分別者引善戒經云開三種文中先明對治即所治也次相生者約行次第果報中云具者謂諸根具足色謂端正力屬精進若十六各十者名出地持華嚴月藏下屬圓教者於中先責世忌次今依第一義以成波羅蜜者謂但取初心一念具足則一色一香無非十度華嚴下借彼教道深位以證圓人初心驗知華嚴存於教道別義明矣若圓極說豈至七地方具十耶故地持中念念具十六之與十開合不同具如止觀第七記若念念具十何行何念而不具十一行一切行斯之謂也經中以持般若校量過捨恒沙身者乃以實行對事捨說耳若六皆法界此則不然故不可以三事皆世及以次第出生諸行而比之也又此六度上下諸文非不略釋觀其文意隨事各別若序中橫見但是現相發彌勒疑文殊引古種種之言為引同耳過去佛章為開五乘菩薩之文六度甚略藥草喻中三菩薩位不語行相意在辨於差與無差分別功德略舉五度為校量本亦非正意故無行法唯此中經文雖略列而正明行因趣果之相故釋者委列使一切行會入一乘三十二相者諸教所列修得不同多在教道若實道者但是發得不須各修如下龍女歎佛偈中自非深達妄能具相具如止觀第一見相發菩提心中已略辨之今文雖即具對四相意在發得故次文云實相是圓教相本雖修發不等相體多同今文多在大論兼在諸經法界次第具列名意今與彼文仍有同異今剩有二相又足跟直踝不現項光萬字青髮此五相法界次第中無法界次第中有丈光喉中津液此二相今文則無八十種好文亦不同秖是經論譯異非胎卵溼化之化生者不同界內四生中之化生如諸天化生仍在父膝等生況同四趣中耶今此忽然而有如藥王中云於淨德王家忽然化生亦稱溼卵等者但以蓮華在深未剖如溼如卵含在華內義之如胎大寶積云菩薩成就八法於諸佛前蓮華化

生一者乃至失命不說他過二者化人令歸三寶三者安置一切於菩提心四者梵行不染五者造佛形像安華座上六者能除眾生憂惱七者於貢高人常自謙下八者不惱他人此一經雖爾以諸經論隨宜說耳假使一切經論所列生蓮華緣並為今文聞品功德之所超過故華生雖同本緣各別云云者亦可釋妨非今文意爾時文殊下第三尋來有人問序中在座今云何海來者今為答之豈以凡情而度聖境不起此會於海化物義亦何妨亦可在序一期益訖去時豈要自知來時大利方生與眾自海而至者例地踊菩薩讚詞此經甚略或當彼有廣文具有出會之語而傳至此者略耳問三千之外各四百萬億那由他復大海文殊何故仍云海來答事釋未爽況不思議今三義通之一者既移天人及變大海從所移處來應無違難二者海眾無移而龍宮未動龍謂不動而所居已變從變而不變處來有何不可三者無緣者被從有緣者今來此不思議出海死然今眾不見但是變身非謂改體文殊既不起而往其土亦即穢而淨故淨名云移置他土都不使人有往來相此中乃使有往來相而本不移故知應有機者則土變眾移而尚來其無緣者土復眾來而不至所以理雖無動化事成規故使所見不同來往時異菩薩化儀尚爾況佛設變同凡問不起而往何故云來答宗彼此眾知經功識事教無故須云來不往而往不來而來皆為利物何須此難故知他土未必見來彼不見來此不見去不來不去而移事灼然如淨名足指按地是時大眾自見坐寶蓮華而土穢如故經中文殊所歎龍女不出弘持定慧諸行智慧下是慧深入等是定慈念等是攝功德下行也下去諸文有此流例準此應知正示圓果中云龍女作佛者間為不捨分段即成佛耶若不即身成佛此龍女成佛及胎經偈云何通耶答今龍女文從權而說以證圓經成佛速疾若實行不疾權行徒引是則權實義等理不

徒然故胎經偈從實得說若實得者從六根淨得無生忍應物所好容起神變現身成佛及證圓經既證無生豈不能知本無捨受何妨捨此往彼餘教凡位至此會中進斷無明亦復如是凡如此例必須權實不二以釋疑妨言權巧者不必一向唯作權釋秖云龍女已得無生則約體用而論權巧非謂專約本迹為權巧也故權實二義經力俱成他人釋此或云七地十地等者不能顯經力用故也

釋持品

有本云勸持義須俱存隨題皆得不及從初故文為兩段若欲於此立四悉者傳釋似世界二萬似為人八十似對治佛意似第一義故佛意言雙指兩段尼請記中應開此文為四既二尼各有請及記三諸尼領解四諸尼發誓經云姨母者本行集云釋種善覺生於八女時淨飯王兄弟四人各納二女淨飯王妃即摩耶愛道摩耶生已七日命終生忉利天愛道是姨故云姨母次問答答中云為引始行及開安樂行者始行見諸大德尚不能此土弘經況我等耶是故須下安樂行品為始行之軌豈得下方未出預云踊出所行若爾品初文殊應問踊出菩薩當行何行而但云於後惡世等耶忽問踊出時眾應問踊出是誰次偈頌者是發起偈諸菩薩等請護弘經即是自述弘經方軌以由佛於法師品中說方軌竟寶塔募覓用方軌人適多引往用方軌者釋迦即是稟方軌眾故云以身為牀坐等持品即是惡世方軌安樂行是始行方軌故云住忍辱地等具如後品若不爾者則弘經無軌無軌弘經斯無是處如赤身入陣自損不虛被鎧之言應不徒設初十七行被忍衣文三初一行總論時節以明著衣有諸下九行別明所忍之境三我等下七行明著衣意初如文次文三初一行通明邪人即俗眾也次一行明道門增上慢者三七行明僭聖增上慢者故此三中初者可忍次者過前第三最甚以後後者轉難識故初二如文第三文中言寶雲

經第六阿蘭若等者恐誤文在第五先釋名者阿無也蘭若名諍文中云事有事故靜今依經先出正行次方辨邪初文云住阿蘭若者不與世諍不近不遠便於乞食有樹陰多華果足淨水無難事不險阻易登陟獨無侶誦所聞云云有王大臣長者等來尋詣之作是言善來善來若至住處應嘆今坐若不坐勿獨自坐若不就鄙座應種種安慰為其說法若不樂廣說應為略說等云云若不蘭者非蘭若行凡居蘭若為調煩惱自舉義他非無諍行未知端拱意在何之輕倨師友傲慢王臣況今無識者謂聖使有眼者寒心羅云之行乳乘空生之德安在但由心無內實專以身營外虛驚論其道諸錄所云審如賓頭盧知七年失國及稠禪師進否為王故起居適時安得一向十住婆沙明蘭若比丘乃至具五十法方堪止住乃至十二頭陀各具十法不然則具尋師進道何遠守愚不應式者出家離世割愛棄道應以五分而為正則尚違小乘之式而反輕於大教者尤害之甚若以此名而均於大則圓乘三學三脫可以自規方應出家蘭若之式雖說至得活等者謂著其所說不勤行之專思自活如斯等輩名相似三學矯三學賊三學詐三學而欲輕於通經者故今弘者當著忍衣專弘正法有戒之人具增三學方名增戒守一不行信知戒滅戒尚不行安行定慧是故須歷五分勘之三明衣意中文引中阿含第五黑齒比丘訴佛者準彼中含第三明人有五支相應也彼經舍利子相應品水喻經云佛在給孤獨舍利子告諸比丘我說五陰惱有五緣云何為五即以五喻喻於三業更撿第五經人有五者秖是三業單善為三俱善為一俱惡為一若更作雙善為三句即成八句惡邊定無單雙者單善即是雙惡雙善即是單惡故不得有惡邊句也經中不作餘三句者或舉五知八或是隨機有文中初云身惡口意善者恐誤準合喻中秖有單善但應云身善口意惡口善身意惡意善

身口惡故知喻去納衣等者此是身善口意不善以合文大念門身淨棄於口意口善中喻者披草避熱身相不善掬水不稱即意不善求得到口具名善文云若擲著手者秖是手擲耳切韻擲擲者手取也亦有單作郅雖身口俱醜但為止渴故名意善若欲喻三雙善者准單思之喻三俱善者池既寬涼入則身善不擲口善止渴意善婆沙第八十念罵是一語等者論第十雜揵度智品中問曰何時得罵云何觀察名句身等念念心不生答曰或有說者阿拘盧奢秦言罵拘盧奢秦言喚聲我今不應念其阿字若有阿字是名為罵若無阿字即是喚聲當知西方有三合聲阿與俱盧奢合方成名句乃名為罵彼方此方皆隨稱讚斯例甚多如云刀羅羼提於此未為端正之辭彼方乃是三波羅蜜又翻此罵字等者此方亦有顛倒即成讚罵如見客去命去去早即名為留若去早去即名發遣發遣是罵留即是讚如正食遇客若去來早即是罵也若去早來即是讚也世人執覺定有前後共為讚罵妄情聚積言聲本也又罵是一界少分等者屈曲意思行蘊法處法界少分所攝此借婆沙文為所觀境乃用四句三假觀之以聲對於根識及空推無自性成就性相方名即空又罵既是聲聲界有八有執受無執受大種為因各有有情名非有情名可意不可意有情身中所發音聲名有執受眾生語聲有詮表故指手等聲非詮表故風林阿等名無執受無執受中有情名者所謂化人語聲雖無執受能詮表故餘例思知今此罵聲既是有執受有情名不可意聲但是八中之一然由計其初後而成名句若言聲界是罵八方是罵今猶無七云何名罵況後一中念念不住聲入火分色陰火分罵火等若觀我既是所罵之境若罵色時即不罵心罵心之時即不罵色形顯受等准此可知成就自彼等者彼自攬身以成名句而謂是罵我觀因緣念念不住此觀因緣也

又罵是一字去觀相續也又能罵去對推相待用空者通教也故知借彼婆沙因緣之境二推之便成即空語略意廣具如止觀入空無生觀中已說十七云凡聖俱有三受者恐文誤文在第十文云亦有畏懼者過於異生又以聖者以有畏故即具三受亦云五受五受即是憂喜苦樂捨又有五受今是三受謂未得樂受已得樂受已生苦受未生苦受不苦不樂受但聖人不以心受故有凡聖之別亦是借彼婆沙分別四聖為聖六道為凡十界不同以成別義今經去即圓教也念佛者觀受為法界故云是念法佛等也由能觀別得諸教名所觀五受其相不別故持經者應觀三受故云能忍諸惡行等鐘者甲也

法華文句記卷第八

玄文及釋籤所引即大經第十文也依此座等以對三德亦應可
見又五行中亦與衣等同者聖行座也天行衣也餘三室也梵行
室因病兒室果應知今品具斯十義正在於因因中正被五品之
或至六根是故品題從行爲目即安樂家之行也三料簡中先開
次答文意者雖復旁正兩處互有今且分析偏以對二意然確
四則有無無疑一子地者大經云聖行住三地戒聖行住堪忍地
行住不動地慧聖行住無所畏地梵行成住二地慈悲喜
地捨成住空平等地今且
途故云何曾無攝
身隨宜益物故
者同味同理同因同果廣法門至未記也者　應更以
種種三法通釋此文具如十種三法準例可知若以此義爲四悉
者三法具即世界解脫即爲人般若即對治法身第一義二釋並
三皆四悉故次此品下釋來意文二先明深行不須次若初依下正
明始行須者故來初文明不須之文云若二萬八十億等者持品初
二萬菩薩眷屬俱皆於佛前發誓弘經有經本云八十億應云八
十億即持品中諸尼索記佛與記已諸尼說偈讚佛已爾時世尊
視八十億諸菩薩等佛稱讚已是諸菩薩念佛告勅當如佛教
等深識下正明不須之行具對四行以論不須初深識權實故不
須初行以初行中令不與二乘共住等　必辯法故廣知者明不
須第二行以第二
漸又達下明不須第三行以第三行中令將護二　以圓
訶別神力下明不須第四行以第四行中令後得神通方令入實
若初依下始行之人無此四故以四行防護兼堪自進故云欲修圓行
欲利他故云入濁弘經爲濁下明無此四故自他俱失爲是下正
結來意言若初依始心者五品六根並屬初依始心即在五品初心

故初品中雖非說法之位隨力弘經須此四行至第三品正當說法
以資自行說即是弘理須此品以爲方法三此安樂下行次第中
四先明不次第次今且下寄於前品以明次第不同之相三若約下
約行次第四雖作下約行無次具如智者釋四行文四行既是三
業止觀及以弘播俱行俱運止觀同時況一一行攝一切行況前初品
衣座室三無三差別故無次第四明行體者先出古釋初師初云
假實者何教無之未顯今行說法雖過雖似一途而無慈悲止
觀之相第四慈悲而濫向三行基師所釋不及前師龍師初行稍
近合意南岳所釋若望天台仍未盡美故今師釋云止觀等者
前三皆有慈悲止觀且初身業文三先明有所離故不惱次有止
行故下具三方軌三正行雖下具足三德於中先明具德次明相生
只下例者三業俱有慈悲從初亦具止觀故四行例同故知運用前
品爲今行相若不爾者非旨弘經五正釋者釋行處近處中先三
古師次章安破者以初家行淺所深即初兩家於中次家二釋初
釋因果別後釋通因果故破初家及次家初釋云十地有行非獨
初心次破後家者瑤師以七住已上爲行七住已前爲近故引淨
名等覺極深亦名爲近若兩行去總判三家互失言兩行者行
近兩處俱得名行所以俱淺俱深並皆有過言前品者指持品中能
忍違從即深行也何關此中言七方便者權行所行不涉今品然
行名下立理破也得名雖別二義相假一一行中皆有近故俱通深
淺不可並深俱淺及至深淺然今品文始行正當並淺而兆異古
師以通俱深異七方便淺名雖通其意則別下去約位義通於深
以深攝淺故也又行近下引義以破既是法師品中衣座室三理無
淺深又忍辱下約行以破若爾下徵起釋疑詣理下正判言詣理
者以經云住忍辱地故也附事者離十惱亂等事中下文亦觀空
等如引義中寂滅忍與罪意樂具及深淺但對事說得忍衣名

約理以說得空座名故附事必依理從理必經事不應圓行華理條然亦如二諦必具俗相即各說一邊非無所諳約行準說問既對衣座何不對室答室通二行亘於始終二行雖殊慈悲義等問標云慈悲熏止觀導于三業下釋但見止觀三業而無慈悲者何答稱願不孤通前備導況皆有為說咸是慈悲問初身業文但云行近何名為身答行近二文但廣略異故離十惱亂正當於身約近論近灼然在身當知住忍亦身住也忍地即是陰實相也一十八空還觀界入若關口意二文止觀明著身何無耶答言意別明身中合舉既近處三皆云助觀助前止觀具言雖單即是雙助止觀故也今約三法下正釋行處即從忍地至亦不行不分別文也約三法增數以為三重初約一法又二初標一法即緣諦也直緣一諦而立三行但云一法者以能從所但受一名一諦為一切下明一理功能理既能為一切所歸故能依三行功亦如之於中又立初列功能有三即所歸作本無分別也故三為行緣於一處次一切所歸者下釋三行也三無三行下對處結名四如此下明與前品三法義合五是名下總結釋中自三初又二先消經次結名消經竟者所住之地謂實理也次眾行去明能住行即依理起行此即下結名云行不行者理雖無行依理而行行得理息即名不行能住是行人得理故能行勝行即不行故云行於不行之行也次釋第二行者亦先消經次結名消經者亦指前一地為一切本本謂忍地住一地故具柔和等三初如萬物下總牒前一地立第二行初句譬說眾行下合譬若得下正明能生之功於中別消三句此即約理方有能柔乃至在於能安無量下總釋功德所由地無所生指前實理而生功德即柔和等即不下正結行名依理不行而行於行也釋第三行者亦先消經次即是下結行名言偏無分別者行與不行性相無二見諸法實名不分別無不分別名亦不行不分別三無三下

對處結名以得實處故使其行有一三相四如此下與前品義合者初句總標休息下對前三句休息即行不行隨生即不行行偏無即非行非不行五是名下總結可知故知一法即三法三法為本故先明之次約二法者即以生法二忍消文於中為四初標次二忍下會異名即二空是三二空下辯異於中初標次何者下釋異相真俗假實通於三教今意在圓何但異二乘耶且隨辯故暫對之言真俗假實明二空者真諦即法空俗諦即生空俗假真實故玄文云世諦破性真諦破假假破即相空性破即性空故真俗不二二空俱時為對所破以分真俗即不思議之真俗也通中亦有此之二空名同義異俱時不殊須善斟酌三若更開者下明開合也若開為四忍柔和兩字為伏忍善順兩字為順忍文從下為無生忍亦不卞即寂滅忍若為五忍即離順忍中善字餘同四忍若為六忍即離伏忍中和字餘同五忍若更開為四十二忍但於無生寂滅二忍中出若對住前臨前四五六忍增減可知義皆通後若言一地具四十一則地地四十一忍亦地地有伏順等合則依前為四為三復為一同立忍名地地無非伏順無生寂滅四今且下正釋仍離二空以為四忍則經中諸句皆具二空四忍於中為十初標次列名三此四忍下舉別異圓四今圓下出今圓意辯異於別五大經下引證六若約下約無淺深以明四忍七開生死下消經八行此下以三法結九二空下結名十是名下總結初二如文三舉別教中即以二忍判彼四忍即伏順在地前故云生忍無生在地上寂滅在極果故從初地依法得忍通名法忍四今圓中圓位諸忍俱無淺深五引證不二明文在茲六約無淺深立四忍者若借別名圓且以伏順為住前無生為登住寂滅為妙覺雖對當行理必融故言皆見中理應知今文以初伏忍亦通金剛寂滅無生亦通於下七正消經中所以不消住忍辱地等者向立圓四忍皆由住忍辱地故且置之

又不消法忍但略消生忍者但生忍義深法忍可識於生忍中又不消柔和善順者即不卒心不驚去是柔和等德既了不卒暴等前則準知故知四忍並依理者為顯圓故於略釋中初之二句釋而不卒暴次聞佛下釋心亦不驚此句既融餘句可見故云聞生死涅槃乃至非難非易則知其心常住忍地八以三法結亦是行不行等三行也九十可見第三約三法又八初直標三法次三法下示三法相三住忍下正消經文初句總柔和下別別中言忍是寂等此真諦空由依中理且寂空邊故云見空若從理說即同體見思四此則下結名五行亦為三下結成三行三法六是為下總結七出異解八彼明下約教通斥不融下云者應具明圓相以顯今經若不然者非安樂之行次云何名近處下釋近處為對離邊應約去聲近遠兩字若對所近應並上聲今明能行對所離法故皆去聲於中為四初標次遠十下列三門三十直下示三來意四就初有下正釋三處列中三學皆云助者始行弘經須此助故三學能助助於正行間非遠非近即是正行云何言助答此是觀行初心之則附此三學名所附為助助發弘通故云助耳皆云附者非全正體附近而已又如初門但是隨要略引於十戒亦未周次門且云修攝其心定亦未周第三似正圓慧亦不周何者若正立圓戒須指梵網無非具足若圓定慧須十法成乘具辨諸境一往且明十八空耳三示來意者對上行處以辨廣略而為異也今欲重明故說之也問何故所助通名觀耶答委論修行具如止觀若汎爾通論則舉觀攝止故弘經行者須專修妙觀用三為助方稱聖旨當知行處即正行近處即助行正助合行三行兼理故非遠近對事設觀以助照理之正觀也問若正助合行何故向云助真似耶答正助合行可入真似若正一向在於真位何名發心三不別耶言非持刀仗等者今明圓行對所辱境處中而說不同凡夫刀仗自防亦非二乘

棄捨不觀雖復正行須遠其事以十八空觀其能所覺同凡小若
棄若防皆云廣上等者文雖前後行必同時說雖廣略法體無
二故用前略以對今廣不同古德分擗經文四正釋中初釋約遠論
近中豪勢者恐人恃附失正道故初似小益久則大損邪人法者
恐人深習迷於正理正觀未成切須防斷在家事梵名爲梵志出
家外道通名尼乾路伽耶等者注家云前如此土禮義名教後如
此土莊老玄書伽耶陀亦云盧陀近兇戲者恐散道故那羅此云力
即是捔力戲亦是設筋力戲也近旃陀羅令人無慈近二乘令人
遠菩提故西方不雜故云或來既未受大無妨小志故云隨宜欲
想殺害菩提心故欲想如此觀第八記不男壞亂菩提志故五不
男者謂生劇妬變半生謂胎中或初生時劇謂截等妬謂因他變
謂根變半謂半月餘即不能廣如論釋危害難處不合入故譏嫌
增他不善心故畜養妨入正修業故如是十法諸教皆然但離二
乘諸教小異今弘圓經須屬圓人此當因緣約教兩釋但闕本迹若
欲立者本離十種二邊境界迹示離此十種惱耳觀心十種云云
者今此類說之應作總別二種總者無非法界何所可離何所不離
非離非不離而論離耳還同非遠非近而論近初心雖了一切本無而
須數數近於遠離別者遠離三教教主豪勢二邊之行即是邪行
二邊人者即名邪人二觀神通名爲兇戲三惑尤害殺三智命偏空
滅想名二乘衆偏觀真俗名爲欲想乃至尚離上地法愛滅色
住空名爲不男方便觀智皆害圓極一切俗境名爲譏嫌遠離魔
外名不畜養二一皆以所離爲境皆以三觀爲近皆以三惑爲違近
近處者大論問菩薩云何自靜等論答云如病將身等具如止觀第
四記三意云云者如向所列定心定處定門也列竟即應廣釋廣明心
謂能期之心處謂五緣中處門謂五事調心未暇廣論故二十五方
便隨要列二如是三法皆令親近此約對前遠以說近近此近法故

云近近非遠非近而論近者初開三章作境智釋文觀下全約觀
釋初文三標門列章解釋解釋者初觀字標智中閒一切法三字
標境後空字文中不釋但是結成智境若單論下明境智意智即
方便品初五佛智慧境即方便品初十如實境但下空字隨位判
之但此屬弘經之行彼屬五佛所顯文單論等者今正明觀何以舉
一切法耶舉所顯能故空顯於觀一切法空之空觀也文別釋者如
實相三字別釋境也三邊三諦者二邊對中中必三諦三而不三名
無一異三諦如實對七瓣異故云實耳實即無相偏相一切故云
相不顛倒者別釋智也具如方便品初今不多說境爲觀中諸句
所觀但能觀觀部內尚少故於此中其文稍廣無八顛倒者無於
常無常等各四即表中道然常等之名名兼界外以密易中非但
獨有無常等倒望於雙非仍有出假常等四倒若不甘雙非義則
不周具如止觀第七文以雙樹表之諸法即中故無二死倒即生因
無因必無果故大論中喻如莊嚴雖未至地即名已死不退者
契寂滅理入薩婆若以從圓故因立果名不轉者必定不爲凡小所
轉尚乃不爲三菩薩轉況復凡小須約六即以論不轉下去準知
如虛空者先立譬也不爲二邊轉故觀者叵得但有名字次中
道下合也但有名字即性空名字亦無即相空此即所得二空觀
體無所有下出二空相無所有即性空相一切言語道斷即絕言思
爲相空相性空中云無自等者應約真妄互論自他及以共等今
真如理正當無因而云無無因者無彼外人無因故也具足二空故
不生不出出者退也今是觀行三不退也言惑智等不生者具足
應云行位因果等但是文略今略明者惑智及理體本不生惑智
稱理故俱不生釋不出中言如來治者全體即是故無可出不起
者以入理故方便理教一切皆寂無名者重牒前無所有等詮所不
能詮理非名故無相者相所不能相又云十境所不相也無所有者

重歎觀體無量者非界入陰諸數法故無邊者非如偏小分限法
故無礙者偏入諸法故無障者無能遮止故雖復多句秖是能觀無
相無作與境合耳對十八句立十八觀對一切法名一切空三但以下
結者初總結諸句莫非因緣上直明下明結束意上多明雙非且
云中觀照於中境豈有中觀不照二邊今此重明照於二邊用結諸
文以顯中觀不思議體言理性畢竟清淨者重牒中境是雙照
境故云如上所說於中爲三初約初句以明雙照一邊境也中體
無作二邊從緣以無作觀照緣解惑又因緣下重釋者即以初句
而爲空邊照於緣生緣生故空空名涅槃即以次句而爲有邊
故云顛倒倒亦從緣且從倒邊故名顛倒用前中觀無偏而照言
意顯者勝以因緣一句義開兩境然初文不釋顛倒者顛倒即是
說由故不別釋今從故說下不別釋者故說即是妙教教必被機
不必須云顛倒故也常樂之言無別他釋故總在後示因緣顛
倒三諦以明觀法即常樂三觀故也三又但下又合前二句同爲
三諦之境凡從因緣生顛倒之法皆妙境體由本有境故上諸觀
亦由第二說用觀故故有第三結說結觀又於結中三重釋者由
於上來諸境也初釋由顛倒故說次釋由二邊故說第三釋由不
思議故說雖三釋不同共顯一致雖顯一致不無親疎初說從機故
云顛倒從機語通次說漸親由二邊故中本無說第三全約不思
議三諦體說雖有親疎觀法無別同觀三諦一實之境故常樂
一句無所離合所以前後共成一意次又觀下通上下文全作觀釋於
中又二初作觀體觀相以釋次凡有十九句下作十八空總別以釋
初云觀一切法空如實相云標觀體者實相是所觀以所顯能
觀方有體次不顛倒下釋觀相云九句者對下十八單複不同故
但九耳複故但九一不顛倒等二不退等三如虛空等四一切語
言等五不生等六無名等七無量等八但以等九常樂等略出三

句示複句相令餘準知此中九句就常樂觀也下十八空唯至無障
次引釋論釋如虛空等更釋不生等句以由如虛空故三世不攝
初如虛空者總標也無入是不生不從於現以入未故無出是不
出不從於現以出過故無住相是不起即現在不住攝大乘意引
與大論同復引大論四十三者存異釋耳次約總別作十八空者
於前體相亦可以爲總體別體總相別相今總別者於前九句
除後二句以餘七句離爲十七進取如實相句合爲十八以前七
中初之三句二二爲句第四句單第五六句三三爲句第七一句四句
爲句故使句法盈縮不同此十八空從所得名能空秖是一大空
耳大無大相即圓空也故次文云中道正慧即是能空故句句中
皆有能空及以所空能空即是如不無斷等也所空即是顛倒乃
至礙障等也如云顛倒顛倒是內內顛倒空故名爲不下去準知
於空空中先立能所者餘句所無以此句中能所名同是故別顯
餘文相別是故不論於中雖復所空名空望能空智猶名爲有此
中甚略委釋相狀及以離合具如止觀第五記若曉妙境及圓十
觀方了此中十八觀境若不爾者彼止觀文乃成徒設故彼正當安
樂行人之觀法也故知始行須達彼意方可弘經若其不愜爲利
爲名爲衆爲勝復肯同於二乘道不大乘進退審自思之所以
勤勤於弘經者願共審斯大利故耳故彼境境結成大車故彼觀
觀皆依實相四十餘年祕要之教教已難覩所詮行理何由可曉
自非四依弘法之力未學迷滯安遇斯文遇而不求何異日月於
盲者耶何異雷霆於聾耳者乎但今文中觀法未周屬在彼部文
雖不委名相略同今粗點之使緣心有在何者實相妙境也慈悲
發心也止觀安心也一切破徧也十八道品也亦不分別通塞也離
十惱亂助道也夢中所見表後三也通括四行十觀略周通論文
以四行助十若四若十並涉因果四總十別若總若別俱通權實

四行事儀且在於始十法導理無不剋終且涅槃行獨在於始又
此十八名在大品大論委釋經通三教論釋復含但簡二乘而不
細辨通別菩薩是故讀者猶須置心故須對經一一圓釋偈中等
者義異故開意同故合故前行近以廣顯略上行近至次當者
上文行三雖有三釋應取第三雖爲三諦釋以三重釋名偏消故
不同於近中三也但得云各言復不次第者非但不次亦乃通總
頌中多是近近文故應入下至頌事遠近者約遠論近也亦應云
頌雙標行近亦是頌入空行處者前行處中第二作二空消文於
二空中離十惱亂亦當生空柔和善順言即兼者近中遠近亦同
生空法空還於遠近修空修觀故耳又遠近等三亦秖約前行三
而已準偈標結俱雙故也常離國王等者乃至官長準例可知非
直弘法他皆準此作此譏比丘等者世譏者言既比丘作此爲佛譏
耶佛法爾耶尼陀者具如止觀第十記所以不許親尼陀者或恐人
疑比丘教彼言佛法若斯又復外道常患佛過若親近此或謂比
丘須彼則佛法不如於彼故誡內衆勿親近外法乃至六諦二十五諦
等具如止觀第十記乃至讚詠準此可知初爲跋耆子說問毗曇
者故知別有阿毗曇藏是佛自說今不見者諍計云云或謂是十二
部中論義部者不然言相續解脫經者是佛自說故且名經當佛
滅後阿難所結集者名修多羅五百集者初名解脫後廣集法
相乃名爲論欲相者頌中雖無欲相之言以長行有故今略釋俱
舍云六受欲六交抱執手笑視淫今依舊名且須輪者偷羅耳如中
阿含云有一異學問薄拘羅云汝於正法中已八十年頗曾行欲事
不薄拘羅言莫作是語更有別事何不問耶異學又問汝於八
十年起欲想不答不應作如是問我八十年未曾起欲想尚未曾
起一念貢高未曾受居士衣未曾割截衣未曾倩他作衣未曾
用針縫衣未曾受請未曾從大家乞食未曾倚壁未曾視女人面

未曾入尼房未曾與尼相問訊乃至道路亦不共語八十年坐故知
衣食等欲想一切尚無況復深欲想耶弘法之徒觀斯鑒鏡世人笑
他濫大乘者以爲合雜在小檢者亦可思詳況今弘經息譏爲本
云云八精進等者具如止觀第二記又復不行上中等者約癈權說
故前三教名上中下或指三乘或三菩薩不倚圓等者佛尚以異方
便及餘深法用助正道後學順教豈可固違習實尚微而兼偏
小須順佛旨將護物機問偏圓與權實何別答通則不別別論小
異偏圓約教權實約法法即教下所詮通於理智行等問佛世觀
機恐物情苦先以小接次以偏引末代弘法並必然耶答今去助者
舉況而已恐倚圓機偏然弘經者隨其行位若始行者具如今文不
以小答若深位人始末弘法必以生滅等三方能顯於圓頓具如止觀
諸文皆先漸後頓面舉等者如對二人偏舉一人其不舉者義當對
毀然好舉者必當善毀今他懷此故須並息又面譽如對毀故智者
息之問經讚小善安遮面舉答好面舉者未必讚善讚通隱顯
制面防背故安樂行人自讚防彼亦不得約張說趙長等者寄張
家長說趙家長故令趙家謂說張長而讚己短謂見趙行懺云
張人勤豈不令趙謂以張勤而譏己怠似善法罵故不應爲若向
張說趙短復令張人謂向趙人而說我短故大論云自讚自毀讚他
毀他如是四法智者不爲何以故自讚者是貢幻人自毀者是妖惑
人讚他者是諂佞人毀他者是讒賊人智者應以四悉籌量而讚自
他若歎二乘等者對大歎小令失大故若毀二乘或令二乘大小俱
失此約始行二乘人也亦是習小助大之人如涅槃中二乘是也不
生怨嫌心者怨字去聲損己則怨違情曰嫌若作平聲者傷己
未重心積大仇安樂行者尚去順己之喜況構無怨之恨大集云
過去世時有羅剎王於俱留孫佛法中出家發菩提心誦持大小
乘法聚各八萬四千由意嫌頭陀比丘云不誦經典猶如株杌由

此墮獄受大苦惱從獄出已受羅剎身於賢劫末樓至佛所方
脫羅剎身常人尚爾況安樂行為弘大典將護小行又怨恨嫌
責怨深嫌淺淺深俱捨方稱正行此中安樂行中所言心者為制口
故觀諸法空等者心已住於畢竟空理牒前行法故必不執大
而輕於小但隨順法相復順物情尚不令順法而違物情況令違
法而復背機故從若不見去但答大法隨義而答有三者三種語
也智者語即可答王者語愚者語即不可答不應以圓行呵別者
經雖但云學佛道者以藏通菩薩雖亦求佛與小共故猶屬小攝
既云求短以權有短是故爾耳比丘下云訶通者四衆通有三乘故
也去道甚遠復云別者以通教中復有別機況空下御釋通甚豈
踊出菩薩補處尚皆不識一人云何令修此等行耶況人未出預說
行耶況復出已赴命弘持不見更令有修行處經文亦不應戲論
諸法此中不須引中論觀法品見論愛論彼乃通屬三界之惑亦
不須引淨名見苦斷集是則戲論此乃別斥小乘果人又不應引
大論若言非有非無是戲論法及第四句名戲論謗等今制與諍
之論妨安樂行耳故知釋義須望本經棄淺從深未為當理止觀
二行各有四者此中初二行頌止四次三行頌觀四初止四者初一行頌
第一離嫉諂次一句頌第二離輕罵三一句頌第四離諍競四半行
頌第三離惱亂次三行頌觀四者初一行頌第一大悲次一行頌第
三大師三三句頌第二慈父四二句頌第四等說但其昔曾發心者以
昔曾發偏小之心入實不過通成大機即慈境也此悲境得一切三
界內者者文中既不云出家則知是界內流轉之徒經雖但云非菩
薩以大例小驗知亦不發小乘前大小俱是慈境故也應知與樂拔
苦隨舉一邊故各釋妨令通大旨經云不聞不知等者據理而言
偏亦應有不信等圓亦應有不聞不知等問云何得知前三是
權後三是實答舉正發權文但牒後三而為是經經以神通等者

二力秖是福智二嚴深觀如來室衣共為大善寂力者不起即衣
現儀即室言八萬等者秖是小乘八萬而已如俱舍云牟尼說法蘊
數有八十千未關於大第五隨功者始自七賢終至羅漢並有定慧
分故城即涅槃者即第四果也得有漏者賢位法也六合譬中次
第合六初合初而諸下合第二如來下合第三其有下合第四於
四下合第五而不下合第六合與珠中經云見賢聖等者大集云
知苦壞陰魔斷集離煩惱魔證滅離死魔修道壞天子魔
今不云天子魔者以小乘多斷三魔未壞天子魔故然有壞義經
云有大等者如來見此小乘賢聖已除界內因果名與陰戰至般
若後名大功勳故三毒等且在小中爾後時長通云歡喜煩惱
障中初又三即貪等三毒次十六行云一切者准下釋一切始自十
信終至妙覺故知三惑但在欲界屬三毒耳以十信具除三界惑
故下去猶有見思等三故云一切以一切言通收三惑俱轉故也安樂
既是如來之行故弘經者預表果成故知弘功其力不小問何以至
此即歎教耶答此在迹門流通之末前已明佛去世後弘經功深古
佛證經今佛成道二萬八十萬億此土他方宣通之益不可測量
人獲妙功良由法實故流通末重辨所通通者何三周開顯發舉
輪王威伏兵衆獲勳有大小故所賜不同此四行後復結成者
顯四行功成能行此行兼弘經力化功歸己果相先彰故使大士
剎那夢逾億世表一生弘教功超累劫初十信中既云慈悲又云
正見及以無礙慈悲是弘揩似發正見無礙是界內真成即繼見
修二惑故也住中既云見佛表自當得八相即分真無生忍位也
見身處中表入實也歡喜以表入歡喜住發心見中與初地等故
亦云喜得三總持具三不退佛知者得記之由下去得記可知修習
云行者前非無行不別而別至此最得行名故也證諸者諸言正
表斷三十品言無垢者初住已得為順大經且從初地若云入金剛

定義當等覺合在第十地中此中明信等五根乃至八正者釋佛
道也所行之道不逾七科隨要略明信後四科耳

釋踊出品

先以四悉通釋於世界中初明命赴之由次如來下正明命赴師嚴
等者二義互明道在師故道尊師有道故師嚴師嚴故命不可違
道尊故有命必赴由師具二故鞠躬祗奉次正明命赴所言命者一
由寶塔品末云佛欲以此妙法華經付囑有在此命猶通二由下文
他方菩薩八恒沙衆請此土弘經佛止之曰我娑婆世界自有六萬
恒河沙衆即別命也故經家敘之諸菩薩聞釋迦牟尼佛所發音
聲從下發來四方奔踊者奔疾也恭之至也自下升此故是世界
下三共成初感應也三世下為人者有法喻合初法者自本成來三
世益物故此三世皆屬過去今佛自當現在益物菩薩弘經且在於
當慧利既廣非心所測舉月譬者一月本也萬影迹也但使有水
應之不像豈可以三世思之若不撥影安知天月明諸菩薩實本難
測冥顯如來迹不可量召過等者若不開迹降佛已還無能知者
今欲顯本先出本屬具有二世善根增長故召本人示現今現
人生現善使本人弘現經令當人生當善虛空等為對治者約所
表也虛空理也本迹事也事有本迹理無早晚惑者迷理而暗本
迹故執近迹以失遠本本迹尚迷況不思議一故本之弟子居下虛
空本地之師經久虛空今之師在今虛空久空今空下空上空
雖即體一然本弟子元知近迹今之弟子猶迷遠本破執近故召
昔示今今弟子因疑致請聞說方破破執近惑故云對治寂場去
第一義者寂場舍那示始成故父少寂光菩薩行久著故兒老譬
藥力者父何以少子何以老准下父子譬意父久先服種智還年
之藥父老而若少子亦久稟常住不死之方子少而若老雖各有
服餌之功而父子久定此之四悉雖通釋今文並兼後品然初一

悉文在今品第二竟兼後品三四二悉探用後品皆是助後以成顯遠善生惡破見本故也故知世界即是三悉之由故踊出品專在世界文云下引證總證四悉即四悉因緣故集流通段下云云者應具述諸品如下委論又二十八品唯有十一品半本迹流通十六品半以經力大舉法舉人引今引往東方西方若顯若祕總身別身或逆或順往佛今佛自微自著現益當益言益人益男益女益親益疏益事益理益等稱之不已故有文半品四信之文去取不定況本迹二處流通意別故注云云故本門流通亂異諸部他方菩薩聞通經福大者已聞迹門說流通竟以慕勝福而欲流通如來止之者上廣慕弘經今他方請弘何故不許故以三義釋之初所任別故無二世利則無世界益二他方於此無巨益者即無爲人第三三義迹疑不破即無對治遠本不顯無第一義聞諸佛菩薩共熟未熟有何彼此分身散影普徧十方而言已任及廢彼耶　答諸佛菩薩冥熟彼此但機有在無無始法爾故以第二義顯初義云結緣事竟初從此佛菩薩結緣還於此佛菩薩成熟平等意趣義如前云由此二義須召下方故一召下方亦成三義是故止彼無三義者無四悉益召下三義即具四益初子弘父法有世界益次以緣下緣深利多有爲人益三又得下近疑破故有對治益遠本顯故有第一義益此是召本弘經之益於前四悉但在世界爲人斷疑即是本由此中未述住處下釋本處也先出土名次以四德釋之三是爲下結名本有四德爲所依修得四德爲能依能所並有能依之身依於能所所依之土二義齊等方是毗盧遮那身土之相若云塵剎重重相入重重相有重重事等重重說等爲未了者以事顯理若不了此一旨誰曉十方法界唯有一佛亦許他佛若許他佛他亦身土重重互現互入互融當知秖是約一論徧四以不下釋住意五下方下釋下方也法性之淵底釋下也玄宗之極地釋方也玄理之宗故名玄宗

謂宗致取果所期此諸菩薩分到所期且云極地文地列者地獲本屬如迹隱本今開迹顯本故列地表之然諸菩薩於此已前亦曾有迹雖但顯本於理未彰但弟子被覆義當覆師弟子若顯師無不顯故顯弟子義當顯師言在下不屬此空中不屬彼者在下空故不屬此界住於空故不屬彼界以彼表無以此表有以空表中出此不在上者非上界也不在此下者此界在上空之下此即是下故云此下復以上界表無此界表有空亦表中故上下二空俱表中理理即寂光來之由者下至皆如上說者從聞命下四句故來是結釋品四悉意也亦是上他方召下方三義故云如上若依法門者此五字應合著六萬非多下非多已上仍屬因緣亦不須移一即一道等者既云法門須通因果事則從多至少法門從少至多者義當依理起行故也增至六度既結爲六萬成圓觀行依妙境故度成萬度實無萬六中各萬秖是一萬無別萬也六全是萬無別六也二度行無非法界界無界相秖一剎那即一道也一六既然二三四五準此可見是則六中無不一多一切具足當知一道至五眼來　眼一論皆具一萬無非三觀觀法界也皆云善者不通迷故多不多空也二不一假也雙非雙照中也言云云者應須具論妙境妙觀具如上下不復更云是彼菩薩之行德也就初三業供養至徧見者此乃感應道交於五十劫令如半日此明如來不可思議延促之事顯於如來自在之力則顯無機雖借雖隱而亦不能於長見短於狹見廣鏡豈惜妍由形故耳有人云聽法之志而忘其長或云長短斯亡長短斯在此並得感而失應何以抑於如來神力耶　借子夜反繞下更釋感應初釋三業供養爲機五十劫下釋感應相初釋即長而短四衆下釋即狹而廣於長短中又爲四初略示次如來下明非長而長三解者下約解惑判即是赴機四斯爲下明現長短意初文者即八自在中之一也次文者佛眼觀之長短不二四眼觀

之不無長短故赴長短機令見不一第三文者解惑俱機故使菩薩即短而見長執者即長而見短如萬像森林雖凡夫謂異二乘爲如如來見之非如非異而如而異既云令諸大衆謂如半日即促彼長令其見短故云隱長廣狹亦爾如有漏報法尚乃盲者在明而無見蝙蝠於夜而能視故知明暗在眼非境爾也況機應相召今昔之力問既云惑者何名妙機答菩薩已破無明稱之爲解大衆仍居賢位名之爲惑機中辨位故云解惑四斯爲等者現此非長非短之長短及非廣非狹之廣狹明成佛既久化迹必多所以爲下非本非迹之遠本及非少非多之廣迹而爲先兆也故知開覺尚達非遠非近之遠本況復近迹若未開顯尚昧近迹況非遠非近之遠本以未知久本而爲惑者斯理必然及至開顯咸知本無長短遠近斯存故名不思議一故先現之密表非本非迹之本迹四衆徧見下明廣狹中亦先略示次夫肉眼下釋肉天二眼任其自力所見不遇今忽見遠知非己力即知如來現此神變必說妙法次雨猛華盛辯見應也龍大池深辯知真也見應下合辯也見諸菩薩應相既多必並證得彌法界真秖向見短之人而見於廣廣若是機短是尋應既見即狹之廣理亦方見即短之長密表當破無明故且抑其一分陳問偈中亦頌前二初一行頌前如來安樂初二句正頌安樂次二句雖云敎化亦屬安樂耳次一行頌第二意易度下言云云者今出頌中二句之意但擧四人云欲擬者比擬也亦對也如華嚴下引同也四十位下言云云者明彼此佛然既同人法相望亦等但彼迹此本彼兼此獨乃至如後十義不同本迹雖殊彼此俱四感爲導首故得例之雖有加與不加及名不等焉知不是彼法慧等濟須塗尉者猶如嬰兒爲病服藥所須斷乳權以毒塗藥勢歇已洗乳令服初乳後乳乳體不殊中間爲病進不權設亦如癰瘡熱氣未止故且須冷尉熱休息冷初身後身其

體不異爲熟斷熨熟退如初此入彼入二處不異但根鈍者入時未至如蘇如嬰尚須塗熨以酪等三斷時調熟故云薄耳言十意者雖佛慧不殊化緣生熟顯晦仍別是故略須述其異同不可事異令佛慧殊豈佛慧同今教一槩二蘇時異佛慧必同況復猶是一佛所化應須了知異本非異於中先列次釋列中第三語互準下釋中此應題云橫竪廣略至下釋中二處各別次釋中初始見今見者華嚴始見經文自云始成正覺後文秖是廣明因果之相依正通同所以一經之內三處明文即世主品初名號品初十定品初皆云於菩提場始成正覺以成始故見者成初今即法華乃於王城開佛知見能見所見境智何殊二日照下開合不開合者華嚴望小且名不開猶帶於漸故名不合於彼不入爲今今入更開於小三味調之今經方合言五味者兼論初後耳況彼不合者今亦合之故知彼經開亦不徧逗機未足合亦不周尚存權迹應知彼開亦是此開然亦此合何殊彼合一佛化事同異宛然但彼無小機在初名頓自開小後名漸歸頓開合雖殊二頓不別三竪廣橫略者華嚴且約入法界遍及從初住終至十地名爲竪入經四十二位故名爲廣且約不用六方便遍故名橫略方便對實故名爲橫若華廣論行願佛身佛土相好名字身土四句主伴十方亦是橫廣然自在大竪中論橫故云橫略此迹一化偏歷五味味味諸教教相望故名橫廣從初至後處處得入故名竪廣本迹二門無不入實又名竪廣又亦應言若本若迹皆論久遠三世益物永永不窮亦名竪廣三世化中八教相入故名橫廣況復放光橫敘他土諸菩薩行答問竪敘過去化儀三周三節說領述記復得名爲橫廣竪廣並是如來巧順物宜稱適當會當知此廣何殊彼廣況彼竪廣義含橫廣故顯密不同說時未至元有施設語不同耳第四本一迹多等者唯華嚴但以一臺爲迹中本本非久遠故使千葉成迹中

迹但臺爲千葉以之爲本縱令十方互爲主伴十方亦復不離一塵一塵秖在此臺此葉當知秖是迹中依正是故迹多與衆經共所以法華迹說與衆經同華嚴但與迹中分同然已廣敘依正融通何事不明久遠之本若論本門與衆經異華嚴即被法華本異華嚴雖有久遠行因但是今日一番之因尚未曾云中間一番之果況有中間數數成佛當知此異則異於彼故云本獨若言不異伽耶尚是華藏寧非開則俱開不思議一此乃以法華之遠本與華嚴之近迹故知教門不得不異第五被加等者華嚴多是加菩薩說乃至文殊普賢及入法界尚是菩薩自說不見佛印之文法華除序文殊釋疑及流通中有諸菩薩發誓弘通皆是佛述及以對佛便爲有印故本迹正經皆佛自說雖加不加皆成佛慧化儀施設時處不同印與不印其理一也須知同異以顯化由第六言不變土者淨穢不同常自差別今云變者穢爲施權變表顯實穢屬五濁元在小機機會權開土變爲表故顯本已純諸菩薩淨土不毀而衆見燒又彼則種種世界不同淨不妨穢此則寶樹華葉遊樂穢不妨淨況常寂光土端醜斯亡寂光所對感有淨穢雖變不變佛慧何殊豈由初後變不變殊令佛慧異若也不信不毀之說乃固執於見燒之文而以華嚴形斥法華如人毀其身稱讚手臂故知約迹言變不變淨穢雖殊體同名異第七多處不多處者七處八會與三處三會雖多少不同所說何別豈多少異令佛慧殊若以同一報土亦非多處此中橫對四土處卻感多還以彼多對此寂光多亦即一彼此體一佛慧不殊第八斥奪者亦可更云彼如龍如癡故有斥奪皆與佛記故無斥奪又有小須改故餘經斥奪彼經無小故當部無斥又別教權說此權易轉故不須斥小乘難轉故須斥奪九直顯實等者雖有別教以易開故故且云直須決了者小雖開故故須云開十利鈍根者據次第調

熟名爲鈍根今無不開豈得純鈍若據數別彼仍一鈍此乃純利故約五味判諸利鈍良由此也一往且從會於鈍者故云鈍耳所以至此機同感同故佛慧同約化儀說故須辨異若識理同等者問一切諸經乃至草木理無不等何獨法華答教之同異具如玄文雖一切理同說在今教今所歎者歎能詮教故諸教中無舊曾云等者先出古釋決今以下十文並之方知二部了滿同等云云者乃至應以多重並決而破古師與問碩異者先問何故問家隨喜能問人即指諸菩薩能問諸佛聞已信行者即指諸菩薩所化之人聞菩薩說已而能信行我等隨喜者隨喜能問發起大利隨喜菩薩所化之人如來述歎但云汝等能於如來發隨喜心何故與上問語乖耶碩者大也然能問下答可見此亦密表壽量者今歎菩薩尚是古佛密表今佛非今成也若非今成必有遠本未得彰灼故云密表仍須委明密表之意故注云云已如向辨下結云此約四悉等者須示此下悉檀四文及意意初是世界次三文字是餘三悉此約彌勒不識邊無四悉益由問故識識即四益初文爾時彌勒及八萬大士者恐文誤準經文云八千恒沙初中初約來者次約去處若來下結上二事所以今見皆是不識者此有二義一約權教雖於十方橫竪遊履教權時淺不測本久二約實道雖居補處猶在迹中豈可云知若實位高爲衆發迹應須發起約十方界去來異故識不識別以不識故無世界益後不知前是爲人者前進之人有所證善彌勒不知彼之內善自善不生故無爲人雖先進位深豈過補處雖云未學無垢位成如何得以前後判之亦用前二義通之可見所化異故屬對治者夫化物者本治物病彌勒不知其應無彼利物之道即不識病無對治也然智人知智蛇自識蛇豈補處之人不識其真應亦具二義雖同補處久近不等故知近者不測遠者密開壽量是第一義者即此一部最極之理豈非第一生云以其悟性非十住

所見故彌勒不識一人然彌勒位在補處何以判為十住又不知生以彌勒證何十住有人云彌勒何不直問長壽如涅槃中問長壽耶今答此都不曉今謂伽耶近成不知過去長壽由見地踊不識因緣眷屬所由佛答具由須論長壽故眷屬現豈徒然哉故知地踊為生疑故現如來為顯長故召之故遠近二由皆為說遠迦葉童子已於此中聞長壽竟於彼但問長壽之因故彼經云云何得長壽即問因也已聞過去為顯未來故問長因以生佛答此難彼易理數如然云云者今點出四悉釋之如向請答師主下云云者釋出請意抑待彌勒云云者其問之益不在於我故不為答抑待釋迦答彌勒問故云待彌勒耳何者彌勒所問事迹不輕釋尊一代未曾顯說因茲答問廣顯長壽此一代玄祕在佛自開汝自當聞我不應答師子奮迅等者此中二釋前諸所釋用義不同良由此也從前釋彌勒不知乃至此中云十方者多指八方總云十方耳又私謂至此點四德云云者須述四德對三世意此之四德非前非後隨德流類有三世用故以四德對於三世不別而別思之可見一切萬德對用皆然況四既非四三亦非三若欲略對三四名相者神通是菩薩遊戲故名為樂益盡來世故得是常餘二易見三行頌三世者前師子等以明三世文中亦無三世之語但以義勢同三世耳今頌亦爾直以佛無不實語等一偈半文而用通之語既不虛必知三世益亦真實雙答雙釋者雙答從來及以師主下方空中引大論云有底散者底者下也散者空也此但消名若出體狀即約教釋者是也文初云四後云約教即四教是非想是有漏底空是真諦底邊際智是俗諦底皆以橫釋也是則初一是藏次一是通次一是別今經是圓以中為底於四釋中但云釋底不云散者底即散故不復別釋云云者應簡真中教門各二故底不同今是開顯圓中道底從不依止等者居止下空並不依於上下人天言人天是二邊者約

所表釋人多滯著表有遊天住淨福表空遊居此空中以表中道初五行半等者又二初四行答師弟次一行半答處所於中又二初半行正答處次一行歎菩薩德下三頌雙釋者於中又二初二行半頌釋師弟次半行頌釋處所經不云處但云久遠教化之者前正答中已云處竟故但以時而釋處也過去久遠於何處化化令入實即空中也言云云者應消經文兩問雙釋之意略如向辨自佛下准下文此應先開為二初騰疑次請答執遠疑近者問彌勒既不知其數不識一人云何得知久植善根答秖由不知不識方由佛歎住處德業既多又深豈近成佛之所化耶結請中經但舉難信者託物不信拒而擊佛令必有答色美等者以色等為喻者德在年少為言指百歲等者先略合譬次敘淮北諸師用譬釋譬者先釋譬次合釋譬言子不服藥者具擬不現劣應之身而云不服仍以勝表本故云百歲既云若佛及佛則顯彌勒不知次如來下今合譬令師用之故兼非斥合文仍略言如來橫服垂應藥者智契理由豎服於真諦之藥處處益物乃由橫服垂應之藥真諦藥者假即空故權即實故自行冥故垂應藥者空即假故實即權故化他起故如是初心由橫豎不二之妙藥也此之三藥無前無後真諦藥者以治病故垂應藥者以還年故不二藥者以延壽故以還年故雖老而少現不二身故云本地九次第定是善人者從禪至禪無間入故奮迅是善出者從禪至禪皆經散心以散名出超越是善住者雖經超散住禪究竟畢法性為善入者畢者窮也窮法性故首楞嚴者能現威儀故王三昧者如王安國故此中約教藏通同者所證同故據因為善習等者自淺階深故云次第言云云者善出善住皆應從果立名因皆善習如向分別此中不論本迹者既是本中弟子未須論迹信者即增道下云云者未來稟權多疑遠本應須委約諸方便教明不信者消今文意今文並約久成明信而

論增道增道必損生具如後品

釋壽量品

初文所以不明四悉為因緣釋者即前品未得四悉益者今此答竟即是四益此中為二初引古通釋次正釋品初文又四初明諸師異解次前代下縱諸師以破光宅三鵠蚌下今四句釋四問下問答料簡初睿師序意者舉分身以釋壽量而以理況事並舉不足以釋足意明壽而非壽方名為壽身而不身乃可為身並由得理能現身壽故云然則等也所以初句壽得理故方非長而長次句身得理故乃異而無異壽既數而非數身亦分無所分以理性非量故不可以數求法身非形故無得以身取分身既以法身為身壽量亦以常壽作壽故更引普賢多寶而為興類普賢居菩薩極位尚名為賢可表伽耶成亦非成多寶滅度甚久而出證經預表雙林滅亦非滅今謂以非壽釋壽理實如然但似不答所問彌勒問踊出菩薩從誰發心等意疑伽耶成來未久如何所化身相難思本既不疑長壽何須以非長而長為答但先以長為答顯所化多長壽之由其唯法報是故今以三身釋之法華論意亦復如是河西與睿意同詞劣意云應身本是法身法身真化分而不分故云不異無生無滅故云理一故以多寶滅而非滅用釋釋迦量即無量故云與太虛齊等若爾引多寶現不云審表應當多寶現即是釋迦長壽何須更明壽量品耶況但是法身而失報應若言釋迦量即無量秖可顯未來長壽與大經同如何得知過去壽量耶故今先知壽無量劫然始方云不思議一道場觀意以法華為乘始以涅槃為乘終終始隔部所以未可等是隔部何不以華嚴為乘始若以會歸為乘始者教行人理一切皆會會已無始亦復無終若迹門為乘始者又不全然若但乘始何故法說中明佛智等譬喻說中明至道場因緣說中云至實所所以

初釋惟忖中五句意云今之與昔或已入住行向地等入復增進唯有一分鈍根聲聞於此終開仍入初住豈名乘始若初住名始彈指如何故不依此能判經部若涅槃澄神爲乘終者說大經時十仙諸外道並初發心復無量人退菩提心又法華之始則在物機涅槃澄神約於教主由法華教主久成故涅槃澄神不滅又滅影爲息迹則法華猶迹澄神爲本非今經本應知今經以久遠實成爲本中開今日示成爲迹若依他釋本迹二門俱屬乘始若不釋本直於迹中明始終者具如玄文乘妙中說注家先舉非存亡出脩夭爲非壽量用釋壽量次明壽量意然釋兩字仍似顛倒存亡之數是量脩夭之限是壽一期曰壽壽內之數曰量故也次法身下明意者重舉向非壽非量之體非形牒非壽非年牒非量此違論文使大士下正明說壽量意令菩薩修踐極照今知如來遠壽之體是大士智之所遊所遊既深故云踐極違彼非壽故名爲照不以兩字貫下百年期頤者期要也頤養也百歲之人不知衣食要假孝子而扶養之今佛不然故云不以生公意者雖亦明無長無短長短恒存故與上三家其意稍別仍闕注家說壽意也於中初明伽耶色身形壽不實用爲法身無壽之表然則下以形例壽萬形一致顯身分而不分古今爲一明壽量即非量古亦今也下明今古不二當不思議一然準今文先須辨長後方明一言古亦今者明本佛古不異伽耶之今今亦古者明伽耶今不殊本佛之古無時不有下重釋形壽無時不有釋壽也無處不在釋形也無時不有非獨今日無處不在豈專伽耶若有時下明形壽在物應非有無次是以下秖指近成即久成也故云伽耶是也次伽耶是者下轉釋也雖指其是謂近非近伽耶既非下明短既非短長亦非長次長短下真俗相對以釋長短真乃長短斯盡俗則長短恒存生公意云一身之處三身備矣近成之果與遠果同故八十之壽即無量壽道

理雖然須先各判方可融通駁前諸師偏得片意並以法身爲極皆違論文論文但指過去報壽爲長何得用法身非壽以釋法身非壽諸教常訣但未曾說久成遠壽故知尚不及於注家踐極又以生公長短恒存然不云恒存之長諸經未說當知消當文非無一意釋遠趣出自一家故說佛慧彼此悉同若論遠壽一向須異前代下命存諸釋諸釋皆不以壽量爲無常光宅乃以壽量爲延壽若約今師三身四句望諸師意並無可存又或下引古師難次今爲下通難先略破古人次正釋先引事云鷸蚌相扼等者引春秋事具如止觀第五記但用事不同彼但借相扼之言此正用乘鷸之意我乘下正釋今如彊秦使常無常家如燕趙也及金光明者彼第一卷壽量品云信相菩薩自思惟昔何緣釋迦壽命短促方八十年如佛所說二因長壽一者不殺二者施食佛無量劫具足十善云何短促思是事時其室自然廣博嚴事因見如來希有瑞相乃感四佛爲其說偈偈云諸水渧山斤地塵空界可知其數無有能知如來壽者品文具有此義者即此品後文具三句義還攬此三分爲四句是故應知今品題意迹中指本本具三身故不偏執常與無常今正應以本地之長用開迹短曉長本已方達本理無復長短故借迹中三身四句對本以釋當知本迹俱具四句本四俱本迹四俱迹問若壽量等者涅槃亦云惟佛與佛其壽無量無量故常明常既同經應不別經部雖異二常何殊答中爲二先反質今同次分別辨異初反質者一乘既同俱常何答大經云一切衆生悉一乘故其部雖異常理何殊若部異常殊亦應部殊乘別云云者雖如向述亦應更立名異義同而爲多並分別答者先涅槃次勝鬘初涅槃者明常雖同廣略稍別亦應結云豈廣略別令常不同次文云爲一明一者三外之一自爲一機非會三故但云一部屬方等對斥偏三未至法華不應云會云云者亦應更云

帶不帶異一乘何殊亦應具約五時明會不會一乘共別次問近成是方便等者今師假設先引華嚴大經以定次若爾法華下引法華於華嚴大經爲妨法華若與皆開成遠則法華中無復方便何故本後不輕卻近當知下結難若爾會三下以迹例本本門開已更近亦應迹門會已不會應知此中文略須先結云迹門會已無更不會所以本門遠已無更不遠縱不輕中更明近迹不可長壽更令短促次若爾下重以迹例本以定道同故一切諸佛悉皆爾也若爾下難諸佛壽同何獨釋迦長壽可歎若獨下結難若獨釋迦壽長則有佛道不同之過故云前諸義壞答意者極異從同一切諸佛悉皆如此故云亦然意在同顯實本不必長短悉齊又諸菩薩下引證且引願長豈即全等此即下結同亦不偏言者明常壽等顯往時異長短不同望未來常一向平等故諸佛顯本云云有遠近若論壽體無得復云一近一遠故諸菩薩聞長壽已亦願云云來說報身壽如今釋迦但開迹已無復近遠故知下明本迹體用體用即法應相望若應迹相望不無近遠約近迹應望本初應得有近遠故對緣長短無別長短所以不云報身長者欲以法身亡其長短又欲顯於諸佛道同其實開三佛道可同事成久近不可同也以是方可破他諸師故云諸師不可師也問既云遠成具實近成方便者亦可云近成具實遠成方便不答若初住中本下迹高被物說遠即其事也故諸菩薩發願利物隨四悉益亦可說長問若爾那知釋迦不是初住答今顯實已不復隱本故知非也是則初住說長爲權開權說近爲實既有本下迹高亦有本近迹遠用此高下開諸經中長短俱常既了諸經長短俱常自曉今經久遠之本唯云常者尚未可依驗知諸師計無常者不可依也問義推等者如向所說法華明常道理實爾據文不如涅槃常顯故今經明常似無文據答昔密教也宗旨也糟糠

及橋並能詮教能詮雖異失旨如橋問橋具如止觀第十此且通
途以斥執者又教本下別明化意前雖通斥今別明四悉意長宜
短被物不同即因緣也又文下以部望部據多少論非全無文即
約教也若隨多棄少等者忽若俱少則二經俱棄非魔何謂具
如涅槃第七邪正品中不知法身常住皆名魔說又此經處處明
法身者略如向引但名異義同人便迷名而失其旨若但隨名尚是
魔說況多少耶亦如玄文同體異名中說即是實相實諸非如非
異平等大慧等問既明法身等者若明法身無三德者當知則非
常住法身答文可見論文亦云成就三身三身即是三德故也次正
釋品名爲二先通次別初中先釋如來次釋壽量初云通號者
且指如來一名餘九非無初號最顯具如下釋具通三身並其十號
略如止觀第二記次釋壽量詮量也者壽家之量故曰壽量故釋
量字詮量十方三世三佛等故云也次今正下結歸品意乃指今
之本佛何故爾耶以如來名通壽量亦爾不可局故故須具通題
名雖通意則局本故結歸也問法報是本應身屬迹何以乃言
本地三佛答若其未開法報非迹若顯遠已本迹各三次如來下
別釋亦先釋如來先置廣從略所言廣者如四身十身三十三身無
量身等從義既廣今從略名以消品目所言二三者二即眞應三即
法等不云化者化應一往其體大同問華嚴十身此但三身數既
少攝義不周是則此經身義不足答義有通別通義可爾別則
不然彼通云身故云十身盧舍那也別釋如來故不應云業報佛
國土佛等若欲通收彼經十身應開爲四則以化身攝於業報智
即報身虛空屬法餘皆化攝故知此經亦立多身則妙音觀音三
十三身十法界身或己或他即其事也況今釋品如來之名故但可
二三諸教定故消名便故復辨本迹方在今品故知今品即是本
地二三如來初二如來者先借論文如實之名次釋此名以成眞應

又二先眞次應眞即法報二身合明故舉境智和合以釋眞身
乘是下釋也既但以如智契境故屬眞身論中秖一如字釋中境
智各雙言之者秖是能如如於所如所如如於能如此用金光明意也
若單論下明境智和合成因取果闕一不可次道覺下結成眞身
因果滿故故云義成所以眞身云成應身云生以如實下明應文二
先以報爲本前釋眞身乘實道三字屬因今因成果今屬果用
用本所證契境之智乘於果上利物權道即實而權故云實道故
以方便生於三界次來生下正明應身亦借成論小名以顯圓義普
簡名義理則可歸次明三如來中但離二爲三於中又三先出三如
來義通本迹次又法華下別顯本地三如來也三論云下引經論
證初文又三先出正釋次法身下翻名三是三如來下融通初又二
先借大論立義次如者下解釋論文一句三身具足初以如之一字
名爲法身指所如之境還指所證爲來故云不動而至此即如非
因果而通因果來字在果不通於因次報身如來又三先正釋次
從理下結得名三故論云下結示論文初文者專約報身解其二字
但初如字義與前異前如法二字屬所今如之一字屬能法通
境智智謂能如境即所如智還乘於所如之境得成於果故云乘
於眞實之道次智稱去釋今如字所以也雖即智如於境然如從
境立名故云從理名如等次引論者如能稱於法相故也解即屬
智稱境而解即能如也以解滿故名之曰來準此法身亦應引論
文云如法相也但是文略三明應身又四先正釋次引證三明應相四引
論同初文者先明應由由智稱境示能說身說即應也自報無說
故言以如如境智合但云以如不云法如者法既屬於境智用此境
智能起應故以解屬智別對報身應非無智且以稱機用擬於
說故他受用亦得名報亦得名應若勝若劣俱名應故故知
大師善用論文妙至於此次翻名中具三身也近代翻譯法報不

分三三身自古經論許有三身若言毗盧與舍那不別則法
身即是報身若即是者一切衆生無不圓滿若法身有說衆生
亦然若果滿方說滿從報立若言不離三身俱然何獨法報生
無二耶唯三身故存三身法定不說報通二義應化定說若其相即
俱說俱不說若但從理非說非不說事理相對無說即說即說
無說情通妙契諍計咸失次焦者舊華嚴經名號品中八十住
婆沙中所列大海有石其名曰焦萬流沃之至石皆竭所以大海
水不增長衆生流轉猶如焦石五欲沃之而無厭足唯佛能度是
故云也前二身名一切常定故應身名十方各有不可說佛刹微
塵名號故彼品中新經云釋迦如來亦名毗盧遮那舊經云亦名盧
舍那舊經意明應身具名故總彼二經三名具足其體本一但新
經意以毗盧爲舍那舊經直舉他受用報義復何失三融通中四
先略示意次引教三修性四引論初如文引教中三先引經次總結
三問答釋妨引經中二先引大經者意明三德秖是三身三身具
如諸文所釋引梵網等三結經者以義大旨與三經同而義意攝
要若華嚴中十方臺葉爲主伴此梵網經唯一臺葉故天台戒
疏判云華臺華葉本迹之殊所以華臺華葉本迹定者被緣
雖別道理恒同所結既同能結豈別像法決疑意亦同於所結故也
普賢觀云準上可知結與釋妨文相可知若但下約脩性縱橫不
縱不橫以判圓別者即是約教於中先別次圓後以總通況之言
修縱性橫者非圓妙也性德之名名通別教別教雖有性德之語
三皆在性而不互融故成別義若三皆在修前後而得道理成縱
具如止觀第三又記故知今經不說縱橫若性若修三皆圓妙云云又
法華下明本迹也先正示同異爾前非不明圓三佛但與法華迹
門義同非今品之三如來也故云永異問論中但指報爲久遠應
指伽耶法非今昔如何三佛悉指於本答論雖互指理必咸通豈昔

有報而無餘二並今但應而無法報以中間今日未具三身但自實成望於中間今日所現身處通屬應化故且對之又法身壽即不當今昔約修相望還分近遠下釋壽量可以準知故今日中間節節具三次引論如文次釋壽量兩字即向三如來之壽量也故釋壽量中各具足三義於中先略釋壽次廣釋量此是壽家之量故廣釋量即是廣壽初釋壽中先釋字義次具如下即以字義而通三身次釋量字於中為七初明義通隨三如來自無定故以成三句用釋三身次復次下更以四句消前三身三身即是下融通三身四隨緣下赴機不定五此品下約身以判六復次下判於本迹七問答釋疑初立三句者即是前三如來之壽量也既但開合之殊今但從三為便於中三先釋字次對身三立句次法身下即以三句釋三身也初法身為四初略標次有佛下釋出所以三文云下引證四莫是下結歸初如文次釋所以中又二初正出法身所以次不論下簡異二身又二先身次壽初簡身者不論相應簡非報身與不相續簡非應身與字引下句耳不論兩字貫下二句次簡壽中亦無有量簡非應壽及無量簡非報壽亦無兩字貫下二句故以及字引之故華嚴云法身非有量亦復非無量牟尼已超越有量及無量彼但迹中約體用論體必雙非迹能雙用此乃約用明體故云超越若直引此以證久本良未可也以彼不云已成壽故文云下二引證兩句並雙非報應證量報身中亦四初標次以如如下正釋三文云下引證四此是下結正釋中二初正釋次境既下釋出所以先正釋中二先正明智契於境故有報身次境發下借義釋名由實故發發方名報是故得有難思之壽次所以中二先法次譬由境也蓋智也由相稱故有合藏用所藏之物方任外資引文者初句證報體次句證報因次句證報用次句證報力三證量應身中亦四初略標次應身下釋所以三文云下引證四此是下結次

所以中二先明功能次緣長下應用三云云下明應即體引證中初二句證應相次二句證應用復次下約四句中二初正釋四句次四句下四句料簡初正釋中先正釋次總破古初正釋者依身次第不依句次第故初法身為第四句報身即第二句以金剛前未名報故即第一句是有量也而未名佛且云無常其實更須分別同異金剛至凡節節異故應身即第三句言通途者欲以四句收一切故故以第一句自金剛來通及凡夫故非佛之壽所攝誰廣況復凡夫亦得以為三身之本故入初句次破古中云兩謗者品中明常不以常解名為減謗品無無常用無常釋名為增謗次四句料簡中又二先結前生後次正解於中文自分二初言別者三身別釋分句屬人所屬皆定故也釋報身中先定句次釋疑於中先明法報義等同第四句次但取下明對句意凡夫共者今文釋佛但三身之外皆屬凡收故文尚以金剛之前不屬三身並入凡例言別教者三身別別各對句故故是別教分別之相次通途下通釋也各具四句三身互具故云圓釋三身各四故云通途於中初通標次一一通釋初法身四句中云雙破凡聖八倒者凡四聖四中理任運常雙破故然亦須簡八倒體狀如前十八空中說也第三句言無常者無彼常故第四句者指寂為法身兩亦而照次報身四句中皆須約智初雙非者境既雙非智必稱境第二句中云出過二乘故者小智但有計無常故問此中雙照與向何別答向以寂即法身寂而常照此中約雙照之智故得為別問法身是境境何能照答相照四句具如玄文應身四中非報身故非常非生死故非無常兩存者雙具前兩凡夫四句中先明用句所以今明如來何得通凡為成四句既一句對凡今既通釋望佛非無況復性德三身具足諸句言性德無名字者未有修故明無果佛四句故也但約理三以立四句第三融通者一身即三不同他釋三身定計是故身句皆

悉互通名通義通理通法通迹通而但別方釋妨也第四隨緣中三先示相次引經三所以下釋出所以即約教判也言若諸菩薩未登地住云向前者同二乘也與奪者以他受用亦名應故地上見者是他受用但以報應二名而論與奪大經下更舉大經三辭以證三身五此品下約身以文義判品令知久成又三初正出本報何以故下釋出所以上實法本下契物機三以此下結成本報六復次如是下廣約本迹示今品意於中文四初正明本地三身為本取正示也次諸經下與諸部以辨異三非本下明本迹之由四本迹雖殊不思議一於中又五初正明本迹體性性即實相實相非久誰論其本實相非近誰論其迹實不思議故名為一次正斥學師言寂場者若以叡師九轍中仍寄多寶表本而肇公指釋迦本迹須云寂場三復次下更舉迹中多種本迹通斥諸師四今攝下別示久本近迹明不思議五如此下結異初二如文第三文三謂標釋結釋中文三初別約三諦以論本迹復次此三下總約三諦三二不異以論本迹且約次不次以論總別若總若別若總俱不思議但據設應之相用法不同致成總別皆依本時即總而別乃能用於即別而總總別不二適時言殊然於別中出別相者從真起應但以神通通名為應俗則但指俗諦三昧以之為本隨方便教得作此說未知下總結四別示中三先正簡示次示本迹相顯三本迹下示不思議初簡中言二番四番者二番三諦也四番加一心若本若迹皆攝屬義持義字亦重疊也三四重義同在本迹故也若本若迹皆有如是四三本迹在本在迹隨時別故簡中間本迹為迹本地本迹為本他人不見今經本迹但知從勝專求法身如此法本與眾經共勝劣翻成劣若得久本則近迹不失若但云法身則尚失中間況復遠本從箇下明本迹相顯從於本地本迹之本垂於中間今日本迹之迹如是本迹久近相顯方知本是迹家之本迹是本家之迹三本迹

不思議者即是約理五結異如文七料簡中先問意者勝方名異
諸經所明法相此經尚少應𭔃諸經何得反能超異諸說次荅中
二文皆云種種不出因果及以自他文有辟合前文云業即能行之
行實即所行之法位即所階之果方便教中行因獲果故云種
種若無法身常住之壽因果無歸故知諸經諸行不同皆入今經
常住之命此常住命一體三身徧收一切此約自行次大經下更約
自他具如法門下雙合海中之要下結出勝意爲三謂法辟斥斥
云非異是何法性法身智即報身應即應身故法性海中要豈
過此故應皆以三身合喉等四然諸經中豈無三身但爲兼帶及
未明遠是故此經永異諸教若不爾者請檢諸經何經明佛久遠
之本同此經耶何以若疑久成之德爲釋疑耶此若釋疑方便亦是
釋現相疑方便釋疑則序品爲正方可此中踊出爲正況他並判以
爲流通然論中自列十種無上一種子無上指澍雨辟二行無上指大
通事三增長力無上指化城辟四令解無上指繫珠辟五淨土無
上指多寶現六說無上指髻珠辟七化生無上指踊出菩薩八成道
無上指壽量三菩提九涅槃無上指醫子十勝妙力無上指下諸品
爲餘殘修多羅當知論意指分別品去爲餘殘脩多羅即正經之
殘流通分也望今所判唯差半品若以功德而言俱屬流通今
從記領判屬正耳並異諸經故云無上若爾雨辟已前豈非無上
荅雨辟已述辟及領解方便品已判甚深甚深秖是無上異名況
方便品已是辟本若以方便去八品爲正猶得迹門中正若以十三
品爲正復雜迹門流通故知取迹流通爲正棄本正爲流通深
不可也具如別記故知本地三身即諸經諸身之喉如衣之褾諸根之
目如晨之茇茇字從草出風俗通故知今明本迹不與諸經諸師
同也此品文句跡文稍繁前後難見故前錄出但依此開顯文
二先誡信次正荅又二長行偈頌長行二謂法辟初法說爲二

三世益物二揔結不虛初三世爲二初過去爲二初從如來秘密下
出執近之謂二從然善男下破近顯遠初文又三初出所迷之法二
出能迷之衆三出迷遠之謂次破近顯遠又二初顯遠二益物所
宜初又二法說辟說又三初舉辟問二荅三合次益物所宜中又
三初益物處二拂迹上疑三若有衆生下正明益物所宜於中又
二感應二施化於中又二先明形聲益次得益歡喜先形聲又
二先形次聲形益又二非生現生二非滅現滅聲益如文得益
歡喜如文次從諸善男子如來見下現在益物又二先機感次應
化於中又二非生現生次非滅現滅初文又二現生次現生利益
現生又二現生二非生第二現生利益中二先形聲次不虛不虛
又二先不虛次釋不虛又二初照理不虛次從以諸下明稱機不虛
於中又二先機感次施化次明非滅現滅又二非滅現滅二現
滅利益初又二初本實不滅於中又二初明果位常住次舉因況
果二從然今下迹中唱滅次現滅利益又二初不滅有損一從以方
便下唱滅有益初又二初不滅有損次廣釋次有益中二先歎佛
難值次釋如文第二揔結不虛爲三先明諸佛出世必先施三次明
皆爲化物三皆非虛妄次辟中二開合開辟爲二良醫辟三世
二治子辟不虛初文又三一醫遠行辟過去二還已復去辟現在
三尋來辟未來過去又二初發近顯遠二化益所宜今但化益上
化益又三一處所二拂迹三正化今但正化上正化又二一機感二正應化
今具辟之今就初文爲二初如有良醫超辟應化從多諸子息
追辟機感次正應化已上辟文勘上法文此文有三誡三請至鄭重者請中既
云如是三白已復言者當知至四佛於三請之後又云汝等諦聽即
第四誡也并前迹門誡許及三請即五誡七請鄭重如前釋昔
七方便至誠諦者言七方便權者且寄昔權若對果門權實俱
是隨他意也以圓人中亦有無生忍者易聞遠故置而不論故此

自他隨用別故具如玄文法說中未來語少者但指常住不滅四
字爲未來文也辟說偈中文多者長行辟說中從其父聞子已下
文是其文尚少偈法說中從我見諸衆生下十行半文故云多也一
身即三身等者文中二解各有其意初釋約三身法體法爾相
即次釋約今昔相望以今法體望昔故也亦可前釋通諸味後
釋斥他經唯在今經故也即秘密之神通故還約三身以釋
故知神通力言隨於諸教教主故也故廣約諸味簡已更約今
昔簡之方顯本地三身神通若釋小乘及以漸教則不得以此
中三身釋之引大品者此經舉一切世間皆謂近成唯列天人脩羅
不云三惡者然討近者亦多在此三故引爲例前雖有二乘之名
從初以說若被開已俱成菩薩故今但從開邊以說彼大品意云
勝出者但勝出小小在此三亦不須三惡故暫引同從此法身地至
長遠之說者法忍菩薩尚自須聞當知壽量非說不知然得無生
者亦聞應即法身但不聞久成而已言自應等者但不同界內經
歷五味跨涉本迹七請五誡方乃得聞以見一分法身理合得聞
長遠故前文云地住已上得聞常故但常與餘時異故更論之破
近顯遠略有十意如玄義云云者玄文第九明用中有十門不同
彼具列釋兼與迹門十意以辨同異今但略舉破廢二門注家云
無始之壽晦而未彰者此不應爾何者此中正明久遠之長以破
伽耶近成之短彰灼顯著何晦之有又言何佛不然此亦不爾久近
不同長短別故言直下塵破點之界者此中經文不云下點但兼
彼迹文成其語耳僧傳云羅什舊經無一塵一劫四字有齊高
僧曇副誦經感夢云少一句後果得之若金光明云一切海水可
知滴數無有能知如來之壽此亦明未來之壽非過去也若引證
此殊不相關益物處者此之娑婆即本應身所居之土今日迹居
不移於本但今昔時異見燒者謂近照本者達遠故經云我土不毀

常在靈山豈離伽耶別求常寂非寂光外別有娑婆於是中間等者先正釋次或有下出古三令謂下破古正釋中初揔立能拂次疑因下示所拂事先標次昔教下釋出所疑次今拂下正示拂相正由經文先舉事竟結云皆是方便即名為拂昔於諸教雖見不同而生於疑乃不知是果後方便等及如是示差別意即說值然燈等及在然燈之世入涅槃也次古釋者又有人云說然燈者說他為我為平等意趣經文但云我說他身何須改云說他為我今釋意云是釋迦菩薩入滅不得云是然燈涅槃亦非釋迦爾時於然燈世已曾成佛而般涅槃不可二佛一時興故是故但以得記弘法壽終為果佛眼等者既對佛眼舉於兩應故他受用亦應攝也人天及以法眼皆云華報者非無近果讓佛報故其土既爾身豈不然信等諸根者既為如來本地佛眼所觀窮其久遠照其根源故此五根須約本地中間緣了復經漸頓大小及人天乘名同體別通得名為信等五根以人天乘通名緣因故也此乃並彼偏開通成緣了於中先約漸頓判次約大小人天以判小即漸初漸中利鈍但云藏通者漸通具四以別圓同入華嚴中頓教攝也是故且以漸中界內巧拙對於利鈍通在方等般若二味又以小對人天辨利鈍者且以優劣相望故言但人天乘偏在一切大小教中十界至二因也者應云十法界中亦有惡法而言不用者以十法界是生善機處故不取惡但十界中展轉相望有五乘七善及圓實等種是故聖人更立方便傳傳引出良由有機機宜不同不可頓出間若圓佛果既極如何亦得名生機處答此中論機及滅利鈍故佛法界未是佛果故彼玄文十界交互以論機緣則果佛機通在十界故也若直以佛界度者則是佛界有佛界機若未宜佛界則漸於菩薩界而成熟之乃至地獄即至地獄方適心者是也具如釋籤亦如觀音妙音現身不同自說名字等者既對十界或但論

四聖以辨勝負及應勝劣當知此中且對佛界勝劣應耳所以頻論者恐仍謂法身說法故也橫論即十方者昔十方也約豎處所至然燈佛等者以釋迦望昔值然燈名儒童時非取他然燈以望我也若取他佛非我豎也若指然燈佛身則可引類而已故云如今等也言生法者如下所釋勝劣各有生法二身次約橫中云亦如華嚴十號等者名號品云如來於此四天下現種種身種種名種種食種種形種種相種種脩短種種壽命種種處種種根種種生種種業令諸眾生各別知見又於十方各有十千名號令諸眾生各別知見既云如來於此四天下等故不得將他佛以望我也豎中亦然又諸經下明佛有三身自互相望名字不同初通標或說去舉三身相望亦得是橫法身佛去乃至般若首楞嚴者於法身中又有異名不同般若是智楞嚴是定不思議定慧並法身之異名具如止觀釋名中以大經佛性有五名也但舉法身餘二仍略以橫望故即得以佛望佛如前豎望秖得以佛望往菩薩身耳今既色成可得橫望或說壽二萬至可知者此借他佛以顯釋迦如彼諸佛故皆云如也縱橫可知者釋迦彌勒即縱也對現十方即橫也若自身今望往日壽即豎也望自身壽即橫也如玄義云云者彼玄文壽命妙中具明迹中四佛壽命及以本中大小不同優劣相望及以彼此而論橫豎然不以優劣判本迹但以久近判本迹耳今辨同異故注云云或三身相望者於一教中自以三身而有優劣用為大小則義通別圓次或三身各別皆為小者此乃別圓相望圓大別小故也例三點云云者秖是並別及非縱橫即辭別圓具如止觀第三古師六釋皆為縱橫今師二釋不縱不橫若更於縱橫判大小者小乘三德為小別教三德為大亦復現言當入涅槃此指開迹竟文者若開迹竟得言雙林是示滅度為益物故以今準昔亦復如是師子奮迅等者奮迅之名及十功德通於本迹乃至初住

今須簡之此是久成現作現在有十德者前九可見如第十云具上十善即如四觀觀其十善圓即上上十善也十善秖是三業故云身三等故四三業即節節不同故上上者至果名為師子奮迅中第十功德秖是三業隨智慧行及三密等故佛果地亦以師子三昧奮他塵垢若論諸佛世世皆然餘九準此云云者委釋十相辨中間今日世世皆有現在迹化由本功德如來見下乃至樂小法者者以久近相望為小佛以本地佛眼見之未宜遠說以樂近說為樂小耳華嚴云天耳者先引經此是十地品初金剛藏止解脫月辭也案彼經下今文判也故知彼經以未至遍向為不久行此但次第行耳若普賢行初發心住已圓證竟直至地前云不久行而不為說若言寄次而論不次何故初住不亦且次第耶故寄次之言須有典據故彼以不久行為樂小者也今文乃以樂近成為樂小但引因類本非即本文若云對小乘為樂小者地前住前及藏通菩薩尚不被小況彼經十地況今經本門師云者引南岳說同為證今當下大師於下通約教道始自弊欲終至別教通名樂小德薄垢重者其人未有實教二因故也言下文云諸子幼稚者指下譬子辭文尚未堪聞圓況聞遠耶見思未除者且消辭中幼稚之言定未知遠次問者若前四味但樂近成為樂小者華嚴頓部諸味中圓及以因門云何亦為樂小法者答中四義三在因門第四在果門故樂小之名尚通弊欲何況小耶故今果門別在樂近故前三人中前之二人自退大後著愛著見此人尚不樂於小乘況圓乘耶次一是著三方便教尚不堪聞圓況復聞遠所對別故故對果門以樂近為樂小故知果門圓人賢位猶有樂近成者若果門之後一切開已初心亦聞況賢位耶末代未曾發心亦聞況發心耶問末代咸聞佛世安簡答佛世當機故簡末代結緣故聞若得此意凡諸法相所對不同何須聞言圓不應樂小前明利鈍至

兩應者前明兩機通漸頓教摠判利鈍故今摠以兩應言之劣應至法身生者二應之相經文各有生法二身生相當知兩處相望不可以乘旃檀樓閣濫同貫日之精不可以種智圓明同正習俱盡復以十方七步不同而表勝劣故知兩處皆無久成但以至作如是說者未開但說云生開已方云非生大今述昔垂方便對今開已之言故摠云耳餘經至非生者一往且從小乘以說如佛問均提汝和尚戒身滅不乃至知見身滅不皆荅云不佛印許之既許不滅故云不破若大乘中亦非不破又雖以大破小但大小相奪大小仍存終無以遠而奪於近故云尚不等也故今經望寂場遠那之體既是迹成故云正破未及委論四教且約兩處成相即曉藏通二身是劣應耳別圓二身是勝應也文中雖云兩應各有生法二身然劣應之上亦分法身義同生身勝應之上雖云生身義同於法言儒然燈至說他身者以然燈佛身為他身者若準此意他身之言應存兩釋示即必在於我說則兼於自他如今之說彌陀亦成我事及彌陀事緣相關故如一衆會或集十方或集一方或往十方或往一方示現依報者非直現土土塵皆說具如華嚴土過去至世界之益者一往且以得歡喜邊名為世界豈過去世無餘三耶故云似也今明皆不虛者今現在文皆具四悉俱至本門故也故知過去還須具三大論四悉檀並貫者彼論通以第一義為衍門法相以三悉為三藏故各有其實焉論下彼大論意剋判虛實一在衍門故實三在三藏故虛言緣中者如向隨緣不定機在於小小即名實如三藏人於此四悉則三實一虛通別二人則三虛一實圓乘則一切俱實凡夫則一切俱虛若以下借此虛實判二門者以此二門對於漸頓二種衆生未曾當機為虛當機為實且置四悉而以因果相對辨虛實者於中先以七方便人對二門判次以實人對二門判若方便教二門俱虛因門開竟望於果

門則一實一虛本門顯竟則二種俱實故知迹實於本猶虛約圓頓下若本圓人望於二門亦秖一虛雖云更不別得非無增道益也若於昔教曾密顯迹對此二門亦名二實準前亦應云更不別得不無二門增道之益若五千起去對此二門猶名俱虛又前教密開不必至此亦名俱實於踊出衆非虛非實亦名為實自欲得故於滅想者此虛彼實於有退者現虛當實影響發起亦非實非虛若有虛有實於迷教者一切俱虛問意者昔是昔教今謂二門今昔本迹俱名入實以昔望今為二虛若應當今日二門實相勝昔實耶實本無二今昔豈殊荅意者且以迹荅本準可知教門前後入實無殊初指華嚴次指二味壞草庵入即指法華入時在人非理別也次例者以小例大此乃以橫例豎若還以豎例豎應云鹿苑入小與二味中入小不殊此則入大入小無處不有五味從次第相生鈍小從纓露以說此中六句者明今日應身即是久成法身不思議一故云照理等故本迹者寄事以說如實知見等者論云如來知見三界相者謂衆生界即涅槃界不離衆生界有如來藏故也無有生死等者論云常恒清淨不變義故亦無在世等者論云如來藏真如之體與衆生界不即不離故非實等四者論云離四種相以四種相是無常故當知論意諸句皆圓是故諸句皆云與衆生界不即不離故今並作圓常中道佛性釋之不作此釋尚不能見昔教中實況開顯實況久遠實故此須指本智照境不見斯旨徒消本門言六句者初如來去二亦無在世去三非實非虛四非如非異五不如三界去六如斯去於中初明句意者如來明見應云法界何從至三界相等為令衆生知垂迹處無非法界法身常住故云如實感法身者機擊法身令起二應故名為感不可單以法身為應如實下正解解中初第一句若準下句中云無二死應云無二種三界之因相也直云三界者能知見者名之為智所知見如如即中境

中境不出三界故也於所見中既通凡聖大今以如來知見皆實餘所知見望佛皆虛而猶有因佛如實見故云無因離三界已無別理故無生死去即無二死果也起集下結上無二死家之因果耳故有五住集名退有二死果名出而云無常果現者二死望中二俱無常別指二土以為二死通論金剛已前尚名無常故也亦無在世及滅度者者亦是雙非二邊因果此之二句及兩雙非故云此四故前從如實至滅度者約如理所離次二句者共顯中體後之二句約能見說若雙非等者此之四句並成雙非此雙非言若被結之即成偏句其言雖顯恐與權教雙非相濫是故重釋雙非結句若屬一邊並在權教例如下出結句相以餘結句結今雙非今成偏句則非圓實故歷諸句次第結之結初句云非生非死等者以生為生死邊以死為涅槃邊是生是死乃是雙照若結為生成生死邊非生非死乃是雙非若結為死但成涅槃退出亦然下二準此若兩結已復更雙非方顯中道故云今皆非之今經中直爾雙非顯中不偏結句故唯圓極如此之流者此例尚多即乃至已下文是如單複具足處處雖有雙非之言以句結之各有所屬故一切見唯結成有二乘諸句唯結成無此有此無但成別俗非此有無秖成別中今明圓理故須細辨經云如來如實知見儻以二乘等釋則有毀佛之辜然此結句唯在一家判諸經論一切句法以辨文義宗趣不同淨名疏中因釋迦旃延章旃延但云苦義空義無我等義義在三藏淨名結成通義呵云無所起是苦義等當知空無所起是無苦無樂但結歸於苦既云無起復云是苦故但成通若云空無所起雙非空有結成樂義即成別意別以出假為樂故也若更雙非別教苦樂方成實中如是廣出況復單複具足亦徧諸教如四教四門門門四門門四悉二悉中復有四悉即成門悉各有具足故別具足更須非之圓門起見尚情有句安得更成複具等耶故知若

見非見者門若悉皆須以法方能定句終無以句能定法體故釋義者不觀句下法體所歸如何能辨法句淺深如何能消今經雙非若以法定隨舉一句即成實理不如下釋第五句不如三界者如者同也不同餘人見於三界述佛見也佛必權實二智具足必不同彼二種三界所見二邊因果之因不如二種至之相者秪是二死文以五住應知三界名通通界內外若界外立三界名者以外準內故中理未窮通名見惑通三界也變易土中勝妙五塵名欲界思不思議法塵名上界無漏淨名蹤中委出其相次唯佛一人下釋第六句如斯已下文也既摠云如斯覽前所照通成一見故皆直牒前五實句共明權實二智之相故前實智唯照實境今加權智隨物見權明非見而見等即二智不二故云如衆生見示三死身隨他意等初文牒前初句如實知見三界之相等雖如實見亦於衆生見處而見具五眼故如實知見下牒前無有生死等次亦無下牒前亦無在世等次無實下牒前非實等次無三世下牒前非如等次同於下牒前不如三界等皆以如來明見以為權智二釋之如來下牒前不如三界已下文也如來雖即自如實見物機不同所見各別故佛亦以隨類而見而垂應之以諸下明機感中初明機相即四悉機欲今下明應相以逗四機二悉中能所皆是自為四別既云種種故對漸頓以釋所以玄文中十門解釋二門中具足諸教此依圓教消經而已性即為人者先正釋次釋疑初正釋中凡言為人所為必擬生其宿善宿善不改今方可生故性屬生善次習欲下釋疑者先立疑釋云下釋釋中先正釋次舉例三性欲下結同如因下舉例者如大經云善男子一切衆生身與煩惱俱無先後雖無先後要因煩惱而得有身終不因身而有煩惱性欲亦然雖無先後必因習欲方乃成性結同者今雖性前欲後終須欲義居先故云習欲成性世界名欲此準禪經具如止觀第二云禪經從因故云樂欲大論

從果故云世界次釋行中善生惡滅俱得名行故於行中以分二悉廣如玄文料簡行起宿善治破現惡云云次釋憶想中東為四初得名所以明第一義而通於初且以相似解起對治真似惑未入真道惑名為想次漸頓衆生下明四悉次第由三悉故第一義來於諸內外凡位亦得名第一義也但想慧名須在因位如五品前修行五悔初入隨喜尚乃得名為第一義況入內凡位耶又隨喜前預少定心尚亦得名入第一義況入初品三隨其下明入真之緣四乃至下明憶想通後至金剛心問應云初住何以云地答從漸頓來且寄地位欲令下至若干因緣譬喻者此用五佛章中施權之言皆云種種因緣等以申今文本迹俱有漸頓之化如為憐愍等者舉小對大如俱舍論釋忍位中始從下忍三十二觀乃至上忍留一行相入世第一但所留行二義不同利名見行鈍名愛行利人又二著我多者留無我行著我所者留於空行鈍人又二著我慢多者留無常行懈怠多者留於苦行今文且舉鈍中二人復諸論師諸計不同不能具述通教中云亦如是者觀門雖巧諦觀次第不殊三藏然約四門四悉二種種行類亦同出於各四門耶無有虛出至昔虛為實故者為二空三假與藏不同且約大同亦名種種中別圓雖三十二及入不字去聲秉權出界名為虛出三乘無不皆出三界人天無不為出三途並名為虛如來本為一實施權無有差異而皆入實寄此四字者常住不滅也既其不滅並至未來舊人下先舉舊計云前過恒沙等者古師見經中有所成壽命之言謂為果壽乃指前文過於塵界為前過恒沙以非恒沙可能喻故乃用世界以之為喻于今未盡為後倍上數又古人見復倍之言便為有限況復不知是實因壽而云神通經中云復他云後者量跡之言從此已後復倍上數如是並為神通延壽意言今雖未盡必有盡時經舉因況果者明本行菩薩道時所感因壽尚自未盡況果壽耶古人不曉判為

無常故知以不盡之因壽況不盡之果壽明因果俱常古釋反今因果無常云何棄所況等者彼見能況有所成之言便為所況之果但經文中前已明果何重言之言縱今者指初住位分得常壽豈有初住真變易壽使同分段有無常耶若言盡者何當盡耶何名分常分但對佛及以後地準行證文自應知之辭如下舉太子祿以為況者猶是分況對世人財言不盡耳捩字（里結反）謂拗捩也拗字（烏絞反）不順之貌謂棄於常而取無常

法華文句記卷第九

摩訶止觀卷第一上　戊一

隋天台智者大師說

門人灌頂記

止觀明靜前代未聞智者大隋開皇十四年四月二十六日於荊州玉泉寺一夏敷揚二時慈霔雖樂說不窮纔至見境法輪停轉後分弗宣然挹流尋源聞香討根論曰我行無師保經云受莂於定光書言生知者上學而次良法門浩妙爲天眞獨朗爲從藍而青行人若聞付法藏則識宗元大覺世尊積劫行滿涉六年以伏見舉一指而降魔始鹿苑中鷲頭後鶴林法付大迦葉迦葉八分舍利結集三藏法付阿難阿難河中入風三昧四派其身法付商那和修修手雨甘露現五百法門法付毱多多在俗得三果受戒得四果法付提迦多多登壇得初果三羯磨得四果法付彌遮迦迦付佛馱難提提付佛馱蜜多多授王三歸降伏筭者法付脇比丘比丘出胎髮白手放光取經法付富那奢奢論勝馬鳴鳴剃髮爲弟子鳴造賴吒和羅妓妓音演無常苦空聞者悟道法付毗羅羅造無我論論所向處邪見消滅法付龍樹樹生身龍成法身法付提婆婆鑿天眼施萬肉眼法付羅睺羅羅識鬼名書降伏外道法付僧佉難提提說偈試羅漢法付僧佉耶奢奢遊海見城說偈法付鳩摩羅馱馱見萬騎記馬色得人名分別衣法付闍夜那那爲犯重人作火坑令入懺悔坑成池罪滅法付盤馱馱付摩奴羅羅分恒河爲二分自化一分法付鶴勒夜那那付師子師子爲檀彌羅王所害劍斬流乳付法藏人始迦葉終師子二十三人末田地與商那同時取之則二十四人諸師皆金口所記並是聖人能多利益昔王不立廄於寺立廄於屠況好世值聖寧無益耶又婆羅門貨髑髏孔達者半者不者達者起塔禮供得生天聞法之要功德若此佛爲此益付法藏也此之止觀天台智者說己心中所行法門智者生光滿室目現雙瞳行法華經懺發陀羅尼代受法師講金字般若陳隋二國宗爲帝師安禪而化位居五品故經云施四百萬億那由他國人一一皆與七寶又化令得六通不如初隨喜人百千萬倍況五品耶文云即如來使如來所使行如來事大經云是初依菩薩智者師事南岳南岳德行不可思議十年專誦七載方等九旬常坐一時圓證大小法門朗然洞發南岳事慧文禪師當齊高之世獨步河淮法門非世所知履地戴天莫知高厚文師用心一依釋論論是龍樹所說付法藏中第十三師智者觀心論云歸命龍樹師驗知龍樹是高祖師也疑者云中論遣蕩止觀建立云何得同然天竺注論凡七十家不應是青目而非諸師又論云因緣所生法我說即是空亦爲是假名亦是中道義云云天台傳南岳三種止觀一漸次二不定三圓頓皆是大乘俱緣實相同名止觀漸則初淺後深如彼梯隥不定前後更互如金剛寶置之日中圓頓初後不二如通者騰空爲三根性說三法門引三譬喻略說竟更廣說漸初亦知實相實相難解漸次易行先修歸戒翻邪向正止火血刀達三善道次修禪定止欲

散網達色無色定道次修無漏止三界獄達
涅槃道次修慈悲止於自證達菩薩道後修
實相止二邊偏達常住道是爲初淺後深漸
次止觀相不定者無別階位約前漸後頓更
前更後互淺互深或事或理或指世界爲第
一義或指第一義爲爲人對治或息觀爲止
或照止爲觀故名不定止觀疑者云教境名
同相頓爾異然同而不同不同而同漸次中
六善惡各三無漏總中三凡十二不同從多
爲言故名不定此章同大乘同實相同名止
觀何故名爲辯差然同而不同不同而同漸
次中九不同不定中四不同總有十三不同
從多爲言故名不同耳一切聖人皆以無爲
法而有差別即其義也圓頓者初緣實相造
境即中無不眞實繫緣法界一念法界一色
一香無非中道已界及佛界衆生界亦然陰
入皆如無苦可捨無明塵勞即是菩提無集
可斷邊邪皆中正無道可修生死即涅槃無
滅可證無苦無集故無世間無道無滅故無
出世間純一實相實相外更無別法法性寂

然名止寂而常照名觀雖言初後無二無別
是名圓頓止觀漸與不定置而不論今依經
更明圓頓如了達甚深妙德賢首曰菩薩於
生死最初發心時一向求菩提堅固不可動
彼一念功德深廣無崖際如來分別說窮劫
不能盡此菩薩聞圓法起圓信立圓行住圓
位以圓功德而自莊嚴以圓力用建立衆生
云何聞圓法聞生死即法身煩惱即般若結
業即解脫雖有三名而無三體雖是一體而
立三名是三即一相其實無有異法身究竟
般若解脫亦究竟般若清淨餘亦清淨解脫
自在餘亦自在聞一切法亦如是皆具佛法
無所減少是名聞圓法云何圓信信一切法
即空即假即中無一二三而一二三無一二
三是遮一二三而一二三是照一二三無遮
無照皆究竟清淨自在聞深不怖聞廣不疑
聞非深非廣意而有勇是名圓信云何圓行
一向專求無上菩提即邊而中不餘趣向三
諦圓修不爲無邊所寂有邊所動不動不寂
直入中道是名圓行云何入圓位入初住時

一住一切住一切究竟一切清淨一切自在
是名圓位云何圓自在莊嚴彼經廣說自在
相或於此根入正受或於彼根起出說或於
一根雙入出或於一根不入出餘一一根亦
如是或於此塵入正受或於彼塵起出說或
於一塵雙入出或於一塵不入出餘一一塵
亦如是或於此方入正受或於彼方起出說
或於一方雙入出或於一方不入出或於一
物入正受或於一物起出說或於一物雙入
出或於一物不入出若委說者秖於一根一
塵即入即出即雙入出即不入出於正報中
一一自在於依報中亦如是是名圓自在莊
嚴譬如日光周四天下一方中一方旦一方
夕一方夜半輪迴不同秖是一日而四處見
異菩薩自在亦如是云何圓建立衆生或放
一光能令衆生得即空即假即中益得入出
雙入出不入出益歷行住坐卧語默作作亦
如是有緣者見如目覩光無緣不覺盲瞽常
闇故舉龍王爲譬豎徧六天横亘四域興種
種雲震種種雷耀種種電降種種雨龍於本

宮不動不搖而於一切施設不同菩薩亦如是內自通達即空即假即中不動法性而令獲種種益得種種用是名圓力用建立衆生初心尚爾況中後心如來殷勤稱歎此法聞者歡喜常啼東請善財南求藥王燒手普明刎頭一日三捨恒河沙身尚不能報一句之力況兩肩荷負百千萬劫寧報佛法之恩一經一說如此餘經亦然疑者云餘三昧顧聞誠證然經論浩博不可委引略舉一兩淨名云始坐佛樹力降魔得甘露滅覺道成三轉法輪於大千其輪本來常清淨天人得道此爲證三寶於是現世間此即漸敎之始也又云佛以一音演說法衆生隨類各得解或有恐怖或歡喜或生猒離或斷疑斯則神力不共法此證不定敎也又云說法不有亦不無以因緣故諸法生無我無造無受者善惡之業不敗亡此證頓敎也大品云次第行次第學次第道此證漸也又云以衆色裹摩尼珠置之水中隨物變色此證不定也又云從初發心即坐道場轉法輪度衆生此證頓也法華云如是之人應以此法漸入佛慧此證漸也又云若不信此法於餘深法中示教利喜此證不定也又云正直捨方便但說無上道此證頓也大經云從牛出乳乃至醍醐此證漸也又云置毒乳中乳即殺人乃至置毒醍醐醍醐殺人此證不定也又云雪山有草名曰忍辱牛若食者即得醍醐此證頓也無量義云佛轉法輪微渧先墮淹諸欲塵開涅槃門扇解脫風除世熱惱致法清涼次降十二因緣雨灑無明地掩邪見光後澍無上大乘普令一切發菩提心此證漸也華嚴曰娑伽羅龍車軸雨海餘地不堪爲上根性說圓滿修多羅二乘如聾如瘂淨名曰入瞻蔔林不齅餘香入此室者但聞諸佛功德之香首楞嚴曰擣萬種香爲丸若燒一塵具足衆氣大品曰以一切種智知一切法當學般若波羅蜜法華曰合掌以敬心欲聞具足道大經曰譬如有人在大海浴當知是人已用諸河之水華嚴曰譬如日出先照高山次照幽谷次照平地平地不定也幽谷漸也高山頓也上來皆是金口誠言三世如來所尊重法過去過去久遠久遠邈無萌始現在現在無邊無際未來未來展轉不窮若已今當不可思議當知止觀諸佛之師以法常故諸佛亦常樂我淨等亦復如是如是引證寧不信乎既信其法須知三文次第禪門合三十卷今之十軸是大莊嚴寺法慎私記不定文者如六妙門以不定意歷十二禪九想八背觀練熏修因緣六度無礙旋轉縱橫自在此是陳尚書令毛喜請智者出此文也圓頓文者如灌頂荊州玉泉寺所記十卷是也雖有三文無得執文而自疣害論云若見若不見般若皆縛皆脫文亦例然疑者云諸法寂滅相不可以言宣大經云生生不可說乃至不生不生不可說若通若別言語道斷無能說無所說身子云吾聞解脫之中無有言說故吾於此不知所云淨名云其所說者無說無示其聽法者無聞無得斯人不能說斯法不可說而言示人然但引一邊不見其二大經云有因緣故亦可得說法華云無數方便種種因緣爲

衆生說又云以方便力故爲五比丘說若通若別皆可得說大經云有眼者爲盲人說乳此指眞諦可說天王般若云總持無文字文字顯總持此指俗諦可說又如來常依二諦說法淨名云文字性離即是解脫即說是無說大經云若知如來常不說法是即多聞此指不說而是說也思益云佛及弟子常行二事若說若默法華云去來坐立常宣妙法如注大雨又云若欲求佛道常隨多聞人善知識者是大因緣所謂化導令得見佛大經云空中雲雷生象牙上華何時一向無說若競說默不解教意去理逾遠離說無理離理無說即說無說無說即說無二無別即事而眞大悲憐愍一切無聞如月隱重山擧扇類之風息太虛動樹訓之令人意鈍玄覽則難眼依色入假文則易若封文爲害須知文非文達一切文非文非不文能於一文得一切解爲此義故以三種文作達一門也已略說緣起竟○今當開章爲十一大意二釋名三體相四攝法五偏圓六方便七正觀八果報九起教十旨歸十是數方不多不少始則標期在荼終則歸宗至極善始令終總在十章中矣生起者專次第十章也至理寂滅無生無生者無起無起者有因緣故十章通是生起別論前章爲生次章爲起緣由趣次亦復如是所謂無量劫來癡惑所覆不知無明即是明今開覺之故言大意既知無明即明不復流動故名爲止朗然大淨呼之爲觀既聞名得體體即攝法攝於偏圓以偏圓解起於方便方便既立正觀即成成正觀已獲妙果報從自得法起教教他自他俱安同歸常寂秖爲不達無生無起是故生起既了無生無起心行寂滅言語道斷寂然清淨分別者十章功德如囊中有寶不探示人人無見者令十章幾眞幾俗幾非眞非俗幾聖說聖默非說非默幾定幾慧幾非定慧幾目足幾非目足幾因果非因果幾自他非自他幾共不共非共非不共幾通別非通別幾廣略非廣略幾橫竪非橫竪如是等種種應自在作問初八章即俗而眞果報一章即眞而俗旨歸章非眞非俗正觀聖默餘八章聖說旨歸非說非默正觀一分是定餘八章及一分是慧旨歸非定非慧大意至正觀是因果報是果旨歸非因非果前八章自行起教化他旨歸非自非他大意至起教是目方便至果報是足旨歸非目非足大意至正觀共果報起教不共旨歸非共非不共大意一通八章別旨歸非通非別大意略八章廣旨歸非廣非略體相竪餘八橫旨歸非橫非竪料簡者問略指大意同異云何答通則名異意同別則略指三門大意在一頓問約顯教論顯觀亦應約祕教論密觀答既分顯祕今但明顯不說祕問分門可爾任論得不答或得或不得教是上聖被下之言聖能顯祕兩說凡人宣述秖可傳顯不能傳祕聽者因何作觀或得者六根淨位能以一妙音偏滿三千界隨意悉能至則能傳祕教若修觀者發所修顯法不發不修者發宿習人得論密觀問初淺後深是漸觀初深後淺是何觀相答是不定觀問初後俱淺是何觀相答小乘意非三止觀相也問

小乘亦是佛說何意言非若言非者不應言
漸答既分大小小非所論今言漸者從微至
著之漸耳小乘初後俱不知實相故非今漸
也問示三文者文是色色是門爲非門若是
門者色是實相更何所通若非門者云何而
言一色一香皆是中道答文門並是實相衆
生多顛倒少不顛倒以文示之即於文達文
非文非文非不文文是其門於門得實相故
文是其門門具一切法即門即非門即非門
非不門。解釋者釋十章也初釋大意囊括
始終冠戴初後意緩難見今撮爲五謂發大
心修大行感大果裂大網歸大處云何發大
心衆生昏倒不自覺知勸令醒悟上求下化
云何行大行雖復發心望路不動永無達期
勸牢強精進行四種三昧云何感大果雖不
求梵天梵天自應稱揚妙報慰悅其心云何
裂大網種種經論開人眼目而執此疑彼是
一非諸聞雪謂冷乃至聞鶴謂動今融通經
論解結出籠云何歸大處法無始終法無通
塞若知法界法界無始終無通塞豁然大朗

無礙自在生起五略顯於十廣云云。就發心
更爲三初方言次簡非後顯是菩提者天竺
音也此方稱道質多者天竺音此方言心即
慮知之心也天竺又稱汙栗馱此方稱是草
木之心也又稱矣栗馱此方是積聚精要者
爲心也今簡非者簡積聚草木等心專在慮
知心也道亦有通有別今亦簡之略爲十若
其心念念專貪瞋癡攝之不還拔之不出日
增月甚起上品十惡如五扇提羅者此發地
獄心行火途道若其心念念欲多眷屬如海
吞流如火焚薪起中品十惡如調達誘衆者
此發畜生心行血途道若其心念念欲得名
聞四遠八方稱揚欽詠內無實德虛比賢聖
起下品十惡如摩犍提者此發鬼心行刀途
道若其心念念常欲勝彼不耐下人輕他珍
已如鴟高飛下視而外揚仁義禮智信起下
品善心行阿脩羅道若其心念念欣世間樂
安其臭身悅其癡心此起中品善心行於人
道若其心念念知三惡苦多人間苦樂相間
天上純樂爲天上樂闕六根不出六塵不入

此上品善心行於天道若其心念念欲大威
勢身口意纔有所作一切弭從此發欲界主
心行魔羅道若其心念念欲得利智辯聰高
才勇哲鑒達六合十方顒顒此發世智心行
尼犍道若其心念念五塵六欲外樂蓋微三
禪樂如石泉其樂內重此發梵心行色無色
道若其心念念知善惡輪環凡夫耽湎賢聖
所呵破惡由淨慧淨慧由淨禪淨禪由淨戒
尚此三法如飢如渴此發無漏心行二乘道
若心若道其非甚多略言十耳或開上合下
或開下合上令十數方足而已舉一種爲語
端強者先牽如論云破戒心墮地獄慳貪心
墮餓鬼無慚愧心墮畜生即其義也或先起
非心或先起是心或是非並起譬象魚風並
濁池水象譬外魚譬內風譬並起又象譬諸
非自外而起魚譬內觀羸弱爲二邊所動風
譬內外合雜穢濁混和又九種是生死如蠶
自縛後一是涅槃如摩獨跳雖得自脫未具
佛法俱非故雙簡前九是世間不動不出後
一雖出無大悲俱非雙簡也有爲無爲有漏

無漏善惡染淨縛脫眞俗等種種法門亦如是又九法約世間苦諦後一非苦諦雖非苦諦曲拙灰近故雙非簡卻次有爲有漏約集諦後一非集諦雖非集諦曲近灰拙亦雙非簡也次善惡染淨約道諦後一是道諦雖是道諦亦如前簡次縛脫眞俗約滅諦後一雖是滅諦亦如前簡若得此意歷一切根塵三業四儀生心動念皆此觀察勿令濁心得起設起速滅如有明眼人能避險惡道世有聰明人能遠離衆惡初心行者若見此意堪爲世間而作依止問行者自發心他教發心答自他共離皆不可但是感應道交而論發心耳如子墮水火父母騷擾救之淨名云其子得病父母亦病大經云父母於病子心則偏重動法性山入生死海故有病行嬰兒行是名感應發心也禪經云佛以四隨說法隨樂隨宜隨治隨義將護彼意說悅其心附先世習令易受行觀病輕重設藥多少道機時熟聞即悟道豈非隨機感應利益智度論四悉檀世法間隔名世界隨其堪能名爲人兩悉

檀與四隨同亦是感應意也更引論五復次一明菩薩種種行故說般若波羅蜜經二令菩薩增念佛三昧故三說跋致相貌故四拔弟子惡邪故五說第一義故說般若波羅蜜經此五復次與四隨四悉皆不異又與五因緣同若不隨機惱他故說於彼無益若大悲雷雨得從微之著論云眞法及說者聽衆難得故如是則生死非有邊非無邊實相非難非易非有非無此名眞法能如此說聽名眞說聽有三悉檀益名有邊第一義益名非有邊非無邊故知緣起能辦大事則感應意也然四隨四悉五緣名異意義則同今說之四隨是大悲應益悉檀是憐愍徧施蓋左右之異耳言因緣者或因於聖緣於凡或因於凡緣於聖則感應道交當知三法言味相符則意同隨樂欲偏語修因所尚世界偏語受報間隔蓋因果之異耳便宜者選法以擬人爲人者觀人以逗法此乃欣赴不同耳又五因緣者衆生信樂爲因佛說一法一切法大菩提心也於經是樂欲於論是世界衆生有大

精進勇猛佛說一行一切行則四三昧於經是便宜於論是爲人衆生有平等大慧爲因感佛說一破一切破獲勝果報及通經論於經論俱是對治衆生有佛智眼爲因感佛說一究竟一切究竟得說旨歸寂滅於經論俱是第一義也又五緣五復次者菩提心是諸行本論舉種種行蓋枝本之異耳四三昧是通修念佛是別修蓋通別之異耳勝報備說依正習果報果跋致偏舉習果入位之相蓋雙隻之異耳除經論疑滯者經論是起疑執處拔弟子惡邪者是起過人人處異耳本末究竟等與第一義名同易見所以不異是爲義同又聖說多端或次說或不次說或具說或不具說或雜說或不雜說衆生稟益不同或次益不次益或具益不具益或雜益不雜益或四悉檀成五緣五緣成四悉或四悉成一因緣一因緣成一悉或一一因緣皆具四悉四悉具五緣如是等種種互相成顯還以三止觀結之可以意知又以一止觀結之發菩提心即是觀邪僻心息即是止又五略秪

是十廣初五章秖是發菩提心一意耳方便正觀秖是四三昧耳果報一章秖明遮順遮即二邊果報順即勝妙果報起教一章轉其自心利益於他或作佛身施權實或作九界像對揚漸頓轉漸頓弘通漸頓旨歸章秖是同歸大處祕密藏中故知略廣意同也○顯是更爲三初四諦次四弘後六即四諦名相出大經聖行品謂生滅無生滅無量無作生滅者苦集是世因果道滅出世因果苦則三相遷移集則四心流動道則對治易奪滅則滅有還無雖世出世皆是變異故名生滅四諦也無生者苦無逼迫一切皆空豈有空能遣空即色是空受想行識亦復如是故無逼迫相也集無和合相者因果俱空豈有因空與果空合歷一切貪瞋癡亦復如是道不二相無能治所治空尚無一云何有二耶法本不然今則無滅不然不滅故名無生四諦也無量者分別校計苦有無量相謂一法界苦尚復若干況十法界則種種若干非二乘若智若眼所能知見乃是菩薩所能明了謂地獄種種若干差別皴剥割截燒煮剉切尚復若干不可稱計況復餘界種種色種種受想行識塵沙海渧寧當可盡故非二乘知見菩薩智眼乃能通達又集有無量相謂貪欲瞋癡種種心種種身口集業若干身曲影斜聲喧響濁菩薩照之不謬耳又道有無量相謂析體拙巧方便曲直長短權實菩薩精明而不謬濫又滅有無量相如是方便能滅見諦如是方便能滅思惟各有若干正助菩薩洞覽無毫差也又即空方便正助若干皆無若干雖無若干而分別若干無謬無亂又如是方便能析滅四住又如是方便能體滅四住如是方便能滅塵沙如是方便能滅無明雖種種若干彼彼不雜又三悉檀分別故有若干第一義悉檀則無若干雖無若干從多爲論故名若干稱無量四諦也無作四諦者皆是實相不可思議非但第一義諦無復若干若三悉檀及一切法無復若干此義可知不復委記若以四諦竪對諸土有增有減同居有四方便則三實報則二寂光但一若橫敵對者同居生滅方便無生滅實報無量寂光無作云云又總說名四諦別說名十二因緣苦是識名色六入觸受生老死七支集是無明行愛取有等五支道是對治因緣方便滅是無明滅乃至老死滅故大經開四諦亦開四十二因緣下智觀故得聲聞菩提中智觀故得緣覺菩提上智觀故得菩薩菩提上上智觀故得佛菩提又中論偈云因緣所生法即是生滅我說即是空是無生滅亦名爲假名是無量亦名中道義是無作又解因緣即集所生即苦滅苦方便是道苦集盡是滅又偈言因緣因緣即無明所生法即行名色六入等故文云爲利根弟子說十二因緣不生不滅相指前二十五品爲鈍根弟子說十二因緣生滅相指後兩品當知論偈總說即四種四諦別說即四種十二因緣也已分別四四諦竟諸經明種種發菩提心或言推種種理發菩提心或覩佛種種相發菩提心或覩種種神通或聞種種法或遊種種土或覩種種衆或見修種種行或見種種法滅或見種

種過或見他受種種苦而發菩提心略舉十種爲首廣說云云推理發心者法性自天而然集不能染苦不能惱道不能通滅不能淨如雲籠月不能妨害却煩惱已乃見法性經言滅非眞諦因滅會眞滅尚非眞三諦焉是煩惱中無菩提菩提中無煩惱是名推生滅四諦上求佛道下化衆生發菩提心推無生四諦發心者法性不異苦集但迷苦集失法性如水結爲氷無別水也達苦集無苦集即會法性苦集尚是何況道滅經言煩惱即是菩提菩提即是煩惱是名推無生四諦上求下化發菩提心推無量者夫法性者名爲實相尚非二乘境界況復凡夫出二邊表別有淨法如佛藏經十喻云云是名推無量四諦上求下化發菩提心推無作者夫法性與一切法

淺一　十八

無二無別凡法尚是況二乘乎離凡法更求實相如避此空彼處求空即凡法是實法不須捨凡向聖經言生死即涅槃一色一香皆是中道是名推無作四諦上求下化發菩提心若推一法即洞法界達邊到底究竟橫豎

事理具足上求下化備在其中方稱發菩提心菩提名道道能通到横豎彼岸名發心波羅蜜故於推理委作淺深事理周徧下去法法例爾

摩訶止觀卷第一上

摩訶止觀卷第一上

校勘記

一、底本，清藏本。金藏廣勝寺本僅存五卷，其中祇有卷四、卷九完整，卷三、卷五、卷六已殘缺不全，不宜作底本，兹附録於底本之後，以供參考。

金藏本與清藏本分卷不同，兹將現存金藏本與清藏本分卷、版行對應情况列後：

金藏本卷三（缺前十版）相當清藏本卷三下第二〇版末行至卷末、卷四上全卷及卷四下第一版至第六版二行。

金藏本卷四（完整）相當清藏本卷四下第六版二行至卷末及卷五上第三十二版一行。

金藏本卷五（缺第一版）相當清藏本卷五上第三十三版八行至卷末及卷五下全卷。

金藏本卷六（缺前六版及第七版

前十八行）相當清藏本卷六上第一一版一行至卷末及卷六下第一版至第二一版一三行。金藏本卷九（完整）相當清藏本卷八下第八版一五行至卷末、卷九上全卷及卷九下第一版至第六版二行。

一　六八五頁上二行首字「隋」，南無。以下各卷同。

一　六八五頁上三行記者，南無。以下各卷同。

一　六八七頁中一三行第一四字「瞻」，南作「占」。

一　六八九頁下一一行第九字「方」，南作「万」。

一　六八九頁下一九行第二字「法」，南作「佛」。

摩訶止觀卷第一下　戊二

隋天台智者大師說

門人灌頂記

覩佛相好發心者若見如來父母生身身相昺著明了得處輝麗灼爍眦首羯磨所不能作勝轉輪王相好纓絡世間希有天上天下無如佛十方世界亦無比願我得佛齊聖法王我度衆生無數無央是爲見應佛相好上求下化發菩提心若見如來知如來無如來若見相好知相好非相好如來及相皆如虛空空中無佛況復相好見如來非如來即見如來見相非相即見諸相願我得佛齊聖法王我度衆生無數無央是爲見勝應相好上求下化發菩提心若見如來身相一切靡所不現如明淨鏡覩衆色像一一相好凡聖不得其邊梵天不見其頂目連不窮其聲論云無形第一體非莊嚴莊嚴願我得佛齊聖法王是爲見報佛相好上求下化發菩提心若見如來知如來智深達罪福相徧照於十方微妙淨法身具相三十二一一相好即是實相實相法界具足無減願我得佛齊聖法王是爲見法佛相好上求下化發菩提心云云何見佛種種神變發菩提心若見如來依根本禪一心作一不得衆多若放一光從阿鼻獄上至有頂火光晃耀天地洞明日月戢重輝天光隱不現願我得佛齊聖法王云云若見如來依如來無生理不以二相應諸衆生能今衆生各各見佛獨在其前願我得佛齊聖法王云云若見如來依如來藏三昧正受十方塵剎起四威儀而於法性未曾動搖願我得佛齊聖法王云云若見如來與諸神變無二無異如來作神變神變作如來無記化化化復作化不可窮盡皆不可思議皆是實相而作佛事願我得佛齊聖法王云云云何聞種種法發菩提心或從佛及善知識或從經卷聞生滅一句即解世出世法新新生滅念念遷移戒慧解脫寂靜乃眞願我得佛能說淨道云云或聞生滅即解四諦皆不生不滅空中無刺云何可拔誰苦誰集誰修誰證畢竟清淨能所寂然願我得佛能說淨道云云或聞生滅即解生滅對不生滅爲二非生滅非不生滅爲中中道清淨獨拔而出生死涅槃之表願我得佛能爲衆生說最上道獨拔而出如華出水如月處空云云或聞生滅即解生滅不生滅非生滅非不生滅雙照生滅不生滅即一而三即三而一法界祕密常樂具足願我得佛能爲衆生說祕密藏如福德人執石成寶執毒成藥云云若聞無生謂二乘無三界生菩薩未無生若聞無生謂三乘皆無三界生若聞無生二乘非分但在菩薩菩薩先無分段生次無變易生若聞無生一一無生一切無生若聞無量一句例如此若聞無量謂二乘方便道四諦十六諦等以爲無量若聞無量二乘自用伏惑不能化他菩薩用此無量自去惑亦化他若聞無量謂二乘無分但在菩薩菩薩用斷界內塵沙亦伏界外塵沙若聞無量謂二乘無分但在菩薩菩薩用斷界內外塵沙亦伏無明若聞無量但在菩薩菩薩用伏斷無明若聞無作一句例亦如此若聞無作謂非佛天人脩羅所作二乘證此無作思益

云我等學於無作已作證得而菩薩不能證得云云若聞無作謂三乘皆能證得若聞無作謂非二乘境界況復凡夫菩薩破權無作證實無作若聞無作謂即權無作證實無作若得此意隨聞一句通達諸句乃至一切句一切法而無障礙云云夫一說衆解是義難明更約論偈重說之若言因緣所生法我說即是空者既言因緣所生那得即空須析因緣盡方乃會空呼方空爲即空亦名假名者有爲虛弱勢不獨立假衆緣成賴緣故假非施權之假亦名中道義者離斷常名中道非佛性中道若作如此解者雖三句皆空尚不成即空況復即假即中此生滅四諦義也若因緣所生法不須破滅體即是空而不得即假即中設作假中皆順入空何者諸法皆即空無主我故假亦即空假施設故中亦即空離斷常二邊故此三番語雖異俱順入空退非二乘析法進非別非圓乃是三獸渡河共空之意耳若謂即空即假即中者三種邐迤各各有異三語皆空者無主故空虛設故空無邊故空三種皆假者同有名字故假三語皆中者中眞中機中實故俱中此得別失圓云云若謂即空即假即中者雖三而一雖一而三不相妨礙三種皆空者言思道斷故三種皆假者但有名字故三種皆中者即是實相故但以空爲名即具假中悟空即悟假中餘亦如是當知聞於一法起種種解立種種願即是種種發菩提心此亦可解其淨土徒衆修行法滅受苦起過等發菩提心例前可解不復委記上來所說既多今以三種止觀結之然法性尚非一法云何以三四推之今言一二三四說法性是所迷苦集是能迷迷有輕重所迷有即離約界內外分別即有四種苦集約根性取理即有一二三四不同云云若界內鈍人迷眞重苦集亦重利人迷眞輕苦集亦輕界外利鈍輕重亦如是法性是所解道滅是能解所解有即離能解有巧拙界內鈍人所解離能解則拙利人所解即能解亦巧界外利鈍即離巧拙亦如是所以者何事理既殊昏惑亦甚譬如父子兩謂路人瞋打俱重瞋以譬集打以譬苦若謂煩惱即法性事理相即苦集則輕實非骨肉兩謂父子瞋打則薄麤細枝本通別偏不偏難易等亦如是或云界內苦集底滯爲重界外升出爲輕或界內皮惑故爲淺界外肉惑故爲深或言界內隨他意故爲拙界外隨自意故爲巧或言界內稱機故爲巧界外不稱機故爲拙或言界內有能所故爲麤界外無能所故爲細或言界內小道極在化城故爲細界外大道極在實所故爲麤或言界內客塵故爲枝界外同體故爲本或言界內在初故爲本界外在後故爲枝或言界內小大共故爲通界外獨在大故爲別或云界內偏故爲小淺故爲別界外圓故爲大無隔故爲通或言界內短故爲不偏界外周法界故爲偏或言界內在一切賢聖共故爲偏界內獨在大緣故爲不偏或言界內用二乘方便故爲難斷界外但依無礙慧故爲易斷如是等種種互說今若結之則易可解若作淺深輕重者漸次觀意也若作一實四諦不分別者圓觀意也若作更

互輕重者不定觀意也皆是大乘法相故須
識之若見此意即知三種漸次顯是不定顯
是圓頓顯是云云問集既有四苦果何二答惑
隨於解集則有四解隨於惑但感二死例如
小乘惑隨於解則有見諦思惟若解隨於惑
但是一分段生死耳問苦集可是因緣所生
法道滅何故爾答苦集是所破道滅是能破
能破從所破得名俱是因緣生法故大經云
因滅無明則得熾然三菩提燈亦是因緣也
問法性是所迷何故二何故四答法性隨權
實是故二法性隨根緣是故四若見此意例
見相聞法乃至起過例作四種分別廣說云云
○中約弘誓顯是者前推法性聞法等其義
已顯爲末了者更約四弘又四諦中多約解
明上求下化四弘中多約願明上求下化又伐二
四諦中通約三世佛明上求下化四弘中多六
約未來佛明上求下化又四諦中多約諸根
明上求下化四弘中專約意根明上求下化
如此分別令易解得意者不俟也夫心不孤
生必託緣起意根是因法塵是緣所起之心

是所生法此根塵能所三相遷動竊起竊謝
新新生滅念念不住睒爍如電耀逝疾若奔
流色泡受沫想炎行城識幻所有依報國土
田宅妻子財産一念喪失倏有忽無三界無
常一篋偏苦四山合來無逃避處唯當專心
戒定智慧竪破顛倒横截死海超度有流經
言我昔與汝等不見四眞諦是故久迴轉火
宅如此云何耽湎縱逸嬉戲是故慈悲起四
弘誓拔苦與樂如釋迦之見耕壂似彌勒之
觀毀臺即其義也以明了四諦故非九縛起
四弘誓故非一脫是爲非縛非脫發眞正菩
提心顯是義明矣次秖觀根塵相對一念心
起能生所生無不即空妄謂心起起無自性
無他性無共性無無因性起時不從自他共
離來去時不向東西南北去此心不在内外㚇三七
兩中間亦不常自有但有名字名之爲心是
字不住亦不不住不可得故生即無生亦無
無生有無俱寂凡愚謂有智者知無如水中
月得喜失憂大人去取都無欣慘鏡像幻化
亦如是思益云苦無生集無和合道不二滅

不生大經云解苦無苦而有眞諦乃至解滅
無滅而有眞諦集既即空不應如彼渴鹿馳
逐陽餤苦既即空不應如彼癡猴捉水中月
道既即空不應言我行即空不行不即空如
筏喩者法尚應捨何況非法滅既即空不應
言衆生壽命誰於此滅而證彼滅生死即空
云何可捨涅槃即空云何可得經言我不欲
令無生法中有修道若四念處乃至八聖道
我不欲令無生法中有得果若須陁洹乃至
阿羅漢依例亦應言我不欲令無生法中有
色受想行識我不欲令無生法中有貪欲瞋
恚癡但愍念衆生興誓願拔兩苦與二樂以
達苦集空故非九縛達道滅空故非一脫是
爲非縛非脫發眞正菩提心顯是義明矣秖
觀根塵一念心起心起即假假名之心爲迷
解本謂四諦有無量相三界無別法唯是一
心作心如工畫師造種種色心構六道分別
校計無量種別謂如是見愛是界内輕重集
相界外輕重集相如是生死是分段輕重苦
相界外輕重苦相還翻此心而生於解譬如

畫師洗蕩諸色塗以壇彩所謂觀身不淨乃至觀心無常如是道品紆通化城觀身身空乃至觀心心空中無無常乃至無不淨如是道品直通化城觀身無常無常即空乃至觀身法性非常非無常非空非不空乃至觀心亦如是如是道品紆通寶所觀身法性非淨非不淨雙照淨不淨乃至觀心法性常無常雙照常無常如是道品直通寶所是人見諦滅名須陀洹是人思惟滅名三果是人見滅名見地是人思滅名薄名離名已辦乃至侵習名辟支佛是人見思滅名十住塵沙滅名十行十迴向無明滅名十地等覺妙覺是人見思塵沙滅名十信無明滅名十住十行十迴向十地等覺妙覺分別十六門道滅不同及一切恒沙佛法分別校計不可說不可說如觀掌果無有僻謬皆從心生不餘處來觀此一心能通不可說心不可說心能通不可說法不可說法能通不可說非心非法觀一切心亦復如是九縛凡夫不覺不知如大富盲兒坐寶藏中都無所見動轉罣礙爲寶

所傷二乘熱病謂諸珍寶是鬼虎龍蛇棄捨馳走竛竮辛苦五十餘年雖縛脫之殊俱貧如來無上珍寶起大慈悲誓願拔苦與樂是爲非縛非脫發眞正菩提心顯是義明矣次根塵相對一念心起即空即假即中者若根若塵並是法界並是畢竟空並是如來藏並是中道云何即空並從緣生緣生即無主無主即空云何即假無主而生即是假云何即中不出法性並皆即中當知一念即空即假即中並畢竟空並如來藏並實相非三而三三而不三非合非散而合而散非非合非非散不可一異而一異譬如明鏡明喻即空像喻即假鏡喻即中不合不散合散宛然不一二三二三無妨此一念心不縱不橫不可思議非但已爾佛及衆生亦復如是華嚴云心佛及衆生是三無差別當知已心具一切佛法矣思益云愚於陰界入而欲求菩提陰界入即是離是無菩提淨名曰如來解脫當於衆生心行中求衆生即菩提不可復得衆生即涅槃不可復滅一心既然諸心亦爾一切

法亦爾普賢觀云毗盧遮那徧一切處即其義也當知一切法即佛法如來法界故若爾云何復言遊心法界如虛空又言無明明者即畢竟空此舉空爲言端空即不空亦即非空非不空又言一微塵中有大千經卷心中具一切佛法如地種如香丸者此舉有爲言端有即不有亦即非有非不有又言一色一香無非中道此舉中道爲言端即中而邊即非邊非不邊具足無減勿守語害圓誣罔聖意若得此解根塵一念心起根即八萬四千法藏塵亦爾一念心起亦八萬四千法藏佛法界對法界起法界無非佛法生死即涅槃是名苦諦一塵有三塵一心有三心一一塵有八萬四千塵勞門一一心亦如是貪瞋癡亦即是菩提煩惱亦即是菩提是名集諦翻一一塵勞門即是八萬四千諸三昧門亦是八萬四千諸陀羅尼門亦是八萬四千諸對治門亦成八萬四千諸波羅蜜無明轉即變爲明如融氷成水更非遠物不餘處來但一念心普皆具足如如意珠非有寶非無寶若

謂無者即妄語若謂有者即邪見不可以心知不可以言辯衆生於此不思議不縛法中而思想作縛於無脱法中而求於脱是故起大慈悲與四弘誓拔兩苦與兩樂故名非縛非脱發眞正菩提心前三皆約四諦爲語今約法藏塵勞三昧波羅蜜其義宛然問前簡非併言非今顯是何故併言是答所言併是者皆非縛非脱故言併是通皆上求故又次第漸入到實故言併是又實難知借權顯實故言併是此三番擬世界悉檀言併是也又權不攝實實則攝權欲令攝顯易見故言併是此一番擬爲人悉檀故言是也又一菩提心一切菩提心若不説者不知一切故言併是此一番擬對治悉檀明是若究竟而論前三是約權後一約實譬如良醫有一祕方總攝諸方阿伽陀藥功兼諸藥如食乳糜更無所須一切具足如如意珠權實顯是其義可知又一是者一大事因緣故云何爲一一實不虛故一道清淨故一切無礙人一道出生死故云何爲大其性廣博多所含容大智大斷大人所乘大師子吼大叅凡聖故言爲大事者十方三世佛之儀式以此自成佛道以此化度衆生故名爲事因緣者衆生以此因感佛佛以此緣起應故言因緣又是者不可言三不可言一不可言非三非一而言三一故名不可思議是也又是者非作法非佛非天人脩羅所作常境無相常智無緣以無緣智緣無相境無相之境相無緣之智智境冥一而言境智故名無作也又是者如文殊問經云破一切發名發菩提心常隨菩提相而發菩提心又無發而發無隨而隨又過一切破過一切隨雙照破隨名發菩提心如此三種不一不異如理如事如非理非事故名爲是若例此義無作不可思議一大事因緣等諸法門皆言破皆言隨皆言非破非隨雙照破隨又前三是上中下智所觀後一是上上智所觀前三是共後一是不共前三淺近曲後一深遠直云云前三是小中大後一是大中大上中上圓中圓滿中滿實中實眞中眞了義中了義玄中玄妙中妙不可思議中不可思議若能如此簡非顯是體權識實而發心者是一切諸佛種譬如金剛從金性生佛菩提心從大悲起是諸行先如服阿娑羅藥先用清水諸行中最如諸根中命根爲最佛正法正行中此心爲最如太子生具王儀相大臣恭敬有大聲名如迦陵頻伽鳥㲉中鳴聲已勝諸鳥此菩提心有大勢力如師子筋弦如師子乳如金剛槌如那羅延箭具足衆寶能除貧苦如如意珠雖小懈怠小失威儀猶勝二乘功德舉要言之此心即具一切菩薩功德能成三世無上正覺若解此心任運達於止觀無發無礙即是觀其性寂滅即是止止觀即菩提菩提即止觀寶梁經云比丘不修比丘法大千無唾處況受人供養六十比丘悲泣白佛我等乍死不能受人供養佛言汝起慚愧心善哉善哉一比丘白佛何等比丘能受供養佛言若在比丘數修僧業得僧利者是人能受供養四果四向是僧數三十七品是僧業四果是僧利比丘重白佛若發大乘心者復云何佛言若發大乘心求一切

智不隨數不修業不得利能受供養比丘驚
聞云何是人能受供養佛言是人受衣用敷
大地受摶食若須彌山亦能畢報施主之恩
當知小乘之極果不及大乘之初初又如來
密藏經說若人父爲緣覺而害盜三寶物毋
茂二　十三
爲羅漢而汙不實事謗佛兩舌間賢聖惡口
罵聖人壞亂求法者五逆初業之瞋奪持戒
人物之貪邊見之癡是爲十惡惡者若能知
如來說因緣法無我人衆生壽命無生無滅
無染無著本性清淨又於一切法知本性清
淨解知信入者我不說是人趣向地獄及諸
惡道果何以故法無積聚法無集惱一切法
不生不住因緣和合而得生起起已還滅若
心生已滅一切結使亦生已滅如是解無犯
處若有犯有住無有是處如百年闇室若然
燈時闇不可言我是室主住此久而不肯去
燈若生闇即滅其義亦如是此經具指前四
菩提心若知如來說因緣法即指初菩提心
若無生無滅指第二菩提心若本性清淨指
第三菩提心若於一切法知本性清淨指第

四菩提心初菩提心已能除重重十惡況第
二第三第四菩提心耶行者聞此勝妙功德
當自慶幸如闇處伊蘭得光明栴檀門因緣
語通何意初觀獨當其名答以最初當名耳
又因緣事相初觀爲便若言生滅者即別後
三例有通別而從別受名耳○約六即顯是
者爲初心是後心是答如論焦炷非初不離
初非後不離後若智信具足聞一念即是信
故不謗智故不懼初後皆是若無信高推聖
境非己智分若無智起增上慢謂己均佛初
後俱非爲此事故須知六即謂理即名字即
觀行即相似即分眞即究竟即此六即者始
凡終聖始凡故除疑怯終聖故除慢大云云理
即者一念心即如來藏理如故即空藏故即
假理故即中三智一心中具不可思議如上
茂二　十四
說三諦一諦非三非一一色一香一切法一
切心亦復如是是名理即是菩提心亦是理
即止觀即寂名止即照名觀名字即者理雖
即是日用不知以未聞三諦全不識佛法如
牛羊眼不解方隅或從知識或從經卷聞上

所說一實菩提於名字中通達解了知一切
法皆是佛法是爲名字即菩提亦是名字止
觀若未聞時處處馳求既得聞已攀覓心息
名止但信法性不信其諸名爲觀觀行即是
者若但聞名口說如蟲食木偶得成字是蟲
不知是字非字既不通達寧是菩提必須心
觀明了理慧相應所行如所言所言如所行
華首云言說多不行我不以言說但心行菩
提此心口相應是觀行菩提釋論四句評聞
慧具足如眼得日照了無僻觀行亦如是雖
未契理觀心不息如首楞嚴中射的喻是名
觀行菩提亦名觀行止觀恒作此想名觀餘
想息名止云云相似即是菩提者以其逾觀逾
明逾止逾寂如勤射鄰的名相似觀慧一切
世間治生產業不相違背所有思想籌量皆
茂二　十五
是先佛經中所說如六根清淨中說圓伏無
明名止似中道慧名觀云云分眞即者因相似
觀力入銅輪位初破無明見佛性開寶藏顯
眞如名發心住乃至等覺無明微薄智慧轉
著如從初日至十四日月光垂圓闇垂盡若

人應以佛身得度者即八相成道應以九法界身得度者以普門示現如經廣說是名分眞菩提亦名分眞止觀分眞智斷究竟即菩提者等覺一轉入于妙覺智光圓滿不復可增名菩提果大涅槃斷更無可斷名果果等覺不通唯佛能通過荼無道可說故名究竟菩提亦名究竟止觀總以譬譬之譬如貧人家有寶藏而無知者知識示之即得知也耘除草穢而掘出之漸漸得近近已藏開盡取用之合六喻可解云云問釋論五菩提意云何答論竪判別位今竪判圓位會之發心對名字伏心對觀行明心對相似出到對分眞無上對究竟又用彼名名圓位發心是十住伏心是十行問住已斷行云何伏答此用眞道伏例如小乘破見名斷思惟名伏明心是十迴向出到是十地無上是妙覺又從十住具五菩提乃至妙覺究竟五菩提故地義云從初一地具諸地功德即其義也問何意約圓說六即答圓觀諸法皆云六即故以圓意約一切法悉用六即判位餘不爾故不用之當其教用之胡爲不得而淺近非教正意也然上來簡非先約苦諦升沉世間簡耳次約四諦智曲拙淺近簡耳次約四弘行願次約六即位展轉深細方乃顯是故知明月神珠在九重淵內驪龍頷下有志有德方乃致之豈如世人麤淺浮虛競執瓦石草木妄謂爲實末學膚受太無所知

茂二 十六

摩訶止觀卷第一下

摩訶止觀卷第一下

校勘記

一 底本，清藏本。

一 六九四頁上四行首字「覩」，徑作「觀」。

一 六九五頁下一六行「界內」，南、徑作「界外」。

一 六九六頁下三行「陽燄」，南作「颺燄」。

一 六九六頁下一八行第二字「計」，徑作「記」。

一 六九九頁上五行末字「毋」，南作「母」。

摩訶止觀卷第二上 茂三

隋天台智者大師說

門人灌頂記

二勸進四種三昧入菩薩位說是止觀者夫欲登妙位非行不階善解鑽搖醍醐可獲法華云又見佛子修種種行以求佛道行法衆多略言其四一常坐二常行三半行半坐四非行非坐通稱三昧者調直定也大論云善心一處住不動是名三昧法界是一處正觀能住不動四行爲緣觀心藉緣調直故稱三昧也一常坐者出文殊說文殊問兩般若名爲一行三昧今初明方法次明勸修方法者身論開遮口論說默意論止觀身開常坐遮行住卧或可處衆獨則彌善居一靜室或空閑地離諸喧閙安一繩牀傍無餘座九十日爲一期結跏正坐項脊端直不動不搖不萎不倚以坐自誓肋不拄牀況復屍卧遊戲住立除經行食便利隨一佛方面端坐正向時刻相續無須臾廢所開者專坐所遮者勿犯不欺佛不負心不誑衆生口說默者若坐疲極或疾病所困或睡蓋所覆內外障侵奪正念心不能遣卻當專稱一佛名字慚愧懺悔以命自歸與稱十方佛名功德正等所以者何如人憂喜鬱怫舉聲歌哭悲笑則暢行人亦爾風觸七處成身業聲響出脣成口業二能助意成機感佛俯降如人引重自力不前假傍救助則蒙輕舉行人亦爾心弱不能排障稱名請護惡緣不能壞若於法門未了當親近解般若者如聞修學能入一行三昧面見諸佛上菩薩位誦經誦呪尚喧於靜況世俗言語耶意止觀者端坐正念蠲除惡覺捨諸亂想莫雜思惟不取相貌但專繫緣法界一念法界繫緣是止一念是觀信一切法皆是佛法無前無後無復際畔無知者無說者若無知無說則非有非無非知者非不知者離此二邊住無所住如諸佛住安處寂滅法界聞此深法勿生驚怖此法界亦名菩提亦名不可思議境界亦名般若亦名不生不滅如是等一切法與法界無二無別聞無二無別勿生疑惑能如是觀者是觀如來十號觀如來時不謂如來爲如來無有如來爲如來亦無如來智能知如來者如來及如來智無二相無動相不作相不在方不離方非三世非不三世非二相非不二相非垢相非淨相此觀如來甚爲希有猶如虛空無有過失增長正念見佛相好如照水鏡自見其形初見一佛次見十方佛不用神通往見佛唯住此處見諸佛聞佛說法得如實義爲一切衆生見如來而不取如來相化一切衆生向涅槃而不取涅槃相爲一切衆生發大莊嚴而不見莊嚴相無形無相無見聞知佛不證得是爲希有何以故佛即法界若以法界證法界即是諍論無證無得觀衆生相如諸佛相衆生界量如諸佛界量諸佛界量不可思議衆生界量亦不可思議衆生界住如虛空住以不住法以無相法住般若中不見凡法云何捨不見聖法云何取生死涅槃垢淨亦如是不捨不取但住實際如此觀衆生眞佛法界觀貪欲瞋癡諸煩惱恒是寂滅行是無動行非生死法非涅槃法不捨諸見不捨無爲而

修佛道非修道非不修道是名正住煩惱法界也觀業重者無出五逆五逆即是菩提菩提五逆無二相無覺者無知者無分別者逆罪相實相相皆不可思議不可壞本無本性一切業緣皆住實際不來不去非因非果是爲觀業即是法界印法界印四魔所不能壞魔不得便何以故魔即法界印法界印云何毀法界印以此意歷一切法亦應可解上所說者皆是經文勸修者稱實功德獎於行者法界法是佛眞法是菩薩印聞此法不驚不畏乃從百千萬億佛所久植德本譬如長者失摩尼珠後還得之心甚歡喜四衆不聞此法心則苦惱若聞信解歡喜亦然當知此人即是見佛已曾從文殊聞是法身子曰諦了此義是名菩薩摩訶薩彌勒云是人近佛座佛覺此法故文殊云聞此法不驚即是見佛佛言即住不退地具六波羅蜜具一切佛法矣若人欲得一切佛法相好威儀說法音聲十力無畏者當行此一行三昧勤行不懈則能得入如治摩尼珠隨磨隨光證不可思

議功德菩薩能知速得菩提比丘比丘尼聞不驚即隨佛出家信士信女聞不驚即眞歸依此之稱譽出彼兩經云○二常行三昧者先方法次勸修方法者身開遮口說嘿意止觀此法出般舟三昧經翻爲佛立佛立三義一佛威力二三昧力三行者本功德力能於定中見十方現在佛在其前立如明眼人清夜觀星見十方佛亦如是多故名佛立三昧十住婆沙偈云是三昧住處少中多差別如是種種相亦應須論議住處者或於初禪二三四中間發是勢力能生三昧故名住處初禪少二禪中三四多或少時住名少或見世界少或見佛少故名少中多亦如是身開常行行此法時避惡知識及癡人親屬鄉里常獨處止不得希望他人有所求索常乞食不受別請嚴餙道場備諸供具香餚甘果盥沐其身左右出入改換衣服唯專行旋九十日爲一期須明師善內外律能開除妨障於所聞三昧處如視世尊不嫌不恚不見短長當割肌肉供養師況復餘耶承事師如僕奉大

家若於師生惡求是三昧終難得須外護如毋養子須同行如共涉險須要期誓願使我筋骨枯朽學是三昧不得終不休息起大信無能壞者起大精進無能及者所入智無能逮者常與善師從事終竟三月不得念世間想欲如彈指頃三月終竟不得臥出如彈指頃終竟三月行不得休息除坐食左右爲人說經不得希望衣食婆沙偈云親近善知識精進無懈怠智慧甚堅牢信力無妄動口說默者九十日身常行無休息九十日口常唱阿彌陀佛名無休息九十日心常念阿彌陀佛無休息或唱念俱運或先念後唱或先唱後念唱念相繼無休息時若唱彌陀即是唱十方佛功德等但專以彌陀爲法門主舉要言之步步聲聲念念唯在阿彌陀佛意論止觀者念西方阿彌陀佛去此十萬億佛剎在寶地寶池寶樹寶堂衆菩薩中央坐說經三月常念佛云何念念三十二相從足下千輻輪相一一逆緣念諸相乃至無見頂亦應從頂相順緣乃至千輻輪令我亦逮是相又念

我當從心得佛從身得佛佛不用心得不用
身得不用心得佛不用色得佛心何以故
心者佛無心色者佛無色故不用色心得三
菩提佛色已盡乃至識已盡佛所說盡者癡
人不知智者曉了不用身口得佛不用智慧
得佛何以故智慧索不可得自索我了不可
得亦無所見一切法本無所有壞本絕本其一
如夢見七寶親屬歡樂覺已追念不知在何
處如是念佛又如舍衛有女名須門聞之心
喜夜夢從事覺已念之彼不來我不往而樂
事宛然當如是念佛如人行大澤飢渴夢得
美食覺已腹空自念一切所有法皆如夢當
如是念佛數數念莫得休息用是念當生阿
彌陀佛國是名如相念如人以寶倚瑠璃上
影現其中亦如比丘觀骨骨起種種光此無
（茂三　六）
持來者亦無有是骨是意作耳如鏡中像不
外來不中生以鏡淨故自見其形行人色清
淨所有者清淨欲見佛即見佛見即問問即
報聞經大歡喜其二自念佛從何所來我亦無
所至我所念即見心作佛心自見心見佛心

是佛心是我心見佛心不自知心心不自見
心心有想為癡心無想是泥洹是法無可示
者皆念所為設有念亦了無所有空耳其三偈
云心者不知心有心不見心心起想即癡無
想即泥洹諸佛從心得解脫心者無垢名清
淨五道鮮潔不受色有解此者成大道是名
佛印無所貪無所著無所求無所想所有盡
所欲盡無所從生無所可滅無所壞敗道要
道本是印二乘不能壞何況魔邪云云婆沙明
新發意菩薩先念佛色相相體相業相果相
用得下勢力次念佛四十不共法心得中勢
力次念實佛得佛上勢力而不著色法二身
偈云不貪著色身法身亦不著善知一切法
永寂如虛空勸修者若人欲得智慧如大海
令無能為我作師者於此坐不運神通悉見
（茂三　七）
諸佛悉聞所說悉能受持者常行三昧於諸
功德最為第一此三昧是諸佛母佛眼佛父
無生大悲母一切諸如來從是二法生碎大
千地及草木為塵一塵為一佛剎滿爾世界
中寶用布施其福甚多不如聞此三昧不驚

不畏況信受持讀誦為人說況定心修習如
穀牛乳頃況能成是三昧故無量無量婆沙
云劫火官賊怨毒龍獸衆病侵是人者無有
是處此人常為天龍八部諸佛皆共護念稱
讚皆共欲見共來其所若聞此三昧如上四
番功德皆隨喜三世諸佛菩薩皆隨喜復勝
上四番功德若不修如是法失無量重寶人
天為之憂悲如齆人把梅檀而不齅如田家
子以摩尼珠博一頭牛云云○三明半行半坐
亦先方法次勸修方法者身開遮口說默意
止觀此出二經方等云旋百二十帀卻坐思
惟法華云其人若行若立讀誦是經若坐思
惟是經我乘六牙白象現其人前故知俱用
半行半坐為方法也方等至尊不可聊爾若
欲修習神明為證先求夢王若得見一是許
懺悔於閑靜處莊嚴道場香泥塗地及室內
外作圓壇彩畫懸五色旛燒海岸香然燈敷
高座請二十四尊像多亦無妨設餚饌盡心
力須新淨衣鞾屩無新浣故出入著脫無令
參雜七日長齋日三時洗浴初日供養僧隨

意多少別請一明了內外律者爲師受二十四戒及陀羅尼呪對師說罪要用月八日十五日當以七日爲一期決不可減若能更進隨意堪任十人已還不得出此俗人亦許須辦單縫三衣備佛法式也口說默者預誦陀羅尼呪戊三一篇使利於初日八分異口同音三徧召請三寶十佛方等父母十法王子召請法在國清百錄中請竟燒香運念三業供養供養訖禮前所請三寶禮竟以志誠心悲泣雨淚陳悔罪咎竟起旋百二十帀一旋一呪不遲不疾不高不下旋呪竟禮十佛方等十法王子如是作已卻坐思惟思惟訖更起旋呪旋呪竟更卻坐思惟周而復始終竟七日其法如是從第二時略召請餘悉如常意止觀者經令思惟思惟摩訶袒持陀羅尼翻爲大祕要遮惡持善祕要秖是實相中道正空經言吾從真實中來真實者寂滅相寂滅相者無有所求求者亦空得者著者實者來者語者問者悉空寂滅涅槃亦復皆空一切虛空分界亦復皆空其一無所求中吾故求之如是

空空真實之法當於何求六波羅蜜中求其二此與大品十八空同大經迦毗羅城空如來空大涅槃空更無有異以此空慧歷一切事無不成觀方等者或言廣平今言方者法也般若有四種方法謂四門入清涼池即方也所契之理平等戊三大慧即等也九令求夢王即二觀前方便也道場即清淨境界也治五住糠顯實相米亦是定慧用莊嚴法身也香塗者即無上尸羅也五色蓋者觀五陰免子縛起大慈悲覆法界也圓壇者即實相不動地也繒旛即翻法界上迷生動出之解旛壇不相離即動出不動出不相離也香燈即戒慧也高座者諸法空也一切佛皆栖此空二十四像者即是逆順觀十二因緣覺了智也餚饌者即是無常苦酢助道觀也新淨衣者即寂滅忍也瞋惑重積稱故翻瞋起忍名爲新七日即七覺也一日即一實諦也三洗即觀一實修三觀蕩三障淨三智也一師者即一實諦也二十四戒者逆順十二因緣發道共戒也呪者囑對也瓔珞明十二因緣有十種即

有一百二十支一呪一支束而言之秖是三道謂苦業煩惱也今呪此因緣即是呪於三道而論懺悔事懺懺苦道業道理懺懺煩惱道文云犯沙彌戒乃至大比丘戒若不還生無有是處即懺業道文也眼耳諸根清淨即懺苦道文也第七日見十方佛聞法得不退轉即懺煩惱道文也三障去即十二因緣樹壞亦是五陰舍空思惟實相正破於此故名諸佛實法懺悔也勸修者諸佛得道皆由此法是佛父母世間無上大寶若能修行得全分寶但能讀誦得中分寶華香供養得下分寶佛與文殊說下分寶所不能盡況中上耶若從地積寶至梵天以奉於佛不如施持經者一食充軀如經廣說云云約法華亦明方法勸修方法者身開遮口說默意止觀身開爲十一嚴淨戊三道場二淨身三三業供十養四請佛五禮佛六六根懺悔七遶旋八誦經九坐禪十證相別有一卷名法華三昧是天台師所著流傳於世行者宗之此則兼於說默不復別論也意止觀者普賢觀云專誦大乘不入

三昧日夜六時懺六根罪安樂行品云於諸法無所行亦不行不分別二經本爲相成豈可執文拒競蓋乃爲緣前後互出非碩異也安樂行品護持讀誦解說深心禮拜等豈非事耶觀經明無相懺悔我心自空罪福無主慧日能消除豈非理耶南岳師云有相安樂行無相安樂行豈非就事理得如是名持是行人涉事修六根懺爲悟入弄引故名有相若直觀一切法空爲方便者故言無相妙證之時悉皆兩捨若得此意於二經無疑令歷文修觀言六牙白象者是菩薩無漏六神通牙有利用如通之捷疾象有大力表法身荷負無漏無染稱之爲白頭上三人一持金剛杵一持金剛輪一持如意珠表三智居無漏頂云云杵擬象能行表慧導行輪轉表出假如意表中牙上有池表八解是禪體通是定用體用不相離故牙端有池池中有華華表妙因以神通力淨佛國土利益衆生即是因因從通生如華由池發華中有女女表慈若無無緣慈豈能以神通力促身令小入此娑婆

通由慈運如華擎女女執樂器表四攝也慈修身口現種種同事利行財法二施引物多端如五百樂器音聲無量也示喜見身者是普現色身三昧也隨所宜樂而爲現之未必純作白玉之像語言陀羅尼者即是慈熏口說種種法也皆法華三昧之異名得此意於象身上自在作法門也勸修者普賢觀曰若七衆犯戒欲一彈指頃除滅百千萬億阿僧祇劫生死之罪者欲發菩提心不斷煩惱而入涅槃不離五欲而淨諸根見障外事欲見分身多寶釋迦佛者欲得法華三昧一切語言陀羅尼入如來室著如來衣坐如來座於天龍八部衆中說法者欲得文殊藥王諸大菩薩持華香住立空中侍奉者應當修習此法華經讀誦大乘念大乘事令此空慧與心相應念諸菩薩母無上勝方便從思實相生衆罪如霜露慧日能消除成辨如此諸事無不具足能持此經者則爲得見我亦見於汝亦供養多寶及分身令諸佛歡喜如經廣說誰聞如是法不發菩提心除彼不肖人癡瞋

無智者耳○四非行非坐三昧者上一向用行坐此既異上爲成四句故名非行非坐實通行坐及一切事而南岳師呼爲隨自意意起即修三昧大品稱覺意三昧意之趣向皆覺識明了雖復三名實是一法今依經釋名覺者照了也意者心數也三昧如前釋行者心數起時反照觀察不見動轉根原終末來處去處故名覺意諸數無量何故對意論覺窮諸法源皆由意造故以意爲言端對境覺知異乎木石名爲心次心籌量名爲意了了別知名爲識如是分別墮心想見倒中豈名爲覺覺者了知心中非有意亦非不有意心中非有識亦非不有識意中非有心亦非不有心意中非有識亦非不有識識中非有意亦非不有意識中非有心亦非不有心心意識非一故立三名非三故說一性若知名非名則性亦非性非名故不三非性故不一非三故不散非一故不合不合故不空不散故不有非有故不常非空故不斷若不見常斷終不見一異若觀意者則攝心識一切法亦

爾若破意無明則壞餘使皆去故諸法雖多但舉意以明三昧觀則調直故言覺意三昧也隨自意非行非坐準此可解就此爲四一約諸經二約諸善三約諸惡四約諸無記諸經行法上三不攝者即屬隨自意也且約請觀音示其相於靜處嚴道場旛蓋香燈請彌陀像觀音勢至二菩薩像安於西方設楊枝淨水若便利左右以香塗身澡浴清淨著新淨衣齋日建首當正向西方五體投地禮三寶七佛釋尊彌陀三陀羅尼二菩薩聖衆禮已胡跪燒香散華至心運想如常法供養已端身正心結跏趺坐繫念數息十息爲一念十念成就已起燒香爲衆生故三徧請上三寶請竟三稱三寶名加稱觀世音合十指掌誦四行偈竟又誦三篇呪或一徧或七徧看時早晚誦呪竟披陳懺悔自憶所犯發露洗浣已禮上所請禮已一人登高座若唱若誦此經文餘人諦聽午前初夜其方法如此餘時如常儀若嫌闕略可尋經補益云云經云眼與色相應云何攝住乃至意與攀緣相應云何攝住者大集云如心住如即空也此文一一皆入如實之際即是如空之異名耳地無堅者若謂地是有有即實實是堅義若謂地是無是亦有亦無非有非無是事實皆是堅義今明畢竟不可得亡其堅性也水性不住者謂水爲有有即是住乃至謂水是非有非無亦即是住今不住有四句亦不住無四句中亦不住不可說中故言水性不住風性無礙者觀風爲有有即是礙乃至謂風非有非無亦無無四句故言風性無礙火大不實者火不從自生乃至不從無因生本無自性賴緣而有故言不實觀色既爾受想行識一一皆入如實之際觀陰既爾十二因緣如谷響如芭蕉堅露電等一時運念令空觀成勤須修習使得相應觀慧之本不可闕也銷伏毒害陀羅尼能破報障毗舍離人平復如本破惡業陀羅尼能破業障破梵行人蕩除糞穢令得清淨六字章句陀羅尼能破煩惱障淨於三毒根成佛道無疑六字即是六觀世音能破六道三障所謂大悲觀世音破地獄道三障此道苦重宜用大悲大慈觀世音破餓鬼道三障此道飢渴宜用大慈師子無畏觀世音破畜生道三障獸王威猛宜用無畏也大光普照觀世音破阿修羅道三障其道猜忌嫉疑偏宜用普照也天人丈夫觀世音破人道三障人道有事理事伏憍慢稱天人理則見佛性故稱丈夫大梵深遠觀世音破天道三障梵是天主標主得臣也廣六觀世音即是二十五三昧大悲即是無垢三昧大慈即是心樂三昧師子即是不退三昧大光即是歡喜三昧丈夫即是如幻等四三昧大梵即是不動等十七三昧自思之可見云云此經通三乘人懺悔若自調自度殺諸結賊成阿羅漢若福厚根利觀無明行等成緣覺道若起大悲身如瑠璃毛孔見佛得首楞嚴住不退轉諸大乘經有此流類或七佛八菩薩懺或虛空藏八百日塗廁如此等皆是隨自意攝云云○二歷諸善即爲二先分別四運次歷衆善初明四運者夫心識無形不可見約四相分別謂未念欲念念念已未念名心未起

欲念名心欲起念名正緣境住念已名緣境謝若能了達此四即入一相無相問未念未起已念已謝此二皆無心無心則無相云何可觀答未念雖未起非畢竟無如人未作後便作作不可以未作故便言無人若定無人後誰作作以有未作作人則將有作心亦如是因未念故得有欲念若無未念何得有欲念是故未念雖未有不得畢竟無念也念已雖滅亦可觀察如人作竟不得言無若定無人前誰作作念已心滅亦復如是不得言永滅若永滅者則是斷見無因無果是故念已雖滅亦可得觀問過去已去未來未至現在不住若離三世則無別心觀何等心答汝問非也若過去永滅畢竟不可知未來未起不可知現在無住不可知云何諸聖人知三世心鬼神尚知自他三世云何佛法行人起斷滅寵毛免角見當知三世心雖無定實亦可得知故偈云諸佛之所說雖空亦不斷相續亦不常罪福亦不失若起斷滅如盲對色於佛法中無正觀眼空無所獲行者既知心有四相隨心所起善惡諸念以無住著智反照觀察也次歷善事善事衆多且約六度若有諸塵須捨六受若無財物須運六作捨運共論有十二事初論眼受色時未見欲見見見已四運心皆不可見亦不得不見又反觀覺色之心不從外來外來於我無預不從内出内出不待因緣既無内外亦無中間不常自有當知覺色者畢竟空寂所觀色與空等能觀色者與盲等乃至意緣法未緣欲緣緣緣已四心皆不可得反觀覺法之心不外來不内出無法塵無法者悉與空等是爲覺六受觀云云眼根色塵空明各各無見亦無分別因緣和合生眼識眼識因緣生意識意識生時即能分別依意識則有眼識眼識能見見已生貪貪染於色毀所受戒此是地獄四運意實愛色覆諱言不此鬼道四運於色生著而計我我所畜生四運我色他色我勝他劣阿修羅四運他惠我色不與不取於此色上起仁讓貞信明等五戒十善人大四運觀四運心相生滅心心不住心心二受心心不自在心心屬因緣二乘四運觀已四運過患如此觀他四運亦復如是即起慈悲而行六度所以者何六受之塵性相如此無量劫來頑愚保著而不能捨捨不能亡今觀塵非塵於塵無受觀根非根於已無著觀人叵得亦無受者三事皆空名檀波羅蜜金剛般若云若住色聲香味觸法布施是名住相布施如人入闇則無所見不住聲味布施是無相施如人有目日光明照見種種色直言不見相略猶難解今不見色有相無相亦有無相非有無相若處處著相引之今得出不起六十二見乃名無相檀到於彼岸一切法趣檀成摩訶衍是菩薩四運又觀四運與虛空等即常不受四運即樂不爲四運起業即我四運不能染即淨是佛法四運如是四運雖空空中具見種種四運乃至徧見恒沙佛法成摩訶衍是爲假名四運若空不應具十法界法界從因緣生體復非有非有故空非空故有不得空有雙照空有三諦宛然備佛知見於四運心具足明了觀聲香味觸法五受

四運心圓覺三諦不可思議亦復如是準前
可知不復煩記

摩訶止觀卷第二上

摩訶止觀卷第二上

校勘記

一　底本，清藏本。

一　七〇一頁上一六行第九字「脊」，徑作「脊」。

摩訶止觀卷第二下　戊四

隋天台智者大師說
門人灌頂記

次觀六作行檀者觀未念行欲行行行已四
運遲速皆不可得亦不見不可得反觀覺心
不外來不內出不中間不常自有無行無行 戊四 一
者畢竟空寂而由心運役故有去來或爲毀
戒或爲誑他或爲眷屬或爲勝彼或爲義讓
或爲善禪或爲涅槃或爲慈悲捨六塵運六
作方便去來舉足下足皆如幻化悅惝虛忽
亡能亡所千里之路不謂爲遙數步之地不
謂爲近凡有所作不唐其功不望其報如此
住檀攝成一切恒沙佛法具摩訶衍能到彼
岸又觀一運心十法具足一不定一故得爲
十十不定十故得爲一非一非十雙照一十
一念心中具足三諦住坐卧語默作作亦復
如是準前可知故法華云又見佛子名衣上
服以用布施以求佛道即此義也前約十二
事共論檀今約一一事各各論六行者行時
以大悲眼觀衆生不得衆生相衆生於菩薩
得無怖畏是爲行中檀於衆生無所傷損不
得罪福相是名尸行時心想不起亦無動搖
無有住處陰入界等亦悉不動是名忍行時
不得舉足下足心無前思後覺一切法中無
生住滅是名精進不得身心生死涅槃一切
法中無受念著不味不亂是名禪行時頭等
六分如雲如影夢幻響化無生滅斷常陰界
入空寂無縛無脫是名般若具如首楞嚴中
廣說又行中寂然有定相若不察之於定生
染貪著禪味今觀定心心尚無心定在何處
當知此定從顚倒生如是觀時不見於空及
與不空即破定相不生貪著以方便生是菩
薩解行者未悟或計我能觀心謂是妙慧著
慧自高是名智障同彼外道不得解脫即反
照能觀之心不見住處亦無起滅畢竟無有 戊四 二
觀者及非觀者觀者既無誰觀諸法不得觀
心者即離觀想大論云念想觀已除戲論心
皆滅無量衆罪除清淨心常一如是尊妙人
則能見般若大集云觀於心心即此意也如
是行中具三三昧初觀破一切種種有相不
見內外即空三昧次觀能壞空相名無相三
昧後觀不見作者即無作三昧又破三倒三
毒越三有流伏四魔怨成波羅蜜攝受法界
增長具足一切法門豈止六度三三昧而已
矣若於行中具足一切法者餘十一事亦復
如是次更歷六塵中兢持謹潔如擎油鉢一
滞不傾又於六作中威儀肅肅進退有序但
名持戒持戒果報升出受樂非是三昧不名
波羅蜜若得觀慧於十二事尸羅自成謂觀
未見色欲見見見已四運心種種推求不得
所起之心亦不得能觀之心不內外無去來
寂無生滅其一能如是觀身口七支淨若虛空
是持不缺不破不穿三種律儀戒破四運諸
惡覺觀即持不雜戒也不爲四運所亂即持
定共戒也四運心不起即持道共戒也分別 戊四 三
種種四運無滯即持無著戒也分別四運不
謬即持智所讚戒也知四運攝一切法即持
大乘自在戒也識四運四德即持究竟戒其二
心既明淨雙遮二邊正入中道雙照二諦不
思議佛之境界具足無滅其三色者色法受者

不可得三事皆亡即檀於色色者安心不動
名忍色色者無染無間名毗梨耶不爲色色
者所亂名禪色色者如幻如化名般若色色
者如虚空名空三昧不得此空名無相三昧
無能無所名無作三昧何但三諦六度三空
一切恒沙佛法皆例可解觀色塵旣爾餘五
塵亦然六受六作亦如是法華云又見佛子
威儀具足以求佛道即此義也次歷忍善者
還約作受皆有違順順是可意違不可意於
違不瞋於順不愛無見無見者無作無作者
皆如上說次歷精進善舊云精進無別體但
篤衆行義而推之應有別體例無明通入衆
使更別有無明今且寄誦經勤策其心以擬
精進晝夜不虧乃得滑利而非三昧慧今觀
氣息觸七處和合出聲如響不内不外無能
誦所誦悉以四運推檢於塵不起受者於縁
不生作者煩惱不間誦說念念流入大涅槃
海是名精進云云次歷諸禪根本九想背捨等
但是禪非波羅蜜觀入定四運尚不見心何
處有定即達禪實相以禪攝一切法故論第

五解八想竟明十力四無所畏一切法諸論
師不達玄旨咸謂論誤未應說此此是論主
明八想作摩訶衍相故廣釋諸法耳云云次歷
智慧者釋論八種解般若今且約世智用觀
六受六作四運推世智叵得皆如上說約餘
一切善法亦如是問若一法攝一切法者但
用觀即足何須用止一度即足何用五度耶
答六度宛轉相成如被甲入陣不可不密云云
觀如燈止如密室浣衣刈草等云云又般若爲
法界徧攝一切亦不須餘法餘法爲法界亦
攝一切亦不須般若又般若即諸法諸法即
般若無二無別云云○三以隨自意歷諸惡事
者夫善惡無定如諸蔽爲惡事度爲善人天
報盡還墮三塗已復是惡何以故蔽度俱非
動出體皆是惡二乘出苦名之爲善二乘雖
善但能自度非善人相大論云寧起惡癩野
干心不生聲聞辟支佛意當知生死涅槃俱
復是惡六度菩薩慈悲兼濟此乃稱善雖能
兼濟如毒器貯食食則殺人已復是惡三乘
同斷此乃稱好而不見別理還屬二邊無明

未吐已復是惡別教爲善雖見別理猶帶方
便不能稱理大經云自此之前我等皆名邪
見人也邪豈非惡唯圓法名爲善善順實相
名爲道背實相名非道若達諸惡非惡皆是
實相即行於非道通達佛道若於佛道生著
不消甘露道成非道如此論善惡其義則通
今就別明善惡事度是善諸蔽爲惡善法用
觀已如上說就惡明觀今當說前雖觀善其
蔽不息煩惱浩然無時不起若觀於他惡亦
無量故修一切世間不可樂想時則不見好
人無好國土純諸蔽惡而自纏裹縱不全有
蔽而偏起不善或多慳貪或多犯戒多瞋多
怠多嗜酒味根性易奪必有過患其誰無失
出家離世行猶不備白衣受欲非行道人惡
是其分羅漢殘習何況凡夫凡夫若縱惡蔽
摧折俯墜永無出期當於惡中而修觀慧如
佛世時在家之人帶妻挾子官方俗務皆能
得道央掘摩羅彌殺彌慈祇陀末利唯酒唯
戒和須蜜多婬而梵行提婆達多邪見即正
若諸惡中一向是惡不得修道者如此諸人

永作凡夫以惡中有道故雖行衆蔽而得成
聖故知惡不妨道又道不妨惡須陀洹人婬
欲轉盛畢陵尚慢身子生瞋於其無漏有何
損益譬如虛空中明暗不相除顯出佛菩提
即此意也若人性多貪欲穢濁熾盛雖對治
折伏彌更增劇但恣趣向何以故蔽若不起
不得修觀譬如綸釣魚強繩弱不可爭牽但
令鉤餌入口隨其遠近任縱沈浮不久收獲
於蔽修觀亦復如是蔽即惡魚觀即鉤餌若
無魚者鉤餌無用但使有魚多大唯佳皆以
鉤餌隨之不捨此蔽不久堪任乘御云何爲
觀若貪欲起諦觀貪欲有四種相未貪欲欲
貪欲正貪欲貪欲已爲當未貪欲滅欲貪欲
生爲當未貪欲不滅欲貪欲生亦滅亦不滅
欲貪欲生非滅非不滅欲貪欲生若未滅欲
生爲即爲離即滅而生生滅相違若離而生
生則無因未貪不滅而欲生者爲即爲離若
即即二生相並生則無窮若離生亦無因若
亦滅亦不滅而欲生者若從滅生不須亦不
滅若從不滅生不須亦滅不定之因邪生定

果若其體一其性相違若其體異本不相關
若非滅非不滅而欲貪生雙非之處爲有爲
無若雙非是有何謂雙非若雙非是無無那
能生如是四句不見欲貪欲生還轉四句不
見未貪欲滅欲貪欲生不生亦生亦不生非
生非不生亦如上說觀貪欲蔽畢竟空寂雙
照分明皆如上說是名鉤餌若蔽恒起此觀
恒照亦不見起亦不見照而起而照其一又觀
此蔽因何塵起色耶餘耶因何作起行耶餘
耶若因於色爲未見欲見見見已若因於行
未行欲行行行已爲何事起爲毀戒耶爲眷
屬耶爲虛誑耶爲嫉妬耶爲仁讓耶爲善禪
耶爲涅槃耶爲四德耶爲六度爲三三昧耶
爲恒沙佛法耶其二如是觀時於塵無受者於
緣無作者而於塵受根緣雙照分明幻化與
空及以法性不相妨礙所以者何若蔽礙法
性法性應破壞若法性礙蔽蔽應不得起當
知蔽即法性蔽起即法性起蔽息即法性息
無行經云貪欲即是道恚癡亦如是如是三
法中具一切佛法若人離貪欲而更求菩提

譬如天與地貪欲即菩提淨名云行於非道
通達佛道一切衆生即菩提相不可復得即
涅槃相不可復滅爲增上慢說離婬怒癡名
爲解脫無增上慢者說婬怒癡性即是解脫
一切塵勞是如來種山海色味無二無別即
觀諸惡不可思議理也其三常修觀慧與蔽理
相應譬如形影是名觀行位能於一切惡法
世間產業皆與實觀不相違背是相似位進
入銅輪破蔽根本本謂無明本傾枝折顯出
佛性是分證眞實位乃至諸佛盡蔽源底名
究竟位於貪蔽中豎具六即橫具諸度一切
法例如上云云次觀瞋蔽若人多瞋鬱鬱勃勃
相續恒起斷不得斷伏亦不伏當恣任其起
照以止觀觀四種相瞋從何生若不得其生
亦不得其滅歷十二事瞋從誰生誰是瞋者
所瞋者誰如是觀時不得瞋來去足迹相貌
空寂觀瞋十法界觀瞋四德如上說云云是爲
於瞋非道通達佛道觀犯戒懈亂邪癡等蔽
及餘一切惡事亦如是○四觀非善非惡即
是無記瞢瞢之法所以須觀此者有人根性

性不作善復不作惡則無隨自意出世因緣奈此人何大論云無記中有般若波羅蜜者即得修觀也觀此無記與善惡異耶同耶同則非無記異者爲記滅無記生記不滅無記生記亦滅亦不滅無記生記非滅非不滅無記生求記不可得何况無記與記同異耶非同故不合非異故不散非合故不生非散故不滅又歷十二事中爲何處生無記爲誰故生無記誰是無記者如此觀時同虛空相又無記一法生十法界及一切法又無記即法性法性常寂即止義寂而常照即觀義於無記非道通達佛道無記爲法界横攝諸法竪攝六位高廣具足例如上說復次但約最後善明隨自意此是次第意若善惡俱明隨自意即是頓意若約襧牒之善明隨自意此則不定意云云○復次四種三昧方法各異理觀則同但三行方法多發助道法門又動障道隨自意既少方法少發此事若但解方法所發助道事相不能通達若解理觀事無不通又不得理觀意事相助道亦不成得理觀意事相三昧任運自成若事相行道入道場得用心出則不能隨自意則無間也方法局三理觀通四云云問上三三昧皆有勸修此何獨無答六蔽非道即解脱道鈍根障重者聞已沈沒若更勸修失旨逾甚淮河之北有行大乘空人無禁捉蛇者今當說之其先師於善法作觀經久不徹放心向惡法作觀獲少定心薄生空解不識根緣不達佛意純將此法一向教他教他既久或逢一兩得益者如蟲食木偶得成字便以爲證謂是事實餘爲妄語笑持戒修善者謂言非道純教諸人徧造衆惡盲無眼者不别是非神根又鈍煩惱復重聞其所說順其欲情皆信伏隨從放捨禁戒無非不造罪積山岳遂令百姓忽之如草國王大臣因滅佛法毒氣深入于今未改史記云周末有被髪袒身不依禮度者遂犬戎侵國不絶如綖周姬漸盡又阮籍逸才蓬頭散帶後公卿子孫皆斅之奴狗相辱者方達自然擕節兢持者呼爲田舍是爲司馬氏滅相宇文邕毀廢亦由元嵩魔業此乃佛法滅之妖怪亦是時代妖怪何關隨自意意何以故如此愚人心無慧解信其本師又慕前達決謂是道又順情爲易恣心取樂而不改迷譬如西施本有心病多喜顰呻百媚皆轉更益美麗鄰女本醜而斅其顰呻可憎彌劇貧者遠徙富者杜門穴者深潛飛者高逝彼諸人等亦復似是狂狗逐雷造地獄業悲哉可傷既嗜欲樂不能自止猶如蒼蠅爲唾所黏浪行之過其事略爾其師過者不達根性不解佛意佛說貪欲即是道者佛見機宜知一種衆生底下薄福決不能於善中修道若任其罪流轉無已令於貪欲修習止觀極不得止故作此說譬如父母見子得病不宜餘藥須黄龍湯蟿齒瀉之服已病愈佛亦如是說當其機快馬見鞭影即到正路貪欲即是道佛意如此若有衆生不宜於惡修止觀者佛說諸善名之爲道佛具二說汝今云何呵善就惡若其然者汝則勝佛公於佛前灼然違反復次時節難起王事所拘不得修善令於惡中而習止觀汝今無難無拘何意純用乳

藥毒他慧命故阿含中放牛人善知好濟令牛群安隱若好濟有難急不獲已當從惡濟惡濟多難百不全一汝今無事幸於好濟善道驅牛何爲惡道自他沈沒破壞佛法損失威光誤累衆生大惡知識不得佛意其過如是復次夷險兩路皆有能通爲難從險善惡俱通審機入蔽汝棄善專惡能通達非道何不蹈躡水火穿逾山壁世間險路尚不能通何況行惡而會正道豈可得乎又不能知根緣直是一人即時樂善即時樂惡好樂不定何況無量人邪而純以貪欲化他淨名云我念聲聞不觀人根不應說法二乘不觀尚自差機況汝盲瞑無目師心者乎自是違經不當機理何其愚惑頓至於此若見有人不識機宜行說（戊四）此者則戒海（十一）死屍宜依律擯治無令毒樹生長者宅云云復次檢其惡行事即偏邪汝謂貪欲即是道陵一切女而不能瞋恚即是道害一切男唯愛細滑觸是道畏於打拍苦澀觸則無有道行一不行一一有道一無道癡闇如漆偏行汙損譬如死屍穢好花園云云難其偏行如前或將水火刀杖向之其即默然或答云而汝不見我常能入此乃違心無慚愧語亦不得六即之意所以須說此者上三行法勸策事難宜須勸修隨自意和光入惡一往則易宜須誡忌如服大黃湯應備白飲而補止之云云問中道正觀以一其心行用即足何須紛紜四種三昧歷諸善惡經十二事水濁珠昏風多浪鼓何益於澄靜耶答譬如貧窮人得少便爲足更不願好者若一種觀心心若種種當柰之何此則自行爲失若用化他他之根性舛互不同一人煩惱已自無量何況多人譬如藥師集一切藥擬一切病一種病人須一種藥治一種病而怪藥師多藥汝問似是煩惱心病無量無邊如爲一人衆多亦然云何一人若人欲聞四種三昧聞之歡喜須徧爲說是爲世界以聞四種次第修行能生善法即具說四是各各爲人或宜常坐中治其諸惡乃至隨自意中治其諸惡是名對治是人具須四法豁然得悟是第一義秖爲一人尚須四說云何不用耶若爲多人者一人樂常坐三非所欲一人欲常行三非所樂徧赴衆人之欲即世界悉檀也餘三悉檀亦如是又約一種三昧亦具四悉檀意若樂行即行樂坐即坐行時若善根開發入諸法門是時應行若坐時心地清涼喜悅安快是（戊四）時應坐若坐時沈昏（十二）則抖擻應行行時散動疲困是則應坐若行時怳焉虛寂是則應行若坐時湛然明利是時應坐餘三例爾云云問善扶理可修止觀惡乖理云何修止觀答大論明根遮有四一根利無遮二根利有遮三根鈍無遮四根鈍有遮初句上品佛世之時身子等是其人也行人於善法中修止觀者以勤修善法未來無遮常習止觀令其根利若過去具此二義今生薄修即得相應從觀行位入相似眞實今生不得入者昔無二義今約善修令未來疾入次句得道根利而罪積障重佛世之時闍王央掘示其人也逆罪遮重應入地獄見佛聞法豁爾成聖以根利故遮不能障今時行人於惡法中修止觀者即此意也以起惡故未來有遮

修止觀故後世根利若遇知識鞭入正道云何而言惡法乖理不肯修止觀耶次根鈍無遮者佛世之時周利槃特示是其人雖三業無過根性極鈍九十日誦嶋摩羅偈智者身口意不造於諸惡繫念常現前不樂著諸欲亦不受世間無益之苦行令時雖持戒行善不學止觀未來無遮而悟道甚難後句者即一切行惡之人又不修止觀者是也不修止觀故不得道根鈍千徧爲說兀然不解多造罪惡遮障萬端如癩人身痺針刺徹骨不知不覺但以諸惡而自纏裹以是義故善雖扶理道由止觀惡雖乖理根利破遮唯道是尊豈可爲惡而廢止觀大經云於戒緩者不名爲緩於乘緩者乃名爲緩應具明緩急四句合上根遮義也云云又經云寧作提婆達多不作欝頭藍弗即其義也應勤聽思修初無休息如醉婆羅門剃頭戲女披袈裟云云○第三爲明菩薩清淨大果報故說是止觀者若行違中道即有二邊果報若行順中道即有勝妙果報設未出分段所獲華報亦異七種方便況眞果報邪香城七重橋津如畫即其相也此義在後第八重中當廣分別問次第禪門明修證與此果報云何同異答修名習行證名發得又修名習因證名習果皆即生可獲今論果報隔在來世以此爲異二乘但有習果無有果報大乘具有云云○第四爲通裂大網諸經論故說是止觀者若人善用止觀觀心則內慧明了通達漸頓諸教如破微塵出大千經卷恒沙佛法一心中曉若欲外益衆生逗機設教者隨人堪任稱彼而說乃至成佛化物之時或爲法王說頓漸法或爲菩薩或爲聲聞天魔人鬼十法界像對揚發起或爲佛所問而廣答頓漸或扣機問佛佛答頓漸法輪此義至第九重當廣說攝法中亦略示○第五歸大處諸法畢竟空故說是止觀者夫膠手易著寐夢難惺封文齊意自謂爲是競執瓦礫謂瑠璃珠近事顯語猶尚不識況遠理密教寧當不惑爲此意故須論旨歸旨歸者文旨所趣也如水流趣海火炎向空識密達遠無所稽滯譬如智臣解王密語聞有所說皆悉了知到一切智地得此意者即解旨歸旨者自向三德歸者引他同入三德故名旨歸又自入三德名歸令他入三德名旨故名旨歸今更總別明旨歸諸佛爲一大事因緣出現於世示種種像咸令衆生同見法身見法身已佛及衆生俱歸法身又佛說種種法咸令衆生究竟如來一切種智種智具已佛及衆生俱歸般若又佛現種種方便神通變化解脫諸縛不令一人獨得滅度皆以如來滅度而滅度之既滅度已佛及衆生俱歸解脫大經云安置諸子祕密藏中我亦不久自住其中是名總相旨歸別相者身有三種一者色身二者法門身三者實相身若息化論歸者色身歸解脫法門身歸般若實相身歸法身般若說有三種一說道種智二說一切智三說一切種智若息化論歸道種智歸解脫一切智歸般若一切種智歸法身解脫有三種一解無知縛二解取相縛三解無明縛若息化歸眞解無知縛歸解脫解取相縛歸般若解無明縛歸法身以是義故

別相旨歸亦歸三德祕密藏中復次三德非三非一不可思議所以者何若謂法身直法身者非法身也當知法身亦身非身非身非非身住首楞嚴種種示現作衆色像故名爲身所作辦已歸於解脫智慧照了諸色非色故名非身所作辦已歸於般若實相之身非色像身非法門身是故非身非非身所作辦已歸於法身達此三身無一異相是名爲歸說此三身無一異相是名爲旨俱入祕藏故名旨歸若謂般若直般若者非般若也當知般若亦知非知非知非非知道種智般若徧知於俗故名爲知所作辦已歸於解脫一切智般若徧知於眞故名非知所作辦已歸於般若一切種智般若徧知於中故名非知非非知所作辦已歸於法身達三般若無一異相是名爲歸說三般若無一異相是名爲旨俱入祕藏故名旨歸若謂解脫直解脫者非解脫也當知解脫亦脫非脫非脫非非脫方便淨解脫調伏衆生不爲所染故名爲脫所作辦已歸於解脫圓淨解脫不見衆生及解脫相故名非脫所作辦已歸於般若性淨解脫則非脫非非脫所作辦已歸於法身若達若說如此三脫非一異相俱入祕藏故名旨歸復次三德非新非故而新而故所以者何三障障三德無明障法身取相障般若無知障解脫三障[茂四]先有名之爲故三德[十六]破三障令始得顯故名爲新三障即三德三德即三障三障即三德三障非故三德即三障三德非新非新而新則有發心所得之三德乃至究竟所得之三德非故而故則有發心所治之三障乃至究竟所治之三障新非新故非故則有理性之三德若總達三德非新非故而新而故無一異相爲他亦然即是旨歸祕密藏中又說者無明先有名爲故法身是明破於無明名爲新無明即明明即無明無明即明無明非故明即無明明則非新取相先有名之爲故無相破相無相名新相即無相無相即相何新何故無知先有名之爲故知破無知名爲新無知即知知即無知何新何故若達總別新故無一異相若爲他說亦復如是是名旨歸入祕密藏縱橫開合始終等例皆如是復次旨歸亦復如是謂旨非旨非旨非非旨歸非歸非歸非非歸一一悉須入祕密藏中例上可解旨自行故非旨化他故非旨非非旨無自他故旨歸三德寂靜若此有何名字而可[茂四]說示不知何以[十七]名之強名中道實相法身非止非觀等亦復強名一切種智平等大慧般若波羅蜜觀等亦復強名首楞嚴定大涅槃不可思議解脫止等當知種種相種種說種種神力一一皆入祕密藏中何等是旨歸旨歸何處誰是旨歸言語道斷心行處滅永寂如空是名旨歸至第十重中當廣說也

摩訶止觀卷第二下

摩訶止觀卷第二下

校勘記

一　底本，清藏本。

一　七一二頁中一二行第一四字「純」，南作「鈍」。

摩訶止觀卷第三上　戊五

隋天台智者大師說

門人灌頂記

第二釋止觀名者大途梗概巳如上說復以何義立止觀名略有四一相待二絶待三會異四通三德一相待者止觀各三義息義停義對不止止義息義者諸惡覺觀妄念思想寂然休息淨名曰何謂攀緣謂緣三界何謂息攀緣謂心無所得此就所破得名是止息義停義者緣心諦理繫念現前停住不動仁王云入理般若名爲住大品云以不住法住般若波羅蜜中此就能止得名即是停止義對不止以明止者語雖通上意則永殊何者上兩止對生死之流動約涅槃論止息心行理外約般若論停止此約智斷通論相待今別約諦理論相待無明即法性法性即無明無明亦非止非不止而喚無明爲不止法性亦非止非不止而喚法性爲止此待無明之不止喚法性而爲止如經法性非生非滅而言法性寂滅法性非垢非淨而言法性清淨是爲對不止而明止也觀亦三義貫穿義觀達義對不觀觀義貫穿義者智慧利用穿滅煩惱大經云利钁斵地磐石砂礫直至金剛法華云穿鑿高原猶見乾燥土施功不巳遂漸至泥此就所破得名立貫穿觀也觀達義者觀智通達契會眞如瑞應云息心達本源故號爲沙門大論云清淨心常一則能見般若此就能觀得名故立觀達觀也對不觀觀者語雖通上意則永殊上兩觀亦通對生死彌密而論貫穿迷惑昬盲而論觀達此通約智斷相待明觀今別約諦理無明即法性法性即無明無明非觀非不觀而喚無明爲不觀法性亦非觀非不觀而喚法性爲觀如經云法性非明非闇而喚法性爲明第一義空非智非愚而喚第一義空爲智是爲對不觀而明觀也是故止觀各從三義得名○二絶待明止觀者即破前三相待止觀也先橫破次竪破若止息止從所破得名者照境爲正除惑爲傍既從所離得名名從傍立即墮他性若停止止從能破得名照境爲正除惑爲傍既言能照名從智生即墮自性若非妄想息故止非住理故止智斷因緣故止名從合生即墮共性若非所破非能破而言止者此墮無因性故龍樹曰諸法不自生亦不從他生不共不無因是故說無生無生止觀豈從四句立名四句立名是因待生可思可說是結惑生可破可壞起滅流動之生何謂停止迷惑顚倒之生何謂觀達耶又竪破者若從四句生者即是生生非止觀也若能止息見思停住眞諦此乃待生生說生不生之止觀耳若以空心入假止息塵沙停住俗理此乃待生不生說不生生之止觀耳若止息無明停心中理此是待生死涅槃二邊不止而論止觀耳皆是待對可思議生結惑可破壞尚未是止何況不止猶自非觀何況不觀何以故遺執不盡故言語道不斷故業果不絶故今言絶待止觀者絶橫竪諸待絶諸思議絶諸煩惱諸業諸果絶諸教觀證等悉皆不生故名爲止止亦不可得觀冥如境境既寂滅清淨尚無清淨何得有觀止觀尚無何得待

不止觀說於止觀待於止觀說不止觀待止
不止說非止非不止故知止不止皆不可得
非止非不止亦不可得待對既絶即非有爲
不可以四句思故非言說道非心識境既無
名相結惑不生則無生死則不可破壞滅絶
絶滅故名絶待止顛倒想斷故名絶待觀亦
是絶有爲止觀乃至絶生死止觀絶待止觀
則不可說若有四悉檀因緣故亦可得說若
有世界因緣則會異而說若有爲人因緣則
通三德而說若有對治因緣則相待而說若
有第一義因緣則絶待而說說爲止觀此之
名字不在内外兩中間亦不常自有是字不
住亦不不住是字不在横四句竪四句中故
言是字不住亦不在無横無竪中故言亦不
不住是字不可得故名絶待止觀亦名不
思議止觀亦名無生止觀亦名一大事止觀
故如此大事不對小事譬如虚空不因小空
名爲大也止觀亦爾不因愚亂名爲止觀無
可待對獨一法界故名絶待止觀也世人約
種種語釋絶待義終不得絶何以故凡情馳

想種種推畫分別悟與不悟心與不心凡聖
差別絶則待於不絶不思議待思議輪轉相
待絶無所寄若得意亡言心行亦斷隨智妙
悟無復分別亦不言悟不悟聖不聖心不心
思議不思議等種種妄想緣理分別皆名爲
待眞慧開發絶此諸待絶即復絶如前火木
名爲絶待故淨名云諸法不相待乃至一念
不住故即此意也若爾絶待乃是聖境初心
無分今以六即望之初心無所失聖境無所
濫三會異者如此絶待止觀亦名不可思議
亦名爲大大經云大名不可思議也諸餘經
論或名遠離或名不住不著無爲寂滅不分
別禪定棄除捨等如是一切皆是止之異名
止既絶大不可思議遠離等皆絶大不可思
議餘處或名知見明識眼覺智慧照了鑒達
等如是一切皆是觀之異名觀既絶大不可
思議知見等皆絶大不可思議所以者何般
若是一法佛說種種名解脱亦爾多諸名字
亦如虚空無所有不動無礙當知三德秪是
一法隨衆生類爲之立異字若聞絶待慎莫

驚畏若聞會異慎莫疑惑而自毁傷也又止
觀自相會者止亦名觀亦名不止觀亦名止
亦名不觀即前釋名意同也○四通三德者
若衆經異名皆是止觀者名則無量義亦無
量何故但以三義釋止觀耶爲對三德作此
釋耳諸法無量何故獨對三德大論云菩薩
從初發心常觀涅槃行道大經云佛及衆生
皆悉安置祕密藏中祕藏即是涅槃涅槃即
是三德三德即是止觀自他初後皆得修入
故用對之耳若用兩字共通三德者止即是
斷斷通解脱觀即是智智通般若止觀等者
名爲捨相捨相即是通於法身又止即奢摩
他觀即毗婆舍那他那等故即憂畢叉通三
德如前問止觀是二法豈得通不思議三德
耶答還以不思議止觀故得通耳又大品明
十八空釋般若百八三昧釋禪雖前後兩釋
豈可禪無般若般若無禪特是不二而二二
則不二不二即法身二即定慧如此三法未
曾相離是故大經云佛性有五種名或名首
楞嚴或名般若今非止非觀或名爲止或名

爲觀即是不思議止觀通於不思議三德復次止觀各通三德者止中有觀觀中有止如止息止是止善屬定門攝即通解脫停止止是行善屬觀門攝即通般若非止止屬理攝即通法身其義可見也貫穿觀是止善定門攝即通解脫觀達觀是行善觀門攝即通般若非觀觀理攝即通法身意亦可見復次止觀共通三德者止息止貫穿觀皆從所離得名即通解脫停止止觀達觀皆從能緣之智得名即通般若非止止非觀觀皆名法性即通法身復次三德通於止觀者還以三德共通兩字又應三德各通兩字三德共通者解脫通止般若通觀法身通非止非觀三德各通止觀者夫解脫者具足解脫具有三種方便淨解脫通止息止圓淨解脫通停止止性淨解脫通非止止夫般若者具足般若具有三種道慧般若通貫穿觀道種慧般若通觀達觀一切種慧般若通非觀觀具足法身亦有三種色身通一止一觀法門身通一止一觀實相身通一止一觀其義可見也若信三德絕大不思議通義既明須信止觀絕亾不思議若信涅槃三法具足名祕密藏亦信三止具足名大寂定名祕密藏亦信三觀具足名大智慧名祕密藏亦信非止非觀三法具足名祕密藏若信三德不縱不橫不並不別如三點三目者亦信三止三觀不縱不橫不並不別也而諸經赴緣偏舉一法以示義端如首楞嚴偏舉止邊止具一切法不減少亦名祕密藏智度法華偏舉觀邊觀具一切法不減少涅槃舉三法具足法亦不多亦名祕密藏止觀亦爾若開若合開亦不多合亦不少一一皆是法界攝一切法悉名祕密藏偏舉尚爾況圓舉耶止觀通三德既爾通諸異名遠離知見等亦如是又通諸三名所謂三菩提三佛性三寶等一切三法亦如是問云何字義縱橫云何字義不縱不橫答諸小乘師說般若種智已圓果縛尚在解脫未具身猶雜食又帶無常一優二劣譬之橫川走火又云先有相好之身次得種智般若後滅身智方具解脫既有上下前後之義譬之縱三點水若入滅定有身而無智羅漢在無色有智而無身若入無餘但有孫調解脫此義各各不相關並之則橫累之則縱分之則異諸大乘師說法身是正體有佛無佛本自有之非適今也了因般若無累解脫此二當有隔生跨世彌亘淨穢此字義縱也又言三德無前後一體具足以體從義而有三異蓋乃體橫而義縱耳又言體義俱不殊而有隱顯之異俱不異未免橫隱顯異未免縱衆釋如此寧與經會今明三德皆不可思議那忽縱皆不可思議那忽橫皆不可思議那忽一皆不可思議那忽異此約理藏釋身常智圓斷具一切皆是佛法無有優劣故不縱三德相冥同是一法界出法界外何處更別有法故不橫能種種建立故不一同歸第一義故不異

此約行因釋也即一而三故不橫即三而一故不縱不三而三故不一不一而一故不異此約字用釋也眞伊字義爲若此問三德四德其意云何答通論三德一一皆常樂我淨大經云諸佛所師所謂法也以法常故諸佛

亦常法即法身佛即般若解脫故作通解也大經云因滅是色獲得常色受想行識亦復如是則法身皆常樂我淨二德亦然若依一種轉色成法身法身常樂轉識想成般若般若即淨轉受行成解脫解脫則我又依念處轉識成常轉受成樂轉想行成我轉色成淨是則通別各有二解依圓是頓義依別是漸義問三障及三道皆障三德三障開通至極三道四倒亦應開通至極答例何者業有三種謂漏業無漏業非漏非無漏業感於三報謂分段方便實報報由三種煩惱謂取相塵沙無明也又約三種報一一開三道約三種煩惱一一開四倒○第三釋止觀體相者既知大意豁達如前名字曠遠若向須識體理淵玄粗寄四意顯體一教相二眼智三境界四得失夫理藉教彰教法既多故用相顯入理門不同故用眼智顯諦有權實故用境界顯人有差會故用得失顯法華疏用四一明實今以四科顯體可得相類教相顯者夫止觀名教通於凡聖不可尋通名求於別體

故用相簡之若凡夫止善所治是止相行善所生是觀相又四禪四無量心是止相六行是觀相此等皆未免生死即有漏爲相故大論云除摩黎山餘無出栴檀除三乘智慧餘無眞智慧故非今所論也若二乘以九想十想八背捨九次第定多是事禪一往止相有作四諦慧是觀相此之止觀雖出生死而是拙度滅色入空此空亦得名止亦得名非止非不止而不得名觀何以故灰身滅智故不名觀但是析法無漏爲相非今所論也巧度止有三種一體眞止二方便隨緣止三息二邊分別止一體眞止者諸法從緣生因緣空無主息心達本源故號爲沙門知因緣假合幻化性虛故名爲體攀緣妄想得空即息空即是眞故言體眞止二方便隨緣止者若三乘同以無言說道斷煩惱入眞眞則不異但言煩惱與習有盡不盡若二乘體眞不須方便止菩薩入假正應行用知空非空故言方便分別藥病故言隨緣心安俗諦故名爲止經言動止心常一亦得證此意也三息二邊

分別止者生死流動涅槃保證皆是偏行偏用不會中道今知俗非俗俗邊寂然亦不得非俗空邊寂然名息二邊止此三止名雖未見經論映望三觀隨義立名釋論云菩薩依隨經教爲作名字名爲法施立名無咎若能尋經得名即懸合此義也詳此三止與前釋名名髣髴同其相則異同者止息止似體眞停止止似方便隨緣非止止似息二邊其相則別所謂三諦相也前三成次三後一具前三何以故如體眞止時達因緣假名空無生流動惡息是名止息義停心在理正是達於因緣是停止義此理即眞眞即本源本源不當止與不止是非止止此三義共成體眞止相若方便止時照假自在散亂無知息是止息義停心假理如淨名入三昧觀比丘根性分別藥病是停止義假理不動是非止止如是三義共成方便隨緣止相也息二邊時生死涅槃二相俱息是止息義入理般若名爲住緣心中道是停止義此實相理非止不止是不止止義如此三義共成息二邊止相故

與前不異也亦非今所用也次明觀相觀有三從假入空名二諦觀從空入假名平等觀二觀爲方便道得入中道雙照二諦心心寂滅自然流入薩婆若海名中道第一義諦觀此名出瓔珞經所言二諦者觀假爲入空之詮空由詮會能所合論故言二諦觀又會空之日非但見空亦復識假如雲除發障上顯下明由眞假顯得是二諦觀今由假會眞何意非二諦觀又俗是所破眞是所用若從所破應言俗諦觀若從所用應言眞諦觀破用合論故言二諦觀又分別有三種一約教有隨情二諦觀約行有隨情智二諦觀約證有隨智二諦觀初觀之功雖未契眞得有隨教隨行論二諦觀問初觀破用合受名第二觀亦破用亦應言二諦耶答前已受二諦名後雖破用更從戊五勝者受平等名十二也問第三觀亦破用何不更從勝受名答前兩觀有滯故更破更用第三觀無滯但從用受名不得一例問前二觀俱觀二諦亦應俱入二諦答初爲破病故觀假爲用眞故觀眞是故俱觀一用

一不用故不俱入問眞及中俱得稱諦界內外俗俗則非理云何稱諦答地持明二法性一事法性性差別故二實法性性眞實故即二諦之異名既俱得稱法性何意不得俱稱諦問若爾俱稱涅槃答經云貪人得寶乃至獼猴得酒又非想定即世俗涅槃即其義也問若爾俱無漏耶答論云世間正見出世正見問若爾俱無生耶答經云異相互無問從假入空必須破假而入空耶答通途應有四句不破入破入破不入不破不入乃至三十六句如後說從空入假名平等觀者若是入空尚無空可有何假可入當知此觀爲化衆生知眞非眞方便出假故言從空分別藥病而無差謬故言入假平等者望前稱平等也前觀破假病不用假法但用眞法破一不破一未爲平等後觀破空病還用假法破用既均異時相望故言平等也今當譬之如盲初得眼開見空見色雖見於色不能分別種種卉木根莖枝葉藥毒種類從假入空隨智之時亦見二諦而不能用假若人眼開後能見

空見色即識種類洞解因緣麤細藥食皆識皆用利益於他此譬從空入假亦眞亦俗正用於假爲化衆生故名爲入假復言平等意如前說中道第一義觀者前觀假空是空生死後觀空空是空涅槃雙遮二邊是名二空觀爲方便道得戊五會中道故言心十二心寂滅流入薩婆若海又初觀用空後觀用假是爲雙存方便入中道時能雙照二諦故經言心若在定能知世間生滅法相前之兩觀爲二種方便意在此也問大經云定多慧多俱不見佛性此義云何答次第三觀二乘及通菩薩有初觀分此屬定多慧少不見佛性別教菩薩有第二觀分此屬慧多定少亦不見佛性二觀爲方便得入第三觀則見佛性問經言十住菩薩以慧眼故見不了了非全不見初觀是慧眼位第二觀是法眼位云何而言兩眼全不見耶答彼次第眼偏定偏慧佛之所呵不可言其見也所言慧眼見者其名乃同實是圓教十住之位三觀現前入三諦理名之爲住呼住爲慧眼耳故法華云願得如世尊

慧眼第一淨如斯慧眼分見未了故言如夜見色空中鵞鴈非二乘慧眼得如此名故法華中譬如有人穿鑿高原唯見乾土施功不已轉見濕土遂漸至泥後則得水乾土譬初觀濕土譬第二觀泥譬第三觀水譬圓頓觀又譬於教三藏教不詮中道如乾土通教如濕土別教如泥圓教詮中道如水二教之所不詮二行之所不到偏空慧眼寧得見性若見性者無有是處此三觀與前三觀名一往似同義相則異同者前是貫穿觀諸虛妄似從假入空也前觀達觀達理理和達事事和似入假平等觀也前不觀觀似中道也其相異者前是一諦相今是三諦相又前三觀通成後三後三具前三所以者何如從假入空破四住磐石此豈非貫穿義所入之空空即是理智能顯理即觀達義此之空理即是非觀觀義如此三義共成入空觀相也從空入假亦具三義何以故識假名法破無知障即是貫穿義照假名理分別無謬即觀達義假理常然即不觀觀義也此三義共成假觀相

中道之觀亦具三義空於二邊即貫穿義正入中道即觀達義中道法性即不觀觀義如此三義共成中道觀相此依摩訶衍明三止三觀之相以義隨相條然各別若論三觀則有權實淺深若論三智則有優劣前後若論三人則有諸位大小此則次第分張非今所用也圓頓止觀相者以止緣於諦則一諦而三諦以諦繫於止則一止而三止譬如三相在一念心雖一念心而有三相止諦亦如是所止之法雖一而三能止之心雖三而一也以觀觀於境則一境而三境以境發於觀則一觀而三觀如摩醯首羅面上三目雖是三目而是一面觀境亦如是觀三即一發一即三不可思議不權不實不優不劣不前不後不並不別不大不小故中論云因緣所生法即空即假即中又如金剛般若云如人有目日光明照見種種色若眼獨見不應須日若無色者雖有日眼亦無所見如是三法不異時不相離眼喻於止日喻於觀色喻於境如是三法不前不後一時論三三中論一亦復

如是若見此意即解圓頓教止觀相也何但三一一三總前諸義皆在一心其相云何體無明顛倒即是實相之眞名體眞止如此實相徧一切處隨緣歷境安心不動名隨緣方便止生死涅槃靜散休息名息二邊止體一切諸假悉皆是空空即實相名入空觀達此空時觀冥中道能知世間生滅法相如實而見名入假觀如此空慧即是中道無二無別名中道觀體眞之時五住磐石砂礫一念休息名止息義心緣中道入實相慧名停止義實相之性即非止非不止義又此一念能穿五住達於實相實相非觀亦非不觀如此等義但在一念心中不動眞際而有種種差別經言善能分別諸法相於第一義而不動雖多名字蓋乃般若之一法佛說種種名衆名皆圓諸義亦圓相待絕待對體不可思議不可思議故無有障礙無有障礙故具足無減是圓頓教相顯止觀體也○二明眼智者體則非知非見非因非果說之已自難何況以示人雖叵知見由於眼智則可知見雖非因

果由因果顯止觀爲因智眼爲果因是顯體之遠由果是顯體之近由其體冥妙不可分別寄於眼智令體可解今先明次第眼智者三止三觀爲因所得三智三眼爲果三止者若體眞止妄惑不生因止發定定生無漏慧眼開故見第一義眞諦三昧成故止能成眼眼能見體得眞體也若隨緣止冥眞出假心安俗諦因此止故得陀羅尼陀羅尼分別藥病法眼豁開破障通無知常在三昧不以二相見諸佛土則俗諦三昧成是則止能發眼眼能得體得俗體也若息二邊止則生死涅槃空有雙寂因於此止發中道定佛眼豁開照無不徧中道三昧成故止能得眼眼能得體得中道體也三觀者若從假入空空慧相應即能破見思惑成一切智智能得體得眞體也若從空入假分別藥病種種法門即破無知成道種智智能得體得俗體也若雙遮二邊爲入中方便能破無明成一切種智智能得體得中道體也是則三止三觀共成三眼三智各得三體是故顯體而談眼智即此意也問眼見智知知見異耶答此應四句分別知而非見見而非知亦知亦見不知不見凡夫不證故不見不聞故不知二乘人證故亦見聞故亦知支佛證故是見不聞故不知方便道人聞故是知未證故不見復次信行人因聞故有慧因慧故發無漏得一切智此智因聞故稱智知法行人思惟得定因定發無漏成慧眼此眼因禪故稱眼見然知見同證眞諦從所因處仍本受名故言知見也此就慧眼一切智作此分別餘二眼二智例爾若一心眼智則不如此若明不次第止觀眼智者如前所說止即是觀觀即是止無二無別得體近由亦如是眼即是智智即是眼眼故論見智故論知知即是見見即是知佛眼具五眼佛智具三智王三昧一切三昧悉入其中首楞嚴定攝一切定大品云欲得道慧道種慧一切智一切種智當學般若問釋論云三智在一心中云何言欲得道慧等當學般若答實爾三智在一心中爲向人說令易解故作如此說耳金剛般若云如來有肉眼不答云有乃至如來有佛眼不答云有雖有五眼實不分張秖約一眼備有五用能照五境所以者何佛眼亦能照麤色如人所見亦過人所見名肉眼亦能照細色如天所見亦過天所見名天眼達麤細色空如二乘所見名慧眼達假名不謬如菩薩所見名法眼於諸法中皆見實相名佛眼當知佛眼圓照無遺故經云五眼具足成菩提永與三界作父毋而獨稱佛眼者如衆流入海失本名字非無四用也佛智照空如二乘所見名一切智佛智照假如菩薩所見名道種智佛智照空假中皆見實相名一切種智故言三智一心中得故知一心三止所成三眼見不思議三諦此見從止得故受眼名一心三觀所成三智知不思議三境此智從觀得故受智名境之與諦左右異耳見之與知眼目殊稱不應別說令將境來顯智令三觀易明用諦來目眼使三止可解雖作三說實是不可思議一法耳用此一法眼智得圓頓止觀體也如此解釋本於觀心實非讀經安置次比爲避人

嫌疑爲增長信幸與修多羅合故引爲證耳㈠三明境界者若得能顯眼智中意無俟所顯諦境之説爲未解者更此一科夫信行尚多聞因此分別以會圓妙法行宗深觀緣此思惟以見正境耳就此爲二一明説境意二明諸境離合經云爲諸衆生開佛知見若無中境智無所知眼無所見當知應有佛眼境也經云世孰有眞天眼者不以二相見諸佛土若無俗境此眼不應見於佛土經云天眼開闢慧眼見眞故知應有慧眼境也此三諦理不可思議無決定性實不可説若爲緣説不出三意一隨情説即隨他意語二隨情智説即隨自他意語三隨智説即隨自意語云何隨情説三諦如盲不識乳便問他言乳色何似他人答言色白如貝秣雪鶴等雖聞此

戊五 十八

説亦不能了乳之眞色是諸盲人各各作解競執貝秣而起四諍凡情愚瞖亦復如是不識三諦大悲方便而爲分別或約有門明三諦如盲聞貝或約空門明三諦如盲聞秣或作空有門明三諦如盲聞雪或作非空非有門明三諦如盲聞鶴雖聞此説未即諦理是諸凡夫終不能見常樂我淨眞實之相雖未得見各執空有互相是非所以常途解二諦者二十三家家不同各各異見皆引經論莫知孰是若言併是理則無量若言併非悉有所據爲此義故執自非他雖飲甘露傷命早夭經稱文殊彌勒未悟之時共諍二諦兩墮地獄今世凡情偏執一文鏗然固著雖謂爲能恐乖佛旨如是等人皆未識隨情三諦若識此意聞種種説即知如來俯逐根情根情既多説不一種此即是隨他意而説三諦也隨情智説三諦者就情説二就智説一若爾不得一所論三此就凡情凡情悉是方便雖即一而三但束爲二若就聖智聖智皆是實得雖即一而三但束爲一情智相望故言

戊五 十九

三諦如相似位人六根淨時猶未發眞見於中道雖觀三諦約位往明但破四住及塵沙惑既證方便道但束爲二諦若入初住破無明見佛性雙照二諦方稱爲智亦具三諦但束爲中道第一義諦情智合論即是隨自他意語也隨智説三諦者從初住去非但説中絶於視聽眞俗亦然三諦玄微唯智所照不可示不可思聞者驚怪非内非外非難非易非相非非相非是世法無有相貌百非洞遣四句皆亡唯佛與佛乃能究盡言語道斷心行處滅不可以凡情圖想若一若三皆絶情望尚非二乘所測何況凡夫如乳眞色眼開乃見徒費言語盲終不識如是説者名爲隨智説三諦相也即是隨自意語今更引經中所明二諦文顯成三諦之説若言凡夫人即能體達因緣生於觀解豈非隨情説俗體因緣即空豈非隨情説眞若如此者即是隨情説二諦也若言凡夫心所見名爲俗諦聖人心所見名爲眞諦如此説者豈非隨情智説二諦也若言凡夫行世間不知世間相凡夫尚不知世間之俗那得知眞故知二諦皆非凡情所識如此説者豈非隨智説二諦二諦既有三番説三諦例此可解疑者若言佛常依二諦説法故有三番二諦意今亦例此佛常好中道降胎出生出家成道入滅皆在中

夜一色一香無非中道若説中道豈不三意
赴緣耶又一一説各具四悉檀意隨情中四
意者夫諦理不可説説必寄言言必抑情情
必欣悅或聞眞歡喜或聞俗歡喜或聞中歡
喜此即是隨情中用世界悉檀意也夫衆生
便宜不同或聞説無戒慧增長或聞説有戒
慧增長或聞説中戒慧增長此即隨情中用
爲人悉檀意也夫行者破惡不同或聞有法
能破睡眠覺觀等或聞無法能破睡散等或
聞中法能破睡散等此即隨情中用對治悉
檀意也夫衆生入悟不同或聞無開解或聞
有超悟或聞中發徹乃至觀心亦爾或説有
觀怳如雲影或作無觀泯失身心或作中觀
神智明白如是等種種不同應在一不在二
應在二不在一故云佛説生法於無生法得
度佛説無生法於生法得度此即是用第一
義悉檀意也故法華云佛知衆生種種欲種
種行種種性種種憶想即此四意何故爾種
種欲是隨世界種種性是生善種種行是對
治種種憶想是第一義何故性屬生善行屬

對治破惡耶若通論性善有冥有顯行惡亦
有冥有顯今從義便善是冥伏惡是彰露如
佛未出時三乘善根冥伏不現故言善性冥
也若聞三諦此善發生故知種種性應屬生
善可對爲人悉檀也又佛未出時諸衆生惡
行彰顯邪非僻倒過失現前佛爲破此惡故
説於三諦故知種種行屬破惡即對治悉檀
也種種憶想是第一義者想是慧數僻故成
心倒見倒等若遇知識正此想慧即成三不
倒佛欲正其此慧故説三諦即第一義也隨
情説三諦既具四意隨情智隨智説三諦例
此可解是則三四十二種説三諦不同豈可
以凡情局聖謂唯一種執諍自毀耶若知聖
説無崖終不是此非彼起增上慢高舉稜層
如有智盲人莫諍乳色勤行方便慚愧有羞
以三止證三眼見三法獲三智知三諦見中
分明雙照曉了如雲除發障上顯下明爾時
乃可諦審是非決定師子吼也私謂隨情是
併與隨情智是半與半奪隨智是併奪何者
如聖語凡云汝今心想即是俗能體達俗虛

即是眞豈非併與相汝今所知百千推晝皆
是俗唯聖所知乃是眞豈非半與半奪相夫
二諦者凡人併不識上聖獨能知此豈非併
奪此釋易解故錄之二明境智離合者先境
次智衆經説諦或四三二一離合不同今當
通説三藏是方便之教但明二諦菩薩初心
中心緣眞伏於四住令煩惱脂消三阿僧祇
修六度行使功德身肥百劫種相好獲五神
通得法眼照俗諦分別根性調熟衆生而作
佛事後心坐道場三十四心斷見思惑盡此
三十四心八忍八智九無礙九解脱合爲三
十四心也又經言一念六百生滅成論師云
一念六十刹那秖是一念從假入空得慧眼
照眞諦而得成佛前已照俗次復照眞二諦
雙明與弟子異菩薩但照俗不照眞二乘但
照眞不照俗佛能兼俱更加中道第一義諦
三藏二諦巳是方便於二諦上更加中道方
便之上更復方便照見此諦更加佛眼知此
諦故更加一切種智離則有二合則有三是
爲三藏法中二諦三諦離合之相也次三乘

人同以無言説道斷煩惱論諦離合者俗諦則同眞諦則異大論云空有二種一但空二不但空大經云二乘之人但見於空不見不空智者非但見空能見不空不空即大涅槃二乘但空智如螢火菩薩之人智慧如日既空異智別則有兩諦之殊而今合爲一眞諦二乘體假入眞秖入但空不能從但空入假無化他之用菩薩體假入但眞能從但空入假化度衆生淨佛國土上根菩薩體假入眞前入但空次入不但空則破無明見佛性與前眞永別豈可同爲一眞諦耶昔莊嚴家云佛果出二諦外得此片意而作義不成不知佛智別照何境別斷何惑若得今意出外義則成開善家云佛果不出二諦外不能動異二乘作義復不成若得此意不出義亦成古_{戊五} 二十三 來名此爲風流二諦意在此但空不但空合時秖是一眞諦離時成兩眞諦與三藏家異彼三藏第三諦但有中道名無別體眼無別見智無別知今則不爾第三諦亦名眞諦亦名中道第一義諦有別體別見別知是爲通教二諦三諦離合之相也次別教明二諦與前求異前之眞俗合爲別家之俗俗者是世界隔別俗有眞無凡夫爲俗諦所攝二乘爲眞諦所攝既有無之異故稱爲俗勝鬘名二乘作空亂意衆生大經云我與彌勒共論世諦五百聲聞謂説眞諦若論二諦俗諦不開若作三諦開有爲俗開無爲眞對不但空爲第一義諦是爲別教離合之相也

摩訶止觀卷第三上

摩訶止觀卷第三上

校勘記

一　底本，清藏本。

一　七二〇頁下一〇行末字「生」，南、徑作「主」。

一　七二一頁中一〇行至一一行「三十六句」，南作「二十六句」。

一　七二一頁下二行「亦眞眞俗」，南作「亦具眞俗」。

一　七二三頁下九行首字「毋」，南、徑作「母」。

一　七二四頁上三行「諦境」，徑作「諦聽」。

一　七二五頁下二行第五字「所」，南作「別」。

一　七二五頁下七行第九字「今」，徑作「令」。

摩訶止觀卷第三下　茂六

隋天台智者大師說

門人灌頂記

次圓教但明一實諦大經云實是一諦方便說三今亦例此實是一諦方便說三法華云更以異方便助顯第一義耳是爲圓教二諦三諦一諦離合之相也次明四諦離合者前三諦二諦一諦皆豎辯四諦則橫論則有四種四諦謂生滅無生滅無量無作等生滅四諦即是橫開三藏二諦也無生四諦即是橫開通教二諦也無量四諦即是橫開別教二諦也無作四諦即是橫開圓教一實諦也今將中觀論合此四番四諦論云因緣所生法者即生滅四諦也我說即是空即無生四諦也亦爲是假名即無量四諦也亦名中道義即無作四諦也二明智離合者諸經或說一智二三四乃至十一智等若說三智可用觀三諦如其增減當云何觀一智者經云一切諸如來同共一法身一心一智慧力無畏亦然唯一佛智即一切種智一相寂滅相種種行類相貌皆知名一切種智此智觀三諦者若言一相寂滅相即是觀於中道若言種種行類相貌皆知者即是雙照二諦也若二智者所謂權實權即一切智道種智觀於有無兩諦也實即一切種智觀於中道諦也三智觀三諦可解不說四智者如大品明道慧道種慧一切智一切種智釋論解此有多種或因中但有理體名爲道慧道種慧果上事理皆滿名一切智一切種智或言因中權實故言道慧道種慧入空爲實慧入假爲權慧或言果上權實故言一切智一切種智直緣中道名一切智雙照二諦名一切種智或言因中總別果上總別或言道慧道種慧是單明權實一切智一切種智是複明權實如是等種種釋四智四智秖是照三諦也若經中有明五諦六七八九乃至無量者但得此意釋之使入三諦也十一智者世智他心智兩種照俗諦八智觀真諦如實智觀中道是名智有離合而三諦不動復次智諦俱開者隨其多少自相攝如三諦即有三智二諦即有二智此義可解又智諦俱不開者且據一諦一智不增不減此亦可解若智雖開合終是實智能顯實體也次約諦智合辯者三藏真諦發一眼一智俗諦發一眼一智兩諦共發一眼一智慧眼一切智緣真諦法眼道種智緣俗諦佛眼一切種智共緣真俗兩諦不得道雙照秖得道前後共照耳通教真諦發二眼二智俗諦發一眼一智一切智一切種智共緣真諦道種智緣俗諦若作別接通者俗諦發一眼一智真諦發一眼一智開真出中發一眼一智智緣諦亦如是別教三諦一一諦各發一眼一智智緣諦亦如是若別教作二諦者俗中空發一眼一智俗中有發一眼一智真諦發一眼一智智緣諦亦如是圓教者一實諦發三眼三智智緣諦亦如是問云何以別接通答初空假二觀破真俗上惑盡方聞中道仍須修觀破無明能八相作佛此佛是果仍前二觀爲因故言以別接通耳不以此佛果接三阿僧祇百劫種相之因故不接三藏不將此果接十地之因故不接別不將

此果接十住斷無明故不接圓唯得以別接通其義如此○四明得失者失即思議得即不思議也若言智由心生自然照境如炬照物若照木照此物本有若觀不觀境自天然諦智不相由藉若言智不自智由境故智境不自境由智故境如長短相待此是相由而有若言境不自境亦不由智故境境智因緣故境智亦例然此是共合得名若言皆不如上三種但自然而爾即是無因境智此四解皆有過所以者何有四取則有依倚依倚則是非是非則愛恚愛恚生一切煩惱煩惱生故戲論諍競生諍競生故起身口意業業生故輪迴苦海無解脫期當知四取是生死本故龍樹伐之諸法不自生那得自境智無他生那得相由境智無共生那得因緣境智無無因生那得自然境智若執四見著愚惑紛綸何謂爲智今以不自生等破四性性破故無依倚乃至無業苦等清淨心常一則能見般若以是義故自境智苦集不生即是生生不可說故身子默然乃至無因境智苦集不生即是不生不生不可說故淨名杜口言語道斷心行處滅雖不可說有四悉檀因緣故亦可得說或說自生境智乃至或說無因境智雖作四說性執久破如前但有名字名字無性無性之字是字不住亦不不住是爲不可思議故金光明云茂六不可思議智境四不可思議智照即此意也若破四性境智此名實慧若四悉檀赴緣說四境智者此名權慧如是境智凡夫兩失二乘一得一失菩薩兩得何以故凡夫有四性自行爲失無四悉檀化他爲失二乘破四性入第一義自行爲得不度衆生化他爲失菩薩具足是故兩得又凡夫兩失是思議失二乘一得一失俱是思議菩薩兩得俱不思議此約通教辯得失若別望通通教兩得俱是思議別教兩得俱不思議若圓望別別教教道兩得俱是思議何以故教門方便或言無明生一切法或言法性生一切法或言緣修顯眞修或言眞自顯執此還成性過墮可思議中也若證道者即不思議也若圓教教證俱不思議何故爾至理無說爲緣四說但有假名假名之名名即無生故教證俱不可思議也無思無念故無依倚戲論結業無業故無生死是名自行爲得得於實體能以不可說說化導衆生令出生死得於實體是爲自他俱得體也○第四明攝法者疑者謂止觀名略攝法不周茂六今則不然五止觀總持徧収諸法何者止能寂諸法如灸病得穴衆患皆除觀能照理如得珠王衆寶皆獲具足一切佛法大品有百二十條及一切法皆言當學般若般若秪是觀智觀智巳攝一切法又止是王三昧一切三昧悉入其中今更廣論攝法即爲六意一攝一切理二攝一切惑三攝一切智四攝一切行五攝一切位六攝一切教此六次第者有佛無佛理性常住由迷理故起生死惑順理而觀是故論智解故立行由行故證位位滿故教他事理解行因果自他等次第皆止觀攝盡也○一以三止三觀攝一切理者理是諦法如上開合偏圓不同權實之外更無別理除摩黎山餘無栴檀若更有者即是妄語既以止觀

顯體即攝一切理也○二止觀攝一切惑者以迷諦故起生死惑迷即無明若迷權理則有界內相應獨頭等無明與見思諸使合者名相應不相應者名獨頭是事不知故起貪不知者是無明起貪是行貪者是識識共四陰起是名色色動諸根是六入六入所著是觸觸隨順塵是受受所喜樂是愛愛俱生纏是取造當來生業是有未來陰起是生陰熟是老捨陰是死是十二輪更互爲因果煩惱通業業通苦苦通煩惱故名三道成論云前行後三中後行前七中七是業復是道能通後世後三非業而能通七亦得是道經中亦呼爲十二牽連十二輪束縛不窮故名爲輪三世間隔故名分段覆眞諦理不得解脫此即是病說病即知藥藥即從假入空止觀觀藥即知病故此惑爲入空止觀所攝也若迷實理則有界外相應獨頭等無明所以者何界內雖斷相應獨頭而習氣猶在小乘中習非正使大乘實說習即別惑是界外無明也故寶性論云二乘之人雖有無常苦空無我等對治於佛法身猶是顚倒顚倒即是無明獨頭無漏智業爲行三種意生身亦是五種意生身意即是識身即名色六入觸受無明細惑戲論未究竟滅即是愛取煩惱染業染生染未究竟即是有三種意因移即是生其果變易即是老死束此十二是無漏界中四種障謂緣相生壞緣即煩惱道相即業道生壞即苦道故知界外有十二因緣所以者何降佛已下皆有無明無明潤業業既被潤那得無苦此十二輪雖不退界墮下不妨從無明輪至老死從老死輪至無明障於實理良由此惑此惑爲入假入中兩觀所治更料簡之何以故三種意生身凡有多種若析體二乘及通菩薩等先斷界內惑盡而未曾修習假中者生於界外界外惑全未被伏其根則鈍若於彼習觀時必須次第歷劫修行學恒沙佛法先破塵沙塵沙雖不潤生能障化道故須前斷斷此惑者止是調心方便伏界外惑進斷三道相應獨頭枝本皆去故知假觀正攝得塵沙亦攝得無明若別圓二人通惑先盡別惑被伏生彼界者神根即利但修中觀治彼三道從於初地乃至後地地地中皆有三道地地無明分分滅業滅苦滅地地相應去時獨頭亦去地地雖有智智與無明雜雜故亦得呼爲智障障上分智故唯佛心中無無明則煩惱道盡煩惱道盡故業盡業盡故苦盡三道究竟唯在如來是故中觀攝得界外惑也○三止觀攝一切智者諸智離合如前所說三觀徃收無不畢盡世智不照理十一智中已攝若廣明二十智者亦爲三觀所攝也○四止觀攝一切行者前智是解解而無行終無所至行有兩種所謂慧行行行若三藏中慧行行行乃至圓中慧行行行慧行是正行行行是助行毗婆舍那能破煩惱復須奢摩他力助正知見正助兩行隨智而轉如足隨眼若三藏中無常析觀是慧行不淨慈心等是行行此兩行隨析智入空也若通中體法如幻化是慧行歷一切法數息念處緣事止觀是行行此兩行隨體法智入空也若爲化衆生修道種智緣俗理屬慧行緣

俗事者屬行行此兩行隨道種智入假也若中道緣於實相一道清淨是慧行歷一切法門諸度皆是摩訶衍十二因緣即是佛性念處即是坐道場等是行行此兩行隨中智入實相也復次根本四禪定慧等故兩攝欲界定少慧多觀攝中間亦爾四空定多慧少止攝四無量心前三心觀攝捨心止攝九想八念十想觀攝八背捨前三背捨觀攝後五止攝九次第定師子奮迅超越等是止攝四念處是慧性觀攝若作四意止說者作心記錄不淨等此屬止攝而終是觀為主四正勤為成念處一往觀攝若兩惡不生止攝兩善為生觀攝四如意足從四因緣得定即果為名止攝五根信進慧三根觀攝念定止攝又信念兩屬五力亦如是七覺分擇法喜進等觀攝除捨定止攝念通兩處八正正見正思惟觀攝正業正語正命屬戒即止攝正念正定正精進止攝四諦三諦是有為行屬觀門滅諦是無為行屬止門十六行皆是觀門四弘誓依四諦起如彼十八不共法三業隨智慧

行觀攝三無失止攝知三世觀攝餘可知四無畏者一切智無畏屬觀攝漏盡止攝至處道觀攝障道止攝三三昧門止攝三解脫門觀攝六度者前三是功德止攝後三是智慧觀攝又五度功德止攝般若觀攝又六度皆是功德莊嚴止攝乃至九種大禪百八三昧皆屬止攝十八空十喻五百陀羅尼皆觀攝如是等一切慧行行無不為止觀所攝當知止觀名略攝義則廣○五攝一切位者若云一地即二地二地即三地寂滅真如有何次位此則無有次位又大乘經中處處皆說一切地位良以無生無滅正慧無所得能治煩惱業苦三道若淨於無為法中而有差別次位何嫌若析法入空有無二門所斷三道如毗曇所明七賢七聖四沙門果成論所明二十七賢聖等差別位相乃至非有非無門位皆為析空觀攝若體法四門入空所斷三道如大品明三乘共位乾慧乃至八地悉同入空止觀攝若從空入假修歷別行不得意者成三十心伏惑之位即用空假兩觀攝若

得意能破三道成十地位即第三觀攝或純用假觀攝乃至四門亦如是若圓信解行即事而真從觀行入相似進破無明開示悟入佛之知見凡四十二位同乘寶乘直至道場涅槃說十五日月光用轉顯譬其智德十六日月光用漸減譬其斷德亦如十四般若是因位十五如妙覺是果位皆用中觀攝乃至四門亦如是問大乘不明地位止觀何所攝耶答大乘經論皆明地位汝畏地位入無地位不免無縛文字性離即是解脫雖說地位即無地位中論云如外人破世間因果則無今世後世破出世因果則無三寶四諦四沙門果無何等三寶見既不滅則無三藏中三寶四諦四沙門果尚不得拙度道果何處有後三番三寶四諦四沙門果此斥外道全無四番三寶等也若斥拙度者但有三藏中三寶四諦四沙門果無後三番道果也如我所破者即有三寶四諦四沙門果何者析破界內煩惱業苦即有三藏三寶四諦四沙門果若體破者即有三番三寶四諦四沙門果點

此一語治內之留滯破外以閑邪去二邊之邪小正三寶四諦則立云何言無邪但有位無位非證不了令但信教教有則階位宛然教無則豁同空淨無句義是菩薩句義點空論位位不可得不應生諍也又約中論偈四句亦得有地位義偈云因緣所生法我說即是空者即破煩惱業若便有須陀洹若智若斷是菩薩無生法忍六地齊二乘七地為方便十地為如佛此位自明云何言無偈亦名為假名者是漸次破界外三道即有四十二賢聖位云何言無偈亦名中道義即是圓破五住便有六即之位云何言無秖用四句攝一切位一切位不出四句四句不出止觀故言攝位也　六攝一切教者毗婆沙云心能為一切法作名字若無心則無一切名字當知世出世名字悉從心起若觀心辟越順無明流則有一切諸惡教起所謂僧佉衛世九十五種邪見教生亦有諸善教起五行六甲陰陽八卦五經子史世智無道名教皆從心起云何出世名教皆從心起堅意寶性論云

有一大經卷如三千大千世界大記大千世界事如中如小四天下三界等大者皆記其事在一微塵中一塵既然一切塵亦爾一人出世以淨天眼見此大經卷而作是念云何大經在微塵內而不饒益一切衆生即以方便破出此經以益於他如來無礙智慧經卷具在衆生身中顛倒覆之不信不見佛教衆生修八聖道破一切虛妄見已智慧與如來等此約微塵附有為喻又約空為喻者發菩提心論云譬如有人見佛法滅以如來十二部經仰書虛空宛然具足一切衆生無有知者久久之後更有一人遊行於空見經嗟咄云何衆生不知不見即便寫取示導衆生云何寫經謂令衆生修八正道破虛妄等修有多種若觀心因緣生滅無常修八正道者即寫三藏之經若觀心因緣即空修八聖道即寫通教之經若觀心分別校計有無量種凡夫二乘所不能測法眼菩薩乃能見之是修無量八正道即寫別教之經若觀心即是佛性圓修八正道即寫中道之經明一切法悉

出心中心即大乘心即佛性自見已智慧與如來等又觀心即假即中者即攝華嚴之經若觀心因緣生法生滅者即攝三藏四阿含教如乳之經若觀心即空者即攝共般若如酪之經若具觀心因緣生法即空即假即中者即攝方等生酥之經若但用即空即假即中者即攝大品熟酥之經若用即中觀心者即攝法華開佛知見大事正直醍醐之經若用四句相即觀心即有涅槃同見佛性醍醐之經又若觀因緣又觀因緣即是佛性佛性即是如來是名乳中殺人若觀析空又觀析空即是佛性佛性即是如來是名酪中殺人若觀即空又觀即空即是佛性是名生酥殺人若觀假名又觀假名即是佛性是為熟酥殺人若觀即中又觀即中即是佛性是名醍醐殺人令通言殺人者即二死已斷三道清淨名為殺人是為止觀攝不定教略攝如上廣攝者結一切經教悉用止觀攝之無不畢盡也復次心攝諸教略有兩意一者一切衆生心中具足一切法門如來明審照其心法

按彼心說無量教法從心而出二者如來往昔曾作漸頓觀心偏圓具足依此心觀爲衆生說教化弟子令學如來破塵出卷仰寫空經故有一切經教悉爲三止三觀所攝也

上六意攝法次第可解今直以一法攝一切法者一理攝一切理一切惑一切智一切行一切位一切教也又一惑攝一切理智行位教也又一智攝一切理惑行位教也又一行攝一切理惑智位教也又一位攝一切理惑智行教也又一教攝一切理惑智行位也

第五明偏圓者行人既知止觀無法不收收法既多須識大小共不共意權實思議不思議意故簡偏圓就此爲五一明大小二明半滿三明偏圓四明漸頓五明權實夫至理不大不小乃至非權非實大小權實皆不可說若有因緣大小等皆可得說以小方便力爲五比丘說小以大方便力爲諸菩薩說大大小雖俱方便須識所以故用五雙料簡使無混濫小者小乘也智慧力弱但堪修析法止觀析於色心如釋論解檀波羅蜜破外道鄰虛云此塵爲有爲無若有極微色則有十方分若無極微色則無十方分若析極微色不盡則成常見有見若析極微盡則成斷見無見此外道析色也析心亦如是若計有心無心皆墮斷常此皆外道析色心也論文仍明三藏析法之觀云色若麤若細總而觀之無常無我何以故麤細色等從無明生無明不實故麤細皆假假故無常無性即得入空又介爾心起必藉根塵無有一法不從緣生從緣生者悉皆無常或言一念心六十剎那或言三百億剎那剎那不住念念無常無常無主煩惱本壞無業無苦生死滅故名爲涅槃是名析色心觀意也析名本於外道對破邪析而明正析何但外邪應須正析若佛弟子執佛教門而生見著亦須正析所謂三藏四門生四見著乃至圓教四門生四見著戲論諍競自是非他皆服甘露傷命早夭金鎖自繫流轉生死宜須正析故大論云破涅槃者不破聖人所得涅槃但爲學者未得涅槃執成戲論故言破涅槃若爾皆用析法方便破之凡有四門於一一門具足十法識正因緣乃至不起法愛能於諸門見第一義故知三藏四門析法止觀斷眞是小乘也次明大者大乘也智慧深利修不生不滅體法止觀大人所行故名大乘中論明即空者申摩訶衍摩訶衍即大也衍中云欲得聲聞當學般若者元此是菩薩法大能兼小傍挾聲聞譬如朱雀門天家所立正通王事不妨群小由之出入雖通小人終是天門今摩訶衍亦如是正爲菩薩體法入空雖有小乘終名爲大例如三藏析法雖有佛菩薩終是小乘所言大乘體法觀者異於三藏三藏名假而法實析實使空譬如破柱令空今大乘體意名實皆假自相是空本來虛寂譬如鏡柱本自非柱不待柱滅方空即影是空不生不滅不同實柱又大論明摩訶衍人體法觀者引佛在一方木上告諸比丘譬如比丘得禪定時變土爲金變金爲土實非金土變化所爲色心亦如是非生非滅無明變耳本自不生今那得滅又引觀一端氎即具十八空是名體法觀

復次三藏所析名爲隨情觀色心析有之觀
亦是事觀所入之眞眞非佛性不會實理但
隨情爲眞耳大乘體法名隨理觀色心如尋
幻得幻師尋幻師得幻法亦如尋夢得眠尋
眠得心尋幻色心得無明尋無明得佛性體
法通理故名隨理觀體法止觀凡有四門於
一一門皆具十法成觀此觀非但體外道果
報色心結預一切執計三藏四門乃至圓四
門未得入者執門成見皆體如幻斷眞名大
乘止觀也若得今之用觀意大乘諸門生執
尚須空破終不同彼世間法師禪師稱老子
道德莊氏逍遙與佛法齊是義不然圓門生
著尚爲三藏初門所破猶不入小乘況復凡
鄙見心螢日懸殊山毫相絕自言道眞慢瞿
曇者寧不破耶○二明半滿半者明九部法
也滿者明十二部法也世世傳涅槃常住始復
是滿餘者悉半昔提流支云三藏是半般若
去皆滿今明半滿之語直是扶成大小前已
析體判大小今亦以體析判半滿如前云云○
三明偏圓者偏名偏僻圓名圓滿通途一往

喚小爲偏于何不得別義分別意則不可半
小兩名尅定局短引不得長偏義亘通從小
之大譬如半月齊上下弦漸月不爾始自弓
娥終十四夜皆稱爲漸唯十五夜乃稱圓滿
月小半亦爾齊於析法半字小乘不得名大
偏意則遠從初三藏析法止觀已上別教止
觀去邊入中已還皆名爲偏故大經云自此
之前我等皆名邪見人也唯此圓教止觀一
心三諦隨自意語獨當圓稱也○四明漸頓
者漸名次第藉淺由深頓名頓足頓極此亦
無別意還扶成偏圓三教止觀悉皆是漸圓
教止觀名之爲頓此是按名解釋其義已顯
今更廣料簡使無遺滯若前二教止觀是漸
而非頓力不及遠但昇偏眞圓教止觀是頓
而非漸行大直道即邊而中別教止觀亦漸
亦頓何以故初心知中故名亦頓涉方便入
故名亦漸復次前兩觀觀教行證皆名爲漸
別教教觀行皆名爲漸證道是頓圓教教觀
行證皆名爲頓何故爾前二觀是方便說草
庵曲徑故教觀四種俱漸別觀帶方便說若

依方便行先破通惑故三種皆漸後破無明
見於佛性故證道是頓也圓觀正直捨方便
但說無上道唯此一事實餘二則非眞說最
實事是名教實行如來行入如來室衣座等
復有一行是如來行是名行實所見中道即
一究竟同於如來所得法身無異無別是名
證實前兩觀因中有教行證人果上但有其
教無行證人何以故因中之人灰身入寂沈
空盡滅不得成於果頭之佛直是方便之說
故有其教無行證人別教因中有教行證人
若就果者但有其教無行證人何以故若破
無明登初地時即是圓家初住位非復別家
初地位也初地尚爾何況後地後果故知因
人不到於果故云果頭無人圓教因中教行
證人悉從因以至果俱是眞實故言實有人
也
復次前三止觀教行證人未被會時尚不知
圓何況入圓佛若會宗開漸顯頓悉皆通入
雖非即頓而是漸頓故法華云汝等所行是
菩薩道各乘寶車適子本願決了聲聞法是

諸經之王開通漸法悉令得入以別理接之故涅槃中得二乘道果不隔圓常因是修學皆當作佛即是從漸入圓亦名開漸顯頓意也復次四種止觀入圓不必併待行成入圓不必併待開漸顯頓入圓入則不定所以者何一切衆生心性正因譬之於乳聞了因法名爲置毒正因不斷如乳四微五味雖變四微恒在是故毒隨四微味味殺人衆生心性亦復如是正因不壞了因之毒隨正奢促處處得發或理發或教發或行發或證發如辟支佛利智善根熟出無佛世自然得悟理發亦爾久植善根今生雖不聞圓教了因之毒任運自發此是理發也若聞華嚴日照高山即得悟者此是教發也聞已思惟思惟即悟是爲觀行發也若是六根淨位進破無明是相似證發若更增道損生亦是證發也此約圓家論入不定也若前三教行人各在凡地發者即是理發若聞於教是爲教發若修方便即是觀行發若於賢聖位中發即是證發此約三家入則不定也復有不定而非殺人

如修無漏時有漏不求自發全不殺二死若修中道發得無漏長別三界苦輪海乃是一死而非二死亦名不定復次四種止觀當分圓漸三藏中有從初心方便來入眞位此名爲漸三十四心斷結成果豈不名圓通別中初心乃至後心豈無漸圓圓中當體理極稱圓亦有初心乃至四十一地豈不是漸妙覺究竟豈不是圓圓圓非漸圓圓漸非漸漸故知當分皆具二義也法華疏中應廣說然漸漸非圓漸可得成圓漸漸圓非圓圓不可得成圓圓何者法華云汝等所行是菩薩道故漸漸成圓漸漸圓權設三教之果不可更成妙覺之佛倒小小非大小可得成大小小大非大大不可得成大大權權非實權可得成實權權實非實實不可得成實實何者三教果頭有教無人故權實不可成實實半滿漸頓例應如此分別不復煩文也觀心徃推法相應爾而人多不信今用涅槃五譬釋成此意第六云凡夫如乳須陀洹如酪斯陀含如生酥阿那含如熟酥阿羅漢辟支佛佛如醍

醐大論云聲聞經中稱阿羅漢名爲佛地故三人同是醍醐此譬豈非釋三藏中五味漸圓意類此得成三十二云衆生如雜血乳須陀洹斯陀含如淨乳阿那含如酪阿羅漢如生酥辟支佛菩薩如熟酥佛如醍醐此譬豈不釋通教中五味支佛侵習小勝聲聞故與菩薩同爲熟酥佛正習盡名爲醍醐借此類通教當分漸圓義顯第九云衆生如牛新生血乳未別聲聞如乳緣覺如酪菩薩如生熟酥佛如醍醐此譬豈不是別教五味意十住初中能斷通見思盡名乳總擬聲聞十住後心小深故擬支佛如酪十行十向如生熟酥十地之初已名爲佛故如醍醐借此顯成別觀當分漸圓意二十七云雪山有草名爲忍辱牛若食者即成醍醐草喻正道若能修正道即見佛性此譬豈不是圓意不歷四味即成醍醐借此類成漸圓等之位第八云置毒乳中徧於五味皆能殺人此譬豈不譬於不定即成四種理教行證而得入圓今約漸頓作如此料簡前三科後一科亦應如是但小

大半滿齊分剋定不得同耳○五明權實者權是權謀暫用還廢實是實錄究竟旨歸立權略爲三意一爲實施權二開權顯實三廢權顯實如法華中蓮華三譬諸佛即一大事出世元爲圓頓一實止觀而施三權止觀也權非本意意亦不在權外秖開三權止觀而顯圓頓一實止觀也爲實施權實今已立開權顯實權即是實無權可論是故廢權顯實權廢實存暫用釋名其義爲允問何意用此權實答佛知衆生種種性欲以四悉檀而成熟之若人欲聞正因緣爲說三藏欲聞因緣即空爲說通觀欲聞歷劫修行爲說別觀欲聞即中爲說圓觀是名隨世界悉檀亦名隨樂欲爲實施權說權實止觀也爲生扶真之事善說三藏觀爲生扶真之理善爲說通觀爲生扶中之事善爲說別觀爲生扶中之理善爲說圓觀是名隨爲人悉檀亦名隨便宜而說權實止觀也爲破邪因緣無因緣說三藏觀爲破拙度故說通觀爲破共法故說別觀爲破滯方便故說圓觀是爲對治悉檀說

權實止觀也爲思議鈍根拙度令入真諦說三藏觀爲思議利根巧度令入真諦故說通觀爲不思議鈍根拙度令入見中故說別觀爲不思議利根巧度令入見中故說圓觀是名爲一實而施三權權實相對則有四種止觀爲實施權意齊此也權實既興良由悉檀權實可廢亦由悉檀何者衆生煩惱結使厚利智善根薄故興初觀生其事善事善若生煩惱伏薄即廢三藏觀爲生理善興於通觀理善已生即廢通觀爲生界外事善即興別觀界外事善已生即廢別觀爲生界外理善即興圓觀是爲興廢因緣故說於權實止觀也餘三悉檀興廢可解若約五味教論興廢者華嚴爲大行人廢兩權興一權一實三藏廢兩權一實但興一權方等四種俱興般若廢一權與兩權一實法華廢三權興一實涅槃還興四種皆入佛性無所可隔是故如來巧用悉檀興廢適時順機而作皆益衆生是故如來不空說法爲度人故應興應廢也對三權說一實實存權廢已如前說今更料簡

四種止觀皆實不虛所以者何若不開決則無入理今決了聲聞法是諸經之王開方便門示真實相一一止觀皆得入圓如快馬見鞭影即得正路故四種皆實也又四種皆權何以故四理皆不可說權不可說故非權實不可說故非實非權而強說爲權非實而強說爲實等是強說何意不名權爲實耶以有說故故皆是權又此權實悉是非權非實何以故皆不可說故此非權非實不得異於向實向以見理爲實實秖是非權非實此義不異若異者應有別慧應照別理理惑既同不可使異對權故說實廢教故說理故言非權非實即教而理權實即非權非實無二無別不合不散非權非實理性常寂名之爲止寂而常照亦權亦實名之爲觀觀故稱智稱般若止故稱眼稱首楞嚴如是等名不二不別不合不散即不可思議之止觀也此非但開實是非權非實開權亦是非權非實猶屬開權顯實意耳問爲一實施三權唯有四種止觀若以別接通止觀者爲權爲實復何意不

預四數何意但言接通何位被接接入何位答接得入教此則屬權接得入證此則屬實也四教論其始終接但終而無始故不入四數諸教皆接亦應有之此義不用者二教明界内理二教明界外理兩處交際須安一接故但以別接通若齊通爲言不論破無明八地名支佛地從此被接知有中道九地伏無明十地破無明即名爲佛但一品破那得是極故知接入別也若望別教是入初地位行也若就諦論接者通教眞諦空中合論從初已來但觀眞中之空破見思惑盡到第八地方爲說眞内之中故云智者見空及與不空被接方聞聞已見理即是入別位也三藏菩薩明位不爾故不論接別圓發心已知中道更將何接故知接但在通也問三權皆得知實不答別教初知通教後知三藏初後俱不知問若知何意名權若不知二經相違答別雖初知帶方便聞教猶是權通雖後知可接者知教終是權其意可見若言三藏不知違二經者大經云阿羅漢不知三實常住不變者所有禁戒亦不具足不能得聲聞之道此義今當通任羅漢自力不應知見常住譬如天眼未開不見障外不聞他說亦不能知羅漢佛眼未開又不聞佛說那得自知常住故法華云於自所得功德生滅度想若遇餘佛便得決了又云聲聞緣覺不退菩薩亦不能知當知不聞則不知也經稱知者齊知已理眞諦無爲亦是於常一相無變若人分別眞諦二相遷動者不能發眞要須觀空方入無漏如須菩提觀空憍陳如證無生智又律儀不具足者若能觀空得道共戒此是具足戒也故華嚴云諸法實性相常住不變異二乘亦皆得而不名爲佛故知常住語通得作此釋若不作此釋三藏不說大乘常住聲聞那得具聲聞道具禁戒耶若作此釋道共戒無失彌益其美又擧例釋者如大品云婬欲障生梵天何況菩提爲生梵天須斷欲欲得菩提斷二邊欲欲名雖同其意則異此義亦爾欲入眞諦須知無爲常不變易欲入實相亦知常住一相不變知常語同大小則異故三藏止觀不知圓實不違經勝鬘云若知常住所有三歸皆不成就此云何通遠尋根本三乘初業不愚於法若取四念處聞慧爲初者此初知眞諦常住不起六十二見以無倚著心賢聖成就此釋同前意也若古昔爲初業者先發菩提心早知常住畏怖生死退大取小法才王子及涅槃中退轉菩薩從初已來歸依一體三寶熏修戒善有受法無捨法心無盡故戒亦無盡一切戒善爲此所熏譬如大地冥益樹木樹木萌芽悉得成就小乘歸戒不離菩薩戒菩薩戒力能成就之即此義也若不作初業知常三藏歸戒羯磨悉不成就若作此釋於大小兩經義無相違

摩訶止觀卷第三下

摩訶止觀卷第三下

校勘記

一 底本，清藏本。

一 七二七頁上五行第二字「三」，南作「三」。

摩訶止觀卷第四上　茂七

隋天台智者大師說

門人灌頂記

第六明方便者方便名善巧善巧修行以微少善根能令無量行成解發入菩薩位大論云能以少施少戒出過聲聞辟支佛上即此義也又方便者衆緣和合也以能和合成因亦能和合取果大品經言如來身者不從一因一緣生從無量功德生如來身顯此巧能故論方便若依漸次即有四種方便方便各有遠近如阿毗曇明五停心爲遠四善根爲近通別方便例可意知圓教以假名五品觀行等位去眞猶遙名遠方便六根清淨相似鄰眞名近方便今就五品之前假名位中復論遠近二十五法爲遠方便十種境界爲近方便橫竪該羅十觀具足成觀行位能發眞似名近方便今釋遠方便略爲五一具五緣二呵五欲三棄五蓋四調五事五行五法夫道不孤運弘之在人人弘勝法假緣進道所以須具五緣緣力既具當割諸嗜欲嗜欲外屛當內淨其心其心若寂當調試五事五事調已行於五法必至所在譬如陶師若欲得器先擇良處無砂無鹵草水豐便可立作所次息餘際務際務不靜安得就功雖息外緣身內有疾云何執作身雖康壯泥輪不調不成器物上緣雖整不專於業廢不相續永無辦理止觀五緣亦復如是有待之身必假資藉如彼好處呵猒塵欲如斷外緣棄絕五蓋如治內疾調適五事如學輪繩行於五法如作不廢世間淺事非緣不合何況出世之道若無弄引何易可階故歷二十五法約事爲觀調麤入細檢散令靜故爲止觀遠方便也此五法三科出大論一種出禪經一是諸禪師立一具五緣者一持戒清淨二衣食具足三閑居靜處四息諸緣務五得善知識禪經云四緣雖具足開導由良師故用五法爲入道梯隥一闕則妨事釋此具如次第禪門○此中明持戒清淨即四意一列戒名二明持戒三明犯戒四明懺淨列名者經論出處甚多且依釋論有十種戒所謂不缺不破不穿不雜隨道無著智所讚自在隨定具足此十通用性戒爲根本大論云性戒者是尸羅身口等八種謂身三口四更加不飲酒是淨命防意地又云十善是尸羅佛不出世世常有之故名舊戒佛不出世凡夫亦修八禪故名舊定外道邪見六十二等舊醫乳藥名爲舊慧常途云無客定無漏導八禪耳今難此語亦應無漏導十善也戒慧既有客法定何獨無今用三歸五戒二百五十爲客戒根本十種得戒人者如佛自言善來比丘自然巳得具足戒如摩訶迦葉自誓因緣得具足戒如憍陳如見諦故受具足戒如波闍波提比丘尼以八敬法受具足戒如達磨提那比丘尼遣信受具足戒如須陀耶沙彌論義受具足戒如耶舍比丘等善來受具足戒如跋陀羅波椤伽加三歸受具足戒如邊地第五律師受具足戒中國十人白四羯磨受具足戒客戒人也根本淨禪觀練熏修爲客定四諦慧爲客慧佛出方有也性戒者莫問受與不受犯即是罪受與不受持即是善若受戒持生

福犯獲罪不受無福不受犯無罪如伐草害畜罪同對首懺二罪俱滅大論解云違無作罪同滅耳而償命猶在故知受得之戒與性戒有異也故四分問遮法云不犯邊罪不邊罪即性罪也此罪障優婆塞戒何況大戒若性戒清淨是戒度根本解脫初因因此性戒得有無作受得之戒小乘明義無作戒即是第三聚大乘中法鼓經但明色心無第三聚心無盡故戒亦無盡若就律儀戒論無作可解定共戒無作者與定俱發有人言入定時有出定時無有人言無作依定定在不失定退即謝也道共戒無作者此無作依道道無失故此戒亦無失戒定道共通是戒名說通以性戒為本故經云依因此戒能生禪定及滅苦智慧即此意也〇二明持者此十種戒攝一切戒不缺戒者即是持於性戒乃至四重清淨守護如愛明珠若毀犯者如器已缺無所堪用佛法邊人非沙門釋子失比丘法故稱為缺不破者即是持於十三無有破損故名不破若毀犯者如器破裂也不穿者是持波夜提等也若有毀犯如器穿漏不能受道故名為穿不雜者持定共戒也雖持律儀念破戒事名之為雜定共持心欲念不起故名不雜如大經云雖不與彼女人身合而共言語嘲調壁外釧聲見男女相追皆汙淨戒十住婆沙云雖制其事而令女人洗拭按摩染心共語相視或限爾許日持戒或期後世富樂天上自恣皆名不淨若持不雜戒悉無此等念也隨道者隨順諦理能破見惑無著戒者即是見眞成聖於思惟惑無所染著也以此兩戒約眞諦持戒也智所讚戒自在戒則約菩薩化他為佛所讚於世間中而得自在是約俗諦論持戒也隨定具足兩戒即是隨首楞嚴定不起滅定現諸威儀示十法界像導利眾生雖威儀起動而任運常靜故名隨定戒前來諸戒律儀防止故名不具足中道之戒無戒不備故名具足此是持中道第一義諦戒也用中道慧徧入諸法故經云式叉式叉名大乘戒也涅槃明五支戒及十種戒義勢略同設諸經論更明戒相終不出此十科束前三種戒名律儀戒秉善防惡從初根本乃至不穿纖毫清淨束名律儀戒凡夫散心悉能持得此戒也次不雜一戒定法持心心不妄動身口亦寂三業皎鏡此是定共戒入定時任運無雜出定身口柔輭亦不雜凡夫入定則能持得也隨道戒初果見諦發眞成聖聖人所持非凡夫能持也無著戒則三果人所持亦非初果所持也智讚自在此乃菩薩利他須持此戒則非二乘所持也隨定具足此是大根性所持則非六度通教菩薩所能持也況復凡夫二乘耶向判位高下事義不同理觀觀心論持戒者具能持得上十戒也先束十戒為四意前四戒但是因緣所生法通為觀境次二戒即是觀因緣生法即空空觀持戒也次兩戒觀因緣即是假假觀持戒也次兩戒觀因緣生法即是中中觀持戒也所言觀心為因緣生法者若觀一念心從惡緣起即能破根本乃至破不雜戒與善相違故名為惡今以善順之心防止惡心能令根本乃至不雜等戒善順成就得無毀

損故稱善心名爲防止惡心旣止身口亦然防即是止善順即是行善行善即是觀止善即是止是名觀因緣所生心持四種戒也次觀善惡因緣所生心即空者如金剛般若云若見法相者名著我人衆生壽者若見非法相者亦著我人衆生壽者不見法相不見非法相如筏喻者法尚應捨何況非法故知法與非法二皆空寂乃名持戒今云法者秖善惡兩心假實之法也若見有善惡假名即是著我人衆生壽者若見善惡實法亦是著我人衆生壽者所言非法相者若見善惡假名是無者亦是著我人衆生壽者若見善惡實法是無者亦著我人衆生壽者何以故依無起見故不應著乃至依非有非無起見皆名著我人衆生壽者觀如是等法與非法皆即茂七 六是空由此觀故能順無漏防止有無六十二見故名隨道戒若重慮此觀思惟純熟歷緣對境於一切色聲皆悉即空名無著戒防止思惑善順眞諦是名觀因緣心即空持二種戒也次觀因緣心即是假者知心非心法亦

非法而不永滯非心非法以道種方便無所有中立心立法拔出諸心數法導利衆生爲智所讃雖廣分別無量心法但有名字如虛空相不生愛著惑相不拘名爲自在如此假觀防止無知善順俗理防邊論止順邊論觀即是假觀持兩戒也次觀因緣生心即中者觀於心性畢竟寂滅心本非空亦復非假非假故非世間非空故非出世間非賢聖法非凡夫法二邊寂靜名爲心性能如是觀名爲上定心在此定即首楞嚴本寂不動雙照二諦現諸威儀隨如是定無不具足如是觀心防止二邊無明諸惡善順中道一實之理防邊論止順邊論觀此名即中而持兩戒也故梵網云戒名大乘名第一義光非青黃赤白戒名爲孝孝名爲順孝即止善順即行善如茂七 七此戒者本師所誦我亦如是誦當知中道妙觀戒之正體上品清淨究竟持戒十住廣說云若無我我所遠離諸戲論一切無所有是名上尸羅故淨名云罪性不在內亦不在外亦不在兩中間如其心然罪垢亦然其能如

是是名善解是名奉律即此意也復次觀心持戒即是五名所以者何防止是戒義觀亦如是三觀名能防三惑名所防如此防止義徧法界不局在身口云云又毗尼名滅滅身口諸非故今觀心亦名爲滅即空之觀能滅見思之非即假觀能滅塵沙之非即中觀能滅無明之非如此論滅徧滅法界諸非不止七支故淨名云當直除滅勿擾其心即此意也又波羅提木叉名保得解脫者觀心亦爾若不觀三諦之理三惑保不解脫若見三諦三惑保脫如此解脫徧法界脫非止解脫三途及出生死而已又誦者背文闇持也今觀心亦爾三觀之名詮三諦理即是其文知名非名研心諦理觀法相續常自現前不生妄念名之爲誦如此誦者徧法界誦非止八十誦也又律者詮量輕重分別犯非犯觀心亦爾分別見思麤惡滓重界內無知小輕塵沙客塵橫起復爲小重根本微細如上菩提心中已說三觀觀三理是不犯三惑障三理名爲犯三藥治三病詮量無謬纖毫不差又知持

事戒有三品上品得天報中品得人報下品得脩羅報犯上退天犯中退人犯下退脩羅入三惡道惡道又三品輕者入餓鬼道次者入畜生道重者入地獄道中品又多種上中下下下即四天下也上品又多種謂三界諸天各有品秩也又持理戒空假中三品各有上中下即空三品者下品爲聲聞中品爲緣覺上品爲通教菩薩退則傳傳失也即假三品者下品爲三藏菩薩中品爲通教出假菩薩上品爲別教菩薩即中三品者下品爲別教菩薩中品圓教菩薩上品是佛唯佛一人具淨戒也又下品爲五品中爲六根清淨上入初住此略就觀心判其階差中道觀心即是法界摩訶衍徧攝一切法可以意得不復煩文也私諳云下中三品皆約發眞上品何意約眞似爲三品耶答前三道未合可得分張橫辯即中旣融宜約一道豎判又亦得約橫者別接通別圓三品云云如此分別得失輕重徧詮量法界豈止黃燒覆障耶觀心五名究然可見若事中恭謹精持四戒而其心雜念事亦不牢猶如坯餅遇愛見惡則便破壞若能觀心六種持戒理觀分明妄念不動設遇惡緣堅固不失理旣不動事任運成故淨名云其能如是是名善解是名奉律正意在此也三明犯戒相者夫毀滅淨戒不出癡愛倒見是戒怨家喻二羅剎大經云譬如有人帶持浮囊渡於大海爾時海中有一羅剎來乞浮囊初則全乞乃至微塵悉皆不與行人亦爾發心秉戒誓渡生死大海愛見羅剎乞戒浮囊愛羅剎言令汝安隱得入涅槃者此以欲樂暢情稱爲涅槃如飢得食如貧得寶獼猴得酒則得安樂安樂名涅槃誘誑行人若隨愛轉毀破四重是全棄浮囊是名犯相若愛心雖起不可全棄何者我今欲過生死大海尸羅不淨還墮三途禪定智慧皆不得發思惟是已生大怖畏故言汝寧殺我浮囊叵得是名持相愛心復起摩觸快意若隨愛觸是棄半浮囊是名犯相行人復念禁戒豈可輸半論其果報地獄苦惱論其即目下意治擯甚可羞恥豈應如此擯毀大事是故護惜不隨愛情是名持相愛心又起乞重方便若毀犯者是乞手許又毀波夜提是乞指許又毀吉羅是乞微塵許吉羅雖小開放逸門微塵不多水當漸入沒海而死是爲愛心破律儀戒貪攀覽五欲破定共戒深著生死爲有造業破即空戒不息世譏嫌無護他意破即假戒不信戒善與虛空等不信此戒具足佛法不信此戒畢竟清淨破中道戒此例可解云云次見羅剎乞浮囊者若爲財色而毀戒者如前所說觸人皆爾此名已起之惡爲除斷故一心勤精進若見心猛利於所計法而起罪過此是解僻名未生之惡爲不生故一心勤精進此見雖未起若修得少禪無好師友即生念著而起過患佛在世一比丘得四禪謂爲四果臨終見中陰起即謗佛云羅漢不生今那得生阿難問佛此人命過今生何處佛言已墮地獄雖持戒得有漏禪是亦不可信佛在世尚爾況末代癡人罪著深重故大虛空藏經云若起惡見名第三波羅夷云何

惡見或得空解發少智慧師心自樹謂證無生見心既強能破諸法無佛無衆生撥世因果出世因果法華云或食人肉或復噉狗即此義也破正見威儀淨命起於平等無分別見何者有罪何者非罪若有分別分別即礙礙即非眞於貪欲中莫生怖礙無怖礙即是菩提謂此是實餘皆妄語又值惡師爲說惡法見毒轉熾邪鬼入心邪解更甚猖狂顚倒無種不爲見慢峩嵳陵蔑一切見行善者謂有所得欺之如土由是見故浮囊全去設不全去者即思惟言理雖如此我未能見何容頓棄惜猶不與見心復起一切法空豈有觸與不觸男女等相即便把執歘抱是名半去或重方便乃至吉羅謂諸法空寂何用事相紛紜既不存微塵空心轉盛如小水漸漏無礙稍滑一切戒律皆悉吞噉故浮囊永沒當知見心大可怖畏何以故若謂四重及犯者皆空而五逆亦空何不造逆空見既強亦無父母若通若害皆不爲礙既無礙者亦應不礙王及夫人論其見心實不謂有王及夫人而自於已惜身惜命若侵國王身碎命盡如此癡空不空身命惜巳身命亦於王不空既於已於王不能空者那得獨欺父母輕忽佛教而言四重五逆皆空耶當知此人不能自見執空之過近尚不見何況遠耶既以惡空撥佛禁法是破律儀戒空見擾心破定共戒堅執已見是破即空戒汙他善心破即假戒不信見心與虛空等即是佛法畢竟清淨破即中戒當知邪僻空心甚可怖畏若墮此見長淪永沒尚不能得人天涅槃何況大般涅槃故論云大聖說空法本爲治於有若有著空者諸佛所不化又經云若於諸法生疑心者能破煩惱如須彌山若定起見則不可化無行經云貪欲即是道僻取此語以證無礙何不引無行貪著無礙法是人去佛遠若有得空者終不破於戒云云是名見心羅刹毀禁戒也大意如此云云復次前一向論持次一向論犯今明十戒持犯不定若通論動出悉名爲乘故有人天等五乘通論防止悉名爲戒故有律儀定共道共等戒若就別義事戒三品名之爲戒戒即有漏不動不出理戒三品名之爲乘乘是無漏能動能出約此乘戒四句分別一乘戒俱急二乘急戒緩三戒急乘緩四乘戒俱緩一乘戒俱急者如前持相十種清淨事理無瑕觀念相續今生即應得道若未得道此業最強強者先牽必升善處若律儀戒急則爲欲界人天所牽若無雜戒急隨禪梵世三品理乘何乘最急若三品即中乘急以人天身值彌勒佛聞華嚴教利根得道若上品出假乘急以人天身值彌勒佛於華嚴座作鈍根得道若上中二品入空乘急以人天身值彌勒佛聞方等般若等教得三乘等道若下品入空乘急以人天身值彌勒佛聞三藏經得道得人天身是持事戒力見佛得道修乘觀力事理俱持諸行中最故不可緩也二戒緩乘急者是人德薄垢重煩惱所使是諸事戒皆爲羅刹毀食專守理戒觀行相續如上覺意六蔽中用心央掘示爲其相以事戒緩命終故墮三惡道受於罪報於諸乘中何乘最強強者先牽若析空乘強以

三途身值彌勒佛聞三藏經乃可得道若即空乘急以三途身值彌勒佛聞般若方等得道若即假乘急以三途身值彌勒佛聞華嚴及聞餘教作鈍根得道若即中乘急以三途身值彌勒佛聞華嚴經作利根得道是故佛說漸頓諸經龍鬼畜獸悉來會坐即是其事破事戒故受三惡身持理觀故見佛得道大經云於戒緩者不名爲緩於乘緩者乃名爲緩正是此一句也三戒急乘緩者事戒嚴急纖毫不犯三種觀心了不開解以戒急故人天受生或隨禪梵世耽湎定樂世雖有佛說法度人而於其等全無利益設得值遇不能開解振丹一國不覺不知舍衛三億不聞不見樂著諸天及生難處不來聽受是此意也譬如繫人或以財物求諸大力申延日月與逢恩赦在人天中亦復如是與善知識化導修乘即能得脫若於人天不修乘者果報若盡還墮三途百千佛出終不得道四事理俱緩者如前十種皆犯永墜泥犂失人天果報神明昏塞無得道期迴轉沈淪不可度脫行

者當自觀心事理兩戒何戒緩急於事三品何品最強於理三品何品小弱自知深淺亦識將來果報善惡既自知已亦知他人將此觀心亦識諸經列衆之意亦識如來逗緣大小故華嚴中鬼神皆言住不思議解脫法門者此是權來引實令昔修不思議乘急者得道涅槃列衆亦復如是若細尋此意廣歷四教乘戒緩急以辯其因後歷五味以明其果皆使分明凡如是等因果差降升沈非一云何難言理戒得道何用事戒耶幸於人天受道何意苦入三途四明懺淨者事理二犯俱障止觀定慧不發云何懺悔令罪消滅不障止觀耶若犯事中輕過律文皆有懺法懺法若成悉名清淨戒淨障轉止觀易明若犯重者佛法死人小乘無懺法若依大乘許其懺悔如上四種三昧中說下當更明次理觀小僻不當諦者此人執心若薄不苟封滯但用正觀心破其見著慚愧有羞低頭自責策心正轍罪障可消能發止觀也見若重者還於觀心中修懺下當說也若犯事中重罪依四

種三昧則有懺法普賢觀云端坐念實相是名第一懺妙勝定云四重五逆若除禪定餘無能救方等云三歸五戒乃至二百五十戒如是懺悔若不還生無有是處請觀音云破梵行人作十惡業蕩除糞穢還得清淨故知大乘許悔斯罪罪從重緣生還從重心懺悔可得相治無殷重心徒懺無益障若不滅止觀不明若人現起重罪苦到懺悔則易除滅何以故如迷路近故過去重障必難迴轉迷深遠故若欲懺悔二世重障行四種三昧者當識順流十心明知過失當運逆流十心以爲對治此二十心通爲諸懺之本順流十心者一自從無始闇識昏迷煩惱所醉妄計人我計人我故起於身見身見故妄想顛倒顛倒故起貪瞋癡癡故廣造諸業業則流轉生死二者內具煩惱外值惡友扇動邪法勸惑我心倍加隆盛三者內外惡緣既具能內滅善心外滅善事又於他善都無隨喜四者縱恣三業無惡不爲五者事雖不廣惡心徧布六者惡心相續晝夜不斷七者覆諱過失不

欲人知八者魯扈底突不畏惡道九者無慚
無愧十者撥無因果作一闡提是為十種順
生死流昏倒造惡廁蟲樂廁不覺不知積集
重累不可稱計四重五逆極至闡提生死浩
然而無際畔今欲懺悔應當逆此罪流用十
種心翻除惡法先正信因果決定羼然業種
雖久久不敗亡終無自作他人受果精識善
惡不生疑惑是為深信翻破一闡提心二者
自愧剋責鄙極罪人無羞無恥習畜生法棄
捨白淨第一莊嚴咄哉無鉤造斯重罪天見
我屏罪是故慚天人知我顯罪是故愧人以
此翻破無慚無愧心三者怖畏惡道人命無
常一息不追千載長往幽途綿邈無有資糧
苦海悠深船筏安寄賢聖呵棄無所恃怙年
事稍去風刀不奢豈可晏然坐待酸痛譬如
野干失耳尾牙詐眠望脫忽聞斷頭心大驚
怖遭生老病尚不為急死事弗奢那得不怖
怖心起時如履湯火五塵六欲不暇貪染如
阿輸柯王聞旃陀羅朝朝振鈴一日已盡六
日當死雖有五欲無一念愛行者怖畏苦到

懺悔不惜身命如彼野干決絕無所思念如
彼怖王以此翻破不畏惡道心四者當發露
莫覆瑕疵賊毒惡草急須除之根露條枯源
乾流竭若覆藏罪是不良人迦葉頭陀令大
衆中發露方等令向一人發露其餘行法但
以實心向佛像茂七改革如陰隱十六有癰覆諱不治
則死以此翻破覆藏罪心也五斷相續心者
若決果斷奠畢故不造新乃是懺悔懺已更
作者如王法初犯得原更作則重初入道場
罪則易滅更作難除已能吐之云何更噉以
此翻破常念惡事心六發菩提心者昔自安
危人徧惱一切境今廣起兼濟徧虛空界利
益於他用此翻破徧一切處起惡心也七修
功補過者昔三業作罪不計晝夜今善身口
意策勵不休非移山岳安塡江海以此翻破
縱恣三業心八守護正法者昔自滅善亦滅
他善不自隨喜亦不喜他今守護諸善方便
增廣不令斷絶譬如全城之勳勝鬘云守護
正法攝受正法最為第一此翻破無隨喜心
九念十方佛者昔親狎惡友信受其言今念

十方佛念無礙慈作不請友念無礙智作大
導師翻破順惡友心十觀罪性空者了達貪
欲瞋癡之心皆是寂靜門何以故貪瞋若起
在何處住知此貪瞋住於妄念妄念住於顛
倒顛倒住於身見身見住於我見我見則無
住處十方諦求茂七我不可得我心十七自空罪福無
主深達罪福相徧照於十方今此空慧與心
相應譬如日出時朝露一時失一切諸心皆
是寂靜門示寂靜故此翻破無明昏闇是為
十種懺悔順涅槃道逆生死流能滅四重五
逆之過若不解此十心全不識是非云何懺
悔設入道場徒為苦行終無大益涅槃云若
言勤修苦行是大涅槃近因緣者無有是處
即此意也是名懺悔事中重罪也次懺見罪
者以見感故順生死流如前所說向運十心
附事為懺懺鈍使罪今扶理懺見懺利使罪
然見心猛盛起重煩惱應傍用事助如服下
藥須加巴豆令鞋瀉盡底是故還約十法以
明懺見一翻破不信者即點身見心令識無
明苦集如鬱頭藍弗得非想定世人崇之如

佛不識苦集報盡還墮須跋陀羅得非想定雖無麤想有細煩惱長爪利智而受不受高著外道尚未出見非是涅槃況麤淺者尚不建藍佛而言是眞道豈非大僻是人愛著觀空智慧是事不知名爲無明而起違從依見造行見行依色即是名色名色即是苦等迷苦起於愛有有生未來生死流轉相續豈是寂滅若謂生死盡者乃是漫語呼無明見心爲道非道爲道非因計因名爲戒取豈非因盜呼未來三途苦報爲涅槃此是見取非果計果是爲果盜身邊邪見其事可知如此見心乃是苦集非滅道也尚非三藏道滅豈是摩訶衍道滅若能如是即知世間因果復識出世因果故大品云般若能示世間相所謂示是道非道是爲深識見心苦集也又深者非但知無明苦集亦識三藏因果亦識因緣生法即空四諦因果又復深者亦知因緣即假無量四諦因果又復深者亦知因緣即中無作四諦因果於一見心具識一切因果故大經云於一念心悉能稱量無量生死是名不可思議故名深信破不信也二生重慚愧者不見我心中三諦之理名慚愧且約理觀論人天者慚乾慧性地之人愧四果淨天三十心人十地義天五品六根清淨之人四十二位天例如作意得報名爲人自然果報名爲天二種天人亦復如是方便道名爲人眞理顯名爲天見心造罪覆三諦理不達三種人天是故慚愧翻破無慚愧心也三怖畏者知見心造罪此過深重大論云諸佛說空義爲離諸見故若復見有空諸佛所不化我今由見而起大罪此間劫盡他方獄生此間劫成還來此處如是展轉無量無邊若說果報所受之身當吐熱血死故知見罪大重既非無漏不出生死煩惱潤業墮落何疑一命不追永無出日爲是義故生大怖畏翻破不畏惡道心也四發露者從來諸見而生愛著覆此三諦不能決定生信令知見過失發卻三疑無所隱諱顯其諦性是爲發露翻破覆藏罪心也五斷相續心者三諦之觀勿令有間以八正道治三惑心斷而不習此翻破相續惡心也六發菩提心者即是緣三諦理皆如虛空空則無邊愍傷一切普令度脫昔迷此起惑有無邊故罪亦無邊今菩提心徧於法界起無作善亦徧法界翻破昔徧空無作惡也奏師子琴餘絃斷絕即此義也七修功補過者三諦道品即是菩薩寶炬陀羅尼是行道法趣涅槃門如此道品念念相續即是修功補過昔執於見謂爲涅槃於見不動不修道品設令動有入無如屈步蟲雖於見動亦不能修道品今知有無是見不執爲實是名見動而不修道品若破析諸見行於道品是名見動而修道品又體見即空即假即中既言即者於見不動而修三種道品是爲修功補於縱見之過也八守護正法者昔護見不令他破方便申通令護三諦諸空不令見破若有留滯善巧申弘亡身存法猶如父母守護其子此翻破毀善事也九念十方佛者昔服見毒常無猒足如渴思飲又遇惡師如加以鹹水以苦捨苦我慢矜高諂心不實於千萬億劫不聞佛名字今念三諦不來不去即

是佛無生法即是佛常爲諦理所護此翻破狎惡友心十觀罪性空者此三種惑本來寂靜而我不了妄謂是非如熱病人見諸龍鬼今觀見如幻如化來無所從去無足跡亦復不至東西南北一切罪福亦復如是一空一切空空即罪性罪性即空此翻破顛倒心也運此十懺時深觀三諦又加事法以殷重心不惜身命名第二健兒是名事理兩懺障道罪滅尸羅清淨三昧現前止觀開發事戒淨故根本三昧現前世智他心智開發無生戒淨故眞諦三昧現前一切智開發即假戒淨故俗諦三昧現前道種智開發即中戒淨故王三昧現前一切種智開發得此三諦三昧故名王三昧一切三昧悉入其中又能出生一切諸定無不具足故名爲止又能具足一切諸智故名爲觀故知持戒清淨懇惻懺悔俱爲止觀初緣意在此也○第二衣食具足者衣以蔽形遮障醜陋食以支命塡彼飢瘡身安道隆道隆則本立形命及道賴此衣食故云如來食已得阿耨三菩提此雖小緣能辦大事裸餒不安道法焉在故須衣食具足也衣者遮醜陋遮寒熱遮蚊蝱飾身體衣有三種雪山大士絶形深澗不涉人間結草爲席被鹿皮衣無受持說淨等事堪忍力成不須溫厚不遊人間無煩支助此上人也十二頭陀但畜三衣不多不少出聚入山被服齊整故立三衣此中士也多寒國土聽百一助身要當說淨趣足供事無得多求多求辛苦守護又苦妨亂自行復擾檀越少有所得即便知足下士也觀行爲衣者大經云汝等比丘雖服袈裟心猶未染大乘法服如法華云著如來衣如來衣者柔和忍辱心是此即寂滅忍生死涅槃二邊麤獷與中道理不二不異故名柔和安心中道故名爲忍離二喧故名寂過二死故名滅寂滅忍心覆二邊惡名遮醜衣除五住故名障熱破無明見名爲遮寒無生死動亦無空亂意捨二覺觀名遮蚊蝱此忍具一切法如鏡有像瓦礫不現中具諸相但空則無故云深達罪福相徧照於十方微妙淨法身具相三十二用莊嚴法身寂忍一觀具足衆德亦名爲衣亦名嚴飾非九七五割截所成也三衣者即三觀也蔽三諦上醜遮三諦上見愛寒熱卻三覺蚊蝱莊嚴三身故以三觀爲衣即是伏忍柔順忍無生寂滅忍也又起見名寒起愛名熱修止觀得見諦解如煖見則不生得思惟解如涼愛則不生五根無惡即福德莊嚴意地無惡即智慧莊嚴餘二觀上衣例可解百一長衣者即是一切行行助道之法助成三觀共蔽諸惑嚴於三身此是歷諸法修忍爲衣也食者三處論食可以資身養道一深山絶跡去遠人民但資甘果美水一菜一果而已或餌松栢以續精氣如雪山甘香藕等食已繫心思惟坐禪更無餘事如是食者上士也二阿蘭若處頭陀抖擻絶放牧聲是修道處分衛自資七佛皆明乞食法方等般舟法華皆云乞食也路逕若遠分衛勞妨若近人物相喧不遠不近乞食便易是中士也三既不能絶穀餌果又不能頭陀乞食外護檀越送食供養亦可得受又僧中如法結淨食亦可得受下士

也若就觀心明食者大經云汝等比丘雖行乞食而未曾得大乘法食法食者如來法喜禪悅也此之法喜即是平等大慧觀一切法無有障礙淨名云於食等者於法亦等於法等者於食亦等煩惱爲薪智慧爲火以是因緣成涅槃食令諸弟子悉皆甘嗜此食資法身增智慧命如食乳糜更無所須即眞解脫眞解脫者即是如來用此法喜禪悅歷一切法無不一味一色一香無非中道中道之法具一切法即是飽義無所須義如彼深山上士一草一果資身即足頭陀乞食者行人不能即事而中修實相慧者當次第三觀調心而入中道次第觀故名爲乞食亦見中道又名飽義即中士也檀越送食者若人不能即事通達又不能歷法作觀自無食義應須隨善知識能說般若者善爲分別隨聞得解而見中道是人根鈍從聞生解名爲得食如人不能如上兩事聽他送食又僧中結淨食者即是證得禪定支林功德藉定得悟名僧中食也是故行者常當存念大乘法食不念餘味也

摩訶止觀卷第四上

摩訶止觀卷第四上

校勘記

一　底本，清藏本。

一　七四四頁上一四行「舩筏」，南作「舩栰」。又「恃忙」，南、徑作「恃怙」。

一　七四四頁下七行第一二字「今」，南作「令」。

一　七四五頁上四行首字「建」，徑作「逮」。頁中七行第一五字同。

摩訶止觀卷第四下　茂八

隋天台智者大師說

門人灌頂記

第三閑居靜處者雖具衣食住處云何若隨自意觸處可安三種三昧必須好處好處有三一深山遠谷二頭陀抖擻三蘭若伽藍若深山遠谷途路艱險永絶人蹤誰相惱亂恣意禪觀念念在道毀譽不起是處最勝二頭陀抖擻極近三里交往亦踈覺策煩惱是處爲次三蘭若伽藍閑靜之寺獨處一房不干事物閉門靜坐正諦思惟是處爲下若離三處餘則不可白衣齋邑此招過來恥市邊鬧寺復非所宜安身入道必須選擇慎勿率爾若得好處不須數移云云觀心處者諦理是也中道之法幽遠深邃七種方便絶跡不到名之爲深高廣不動名之爲山遠離二邊稱之爲靜不生不起稱之爲閑大品云若千由旬外起聲聞心者此人身雖遠離心不遠離以憒鬧爲不憒鬧非遠離也雖住城傍不起二乘心是名遠離即上品處也頭陀處者即是出假之觀此觀與空相鄰如蘭若與聚落並出假之觀安心俗諦分別藥病抖擻無知淨道種智此次處也閑寺一房者即從假入空觀也寺本衆閑居處而能安靜一室假是蹈塵能即假而空當知真諦亦是處也安三諦理是止觀處皆不逃影山林房隱密室云云

第四息諸緣務者緣務妨禪由來甚矣蘭若比丘去喧就靜云何營造緣務壞蘭若行非所應也緣務有四一生活二人事三技能四學問一生活緣務者經紀生方觸途紛糾得一失一喪道亂心若勤營衆事則隨自意攝非今所論二人事者慶弔俯仰低昂造聘此往彼來來往不絕況復衆人交絡擾擾追尋夫違親離師本求要道更結三州還敗五郡意欲何之倒蒙索鎖鑚火求冰非所應也三技能者醫方卜筮泥木彩畫碁書呪術等是也皮文美角膏煎鐸毀巳自害身況修出世之道而當樹林招鳥腐氣來蠅豈不摧折汙辱乎四學問者讀誦經論問答勝負等是也領持記憶心勞志倦言論往復水濁珠昏何暇更得修止觀耶此事尚捨況前三務云云觀心生活者愛是養業之法如水潤種因愛有憂因憂有畏若能斷愛名息生活緣務也人事是業也業生三界往來五道以愛潤業處處受生若無業者愛無所潤諸業雖有力不逆不作者不作故生死則斷技術者未得聖道不得修通虛妄之法障於般若般若如虛空無戲論無文字若得般若如得如意珠但一心修何遽忽忽用神通爲習學者未得無生忍而修世智辯聰種種分別皆是瓦礫草木非真實珠若能停住水則澄清下觀瑠璃安徐取寶能知世間生滅法相種種行類何物不知以一切種智知以佛眼見欲行大道不應從彼小徑中學也

第五善知識者是大因緣所謂化導令得見佛阿難說知識得道半因緣佛言不應爾具足全因緣知識有三種一外護二同行三教授若深山絶域無所資待不假外護若修三種三昧應仰勝緣夫外護者不簡白黑但能營理所須莫見過莫觸惱莫稱歎莫汎舉而致損壞如母養兒

如虎銜子調和得所舊行道人乃能爲耳是名外護二同行者行隨自意及安樂行未必須伴方等般舟行法決須好伴更相策發不眠不散日有其新切磋琢磨同心齊志如乘一船互相敬重如視世尊是名同行三教授者能說般若示道非道內外方便通塞妨障皆能決了善巧說法示教利喜轉破人心於諸方便自能決了可得獨行妨難未諳不宜捨也經言隨順善師學得見恒沙佛是名教授觀心知識者大品云佛菩薩羅漢是善知識六波羅蜜三十七品是善知識法性實際是善知識若佛菩薩等威光覆育即外護也六度道品是入道之門即同行也法性實際即是諦理諸佛所師境能發智即教授也今各具三義一如佛威神覆護即是外護二諸佛聖人亦脫瓔珞著弊垢衣執除糞器和光利物豈非同行三諸佛菩薩一音演法開發化導各令得解即是教授此即具三義也六度道品亦具三義助道名護助助道發正道即是外護正助合故即是同行依此正助不失規矩通入三解脫門即是教授法性亦具三義境是所師冥熏密益即是外護境智相應即是同行未見理時如盲諦法顯時如目智用無僻經言修我法者證乃自知心無實行何用問爲即教授也此則三三合九句就前爲十二句前三次三是事知識餘六句是理知識若將此約三諦者入空觀時衆聖爲外護即空道品爲同行眞諦爲教授亦具六事六理假中兩觀亦復如是三諦合有二十六番十八事十八理若歷四悉檀即有衆多知識義也若能了此知識法門善財入法界意則可解此等雖同是知識依華嚴云有善知識魔三昧魔菩提心魔魔能使人捨善從惡又能化人墮二乘地若然者羅漢之人但行眞諦非善知識若取內祕外現聲聞爲知識者菩薩亦作天龍引入實相何獨羅漢此義則通無非知識今言魔者取實羅漢令人至化城者即非眞善知識但是半字知識行半菩提道損半煩惱奪與互明或知識或魔也別教若不得意不會中道亦是知識魔也圓教三種方是眞善知識三昧菩提心例此可解（）第二呵五欲者謂色聲香味觸十住毗婆沙云禁六情如繫狗鹿魚蛇猨鳥狗樂聚落鹿樂山澤魚樂池沼蛇樂穴居猨樂深林鳥樂依空六根樂六塵非是凡夫淺智弱志所能降伏唯有智慧堅心正念乃能降伏總喻六根令私對之眼貪色色有質像如聚落眼如狗也耳貪聲聲無質像如空澤耳如鹿也鼻貪香如魚也舌引味如蛇也身著觸如猨也心緣法如鳥也今除意但明於五塵五塵非欲而其中有味能生行人須欲之心故言五欲譬如陶師人客延請不得就功五欲亦爾常能牽人入諸魔境雖具前緣攝心難立是故須呵色欲者所謂赤白長短明眸善睞素頸翠眉皓齒丹脣乃至依報紅黃朱紫諸珍寶物惑動人心如禪門中所說色害尤深令人狂醉生死根本良由此也如難陀爲欲持戒雖得羅漢習氣尚多況復具縛者乎國王耽荒無度不顧宗廟社稷之重爲欲樂故身入怨國此間上代亡國破家多從

欲起赫赫宗周褒姒滅之即其事也經云衆生貪狼於財色坐之不得道觀經云色使所使爲恩愛奴不得自在若能知色過患則不爲所欺如是呵已色欲即息緣想不生專心入定聲欲者即是嬌媚妖詞婬聲染語絲竹絃管環釧鈴珮等聲也香欲者即是鬱茀氛氳蘭馨麝氣芬芳酷烈郁馥之物及男女身分等香味欲者即是酒肉珍肴肥腴津膩甘甜酸辛酥油鮮血等也觸欲者即是冷暖細滑輕重強軟名衣上服男女身分等此五過患者色如熱金丸執之則燒聲如毒塗鼓聞之必死香如憋龍氣嗅之則病味如沸蜜湯舌則爛如蜜塗刀舐之則傷觸如臥師子近之則齧此五欲者得之無厭惡心轉熾如火益薪世世爲害劇於怨賊累劫已來常相劫奪摧折色心今方禪寂復相惱亂深知其過貪染休息事相具如禪門中云云上代名僧詩云遠之易爲士近之難爲情香味積高志聲色喪軀齡〇觀心呵五欲者如色欲中滋味無量謂常無常我無我淨不淨苦樂空有世

第一義皆是滋味故大論云色中無味相凡夫不應著若謂色是常是見依色若色無常亦常亦無常非常非無常是見皆依色乃至非如去非不如去非邊非無邊等是見皆依於色悉是諍競執謂是實戲論破智慧眼互相是非爲色造業適有此有即有生死如是觀者增長於欲非是呵欲今觀色有無等六十二見皆依無明無明無常生滅不住速朽之法念念磨滅無我無主寂滅涅槃無明既爾從無明生若有若無等悉皆無常寂滅涅槃既無主我誰實誰虛終不於色起生死業業謝果亡是爲呵色入空而得解脫呵色既爾餘四亦然是名三藏析法呵五欲也中論指此云不善滅戲論也若摩訶衍呵色欲者體知諸見皆依無明無明即空諸見亦即空故金剛般若云須陀洹者名爲入流實不入流不入色聲香味觸故所以者何若有色可析可名入色色即是空無色可入故名不入既無流可入即無業果是名善滅戲論呵色既爾餘四亦然復次呵色即空者但入色空

不能分別種種色相云何能度一切衆生衆生於色起種種計即是種種集招種種苦苦集病多道滅之藥亦復無量若欲化他豈可證空而不觀察是故知空非空從空入假恒沙佛法悉令通達若不如此猶名受入色空今深呵色空不受不入廣分別色雖復分別但有名字名字即空故稱爲假呵色既爾餘四亦然又呵色二邊如大品云色中無味相凡夫不應著色中無離相二乘不應離破色無明有無等見是呵其味破其沈空是呵其離若定有味不應有離若定有離不應有味味不定故非味離不定故非離不著二邊即是非味非離顯色中道實相故釋論云二乘爲禪故呵色事不名波羅蜜菩薩呵色即見色實相見色實相即是見禪實相故名波羅蜜到色彼岸到色彼岸即是見色中道分別色者即是見色俗即色空者是見色眞如是呵色盡色源底成三諦三昧發三種智慧深呵於色爲止觀方便其意在此呵色既然餘四亦爾〇第三棄五蓋者所謂貪欲瞋恚睡

眠掉悔疑通稱蓋者蓋覆纏綿心神昬闇定
慧不發故名爲蓋前呵五欲乃是五根對現
在五塵發五識今棄五蓋即是五識轉入意
地追緣過去逆慮未來五塵等法爲心內大
障喻如陶師身中有疾不能執作蓋亦如是
爲妨既深加之以棄如翦毒樹如檢偷賊不
可留也大品云離欲及惡法離欲者五欲也
如前所呵惡法者五蓋也宜須急棄此五蓋
者其相云何貪欲蓋起追念昔時所更五欲
念淨潔色與眼作對憶可愛聲髣髴在耳思
悅意香開結使門想於美味甘液流口憶受
諸觸毛竪戰動貪如此等麤弊五欲思想計
校心生醉惑忘失正念或客作方便更望得
之若未曾得亦復推尋或當求覓心入塵境
無有間念麤覺蓋禪禪何由獲是名貪欲蓋
相瞋恚蓋者追想是人惱我惱我親稱歎我
怨三世九惱怨對結恨心熱氣麤忿怒相續
百計伺候欲相中害危彼安身恣其毒忿暢
情爲快如此瞋火燒諸功德禪定支林豈得
生長此即瞋恚蓋相也睡眠蓋者心神昬昬

爲睡六識闇塞四支倚放爲眠眠名增心數
法烏闇沈塞密來覆人難可防衛五情無識
猶如死人但於片息名爲小死若喜眠者眠
則滋多薩遮經云若人多睡眠懈怠妨有得
未得者不得已得者退失若欲得勝道除睡
疑放逸精進策諸念離惡功德集釋論云眠
爲大闇無所見日日欺誑奪人明亦如臨陣
白刃間如共毒蛇同室居如人被縛將去殺
爾時云何安可眠眠之妨禪其過最重是爲
睡眠蓋相掉悔者若覺觀偏起屬前蓋攝今
覺觀等起徧緣諸法乍緣貪欲又想瞋恚及
以邪癡炎炎不停卓卓無住乍起乍伏種種
紛紜身無趣遊行口無益談笑是名爲掉掉
而無悔則不成蓋以其掉故心地思惟謹慎
不節云何乃作無益之事實爲可恥心中憂
悔懊結繞心則成悔蓋蓋覆禪定不得開發
若人懺悔改往自責其心而生憂悔若入禪
定知過而已不應想著非但悔故而得免脫
當修禪定清淨之法那得將悔縈心妨於大
事故云悔已莫復憂不應常念著不應作而

作應作而不作即是此意是名掉悔蓋相也
疑蓋者此非見諦障理之疑乃是障定疑也
疑有三種一疑自二疑師三疑法一疑自者
謂我身底下必非道器是故疑身二疑師者
此人身口不稱我懷何必能有深禪好慧師
而事之將不悞我三疑法者所受之法何必
中理三疑猶豫常在懷抱禪定不發設發永
失此是疑蓋之相也五蓋病相如是棄法云
何行者當自省察今我心中何病偏多若知
病者應先治之若貪欲蓋重當用不淨觀棄
之何以故向謂五欲爲淨愛著纏綿今觀不
淨膿囊涕唾無一可欣猒惡心生妬爲怨逐
何有智者當樂是耶故知此觀治貪之藥此
蓋若去心即得安若瞋恚蓋多當念慈心滅
除恚火此火能燒二世功德人不喜見毒害
殘暴禽獸無異生死怨對累劫不息即世微
恨後成大怨今修慈心棄捨此惡觀一切人
父母親想悉令得樂若不得樂我當勤心令
得安樂云何於彼而生怨對作是觀時瞋心
即息安心入禪若睡蓋多者當勤精進策勵

身心加意防擬思惟法相分別選擇善惡之法勿令睡蓋得入又當選擇善惡之心令生法喜心既明淨睡蓋自除莫以睡眠因緣失二世樂徒生徒死無一可獲如入寶山空手而歸深可傷歎當好制心善巧防御也杖麭貝申腳起星水洗若掉散者應用數息何以故此蓋甚利來時不覺乎久始知今用數息若數不成或時中忘即知已去覺已更數數相成就則覺觀被伏若不治之終身被蓋若三疑在懷當作是念我身即是大富盲兒具足無上法身財寶煩惱所翳道眼未開要當修治終不放捨又無量劫來習因何定豈可自疑失時失利人身難得怖心難起莫以疑惑而自毀傷若疑師者我今無智上聖大人皆求其法不取其人雪山從鬼請偈天帝拜畜爲師大論云不以囊臭而棄其金慢如高山雨水不停卑如江海萬川歸集我以法故復應敬彼普超經云人人相見莫相平相智如如來乃能平人身子云我從今去不敢復言是人入生死是人入涅槃即此意也常起恭敬三世如來師即未來諸佛云何生疑耶若疑法者我法眼未開未別是非憑信而已佛法如海唯信能入法華云諸聲聞等非已智分以信故入我之盲瞑復不信受更何所歸長淪永溺不知出要和伽利云優波笈多教弟子上樹云云若心信法法則染心猶豫狐疑事同覆器問曰五蓋悉障定不答解者不同或云無知是正障何者禪是門戶詮次之法知無知相乖故疑眠蓋是也或言散動是正障何者定散相乖故掉悔是也或言貪瞋是正障何者禪是柔軟善法剛柔相乖故貪瞋是也如是等各據不同今釋不然五蓋通是障而隨行者強弱若人貪欲蓋多此蓋是正障餘者是傍四蓋亦爾譬如四大通皆是病未必俱發隨其動者正能殺人蓋亦應爾先治於強弱者自去禪定得發云云十住毗婆沙云若人放逸者諸蓋則覆心生天猶尚難何況於得果若人勤精進則能裂諸蓋諸蓋既裂已諸願悉皆得是名依事法棄蓋也問初禪發時五蓋畢竟盡不答此當分別何者離三毒爲四分貪瞋癡偏發是三分不名爲等三分等起名爲等三毒偏起是覺觀而非多三分等起名覺觀多即是第四分也成論呼此爲刹那心刹那心既通緣三毒三毒等起故知刹那之心即是善惡成也阿毗曇明此刹那心起但是無明無記善惡未成何以故雖通緣三毒不正屬三毒既不正屬那得是善惡雖非是惡三毒因之而起呼此無記爲因等起而不名爲善惡此二論雖異同是明第四分也離此四分爲五蓋貪瞋兩分是兩蓋開癡分爲睡疑兩蓋等分爲掉悔蓋若廣開四分一分則有二萬一千煩惱四分合有八萬四千約於苦諦則是八萬四千法藏約於集諦則是八萬四千塵勞門約於道諦則是八萬四千三昧陀羅尼等約於滅諦則是八萬四千諸波羅蜜四分法相該深若此五蓋理應高廣阿毗曇那得判貪止欲界上地名愛上亦無瞋此義已爲成論所難若上地輕貪名愛亦應輕瞋名恚耶故知覆相抑異未是通方耳今釋五蓋望於四分通至佛

地上棄五蓋相此是鈍使五蓋止障初禪初禪若發此蓋棄盡常途所論秖是此意利使五蓋障於眞諦如前所明空見之人計所執爲實餘是妄語乖之則瞋順之則愛即貪瞋兩蓋也無明闇心謬有所執非明審知即睡眠蓋種種戲論見諍無益即掉悔蓋即雖無疑後方大疑何以故既執是實何所復疑後若被破心生疑惑此五覆心終不見諦呵棄此蓋蓋去道發證須陀洹從初果去取眞爲愛捨思爲瞋思惑未盡爲睡失脫妄念爲掉非無學名疑故知五蓋障眞通至三果除此五蓋即是無學復次依空起蓋障俗諦理所以者何沈空取證以空爲是譬如貧人得少便爲足更不願好者保愛此空即貪蓋憎猒生死捨而不觀即瞋蓋無爲空寂不肯照假乃至不識五種之鹽名睡蓋空亂意衆生非其境界名掉悔蓋假智不明名疑蓋此蓋不棄道種智俗諦三昧終不現前此蓋若除法眼明朗復次依中起蓋障於中道所以者何菩薩貪求佛法如海呑流無有猒足生名愛

法起順道貪此名貪蓋不喜二乘大樹折枝不宿怨鳥是名瞋蓋無明長遠設使上地猶有分在大論云處處說破無明三昧者初雖破後更須破無智慧明即睡蓋菩薩三業雖無失此佛猶有漏失名掉悔蓋初後理圓而初心智慧不逮於後是名疑蓋此蓋不棄終不與實相相應此蓋若除眞如理顯開佛知見此五蓋法不局在初心地地皆有唯佛究竟八萬四千波羅蜜具足圓滿到於彼岸故地持云第九離一切見清淨淨禪若得此意蓋相則長非但欲界而已復次言語分別邐迆階梯前鈍利兩蓋是凡夫時所棄俗諦上蓋是二乘時所棄障中道蓋是菩薩時所棄如此論蓋後不關初地攝二論師多明此意界頭之法不關凡夫那可即事而修圓釋不爾何以得知若爲上地人說應作法性佛現法性國爲法性菩薩說之何意相輔現此三界爲欲度此凡俗故論此妙法使其得修若言不爾爲誰施權權何所引若得此意初心凡夫能於一念圓棄諸蓋故大品云一切法

趣欲事是趣不過欲事尚不可得何況當有趣不趣釋曰趣即是有有能趣所趣故即辯俗諦欲事不可得即是明空空中無能趣所趣故即辯眞諦云何當有趣非趣即是辯中道當知三諦秖在一欲事耳今更廣釋令義易解云何一切法趣欲事是趣不過欲事爲法界故一切法之根本如初起欲覺已具諸法心麤不知漸漸滑利不能制御便習其事初試歡熱習之則慣饕餮叵忘即便退戒還家求覓欲境見不知足或偷或劫或偪或貿如是等種種求欲而生罪過若得此境大須供養或偷奪求財或殺生取適若其富貴縱心造罪若其貧窮惡念亦廣欲罪既成適有此有則有生死應徧受果隨在何道欲轉倍盛受胎之微形世世常增長十二因緣輪轉無際當知一切法無不趣欲欲法界外更無別法當知一切五蓋如上說者於初一念悉皆具足欲爲因緣生法其義可見也云何欲法界空外五塵求不可得內意根求不可得中間意識求不可得內外合求不可得離內

外求不可得過去欲緣求不可得現在欲因求不可得未來欲果求不可得橫竪求之畢竟寂靜欲即是空欲空故從欲所生一切法亦即是空空亦不可得是爲觀空棄利鈍蓋也既識已心一欲一切欲即識一切衆生亦復如是且置餘道直就人道種種色像種種音聲種種心行種種依報各各不同當知欲因種別無量一人因果已自無窮何況多人一界如是況九法界一法如是何況百法譬如對冦冦是勳本能破冦故有大功名得大富貴無量貪欲是如來種亦復如是能令菩薩出生無量百千法門多薪火猛糞壤生華貪欲是道此之謂也若斷貪欲住貪欲空何由生出一切法門經云不斷五欲能淨諸根如是觀時俗諦五蓋自然清淨雖能如此未見欲之實性實非空亦復非假非假故豈有無量非空故豈有寂然空及假名是二皆無無趣無非趣無趣者利鈍兩番五蓋玄除無非趣一番五蓋除得識中道又一番除無所斷破無所棄滅而四番五蓋一念圓除破二十五有見欲實性名王三昧具一切法是名圓觀棄於圓蓋如此法門名理即是作如此解名名字即是初心此觀名觀行即是如上訶色即淨眼根訶聲即淨耳根訶香即淨鼻根訶味即淨舌根訶觸即淨身根棄五蓋即淨意根六根淨時名相似即是三惑破三諦顯名分眞即是若能畫欲蓋邊底名究竟即是圓棄欲蓋既爾棄餘蓋亦然○第四調五事者所謂調食調眠調身調息調心如前所喻土水不調不任爲器五事不善不得入禪眠食兩事就定外調之三事就入出住調之調食者增病增眠增煩惱等食則不應食也安身愈疾之物是所應食略而言之不飢不飽是食調相尼揵經曰噉食太過體難迴動寂惰懈怠所食難消失二世利睡眠自受苦迷悶難醒寤調眠者眠是眼食不可苦節增於心數損失功夫復不可恣上訶蓋中一向除棄爲正入定障故此中在散心時從容四大故各有其意略而言之不節不恣是眠調相三事合調者三事相依不得相離如初受胎一煗二命三識煗是遺體之色命是氣息報風連持識是一期心主託胎即有三事三事增長七日一變三十八七日竟三事出生名嬰兒三事停住名壯年三事衰微名爲老三事滅壞名爲死三事始終不得相離須合調也初入定時調身令不寬不急調息令不澀不滑調心令不沉不浮調麤入細住禪中隨不調處覺當檢校調使安隱如調絃入弄後不成曲即知絃軫差異覺而改之若欲出定從細至麤備如次第禪門也若能調凡夫三事變爲聖人三法色爲發戒之由息爲入定之門心爲生慧之因此戒能捨惡趣凡鄙之身成辦聖人六度滿足法身此息能變散動惡覺即成禪悅法喜因禪發慧聖人以之爲命此心即能改生死心爲菩提心眞常聖識始此三法合成聖胎始從初心終至後心唯此三法不得相離云云觀心調五事者如前法喜禪悅爲食也初觀眞諦所生定慧多爲入空消淨諸法此是飢相法華云飢餓羸瘦體生瘡癬也第二觀俗諦所生定慧多是扶

俗假立諸法名爲飽相故云歷劫修行恒沙佛法是二觀飢飽不調中道禪悅法喜調和中適無二邊之偏是名不飢不飽云云調眠者空觀未破無明無明與空合沈空保住眠相則多出假分別伏無明眠相則少今中道觀從容若斷無明一切善法則無生處塵勞之儔是如來種不斷癡愛起諸明脫若恣無明無上佛道何由得成經云無明轉即變爲明行於非道通達佛道無明性明性無二無別豈可斷無明性更修明性耶不住調伏不住不調伏即是理觀調眠也合調三事即爲三番大經云六波羅蜜滿足之身調如此身令不寬不急大品云樂說辯卒起是爲魔事不卒起亦是魔事卒起者卒行六度是急卒放捨是寬不卒不寬是身調相調息者以禪悅法喜慧命爲息如大品云般若非利非鈍若鈍名爲澀若利即名滑不鈍不利名息調相調心者菩提心難得是爲沈菩提心易得名爲浮非難非易是爲調相次約三觀調三事者以微妙善心爲菩提心如前明四種菩提心若三藏通教爲斷結入空以眞爲證此心爲沈若別教化他出假分別藥病廣識法門發菩提心此心爲浮若圓教觀實相理雙遮雙照非空故不沈非假故不浮發如是心名爲調相調身者通教斷惑明六度爲急別教出假分別爲寬中道不依二邊爲不寬不急也調息者通教慧命入空爲滑別教入假爲澀中道不依二邊爲不澀不滑復次約三觀各各調者初觀止身息心爲急滑沈次觀身息心爲寬澀浮若能中適即成方便得入眞諦也第二觀止身息心爲急滑沈觀身息心爲寬澀浮能止觀中適則成方便發道種智見俗諦理云云中道止身息心爲急滑沈觀身息心爲寬澀浮若能中適止觀從容即成方便得入中道見實相理也行者善調三事令託聖胎如即行心未有所屬應當勤心和會方便智度父母託於聖胎豈可託地獄三途人天之胎耶○第五行五法者所謂欲精進念巧慧一心前喻陶師衆事悉整而不肯作作不殷勤不存作法作不巧便作不專一則事無成今亦如是上二十法雖備若無樂欲希慕身心苦策念想方便一心決志者止觀無由現前若能欣習無猒曉夜匪懈念念相續善得其意一心無異此人能進前路一心譬船柁巧慧如點頭三種如篙櫓若少一事則不安隱又如飛鳥以眼視以尾制以翅前無此五法事禪尚難何況理定當知五法通爲小大事理而作方便也成論用四支爲方便一心爲定體若然者四禪皆有一心一心無異云何判四禪之別今不用此若瓔珞云五支皆方便第六默然爲定體四禪俱有默然亦難分別若毗曇用五法爲方便五支皆爲定體所以有四禪通別之異一心爲通體初支爲別體故云覺觀俱禪乃至捨俱禪別支與一心同起得簡一心有深淺異釋論同此說今亦用之論文解五法者欲者欲從欲界到初禪精進者欲界難過若不精進不能得出如叛還本國界首難度故論云施戒忍世間常法如客主之禮法應供給見作惡者被治不敢爲罪或少力故而忍故不須精進

令欲生般若要因禪定必須大精進身心急著爾乃成辦如佛說血肉脂髓皆使竭盡但令皮骨在不捨精進乃得禪定智慧得是三事衆事皆辦是故須大精進也念者常念初禪不念餘事慧者分別初禪尊重可貴欲界欺誑可惡初禪爲攀上勝妙出欲界爲猒下苦麤障因果合論則有十二觀若依此言與外道六行同但外道專爲求禪令佛弟子用邪相入正相無漏心修還成正法是爲巧慧一心者修此法時一心專志更不餘緣決定一心非是入定一心也復次欲者欲從生死而入涅槃精進者不雜有漏名精一向專求名進念者但念涅槃寂滅不念餘事巧慧者分別生死過患賢聖所呵涅槃安樂聖所稱歎一心者決定怖畏修八聖道直去不迴是爲方便而得入眞復次欲者欲廣化衆生成就佛法精進者雖衆生性多佛法長遠誓無退悔念者悲心徹骨如毋念子方便者巧知諸病明識法藥逗會適宜一心者決定化他誓令度脫心不異不二復次欲者如薩陀波崘欲聞般若不自惜身命精進者爲聞般若故七日七夜閑林悲泣七歲行立不坐不卧念者常念我何時當聞般若更無餘念巧慧者雖有留難留難不能難如賣身魔不能蔽隱水更能刺血轉魔事爲佛事即巧慧一心者決志不移不復二念也復次重說欲者欲從二邊正入中道不雜二邊爲精任運流入爲進繫緣法界一念法界爲念修中觀方便名善巧息於二邊心水澄清能知世間生滅法相不二其心清淨常一能見般若也此二十五法通爲一切禪慧方便諸觀不同故方便亦轉譬如曲弄既別調絃亦別若細分別則有無量方便文繁不載可以意得今用此二十五法爲定外方便亦名遠方便因是調心豁然見理見理之時誰論内外豈有遠近大品云非内觀得是智慧非外觀非内外觀不離外觀不離内觀及内外觀亦不以無觀得是智慧今且約此明外方便也然不可定執而生是非若解此意沈浮得所内外俱成方便若不得意俱非方便也

摩訶止觀卷第四下

摩訶止觀卷第四下 校勘記

一 底本，清藏本。

一 七四九頁上一八行「三義」，南作「二義」。

一 七四九頁中九至一〇行「二十六番」，南、徑作「三十六番」。

一 七五一頁中三行第六字「於」，徑作「餘」。

一 七五一頁中一一行「偏緣」，南作「偏緣」。

一 七五四頁上一二行第一五字「壞」，徑作「壞」。

摩訶止觀卷第五上 戊九

隋天台智者大師說

門人灌頂記

第七正修止觀者前六重依修多羅以開妙解今依妙解以立正行膏明相賴目足更資行解既勤三障四魔紛然競起重昏巨散翳動定明不可隨不可畏隨之將人向惡道畏之妨修正法當以觀觀昏即昏而朗以止止散即散而寂如猪揩金山衆流入海薪熾於火風益求羅耳此金剛觀割煩惱陣此牢強足越生死野慧淨於行行進於慧照潤導達交絡瑩飾一體二手更互指摩非但開拓遮障內進已道又精通經論外啓未聞自匠匠他兼利具足人師國寶非此是誰而復學佛慈悲無諸慳悋說於心觀施於彼者即是開門傾藏捨如意珠此珠放光而復雨寶照闇豐乏朗夜濟窮馳二輪而致遠翥兩翅以高飛玉潤碧鮮可勝言哉香城粉骨雪嶺投身亦何足以報德快馬見鞭影即著正路其癡鈍者毒氣深入失本心故既其不信則不入手無聞法鈎故聽不能解乏智慧眼不別眞僞擧身痺癩動步不前不覺不知大罪聚人何勞爲說設厭世者翫下劣乘攀附枝葉狗狎作務敬獼猴爲帝釋宗瓦礫是明珠此黑闇人豈可論道又一種禪人不達他根性純教乳藥體心踏心和融覺見若泯若了斯一轍之意障難萬途紛然不識纔見異相即判是道自非法器復闕匠他盲跛師徒二俱墮落瞽蹶夜遊甚可憐愍不應對上諸人說此止觀夫止觀者高尚者高尚卑劣者卑劣開

止觀爲十一陰界入二煩惱三病患四業相五魔事六禪定七諸見八增上慢九二乘十菩薩此十境通能覆障陰在初者二義一現前二依經大品云聲聞人依四念處行道菩薩初觀色乃至一切種智章章皆爾故不違經又行人受身誰不陰入重擔現前是故初觀後發異相別爲次耳夫五陰與四大合若不照察不覺紛馳如閉舟順水寧知奔迸若其迴泝始覺馳流既觀陰果則動煩惱因故次五陰而論四分也四大是身病三毒是心病以其等故情中不覺今大分俱觀衝擊脉藏故四蛇偏起致有患生無量諸業不可稱計散善微弱不能令動今修止觀健病不虧動生死輪或善萌故動惡壞故動善示受報故動惡來責報故動故次病說業也以惡動故惡欲滅善動故善欲生魔遽出境作諸留難或壞其道故次業說魔若過魔事則功德生或過去習因或現在行力諸禪競起或味或淨或橫或竪故次魔說禪禪有觀支因生

邪慧逸觀於法僻起諸倒邪辯猛利故次禪

說見若識見爲非息其妄著貪瞋利鈍二俱不起無智者謂證涅槃小乘亦有橫計四禪爲四果大乘亦有魔來與記並是未得謂得增上慢人故次見說慢見慢既靜先世小習因靜而生身子捨眼即其事也大品云恒沙菩薩發大心若一若二入菩薩位多墮二乘故次慢說二乘若憶本願故不墮空者諸方便道菩薩境界即起也大品云有菩薩不久行六波羅蜜若聞深法即起誹謗墮泥犂中此是六度菩薩耳通教方便位亦有謗義入

真道不謗也別教初心知有深法是則不謗此等悉是諸權善根故次二乘後説也此十種境始自凡夫正報終至聖人方便陰入一境常自現前若發不發恒得爲觀餘九境發可爲觀不發何所觀又八境去正道遠深加防護得歸正轍二境去正道近至此位時不慮無觀薄修即正又若不解諸境互發大起疑網如在岐道不知所從先若聞之恣其變怪心安若空互發有十謂次第不次第雜不雜具不具作意不作意成不成益不益久不久難不難更不更三障四魔九雙七隻次第者有三義謂法修發法者次第淺深法也修者先世已曾研習次第或此世次第修也發者依次修而次發也不次亦三義謂法修發發則不定或前發菩薩境後發陰入雖不次第十數宛足修者若四大違返則先修病患若四分增多則先修煩惱如是一一隨強者先修法者眼耳鼻舌陰入界等皆是寂靜門亦是法界何須捨此就彼出寶篋經云云當知法界外更無復有法而爲次第也煩惱即法界如無行經云貪欲即是道淨名云行於非道通達佛道佛道既通無復次第也病患是法界者淨名云今我病者非眞非有衆生病亦非眞非有以此自調亦度衆生方丈託疾雙林病行即其義也業相爲法界者業是行陰法華云深達罪福相徧照於十方微妙淨法身具相三十二達業從緣生不自在故空此業能破業若衆生應以此業得度示現諸業以此業立業業與不業縛脫叵得普門示現雙照縛脫故名深達何當堪爲方等師耶魔事爲法界者首楞嚴云魔界如佛界如一如無二如實際中尚不見佛況見有魔耶設有魔者良藥塗屣堪任乘御云云禪爲法界者能觀心性名爲上定即首楞嚴不昧不亂入王三昧一切三昧悉入其中見爲法界者淨名云以邪相入正相於諸見不動而修三十七品又動修不動修亦動亦不動修非動非不動修三十七品以見爲門以見爲侍慢爲法界者還是煩惱耳觀慢無慢慢大慢非慢非不慢成秘密藏入大涅槃二乘爲法界者若但見於空不見不空云云智者見空及與不空決了聲聞法是諸經之王聞已諦思惟得近無上道菩薩境爲法界者底惡生死下劣小乘尚即是法界況菩薩法寧非佛道又菩薩方便之權即權而實亦即非權非實成秘密藏入大涅槃是一一法皆即法界是爲不次第法相也雜不雜者發一境已更發一境歷歷分明是爲不雜適發陰入復起煩惱煩惱未謝復業復魔禪見慢等交横並沓是爲雜發雖雜不出十種具不具者十數足名具九去名不具次不次雜不雜皆論具不具又總具總不具別具別不具十數足是總具十數不委悉是總不具九數欠是別不具九數中委悉是別具又横具横不具竪具竪不具例如發四禪至非想是竪具至不用處是竪不具發通明背捨等是横具止發七背捨是横不具又發初禪至四禪是竪具三禪來是竪不具又初禪九品是竪具八品來是竪不具又一品五支足是横具四支已來是横不具其餘例此可知云云修不修者作意修陰界

入界入開解是修發不作意陰界入自發通達色心是不修發乃至菩薩境亦如是應有四句爲根本句句織成三十六句例如下煩惱境中說成不成者若發一境究竟成就成就已謝更發餘境餘境亦究竟成若發一種

乍起乍滅非但品數缺少於分分中亦瞥眛不明前具不具止明頭數此中論體分始終益不益者或發惡法於止觀巨益明靜轉深或發善法於止觀大損損其靜照或增靜損照或損靜增照俱增俱損難發不難發者或惡法難易或善法難易俱難俱易久不久者自有一境久久不去或有一境即起即去云云更不更者自有一境一更兩更乃至多多自有一境一發即休後不復發如是等種種不同善識其意莫謬去取然皆以止觀研之使無滯也三障四[校九]魔者普賢觀云[六]閻浮提人三障重故陰入病患是報障煩惱見慢是煩惱障業魔禪二乘菩薩是業障障止觀不明靜塞菩提道令行人不得通至五品六根清淨位故名爲障四魔者陰入正是陰魔業禪二乘菩薩等是行陰名爲陰魔煩惱見慢等是煩惱魔病患是死因名死魔魔事是天子魔魔名奪者破觀名奪命破止名奪身又魔名磨訛磨觀訛令黑闇磨止訛令散逸故名爲魔云云問何意互發答皆由二世因緣昔有漸觀種子令得修行之雨即次第發昔有頓觀種子即不次第發昔有不定種子即雜發昔修時數具即具發昔修時數不具即不具發昔曾證得今發則成昔但修不證今發不成昔因強今不修而發今緣強待修而發昔因今緣二俱善巧逗向上道今發則益昔因緣中雜毒是則致損發所因處弱則不久發因處強是則久麤細住乃至四禪傳傳判強弱云云善易發鬭遮輕善難發由遮重惡難發由根利惡易發由根鈍惡欲滅而告謝善欲生而相知則一[校九]而不更善欲滅而[七]求救惡欲與而求受則更更更此中皆須口決用智慧籌量不得師心謬判是非爾其愼之勸之重之私料簡者法若塵沙境何定十答譬如大地一能生種種芽數方不廣略令義易明了故言十耳問十境通別云何答受身之始無不有身諸經說觀多從色起故以陰爲初耳以陰本陰因陰患陰主善陰又陰因別陰等云云通言煩惱者見慢同煩惱陰入病是煩惱果業是煩惱因禪是無動業業即煩惱用魔即統欲界即煩惱主二乘菩薩即別煩惱攝云云通稱病患者陰界入即病本煩惱見慢等即是煩惱病淨名云今我病者皆從前世妄想諸煩惱生業亦是病大經云王今病重即指五逆爲病也魔能作病三災爲外過患喘息喜樂是內過患禪有喜樂即病患也二乘菩薩即是空病空病亦空通稱業者陰入是業果煩惱見慢是業本病是業報魔是魔業禪是無動業二乘菩薩是無漏業通稱魔者陰入即陰魔煩惱見慢即煩惱魔病是死魔

魔即天子魔餘者皆是行陰魔攝通稱禪定者禪自是其境陰入煩惱見慢業等悉是十大地中心數定攝魔是未到地定果亦是心數定攝二乘菩薩淨禪攝又三定攝之上定攝菩薩二乘中下二定攝八境云云通稱見者

陰入即我見衆生見煩惱具五見病壽者命
者見業禪等作者見亦是戒取見魔是使作
者使受者使起等攝又生死即邊見攝慢即
我見攝二乘方便菩薩等皆曲見攝通稱慢
者陰入我慢攝煩惱即慢慢攝病患不如慢
攝業即憍慢攝由憍故造業魔即大慢攝禪
即憍慢攝見亦大慢攝二乘菩薩增上慢攝
通稱二乘者四念處四諦法攝九境也通稱
菩薩境者以四弘誓攝得九境問境法名俱
通者行人亦通不答大經云云何未發心而
名爲菩薩前九境人亦通稱菩薩人也通是
二乘則有四種聲聞增上慢聲聞攝得下八
境人也佛道聲聞攝得菩薩人也問通是無
常不答寶性論云菩薩住無漏界中有無常
倒問通是有漏不答漏義則通有義小異問
通是偏眞不答偏義則通眞義異問通義可
領別復云何答十境不同即別義也復有亦
通亦別陰是受身之本又是觀慧之初所以
別當其首此一境亦通亦別後九境從發異
相受名但得是通是別不得是亦通亦別也

若爾煩惱亦是諸法之本元爲治惑亦是觀
初病身四大亦是事本元爲治病亦是觀初
何意不得亦通亦別答若身因煩惱屬前世
若今世煩惱由身而有病不恒起爲本事弱
諸經論不以病爲觀首故不亦通亦別耳非
通非別者皆不思議一陰一切陰非一非一
切問九境相起更立別名者陰入解起應立
別名答陰解起時非條然別還是陰入攝若
執此解即屬見若約解起愛恚屬煩惱招病
來魔隨事別判若解發朗然無九境相者此
則止觀氣分但得通別不得亦通亦別耳問
十境條然別不答四念處是陰別觀空聚是
入別無我是界別五停心煩惱別八念病別
十善業別五數本魔別六妙門禪別道品見別
無常苦空慢別四諦十二緣二乘別六度菩
薩別問五陰俱是境色心外別有觀耶答不
思議境智即陰是觀亦可分別不善無記陰
是境善五陰是觀觀既純熟無惡無無記唯
有善陰善陰轉成方便陰方便陰轉成無漏
陰無漏陰轉成法性陰謂無等等陰豈非陰

外別有觀耶小乘尚爾況不思議耶問若轉
陰爲觀報陰亦應轉答大品云色淨故受想
行識淨般若亦淨法華云顏色鮮白六根清
淨即其義也陰雖轉觀境宛然云云問十境與
五分云何答五分判禪十發約境今當會之
若次不次一發至後則進分也齊九已來住
分也作意矜持護分也一發即失退分也達
分可知若於境境皆作五分者可以意推不
俟分別然五分十境皆是法相可得互有其
義六即十地行位淺深不得相類問念性離
緣性亦離若無緣無念亦無數量云何具十
法界耶答不可思議無相而相觀智宛然他
解須彌容芥芥容須彌火出蓮華人能渡海
就希有事解不思議今解無心無念無能行
無能到不思議理理則勝事問十法界互相
有爲因爲果答俱相有而果隔難顯因通易
知如慈童女以地獄界發佛心如未得記菩
薩輕得記者若不生悔無出罪期更引諸例
凡聖皆具五陰不可言聖陰如凡陰又佛具
五眼豈可以人天果報釋佛眼佛具五行病

行是四惡界學見行是人天界聖行是二乘法界梵行是菩薩法界天行是佛法界問一念具十法界爲作念具爲任運具答法性自爾非作所成如一微塵具十方分云云○第一觀陰入界境者謂五陰十二入十八界也陰者陰蓋善法此就因得名又陰是積聚生死重沓此就果得名入者涉入亦名輸門界名界別亦名性分毗婆沙明三科開合若迷心開心爲四陰色爲一陰若迷色開色爲十入及一入少分心爲一意入及法入少分若俱迷者開爲十八界也數人說五陰同時識是心王四陰是數約有門明義故王數相扶同時而起論人說識先了別次受領納想取相行起違從色由行感約空門明義故次第相生若就能生所生從細至麤故識在前若從修行從麤至細故色在前皆不得以數隔王若論四念處則王在中此就言說爲便耳又分別九種一期色心名果報五陰平平想受無記五陰起見起愛者兩汙穢五陰動身口業善惡兩五陰變化示現工巧五陰五善

根人方便五陰證四果者無漏五陰如是種種源從心出正法念云如畫師手畫出五彩黑青赤黃白白畫手譬心黑色譬地獄陰青色譬鬼赤譬畜黃譬脩羅白譬人白白譬天此六種陰止齊界內若依華嚴云心如工畫師畫種種五陰界內界外一切世間中莫不從心造世間色心尚叵窮盡況復出世寧可凡心知凡眼翳尚不見近那得見遠彌生曠劫不覩界內一隅況復界外邊表如渴鹿逐炎狂狗齧雷何有得理縱令解悟小乘終非大道故大集云常見之人說異念斷斷見之人說一念斷皆墮二邊不會中道況佛去世後人根轉鈍執名起諍互相是非悉墮邪見故龍樹破五陰一異同時前後皆如炎幻響化悉不可得寧更執於王數同時異時耶然界內外一切陰入皆由心起佛告比丘一法攝一切法所謂心是論云一切世間中但有名與色若欲如實觀但當觀名色心是惑本其義如是若欲觀察須伐其根如灸病得穴今當去丈就尺去尺就寸置色等四陰但

觀識陰識陰者心是也○觀心具十法門一觀不可思議境二起慈悲心三巧安止觀四破法徧五識通塞六修道品七對治助開八知次位九能安忍十無法愛也既自達妙境即起誓悲他次作行填願願行既巧破無不徧徧破之中精識通塞令道品進行又用助開道道中之位已他皆識安忍內外榮辱莫著中道法愛故得疾入菩薩位譬如毗首羯磨造得勝堂不踈不密間隙容綖巍巍昂昂峙於上天非拙匠所能揆則又如善畫圖其匡郭寫像偪真骨法精靈生氣飛動豈填彩人所能點綴此十重觀法橫竪收束微妙精巧初則簡境真偽中則正助相添後則安忍無著意圓法巧該括周備規矩初心將送行者到彼薩雲非闇證禪師誦文法師所能知也蓋由如來積劫之所勤求道場之所妙悟身子之所三請法譬之所三說正在茲乎一觀心是不可思議境者此境難說先明思議境令不思議境易顯思議法者小乘亦說心生一切法謂六道因果三界輪環若去凡欣

聖則棄下上出灰身滅智乃是有作四諦蓋思議法也大乘亦明心生一切法謂十法界也若觀心是有有善有惡惡則三品三途因果也善則三品脩羅人天因果觀此六品無常生滅能觀之心亦念念不住又能觀所觀悉是緣生緣生即空並是二乘因果法也若觀此空有墮落二邊沈空滯有而起大慈悲入假化物實無身假作身實無空假說空而化導之即菩薩因果法也觀此法能度所度皆是中道實相之法畢竟清淨誰善誰惡誰有誰無誰度誰不度一切法悉如是是佛因果法也此之十法邐迤淺深皆從心出雖是大乘無量四諦所攝猶是思議之境非今止觀所觀也不可思議境者如華嚴云心如工畫師造種種五陰一切世間中莫不從心造種種五陰者如前十法界五陰也法界者三義十數是能依法界是所依能所合稱故言十法界又此十法各各因各各果不相混濫故言十法界又此十法一一當體皆是法界故言十法界云云十法界通稱陰入界其實不同三途是有漏惡陰界入三善是有漏善陰界入二乘是無漏陰界入菩薩是亦有漏亦無漏陰界入佛是非有漏非無漏陰界入釋論云法無上者涅槃是即非有漏非無漏法也無量義經云佛無諸大陰界入者無前九陰界入也今言有者有涅槃常住陰界入也大經云因滅無常色獲得常色受想行識亦復如是常樂重沓即積聚義慈悲覆蓋即陰義以十種陰界不同故故名五陰世間也攬五陰通稱眾生眾生不同攬三途陰罪苦眾生攬人天陰受樂眾生攬無漏陰真聖眾生攬慈悲陰大士眾生攬常住陰尊極眾生大論云眾生無上者佛是豈與凡下同大經云歌羅邏時名字異乃至老時名字異芽時名字異乃至果時名字亦異直約一期十時差別況十界眾生寧得不異故名眾生世間也十種所居通稱國土世間者地獄依赤鐵住畜生依地水空住脩羅依海畔海底住人依地住天依宮殿住六度菩薩同人依地住通教菩薩惑未盡同人天依住斷惑盡者依方便土住別圓菩薩惑未盡者同人天方便等住斷惑盡者依實報土住如來依常寂光土住仁王經云三賢十聖住果報唯佛一人居淨土土土不同故名國土世間也此三十種世間悉從心造又十種五陰一一各具十法謂如是相性體力作因緣果報本末究竟等先總釋後隨類釋總釋者夫相以據外覽而可別釋論云易知故名爲相如水火相異則易可知如人面色具諸休否覽外相即知其內昔孫劉相顯曹公相隱相者舉聲大哭四海三分百姓荼毒若言有相闇者不知若言無相占者洞解當隨善相者信人面外具一切相也心亦如是具一切相眾生相隱彌勒相顯如來善知故遠近皆記不善觀者不信心具一切相當隨如實觀者信心具一切相也如是性者性以據內總有三義一不改名性無行經稱不動性性即不改義也又性名性分種類之義分分不同各各不可改又性是實性實性即理性極實無過即佛性異名耳不動性扶空種性扶假實性扶中今明內

性不可改如竹中火性雖不可見不得言無燧人乾草徧燒一切心亦如是具一切五陰性雖不可見不得言無以智眼觀具一切性世間人可笑以其偏闇判圓經涅槃明佛知衆生有佛性判爲極常法華明佛知一切法如是性判爲無常豈可以少知爲常多知爲無常又法華云佛知一切法皆是一種一性此語亦少何故判爲無常又有師判法華十如前五如屬凡是權後五屬聖爲實依汝所判則凡無實永不得成聖聖無權非正徧知此乃專輒之說誣佛慢凡耳又涅槃明一切衆生悉有佛性而言是常淨名云一切衆生即菩提相判是無常若佛性菩提相異者可一常一無常若不異者此判大謬如占者見王相王性俱得登極佛性菩提相何故不同如是體者主質故名體此十法界陰俱用色心爲體質也如是力者堪任力用也如王力士千萬技能病故謂無病差有用心亦如是具有諸力煩惱病故不能運動如實觀之具一切力如是作者運爲建立名作若離心者

更無所作故知心具一切作也如是因者招果爲因亦名爲業十法界業起自於心但使有心諸業具足故名如是因也如是緣者緣名緣由助業皆是緣義無明愛等能潤於業即心爲緣也如是果者剋獲爲果習因習續於前習果剋獲於後故言如是果也如是報者酬因曰報習因習果通名爲因牽後世報此報酬於因也如是本末究竟等者相爲本報爲末本末悉從緣生緣生故空本末皆空此就空爲等也又相但有字報亦但有字悉假施設此就假名爲等又本末互相表幟覽初相表後報覩後報知本相如見施知富見富知施初後相在此就假論等也又相無相無相而相非相非無相報無報無報而報非報非無報一一皆入如實之際此就中論等也二類解者束十法爲四類三途以表苦爲相定惡聚爲性摧折色心爲體登刀入鑊爲力起十不善爲作有漏惡業爲因愛取等爲緣惡習果爲果三惡趣爲報本末皆癡爲等三善表樂爲相定善聚爲性升出色心爲體

樂受爲力起五戒十善爲作白業爲因善愛取爲緣善習果爲果人天有爲報應就假名初後相在爲等也二乘表涅槃爲相解脫爲性五分爲體無繫爲力道品爲作無漏慧行爲因行行爲緣四果爲果既後有田中不生故無報云云菩薩佛類者緣因爲相了因爲性正因爲體四弘爲力六度萬行爲作智慧莊嚴爲因福德莊嚴爲緣三菩提爲果大涅槃爲報云云因緣有逆順順生死者有漏業爲因愛取等爲緣逆生死者以無漏正慧爲因行行爲緣俱損生破惑顯界外生死亦以無漏慧爲因無明等爲緣若逆生死即以中道慧爲因萬行爲緣俱損變易生死故因緣既爾餘者逆順準此可知若依聲聞但九無十若依大乘三佛義佛有報身若依斷惑盡義則無後報九之與十斟酌可解衆生世間既是假名無體分別攬實法假施設耳所謂惡道衆生相性體力究竟等云云善道衆生相性體力究竟等無漏衆生相性體力究竟等菩薩佛法界相性體力究竟等準例皆可解國土

世間亦具十種法所謂惡國土相性體力等善國土無漏國土佛菩薩國土相性體力夫一心具十法界一法界又具十法界百法界一界具三十種世間百法界即具三千種世間此三千在一念心若無心而已介爾

有心即具三千亦不言一心在前一切法在後亦不言一切法在前一心在後例如八相遷物物在相前物不被遷相在物前亦不被遷前亦不可後亦不可秖物論相遷秖相遷論物今心亦如是若從一心生一切法者此則是縱若心一時含一切法者此即是橫縱亦不可橫亦不可秖心是一切法一切法是心故非縱非橫非一非異玄妙深絕非識所識非言所言所以稱為不可思議境意在於此

問心起必託緣為心具三千法為緣具為共具為離具若心具者心起不用緣若緣具者緣具不關心若共具者未共各無共時安有若離具者既離心離緣那忽心具四句尚不可得云何具三千法耶答地人云一切解惑眞妄依持法性法性持眞妄眞妄依法性也攝大乘云法性不為惑所染不為眞所淨故法性非依持言依持者阿黎耶是也無沒無明盛持一切種子若從地師則心具一切法若從攝師則緣具一切法此兩師各據一邊若法性生一切法者法性非心非緣非心故而心生一切法者非緣故亦應緣生一切法何得獨言法性是眞妄依持耶若言法性非依持黎耶是依持離法性外別有黎耶依持則不關法性若法性不離黎耶黎耶依持即是法性依持何得獨言黎耶是依持又違經經言非內非外亦非中間亦不常自有又違龍樹龍樹云諸法不自生亦不從他生不共不無因更就譬檢為當依心故有夢依眠故有夢眠法合心故有夢離心離眠故有夢若依心有夢者不眠應有夢若依眠有夢者死人如眠應有夢若眠心兩合而有夢者眠人那有不夢時又眠心各有夢合可有夢各既無夢合不應有若離心離眠而有夢者虛空離二應常有夢四句求夢尚不得云何於眠夢見一切事心喻法性夢喻黎耶云何偏據法性黎耶生一切法當知四句求心不可得求三千法亦不可得既橫從四句生三千法不可得者應從一念心滅生三千法耶心滅尚不能生一法云何能生三千法耶若從心亦滅亦不滅生三千法者亦滅亦不滅其性相違猶如水火二俱不立云何能生三千法耶若謂心非滅非不滅生三千法者非滅非不滅非能非所云何能所生三千法耶亦縱亦橫求三千法不可得非縱非橫求三千法亦不可得言語道斷心行處滅故名不可思議境大經云生生不可說生不生不可說不生生不可說不生不生不可說即此義也當知第一義中一法不可得況三千法世諦中一心尚具無量法況三千耶如佛告德女無明內有不不也外有不不也內外有不不也非內非外有不不也佛言如是有龍樹云不自不他不共不無因生大經生生不可說乃至不生不生不可說有因緣故亦可得說謂四悉檀因緣也雖四句冥寂慈悲憐愍於無名相中假名相說或作世界說心具一

切法聞者歡喜如言三界無別法唯是一心造即其文也或說緣生一切法聞者歡喜如言五欲令人墮惡道善知識者是大因緣所謂化導令得見佛即其文也或言因緣共生一切法聞者歡喜如言水銀和真金能塗諸色像即其文也或言離生一切法聞者歡喜如言十二因緣非佛作非天人修羅作其性自爾即其文也此四句即世界悉檀說心生三千一切法也云何為人悉檀如言佛法如海唯信能入信則道源功德母一切善法由之生汝但發三菩提心是則出家禁戒具足聞者生信即其文也或說緣生一切法如言若不值佛當於無量劫墮地獄苦以見佛故得無根信如從伊蘭出生栴檀聞者生信或說合生一切法如言心水澄清珠相自現慈善根力見如此事聞者生信即其文也或說離生一切法如言非內觀得是智慧乃至非內外觀得是智慧若有住著先尼梵志小信尚不可得況捨邪入正聞者生信即其文也是為為人悉檀四句說心生三千一切法也

云何對治悉檀說心治一切惡如言得一心者萬邪滅矣即其文也或說緣治一切惡如說得聞無上大慧明心定如地不可動即其文也或說因緣和合治一切惡如言一分從思生一分從師得即其文也或說離治一切惡我坐道場時不得一切法空拳誑小兒誘度於一切即其文也是為對治悉檀心破一切惡云何第一義悉檀心得見理如言心開意解豁然得道或說緣能見理如言須臾聞之即得究竟三菩提或說因緣和合得道如快馬見鞭影即得正路或說離能見理如言無所得即是得已是得無所得是名第一義四句見理何況心生三千法耶佛旨盡淨不在因緣共離即世諦是第一義也又四句俱皆可說說因亦是緣亦是共亦是離亦是若為盲人說乳若貝若粖若雪若鶴盲聞諸說即得解乳即世諦是第一義諦當知終日說終日不說終日不說終日說終日雙遮終日雙照即破即立即立即破經論皆爾天親龍樹內鑒泠然外適時宜各權所據而人師偏

解學者苟執遂興矢石各保一邊大乖聖道也若得此意俱不可說俱可說若隨便宜者應言無明法法性生一切法如眠法法心則有一切夢事心與緣合則三種世間三千相性皆從心起一性雖少而不無無明雖多而不有何者指一為多多非多指多為一一非少故名此心為不思議境也若解一心一切心一切心一心非一非一切一陰一切陰一切陰一陰非一非一切一入一切入一切入一入非一非一切一界一切界一切界一界非一非一切一衆生一切衆生一切衆生一衆生非一非一切一國土一切國土一切國土一國土非一非一切一相一切相一切相一相非一非一切乃至一究竟一切究竟一切究竟一究竟非一非一切徧歷一切皆是不可思議境若法性無明合有一切法陰界入等即是俗諦一切界入是一法界即是真諦非一非一切即是中道第一義諦如是徧歷一切法無非不思議三諦云云若一法一切法即是因緣所生法是為假名假觀也若一

切法即一法我說即是空空觀也若非一非一切者即是中道觀一空一切空無假中而不空總空觀也一假一切假無空中而不假總假觀也一中一切中無空假而不中總中觀也即中論所說不可思議一心三觀歷一切法亦如是若因緣所生一切法者即方便隨情道種權智若一切法一法我說即是空即隨智一切智若非一非一切亦名中道義者即非權非實一切種智例上一權一切權一實一切實一切非權非實徧歷一切是不思議三智也若隨情即隨他意語若隨智即隨自意語若非權非實即非自非他意語徧歷一切法無非漸頓不定不思議教門也若解頓即解心心尚不可得云何當有趣非趣若解漸即解一切法趣心若解不定即解是趣不過此等名異義同軌則行人呼為三法所照為三諦所發為三觀觀成為三智教他呼為三語歸宗呼為三趣得斯意類一切皆成法門種種味勿嫌煩云云如如意珠天上勝寶狀如芥粟有大功能淨妙五欲七寶琳琅

非內畜非外入不謀前後不擇多少不作麤妙稱意豐儉降雨穰穰不添不盡蓋是色法尚能如此況心神靈妙寧不具一切法耶又三毒惑心一念心起尚復身邊利鈍八十八使乃至八萬四千煩惱若言先有那忽待緣若言本無緣對即應不有不無定有即邪定無即妄當知有而不有不有而有惑心尚爾況不思議一心耶又如眠夢見百千萬事豁寤無一況復百千未眠不夢不覺不多不一眠力故謂多覺力故謂少莊周夢為蝴蝶翾翔百年寤知非蝶亦非積歲無明法法性一心一切心如彼昏眠達無明即法性一切心一心如彼醒寤云云又行安樂行人一眠夢初發心乃至作佛坐道場轉法輪度眾生入涅槃豁寤秖是一夢事若信三喻則信一心非口所宣非情所測此不思議境何法不收此境發智何智不發依此境發誓乃至無法愛何誓不具何行不滿足耶說時如上次第行時一心中具一切心云云○二發真正菩提心者既深識不思議境知一苦一切苦自悲昔

苦起惑耽湎麤弊色聲縱身口意作不善業輪環惡趣縈諸熱惱身苦心苦而自毀傷而今還以愛繭自纏癡燈所害百千萬劫一何痛哉設使欲捨三途欣五戒十善相心修福如市易博換翻更益罪似魚入筍口蛾赴燈中狂計邪黠逾迷逾遠渴更飲鹹龍須縛身入水轉痛牛皮繫體向日彌堅盲入棘林溺墮洄澓把刃抱炬痛那可言虎尾蛇頭悚為悼慄自惟若此悲他亦然假令隘路艱出怨國備歷辛苦絕而復穌往至貧里傭賃一日止宿草庵不肯前進樂為鄙事不信不識可悲可怪思惟彼我鯁痛自他即起大悲興兩誓願眾生無邊誓願度煩惱無數誓願斷眾生雖如虛空誓度如空之眾生雖知煩惱無所有誓斷無所有之煩惱雖知眾生數甚多而度甚多之眾生雖知煩惱無邊底而斷無底之煩惱雖知眾生如如佛如而度如佛如之眾生雖知煩惱如實相而斷如實相之煩惱何者若但拔苦因不拔苦果此誓雜毒故須觀空若偏觀空則不見眾生可度是名著

空者諸佛所不化若偏見衆生可度即墮愛見大悲非解脫道云云今則非毒非僞故名爲眞非空邊非有邊故名爲正如鳥飛空終不住空雖不住空跡不可尋雖空而度雖度而空是故名誓與虛空共鬭故名眞正發菩提心即此意也又識不可思議心一樂心一切樂心我及衆生昔雖求樂不知樂因如執瓦礫謂如意珠妄指螢光呼爲日月今方始解故起大慈興兩誓願謂法門無量誓願知無上佛道誓願成雖知法門永寂如空誓願修行永寂雖知菩提無所有無所有中吾故求之雖知法門如空無所有誓願畫繢莊嚴虛空雖知佛道非成所成如虛空中種樹使得華得果雖知法門及佛果非修非不修而修非證非得以無所證得而證而得是名非僞非毒名爲眞非空非見愛名爲正如此慈悲誓願與不可思議境智非前非後同時俱起慈悲即智慧智慧即慈悲無緣無念普覆一切任運拔苦自然與樂不同毒害不同但空不同愛見是名眞正發心菩提義自悲已悲

衆生義皆如上說觀心可解○三善巧安心者善以止觀安於法性也上深達不思議境淵奧微密博運慈悲亘蓋若此須行塡願行即止觀也無明癡惑本是法性以癡迷故法性變作無明起諸顚倒善不善等如寒來結水變作堅氷又如眠來變心有種種夢今當體諸顚倒即是法性不一不異雖顚倒起滅如旋火輪不信顚倒起滅唯信此心但是法性起是法性起滅是法性滅體其實不起滅妄謂起滅秖指妄想悉是法性以法性繫法性以法性念法性常是法性無不法性時體達既成不得妄想亦不得法性還源反本法界俱寂是名爲止如此止時上來一切流轉皆止觀者觀察無明之心上等於法性本來皆空下等一切妄想善惡皆如虛空無二無別譬如劫盡從地已上至初禪炎炎無非是火又如虛空藏菩薩所現之相一切皆空如海慧初來所現一切皆水介爾念起所念念者無不即空空亦不可得如前火木能使薪然亦復自然法界洞朗咸皆大明名之爲觀止

秖是智智秖是止不動止秖是不動智不動智秖是不動止不動智照於法性即是觀智得安亦是止安不動於法性相應即是止安亦是觀安無二無別若俱不得安當復云何夫心神冥昧機利悅惱汨起汨滅難可執持倏去倏來不易關禁雖復止之馳疾飄炎雖復觀之闇逾漆墨加功苦至散惑倍隆敵强力弱鷸蚌相扼既不得進又不可退當殉命奉道薦以肌骨善巧安心方便迴轉令得相應成觀行位也安心爲兩一敎他二自行敎他又爲兩一聖師二凡師聖師有慧眼力明於法藥有法眼力識於病障有化道力應病授藥令得服行如龜多知弟子應以信悟令上樹應以食悟令服乳酪應以呵責悟化爲女像一一關曉無有毫差不待時不過時言發即悟佛去世後如是之師甚爲難得盲龜何由上值浮孔墜芥豈得下貫針鋒難難二者凡師雖無三力亦得施化譬如良醫精別藥病解色解聲解脈逗藥即差有命盡者亦不能起死若不解脈醫問病相依語作方亦

挑脫得差身子聖德亦復差機凡夫具縛稱病導師今不論聖師正說凡師教他安心也他有二種一信行二法行薩婆多明此二人位在見道因聞入者是爲信行因思入者是爲法行曇無德云位在方便自見法少憑聞力多後時要須聞法得悟名爲信行憑聞力少自見法多後時要須思惟得悟名爲法行若見道中無相心利一發即眞那得判信法之別然數據行成論據根性各有所以不得相非今師遠討源由久劫聽學久劫坐禪得爲信法種子世世熏習則成根性各於聞思開悟耳若論根利鈍者法行利內自觀法故信行鈍藉他聞故又信行利一聞即悟故法行鈍歷法觀察故或俱利俱鈍信行人聞慧利修慧鈍法行人修慧利聞慧鈍已說前人根性利鈍竟云何安心師應問言汝於定慧爲志何等其人若言我聞佛說善知識者如月形光漸漸圓著又如梯隥漸漸增高巧說轉人心得道全因緣志欣渴飲如犢逐母當知是則信行人也若言我聞佛說明鏡體若

不動色像分明淨水無波魚石自現欣捨惡覺如棄重檐當知是則法行人也旣知根性於一人所八番安心咄善男子無量劫來歆狂散毒馳逐五塵升沉三界猶如猛風吹兜羅毦大熱沸鑊煑豆升沉從苦至惱從惱至苦何不息心達本以一其意意若一者何事不辦苦集得一則不輪迴無明得一不至於行乃至不至老死摧折大樹畢故不造新六蔽得一則度彼岸唯此爲快善巧方便種種因緣種種譬喻廣讚於止發悅其情是名隨樂欲以止安心也又善男子如天亢旱河池悉乾萬卉焦枯百穀零落娑伽羅龍王七日構雲四方注雨大地霑洽一切種子皆萌芽一切根株皆開發一切枝葉皆蔚茂一切華果皆敷榮人亦如是以散逸故應生善不復生已生善還退失禪定河乾道品樹滅萬善焦枯百福殘悴因華道果不復成熟若能閑林一意內不出外不入靜雲興也發諸禪定即是降雨也功德叢林煥頂方便眼智明覺信忍順忍無生寂滅乃至無上菩提悉皆克

獲善巧方便種種緣喻廣讚於止生其善根是名隨便宜以止安心也又善男子夫散心者惡中之惡如無鉤醉象踏壞華池穴鼻駱駝翻倒負馱疾於掣電毒逾蛇舌重沓五翳埃霧矐靈睫近霄遠俱皆不見若能修定如密室中燈能破巨闇金錍抉膜空色朗然一指二指三指皆了大雨能淹飈塵大定能靜狂逸止能破散虛妄滅矣善巧方便種種緣喻廣讚於止破其睡散是名對治以止安心也又善男子心若在定能知世間生滅法相亦知出世不生不滅法相如來成道猶尚樂定況諸凡夫有禪定者如夜見電光即得見道破無數億洞然之惡乃至得成一切種智善巧方便種種緣喻廣讚於止即會眞如是名隨第一義以止安心也其人若言我聞寂滅都不入懷若聞分別聽受無猒即應爲說三惡燒然駝驢重楚餓鬼飢渴不名爲苦癡闇無聞不識方隅乃是大苦多聞分別樂見法法喜樂以善攻惡樂無著阿羅漢是名爲最樂從多聞人聞甘露樂如教觀察知道非

道遠離坑坎直去不迴善巧方便種種緣喻廣讚於觀發悅其情是名隨樂欲以觀安心又善男子月闇蓮華日興作務商應隨主彩畫須膠坯不遇火無須臾用盲不得導一步不前行無觀智亦復如是一切種智以觀爲根本無量功德之所莊嚴善巧方便種種緣喻廣讚於觀生其功德是名隨便宜以觀安心又善男子智者識怨怨不能害武將有謀能破強敵非風何以卷雲非雲何以遮熱非水何以滅火非火何以除闇析薪之斧解縛之刀豈過智慧善巧方便種種緣喻廣讚於觀使其破惡是名對治以觀安心又善男子井中七寶闇室瓶盆要待日明日既出已皆得明了須智慧眼觀知諸法實相一切諸法中皆以等觀入般若波羅蜜最爲照明善巧方便種種緣喻廣讚於觀令得悟解是名第一義以觀安心如是八番爲信行人說安心也其人若云我樂息心默已復默損之又損之遂至於無爲不樂分別坐馳無益此則法行根性當爲說止汝勿外尋但内守一攀覺流動皆從妄生如旋火輪輟手則息洪波鼓怒風靜則澄淨名云何謂攀緣謂緣三界何謂息攀緣謂心無所得瑞應云其得一心者則萬邪滅矣龍樹云實法不顛倒念想觀已除言語法皆滅無量衆罪除清淨心常一如是尊妙人則能見般若夫山中幽寂神仙所讚況涅槃澄淨賢聖尊崇佛話經云比丘在聚身口精勤諸佛咸憂比丘在山息事安卧諸佛皆喜況復結跏束手緘脣結舌思惟寂相心源一止法界同寂豈非要道唯比爲貴餘不能及善巧方便種種因緣種種譬喻廣讚於止發悅其心是名隨樂欲以止安心其人若云我觀法相秖增紛動善法不明當爲說止止是法界平正良田何法不備上捨攀緣即是檀止體非惡即是戒止體不動即是忍止無間雜即是精進止則決定即是禪止法亦無止者亦無即是慧因止會非止非不止即是方便一止一切止即是願止止愛止止見即是力此止如佛止無二無別即是智止具一切法即是祕藏但安於止何用別修諸法善巧方便種種緣喻令生善根即是隨便宜以止安心也若言我觀法相散睡不除者當爲說止大有功能止是壁定八風惡覺所不能入止是淨水蕩於貪婬八倒猶如朝露見陽則晞止是大慈怨親俱愍能破恚怒止是大明呪癡疑皆遣止即是佛破除障道如阿伽陀藥徧治一切如妙良醫呪枯起死善巧方便種種緣喻令其破惡是名對治以止安心其人若言我觀察時不得開悟當爲說止止即體眞照而常寂止即隨緣寂而常照止即不止止雙遮雙照止即佛母止即佛父亦即父即毋止即佛師佛身佛眼佛之相好佛藏佛住處何所不具何所不除善巧方便種種緣喻廣讚於止是爲第一義以止安心彼人若言止狀沈寂非我悅樂當爲說觀推尋道理七覺中有擇覺分八正中有正見六度中有般若於法門中爲主爲導乃至成佛正覺大覺徧覺皆是觀慧異名當知觀慧最爲尊妙如是廣讚是爲隨樂欲以觀安心若勤修觀能生信戒定慧解脫解脫知見知

病識藥化道大行衆善普會莫復過觀是爲隨便宜以觀安心觀能破闇能照道能除怨能得寶傾邪山竭愛海皆觀之力是爲隨對治以觀安心觀觀法時不得能所心慮虛豁朦朧欲開但當勤觀開示悟入是爲用第一義以觀安心是爲八番爲法行人說安心也復次人根不定或時迴轉薩婆多明轉鈍爲利成論明數習則利此乃始終論利鈍不得一時辯也今明衆生心行不定或須臾而鈍須臾而利任運自爾非關根轉亦不數習或作觀不徹因聽即悟或久聽不解暫思即決是故更論轉根安心若法行轉爲信行逐其根轉用八番悉檀而授安心若信行轉成法行亦逐根轉用八番悉檀而授安心得此意廣略自在說之轉不轉合有三十二安心也自行安心者當觀察此心欲何所樂若欲息妄令念想寂然是樂法行若樂聽聞徹無明底是樂信行樂寂者知妄從心出息心則衆妄皆靜若欲照知須知心原心原不二則一切諸法皆同虛空是爲隨樂欲自行安心其

心雖廣分別心及諸法而信念精進毫善不生即當凝停莫動諸善功德因靜而生若凝停時遂更沈寂都無進忍當校計籌量策之令起若念念不住如汗馬奔逸即當以止對治馳蕩若靜默無記與睡相應即當修觀破諸昏塞修止既久不能開發即應修觀觀一切法無礙無異怗怗明利漸覺如空修觀若久闇障不除宜更修止止諸緣念無能無所所我皆寂空慧將生是爲自修法行八番善巧布曆令得心安云云信行安心者或欲聞寂定如須彌不畏八動即應聽止欲聞利觀破諸煩惱如日除闇即應聽觀聽觀多如日焦芽即應聽止潤以定水或聽定淹久如芽爛不生即應聽觀令風日發動使善法現前或時馳覺一念叵住即應聽止以治散心或沈昏濛濛坐霧即當聽觀破此睡熟或聽止豁即專聽止或聞觀朗朗即專聽觀是爲自修信行八番巧安心也若法行心轉爲信行信行心轉爲法行皆隨其所宜巧鑽研之自行有三十二化他亦三十二合爲六十四安

心也復次信法不孤立須聞思相資如法行者隨聞一句體寂湛然夢妄皆遣還坐思惟心生歡喜又聞止已還更思惟即生禪定又聞於止還即思惟妄念皆破又聞止已還更思惟朗然欲悟又聞觀已還更思惟心大歡喜又聞觀已還更思惟生善破惡欲悟等準前可知此乃聽少思多名爲法行非都不聽法也信行端坐思惟寂滅欣踊未生起已聞止歡喜甘樂端坐念善善不能發起已聞止信戒精進倍更增多端坐治惡惡不能遣起已聞止散動破滅端坐即真真道不啓起已聞止豁如悟寂是爲信行坐少聞多非都不思惟前作一向根性令作相資根性就相資中復論轉不轉亦有三十二安心化他相資亦有三十二安心合六十四合前爲一百二十八安心也夫心地難安違苦順樂今隨其所願逐而安之譬如養生或飲或食適身立命養法身亦爾以止爲飲以觀爲食藥法亦爾或丸或散以除冷熱治無明病以止爲丸以觀爲散如陰陽法陽則風日陰則雲雨雨

多則爛日多則焦陰如定陽如慧慧定偏者皆不見佛性八番調和貴在得意一種禪師不許作觀唯專用止引偈云思思徒自思思思徒自苦息思即是道有思終不觀又一禪師不許作止專在於觀引偈云止止徒自止昏闇無所以止止即是道觀觀得會理兩師各從一門而入以己益教他學者則不見意一向服乳漿猶難得況復醍醐若一向作解者佛何故種種說耶天不常晴醫不專散食不恒飯世間尚不爾況出世耶今隨根隨病迴轉自行化他有六十四若就三番止觀則三百八十四又一心止觀復有六十四合五百一十二三悉檀是世間安心世醫所治差已復生一悉檀是出世安心如來所治畢竟不發世出世法互相成顯若離三諦無安心處若離止觀無安心法若心安於諦一句即足如其不安巧用方便令心得安一目之羅不能得鳥得鳥者羅之一目耳衆生心行各各不同或多人同一心行或一人多種心行如爲一人衆多亦然如爲多人一人亦然須廣施法網之目捕心行之鳥耳

摩訶止觀卷第五上

摩訶止觀卷第五上

校勘記

一　底本，清藏本。

一　七六六頁下八行「把刃抱炬」，徑作「抱刃把炬」。又末字「爲」，南、徑作「焉」。

一　七六七頁上一六行第一三字「正」，至此，南卷五上終，卷五中始。

一　七六八頁上一八行「梯隥」，南作「梯凳」。

一　七七一頁中卷末書名、卷次，南無(未分卷)。

摩訶止觀卷第五下　茂十

隋天台智者大師說

門人灌頂記

第四明破法徧者法性清淨不合不散言語道斷心行處滅非破非不破何故言破但衆生多顛倒少不顛倒破顛倒令不顛倒故言破法徧耳上善巧安心則定慧開發不俟更破若未相應應用有定之慧而盡淨之故言破耳然破法須依門經說門不同或文字爲門大品明四十二字門是也或觀行爲門釋論明菩薩修三三昧緣諸法實相是也或智慧爲門法華云其智慧門是也或理爲門大品明無生法無來無去即是佛也依教門通觀依觀門通智依智門通理理爲門復通何處教觀智等諸門悉依於理能依是門所依何得非門雖無所通究竟徧通是妙門也三門置之今但說教門三藏四門先破見後破思亦俱破云云通教四門亦先破見後破思亦俱破但破四住不得言徧也別教四門次第斷五住斯乃豎徧橫不徧並非今所用今不思議一境一切境一心一切心橫豎諸法悉趣於心破心故一切皆破故言徧也餘門破不徧則不須說圓教四門皆能破徧所謂有門無門亦有亦無門非有非無門今且置三門且依空無生門無生門能通止觀到因到果又能顯無生使門光揚何者止觀是行無生門是教依教修行通至無生法忍因位具足淨名三十二菩薩各說入不二門皆是菩薩從門入位而無生爲首大品明阿字門所謂諸法初不生此證無生門通止觀到因其義可見止觀光揚無生門者法不自顯弘之在人人能行法門光顯使無生教縱橫無礙觸處皆通門義方成譬如世人門戶出入有人有位門則榮顯能譬既然所譬可解門通果者大經云般涅言不槃者言生不生之義名大涅槃又云定慧二法能大利益乃至菩提大品云無生法無來無去無生法即是佛法華云佛自住大乘如其所得法定慧力莊嚴以此度衆生且引三經果義明矣止觀能顯果者果不自顯由行故果滿果滿故一切皆滿巍巍堂堂如星中月照十寶山影臨四海果亦如是無上無上功高十地汲引四機金光明中佛禮骨塔即其義也無生教門豎攝因果其義已彰橫攝之意今當說大品云若聞無生門則解一切義初阿字攝四十一字四十一字攝阿字中間亦然橫豎備攝其文如此此意難見更引佛藏示其相次引涅槃釋其義後說無生門破法徧佛藏云劫火起時菩薩一唾火即滅一吹世界即成非是先滅後成秖一唾中即滅即成彼經明外用內合無生門即破徧即立徧破立不須二念若內無是德則外無大用寄外顯內其相如是須識觀心者衆生一期將訖即是劫盡三毒三災火爲語端以止止之如唾滅以觀觀之如吹成云云大經釋義者不聞聞一句有種種義初云不生生不生不生不生生不生生按此四句說無生門攝自行因果化他能所等法皆徧不生生者安住世諦初出胎時名不生生今解世諦者無明共法性出生一切隔歷分別故名世諦安住者以止觀安於世

諦即是不可思議境觀行位成故名安住以安住故名託聖胎初開佛知見得無生忍名出聖胎不見無明世諦故言不生獲佛知佛見故名爲生論云諸法不生而般若生即其義也此説自行無生忍位因義成也經釋不生不生者不生不生名大涅槃生相盡故修道得故今解果由因剋故言修道得故斷德已圓無明不生智德已圓般若不生故言不生不生此説自行寂滅忍果義成也因果既圓即如佛藏所明一吹唾即滅即立是其義爲經釋生不生者世諦死時名生不生今解世諦者無明是其根本既破無明故言世死世死故名生不生此釋初句初句上緣於理智德成故言不生生此句下破於惑斷德成故言生不生不生名雖同事理大異初句詺智慧開發爲生此句詺結業起動爲生生名雖同而縛脱大異莫迷名惑旨須精識之須精識之初句如唾中吹此句如吹中唾唾吹一時不可前後也經重釋此句云四住菩薩名生不生生自在故今解先生不生説自行

之惑滅重釋生不生明化道之興何者菩薩斷四住時破結業生即能自在生況斷五住耶以劣顯勝彌彰化道二乘斷惑沈空不能如此故標菩薩也惑滅顯唾化興顯吹也經釋生生者一切有漏念念生故今解此句明化用之所耳菩薩何意不生而生良由一切有漏衆生相續不斷是故菩薩而起大悲示自在生而度脱之是爲無生門攝自行因果化他能所皆悉具足矣四住菩薩者地持云從初發心住至十地束爲六住一種性住二解行住三淨心住四行道迹住五決定住六究竟住種性住者若人無有種性雖生善道數退數進不得在菩薩六人數中若種性處成就無有退失數數增進得是一人也解行人是初地方便淨心住是入初地得出世間心離凡夫我相障故名淨心住行道迹住者從二地至七地住修道也決定住者八地九地也已得報行不還不退故名決定究竟住者第十地學行窮滿故言究竟住也經稱四住名生不生者正是行道迹住從二地止正

是入假化他之位處處現生而非實生將別顯圓初出胎時即能利他化生自在於圓義亦應無失經又六句不生生亦不可説生生亦不可説生不生亦不可説不生不生亦不可説生亦不可説不生亦不可説按此六句明無生門破法徧若破思議惑用前四句若破不思議惑用後二句何者思議惑雖多不出界内外界外惑附體生故言不生生界内惑是枝末故言生生此惑紛綸並是所化之境爲此境故施自在生所化既不可得何處有能化能所俱亡是故不生生生俱不可説若破思議解此解雖多不出界内外界内解止遣分段故言生不生界外解雙遣分段變易故言不生不生此解淺深故有種種自行因果理尚非一寧有種種今徧唾破故言生不生不可説不生不生亦不可説若破不可思議惑者秖是無明無明故生生故無明無明不可得生亦不可得今皆唾破故言生不可得若破不思議解者秖是圓解圓解始終判出因果理不偏圓亦非始終那有因果

今皆唖破故言不生不可得將彼經意釋無生門破法徧者其義分明佛自釋六句云何不生生不可說不生名爲生故不可說今解不生者法性也生者無明也二乘證不生猶受法性生故言不生名爲生依佛此旨知是界外附體之惑不生而名爲生生即顛倒顛倒即不顛倒心行處滅言語道斷故不可說云何生生不可說生生故生生故不生故不可說今解生生故生者即是大生生小生八相所遷有漏之法也依佛此旨知是界内有漏惑也生生故不生者因緣生法即空即中心行處滅言語道斷故不可說也云何生不生不可說生即名爲生生不自生故不可說今解生即名爲生者乃是諸法不生般若生也生不自生者此般若生不從四句生生不自生是初句耳具言生不他生不共生生不無因生又般若生時世諦已死無復有生而生三界者爲緣故生非業生也故言生不自生若般若生若自在生皆言語道斷故不可說也據此意知是界内之解也云何不

生不生不可說以修道得故今解修道得者乃是極果所證尚非下十地所知豈可言說據此知是界外之解也經云生亦不可說以生無故今解此破不思議惑界内生生亦是生界外不生生亦是生秖是無明之生生必託緣生緣生即空即中心行處滅言語道斷故不可說也經云不生不可說以有得故今解此破不思議解及界内之解亦是修道得故界外之解亦是修道得故得即詣理理絶心口故不可說也佛以六句破諸法解惑皆言不可說彌顯無生門破法徧也依佛藏經前四句亦吹亦唖後兩句結前吹唖耳此六句專論於唖也又楞伽云我從得道夜至涅槃夜不說一字佛因二法作如此說謂緣自法及本住法自法者彼如來所得我亦得之無增無減離言說妄想文字二趣釋曰緣自法是證聖眞諦實性也離言說妄想者不可思議也離文字者離假名也離二趣者離說所說想所想名所名也本住法者謂古先聖道法界常住如道趣城道爲人行非行者作

道城由道至非至者作城經曰士夫見平坦道即隨入城受如意樂我及先佛法界常住亦復如是是故二夜不說一字當知二法決定非口言分別所能變異本法者如理也自法者證實此義與大經四不可說意同生生不可說者本法不可說也生隨順緣生本法不可說也生不生不可說者即自斷法不可說也不生生不可說者即自智法不可說也不生不生不可說者即是究竟自證法不可說也後二句一結生不可說結本法不可說也一句結不生不可說結自證法不可說也大經云十因緣法爲生作因亦可得說者今解此即無生門偏立之義亦如佛藏偏吹即成也十因緣者從無明支乃至有支立諸法也立有三義一立衆生二立機緣三立聲教立衆生者過去二因現在五果更互因緣而立五陰假名衆生也立根機者過去或修行析行體行漸行頓行以行爲業無明潤之致今五果於此陰果更起本習或起析愛取有或起體愛取有或起漸愛取有或起頓愛取

有取有起故得爲機緣也立聲教者析愛取有起故感三藏教是爲生生不可說十因緣法爲生生作因亦可得說說生生也體愛取有感於通教是爲生不生不可說十因緣法爲生不生作因亦可得說說生不生也漸愛取有感於別教是爲不生生不可說十因緣法爲不生生作因亦可得說說不生生也頓愛取有感於圓教是爲不生不生不可說十因緣法爲不生不生作因亦可得說說不生不生也衆生若立一切感法因果立一切所化立機教若立一切解行因果立一切能立是爲無生門一立一切立故大品云若聞阿字門則解一切義佛藏云一吹一切悉成此之謂也如地持四種成熟謂聲聞種性緣覺種性佛種性菩薩種性無此四性以善趣熟之佛種性即此圓機菩薩種性即此別機彼文云菩薩種子有佛無佛堪能次第斷煩惱障及智障豈非別機聲聞種性當開之別異善根即三藏機退大取小種性即通機彼四成熟即此四種機緣義也問上六句是無生門一破一切破十因緣法是無生門一立一切立上四句是無生門亦破亦立亦應有第四句非破非立不答大經十九卷初云十事功德不可思議聞者驚怪非難非易非内非外非相非非相非方非圓非尖非斜等即是第四句非破非立之文義問若無生門攝一切法者則無復諸門也答無生門亦攝諸門諸門亦攝無生門欲依智德義便故言無生門此應四句生門無生門亦生亦無生門非生非無生門一一門各有四門四四十六門若依斷德義便應有滅門不滅門亦滅亦不滅門非滅非不滅門一一門各有四門四四十六門合三十二門大經擧十五日月光增正喻智德十六日月光減正喻斷德月無增無減約白論增約黑論減實相無智無斷約照論智約寂論斷若無生門攝一切法高極此豎攝一切法也若無生門攝諸法廣徧者即無生門橫攝一切法也問無生門門稱無生其境或智斷等悉應稱爲無生那忽言無生生生生自在故答此還助顯無生門無生忍發故言無生生明其所化故言生生明其應用故言生自在還是無生門即噓故言無生即吹故言無生生等彌顯無生門攝法徧耳約大經釋門義竟云云○次明破法徧者爲三一無生門從始至終盡其源底豎破法徧二歷諸法門當門從始至終盡其源底橫破法徧三橫豎不二從始至終盡其源底非橫非豎破法徧豎則論高橫則論廣豎來入橫無橫而不高橫來入豎無豎而不廣法華云其車高廣橫豎不二則非橫非豎故云是法平等無有高下一無生門破法徧者又爲三一從假入空破法徧二從空入假破法徧三兩觀爲方便得入中道第一義諦破法徧如此三觀實在一心法妙難解寄三以顯一耳大論云三智實在一心爲向人說令易解故分屬三人華嚴亦有二意宣說菩薩歷劫修行彼爲鈍根也初發心時便成正覺所有慧身不由他悟彼是利根也法華唯一意正直捨方便但說無上道今欲借別顯總擧次而論不次故先三義解釋也從假入空破

法徧又爲三先從見假入空次從思假入空後四門料簡後見假入空又爲二先明見假次明空觀見惑附體而生還能障體如炎依空而動亂於空似夢因眠夢昏於眠夢若不息眠不得覺此惑不除體不得顯然見則見理見實非惑見理時能斷此惑從解得名名爲見惑耳見惑有四一單四見二複四見三具足四見四無言見單四見者執有執無執亦有亦無執非有非無於一一有見復起利鈍謂有於我我與有俱恒起我心與我相應即是我見以計我故能生邊見以我邊故破世出世因果即是邪見執此爲道望通涅槃名爲戒取謂此爲實餘皆妄語不受餘見名爲見取是已法者愛非已法故瞋我解他不解生慢不識有見中苦集爲癡猶豫不決爲疑如是十使歷欲界四諦苦下具十集下有七除身邊戒取道下有八除身邊滅下有七除身邊戒取合三十二使歷色界四諦有二十八無色亦爾例除一瞋合有八十八使餘三見亦各具八十八使若歷六十二見見見各

具八十八使倒浪瀾漫不可稱數邪網彌密障於體理五十校計經云若眼見好色中有陰有集見惡色中有陰有集見平平色中有陰有集乃至意緣法亦如是一根有三三中有六六根具三十六三世合百八歷六十二見八十八使各各百八當知舉心動念浩然無際昏而且盲都無見覺云云世講者謂有是見無非是見亦有亦無是見非有非無非是見此語違經負心經云依止此諸見具足六十二如汝解者數則欠少中論破自他性有是自性對有說無無是他性若有若無皆是性何意無非是見又此無既非證理之無寧得非見諸外道本劫本見末劫末見介爾計謂是事實餘妄語增見長非吾我壽盛提頭拔髮構造生死如長爪雖不受一切法而受於不受不識苦集佛以一責墮三負處高著外道尚未免見云何底下謬謂爲是今判此並屬單四見攝也複四見者謂有有有無無有無無亦有有無亦無有無非有有無非無有無此是複四見於一一見具八十八使若

六十二見見見又具八十八使百八等如上說具足四見者有見具四者謂有有無有亦有亦無有非有非無無具四者無有無無無亦有亦無無非有非無亦有亦無具四者亦有亦無有亦有亦無無亦有亦無亦有亦無亦有亦無非有非無非有非無具四者非有非無有非有非無無非有非無亦有亦無非有非無非有非無是名具足四見一句具八十八使如是六十二見見見具八十八使百八等如前說絶言見者單四見外一絶言見複四句外一絶言見具足四句外一絶言見一一見皆起八十八使六十二見百八等如前說如是等約外道法生如是等見也又約佛法生見者三藏四門生四見通教四門生四見別教四門生四見圓教四門生四見又一種四門外各有絶言見如是一一見中各各起八十八使六十二見百八等惑如前說復次見惑非但隨解得名亦當體受稱稱之爲假假者虛妄顚倒名之假耳例前亦應言單四假複四假具足四假一一各有絶言

之假依於佛法復有十六假一一如前說又於一一假中復有三假謂因成假相續假相待假法塵對意根生一念心起即因成假前念後念次第不斷即相續假待餘無心知有此心即相待假上因成約外塵内根相續但約内根相待豎待滅無之無又橫待三無爲之無心也開善云因兼二假或亦過之明第三假起時因上兩假故言因兼上假未除後假復起故言過之此就心明三假也又約色明三假先世行業託生父母得有此身即因成假從胎相續迄乎皓首即相續假以身待不身即相待假又約依報亦具三假如四微成柱時節改變相續不斷此柱待不柱長短大小等也此是三藏經中隨事三假委釋如論師但此名通用不獨在小乘大乘亦明三假附無明起如幻如化但有名字實不可得鏡中能成之四微尚不可得況所成之幻柱柱尚不可得況歷時節相續以幻化長短相待寧復可得舉易況難而明十喻即色是空非色滅空即此義也是名大乘隨理三假又

釋論明三種有相待有假名有法有相待有者長因短有短亦因長此彼亦爾物東則以此爲西在西則東一物未異而有東西之別有名無實是爲相待有假名有者如酪色香味觸四事因緣和合故假名爲酪雖有不同因緣之有雖無不如兔角龜毛之無但以因緣和合故有假名爲酪又如極微色香味觸故有毛分毛分故有毳毳故有氎氎故有衣是爲假名有法有者即是色香味觸四微和合故名法有論又云三假施設與三假云何答別義不論今通會之法假施設如因成受假施設如相續名假施設如相待論云五衆等法是法波羅聶提五衆和合故名衆生如根莖枝葉故有樹名是受波羅聶提用是名字取二法相說是二種是名波羅聶提故知三假義同也瓔珞經亦有三假之文大品云有緣思生無緣思不生即因成意大經云如讀誦法雖念念滅亦能從一阿含至一阿含猶如飲食雖念念滅亦能初飢後飽相續意也淨名云諸法不相待一念不住故當知三

假之名大小通用非但小乘名生死法以爲見爲假如前說大乘亦名生死爲見爲假所謂三藏四門生四見見有三假六十二見百八煩惱等云云通教四門生四見見具三假六十二見百八煩惱等別教四門生四見見見具三假六十二見百八煩惱等圓教四門生四見見具三假六十二見百八煩惱等如來教門示人無諍法消者成甘露不消成毒藥實語是虛語生語見故於四門十六門起見起假云云二明破假觀者即爲三一破假觀二明得失三明位觀又爲四一破單二破複三破具四破無言破單爲兩初略後廣略者若一念心起於單四見中必是一見見即三假虛妄無實八十八使浩浩如前說諸惡彰露具如後說應當體達颺依炎炎依空空無所依空尚無空何處復有若炎若颺又如眠夢百千憂喜本末雙寂畢竟清淨是名爲止又觀無明即法性不二不異法性本來清淨不起不滅無明惑心亦復清淨誰起誰滅若謂此心有起滅者橫謂法性有起滅

耳法性無起誰復生憂法性無滅誰復生喜若無憂喜誰復分別此是法性此是無明能觀所觀猶如虛空如此觀時畢竟清淨是爲從假入空觀信行利根一聞即悟法行思已即能得解其鈍根者非唯聞思不悟更增衆失故中論云將來世中人根轉鈍造作諸惡不知何因緣故說畢竟空是故廣作觀法說於中論今亦如是爲鈍根故廣破單複訖至無言說見通用龍樹四句破令盡淨若一念心起即具三假三假如前說當觀此一念爲從心自生心爲對塵生心爲根塵共生心爲根塵離生心若心自生者前念爲根後念爲識爲從根生心爲從識生心若根能生識根爲有識故生識根爲無識故生識根若有識根識則並又無能生所生根若無識而能生識諸無識物不能生識根既無識何能生識根雖無識而有識性故能生識者此之識性是有是無有已是識並在於根何謂爲性根無識性不能生識又識性與識爲一爲異若一性即是識無能無所若異還是他生非心

自生如是推求畢竟知心不從自生若言心不自生塵來發心故有心生引經云有緣思生無緣思不生若爾塵在意外來發內識則心由他生今推此塵爲是心故生心爲非心故生心塵若是心則不名塵亦非意外則同自生又二心並則無能所塵若非心那能生心如前破若塵中有生性是故生心此性爲有爲無性若是有性與塵並亦無能所若無無不能生如是推求知心畢竟不從塵生若根塵合故有心生者根塵各各有心故合生心各各無心故合生心若各各有合則兩心生墮自他性中若各各無合時亦無譬如鏡面各有像故合生像各無像故合生像若各有像應有兩像若各無像合不能生若鏡面合爲一而生像者今實不合合則無像若鏡面離故生像者各在一方則應有像今實不爾根塵離合亦復如是如是推求知心畢竟不從合生又根塵各有心性合則心生者當檢此性爲有爲無如前破云云若根塵各離而有心生者此是無因緣生爲有此離爲無此

離若有此離還從緣生何謂爲離若無此離無何能生若言此離有性性爲有爲無若性是有還從緣生不名爲離若性是無無何能生如是推求知心畢竟不從離生中論云諸法不自生亦不從他生不共不無因是故說無生即此意也若推因成假四句求生不得執性即薄但有名字名爲心生名不在內外中間亦不常自有是字不住不住有四句亦不不住不住無四句故無住之心雖有心名字名字即空若四句推性不見性是世諦破性亦名性空若四句推名不見名是眞諦破假亦名相空性相俱空者是爲總相從假入空觀也故中論曰諸法不自生如此用觀者與中論意同也若根檢不得心即是內空塵檢無心即是外空根塵合檢不得即內外空離檢不得即是空空四性檢不得即是性空四句檢不得即是相空若就塵檢無十方分即是大空求最上所以不得即是第一義空四句因緣不得即有爲空因有爲說無爲既不得有爲亦不得無爲即無爲空四句求心

生元不得即無始空四句求心滅不可得即散空四句求心生滅不可得亦不得心不生不滅即畢竟空三界無別法唯是一心作令求心不可得即一切空觀心無心觀空無空即無所得空觀有見三假不可得即有法空觀無見三假不可得即無法空觀亦有亦無見三假不可得即無法有法空如此觀者即與大品意同是爲十八種從假入空觀也若不悟者轉入相續假破之何以故雖因成四破不得心生今現見心念念生滅相續不斷何謂不生此之念念爲當前念滅後念生爲前念不滅後念生爲前念亦滅亦不滅後念生爲前念非滅非不滅後念生若前念不滅後念生此則念自生念兩生相並亦無能所若前念有生性生於後念此性爲有爲無有則非性無則不生如前若前念滅後念生者前不滅生名爲自性今由滅生不滅望滅豈非他性他性滅中有生故生無生故生有生是生生滅相違乃是生生何謂滅生若滅無生無何能生若滅有生性性破如前若前念亦滅亦不滅後念生者若滅已屬滅若不滅已屬不滅若不滅合滅能生即是共生共生自相違相違何能生又若各各有生即有二過各各無生合亦不生若滅不滅中有生性者爲有爲無若性定有何謂滅不滅若性定無亦何謂滅不滅此不免斷常之失還墮共過若前念非滅非不滅而後念心生者爲有此非滅非不滅爲無此非滅非不滅若有則非無因若無無因不能生若無因有生性者此性即因何謂無因若無無不能生如是四句推相續假求心不得無四性實執心即薄但有心名字是字不住內外兩中間亦不常自有相續無性即世諦破性名爲性空相續無名即眞諦破假名爲相空性相俱空乃至作十八空如前說是名從假以入空觀若不得入者猶計有心待於無心相待惑起此與上異因成取根塵兩法和合爲因成相續豎取意根前後爲相續豎望生滅此是別滅別滅則狹今相待假待於通滅此義則寬通滅者如三無爲雖不併是滅而得是無生待虛空無生而說心生即是相待假上既不悟復因上惑共起此惑故言因兼上惑猶在復起此惑故言過之又因兼者無生法塵待意根生亦是因成因上假心來續相待即是相續故言因兼過之者上兩假不於通滅起惑今約通起豈非過之釋既異舊而借彼語示相待假相耳今檢此心爲待無生心生爲待有生心生爲待亦生亦無生而心生爲待非生非不生而心生若待無生而生心者有此無生無此無生若有生可待還是待有何謂待無有有相待即是自生若無此無生無何所待若秖待此無無而生心者一切無無亦應生心無望於有無即是他生也又無生雖無而有生性待此性故而知有心此性爲已生爲未生若已生生即是於生何謂於性性若未生未生何能生若待生而心生者生還待生長應待長既無此義何得心生若待生無生故有心生如待長短得有於長此墮二過各有則二生並各無全不可得如前若待非生非無生而有心生者論云從因緣生尚不

可何況無因緣又此無因爲有爲無若有還是待有若無還是待無何謂無因若言有性性爲有爲無性若是有爲生非生若生已是生何謂爲性若無生云何能生如是四句推相待假求心生不可得執心即薄不起性實但有名字名字之生生則非生是字不在内外中間亦不常自有是字無所有求性不可得世諦破性是名性空求名不可得眞諦破假是名相空復次此性相中求陰入界不可得即是法空性相中求人我知見不可得名衆生空乃至作十八空如前說是名從假入空慧眼得開見第一義非但有見三假惑除一切見惑無不清淨正智現前是名無生門通於止觀亦是止觀成無生門若不悟者當善用止觀巧破見假信法迴轉成方便道伏於有見無量煩惱悉皆被伏伏故名善有漏五陰也以被伏故有見不起度入無見計中如後破夫破見之由聞思不定若上根人聞觀於生知生無生破執得悟中根執輕成伏見方便善有漏五陰下根執重猶懷取著聞

破生不得生謂無生是實更起無生見又當總別破之總破者如大品云識無生尚不可得何況識生又識生尚不可得何況識無生生與無生俱不可得楞伽經中又廣破無生見然無生之理非識所知云何謂情捨有緣無如步屈蟲又似獮猴不應虛妄執此見著是爲總破別破者行人用止觀破因成三假不得性相泯然入定不見内外亦無前後無相形待寂然定住或豁亡身心一切都淨便發此無心自謂得無生止觀定慧已成而起見著著此空想諸佛不化何故不化觀心推畫發一分細定生一分空解此是空見法塵與心相應何關無生釋論簡外道佛法二俱觀空云何有異外道愛著觀空智慧即是向者所發空塵謂爲涅槃即有能觀者能觀者便成身見身見故即有利鈍十使乃至八十八等生死浩然如前說如是罪過皆由空塵而起障眞失道豈會涅槃是名外道觀空佛弟子觀無生若發空心空心生時即知是愛何者生名愛法愛法即是無明無明生我見

等八十八使一一皆具三假之惑終不執謂是眞無生云何三假良由上來有見三假被伏度入無見無生法塵對意根一念空心生即因成假以生心滅故無生心生是相續假豁爾無生待於有生是相待假當推此無生心生爲意根生爲法塵生爲合爲離若意根生者爲根生爲識生若根生爲根中有識故生識爲無識故生識若根有識爲是根爲非根識若是根則無能所根若無識何能生識若根有生識之性此性爲有爲無性若有者識性與識爲一爲異若一性即是識若異異何能生自生中檢心不可得具如上說若由塵起無生心者塵爲有心爲無心若有心則無能所若無無不能生又塵爲一爲異一則無能所異則不能生檢他心不可得具如上說若根塵合有無生心生者此有二過如前說云云又離根離塵有無生心生者從因緣尚不可得何況無因如前當知無生之心不自不他不共不離無四性無四性故名性空性空即無心而言心者但有名字名字不在内

外是名相空乃至十八空如上說是爲從假
入空見第一義非但無見假破上惑下障一
切皆除得正智慧若未去者勤用止觀善巧
修習信法迴轉成方便道伏於苦集所有陰
界入等八十八使皆悉被伏以被伏故名善
有漏也勤修力故無見中假不復得起度入
有無假中如後破云云次破亦有亦無見三假
者行人善用止觀伏無見惑無假不起或進
一分定慧豁發亦有亦無與心相應即便謂
言若無心者誰知無生無生是無知即是有
發此心時受是亦有亦無見謂是事實堅著
不可捨不知過患如長不自謂有道實是苦
集不能識故佛點示之即便得悟發見之人
亦復如是迷此見毒不識正眞若聞指示執
心颰解云何指示大品五受皆不受汝云何
受是亦有亦無法塵豈非受陰緣此像貌行
用此法了別此法四陰宛然如此受想皆名
汙穢是見依色陰又意根受是亦有亦無法
塵即是界根塵相涉即是入是名苦也又我
能行能受能知此法假名即起我見我見既

生即有邊見若撥因果是邪見計此爲道是
戒取計爲涅槃是見取違瞋順喜我解慢他
不識苦集即癡後當大疑如是等十使歷三
界具八十八違於實道順於生死悉於亦有
亦無見心中生又此見心即備三假例前可
知令破此見三假者還用四句一一例前可
解如是破已三假四句陰入皆無實性即是
性空但有名字名字即空是名相空性相既
空乃至十八空如上說即是入第一義正智
現前若不入者善用悉檀信法迴轉巧修止
觀伏於諸見令成方便善有漏法亦有亦無
見雖伏不起仍度入非有非無見中如後破
次破非有非無見者上勤用方便伏有無見
豁然更發離有無心所以者何心若定有不
可令無心若定無不可令有云何乃謂亦有
亦無若不定有則非有若不定無則非無非
有者非生也非無者非滅也出於有無之表
是名中道與中論同何以故前有見是因緣
生法無見是即空亦有亦無是即假今是即
中堅著此心計以爲實是人能起無量過患

何以故汝謂此心爲實者乃以虛語爲實語
生語見故故非眞實若眞實者此心應是常
樂我淨此心生滅故非常受此心故非樂不
自在故非我汙穢故非淨我心生故是身見
身見有無未免非有非無如屈步蟲是名邊
見謂非有非無見以爲中道過諸生死是愚
癡論非道非字謂是道字是名戒取謂非有
非無心爲涅槃具陰界入利鈍等使是名見
取謂非有非無以爲正法乃破一切世間因
果故名非有破一切出世間因果故名非無
破正見威儀尚不當世間道理云何能當出
世道理寧起我見如須彌山不惡取空不正
爲正是名邪見若順歎則愛違毀則瞋不識
此心毒草藥王則癡自擅陵他則慢後當大
疑略過有十廣不可盡如是等過皆從非有
非無見心中出又一一過悉具三假如前云云
若破此見假還用前四句止觀逐而破之如
前云云復次點出諸見五陰者是示其苦點出
十使者是示其集用止觀破者是示其道諸
見若伏若無是示其滅夫一切外道邪解佛

法僻計無量過患皆用四諦破之無不華凡成聖如來初說阿含四諦之力尚能如此何況大乘三種四諦何所不破耶若非有非無見破者一切諸惑亦悉斷壞發正智慧是名從假入空見第一義若不入者當用止觀信法迴轉善巧四隨方便修習伏諸見惑執心即薄住方便道成善有漏法此見不起度入無言說中如後破云云所以節節說見過者殷勤行人令於觀心善識毒草明解藥王若得此意終不謬計也章節雖煩番番不雜能了此者可與論道兀然如盲若爲識乳次破無言說見假者若能如上破者或進發定慧豁然明靜復起異解謂適有此有即有生死四句皆假虛妄不實理在言外絕於四句乃是無生謂出四句實不出也略有三種四句外一單二複三具足若謂理在言外者乃是出單四句外不出複見第二句亦不出具足見初句故知見網叢密難可得出法華云魑魅魍魎處處皆有複具諸見一一皆有三假苦集破假之觀皆如上說若人能於諸見修習

道品皆應節節得悟從假入空見第一義若未得入者單複具足一切諸見悉皆被伏成善有漏五陰見不得起或進發禪解又復言出單複具足四句之外言語道斷心行處滅泯然清淨即是無生絕言之道如此計者還是不可說絕言之見何關正道徒謂絕言言終不絕何以故待不絕而論絕絕還是待待對得起不應言絕如避虛空豈有免理又豎破不絕者心不絕故無言見具起一切生死因果云何稱絕上來節節皆有橫豎兩破於一有見是橫破重累四見是豎破因成假是橫破相續假是豎破相待假是亦橫亦豎破總破是非橫非豎破大途秖是橫破今當豎破汝執心是有有即是生汝是何等生爲是五停總別念處煖頂忍世第一生爲是苦忍眞明生爲是重慮思惟生爲是乾慧似道生爲是八人見諦生爲是神通遊戲誓扶習氣生爲是三賢伏道似解生爲是十聖眞解生爲是鐵輪似道生爲是銅輪眞道生爲是徧法界自在生用此諸生勘汝執心全無氣分

而言非見孰是見乎若計心是無生無即不生汝是何等不生爲是見不生爲是思不生爲習氣不生爲塵沙不生爲無明不生爲業不生爲報不生爲行不生爲理不生世人云不生不生即是佛秖道是法佛今釋此語即是三佛理不生即法佛無明不生即報佛塵沙見思不生即應佛又無明不生即法佛見思不生即報佛塵沙不生即應佛又業行位不生即應佛智業不生即報佛理不生即法佛又應佛從緣因生報佛從了因生法佛從正因生三佛生即無生無生即三佛生若聞阿字門即解一切義云何秖作一解耶利钁斵地徹至金剛聞一不生徧解法界不生將諸不生勘汝執心了無一分非見是何有人難中論云不生不滅未會深理何者煩惱是生法三相遷謝是滅法秖不此生滅故言不生不滅但是入空不見中意中論師解云不生不滅者不不生不不滅以顯中道此解扶中而傷文失義何者龍樹之意兼通含別故言不生不滅不生者不二十五有之生不三

相還滅之滅能破二十種身見成須陀洹乃至無學豈非兼申通意亦兼三藏意若生若滅皆屬於生涅槃但空唯屬寂滅不此之生不此之滅雙遮二邊豈非含別之意若生滅是因緣所生法即空即假即中即空故不生即假故不滅不生不滅即是中道按文解釋兼二含別顯中四義宛然龍樹之巧以不生不滅一句廣攝諸法乃會摩訶衍耳若開脣動舌重吃鳳兮之聲抽筆染毫加於點涂之字秖得一意全失三門懸疣附贅雖欲補助還成漏失今解不生一句何啻含於四義且略出十不生不不生意也一者一切法可破可壞一切語可轉非有非無絕言離句無一法入心是一不生不生亦不生故名不不生雖情謂不生而實是生如非想謂言無想而成就細想此乃邪見外道之不不生也二者犢子道人計我在第五不可說藏中此是一不生不生亦不生故名不不生若三藏二乘斷三界見思一不見一不思故名不不生而習氣猶生若三藏佛正習俱盡名不不生一不不正一不不習故言不不生此析法不不生若通教體見本不生體思本不生故言不不生思益云我於無生無作而得作證二乘雖體不見思而習氣猶生通教佛坐道場正習俱盡亦是不不生此乃分段不不生耳若別教人（茂十）斷通別惑一不不通（二十八）一不不別名不不生此一品一分二品二分不不生耳上分猶生若別教佛上分盡名不不生此猶是方便權說不不生若圓人一不不通一不不別名不不生猶居因地猶有上地行智報等生在若妙覺智滿其智更不生無明究竟盡惑更不生行智報等畢竟不不生又真理極故一不不生圓理極故一不不生又理本不不生今亦不不生若作單不生語攝法亦盡如前說若作不不生語攝法亦盡汝作不生齊何處不生汝作不不生復齊何處不不生他尚不識外道不不生況識最後不不生那得不慨是見當苦破之豎破亦有亦無見非有非無見如上菩提心中釋名絕待中示其相也若謂心亦生亦不生者爲是何等亦生亦不生爲是見不生而真生爲是思不生而真生爲是習不生而真生爲是塵沙不生通用生爲是無明不生中道生爲是內業不生外業生爲是內報不生外報生爲是小行不生大行生爲是偏理不生圓理生而言亦生亦不生若非如此等（茂十）亦生亦不生（二十九）非見何謂若言心非生非不生者爲是何等非生非不生爲是析斷常非生非不生爲體斷常非生非不生爲是八地道觀雙流非生非不生爲是初地破生死得涅槃非生非不生爲是十地後果非生非不生爲是初住雙遮二邊非生非不生爲是十行增進中道非生非不生爲是十迴向非生非不生爲是十地非生非不生爲是妙覺極地非生非不生既非此等非生非不生非見是何若絕言者絕言甚多是何等絕言單四句外亦稱絕言複外具外亦稱絕言如婆羅門受啞法者亦是絕言又長爪一切法不受亦是絕言犢子云世諦有我我在不可說藏中不可說亦是絕言三藏入實證真亦不可說故身子云吾聞解脫

之中無有言說三藏解脫凡有四門入實即
有四種不可說通教三乘人同以無言說道
斷煩惱亦有四門不可說別教人觀常住理
無言無說亦有四門不可說圓教不可宣示
淨名杜口文殊印之此亦有四門不可說不

可說衆多汝所計不可說爲是何等汝尚不
及犢子不可說何況三藏四不可說何以故
犢子謂不可說爲世諦不計爲涅槃汝計爲
實故知不及犢子犢子尚是見汝寧非見爲
此見故廣起煩惱浩然如前說更重破絶言
者汝謂絶言在四句外今明十種四句汝之
絶言在何等四句外十種者一往四句無窮
四句結位四句褊牃四句得悟四句攝屬四
句權實四句開顯四句失意四句得意四句
一往四句者凡聖通途皆論四句此意可知
無窮四句者四四瀾漫無貲如四十八番中
示其相云云結位四句者分齊四句剋定是非
如單複具足等住著不亡即凡夫四句若無
句義爲句義是聖人四句褊牃四句者結凡
夫四句牃爲有句牃二乘爲無句牃菩薩爲

亦有亦無句牃佛爲非有非無句得悟四句
者隨句入處即成悟入之門四句即成四門
攝屬四句者隨諸句門悟入何法以法分之
屬諸法門也權實四句者諸法四句之門三
四爲權一四爲實也開顯四句者開一切四
句皆入一實四句若入實四句皆不可說也
佛教四句齊此失意四句者執佛四句而起
諍競過同凡夫也得意四句者菩薩見失意
之過作小大論申佛兩四句破執遣迷則有
得意四句作論之功息矣若不愜是絶言見
者前諸四句汝出何等四句外而謂理在言
外耶前横破四句今竪破四句之言外也今
世多有惡魔比丘退戒還家懼畏驅策更越
濟道士復邀名利誇談莊老以佛法義偷安
邪典押高就下推尊入卑槩令平等以道可
道非常道名可名非常名均齊佛法不可說
示如蟲食木偶得成字檢校道理邪正懸絶
愚者所信智者所嗤何者如前所說諸生諸
不生諸四句諸不可說汝尚非單四句外不
可說何況複外何況具足外何況犢子耶尚

非犢子何況三藏通別圓耶諸法理本往望
常名常道云何得齊教相往望已不得齊況
以苦集往檢過患彰露云何得齊況將道品
往望云何得齊正法之要本既不齊迹亦不
齊佛迹世世是正天竺金輪刹利莊老是眞
丹邊地小國柱下書史宋國漆園吏此云何
齊佛以三十二相八十種好纓絡其身莊老
身如凡流凡流之形痤小醜蔑經云閻浮提
人形狀如鬼云何齊佛佛說法時放光動地
天人畢會叉手聽法適機而說梵響如流辯
不可盡當於語下言不虛發聞皆得道老在
周朝主上不知羣下不識不敢出一言諫諍
不能化得一人乘壞板車出關西竊說尹喜
有何公灼又漆園染毫題簡勾治攺尺軋軋
若抽造内外篇以規顯達誰共同聞復誰得
道云何得齊如是不齊其義無量倦不能說
云何以邪而干於正復次如來行時帝釋在
右梵王在左金剛前導四部後從飛空而行
老自御薄板青牛車向關西作田莊爲他所
使看守漆樹如此舉動復云何齊如來定爲

轉輪聖帝四海顒顒待神寶至忽此榮位出
家得佛老仕關東恪小吏之職壟褎關西惜
數畝之田公私忽遽不能棄此云何言齋盲
人無眼信汝所說有智慧者愍而怪之是故
當知汝不可說是絕言之見三假具足苦集
成就生死宛然抱炬自燒甚可傷痛若破此
見如前所說云云復次外人或時用道可道非
常道爲絕言破中論不生不滅云是第四句
絕言出過四句一往聞語謂言出過理則不
然言不生者見心不生既不生即不滅故言
不生不滅絕言見心生一切愛見疑慢云何
以生滅破他不生不滅愚癡戲論不應如此
又問起不生不滅見此復云何答應有六句
絕言破不生不滅不生不滅破絕言絕言修
不生不滅不生不滅修絕言絕言即不生不
滅不生不滅即絕言云云一切凡夫未階聖道
介爾起計悉皆是見以有見故三假苦集煩
惱隨從魚王貝母衆使具足結業蕪蔓生死
浩然一人經歷尚無邊畔何況多人當知見
惑大可怖畏勤用止觀而摧伏之若起單見

用止觀四句遂體破之若避單入複避複入
具避具入絕言無趣遠起止觀逐之無遠不
屆常寂常照治之不休如金剛刀所擬皆斷
取悟爲期能如是觀雖不發眞諸見被伏成
方便五陰若得入空衆見消盡故初果所破
如竭四十里水功夫甚大恐聞者生疑略斷
三結餘殘不盡如一渧水思雖未盡見已無
餘從多爲言亦得明破法徧也問從假入空
破無量見下二觀復何所破答入空之觀破
見及思束而言之秖是破有次觀所破秖是
破無中觀所破雙非二邊正顯中道故釋論
云有無二見滅無餘稽首佛所尊重法故知
諸見縱橫尚不爲第二觀所破云何謬謂爲
眞法耶問束生死爲有束二乘爲無有見縱
橫無量無亦應然答凡夫妄計觸處生著是
故有多二乘已斷見思無復橫計唯證於空
大乘破之名爲空見耳二料簡得失者問如
此止觀隨逐諸見有何得失答當四句料簡
一故惑不除新惑又生二故惑除新惑又生
三故惑不除新惑不生四故惑除新惑不生

一譬如服藥故病不差藥更成病二所治病
差而藥作病三病雖不差藥不成妨四故病
既差藥亦隨歇前二種是外道得失相後二
種是佛弟子得失相所以者何本用止觀治
生死惑而貪欲之心都不休息因此止觀更
發諸見破因破果無所不爲是則故惑不除
而新惑更起也二修止觀時貪求衣食諸鈍
煩惱息而不起忍耐寒苦刀割香塗不生憎
愛財物得失其心平等而執見之心甚可怖
畏如渴馬護水搪揬破壞撥無因果是則故
惑去而新惑生此兩屬外道愛處生愛瞋處
生瞋若學止觀隨如此者同彼外道也三佛
弟子修此止觀爲方便道深識見愛無明因
緣介爾心起即知三假止觀隨逐破性破相
雖復貪瞋尚在而見著已虛六十二等被伏
不起是名故惑不除而新惑不生是爲方便
道中人也四若能如此三假四觀逐念檢責
體達虛妄性相俱空豁然發眞即得見理非
唯故病永除新病不發是爲入見諦道成聖
人云云三明破見位者若修此方法明識四諦

巧用觀慧諸見被伏者依三藏法是總别念處正伏四倒四倒不生煖即得發成方便等位進破諸見發眞成聖即初果位也若依通教伏見之位是乾慧地若得理水沾心即成性地若進破見者即是八人見地位也若依别教伏見者是鐵輪十信位破見是銅輪十住位若依圓教伏見是五品弟子位破見是六根清淨位斷伏名同觀智大異三藏觀思議眞析法觀智伏斷通教觀思議眞體法觀智伏斷别教雖知中道次第觀智伏斷圓教即中一心觀智伏斷不可聞名仍混其義問若伏見假入賢位者故惑雖未差新惑不應生那得修止觀時有諸見境發答此發宿習宿習之見還是故惑如人服藥藥擊宿病宿病既動須臾自差非是藥爲新病也問何不直明别圓入空破假位而明三藏通教等入空位爲答上明修發不修發十境交互等欲示行人淺深法故叙諸位耳又欲明半滿之位令行者識之耳又半字入空法悉是别圓助道方便又多僕從而侍衞之即其義也又豈離方便而别有眞實即此半字而是滿字故云二乘若智若斷即是菩薩無生法忍也體假入空結成止觀義者諸見輪息一受不退永寂然名爲上達見無性性空相空名爲觀見眞諦理名爲不生理既不生理亦不滅是爲不生不滅名無生忍又見惑不生名用不生不受三惡報生名果不生因果不生亦復不滅不生不滅名無生忍是爲無生門通於止觀亦是止觀成無生門從假入空破見惑徧竟

摩訶止觀卷第五下

摩訶止觀卷第五下

校勘記

一　底本，清藏本。

一　七七二頁上一至三行書名、卷次、說者、記者，南無(未换卷)。

一　七七三頁中一七行首字「從」，徑作「初」。

一　七七三頁中末行第一六字「止」，南作「上」。

一　七七五頁下四行「義竟云云」，至此，南卷五中終，卷五下始。

一　七七七頁上一五行第一六字「明」，徑作「名」。

一　七七八頁上九行第一二字「今」，南、徑作「令」。

一　七七九頁下五行第六字「之」，南無。

一　七七九頁下一五行第一四字「於」，南、徑作「爲」。

一　七八三頁上九行第一六字「淰」，南作「黕」。

一　七八三頁中一四行首字「不」，南、徑作「本」。

一　七八四頁中一五行第七字「推」，南作「摧」。

一　七八六頁中四行第七字「上」，南、徑作「止」。

一　七八六頁中六行末字「用」，南、徑作「因」。

摩訶止觀卷第六上　實一

隋天台智者大師說

門人灌頂記

第二體思假入空破法徧者即為三一明思假二明體觀三明其位思假者謂貪瞋癡慢此名鈍使亦名正三毒歷三界為十又約三界凡九地地地有九品合八十一品皆能潤業受三界生初果猶七反未盡如燈滅方盛雖復有欲非婦不淫雖復有瞋墜地不夭雖復有愚不計性實道共戒力任運如是故稱正煩惱也不同見惑瀾漫無方觸境生著稱思惟者從解得名初觀真淺猶有事障後重慮真此惑即除故名思惟惑也數人云欲界為貪上界名愛成論人難此語上界有味禪貪下界有欲愛愛貪俱通何意偏判若言下界貪重上界貪輕貪輕可非貪耶此亦是一並但佛有時對緣別說假名無定豈可一例但令召得煩惱即須破除何勞諍於貪愛譬如除糞唯以卻穢為先分別非急入道要在方便名相傍耳若欲委知毗曇成論備悉明之可往彼尋空假之觀今所論也○二明體觀者若生滅門先用析智斷見後還用析智重慮斷思無生滅門初用體見入空後還用體思重慮更不餘途也今體貪欲假入空者欲惑九品一一品起即有三假如女有六欲謂色欲形貌欲威儀姿態欲言語音聲欲細滑欲人相欲分別云云此六欲若觸行人能染汙諸根內動血脉貪相外現初果尚所未斷何況凡夫難陀餘習眾中見女先共言談欲動殘習況正使者法華云不於女人身取能生欲想相而為說法若取此相塵動意根起欲心者即因成假念起相續不斷遂致行事即相續假以有欲心相異無欲心即相待假假虛不實終不計之以為道理觀此欲心為從根生為從塵生為共為離若從根生未對塵時心應自起若從塵生塵既是他於我何預若共生者應起兩心若無因生無因不可四句推欲欲無來處既無來處亦無去處無欲無句無來無去畢竟空寂利根之人如此觀時思假一品去一分真明顯設未相應用四悉檀信法迴轉善調止觀即得相應斷一品思顯一分真云云若鈍人於因成中觀初品未去更於相續中觀為前念滅生為不滅生為亦滅亦不滅生為非滅非不滅生若滅生滅不能生若不滅生不滅則不生若滅不滅生性相違故若離生此則不可四句無欲亦無於四如此觀時即應得入成生法兩空若不入者四悉巧修修又不入更於相待中作觀例前可解初品既爾後八品亦然破貪欲九品既爾破瞋癡慢九品亦然例自可解不復委記九品真顯即是理不生九品惑盡即是因不生欲界果不起即是果不生不生故不滅即是無生法忍云云問欲界煩惱定九品耶答若成論無礙道伏解脫道斷唯論九品若阿毗曇有方便道勝進道兩道伏無礙道斷解脫道證證無惑處也諸經多用今且依之若從見假入觀無漏心疾不出觀斷不論品秩修道容與得有方便善巧修習信法迴轉轉入勝進品若數數勝進當知品秩亦多何嘗有九九者大分為言耳次破色界九品

者或用世智或用無漏智如慧解脫人亦無世禪但用無漏得成無學初果無禪者進修重慮理用無漏智也若俱解脫人或用無漏智或用世智今且依世智約得禪者爲便若初習禪破於事障發欲界定破於性障即發色定故云事障未來性障根本性障若除初禪法起八觸觸身五支功德生是初禪相其中有味名貪輕於不得者名慢不知禪中苦集名癡如此三惑復有九品品品三假色法八觸觸欲界意根等即是因成分別爲觀念念不斷即相續此發禪心異於不發即是相待若不觀破隨禪受生何謂不生今用四句止觀善巧修習方便勝進一品惑斷名無礙道證無惑處即解脫道一分惑除即因果等無生是名從假入空也相續相待用四觀觀假入空亦如是破初品既然餘八品亦如是破貪既然破慢癡九品亦如是若初禪破事障發中間於此命終不生二禪例如欲界性障不去不生初禪今初禪破性二禪即發與喜俱生猗喜樂四支等此中有味有貪有慢有癡各有九品品品有三假內淨法塵與意根合是因成內淨之心相續得生待不內淨而有內淨是爲三假若不觀檢隨禪受生今用止觀修習成方便勝進無礙斷惑解脫證眞入事理無生若未入者更觀相續相待亦如是餘八品亦如是癡慢等亦如是二禪亦有事障性障事去發中間性去發三禪與樂俱發此樂深妙聖人能捨凡夫捨爲難此中有愛慢癡凡有九品品品有三假樂對意根樂心相續待無樂有樂若不觀察隨禪受生今用四句觀慧破之方便勝進無礙斷惑解脫證眞成事理無生若未去者更修相續相待及餘八品亦如是癡慢九品亦如是三禪亦有事性兩障若破性障捨俱起時亦備愛慢癡亦有九品三假不動法對意根即因成等若不觀察隨禪受生今用止觀方便勝進無礙解脫成事理無生若未去者更觀相續相待亦如是餘八品及癡慢等亦如是若無想天留色滅心故名無想情謂無想具足想在例如斷事障性障猶存終不出色此名外道天前破見心見心久去當不生此天或爲因緣事心起此定即有三假等亦用四觀破之相續相待亦如是若五那含天更練四禪用無漏夾熏有漏色定轉明果報轉勝勝定起時亦有愛慢癡九品三假之惑用四觀體達無礙解脫成事理無生若未去更修相續相待亦如是餘八品亦如是癡慢亦如是色界四九三十六品不生竟次破無色界九品者若欲滅有對等三種之色是時破事障發未到破性障入空處空處定亦具愛慢癡還用四觀方便勝進成事理無生若不去更修相續相待亦如是八品及癡慢等亦如是先緣空空多則散捨空緣識即得識定與心相應亦具愛慢癡等惑亦用四觀方便勝進等成事理無生餘例可知先緣識多定心分散捨多識緣無所有識若緣少識豈得名無所有耶則是用少識豈得名不用處耶今緣無所有入定此法與心相應亦具三假等亦用四觀餘例可知先識處如癰無所有處如瘡更有勝定名非有想非無想阿毗曇婆沙云

非無想天之無想非三空之有想故言非有想非無想也人師云無想是色天異界不應仍此得名就同界釋名前無所有定已除想今復除無想想無想兩捨故言非有想非無想大論云一常有漏三當分別前三是亦有漏亦無漏能發出世智名亦無漏此定不發無漏專是有漏數門對機或覆或顯作如此說自有人於此定中發無漏此復云何今且依教云云此定雖無麤煩惱成就十種細法如禪門應知此定亦具三假今一向用無漏智破方便勝進無礙解脫成事理無生九品亦如是例前可知若用世智斷諸思惑名盡智無漏智斷名無生智是名體思觀破三界九九八十一品思惑盡名破法徧也○三明破思假入空位者爲四一三藏家破思位二通家破思位三別名名通家共位四別名名通家菩薩位三藏破思位者成論明十六心正是初果位異部明十六心是修道位今且依修道斷一品欲惑次第至第五品盡皆名斯陀含向若超斷至第五品名家家次斷六品盡名斯陀含果超斷至六品盡名一往來次斷第七品至第八品名阿那含向超斷至第八品名一種子次斷第九品盡名阿那含果畢竟不復還來欲界次斷初禪初品至非想第八品凡七十一品悉名阿羅漢向六種那含位在其中第九無礙道斷非想第九惑盡第九解脫道證名阿羅漢果三界思盡得盡智無生智名煩惱不生證八十一分眞空名理不生眞智慧足名智慧不生不受生死名果報不生若論支佛更侵少習氣不生爲異耳此約析假斷思判位畧如此也二通家體思三乘共位者如大品明乾慧地性地乃至第六地共聲聞至七地共支佛至八地九地共菩薩菩薩地轉入第十名佛地所言共地而有高下者論云三人同斷正使同入有餘無餘涅槃故言共也如燒木有炭有灰等故有高下也乾慧地正是三賢位一五停心二別相念處三總相念處通是外凡故言乾慧地性者即是四善根位以總念處力發善有漏五陰名爲煖增進初中後心得入頂忍世第一法通名内凡故言性地此兩位共伏見惑八人者八忍也從世第一轉入無間三昧故名八人見者見眞斷三界見惑八十八使皆盡故言見地薄者除欲界思惟六品故名薄地離欲者除欲界九品盡故言離欲地已辦者除色無色七十二品盡如火燒木爲炭故言已辦地辟支佛者福慧深利能侵除習氣如燒木成灰菩薩者福慧深利道觀雙流斷習氣及色心無知得法眼道種智遊戲神通淨佛國土學佛力無畏等法殘習將盡如餘少灰佛地者大功德資利智慧得一念相應慧習氣永盡如劫燒火無炭無灰此即三乘共十地斷思惑之位也三別名名通家共位者舊云三地斷見或言四地斷見或言六地斷思盡或言七地斷思盡今覈此語若云三地四地皆斷見者此師不解通教義何者三乘共位同入無間三昧不出入觀而斷見那忽用三地四地皆斷見耶若但取第三地斷見者第四地應斷思若但取第四地斷見者第三地應未斷見若用兩地斷見爲出入

觀爲不出入觀若不出入觀則無兩地若出入觀非斷見位人師救云經說如此此師不解經意今言經借別義顯通耳別見義長論三地四地通見義短不出入觀然名可借別義必依通若作不入出觀釋者若言三地者據斷見初言四地者據斷見後皆不出觀例如第十六心或言是見道或言是思道言借別名名通位者外凡三賢是乾慧地而名爲十信內凡四善根是性地而名爲十住十行十迴向八人見地是須陀洹而名爲初歡喜地也薄地是斯陀舍斯陀舍有向有果立向爲離垢地立果爲明地離欲地是阿那舍阿那舍有向有果立向爲炎地立果爲難勝地已辦地是阿羅漢阿羅漢有向有果立向爲現前地立果爲遠行地辟支佛位立爲不動地菩薩地立爲善慧地或以菩薩地後心爲法雲地或以佛地爲法雲地大品云十地菩薩爲如佛得作此釋也若借此別名判三人通位者則初地斷見惑二地斷欲界一兩品思三地斷六品思四地斷七八品思五地斷

九品思六地斷七十一品思七地斷七十二品思八地已上侵習斷無知等例前可知云云四借別名名通家菩薩位者乾慧是外凡性地是內凡八人爲初地十五心爲二地十六心爲三地此三地皆不出觀而斷見惑四忍爲初地四智爲二地四比忍爲三地四比智爲四地此四地皆不出觀而斷見惑如此釋者豈與舊同云云薄即五地斷六品思離欲即六地斷九品思已辦即七地斷色無色思盡支佛即八地乃至佛地斷習無知例前云云舊云六地斷思盡齊羅漢或用仁王經七地齊羅漢但六地名離欲止離欲界九品秖可與阿那舍齊縱令帶果行向猶有非想第九品在亦不得與羅漢齊若七地是已辦就果可爾向來屬果則初禪初品已屬七地爾時得名已辦今若取釋義便者約十度明義以第六般若入空之慧斷惑盡與羅漢齊第七方便般若出假化用此名目爲便若取七地齊羅漢約諸地對果向七地正與第四果齊此皆一往相主對經論不定復須斟酌不可苟

執云云問三乘共斷其義已顯用何爲據更獨開菩薩地耶答大論判三處焦炷則有三種菩薩斷惑乾慧是伏惑尚得爲初炎今取八人眞斷爲初炎有何不可云云又大品明十地菩薩爲如佛既明後地隣極豈得無中地無初地耶據此而推更獨開菩薩十地何答若無十地者經不應言菩薩修治地業從初地至十地地地各有如千法門云云又大論云乾慧地於菩薩法是伏忍性地於菩薩法是柔順忍八人地於菩薩是無生忍見地於菩薩是無生忍果薄地於菩薩名離欲清淨離欲地於菩薩名遊戲神通已辦地於聲聞名佛地於菩薩是無生法忍故大品云須陀洹若智若斷是菩薩無生法忍乃至支佛若智若斷是菩薩無生法忍如此論者已自別約菩薩今望此作義復有何答問欲界亦斷九品何意判果多答如險處多難多須城壁欲界多難多果休息也若爾欲界散多須多立禪答欲界非定地不得立禪無漏緣通得立果問三乘人智斷既齊何故二乘名智斷菩薩

名法忍答忍因智果故十五心名忍十六心名智又二乘取證宜判智斷菩薩望佛猶居因但受忍名又菩薩一品思盡即一分自在生故品品死品品生能忍生死勞苦不入涅槃故名忍若就別教明破思假位者初破見正入初住從二住至七住破於思假欲細分品秩判諸住位準前可知從八九十住正是侵習十行是正出假位不復關前也云云若就圓教破思假位者初破見假正是初信從第二信至第七信是破思假欲細分品秩以對諸信準前可知八信至十信斷習盡華嚴云初發心時正習一時俱盡無有餘界外正習未盡此乃界內正習盡耳華嚴云初發心已過於牟尼即此義也云何過正習俱盡能八相作佛此則齊矣又三觀圓修此則過勝也若爾亦應有聲聞過於菩薩然以佛道聲聞灼然過菩薩復次前諸位破假名同緣理用智則異三藏通教等二乘破假世諦死時不能出假無自在生通教菩薩破假世諦死時還能出假自在受生化緣若訖灰身證空別教破假世諦死時亦能出假自在受生爲顯中道終不住空圓教破假既即見眞即是入假即是入中圓伏無明若言二乘與菩薩智斷皆同化他邊異此是通教意相比望耳若言二乘與菩薩智異斷同是別圓相比望耳問破思假入空凡破九九八十一品云何復有超果之義答次第分別有前句數行人未必一向按品次入若三藏中十六心後即有一念超果至那含或超至羅漢豈更漸次如前重數雖不次歷諸品而諸品惑盡諸品定發云云又如三藏佛一念相應見思頓盡佛之功德一時現前以根利故不由品秩利雖超品品不得廢何以故諸佛教門法如是故問利根能超身子最利何意不超答小乘引鈍依品蘇息故不超身子大智應作轉法輪將分別品秩故七日或云十五日不超阿難爲作侍者故不超非無智力也通教菩薩智利二乘亦應有超荷負衆生而作導首廣須分別故不論超別圓二教亦如是雖有超與不超終是破思假徧也超果凡有四一本斷超二小超三大超四大大超本在凡地得非想定今發無漏第十六心滿即得阿那含本在凡地或得初禪二三四禪今十六心滿亦是阿那含本在凡地欲界九品隨以世智斷之多少第十六心滿隨本斷超果皆名本斷超若凡地未得禪十六心滿超能兼除欲界諸品或三兩品者即是家家一種子等即是小超本在凡地聽法聞唱善來成羅漢者即是大超如佛一念正習俱盡此名大大超圓人根最利復是實說復無品秩此則最能超瓔珞明頓悟如來法華一刹那便成正覺從此義則有超慈悲誓願重大此則不超淨名云雖成佛道度衆生而行菩薩道此則亦超亦不超實相理則無超無不超隨機則徧動任理則常寂云云○三四門料簡者夫見思兩惑障通別二理若破障顯理非門不通阿毗曇明我人衆生如龜毛兎角求不可得唯有實法迷此實法橫起見思見思無常念念不住實法遷動分分生滅如此觀者能破單複具足諸見亦破三界八十一品思成因果惑智

等不生是名三藏有門破法之意鹿苑初開拘隣五人先獲清淨又頻鞞説三諦身子破見經七日後得阿羅漢千二百等多於有門見第一義大論云若得般若方便入阿毗曇不墮有中大集云常見之人説異念斷即是溝港斷結之義皆非有門破假意耶成論人云何斥言是調心方便而不得道耶若成論所明我人本無雖有實法浮虚非有若迷此浮虚横起見思流轉生死觀此見思皆三假浮虚假實皆無名平等空修如此觀破單複具足無量諸見亦破八十一品諸思成惑智因果等不生是名三藏空門破法之意故彼論云我今正欲明三藏中實義實義者空是阿含經云是老死誰老死二俱邪見是老死即是法空誰老死即衆生空又云佛法身者即是空也須菩提空智偏明能於石室見佛法身故大品中被加説空身子被加説般若佛欲以大空並小空大智並小智故令二人轉教大論云若不得般若方便入空墮無中大集云斷見之人説一念斷豈非平等空意

當知三藏復説空門阿毗曇人云何盪言是大乘空義若如迦旃延申其所入之門造昆勒論傳南天竺假無同前實法亦有亦無若起定相横起見思觀此實法有無從容亦破單複等見八十一思成惑智因果等不生是名三藏亦空亦有門破法之意故大論云若得般若方便入昆勒門不墮有無中非空非有門者如釋論明車匿心調柔輭當爲説那陀迦旃延經離有離無乃可得道此觀亦能破單複諸見八十一思從假入空成惑智因果等無生即是三藏非有非無門破假之意當知車匿得小乘道不可濫爲大乘中道門也如此四門悉稱爲溝港得道者以溝港是初果故也勝者更別受其名致有三門之別亦得通是溝港有門無常溝港無門空平等溝港亦有亦無門從容溝港非有非無門雙非溝港溝港皆是四門之初果也四門觀別見眞諦同如城有四門會通不異故大集云常見之人説異念斷斷見之人説一念斷二人雖殊論其得道更無差別大經五百比丘

各説身因無非正説跋摩云諸論各異端修行理無二偏執有是非達者無違諍于時宋家盛弘成實異執競起作偈譏之然眞諦寂寥實非一四身子曰吾聞解脱之中無有言説豈可四門標牓若生定執悉不得道何獨有門若祛見思四門皆得何獨空門不應獨言論主義成數人義壞若得四悉檀意論數俱成若不得意論數俱壞乃至非有非無門亦如是若言有門明法相麤空門明法細巧拙相望爲成壞者三門俱劣非獨一門何故四門好相形斥良由二乘自度但從一道直入偏據不融後人晚學因此生過三藏菩薩則不如此析空伏惑徧學四門爲化他故廣識法相成佛之時名正徧知故釋論引迦旃延子明菩薩義云釋迦菩薩初值釋迦佛發心至罽那尸棄佛是初阿僧祇心不知作佛口亦不説次至然燈佛爲二毗婆尸佛爲三行六度滿各有時節如尸毗代鴿是檀滿乃至劬嬪大臣分閻浮提是般若滿百劫種三十二相論因則指釋迦論果則指彌勒徧行

四門道法伏薄煩惱龍樹難云薄即是斷如斯陀含侵六品思名爲薄地汝既不斷那得稱薄故知但是伏道論薄耳三十四心方乃稱斷雖能如此猶是初教方便之說涅槃稱爲半字法華名二十年中常令除糞釋論名爲拙醫維摩稱爲貧所樂法天親呼爲下劣乘皆指此四門非今所用也次通教四門不同者若明一切假實從無明生無明如幻所生一切亦皆如幻如幻雖如虛空而有如幻破假之觀雖如虛空而如虛空生故云諸法不生而般若生如是觀慧能破諸見諸思成惑智因果等不生是名有門觀意也若言假實諸法體如幻化乃至涅槃亦如幻化幻化是易解之空涅槃是難解之空尋易況難而難易皆空亦如幻人與空共鬭能觀所觀性皆寂滅如此空慧體諸見思即幻而具能成惑智因果無生是名空門破假之意若明一切法如鏡中像見不可見見是亦有不可見是亦無雖無而有雖有而無如是觀者能破諸法見思成惑智因果無生是名亦空亦有

門破假觀之意也既言幻化豈當有無不當有故不從有有不當無故不從無無如此觀慧能破諸法見思成惑智因果等無生是名非有非無門破假觀意若三藏約實色起見以溝港析觀雙非二見如實柱實破通教約幻色起見以即空體觀雙非二見如鏡中柱體而論破故言非有非無雖非中道而是體法虛融淨諸見著故論云般若波羅蜜譬如大火燄四邊不可取彼偈具四門意細尋甚自分明又云般若有四種相又云四門入清涼池皆是四門之誠證也若不取著皆能通入若取著者即爲所燒佛爲示人無諍法說此四門觀也問佛何處示人諍法答佛不示人諍法衆生不解執而成諍三藏淺近四門相妨執諍易生如成論人撥毗曇云是調心方便全不得道毗曇人云唯是見有得道空屬大乘此二論師失四門意浪撥浪擔見執鏗然諍計易起名此爲示人諍法耳通教體法如幻化無復實色但有名字名字易虛扶順無乖少生諍計大論形斥三藏云姝經多

示人諍法般若示人無諍法亦名如實巧度中論云諸法實相三人共得大品名爲三乘之人同以無言說道斷煩惱見第一義亦名共般若涅槃名爲三獸度河皆是通教四門觀意亦非今所用也次別教四門者即是觀別理斷別惑不與前同次第修次第證不與後同大經云闡大涅槃有無上道大衆正行發心出家持戒修定觀四諦慧得二十五三昧事相次第不殊三藏但以大涅槃心導於諸法以此異前漸修五行以此異後故稱爲別言四門者觀幻化見思虛妄色盡別有妙色名爲佛性大經云空空者即是外道解脫者即是不空即是眞善妙色如來祕藏不得不有又我者即如來藏如來藏者即是佛性如來藏經云幣帛裹金土模内像凡有十譬等即是有門也空門者大經云迦毗城空如來藏空大涅槃空又云令諸衆生悉得無色大般涅槃涅槃非有因世俗故名涅槃有涅槃非色非聲云何而言可得見聞即是空門亦空亦有門者智者見空及與不空若言空

者則無常樂我淨若言不空誰復受是常樂我淨如水酒酪瓶不可說空及以不空是名亦空亦有門非有非無門者絕四離百言語道斷不可說示涅槃云非常非斷名爲中道即是其門也如此四門得意通入實相若不得意伏惑方便吹第意耳涅槃名爲菩薩聖行大品名爲不共般若此皆是別教四門意非今所用也圓教四門妙理頓說異前二種圓融無礙異於歷別云何四門觀見思假即是法界具足佛法又諸法即是法性因緣乃至第一義亦是因緣大經云因滅無明即得熾然三菩提燈是名有門空門者觀幻化見思及一切法不在因不屬緣我及涅槃是二皆空唯有空病空病亦空此即三諦皆空也云何亦空亦有門幻化見思雖無眞實分別假名則不可盡如一微塵中有大千經卷於第一義而不動善能分別諸法相亦如大地一能生種種芽無名相中假名相說乃至佛亦但有名字是爲亦有亦無門云何非有非無門觀幻化見思即是法性法性不可思議

非世故非有非出世故非無一色一香無非中道一中一切中毗盧遮那徧一切處豈有見思而非實法是名非有非無門云何一門即是三門一門尚是一切法何止三耶所以者何觀因緣所生法是初門一切皆初門初門即空一空一切空即是第二門此初門即假一假一切假即是第三門此初門即中一中一切中即是第四門初門既即是三門三門即是一門但舉一門爲名雖有四名理無隔別如上依無生門破見思者即是空門一門一切門不獨無生而已一破一切破非止破見思而已從假入空一空一切空非但空空生死而已如是義者即是圓教四門正是今之所用也若爾何用前來種種分別但凡情闇鈍不說不知先誘開之後入正道法華云雖說種種道其實爲一乘若得此意終日分別無所分別涅槃名爲復有一行是如來行法華名正直捨方便但說無上道大品名爲一切種智知一切法淨名稱爲入薝蔔林不齅餘香華嚴稱爲法界即是此四門意也

上無生門破假若得其意者乃是圓教之門非方便門也所以稱爲破法徧云云○第二從空入假破法徧者即爲四一入假意二明入假因緣三明入假觀四明入假位入假意者自有但從空入假自有知空非空破空入假夫二乘智斷亦同證眞無大悲故不名菩薩華嚴云諸法實性相二乘亦皆得而不名爲佛若論自行入空有分若論化物出假則無菩薩從假入空自破縛著不同凡夫從空入假破他縛著不同二乘處有不染法眼識藥慈悲逗病博愛無限兼濟無倦心用自在善巧方便如空中種樹又如仰射空中箬箬相拄不令墮地若住於空則於衆生永無利益志存利他即入假之意也○入假因緣者略言有五一慈悲心重初破假時見諸衆生顛倒獄縛不能得出起大慈悲愛同一子今既斷惑入空同體哀傷倍復隆重先人後已與拔彌篤二憶本誓願者本發弘誓拔苦與樂令得安隱今衆生苦多未能得度我若獨免辜違先心不忘本懷豈捨含識入假同事而

引導之二乘初業不悉於法亦有大願隔生中忘退大取小衆聖所呵菩薩不爾如毋得食常憶其兒三智慧猛利若入空時即知空中有棄他之過何以故若住於空則無淨佛國土教化衆生具足佛法皆不能辦既知過已非空入假四善巧方便能入世間雖生死煩惱不能損智慧遮障留難彌助化道五大精進力雖佛道長遠不以爲遥雖衆生數多而意有勇心堅無退精進發趣初無疲怠是名五緣如此五意與淨名經同彼文有三種慰喻先明觀身無常等是入空慰喻最後云當作醫王是入中慰喻中間是入假慰喻即有五意以已之疾愍於彼疾即是同體大悲當識宿世無數劫苦豈非本誓當念饒益一切衆生豈非知空之過憶所修福念於淨命即是善巧方便勿生憂惱常起精進即是第五意此義與彼文懸合云從空入假四法若無決不能出利根一種今當分別但住空聲聞未必鈍根入假菩薩未必利根如身子智利而不出假當用四句釋之或根利住空或根鈍住空或根利入假或根鈍入假譬如身羸無力而膽勇成就入陰破敵前無横障自有身力雄壯膽勇復強左推右盪無能當者自有身力雖多怯弱畏懼雖有好力望陣失膽自有無力無膽兩事不具何能有功今住空之人亦有兩種出假亦然具五緣者如有親有約有實有力有膽故能入假智根雖鈍四事因緣亦能入假聲聞之人雖有利智全無四事故不能入假也○三明入假觀者即爲三一知病二識藥三授藥知病者知見思病知見根本知起見因緣知起見久近知見惑重數云何知見根本我見爲諸見本一念惑心爲我見本從此惑心起無量見縱橫稠密不可稱計爲此見故造衆結業墮墜三途沈迴無已如旋火輪若欲息之應當止手知心無心妄想故心起亦知我無我顛倒故我生顛倒及妄想息者即是根本息枝條自去云何知見起因緣因緣不同生見亦異何以得知内外相故知内外相者衆生居處相異時序寒熱國土高低産育精麤食物濃淡處所異故果報相異雖土風所出穡散豐儉或有或無或得或失貧富飢飽云云形貌相異妍長端醜偉瘠健病云云根性欣惡相異忽榮棄位樵漁自樂扣牛干相負鼎邀卿尊文尊武耽酒嗜味多貪多著多瞋多喜多癡多睡如是參差百千萬品直置人道各各殊别何況異類不可勝言如此依正種種不同者必知業異業異故起見異是故則見末知本見外識内云何知起見久近知如是見積累重沓非止一世知如是見近世所起知如是見此世適起知如是見未來方盛云何知見重數多少從一有見派出三假又從三假派出四句三假合十二句又從四句出四悉檀十二句合四十八悉檀又一悉檀派出性空相空四十八悉檀合有九十六性相空一一句各有止觀合一百九十二句止觀就前根本都合三百四十八句此就信行人如此法行人亦如是信行轉爲法行亦如是法行轉爲信行亦如是就四人合有一千三百九十二句此約一有見如此無見亦如是亦有亦無見

亦如是非有非無見亦如是就四見有五千五百六十八句單四見如此複四見亦如是具足四見亦如是就三種四見合有一萬六千七百四句不可說見如初有見但有一千三百九十二句是則合有一萬八千九十六句此是所破如此能破亦如是能所合論則有三萬六千一百九十二句自行如此化他亦如是自行化他都合七萬二千三百八十四句若更約六十二見八十八使論三假四句等者則有無量無邊不可窮盡病相無量菩薩悉知知若干句共成此見知若干句共成彼見深淺輕重善巧分別而無僻謬是名知集既知集已亦能知苦苦集流轉精曉本末又入空之前徧觀見思總知病相爲出假方便後用一門斷惑入空若出假時分別見思照之則易薄實一修止觀法眼則明二十三二乘入空專依一門無此弄引教二弟子謬授於藥又少五意何能入假而菩薩善巧大悲本願大精進力或寂諸想而發法眼識知見病或觀達見法發道種智明了惑法若不悟者但精

進力勤研止觀內因既熟外被佛加或冥或顯豁然開悟於諸見病句句明了如於鏡中見諸色像自識識他諦審無礙次明知思病本知思起因緣知思起久近知思病重數三意例見病可知思假以癡爲本云云重數者九地則有八十一品初一品有三假有四句止觀三假合十二句一句即有信解見得各各用四悉檀信法各有八合則十六番此信法互有轉義復爲十六合前則有三十二句一句既三十二句十二句三假合有十二句則有三百八十四句一一句復有性相二空則合有七百六十八句足前合爲一千一百五十二句含根本合爲一千一百六十四句一品如此九品合有一萬四百七十六句欲界九品如此三界九品合有九萬四千二百八十四句所破如此能破亦然能所合有十八萬八千五百六十八句自行如此化他亦然合有三十七萬七千一百三十六句止觀若細論一一品復有無量品一一禪復有無量禪通明背捨等直置諸禪發時已自不可說

況復禪禪品品品品之內復有三假四觀等句其數難知若準見惑四十里水此緣一諦應是一十里水不橫起故稱之一滯重數甚多亦可十里二乘直入故不分別菩薩初破思假已作方便先總知竟今出假修觀助開法眼通用止觀實一爲知假之門別二十四修各有方法息諸緣念名止緣此思假名觀大悲本願大精進力諸佛威加豁然開解得法眼見道種智知分別思假病相分明云云上見思重數雖煩知之何妨如五部律不填人胃對緣行事能自正正他學此諸句即行即用自行化他隨意無礙○二入假識藥者病相無量藥亦無量略言爲三一世間法藥二出世間法藥三出世間上上法藥大品有三種法施三歸五戒十善道四禪無量心等名世間法施二出世間法施三出世間上上法施可知云云釋論云何惠用世間法施譬如王子從高墮下父王愛念積以縉綿於地接之令免苦痛衆生亦爾應墮三途聖人愍念以世善法權接引之令免惡趣然施法藥凡愚本自不知皆

是聖人託迹同凡出無佛世誘誨童蒙大經云一切世間外道經書皆是佛說非外道說光明云一切世間所有善論皆因此經若深識世法即是佛法何以故束於十善即是五戒深知五常五行義亦似五戒仁慈矜養不害於他即不殺戒義讓推廉抽已惠彼是不盜戒禮制規矩結髮成親即不邪婬戒智鑒明利所爲秉直中當道理即不飲酒戒信契實錄誠節不欺是不妄語戒周孔立此五常爲世間法藥救治人病又五行似五戒不殺防木不盜防金不婬防水不妄語防土不飲酒防火又五經似五戒禮明撙節此防飲酒樂和心防婬詩風刺防殺尚書明義讓防盜易測陰陽防妄語如是等世智之法精通其極無能踰無能勝咸令信伏而師導之出假菩薩欲知此法當別於通明觀中勤心修習大悲誓願精進無怠諸佛威加豁然明解於世法藥求無疑滯然世法藥非畢竟治屈步移足雖垂盡三有當復退還故云凡夫雖修有漏禪其心行穿如漏器雖生非想當復退還如兩彩衣其色駮脫世醫雖差差復還生此之謂也次明知出世法藥者如大經云或說信爲道或說樂欲或說不放逸或說精進或說身念處或說正定或說修無常或說蘭若處或說爲他說法或說持戒或說親近善友或說修慈等也又如諸經中或一道爲藥如一行三昧如佛告比丘他物莫取一切法皆是他物於一切法不受成羅漢如前所明單複諸見皆悉不受或二道爲藥定愛智策二輪平等或三法爲藥謂戒定慧或四法爲藥謂四念處或五法爲藥謂五力或六法謂六念七覺八正道九想十智如是等增數明道乃至八萬四千不可稱數或衆多一法乃至無量一法不可說一法或衆多十法無量十法不可說十法是一一法有種種名種種相種種治出假菩薩皆須識知爲衆生故集衆法藥如海導師若不知者不能利物爲欲知故一心通修止觀大悲誓願及精進力諸佛威加法眼開發皆能了知如觀掌果又知出世上上法藥約止觀一法爲藥者謂一實諦無明心與法性合則有一切病相觀此法性尚無法性何況無明及一切法或二法爲藥即是止觀體達心性虛妄休息或三法爲藥即是止觀及隨道戒任運防護又三三昧從假入空名空三昧亦不見空相名無相三昧生死業息名無作三昧或四法爲藥謂四念處諸見皆依色此色非汙穢非不汙穢受諸見思非苦非樂諸見想行非我非無我諸見思心尚非心豈是常無常或五法爲藥即是五根修止觀時無疑名信根常念止觀不念餘事即念根止觀不息即精進根一心在定即定根四句體達無性故即慧根五根增長名爲五力或六法爲藥謂六念處以止觀覺見思惑即是佛法界不破法身名念佛常憶持止觀不分別止觀一異相名念法止觀理和是無爲相故名念僧止觀有隨道戒名念戒止觀即第一義名念天止觀捨見思惑名念捨或七法爲藥者止是除捨定三覺分觀是擇喜精進覺分念通兩處或八法爲藥四句破假名正見動發正見名思惟依此修

行名正業說此止觀名正語不以邪諂養身爲正命不離不忘名正念止名正定無間念名精進或九法爲藥者謂四見是汙穢五陰五陰變壞名色變想乃至九想或十法爲藥即十智見思兩假是集苦智止觀是道智二十五有不生是滅智知三界皆爾是比智以世間名字故說即世智知他衆生亦然是他心智知諸法差別是等智知苦集盡名盡智無漏之慧名無生智當知止觀爲益衆生隨根增減既得爲十亦得爲恒河沙佛法也譬如神農嘗草立方或一藥二藥乃至十藥爲方衆多藥爲方爲病立方非無因緣入假菩薩亦復如是知諸法門一法二法至無量法或爲一病或爲衆病又如諸藥皮肉汁果根莖枝葉各各如是山海水陸四方土地各有所出採掘乾濕各有時又知諸藥各有所治入假菩薩知衆生根識所宜法亦復如是知此一一法乃至多法是其樂欲知彼一法二法非其樂欲知此一法二法是其便宜非其便宜是對治非對治是入第一義非入第一義皆審識之欲治一病一藥即足欲爲大醫徧須諸藥二乘治惑一法即足菩薩大醫須一切知又如大地產藥而分劑作方如大河水分劑升合不過不減法藥亦爾於一寂定開無量止於一大慧開無量觀皆實不虛又如衆生病緣種種不同諸病苦痛種種不同諸藥方治種種不同病差因緣種種不同湯飲吐下針炙丸散得差之緣亦復非一入假菩薩亦如是知一切衆生見思煩惱集不同是知集知一切衆生善惡苦果不同是知苦知一切法門是知道知一切衆生入證不同是知滅種種四諦入假菩薩無不徧知

摩訶止觀卷第六上

摩訶止觀卷第六上

校勘記

一 底本，清藏本。

一 七九四頁上六行「吹第」，南、徑作「次第」。

一 七九四頁中九行第七字「舉」，徑作「奉」。

一 七九六頁中一八行「三十七」，徑作「二十七」。

摩訶止觀卷第六下　實二

隋　天　台　智　者　大　師　說

門　人　灌　頂　記

復次神農本方用治後人未必併益華陀扁鵲觀時觀藥更立於方所以者何鄉土有南北人有偏健食有鹹淡藥有濃淡病有輕重依本方治不能效益隨時製立仍得差愈佛初出世衆生機熟逗根說法無不得悟後代澆漓情惑轉異直用佛經於其無益菩薩觀機通經作論令衆生得悟唯悟益彼是入假正意豈可守舊壅於化道耶釋論云依隨經法廣立名字而爲作義名爲法施菩薩爲修如此慧故大悲誓願勤精進力通修止觀諸佛加威豁然鑒朗於入假智而得自在○三應病授藥者既知苦集之病又識道滅之藥若衆生無出世機根性薄弱不堪深化但授世藥如孔丘姬旦制君臣定父子故敬上愛下世間大治禮律節度尊卑有序此扶於戒也樂以和心移風易俗此扶於定先王至德要道此扶於慧元古混沌未宜出世邊表根性不感佛興我遣三聖化彼眞丹禮義前開大小乘經然後可信眞丹既然十方亦爾故前用世法而授與之云云又授出世藥者十種因緣所成衆生根性不同則是病異隨其病故授藥亦異謂下中上上上下根四義一者志樂狹劣二行力微弱三五濁障重四智慧極鈍樂小法故說生滅法行力微弱修事六度五濁障重勤苦對治智慧鈍故斷婬怒癡名爲解脫是爲授因緣生法之藥治下根病也雖是下根欣樂不同諸聖作論復開爲四樂聞有者說阿毗曇生其小善破其五濁因此方便見於眞諦樂聞無者說成實論生其小善破惡入眞樂聞有無說昆勒論生善破惡入眞樂聞非有非無者爲說離有無經生善破惡入眞是爲入假菩薩作四論中四門授四藥治諸病云云次中根人授藥者此人心志小强行力小勝宜生理善五濁障輕智慧小利赴其樂欲爲說因緣即空聞生理善破於惡因見第一義是爲授即空藥治中根人此又爲四謂下中上上上即是四門入池例前云云次觀上根人授藥者樂欲心廣善根開闊五濁已除智慧又大授無量四諦生界外善次第斷五住得入中道是爲授即假藥治上根人就此又爲四即是四門授藥例上可知次觀上上根授藥者此人樂欲乃至智慧悉無與等故名上上爲如理直說善如空生障如空滅入究竟道是名授即中藥治上上根人亦有四門授藥治病云云若入空觀尚無一法何有諸法令授十六道滅治十六苦集正是入假隨其類音妙聲徧告發彼耳識轉度入心令得服行各獲利益如一雲所雨而諸草木各得生長云云○四明入假位者一先歷教判位二明利益三結破法徧人意咸言先除見假後卻思惟入空之果尚已迢遰出假化物非已所能望崖自絕今當分別假位不同夫三乘之初不愚於法皆欲求佛猒患生死喜多退轉譬如有人俱聞他方有七寶山翹心東脚若念路艱險便退不前行人亦爾畏懼生死退大沈空後聞菩薩勝妙功德自惟敗種泣動大千不待所因而懷憂悔者

依此義但有入空便無入假事也若三藏菩薩初修空猴伏煩惱羊而不斷結若斷結者則無六度功德身肥是初阿僧祇位也二僧祇煩惱脂消功德轉肥三僧祇正入假位利益衆生此下根人也中根二僧祇已伏煩惱肥六度身即能化物豈待三耶上根初發心時爲度一切誓求作佛因聞他說心已明解深識眞理爲度他故不求斷證心又一轉我應度他不應不度當勤分別一切藥病何以故五事重故如人將兒過險自既安隱那得擲兒雖自知空而不棄捨是爲初心即能入假不待至二僧祇也通教位者人多執經云八地修出假或六地七地斷結與羅漢齊方修出假此一途之說必不全爾但佛爲三根分別下根斷惑盡方能出假佛於法華中破其取涅槃心勸發無上道起方便慧二乘既然極鈍菩薩亦應同此說今判此爲下根耳中根者斷見惑已生死少寬思任運斷第二地名菩薩神通從此已去即能入假上根者初心聞慧即能體達見思即空已爲衆生作

依止處何須七地方出假耶若七地者爲大品所呵有大鳥身長三百由旬而無兩翅從天而墮若死若死等苦菩薩亦如是從初一向專修於空至于六地是爲三空身肥假翅不生若墮二乘方便道名死等苦若墮初果名之爲死若見盡是死等若無學是爲死是鳥欲還天上可得去不墮無學地欲發菩薩心求不能得如人被閹不能五欲華嚴大品不能治之唯有法華能令無學還生善根得成佛道所以稱妙又闡提有心猶可作佛二乘滅智心不可生法華能治復稱爲妙云云別教之人十住心後十行之位修假方便何以故入理般若名爲住住生功德名爲行云云下根也十住初心即能入假已得無漏一受不退即能出用何須至十行方起大悲中根也云云又別教初心不愚於法達解一切功德猶如幻化於名字不滯而修方便具五因緣以益衆生上根也圓教十信六根淨時即徧見聞十法界事若是入空尚無一物旣言六根互用即是入假位也又五品弟子正行六度

廣能說法即是入假之位何必待六根淨耶又初心之人能知如來祕密之藏圓觀三諦尚能即中豈不即假大品云初坐道場尚便成正覺轉法輪度衆生又六即料簡便有出假之義何須待至五品耶上來諸教皆有三位若定判者應取下根以明其位則有二義一依教故二決不退轉入假行成中上乍有進退故不約其論位既有三根出假例應三根入空謂情入似入眞入情入者觸人能入非謂散情緣諦之觀於似眞之前與空法壓相應若爾何益此有情益若益無退不併退設退能憶念數修後致大益問通別上根能入空出假與圓何異答通人出入不能即中別人次第出入不能一心圓人一心出入亦能別出入謂多入中少入二多入二少入中多入空中少入假多入假少入空中多入假中少入空多入空少入假中雖別增減而三諦不缺若爾則非次第之別然尚能爲勝別況不能爲劣耶二明入假利益者菩薩本不貴空而修空本爲衆生故修空不貴空故不

住爲益衆生故須出故有從眞起應法眼種
機應以佛身得度即作佛身說法授藥應以
菩薩二乘天龍八部等形得度而爲現之成
就衆生淨佛國土乃名利益三藏菩薩雖復
出假有漏神通非眞起應世智分別非法眼
明雖利衆生而非成就雖作佛事非淨佛土
止是少分教化爲益甚微云若通教入假雖
分別藥病但依二諦診病不深識藥不遠但
是作意神通非眞起應應有始終爲作父母
師長世世結緣處處調伏動經無量阿僧祇
劫善根若熟即生王宮道樹作佛漸頓度人
乃至入涅槃舍利住世久久利益有始有終
乃名爲應無而欻有暫出還沒故非眞應一
時片益不名成就灰身入滅非淨佛土別教
十行入假利益義同通教若登地時得如來
一身無量身湛實二然應一切爾時六知病盡病淵
源爾時識藥窮藥府藏爾時授藥如印不差
眞道種智最勝法眼所可應化任運普周和
光同塵結緣之始八相成道以論其終亦名
爲化亦名爲應其見聞者無不蒙益有所施

爲是淨佛國土入假利益皆實不虛登地既
然後地例爾乃至圓教初住入假眞實利益
乃至後心亦復如是若得此意料簡變化即
識眞僞所以者何魔亦能以有漏心作無漏
形變爲佛像老子西升亦云作佛化胡諸外
道等變釋爲羊停河在耳世智五通靡所不
作如是邪化無量無邊尚非三藏五通化云
何得是別圓任運眞化化語多種無眼之人
謬生信受能深觀察不可雷同故知從法身
地垂應十界度脫衆生如此入假眞利益位
三結破法徧者未發其前隨所計著百千萬
種皆名爲見如盲問乳非乳眞色若繩若杵
何關象事囈言之見見即是假故歷單複具
足以觀破之破若不徧不得入空見思若盡
乃名破法徧也就文字論乃當如此七意則不
然見思即是無實二明無明即是法性見思破即
是無明破無明破即是見法性入實相空方
名破法徧也從空入假破法徧亦爾假有無
量病法藥法授藥法分別此三有所不達不
名破法徧未發法眼之前雖有分別分有所

見不名破徧六根淨時分別一病有若干種
解一句法達無量句十方諸佛說法一時受
持是爲相似氣分障通無知既破雙照二諦
方名破法徧也舉要而言次第破者則不名
徧不次第破乃名爲徧耳前觀法重沓既多
恐人迷故約二觀後結破法徧也○第三明
中道止觀破法徧者前生不生止觀破法徧
一往似自行次不生生止觀破法徧一往似
化他今不生不生止觀破法徧一往似雙非
自他又雙照自他生不生即不生生亦即不
生不生自即不自亦非自非不自不生生即
生不生亦是不生不生他即非他亦非他非
不他不生不生即生不生亦是不生生亦是
不雙非亦是不雙照種種分別令易解故作
如前說耳就此爲四一修中觀意二修中觀
緣三正修中觀四明位利益其意者三藏中
菩薩偏用世智照俗二乘偏用析假入眞佛
二諦周足異於弟子假設第三觀設作離有
離無之說秖是離有無二見實無別理可觀
故不須第三觀也通教二乘偏用體法入眞

菩薩慈悲入假唯佛俱照道觀雙流異於弟子亦假設第三觀亦無別理異於眞諦開善所執佛果不出二諦外即此義也雖無別理而得有眞如幻如化不生不滅中道之名亦得有中道之義者佛滿字門通通通別鈍根止能通通不能通別故此教得有別接之義利者被接更用中道不被接者不須第三觀別接義如顯體中說云云別教若作二諦三諦皆元知中道若作三諦可解若作二諦者中道爲眞有無爲俗照此二諦從容中當名中道二用無偏名雙照雖作二名中理亦顯此理玄深根鈍障重如眼闇者穿針不諦云何穿針爲常理故先破取相慧眼見空次破無知法眼見假進修中道破一分無明開一分佛眼見一分中方是眞因因果圓滿乃名爲佛二諦非正意故不名因例如小乘方便伏惑不見眞不名修道發見諦後具眞修道始是眞因無學爲眞果別教例爾二觀既是方便必須於中雖復必須要前二觀二觀若未辨亦不暇第三觀也圓教初知中道亦前破

兩惑奢促有異何以故別除兩惑歷三十心動經劫數然後始破無明圓教不爾秖於是身即破兩惑即入中道一生可辦譬如賊有三重一人器械鈍身力羸智謀少先破二重更整人物方破第三所以遲迴日月有人身壯兵利權多一日之中即破三重不待時節以此喻之其義可見又如兩鐵一種種燒治方有利用一是古珠即燒即利爲是義故圓教初心即修三觀不待二觀成以是義故即須明第三觀也二修中觀因緣者畧爲五一爲無緣慈悲二滿弘誓願三求佛智慧四學大方便五修牢强精進一無緣慈悲者即如來慈悲也此慈悲與實相同體不取衆生相故非愛見不取涅槃相故非空寂非空寂故非法緣慈悲非愛見故非衆生緣無二邊相故名無緣大經云緣如來者名曰無緣普覆法界拔除苦本與究竟樂上兩觀慈慈有邊表如來慈者即無齊限上兩觀慈與菩薩共無緣慈者獨在如來上兩慈無所包含如來慈者具一切佛法十力無畏是如來藏諸

法都海故大經云慈若有若無非有非無如是之慈乃是諸佛如來境界當知慈具三諦也迦葉讚云今我欲以一法讚所謂慈心遊世間是慈即是大法聚是慈即是眞解脫解脫即是大涅槃上慈作意乃成此慈任運無請爲依手出師子令彼調伏如慈石吸鐵無心而取夫鐵在障外石不能吸衆生心性即無緣慈無明障隔不能任運吸取一切今欲破無明障顯佛慈石任運吸取無量佛法無量衆生欲修此慈非中道觀誰能開闢如水生火水不能滅還用火滅此無明障依兩觀生兩觀所不能除唯中道觀乃能破耳爲是因緣修第三觀也二滿本弘誓者初發心時起四弘誓與虛空等空假兩觀知苦斷集猶如枝葉所未知斷喻若根本空假兩觀修道證滅猶如燈炬諸山幽闇力不能明雖修兩觀誓願未滿譬如百川不能溢海娑伽羅龍王所霔泉池一霔即滿中道正觀亦復如是知一切苦斷法界集修無上道證究竟滅爲滿本願故須修第三觀三求佛智慧者即是

如來一切種智知佛眼見廣大深遠橫豎覺
了究竟具足上兩觀眼智比於佛法猶如盲
人闇中想畫不能覩見墜落坑坎云何得前
若修中道如有目足到清涼池除二邊熱悶
醒覺休息飲服其水冷滑香甘是名佛智知
見其池相方圓深淺水色清淨是名佛眼見
欲得如來實相眼智非止觀不成故修第三
觀四學大方便者即是如來無謀善權無方
大用住首楞嚴種種示現不可思議巧方便
力示諸衆生虛空中風劫燒負草令無燒害
此爲難事故須善巧如獼勒先爲天子說不
退行淨名即彌云從如生得菩提耶云云無菩
提勿起此見既破見已即說寂滅是菩提不
二是菩提一切衆生即是菩提云云天子聞玄
悟無生忍是二大士槌砧更扣令難悟者悟
悟難悟法若無方便云何利他又如來初出
不即說大種種方便譬類言辭引導衆生令
離諸著然後開佛知見示以一乘是故殷勤
稱歎方便眞實得顯功由善權故言雖說種
種道其實爲一乘更以異方便助顯第一義

佛智叵思議方便隨宜說佛意難可測無有
能得解以百千方便令鈍根者妙契實中上
二觀智力用輕微如富樓那化彼外道反見
嗤弄文殊暫往師徒靡風欲得如來此方便
者若非中觀所不能成故修第三觀也五大
精進者欲爲大事大用功力法華云如有勇
健能爲難事不動不退方名薩埵不顧身命
何況財物雖得菩提猶尚不息何況未得上
兩觀功微賞少中觀功蓋天下賞窮解髻爲
大精進修第三觀修中道因緣甚多爲對出
假觀畧說五耳云云○三正修中觀者此觀正
破無明無明懸絕非眼慮見知云何可觀例
如初觀觀眞眞無色像亦無方所但觀陰入
界心三假之惑四句推求巧修止觀得無漏
發名爲見眞次觀觀假假復云何但觀空智
能令不空於一心中點示萬行即發法眼徧
知藥病故名假觀今觀無明亦復如是觀二
觀智當彼破惑名之爲智今望中道智還成
惑此惑是中智家障故言智障又此智障於
中智中智不發故名智障前言智能障後言

智被障例如六十二見見名慧性慧即世智
若望無漏此慧性與見思合能障於眞此二
諦智與無明合障於中道亦復如是又能障
是惑所障是中智能所合論故言智障云何
觀此二智即是無明若言是明種智現前洞
識諸佛十力無畏一切諸法圓足覺了可得
是明而今不爾豈非無明觀此無明即爲三
畨一觀無明二觀法性三觀眞緣一觀無明
者空假之智與心相應觀此二智爲從法性
生爲從無明生爲從法性無明合生爲從離
生若從法性法性無生若從無明無明不實
亦不關中道若合共生則有二過若從離生
則無因緣中論云諸法不自生云云如是廣破
如上因成中說作此觀時泯然清淨心無依
倚亦不住著不覺不知能觀所觀猶若虛空
不可說示雖未發眞於四句中決定不執譬
如闇中遥望株杌不審人杌人應六分動相
杌無六分是不動相久住觀之心謂是杌亦
不明了起四句執即喻動相動喻無常相不
動喻常久觀不已定知是常不起四執而無

明未破猶不了了雖不了了定知一常一切常行大直道無留難故前見思塵沙久已穿徹唯二觀智即喻金剛觀破智障名觀穿觀安心此理名觀達觀此理不可思議名第一義空待二乘頑境之空名爲智慧而此法性非智非不智是爲中觀具三義也復次體達智障無明無自他性共無因性畢竟不可得如持戒比丘觀無蟲水此中動者蟲耶塵耶蟲即生相塵無生相諦觀不已雖知是塵亦不明了若謂無明有四性性是生動若無四性無性無生動雖知不動亦不決定雖不決定而決定觀常住不動前生死涅槃二邊流動上兩觀已止唯有無明迴轉未息今達心本源無明寂靜名止息止安心此理名停止止常住之理非止非不止對無常動故言爲止即是非止非不止是名中止具三義也復次智障心中即有三假四句止觀信法迴轉四悉檀巧修皆例如前說如是四句即是觀門若離此四無修觀處善巧方便因門而通得見中道見中道時非即四觀若於一觀得

入餘句即融不須更修若未通入但勤修四句方便取悟若執此四即爲所燒遮塞不通若無執滯即是觀無明四句得悟也二約法性破無明者上四句觀於智障求無明生決定叵得或生一種解或發一定決謂無明即是法性如此計者非是悟心但發觀解如闇見塵杌決謂塵杌即當移觀觀於法性爲當無明心滅法性心生爲當不滅法性心生爲當亦滅不滅法性心生爲當非滅非不滅法性心生若無明滅而法性生者滅何能生不滅生者明無明並共生者即有二過離則不可不自不他不共不無因如是四句一一句中信法迴轉四悉善巧即能得悟通四門池雖未得悟決定謂此中道觀智能破無明常如是學更不餘修也三約眞緣破無明者觀此觀智待誰得名爲智爲非智若橫待者十方諸佛是智是明待我無智明也若竪待者我於將來破除盲冥而得大明待今是無智無明如是智明爲是緣修爲是眞修眞緣合修離眞離緣若緣修者緣是無常云何生常

若是眞修眞不應修釋此有兩家一云緣修顯眞修二云緣修滅眞自顯眞自顯是自生由緣顯是他生眞緣合是共生離眞緣是無因生四句求智不可得亦不得無智何以故待智說無智智無故無所可待故無智亦無若執眞緣爲是者不能發中俱是障智若不執者即是四門若得契理理非眞非緣非共非離不可說示若有機緣亦可四說悉檀方便無復定執隨緣異說聞即得道所謂從無常生於常大經云因是無常而果是常又云從伊蘭子生栴檀樹或時云從法王種性中生即是眞修或言因滅無明則得菩提燈或言非內觀非外觀而得是智慧云云無得之得以是得無所得入空意無所得即是得入假意得無所得皆不可得雙照得無得即中意諸菩薩等或偏申一門如天親明阿黎耶識爲世諦別有眞如此是論之正主禪定助道皆是陪從莊嚴耳如中論申畢竟空空爲論主其餘亦是助道耳餘門亦應有菩薩作論申之作論異說豈離四門因門有殊契會不

異若得此意何所乖諍苦興矛盾若用四門修觀者或樂或宜或對或入一門既爾餘門亦然觀行雖別得道何異經論爲緣不同古來諍競難可通處用此解釋氷冶雲銷如此觀行契教根理印會允合有何是非明眼之人依義不依語有智之者必不生疑無目無解徒勞懸恠詎可益乎問無明即法性法性即無明無明破時法性破不法性顯時無明顯不答然理實無名對無明稱法性法性顯則無明轉變爲明無明破則無無明對誰復論法性耶問無明即法性無復無明與誰相即答如爲不識氷人指水是氷指氷是水但有名字寧復有二物相即耶如一珠向月生水向日生火不向則無水火一物未曾二而有水火之殊耳四修中觀位者前兩止爲中道雙遮方便兩觀是雙照方便因此遮照得入中道自然雙流自然雙照修此雙流凡有三處若別接通者七地論修八地論證別教十迴向論修登地論證如此修證高遠迢遰初心衆生尚不得修乾慧云何能證八地耶

此中道觀於凡無益又初心尚未入十信至迴向若無迴向豈得修中無修則無證此中道觀於凡夫人望崖無益今明圓教五品之初秖是凡地即能圓觀三諦修於中空坐如來座修寂滅忍著如來衣修佛定慧以如來莊嚴而自莊嚴修無緣慈入如來室始從初品進入第五相似法起見鵠知池望煙驗火即是相似位人入六根清淨也例如外道不修念處求無煖分二觀亦爾不修中道似解不發今五品修中能生似解轉入初住即破無明故華嚴解初住云無染如虛空清淨妙法身湛然應一切正使及習一時皆盡無有遺餘初發過牟尼此之謂也始自初品終至初住一生可修一生可證不待位登七地爾乃修習何假歡喜始入雙流前教所以高其位者方便之說圓教位下者眞實之說法華云如此之事是我方便諸佛亦然今當爲汝說最實事即此意也復次三藏菩薩坐道場時猶是具惑故無雙流雙流位在佛耳通教有別來接者雙流位在八地別教雙流位在

初地故漸漸引之其位稍低實意彌顯也雖言初住破一分無明是雙流位此是畧語譬如擧帆一日三千畧言一日耳又如禪有九品此亦大較如佛得四禪身子不知身子入四禪目連不知目連入四禪諸比丘不知如此往推禪不啻九品初住亦爾言一品者亦無量品此位能徧法界作佛事不可限量如首楞嚴華嚴中廣說尚示八相何況餘耶云云前兩觀後巳結成破法徧如上說今中道正觀觀無明法性不依二邊不依四句畢竟清淨無倚無著故淨名云稽首如空無所依此智豁開一破一切破靡所不徧故名破法徧也○第二約餘門明破法徧者上約無生一門竪修三觀徹照三諦破法徧無量諸門望無生門餘門是橫譬如徑直重門此則名竪齊並邐迤故稱爲橫若橫若竪皆得見王故約橫論觀辨破法徧也橫門者如中論八不不生不滅不常不斷不一不異不來不去一論明八門諸經論則無量或不有不無不垢不淨不住不著不受不取不虛不實不縛不

脫如此等諸教行門其數無量俱皆能通故
稱爲門中論云若深觀不常不斷即入無生
無滅義何以故不生即不異不滅即不一生
名集成即異義滅名散壞即一義不生即不
常不滅即不斷不生即不來不滅即不去不
生即不垢不滅即不淨不生即不增不滅即
不減不生即不縛不滅即不脫不生即不有
不滅即不無是故深觀不生不滅即是諸門
義也若無生門觀陰界入次第不次第乃至
三障四魔者餘門亦如是若無生門觀心如
工畫師造種種五陰一切世間中莫不從心
造一陰界入一切陰界入一性相體力一切
性相體力等餘門亦如是若無生門發眞正
菩提心起四弘誓願餘門亦如是若無生門
安心止觀自行化他信法迴轉善巧悉檀餘
門亦如是若無生門識有無破單複具足無 十八
言說見一一皆有三假四觀如是不自不他
不共不無因者餘門亦如是若無生門破見
有七萬二千三百八十四止觀者餘門亦如
是若無生門觀智障自生非自生故說自生

空自生空非自空故說自生假自假非假自
空非空故說自生中自中不但中雙照空假
故說三觀一心者餘諸門亦如是若無生門
觀智障他生非他生共生非共生無因生非
無因生乃至三觀一心者餘門亦如是若無
生門觀智障自滅非自滅故說自滅空自空
非自空故說自滅假自假非假自空非空故
說自滅中自滅中不但中雙照空假故說自
滅三觀一心者餘門亦如是若無生門觀智
障他滅非他滅共滅非共滅無因滅非無因
滅乃至三觀一心者餘門亦如是若無生門
自待非自待故說自待空自空非自空故說
自待假自空非空自假非假故說自待中自
中不但中雙照二諦故說三觀一心者餘門
亦如是若無生門他待非他待共待非共待
無因待非無因待乃至三觀一心者餘門亦 十九
如是若無生門三觀結成破法徧者餘門亦
如是以無生門如上等諸法度入餘門縱橫
無礙如金剛刀無能障者若得此意通釋經
論隨義迴轉文義允當無處不合所以者何

若將此義釋無行經即轉無生意入無行門
所謂諦無行智無行菩提心無行安心於止
觀無行破見思無知無明等無行生死涅槃
中間等皆無行無行行無行位無行教如是
等一切悉入無行門中說究竟具足也若釋
金剛般若經即轉無生意度入不住門中種
種不住不住色布施不住聲香味觸布施不
住境智布施不住慈悲布施不住見思中布
施不住無知無明中布施是名檀波羅蜜不
住色中持戒乃至不住色中般若初地不應
住乃至十地不應住雖諸法不住以無住法
住般若中即是入空以無住法住世諦即是
入假以無住法住實相即是入中此無住慧
即是金剛三昧能破磐石砂礫徹至本際故
仁王經三處明金剛三昧七地初地初住即
是金剛無住釋三教位義又云釋迦牟尼入
大寂定金剛三昧若爾者常途不應云無礙
道有金剛斷道無金剛經云佛有豈非斷道
有耶天親無著論開善廣解詎出無生無住
之意耶畧舉二經示度曲之端耳若得此意

千經萬論豁矣無疑此是學觀之初章思義之根本釋異之妙慧入道之指歸綱骨曠大事理具足解一千從法門自在云問無生一門申一切佛法復何用餘門耶答法相如此二義相須人人不同各各自行應須餘門如淨名三十二菩薩各說已入不二法門若言生滅是生死爲二不生不滅則無二乃是空門何關中道今解生是生死滅是涅槃是爲二雙遮二邊得入中道是爲入不二法門此菩薩自說已門不說他門華嚴云我唯知此一門即是各說入門門則無量也又他緣不同逗化非一前一番人聞說無生無滅得悟餘非其宜所以無益次菩薩更說不垢不淨入不二門當其所宜聞之得道是則橫門無量八千菩薩各各說之云何難言一門足耶復次行人依無生門修四三昧或時歡喜頂受或信善心生或惡覺執破或悅悅欲悟若爾者此無生門是其道門若不爾非其門也當更從無滅門入喜生善發執破近道當知無滅是其道門不爾於其非門如是廣歷衆門一一檢試會有相應張羅既廣心鳥自獲爲是義故將橫約豎以顯門通也○第三橫豎一心明止觀者如上所說橫豎深廣破一切邪執申一切經論修一切觀行逗一切根緣迴轉無窮言煩難見今當結束出其正意若無生門千萬重疊秖是無明一念因緣所生法即空即假即中不思議三諦一心三觀一切種智佛眼等法耳無生門既爾諸餘橫門亦復如是雖種種說秖一心三觀故無橫無豎但一心修止觀又爲二一總明一心二歷餘一心總者秖約無明一念心此心具三諦體達一觀此觀具三觀若不得前來橫豎諸說如此境智何由可解前說一念無明與法性合即有一切百千夢事一陰界入一切陰界入無量單複具足無言等見三界九地一切諸思十六門破等諸法先已次第橫豎聞竟今聞一心因緣生法者即懸超前來一切次第因緣生法懸識不可思議因緣生法前說諸法皆三假四句句句求實不可得單複諸見皆空九地諸思皆空十六門皆空先已聞故今聞一心即是空懸超前來次第諸空懸識不可思議畢竟妙空前來所明諸假覆疎倒入分別藥病授藥等法先已聞故今聞一心即假懸超前來次第之假懸識雙照二諦之假今聞非空非假者懸超前來諸空皆非空諸假皆非假又前來分別一切非有非無單見中非有非無複見中非有非無具足中非有非無三藏中非有非無通門非有非無別門非有非無前已聞故今聞非有非無懸超前來諸非有非無懸識中道不可思議非有非無如此三諦一心中解者此人難得何以故約心論無明還約心論因緣所生法故有前來一切法約心即空故有前來諸空還約心論假故有前來出假等亦約心論法界故有中道非空非假三諦具足秖在一心分別相貌如次第說若論道理秖在一心即空即假即中如一刹那而有三相三相不同生住滅異一心三觀亦如是生喻假有滅喻空無住喻非空非有三諦不同而秖一念如生住滅異秖一刹那三觀三智三止三眼

例則可知如是觀者則是衆生開佛知見言衆生者貪恚癡心皆計有我我即衆生我逐心起心起三毒即名衆生此心起時即空即假即中隨心起念止觀具足觀名佛知止名佛見於念念中止觀現前即是衆生開佛知見此觀成就名初隨喜品讀誦扶助此觀轉明成第二品如行而説資心轉明成第三品兼行六度功德轉深成第四品具行六度事理無減成第五品第五品轉入六根清淨名相似位妏法華云雖未得無漏而其意根清淨若此從相似位進入銅輪破無明得無生忍四十二地諸位故法華云得如是無漏清淨之果報亦是三賢十聖住果報唯佛一人居淨土以賢聖例佛指妙覺是報大經云得無上報者有現實二報故名無上報無二十三生後故言佛無報大經亦云子果果子以現報故即如子果無後報故不名果子云云又金光明稱爲應身境智相應也就境爲法身就智爲報身起用爲應身以得法身故常恒不變法身清淨廣大如法界究竟如虛空盡未來際也實

性論云常即不生恒即不老清淨即不病不變即不死法身是淨德廣大如法界是我德究竟如虛空是樂德盡未來際是常德故知初住法身即具如是常樂我淨無生老死也云云○歷餘一心三觀者若總無明心未必是宜更歷餘心或欲心瞋心慢心此等心起即空即假即中還如總中所説云云○前來所説但觀識陰作如此説餘四陰亦如是十二入十八界亦如是是名觀陰界入境破法徧竟○問入假中有因緣入空何意無入空以四門料簡假中何意無咎入空亦有咎故不説耳何者謂爲解脱故爲脱他故爲慧命故爲無漏故爲法位故夫生死縛著勞我精神非空不解自既有縛能解他縛無有是處爲脱他故應須入空賢聖以慧爲命慧命非空不立諸神通中無漏通勝爲勝神通故應須入空又法位非慧不入空慧能速入法位入空因緣甚多例後故説五耳夫空觀通於小大偏圓欲分別不濫須四門料簡假中不離小故不用耳空觀二種析空專在小體空小大

共今之料簡簡於體空雖同用體所爲處別故須料簡別圓能通雖各四門所通處同故料簡則闕耳智障者異解不同今出達摩鬱多羅釋煩惱是惑心故煩惱是障智是明解云何説智爲障智有二種證智識智識智分別體違想順想實二順故説爲智體違二十四分別與證智爲礙故説智爲障又佛於二障得解脱涅槃云斷愛故得心解脱斷無明故得智解脱地持中説愛爲煩惱首故心解脱對治煩惱障也遠離一切無明穢汙於一切所知知無障礙名智淨智淨即慧解脱若以智所知礙名智障者以無明故於智有礙正以無明爲智障體也入大乘論云出世間無明是智障世間無明賢聖已遠離即是先斷煩惱障也二障俱是煩惱云何以無明爲智障無明是即智之惑以智爲體即智説障例如無爲生死即無爲而説生死以無爲爲名也愛即四住地也亦能障智然是異心之惑解惑不俱體是煩惱故當體爲名名煩惱障復次愛能令諸有相續能令心煩與心作惱雖無明覆

蔽然生由愛水招生功強故名愛爲煩惱障無明不了正與解脱反愛性雖違然以無明爲本無明性迷障智義顯故從所障名爲智障無明有二一迷理二迷事何者是智障地持説二乘無漏人無我智爲煩惱障淨智佛菩薩法無我智爲智障淨智若爾二俱是迷理爲智障又智所知礙名爲智障者於一切法知無障礙即於事中知無障礙但是迷事爲智障若爾何者爲定照事照理之智智雖有二二無別體智障無明亦無二性雖有二説而無二也又心智爲障者究尋分別智礙於如實不得證智此亦即智是障以滅想滅心故有斷智之義若捨分別即向智障清淨又非是條然故智亦不斷是以經有不失福之言百論引佛説於福莫畏者助道應行也人作一向之論便有斷不斷二途計無矛盾勿生偏執競也問瓔珞云第三觀初地現前今云何或説在八地或説在初住答借義相成或借高成下故言八地或借下成高故言初住瓔珞明別教故言初地問假中兩觀明三根人修位初觀不見判修位答後觀悉入位方修假中故約位判三根淺深初觀始於凡地無位可判淺深又瓔珞亦有文云四地名須陀洹此應是下根又三地明須陀洹此應是中根或初地明須陀洹此語上根云云

摩訶止觀卷第六下

摩訶止觀卷第六下

校勘記

一　底本，清藏本。

一　七九九頁中一二行第一二字「説」，徑作「論」。

一　八〇一頁中一一行第九字「其」，南、徑作「真」。

一　八〇五頁下三行末字「丸」，南、徑作「九」。

一　八〇九頁上一九行「故言八地」，徑作「或言八地」。

摩訶止觀卷第七上　　實三

隋　天台智者大師說

門人灌頂記

第五識通塞者亦名知得失亦名知字非字如上破法徧應通入無生若不入者當尋得失必滯是非不得一向作解何者若同外道愛著觀空智慧宜以四句徧破能破如所破令衆塞得通若不執觀空智慧則能破不如所破但破塞存通如除膜養珠破賊護將若爾即大導師善知通塞將導衆人能過五百由旬舊云六地見思盡爲三百七地八地爲四百九地十地爲五百此義與釋論乖論以二乘爲四百二乘之道非七地八地攝大乘人以三界爲三百方便因緣兩生死足爲五百則攝義不盡更有有後生死無後生死屬何百耶地人以十信住行向地爲五百此與法華乖法華過三百由旬作化城此則二百由旬作化城復有人解三界爲三百二乘足爲五百此義三失一出三界外立化城云何二乘出三界外不入城更行四百五百四百五百之外更無化城何所可入而稱二乘二者滅化城方可得進城猶未滅而輒進四百五百三者二乘共入化城云何聲聞爲四百支佛爲五百有人以五住煩惱爲五百然二乘已斷四住應是四百由旬外立化城有人以斷三界思爲三百塵沙爲四百無明爲五百此亦不然由旬本譬煩惱云何見多而不數思少爲三百此之名義本出法華法華舉五百爲譬本以生死險道導師觀知合之應作三番明五百乃會經耳一就生死處所二就煩惱三就智慧諸師之釋方圓動息不與文會如持一孔之匙開三須之鑰初家約通位就四百立化城攝家約生死割二種於荒外地家約別位在界内立化城次家徑侹不待開權即自顯實人師過如此釋論意云何論有二文初以二乘爲四百而止不作五百後文以二乘爲一百今通之論明通意通家以真諦爲極過三界已未破化城但入涅槃即指涅槃爲四百耳而復以二乘爲一百者更明出假菩薩從空出假非涅槃爲一百入三界爲三百作如此消文於經論無妨也今明五百由旬者一約生死處所謂三界果報爲三百方便有餘土實報無礙土是爲五百由旬處所次約煩惱者所謂見諦惑爲一百五下分爲二百五上分爲三百塵沙爲四百無明爲五百次約觀智者空觀智知三百假觀智知四百中觀智知五百此與文會無前諸師過也又諸師判位遼遠初心行人尚未斷見何由超過五百由旬乎今論由旬有橫通塞有豎通塞橫者具約三法苦集爲塞道滅爲通無明十二因緣爲塞無明滅爲通六蔽覆心爲塞六度爲通豎通塞者見思分段生死爲塞從假入空觀爲通無知方便生死爲塞從空入假觀爲通無明因緣生死等爲塞中道正觀爲通今當以橫織豎檢校通塞如從假入空破諸見思單複具足無言等見九九八十一思如斯諸惑本是汙穢增長煩惱遮塞行人那忽取著謂是謂非起諸結業漏落生死唯見苦集不見道滅既不識見思中四諦是事不知名爲無明乃至老死但構

因緣無明不滅不滅故堅著叵捨唯在此岸不到彼岸大經云童子飢時取糞中果智人呵之赧然有愧失於淨法是名爲塞若於諸見介爾起心知無性實無常無主倒破則無業無業則無果是名爲道道故有滅若識四諦則無無明亦無老死因緣壞故則捨諸有到於彼岸當用此意歷一一心歷一一能歷一一所若起三塞破之令通若是三通養令成就復次體見即空能體亦即空如羅漢之心尚名無漏五陰我觀未眞那得非陰若計陰實則結業生死若不識陰四諦即是無明若愛觀空智慧則不能捨用即空意歷一一心歷一一能歷一一所若有三塞破之令通若是三通養令成就則巧過見思之塞善通三百由旬也次用横織竪檢校從空入假觀通塞者此則易解於病法藥法授藥法於一一法一一能一一所明識諦緣度若起三塞破之令通若有三通養令成就則過無知之塞通四百由旬次用横織竪檢校中道正觀者於無明法性眞緣等一一法一一能一一所明識諦緣度若起三塞破之令通若有三通養令成就則過無明之塞通五百由旬若作如此論通塞者次第竪論六地初地動經劫數塞乃得通大經云須陀洹者八萬劫到乃至支佛十千劫到到菩薩初發心住此論聖位何益初心實三行人者乎復次約四横別論通塞者如大品經云有菩薩從初發心即與薩婆若相應者與空相應也若初未相應當用諦緣度檢一一心若有三塞破之令通若有三通養令成就得過三百由旬又云有菩薩從初發心即能遊戲神通淨佛國土此是出假之意若初發心修假亦用諦緣度檢一一心破塞養通過四百由旬又云有菩薩從初發心即能坐道場成正覺此即中意若初發心修中亦用諦緣度檢一一心破塞養通過五百由旬也如此說者雖初心得論通塞而三法各別大論引三喻一則步涉二則乘馬三則神通步馬兩行須知通塞神通無礙塞不能遮山壁皆虛何通可擇初觀喻步次觀喻馬後觀喻飛三義分張亦非今所用也若竪論三觀兩觀當地爲通望上爲塞若後一觀勝下爲通隔小爲塞横論三觀當分爲通不相收爲塞法相淺深任有通塞況復於中起苦集無明蔽等是故皆塞無復有通若一心三觀法相即破竪中之通塞三觀一心破横中之通塞實三空即三觀故破步涉五山壁三百之通塞假即三觀破乘馬四百之通塞中即三觀破神通之通塞良以一心能即空假中者一切山河石壁衆魔羣道皆如虛空一心三觀遊之無礙終不去下陵高避山從谷觸處諸塞皆通無礙能過五百由旬到於寶所是名爲通通本對塞既觸處如空則無復有塞無塞則無通若於無塞無通起苦集無明障蔽者非但失於神通亦失馬步能破如所破字爲非字如彼蟲道偶得三觀之名是蟲不知是字非字若於一一法一一能一一所皆即空即假即中具諦緣度是名無通無塞雙照通塞是爲智者識字非字亦名良醫知得知失於無生門明識通塞者於餘法門亦如是是爲初心過五百由旬應明六即義云云

問通塞得失字非字爲一爲異答此是一意種種說耳亦有差別通塞約解得失約行字非字約教金光明云正聞正聽正分別正解於緣正能覺了知字非字是正聞正聽知得失是正分別正解於緣知通塞是正能覺了雖此差別同顯一致耳問橫塞塞豎通不豎塞塞橫通不橫通通豎塞不豎通通橫塞不答一往然二往不然然者無明即見思何意非橫障中智治一切何不通橫塞此是一往然義耳若二往釋者橫塞障近不能塞豎通橫通力弱不能通豎塞豎塞深遠不作橫障豎通對當別不通於橫塞耳○第六明道品調適者道品有四一當分二相攝三約位四相生一明當分者未必具品方能得道三四二五單七隻八當分是道故云當依念處得道又云是道場又云是摩訶衍念處既爾餘品亦然是爲當分道品而非調停也二明相攝者如念處一法皆攝諸品引釋論文云念處既攝餘品餘品亦攝念處是爲相攝道品亦非調停也三約位者如念處當其位正勤是煖位如意足是頂位五根是忍位五力是世第一位八正是見諦位七覺是修道位此是約位亦非調停也四相生者如修念處能生正勤正勤發如意足如意足生五根五根生五力五力生七覺七覺入八正道是爲善巧調適戒定慧等皆名爲正清淨心常一則能見般若是爲相生亦是調適所以須此者上來雖破法徧識通塞若不調停道品何能疾與眞法相應眞法名無漏道品是有漏有漏能作無漏方便方便失所眞理難會如釀酒法酵煖得宜變水成酒麴蘖失度味則不成大論云三十七品是行道法涅槃城有三門三門是近因道品是遠因爲是義故應須道品調停也問道品是二乘法云何是菩薩道耶答大論呵此問誰作是語三藏摩訶衍皆不作是說那得獨云是小乘法淨名云道品善知識由是成正覺道品是道場亦是摩訶衍涅槃云能修八正道者即見佛性名得醍醐大集云三十七品是菩薩寶炬陀羅尼如此等經皆明道品何時獨是小乘若大經云三十七品是涅槃因非大涅槃因無量阿僧祇助菩提法是大涅槃因者道品之外無別有道品如四諦外無第五諦一種苦集如爪上土分別苦集有無量相如十方土直明一三十七品是涅槃因復有無量三十七助道品名大涅槃因云何無量有四種道諦故有十六門故又有漏道品欲界二十二未到三十六初禪三十七皆有漏道品如乳三藏道品如酪通教道品如生酥別教如熟酥圓教如醍醐大經之文義合於此非道品外別有助法也或言三十七品是助道或言是正道大論云是菩薩道此文似正也淨名云道品善知識由是成正覺此文似助也又若言三十七品是有漏者云何言七覺是修道法華云無漏根力覺道之財云何八正在七覺前此應三句分別一三十七品皆有漏二皆是無漏三亦有漏亦無漏如大論云修八正道得初善有漏五陰善有漏五陰即是煖法煖法之前尚得修於八正道云何修邪初從師受法繫心憶念名念處爲求此法勤而行

之名正勤一心中修名如意足五善根生名根根增長名力分別道用名七覺安隱道中行名八正道能如是修得善有漏五陰當知道品皆是有漏皆是無漏者即是見諦思惟所行道品一向是無漏法華之文意在此也從來雖言有漏中得修八正七覺等未有文證而毗婆沙云若八正在七覺後亦得是有漏亦得是無漏何以故依八正入見諦即是亦無漏若八正在七覺前一向是無漏此則可解引婆沙文證成二意又亦漏無漏即是對位意也諸道諦三十七品今不具記但明無作道諦三十七品成於一心三觀義也大品云欲以一切種修四念處者念處是法界攝一切法一切法趣念處是趣不過華嚴云譬如大地一能生種種芽地是諸芽種也法華云一切種相體性皆是一種相體性何謂一種即佛種相體性也常途云法華不明佛性經明一種是何一種卉木叢林種種喻七方便大地一種即是實事名佛種也今一念心起不思議即一切種十界陰入不相妨礙

若觀法性因緣生故一種一切種則一色一切色若法性空故一切色一色則一空一切空法性假故一色一切色一假一切假法性中故非一非一切雙照一一切亦名非空非假雙照空假則一切非空非假雙照空假九法界色即空即假即中亦復如是名身念處若觀法性受法性因緣生故一種一切種一受一切受法性受空故一切受一受一空一切空法性受假名故一受一切受一假一切假法性受中故非一受非一切受非空非假雙照空假則一切非空非假雙照空假九法界受即空即假即中亦復如是名受念處若觀法性心因緣生法一種一切種一心一切心法性空故一切心一心一空一切空法性假故一心一切心一假一切假法性中故非一非一切非空非假雙照空假九法界心亦復如是是名心念處若觀法性想行兩陰因緣生法一種一切種一行無量行法性空故一切行一行一空一切空法性假故一行一切行一假一切假法性中故非一非一

切非空非假雙照空假一切非空非假雙照空假九法界行皆即空即假即中亦復如是是名法念處如是念處力用廣博義兼大小俱破八倒雙顯榮枯雙非榮枯即於中間入般涅槃亦名坐道場亦名摩訶衍亦名法界兼廣之義其相云何法性之色實非是淨而凡夫橫計爲淨是名顛倒實非不淨二乘之人橫計不淨是名顛倒今觀色種即空一切即空空中無淨云何染著是名凡夫計淨倒破枯念處成色種即假一切皆假分別名相不可窮盡假智常淨不爲無知塵惑所染云何滯空而取灰滅言色不淨是名二乘不淨倒破榮念處成是名八倒俱破枯榮雙立觀色本際非空非假則一切非空非假非空故非不淨倒非假故非淨倒非淨倒故則非榮樹非不淨倒故則非枯樹非枯非榮則非二邊無邊無中乃名中間佛會此理故名涅槃亦是非淨非不淨八倒不生名爲涅槃如是涅槃名祕密藏安置諸子祕密藏中佛自住中故言入也法性之受本非是樂而凡夫之

人橫計爲樂是名顛倒實非是苦二乘之人橫計爲苦今觀受種即空一切皆空空中無樂云何生染則凡夫倒破枯念處成受種即假一切皆假以無所受而受諸受名聞分別不生猒畏云何棄之沈空灰斷二乘倒破榮念處成是名二倒雙破枯榮雙立觀受本際即非空非假非空故非枯非假故非榮邊倒不生名爲涅槃中間理顯名祕密藏皆如上說云云法性之心本非是常凡夫橫計是名常倒法性實非無常二乘橫計無常今觀心種即空一切即空空中非常云何謂心念念相續是名凡夫常倒破枯念處成心即假名一切悉假心若無常那得分別無量心相是名二乘無常倒破榮念處成又心即非空非假非空故非無常非假故非於常非榮非枯邊倒不生名入涅槃中道理顯名祕密藏安置諸子自亦入中云云法性之法本非有我凡夫之人橫計有我本非無我二乘之人橫計無我今觀法性即空一切皆空空中無我是名凡夫倒破枯念處成法性即假一切皆假施

設自在不滯我義具足是名二乘倒破榮念處成觀法本際即非空非假非空故非無我非假故非於我邊倒不生名入涅槃中間理顯名祕密藏治倒法藥其數有四法性觀智名之爲念一諦三諦名之爲處一切即空諸倒榮枯無不空寂一切即假二邊雙樹無不成立一切即中無非法界秖一念心廣遠若此若能深觀念處是坐道場是摩訶衍是雙樹間入般涅槃始終具足不須更修餘法若不入者更研餘品勤觀念處名正勤見思本起名已生惡觀於即空令已生不生故勤精進塵沙無明名未生惡觀即假即中令未生不生故勤精進竭力盡誠行四三昧遮此二惡一切智名已生善此善易生故言泥洹道易得也道種智一切種智名未生善此分別智難生空智已生勤加增長中智未生令得開發三觀無間秖爲生此二智耳是四正勤亦能悟道故言一心勤精進故得三菩提不須餘法若不入者當是不勤心過散動須入善寂審觀心性名爲上定於上定中修如意

足欲精進心思惟欲者專向彼法亦名莊嚴彼法定中觀智如密室中燈照物則了以照了故斷行成就修如意足精進者成就彼法法性不動而寂然精進無間無雜斷行成就修如意足心者正住觀察彼法一心中緣制之一處無事不辦斷行成就修如意足思惟者善能分別彼法方便如此思惟不令動散定思惟故斷行成就修如意足能如此修定心而入不須餘法若不入者當修五根信三諦理是三世佛母能生一切十力無畏解脫三昧但念處修不求餘法是名信根進者以信攝於諸法信諸法故倍策精進念者但念正助之道不令邪妄得入又此法者爲精進所修是法不忘故名念根定者一心寂定而行精進又此法爲念所攝是法不忘不動故名定根慧者念處之慧爲定法所攝內性自照不從他知是名慧根但修五根亦能入道成摩訶衍若不入者進修五力今根增長遮諸煩惱名之爲力信破諸疑無能動者精進除懈怠如本所願皆得成就念破邪想不爲

煩惱所壞定破散亂遠離憒鬧雖有所說不礙初禪善住覺觀不礙二禪心生歡喜不礙三禪教化衆生不礙四禪妨四禪法不妨諸定亦不捨定亦不隨定是名定力慧破邪執一切執一切慧雙照具足是名慧力如是五力名摩訶衍若不入者用七覺均調心浮動時以除覺除身口之麤以捨覺捨於觀智以定心入禪若心沈時精進擇喜起之念通緣兩處修此七覺即得入道大論云若離五蓋專修七覺不得入者無有是處若不入者修八正道更以出世上上正見觀三諦理以正思惟發動此觀如法相說自他俱益即是正語若黑業得黑報白業得白報雜業得雜報非白非黑業得非白非黑報約小乘作可解今言沈空是黑業出假是白業兩兼是雜業中道是非白非黑業皆名邪命若業能盡業名爲正業依此而行名爲正業正業不爲二邊所牽見他得利心不惱熱而於已利常知止足是爲正命善入正諦名正精進心不動失正直不忘名正念正住決定名正定因是八正道即得入理大經云若有能修八正道者即得醍醐如是道品非是對位但於初心觀法性理即得具足大論云四念處中四種精進名四正勤四種定心名四如意足五善根生名爲根根增長名爲力分別四念處道用名爲覺四念處安隱道中行名八正道故知初心行道用三十七品調養止觀四種三昧入菩薩位如此道品是大涅槃近因餘諸道品名爲遠因云云今以譬顯此義植種於地芽莆初開生根下向枝葉上布其花敷榮結果成實法性法界爲大地念處觀爲種子四正勤如抽芽五根如生根五力如莖葉增長七覺如開花八正如結果結果者即是入銅輪位證無生忍亦名至寶所亦名入祕藏亦名得醍醐亦名見佛性亦名法身顯八相作佛道品善知識由是成正覺此之謂也若通途釋道樹者如大品明離三惡道名葉益得人天身名花益得四道果名果益此偏就空爲釋耳免二乘地爲葉益得變通身爲花益具道種智爲果益此偏就假爲釋耳免二邊縛爲葉益受法性身爲花益證入佛性爲果益此偏就中爲釋耳若總就三觀者即空名葉益即假名花益即中名果益云云復次行三十七道品將到無漏城城有三門若入此門即得發眞謂空無相無作門亦名三解脫門亦名三三昧若從正見正思惟入定從定發無漏是時正見智名大臣正定爲大王從此得名名三三昧非智不禪即此意也若由正定生正見從正見發無漏是時正定爲大臣智慧爲大王從此得名名三解脫非禪不智即此意也或可三昧是伏道解脫是斷道證道或可定慧合故三昧即解脫解脫即三昧若三藏以苦下空無我是空門滅下四行是無相門集道下八行苦下兩行是無作門此十六行王臣等云云若通教明苦集皆如幻化即空門古釋論本云若觀極微色則有十八空今本云若觀一端疊則有十八空疊是假名極微是實法以此爲異若得意者假實皆空耳若未入空情想戲論計有空相知空無空相名無相門空相雖空猶計觀智既無能

所詮作空觀是名無作門既無作者誰起願求亦名無願此三三昧王臣云若別教明從假入空證眞諦名空三昧二乘但證此空猶有空相菩薩知空非空出假化物無復空相是名無相三昧進修中道無中邊相亦不求中邊名無作三昧此三觀智王臣云復次別約出假意者分別無量藥病悉是假名假名無實無實故空是名空門空尚無空相況有假相故名無相門空假無相亦不願求知病識藥故名無願此出假智王臣云別約圓者名雖同前意義大異大論云聲聞緣空修三解脫菩薩緣諸法實相修三解脫智者見空及與不空此空不空亦名中道若見此空即見佛性又二乘觀夢中十八事夢中內事不可得名內法空夢外事不可得名外法空乃至夢中十八有不可得名十八空今圓觀眠法不可得無內法從眠所生一切內法皆不可得名內法空一切法趣此內空眠無外法從眠所生一切外法不可得即外法空一切法趣此外空乃至眠法十八種有不可得名十八空一切法趣十八空歷十八緣名十八空但是一空方等云大空小空皆歸一空一空即法性實相諸佛實法大品云獨空也如前觀無明四句不可得一空一切空不見四門分別之相非緣非眞無誰所作王臣云如是空即無相無作及一切法一切法亦如是當知一解脫門即三解脫門三解脫門即一門又四門中皆修三解脫互無障礙如此三門意非次第別雖次第皆緣實相又異通教通緣空理復異三藏三藏緣四諦智故知三脫及與道品節節有異須善識之又華嚴日出先照高山偏多四榮鹿苑三藏偏多四枯方等般若多調枯以入榮引小而歸大鶴林施化已足於榮枯中間而入涅槃爲極鈍難化來至雙樹始復畢功利根明悟處處得入如身子等於法華中入祕密藏得見佛性所以涅槃遥指八千聲聞於法華中得記作佛如秋收冬藏更無所作約此一番施化早畢不俟涅槃又云誰能莊嚴娑羅雙樹即舉舍利弗六人又別舉如來若見佛性能莊嚴雙樹於其中間而入涅槃身子六人既能莊嚴豈不見佛性於其中間入於涅槃聲聞尚爾諸菩薩等處處得入其義可知若入涅槃成五解脫不即六法不離六法三佛性意云○

第七助道對治者釋論云三三昧爲一切三昧作本也若入三三昧能成四種三昧根利無遮易入清涼池不須對治根利有遮但專三脫門遮不能障亦不須助道根鈍無遮但用道品調適即能轉鈍爲利亦不須助道根鈍遮重者以根鈍故不能即開三解脫門以遮重故牽破觀心爲是義故應須治道對破遮障則得安隱入三解脫門大論稱諸對治是助開門法即此意也夫初果聖人無漏根利見理分明事中煩惱猶有遮障不名善人斯陀含侵五下分亦非善人雖非善人實非凡夫若世智斷惑雖無事障實非聖人如此兩條尚須助道況根鈍遮重而不修對治云何得入助道無量前通塞意中約六蔽明遮宜用六度爲治以論助道若人修四三昧道品調適解脫不開而慳貪忽起激動觀心於

身命財守護保著又貪覺緣想須欲念生雖作意遮止而慳貪轉生是時當用檀捨爲治修三昧時破戒心忽起威儀麤獷無復矜持身口乖違觸犯制度淨禁不淳三昧難發是時當用尸羅爲治修三昧時瞋恚悖怒常生忿恨惡口兩舌諍計是非此毒障於三昧是時當修忍爲治修三昧時放逸懈怠恣身口意縱蕩閑野無慚無愧不能苦節如鑽火未熱數數而止事儥之人尚不辦世務況三昧門是時應用精進爲治修三昧時散亂不定身如獨落口若春蛙心如風燈以散逸故法不現前是時應用禪定爲治修三昧時愚癡迷惑計著斷常謂有人我衆生壽命觸事面牆進止常短不稱物望意慮頑拙非智黠相是時當用智慧爲治諸蔽覆心亦有厚薄薄者心動身口不必動厚者身口動心必先動內病既强其相外現若用對治得去是病所宜若對治不除當依四隨迴轉助道如治一慳或樂修檀或不樂修檀或善心生或不善生或修檀慳破或不破或修檀助開或不開

當善巧斟酌或對或轉或兼或第一義云云修餘治亦如是於助六度但作一事解不能助道當觀此助不思議攝一切法如後說有人言說六是通教說十是通宗此不應爾大經明六度是佛性大品云是摩訶衍一度尚攝諸法何況六耶若得開合之意則無去取如禪有願智力開出泥洹波羅蜜有神通力開出婆羅波羅蜜定守禪度也般若有道種智開出漚和俱舍羅又有一切種智開出闍那波羅蜜一切智守本受般若之稱離則爲十束即爲六豈得以廣畧而判大小耶今明六度助道攝諸法盡畧明攝諸道品調伏六根十力四無所畏十八不共法六通三明四攝四辯陀羅尼三十二相八十隨形好等及一切法云何攝諸道品諸道品中各有捨覺分正爲檀攝若三藏捨覺分雖不入理亦是捨身命財大論云慈悲喜於衆生有益捨何所益捨能具足六度廣利衆生是名大益又捨如膏油能增五度光明故知檀度攝捨覺分也若通教捨覺分捨身命財如幻如化三事

皆空此捨覺分亦爲檀度所攝也若別教捨覺分捨身命財中無知此捨亦爲檀度所攝也若圓教捨覺分捨十法界色身捨十法界連持之命捨十法界依報如是身命財皆不入二邊何以故財名六塵若計六塵可捨有前人可與已身能施如此施者即入六塵有邊若三事皆空即墮無邊今觀財即空不入有觀財即假不入空不二之捨與生死後際等離老病死得不壞常住有邊是生死屬前際空邊是涅槃屬後際是二皆空悉不可得故稱爲等離老死者前際空故離分段老死後際空故離變易老死二死永免故言離也得不壞常住者即是中道法性諸佛所師以法常故諸佛亦常此常住財無能毀損常住之身無能繫縛常住之命不可斷滅成就究竟檀波羅蜜以自莊嚴故金剛般若云初中後日分悉以恒河沙身布施不如受持般若一四句偈當知理觀圓捨乃會道品檀度所攝也如此道品捨覺分理觀深微而不存事行三藏中事施雄猛剜燈救貿國城妻子而

理觀全無毫末兩皆有過今明事檀助破慳蔽進成理觀豈可相離若人雖解實相圓捨之觀撫臆論行涉事慳克保護財物一毫不捨辭憚勞苦稱筋計力不能屈己成他貪惜壽命豈能諍死讓生觸事恪著鏗然不動但解無行如是重蔽何由可破三解脫門何由可開令於道場苦到懺悔生決定心起大誓願捨身命財決無愛惜自行此檀又以教他讚歎檀法隨喜檀者立此誓已稱十方佛爲證爲救心若眞實無欺誑者能感如來放檀光明照除慳蔽思益等云云以蒙光故與諸道品捨覺相應須一一釋出之事理既圓能畢竟檀捨財同糞土身比毒器命若行雲棄三如唾慳障既破治道義成便得解脫若無因緣寄之行道應有利益捨若遺芥是爲事油助增道明開三脫門得見佛性若不能爾無助治之益若如上修即應得悟設不悟者應自思惟理觀道品有正業正語正命此屬尸羅所攝若三藏正業等乃是愼護威儀不破不缺不穿不雜通教正業等不得身口即事

而眞乃是隨道無著等戒別教正業等乃是智所讚自在等戒圓教正業等皆觀法性即是具足等戒淨名云其能如此是名奉律即此意也理觀之戒即心而備雖作此解身口多虧或今生麤獷或先世遮障未得懺悔覆我三昧脫門不開思是事已當自悲愍深生改革從今日始斷相續心誓持禁戒事無瑕玷護持愛惜如保浮囊終不全身而損戒也毒龍輸皮全蟻須陀摩王失國獲偈自戒化他讚法讚者大誓不動稱佛名字爲證爲救心誠感佛放淨戒光能令毀禁者淨戒光觸時二世罪滅即與理觀正業相應一一須釋出之事理既圓畢竟持戒入三脫門見於佛性是名助油以增道明如上修戒若不入者當復思惟是諸道品各有念根念力念覺分正念等即是忍義羼提所攝若三藏正念等是伏忍通教正念等是柔順忍別教正念等是無生忍圓教正念等是寂滅忍若人念力堅強瞋恚之賊則不得入而得入者或因無念或念不強而瞋敵得起或今世起或前世

起或瞋同行外護或瞋現事或追緣昔嫌或初起屑屑或初即隆盛若恣瞋毒傾蕩無遺設不自在如蛇自齧瞋障百千法門豈得恣之而不呵責當知但有理解未有忍力既知是已深生改悔發大誓願早如江海穢濁歸之屈如橋梁人馬踐之當耐勞苦猶如射垜衆箭湊之無恨無怨如富樓那被罵喜免手乃至被刃喜疾滅無辜惱者忍力轉盛如揩金磨鏡羼提仙人强輭俱安自忍化他讚法讚者大誓不動稱十方佛爲證爲救佛放忍光二世瞋障重罪銷滅得與事理諸念相應於諸違境忍力成就是爲事油助增道明若如上修而不入者當復思惟四種道品各八精進爲毗棃耶所攝大論云前三易成不須精進後二難成必須精進精進故得三菩提阿難說精進覺佛即起坐如大施杼海乃可相應而今放逸倚卧縱緩忘失本心無復進力雖在道場雜諸惡覺名之爲汙日不如日名之爲退退則非進汙則非精何能契理或先世懈怠罪障覆心如穴鼻無鉤狂醉越逸

初中後夜不克已競時遂復遷延稽度日月
當發誓願刻骨銘心身命許道推死在前無
量劫來唐愛護惜今求三昧決定應捨以夜
繼晝呵責過患行法匪懈端直其身無復難
心苦心設有病惱不以爲患一生不剋歷劫
不休自進化他讚法讚者稱十方佛爲證爲
救感佛進光得與理觀八進相應若與三藏
相應即成生生精進通相應即成生不生精
進別相應即成不生生精進圓相應即成不
生不生牢强精進開涅槃門見於佛性是爲
事油助增觀明精進有通體別體云云若如上
修不得悟者當自思惟理觀道品各有八定
爲禪度所攝但是解心實未證得雖言根本
事定不成乃至雖言無作定首楞嚴不成若
無定者平地顛墮或二世散動三昧不開爲
實三 二十三
是義故一心決果初中後夜身端心寂疲苦
邪想若起疾滅自禪教他讚法讚者大誓不
動盡命爲期乃至後世不證不止稱十方佛
爲證爲救感佛定光散動障破事禪開發與
四觀相應大論釋禪度先列諸禪法次明無

所得顯波羅蜜相後廣釋九想八念等皆於
禪中開出諸禪法甚多今但取五門爲助道
也若禪思時心多覺觀徧緣三毒當用數息
爲治數若不成即知心去去即追還從初更
數防散録心此爲良治以心住故或發欲界
定乃至七依定皆能入若不得般若方便成
凡夫法若得方便成摩訶衍故請觀音云若
數息心定毛孔見佛住首楞嚴得不退轉是
爲數息開解脫門即與三藏八定相應乃至
與無作八定相應是爲事油助增道明若緣
女色耽湎在懷惑著不離當用不淨觀爲治
觀所愛人初死之相言語適爾奄便那去身
冷色變蟲膿流出不淨臭處穢惡充滿捐棄
塚間如朽敗木昔所愛重今何所見是爲惡
物令我憂勞既識欲過婬心即息餘八想亦
治婬欲大論云多婬者令觀九想於緣不自
在令觀背捨緣不廣普令觀勝處不能轉變
令觀十一切處若有怖畏令修八念皆以不
淨爲初門悉治婬火開解脫門與四種八定
相應助油增明云云若攀緣瞋恚當用慈心爲

治上忍度是通治今別約慈無量心餘三心
或是樂欲等云云悲無量爲對治者緣衆生苦
深起愍傷欲拔其苦緣此心入定與悲相應
慈者想衆生得樂緣此心入與慈定相應喜
心者想衆生得樂生大歡喜緣此心入與喜
定相應捨心者捨愛憎想住平等觀緣此心
實三 二十四
入與捨定相應得此四定者於諸衆生瞋無
從生下更廣說若攀緣邪倒當用因緣觀治
之毗曇以界方便破我今因緣破我三世破
斷常二世破我一念破性此定若成即與理
觀相應助開涅槃門若睡障道罪起即用念
佛觀治之緣於應佛無相之相緣相分明破
障道罪見十方佛與理觀相應開涅槃門若
如上修而不入者或非其宜當自思惟理觀
之中具四念處慧根慧力擇喜覺分正見正
思惟如是十法智度所攝此是理觀此解不
明由於二世愚癡迷僻昏覆精神故令三昧
不顯應當改革發大誓願令事觀明了破四
顛倒諦觀此身從頭至足但是種子不淨乃
至究竟五種不淨所謂是身攬他遺體吐淚

赤白二渧和合託識其中以爲體質是名種子不淨居二藏間穢濁洟潤乍懸乍壓或熱或冷七日一變十月懷抱若六皰成就形相具足日月已滿轉向產門大論云此身非化生亦非蓮華生但從尿道出此處卑猥底下廝惡是名住處不淨旣生出已眠卧糞穢乳哺將養自小之大耳貯結聹眼流眵淚鼻孔垂膿口氣常臭頭垢重沓如薄糞泥胜腋酸汗如淋尿灑衣服著體卽如油塗是名自相不淨其中唯有屎尿之聚膿聚血聚膏髓等聚大腸小腸肪脯腦膜筋纏血塗惡露臭處蟲戶所集盡海水洗不能令淨論云此身不如摩羅延山能出栴檀自小至大性是不淨譬如糞穢多少俱臭是名自性不淨一旦命終假借還本風去火冷地壞水流蟲噉鳥啄頭手分離盈流於外三五里間逆風聞臭惡氣腥臊衝人鼻息惡色黯瘀汙人眼目劇於死狗是名究竟不淨如是五種皆是實觀非得解觀那忽於中計以爲淨好衣美食愛護將養摩頭拭頸保此毒身譬如蜣蜋丸鹿糞穢人亦如是愛重此身至死不猒不可搪觸養此身故造種種罪若知過患始終不淨能破淨倒也又復當知四大成身二上二下互相違返地過水水爛地風散地地遮風水滅火火煎水更相侵害如篋盛四蛇癰瘡刺箭常自是苦有何可樂加以飢渴寒熱鞭打繫縛生老病死是爲苦苦四大相侵互相破壞是爲壞苦念念流炎是爲行苦於下苦中橫生樂想若見苦相分明如瘡中刺介介當痛不於此身生一念樂倒又復當觀過去無明善惡諸業驅縛心識偪入胎獄如繫鳥在籠欲去不得心識亦爾籠以四大繫以得繩心在色籠無處不至業繩未斷去已復還籠破繫斷卽去不反空籠而存此壞彼成出籠入籠印壞文成無一念住又風氣依身名出入息此息還謝出不保入毗曇云命是非色非心法大集云出入息名壽命一息不返卽名命終比丘白佛不保七日乃至不保出入息佛言善哉善修無常又觀諸業猶如怨家如烏競肉經云剎那起惡殃墜無間促促時節尚成重業何況長夜惡念業則無邊業如怨責常伺人便若正償此責餘業不牽償稍欲畢餘業爭攝去住無期無常殺鬼不擇豪賢危脆不堅難可恃怙云何安然規望百歲四方馳求貯積聚斂聚斂未足溘然長往所有產貨徒爲他有冥冥獨逝誰訪是非或出家人知解濫冐或精進滅火而不悟無常諺云可憐無五媚精進無道心此之謂也若覺無常過於暴水猛風掣電山海空市無逃避處如此觀已心大怖畏眠不安席食不甘哺如救頭然白駒烏兎日夜奔競以求出要豈復貪著世財結構諸有作無益事造生死業耶頓絕羈鎖超然直去如野干絕透爭出火宅早求免濟是爲破常倒

摩訶止觀卷第七上 寶三 二十七

摩訶止觀卷第七上

校勘記

一　底本，清藏本。

一　八一三頁上一九行「即是」，南作「即一」。

一　八一九頁上一九行第二字「證」，南、徑作「明」。

一　八二〇頁中九行第一六字「當」，南、徑作「常」。

摩訶止觀卷第七下　實四

隋天台智者大師說

門人灌頂記

又復當觀無量劫來多約名色及以想行而計我人若其執作忽聞讚罵云讚罵我立行住坐卧一切事物皆計於我如膠塗手隨執隨著經云凡夫若離我心無有是處若遭貧窮失於本心亦計我不息若得富貴恣勢縱毒酷害天下赫怒隆盛怨枉無辜諸業與起皆我所爲誰代當者逆風執火豈不燒手如彼夜房謂言有鬼天明照了乃本舊人又無智慧故計言有我以慧觀之實無有我我在何處頭足支節一一諦觀了不見我何處有人及以衆生業力機關假爲空聚從衆緣生無有宰主如宿空亭二鬼爭屍如此觀時我倒休息若修四觀破四顛倒道心鬱起生大怖畏如爲怨逐如叛怨國如行險道念念周慞祇求出路麞聞獵圍霍驚絶走雖遇水草何暇飲嗽志在免脫麞聞如是若鹿透圍小得免難並馳並顧悲鳴吻咽痛戀本羣雖復踟蹰更知何益茹氣吞聲銜悲前進緣覺如是自出生死愍念衆生雖悲悼哀傷不能救拔若大象王雖聞圍合不忍獨去自知力大堪遮刀箭守護其子令羣安隱得免傷害菩薩如是無常無我諸觀明時怖畏切心如蹈水火又起慈悲如毋念子衆生盲冥不覺苦燒我今云何棄之獨去安耐生死以智方便教化淳熟作得度因緣於自功德法身慧命展轉增長有緣機熟即坐道場成佛與衆生共出三界如彼大象自他俱安若小象子雖捍刀箭必爲所中自他無益初心菩薩欲入生死生死觸之失退善根法身破壞雖然發大悲心功德可歎故菩薩雖怖生死而恒求善本荷負衆生不同二乘雖住生死非貪五欲但爲兼濟不同凡夫經云不住調伏不住不調伏雖知無我而誨人不倦雖知涅槃而不求滅雖知不淨不說猒離即此義也多修六度功德善本似羊身肥勤觀無常諸惡業壞恒被狼怖如羊無脂是名修事般若相自行教他讚法讚者稱十方佛爲證爲救諸佛威加離障解脫即與四種十慧相應是爲事油助增道明云若全無理觀又無事懺輒望佛印希利規名若佛印者無有是處若理觀無間借事破蔽眞實心懺印有是處所以須事助道者如二萬億佛所繫珠中忘大乘即不以大化更六百劫以小起之今怖畏生死漸向父舍故知應借小助大又佛初欲大化諸佛不印若思方便即稱善哉如富家子病應用黃龍湯父毋豈惜好藥宜强之耳服已病差佛有本願今衆如我豈惜大乘事不獲已逗機對治助道開門義亦如是問曰不修助道三昧不成六度應勝道品耶答此有三句六度破道品道品破六度六度修道品道品修六度六度即道品道品即六度如上道品不能契眞若修六度即能破蔽豈非六度破道品有時六度不能到彼岸若修道品即得悟入是爲道品破六度若修六度先破六蔽進修道品任運可成是爲六度修道品如上所說即是道品修六度六度道品相即者檀即摩訶衍四念處亦即摩訶衍檀與道品

無二無別不可得故通論諸法於行無益互有相破於行有益互有相修約理互有相即若四諦因緣有無非有無廣歷一切法皆有三番若得此意自在說云云云何六度攝調伏諸根義若六根不受六塵即合諸道品中捨除覺分即是檀度調伏諸根也六根不爲六塵所傷即合道品正業正語正命即是戒度調伏諸根也違情六塵安忍不動即合道品四種之念是名忍度調伏諸根也守護根塵常不懈息即合道品八種精進是名進度調伏諸根定心不亂不爲六塵所惑即合道品八種之定是名禪度調伏諸根知六塵無常苦空寂滅即合道品十種之慧是名智度調伏諸根也此乃三藏調伏諸根滿足六度復次知眼空不受眼色空不受色根塵空故名常捨行乃至意空不受意法空不受法名常捨行即合道品除捨覺分是名檀度調伏諸根色空不能傷眼空眼空不能傷色空乃至法空不得意便意空不得法便即合道品正語正業正命是名尸度調伏諸根又眼色空故則無違無順無忍不忍乃至意法空故無違無順無忍不忍即合道品四種之念是名忍度調伏諸根眼色常空無不空時如是習應與般若相應乃至意法常空無不空時是名與般若相應即合道品八種精進是名進度調伏諸根眼色空故不亂不味乃至意法空故不亂不味即合道品諸定是名禪度調伏諸根眼色空故不愚不智乃至意法空故不愚不智即合道品十種之智是名智度調伏諸根此是通教調伏諸根滿足六度也若眼色具十法界十法界各有果報勝劣不同各各修因深淺有異因果無量不可窮盡除郤無知分別法相無所受著乃至意法具十法界分別無著即合道品除捨覺分是名檀度調伏諸根分別眼色乃至意法無量相貌未曾差機傷他善根自亦不爲無量根塵所傷即合道品正業語命是名戒度調伏諸根又於十界根塵若違若順其心不動安住假中能忍成道事即合道品諸念是名忍度調伏諸根又分別一切根塵若起難心苦心亦不中退於生死有勇即合道品精進是名進度調伏諸根又分別一切根塵心不壞亂不動不僻即合道品諸定是名禪度調伏諸根又分別一切根塵道種智力授藥當宜方便善巧亦無染著即合道品諸慧是名智度調伏諸根此則別教調伏諸根滿足六度復次若如殃掘摩羅經云所謂彼眼根於諸如來常具足無減修了了分明見者彼是九法界眼根也於如來常者九界自謂各各非眞如來觀之即佛法界無二無別無減修者觀諸眼即佛眼一心三諦圓因具足無有缺減也了了分明見者照實爲了了照權爲分明三智一心中五眼具足圓照名爲了了見佛性也見論圓證修論圓因又具足修者觀於眼根捨二邊漏名爲檀眼根不爲二邊所傷名爲尸眼根寂滅不爲二邊所動名爲羼提眼根及識自然流入薩婆若海名爲精進觀眼實性名爲上定以一切種智照眼中道名爲智慧是爲眼根具足無減修無減故了了分明見眼法界乃至彼意根於諸如來常具足

無滅修了了分明知於一一根即空即假即中三觀一心名無滅修證慧眼法眼佛眼一一心中得名了了見皆如上說根既如此塵亦復然一切諸法亦復如是是爲圓教調伏諸根滿足六度此則究竟調伏究竟滿足如是助道助究竟道當知六度偏能調伏一切諸根也大品云施者受者財物不可得故具足檀波羅蜜亡三事無所著正當檀體應是具足者行於財法二施檀名具足事理二圓自他俱益故名具足事則破其慳法而能捨財理則破其慳心而能捨法二破二捨體用具足名波羅蜜也云何六度攝佛威儀佛以十力無畏不共法等爲威儀一心中修四道品名修佛威儀證佛眼佛智名得佛威儀今逐語便約道品明攝十力者若四種道品即是四種四諦智決定因果知生滅之集決受三界之苦斯有是處生滅之集若至無餘涅槃斯無是處若生滅之道能盡苦入涅槃斯有是處生滅之道若至三界斯無是處乃至無作之集通至變易斯有是處若通至無上涅槃無有是處若無作道滅通至一切種智斯有是處若通至二乘無有是處是四因果一心中知決判明斷名是處非處力故如來於佛法中作師子吼獨我法中有四沙門果即此義也業報智力者知四種集是知業知苦是知報道滅亦爾分別四種業報淺深不謬是二力也知禪定力者四種道諦中八定分別深淺照了不差是三力也知根欲性力者知過去苦集不同名根力知現在苦集樂欲不同名欲力知未來苦集得失不同名性力是四五六力也知至處道力者知四道諦所至之處是七力也知宿命天眼力者照過去一世多世種性好惡壽命長短名宿命力照未來生處好醜名天眼力是名八九力也漏盡力者四種滅諦所證無漏心慧等解脫也是一法門而有四種者如王密語智臣解意佛說十力赴四種機不令小者謗大傷其功德不令大者得小抑其善根彼彼獨聞各各獲利無謀權巧故號能仁菩薩智臣深解密語知意在三藏即問生滅鄭重諮詢令有緣疾悟乃至知意在圓或頌無作或問無作令他得解一音殊唱萬聽咸悅口密無邊義不可盡上作四釋何足致疑耶問十力是佛威儀初心云何能學云何能得答大論云菩薩行般若十力無畏不應住若佛於佛法無有過失是則應住若菩薩無佛法何所論住釋云菩薩修佛功德多生重著破此重心故言不應住又菩薩分得十力無畏既未究竟故不應住若爾前雖修而未得後語入位何關初心若依華嚴十住品云菩薩因初發心得十力分正念天子問法慧云初心大士修十力方便云何知家非家出家學道云何方便修習梵行具十住道速成菩提答云菩薩先當分別十種之法謂三業及佛法僧戒若身是梵行梵行渾濁八萬戸蟲若身業是梵行四儀顧眄舉足下足若口是梵行音聲觸心脣齒舌動若口業是梵行則是語言乃至戒是梵行戒場十衆問清淨戒師白四羯磨剃髮乞食等皆非梵行梵行爲在何處誰有梵行三世平等猶如虛空是名方便又更修習

增上十法所謂十力甚深無量如是觀者疾
得一切諸佛功德初發心時便成正覺知一
切法眞實之性具足慧身不由他悟如此明
文豈非初心修證十々又地持云菩薩知如
來藏聞思前行修自性禪得入一切禪一切
禪有三種一現法樂現法樂故稱歡喜地二
出生十力種性三摩跋提及二乘除入三利
益衆生禪也十住名聞慧十行名思慧此聞
思前以修自性入一切禪得具三法豈非初
心有修有證三據明矣道品六度及佛十力
宛轉相攝皆如上說若修道品六度即是修
佛十力若調伏諸根滿足六度即是滿足十
力住佛威儀無異也十住毗婆沙云力名扶
助氣力不可窮盡地持云得勝堪能名爲力
於十處悉如實離虛妄勝於魔自行故名得
勝能以方便利益衆生故言堪能然佛力無
量何止言十實是一智緣十事故言十此十
化衆生足舉十餘亦可知殃掘云十力是聲
聞宗非摩訶衍大乘有無量力此二釋彌顯
四種十力意云何道品攝四無所畏一切智

無畏者即是備知四種苦諦爲他分別明示
過患決定師子吼無微畏相無能難言是法
非法障道無畏者四種集諦障四道滅決定
師子吼無微畏相無能難言此非障道盡苦
道無畏者四種道諦能行是道得盡苦出世
間決定師子吼無微畏相無漏無畏者即四
種滅諦各有所證各有所滅決定師子吼無
微畏相道品無畏宛轉相攝若修道品六度
即是修無畏住佛威儀也大論云內心具足
名爲力外用無怯名無畏十住毗婆沙云一
法名無畏云何言四於四事中無疑故名四
佛應於一切法無畏云何但四舉大要開事
端餘亦無畏也攝十八不共法者初身口無
失此二是四種道品正業語命也得供不高
逢毀不下名無不定心四威儀恒在定名無
不知已捨此二法是四種道品中八種定也
修身戒心慧不可盡名欲無滅慈悲度人安
住寂滅不增不減名精進無滅無量劫爲一
切衆生受苦不疲不厭名念無滅此三法是
四種道品中八種精進也常照三世衆生心

不須更觀而爲說法不失先念名慧無減憶
三世事不忘名解脫無減自然覺悟不同二
乘名解脫知見無減一切身業智慧爲本得
無礙智說不可盡名身業共智慧行口意共
智慧亦如是凡十一法是四種道品中十種
之慧結成攝法意如上說攝四無礙智者法
無礙是四種四諦名字之法名字從心分別
若無心者誰爲作名既達一心無量心亦知
一名無量名名不可盡是名法無礙義無礙
者諸法諸名皆歸一義所謂如實義名義無
礙辭無礙者十法界衆生言辭不同皆悉解
了十界音辭入一音辭知一界即解十界無
有罣礙名辭無礙又法是四諦法門義是四
種道諦辭是四種苦諦云云樂說無礙者以四
種四諦巧赴機緣旋轉交絡說不可盡令他
樂聞於一字中說一切字一切義赴一切音
當其根性各沾利益結攝意如上說攝六通
者眼耳如意三通如調伏諸根中說他心宿
命漏盡如十力中說攝三明者如六通中說
攝四攝者若布施攝即四種道品中除捨覺

分也愛語即四種道品中正業語命也利行
同事即四種道品八定定有神力故能利行
同事云云攝陀羅尼者持諸善法如完器盛水
遮諸惡法如棘援防果即是四種道品中四
正勤勤遮二惡勤生二善故十住毗婆沙偈
云
斷已生惡法　猶如除毒蛇　斷未生惡法
如預防流水　增長已生善　如溉甘果栽
未生善爲生　如鑽木出火
攝三十二相者婆沙云阿毗曇相品中一一
相三種分別謂相體相業相果也大論云百
劫種三十二相即其義也還用三藏道品六
度望之終不出施戒慧等文煩不委攝意可
知若通教相體業果者不同上也若以相求
佛轉輪聖王即是如來是人行邪道佛說三
十二相即非三十二相一一悉用空心蕩淨
與空相應乃名爲相也毗婆沙亦云菩薩一
心修習三十二相業皆以慧爲本即空慧也
若爾三十二相皆爲道品十慧及智度所攝
即通教意也復次前兩道品教門明因得修

相業論果得有相體但此相小勝輪王魔能
化作故非奇特入無餘涅槃相則永滅譬如
得銅不能照面二乘共三藏佛俱得眞無法
界像當知前兩道品非修相法若後兩道品
是修相法法華云深達罪福相徧照於十方
微妙淨法身具相三十二若證中道中道即
具此相如法華中二乘開示悟入妙會中道
即與八相佛記譬如得鏡萬像必形大乘得
中靡所不現法身相者名爲眞相淨名云已
捨世間所有相好輪王魔羅世相嚴身皆是
虛妄故言已捨中道明鏡本無諸相無相而
相者妍醜由彼多少住緣普現色身即眞相
也無量壽觀云阿彌陀佛八萬四千相一一
相八萬四千好薩遮華嚴皆云相爲大相海
好爲小相海既言相海豈局三十二耶爲緣
不同多少在彼此眞實之相爲別圓兩道品
所攝義自可知不能委記當知六度助道攝
諸善法無量無邊舉上十二條以示義端知
餘亦攝助道尚爾何況正道云云○第八明次
位者夫眞似二位有解脫知見朱紫分明終

不謬謂未得謂得計四善根以爲初果初果
爲無學自知所斷證未斷證雖四門名位有
殊斷及諦理羼然不異二乘多論一生斷結
時節既促教門所明大同小異不過迭動善
薩教門非但時長行遠智斷亦別徑路乃殊
歸途一也六度初僧祇未知作佛二僧祇知
而不說三僧祇自知亦說百劫種大人相具
五功德名不退地皆似位也坐道場成佛方
名眞位此教初淺尚有次位豈有凡夫造心
即言上位此非增上慢推與誰乎通教二乘
眞似之位智異三藏斷位不殊若菩薩位條
然不同簡名義通別如法華玄云云別教惑斷
智位二乘聾啞非其境界故名爲別一往望
攝論華嚴所明地位即是其義但別義多途
赴機異說橫則四門不同豎則階降深淺不
可定執一經而相是非又菩薩或造通論釋
經或造別論釋經如龍樹作千部論天親及
諸菩薩論復何量度此者少那得苦專一意
非撥餘門若苟且抑揚失佛方便自招毀損
欲望通途翻成哽塞今明別位四門異說種

種不同雖阡陌經緯其致一也此方雖未有
多論而前四門推之若通教說種種位知其
同是眞諦別教說種種位知其同是中道經
言雖說種種道其實爲一乘其所說法皆悉
到於一切智地得此意者狐疑易息鬪諍不
生上破思假中已畧說諸位若欲知者往彼
尋看云云又今有十意融通佛法一明道理寂
絕亡離不可思議即是四諦三二一無隨情
智等或開或合若識此意權實道理泠然自
照二教門網格匡骨盤峙包括密露涇渭大
小即是漸頓不定祕密藏通別圓若得此意
聲教開合化道可知三經論矛盾言義相乖
不可以情通不可以博解古來執諍連代不
消若得四悉檀意則結滯開融懷抱瑣析拔
擲自在不惑此疑彼也四若知諺執而生塞
著巧破盡淨單複具足無言窮逐能破如所
破有何所得耶五結正法門對當行位修有
方便證有階差權實大小賢聖不濫增上慢
罪從何而生六於一法門縱橫無礙綸緒次
第臺臺成章七開章科段鉤鎖相承生起可

愛八帖釋經文婉轉綿媚總用上諸方法隨
語消釋義順而文當九翻譯梵漢名數兼通
使方言不壅十一一句偈如聞而修入心成
觀觀與經合觀則有印印心作觀非數他寶
唯翻譯名數未暇廣尋九意不與世間文字
法師共亦不與事相禪師共一種禪師唯有
觀心一意或淺或僞餘九全無此非虛言後
賢有眼者當證知也次位者十意之一也若
圓教次位者於菩薩境中應廣分別但彼證
今修故須畧辨若四種三昧修習方便通如
上說唯法華別約六時五悔重作方便今就
五悔明其位相先知逆順十心而繫緣實相
是第一懺常懺悔無不懺時但心理微密觀
用輕踈黒惡覆障卒難開曉重運身口助發
意業使疾相應更加五悔耳懺名陳露先惡
悔名改往修來佛智徧照佛慈普攝我以身
口投佛足下願世間眼證我懺悔我無始無
量遮佛道罪無明所偏不識正眞從三界繫
動身口意起十惡罪三寶六親四生五道作
不饒益事破發三乘心人造五七逆自作教

他見作隨喜應現生後受諸苦惱如三世菩
薩求佛道時懺悔我亦如是傷已昏沉無智
慧眼發是語時聲淚俱下至誠眞實五體投
地如樹崩倒摧折我人衆惡傾殄是名懺悔
勸請者名爲祈求聲聞自度直懺已罪菩薩
愍衆故行道故須勸請我今知罪尚不得脫
衆生不知歷劫流轉我無力救請十方佛佛
愍衆生不簡巨細必冥從願大論明請不請
云云請轉法輪謂勸示證令於四諦生眼智明
覺是名三轉有人言請說三乘名三轉佛若
說法衆生得涅槃證設未得者且令受世間
樂佛若普許則一切得安我預一切罪苦亦
除如偏請雨我有少田自霑甘潤請住世者
夫命隨業得住變化隨心得住心止化滅我
今請佛饒益衆生如大炬火莫止變化之心
久住安隱度脫一切是名勸請隨喜者名爲
慶彼佛既三轉法輪衆生得三世利益我助
彼喜又我應勸化令其生善其善自生是故
我喜喜三世衆生福德善三世三乘無漏善
三世諸佛從初心至入滅一切諸善我皆隨

喜亦教他喜如買賣香傍觀三人同熏能化受化及隨喜者三善均等觀衆生惑甚可悲傷觀衆生善應大恭敬心常不輕深知衆生具正緣了即雖未發會必應生善鼓遠近爲要當死故敬之如佛何者未來諸世尊其數無有量也此深是隨喜意也法華隨喜法大品隨喜人人法互舉耳迴向者迴衆善向菩提一切賢聖功德廣大我今隨喜福亦廣大衆生無善我以善施施衆生已正向菩提如迴聲入角響聞則遠迴向爲大利正迴向者斷三界道滅諸戲論乾煩惱泥滅棘刺林捨除重檐不取不念不見不得不分別能迴向者所迴向處諸法皆妄想和合故有一切法實不生無已今當生無已今當滅諸法如是我順諸法隨喜迴向如三世諸佛所知所見所許是名眞實正迴向亦名最上具足大迴向則不謗佛無過咎無所繫無毒無失何但迴向如此前三後一亦然毗婆沙云罪應如是懺勸請隨喜福迴向於菩提發願者誓也如許人物若不分券物則不定施衆生善若不要心或恐退悔加之以誓又無誓願如牛無御不知所趣願來持行將至所在亦名陀羅尼持善遮惡如坯得火堪可盛物二乘生盡故不須願菩薩生生化物須總願別願四弘是總願法藏華嚴所說一一善行陀羅尼皆有別願今於道場日夜六時行此懺悔破大惡業罪勸請破謗法罪隨喜破嫉妬罪迴向破爲諸有罪順空無相願所得功德不可限量譬筭校計亦不能說若能勤行五悔方便助開觀門一心三諦豁爾開明如臨淨鏡徧了諸色於一念中圓解成就不加功力任運分明正信堅固無能移動此名深信隨喜心即初品弟子位也分別功德品云其有衆生聞佛壽長遠乃至能生一念信解所得功德不可限量能起如來無上之慧若聞是經而不毀呰起隨喜心當知已爲深信解相即初品文也又以圓解觀心修行五悔更加讀誦善言妙義與心相會如膏助火是時心觀益明名第二品也文云何況讀誦受持之者斯人則爲頂戴如來又以增品勝心修行五悔更加說法轉其內解導利前人以曠濟故化功歸已心更一轉倍勝於前名第三品也文云若有受持讀誦爲他人說自書教人書供養經卷不須復起塔寺供養衆僧又以增進心修行五悔兼修六度福德力故倍助觀心更一重深進名第四品也文云況復有人能持是經兼行六度其德最勝無量無邊譬如虛空至一切種智又以此心修行五悔正修六度自行化他事理具足心觀無礙轉勝於前不可比喻名第五品也文云能爲他人種種解說清淨持戒忍辱無瞋常貴坐禪精進勇猛利根智慧當知是人已趣道場近三菩提若爾五品之位在十信前若依普賢觀即以五品爲十信五心但佛意難知赴機異說借此開解何勞苦諍云云復次今此一章是觀陰界入境須約陰入而判次位所謂黑陰入界即三惡道位白陰入界即三善道位善方便陰入界即小乘似位無漏陰界入即二乘眞位變易陰界入即五種人位法性常色常受想行識陰界入即佛位云云又假名五品

既轉明淨豁入聞慧通達無滯深信難動即
信心也如此次第念進慧定陀羅尼戒護迴
向願等十信具足名六根清淨相似之位四
住已盡仁王般若云十善菩薩發大心長別
三界苦輪海即此意也次入初住破無明見
佛性華嚴云初發心時便成正覺眞實之性
不由他悟即此意也如是次第四十二位究
竟妙覺無有叨濫是名知次位○第九安忍
者能忍成道事不動亦不退是心名薩埵始
觀陰界至識次位八法障轉慧開或未入品
或入初品神智爽利若鋒刃飛霜觸物斯斷
初心聰叡有逾於此本不聽學能解經論覽
他義疏洞識宗塗欲釋一條辯不可盡若懷
寶藏璧蘊解匿名密勤精進必得入品或進
深品志念堅固無能移易彌爲勝術但雖不
資四　十八
處囊難覆易露或見講者不稱理或見行道
者不當轍慈悲示語即被圍繞凡令講說或
勸爲衆生內痒外動即說一兩句法或示一
兩節禪初對一人馳傳漸廣則不得止初謂
有益益他蓋微廢損自行非唯品秩不進障

道還與象子力微身沒刀箭掬湯投氷翻添
氷聚毗婆沙云破敗菩薩也昔鄴洛禪師名
播河海往則四方雲仰去則千百成羣隱隱
轟轟亦有何益利臨終皆悔武津歎曰一生
望入銅輪領衆太早所求不克著願文云擇
擇擇擇高勝垂軌可以鏡爲修行至此審自
斟酌智力强盛須廣利益如大象押羣若其
不然且當安忍深修三昧行成力著爲化不
晚大論云菩薩以度人爲事云何深山自善
答曰如服藥將身體康復業身雖遠離心不
遠離若至六根清淨名初依人有所說法亦
可信受一音徧滿聞者歡喜是化他位也若
此時不出强輭兩賊無如之何自行轉成於
他有辦大象捍格力箭無施日光照世長氷
自冶此即安忍之力焉若被名譽羅罥利養
資四　十九
毛繩眷屬集樹妨蠹內侵枝葉外盡者當早
推之莫受莫著推若不去翻被黏繫者當縮
德露玼揚狂隱實密覆金貝莫令盜見若遁
迹不脫當一舉萬里絕域他方無相諳練快
得學道如求那跋摩云若名利眷屬從外來

破憶此三術齧齒忍耐雖千萬請確乎難拔
讓哉隱哉去哉若煩惱業定見慢等從內來
破者亦憶三術即空即假即中設使屠粉肌
肉心不動散大地鎮壓不爲重淪毗嵐弗輕
寒氷非冷猛炎寧熱端心正觀那得薄證片
禪即以爲喜纔見少惡即以爲憂坯器易塠
菴華難實大品云無量人發菩提心多墮二
乘地爲辦大事彌須安忍若得此意不須九
境若未了者當更廣明○第十無法愛者行
上九事過內外障應得入眞而不入者以法
愛住著而不得前毗曇云煖法猶退五根若
立上忍發眞則不論退頂法若生愛心應入
不入退爲四重五逆通別皆有頂墮之義既
不入位又不墮二乘大論云三三昧是似道
位未發眞時喜有法愛名爲頂墮今人行道
萬不至此至此善自防護此位無內外障唯
有法愛法愛難斷若有稽留此非小事譬如
同帆一去一停停即住著又雖不著沙亦不
著岸風息故住不著沙喻無內障岸喻外障
而生法愛無住風息不進不退名爲頂墮若

破法愛入三解脫發眞中道所有慧身不由
他悟自然流入薩婆若海住無生忍亦名寂
滅忍以首楞嚴遊戲神通具大智慧如大海
水所有功德唯佛能知今止觀進趣方便畧
此而已入住功德今無所論後當重辨○是
實四　二十
十種法名大乘觀學是乘者名摩訶衍云何
大乘如法華云各賜諸子等一大車其車高
廣衆寶莊校周帀欄楯四面懸鈴又於其上
張設幰蓋亦以珍奇雜寶而嚴飾之寶繩交
絡垂諸華纓重敷綩綖安置丹枕駕以白牛
肥壯多力膚色充潔形體姝好有大筋力行
步平正其疾如風又多僕從而侍衛之止觀
大乘亦如是觀念念心無非法性實相是名
等一大車於一一心即空即假即中是名各
賜大車微三諦之源名爲高收十法界名爲
廣無量道品名衆寶莊校四勤遮惡持善又
願來持行釘鑷牢固名周帀欄楯法義辭辯
宣暢開覺名四面懸鈴慈悲普覆無有遺限
名張設幰蓋道品所攝十力無畏十八不共
之法不與他共名珍奇嚴飾四弘誓願要心

不退名寶繩交絡四攝攝物物無不悅名垂
諸華纓諸禪三昧起六神通名重敷綩綖四
門歸宗休息諸行名安置丹枕四念處慧破
除八倒之黑名駕以白牛四正勤增長二善
名肥壯多力遮斷二惡二惡盡淨故言膚色
充潔四如意足四辯自在名形體姝好五根
實四　二十一
盤固不可移動名爲筋五力增長遮諸惡法
名爲力七覺簡擇名爲行步八道安隱名爲
平正對治助道廣攝諸法名又多僕從而侍
衛之破法愛無明入薩婆若海發眞速疾名
其疾如風運載諸子嬉戲快樂此大乘觀法
門具度與彼經合故名大乘觀也復次一切
法悉一乘故夫有心者無不具足如此妙法
是名理乘如來不說則不能知以聞教歡喜
頂受即名字乘因聞名故依教修行入五品
位名觀行乘得六根清淨名相似乘從三界
出到薩婆若中住是亦不住若入初住乃至
十住得眞實乘遊於東方十行遊南方十向
遊西方十地遊北方輪環無際得空而止止
於中央即妙覺直至道場是此意也今人祇

謂捨惡取空是大乘此空尚不免六十二見
單複之惡何得動出爲乘設借爲乘祇一禿
乘無法門具度正法大城金剛寶藏具足無
缺何所而無豈容禿空而已若但爾者乘邪
見乘入險惡道是壞驢車耳云○端坐觀陰
入如上說歷緣對境觀陰界者緣謂六作境
謂六塵大論云於緣生作者於塵生受者如
隨自意中說若般舟常行法華方等半行或
掃灑執作皆有行動隨自意最多若不於行
中習觀云何速與道理相應畧辨其相例前
爲十初所觀境者若舉足下足足是色法色
由心運從此至彼此心依色即是色陰領受
此行即受陰於行計我即想陰或善行惡行
即行陰行中之心即識陰行塵對意則有界
入乃至眼色意法亦如是是陰界入於舉下
實四　二十二
間悉皆具足如此陰入即是無明與行緣合
生行中陰界入陰界入不異無明無明即是
法性法性即是法界一切法趣行中是趣不
過一陰界入一切陰界入一多不一不多不
相妨礙是名行中不思議境達此境時與慈

悲俱起傷已昏沉無量劫來常爲陰入迷惑欺誑今始覺知一切衆生悉是一乘昏醉倒解甚可憐愍誓破無明作衆依止安心定慧而寂照之心既得安徧破見思無知無明三諦之障橫竪皆盡又善識通塞終不於中取藥成病善知道品榮枯念處雙樹中間入般涅槃又善知行中對治六度助開涅槃門深識次位知我此行未同上聖慚愧進修無有休已能於行中外降名利内伏三障安忍不動法愛滯著莫令頂墮十法成就即入銅輪證無生忍得一大車高廣嚴淨衆寶莊校其疾如風嬉戲快樂乘是寶乘直至道場是約行緣作觀治無明糠顯法性米舉足下足道場中來具足佛法矣例前可知行緣既爾住坐卧語作例前可解三三昧無卧法隨自意二十三則有普國王於卧中悟辟支佛當知卧中得有觀行云云對境者約眼計我言我能受一塵有三百十八受者眼見色有五陰三界二入例如上說又彌勒相骨經云一念見色有三百億五陰生滅一一五陰即是衆生若爾者

眼對色時何當五陰三界二入若如此觀眼色者名爲滅修非摩訶衍若觀眼色於諸如來常具足無滅修明識來入門者眼色一念心起即是法界具一切法即空即假即中四句求不可得故言即空如彌勒相色一念盡百億五陰生滅乃至一地十地相色既爾受想行識亦復如是又外道打髑髏作聲聽知生處知無量事香味觸等亦復如是故言即假假不定假空不定空則非空非假若眼一法非空非假則一切法非空非假猶如虛空有無永寂亦如日月無幽不照雖無空假雙照空假照因緣麤色名肉眼照因緣細色名天眼照因緣色空名慧眼照因緣色假名法眼照因緣色中名佛眼五眼一心中具者非具凡夫膿血肉眼亦非諸天所得天眼亦非二乘沈空慧眼亦非菩薩分別之眼但以佛眼具有五力如衆流入海失本名字故佛問善吉云如來有五眼不答云有皆稱如來有何關凡夫二乘眼耶請觀音云五眼具足成菩提以三觀一心名無滅修以一眼具五力

名明見來入門亦是圓證也於眼內外自在眼入正受鼻三昧起鼻入眼起雖動而寂寂不妨動雖寂而動動不妨寂雖見不見不見而見乃稱明見來入門也問佛具五眼應照五境經云我以五眼不見三聚衆生狂愚無目而言見耶又云見色與盲等既等於盲那得見麤細色答五境皆實實相則不可二十四見不可見故喻之如盲雖不可見見無減少五眼洞徹諸境分明雖言五照照何必有雖言如盲盲何必無淨名云不來相而來不見相而見即此意也是爲不思議境我眼衆生眼無二無別云何衆生不覺不知即起慈悲誓當度脫欲滿此願安心定慧能以止觀徧破諸法於眼色中明識通塞不如蟲道於眼陰中修四念處非淨非不淨枯榮雙遣而入涅槃學諸對治助開三脫明識六即不起叨濫我所觀眼雖具五眼但是名字但是觀行若漸見障外後見十方如普賢觀頓見大千如常不輕漸頓兩見六根互用我悉未階不應起慢慚愧勤行若德建名立當忍內外障

安若須彌法愛不生則無留滯其疾如風證眞實眼乘一大車直至道場若眼中得入多於眼中廣作佛事常放金光照耀一切淨名云或有佛土以光明爲佛事眼色一受既爾餘二受亦然餘五根五塵十五受亦然廣說如前將前意實四慶入六根用之但令二十五破煩惱去不拘常科若從耳中得大車多用音聲爲佛事鼻中用香舌中用味身中用天衣意中用寂滅一根佛事互通諸根方便利物時或不同而令衆生得究竟樂云云○若能如上勤而行之於一生中必不空過雖聞不用如黑蚖懷珠何益於長蛇者乎今以三譬譬於得失匹夫隻勇修治一刀一箭破一寇兩寇獲賜一金一銀禄潤一妻一子如此之人但利器械負戰前驅以命博貨何用廣知兵法耶若欲爲國麴糵舟楫鹽梅霖雨者須善文武計在帷帳折衝萬里所學處深所破亦大獲賞既重禄潤甚多雖知而不用用而屢比尚不能濟身澤豈及人乎學禪觀者亦如是唯知一法或止或觀擬破少惡寂心行道得少禪定攝少眷屬便以爲足如匹夫鬪耳欲作大禪師破大煩惱顯無量善法益無量緣當學十法止觀洞達意趣於六緣六受行用相應煩惱卒起即便有觀觀過惑長勇健難事解髻得珠若解而不用用而不當而反師惑心道安克乎又如野巫唯解一術方救一人獲一脯枓何須學神農本草耶欲爲大醫偏覽衆治廣療諸疾轉脈轉精數用數驗恩救博也學禪者亦如是但專一法治惑即去當時微益終非大途包括之意亦不能破煩惱入無生忍雖善醫藥不依方服病豈差乎讀誦止觀甚利心不行用無生終不現前又如學義止欲一問一答銜耀一時何須廣尋經論欲作法主當善異部雖諳解處多而不曾出衆怯弱不任酬往若無怯怖臨機百轉以無方之答答縱實四橫之問是爲大法二十六師觀行人亦如是觀行若明能歷緣對境觸處得用若不如是魔軍何由可破煩惱重病何由可除法性深義何由可顯三事不辦區區因役秖是生死凡夫非爲學道方便也

摩訶止觀卷第七下

摩訶止觀卷第七下

校勘記

一　底本，清藏本。

一　八二六頁下三行「二乘」，徑作「三乘」。

一　八二九頁中一四行「力箭」，南作「刀箭」。

摩訶止觀卷第八上　實五

隋天台智者大師說

門人灌頂記

第二觀煩惱境者上陰界入不悟則非其宜而觀察不已擊動煩惱貪瞋發作是時應捨陰入觀於煩惱前呵五欲知其過罪棄蓋是捨平常陰入觀於果報於中求解今觀發作隆盛起重貪瞋如鐵不與火合但黑若與火合赫然又報法尋常無時不有呵棄爲易若欻起煩惱控制則難何者生來雖瞋諫曉則息今所發者咆勃可畏生來倒想乍起乍滅今所發者鬱然不去生來欲色抑制可停今所發者不簡死馬況其匹類此惑內發强叕熾盛若見外境心狂眼闇譬如流水不覺其急槃之以水漣漪瀰起亦如健人不知有力觸之怒壯煩惱卧伏如有如無道場懺悔觀陰界入如觸睡師子哮吼震地若不識者則能牽人作大重罪非唯止觀不成更增長惡業墜黑闇坑無能勉出爲是義故須觀煩惱境也觀此爲四一略明其相二明因緣三明治異四修止觀初明相者先釋名煩惱是昏煩之法惱亂心神又與心作煩令心得惱即是見思利鈍此一往分數五鈍何必是貪瞋如諸蠕動實不推理而舉螯張鬐怒目自大底下凡劣何甞執見行住坐卧恒起我心故知五鈍非無利也五利豈唯見惑何甞無恚欲耶當知利鈍之名通於見思今約位分之令不相濫若未發禪來雖有世智推理辯聰見想猶弱所有十使同屬於鈍從因定發見見心猛盛所有十使從强受名皆屬於利如兩學人一得法意爲諍則强一得語言爲諍則弱得語如無禪得意如發定若發定已而起見惑如下所觀若未發定而起煩惱正是今所觀也若利中有鈍見諦但斷於利鈍猶應在毗曇人謂利上之鈍名背上使見諦斷時正利既去背使亦去思惟亦如是若開此利鈍爲八萬四千今但束爲四分三毒偏發爲三分若等緣三境名等分三毒偏起是覺觀而非多三毒等起名覺觀多若少若多悉名散動俱能障定無記是報散動則不障定經云從滅定出入散心中散心中還入諸定散不障定即此義也成論人云散兼無知癡能障定若爾散兼瞋欲何不障定耶今釋別有意如上棄蓋中說但煩惱之相廣不可盡若具分別妨於觀門法華云二十年中常令除糞糞即煩惱汙穢法也棄之若盡得一日之價若住分別多少終不得直今觀煩惱糞求智慧錢非欲分別見思相也若爾五百羅漢何以分別爲持佛法作衆導首通種種難須廣分別今正入道力所未暇亦於觀非急但總知四分糞穢動而棄之若從空入假時當委悉分別復次利鈍合各束爲四分同是界內共二乘斷名通煩惱也若界外四分二乘不斷名別煩惱若作相關何得離通有別通惑爲枝別惑爲本得眞智斷枝得中智斷本若作不思議者秖界內煩惱即是菩提何得非是別惑已如前說二明煩惱起之因緣因緣有三如後說起相有四深而不利利而不深亦深亦利不深不利第四句即屬通途果報惑相尋常相係故言非深非利也三句

起動異常即屬煩惱發相也發時深重不可
禁止觸境彌增無能遮制是爲深相數數發
起起輒深重故名爲利利而不深深而不利
準此可知因緣者一習因種子二業力擊作
三魔所扇動習者無量劫來煩惱重積種子
成就薰習相續如駛水流順之不覺其疾槃
之則知奔猛行人任煩惱流沿生死海都不
覺知若修道品泝諸有流煩惱嵬起唯當勤
勉特出曉夜兼功耳業者無量劫來惡行成
就如負怨責那得令汝修道出離故惡業卓
起破壞觀心使善法不立如河湉靜不覺流
浪暴風卒至波如連山若放擲帆柁壞在斯
須一心正前後行船得免魔者若作魔行是
其民屬故不動亂若行道出界去此投彼十
軍攝擒故深利之惑欻然而至如大海水雖
無風流摩竭吸水萬物奔趣不可力拒尊稱
佛名乃得脱耳若就火爲譬者抖擻如習風
扇如業膏投如魔魔業如下説觀習動煩惱
是今所觀也三治法不同者小乘治有五對
轉不轉兼具此五共治四分煩惱障道起如

下業境云云對治者一分煩惱即有三種合成
十二對此亦有十二如對冤設障是名對治
轉治者如不淨是貪欲對治而非其宜應以
淨觀得脱轉修慈心念以淨法安樂豈加穢
辱是名轉治若瞋人教不淨癡人教思惟邊
無邊掉散教用[賓五]智慧分別此是[四]病不轉而治
轉皆名轉治若藥病俱轉亦名轉治亦是對
治不轉治者病雖轉治終不轉宜修此法但
以此治治轉不轉病故名不轉治兼治者病
兼藥亦兼如貪欲兼瞋不淨須帶慈心病兼
一二藥亦兼一二是名兼治具治者具用上
法共治一病是名小乘先用五治後用諸智
乃得入眞大乘明治非對非兼等名第一義
治如阿竭陀藥能治衆病小乘多用三悉檀
爲治大乘多用第一義悉檀爲治也空無生
中誰是煩惱誰是能治尚無煩惱何物而轉
既無所轉亦不兼具但以無生一方偏治一
切也此極畧須善取意也四修止觀者還爲
十意初簡思議境者一念欲覺初起甚微不
即遮止遂漸增長爲欲事故貪引無道乃至

四重五逆是名煩惱生地獄界爲欲因緣不
知慚恥會尼骶突無復禮義亡失人種是名
貪欲生畜生界又爲欲因緣慳惜守護亦慳
他家是名貪欲生餓鬼界爲欲因緣而生嫉
妬猜忌防擬常欲勝他百方鴆陷令彼退負
是名貪欲生修[賓五]羅界又欲因緣深[五]愛現樂以
禮婚娉每存撙節符順仁義爲未來欲樂而
持五戒是名貪欲生人界又欲起時鄙人欲
麤希求天欲勤修十善防止純熟任運不起
是觀貪欲生六天界又觀欲心棄呵清淨能
發禪定是色天無色天界又觀欲是集集方
招苦猒此苦集而修出要是聲聞界若觀欲
是無明爲無明欲而造諸行輪環無際若止
於欲無明行等皆止是爲緣覺界若觀欲是
蔽而起慈悲而行於捨怖長無常乃至觀欲
是癡等是六度界若觀欲本自不起今亦不
住將亦不滅欲即是空空即涅槃是爲通教
界又觀欲心有無量相集既非一苦亦無量
知根欲性皆因欲心分別具足是爲別教界
其餘三分煩惱出生諸法亦復如是次第生

一切法是名思議境也不思議境者如無行云貪欲即是道恚癡亦如是如是三法中具一切佛法如是四分雖即是道復不得隨隨之將人向惡道復不得斷斷之成增上慢不斷癡愛起諸明脫乃名爲道不住調伏不住不調伏住不調伏是愚人相住於調伏是聲聞法所以者何凡夫貪染隨順四分生死重積很戾難馴故名不調二乘怖畏生死如爲怨逐速出三界阿羅漢者名爲不調三界惑盡無惑可調如是不調名之爲調焦種不生根敗無用菩薩不爾於生死而有勇於涅槃而不味勇於生死無生而生不爲生法所汙如花在泥如醫療病不味涅槃知空不空不爲空法所證如鳥飛空不住於空不斷煩惱而入涅槃不斷五欲而淨諸根即是不住調伏不住不調伏意令末代癡人聞菴羅果甘甜可口即碎其核嘗之甚苦果種甘味一切皆失無智慧故刻核太過亦復如是聞非調伏非不調伏亦不礙調伏亦不礙不調伏以不礙故名無礙道以無礙故灼然淫泆公行

非法無片羞恥與諸禽獸無相異也此是噉鹽太過鹹渴成病經云貪著無礙法是人去佛遠譬如天與地大經云言我修無相則非修無相此人行於非道欲望通達佛道還自壅塞同於凡鄙是住不調非不住也復有行人聞不住調伏不住不調伏怖畏二邊深自兢持欲修中智斷破二邊是人不能即貪欲是道斷貪欲已方云是道此乃住調伏心非不住也北方備此兩失又初學中觀斷於貪欲不能得益放心行不調事初一行之薄得片益自此已後常行不息亦無復益行之不改以已先益化他令行又引經爲證受化之徒但貪欲樂無纖芥道益崩騰耽湎遂成風俗汙辱戒律陵穢三寶周家傾蕩佛法皆由此來是住不調及住於調何關不住調與不調是名大礙何關無礙是增長非道何關佛道如是調與不調皆名不調何以故悉是凡情非賢聖行今言不住調伏不住不調伏不住非調伏非不調伏不住亦調伏亦不調伏亦住調伏亦住不調伏亦住非調伏非不調

伏亦住亦調伏亦不調伏何以故煩惱即空故不住不調伏煩惱即假故不住調伏煩惱即中故不住亦調伏亦不調伏雙照煩惱故不住非調伏非不調伏雖不住調不調等而實住調不調等雖實住調不調等而實不住調不調等何以故不偏觀一句故一句即諸句一切法趣貪欲故貪欲是諸法所都故用此意歷一切句所謂計貪欲是有名住不調伏計之爲無住於調伏如是等自在說云云如是體達名爲無礙道一切無礙人一道出生死云何出耶有時體達貪欲畢竟清淨無累無染猶如虛空豁出生死是名住調伏得益或時縱心觀此貪欲本末因緣幾種是病幾種是藥如和須蜜多入離欲際度脫衆生作是觀時豁出生死是名住不調得益或時二俱非故得益或時俱觀得益如是善巧應住不應住自他俱益於菩薩法無所損減以四悉檀而自斟酌如喜根爲諸居士說巧度法皆得無生忍勝意比丘行拙度法無所克獲復遊聚落聞貪欲即道而瞋喜根云何爲他

說障道法作擯未成喜根爲說偈即便身陷
菩薩知其不信會墮地獄是故强說作後世
因巧觀悉檀若自若他若近若遠住調伏不
調等皆當無失不住調不調等亦皆無失若
不得四悉檀意若住不住自織愛網起他識
慢自礙礙他非無礙也若一念煩惱心起具
十界百法不相妨礙雖多不有雖一不無多
不積一不散多不異一不同多即一一即多
經云闇中樹影闇故不見天眼能見是爲闇
中有明智障甚盲闇是爲明中有闇亦如初
燈與闇共住如是明闇不相妨礙亦不相破
何以故世間現見室內然燈不知向闇去至
何處若燈滅者闇法復來來無本源去無足
跡闇既如此明亦復然求闇無闇明無所破
求明無明闇無所蓋雖無明闇破蓋宛然不
受不著不念不分別新起者名不受舊起者
名不著不內取名不念不外取名不分別妙
慧朗然以是義故名不思議不相妨不相除
若世智燈滅闇惑更來若中道智光常住不
動如神珠常照闇則不來觀煩惱闇即大智

明顯佛菩提惑則不來也準上陰入境可知
如是觀時追傷已過廣愍衆生何以故理非
明闇以迷惑故起苦集闇解治法故有道滅
明約闇故悲約明故慈大誓之心與境俱起
爲滿願故須立要行行之要者莫先止觀四
分煩惱體之即空名體眞止入空觀也觀諸
煩惱藥病等法名隨緣止入假觀觀諸煩惱
同眞際名息二邊止入中道觀善巧安心修
此三止三觀成一心三眼三智也若眼智未
開破障令徧觀四分煩惱念念三假非自他
共離單複具足見思不生知病識藥無知不
生非眞非緣無明不生橫豎破徧於即空中
翻構苦集是名知塞於苦集中達即是空是
名知通於諸法藥翻構爲病是名知塞於諸
病法即能知藥是名知通翻法性爲無明名
之爲塞無明轉即變爲明名之爲通又觀煩
惱而修道品四分心起即汙穢五陰一陰無
量陰受想行識亦復無量諸陰即空凡夫倒
破小枯樹成諸陰即假二乘倒破大榮樹成
諸陰即中廢枯榮教二邊寂滅入大涅槃乃

至開三解脫入清涼池也若遮障重當修助
道既解惑相持便應索援外貪欲起以不淨
助內貪欲起以背捨助內外貪欲起以勝處
助違法瞋起衆生慈助順法瞋起法緣慈助
戲論瞋起無緣慈助計斷常起三世因緣助
計我人起二世因緣助計性實起一念因緣
助明利覺起數息助沉昏覺起觀息助半沉
半明覺起隨息助助道强故能開闢涅槃門
於未開頃或得一種解心或得一種禪定當
熟思量草木瓦礫勿妄持謂是瑠璃珠若謂
即是者何煩惱滅見耶思耶塵沙耶無明耶
諸位全無謬謂即是猶如鼠喞若言空空如
空鳥空未識次位觀行相似全未相應濫叨
上位所以成怪若內外障起當好安忍忍若
不過敗壞菩薩安忍不動薩埵可成即獲償
賜似道禪慧得是償時莫生法愛愛妨眞道
若無頂墮自在無礙如風行空位入銅輪破
無明惑成無生忍得一大車高廣僕從而侍
衛之乘是寶乘直至道場是名四分煩惱具
足一切佛法亦名行於非道通達佛道亦名

煩惱是菩提亦名不斷煩惱而入涅槃廣說有三十六句須先立四句謂不斷煩惱不入涅槃斷煩惱入涅槃亦斷亦不斷亦入亦不入非斷非不斷非入非不入初句謂凡夫次謂無學人三謂學人四謂理是是爲根本四句句句各開四初句四者謂不斷不入斷不入亦斷亦不斷不入非斷非不斷不入初謂起惡凡夫二謂得禪外道三謂得禪起見外道四謂無記人次句四者謂斷入不斷入亦斷亦不斷入非斷非不斷入初謂析法無學二謂體法無學三謂析體兩學人後謂眞理性寘即是入也第三四句者亦斷亦不斷亦入亦不入斷亦入亦不入不斷亦入亦不入非斷非不斷亦入亦不入初謂析體兩學人二謂析法學人三謂體法學人四謂通學無學人眞理也第四四句者非斷非不斷非入非不入斷非入非不入不斷非入非不入亦斷亦不斷非入非不入初謂凡聖等理二謂析法聖理三謂體法聖理四謂析體學人理此說十六句就根本四句合二十句入涅槃

又十六句出涅槃初根本四句者謂不斷煩惱不出涅槃斷煩惱出涅槃亦斷亦不斷煩惱亦出亦不出非斷非不斷非出非不出一一句各四句初四句者不斷煩惱不出涅槃不斷煩惱出涅槃不斷煩惱亦出亦不出不斷煩惱非出非不出一謂體法二乘二謂體法出假菩薩三謂體法亦空亦假菩薩四謂體法眞理第二四句者斷煩惱出斷煩惱不出斷煩惱亦出亦不出斷煩惱非出非不出一謂析法無學輔佛益衆生二謂析法無學即入滅者三謂析法學人自利利他者四謂眞理第三四句者亦斷亦不斷亦出亦不出亦斷亦不斷出亦斷亦不斷不出亦斷亦不斷非出非不出初句謂兼用析體入空菩薩二句謂兼用析體出假菩薩三句謂兼用析體二乘四句謂體法寘眞之理第四四句者非斷非不斷非出非不出非斷非不斷出非斷非不斷不出非斷非不斷亦出亦不出初句謂體理二句謂體法出假菩薩三句謂體法二乘四句謂體法入空菩薩若各立出入兩根本八句者即成四十句若合根本爲四句者即成三十六句問三十六止在三藏與通亦得作別圓耶答體法意無所不該若更別說者約別圓四門更分別之根本四句者不斷不入空門也斷入有門也亦斷亦不斷亦入亦不入亦空亦有門也非斷非不斷非入非不入即非空非有門也於一一門各更四者不斷不入世界悉檀也不斷入爲人悉檀也不斷亦入亦不入對治悉檀也不斷非入非不入第一義悉檀也又更於一門還作四門謂不斷不入謂空門也不斷入謂有門也不斷亦入亦不入謂亦空亦有門也不斷非入非不入謂非空非有門也此一門既可解餘三門各各分別例可解依四門入涅槃既如此出涅槃十六門云何謂不斷不出不斷出不斷亦出亦不出不斷非出非不出初謂空門二謂有門三謂亦空亦有門四謂非空非有門一門四句如此餘三門可解三十六四十準前可知此則徧該小大析體之意也若得此意例一切法亦應如是問若如法

觀佛涅槃與般若是三則一相涅槃既明三十六句般若亦云何答若涅槃既即是般若者何俟更問今當略說諸法生般若生諸法不生般若不生諸法亦生亦不生般若亦生亦不生諸法非生非不生般若非生非不生根本四句也初句更開四者諸法生般若生十三諸法生般若不生諸法生般若亦生亦不生諸法生般若非生非不生初句謂俗境發道種智般若二謂俗境發一切智般若三句謂俗境雙發兩般若四謂俗境發一切種智般若第二四句者諸法不生般若不生諸法不生般若生諸法不生般若亦生亦不生諸法不生般若非生非不生初句謂眞境發一切智般若二句謂眞境發道種智般若三句謂眞境雙發兩般若四句謂眞境發中道智般若第三四句者謂諸法亦生亦不生般若亦生亦不生諸法亦生亦不生般若生諸法亦生亦不生般若不生諸法亦生亦不生般若非生非不生初句兩境雙發二智二謂兩境共發俗智三謂兩境共發眞智四謂兩境共發中智第四四句者諸法非生非不生般若非生非不生諸法非生非不生般若生諸法非生非不生般若不生諸法非生非不生般若亦生亦不生初謂中境發中智二謂中境發俗智三謂中境發眞智四謂中境雙發二智已說十六句竟次說般若生諸法生般若生諸法不生般若生諸法亦生亦不生般若生諸法非生非不生初謂道智照俗境二謂道智照眞境三謂道智照兩境四謂道智照中境次明般若不生諸法不生般若不生諸法生般若不生諸法亦生亦不生般若不生諸法非生非不生此明眞智照諸境義準前可知也次明般若亦生亦不生開四句此明道種眞智等照四境云云次明般若非生非不生中道智照四境可知云云是爲十六十四就根本合成三十六句問法身復云何答般若既即是法身何俟更問若欲分別可以意知不煩文也又法報應化四身爲本於一一身起四身謂從法身起報起應起化具起三餘身亦如是爲十六身又從四身入一身身身亦如是復有十六合前根本是爲三十六身身身俱是法界故俱能起故俱能入云云○第三觀病患境者夫有身即是病四蛇性異水火相違鴟梟共棲蟒鼠同穴毒器重擔諸苦之藪四國爲隣更互侵毀力均則暫和乘虛則呑併四大休否此喩可知諸佛問訊法云少病少惱佛同人法人既有病權不得無但言少耳病有二義一因中實病二果上權病若偃卧毗耶託疾興教因以身疾訓示凡俗斥小呵大乃共文殊廣明因疾三種調伏廣明果疾四種慰喩又如來寄滅談常因病說力皆是權巧入病法門引諸病惱如此權病非今所觀今所觀者業報生身四蛇動作廢修聖道若能觀察彌益用心上智利根解前安忍則於病境通達不勞重論爲不解者今更分別如蹶大樹萬斧便倒如琢巨石億下乃十五穿故重說也夫長病遠行是禪定大障若身染疾失所修福起無量罪經云破壞浮囊發撤橋梁忘失正念病故毀戒如破浮囊破禪定如撤橋梁起邪倒心惜膿血臭身破清淨

法身名忘失正念爲是義故應觀病患境復次有人平健悠悠徙倚懈怠若病急時更轉用心能辦衆事又機宜不同悟應在病即是四悉檀因縁應須病患境也觀病爲五一明病相二病起因縁三明治法四損益五明止觀一病相者若善醫術巧知四大上醫聽聲中醫相色下醫診脈今不須精判醫法但畧知而已夫脈法關醫道不可言具畧示五藏病相若脈洪直肝病相輕浮是心病相尖鋭衝刺肺病相如連珠腎病相沈重遲緩脾病相委細如體治家說若身體苦重堅結疼痛枯痺痿瘠是地大病相若虛腫脹膖是水大病相若舉身洪熱骨節酸楚噓吸頓乏是火大病相若心懸忽恍懊悶忘失是風大病相又面無光澤手足無汗是肝病相面青肥是心病相面黎黑是肺病相身無氣力是腎病相體澀如麥麩是脾病相若肝上有白物令眼睛疼赤脈見或白翳或眼睛破或上下生瘡或觸風冷淚出或痒或刺痛或睛凹觸事多瞋是肺害於肝而生此病可用呵氣治之

若心淡熱手脚逆冷心悶少力脣口燥裂臍下結瘕熱食不下冷食逆心眩懊喜眠多忘心癃頭眩口訥背胛急四支煩疼心勞體蒸熱狀似瘧或作癥結或作水僻眼如布絹中視見近不見遠是腎害於心可用吹呼治之若肺脹脅塞兩脅下痛兩肩胛疼似負重頭項急喘氣麤大唯出不入徧體生瘡喉痒如蟲咽吐不得喉或生瘡牙關强或發風鼻中膿血出眼闇鼻塞疼鼻中生肉氣不通不別香臭是心害肺成病或飲冷水食熱食相觸成病可用噓氣治之若百脈不流節節疼痛體腫耳聾鼻塞腰痛背强心腹脹滿上氣胷塞四支沈重面黑瘦胞急痛悶或淋或尿道不利脚膝逆冷是脾害於腎又其病鬼如竈君無頭無面一來掩人可用嘻氣治之若體面上風痒瘖瘖通身痒悶是肝害於脾其色籠桶或如小兒擊櫪或如旋風團欒轉可用呬氣治之又若多惛惛是肝中無魂多忘失前後是心中無神若多恐怖癲病是肺中無魄若多悲笑是腎中無志若多迴惑是脾中

無意若多悵怏是陰中無精此名六神病相二明病起因縁有六一四大不順故病二飲食不節故病三坐禪不調故病四鬼神得便五魔所爲六業起故病四大不順者行役無時强健擔負棠觸寒熱外熱助火火强破水是增火病外寒助水水增害火是爲水病外風助氣氣吹火火動水是爲風病或三大增害於地名等分病或身分增害三大亦是等分屬地病此四既動衆惱競生二飲食不節亦能作病如薑桂辛物增火蕎蜜甘冷增水黎增風膏膩增地胡瓜爲熱病而作因縁即是啾不安之食食者須別其性若食食已入腹銷化麤者爲糞尿細者融銷從腰三孔溜入四支清變爲血潤澤一身如塵得水若身血不充枯瘠焦減濁者變爲脂膏故諸根減而成垢新諸根凝而成肉又身火在下消生藏令飲食化溜通變一身世諺云欲得老壽當溫足露首若身火在上又啾不安身食則有病惱夫食五味增損五藏者酸味增肝而損脾苦味增心而損肺辛味增肺而損肝鹹

味增腎而損心甜味增脾而損腎若知五藏有妨宜禁其損而歠其增以意斟酌三坐禪不節或倚壁柱衣服或大衆未出而臥其心慢怠魔得其便使人身體背脊骨節疼痛名爲注病最難治也次數息不調多令人痁癖筋脈攣縮若發八觸用息違觸成病八觸者心與四大合則有四正體觸復有四依觸合成八觸重如沈下輕如上升冷如氷室熱如火舍澀如挽逆滑如磨脂輭如無骨麤如糠肌此八觸四上四下入息順地大而重出息順風大而輕又入息順水大而冷出息順火大而熱又入息順地大而澀出息順風大而滑又入息順水大而輭出息順火大而麤若發重觸而數出息與觸相違即便成病餘例可知又但用止無方便成病者若常止心於下多動地病常止心於上多動風病若常止心急攝多動火病若常止心寬緩多動水病次用觀不調偏僻成病者初託胎時以思心起感召其毋毋即思五色聲香味觸等一毫氣動爲水水爲血血爲肉肉成五根五藏今

坐禪人思觀多損五藏成病若緣色多動肝緣聲多動腎緣香多動肺緣味多動心緣觸多動脾復次眼緣青多動肝緣赤多動心緣白多動肺緣黒多動腎緣黄多動脾耳緣呼喚多動肝緣語多動心緣哭多動肺緣吟多動腎緣歌多動脾鼻緣臊多動肝緣焦多動心緣腥多動肺緣臭多動腎緣香多動脾舌緣醋多動肝緣苦多動心緣辛多動肺緣鹹多動腎緣甜多動脾身緣堅多動肝緣煖多動心緣輕多動肺緣冷多動腎緣重多動脾此乃五藏相生緣之過分以致於病若就相剋者緣白色多剋肝緣黒多剋心緣赤多剋肺緣黄多剋腎緣青多剋脾餘聲等例可知若五藏病隱密難知坐禪及夢占之若禪及夢多見青色青人獸師子虎狼而生怖畏則是肝病若禪及夢多見赤色火起赤人獸赤刀仗赤少男女親附抱持或父毋兄弟等生喜生畏者即是心病下去例隨色驗之又觀僻動四大者若觀境不定或緣此或緣彼心即成諍諍故亂風起成風病如御嬰兒行但

任之而已急牽望速違即爲患也又專專守一境起希望心報風熱勢不盡成熱病又觀境心生時謂滅滅時謂生心相違致痒痛成地病又不味所觀境而强爲之水大增成水病四鬼病者四大五藏非鬼鬼非四大五藏若入四大五藏是名鬼病若言無鬼病者邪巫一向作鬼治有時得差若言無四大病者醫方一向作湯藥治有時得差有一國王鬼病在空處屢被針殺鬼王自來住在心上針者拱手故知亦有鬼病矣鬼亦不漫病人良由人邪念種種事或望知吉凶兜醯羅鬼作種種變青黄等色從五根入則意地邪解能知吉凶或知一身一家一村一國吉凶事此非聖知也若不治之久久則殺人五魔病者與鬼亦不異鬼但病身殺身魔則破觀心破法身慧命起邪念想奪人功德與鬼爲異亦由行者於坐禪中邪念利養魔現種種衣服飲食七珍雜物即領受歡喜入心成病此病難治下治中當說六業病者或專是先世業或今世破戒動先世業業力成病還約五根

知有所犯若殺罪之業是肝眼病飲酒罪業
是心口病婬罪業是腎耳病妄語罪業是脾
舌病若盜罪業是肺鼻病毀五戒業則有五
藏五根病起業謝乃差若今生持戒亦動業
成病故云若有重罪頭痛得除應地獄重受
人中輕償此是業欲謝故病也夫業病多種
實五　二十
腫滿黃虛凡諸病患須細心尋檢知病根源
然後用治也三明治法宜對不同若行役食
飲而致患者此須方藥調養即差若坐禪不
調而致患者此還須坐禪善調息觀乃可差
耳則非湯藥所宜若鬼魔二病此須深觀行
力及大神呪乃得差耳若業病者當內用觀
力外須懺悔乃可得差衆治不同宜善得其
意不可操刀把刃而自毀傷也今約坐禪畧
示六治一止二氣三息四假想五觀心六方
術用止治者溫師云繫心在臍中如豆大解
衣諦了取相後閉目合口齒舉舌向腭令氣
調恂若心外馳攝之令還若念不見復解衣
看之熟取相貌還如前此能治諸病亦能發
諸禪作此觀時亦有無量相貌或痛如針刺

或急如繩牽或痒如蟲噉或冷如水灌或熱
如火炙如是諸觸起時一心精進無令退墮
若免此觸能發諸禪若神意寂然即是電光
定相此尚能得禪況不能愈疾所以繫心在
臍者息從臍出還入至臍出入以臍爲限能
實五　二十一
易悟無常復次人託胎時識神始與血合帶
系在臍臍能連持又是諸腸胃源尋源能見
不淨能止貪欲若四念處觀臍能成身念處
門若作六妙門臍是止門兼能入道故多用
之正用治病者丹田是氣海能銷呑萬病若
止心丹田則氣息調和故能愈疾即此意也
又有師言上氣胷滿兩脅痛背膂急肩井痛
心熱懊痛煩不能食心瘇臍下冷上熱下冷
陰陽不和氣嗽右十二病皆止丹田丹田去
臍下二寸半或痛切者移心向三里痛又不
除移向兩脚大拇指爪橫文上以差爲度頭
痛眼睛赤疼脣口熱繞鼻胞子腹卒痛兩耳
聾頸項强右六病兩脚間須安置境界以心
緣之須臾水腹脹急痛但一心注境若心悶
當小息小可更起倚重作前法若覺小除彌

須用治法若因此腰脚急痛即想兩脚下作
一丈坑移前境界置坑底以心主之自當差
要在靜室又常止心於足者能治一切病何
故爾五識在頭心多上緣心使風風動火火
融水水潤身是故上分調而下分亂以致諸
病或脚足攣癖等又五藏如蓮華靡靡向下
識多上緣氣强衝府藏翻破成病心若緣下
吹火下溜飲食銷化五藏順也止心於足最
爲良治今常用屢有深益以此治他往往皆
驗蔣吳毛等即是其人又隨諸病處諦心止
之不出三日無有異緣無不得差何故爾如
門開則來風閉扇則靜心緣外境如開門止
心痛處如閉扇理數然也又心如王病如賊
心安此處賊則散壞又未必一向止心病處
如皇帝祕法云天地二氣交合各有五行金
實五　二十二
木水火土如循環故金化而水生水流而木
榮木動而火明火炎而土貞此則相生火得
水而滅光水遇土而不行土值木而腫瘴木
遭金而折傷此則相剋也如金剋木肺强而
肝弱當止心於肺攝取白氣肝病則差餘四

藏可解又用止治四大者若急止治水寬止
治火止頂治地止足治風二用氣治者謂吹
呼嘸呵噓嘻皆於脣吻吐納轉側牙舌徐詳
運心帶想作氣若冷用吹如吹火法熱用呼
百節疼痛用嘸亦治風若煩脹上氣用呵若
痰癊用噓若勞倦用嘻六氣治五藏者呵治
肝呼吹治心噓治肺嘸治腎嘻治脾又六氣
同治一藏藏有冷用吹有熱用呼有痛用嘸
有煩滿用呵有痰用噓有乏倦用嘻餘四藏
亦如是又口吹去冷鼻徐內溫安詳而入勿
令衝突於一上坐七過爲之然後安心安心
少時更復用氣此是用治意若平常吐穢一
兩即足口呼去熱鼻內清涼口嘸去痛除風
鼻內安和口呵去煩下氣散痰者想胷痰上
分隨口出下分隨息溜故不須鼻中補也噓
實五 二十三
去滿脹鼻內安銷嘻去勞之鼻內和補細心
出內勿令過分善能斟酌增損得宜非唯自
能治病亦能濟他三用息爲治者夫色心相
依而息譬樵火相籍而煙瞻煙清濁知樵燥
濕察息強輭驗身健病若身行風橫起則痛

痒成病何暇用心須急治之先須識息有四
伴有聲曰風守之則散結滯曰氣守之則結
出入不盡曰喘守之則勞不聲不滯出入俱
盡曰息守之則定當求靜處結跏平身正直
縱任身體散誕四支布置骨解當令關節相
應不倚不曲緩帶轉側調適以左手置右手
上大指纔令相詣縱放頰車小小開口四五
過長吐氣次漸平頭徐徐閉目勿令眼瞼太
急常使籠籠然後用息也用息治八觸相違
病者若因重觸成地大病偏用出息治之若
發輕觸成風病偏用入息治之若發冷觸成
水病偏用出息治之若發熱觸成火病偏用
入息治之餘亦如是若得調和正等隨意而
用此用常所數息非作別息也次別運十二
息者謂上下焦滿增長滅壞冷煖衝持和補
此十二息帶假想心所以者何若初念入胎
即有報息隨母氣息兒漸長大風路滑成兒
息出入不復隨母生在異處各各有息名報
息依息者依心而起如瞋欲時氣息隆盛此
名依息也前六氣就報息帶想今十二息就

依息帶想故不同前也前明緣五色爲五藏
病者此則依藏爲病故用今依息治之上息
治沈重地病下息治虛懸風病焦息治脹滿
滿息治枯瘠增長息能生長四大外道服氣
祇應服此生長之氣耳滅壞息散諸癊膜冷
息治熱煖息治冷衝息治癥結腫毒持息治
實五 二十四
掉動不安補息補虛之和息通融四大作諸
息時各隨心想皆令成就細知諸病用諸息
勿謬用也四假想治者前氣息中兼帶用想
今專以假想爲治如辯師治瘦法如患癥人
用針法如阿含中用煖蘇治勞損法如吞蛇
法云云五觀心治者不帶想息直觀於心內外
推求心不可得病來偪誰誰受病者六方術
治者術事不知則遠知之則近如治咽法如
治齒法如捻大指治肝等云云術事淺近體多
貢幻非出家人所須元不須學學須急棄若
修四三昧泡脆之身損增無定借用治病身
安道存亦應無嫌若用邀名射利喧動時俗
者則是魔幻魔偽急棄急棄三十六獸嬈人
者應三徧誦呪曰

波提陀　毗耶多　那摩那　吉利波　阿達婆　推摩陀　難陀羅　憂陀摩　吉利摩　毗利吉　遮陀摩初得細心外境觸心驚擲於是氣上腹滿胷煩頭痛悶此是六神徧身遊戲因驚擲失守外有惡神入身奪其住處故使如此若治之法閉口蹙鼻不令氣出待氣徧身然後放氣令長遠從頭至足徧身皆作出想牽之令盡如是三徧然後誦呪

支波晝　烏蘇波晝　浮流波晝　牽氣波晝

三徧竟然後調息從一至十命出入息言阿那波那阿晝波晝病即差也若赤痢白痢卒中惡面青眼反脣黑不別人者以手痛捻冄田須臾即差又隨身上有痛處以杖痛打病處至四五十此復何意夫諸病無非心作心有憂愁思慮邪氣得入今以痛偪之則不暇横想邪氣去病除也四明損益損益皆有漸頓若用息太過五藏頓翻者即雖未翻漸就增劇以至頓翻者若人巧修豁然頓益者即雖與病相持後當漸愈者如服湯藥年月將漸乃得其益內治亦然若心利病輕心利病重心鈍病輕心鈍病重致有漸頓不同也夫世間醫藥費財用工又苦澀難服多諸禁忌將養惜命者死計將餌今無一文之費不廢半日之功無苦口之憂恣意飲嗽而人皆不肯行之庸者不別貨韻高和寡吾甚傷之能具十法必有良驗一信二用乃至第十識遮障信是道元佛法初門如治癩人信血是乳敬駱駝骨是真舍利決信此法能治此病不生狐疑信而不用於已無益如執利劒不用擬賊翻爲彼害不用亦爾何意須勤初中後夜朝暮專精以得汗爲度鑽火中息火難可得不勤亦爾何謂爲恒恒用治法念念在緣而不動亂何謂別病別病因起如上所說若不識病浪行治法不相主對於事無益何謂方便善巧用治吐納得所運想成就不失其宜如琴弦緩急輾轉軫柱輕重手指聲韻方調何謂爲久若用未益不計日月習不休廢何謂知取捨益則勤用損則改治何謂知將護善識禁忌行來飲食不使觸之何謂識遮障用益勿[口*豹]說未益勿疑謗向人說者未差不差差已更發更治不差設差倍功若能十法具足用上諸治益定無疑我當爲汝保任此事終不虛也

摩訶止觀卷第八上

摩訶止觀卷第八上

校勘記

一　底本，清藏本。

一　八三三頁上一五行第五字「水」，南、徑作「木」。

一　八三九頁下一七行第八字「變」，南作「偏」。

一　八四二頁上一六行第一一字「之」，南作「乏」。本頁下七行第九字同。

摩訶止觀卷第八下　實六

隋天台智者大師說

門人灌頂記

若善修四三昧調和得所以道力故必無衆病設小違返冥力扶持自當銷愈假令衆障峯起當推死殉命殘生餘息誓畢道場捨心決定何罪不滅何業不轉陳鍼開善云云豈有四大五藏而不調差如帝釋堂小鬼敬避道場神大無妄侵撓又城主剛守者强城主恇守者忙心是身主同名同生天是神能守護人心固則强身神尚爾況道場神耶如大論釋精進鬼黏五處云云但一心修三昧衆病銷矣五修止觀例前爲十云云先簡思議者病因緣故生十法界如爲病故退失本心棄廢禪定誹謗三寶不惟先罪招禍而言修善無福起大邪見又惜身養命魚肉辛酒非時無度或病差身壯五欲恣情善心都盡惡業熾盛起上中下罪是爲因病造三惡法界若人自念此病困苦皆由往日不善所致深生慚愧不敢爲非雖嬰困篤而善心無改起上中下善是爲因病造三善法界若遭疾病因怖畏生死知此病身酬於前業若構生死將來流轉復何窮極苦集危脆世世相隨爲之受惱當求寂滅無相涅槃是爲因病起聲聞法界又觀此病病我色心因於此病而致老死死由於生生由昔有有從取生取從愛生愛從受生受從觸生觸從六入生六入從名色生色即四大五根名即四心觀此根大復從何生青色從木生黃色從地生赤色從火生白色從風生黑色從水生又觀木從水生水從風生風從地陽氣生地從火生火從木生木還從水生如是追逐周而復始無自生者觀外五行既爾内五藏色亦復如是肝從青氣生心從赤氣生肺從白氣生腎從黑氣生脾從黃氣生此之肝藏爲自體生爲從他生即知肝藏從腎生腎從肺生肺從脾生脾從心生心從肝生肝不自生還從腎生如是内求四大五藏既其無體何故不壞四心持之識心持地想心持風受心持火行心持水是故不壞此之四心爲自生爲不自生即知行心從受生受心從想生想心從識生識從過去行生過去行從無明生無明從妄想生妄想還從妄想生經云妄想生妄想輪迴十二緣如狂渴人見談爲水南向逐之逐之不得大喚言水空中響應謂已大南水應在北迴頭北走如是四方皆逐不得遂大懊惱謂水入地跑地吼喚身體疲極轉更至闇亦復不得南走喻舌逐味北走喻耳逐聲西走喻鼻逐香東走喻眼逐色跑地喻身逐觸到闇喻意逐無明如是六根偏走諸塵無一可得亦不得因緣和合之相但自疲苦既覺知已不復更走以不走故身心定住心定住故豁爾悟解發得因緣正智知此色心等從本已來體性寂靜非生非滅妄想顛倒謂有生滅若不隨妄想則無明滅乃至老死滅畢故不造新如不然火是則無煙既不得無明老死病爲病誰是名觀病起緣覺法界又觀此病皆由愛惜身命財物致受衆惱亦是持戒不完多病短命亦是心志劣弱不能安忍身神不護亦是精進力薄無善補禳亦是無禪定力爲

病所動亦是心少智慧不達無常苦空無我致嬰此疾今以已疾愍於彼疾即起慈悲發於願行捨無遺悋順理安耐勤加正意覺悟無常是爲因病起六度菩薩界又觀此病知從前世妄想顛倒諸煩惱生如是妄想無有眞實我及涅槃是二皆空是名因病起通教菩薩界又觀此病雖畢竟空空無所受而受諸受未具佛法不應滅受取證是爲因病起別教菩薩界如是等法因於病患次第出生是名思議境非今所觀也不思議境者一念病心非眞非有即是法性法界一切法趣病是趣不過唯法界之都無九界差別如如意珠不空不有不前不後病亦如是絕言離相寂滅清淨故名不可思議達病實際何喜何憂作是觀時豁爾消差金光明云直聞是言病即除愈即初觀意亦復有深重難除差者至長者所爲合衆藥病乃得差即後九觀意也一切衆生皆具此理而不能識隨見思流没分段海深生悲愍欲與非有即空道滅之樂是爲有疾菩薩能以空觀調伏其心心調

伏故實疾除愈以慈悲故權疾則生生分段土視分段人猶如一子子既有病父母亦病因以身疾而慰喻之子病若愈父母亦愈是名體析慰喻有疾菩薩也又觀此病雖即空寂是諸衆生不純因空而得度脫當識空病種種法門聲聞二乘以不識故隨無明無知流没變易海不能分別諸病差品是故佛法不得現前衆生淨土皆不成就爲是義故即起慈悲拔無知苦與道種智分別之樂是名有疾菩薩能以假觀調伏其心心調伏故實疾除愈以慈悲故權病則生生方便土觀方便人猶如一子其子病故父母亦病因以身疾慰喻其子子無知愈父母亦愈是名別教慰喻有疾菩薩又觀此病雖即法界而諸衆生不即中道此理未顯隨無明流没變易海經云三賢十聖住果報即是實報因果病也爲是義故而起慈悲拔無明苦與究竟樂是爲有疾菩薩用中道觀調伏其心心調伏故實疾除愈以慈悲故權病則生生實報土視變易人猶如一子子既有病父母亦病因以

身疾慰喻其子子無明愈父母亦愈是名圓教慰喻有疾菩薩也如是三疾一心中生如是調伏一觀調伏如是慈悲圓普慈悲如是示現普門示現如是慰喻一音演說爲易解故如前分別實而論之即不思議慈悲唯彼淨名具如此法三實圓除三權普現彼上人者難爲酬對國王長者實疾全在不堪顧命二乘雖除取相辭不堪行菩薩乃卻客塵往往致屈唯彼文殊道力相鄰扣機承旨故其能也問云居士此疾何所因起其生久如當云何滅居士答云今我病者從大悲起以衆生病是故我病衆生病愈是故我愈夫衆生實疾從癡愛生癡愛纔生大悲亦起癡愛纔滅大悲亦滅衆生有愈有不愈菩薩有疾有不疾若無疾者知其子愈若有疾者化道未休故方丈問疾茅城背痛皆此義也誓願既等虛空有疾亦彌法界是名不思議慈悲也慈悲力大菩薩適發此心疾即除愈不俟更修下法法喜天台云云若發心不眞欺衆生要三寶有所規求病亦不差若能眞誠有大勢

力安心者若入道場病時如上所說體解發
心端身正念唯止唯觀善巧悉檀調適得所
一上坐即覺清涼或頓損或漸損是名大藥
更不紛擾修餘治法也破法徧者行人病時
觀病爲因色病爲因心病若色是病者外山
林等皆應是病死人亦應是病屍及山林未
曾受惱當知色非病也祇由心想計有此病
今觀病心不自不他四句叵得非內非外畢
竟清淨心如虛空誰是於病淨名云非地大
不離地大非身合身相不可得故非心合心
如幻故不得病心生不得病心無生亦生亦
無生非生非無生單複具足皆如上破陰入
中說識通塞者觀於病法句句之中識諦緣
度觀病觀智句句識諦緣度了了分明而無
疑惑解字非字知得知失例如上說也道品
調適者若觀病是四大病是不淨病若離四
大病即是淨病非四大非離四大病即非淨
非不淨有眞非有非眞空假非空非假枯榮
非枯非榮如是等義皆與身念處無二無別
如此病受非苦非樂病之想行非我非無我

病心非常非無常例如上義二十七品於枕
席間皆得成就解苦無苦入清涼池助道者
若修正觀未得差者當借前來六種之治正
助合行尚能入道何況身疾而不消除作此
觀時雖滯牀枕深識次位我觀病患道理宛
然如彼瑠璃在深潭底我此觀智但是名字
因疾未除果疾是分若似解之位因疾少輕
道心轉熟果疾猶重不免衆災若入無生法
忍因疾雖盡猶有果疾我今不應非位起慢
言我病行均彼上人安忍者但勤正助莫爲
內外障緣阻礙休息若正助稽留疾成道廢
能安心在疾不動不退所作辦也設得病損
觀行明淨不生貪著莫起愛染十法成就疾
入法流是名病患境修大乘觀獲無生忍得
一大車例前可知云云○第四觀業相境者行
人無量劫來所作善惡諸業或已受報或未
受報若平平運心相則不現今修止觀能動
諸業故善惡相現疑者言大乘平等何相可
論今言不爾秖由平等鏡淨故諸業像現光
明云將證十地相皆前現阿含云將證初果

八十八頭蛇於其前死大小兩乘相文甚多
又法華云深達罪福相徧照於十方罪福秖
是善惡業耳淨名云於第一義而不動善能
分別諸法相故汝難非也明業相爲四一相
發因緣二正發相三料簡四止觀因緣者有
內有外內者止觀研心心漸明淨照諸善惡
或可以止止惡惡方欲滅以觀觀善善方欲
生或可以止止惡惡因靜生以觀觀善善因
觀滅無量業相出止觀中如鏡被磨萬像自
現外者諸佛慈悲常應一切衆生無機不能
得覩以止觀力能感諸佛示善惡禪諸業則
現如持花鬘示於大衆是名內外因緣若得
此意細判罪福皂白無濫堪爲方等師調伏
於他今但研心止觀令業謝行成一心取道
何用曲辨相耶二明業相發者發無前後且
逐語便先明善發其相有六一報果相現二
習因相現三報前現習後現四習前現報後
現五習報俱時現六前後不定諸業現時參
差萬品識此六意分別無謬云何名習因習
果阿毗曇人云習因是自分因習果是依果

又習名習續自分種子相生後念心起習續於前前念爲因後念爲果此義通三性論家但在善惡無記無習續也報因報果者此就異世前習因習果皆名報因此因牽來果故以報目之名爲報因後受五道身即是報果也就今果報身上復起善惡習續習因習果總望前世此習續是果若望後世此習續是因數家明報得鴿雀身是報果多婬是習果論家鴿身及多婬俱是報果婬由貪起貪是習果又今生煩惱起名習因成業即報因後生起煩惱名習果苦痛名報果若坐禪中但見諸相此名報果相現由昔因故亦得言報因又能起因牽於後報互受名耳今但判爲報果相也若於坐中不見諸相欝爾起心是發習因能牽來果故亦得名習果酬昔因故互受其名今但判爲習因也善相衆多且約六度檀相發者若於坐中忽見福田勝境三寶形像聖衆大德父毋師僧有行之人受巳供養或見悲田受供養或見兩田雖不受供養而皆歡喜或不見諸田受與不受但見所

施具羅列布滿或不見施物但見淨地或表今生施報相或表昔生施報相或見好行檀人來至其前稱讚檀捨如是等事皆是報果發相次都不見諸相但心欝然欲行惠施恭敬供養三寶父毋師僧或悲傷貧苦而欲救濟或於檀施法門通達偏自明了如是等心皆是習因發相或先起此心卻見報相或先見報相卻發此心或俱發或不定發可以意知戒相發時亦有六意若見十師衣鉢壇場羯磨歡喜愛念或雖不見此相而見自身衣裳淨潔威儀蓋衆又見常持戒人面目光澤舉動安詳來稱讚戒如是等相皆是持戒報果發也或時皆不見此相欝然持戒心生自言戒淨篇聚不足可持或欲匡正諸破戒者皆令如法自解律文精通戒部是爲習因發相或先後俱雜可以意知忍相發者或見能忍人或見身行忍事或自見其身端正淨潔手脚嚴整世所希有或見端正忍人來稱譛忍是忍報果相或直發忍心又解忍法門是名忍習因發相前後俱雜可以意知精進相

者或見精進人或見巳精進事見身多氣力盛壯英雄或見常行精進人晝夜無廢稱讚精進是進報果相或不見相但發精進心初中後夜不自惜身或通達精進法門是名精進習因相前後俱雜可以意知禪相者後境中廣說智慧相者菩薩境中當廣說六度習報既有六種一切善法亦如是若細尋此法逾久逾明不煩多說亦不得多說面受口決隨意廣論諸方等師相傳云負三寶物其相現時決應須償南岳師云若自有物償者善若自無物欲廢行法四方馳求此有二義衆生昔罪何量負貸三寶非止一條如羅漢先直取道未遑償業故名觝責行者若廢道場而行乞匃紛動數年豈非魔事今且未償但決志修行諸佛實法展我成立成者待破煩惱入無生忍於法身地廣供養一切三寶還入生死以償衆生菩薩爾時不名觝責立者待功夫著滿名行豎立果報自至時當償三寶非是觝負不作償心小乞申延期於展立耳此豈非好事若廢行法出於道場此決須

償不得讀誦聽學營私衆務決應方便求財
償之此釋與優婆塞戒經同經云若負三寶
物人正事修道欲求須陀洹乃至阿羅漢者
則不須償也不學道應急償也阿羅漢人若
用佛物此則無罪次明惡相者諸惡甚多且
約六蔽於一一蔽皆有六意慳蔽相者若見
三寶師僧父母或形容憔悴或裸袒或衣裳
藍縷或飢餓慘然寺宇空荒或見一切物皆
被守護封緘閉塞與前爲異前人對物歡喜
今見乞人對物瞋詬前物表施具今物表慳
具或見慳人來至其前是名慳蔽報果發相
具有六種例前可知云云破戒相者若見三寶
形像師僧尊長及以父母頭首斷絕地陷不
勝或身體破裂鞭打苦惱或見身首異處寺
舍零落或見父母詬罵三寶呵責或見喜殺
屠兒來住其前又惡禽毒蟲緣其身首皆是
瞋蔽報相也亦有六意例前云云若見不淨屎
尿死屍臭物當道深水橫路行不得前或見
交昔婬人又示不淨相穢惡可恥或見已身
身體臭處或見多婬人來説放逸事或見禽
獸人等交此皆是婬罪報相亦有六意云云若
見一生所盜物處所盜物主來瞋詬縛切此
物或見好盜人來勸説盜事皆是盜相果報
也六意例前云云若見父母師僧及外人諍計
瞋毒種種鬪構誹謗於已或見多口過人來
即是口四過報果相六種云云或見醉人吐臥
狼藉或見已身沈昏等皆是飮酒報果相亦
六意是等皆是破戒蔽報果相也餘四蔽例
此可知故不委記云云復次內心苦痛是殺習
內心沈重是盜習內心煩躁是婬習俱有是
等分習三料簡善惡相現爲障不同或非障
而障障而非障非障俱障非障俱不障
非障而障者若人先發善相當時歡喜後起
愛慢輕忽於他恃此證相作貢高本漸染名
利過患轉生心退法壞捨戒還俗無惡不造
豈非初因不障之善後致大障之惡耶障而
非障者如先發惡相慚愧怖畏勤懺此惡斷
相續心永不起罪勤行衆善至辦大事豈非
初因於障後致不障耶俱障俱不障例可知
云云若非障而障者此是善將滅而相現此善
滅表惡生若障非障者此是惡將滅而相現
此惡表善生若障不障俱不障者此相表善
不滅惡不生若障不障俱障者此表惡不滅
善不生此約初善爲語謂善不障惡爲障如
上分別若約眞諦爲言者上諸善惡悉皆是
障故淨業障經云一切惡障一切善障若約
假爲語眞諦善惡俱皆是障若約中爲語假
上善惡俱皆是障故障不可盡復次善惡習
因心起是則易知善惡報果相起是則難知
若善報相扶善習因心起或前或後現者多
是性善相孤然起者多是無作善相惡報果
相扶惡習因心起或前或後多是性惡不扶
習起多是違無作惡復次善惡報果孤然起
者雖以無作往判理復難明多好雜魔若欲
分別須細意檢校用空明善惡等十法往驗
若過不及則是魔相異此乃是無作也又三
法往驗所謂久久住數數來又壞禪心此三
是魔相也無此三是無作復次諸惡相現時
初現瞋怒再來平平三現歡喜或人諫曉或
人驅逐當知皆是惡欲滅相也夫發心眞正

慧解分明善識諸相一一無謬不爲諸障所惑打心入理更增其明行有餘力分別業門雖通達自在兼以化他若分別業相不能纏碎但總知是障無所取著直打心觀理業不能礙若本無解心又發意邪僻見此相已而生愛著魔得其便入示吉凶更相因倚貿易財食死墮鬼道此非鬼禪更謂誰耶若自正正他須得其意親自行證又師氏口決方可彰言莫輒媒衒妄作寒熱禍則大矣深囑深囑後生慎之問道場神護怨責那得擾動答實爾如世遊軍虞候但覘非防惡責主切物所不能遮業來責報準此可解復次諸業名教體相具如毗曇成實論若作觀破業具如中論彼二家者互有長短今意異彼但明善惡不濫於事即足若廣分別妨於正道若直破而已全不識道品正助調停方法未具今之止觀明業相不足觀法有餘四修止觀者即爲十意云何思議業境若業能招三惡道報有上中下若業能招三善道報謂上中下不動業招色無色報如是等業招於色心還

迷色心起四顛倒生死不絕良由於此今觀業無業倒惑不生以至漏盡是名聲聞觀業也若觀業由無明無明故業業故名色乃至老死若知無明不起取有無明滅故諸行滅是緣覺觀業若觀業行幻化幻化即空空即涅槃是名通教觀業若觀業如大地能生種種芽十法界法皆從業起是名別教觀業悉是思議境非今所用也不思議境者如經云深達罪福相者罪即三惡福即三善但解三惡業相不達人天三善業相則非深達達惡達善乃爲深達若達善惡業相但是善惡不名深達又善惡俱是惡離善離惡皆是善是爲深達又達人天善惡是生死邊達二乘離善離惡涅槃空邊但是二邊不名深達又二邊皆是惡亦不名深達別教菩薩能達二邊之淺漸漸深達故名深達又別教漸深亦非深達圓教即於淺業達於深業方乃得名深達罪福相徧照於十方如是深達實不曲辨於三界亦不徑侹而入空即此意也觀一念起即具十界名十方十方是依報十界是正

報若無依報亦無正報既有正報即有性相本末等百法亦名百方如是等法即一念業故名一業一切業華嚴云佛子心性是一云何能生種種諸業答云譬如大地一能生種種芽地若得雨毒藥衆芽一時沸發今法性地得行道雨善惡業芽一念競起業名法界諸法之都故稱不思議境既深達業境善惡共都即起慈悲罪福之理非違非順違之成罪順之成福如世諦名色及諸質礙亦非違非順若盜之成罪則有三途惡業若捨之成福即有三善道業菩薩深達如此非違非順於違起悲於順起慈即空眞諦無言說道亦非違非順違之則成六道有漏之業順之則成三乘無漏之業菩薩深達即空非違非順於違起悲於順起慈也中道之諦亦非違非順違之則有漏無漏二邊之業順之則有非漏非無漏中道之業法華云久修業所得即此業也菩薩深達中道實相非違非順於違起悲於順起慈若深達者秖是一念心非違非順無三差別亦是一念慈悲非前非後故

名眞正菩提心也安心業空則善順而惡息惡息故名止善順故名觀安心業假惡息善順安心業中惡息善順順故名觀息故名止是名觀業善巧安心破法徧者若阿毗曇云業謝入過去得繩繫屬行人未來受報成實云業從現在入未來未來受報今觀此業業若過去過去已謝故云何有業業若未來未來未有云何有業業若現在現在念念不住念若已去即屬過去念若未至即屬未來即起即滅何者現在若言去時有業名現在者去時是業去者是業爲當去時去去者去現在既無業亦叵得三世推檢横竪搜求善惡諸業俱不可得畢竟清淨而言善惡業者但以世間文字假名分别不可聞名而謂爲實所以者何本求理實不求虛名虛名無性雖强分别如指虛空業無作受三諦俱寂故名破法徧也識通塞者於業非業亦業亦非業非業非非業句句之中明識苦集一一心内了知道滅審的成就終不蟲字故言識通塞也道品調適者成論人云意業單起未得成業意得實法想得假名行則同緣是時意業得成是則有三念處也就身口兩業是色名身念處毗曇人云心數心王同時而起王即心念處受數即受念處想及餘數皆行陰即法念處王數依色而起即身念處若一時異時皆有四念也今觀此業具十法界五陰即是具一切四念處一切業同類之色是身念處此身非淨非不淨同類四陰是三念處此三非苦非樂非我非無我非常非無常即是非榮非枯雙樹涅槃乃至三解脱是名道品也助道對治者當念應佛三十二相等念報佛無量功德共破習因惡業念法門佛破習因念三十二相破報果云念法門佛助破報果惡業念佛力故惡業障轉則入涅槃門也如是觀時不叨上聖又當安忍内外諸障令得無礙若發似道未是眞解勿生法愛法愛不起則任運無滯自然流入清涼之地是大乘十觀得無量無漏清淨果報獲得無上報獲得自在業深達罪福究竟無染故名清淨即是法身反本還源智照圓極故名無上即是報身垂形九道普門示現故名自在即是應身如是三身即是大乘高廣直至道場餘如上說云云　第五觀魔事境者行人修四三昧惡將謝善欲生魔恐迴出其境又當化度於他失我民屬空我宫殿又慮其得大神力大智慧力復當與我與大戰諍調伏控制觸惱於我遽其未成壞彼善根故有魔事也行者道弱未動波旬一切鬼神屬六天管當界防戍正應動此耳經云魔事魔罪不說者是菩薩惡知識若達邪正懷抱淡然知魔界如佛界如一如無二如平等一相不以魔爲戚佛爲欣安之實際若能如是邪不干正惱亂設起魔來甚善也今明魔爲五一分别同異二明發相三明妨損四明治法三修止觀同異者陰魔已屬陰界入境煩惱魔已屬煩惱境死魔病是死因已屬病患境今正明天子魔也然四倒與四魔異者四倒秖是煩惱魔煩惱魔故即有陰入魔陰入魔故即有死魔既未出三界即屬天子魔若界外同異者破界内四倒分段諸魔悉過唯有無常等四倒

此是界外煩惱魔煩惱魔故即有無等等色即界外陰魔陰魔即有死三賢十聖住果報乃至等覺三魔已過唯有一分死魔在是爲界外三魔無第六天魔但赤色三昧未究竟名天子魔若妙覺理圓無明已盡故無煩惱不住果報故亦無死赤色三昧滿乃是究竟魔事若華嚴明十魔亦何得出此意耶二明魔發相者通是管屬皆稱爲魔細尋枝異不出三種一者[忄+追]惕鬼二時媚鬼三魔羅鬼三種發相各各不同[忄+追]惕發者若人坐時或緣頭面或緣人身體墮而復上翻覆不已雖無苦痛而屑屑難耐或鑽人耳眼鼻或抱持擊攊似如有物捉不可得驅已復來啾嘹作聲閙人耳此鬼面似琵琶四目兩口云云二時媚發者大集明十二獸在寶山中修法緣慈此實六 十八是精媚之主權應者未必爲惱實者能亂行人若邪想坐禪多著時媚或作少男少女老男老女禽獸之像殊形異貌種種不同或娛樂人或教詔人今欲分別時獸者當察十二時何時數來隨其時來即此獸也若寅是虎乃至丑是牛又一時爲三十二時即有三十六獸寅有三初是貍次是豹次是虎卯有三狐兔貉辰有三龍蛟魚此九屬東方木也九物依孟仲季傳作前後巳有三蟬鯉蛇午有三鹿馬麞未有三羊鴈鷹此九屬南方火也申有三狖猿猴酉有三烏雞雉戌有三狗狼豺此九屬西方金也亥有三豕貐豬子有三猫鼠伏翼丑有三牛蟹鼈此九屬北方水也中央土王四季若四方行用即是用土也即是魚鷹豺鼈三轉即有三十六更於一中開三即有一百八時獸深得此意依時喚名媚當消去若受著稍久令人猖狂怳惚妄說吉凶不避水火云云次明魔羅者爲破二善增二惡故喜從五根作强輭來破大論云魔名花箭亦名五箭各射五根共壞於意五根各一實六 十九剎那剎那若轉即屬意根意根若壞五根豈存眼見可愛色名花箭是輭賊見可畏色名毒箭是强賊見平平色不强不輭賊餘四根亦如是合十八箭亦名十八受以是義故不應受著著則成病病則難治求妨禪定死墮魔道復次魔内射不入當外扇檀越師僧同學弟子放十八箭昔諸比丘得魔内惱又得檀越譽毀强輭不捷魔即哭去行者善覺師徒檀越或法主異語徒衆即瞋徒衆怨言法主則怪如是因緣廣說如大品又魔善巧初令乖善起惡若不隨者即純令墮善起塔造寺使散妨定若不隨者令墮二乘魔實不解二乘但行當之使不入大耳如童蒙人初被行當捨大乘習小功夫已多後悔無益能行當者實不解大小又化人入無方便空謂無佛無衆生墮偏空裏或偏假裏種種蹊徑令不入圓阿難笈多學阿鞞跋者皆爲魔所惱何況初心寧免自他三十六箭若知魔佛皆入實際則無怖畏大經云爲聲聞人說有調魔爲大乘者不說調魔一心入理誰論强輭耶三明妨亂者但强輭等箭初射五根有三過患一令人病二失觀心三得邪法病有種種相從眼入者病肝餘根可知身遭病苦心則迷荒喪禪致死失觀心者本所修觀善法安隱從五根見聞已後心地昏忽無復次序

邪法者當約十種正法簡出邪相有者色從眼入見山河星辰日月居宮亦見幽中種種相貌指點方面是有太過無者色從眼入便謂諸法猶如斷空說灰無法甚可怖畏是無太過明者色入已豁豁常明如日月照闇者昏闇漆黑鏗然不曉定者色入已心如木石塊然宜住亂者色入已狡擲攀緣愚者色入已闇短鄙拙脫裸無恥智者色入已聰黠捷疾悲者色入已憂懊泣淚喜者色入已歌逸恒歡苦者百節疼痛如被火炙樂者身體暢醉如五欲樂禍者自恒招禍亦爲他作禍亦知他禍祟福者恒自招福亦能爲他作福惡者無惡不造又令他作惡善者自行檀等亦令他行檀憎者不耐見人遠他獨住愛者戀重纏著强者其心剛强出入不得自在猶如瓦石難可迴變不順善道輭者心志輭弱易可敗壞猶若輭泥不堪爲器以是等若過若不及悉名邪相一根有三受一受有二十邪法三受合六十邪法歷五根合三百邪法雖九十五種種種異邪而其初入必因五根細

尋三百必與彼相應也夫槌惕多令禪觀喪失時媚多令人得邪法魔羅備此二損也四明治法若治槌惕者須知拘那含佛末法比丘好惱亂衆僧僧擯驅之即生惡誓常惱坐禪人此是源祖之鬼報或已謝而同業生者亦能惱亂今呵其宗祖聞即羞去呵云我識汝名字汝是槌惕惡夜叉拘那含佛時破戒偷臘吉支貪食嗅香我今持戒不畏於汝如是呵已即應去若其不去當密誦戒序及戒神還守破戒鬼去治時媚鬼者須善識十二時三十六時獸知時唱名媚即去也隱士頭陀人多畜方鏡挂之座後媚不能變鏡中色像覽鏡識之可以自遣此則內外兩治也治魔羅有三一初覺呵如守門人遮惡不進如佛告比丘一切他物不受不受之術能治一切自他魔事二若已受入當從頭至足一一諦觀求魔叵得又求心叵得魔從何來欲惱何等如惡人入舍處處照檢不令得住三觀若不去强心抵捍以死爲期不共爾住善巧迴轉如是三治不須多說五止觀者倒爲

十法思議境者若魔事起隨順魔行作諸惡業成三途法若隨魔起善所謂他屬而行布施雖生善道世世相染或時附著倚託言語若捨身命即受彼報設欲修道遮障萬端經云有菩薩有魔無魔即此意也是爲三善法界魔又化令自入涅槃衆生何預汝事唐受辛苦不如取證是名二乘法界魔又令人紆迴拙度不速入菩提道如是淺深歷別皆是思議境也若即此魔事具十界百法在一念中一切法趣魔如一夢法具一切事一魔一切魔一切魔一魔非一非一切亦是一魔一切魔一佛一切佛不出佛界即是魔界不二不別如此觀者降魔是道場上根利智治魔顯理以魔爲侍於魔不怖如薪益火緣修不能寂照持世不覺魔謀謂言善來眞修寂照不待觀而後鑒即知是魔非帝釋也別教不耐非法故云非我所宜圓教安之實際故言如我應受不畏非人於生死有勇是名不思議境也魔界即佛界而衆生不知迷於佛界橫起魔界於菩提中而生煩惱是故起悲欲

令衆生於魔界即佛界於煩惱即菩提是故起慈慈無量佛悲無量魔無量慈悲即無緣一大慈悲也欲滿此願顯此理應降魔作道場八十億衆不能動心名止達魔界即佛界名觀但以四悉止觀安心隨魔事起即以四句破之橫竪單複破悉無滯三藏初伏四魔坐道場破煩惱魔得菩提道又得法性身破陰入魔此兩共破死魔道樹下得不動三昧變三玉女破八十億兵冠蓋劒各墮者是破天子魔通教初得無生忍至六地得菩提道如前八地道觀雙流是不動三昧破天子魔兩處聲聞止破三魔芟多恒爲所惱後得神通伏而非破云云別教十住已破界內四魔登地分得菩提道破煩惱魔分得法身破陰魔分得赤色三昧破天子魔若瓔珞云等覺三（實六）（二十三）魔已盡唯一分死魔在三不應前盡一不應獨餘此乃別教方便說耳圓教初住俱破八魔得菩提道破煩惱魔云云乃至妙覺八魔究竟永盡雖初住破非初住破雖後覺破非後覺破而不離初住後覺是爲破法徧也於上

一一破魔法中皆識若集無明蔽度知字非字道品者魔界具一切色色即是空色即不淨色即是假此名爲淨色即是中非淨非不淨餘四陰亦如是是名一念處一切念處乃至三解脫門門若未開必由事障久遠劫來爲魔所使起於魔檀爲有報故持於魔戒要利養故行於魔忍爲畏他故習魔精進求名聞故得於魔禪味於鬼法樂於魔慧分別見網如是六法雖名爲善其實是魔由此邪蔽蔽三脫門今用正度對治六蔽蔽法度成如油多明盛若雜煩惱當用前四分觀助治雜業借念二佛助治若小乘伏道徧名爲聞慧乃至圓教五品是聞慧位此尚未成豈可濫眞起增上慢若欲入眞當一心安忍勿更爲魔之所動亂窮微觀照强心呵抵若入似位得法賞賜勿生高心愛心譬如大勳黜爲小縣或失祿或失命若起法愛是犯罪但發似解如小縣失似解如失祿墮二乘地如失命大乘家業宗社滅故若無法愛從相似入眞實調魔爲侍直至道場復次退慧如失勳退

定如失祿俱退如失命復次通用一意爲觀者行人根鈍先解通意度曲入別中論品品別意而俱會無生通別互舉得意相成也問魔動竟好法後起爲是法爾寒過春來耶答未必併然自有過難好法亦不發魔是惡緣（實六）（二十四）所感善是心力所致釋論云釋迦往昔在惡世世無佛求法精進了不能得魔變化作婆羅門說言有佛一偈汝能皮爲紙骨爲筆血爲墨當以與汝菩薩樂法即自剝皮曝令乾擬書偈魔即隱去佛知其心從下方涌出爲說深經得無生忍可以爲證云云

摩訶止觀卷第八下

摩訶止觀卷第八下

校勘記

一 底本，清藏本。

一 八四六頁中一行「二十七品」，徑作「三十七品」。

一 八四八頁下一七行首字「法」，徑作「相」。

一 八五〇頁上一九行第一一字「蟲」，南作「終」。

一 八五〇頁中一七行第一五字「地」，南作「池」。

一 八五〇頁下一四行「三修止觀」，南、徑作「五修止觀」。

一 八五三頁中一〇行第一四字「法」，南、徑作「去」。

一 八五三頁下八行第三字「説」，南作「詭」。

摩訶止觀卷第九上　寶七

隋　天台智者大師說

門人灌頂記

第六觀禪定境者夫長病遠行是禪定障立世阿毗曇云多諍諍多營事亦是禪定障復有多讀誦亦是禪定障文殊問菩提經云禪定有三十六垢垢即是障上諸境得入到清涼池入流竟則不須觀禪境若魔事雖過而眞明未發雖無別修以通修故發過去習諸禪紛現當置魔事觀於諸禪所以者何禪樂美妙喜生耽味垢膩日增若謂是道墮增上慢若呵棄者全失方便如此等過不可具記雖免魔害更爲定縛如避火墮水無益三昧爲是義故須觀禪境但禪支諸定助道有力大小乘經皆共稱美若四禪八定毗曇成實明之委細自性九禪地持十地甚爲分明今亦畧示其發相粗爲四意一明開合二發因緣三明發相四修止觀初明開合者禪門無量且約十門一根本四禪二十六特勝三通明四九想五八背捨六大不淨七慈心八因緣九念佛十神通此十門與五門十五門云何同異但有開合之異耳開五爲十者開數息出特勝通明開不淨出背捨大不淨慈心因緣守本念佛門毗曇名界方便禪經稱念佛此亦守本神通約九禪上發不專據一法合十五門爲十者數息不淨各有三則不合慈心有三但合爲一即衆生慈也沒二名者禪是門戶詮次事法法緣是二乘入理觀無緣是大乘入理觀沒理去二存事唯一若開者即屬二乘菩薩兩境中攝因緣亦三門三世輪轉麤果報一念明義細細故附理麤故屬事今沒細存麤但稱三世門也念佛亦三但取念應佛耳神通但取五通若但取五門有所不收若取十五義濫於理是故簡理開事雖開合不同各有其意次明漏無漏若依毗曇判此十禪皆名有漏緣諦智修名無漏禪不爾但緣事修名有漏禪成論亦爾根本等是有漏空無相心修名無漏今小異彼當十禪體相是有漏通是事禪若胡瓜能爲熱病作因緣者小當分別四禪世間本有凡夫外道共專修此者秪發有漏自行十二門化他讚法讚者大經云所謂四十八年即此意也十六特勝通明佛不出世利根凡夫亦修此禪而不發無漏如來若說亦發無漏比於餘禪其力雖弱交勝根本爲是義故稱亦有漏亦無漏九想等是出世客法雖是事法能防欲過不俟諦智能發無漏如迦絺那五百羅漢人人七徧爲說四諦不能悟道佛說不淨即發無漏猒患力强故判屬無漏若言非無漏者不應稱爲聖戒定慧聖之言正正豈過無漏大經云聖行者諸佛境界非二乘所知佛說此法二乘奉行故名聖行今佛說聖法二乘行之何得非無漏又大品云根本是世間法施不淨等是出世法施既言出世豈非無漏又云九想開不淨不淨開身念處身念處開三念處三念處開三十七品三十七品開涅槃涅槃初緣豈非無漏若言事禪應是有漏者譬服二石一熱一冷雖同事禪應漏無漏異若無漏緣稱無漏者六地斷見七地斷思此亦是緣亦應無漏六地七地斷見

思者終不單用根本會須諦智寄此位發單用根本非無漏緣不淨等不爾直以不淨能為作緣云云所以不取十想者前三見諦中四思惟後三無學皆屬理攝故不取不取八念者有人修九想無怖又念佛門已攝故不取慈心觀兩屬若依根本起慈屬有漏若依不淨等起慈屬無漏慈無地位約他階級依根本成衆生緣依背捨成法緣因緣亦無地位念佛五通皆約他階級例如慈心兩屬云云次來意不同問此中十門與次第禪門及對治云何同異答次第禪門為成禪波羅蜜禪善根利故禪門先發後驗善惡此中為成般若禪善根鈍先阻煩惱遇業遭魔後始發禪對治中為破遮障修成助道今此任運自發仍為觀境禪門雖同各有其意云云次明深淺不同者四禪是根本闇證味禪凡聖通共薄修即得特勝少有觀慧不味不闇證橫對念處豎對根本故先味次淨也通明觀慧證相深細細次於總也此三同是根本實觀治惑力弱九想正是假想初門前鋒伏欲故次列也

九想但猒患外境未治其心故次八背捨也背捨雖破內外貪欲總而未別緣中不得自在故次明大不淨破依正貪也雖總別治貪未修大福德故次慈心雖復內治重貪外修福德不入因緣則非世間正見故次因緣三世輪轉無主無我成世正見也雖世正見緣底下因人福力微弱次緣上界福力廣大雖前來諸定未有力用轉變自在故次神通云云次互發不同其次第互發凡有八種例陰界境可知云云○二明發禪因緣者大經云一切衆生皆有初地味禪若修不修必定當得近情而望劫盡不修久遠推之亦曾雖蓋譬以誦經廢近則易習廢久則難習當知昔有次第習即次第發乃至事修事發等云云如彼大地種類具足得雨潤氣各各開生生亦前後結果不俱梅四桃七棃九柹十兩緣雖同成實有異宿習如種止觀如雨禪發如果熟參差總言八種耳是名內因緣發也又雖有應生之善必假威神方乃開發地雖有種非日不芽佛無憎愛隨緣普益若次第緣即次第

加乃至事修緣即事加鴻鍾任擊巨細由桴加常平等淺深聽習大論云池華不得日翳死無疑善不被加沈溺未願淨度經云衆生自度耳佛於其無益淨度菩薩言衆生若不聞佛十二部經云何得度二言相乖共成一意是名外緣發也○三明諸禪發相者若般舟亦發根本而少常坐等則多今且約坐論若身端心攝氣息調和覺此心路泯然澄靜怗怗安隱躡躡而入其心在緣而不馳散者此名麤住從此心後怗怗勝前名為細住兩心前後中間必有持身法此法起時自然身體正直不疲不痛如似有物扶助身力若惡持來時緊急勁痛去時寬緩疲困此是麤惡持法若好持法持麤細住無寬急過或一兩時或一兩日或一兩月稍覺深細豁爾心地作一分開明身如雲如影爽然明淨與定法相應持心不動懷抱淨除爽爽清泠雖復空淨而猶見身心之相未有支林功德是名欲界定成論名此十善相應心閃閃爍爍不應久住今言欲定坯弱不牢稱為閃爍非定如

燈燄也又稱爲電光者彼論云七依外更有定發無漏不答云有欲界定能發無漏無漏發疾修如電光若不發無漏住時則久遺教云若見電光暫得見道如阿難策心不發放心取枕即入電光電光亦是金剛金剛不孤因欲界入無漏無漏發疾譬以電光非欲界定得此名也住欲界定或經年月定法持心無懈無痛連日不出亦可得也從是心後泯然一轉虛豁不見欲界定中身首衣服牀鋪猶如虛空冏冏安隱身是事障事障未來障去身空未來得發是名未到地相無所知人得此定謂是無生忍性障猶在未入初禪豈得謬稱無生定耶如灰覆火愚者輕蹈之若依成論無未來禪故云汝說未來禪將非我欲界定毗曇則有尊者瞿沙釋論具出之佛備兩說而論主偏申耳今則逐人判之自有得欲界定累月住未到不久即入初禪此但稱欲界不言未到有人住欲界不久在未到經旬故言未到不云欲界有人具久在二法故言兩定不可偏判今依大論備出之若節邪正相如修證中委說但初禪去欲界近如壇界多難應須畧知初從麤住訖至非想通有四分退護住進退分又二一任運退二緣觸退緣有內外外諸方便二十五種吐納失所是爲外緣觸退於靜心中三障四魔而生憂愛是名內緣觸退後或更修得或修不得此人甚多護分者善以內外方便將護定心不令損失住分者或因守護安隱不失或任運自住即是住分進分者或任運進或勤策進各有橫竪橫竪各有漸頓若十二門一一而進是名漸進若一時具足是名頓進將勝通明品品而發是名橫漸一時俱發是名橫頓又於四分分分皆有四分具如修證中說云云今且約竪論進分者從未到定漸覺身心虛寂內不見身外不見物或經一日乃至月歲定心不壞於此定中即覺身心微微然運運而動或發動痒輕重冷煖澀滑有人言用心微細色界淨色觸欲界身例如欲界淨色在諸根之上即有見聞之用若依是義觸從外來若言一切衆生皆有初地味禪如大宮盲兒竹中有火心內煩惱而不並起禪亦如是事障麤礙不能得發今修心漸利性障既除細法仍起何必外來所以者何數息能轉心心轉火火轉風風轉水水轉地四大轉細故有八觸如麥變爲麴麴變爲糟糟變爲酒糟喻欲定酒喻初禪以麥爲本非外來也若定執自出外來墮自他性過今依中論破四性訖而論內出外來耳又八觸是四大動輕是風痒煖是火冷滑是水重澀是地體用相添則有八觸耳若動觸起時或從頭背腰肋足等處漸漸徧身身內覺動外無動相似如風發微微運運從頭至足多成退分腰發成住分足發多是進分動觸有支林功德功德畧言十種空明定智善心柔輭喜樂解脫境界相應空者動觸發時空心虛豁不復同前性障未除時明者冏淨美妙皎皎無喻定者一心安隱無有散動智者不復迷昏疑網心解靜利善心者慚愧信敬慚我不曾得此法以爲愧恥我今尚爾信一切賢聖具深妙法敬揖無量柔輭者離欲界憹悷麤獷如䐈

牛皮隨意卷舒喜者於所得法而生慶悅樂者觸法娛心恬愉美妙解脫者無復五蓋相應者心與動觸諸功德相應不亂又念持相應而不忘失或一日一月一歲安隱久住歛念即來熏修既久動觸品袟轉深是名竪發餘七觸竪發例此可知若動觸發已或謝未謝又發冷觸冷觸若謝未謝更發餘觸交橫如前八種是名横發雖復横竪前後以八觸十功德五支察之終不料亂亦不得一念俱成何以故八觸四大水火相乘不得同時成然此八觸凡有八十功德莊嚴名字雖同而悅樂有異如沸羹熱腫鯖魚沈李味別樂殊餘六觸亦差別若欲界定中發八觸者悉是邪觸病煩惱觸具如修證中說今不論但約初禪八觸須簡邪正何以故一是邊地去欲界近二帶欲界心邪得隨入如開門戶賊即得進鬼入禪中禪非鬼也若不識者正觸壞唯邪惡在邪觸者還約八觸十功德明若過若不及如動觸起時直爾鬱鬱不遲不疾身内運動若遠自急疾手脚搔擾是大過若都不動如被縛者是則不及餘冷煖等亦如是又就動觸空明十種論若過若不及此中之空秖豁爾無礙是爲正空若求寂絶都無覺知者太過若鏗然塊礙是不及明者如鏡月了亮若如白日或見種種光色是太過若都無所見是不及定者秖一心澄靜若縛著不動是太過若馳散萬境此不及乃至相應亦如是是爲一動觸中二十種邪相餘七觸合前則有一百六十邪法原夫正禪不應有邪所以有者如服菖蒲將得藥力而多瞋服黄精將得力而多欲非藥令爾藥推麤法麤法將出而盛若單欲界中但有邪觸增病增蓋無正功德若入色定則動八觸空明十功德復有百六十邪不可不識大論云有風能成雨有風能壞雨東北雲屯西南雲散禪亦如是八觸十功德此覺成禪百六十邪此覺壞禪若一法有邪餘法亦皆染著譬如一伴爲賊餘皆惡黨若初觸無邪餘法皆善也正禪五支者若初觸觸身在緣名覺細心分別八觸及十眷屬名爲觀慶昔未得而今得故名爲喜恬愉名爲樂寂然名一心毗曇二十三心數一時而發取其强者判爲五支五支悉是定體體前方便如上說成論明五支前後相次而起四支爲方便一心支爲定體大集以第六默然心爲定體有人言五支在欲界第九心或言在欲界定前此則非五支也今辨覺觀俱禪正就初禪判那得爾耶五支同起而有强弱相翳取成就者以判五支如一槌撞鐘初麤中細之異五支亦爾初緣覺相盛不妨已有觀等四支覺强觀末了覺息觀方明初已有喜觀息喜支成初已有樂樂未暢喜息則樂成初已有一心四支所動今樂謝一心成如初開寶藏覺是寶物亦知珍貴喜樂定想但未知是何等寶次分別金銀別已領納生喜喜故受樂安快一心如人飽食無所復須亦如對五欲極睡故論云如人得寶藏云云若四禪同以一心支爲體云何四異今分初禪是覺觀家一心故有四別若進二禪但呵覺觀初禪即壞別義轉明若通者同用一心爲體釋五支名義相等具在修證云云

復次初動八觸功德猶麤若數數發則轉深利品或言三或言九或無量品更互娛樂功德叢鬧不得一心如恒奏妓似多人客麿對一已一已復來出散暫無薄斂復現若欲去之但呵覺觀初禪謝已即發中間單定亦名轉寂心亦名退禪地亦名簸屑心於此單靜心中既失下未發上若生憂悔此心亦失若不悔者内淨即發無復八觸受納分別故名一識定混四大色成一淨色照心轉淨與喜俱發無魔邪相以非邊境故喜已生樂樂謝入一心此禪喜動樂不安當呵喜喜謝入未到忽發三禪與樂俱起還是色法轉妙不倚喜生樂此正樂徧身受聖人能捨凡夫捨爲難此有五支謂捨念慧樂一心經論出之或前或後皆是修行小異耳此樂對苦呵樂即謝亦有未到未到謝已發不動定還是色法轉妙不爲苦樂所動名不動定定法安隱出入息斷不苦不樂捨念清淨一心支雖爾猶是色法呵三種色滅三種色緣空得定不復見色心得脱色如鳥出籠是名空定此定謝已亦入未到緣識生定名爲識處此定謝已緣無所有入無所有法相應名不用處舊云緣少許識若爾即是所有處亦是用處何謂不用無所有耶此定過已忽發非想非非想此定不緣識處故非想不緣不用處故非非想更無上法可攀三界頂禪世爲極妙外道計爲涅槃實是闇證具足苦集垂盡三有還墮三途委悉明根本禪往修證中尋之。次明特勝發者若依律教應在不淨後依行在不淨前如律云佛爲比丘說不淨觀皆生猒患不能與臭身共住衣鉢雇鹿杖自害佛令放不淨修特勝大黃巴豆瀉人太過身力弱者即便弊之更以餘藥並下並補補故是愛下故是策策勝根本愛勝不淨有觀名亦無漏對治力弱名亦有漏如廉食人噉豬膞鄙貯屎物而猶可强食之若六月臭膞蟲蠅所集不復可食特勝是實觀猶可從容不淨是假想不復可耐云特勝發者忽見氣息出入長短知來無所從去無所至入不積聚出不分散若約根本即是麤細住若見息來去徧身若約根本是未到地而根本闇證謂無身牀鋪等者非實無也如灰覆火上愚者輕蹈之如夜噉食如盲觸婦皆不暢其情今有觀慧見息徧身而定心明淨安隱故異闇證也又見身中三十六物如開倉見穀粟麻豆若對根本即初禪位前八觸觸身倉心眼不開不見内物特勝既有觀慧觸開身倉心眼即見三十六物肝如菉豆心如赤豆腎如烏豆脾如粟大小腸道更相應通血脈灌注如江河流内有十二物肝心痰癃等中有十二膜膚肪膏等外有十二髮毛等出入息統致其間不淨無常苦空無我一切身行皆休終不爲身而造諸惡是名除諸身行若對道品是身念處若對根本即是覺觀兩支心眼初開是覺支分別三十六物無謬是觀支心受喜對喜支前喜名隱没有垢味今喜不隱没無垢味即是法喜非是受喜也心受樂者亦如是非受樂樂知樂中三受皆無樂名樂支受諸心行是一心支知衆心是一心不同根本計實一心也若對道品皆受念處心作喜心

作攝者前喜從三十六物生此直就心作喜
故知對二禪大集明二禪但三支無內淨今
心作喜意似於此作攝者喜動則散若作攝
得入一心根本但內淨受喜特勝有觀慧恒
攝喜心心作解脫者此對三禪根本之樂猗
寶七　十三
喜偏身受凡夫捨爲難特勝有觀慧則無愛
味故言解脫從心作喜至心作解脫皆是心
念處也從觀無常者對第四禪餘處亦觀無
常未是別治得不動定味之爲常今有觀慧
知離苦樂而終是色法猶是無常不應生染
故稱無常從觀出散對空處滅三種色如鳥
出籠故言出緣空故言散雖緣空亦有觀慧
觀離欲是對識處緣空多則散散名爲欲特
勝觀慧離是散心故名離欲觀滅對無所有
處特勝觀慧觀識若多若少皆無故名觀滅
觀棄捨對非想非非想處棄識處及無所有
處更有妙定名爲非想非非想凡夫妄謂涅
槃佛弟子知其雖無麤煩惱而有細煩惱而
無愛味故稱淨禪從無常至棄捨皆名法念
處此十六法橫豎對治法節節皆異根本闇

證功德則薄如食無鹽特勝功德則重如食
有鹽委論發相具如修證中云云○次通明禪
發相者上特勝修時觀慧猶總見三十六物
證相亦總通明修時細妙證時分明華嚴亦
有此名大集辨寶炬陀羅尼正是此禪也請
觀音亦是此意修時三事通修能發三明六
通又修寶炬時乃至入滅受想定當知此門
具八解脫三明六通故名通明也大集辨此
五支名目謂如心覺大覺思惟大思惟觀於
心性是名覺支觀心行大行徧行是爲觀支
如實知大知心動至心喜是爲喜支身安心
安受於樂觸是爲安支心住大住不亂於緣
是名定支初觀三事皆融證時三事皆一故
名如心覺覺於真諦色息心泯一無異又識
俗諦皮肉骨等皆有九十九重覺五藏生五
寶七　十四
氣亦見身中蟲戶行來言語無細不了覺託
胎初陰過去無明業是蠟現在父母精血是
泥過去業不住故名印壞現在託識名色具
足故名文成住在生藏之下熟藏之上子腸
中形甚微細唯有一念妄想色心相依如有

如無如夢業行力故自然能起一念思心感
召其母母便思青色呼聲膠氣酢味因此念
力生一毫氣氣變爲水水變爲血血變爲肉
母氣出入以相資潤便得成肝藏向上成眼
向下成手足大指若思白色哭聲腥氣辛味
便成肺藏上向爲鼻下向爲手足第二指若
思赤色語聲焦氣苦味便成心藏上向爲口
下向爲手足第三指若思黃色歌聲香氣甜
味便成脾藏上向爲舌下向爲手足第四指
若思黑色吟聲臭氣鹹味便成腎藏上向爲
耳下向成手足第五指覺身分細微例皆如
此思惟大思惟者即是思惟真俗也觀於心
性者即是空也若真若俗同入心性請觀音
云一一入於如實之際如此覺支與上倍異
心行大行者上覺支是解今心行去是觀行
寶七　十五
心行於世諦故名行行真諦故名大行三事
俱行故名徧行心住者於俗諦得一心大住
者於真諦得一心不亂於緣者雖見真俗無
量境界而於心不謬也具明其相備如通明
觀中廣說發此定時見身息心同如芭蕉相

無有堅實是未到地相見此三事同如泡沫相是初禪見三事同如浮雲相是二禪見三事同如影相是三禪見三事同如鏡像是四禪滅此三事皆空滅空緣識滅識緣無所有滅無所有緣非想非非想滅非想非非想三種受想而身證滅受之法以成解脫有俗觀故名亦有漏有眞觀故名亦無漏此禪事理既備階位具足成論人應用此明道定入八解脫於義爲便而不肯用阿毗曇約八背捨得有事理俱異外道成俱解脫人成論但有理無事便無俱解脫人約外道禪爲事禪亦應約十善爲戒世智爲慧戒慧既異外道定何意同是則客醫無客定八術不成委論其相具在修證中說云云○次明不淨禪發者先就九想又爲兩一壞法人二不壞法人若壞法人修九想一脹想二壞想三血塗想四膿爛想五青瘀想六噉想七散想八骨想九燒想此人但求斷苦燒滅骨人急取無學不欣事觀既無骨人可觀便無禪定神通變化願智頂禪雖言燒滅實有身在例如滅受想而身證云云此人好退如毗曇有退相四果如沙住井底阿含云三果退戒還家毀失律儀不失道共俗人生謗言無聖法佛言欲飽起猒不久當還更求出家諸比丘不度佛即度之便得羅漢阿難問言大德是學退無學退答言學退若然即是世智斷惑慧解脫人故得有退非無漏智斷一品惑進一品解而有退也若發此九想無諸禪功德者是壞法人也若不壞法人九想者從初脹想來住骨想不進燒想得有流光背捨勝處觀練薰修神通變化一切功德具足成俱解脫人也若修時愛多觀外見多觀身見愛等內外觀若發時準此可知於坐禪中忽見死屍在地言說方爾奄便那去氣盡身冷神逝色變無常所遷不簡豪賤老少端醜無逃避處慈父孝子無相代者屍膖在地風吹日暴與本永異或見一屍多屍是大不淨觀相或滿一聚落一國土或一屍色變或多屍色變死屍雖非九數是諸想之本故先說之是等死屍顏色黯黑身體洪直手足葩花膖脹臈鄧如韋囊盛風九孔流溢甚爲穢惡行者自念我身如是未離未脫觀所愛人亦復如是是相發時得一分定心黯黯安快須臾之間見此脹屍風吹日暴皮肉破壞身體坼裂形色改異了不可識是名壞相又見坼裂之處血從中出散溜塗漫處處斑駮灌溢於地臭處蓬勃是爲血塗相又見膿爛流潰滐滐滂沱如蠟得火是名膿爛相又見殘皮餘肉風日乾炙臭敗黯黮半青半瘀皺皺皺是爲青瘀相又見此屍而爲狐狼鴟鷲之所噉食紛葩鬪競摑裂拽挽是爲噉相又見頭手異處五藏分張不可收斂是爲散相又見二種骨一帶膿膏一純白淨或見一具骨或徧聚落如是諸相轉時定心隨轉驟驟沈寂愉愉靜妙安快之相說不可皆不壞法人所觀齊此未見此相愛染甚強若見此已欲心都罷懸不忍耐如不見糞猶能噉飯忽聞臭氣即便嘔吐亦如捉淨法婆羅門而噉塗癰髓餅槌頭自責我已了矣若證此相雖復高眉翠眼皓齒丹脣如一聚屎粉覆其上亦如爛屍假著繒綵尚不

眼視況當身近雇鹿杖自害況鳴抱婬樂如是想者是婬欲病之大黃湯如貪食人審知豬賭盛屎之物猶強喫敝見賭蟲臭更能食不前特勝力弱未決定除令觀力強婬火疾滅故云九想觀成時六賊稍已除及識愛怨詐兼知假實虛如是猒患何但除欲亦能發無漏亦成摩訶衍釋論解死變想竟仍說六波羅蜜四無量心諸師咸云翻謬今明菩薩修初想即具摩訶衍故廣出諸法後即云乃至燒想亦如是那云脫落耶○次明八背捨發者前三番是根本味淨九想至一切處名爲觀九次第定是練師子奮迅是熏超越是修此四事定今先明背捨背捨又有總別總共二乘別在菩薩又背捨不定或因中說果名背捨爲解脫自有果中說因名解脫爲背捨若定判者斷惑究竟事理具足稱爲解脫若惑未盡定未備但名背捨背者猒下地及自地淨潔五欲捨者捨是著心故名背捨若破愛多發外相如前說若破見多發內相內相者即八背捨也一內有色外觀色乃至第八滅受想背捨所言內有色外觀色者不破不壞內色內觀白骨皮肉而外觀死屍等若修相具如禪門今畧示發相行者忽見自身足指皮皺如泡漸漸至膞至腰通身到頂斯須洪直舉身脹急五指葩花兩脚如柱腰腹如甕頭如盆處處臚脹如風滿韋囊此相發時或從脚至頂或從頂至脚滿一繩床皮急肉裂將欲綻潰既潰膿流浸漬濕釋又從頂至足皮肉自脫唯白骨在支節相柱嫛然不動皮肉墮落聚在一處猶如蟲聚汙穢鄙醜若發此相深患其身猒之如糞何況妻子財寶而生悋惜薩埵亡身鹿杖所害者皆得斯觀內不計我外不愛所低頭慚愧猒心相續云云大經云除卻皮肉諦觀白骨一一節間皆令繫念逆順觀察令骨淨潔是名內有色相外觀色者外見死屍膖脹膿壞滿一聚落一國土如前九想所觀不淨故言外觀色位在欲界定此法增進見骨起四色青黃白鴿煜煜熻熻將發不發青色青光乃至鴿色鴿光狀如流水光籠骨人如塵霧鏡日若心緣足光隨向下若心緣頭光隨向上以青光力映蔽十方悉見青色如須彌山隨方色一乃至鴿色亦如是若此光色將發不發位在未到地定如是遂久光應自發若不發者當攝心諦觀眉間放之便發狀如竹孔吐煙初乃小小後乃散大四色宛轉從眉間出徧照十方谿爾大明一色亦有十功德八觸五支正邪等相初色發時名覺分別八色名爲觀昔雖知肉中有骨不知骨中八色昔所未見慶喜悲慚名爲喜支此色發時深有樂法心地恬愉名爲樂支定心湛然安住不動黮黮轉深空明智定信敬慚愧不生謗毀離蓋相應若冷煖等叢叢皆無謬亂故稱叢林但此中動痒空明五支等相心眼開明法深樂重不同根本亦異特勝通明彼帶皮肉觸不通暢今觸骨人其法深妙若論邪相入八色者或見青色不甚分明斑駮不好即是邪相七色亦如是闇證無觀慧如夜多賊今禪有觀如晝少偽設有易卻若三藏云八色是色界法觸欲界骨人致諸功德起此依根本有漏作如

此說大乘明戒定慧法悉不可盡何以故命朽戒謝無作不滅定雖伏惑斷在不久如蠱入身殘藏害命即雖未死勢不久存慧道無失初果七死無漏湛然當知戒定是無漏法若爾八色之光便是界外法也若發此相初背捨成位在初禪成論云兩背捨欲界攝淨背捨色界攝四背捨無色界攝滅背捨過三界毗曇云初二背捨通欲界及二禪淨背捨在四禪言三禪樂多不立背捨復有人言三禪無勝處四禪無背捨三家互異今依釋論初背捨二勝處初禪攝既有五支驗是初禪也二內無色以不淨心觀外色者骨人是精血所成應須呵滅析骨四微大乘體法知骨從心生心如幻化骨人虛假骨人自滅如好馬任人意如好人共事去來無挨骨人去已新法未來喜多退墮以不淨心但觀外色外色者外死屍等又外者骨人所放八色也所以觀外色者此去欲界猶近須觀外不淨若修壞骨人別有觀法今但論法發忽見骨人自然消磨但有八色及外不淨在骨人滅時位在中間又見八色與內淨法同時俱起青黃等光更作一番增明內淨喜樂一心四支功德轉勝於前是爲二背捨位在二禪三淨背捨身作證者初禪二禪非徧身樂四禪無樂何所爲證成論人四禪共淨背捨今以兩禪共淨背捨既言三禪有徧身樂可以爲證即是其初成就在四禪能具足勝處故知淨背捨位在三禪也淨者釋論云緣淨故淨八色已是淨法而未被淨緣瑩練淨色極在四禪此色起時瑩於八色更轉明淨故言緣淨故淨徧身受者樂之極在三禪故總此二禪爲淨背捨也淨有四義不淨不淨者欲界之身已是不淨而今膖脹故言不淨不淨不淨淨者除卻皮肉諦觀白骨無復筋血如珂如貝故言不淨淨淨不淨者是眉間所出八色光明光明是淨未被練治故言淨不淨也淨淨是第三背捨更被淨緣練治也故言淨淨四空背捨者過一切色滅有對色不念種種色一切色是欲界內外色有對是五根所對此兩色前三背捨已滅但有八色隨心轉變故言種種色呵色緣空更無別法但入空定若凡夫多染保著空定聖人深心智慧利直去不迴故名背捨苦緣空多則散虛誑不實捨空緣識識法相應名識處背捨又識生滅無常虛誑無復所緣但有能緣故言無所有處識處如癰無所有處如瘡捨識無識即是非想非非想此無想猶有細煩惱今捨能緣非想之受想亦無復能滅之想定法持身泯然無想如氷魚蟄蟲若以所滅爲名與攀上猒下何異今從能滅自地亦滅他地得名故言滅受想背捨具如修證中說毗曇明得滅定是俱解脫不得此一定但名慧解脫成論得電光名慧解脫具得世間禪名俱解脫成論後四更無別法以無漏心修此可然前三何意無別法而約外道禪耶云云若過去曾得八定故發宿習而滅定一種不得無漏修則不成故不論宿習也九次第定超越等約三藏者無有凡人修於此定故不論發宿習也若約大乘亦應有此義今所不論○次明大不淨觀發者亦名大背捨前所觀所發除卻

皮肉諦觀骨人死屍不淨或一屍兩屍城邑聚落不淨流溢等但約自他正報故言小不淨也約此而論猒背故名背捨亦是總别相云云若大不淨觀何但正報流溢不淨依報宅宇錢財穀米衣服飲食山河園林江淮池沼絓是色法悉皆不淨蟲膿流出臭處腥臊舍如丘墓錢如死蛇糞如屎汁飯如白蟲衣如臭皮山如肉聚池如膿河園林如枯骨江海如汪穢大經云美膳作穢汁想即此觀也於坐禪中忽如上見見此大地無一好處依正不復可貪是名大不淨發也如初然火加功攢發煙炎蓋微火既成勢不復擇薪乃至江河亦能乾竭初觀不淨止一屍一國婬心乍興乍廢今定力已成猒惡亦盛一切依正無非不淨欲心永息復次諸物有何定相隨人實七 二十三果報感見不同善業感淨色惡業感不淨色如諸天寶地寶宮人中富樂執諸瓦石變成金銀善力所招依正俱淨如僧護經所說地獄獄相不同或見身肉爲地爲他所耕或見身如樹林衆所摧折或身如山如屋如衣凡一百二十種皆惡業所感招不淨色若執淨色保愛堅固以大觀力破大著心翻大顛倒成大不淨觀也何以故夫幻術法多是欺誑神通法得其道理凡一切物皆可轉變如蘇蠟金鐵遇煖流變如水遇冷成地此得解觀契轉變之道定力爾故若根本但除下地著不能除自地若小大背捨未是無漏但除下地自地著若無漏緣通則下自上皆除著也若人發大不淨入背捨亦大初禪攝若內無骨人外觀八色及依正兩報緣境大故名第二大背捨二禪攝若以大不淨入淨背捨亦大乃至滅背捨亦如是若論大勝處者更熟背捨令於緣轉變自在大論明鈍人修八背捨竟方修勝處一切處中根修三背捨竟於四禪中修勝處等上根秖修初背捨即修一切法也今處中說若多若少者還約依正一屍爲少二屍爲多如是傳傳可解一衣一食一山河爲少無量衣食山河爲多初修從少至多今發亦應爾若好若醜者善業端正爲好惡業鄙陋爲醜此二皆於我美者爲好於我惡者爲醜此二皆有智慧爲好皆有愚癡爲醜此二富貴爲好貧賤爲醜如此好醜俱不淨山河國土衣食屋宅若好若醜俱不淨又依正俱醜骨人所放八色爲好又八色亦醜被練爲好好醜皆不淨此兩勝處初禪攝實七 二十四若內無色相外觀色若多若少若好若醜勝知勝見者內滅骨人外有八色又有依正多少好醜如前說云云

摩訶止觀卷第九上

摩訶止觀卷第九上

校勘記

一 底本，清藏本。

一 八五六頁上七行第一三字「他」，徑作「地」。

一 八五六頁上八行第一六字「地」，徑作「他」。

一 八五七頁上三行第三字「修」，南、徑作「倐」。

一 八五八頁上五行第一一字「袟」，徑作「秩」。

一 八六一頁下九行「骳骳」，南作「骳骳」。

一 八六二頁中一五行首字「令」，徑作「今」。

一 八六二頁下六行第三字「乃」，南作「則」。

一 八六四頁下卷末書名、卷次，南無（未換卷）。

摩訶止觀卷第九下　賓八

隋天台智者大師說

門人灌頂記

勝知見者此心勝色不爲色所縛心能轉色故言勝知也勝見者淨不淨等皆於已心自在觀解成就故言勝見也此兩二禪攝若勝處成時身尚不惜況財物他身耶上古賢人推位讓國還牛洗耳皆是昔生經修此觀自然成性無復愛染不得此意貪之至死何能忽榮棄位耶後四勝處在四禪中成就三禪樂多不能轉變就聲聞法謂言如此於菩薩法禪禪轉變何得無耶大論云青黃赤白此從實法瓔珞云地水火風此從假名互得相攝此四勝處内外色盡但有八色唯有多少轉變無有好醜轉變也十一切處在四禪中初禪覺觀多二禪喜動三禪樂動不得廣普徧一切處唯不動念慧則能廣普以青徧十方十方皆青餘色亦爾故名一切處若一切入者以青徧一切時黃來入青亦徧一切處青黃本相不失相入又不相濫餘色相入亦如是是名一切入此乃内心放色徧一切處那得以外樹葉爲緣徧一切處耶内心無法安能轉變外樹葉耶先能變心方能變葉耳大論取優鉢羅華者恐人不解借外喻内不可執喻爲正義若通明觀内無骨人不放八色修勝處時當借外緣或可應爾不壞法人内自放不須外也

復次菩薩修勝處具衆行者若不達依正可起貪慳此觀若明身尚欲捨況惜已物而貪他財是則名檀得如此觀不爲財色而破於戒害彼財主引物自歸欺詐百端而求全濟決無此理是則名尸得此觀時若他觸惱及以侵奪終不生瞋諍於糞穢是則名忍是觀成時不倚不淨屍身不淨國土間退定心是名精進此觀能具觀練熏修神通變化願智頂等是則名禪得此觀時一切法能所皆不可得不生不滅畢竟清淨是則名慧一切道定法門皆於勝處轉變成就心定自在迴轉去住作諸法門隨心即成如快馬破陣亦自制住是時明淨無復魔事心使於魔魔不能破心也行四三昧人若發得此法多轉入五品弟子位何故爾助道力大能疾近清涼池齊此是發觀禪亦是發摩訶衍禪相若練熏修凡夫尚不得學無發可論若別出經論故不俟言也○七明慈心發者慈倚根本前後云云忽緣一切衆生取其樂相無怨無惱悅心適意或見得人中樂或見得天上樂善修得解定心分明無一衆生不得樂者初躡躡細靜後轉深定但所緣有三若緣親人得樂名廣中人名大怨人名無量又緣一方衆生得樂名廣四維名大十方名無量此定有隱没不隱没若心緣衆生決定作得樂想心甚分明而所緣處不見衆生得受於樂是内不隱没而外隱没復有内心明淨外見得樂是爲内外俱不隱没若先得此定後發五支功德者初覺衆生悉皆得樂心與定合自心亦樂善修得解名覺支分別得樂或人中天上無量差品皆悉明了名觀支怨親平等無復畏怨憂親之苦名喜支喜支動息心神愉懌亦如所緣得樂之相名樂支定法轉深持心不

動名一心支此名同根本而法味永異如糖蜜和水冷同味別若發單根本報止梵衆梵輔若得慈定則報爲梵王其果既勝因亦大矣若先得根本後加慈定根本益深也又於慈定中發二禪內淨四支成就又發三禪樂具五支成就又發四禪一一與諸禪相應支林具足而法味倍增如前喻但慈心本緣他得樂內受樂定外見他樂此相齊三禪四禪但見他得樂內無樂受以捨苦樂故是爲小乘如此分別佛或時破執爲緣言慈心福至徧淨慈心福至空處喜心福至識處捨心福至不用處但菩薩恒與慈悲俱何地而無慈悲慈悲熏一切善豈止齊三禪耶此一往語耳若先發根本後發慈定亦如是然皆闇證隱沒或內不隱沒而外隱沒云云若依特勝通明發慈定者所依之定自是一邊能依之慈附起不濫此定既有觀慧慈定亦不隱沒五支法味倍勝根本或因慈定而發特勝通明此之慈定亦不隱沒禪味亦深或因慈定發小大不淨不淨取衆生破壞相則無衆生可

緣誰得此樂雖無衆生有漏中樂而有涅槃樂是發法緣慈也問慈緣衆生淨相無瞋惱取其好相不淨觀破壞衆生取其惡相云何相發答此亦無妨如雖見不淨不妨又見淨人端正衣裳雖生慈定不妨不淨慈定亦能莊嚴背捨等使功德倍深勝單發不淨或互相發云云餘三無量心發更互準慈定可知若四無量附根本發即成有漏附特勝通明發即成亦有漏亦無漏附不淨發即成無漏因緣不同慈定等深淺百千萬種不可稱說譬如欲界四大色造種種地青黃赤白高下不同造種種樹木草果甘苦辛酸藥毒香臭造種種人端醜聰鈍貧富善惡造種種禽獸毛角飛走無邊種類差品不混各隨性分任力所能如薄福人但資稗粟不信有甘蔗蒲萄色界淨法亦復如是轉變支林種種滋味更相添糅而不混和乃至四無量心彌復曠大何以故衆生無量故想其得樂亦復無量諸法無量附諸法發支味亦無量不可稱計衆生薄福不信禪定設信一法不信無量功德

如山左不識珍羞井蛙之非海若甚可憐愍其能信者知聖境難思不生誹謗云云○八明因緣發者行人有大功勳諸佛賜以禪定三昧或過去宿習而因緣定發前後云云於坐中忽然思惟心所緣處或緣善心或緣惡心能緣所緣即是有支有能含果此有由取以心取善惡而得有有若不取者亦無此有故知有從取生復知取從愛起愛故可取如愛色死取不愛則不取愛因受生由領受善惡所以愛生若無領受愛則不生又觀受由於觸六塵來觸六根故得有受無觸則無受經云六觸因緣生諸受故受由於觸又知觸由諸入門若無六識統六根則不能涉入諸塵而生於觸觸由於入入由名色若但有色色不能觸如死人若但有名名亦無觸如盲聾人色心合故則有於觸色即色陰心即四陰了別此色名識陰領納此色名受陰行起貪瞋名想行兩陰五陰具足故有覺觸當知觸由名色名色由初託胎識初託胎名歌羅邏此時即具三事一命二煖三識是中有報風依

風名爲命精血不臭不爛名爲煗是中心意
名爲識由識託胎故有凝酥薄酪六皰開張
名色和合當知名色豈不由識識由業行過
去持五戒善業業使人中受名色過去破五
戒惡業業使三塗受故知識由於業業即行
也行由無明癡愛造作衆行使識流轉從過
去來今從今愛取緣有有能含果招未來生
死三世因緣空無有主如是思惟觀智起時
人我邪計即破定心怗怗從麤入細欲界未
到乃至根本五支功德次第而起覺因緣空
無有主名覺支三世流轉更相因賴明識無
差名觀支得因緣智深識三世豈不欣幸名
喜支定法持心恬愉美妙名樂支定心湛然
無緣無念名一心支此因緣三昧是慧性此
慧明故即發根本或根本與因緣相和法味
淳濃不同單發五支此三昧亦有隱沒不隱
沒若內心但解因緣法不生我倒者但與根
本相應闇有此解名爲隱沒若三昧發時其
心明淨見歌羅邏五皰開張生處住處亦見
行業善惡所爲好醜亦見未來生死之事三
世分明是名不隱沒相此二皆有空明十法
成就是名根本由因緣發乃至特勝通明背
捨等隱沒不隱沒由因緣發亦復如是若因
根本發因緣者忽於定中思惟根本諸定皆
是因緣所成所成能成即是有此麤細住含
炎魔兜率天有有生必有死欲界定亦是因
緣有有則含果應受化樂天生生則有死未
到定亦是因緣有有則含果應受魔天有初
禪相應即含彼有乃至非想非非想亦如是
如是等有皆由於取取初禪相如前二十五
方便中種種希望取其相貌故知有由於取
取又由於愛以聞人說初禪功德而生愛味
又知此愛由受以聞彼功德而領受之而起
愛也又知此受由入入即是根無根入無所
受受又由觸塵觸故有入觸由名色五陰合
故有觸名色由初識三事三事由業而來受
身業由無明致有生識乃至老死上至非想
下至麤住皆識十二因緣一一明了乃至特
勝通明等因根本發例可知云云此觀既破我
倒與界方便破我意同但依禪經受因緣三
昧名耳三世推尋雖是慧性猶名停心心得
停住如密室無風可作念處觀也念處觀成
方名聞慧聞慧乃是理觀如富那領解云我
已解已知汝云何知若知無明不起取有即
聞慧意此因緣觀在念處前未有是力故屬
事觀也此因緣門隨機不同瓔珞明十種大
集明果報一念諸師多傳三世龍樹作中論
初明因緣品論師謂攝法不盡不以因緣爲
宗但是世諦破因緣盡是眞諦故以二諦爲
宗今言何品非世諦而皆破盡此乃通途非
別意也論初通觀因緣次染染品等別破愛
取支六情品別破苦支乃至後兩品別出聲
聞觀因緣通別等意皆觀因緣豈不以因緣
爲宗北師取後品中救義六因四緣爲宗此
乃是生滅因緣後兩品意非論正宗佛去世
後人根轉鈍取著因緣決定相不解佛意故
作此論明十二因緣觀門也今既發因緣法
故約之明止觀例爲十意云云思議境者過去
無明心中作於黑業諸不善行成三途界作
諸白業及不動業成三善界若轉無明爲生

滅明名下智觀得聲聞菩提轉有漏行爲出世助道行七種學人殘業未盡猶生善界若無學用無漏業及著眞諦愛與根本無明合生方便土受彼名色於彼愛瞋而起取有是聲聞界若翻無明爲不生不滅之明是則中智得緣覺菩提請觀音云觀十二因緣如夢幻芭蕉成緣覺道意在於此轉有漏行爲無漏助道結業盡不盡同前是爲緣覺界若轉無明爲般若轉不善行爲五度以未發眞猶具界內十二因緣是六度界若轉無明爲空慧轉行爲六度六七地前斷惑未盡皆同前斷盡生彼福慧小勝耳是名中智觀得通教菩提若轉無明爲次第明轉行爲歷別行十信住斷未盡十行向斷盡皆同前是名上智觀故得別教菩提若轉無明爲佛智明從初發心知十二緣是三佛性若通觀十二緣眞如實理是正因佛性觀十二因緣智慧是了因佛性觀十二緣心具足諸行是緣因佛性若別觀者無明愛取即了因佛性行有即緣因佛性識等七支即正因佛性何以故苦道是生死變生死身即法身煩惱是闇法轉無明爲明業行是縛法變縛成解脫即三道是三德性得因時不縱不橫名三佛性修得果時不縱不橫如世伊字名三德涅槃淨名云一切衆生即大涅槃即是佛即是菩提乃此意也是名上上智觀得佛菩提若五品未斷同學人鐵輪長別苦海同無學雖復變易五根生福迴異釋論云二乘受法性身諸根闇鈍以其於佛道紆迴故若別圓能破無明直開苦道如實之法從實法得實報直於行有具足諸行感得依正無有罣礙根利福深不同中下若三賢十聖住於果報悉成就彼十二因緣等覺餘有一生因緣在若最後窮無明源愛取畢竟盡故名究竟般若識等七果盡故名究竟法身行有盡名究竟解脫雖言斷盡無所可斷不思議斷不斷無明愛取而入圓淨涅槃不斷名色七支而入性淨涅槃不斷行有善惡而入方便淨涅槃淨名云以五逆相而得解脫亦不縛不脫如此而推十二因緣即是一切無量佛法是名不可思議境也復次十二緣對法華中十如者如是性對無明淨名云若知無明性即是明性如是相對行體對識等七支力對愛取作對有因又是無明愛取之習因緣對行有果對無明生智慧習果報對行有五種涅槃本對三道三種佛性末對三德涅槃復次對十境者十法界陰入病患兩境對識等七支煩惱見慢等境對無明愛取業魔禪二乘菩薩等對行有等支復次十二因緣十如十境在異心中是生滅思議在一念心中是不生不滅不可思議華嚴云十二因緣在一念心中大集云十二因緣一人一念悉皆具足此猶存略若一人一念悉皆具足十界十如十二因緣乃可稱爲摩訶衍不可思議十二因緣耳問十二門論云緣法實無生若謂爲生者爲在一心中爲在衆心中亦可得言在一念耶答華嚴云一中無量無量中一大品云一切法趣無明是趣不過乃至一切法趣老死今說一心具十二因緣當有何咎復次言一念不同世人取著一異定相一念乃是非一非異而

論一耳譬如眠法覆心一念之中夢無量世
事如法華云云眞正發菩提心者若依生滅無
生滅假名等十二因緣而起慈悲誓願者此
非眞正故華嚴云菩提心魔即此意也若依
不思議十二因緣起慈悲覆度一切是名眞
正拔苦有二一拔十法界無明愛取行有五
種因苦二拔十法界識名色七種果苦慈與
樂亦爾謂與十法界觀無明愛取成慧行正
道轉行有成行行助道是名與樂因觀十界
名色七支皆安樂性即大涅槃不可復滅名
與樂果約此四義起四弘誓未度令度度十
界七支生死之苦未解令解解十界無明愛
取行有五支之集未安令安安十界無明愛
取行有正助之道未得涅槃令得識等七支
安樂涅槃也云云善巧安心者巧觀十界識等
七支即是法性不起無明愛取八倒迷惑名
爲觀十法界行有等種種顛倒息故名爲止
云云破法徧者横破十界十二因緣悉是一念
一念不自不他不共不無因當知十界悉無
生也竪破十界行有見思塵沙無知無明不

生乃至四十二品不生不生名大涅槃善知
通塞者達因緣眞名通起見思著爲塞沈眞
爲不通達因緣事爲不塞於三道起法愛爲
塞達因緣中理名爲通若於畨畨起無明愛
取行有爲失若於畨畨悉有智慧名得或直
就有作等四種苦集論塞四種道滅爲通或
直就三假故爲塞破三假無生爲通通惑旣
爾別惑亦然或直就四見起十使爲塞破見
爲通云云善修道品者若通論十界因緣中色
法皆名爲身一切受法皆名爲受一切識法
皆名爲心一切想行皆名爲法若別論名色
支中取色六入中取五入觸中取五觸五受
生死支各取色分皆名身念處攝名色支中
取識分六入中取意入生死支各取識分皆
名心念處攝無明行名色支中取想行觸支
中取法觸愛支取支有支生支中取想行死
支中亦取想行皆法念處攝或時云無明是
過去愛愛是汙穢五陰若現在論無明法念
處攝行法攝識心攝名色身心兩攝六入緣
六塵塵法攝入身攝觸法攝受還受攝愛汙

穢身心兩攝取法攝有行攝生是色起死是
色滅法攝問數人說生死皆是不相應行祇
應法念處攝云何通三念處答大經云此五
陰滅彼五陰續生如蠟印印泥印壞文成故
知生死之法不離五陰得作此說云云若通別
因緣諸色非垢非淨能雙照垢淨名身念處
觀諸因緣通別諸受非苦非樂雙照苦樂名
受念處觀諸因緣通別心識非常非無常雙
照常無常是心念處觀諸因緣通別想行非
我非無我雙照我無我是法念處此四能破
十二因緣中八種顛倒八顛倒轉成四枯四
榮亦是非枯非榮中間入涅槃見佛性也勤
觀此四名正勤乃至八道如前說觀根本無
四句不生不滅即畢竟空此空具十八空十
八空祇是一空方等云小空大空皆歸一空
大品云一獨空是名空解脫門若入此空不
取法性四相不受不著不念不分別新舊內
外云云若心無依倚以無所見見眞佛性以不
住法住大涅槃是名無相解脫門是大涅槃
非修非作非自故非因非他故非緣不共故

非合非無因故非離無修無得名無作解脫門對治助道者前道品直緣理轉無明愛取以爲明雖具正慧不能得入何以故無明愛取是理惡與理慧相持復有行有事惡助覆理慧如賊多我一故須加修行有事善助開涅槃門若起慳貪行有轉爲布施行有則檀度善根生若破戒行有起轉爲持戒行有尸善根生若瞋恚行有起轉爲忍辱行有羼提善根生若懈怠行有起轉爲精進行有毗棃耶善根生若散動行有起轉爲禪定行有支林功德生若愚癡行有起轉爲覺悟無常苦空行有故事慧分明助破理惑若有一蔽則不見理況復六耶今但破强者弱則隨去助道力深成辦一切功德調伏諸根滿足六度具佛威儀十力無畏乃至相好等如前說自思作之又佛威儀者佛坐道場轉法輪入涅槃皆約十二因緣大品云若能深觀十二因緣即是坐道場道場有四若觀十二因緣生滅究竟即三藏佛坐道場木樹草座若觀十二因緣即空究竟通教佛坐道場七寶樹天衣座若觀十二因緣假名究竟別教舍那佛坐道場七寶座若觀十二因緣中究竟是圓教毗盧遮那佛坐道場虛空爲座當知大小道場不出十二因緣觀也又諸佛皆於此觀而轉法輪若寂滅道場七處八會爲利根菩薩說十二因緣不生不滅亦名爲假名亦名中道義若鹿苑爲鈍根弟子說十二因緣生滅相若方等十二部經說十二因緣生滅即空即假即中若摩訶般若說十二因緣即空即假即中若法華說十二因緣即中捨三方便也若涅槃說十二因緣具足四意皆有佛性如乳有醍醐性四教五味不同皆是約十二因緣善巧分別隨機示導耳又復置毒乳中是涅槃約十二因緣明不定教又復我說初成道十方菩薩已問此義即涅槃中約十二因緣有祕密教所以者何初爲鈍根弟子說十二因緣生滅相別有利根菩薩在座密聞十二因緣不生滅相即悟佛性得無生忍此祕密意也此乃同居土中轉法輪相又諸佛皆於此觀而般涅槃若約鈍根無明滅乃至老死滅正習俱盡者是三藏佛有餘無餘涅槃約即空觀無明滅乃至老死滅是通教佛有餘無餘涅槃約因緣假名中道觀無明滅乃至老死滅是別教佛常樂我淨涅槃約十二因緣三道即三佛性亦三涅槃涅槃名諸佛法界是圓教遮那佛四德涅槃此是同居土示涅槃相有四種出像法決疑經方便實報二土成道轉法輪入涅槃亦應可解是名十二因緣攝法義云云識次位者三惡輕重皆由無明惡行不善愛取所致也三善高界亦由無明善行不動行愛取有所致也若翻無明愛取起生滅智者即三藏中慧解脫賢聖位行高下也若轉行有起觀練熏修行行功德即是三藏俱解脫賢聖位行高下也小大迦羅類此可知翻五度成於行有般若翻無明愛取調伏諸根即有三僧祇位也若翻無明愛取體達即真翻行有修六度如空種樹即有四忍位行高下也翻無明愛取生道種智翻行有成歷劫修行諸度神通淨佛國土成就衆生即有六輪位行高下若翻無明

愛取即是熾然三菩提燈者即有圓教六即位高下十二因緣一人一念悉皆具足癡如虛空不可盡乃至老死如虛空不可盡空則無有盡與不盡空則是大乘十二門論云空名大乘普賢文殊大人所乘故名大乘大品云是乘不動不出若人欲使法性實際出者是乘亦不動不出大經云一切衆生即是一乘如此等名理即是由理即是得有名字即是從初發心聞說大乘知衆生即是佛心謬取著故不能觀行如蟲食木偶得成字由名字故得有觀行如前所說七番觀法通達無礙即是行處由觀行故得有相似發得初品止是圓信二品讀誦扶助信心三品說法亦助信心此三皆乘急戒緩四品少戒急五品事理俱急進發諸三昧陀羅尼得六根清淨入鐵輪位也由相似故得有分證三道即三德豁然開悟見三佛性住三涅槃入祕密藏清淨妙法身湛然應一切乃至等覺悉是分證即轉無明生智慧明如初日月乃至十四日月轉行有生解脫如十六日月乃至二十

九日月所有識名色法身漸漸顯現猶如月體由分證故得有究竟三德圓滿究竟般若妙極法身自在解脫過荼無字可說也故知小大次位皆約十法界十二因緣也若寂滅眞如有何次位初地即二地地從如生如無有生或從如滅[賔八]如無有滅一切[十六]衆生即大涅槃不可復滅有何次位高下大小耶不生不生不可說有因緣故亦可得說十因緣法爲生作因如畫虛空方便種樹說一切位耳若人不知上諸次位謬生取著成增上慢即菩薩旃陀羅安忍者觀十界因緣當起種種遮道法所謂三障四魔種種違順業魔禪二乘菩薩行行等法皆從行有兩支起若能安忍即能成就如來行有功德所謂六根清淨之報相也煩惱障發者所謂貪瞋邪計深利諸見慢二乘通別三藏等菩薩慧行等悉是無明愛取支中發若能了達安忍則開佛知見報障發者所謂種種陰界入種種八風種種病患即是七支中發若知即是佛性不動轉取捨猶如虛空是則不斷生死而入涅槃不

破壞陰入而顯眞實法身也能如是通達則於三障無礙住忍辱地柔和善順而不卒暴心亦不驚是名安忍心成如聲聞若住忍法終不退作五逆闡提菩薩住堪忍地終不起障道重罪也無順道法愛者一似二眞菩薩從初伏忍入[賔八]柔順忍發鐵輪似解[十七]功德不染三法所謂相似智慧功德法性以智慧有無明愛取故以功德有行有業故以法性有名色生死故皆不應著若於三法生愛不入菩薩位不墮二乘是名頂墮亦名順道觀無明愛取順慧行道觀行有順行行道觀識等順法性道順三道故不墮聲聞地愛三道故不入菩薩地云何起愛如入薝蔔林不齅餘香菩薩唯愛諸佛功德不復念有二乘及餘方便道是名爲愛愛故不能變無明愛取爲眞明不能變行有爲妙行不能顯識色爲法身三道不轉豈入菩薩位若不著相似三法無順道愛者則無量衆罪除清淨心常一如是尊妙人則能見般若般若尚不著何況於餘法入理般若名爲住即是初發心住時便成

正覺知一切法眞實之性具足慧身不由他悟見般若者眞見三道三種般若也從此已去心心寂滅自然流入薩婆若海無量無明自然而破大論云何故處處說破無明三昧答無明品數甚多始從初心至金剛頂皆破無明悉顯法性餘一品在若除此品即名爲佛如來身者金剛之體衆惡已斷衆善普會三德究竟過茶無字可說是名乘是寶乘直至道場到薩婆若中住餘如上說云云○第九明念佛發者或發念佛次發諸禪或因諸禪而發念佛於坐禪中忽然思惟諸佛功德無量無邊不可思議信敬慚愧深生慕仰存想諸佛有大神力有大智慧有大福德有大相好如是相好從此功德生如此相好從彼功德生如是相好有如此福德如此相好有如彼福德知相體知相果知相業一一法門照達明了深解相海而無疑滯定心怗怗亦不動亂安住此定漸漸轉深忽發麤細住欲界未到進入初禪等念佛根本各是一邊覺此念佛境界故名覺支分別念佛有種種相種

種功德法門皆分明識是爲觀支如是見已心大歡喜慶悅內充名喜支一心安隱徧體怡樂名樂支無緣無念湛湛深入名一心支如是五支與念佛法同起如來功德力熏味倍餘支不可稱說證者自知但佛法功德相好無量所發得三昧亦應無量所發五支亦復無量不可說不可說一一五支皆具十種功德眷屬支林是爲因念佛三昧發得初禪乃至四空特勝通明不淨背捨慈心等亦復如是云云云何因禪發得念佛三昧行者若發根本等諸禪於定心中忽然憶念諸佛如來感動福德由於相好相好由於善業三種法門與心相應豁豁明了此法發時禪定五支倍增其妙四禪特勝背捨等亦如是此念佛定亦有二種一隱沒二不隱沒若先得隱沒解佛功德憶識明了然後得不隱沒明見光相瞻奉神容的的分明者此非是魔能增進功德扶疏善根因於念佛廣能通達六念法門所謂念佛功德法門即是念法弟子受行念相業體果三事和合名念僧此即以念僧

以念佛以念法善奪諸惡念即是念捨如是念時信敬慚愧即是念戒念此定中支林功德與諸天等即是念天三自念三念他乃至通達一切法於念佛門成摩訶衍如薩陀波崙見佛時得無量法門內外皆不隱沒若內闇隱沒不識一箇功德法門而外見光相溢目者此是魔也折善芽莖損道華果今時人見佛心無法門皆非佛也若得此意但取法正色相非正也若專取色相者魔變作相泥木圖寫皆應是佛又如來示現自在無礙何必一向作丈光丈光形者示同端正人耳佛徧示所喜身徧示所宜身徧示對治身徧示得度身師僧父毋鹿馬猨猴一切色像隨得見時與法門俱發又能增長本之善根乃名念佛三昧云云○十明神通發者略爲五天眼他心天耳宿命身通無漏屬下境中說唯得因禪發通不得因通發禪所以者何諸禪皆是定法互得相發諸禪是通體通是諸禪用從體有用故通附體與用不孤生安能發體經云深修禪定得五神通即此意也若通論

發者一一禪中皆能發五通若就便易別論者根本多不能發設發亦不快利特勝通明多發輕舉身通背捨勝處多發如意轉變自在身通若慈心定中緣人色貌取得樂相因色知心識其若[實七]樂此多發知他心通既藉色知心亦知其言語音聲亦發天[二十]耳通因緣觀人三世照過去事多發宿命通照未來事多發天眼通若念佛定不隱沒者多發天眼通又諸通若精細者即是三明但非無漏明耳譬如盲聾眼耳忽開則大歡喜況無量劫來五根內盲今破五翳淨發五通一一通中皆有五支如眼障破覺於眼根與色作對即覺支分別色等無量種相即觀支此通開即大慶悅是喜支內心受樂即樂支無緣無念湛然即一心支餘四通亦如是若就諸禪之體或內心得解或外相不明而有隱沒之義神通是定家之用用必明了是故悉是不隱沒也○第四明修止觀者若行人發得諸禪無有方便貪著禪味是菩薩縛隨禪受生流轉生死若求出要應當觀察十意云云若觀禪如胡瓜能爲十法界而作因緣初雖發定柔伏身口如蛇入筒因禪而直後出觀對境已復還曲更生煩惱初如小水後盈大器禪法既失破戒反道造無間業佛在世時得四禪比丘謂爲四果又熊子等是也云云[二十一]又勝意著禪自高謗損喜根[實八]云云又入定無惡出觀起惡成業若失定者惡羣惡道不失定者受禪報盡惡業則興受飛貍身噉諸魚鳥即其義也若不得禪名利不至既得禪已因造三途法界若在禪中染著定相若出觀已起慈仁禮義之心若不失定隨禪報盡則生人道若用禪觀熏於十善任運自成不加防護是天業四禪四空上兩界業若專修根本但增長人天永無出期如大通智勝佛時諸梵自云一百八十劫空過無有佛三惡道充滿了無一人得出生死若專修不淨背捨等不俟諦智能發無漏成聲聞法界若觀諸禪能破六蔽蔽是集集招苦果能破是道道能至滅亦是聲聞法界亦是六度菩薩法界又禪必棄欲是爲檀若不持戒三昧不現前是爲尸得禪故無瞋是爲忍得禪故無雜念是爲精進此法自名禪知諸法皆無常名爲智是名因禪起六度菩薩法界又觀此禪是因緣生法若觀諸禪是有支有支由取乃至老死如前說是緣覺法界又觀諸禪因緣生法即空生法即空是無生道諦是通教聲聞菩薩等法界又觀此禪因緣生法即空即假即中十法界從禪而生從禪而滅何以故若因禪出生三途六道法即是增長二十五有生六法界滅四法界若因禪出生背捨等法伏二十五有亦是摧翳六法界也若觀背捨等無常者是用生滅拙度破二十五有滅六法界生一法界若觀禪因緣生法即空者是用不生巧度破二十五有滅七法界生一法界若觀禪即假者是用無量拙度破二十五有及客塵煩惱滅八法界生一法界[實八]若觀禪因緣生法[二十二]即中者是用一實巧度破二十五有及無明惑滅九法界生一法界成王三昧徧攝一切三昧根本背捨悉入其中如流歸海變根本背捨悉成摩訶衍攝義如流入海滅義如淡盡生

義如鹹成禪波羅蜜變彼慈定成無緣慈悲變彼念佛成大念佛海十方諸佛悉現在前變彼神通成於如來無謀善權舉要言之九法界中諸戒定慧入王三昧者變名聖行聖行所契安住諦理即名天行天行有同體無緣慈即梵行單明悲同煩惱欲拔苦即病行單明慈同小善欲與其樂即嬰兒行以是五行生十功德乃至究竟成大涅槃是名因禪生滅十法隱顯三諦次第生出展轉增進攝成佛法具在即中王三昧內此乃思議之境非今所觀不思議觀者若發一念定心或味或淨乃至神通即知此心是無明法性法界十界百法無量定亂一念具足何以故由迷法性故有一切散亂惡法由解法性故有一切定法定散既即無明無明亦即法性迷解
實八　二十三
定散其性不二微妙難思絕言語道情想圖度徒自疲勞豈是凡夫二乘境界雖超越常情而不離群有經言一切衆生即滅盡定雖即心名定而衆生未始是而衆生未始非何以故若離衆生何處求定故衆生未始非若

即衆生定非衆生故衆生未始是未是故不即不非故不離不即不離妙在其中難量若空唯佛與佛乃能究盡一念禪定既爾一切境界亦復如是若如此觀豁得悟者直聞是言煩惱病愈不須下九法也若觀未悟重起慈悲此理寂靜而衆生起迷無明戲論翳如來藏稠煩惱林是故起悲拔根本重苦又無明即法性煩惱即菩提欲令衆生即事而眞法身顯現是故起慈與究竟樂如是誓願清淨眞正上求佛道下化衆生不雜毒不偏邪無依倚離二邊名發菩提心此心發時豁然得悟如快馬見鞭影即到正路若不去者當安心止觀善巧迴轉方便修習或止或觀若觀一念禪定二邊寂滅名體眞止照法性淨無障無礙名即空觀又觀禪心即空即假雙照二諦而不動眞際名隨緣止通達藥病稱適當會名即假觀又深觀禪心禪心即空即假即中無二無別名無分別止達於實相如來藏第一義諦無二無別名即中觀三止三觀在一念心不前不後非一非異爲破二邊

名一名中爲破偏著生滅名圓寂滅爲破次第三止三觀名三觀一心實無中圓一心定相以此止觀而安其心云云若二法研心而不入者當知未發眞前皆是迷亂以一心三觀偏破橫竪一切迷亂迷去慧發亂息定成如其不悟即塞而不通應當更觀何者不通何
實八　二十四
者不塞若其不塞即應是通如其不通更須觀察知字非字識四諦得失若不悟者是不解調停道品所以者何一念禪心具十界五陰諸陰即空破界內四倒成四枯諸陰即假破界外四倒成四榮諸陰即中非內非外非榮非枯於其中間而般涅槃如此四念開道品門道品開三解脫門入涅槃道定具足何意不悟當由過去障蔽現著禪味不能棄捨今昔相扶共成慳蔽道何由發當苦到懺悔捨身命財捨味禪貪修於檀度助治慳障又味著諸禪即破隨道戒乃至破具足戒過現相扶共成破戒蔽應苦到懺悔今事相謹絜助治尸障也又如黑齒梵天尚自有瞋今發事禪何意無瞋又諸有禪定有非無生亦非

寂滅非二忍故任自是瞋過現相扶共成瞋障當苦到懺悔加修事慈助治忍障又著禪味是放逸癡所盲散動間雜過現相扶共成懈怠當苦到精進無間相續助治進障又禪中所發業相惱亂禪心不得湛一若二乘但斷煩惱抵業而去不論斷業菩薩斷煩惱受法性身而諸法門有開不開當知爲業所障須苦到修諸善業法性身尚爾況生死身安得無業修善助治定障又味禪者全是不了無常生滅況了味著不生不滅過現相扶共成癡障當苦到懺悔治事迷僻是略明對治廣不可盡行人觀法極至於此若不悟者是大鈍根大遮障罪恐因罪障更造過失故重明下三種意耳識次位内防增上慢安忍外防八風除法愛防頂墮十法成就速入無生得一大車遊於四方直至妙覺破二十五有證王三昧自行化他初後具足餘皆如上說云云

摩訶止觀卷第九下

摩訶止觀卷第九下

校勘記

一　底本，清藏本。

一　八六九頁上四行第四字「土」，南作「度」。

一　八七〇頁下一六行第一三字「若」，徑作「皆」。

一　八七一頁下一〇行末字「界」，南、徑作「畀」。

一　八七五頁下三行首字「相」，南作「無」。

摩訶止觀卷第十上　實九

隋天台智者大師說

門人灌頂記

第七觀諸見境者非一曰諸邪解稱見又解知是見義推理不當而偏見分明作決定解名之爲見夫聽學人誦得名相齊文作解心眼不開全無理觀據文者生無證者死夫習禪人唯尚理觀觸處心融闇於名相一句不識誦文者守株情通者妙悟兩家互闕論評皆失若見解無滯名字又諳以見解問他意無窮盡如曲射繞鳥飛走失路若解釋難問綽有餘工如射太虛箭去無礙當知非由學成必是見發此見或因禪發或因聞發例如無漏起時藉於信法聞思因聞發者本聽不多廣能轉悟見解分明聰辯問答因禪發者初因心靜後觀轉明翻轉自在有如妙達南方習禪者寡發見人微北方多有此事盲瞑不識謂得眞道謂得陀羅尼闇於知人高安地位或時不信撥是狂惑今言非狂非聖夫鬼著能語鬼去則癡其旣不爾故知非狂尋其故惑貪瞋尚在約其新惑更增煩惱八十八使繫縛浩然故知非聖乃是見慧發耳通論見發因聞因禪而多因禪或禪已見發或禪見俱發見已得禪又少兩義則多例如諸禪通發無漏而未到發者少六地九地發者多爲是義故次禪定境而論諸見也若人見發利智根熟能自裁正或尋經論勘知已過者此人難得若不能自正遇善知識明示是非破其見心此亦難得故云眞法及說者聽衆難得故既不自覺又不值師邪書日增生死月甚如稠林曳曲木何得出期今觀諸見境爲四一明諸見人法二明諸見發因緣三明過失四明止觀第一明諸見人法又二一邪人不同二邪人執法不同邪人不同又爲三一佛法外外道二附佛法外道三學佛法成外道一外外道本源有三一迦毗羅外道此翻黃頭計因中有果二漚樓僧佉此翻休睺計因中無果三勒沙婆此翻苦行計因中亦有果亦無果又入大乘論云迦毗羅所說有計一過作者與作一相與相者一分與有分一如是等名爲計一優樓僧佉計異迦羅鳩馱計一異若提子計非一非異一切外道及摩迦羅等計異皆不離此四從三四外道派出枝流至佛出時有六大師所謂富蘭那迦葉迦葉姓也計不生不滅末伽梨拘賒梨子計衆生苦樂無有因緣自然而爾刪闍夜毗羅胝子計衆生時熟得道八萬劫到縷丸數極阿耆多翅舍欽婆羅欽婆羅麤衣也計罪報之苦以投巖拔髮代之迦羅鳩馱迦旃延計亦有亦無尼揵陀若提子計業所作定不可改此出羅什疏名與大經同所計三同三異或翻誤或別有意今所未詳而大體祖承迦毗羅等依本爲三或可爲四謂四見也二附佛法外道者起自犢子方廣自以聰明讀佛經書而生一見附佛法起故得此名犢子讀舍利弗毗曇自制別義言我在四句外第五不可說藏中云何四句外道計色即是我離色有我色中有我我中有色四陰亦如是合二十身見大論云破二十身見成須陀洹即此義也今犢子計我異於六師復非佛

法諸論皆推不受便是附佛法邪人法也或云三世及無爲法爲四句也又方廣道人自以聰明讀佛十喻自作義云不生不滅如幻如化空幻爲宗龍樹斥云非佛法方廣所作亦是邪人法也三學佛法成外道執佛教門而生煩惱不得入理大論云若不得般若方便入阿毗曇即墮有中入空即墮無中入昆勒墮亦有亦無中中論云執非有非無名愚癡論倒執正法還成邪人法也若學摩訶衍四門即失般若意爲邪火所燒還成邪人法故百論正破外外道今大乘論師炎破毗曇成實謂是計有無外道然成論云三藏中實義空是此乃似無意又同百家之是異百家之非捉義出没又似因中亦有果亦無果意又似昆勒意當時論起人皆得道今時執者乃是人失何關法非此應從容不可雷同迦毗羅等若以大破小如淨名所斥取其不見中理與外道同非是奪其方便之意二明邪人執法不同者關中䟽云一師各有三種法一得一切智法二得神通法三得韋陀法一切智者各於所計生一種見解心明利將此見智通一切法故名一切智外道神通法者發得五通變城爲鹵轉釋爲羊停河在耳捫摸日月此名神通外道韋陀法者世間文字星醫兵貨悉能解知是爲韋陀外道一師則有三種得法不同也犢子方廣亦如是若望執佛法邪約三藏四門一門有三一直發理解智性生見二得諸神通三解四阿含文字如是四門則有十二種得法不同也若得意者一一門中初有三種念處一性念處二共念處三緣念處性念處是直緣諦理共是事理合修緣是徧緣一切境法亦是緣三藏教法後證果時成三種解脱慧解脱俱解脱無疑解脱故結集法藏時選取千人悉用無疑解脱徧解内外經書擬降外敵毗曇婆沙云煩惱障解脱禪定障解脱一切法障解脱慧解脱人得初解脱共解脱人得第二解脱唯佛得第三解脱總名無疑解脱也執摩訶衍通别圓四門失意者例有三十六種得法不同○

第二明諸見發有二一明諸見發二見發不同一明見發者或因禪或因聞衆生久劫靡所不作曾習諸見隔生中忘罪覆本解心不速開今障若薄能發諸禪或禪見俱發或禪後見發或聞他説豁然見生如有泉水土石所礙決鑿壅滯濬矣成川闇障既除分别遂去一曰十日綿綿不已沓沓自難沓沓自解所執之處實而有通所不執處虚而自破又辯才無滯巧説已法莊嚴言辭他來擊難如能申釋如是見慧從何處出由禪中有觀支觀支是慧數逸觀諸法莫自知止快馬著汗不可控制若聽講人無禪潤見始欲分别多抽腸吐血因是致命見終不成若定力潤觀雖逸難制不致抽腸多得成見從此觀支推研道理謂諸法因中有果此解明利洞見遠意出過餘人將此難他他不得解謂他妄語自執已義他不能壞自謂是實無生真智得理妙心若細推尋但是見惑世智辯聰具足八十八使顛倒惑網豈關真解當知是迦毗羅見發相也又約觀支推尋諸法因中無果此見分明解心猛利雖種種難能種種通引

種種證成因中無果義以此破他他不能當餘爲妄語他來破已已執轉成以此爲實建言歸趣唯向因中無果當知定是僧佉見發也若於觀支思惟因中亦有果亦無果法大論云有與無諍無與有諍言長爪執亦有亦無與有無者諍若入此見難問無窮盡豈非勒沙婆見發也其六師所計不同須善得諸師執意以所發見勘之雖小不同但令大體相似即是六師見發也若於觀支計必有我而不在身見四句中亦不在三世無爲四句中而在第五不可說藏中發此見時心解明利能問能答神儁快捷難與當鋒破他成已決不可移當知是犢子見發也若於觀支謂諸法幻化起空盡相此解虛無不見解心及諸法異同如幻化唯計此是餘悉妄語此是方廣見發也若於觀支推諸法無常生滅不住人我如龜毛兔角不可得但有實法析實法塵若麤若細總而觀之無常無我計此爲實所發見解全會毗曇諸舊聽人雖解名相心路不通若發此見於文雖昧而神解百倍

其不識者謂是賢聖而實非也若是賢人道心鬱然與解俱生能伏煩惱成方便位今雖解無常增長諍競道心沈沒煩惱轉熾故知是有門見發也若於觀支忽發空解謂言無常生滅三假浮虛析塵入空種種方便此見明利神用駿疾强於問難破他成已是實餘妄此是空門見發也若於觀支計一切法亦有亦無若入此門難問無窮盡此是昆勒意論乃不度習發無定是爲亦有亦無見發也非有非無見例亦可知當知四門通理則成正見若失方便墮四見中故名佛法內邪也何但三藏四門執成邪見無量劫來亦學摩訶衍通別圓等不入理保之爲是取於四邊邪見火燒今於觀支忽發先解夢虛空花如幻之有作此有解解心明利或作幻本無實無實故空空解明利或作亦空亦有解譬如幻化物見而不可見或作非空非有解非是幻有亦非幻無中論觀法品云若言諸法非有非無是名愚癡論向道人聞說即悟名得實相邪心取著生戲論者即判屬愚癡論是

爲通教四門四見也若於觀支思惟通教四門之解是界內幻夢此夢從眠法生眠即無明觀無明入法性亦有四門或言法性如井中七寶或言如虛空或言如酒酪餅或言中道此四解明利即是別教四門見發也若於觀支忽解無明轉即變爲明明具一切法或謂無明不可得變爲明明何可得此不可得具一切法或謂法性之明亦可得亦不可得非可得非不可得一門即三門三門即一門此解明利所破無不壞所存無不立無能逾勝亦復自謂是無生忍如此解者是圓教四門見發也大乘四門皆成見者實語是虛語生語見故涅槃是生死貪著生故多服甘露傷命早夭失方便門墮於邪執故稱內邪見也失四見爲諸見本自他復爲共無因本故龍樹破自他竟點共有二過無因則不可自他既不實況無因耶本破末傾其意在此若立自他共無因例立今大小乘四門僻執成見但明自他意竟餘者可知若三藏明大生生小生皆從無明生不由眞起若無明滅諸

行滅不關眞滅執此見者即成自性邪見也通教明眞是不生不生故生生一切惑若滅此惑還由不生如此執者是他性邪見也界内以惑爲自眞爲他故作此說也界外以法性爲自無明爲他別教計阿梨耶生一切惑緣修智慧滅此無明能生能滅不關法性此執他性生邪見也圓教論法性生一切法法性滅一切法此則計自性邪見前君弱臣强今君强臣弱餘二可知夫因聞多發理見少發神通韋陀因禪多發神通韋陀少發理見發理見者伏學人發神通伏俗人俗人取異不取解學人取解不取異發韋陀兼伏具發三者最能兼伏因禪發者已如上說因聞發者今當說行者雖得禪而未發見要假前人啓發其心心既靜利忽聞因中有果心豁開悟洞明邪慧百千重意逾深逾遠猶如石泉是爲從聞發得迦毗羅見餘三亦如是若聞第五不可說藏及聞幻化即發犢子見也或聞三藏四門隨解一句見心豁起深解無常觀心奔踊不復可制是爲因聞發有門見三門亦如是若聞摩訶衍十二門各依門生解解心明利過向所聞雖發此解非大方便不入小賢中又非迦毗羅等邪解故知是發十二門見二明發法不同者迦毗羅外道直發見解解心雄猛邪慧超殊不可摧伏是得一切智法也若直發神通蹈履水火隱顯自任誰不謂聖人乎眞諦三藏云震旦國有二種福云云是得神通法也若直發韋陀知世文字覽諸典籍一見即解或竊讀三藏衍等經綷眼便識還將此知莊嚴已法若爾内外相濫殆不可識今時多有還俗之者畏憚王役入外道中偷佛法義竊解莊老遂成混雜迷惑初心孰正孰邪是爲發得韋陀法也一種外道各得三法約人成七所謂單三複三具足者一餘二外道亦爾合有二十一種得法不同若約六師一師有三合成十八約人得多少則有四十二種得法不同也犢子方廣發法不同亦有單三複三具足者一若内邪得法不同隨一一門所計道理精能分別此是得性念處見亦是慧解脫耶餘門亦如是若但若兼發得神通飛騰縱任此是得共念處見亦是俱解脫耶若通慧自在而不能說法或尋經論或聽他說即達名數又下通韋陀上通大乘悉用已見消諸法門以諸法門莊嚴已見四門各有三種約人亦有七意也若通別圓等四門各直發慧解各但變通各知内外經書者自謂道眞他謂高著今但謂是邪見一門有七合成八十四種云云復次前總論同異今當一一論同異三外六師雖同發一切智或有見一切智或無見一切智如是等種種一切智所計處別故見智則異各據爲是餘人則非法華云野干前死此明利使發時鈍使則没故言前死又云諸大惡獸競來食噉即是所執一見能噉諸見論力云一切諸師皆有究竟道鹿頭第一當知一切智各各不同也乃至三藏四門一切智大乘四門一切智各執所見互相吞噉彼彼不同可以意得次神通法不同者神通因禪而得得禪不定外外道秖因根本發通或初二三四所因既殊力用亦別内邪亦因根本又因淨

禪所因淺深通用優劣大論云所因處用通廣所不因處用通劣但禪是事通是用俱屬福德莊嚴非所諍處雖無理諍校捔所因通用悉異次韋陀不同者若外外道所發所讀治家濟世之書部帙不同詮述各異發讀多則知廣少則知狹長慢自大皆由文字不同也若內邪不發不讀外外道文字者則知狹發讀則知廣不發不讀三藏文字者不知界內名相則知見狹發讀者則知廣不發不讀衍者不知界外名相則知狹發讀者則知廣當知韋陀之法句句不同耳復次結會不同然內外諸邪俱明理慧神通文字立德調心尊人卑已聲譽動物如菴羅果生熟難知天下好首莫測邪正令判之甚易如迦羅七種不同研其根本皆從邪無中起若計因中有果破一切法唯存此句作諸神通搖動時俗令人信受因中有果法所引韋陀異家名相莊嚴因中有果所立諸行歸宗趣向指極因中有果爲所執法動身口意造無量罪如後說由此驗知是迦毗羅外道也僧佉沙婆倒

亦如此元起邪無終歸所執犢子亦如是小大四門準此可解驗之以元始察之以歸宗則涇渭分流菽麥殊類何意濫以莊老齊於佛法邪正既以混和何能拔大異小自行不明何得化他師弟俱墮也。第三明過失爲二一明過失二明並決一正明過失者若天竺宗三眞丹亦有其義周弘政釋三玄云易判八卦陰陽吉凶此約有明玄老子虛融此約無明玄莊子自然約有無明玄自外枝派源祖出此今且約此以明得失如莊子云貴賤苦樂是非得失皆其自然若言自然是不破果不辨先業即是破因禮制仁義衛身安國若不行用滅族亡家但現世立德不言招後世報是爲破果不破因若言慶流後世幷前則是亦有果亦無果也約一計即有三行一謂計有行善二計有行惡三計有行無記如云理分應爾富貴不可企求貧賤不可怨避生無足欣死何勞畏將此虛心令居貴莫憍處窮不悶貪恚心息安一懷抱以自然訓物作入理弄引此其得也得有多種若言常

無欲觀其妙無何等欲忽玉璧棄公相洗耳還牛自守高志此乃棄欲界之欲攀上勝出之妙即以初禪等爲妙何以得知莊公皇帝問道觀神氣見身內衆物以此爲道似如通明觀中發得初禪之妙若言諸苦所因貪欲爲本若離貪欲即得涅槃此無三界之欲此得滅止妙離之妙又法名無染若染於法是染涅槃無此染欲得一道微妙妙此諸欲欲妙皆無汝得何等尚不識欲界欲初禪妙況後欲妙耶若與權論乃是逗機漸引覆相論欲妙不得彰言了義而說但息跨企之欲觀自然之妙險詖之行既除仁讓之風斯在此皆計有自然而行善也又計自然任運恣氣亦不運御從善亦不動役作惡若傷神和不會自然雖無取捨而是行無記行業未盡受報何疑若計自然作惡者謂萬物自然恣意造惡終歸自然斯乃背無欲而恣欲違於妙而就麤如莊周斥仁義雖防小盜不意大盜揭仁義以謀其國本以自然息欲乃揭自然而爲惡此義可知也次約天竺諸見空見最

强令寄之以論得失夫空見為三一破因不破果破果不破因二因果俱破不破一切法三破因果及一切法一切法即三無為也第三外道與佛法何異大論明大小乘空體析為異外道亦體析此云何異外道從邪因緣無因緣若析若體若畢竟空佛弟子知從愛因緣若析若體若畢竟空有人言破語非體今明中論首尾以破題品破豈異體邪故不約此分邪正大小但依大論析正因緣異外道體正因緣與小乘若約邪因緣起空見亦有二行而多作惡顛觀空人知從愛生善尚不作豈起惡乎起空見人於果報財位非其諍友若見其處同我空法親友生愛讚有破空惡讎瞋惱人不知空慢之如土空心無畏不存規矩恣情縱欲破正見威儀淨命死皆當墮三惡道中六師云若有慚愧則墮地獄若無慚愧不墮地獄背鱠經屏天雷尿井逆父慢毋劇於行路乃會無礙若親異蹤非平等也自行姦惡復以化人普共為非失禮如畜豈有天下容忍此耶雖謂無礙不敢逆主

慢后自惜其身則於身有礙是人直發此見見轉熾盛求不得禪若得禪已見禪法多失發見已禪多是鬼禪鬼通能記吉凶又知他心又廣尋韋陀證成此見令人信受破世出世善名噉人狗若一種不破不名飽足破一切法見心乃飽飽名轉熾內無實行但虛諍計如吽喚求食執空與有諍空有相破為嗤喍自稱譽為嗥吠破他名攄立已名掣又狐疑未決為嗤喍陵恐於他為嗥吠如守家狗令他畏故而吠也此人純自行惡化他有四一自為惡勸人行善二自揚行善勸人行惡三自勸俱惡四自勸俱善自惡勸善者言我能達理於惡無妨汝是淺行須先習善化道應先以善引之若自善勸惡者言我是化主和光須善汝是自行正應作惡自勸俱惡者俱行實道故自勸俱善者俱行權道故此四雖異皆以惡為本隨業沈淪何道可從耶又空見行善者空無善惡而須行善不行善者毗紐天瞋衆生苦惱苦惱故成業業由過去現在受報以現持戒苦行遮現惡果則得漏

盡若爾須善故持戒節身少欲知足麤衣噉草為空造行而生喜怒空是瞋愛諍計之處若得禪發見禪謝見熾見已得禪乃是鬼禪鬼通如此空見自行唯一化他有四例前自行化他即是隨業隨業升沈何關道也次執空見不作善惡騰騰平住雖謂平住稱愛毀憂以平平自高當知平平生煩惱處得禪發見如前亦通韋陀竊解佛教莊嚴無記嗤喍吽喚無量結使從無記生自行唯一化他亦四若不發禪業牽惡道若發禪隨禪受生若此業未熟先世諸業强者先牽當知諸見未能伏惑云何惑斷耶亦有亦無等得失之相準此可知

摩訶止觀卷第十上

摩訶止觀卷第十上

校勘記

一　底本，清藏本。

一　八七七頁上一行「卷第十上」，南作「卷第十」。

一　八七七頁下七行末字「丸」，南作「九」。

一　八七八頁上一〇行第一三字「遠」、南、徑作「還」。

一　八七八頁下一八行至一九行「迦毗羅」，徑作「阿毗羅」。

一　八七九頁上一九行第七字「會」，徑作「謂」。

一　八七九頁下一五行第二字「失」，南、徑作「夫」。

一　八八二頁下卷末書名、卷次，南無(未换卷)。

摩訶止觀卷第十下

隋天台智者大師說

門人灌頂記

次明内邪得失者三藏四門本爲入理而執成戲論發見獲禪兼通經籍若以此門自軌秖應生善既與見相應還起三行其行善者專爲諸有而造果報取著有門而生愛恚勝者墮慢坑負者墮憂獄生煩惱處有門還閉不得解脱行惡行者執有爲是餘者皆非爲此有門無惡不作邪鬼入心唯長衆非九十六道三順佛法故有阿毗曇道修多羅道但五百羅漢於此有門得出豈應是邪令人僻取鬼則入心故稱阿毗曇鬼或從見入或從禪入自行有一化人亦四一門既爾三門亦然若通別圓等各有四門生見一見亦具三行行善者可知行惡者執大乘中貪欲即是道三毒中具一切佛法如此實語本滅煩惱而僻取著還生結業稱毀憂愛欺慢嗤喋競於名利自行則一化他有四既非無漏無明潤業業力牽生何所不至不能細説準前可知如是等見違於聖道又能生長種種罪過其不識者執謂是道設知是見隨見而行以自埋没豈能於見動不動而修道品略言見發生諸過失也二明並決眞僞者一就所起法並決二就所依法並決今通從外外道四句乃至圓門四門外道見通韋陀乃至圓門三念處三解脱名數是同所起見罪繫縛無異譬如金鐵二鎖又從外道四句乃至圓門四見名雖清美所起煩惱體是汙穢譬如玉鼠二璞又從外道四句乃至圓門四見雖同研鍊有成不成譬如牛驢二乳又從外道四見乃至圓門四見有害不害譬如迦羅鎭頭二果所計神我乃是縛法非自在我各執已是餘爲妄語互相是非何關如實自謂眞道翻開有路望得涅槃方沈生死自言諦當終成邪僻愛處生愛瞋處生瞋雖起慈悲愛見悲耳雖安塗割乃生滅强忍雖一切智世情推度雖得神通根本變化有漏變化所讀韋陀世智所説非陀羅尼力非法界流雖斷鈍使如步屈蟲世醫所治差已更發八十八使集海浩然三界生死苦輪無際沈著有漏永無出期皆是諸見幻僞豈可爲眞實之道也二約所依法異者一切諸見各依其法三外外道是有漏人發有漏法以有漏心著於著法著法著心體是諍競非但因時捉頭拔髮發諸見已謂是涅槃執成見猛毒增鬬盛所依之法非眞所發之見亦是僞也此雖邪法若容得意以邪相入正相如華飛葉動藉少因緣尚證支佛何況世間舊法然支佛雖正華葉終非正教外外道容悟而其法門但通諸見非正法也皆由著心著於著法因果俱斷眞是邪法生邪見也若三藏四門是出世聖人得出世法體是清淨滅煩惱處非唯佛經是正法五百所申亦能得道妙勝定云佛去世後一百年十萬人出家九萬人得道二百年時十萬人出家一萬人得道當知以無著心不著無著法發心眞正覺悟無常念念生滅朝不保夕志求出要不封門生染而起戲論譬如有人欲速見王受賜拜職從四門入何暇盤停諍計好醜知門是通途不須諍

計如藥爲治病不應分別速出火宅盡諸苦際眞明發時證究竟道畢竟無諍無諍則無業無業則無生死但有道滅心地坦然因果俱無鬬諍俱滅唯有正見無邪見也復次四門雖是正法若以著心著此四門則生邪見見四門異於修因時多起鬬諍譬如有人久住城門分別瓦木評薄精麤謂南是北非東巧西拙自作稽留不肯前進非門過也著者亦爾分別名相廣知煩惱多誦道品要名聚衆媒衒求達打自大鼓竪我慢幢誇耀於他互生鬬諍捉頭拔髮八十八使瞋愛浩然皆由著心於正法門而生邪見所起煩惱與外外道更無有異論所計法天懸地殊方等云種種問橋智者所呵人亦如是爲學道故修此四門三十餘年分別一門尚未明了功夫纔著年已老矣無三種味空生空死唐棄一期如彼問橋有何利益此由著心著無著法而起邪見也次通教四門體是正法近通化城前曲此直巧拙雖殊通處無別如天門直華餘門曲陋不往二門俱得通進若數瓦木

二俱遲壅若不稽滯法門若因若果俱無諍著是名無著心不著無著法不生邪見也復次若以著心著此直門亦生邪見或爲名爲衆爲勝爲利分別門相瞋愛慢結因此得生譬如以毒内良藥中安得不死以見著毒入正法中增長苦集非如來咎利根外道以邪相入正相令著無著成佛弟子鈍根内道以正相入邪令無著有著成邪弟子豈不悲哉別圓四門巧拙利鈍俱通究竟涅槃因不住著果無鬬諍若封門起見則生煩惱與漚樓佉等以此而觀如明眼人臨於涇渭豈容迷名而不識清濁也略明見發則有五番一番有四則有二十門一門有七合一百四十見法不同廣論無量皆藉因緣而得開發良以通修止故諸禪得發通修觀故諸見得發通修之緣乃由止觀而根本別因必由前世或在外外道中學或爲佛弟子大小乘中學或因聞法相曾發諸見或因坐禪發此諸見隔生廢忘解不現前今修静心或聞經論熏其宿業見法還生先世熟者今則易發先世生

澀今則難發隔生遠則難近則易若外外見熟近則前發内見熟近則先現神通韋陀既是事相隔生易忘難發見是慧性難忘易發如人久別憶名忘面事理難易亦復如是若前世外有鬼緣鬼則加之發鬼禪鬼見外有聖緣聖人加之發正禪見也復次若先未識諸見過患於見生怖忽忽急斷令識其邪相愼莫卒斷但恣其成就作助道力必有巨益如腹有蠱當養寸白後瀉幹珠所以然者世間癡人頑同牛馬徒雷震法音溢數錦繡於其聞見無益耽著五欲如患蠱者若發諸見見嗷鈍使喻之寸白見慧與正觀相鄰聞法易悟如彼珠湯爲是義故須養見研心前驅開導若入二乘則動見修道品若入大乘不動見修道品對寇破賊然後勳成是爲養外見以爲侍者若發三藏拙四門見通巧四門見見雖是障助道亦深若福德法升天甚易取道則難見是慧性沈淪亦易悟道甚疾大論云三惡亦有得道人少故不說白人黑黶不名黑人耳既知是見惑不得起恣其分別

如諸外道先有見心被佛化時如快馬見鞭影即便得悟若無見者萬斧不斷如爲牛馬說法不相領解獷獠全未解語若爲論玄故佛於其人則不出世分形散質爲師爲友導其見法佛日初出權者引實聞法即悟法華云密遣二人者約法論方便之二教約人是權同二乘衆聖屈曲尚教其見令得見發豈可遽除若先世修別圓八門未斷通惑此見若發過同三外若先世已破通惑未悟別理或同二乘前見尚養況此見耶淨名取二乘過邊撥屬外道又取助邊使之爲侍進退解之勿一向也今生修道見心發者眞理可期見若未發聖境難會○第四約見修止觀者如上通論得見不同則一百四十種若別就内邪則有一百一十二種若作宗明義凡有幾宗十地中攝數論等分別見相爲同爲異邪正途轍優降幾何若解此意知不相關其不解者知復奈何夫佛法兩說一攝二折如安樂行不稱長短是攝義大經執持刀仗乃至斬首是折義雖與奪殊途俱令利益若諸見流轉須斷令盡若助練神明迴心入正皆可攝受約多種人說上諸見無有一人併發之者設使皆發會相呑噉唯一事實約一一見各作法門巧示言方經九十日東一一見同一觀門具一切法亦不可盡多一自在今且約一見衆多亦然諸見之中空能壞一切一切不能壞空引人甚利今當先觀空見例爲十意思議境者空見出生十法界法胡瓜非熱能爲病因空非十界能作因緣成論云刹那邊見心起即是不善毗曇明刹那邊見心起不當善惡名爲無記因等起心一切善惡因之而起今此空見亦有二義若別觀者如因等起十法界因之而生所以者何昔未空見未曾爲行今發空見即有三行如前說由空造惡者行無礙法上不見經佛敬田可尊下不見親恩之德習裸畜法斷滅世間出世等善闡提雖惡尚存憐愛之善空見永無純三品惡逆害傷毀即地獄界無慚無愧即畜生界慳貪破齋不淨自活即餓鬼界破齋故常飢不淨故噉穢因空行善者持戒苦行莊嚴十善三業淳熟即三善道界又發根本即色界又因空生聲聞者若謂空者其實不識空中四諦所以者何若證法性是空是淨虛妄空見必依果報果報是汗穢色大品云色若常無常等皆依於色受納空是餘者則非取空像貌異於有法緣空起三行分別空心勝於餘法是名五陰空塵對意即是二入更加意識即是三界界入陰等即是苦諦空見是瞋處愛處慢處有見弱者則摧破有法掣理就空疑不得起若摧不破掣不來則嗤喍生疑又今雖無疑後當大疑何以故若空是理應與聖等既不等者安得不疑是誰計空計空者我我實非空空亦非我因空生我謂我行我解讚我毀我著此空邊不可捨離謂因空道望通涅槃則以空爲戒非雞狗等非因計因是因盜戒取計空爲空實非理空非果計果是果盜見取空見偏僻即是邪見如是十使從空而生欲苦下具十集下有七除身邊戒取道下有八除身邊滅下有七除身邊戒取合三十二色無色各除四瞋各二

十八合八十八使是名集諦集苦起苦由集生苦集流轉長爪不識復有一鬼頭上火然非想已來尚自未免何得於空不識苦集若識空見苦集苦集皆依於色一切色法名身身色汙穢汙穢是不淨智者所惡破於淨倒名身念處若受空見是受不受受第二句順空即樂受違空即苦受不違不順即不苦不樂受三受即三苦計苦爲樂是名顛倒若知無樂破樂顛倒名受念處空塵對心而生意識此心生滅新新流動有緣思生無緣思不生生滅無常而謂是常即是顛倒識識無常即破常倒名心念處取空像貌而行善惡行中計我行若是我行有好惡行有興廢我亦應爾諸行無量我若徧者我則無量若不徧者則一行無我衆行亦無我强計有我即是顛倒若知無我則破想行名法念處但諸陰通計四倒於想行計我强於色計淨强於心計常强於受計樂强名別念處若總念處則不爾也是爲空見生念處觀動破倒觀即是正勤定心中修名如意足五善根生名爲

根破五惑名爲力安隱道用名七覺安隱道中行名八正道是爲空見能生道諦四倒除故是癡滅癡滅故愛滅愛滅故瞋滅瞋滅故知空非道慚愧低頭則是慢滅無復所執則疑滅空見既具苦集苦集非畢竟空執空心破故求我叵得我叵得故則身見破身見破故則我見破我見破故邊見破空見非道戒取破空非涅槃見取破空不當理邪見破十使破故八十八使破八十八使破故子縛破子縛破故能發初果進成無學果縛破入無餘涅槃是爲空見生滅諦即聲聞法界也若於空見明識四諦則知畫苦眞道眞道伏斷得成賢聖乃至一百四十種見單複具足無言等見皆識眞道於諸見中能動能出若不爾者不見四眞諦是故久流轉生死大苦海若能見四諦則得斷生死生有既盡已更不受諸有即此意也次明空見生支佛者空見非空妄謂是空顛倒分別倒即是無明無明故取著空見若知無明何所取著若知無明不起取有畢故不造新不造新不起取有畢

故是不起無明若無無明則成智明故有智慧時則無煩惱無煩惱時則無明滅無明滅則諸行滅乃至老死滅中論云云何聲聞觀十二因緣義乃說常無常等六十二見問答殆不相應今秖此是答常無常等見皆是無明知無明不起取有即是聲聞法中十二因緣觀法華云樂獨善寂求自然慧此慧善寂六十二見也又觀剎那空見既具四諦此空見心爲有爲無剎那心起便具五陰云何言無此即有支有即含果亦是因中有果義若作無果者有支有因因義具足有從何生若無取者有則不生取即五見執空是邊於空計我謂空爲道爲涅槃爲正是爲取支取從愛生愛喜違瞋慢彼疑此此名愛支愛因受生受故愛起如受一法愛味追求知受因觸以有意根空塵得觸經云觸因緣故生諸受觸由於入塵觸諸根故得於入入由名色歌羅邏三事色有五胞命能連持識有四陰之名又三事名色由初託胎識識由往業業由無明無明是過去顛倒謂有謂無一切諸見

故能成辦今世色軀經云識種業田愛水無明覆蔽生名色芽今復顛倒迷於空見起善惡行種於未來名色之芽顛倒又顛倒無明又無明更相因緣無有窮已若知無明顛倒不須推畫若有若無達其體性本自不實妄想因緣和合故有既知顛倒無明即寢寢故諸行老死皆寢空見無明老死寢者一百四十諸見無明老死皆寢寢故是破二十五有侵除習氣是名空見生支佛法界若於空見識是無明無明可滅若不識者尚不出空見爲見造業如蠶作繭何得成支佛耶鼻隔禪師發得空見多墮網中不能自拔散心法師雖分別諸使亦不自知空見過患闇證凡龜盲狗稽吠自行化他全無道氣空見生六度菩薩法者既識空見諦緣即是知病識藥識

實十 十一

藥故自欣知病故愍彼欲共衆生離苦求樂空見陰界是苦十使等是集念處等是道四倒破是滅約此起誓如一空見一日一夜凡生幾許百千億陰一一五陰即是衆生日夜既爾何況一世何況無量世空見既爾餘見亦然能生之見既多所生之陰則不可數一人尚爾何況多人是爲衆生無邊誓願度如一空見念念八十八使餘三見六十二等亦八十八使一人尚爾何況多人是名煩惱無盡誓願斷如一空見修念處道品餘一切見正助之道無量無邊一人尚爾多人亦然是爲法門無量誓願學如一空見煩惱滅無量見無量煩惱亦滅一人既爾諸人亦然是名無上佛道誓願成若衆生及集是性實者則不可度以苦集從因緣生無有自性故苦海可乾集源易竭故言度耳觀空起願如上說約空起行者若執空見而行布施者乃是魔施知空見諦緣無常無我等過則捨空見亦愍於他勸捨空見而行布施若執空見而持戒者與持雞狗等戒何異知空見無常等過不爲空見所傷慈愍於他令防空見若執空見爲瞋處愛處强行忍者是力不足畏他故忍今知空見無量過患能伏空見及六十二亦勸於他安忍空見若不除空見而精進者雜見非精退入三途非進今知空見空見不起爲精空見業破而得升出名進亦勸於他修此精進若不破空見得禪者多是鬼法今知空過不爲空見所動成正禪正通不爲諂媚憍利以此神通勸化衆生令捨見散入禪若執空見而修智慧愚癡世智今識空見諦

實十 十二

緣以無常狼怖空見羊煩惱脂銷廣起願行功德身肥悲愍衆生令除脂長肉若有緣機熟即坐道場斷結作佛是名空見生六度法界觀空見即是無明無明即空從無明生一切苦集皆不可得何者四倒是橫計寧有性實所治之倒非有能治念處云何可得乃至覺道皆悉不生故不可得故大品云習應苦空等云云二乘知即空斷苦入滅菩薩即空慈悲願行誓度衆生雖度衆生如度虛空雖滅煩惱如與空共鬪雖生法門如虛空生雖滅衆生實無衆生得滅度者是智是斷是菩薩無生法忍是名空見生通教菩薩法界也觀此空見有無量相所謂四諦分別校計不可窮盡此無盡者從空見生空見從無明生所生無量能生亦無量能生既假名所生亦是

假名推此無明從法性生譬如尋夢知由於眠觀此空見而識實相實相即如來藏無量客塵覆此藏理修恒沙法門顯清淨性是名空見生別教法也空見生圓教法如前如後

復次見惑浩浩如四十里水思惑殘勢如一渧水前諸方便共治見惑惑盡名爲入流任運不退見惑難除巧須方便成論云以空治惑若空治得入不俟餘法若不入者更設何治如水中生火水不能滅空見起過空何能治今知空見苦集之病然後用諦智治之三藏無常智通家即空智皆前除見別亦前除見入空次善巧出假如空中種樹圓離不作意除見自前除堅牢見種種方治云何直言但以空治邪云何諸治共治一見如患冷用四種藥服薑桂者去病復力服五石者病去益色服重妻者加壽能飛服金丹者成大仙人病同一種藥法爲異得力亦異四教治見見盡解異治見既爾治餘亦然此四治者即是四念處遺教令依四念處修道得出火宅所以者何一空見心即三界三界無別法唯是一心作空見生六道業受六道身居六道處處即火宅身居即苦具業即鬼神競共推排三車自運乃得出耳三車即是三藏中三乘念處亦是通中三人共一念處又是別方便中三種念處眞實一種念處又圓一實念處略說九種四念處中說九種道品廣說九種四諦是諸念處皆能治見得出火宅遺囑之意義在於此但釋迦初出先示三人各用四念處此如法華羊鹿牛車各出火宅次說三人同修一念處此如大品是乘從三界出到薩婆若中住亦如大集三乘之人同以無言說道斷煩惱次說菩薩修次第念處此如大品不共般若諸念處乘別而未合後說一切小大同一念處此如法華同乘大車直至道場約此空見明諸惑明諸治與諸經論不相違背一微塵中有大千經卷即此意也次明不思議境者一念空見具十法界即是法性法性更非遠物即是空見心淨名云諸佛解脫當於衆生心行中求當於六十二見中求三法不異故宛轉相指一切衆生即是菩提不可復得即圓淨解脫五陰即是涅槃不可復滅即方便淨解脫衆生如即佛如是性淨解脫佛解脫者即是色解脫等五種涅槃空見心即是汙穢五陰五陰即有衆生衆生即有五陰名色衆生更互相縛不得相離觀此五陰即是涅槃不可復滅本無繫縛即是解脫本有解脫攝一切法故言解脫即心而求又觀見心五陰即是法性便無復見心五陰因滅是色獲得常色等法性五陰因滅衆生獲得常住法性衆生能一色一切色一識一切識一衆生一切衆生不相妨礙如明鏡淨現衆色像是名性淨三種解脫不得相離不縱不橫不可思議圓滿具足空見中求是名不可思議境此境無明法性宛然具足傷已昏沈今始覺知一切衆生亦復如是既是法性那不起慈既是無明那不起悲觀此空見本性空寂淨若虛空善巧安心研此二法見陰見假四句不生單複諸句句句有苦集無明蔽塞句句有道滅等通觀空見一陰一切陰三諦不動則了法身觀不動陰非

淨非不淨等雙樹涅槃亦是道場是觀名般若八倒破名解脫於一念處起一切念處調伏衆生如是三法非因非果非因而因念處是道場非果而果雙樹中間而入涅槃於空見不動而修不思議三十七品如是徧破不得空見名空三昧不見空相名無相三昧如是三昧不從眞緣生名無作三昧若不入者發大誓願內捨執見外棄命財空見乖理戒不清淨誓令空見不犯法身守護七支不撓含識若空見喧動中忍不成令誓苦到安心空見如橋地海總集我身心終不動若空見間雜誓純一專精念念流入又空見擾動不能安一至誠懺悔息二攀緣一切種智不開者無明未破誓觀空見法性現前剛決進勇不證不休如是對治助開涅槃深識位次不濫上地內外風塵不能破壞順道法愛不生故無頂墮心心寂滅流入薩婆若海乘一大車遊於四方直至道場成得正覺餘如上說

摩訶止觀卷第十下

摩訶止觀卷第十下

校勘記

一　底本，清藏本。

一　八八四頁上一至三行書名、卷次、說者、記者，南無（未换卷）。

一　八八四頁上五行末字「執」，徑作「執」。

一　八八五頁上一五行第九字「別」，南作「外」。

一　八八八頁中五行首字「盡」，南作「量」。又第九字「修」，南作「收」。

一　八八八頁中七行第五字「量」，南、徑作「盡」。又第八字「學」，南、徑作「知」。

一　八八八頁中九行第一一字「及」，徑作「苦」。

一　八八九頁中一三行首字「此」，南作「比」。

一　八九〇頁上一八行末字「說」下，南有「云云」二字。

一　八九〇頁上末行「卷第十下」，南作「卷第十」。

說若依方便行先破通惑故三種皆漸後破無明見於佛性故證道是頓也圓觀正直捨方便但說無上道唯此一事實餘二則非真說最實事是名教實行如來行入如來室衣座等復有一行是如來行是名行實所見中道即一究竟同於如來所得法身無異無別是名證實前兩觀因中有教行證人果上但有其教無行證人何以故因中之人灰身入寂況空盡滅不得成於果頭之佛直是方便之說故有其教無行證人別教因中有教行證人若就果者但有其教無行證人何以故若破無明登初地時即是圓家初住位非復別家初地位也初地尚爾何況後地後果故知因人不到於果故云果頭無人圓教因中教行證人悉從因以至果俱是真實故言實有人也復次前三止觀教行證人未被會時尚不知圓何況入圓佛若會宗開漸顯頓悉皆通入雖非即頓而是漸頓故法華云汝等所行是菩薩道各乘寶車適子本願決了聲聞法是諸經之王聞通漸法悉令得入以別理接之故涅槃中得一乘道果不隔圓常因是修學皆當作佛即是從漸入圓亦名開漸顯頓意也復次四種止觀入圓不必併待行成入圓不必併待開漸顯頓入圓入則不定所以者何一切衆生心性正因譬之於乳聞了因法名爲置毒正因不斷如乳四微五味雖變四微恒在是故毒隨四微味味殺人衆生心性亦復如是正因不壞了因之毒隨正者從處處得發或理發或教發或行發或證發如辟

支佛利智善根熟出無佛世自然得悟理發亦爾久植善根今生雖不聞圓教了因之毒任運自發此是理發也若聞華嚴日照高山即得悟者此是教發也聞已思惟思惟即悟是爲觀行發也若是六根淨位進破無明是相似證發若更增道損生亦是證發也此約圓家論入不定也若前三教行人各在凡地發者即是理發若聞於教是爲教發若修方便即是觀行發若於賢聖位中發即是證發此約三家入則不定也復有不定而非殺人如修無漏時有漏不求自發全不殺二死若修中道發得無漏長別三界苦輪海乃是一死而非二死亦名不定復次四種止觀當分圓漸三藏中有從初心方便來入眞位此名爲漸三十四心斷結成果豈不名圓通別中初心乃至後心豈無漸圓圓中當體理極稱圓亦有初心乃至四十一地豈不是漸妙覺究竟豈不是圓圓圓非漸圓圓漸非漸非漸故知當分皆具二義也法華跡中應廣說然漸漸非圓漸可得成圓漸漸圓非圓圓不可得成圓圓何者法華云汝等所行是菩薩道故漸漸成圓漸漸圓權設三教之果不可更成妙覺之佛例小小非大小可得成大小大非大大不可得成大大權權非實權可得成實權權實非實實不可得成實實何者三教果頭有教無人故權實不可成實實半滿漸頓例應如此分別不復煩文也觀心性推法相應爾而人多不信今用涅槃五辟釋成此意第六云凡夫如乳須陀洹如酪斯陀含如生蘇

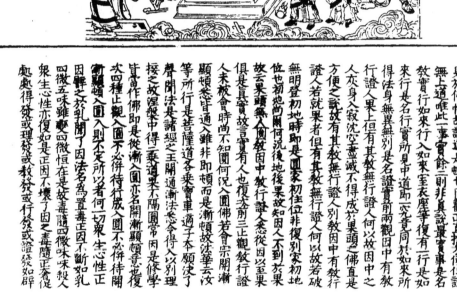

阿那含如熟蘇阿羅漢辟支佛佛如醍醐大論云聲聞經中稱阿羅漢名爲佛地故三人同是醍醐此譬豈非釋三藏中五味漸圓意類此得成三十二云衆生如雜血乳須陀洹斯陀含如淨乳阿那含如酪阿羅漢如生蘇辟支佛菩薩如熟蘇佛如醍醐此譬豈不釋通教中五味支佛侵習小勝聲聞故與菩薩同爲熟蘇佛正習盡名爲醍醐借此類通教當分漸圓義顯第九云衆生如牛新生血乳未別聲聞如乳緣覺如酪菩薩如生熟蘇佛如醍醐此譬豈不是別教五味意十住初中能斷通見思盡名乳總擬聲聞十住後心小深故擬支佛如酪十行十向如生熟蘇十地之初已名爲佛故如醍醐借此顯成別觀當分漸圓意二十七云雪山有草名爲忍辱牛若食者即成醍醐草喻正道若能修正道即見佛性此譬豈不是圓意不歷四味即成醍醐借此類成漸圓等之位第八云置毒乳中徧於五味皆能殺人此譬豈不譬於不定即成四種理教行證而得入圓今約漸頓作如此料簡前三科後一科亦應如是但小大半滿齊分剋定不得局耳五明權實者權是權謀暫用還廢實是實錄究竟旨歸立權略爲三意一爲實施權二開權顯實三廢權顯實如法華中蓮華三譬諸佛即一大事出世之爲圓頓一實止觀而施三權止觀也權非本意意亦不在權外秖開三權止觀而顯圓頓一實止觀也爲實施權實今已立開權顯實權即是實無權可論是故廢權

顯實權廢實存暫用釋名其義爲允問何意用此權實答佛知衆生種種性欲以四悉檀而成熟之若人欲聞正因緣爲說三藏欲聞因緣即空爲說通觀欲聞歷劫修行爲說別觀欲聞即中爲說圓觀是名隨世界悉檀亦名隨樂欲爲實施權說權實止觀也爲生扶具之事善說三藏觀爲生扶具之理善爲說通觀爲生扶中之事善爲說別觀爲生扶中之理善爲說圓觀是名隨爲人悉檀亦名隨便宜而說權實止觀也爲破邪因緣無因緣說三藏觀爲破拙度故說通觀爲破共法故說別觀爲破帶方便故說圓觀是爲對治悉檀說權實止觀也爲思議鈍根拙度令入眞諦說三藏觀爲思議利根巧度令入眞諦故說通觀爲不思議鈍根拙度令入見中故說別觀爲不思議利根巧度令入見中故說圓觀是名爲一實而施三權權實相對則有四種止觀爲實施權意齊此也權實既興良由悉檀權實可廢亦由悉檀何者衆生煩惱結使厚利智善根薄故興初觀生其事善事善若生煩惱伏薄即廢三藏觀爲生理善興於通觀理善已生即廢通觀爲生界外事善即興別觀界外事善已生即廢別觀爲生界外理善即興圓觀是爲興廢因緣故說於權實止觀也餘三悉檀興廢可解若約五味教論興廢者華嚴爲大行人廢兩權興一權一實三藏廢兩權一實但興一權方等四種俱興般若廢一權興兩權一實法華廢三權興一實涅槃還興四種皆入佛性無所

可隔是故如來巧用悉檀興廢適時順機而作皆益衆生是故如來不空說法爲度人故應興應廢也對三權說一實實存權廢已如前說今更料簡四種止觀皆實不虛所以者何若不開決則無入理今決了聲聞法是諸經之王開方便門示眞實相二止觀皆得入圓如快馬見鞭影即得正路故四種皆實也又四種皆權何以故四理皆不可說權不可說故非權實不可說故非實非權而強說爲權非實而強說爲實等是強說何意不名權爲實耶以有說故故皆是權又此權實悉是非權非實何以故皆不可說故此非權非實不得異於向實向以見理爲實實秖是非權非實此義不異若異者應有別慧照別理理惑既局不可使異對權故說實廢教故說理故言非權非實即教而理權實即非權非實無二無別不合不散非權非實理性常寂名之爲止寂而常照亦權亦實名之爲觀觀故稱智稱般若止故稱眼稱首楞嚴如是等名不二不別不合不散即不可思議之止觀也此非但開實是非權非實開權亦是非權非實猶屬開權顯實意耳問爲一實施三權唯有四種止觀若以別接通止觀者爲權爲實復何意不預四數何意但言接通何位被接接入何位答接得入教此則屬權接得入證此則屬實也四教論其始終接但終而無始故不入四數諸教皆接亦應有之此義不用者三教明界內理二教明界外理兩處交際須安一接故但以別接通若含通爲言

不論破無明八地名爲佛地從此被接知有中道九
地伏無明十地破無明即名爲佛但一品破那得是
極故知接入別也若望別教是入初地位行也若就
諦論接者通教真諦含中合論從初已來但觀
真中之空破見思惑盡到第八地方爲說真內之
中故云智者見空及與不空被接方聞聞已見理
即是入別位也三藏菩薩明位不爾故不論接別
圓發心已知中道更將何接故知接但在通也問三
權皆得知實不答別教初知通教後知三藏初後
俱不知問若知何意名權若不知二經相違答別雖
初知帶方便聞教猶是權通雖後知可接者知教
終是權其意可見若言三藏不知違二經者大經
云阿羅漢不知三寶常住不變者所有禁戒亦不
具足不能得聲聞之道此義含當通住羅漢自力
不應知見常住譬如天眼未開不見障外不聞他
說亦不能知羅漢佛眼未開又不聞佛說那得自
知常住故法華云於自所得功德生滅度想若遇
餘佛便得決了又云聲聞緣覺不退菩薩亦不
能知當知不聞則不知也經稱知者啻知已理真諦
無爲亦是於常一相無變若人分別真諦二相遷
動者不能發真要須觀空方入無漏如須菩提觀
空憍陳如證無生智又律儀不具足者若能觀空
得道共戒此是具足戒也故華嚴云諸法實性相
常住不變異二乘亦皆得而不名爲佛故知常住
語通得作此釋若不作此釋三藏不說大乘常住
聲聞那得具聲聞道具禁戒耶若作此釋道共

戒無失彌益其美又舉例釋者如大品云婬欲瞋
生梵天何況菩提爲生梵天須斷欲欲得菩提斷
二邊欲欲名雖同其意則異此義亦爾欲入真諦
須知無爲常不變易欲入實相亦知常住一相不
變知常語同大小則異故三藏止觀不知圓實不
違經勝鬘云若不知常住所有三歸皆不成就此
云何通遠尋根本三乘初業不愚於法若取四念
處聞慧爲初者此初知真諦常住不起六十二見以
無倚著心賢聖成就此釋同前意也若古昔爲
初業者先發菩提心早知常住畏怖生死退大
取小法才王子及涅槃中退轉菩薩從初已來歸
依一體三寶薰修戒善有受法無捨法心無盡故戒
亦無盡一切戒善爲此所薰譬如大地冥益樹木樹
木萌芽悉得成就小乘歸戒不離菩薩戒菩薩
戒力能成就之即此義也若不作初業知常三藏歸
戒羯磨悉不成就若作此釋於大小兩經義無相
違第六明方便者方便名善巧善巧修行以微少
善根能令無量行成解發入菩薩位大論云能以
少施少戒出過聲聞辟支佛上即此義也又方便者
衆緣和合也以能和合成因亦能和合取果大品
經云如來身者不從一因一緣生從無量功德生如來
身顯此巧能故論方便若依漸次即有四種方便
方便各有遠近如阿毗曇明五停心爲遠四善根爲
近通別方便例可意知圓教以假名五品觀行等
位去真猶遙名遠方便六根清淨相似鄰真名近
方便今就五品之前假名位中復論遠近二十五法

爲遠方便十種境界爲近方便橫竪該羅十觀
具足成觀行位能發真似名近方便今釋遠方便
略爲五一具五緣二呵五欲三棄五蓋四調五事五行
五法夫道不孤運弘之在人人弘勝法假緣進道所
以須具五緣緣力既具當割諸嗜欲嗜欲外屏當
內淨其心其心若寂當調試五事五事調已行於五
法必至所在譬如陶師若欲得器先擇良處無妨
無鹵草水豐便可立作所次息餘際務際務不
靜安得就功雖息外緣身內有疾云何執作身雖
康壯泥輪不調不成器物上緣雖整不專於業廢
不相續永無辦理止觀五緣亦復如是有待之身必
假資藉如彼好處呵肰塵欲如斷外緣棄絕五蓋
如治內疾調適五事如學輪繩行於五法如作不廢
世間淺事非緣不合何況出世之道若無弄引何
易可階故歷二十五法約事爲觀調麤入細撿
散令靜故爲止觀遠方便也此五法三科出大論種
出禪經一是諸禪師立一具五緣者一持戒清淨二衣
食具足三閑居靜處四息諸緣務五得善知識禪
經云四緣雖具足開導由良師故用五法爲入道梯
凳一闕則妨事釋此具如次第禪門此中明持戒
清淨即四意一列戒名二明持戒三明犯戒四明懺
淨列名者經論出處甚多且依釋論有十種戒所
謂不缺不破不穿不雜隨道無著智所讚自在
隨定具足此十通用性戒爲根本大論云性戒者
是尸羅身口律儀八種謂身三口四更加不飲酒是淨
命防意地又云十善是尸羅佛不出世世常有之

故名舊是戒佛不出世凡夫亦修八禪故名舊定外
道邪見六十二等舊醫乳藥名爲舊慧常途云
無客定無漏導八禪耳今難此語亦應無漏道十
善也戒慧既有客法定何獨無今用三歸五戒二
百五十爲客戒根本十種得戒人者如佛自言善
來比丘自然已得具足戒如摩訶迦葉自誓因緣
得具足戒如憍陳如見諦故受具足戒如波闍波
提比丘尼以八敬法受具足戒如達磨提那比丘尼
遣信受具足戒如須陀耶沙彌論義受具足戒如
耶舍比丘等善來受具足戒如跋陀羅波梯伽加
三歸受具足戒如邊地第五律師受具足戒中國十
人白四羯磨受具足戒客戒人也根本淨禪觀練
薰修爲客定四諦慧爲客慧佛出方有也性戒
者莫問受與不受犯即是罪受與不受持即是善
若受戒持生福犯獲罪不受無福不受犯無罪如
伐草害畜罪同對首懺二罪俱滅大論解云遮無
作罪同滅耳而償命猶在故知受得之戒與性戒
有異也故四分問遮法云不犯遮罪不遮罪即性
罪也此罪障優婆塞戒何況大戒若性戒清淨是
戒度根本解脫初因因此性戒得有無作受得之
戒小乘明義無作戒即是第三聚大乘中法鼓經
但明色心無第三聚心無盡故戒亦無盡若就律儀
戒論無作可解定共戒無作者與定俱發有人言
入定時有出定時無有人言無作依定定在不失
定退即謝也道共戒無作者此無作依道道無失
故此戒亦無失戒定道共通是戒名說通以性戒爲

本故經云依因此戒能生禪定及滅苦智慧即此意
也二明持者此十種戒攝一切戒不缺戒者即是持
於性戒乃至四重清淨守護如愛明珠若毀犯者
如器已缺無所堪用佛法邊人非沙門釋子失比
丘法故稱爲缺不破者即是持於十三無有破損
故名不破若毀犯者如器破裂也不穿者是持波
夜提等也若有毀犯如器穿漏不能受道故名爲
穿不雜者持定共戒也雖持律儀念破戒事名之
爲雜定共持心欲念不起故名不雜如大經云雖不
與彼女人身合而共言語嘲調壁外釧聲見男女相
追皆汙淨戒十住婆沙云雖制其事而令女人洗拭
按摩喚心共語相視或限爾許日持戒或期後世
富樂天上自恣皆名不淨若持不雜戒悉無此等
念也隨道者隨順諦理能破見惑無著戒者即
是見眞成聖於思惟惑無所染著也以此兩戒約
眞諦持戒也智所讚戒自在戒則約菩薩化他
爲佛所讚於世間中而得自在是約俗諦論持戒
也隨定具足兩戒即是隨首楞嚴定不起滅定現諸
威儀十法界像導利衆生雖威儀起動而任運
常靜故名隨定戒前來諸戒律儀防止故名不具
足中道之戒無戒不備故名具足此是持中道第一
義諦戒也用中道慧徧入諸法故經云式叉式叉
名大乘戒也涅槃明五支戒及十種戒義勢略同
設諸經論更明戒相終不出此十科束前三種戒
名律儀戒兼善防惡從初根本乃至不穿纖毫清
淨束名律儀戒凡夫散心悉能持得此戒也次不

雜一戒定法持心心不妄動身口亦寂三業皎鏡此
是定共戒入定時任運無雜出定身口柔軟亦不雜
凡夫入定則能持得也隨道戒初果見諦發眞
成聖聖人所持非凡夫能持也無著戒則三果人
所持亦非初果所持也智讚自在此乃菩薩利他
須持此戒則非二乘所持也隨定具足此是大根性
所持則非六度通教菩薩所能持也況復凡夫二
乘耶向判位高下事義不同理觀觀心論持戒者
具能持得上十戒也先束十戒爲四意前四戒但
是因緣所生法通爲觀境次二戒即是觀因緣生
法即空空觀持戒也次兩戒觀因緣即是假假觀
持戒也次兩戒觀因緣生法即是中中觀持戒也所
言觀心爲因緣生法者若觀一念心從惡緣起即能
破根本乃至破不雜戒與善相違故名爲惡今以
善順之心防止惡心能令根本乃至不雜等戒善
順成就得無毀損故稱善心名爲防止惡心既止
身口亦然防即是止善順即是行善行善即是觀止
善即是止是名觀因緣所生心持四種戒也次觀善
惡因緣所生心即空者如金剛般若云若見法相者
名著我人衆生壽者若見非法相者亦著我人衆
生壽者不見法相不見非法相如筏喻者法尚應
捨何況非法故知法與非法二皆空寂乃名持戒今
云法者祇善惡兩心假實之法也若見有善惡假名
即是著我人衆生壽者若見善惡實法亦是著
我人衆生壽者所言非法相者若見善惡假名是
無者亦是著我人衆生壽者若見善惡實法是無

者亦著我人衆生壽者何以故依無起見故不應著乃至依非有非無起見皆名著我人衆生壽者觀如是等法與非法皆即是空由此觀故能順無漏防止有無六十二見故名隨道戒若重慮此觀思惟純熟歷緣對境於一切色聲皆悉即空名無著戒防止思惑善順真諦是名觀因緣心即空持二種戒也次觀因緣心即是假者知心非心法亦非法而不永滯非心非法以道種方便無所有中立心立法拔出諸心數法導利衆生爲賢所讚雖廣分別無量心法但有名字如虛空相不生愛著惑相不拘名爲自在如此假觀防止無知善順俗理防邊論止順邊論觀即是假觀持兩戒也次觀因緣生心即中者觀於心性畢竟寂滅心本非空亦復非假非假故非世間非空故非出世間非賢聖法非凡夫法二邊寂靜名爲心性能如是觀名爲上定心在此定即首楞嚴本寂不動雙照二諦現諸威儀隨如是定無不具足如是觀心防止二邊無明諸惡善順中道一實之理防邊論止順邊論觀此名即中而持兩戒也故梵網云戒名大乘名第一義光非青黃赤白戒名爲孝孝名爲順孝即止善順即行善如此戒者本師所誦我亦如是誦當知中道妙觀戒之正體上品清淨究竟持戒十住廣說云若無我我所遠離諸戲論一切無所有是名上尸羅故淨名云罪性不在內亦不在外不在兩中間如其心然罪垢亦然其能如是是名善解是名奉律即此意也復次觀心持戒即是五名所以者何防止

是戒義觀亦如是三觀名能防三惑名所防如此防止義徧法界不局在身口云云又毗尼名滅滅身口諸非故今觀心亦名爲滅即空之觀能滅見思之非即假觀能滅塵沙之非即中觀能滅無明之非如此論滅徧滅法界諸非不止七支故淨名云當直除滅勿擾其心即此意也又波羅提木叉名保得解脫者觀心亦爾若不觀三諦之理三惑保不解脫若見三諦三惑保脫如此解脫徧法界脫非止解脫三途及出生死而已又誦者背文闇持也今觀心亦爾三觀之名詮三諦理即是其文知名非名研心諦理觀法相續常自現前不生妄念名之爲誦如此誦者徧法界誦非止八十誦也又律者詮量輕重分別犯非犯觀心亦爾分別見思麤惑淨重界內無知小輕塵沙客塵橫起復爲小重根本微細如上菩提心中已說三觀觀三理是不犯三惑障三理名爲犯三藥治三病詮量無謬纖毫不差又知持事戒有三品上品得天報中品得人報下品得脩羅報犯上退天犯中退人犯下退脩羅入三惡道惡道又三品輕者入餓鬼道次者入畜生道重者入地獄道中品又多種上中下下下即四天下也上品又多種謂三界諸天各有品秩也又持理戒空假中三品各有上中下即空三品者下品爲聲聞中品爲緣覺上品爲通教菩薩退則傳傳失也即假三品者下品爲三藏菩薩中品爲通教出假菩薩上品爲別教菩薩即中三品者下品爲別教菩薩中品圓教菩薩上品是佛唯佛一人具淨戒也又下品爲五品中爲六

根淸淨上入初住此略就觀心判其階差中道觀心即是法界摩訶衍徧攝一切法可以意得不復煩文也私諮云下中三品皆約發眞上品何意約眞似爲三品耶答前三道未合可得分張橫辨即中既融宜約一道豎判又亦得約橫者別接通別圓三品云云如此分別得失輕重徧詮量法界豈止者煑燒覆障耶觀心五名宛然可見若事中恭謹精持四戒而其心雜念事亦不牢猶如坏缾遇愛見惡則便破壞若能觀心六種持戒理觀分明妄念不動設遇惡緣堅固不失理既不動事任運成故淨名云其能如是是名善解是名奉律正意在此也三明犯戒相者夫毀滅淨戒不出癡愛倒見是戒死屍家喻三羅剎大經云譬如有人帶持浮囊渡於大海爾時海中有一羅剎來乞浮囊初則全乞乃至微塵悉皆不與行人亦爾發心秉戒擕渡生死大海愛見羅剎乞戒浮囊愛羅剎言令汝安隱得入涅槃者此以欲樂暢情稱爲涅槃如飢得食如貧得寶獼猴得酒則得安樂安樂名涅槃誘誑行人若隨愛轉毀破四重是全乞浮囊是名犯相若愛心雖起不可全棄何者我今欲過生死大海尸羅不淨還墮三途禪定智慧皆不得發思惟是已生大怖畏故言汝寧殺我浮囊叵得是名持相愛心復起摩觸快意若隨愛觸是棄半浮囊是名犯相行人復念禁戒豈可輸半論其果報地獄苦惱論其即目下意治擯甚可羞恥豈應如此損毀大事是故護惜不隨愛情是名持相愛心又起乞重方便

若毀犯者是乞手許又毀波夜提是乞指許又毀吉羅是乞微塵許吉羅雖小開放逸門微塵不多水當漸入沒海而死是爲愛心破律儀戒貪樂覽見五欲破定共戒深著生死爲有造業破即空戒不息世譏嫌無護他意破即假戒不信戒善與虛空等不信此戒具足佛法不信此戒畢竟清淨破中道戒此例可解云云次見羅刹乞浮囊者若爲財色而毀戒者如前所説觸人皆爾此名已起之惡爲除斷故一心勤精進若見心猛利於所計法而起罪過此是解脫名未生之惡爲不生故一心勤精進此見雖未起若修得少禪無好師友即生念著而起過患佛在世比丘得四禪謂爲四果臨終見中陰起即謗佛云羅漢不生今那得生阿難問佛此人命過今生何處佛言已墮地獄雖持戒得有漏禪是亦不可信佛在世尚爾況末代癡人罪著深重故大虛空藏經云若起惡見名第三波羅夷云何惡見或得空解發少智慧師心自樹謂證無生見心既強能破諸法無佛無衆生撥世因果出世因果法華云或食人肉或復噉狗即此義也破正見威儀淨命起於平等無分別見何者有罪何者非罪若有分別分別即礙礙即非真於貪欲中莫生怖礙無怖礙即是菩提謂此是實餘皆妄語又值惡師爲説惡法見毒轉熾邪鬼入心邪解更甚猖狂顛倒無種不爲見慢我慢陵蔑一切見行善者謂有所得欺之如土由是見故浮囊全去設不全去者即思惟言理雖如此我未能見何容頓棄惜猶不與見心復

起一切法空豈有觸與不觸男女等相即便把執馱抱是名半去或重方便乃至吉羅謂諸法空寂何用事相紛紜既不存微塵空心轉熾如小水漸漏無礙稍滑一切戒律皆悉吞噉故浮囊永沒當知見心大可怖畏何以故若謂四重及犯者皆空而五逆亦空何不造逆空見既強亦無父母若通若害皆不爲礙既無礙者亦應不礙王及夫人論其見心實不謂有王及夫人而自於己惜身惜命若侵國王身碎命盡如此礙空不空身命惜己身命亦於王不空既於己於王不能空者那得獨欺父母輕忽佛教而言四重五逆皆空耶當知此人不能自見執空之過近尚不見何況遠耶既以惡空撥佛禁法是破律儀戒空見擾心破定共戒堅執己見是破即空戒汙他善心破即假戒不信見心與虛空等即是佛法畢竟清淨破即中戒當知邪僻空心甚可怖畏若墮此見長淪永沒尚不能得人天涅槃何況大般涅槃故論云大聖説空法本爲治於有若有著空者諸佛所不化又經云若於諸法生疑心者能破煩惱如須彌山若定起見則不可化無行經云貪欲即是道僻取此語以諂無礙何不引無行會著無礙法是人去佛遠若有得空者終不破於戒云云是名見心羅刹毀禁戒也大意如此云云復次前一向論持次一向論犯今明十戒持犯不定若通論動出悉名爲乘故有人天等五乘通論防止悉名爲戒故有律儀定共道共等戒若就別義事戒三品名之爲戒戒即有漏不動不出理戒三品名之爲乘乘是

無漏能動能出約此乘戒四句分別一乘戒俱急二乘急戒緩三戒急乘緩四乘戒俱緩一乘戒俱急者如前持相十種清淨事理無瑕觀念相續今生即應得道若未得道此業最強強者先牽必升善處若律儀戒急則爲欲界人天所牽若無雜戒急隨禪梵世三品理乘何乘最急若三品即中乘急以人天身值彌勒佛聞華嚴教利根得道若上品出假乘急以人天身值彌勒佛於華嚴座作鈍根得道若上中二品入空乘急以人天身值彌勒佛聞方等般若等教得三乘等道若下品入空乘急以人天身值彌勒佛聞三藏經得道得人天身是持事戒力見佛得道修乘觀力事理俱持諸行中最故不可緩也二戒緩乘急者是人德薄垢重煩惱所使是諸事戒皆爲羅刹毀食專守理戒觀行相續如上覺意六蔽中用心央掘示爲其相以事戒緩命終故墮三惡道受於罪報於諸乘中何乘最強強者先牽若析空乘強以三途身值彌勒佛聞三藏經乃可得道若即空乘急以三途身值彌勒佛聞般若方等得道若即假乘急以三途身值彌勒佛聞華嚴及聞餘教作鈍根得道若即中乘急以三途身值彌勒佛聞華嚴經作利根得道是故佛説漸頓諸經龍鬼畜獸悉來會坐即是其事破事戒故受三惡身持理觀故見佛得道大經云於戒緩者不名爲緩於乘緩者乃名爲緩正是此一句也三戒急乘緩者事戒嚴急纖毫不犯三種觀心了不開解以戒急故人

天受生或隨禪梵世耽湎定樂世雖有佛説法度
人而於其等全無利益設得值遇不能開解振丹
一國不覺不知舍衛三億不聞不見著樂諸天及生
難處不來聽受是此意也譬如繫人或以財物求
諸大力申延日月冀逢恩赦在人天中亦復如是
冀善知識化導修乘即能得脱若於人天不修
乘者果報若盡還墮三途百千佛出終不得道四
事理俱緩者如前十種皆犯永墜泥黎失人天果
報神明昏塞無得道期迴轉沈淪不可度脱行
者當自觀心事理兩戒何戒緩急於事三品何最
強於理三品何品小弱自知深淺亦識將來果報善
惡既自知已亦知他人將此觀心亦識諸經列衆之意
亦識如來逗緣大小故華嚴中鬼神皆言住不思
議解脱法門者此是權來引實今昔修不思議
乘急者得道涅槃列衆亦復如是若細尋此意
廣歷四教乘戒緩急以辨其因後歷五味以明其
果皆使分明凡如是等因果差降升沈非一云何
難言理戒得道何用事戒耶幸於人天受道何意
苦入三途四明懺淨者事理二犯俱障止觀定慧不
發云何懺悔令罪消滅不障止觀耶若犯事中輕
過律文皆有懺法懺法若成悉名清淨戒淨障
轉止觀易明若犯重者佛法死人小乘無懺法若
依大乘許其懺悔如上四種三昧中説下當更明次
理觀小僻不當諦者此人執心若薄不苟封滯但
用正觀心破其見著慚愧有羞低頭自責策心正
轍罪障可消能發止觀也見若重者還於觀心

中修懺下當説也若犯事中重罪依四種三昧則
有懺法普賢觀云端坐念實相是名第一懺妙勝
定云四重五逆若除禪定餘無能救方等云三歸五
戒乃至二百五十戒如是懺悔若不還生無有是處
請觀音云破梵行人作十惡業蕩除糞穢還得清
淨故知大乘許悔斯罪罪從重緣生還從重心懺
悔可得相治無殷重心徒懺無益障若不滅止觀不
明若人現起重罪苦到懺悔則易除滅何以故如迷
路近故過去重障必難迴轉迷深遠故若欲懺悔
二世重障行四種三昧者當識順流十心明知過失
當運逆流十心以爲對治此二十心通爲諸懺之本
順流十心者一自從無始闇識昏迷煩惱所醉妄計
人我計人我故起於身見身見故妄想顛倒顛倒
故起貪瞋癡癡故廣造諸業業則流轉生死二
者内具煩惱外值惡友扇動邪法勸惑我心倍加
隆盛三者内外惡緣既具能内滅善心外滅善事
又於他善都無隨喜四者縱恣三業無惡不爲五
者事雖不廣惡心徧布六者惡心相續晝夜不斷
七者覆諱過失不欲人知八者魯扈抵突不畏
惡道九者無慚無愧十者撥無因果作一闡提
是爲十種順生死流昏倒造惡廁蟲樂廁不覺
不知積集重累不可稱計四重五逆極至闡提生
死浩然而無際畔今欲懺悔應當逆此罪流用十
種心翻除惡法先正信因果決定昺然業種雖久
久不敗亡終無自作他人受果精識善惡不生疑惑
是爲深信翻破一闡提心二者自愧尅責鄙極

罪人無羞無恥習畜生法棄捨白淨第一莊嚴咄
哉無鉤造斯重罪天見我屏罪是故慚天人知我
顯罪是故愧人以此翻破無慚無愧心三者怖畏惡
道人命無常一息不追千載長往幽途緜邈無有
資糧苦海悠深船栰安寄賢聖呵棄無所恃怙
年事稍去風刀不奢豈可晏然坐待酸痛譬如野
干失耳尾牙詐眠望脱忽聞斷頭心大驚怖遭
生老病尚不爲急死事弗奢那得不怖怖心起時
如履湯火五塵六欲不暇貪染如阿輸柯王聞旃
陀羅朝朝振鈴一日已盡六日當死雖有五欲無念
愛行者怖畏苦到懺悔不惜身命如彼野干決絶
無所思念如彼怖王以此翻破不畏惡道心四者當
發露莫覆瑕疵賊毒惡草急須除之根露條
枯源乾流竭若覆藏罪是不良人迦葉頭陀令
大衆中發露方等令向一人發露其餘行法但以
實心向佛像改革如陰隱有癰覆諱不治則死
以此翻破覆藏罪心也五斷相續心者若決果斷
奠畢故不造新乃是懺悔懺已更作者如王法
初犯得原更作則重初入道場罪則易滅更作難
除已能吐之云何更噉以此翻破常念惡事心六發
菩提心者昔自安危人徧惱一切境今廣起兼濟
徧虚空界利益於他用此翻破徧一切處起惡心也
七修功補過者昔三業作罪不計晝夜今善身口
意策勵不休非移山岳安塡江海以此翻破縱恣
三業心八守護正法者昔自滅善亦滅他善不自隨
喜亦不喜他今守護諸善方便增廣不令斷絶

辟如金城之動勝鬘云守護正法攝受正法最爲第一此翻破無隨喜心九念十方佛者昔親狎惡友信受其言今念十方佛念無礙慈作不請友念無礙智作大導師翻破順惡友心十觀罪性空者了達貪欲瞋癡之心皆是寂靜門何以故貪瞋若起在何處住知此貪瞋住於妄念妄念住於顛倒顛倒住於身見身見住於我見我見則無住處十方諦求我不可得我心自空罪福無主深達罪福相徧照於十方今此空慧與心相應譬如日出時朝露一時失一切諸心皆是寂靜門示寂靜故此翻破無明昏闇是爲十種懺悔順涅槃道逆生死流能滅四重五逆之過若不解此十心全不識是非云何懺悔護入道場徒爲苦行終無大益涅槃云若言勤修苦行是大涅槃近因緣者無有是處即此意也是名懺悔事中重罪也次懺見罪者見惑故順生死流如前所說向逆十心附事爲懺懺鈍使罪今扶理懺見懺利使罪然見心猛盛起重煩惱應傍用事助如服下藥須加巴豆令蕩滌盡底是故還約十法以明懺見一翻破不信者即點身見心令識無明苦集如鬱頭藍弗得非想定世人崇之如佛不識苦集報盡還墮須跋陀羅得非想定雖無麤想有細煩惱長爪利智而受不受高著外道尚未出見非是涅槃況麤纖者尚不逮藍弗而言是眞道豈非大僻是人愛著觀空智慧是事不知名爲無明而起違從依見造行見行依色即是名色名色即是苦等迷苦起於愛有有生未來

生死流轉相續並是寂滅若謂生死盡者乃是邊語呼無明見心爲道非道爲道非因計因名爲戒取並非因濫呼未來三途苦報爲涅槃此是見取非果計果是爲果濫身邊邪見其事可知如此見心乃是苦集非滅道也尚非三藏道滅並是摩訶衍道滅若能如是即知世間因果復識出世因果故大品云般若能示世間相所謂示是道非道是爲深識見心苦集也又深者非但知無明苦集亦識三藏因果亦識因緣生法即空四諦因果又復深者亦知因緣即假無量四諦因果又復深者亦知因緣即中無作四諦因果於一見心具識一切因果故大經云於一念心悉能稱量無量生死是名不可思議故名深信破不信也二生重慚愧者不見我心中三諦之理名慚愧且約理觀論人天者慚乾慧性地之人愧四果淨天三十心人十地義天五品六根清淨之人四二位天例如作意得報名爲人自然果報名爲天三種天人亦復如是方便道名爲人眞理顯名爲天見心造罪覆三諦理不逮三種人天是故慚愧翻破無慚愧心也三怖畏者知見心造罪此過深重大論云諸佛說空義爲離諸見故若復見有空諸佛所不化我今由見而起大罪此間劫盡他方獄生此間劫成還來此處如是展轉無量無邊若說果報所受之身當吐熱血死故知見罪大重既非無漏不出生死煩惱潤業墮落何疑一命不追永無出日爲是義故生大怖畏翻破不畏惡道心也四發露者從來諸見而生愛著覆此三諦不能決

定生信今知見過失發卻三疑無所隱諱顯其諦性是爲發露翻破覆藏罪心也五斷相續心者三諦之觀多今有間以八正道治三惑心斷而不習此翻破相續惡心也六發菩提心者即是緣三諦理皆如虛空虛空則無邊愍傷一切普令度脫昔迷此起惑有無邊故罪亦無邊今菩提心徧於法界起無作善亦徧法界翻破昔徧空無作惡也奏師子琴餘弦斷絕即此義也七修功補過者三諦道品即是菩薩寶炬陀羅尼是行道法趣涅槃門如此道品念念相續即是修功補過昔執於見謂爲涅槃於見不動不修道品設令動有入無如屈步蟲雖於見動亦不能修道品今知有無是見不執爲實是名見動而不修道品若破析諸見行於道品是名見動而修道品又體見即空即假即中既言即者於見不動而修三種道品是爲修功補於縱見之過也八守護正法者昔護見不令他破方便申通今護三諦諸空不令見破若有留滯善巧申弘亡身存法猶如父母守護其子此翻破毀善事也九念十方佛者昔服見毒常無厭足如渴思飲又遇惡師如加以鹹水以苦捨苦我慢矜高諂心不實於千萬億劫不聞佛名字今念三諦不來不去即是佛無生法即是佛常爲諦理所護此翻破狎惡友心十觀罪性空者此三種惑本來寂靜而我不了妄謂是非如熱病人見諸龍鬼今觀見如幻如化來無所從去無足跡亦復不至東西南北一切罪福亦復如是一空一切空空即罪性罪性即空

此翻破顛倒心也運此十懺時深觀三諦又加事法以殷重心不惜身命名第二健兒是名事理兩懺障道罪滅尸羅清淨三昧現前止觀開發事戒淨故根本三昧現前世智他心智開發無生戒淨故真諦三昧現前一切智開發即假戒淨故俗諦三昧現前道種智開發即中戒淨故王三昧現前一切種智開發得此三諦三昧故名王三昧一切三昧悉入其中又能出生一切諸定無不具足故名爲止又能具足一切諸智故名爲觀故知持戒清淨懇惻懺悔俱爲止觀初緣意在此也第二衣食具足者衣以蔽形遮障醜陋食以支命塡彼飢瘡身安道隆道隆則本立形命及道賴此衣食故云如來食已得阿耨三菩提此雖小緣能辦大事裸餒不安道法焉在故須衣食具足也衣者遮醜陋遮寒熱遮蚊䖟飾身體衣有三種雪山大士絕形深澗不涉人間結草爲席被鹿皮衣無受持說淨等事堪忍力成不須溫厚不遊人間無煩支助此上人也十二頭陀但畜三衣不多不少出聚入山被服齊整故立三衣此中士也多寒國土聽百一助身要當說淨趣足供事無得多求多求辛苦守護又苦妨亂自行復擾檀越少有所得即便知足下士也觀行爲衣者大經云汝等比丘雖服袈裟心猶未染大乘法服如法華云著如來衣如來衣者柔和忍辱心是此即寂滅忍生死涅槃二邊麤穬與中道理不二不異故名柔和安心中道故名爲忍離二喧故名寂過二死故名滅寂滅忍心覆二邊惡名遮醜衣除五住故

名障鼓破無明見名爲遮寒無生死動亦無空亂音捨二覺觀名遮蚊䖟此忍具一切法如鏡有像瓦礫不現中具諸相但空則無故云深達罪福相徧照於十方微妙淨法身具相三十二用莊嚴法身寂忍一觀具足衆德亦名爲衣亦名嚴飾非九七五割截所成也三衣者即三觀也蔽三諦上醜遮三諦上見愛寒熱卻二覺蚊䖟莊嚴三身故以三觀爲衣即是伏忍柔順忍無生寂滅忍也又起見名寒起愛名熱修止觀得見諦解如煖見則不生得思惟解如涼愛則不生五根無惡即福德莊嚴意地無惡即智慧莊嚴餘二觀上衣例可解百一長衣者即是一切行行助道之法助成三觀共蔽諸惑嚴於三身此是歷諸法修忍爲衣也食者三處論食可以資身養道一深山絕跡去遠人民但資甘果美水一菜一果而已或餌松栢以續精氣如雪山甘香藕等食已繫心思惟坐禪更無餘事如是食者上士也二阿蘭若處頭陀抖擻絕放牧聲是修道處分衛自資七佛皆明乞食法方等般舟法華皆云乞食也路徑若遠分衛勞妨若近人物相喧不遠不近乞食便易是中士也三既不能絕穀餌果又不能頭陀乞食外護檀越送食供養亦可得受又僧中如法結淨食亦可得受下士也若就觀心明食者大經云汝等比丘雖行乞食而未曾得大乘法食法食者如來法喜禪悅也此之法喜即是平等大慧觀一切法無有障礙淨名云於食等者於法亦等於法等者於食亦等煩惱爲薪智慧爲火以是因緣

成涅槃食令諸弟子悉皆甘嗜此食資法身增智慧命如食乳糜更無所須即具解脫眞解脫者即是如來用此法喜禪悅歷一切法無不一味一色一香無非中道中道之法具一切法即是飽義無所須義如彼深山上士一草一果資身即足頭陀乞食者行人不能即事而中修實相慧者當次第三觀調心而入中道次第觀故名爲乞食亦見中道又名飽義即中士也檀越送食者若人不能即事通達又不能歷法作觀自無食義應須隨善知識能說般若者善爲分別隨聞得解而見中道是人根鈍從聞生解名爲得食如人不能如上兩事聽他送食又僧中結淨食者即是諸得禪定支林功德藉定得悟名僧中食也是故行者常當存念大乘法食不念餘味也第三閑居靜處者雖具衣食住處云何若隨自意觸處可安三種三昧必須好處好處有三一深山遠谷二頭陀抖擻三蘭若伽藍若深山遠谷途路艱險永絕人蹤誰相惱亂恣意禪觀念念在道毀譽不起是處最勝二頭陀抖擻極近三里交往亦踈覺策煩惱是處爲次三蘭若伽藍閑靜之寺獨處一房不干事物閉門靜坐正諦思惟是處爲下若離三處餘則不可白衣齋邑此招過來恥市邊鬧寺復非所宜安身入道必須選擇愼勿率爾若得好處不須數移云云觀心處者諦理是也中道之法幽遠深邃七種方便絕跡不到名之爲深高廣不動名之爲山遠離二邊稱之爲靜不生不起稱之爲閑大品云若千由旬外起聲聞心者此人身雖遠

離心不遠離以憒閙爲不憒閙非遠離也雖住城傍不起二乘心是名遠離即上品處也頭陀處者即是出假之觀此觀與空相鄰如蘭若與聚落並出假之觀安心俗諦分別藥病抖擻無知淨道種智此次處也閑寺一房者即從假入空觀也寺本衆閙居處而能安靜一室假是喧塵能即假而空當知真諦亦是處也安三諦理是止觀處實不道影山林房隱密室云云第四息諸緣務者緣務妨禪由來甚矣蘭若比丘去喧就靜云何營造緣務壞蘭若行非所應也緣務有四一生活二人事三伎能四學問一生活緣務者經紀生方觸途紛糾得一失一喪道亂心者勤營衆事則隨自意攝非今所論二人事者慶弔俯仰低昂造聘此往彼來來往不絕況復衆人交絡擾擾追尋夫遠親離師本求要道更結三州還敦五郡意欲何之倒裳索領鑽火求冰非所應也三伎能者醫方卜筮泥木彩畫碁書呪術等是也皮文美角膏肥鐸毀已自害身況修出世之道而當樹林招鳥腐氣來蠅豈不摧折汙辱乎四學問者讀誦經論問荅勝負等是也領持記憶心勞志倦言論往復水濁珠昏何暇更得修止觀耶此事尚捨況前三務云云觀心生活者愛是養業之法如水潤種因愛有憂因憂有畏若能斷愛名息生活緣務也人事是業也業生三界往來五道以愛潤業處處受生若無業者愛無所潤諸業雖有力不逐衣作者不作故生死則斷技術者未得聖道不得修通虛妄之法障於般若般若

如虛空無戲論無文字若得般若如得如意珠但一心修何遽忽忽用神通爲習學者未得無生忍而修世智辯聰種種分別皆是瓦礫草木非真寶珠若能停住水則澄清下觀瑠璃安徐取寶能知世間生滅法相種種行類何物不知以一切種智知以佛眼見欲行大道不應從彼小徑中學也第五善知識者是大因緣所謂化導令得見佛阿難說知識得道半因緣佛言不應爾具足全因緣知識有三種一外護二同行三教授若深山絕域無所資待不假外護若修三種三昧應仰勝緣夫外護者不簡白黑但能營理所須莫見過莫觸惱莫稱歎莫偏舉而致損壞如母養兒如虎銜子調和得所舊行道人乃能爲耳是名外護二同行者行隨自意及安樂行未必須伴方等般舟行法決須好伴更相策發不眠不散日有其新切磋琢磨同心齊志如乘一船互相敬重如視世尊是名同行三教授者能說般若示道非道內外方便通塞妨障皆能決了善巧說法示教利喜轉破人心於諸方便自能決了可得獨行妨難未諳不宜捨也經言隨順善師學得見恒沙佛是名教授觀心知識者大品云佛菩薩羅漢是善知識六波羅蜜三十七品是善知識法性實際是善知識若佛菩薩等威光覆育即外護也六度道品是入道之門即同行也法性實際即是諦理諸佛所師境能發智即教授也今各具三義一如佛威神覆護即是外護二諸佛聖人亦脫纓絡著弊垢衣執除糞器和光利物豈非同行三諸佛菩

薩一音演法開發化導各令得解即是教授此節具三義也六度道品亦具三義助道名護助道發正道即是外護正助合故即是同行依此正助不失規矩通入三解脫門即是教授法性亦具三義境是所師冥熏密益即是外護境智相應即是同行未見理時如盲諦法顯時如目智用無礙經言脩我法者證乃自知心無實行何用問爲即教授也此則三三合九句就前爲十二句前三次三是事知識餘六句是理知識若將此約三諦者入空觀時衆聖爲外護即空道品爲同行真諦爲教授亦具六事六理假中兩觀亦復如是三諦合有三十六番十八事十八理若歷四悉檀即有衆多知識義也若能了此知識法門善財入法界意則可解此等雖同是知識依華嚴云有善知識魔三昧魔菩提心魔能使人捨善從惡又能化人墮二乘地若然者羅漢之人但行真諦非善知識若取內秘外現聲聞爲知識者菩薩亦作天龍引入實相何獨羅漢此義則通無非知識今言魔者取實羅漢令人至化城者即非真善知識但是半字知識行半善損道損半煩惱奪與互明或知識或魔也別教若不得意不會中道亦是知識魔也圓教三種方是真善知識三昧菩提心例此可解云云

摩訶止觀卷第三

摩訶止觀卷第四　天台智者大師　述　討卅六帋　夲

第二呵五欲者謂色聲香味觸十住毗婆沙云禁六
情如繫狗鹿魚蛇猨鳥狗樂聚落鹿樂山澤魚樂
池沼蛇樂穴居猨樂深林鳥樂依空六根樂六塵非
是凡夫淺智弱志所能降伏唯有智慧堅心正念
乃能降伏總喻六根今私對之眼貪色色有質像
如聚落眼如狗也耳貪聲聲無質像如空澤耳如
鹿也鼻貪香如魚也舌引味如蛇也身著觸如猿也
心緣法如鳥也今除意但明於五塵五塵非欲而其
中有味能生行人須欲之心故言五欲譬如陶師人
客延請不得就功五欲亦爾常能牽人入諸魔境
雖具前緣攝心難立是故須呵色欲者所謂赤白
長短明眸善睞素頸翠眉皓齒丹脣乃至依報紅
黃朱紫諸珍寶物惑動人心如禪門中所說色害
尤深令人狂醉生死根本良由此也如難陀爲欲持
戒雖得羅漢習氣尚多況復具縛者乎國王耽荒
無度不顧宗廟社稷之重爲欲樂故身入怨國此
間上代亡國破家多從欲起赫赫宗周褒姒滅之即
其事也經云衆生貪狼於財色坐之不得道觀經云
色使所使爲恩愛奴不得自在若能知色過患則
不爲所欺如是呵已色欲即息緣想不生專心入
定聲欲者即是嬌媚妖詞婬聲染語絲竹弦管環
釧鈴珮等聲也香欲者即是鬱茀氛氳蘭馨
麝氣芬芳酷烈郁馥之物及男女身分等香味欲
者即是酒肉珍肴肥腴津膩甘甜酸辣酥油鮮血

等也觸欲者即是冷暖細滑輕重強輭名衣上服　本字号
男女身分等此五過患者色如熱金丸執之則燒聲
如毒塗鼓聞之必死香如憋龍氣嗅之則病味如沸
蜜湯舌則爛如蜜塗刀舐之則傷觸如臥師子近之
則齧此五欲者得之無厭惡心轉熾如火益薪世世
爲害劇於怨賊累劫已來常相劫奪摧折色心
今方禪寂復相惱亂深知其過貪染休息事相
具如禪門中云云上代名僧詩云遠之易爲士近之難
爲情　香味饋　高志聲　色長軀齡○觀心呵五
欲者如色欲中滋味無量謂常無常我無我淨不
淨苦樂空有世第一義皆是滋味故大論云色中
無味相凡夫不應著若謂色是常是見依色若色
無常亦常亦無常非常非無常是見皆依色乃
至非如去非不如去非邊非無邊等是見皆依於
色悉是諍競執謂是實戲論破智慧眼互相是非
爲色造業適有此有即有生死如是觀者增長於
欲非是呵欲今觀色有無等六十二見皆依無明無
明無常生滅不住速朽之法念念磨滅無我無主
寂滅涅槃無明既爾從無明生若有若無等悉皆
無常寂滅涅槃既無主我誰實誰虛終不於色
起生死業業謝果亡是爲呵色入空而得解脫呵
色既爾餘四亦然是名三藏析法呵五欲也中論指
此云不善滅戲論也若摩訶衍呵色欲者體知諸
見皆依無明無明即空諸見亦即空故金剛般若
云須陀洹者名爲入流實不入流不入色聲香味觸
故所以者何若有色可析可名入色色即是空無色

可入故名不入既無流可入即無業果是名善滅戲論呵色既爾餘四亦然復次呵色即空者但入色空不能分別種種色相云何能度一切衆生衆生於色起種種計即是種種集招種種苦苦集病多道滅之藥亦復無量若欲化他豈可證空而不觀察是故知空非空從空入假恒沙佛法悉令通達若不如此猶名受入色空今深呵色空不受不入廣分別色雖復分別但有名字名字即空故稱爲假呵色既爾餘四亦然又呵色二邊如大品云色中無味相凡夫不應著色中無離相二乘不應離破色無明有無等見是呵其味破其沈空是呵其離若足有味不應有離若定有離不應有味味不定故非味離不定故非離不著二邊即是非味非離顯色中道實相故釋論云三乘爲禪故呵色事不名波羅蜜菩薩呵色即見色實相見色實相即是見禪實相故名波羅蜜到色彼岸到色彼岸即是見色中道分別色者即是見色俗即色空者是見色真如是呵色盡色源底成三諦三昧發三種智慧深呵於色爲止觀方便其意在此呵色既然餘四亦爾

第三棄五蓋者所謂貪欲瞋恚睡眠掉悔疑通稱蓋者蓋覆纏綿心神昏闇定慧不發故名爲蓋前呵五欲乃是五根對現在五塵發五識今棄五蓋即是五識轉入意地追緣過去逆慮未來五塵等法爲心內大障喻如陶師身中有疾不能執作蓋亦如是爲妨既深加之以棄如前毒樹如撿偷賊不可留也大品云離欲及惡法離欲者

五欲也如前所呵惡法者五蓋也宜須急棄此五蓋者其相云何貪欲蓋起追念昔時所更五欲念淨潔色與眼作對憶可愛聲髣髴在耳思悅意香開結使門想於美味甘液流口憶受諸觸毛竪戰動貪如此等麤弊五欲思想計挍心生醉惑忘失正念或密作方便更望得之若未曾得亦復推尋或當來覓心入塵境無有閒念麤覺蓋禪禪何由獲是名貪欲蓋相瞋恚蓋者追想是人惱我惱我親稱歎我怨三世九惱怨對結恨心熱氣麤忿怒相續百計伺候欲相中害危彼安身恣其毒忿暢情爲快如此瞋火燒諸功德禪定支林豈得生長此即瞋恚蓋相也睡眠蓋者心神昏昏爲睡六識闇塞四支倚放爲眠眠名增心數法烏闇沈塞密來覆人難可防衛五情無識猶如死人但餘片息名爲小死若喜眠者眠則滋多薩遮經云若人多睡眠懈怠妨有得未得者不得已得者退失若欲得勝道除睡疑放逸精進策諸念離惡功德集釋論云眠爲大闇無所見日日欺誑奪人明亦如臨陣白刃間如共毒蛇同室居如人被縛將去殺爾時云何安可眠眠之妨禪其過最重是爲睡眠蓋相掉悔者若覺觀偏起屬前蓋攝今覺觀等起偏緣諸法乍緣貪欲又想瞋恚及以邪癡炎炎不停卓卓無住乍起乍伏種種紛紜身無趣遊行口無益談笑是名爲掉掉而無悔則不成蓋以其掉故心地思惟謹慎不即云何乃作無益之事實爲可恥心中憂悔懊結繞心則成悔蓋蓋覆禪定不得

開發若人懺悔改往自責其心而生憂悔若入禪定知過而已不應想著非但悔故而得免脫當修禪定清淨之法那得將悔縈心妨於大事故云悔已莫復憂不應常念著不應作而作應作而不作即是此意是名掉悔蓋相也疑蓋者此非見諦障理之疑乃是障定疑也疑有三種一疑自二疑師三疑法一疑自者謂我身底下必非道器是故疑身疑師者此人身口不稱我懷何必能有深禪好慧師而事之將不悞我三疑法者所受之法何必中理三疑猶豫常在懷抱禪定不發設發永失此是疑蓋之相也五蓋病相如是棄法云何行者當自省察今我心中何病偏多若知病者應先治之若貪欲蓋重當用不淨觀棄之何以故向謂五欲爲淨愛著纏綿今觀不淨膿囊涕唾無一可欣猒惡心生如爲怨逐何有智者當樂是耶故知此觀治貪之藥此蓋若去心即得安若瞋恚蓋多當念慈心滅除恚火此火能燒二世功德人不喜見毒害殘暴禽獸無異生死怨對累劫不息即世微恨後成大怨今修慈心棄捨此惡觀一切人父母親想悉令得樂若不得樂我當勤心令得安樂云何於彼而生怨對作是觀時瞋心即息安心入禪若睡蓋多者當勤精進策勵身心加意防擬思惟法相分別選擇善惡之法勿令睡蓋得入又當選擇善惡之心今生法喜心既明淨睡蓋自除莫以睡眠因緣失二世樂徒生徒死無一可獲如入寶山空手而歸深可傷歎當好制心善巧防御也杖翹身申腳起星

水洗若掉散者應用數息何以故此蓋甚利來時不覺于久始知令用數息若數不成或時中忘即知已去覺已更數數數相成就則覺觀被伏若不治之終身被蓋若三疑在懷當作是念我身即是大富盲兒具足無上法身財寶煩惱所翳道眼未開要當修治終不放捨又無量劫來習因何定豈可自疑失時失利人身難得怖心難起莫以疑惑而自毀傷若疑師者我今無智上聖大人皆求其法不取其人雪山從鬼請偈天帝拜畜爲師大論云不以囊臭而棄其金慢如高山雨水不停卑如江海萬川歸集我以法故復應敬彼普超經云人人相見莫相平相智如如來乃能平人身子云我從今去不敢復言是人入生死是人入涅槃即此意也常起恭敬三世如來師即未來諸佛云何生疑耶若疑法者我法眼未開未別是非憑信而已佛法如海唯信能入法華云諸聲聞等非已智分以信故入我之盲瞑復不信受更何所歸長淪永溺不知出要和伽利云云優波笈多教弟子上樹云云若心信法法則染心猶豫狐疑事同覆器問曰五蓋悉障定不荅解者不同或云無知是正障何者禪是門戶詮次之法知無知相乘故疑眠蓋是也或言散動是正障何者定散相乘故掉悔蓋是也或言貪瞋是正障何者禪是柔輭善法剛柔相乘故貪瞋是也如是等各據不同今釋不然五蓋通是障而隨行者強弱若人貪欲蓋多此蓋是正障餘者是傍四蓋亦爾譬如四大通皆是病

未必俱發隨其動者正能殺人蓋亦應爾先治於強弱者自去禪定得發云云十住毗婆沙云若人放逸者諸蓋則覆心生天猶尚難何況於得果若人勤精進則能裂諸蓋諸蓋既裂已諸願悉皆得是名依事法棄蓋也問初禪發時五蓋畢竟盡不荅此當分別何者離三毒爲四分貪瞋癡偏發是三分不名爲等三分等起名爲等三毒偏起是覺觀而非多三分等起名覺觀多即是第四分也成論呼此爲刹那心刹那心既通緣三毒三毒等起故知刹那之心即是善惡成也阿毗曇明此刹那心起但是無明無記善惡未成何以故雖通緣三毒不正屬三毒既不正屬那得是善惡雖非是惡三毒因之而起呼此無記爲因等起而不名爲善惡此二論雖異同是明第四分也離此四分爲五蓋貪瞋兩分是兩蓋開癡分爲睡疑兩蓋等分爲掉悔蓋若廣開四分一分則有二萬一千煩惱四分合有八萬四千約於苦諦則是八萬四千法藏約於集諦則是八萬四千塵勞門約於道諦則是八萬四千三昧陀羅尼等約於滅諦則是八萬四千諸波羅蜜四分法相該深若此五蓋理應高廣阿毗曇那得判貪止欲界上地名愛上亦無瞋此義已爲成論所難若上地輕貪名愛亦應輕瞋名恚耶故知覆相抑異未是通方耳今釋五蓋望於四分通至佛地上棄五蓋相此是鈍使五蓋止障初禪初禪若發此蓋棄盡常途所論秖是此意利使五蓋障於眞諦如前所明空見之人計所執爲實

餘是妄語乖之則瞋順之則愛即貪瞋兩蓋也無明闇心謬有所執非明審知即睡眠蓋種種戲論見諍無益即掉悔蓋即雖無疑後方大疑何以故既執是實何所復疑後若被破心生疑惑此五覆心終不見諦呵棄此蓋蓋去道發證須陀洹從初果去取眞爲愛捨思爲瞋思惑未盡爲睡失脫妄念爲掉一非無學名疑故知五蓋障眞通至三果除此五蓋即是無學復次依空起蓋障俗諦理所以者何沈空取證以空爲是譬如貧人得少便爲足更不願好者保愛此空即貪蓋憎猒生死捨而不觀即瞋蓋無爲空寂不肯照假乃至不識五種之鹽名睡蓋空亂意衆生非其境界名掉悔蓋假智不明名疑蓋此蓋不棄道種智俗諦三昧終不現前此蓋若除法眼明朗復次依中起蓋障於中道所以者何菩薩貪求佛法如海吞流無有猒足生名愛法起順道貪此名貪蓋不喜二乘大樹折枝不宿怨鳥是名瞋蓋無明長遠設使上地猶有分在大論云處處說破無明三昧者初雖破後更須破無智慧明即睡蓋菩薩三業雖無失比佛猶有漏失名掉悔蓋初後理圓與實相相應此蓋若除眞如理顯開佛知見此五蓋去不局在初心地地皆有唯佛竟究八萬四千波羅蜜具足圓滿到於彼岸故地持云第九離一切見清淨淨禪若得此意蓋相則長非但欲界而已復次言語分別選逃階梯前鈍利兩蓋是凡

夫時所棄俗諦上蓋是二乘時所棄障中道蓋是
菩薩時所棄如此論蓋後不關初地攝二論師多
明此意異頭之法不關凡夫那可即事而修圓釋
不爾何以得知若爲上地人說應作法性佛現法性
國爲法性菩薩說之何意相輔現此三界爲欲度
此凡俗故論此妙法使其得修若言不爾爲誰施權
權何所引若得此意初心凡夫能於一念圓棄諸
蓋故大品云一切法趣欲事是趣不過欲事尚不可
得何況當有趣不趣釋曰趣即是有有能趣所趣
故即辨俗諦欲事不可得即是明空空中無能趣
所趣故即辨眞諦云何當有趣非趣即是辨中
道當知三諦秖在一欲事耳今更廣釋令義易解
云何一切法趣欲事是趣不過欲事爲法界故一切
法之根本如初起欲覺已具諸法心麤不知漸漸滑
利不能制御便習其事初試歇數習之則慣發
亘忘即便退戒還家求覓欲境覓不知足或偷或
刧或偪或貿如是等種種求欲而生罪過若得此
境大須供養或偷奪求財或殺生取適若其富貴
縱心造罪若其貧窮惡念亦廣欲罪既成適有此
有則有生死應徧受果隨在何道欲轉倍感受胎
之微形世世常增長十二因緣輪轉無際當知一切
法無不趣欲欲法界外更無別法當知一切五蓋如
上說者於初一念悉皆具足欲爲因緣生法其義
可見也云何欲法界空外五塵求不可得內意根
求不可得中間意識求不可得內外合求不可
得離內外求不可得過去欲緣求不可得現在欲

因求不可得未來欲果求不可得橫竪求之畢竟
寂靜欲即是空欲空故從欲所生一切法亦即是空
空亦不可得是爲觀空棄利鈍蓋也既識己心一
欲一切欲即識一切衆生亦復如是且置餘道直就人
道種種色像種種音聲種種心行種種依報各
各不同當知欲因種別無量一人因果已自無窮
何況多人一界如是況九法界一法如是何況
百法譬如對寇寇是動本能破寇故有大功
名得大富貴無量貪欲是如來種亦復如是能令
菩薩出生無量百千法門多薪火猛糞壤生華貪
欲是道此之謂也若斷貪欲住貪欲空何由生出一
切法門經云不斷五欲能淨諸根如是觀時俗諦五
蓋自然清淨雖能如此未見欲之實性實非空亦復
非假非假故豈有無量非空故豈有寂然空及假
名是二皆無無趣無非趣無趣者利鈍兩番五蓋
玄除無非趣一番五蓋除得識中道又一番除無
所斷破無所棄滅而四番五蓋一念圓除破二十五有
見欲實性名王三昧具一切法是名圓觀棄於圓
蓋如此法門名理即是作如此解名名字即是初
心此觀名觀行即是如上訶色即淨眼根訶聲
即淨耳根訶香即淨鼻根訶味即淨舌根訶
觸即淨身根棄五蓋即淨意根六根淨時名相似
即是三惑破三諦顯名分眞即是若能盡欲蓋邊
底名究竟即是圓棄欲蓋既爾棄餘蓋亦然第
四調五事者所謂調食調眠調身調息調心如前
所喻土水不調不任爲器五事不善不得入禪眠

食兩事就定外調之三事就入出住調之調食者增
病增眠增煩惱等食則不應食也安身愈疾
之物是所應食略而言之不飢不飽是食調相尼
揵經曰噉食太過體難迴動氣情懈怠所食難消
失二世利睡眠自受苦迷悶難醒寤調眠者眠是眼
食不可苦節增於心數損失功夫復不可恣上訶
蓋中一向除棄爲正入定郵故此中在散心時從容
四大故各有其意略而言之不節不恣是眠調相
三事合調者三事相依不得相離如初受胎一燸
二命三識燸是遺體之色命是氣息報風連持
識是一期心主託胎即有三事三事增長七日一變三
十八七日竟三事出生名嬰兒三事停住名壯年三
事衰微名爲老三事滅壞名爲死三事始終不得
相離須合調也初入定時調身令不寬不急調息
令不澁不滑調心令不沈不浮調麤入細住禪中隨
不調處覺當檢校調使安隱如調絃入弄後不成
曲即知絃軫差異覺而改之若欲出定從細至麤備
如次第禪門也若能調凡夫三事變爲聖人三法
色爲發戒之由息爲入定之門心爲生慧之因此
戒能捨惡趣凡鄙之身成辦聖人六度滿足法身
此息能變散動惡覺即成禪悅法喜因禪發慧
聖人以之爲命此心即能改生死心爲菩提心眞常
聖識始此三法合成聖胎始從初心終至後心唯此三
法不得相離云云觀心調五事者如前法喜禪悅爲
食也初觀眞諦所生定慧多爲入空消淨諸法此
是飢相法華云飢餓羸瘦體生瘡癬也第二觀

俗諦所生定慧多是扶俗假立諸法名爲飽相故
云歷劫修行恒沙佛法是二觀飢飽不調中道禪
悅法喜調和中適無二邊之偏是名不飢不飽云云調
眠者空觀未破無明無明與空合沈空保住眠相
則多出假分別伏無明眠相則少今中道觀從容
若斷無明一切善法則無生處魔勞之儔是如來種
不斷癡愛起諸明脫若滅無明無上佛道何由得
成經云無明轉即變爲明行於非道通達佛道無
明性明性無二無別豈可斷無明性更修明性耶不
住調伏不住不調伏即是理觀調眠也合調三事即
爲三番大經云六波羅蜜滿足之身調如此身令不
寬不急大品云樂說辯卒起是爲魔事不卒起亦
是魔事卒起者卒行六度是急卒放捨是寬不卒
不寬是身調相調息者以禪悅法喜慧命爲息如
大品云般若非利非鈍若鈍名爲澁若利即名滑不
鈍不利名息調相調心者菩提心難得是爲沈菩提
心易得名爲浮非難非易是爲調相次約三觀調
三事者以微妙善心爲菩提心如前明四種菩提心若
三藏通教爲斷結入空以真爲證此心爲沈若別教
化他出假分別藥病廣識法門發菩提心此心爲浮
若圓教觀實相理雙遮雙照非空故不沈非假故
不浮發如是心名爲調相調身者通教斷惑明六
度爲急別教出假分別爲寬中道不依二邊爲不
寬不急也調息者通教慧命入空爲滑別教入
假爲澁中道不依二邊爲不澁不滑復次約三觀
各各調者初觀止身息心爲急滑沈次觀身息心
爲寬澁浮若能中適即成方便得入真諦也第

二觀止身息心爲急滑沈觀身息心爲寬澁浮
能止觀中適則成方便發道種智見俗諦理云云中
道止身息心爲急滑沈觀身息心爲寬澁浮若能
中適止觀從容即成方便得入中道見實相理也
行者善調三事令託聖胎如即行心未有所屬應
當勤心和會方便智度父母託於聖胎豈可託地獄
三途人天之胎耶第五行五法者所謂欲精進念巧
慧一心前喻陶師衆事悉整而不肯作作不殷勤
不存作法作不巧便作不專一則事無成今亦如是
上二十法雖備若無樂欲希慕身心苦策念想方
便一心決志者止觀無由現前若能欣習無厭曉夜
匪懈念念相續善得其意一心無異此人能進前路
一心譬舩柁巧慧如點頭三種如篙櫓若少一事則不
安隱又如飛鳥以眼視以尾制以翅前無此五法事
禪尚難何況理定當知五法通爲小大事理而作方
便也成論用四支爲方便一心爲定體若然者四禪
皆有一心一心無異云何判四禪之別今不用此若纓
絡云五支皆方便第六默然爲定體四禪俱有默
然亦難分別若毗曇用五法爲方便五支皆爲定
體所以有四禪通別之異一心爲通體初支爲別體
故云覺觀俱禪乃至捨俱禪別支與一心同起得
簡一心有深淺異釋論同此說今亦用之論文解五
法者欲者欲從欲界到初禪精進者欲界難過若
不精進不能得出如叛還本國界首難度故論云
施戒忍世間常法如客主之禮法應供給見作惡
者赦給不敢爲罪或少力故而忍故不須精進今

欲生般若要因禪定必須大精進身心急著爾乃成
辦如佛說血肉脂髓皆使竭盡但令皮骨在不捨
精進乃得禪定智慧得是三事衆事皆辦是故
須大精進也念者常念初禪不念餘事慧者分別
初禪尊重可貴欲界欺誑可惡初禪爲攀上
勝妙出欲界爲厭下苦麤障因果合論則有十二
觀若依此言與外道六行同但外道專爲求禪今
佛弟子用邪相入正相無漏心修還成正法是爲
巧慧一心者修此法時一心專志更不餘緣決定一
心非是入定一心也復次欲者欲從生死而入涅槃
精進者不雜有漏名精一向專求名進念者但念
涅槃寂滅不念餘事巧慧者分別生死過患賢聖
所呵涅槃安樂聖所稱歎一心者決定怖畏修八聖
道直去不迴是爲方便而得入真復次欲者欲廣
化衆生成就佛法精進者雖衆生性多佛法長遠
誓無退悔念者悲心徹骨如母念子方便者巧知諸
病明識法藥逗會適宜一心者決定化他誓令度脫
心不異不二復次欲者如薩陀波崙欲聞般若不自
惜身命精進者爲聞般若故七日七夜閑林悲泣
七歲行立不坐不臥念者常念我何時當聞般若
更無餘念巧慧者雖有留難留難不能難如賣
身魔不能蔽隱水更能刺血轉魔事爲佛事即
巧慧一心者決志不移不復二念也復次重說欲者
欲從二邊正入中道不雜二邊爲精任運流入爲進
繫緣法界一念法界爲念修中觀方便名善巧息
於二邊心水澄清能知世間生滅法相不二其心清

淨常一能見般若也此二十五法通爲一切禪慧方便諸觀不同故方便亦轉譬如曲弄既別調弦亦別若細分別則有無量方便文繁不載可以意得今用此二十五法爲定外方便亦名遠方便因是調心豁然見理見理之時誰論內外豈有遠近大品云非內觀得是智慧非外觀非內外觀不離外觀不離內觀及內外觀亦不以無觀得是智慧今且約此明外方便也然不可定執而生是非若解此意沈浮得所內外俱成方便若不得意俱非方便也

第七正修止觀者前六重依脩多羅以開妙解今依妙解以立正行膏明相賴目足更資行解既勤三障四魔紛然競起重昏巨散翳動定明不可隨不可畏隨之將人向惡道畏之妨修正法當以觀觀昏即昏而朗以止止散即散而寂如豬揩金山衆流入海薪熾於火風益求羅耳此金剛觀割煩惱陣此牢強足越生死野慧淨於行行進於慧照潤導達交絡瑩飾一體二手更互揩摩非但開拓遮障內進己道又精通經論外啓未聞自匠匠他兼利具足人師國寶非此是誰而復學佛慈悲無諸慳悋說於心觀施於彼者即是開門傾藏捨如意珠此珠放光而復雨寶照闇豐乏朗夜濟窮馳二輪而致遠者兩翅以高飛玉潤碧鮮可勝言哉香城粉骨雪嶺投身亦何足以報德快馬見鞭影即著正路其癡鈍者毒氣深入失本心故既其不信則不入手無聞法鉤故聽不能解之智慧眼不別眞偽舉身痒癩動步不前不覺不知大罪聚人何勞爲說設歎世者敢下劣乘攀附枝葉狗狎作務敬獼猴爲帝釋宗瓦礫是明珠此黑闇人豈可論道又一種禪人不達他根性純教乳藥體心踏心和融覺覓若泯若了斯一轍之意障難萬途紛然不識纔見異相即判是道自非法器復闕匠他盲跛師徒二俱墮落瞽蹶夜遊甚可憐愍不應對上諸人說此止觀夫止觀者高尚者高尚卑劣者卑劣開止觀爲十一陰界入二煩惱三病患四業相五魔事六禪定七諸見八增上慢九二乘十菩薩此十境通能覆障陰在初者二義一現前二依經大品云聲聞人依四念處行道菩薩初觀色乃至一切種智章章皆爾故不違經又行人受身誰不陰入重擔現前是故初觀後發異相別爲次耳夫五陰與四大合若不照察不覺紛馳如閉舟順水寧知奔迸若其迴泝始覺馳流既觀陰果則動煩惱因故次五陰而論四分也四大是身病三毒是心病以其等故情中不覺今大分俱觀衝擊脈藏故四蛇偏起致有患生無量諸業不可稱計散善微弱不能令動今修止觀健病不虧動生死輪或善萌故動惡壞故動善示受報故動惡來責報故動故次病說業也以惡動故惡欲滅善動故善欲生魔遽出境作諸留難或壞其道故次業說魔若過魔事則功德生或過去習因或現在行力諸禪競起或味或淨或橫或竪故次魔說禪禪有觀支因生邪慧邈觀於法僻起諸倒邪辯猛利故次禪說見若識見爲非息其妄著貪瞋利鈍二俱不起無智者謂證涅槃小乘

亦有橫計四禪爲四果大乘亦有魔來與記並是未得謂得增上慢人故次見說慢見慢既靜先世小習因靜而生身子捨眼即其事也大品云恒沙菩薩發大心若一若二入菩薩位多墮二乘故次慢說二乘若憶本願故不墮空者諸方便道菩薩境界即起也大品云有菩薩不久行六波羅蜜若聞深法即起誹謗墮泥犂中此是六度菩薩耳通教方便位亦有謗義入眞道不謗也別教初心知有深法是則不謗此等悉是諸權善根故次二乘後說也此十種境始自凡夫正報終至聖人方便陰入一境常自現前若發不發恒得爲觀餘九境發可爲觀不發何所觀又八境去正道遠深加防護得歸正轍二境去正道近至此位時不慮無觀薄修即正又若不解諸境互發大起疑綱如在岐道不知所從先若聞之恣其變怪心安若空互發有十謂次第不次第雜不雜具不具作意不作意成不成益不益久不久難不難更不更三障四魔九雙七隻又次第者有三義謂法修發法者次第淺深法也修者先世已曾研習次第或此世次第修也發者依次修而次發也不次亦三義謂法修發發則不定或前發菩薩境後發陰入雖不次第十數宛足修者若四大違返則先修病患若四分增多則先修煩惱如是一一隨強者先修法者眼耳鼻舌陰入界等皆是寂靜門亦是法界何須捨此就彼出寶篋經云當知法界外更無復有法而爲次第也煩惱即法界如無行經云貪欲即是道淨名云行於非道通達佛道

佛道既通無復次第也病患是法界者淨名云今我病者非眞非有衆生病亦非眞非有以此自調亦度衆生方丈託疾雙林病行即其義也業相爲法界者業是行陰法華云深達罪福相徧照於十方微妙淨法身具相三十二達業從緣生不自在故空此業能破業若衆生應以此業得度示現諸業以此業示業業與不業縛脱叵得普門示現雙照縛脱故名深達何啻堪爲方等師耶魔事爲法界者首楞嚴云魔界如佛界如一如無二如實際中尚不見佛況見有魔耶設有魔者良藥塗瘡堪任乘御云云禪爲法界者能觀心性名爲上定即首楞嚴不昧不亂入王三昧一切三昧悉入其中見爲法界者淨名云以邪相入正相於諸見不動而修三十七品又動修不動修亦動亦不動修非動非不動修三十七品以見爲門以見爲侍慢爲法界者還是煩惱耳觀慢無慢慢大慢非慢非不慢成祕密藏入大涅槃二乘爲法界者若但見於空不見不空云云智者見空及與不空決了聲聞法是諸經之王聞已諦思惟得近無上道菩薩境爲法界者底惡生死下劣小乘尚即是法界況菩薩法寧非佛道又菩薩方便之權即權而實亦即非權非實成祕密藏入大涅槃是二法皆即法界是爲不次第法相也雜不雜者發一境已更發一境歷歷分明是爲不雜適發陰入復起煩惱煩惱未謝復業復魔禪見慢等交橫並沓是爲雜發雖雜不出十種具不具者十數足名具九去名不具次不次雜不雜皆論具不具又摠具摠不具別具別不具十數足是摠具十數不委悉是摠不具九數委悉是別不具九數中委悉是別具又横具横不具竪具竪不具例如發四禪至非想是竪具至不用處是竪不具發通明背捨等是横具止發七背捨是横不具又發初禪至四禪是竪具三禪來是竪不具又初禪九品是竪具八品來是竪不具又一品五支足是横具四支已來是横不具其餘例此可知云云修不修者作意修陰界入界入開解是修發不作意陰界入自發通達色心是不修發乃至菩薩境亦如是應有四句爲根本句句織成三十六句例如下煩惱境中說成不成者若發一境究竟成就成就已謝更發餘境餘境亦究竟成若發一種乍起乍滅非但品數缺少於分分中亦曖昧不明前具不具止明頭數此中論體分始終益不益者或發惡法於止觀巨益明靜轉深或發善法於止觀大損損其靜照或增靜損照或損靜增照俱增俱損難發不難發者或惡法難易或善法難易俱難俱易久不久者自有一境久久不去或有一境即起即去云云更不更者自有一境更兩更乃至多多自有一境一發即休後不復發如是等種種不同善識其意莫謬去取然皆以止觀研之使無滯也三障四魔者普賢觀云閻浮提人三障重故陰入病患是報障煩惱見慢是煩惱障業魔禪二乘菩薩是業障障止觀不明靜塞菩提道令行人不得通至五品六根清淨位故名爲障四魔者陰入正是陰魔業禪二乘菩薩等是行陰名爲陰魔煩惱見慢等是煩惱魔病患是死因名死魔魔事是天子魔魔名奪者破觀名奪命破止名奪身又魔名磨訛磨觀訛令黑闇磨止訛令散逸故名爲魔云云問何意互發答皆由三世因緣昔有漸觀種子今得修行之兩即次第發昔有頓觀種子即不次第發昔有不定種子即雜發昔修時數具即具發昔修時數不具即不具發昔曾證得今發則成昔但修不證今發不成昔因強今大修而發今緣強待修而發昔因今緣二俱善巧迴向上道今發則益昔因緣中雜毒是則致損發所因處弱則不久發因處強是則久麤細住乃至四禪傳傳判強弱云云善易發關遮輕善難發由遮重惡難發由根利惡易發由根鈍惡欲滅而告謝善欲生而相知則一而不更善欲滅而求救惡欲興而求受則更更更更此中皆須口決用智慧籌量不得師心謬判是非爾其慎之勤之重之私料簡者法若塵沙境何定十答譬如大地一能生種種芽數方不廣略令義易明了故言十耳問十境通別云何答受身之始無不有身諸經說觀多從色起故以陰爲初耳以陰本陰因陰患陰主善陰又陰因別陰等云云通言煩惱者見慢同煩惱陰入病是煩惱果業是煩惱因禪是無動業業即煩惱用魔即統欲界即煩惱主二乘菩薩即別煩惱攝云云通稱病患者陰界入即病本煩惱見慢等即是煩惱病淨名云今我病者皆從前世妄想諸煩惱生業亦是病大經云王

今病重即指五逆爲病也魔能作病三災爲外過患喘息喜樂是内過患禪有喜樂即病患也二乘菩薩即是空病空病亦空通稱業者陰入是業果煩惱見慢是業本病是業報魔是魔業禪是無動業二乘菩薩是無漏業通稱魔者陰入即陰魔煩惱見慢即煩惱魔病是死魔魔即天子魔餘者皆是行陰魔攝通稱禪定者禪自是其境陰入煩惱見慢業等悉是十大地中心數定攝魔是未到地定果亦是心數定攝二乘菩薩淨禪攝又三定攝之上定攝菩薩二乘中下二定攝八境六入通稱見者陰入即我見衆生見煩惱具五見病壽者命者見業禪等作者見亦是戒取見魔是使作者使受者使起等攝又生死即邊見攝慢即我見攝二乘方便菩薩等皆曹見攝通稱慢者陰入我慢攝煩惱即慢慢攝病患不如慢攝業即憍慢攝由憍故造業魔即大慢攝禪即憍慢攝見亦大慢攝二乘菩薩增上慢攝通稱二乘者四念處四諦法攝九境也通稱菩薩境者以四弘誓攝得九境問境法名俱通者行人亦通不答大經云云何未發心而名爲菩薩前九境人亦通稱菩薩人也通是二乘則有四種聲聞增上慢聲聞攝得下八境人也佛道聲聞攝得菩薩人也問通是無常不答寶性論云菩薩住無漏界中有無常倒問通是有漏不答漏義則通有義小異問通是偏眞不答偏義則通眞義異問通義可領別復云何答十境不同即別義也復有亦通亦別

陰是受身之本又是觀慧之初所以別當其首此一境亦通亦別後九境從發異相受名但得是通是別不得是亦通亦別也若爾煩惱亦是諸法之本元爲治惑亦是觀初病身四大亦是事本元爲治病亦是觀初何意不得亦通亦別答若身因煩惱屬前世若今世煩惱由身而有病不恒起爲本事弱諸經論不以病爲觀首故不亦通亦別耳非通非別者皆不思議一陰一切陰非一非一切問九境相起更立別名者陰入解起應立別名答陰解起時非條然別還是陰入攝若執此解即屬見若約解起愛恚屬煩惱招病來魔隨事別判若解發朗然無九境相者此則止觀氣分但得通別不得亦通亦別耳問七境條然別不答四念處是陰別觀空聚是入別無我是界別五停心煩惱別八念病別十善業別五繫魔別六妙門禪別道品見別無常苦空慢別四諦十二緣二乘別六度菩薩別問五陰俱是境色心外別有觀耶答不思議境智即陰是觀亦可分別不善無記陰是境善五陰是觀既純熟無惡無無記唯有善陰善陰轉成方便陰方便陰轉成無漏陰無漏陰轉成法性陰謂無等等等陰豈非陰外別有觀耶小乘尚爾況不思議耶問若轉陰爲觀報陰亦應轉答大品云色淨故受想行識淨般若亦淨法華云顔色鮮白六根清淨即其義也陰雖轉觀境宛然云云問十境與五分云何答五分判禪十發約境今當會之若次不次一發至後則進分也齊九已來住分也作意矜持護分

也一發即失退分也達分可知若於境境皆作五分者可以意推不俟分別然五分十境皆是法相可得互有其義六即十地行位淺深不得相類問念性離緣性亦離若無緣無念亦無數量云何具十云界耶答不可思議無相而相觀智宛然他解須彌容芥芥容須彌火出蓮花人能渡海就希有事解不思議今解無心無念無能行無能到不思議理理則勝事問十法界互相有爲因爲果答俱相有而果隔難顯因通易知如慈童女以地獄界發佛心如未得記菩薩輕得記者若不生悔無出罪期更引諸例凡聖皆具五陰不可言聖陰如凡陰又佛具五眼豈可以人天果報釋佛眼佛具五行病行是四惡界嬰兒行是人天界聖行是二乘法界梵行是菩薩法界天行是佛法界問一念具十法界爲作念具爲任運具答法性自爾非作所成如一微塵具十方分云云第一觀陰入界境者謂五陰十二入十八界也陰者陰蓋善法此就因得名又陰是積聚生死重沓此就果得名入者涉入亦名輸門界名界別亦名性分毗婆沙明三科開合若迷心開心爲四陰色爲一陰若迷色開色爲十入及一入少分心爲一意入及法入少分若俱迷者開爲十八界也數人說五陰同時識是心王四陰是數約有門明義故王數相扶同時而起論人說識先了別次受領納想取相貌行起違從色由行感約空門明義故次第相生若就能生所生從細至麤故識在前若從修行從麤至細故色在前皆不得以數隔王

若論四念處則王在中此就言說爲便耳又分別九種一期色心名果報五陰平平想受無記五陰起見起愛者兩汙穢五陰動身口業善惡兩五陰變化示現工巧五陰五善根人方便五陰證四果者無漏五陰如是種種源從心出正法念云如畫師手畫出五彩黑青赤黃白白畫手譬心黑色譬地獄陰青色譬鬼赤譬畜黃譬脩羅白譬人白白譬天此六種陰止齊界內若依華嚴云心如工畫師畫種種五陰界內界外一切世間中莫不從心造世間色心尚叵窮盡況復出世寧可凡心知凡眼翳尚不見近那得見遠彌生曠劫不覩界內一隅況復界外邊表如渴鹿逐炎狂狗齧雷何有得理縱令解悟小乘終非大道故大集云常見之人說異念斷斷見之人說一念斷皆墮二邊不會中道況佛去世後人根轉鈍執名起諍互相是非悉墮邪見故龍樹破五陰一異同時前後皆如炎幻響化悉不可得寧更執於王數同時異時耶然界內外一切陰入皆由心起佛告比丘一法攝一切法所謂心是論云一切世間中但有名與色若欲如實觀但當觀名色心是惑本其義如是若欲觀察須伐其根如炙病得穴今當去丈就尺去尺就寸置色等四陰但觀識陰識陰者心是也觀心具十法門一觀不可思議境二起慈悲心三巧安止觀四破法徧五識通塞六修道品七對治助開八知次位九能安忍十無法愛也既自達妙境即起誓悲他次作行填願願行既巧破無不徧徧破之中精識通塞令道品進行又用助開道進中之位

已他皆識安忍內外榮辱莫著中道法愛故得疾入菩薩位譬如𥅱首羯磨造得勝堂不踈不密間隙容縱巍巍昂昂峙於上天非拙匠所能揆則又如善畫圖其匡郭寫像偪真骨法精靈生氣飛動豈填彩人所能點綴此十重觀法橫竪收束微妙精巧初則簡境真僞中則正助相添後則安忍無著意圓法巧該括周備規矩初心將送行者到彼薩雲非闇證禪師誦文法師所能知也蓋由如來積劫之所勤求道場之所妙悟身子之所三請法譬之所三說正在茲乎一觀心是不可思議境者此境難說先明思議境令不思議境易顯思議法者小乘亦說心生一切法謂六道因果三界輪環若去凡欣聖則棄下上出灰身滅智乃是有作四諦蓋思議法也大乘亦明心生一切法謂十法界也若觀心是有有善有惡惡則三品三途因果也善則三品脩羅人天因果觀此六品無常生滅能觀之心亦念念不住又能觀所觀悉是緣生緣生即空並是二乘因果法也若觀此空有墮落二邊沈空滯有而起大慈悲入假化物實無身假作身實無空假說空而化導之即菩薩因果法也觀此法能度所度皆是中道實相之法畢竟清淨誰善誰惡誰有誰無誰度誰不度一切法悉如是是佛因果法也此之十法邐迤淺深皆從心出雖是大乘無量四諦所攝猶是思議之境非今止觀所觀也不可思議境者如華嚴云心如工畫師造種種五陰一切世間中莫不從心造種種五陰者如前十法界五

陰也法界者三義十數是能依法界是所依能所合稱故言十法界又此十法各各因各各果不相混濫故言十法界又此十法一一當體皆是法界故言十法界云云十法界通稱陰入界其實不同三途是有漏惡陰界入三善是有漏善陰界入二乘是無漏陰界入菩薩是亦有漏亦無漏陰界入佛是非有漏非無漏陰界入釋論云法無上者涅槃是即非有漏非無漏法也無量義經云佛無諸大陰界入者無前大陰界入也今言有者有涅槃常住陰界入也大經云因滅無常色獲得常色受想行識亦復如是常樂重沓即積聚義慈悲覆蓋即陰義以十種陰界不同故故名五陰世間也攬五陰通稱衆生衆生不同攬三途陰罪苦衆生攬人天陰受樂衆生攬無漏陰真聖衆生攬慈悲陰大士衆生攬常住陰尊極衆生大論云衆生無上者佛是豈與凡下同大經云歌羅邏時名字異乃至老時名字異芽時名字異乃至果時名字亦異直約一期十時差別況十界衆生寧得不異故名衆生世間也十種所居通稱國土世間者地獄依赤鐵住畜生依地水空住脩羅依海畔海底住人依地住天依宮殿住六度菩薩同人依地住通教菩薩惑未盡同人天依住斷惑盡者依方便土住別圓菩薩惑未盡者同人天方便等住斷惑盡者依實報土住如來依常寂光土住仁王經云三賢十聖住果報唯佛一人居淨土土土不同故名國土世間也此三十種世間悉從心造又十種五陰一一各具十法謂如是相性體力作因緣

果報本末究竟等先總釋後隨類釋總釋者夫相以據外覽而可別釋論云易知故名爲相如水火相異則易可知如人面色具諸休否覽外相即知其内昔孫劉相顯曹公相隱相者舉聲大哭四海三分百姓荼毒若言有相闇者不知若言無相占者洞解當隨善相者信人面外具一切相也心亦如是具一切相衆生相隱彌勒相顯如來善知故遠近皆記不善觀者不信心具一切相當隨如實觀者信心具一切相也如是性者性以據内總有三義一不改名性無行經稱不動性性即不改義也又性名性分種類之義分分不同各各不可改又性是實性實性即理性極實無過即佛性異名耳不動性扶空種性扶假實性扶中今明内性不可改如竹中火性雖不可見不得言無燧人乾草徧燒一切心亦如是具一切五陰性雖不可見不得言無以智眼觀具一切性世間人可笑以其偏閉判圓經涅槃明佛知衆生有佛性判爲極常法華明佛知一切法如是性判爲無常豈可以少知爲常多知爲無常又法華云佛知一切法皆是一種一性此語亦少何故判爲無常又有師判法華十如前五如屬凡是權後五屬聖爲實依汝所判則凡無實永不得成聖聖無權非正徧知此乃專輒之説誣佛慢凡耳又涅槃明一切衆生悉有佛性而言是常淨名云一切衆生即菩提相判是無常若佛性菩提相異者可常一無常若不異者此判大謬如占者見王相王性俱得登極佛性菩提相何故不同如是體

者主質故名體此十法界陰俱用色心爲體質也如是力者堪任力用也如王力士千萬技能病故謂無病差有用心亦如是具有諸力煩惱病故不能運動如實觀之具一切力如是作者運爲建立名作若離心者更無所作故知心具一切作也如是因者招果爲因亦名爲業十法界業起自於心但使有心諸業具足故名如是因也如是緣者緣名緣由助業皆是緣義無明愛等能潤於業即心爲緣也如是果者剋獲爲果習因習續於前習果剋獲於後故言如是果也如是報者酬因曰報習因習果通名爲因牽後世報此報酬於因也如是本末究竟等者相爲本報爲末本末悉從緣生緣生故空本末皆空此就空爲等也又相但有字報亦但有字悉假施設此就假名爲等又本末互相表幟覽初相表後報覩後報知本相如見施知富見富知施初後相在此就假論等也又相無相無相而相非相非無相報無報無報而報非報非無報一一皆入如實之際此就中論等也三類解者束十法爲四類三途以表苦爲相定惡聚爲性摧折色心爲體登刀入鑊爲力起十不善爲作有漏惡業爲因愛取等爲緣惡習果爲果三惡趣爲報本末皆癡爲等三善表樂爲相定善聚爲性升出色心爲體樂受爲力起五戒十善爲作白業爲因善愛取爲緣善習果爲果人天有爲報應就假名初後相在爲等也二乘表涅槃爲相解脫爲性五分爲體無繫爲力道品爲作無漏慧

行爲因行行爲緣四果爲果既後有田中不生故無報云云菩薩佛類者緣因爲相了因爲性正因爲體四弘爲力六度萬行爲作智慧莊嚴爲因福德莊嚴爲緣三菩提爲果大涅槃爲報云云因緣有逆順順生死者有漏業爲因愛取等爲緣逆生死者以無漏正慧爲因行行爲緣俱損生破惑順界外生死亦以無漏慧爲因無明等爲緣若逆生死即以中道慧爲因萬行爲緣俱損變易生死故因緣既爾餘者逆順準此可知若依聲聞但九無十若依大乘三佛義佛有報身若依斷惑盡義則無後報九之與十斟酌可解衆生世間既是假名無體分別攬實法假施設耳所謂惡道衆生相性體力究竟等云云善道衆生相性體力究竟等無漏衆生相性體力究竟等菩薩佛法界相性體力究竟等準例皆可解國土世間亦具十種法所謂惡國土相性體力等云云善國土無漏國土佛菩薩國土相性體力云云夫一心具十法界一法界又具十法界百法界一界具三十種世間百法界即具三千種世間此三千在一念心若無心而已介爾有心即具三千亦不言一心在前一切法在後亦不言一切法在前一心在後例如八相遷物物在相前物不被遷相在物前亦不被遷前亦不可後亦不可祇物論相遷祇相遷論物今心亦如是若從一心生一切法者此則是縱若心一時含一切法者此即是橫縱亦不可橫亦不可祇心是一切法一切法是心故非縱非橫非一非異玄妙深絶非識所識非言所言所以

稱爲不可思議境意在於此云云問心起必託緣爲心具三千法爲緣具爲共具爲離具若心具者心起不用緣若緣具者緣具不關心若共具者未共各無共時安有若離具者既離心離緣那忽心具四句尚不可得云何具三千法耶答地人云一切解惑眞妄依持法性法性持眞妄眞妄依法性也攝大乘云法性不爲惑所染不爲眞所淨故法性非依持言依持者阿黎耶是也無沒無明盛持一切種子若從地師則心具一切法若從攝師則緣具一切法此兩師各據一邊若法性生一切法者法性非心非緣非心故而心生一切法者非緣故亦應緣生一切法何得獨言法性是眞妄依持耶若言法性非依持黎耶是依持離法性外別有黎耶依持則不關法性若法性不離黎耶黎耶依持即是法性依持何得獨言黎耶是依持又違經經言非內非外亦非中間亦不常自有又違龍樹龍樹云諸法不自生亦不從他生不共不無因更就譬撿爲當依心故有夢依眠故有夢眠法合心故有夢離心離眠故有夢若依心有夢者不眠應有夢若依眠有夢者死人如眠應有夢若眠心兩合而有夢者眠人那有不夢時又眠心各有夢合可有夢各既無夢合不應有若離心離眠而有夢者虛空離二應常有夢四句求夢尚不得云何於眠夢見一切事心喻法性夢喻黎耶云何偏據法性黎耶生一切法當知四句求心不可得求三千法亦不可得既橫從四句生三千法不可得者應從一念心滅生三

千法耶心滅尚不能生一法云何能生三千法耶若從心亦滅亦不滅生三千法者亦滅亦不滅其性相違猶如水火二俱不立云何能生三千法耶若謂心非滅非不滅生三千法者非滅非不滅非能非所云何能所生三千法耶亦縱亦橫求三千法不可得非縱非橫求三千法亦不可得言語道斷心行處滅故名不可思議境大經云生生不可說生不生不可說不生生不可說不生不生不可說即此義也當知第一義中一法不可得況三千法世諦中一心尚具無量法況三千耶如佛告德女無明內有不不也外有不不也內外有不不也非內非外有不不也佛言如是有龍樹云不自不他不共不無因生大經生生不可說乃至不生不生不可說有因緣故亦可得說謂四悉檀因緣也雖四句冥寂慈悲憐愍於無名相中假名相說或作世界說心具一切法聞者歡喜如言三界無別法唯是一心造即其文也或說緣生一切法聞者歡喜如言五欲令人墮惡道善知識者是大因緣所謂化導令得見佛即其文也或言因緣共生一切法聞者歡喜如言水銀和眞金能塗諸色像即其文也或言離生一切法聞者歡喜如言十二因緣非佛作非天人脩羅作其性自爾即其文也此四句即世界悉檀說心生三千一切法也云何爲人悉檀如言佛法如海唯信能入信則道源功德母一切善法由之生汝但發三菩提心是則出家禁戒具足聞者生信即其文也或說緣生一切法如言若不值佛當於無量劫墮

地獄苦以見佛故得無根信如從伊蘭出生旃檀聞者生信或說合生一切法如言心水澄清珠相自現慈善根力見如此事聞者生信即其文也或說離生一切法如言非內觀得是智慧乃至非內外觀得是智慧若有佳著先尼梵志小信尚不可得況捨耶入正聞者生信即其文也是爲爲人悉檀四句說心生三千一切法也云何對治悉檀說心治一切惡如言得一心者萬邪滅矣即其文也或說緣治一切惡如說得聞無上大慧明心定如地不可動即其文也或說因緣和合治一切惡如言一分從思生一分從師得即其文也或說離治一切惡我坐道場時不得一切法空拳誑小兒誘度於一切即其文也是爲對治悉檀心破一切惡云何第一義悉檀心得見理如言心開意解豁然得道或說緣能見理如言須臾聞之即得究竟三菩提或說因緣和合得道如快馬見鞭影即得正路或說離能見理如言無所得即是得已是得無所得是名第一義四句見理何況心生三千法耶佛旨盡淨不在因緣共離即世諦是第一義也又四句俱皆可說說因亦是緣亦是共亦是離亦是若爲盲人說乳若貝若粖若雪若鶴盲聞諸說即得解乳即世諦是第一義諦當知終日說終日不說終日不說終日說終日雙遮終日雙照即破即立即立即破經論皆爾天親龍樹內鑒泠然外適時宜各權所據而人師偏解學者苟執遂興矢石各保一邊大乖聖道也若得此意俱不可說俱可說若隨便宜者應言無明法法性生一切法如

眠法法心則有一切夢事心與緣合則三種世間三
千相性皆從心起一性雖少而不無無明雖多而不
有何者指一爲多多非多指多爲一一非少故名此心
爲不思議境也若解一心一切心一切心一心非一非一切
一陰一切陰一切陰一陰非一非一切一入一切入一切入一入非
一非一切一界一切界一切界一界非一非一切一衆生一切
衆生一切衆生一衆生非一非一切一國土一切國土一切
國土一國土非一非一切一相一切相一切相一相非一非一切
乃至一究竟一切究竟一切究竟一究竟非一非一切徧
歷一切皆是不可思議境若法性無明合有一切法
陰界入等即是俗諦一切界入是一法界即是眞諦
非一非一切即是中道第一義諦如是徧歷一切法無
非不思議三諦云云若一法一切法即是因緣所生法是
爲假名假觀也若一切法即一法我說即是空空觀
也若非一非一切者即是中道觀一空一切空無假中
而不空揔空觀也一假一切假無空中而不假揔假
觀也一中一切中無空假而不中揔中觀也即中論
所說不可思議一心三觀歷一切法亦如是若因緣所
生一切法者即方便隨情道種權智若一切法一法我
說即是空即隨智一切智若非一非一切亦名中道
義者即非權非實一切種智例上一權一切權一實一
切實一切非權非實徧歷一切是不思議三智也若
隨情即隨他意語若隨智即隨自意語若非
權非實即非自非他意語徧歷一切法無非漸頓
不定不思議教門也若解頓即解心心尚不可得
云何當有趣非趣若解漸即解一切法趣心若解不
定即解是趣不過此等名異義同軌則行人呼
爲三法所照爲三諦所發爲三觀觀成爲三智
教他呼爲三語歸宗呼爲三趣得斯意類一切皆
成法門種種味勿嫌煩云云如如意珠天上勝寶狀如
芥粟有大功能淨妙五欲七寶琳琅非內畜非外
入不謀前後不擇多少不作麤妙稱意豐儉降
雨穰穰不添不盡蓋是色法尚能如此況心神靈
妙寧不具一切法耶又三毒惑心一念心起尚復身邊
利鈍八十八使乃至八萬四千煩惱若言先有那忽待
緣若言本無緣對即應不有不無定有即邪定
無即妄當知有而不有不有而有惑心尚爾況不
思議一心耶又如眠夢見百千萬事豁寤無一況復
百千未眠不夢不覺不多不一眠力故謂多覺力
故謂少莊周夢爲蝴蝶翾翔百年寤知非蝶亦非
積歲無明法法性一心一切心如彼昏眠達無明即法
性一切心一心如彼醒寤云云又行安樂行人一眠夢初發心
乃至作佛坐道場轉法輪度衆生入涅槃豁寤秖
是一夢事若信三喩則信一心非口所宣非情所測
此不思議境何法不收此境發智何智不發依此
境發誓乃至無法愛何誓不具何行不滿足耶說
時如上次第行時一心中具一切心云云三發眞正菩提心
者既深識不思議境知一苦一切苦自悲昔苦起惑
耽湎麤弊色聲縱身口意作不善業輪環惡趣
縈諸熱惱身苦心苦而自毀傷而今還以愛繭自
纏癡燈所害百千萬劫一何痛哉設使欲捨三途欣
五戒十善相心修福如市易博換翻更益罪似魚入
笱口蛾赴燈中狂計邪黠逾迷逾遠渴更飲鹹
龍須縛身入水轉痛牛皮繫體向日彌堅盲人
棘林溺墮洄復把刃抱炬痛那可言虎尾蛇頭悚
焉悼慄自惟若此悲他亦然假令隘路叛出怨國
備歷辛苦絕而復穌往至貧里傭賃一日止宿草
庵不肯前進樂爲鄙事不信不識可悲可怪思
惟彼我鯁痛自他即起大悲興兩誓願衆生無邊
誓願度煩惱無數誓願斷衆生雖如虛空誓度
如空之衆生雖知煩惱無所有誓斷無所有之煩
惱雖知衆生數甚多而度甚多之衆生雖知煩
惱無邊底而斷無底之煩惱雖知衆生如如佛如
而度如佛如之衆生雖知煩惱如實相而斷如實相
之煩惱何者若但拔苦因不拔苦果此誓雜毒故
須觀空若偏觀空則不見衆生可度是名著空者
諸佛所不化若偏見衆生可度即墮愛見大悲
非解脫道云云今則非毒非僞故名爲眞非空邊非
有邊故名爲正如鳥飛空終不住空雖不住空跡不
可尋雖空而度雖度而空是故名誓與虛空共
鬭故名眞正發菩提心即此意也又識不可思議心
一樂心一切樂心我及衆生昔雖求樂不知樂因如執
瓦礫謂如意珠妄指螢光呼爲日月今方始解故
起大慈興兩誓願謂法門無量誓願知無上佛道
誓願成雖知法門永寂如空誓願修行永寂雖知
菩提無所有無所有中吾故求之雖知法門如空
無所有誓願畫繢莊嚴虛空雖知佛道非成所
成如虛空中種樹使得花得果雖知法門及佛果

非修非不修而修非證非得以無所證得而證而得是名非偽非毒名為眞非空非見愛名為正一如此慈悲搚願與不可思議境智非前非後同時俱起慈悲心即智慧智慧即慈悲無緣無念普覆一切任運拔苦自然與樂不同毒害不同但空不同愛見是名眞正發心菩提義自悲已悲衆生義皆如上說觀心可解

摩訶止觀卷第四

扼既不得進又不可退當殉命奉道薦敫肌骨譬巧安心方便迴轉令得相應成觀行位也安心爲兩一教他二自行教他又爲兩一聖師二凡師聖師有慧眼力明於法藥有法眼力識於病障有化道力應病授藥令得服行如鶖子多知弟子應以信悟令上樹應以食悟令服乳酪應以呵責悟化爲女像一一開曉無有毫差不待時不過時言發即悟佛去世後如是之師甚爲難得盲龜何由上值浮孔縈芥豈得下貫針鋒難難二者凡師雖無三力亦得施化譬如良醫精別藥病解色解聲解脈逗藥即差有命盡者亦不能起死若不解脈醫問病相依語作方亦挑脫得差身子聖德亦復差機凡夫具縛稱病導師令不論聖師正說凡師教他安心也他有二種一信行二法行薩婆多明此二人位在見道因聞入者是爲信行因思入者是爲法行曇無德云位在方便自見法少憑聞力多後時要須聞法得悟名爲信行憑聞力少自見法多後時要須思惟得悟名爲法行若見道中無相心利一發即眞那得判信法之別然數據行成論據根性各有所以不得相非今師遠討源由久劫聽學久劫坐禪得爲信法種子世世熏習則成根性各於聞思開悟耳若論根利鈍者法行利內自觀法故信行鈍藉他聞故又信行利一聞即悟故法行鈍歷法觀察故或俱利俱鈍信行人聞慧利修慧鈍法行人修慧利聞慧鈍已說前人根性利鈍竟云何安心師應問言汝於定慧爲志何等其人若

言我聞佛說善知識者如月形光漸漸圓著又如梯凳漸漸增高巧說轉人心得道全因緣志欣渴飲如犢逐母當知是則信行人也若言我聞佛說明鏡體若不動色像分明淨水無波魚石自現欣捨惡覺如棄重檐當知是則法行人也既知根性於一人所八番安心咄善男子無量劫來飲狂散毒馳逐五塵升沈三界猶如猛風吹兜羅毦大熱沸鑊煮豆升沈從苦至惱從惱至苦何不息心達本以其意意若一者何事不辦苦集得一則不輪迴無明得一不至於行乃至不至老死摧折大樹畢故不造新六蔽得一則度彼岸唯此爲快善巧方便種種因緣種種譬喻廣讚於止發悅其情是名隨樂欲以止安心也又善男子如天亢旱河池悉乾萬卉焦枯百穀零落娑伽羅龍王七日構雲四方注雨大地沾洽一切種子皆萌芽一切根株皆開發一切枝葉皆蔚茂一切花果皆敷榮人亦如是以散逸故應生善不復生已生善還退失禪定何乾道品樹賊萬善焦枯百福殘悴因花道果不復成熟若能閑林一意內不出外不入靜雲興也發諸禪定即是降雨也功德叢林燸頂方便眼智明覺信忍順忍無生寂滅乃至無上菩提悉皆克獲善巧方便種種緣喻廣讚於止生其善根是名隨便宜以止安心也又善男子夫散心者惡中之惡如無鉤醉象踏壞花池穴鼻駱駝翻倒負馱疾於掣電毒逾蛇舌重沓五翳埃霧曜靈睫近霄遠俱皆見若能修定如密室中燈能破巨闇金錍決膜

空色朗然一指二指三指皆了大雨能淹嚻塵大定能靜狂逸止能破散虛妄滅失善巧方便種種緣喻廣讃於止破其睡散是名對治以止安心也又善男子心若在定能知世間生滅法相亦知出世不生不滅法相如來成道猶尚樂定況諸凡夫有禪定者如夜見電光即得見道破無數億洞然之惡乃至得成一切種智善巧方便種種緣喻廣讃於止即會真如是名隨第一義以止安心也其人若言我聞寂滅都不入懷若聞分別聽受無厭即應為說三惡燒然駝驢重楚餓鬼飢渴不名為苦癡闇無聞不識方隅乃是大苦多聞分別樂見法法喜樂以善攻惡樂無著阿羅漢是名為最樂從多聞入聞甘露樂如教觀察知道非道遠離坑坎直去不迴善巧方便種種緣喻廣讃於觀發悅其情是名隨樂欲以觀安心又善男子月開蓮華日興作務商應隨主彩畫須膠坯不遇火無須臾用盲不得導一步不前行無觀智亦復如是一切種智以觀為根本無量功德之所莊嚴善巧方便種種緣喻廣讃於觀生其功德是名隨便宜以觀安心又善男子智者識怨怨不能害武將有謀能破強敵非風何以卷雲非雲何以遮熱非水何以滅火非火何以除闇析薪之斧解縛之刀豈過智慧善巧方便種種緣喻廣讃於觀使其破惡是名對治以觀安心又善男子井中七寶闇室瓶盆要待日明日既出已皆得明了須智慧眼觀知諸法實相一切諸法中皆以等觀入般若波羅蜜最為照明善巧

方便種種緣喻廣讃於觀令得悟解是名第一義以觀安心如是八番為信行人說安心也其人若云我樂息心默已復默損之又損之遂至於無為不樂分別坐馳無益此則法行根性當為說止汝多外尋但內守一攀覺流動皆從妄生如旋火輪轂手則息洪波鼓怒風靜則澄淨名云何謂攀緣謂緣三界何謂息攀緣謂心無所得瑞應云其得一心者則萬邪滅矣龍樹云實法不顛倒念想觀已除言語法皆滅無量衆罪除清淨心常一如是尊妙人則能見般若大山中幽寂神仙所讃況涅槃澄淨賢聖尊崇佛話經云比丘在聚身口精勤諸佛感憂比丘在山息事安卧諸佛皆喜況復結跏束手緘脣結舌思惟寂相心源一止法界同寂豈非要道唯此為貴餘不能及善巧方便種種因緣種種譬喻廣讃於止發悅其心是名隨樂欲以止安心其人若云我觀法相秖增紛動善法不明當為說止止是法界平正良田何法不備止捨攀緣即是檀止體非惡即是戒止體不動即是忍止無間雜即是精進止則決定即是禪止法亦無止者亦無即是慧因止會非止非不止即是方便一止一切止即是願止止愛止止見即是力此止如佛止無二無別即是智止具一切法即是祕藏但安於止何用別修諸法善巧方便種種緣喻令生善根即是隨便宜以止安心也若言我觀法相散睡不除者當為說止大有功能止是辟定八風惡覺所不能入止是淨水蕩於貪婬八倒猶如朝露見陽則晞止是大慈怨親俱能破恚怒

止是大明呪癡疑皆遣止即是佛破除障道如阿伽陀藥徧治一切如妙良醫呪枯起死善巧方便種種緣喻令其破惡是名對治以止安心其人若言我觀察時不得開悟當為說止止即體真照而常寂止即隨緣寂而常照止即不止止雙遮雙照止即佛母止即佛父亦即父即母止即佛師佛身佛眼佛之相好佛藏佛住處何所不具何所不除善巧方便種種緣喻廣讃於止是為第一義以止安心彼人若言止狀沈寂非我悅樂當為說觀推尋道理七覺中有擇覺分八正中有正見六度中有般若於法門中為主為導乃至成佛正覺大覺徧覺皆是觀慧異名當知觀慧最為尊妙如是廣讃是為隨樂欲以觀安心若勤修觀能生信戒定慧解脫解脫知見知病識藥化道大行衆善普會莫復過觀是為隨便宜以觀安心觀能破闇能照道能除怨能得寶傾邪山竭愛海皆觀之力是為隨對治以觀安心觀觀法時不得能所心慮虛豁朦朧欲開但當勤觀開示悟入是為用第一義以觀安心是為八番為法行人說安心也復次人根不定或時迴轉薩婆多明轉鈍為利成論明數習則利此乃始終論利鈍不得一時辨也今明衆生心行不定或須臾而鈍須臾而利任運自爾非關根轉亦不數習或作觀不徹因聽即悟或久聽不解暫思即決是故更論轉根安心若法行轉為信行逐其根轉用八番悉檀而授安心若信行轉成法行亦逐根轉用八番悉檀而授安心得此意廣略自在說之轉不轉合

有三十二安心也自行安心者當觀察此心欲何所樂若欲息妄念想寂然是樂法行若樂聽聞徹無明底是樂信行樂寂者知妄從心出息心則衆妄皆靜若欲照知須知心原心原不二則一切諸法皆同虛空是爲隨樂欲自行安心其心雖廣分別心及諸法而信念精進毫善不生即當凝停莫動諸善功德因靜而生若凝停時遂更沈寂都無進忍當挍計籌量策之令起若念念不住如汗馬奔逸即當以止對治馳蕩若靜默無記與睡相應即當修觀破諸昏塞修止既久不能開發即應修觀觀一切法無礙無異恬怡明利漸覺如空修觀若久闇障不除宜更修止止諸緣念無能無所所我皆寂空慧將生是爲自修法行八番善巧布曆令得心安云云信行安心者或欲聞寂定如須彌不畏八動即應聽止欲聞利觀破諸煩惱如日除闇即應聽觀聽觀多如日焦芽即應聽止潤以定水或聽定淹久如芽爛不生即應聽觀令風日發動使善法現前或時馳覺一念叵住即應聽止以治散心或沈昏濛濛生霧即當聽觀破此睡熟或聽止豁豁即專聽止或聞觀朗朗即專聽觀是爲自修信行八番巧安心也若法行心轉爲信行信行心轉爲法行皆隨其所宜巧鑽研之自行有三十二化他亦三十二合爲六十四安心也復次信法不孤立須聞思相資如法行者隨聞一句體寂湛然夢妄皆遣還坐思惟心生歡喜又聞止已還更思惟即生禪定又聞於止還即思惟妄念皆破又聞止已還更思惟朗然欲悟又聞觀已還更思

惟心大歡喜又聞觀已還更思惟生善破惡欲悟等準前可知此乃聽少思多名爲法行非都不聽法也信行端坐思惟寂滅欣踊未生起已聞止歡喜甘樂端坐念善善不能發起已聞止信戒精進倍更增多端坐治惡惡不能遣起已聞止散動破滅端坐即眞眞道不啓起已聞止豁如悟寂是爲信行坐少聞多非都不思惟前作一向根性今作相資根性就相資中復論轉不轉亦有三十二安心化他相資亦有三十二安心合六十四合前爲一百二十八安心也夫心地難安違苦順樂今隨其所願逐而安之譬如養生或飲或食適身五命養法身亦爾以止爲飲以觀爲食藥法亦爾或丸或散以除冷熱治無明病以止爲丸以觀爲散如陰陽法陽則風日陰則雲雨雨多則爛日多則焦陰陽如定慧慧定偏者皆不見佛性八番調和貴在得意一種禪師不許作觀唯專用止引偈云思思徒自思思思徒自苦息思即是道有思終不覩又一禪師不許作止專在於觀引偈云止止徒自止昏闇無所以止即是道觀觀得會理兩師各從一門而入以己益教他學者則不見意一向服乳漿猶難得況復醍醐若一向作解者佛何故種種說耶天不常晴醫不專散食不恒飯世間尚不爾況出世耶今隨根隨病迴轉自行化他有六十四若就三番止觀則三百八十四又一心止觀復有六十四合五百一十二悉檀是世間安心世醫所治差已復生一悉檀是出世安心如來所治畢竟不發世出世法互相成顯若離三諦無

安心處若離止觀無安心法若心安於諦一句即足如其不安巧用方便令心得安一目之羅不能得鳥得鳥者羅之一目耳衆生心行各各不同或多人同心行或一人多種心行如爲一人衆多亦然如爲多人一人亦然須廣施法網之目捕心行之鳥耳第四明破法偏者法性清淨不合不散言語道斷心行處滅非破非不破何故言破但衆生多顛倒少不顛倒破顛倒令不顛倒故言破法偏耳上善巧安心則定慧開發不俟更破若未相應應用有定之慧而蕩淨之故言破耳然破法須依門經說門不同或文字爲門大品明四十二字門是也或觀行爲門釋論明菩薩修三三昧緣諸法實相是也或智慧爲門法華云其智慧門是也或理爲門大品明無生法無來無去即是佛也依教門通觀依觀門通智依智門通理理爲門復通何處教觀智等諸門悉依於理能依是門所依何得非門雖無所通究竟偏通是妙門也三門置之今但說教門三藏四門先破見後破思亦俱破云云通教四門亦先破見後破思亦俱破但破四住不得言偏也別教四門次第斷五住斯乃豎偏橫不偏並非今所用今不思議一境一切境一心一切心橫豎諸法悉趣於心破心故一切皆破故言偏也餘門破不偏則不須說圓教四門皆能破偏所謂有門無門亦有亦無門非有非無門今且置三門且依空無生門無生門能通止觀到因到果又能顯無生使門光揚何者止觀是行無生門是教依教修

行通至無生法忍因位具足淨名三十二菩薩各說
入不二門皆是菩薩從門入位而無生爲首大品明
阿字門所謂諸法初不生此證無生門通止觀到
因其義可見止觀光揚無生門者法不自顯弘之
在人人能行行法門光顯使無生教縱橫無礙觸
處皆通門義方成辭如世人門戶出入有人有位
門則榮顯能辟既然所辟可解門通果者大經
云般涅言不槃者言生不生之義名大涅槃又云
定慧二法能大利益乃至菩提大品云無生法無來
無去無生法即是佛法華云佛自住大乘如其所
得法定慧力莊嚴以此度衆生且引三經果義明
矣止觀能顯果者果不自顯由行故果滿果滿故
一切皆滿巍巍堂堂如星中月照十寶山影臨四海
果亦如是無上無上切高十地汲引四機金光明中
佛禮骨塔即其義也無生教門豎攝因果其義
已彰橫攝之意今當說大品云若聞無生門則解
一切義初阿字攝四十二字四十二字攝阿字中間亦
然橫豎備攝其文如此此意難見更引佛藏示
其相次引涅槃釋其義後說無生門破法徧佛
藏云劫火起時菩薩一唾火即滅一吹世界即成非
是先滅後成祇一唾中即滅即成彼經明外用內合無
生門即破徧即立徧破立不須二念若內無是德則
外無大用寄外顯內其相如是須識觀心者衆生
一期將訖即是劫盡三毒三災火爲語端以止止
之如唾滅以觀觀之如吹成云云大經釋義者不聞聞
句有種種義初云不生生不生不生生生不生生生

按此四句說無生門攝自行因果化他能所等法
皆偏不生生者安住世諦初出胎時名不生生今解
世諦者無明共法性出生一切隔歷分別故名世諦
安住者以止觀安於世諦即是不可思議境觀行位
成故名安住以安住故名託聖胎初開佛知見得無
生忍名出聖胎不見無明世諦故言不生獲佛知
佛見故名爲生論云諸法不生而般若生即其義也
此說自行無生忍位因義成也經釋不生生者不
生不生名大涅槃生相盡故修道得故今解果由因
剋故言修道得故斷德已圓無明不生智德已圓
般若不生故言不生不生此說自行寂滅忍果義成
也因果既圓即如佛藏所明一吹唾滅即立是其
義爲經釋生不生者世諦死時名生不生今解世
諦者無明是其根本既破無明故言世死世死故
名生不生此釋初句初句上緣於理智德成故言不
生生此句下破於惑斷德成故言生不生名
雖同事理大異初句諸智慧開發爲生此句諸結
起動爲生生名雖同而縛脫大異莫迷名惑旨
須精識之須精識之初句如唾中吹此句如吹中唾
唾吹一時不可前後也經重釋此句云四住菩薩名
生不生自在故今解先生不生說自行之惑滅重
釋生不生明化道之興何者菩薩斷四住時破結
業生即能自在生況斷五住耶以劣顯勝彌彰化
道二乘斷惑沈空不能如此故標菩薩也惑滅顯
唾化興顯吹也經釋生生者一切有漏念念生故今
解此句明化用之所耳菩薩何意不生而生良由

一切有漏衆生相續不斷是故菩薩而起大悲示
自在生而度脫之是爲無生門攝自行因果化他
能所皆悉具足矣四住菩薩者地持云從初發心
住至十地束爲六住一種性住二解行住三淨心住四
行道迹住五決定住六究竟住種性住者若人無有
種性雖生善道數退數進不得在菩薩六人數中
若種性處成就無有退失數數增進得是一人也
解行人是初地方便淨心住是入初地得出世間心
離凡夫我相障故名淨心住行道迹住者從二地
至七地住修道也決定住者八地九地也已得報行不
還不退故名決定究竟住者第十地學行窮滿故
言究竟住也經稱四住名生不生者正是行道迹住
從二地上正是入假化他之位處處現生而非實生將
別顯圓初出胎時即能利他化生自在於圓義亦應
無失經又六句不生生亦不可說生生亦不可說生
不生亦不可說不生不生亦不可說生亦不可說不
生亦不可說按此六句明無生門破法徧若破思
議惑用前四句若破不思議惑用後二句何者思議
惑雖多不出界內外界外惑附體生故言不生生
界內惑是枝末故言生生此惑紛綸並是所化之境
爲此境故施自在生所化既不可得何處有能化
能所俱亡是故不生生生俱不可說若破思議解
此解雖多不出界內外界內解止遣分段故言生不
生界外解雙遣分段變易故言不生不生此解淺
深故有種種自行因果理尚非一寧有種種今偏唾
破故言生不生不可說不生不生亦不可說若破不

可思議惑者秖是無明無明故生生故無明無明不可得生亦不可得今皆唾破故言生不可得若破不思議解者秖是圓解圓解始終判出因果理不偏圓亦非始終那有因果今皆唾破故言不生不可得將彼經意釋無生門破法徧者其義分明佛自釋六句云何不生生不可說不生名爲生故不可說今解不生者法性也生者無明也二乘證不生猶受法性生故言不生名爲生依佛此言知是界外附體之惑不生而名爲生生即顛倒顛倒即不顛倒心行處滅言語道斷故不可說云何生生不可說生生故生生生故不生故不可說今解生生故生者即是大生生小生八相所還有漏之法也依佛此言知是界內有漏惑也生生故不生者因緣生法即空即中心行處滅言語道斷故不可說也云何生不生不可說生即名爲生生不自生故不可說今解生即名爲生者乃是諸法不生般若生也生不自生者此般若生不從四句生生不自生是初句耳具言生不他生生不共生生不無因生又般若生時世諦已死無復有生而生三界者爲緣故生非業生也故言生不自生若般若生若自在生皆言語道斷故不可說也據此意知是界內之解也云何不生不生不可說以修道得故今解修道得者乃是極果所證尚非下十地所知豈可言說據此知是界外之解也經云生亦不可說以生無故今解此破不思議惑界內生生亦是生界外不生生亦是生秖是無明之生生必託緣生緣生即空

即中心行處滅言語道斷故不可說也經云不生不可說以有得故今解此破不思議解及界內之解亦是修道得故界外之解亦是修道得故得即諍理理絕心口故不可說也佛以六句破諸法解惑皆言不可說彌顯無生門破法徧也依佛藏經前四句亦吹亦唾後兩句結前吹唾耳此六句專論於唾也又楞伽云我從得道夜至涅槃夜不說一字佛因二法作如此說謂緣自法及本住法自法者彼如來所得我亦得之無增無減離言說妄想文字二趣釋曰緣自法是證聖自諦實性也離言說妄想者不可思議也離文字者離假名也離二趣者離說所說想所想名所名也本住法者謂古先聖道法界常住如道趣城道爲人行非行者作道城由道至非至者作城經曰士夫見平坦道即隨入城受如意樂我及先佛法界常住亦復如是是故二夜不說一字當知二法決定非口言分別所能變異本法者如理也自法者證實此義與大經四不可說意同生生不可說者本法不可說也生隨順緣生本法不可說也生不生不可說者即自斷法不可說也不生生不可說者即自智法不可說也不生不生不可說者即是究竟自證法不可說也後二句一結生不可說結本法不可說也一句結不生不可說結自證法不可說也大經云十因緣法爲生作因亦可得說者今解此即無生門徧立之義亦如佛藏徧吹即成也十因緣者從無明支乃至有支立諸法也立有三義一立衆生二立機緣三立聲教立衆生者過去二因現在五果更互

因緣而立五陰假名衆生也立根機者過去或修行析行體行漸行頓行以行爲業無明潤之致今五果於此陰果更起本習或起析愛取有或起體愛取有或起漸愛取有或起頓愛取有取有起故得爲機緣也立聲教者析愛取有起故感三藏教是爲生生不可說十因緣法爲生生作因亦可得說說生生也體愛取有感於通教是爲生不生不可說十因緣法爲生不生作因亦可得說說生不生也漸愛取有感於別教是爲不生生不可說十因緣法爲不生生作因亦可得說說不生生也頓愛取有感於圓教是爲不生不生不可說十因緣法爲不生不生作因亦可得說說不生不生也衆生若立一切惑法因果立一切所化立機教若立一切解行因果立一切能化立是爲無生門一立一切立故大品云若聞阿字門則解一切義佛藏云吹一切悉成此之謂也如地持四種成熟謂聲聞種性緣覺種性佛種性菩薩種性無此四性以善趣熟之佛種性即此圓機菩薩種性即此別機彼文云菩薩種子有佛無佛堪能次第斷煩惱障及智障豈非別機聲聞種性當開之別異善根即三藏機退大取小種性即通機彼四成熟即此四種機緣義也問上六句是無生門一破一切破十因緣法是無生門一立一切立上四句是無生門亦破亦立亦應有第四句非破非立不答大經十九卷初云十事功德不可思議聞者驚怪非難非易非內非外非相非非相非方非圓非尖非斜等即是第

四句非破非立之文義問若無生門攝一切法者則無復諸門也答無生門亦攝諸門諸門亦攝無生門欲依智德義便故言無生門此應四句生門無生門亦生亦無生門非生非無生門二門各有四門四四十六門若依斷德義便應有滅門不滅門亦滅亦不滅門非滅非不滅門二門各有四門四四十六門合三十二門大經舉十五日月光增正喻智德十六日月光減正喻斷德月無增無減約白論增約黑論減實相無智無斷約照論智約寂論斷若無生門攝一切法高極此竪攝一切法也若無生門攝諸法廣徧者即無生門橫攝一切法也問無生門門稱無生其境惑智斷等悉應稱為無生耶忽言已無生生生生生自在故答此還助顯無生門無生忍發故言無生生生明其所化故言生生明其應用故言生自在還是無生門即唯故言無生即吹故言無生生等彌顯無生門攝法偏耳約大經釋門義竟云云次明破法徧者為三一無生門從始至終盡其源底竪破法徧二歷諸法門當門從始至終盡其源底橫破法徧三橫竪不二從始至終盡其源底非橫非竪破法徧竪則論高橫則論廣竪來入橫無橫而不高橫來入竪無竪而不廣法華云其車高廣橫竪不二則非橫非竪故云是法平等無有高下一無生門破法徧者又為三一從假入空破法徧二從空入假破法徧三兩觀為方便得入中道第一義諦破法徧如此三觀實在一心法妙難解寄三以顯耳大論云三智實在一心為向人說令易解故

分屬三人華嚴亦有二意宣說菩薩歷劫修行彼為鈍根也初發心時便成正覺所有慧身不由他悟彼是利根也法華唯一意正直捨方便但說無上道今欲借別顯捴舉次而論不次故先三義解釋也從假入空破法徧又為三先從見假入空次從思假入空後四門料簡從見假入空又為二先明見假次明空觀見惑附體而生還能障體如炎依空而動亂於空以夢因眠夢昏於眠夢若不息眠不得覺此惑不除體不得顯然見則見理見實非惑見理時能斷此惑從解得名名為見惑言見惑有四一單四見二複四見三具足四見四無言見單四見者執有執無執亦有亦無執非有非無於一一有見復起利鈍謂有於我我與有俱恒起我心與我相應即是我見以計我故能生邊見以我邊故破世出世因果即是邪見執此為道望通涅槃名為戒取謂此為實餘皆妄語不受餘見名為見取是已法者愛非已法故瞋我解他不解生慢不識有見中苦集為癡猶豫不決為疑如是十使歷欲界四諦苦下具十集下有七除身邊戒取道下有八除身邊滅下有七除身邊戒取合三十二使歷色界四諦有二十八無色亦爾例除一瞋合有八十八使餘三見亦各具八十八使若歷六十二見見見各具八十八使倒浪瀾漫不可稱數邪網彌密障於體理五十挍計經云若眼見好色中有陰有集見惡色中有陰有集見平平色中有陰有集乃至意緣法亦如是一根有三三中有六六根具三十六三世合百八

歷六十二見八十八使各各百八當知舉心動念浩然無際昏而具旨都無覺見云云世諦者謂有是見無非是見亦有亦無是見非有非無非是見此語違經負心經云依止此諸見具足六十二如汝解者數則欠少中論破自他性有是自性對有說無無是他性若有若無皆是性何意無非是見又此無既非證理之無寧得非見諸外道本劫本見末劫末見介爾計謂是事實餘妄語增見長非吾我毒盛捉頭拔髮構造生死如長爪雖不受一切法而受於不受不識苦集佛以一責憍二貢威高著外道尚未免見云何底下謬謂為是今判此並屬單四見攝也複四見者謂有有有無無有無無亦有有無亦無有無非有有無非無有無此是複四見於一一見具八十八使若六十二見見見又具八十八使百八等如上說具足四見者有見具四者謂有有有無有亦有亦無有非有非無無具四者無有無無無亦有亦無無非有非無亦有亦無具四者亦有亦無有亦有亦無無亦有亦無亦有亦無亦有亦無非有非無具四者非有非無有非有非無無非有非無亦有亦無非有非無非有非無是名具足四見一句具八十八使如是六十二見見具八十八使百八等如前說絕言見者單四見外一絕言見複四句外一絕言見具足四句外一絕言見一一見皆起八十八使六十二見百八等如前說如是等約外道法生如是等見也又約佛法生見者三藏四門生四見通教四門生四見別教四門生四見圓教四門生四見又一種四門外各有絕言見如是一

一見中各各起八十八使六十二見百八等惑如前說
復次見惑非但隨解得名亦當體受稱稱之爲假
假者虛妄顛倒名之假耳例前亦應言單四假複四
假具足四假二各有絶言之假依於佛法復有十六
假二如前說又於二假中復有三假謂因成假相
續假相待假法塵對意根生一念心起即因成假
前念後念次第不斷即相續假待餘無心知有此
心即相待假上因成約外塵內根相續但約內根相待
豎待滅無之無又橫待三無爲之無心也開善云因
兼二假或亦過之明第三假起時因上兩假故言因
兼上假未除後假復起故言過之此就心明三假也
又約色明三假先世行業託生父母得有此身即因
成假從胎相續迄乎皓首即相續假以身待不身即
相待假又約依報亦具三假如四微成柱時節改變
相續不斷此柱待不柱長短大小等也此是三藏經
中隨事三假委釋如論師但此名通用不獨在小乘
大乘亦明三假附無明起如幻如化但有名字實不
可得鏡中能成之四微尚不可得況所成之幻柱柱
尚不可得況歷時節相續以幻化長短相待寧復
可得舉易況難而明十喻即色是空非色滅空即
此義也是名大乘隨理三假又釋論明三種有相待
有假名有法有相待有者長因短有短亦因長此
彼亦爾物東則以此爲西在西則東一物未異而有
東西之別有名無實是爲相待有假名有者如酪
色香味觸四事因緣和合故假名爲酪雖有不同
因緣之有雖無不如兔角龜毛之無但以因緣和合

故有假名爲酪又如極微色香味觸故有毛分毛分
故有髦髦故有氎氎故有衣是爲假名有法有者
即是色香味觸四微和合故名法有論又云三假施設
與三假云何答別義不論今通會之法假施設如因
成受假施設如相續名假施設如相待論云五衆等
法是法波羅聶提五衆和合故名衆生如根莖枝
葉故有樹名是受波羅聶提用是名字取二法相
說是二種是名波羅聶提故知三假義同也纓絡經
亦有三假之文大品云有緣思生無緣思不生即因
成意大經云如讀誦法雖念念滅亦能從一阿含至
一阿含猶如飲食雖念念滅亦能初飢後飽相續
意也淨名云諸法不相待一念不住故當知三假之名
大小通用非但小乘名生死法以爲見爲假如前說
大乘亦名生死爲見爲假所謂三藏四門生四見
見見有三假六十二見百八煩惱等云云通教四門生四
見見見具三假六十二見百八煩惱等別教四門生
四見見見具三假六十二見百八煩惱等圓教四門生
四見見見具三假六十二見百八煩惱等如來教門示
人無諍法消者成甘露不消成毒藥實語是虛語
生語見故故於四門十六門起見起假云云二明破假觀
者即爲三一破假觀二明得失三明位觀又爲四一
破單二破複三破具四破無言破單爲兩初略後廣
略者若一念心起於單四見中必是一見見即三假虛
妄無實八十八使浩浩如前說諸惡彰露具如後說
應當體達颷依炎炎依空空無所依空尚無空何
處復有若炎若颷又如眠夢百千憂喜本末雙寂

畢竟清淨是名爲止又觀無明即法性不二不異
法性本來清淨不起不滅無明惑心亦復清淨誰起
誰滅若謂此心有起滅者橫謂法性有起滅耳法性
無起誰復生憂法性無滅誰復生喜若無憂喜誰
復分別此是法性此是無明能觀所觀猶如虛空如
此觀時畢竟清淨是爲從假入空觀信行利根一
聞即悟法行思已即能得解其鈍根者非唯聞思
不悟更增衆失故中論云將來世中人根轉鈍造作
諸惡不知何因緣故說畢竟空是故廣作觀法說
於中論今亦如是爲鈍根故廣破單複說至無言
說見通用龍樹四句破今盡淨若一念心起即具三
假三假如前說當觀此一念爲從心自生心爲對塵
生心爲根塵共生心爲根塵離生心若心自生者前
念爲根後念爲識爲從根生心爲從識生心若根
能生識根爲有識故生識根爲無識故生識根若
有識根識則並又無能生所生根若無識而能生識
諸無識物不能生識根既無識何能生識根雖無識
而有識性故能生識者此之識性是有是無有已
是識並在於根何謂爲性根無識性不能生識又
識性與識爲一爲異若一性即是識無能無所若異
還是他生非心自生如是推求畢竟知心不從自生
若言心不自生塵來發心故有心生引經云有緣思
生無緣思不生若爾塵在意外來發內識則心由他
生今推此塵爲是心故生心爲非心故生心塵若是
心則不名塵亦非意外則同自生又二心並則無能
所塵若非心那能生心如前破若塵中有生性是故

生心此性為有為無性若是有性與塵並亦無能所若無無不能生如是推求知心畢竟不從塵生若根塵合故有心生者根塵各有心故合生心各各無心故合生心若各各有合則兩心生墮自他性中若各各無合時亦無無辟如鏡面各有像故合生像各無像故合生像若各有像應有兩像若各無像合不能生若鏡面合為一而生像者今實不合合則無像若鏡面離故生像者各在一方則應有像今實不爾根塵離合亦復如是如是推求知心畢竟不從合生又根塵各有心性合則心生者當撿此性為有為無如前破云云若根塵各離而有心生者此是無因緣生為有此離為無此離若有此離還從緣生何謂為離若無此離無何能生若言此離有性性為有為無若性是有還從緣生不名為離若性是無無何能生如是推求知心畢竟不從離生中論云諸法不自生亦不從他生不共不無因是故說無生即此意也若推因成假四句求生不得執性即薄但有名字名為心生名不在內外中間亦不常自有是字不住不住有四句亦不不住不住無四句故無住之心雖有名字名字即空若四句推性不見性是世諦破性亦名性空若四句推名不見名是真諦破假亦名相空性相俱空者是為總相從假入空觀也故中論曰諸法不自生如此用觀者與中論意同也若根撿不得心即是內空塵撿無心即是外空根塵合撿不得即內外空離撿不得即是空空四性撿不得即是性空四句撿不得即是相空若就塵撿無十

方分即是大空求最上所以不得即是第一義空四句因緣不得即有為空因有為說無為既不得有為亦不得無為即無為空四句求心生元不得即無始空四句求心滅不可得即散空四句求心生滅不可得亦不得心不生不滅即畢竟空三界無別法唯是一心作今求心不可得即一切空觀心無心觀空無空即無所得空觀有見三假不可得即有法空觀無見三假不可得即無法空觀亦有亦無見三假不可得即無法有法空如此觀者即與大品意同是為十八種從假入空觀也若不悟者轉入相續假破之何以故雖因成四破不得心生今現見心念念生滅相續不斷何謂不生此之念念為當前念滅後念生為前念不滅後念生為前念亦滅亦不滅後念生為前念非滅非不滅後念生若前念不滅後念生此則念自生念兩生相並亦無能所若前念滅有生性生於後念此性為有為無有則非性無則不生[illegible]前若前念滅後念生者前不滅生名為自性今由滅生不滅望滅豈非他性他性滅中有生故生無生故生有生是生生滅相違乃是生生何謂滅生若滅無生無何能生若滅有生性性破如前若前念亦滅亦不滅後念生者若滅已屬滅若不滅已屬不滅若不滅合滅能生即是共生共生自相違相違何能生又若各各有生即有二過各各無生合亦不生若滅不滅中有生性者為有為無若性定有何謂滅不滅若性定無亦何謂滅不滅此不免斷常之失還墮共過若前念非滅非不滅而後念心生者為有

此非滅非不滅為無此非滅非不滅若有則非無因若無無因不能生若無因有生性者此性即因何謂無因若無無不能生如是四句推相續假求心不得無四性實執心即薄但有心名字是字不住內外兩中間亦不常自有相續無性即世諦破性名為性空相續無名即真諦破假名為相空性相俱空乃至作十八空如前說是名從假入空觀若不得入者猶計有心待於無心相待惑起此與上異因成取根塵兩法和合為因成相續竪取意根前後為相續竪望生滅此是別滅別滅則狹今相待假待於通滅此義則寬通滅者如三無為雖不併是滅而得是無生待虛空無生而說心生即是相待假上既不悟復因上惑共起此惑故言因兼上惑猶在復起此惑故言過之又因兼者無生法塵待意根生亦是因成因上假心來續相待即是相續故言因兼過之者上兩假不於通滅起惑今約通起豈非過之釋既異舊而借彼語示相待假相耳今撿此心為待無生心生為待有生心生為待亦生亦無生而心生為待非生非不生而心生若待無生而生心者有此無生無此無生若有生可待還是待有何謂待無有有相待即是自生若無此無生無何所待若秖待此無無而生心者一切無無亦應生心無望於有無即是他生也又無生雖無而有生性待此性故而知有心此性為已生為未生若已生生即是於生何謂為性性若未生未生何能生若待生而心生者生還待生長應待長既無此義何得心生若待生無生故有心

生如待長短得有於長此墮二過各有則二生並各無全不可得如前若待非生非無生而有心生者論云從因緣生尚不可何況無因緣又此無因為有為無若有還是待有若無還是待無何謂無因若言有性性為有為無性若是有為生非生若生已是生何謂為性若無生云何能生如是四句推相待假求心生不可得執心即薄不起性實但有名字名字之生生則非生是字不在內外中間亦不常自有是字無所有求性不可得世諦破性是名性空求名不可得真諦破假是名相空復次此性相中求陰入界不可得即是法空性相中求人我知見不可得名眾生空乃至作十八空如前說是名從假入空慧眼得開見第一義非但有見三假惑除一切見惑無不清淨正智現前是名無生門通於止觀亦是止觀成無生門若不悟者當善用止觀巧破見假信法迴轉成方便道伏於有見無量煩惱悉皆被伏伏故名善有漏五陰也以被伏故有見不起度入無見計中如後破夫破見之由聞思不定若上根人聞觀於生知生無生破執得悟中根執輕成伏見方便善有漏五陰下根執重猶懷取著聞破生不得生謂無生是實更起無生見又當摠別破之摠破者如大品云識無生尚不可得何況識生又識生尚不可得何況識無生與無生俱不可得楞伽經中又廣破無生見然無生之理非識所知云何謂情捨有緣無如步屈蟲又似獼猴不應虛妄執此見著是為摠破別破者行人用止觀破因成三假不得性相泯然

入定不見內外亦無前後無相形待寂然定住或豁亡身心一切都淨便發此無心自謂得無生止觀定慧已成而起見著著此空想謂佛不化何故不化觀心推盡發一分細定生一分空解此是空見法塵與心相應何關無生釋論簡外道佛法二俱觀空云何有異外道愛著觀空智慧即是向者所發空塵謂為涅槃即有能觀者能觀者便成身見身見故即有利鈍十使乃至八十八等生死浩然如前說如是罪過皆由空塵而起障真失道豈會涅槃是名外道觀空佛弟子觀無生若發空心空心生時即知是愛何者生名愛法愛法即是無明無明生我見等八十八使一一皆具三假之惑終不執謂是真無生云何三假良由上來有見三假被伏度入無見無生法塵對意根一念空心生即因成假以生心滅故無生心生是相續假豁爾無生待於有生是相待假當推此無生心生為意根生為法塵生為合為離若意根生者為根生為識生若根生為根中有識故生識為無識故生識若根有識為是根為非根識若是根則無能所根若無識何能生識若根有生識之性此性為有為無性若有者識性與識為一為異若一性即是識若異異何能生自生中撿心不可得具如上說若由塵起無生心者塵為有心為無心若有心則無能所若無無不能生又塵為一為異一則無能所異則不能生撿他心不可得具如上說若根塵合有無生心生者此有二過如前說云云又離根離塵有無生心生者從因緣尚不可得何況無

因如前當知無生之心不自不他不共不離無四性無四性故名性空性空即無心而言心者但有名字名字不在內外是名相空乃至十八空如上說是為從假入空見第一義非但無見假破上惑下障一切皆除得正智慧若未去者勤用止觀善巧修習信法迴轉成方便道伏於苦集所有陰界入等八十八使皆悉被伏以被伏故名善有漏也勤修力故無見中假不復得起度入有無假中如後破云云次破亦有亦無見三假者行人善用止觀伏無見惑無假不起或進入分定慧豁發亦有亦無與心相應即便謂言是無心者誰知無生無生是無知即是有發此心時受是亦有亦無見謂是事實餘妄著不可捨不知過患如長爪自謂有道實是苦集不能識故佛點示之即便得悟發見之人亦復如是迷此見毒不識正真若聞指示執心颰解云何指示大品五受皆不受汝云何受是亦有亦無法塵豈非受陰緣此像類行用此法了別此法四陰宛然如此受想皆名汙穢是見依色陰又意根受是亦有亦無法塵即是界根塵相涉即是入是名苦也又我能行能受能知此法假名即起我見我見既生即有邊見若撥因果是邪見計此為道是戒取計為涅槃是見取違瞋順喜我解慢他不識苦集即癡後當大疑如是等十使歷三界具八十八違於實道順於生死悉於亦有亦無見心中生又此見心即備三假例前可知今破此見三假者還用四句一一例前可解如是破已三假四句陰入皆無實性即是性空但有名字名

字即空是名相空性相既空乃至十八空如上說即是入第一義正智現前若不入者善用悉檀信法迴轉巧修止觀伏於諸見令成方便善有漏法亦有亦無見雖伏不起仍度入非有非無見中如後破次破非有非無見者上勤用方便伏有無見豁然更發離有無心所以者何心若定有不可令無心若定無不可令有云何乃謂亦有亦無若不定有則非有若不定無則非無非有者非生也非無者非滅也出於有無之表是名中道與中論同何以故前有見是因緣生法無見是即空亦有亦無是即假今是即中堅著此心計以爲實是人能起無量過患何以故汝謂此心爲實者乃以虛語爲實語生語見故故非真實若真實者此心應是常樂我淨此心生滅故非常受此心故非樂不自在故非我汙穢故非淨我心生故是身見身見有無未免非有非無如屈步蟲是名邊見謂非有非無見以爲中道通諸生死是愚癡論非道非字謂是道字是名戒取謂非有非無心爲涅槃具陰界入利鈍等使是名見取謂非有非無以爲正法乃破一切世間因果故名非有破一切出世間因果故名非無破正見威儀尚不當世閒道理云何能當出世道理寧起我見如須彌山不惡取空不正爲正是名邪見若順歎則愛違毀則瞋不識此心毒草藥王則癡自擅陵他則慢後當大疑略過有十廣不可盡如是等過皆從非有非無見心中出又一一過悉具三假如前云云若破此見假還用前四句止觀逐而破之如前云云復次點出諸

見五陰者是示其苦點出十使者是示其集用止觀破者是示其道諸見若伏若無是示其滅夫一切外道邪解佛法僻計無量過患皆用四諦破之無不革凡成聖如來初說阿含四諦之力尚能如此何況大乘三種四諦何所不破耶若非有非無見破者一切諸惑亦悉斷壞發正智慧是名從假入空見第一義若不入者當用止觀信法迴轉善巧四隨方便修習伏諸見惑執心即薄住方便道成善有漏法此見不起度入無言說中如後破云云所以節節說見過者殷勤行人令於觀心善識毒草明解藥王若得此意終不謬計也章節雖煩番番不雜能了此者可與論道兀然如盲若爲識乳次破無言說見假者若能如上破者或進發定慧豁然明靜復起異解謂適有此有即有生死四句皆假虛妄不實理在言外絕於四句乃是無生謂出四句實不出也略有三種四句外一單二複三具足若謂理在言外者乃是出單四句外不出複見第二句亦不出具足見初句故知見網蒙密難可得出法華云魑魅魍魎處處皆有複具諸見一一皆有三假苦集破假之觀皆如上說若人能於諸見修習道品皆應節節得悟從假入空見第一義若未得入者單複具足一切諸見悉皆被伏成善有漏五陰見不得起或進發禪解又復言出單複具足四句之外言語道斷心行處滅泯然清淨即是無生絕言之道如此計者還是不可說絕言之見何關正道徒謂絕言言終不絕何以故待不絕而論絕絕還

是待待對得起不應言絕如避虛空宜有免理又豎破不絕者心不絕故無言見具起一切生死因果云何稱絕上來節節皆有橫豎兩破於一有見是橫破重累四見是豎破因成假是橫破相續假是豎破相待假是亦橫亦豎破摠破是非橫非豎破大途祇是橫破今當豎破汝執心是有有即是生汝是何等生爲是五停摠別念處煖頂忍世第一生爲是苦忍眞明生爲是重慮思惟生爲是乾慧似道生爲是八人見諦生爲是神通遊戲誓扶習氣生爲是三賢伏道似解生爲是十聖眞解生爲是鐵輪似道生爲是銅輪眞道生爲是徧法界自在生用此諸生勘汝執心全無氣分而言非見執是見乎若計心是無生無即不生汝是何等不生爲是見不生爲是思不生爲習氣不生爲塵沙不生爲無明不生爲業不生爲報不生爲行不生爲理不生世人云不生不生即是佛祇道是法佛今釋此語即是三佛理不生即法佛無明不生即報佛塵沙見思不生即應佛又無明不生即法佛見思不生即報佛塵沙不生即應佛又業行位不生即應佛智業不生即報佛理不生即法佛又應佛從緣因生報佛從了因生法佛從正因生三佛生即無生無生即三佛生若聞阿字門即解一切義云何祇作一解耶利钁斲地徹至金剛聞一不生徧解法界不生將諸不生勘汝執心了無一分非見是何有人難中論云不生不滅未會深理何者煩惱是生法三相遷謝是滅法祇不此生滅故言

不生不滅但是入空不見中意中論師解云不生不滅者不不生不不滅以顯中道此解扶中而傷文失義何者龍樹之意兼通含別故言不生不滅不生者不二十五有之生不三相遷滅之滅能破二十種身見成須陀洹乃至無學竟非兼中通意亦兼三藏意若生若滅皆屬於生涅槃但空唯屬寂滅不此之生不此之滅雙遮二邊竟非含別之意若生滅是因緣所生法即空即假即中即空故不生即假故不滅不生不滅即是中道按文解釋兼二含別顯中四義宛然龍樹之巧以不生不滅一句廣攝諸法乃會摩訶衍耳若開脣動舌重吒鳳兮之聲抽筆染毫加於點黲之字秖得一意全失三門懸疣附贅雖欲補助還成漏失今解不生一句何啻含於四義且略出十不生不不生意也一者一切法可破可壞一切語可轉非有非無絕言離句無法入心是一不生不生亦不生故名不不生雖情謂不生而實是生如非想謂言無想而成就細想此乃邪見外道之不生也二者犢子道人計我在第五不可說藏中此是一不生不生亦不生故名不不生若三藏二乘斷三界見思一不不見一不不思故名不不生而習氣猶生若三藏佛正習俱盡名不不生一不不正一不不習故言不不生此析法不不生若通教體見本不生體思本不生故言不不生思益云我於無生無作而得作證二乘雖體不見思而習氣猶生通教佛坐道場正習俱盡亦是不不生此乃分段不不生耳若別教人斷通別惑一不不通一不不別名不不生此一品一分二品二分不不生耳上分猶生若別教佛上分盡名不不生此猶是方便權說不不生若圓人一不不通一不不別名不不生猶居因地猶有上地行智報等生在若妙覺智滿其智更不生無明究竟盡惑更不生行智報等畢竟不不生又真理極故一不不生圓理極故一不不生又理本本不生今亦不不生若作單不生語攝法亦盡如前說若作不不生語攝法亦盡汝作不生齊何處不生汝作不不生復齊何處不不生他尚不識外道不不生況識最後不不生那得不慪是見當若破之豎破亦有亦無見非有非無見如上菩提心中釋名絕待中示其相也若謂心亦生亦不生者爲是何等亦生亦不生爲是見不生而真生爲是思不生而真生爲是習不生而真生爲是塵沙不生通用生爲是無明不生中道生爲是內業不生外業生爲是內報不生外報生爲是小行不生大行生爲是偏理不生圓理生而言亦生亦不生若非如此等亦生亦不生非見何謂若言心非生非不生者爲是何等非生非不生爲是析斷常非生非不生爲體斷常非生非不生爲是八地道觀雙流非生非不生爲是初地破生死得涅槃非生非不生爲是十地後果非生非不生爲是初住雙遮二邊非生非不生爲是十行增進中道非生非不生爲是十迴向非生非不生爲是十地非生非不生爲是妙覺極地非生非不生既非此等非生非不生非見是何若絕言者絕言甚多是何等絕言單四句外亦稱絕言複外具外亦稱絕言如婆羅門受啞法者亦是絕言又長爪一切法不受亦是絕言犢子云世諦有我我在不可說藏中不可說亦是絕言三藏入實證真亦不可說故身子云吾聞解脫之中無有言說三藏解脫凡有四門入實即有四種不可說通教三乘人同以無言說道斷煩惱亦有四門不可說別教人觀常住理無言無說亦有四門不可說圓教不可宣示淨名杜口文殊印之此亦有四門不可說不可說衆多汝所計不可說爲是何等汝尚不及犢子不可說何況三藏四不可說何以故犢子謂不可說爲世諦不計爲涅槃汝計爲實故知不及犢子犢子尚是見汝寧非見爲此見故廣起煩惱浩然如前說更重破絕言者汝謂絕言在四句外今明十種四句汝之絕言在何等四句外十種者一往四句無窮四句結位四句稱牒四句得悟四句攝屬四句權實四句開顯四句失意四句得意四句一往四句者凡聖通途皆論四句此意可知無窮四句者四四瀾漫無貲如四十八番中示其相云云結位四句者分齊四句剋定是非如單複具足等住著不亡即凡夫四句若無句義爲句義是聖人四句稱牒四句者結凡夫四句牒爲有句牒二乘爲無句牒菩薩爲亦有亦無句牒佛爲非有非無句得悟四句者隨句入處即成悟入之門四句即成四門攝屬四句者隨諸句門悟入何法以法分之屬諸法門也權實四句者諸法四句之門三四爲權一四爲實也開顯四句者開一切四

句皆入一實四句若入實四句皆不可說也佛教四
句齊此失意四句者執佛四句而起諍競過同
凡夫也得意四句者菩薩見失意之過作小大論
申佛兩四句破執遣迷則有得意四句作論之功
息矣若不悟是絕言見者前諸四句汝出何等四
句外而謂理在言外耶前橫破四句今豎破四句
之言外也今世多有惡魔比丘退戒還家懼畏驅
策更越濟道士復邀名利誇談莊老以佛法義
偷安邪典押高就下摧尊入卑槩令平等以道
可道非常道名可名非常名均齊佛法不可說
示如蟲食木偶得成字檢挍道理邪正懸絕愚者
所信智者所嗤何者如前所說諸生諸不生諸四
句諸不可說汝尚非單四句外不可說何況複外何
況具足外何況犢子耶尚非犢子何況三藏通別圓
耶諸法理本往望常名常道云何得齊教相往望已
不得齊況以苦集往撿過患彰露云何得齊況
將道品往望云何得齊正法之要本既不齊迹亦不
齊佛迹世世是正天竺金輪刹利莊老是真丹邊地
小國柱下書史宋國漆園吏此云何齊佛以三十二
相八十種好纏絡其身莊老身如凡流凡流之形痤
小醜籤經云閻浮提人形狀如鬼云何齊佛佛說法
時放光動地天人畢會叉手聽法適機而說梵聲如
流辯不可盡當於語下言不虛發聞皆得道老在
周朝主上不知君下不識不敢出一言諫諍不能化
得一人乘壞板車出關西竊說尹喜有何公灼又漆
園吏毛題簡勾治改足軋軋若抽造內外篇以規

顯達誰共同聞復誰得道云何得齊如是不齊其
義無量俛不能說云何以邪而干於正復次如來行
時帝釋在右梵王在左金剛前導四部後從飛空而
行老自御薄板青牛車向關西作田莊爲他所使
看守漆樹如此舉動復云何齊如來定爲轉輪聖
帝四海顒顒待神寶至忽此榮位出家得佛老仕
關東恪小吏之職覲震關西惜數畝之田公私忽
遽不能棄此云何言齊盲人無眼信汝所說有智慧
者愍而怪之是故當知汝不可說是絕言之見三假
具足苦集成就生死絕狀抱炬自燒甚可傷痛若
破此見如前所說云云復次外人或時用道可道非常道
爲絕言破中論不生不滅云是第四句絕言出過四
句一往聞語謂言出過理則不然言不生者見心
不生既不生即不滅故言不生不滅絕言見心生一
切愛見疑慢云何以生滅破他不生不滅愚癡戲論
不應如此又問起不生不滅見此復云何答應有六
句絕言破不生不滅不生不滅破絕言絕言修不生
不滅不生不滅修絕言絕言即不生不滅不生不滅
即絕言云云一切凡夫未階聖道介爾起計悉皆是見
以有見故三假苦集煩惱隨從魚王與眾使具足
結業無量生死浩然一人經歷尚無邊畔何況多人
當知見惑大可怖畏勤用止觀而摧伏之若起單見
用止觀四句逐體破之若避單入複避複入具避具
入絕言無趣遠近止觀逐之無遠不屆常寂常照治
之不休如金剛刀所擬皆斷取悟爲期能如是觀
雖不發真諸見被伏成方便五陰若得入空眾見消

盡故初果所破如竭四十里水功夫甚大恐聞者生
疑略斷三結餘殘不盡如一渧水思雖未盡見已無
餘從多爲言亦得明破法徧也問從假入空破無
量見下二觀復何所破答入空之觀破見及思束而
言之秖是破有次觀所破秖是破無中觀所破雙
非二邊正顯中道故釋論云有無二見滅無餘稽首
佛所尊重法故知諸見縱橫尚不爲第二觀所破
云何謬謂爲真法耶問束生死爲有束二乘爲
無有見縱橫無量無亦應然答凡夫妄計觸處生
著是故有多二乘已斷見思無復橫計唯證於空
大乘破之名爲空見耳二料簡得失者問如此止
觀隨逐諸見有何得失答當四句料簡一故惑不
除新惑又生二故惑除新惑又生三故惑不除新惑
不生四故惑除新惑不生一譬如服藥故病不差藥
更成病二所治病差而藥作病三病雖不差藥不成
妨四故病既差藥亦隨歇前二種是外道得失相
後二種是佛弟子得失相所以者何本用止觀治
生死惑而貪欲之心都不休息因此止觀更發諸
見破因破果無所不爲是則故惑不除而新惑更
起也二修止觀時貪求衣食諸鈍煩惱息而不起
忍耐寒苦刀割香塗不生憎愛財物得失其心平
等而執見之心甚可怖畏如渴馬護水搪揬破壞
撥無因果是則故惑去而新惑生此兩屬外道愛
處生愛瞋處生瞋若學止觀墮如此者同彼外道
也三佛弟子修此止觀爲方便道深識見愛無明
因緣介爾心起即知三假止觀隨逐破性破相雖

復貪瞋尚在而見著已虛六十二等被伏不起是名故惑不除而新惑不生是爲方便道中人也四若能如此三假四觀逐念撿責體達虛妄性相俱空豁然發眞即得見理非唯故病永除新病不發是爲入見諦道成聖人云云三明破見位者若修此方法明識四諦巧用觀慧諸見被伏者依三藏法是摠別念處正伏四倒四倒不生煖即得發成方便等位進破諸見發眞成聖即初果位也若依通教伏見之位是乾慧地若得理水沾心即成性地若進破見者即是八人見地位也若依別教伏見者是鐵輪十信位破見是銅輪十住位若依圓教伏見是五品弟子位破見是六根清淨位斷伏名同觀智大異三藏觀思議眞析法觀智伏斷通教觀思議眞體法觀智伏斷別教雖知中道次第觀智伏斷圓教即中一心觀智伏斷不可聞名仍混其義問若伏見假入賢位者故惑雖未差新惑不應生那得修止觀時有諸見境發答此發宿習宿習之見還是故惑如人服藥藥擊宿病宿病既動須臾自差非是藥爲新病也問何不直明別圓入空破假位而明三藏通教等入空位爲答上明修發不修發十境交互等欲示行人淺深法故叙諸位耳又欲明半滿之位令行者識之耳又半字入空法悉是別圓助道方便又多僕從而侍衛之即其義也又豈離方便而別有眞實即此半字而是滿字故云二乘若智若斷即是菩薩無生法忍也體假入空結成止觀義者諸見論息一受不

退永寂然名為止達見无性性空相空名之為觀見真諦理名為不生理既不生理亦不滅是為不生不滅名无生忍又見惑不生名因不生不受三悪報生名果不生因果不生亦復不滅不生不滅名无生忍是為无生門通於止觀亦是止觀成无生門從假入空破見惑遍竟

摩訶止觀卷第五

十一品思七地斷七十二品思八地已上侵習斷無知
等例前可知云云四借別名名通家菩薩位者乾慧
是外凡性地是內凡八人爲初地十五心爲二地十
六心爲三地此三地皆不出觀而斷見惑四忍爲切
地四智爲二地四比忍爲三地四比智爲四地此四地
皆不出觀而斷見惑如此釋者並與舊同云云薄即
五地斷六品思離欲即六地斷九品思已辦即七地
斷色無色思盡支佛即八地乃至佛地斷習無知

例前云云舊云六地斷思盡齊羅漢或用仁王經七
地齊羅漢但六地名離欲止離欲界九品秖可與
阿那含齊縱令帶果行向猶有非想第九品在
亦不得與羅漢齊若七地是已辦就果可爾向
來屬果則初禪初品已屬七地爾時得名已辦
今若取釋義便者約十度明義以第六般若入空
之慧斷惑盡與羅漢齊第七方便般若出假化用
此名目爲便若取七地齊羅漢約諸地對果向七
地正與第四果齊此皆一往相主對經論不定復須
斟酌不可苟執云云問三乘共斷其義已顯用何爲
據更獨開菩薩地耶答大論判三處焦炷則有三
種菩薩斷惑乾慧是伏惑尚得爲初炎今取八人
真斷爲初炎有何不可云云又大品明十地菩薩爲如
佛既明後地鄰極豈得無中地無初地耶據此而
推更獨開菩薩十地何咎若無十地者經不應言
菩薩修治地業從初地至十地地地各有如干法
門云云又大論云乾慧地於菩薩法是伏忍性地於
菩薩法是柔順忍八人地於菩薩是無生忍見地
於菩薩是無生忍果薄地於菩薩名離欲清淨
離欲地於菩薩名遊戲神通已辦地於聲聞名佛
地於菩薩是無生法忍故大品云須陀洹若智若斷
是菩薩無生法忍乃至支佛若智若斷是菩薩
無生法忍如此論者已自別約菩薩今準此作義
復有何咎問欲界亦斷九品何意判果多答如
險處多難多須城壁欲界多難多果休息也若
爾欲界散多須多立禪答欲界非定地不得立

禪無漏緣通得立果問三乘人智斷既齊何故二乘名智斷菩薩名法忍答忍因智果故十五心名忍十六心名智又二乘取證宜判智斷菩薩望佛猶居因但受忍名又菩薩一品思盡即一分自在生故品品死品品生能忍生死勞苦不入涅槃故名忍若就別教明破思假位者初破見正入初住從二住至七住破於思假欲細分品秩判諸住位準前可知從八九十住正是侵習十行是正出假位不復闕前也云云若就圓教破思假位者初破見假正是初信從第二信至第七信是破思假欲細分品秩以對諸信準前可知八信至十信斷習盡華嚴云初發心時正習一時俱盡無有餘界外正習未盡此乃界內正習盡耳華嚴云初發心已過於牟尼即此義也云何過正習俱盡能八相作佛此則齊矣又三觀圓修此則過勝也若爾亦應有聲聞過於菩薩然以佛道聲聞灼然過菩薩復次前諸位破假名同緣理用智則異三藏通教等二乘破假世諦死時不能出假無自在生通教菩薩破假世諦死時還能出假自在受生化緣若訖灰身證別教破假世諦死時亦能出假自在受生為顯中道終不住空圓教破假既即見真即是入假即是入中圓伏無明若言二乘與菩薩智斷皆同化他邊異此是通教意相比望耳若言二乘與菩薩智異斷同是別圓相比望耳問破思假入空凡破九九八十一品云何復有超果之義答次第分別有前句數行人未必一向按品次入若三藏中十六心後即有一

念超果至那含或超至羅漢並更漸次如前重數雖不次歷諸品而諸品惑盡諸品定發云云又如三藏佛一念相應見思頓盡佛之功德一時現前以根利故不由品秩利雖超品品不得廢何以故諸佛教門法如是故問利根能超身子最利何意不超答小乘引鈍依品蘇息故不超身子大智應作轉法輪將分別品秩故七日或云十五日不超阿難為作侍者故不超非無智力也通教菩薩智利二乘亦應有超荷負眾生而作導首廣須分別故不論超別圓二教亦如是雖有超與不超終是破思假偏也超果凡有四一本斷超二小超三大超四大大超本在凡地得非想定今發無漏第十六心滿即得阿那含本在凡地或得初禪二三四禪今十六心滿亦是阿那含本在凡地欲界九品隨以世智斷之多少第十六心滿隨本斷超果皆名本斷超若凡地未得禪十六心滿超能兼除欲界諸品或三兩品者即是家家一種子等即是小超本在凡地聽法聞唱善來成羅漢者即是大超如佛一念正習俱盡此名大大超圓人根最利復是實說復無品秩此則最能超纓絡明頓悟如來法華一剎那便成正覺從此義則有超慈悲誓願重大此則不超淨名云雖成佛道度眾生而行菩薩道此則亦超亦不超實相理則無超無不超隨機則偏動任理則常寂云云三四門料簡者夫見思兩惑障通別二理若破障顯理非門不通阿毗曇明我人眾生如龜毛兔角求不可得唯有實法迷此實法橫起見思見思無常念念不住實

法遷動分分生滅如此觀者能破單複具足諸見亦破三界八十一品思成因果感智等不生是名三藏有門破法之意鹿苑初開拘鄰五人先獲清淨又頻鞞說三諦身子破見經七日後得阿羅漢千二百等多於有門見第一義大論云若得般若方便入阿毗曇不墮有中大集云常見之人說異念斷即是溝港斷結之義豈非有門破假意耶成論人云何斥言是調心方便而不得道耶若成論所明我人本無雖有實法浮虛非有若迷此浮虛橫起見思流轉生死觀此見思皆三假浮虛假實皆無名平等空修如此觀破單複具足無量諸見亦破八十一品諸思成感智因果等不生是名三藏空門破法之意故彼論云我今正欲明三藏中實義實義者空是阿含經云是老死誰老死二俱邪見是老死即是法空誰老死即眾生空又云佛法身者即是空也須菩提空智偏明能於石室見佛法身故大品中被加說空身子被加說般若佛欲以大空並小空大智並小智故令二人轉教大論云若不得般若方便入空墮無中大集云斷見之人說一念斷並非平等空意當知三藏復說空門阿毗曇人云何遂言是大乘空義若如迦旃延申其所入之門造毗勒論傳南天竺假無同前實法亦有亦無若起定相橫起見思觀此實法有無從容亦破單複等見八十一思成感智因果等不生是名三藏亦空亦有門破法之意故大論云若得般若方便入毗勒門不墮有無中非空非有門者如釋論明車匿心調柔軟當

爲說那陀迦旃延經離有離無乃可得道此觀亦能破單複諸見八十一思從假入空成惑智因果等無生即是三藏非有非無門破假之意當知重遝得小乘道不可濫爲大乘中道門也如此四門悉稱爲溝港得道者以溝港是初果故也勝者更別受其名致有三門之別亦得通是溝港有門無常溝港無門空平等溝港亦有亦無門從容溝港非有非無門雙非溝港溝港皆是四門之初果也四門觀別見眞諦同如城有四門會通不異故大集云常見之人說異念斷斷見之人說一念斷二人雖殊論其得道更無差別大經五百比丘各說身因無非正說跋摩云諸論各異端修行理無二偏執有是非達者無違諍于時宋家盛弘成實異執競起作偈譏之然眞諦寂寥實非一四身子曰吾聞解脫之中無有言說並可四門標牓若生定執悉不得道何獨有門若袪見思四門皆得何獨空門不應獨言論主義成數人義壞若得四悉檀意論數俱成若不得意論數俱壞乃至非有非無門亦如是若言有門明法相麤空門明法細巧拙相望爲成壞者三門俱劣非獨一門何故四門好相形斥良由二乘自度但從道直入偏據不融後人晩學因此生過三藏菩薩則不如此析空伏惑偏學四門爲化他故廣識法相成佛之時名正偏知故釋論引迦旃延子明菩薩義云釋迦菩薩初值釋迦佛發心至剡那尸棄佛是初阿僧祇心不知作佛口亦不說次至然燈佛爲二毗婆尸佛爲三行六度滿各有時

節如尸毗代鴿是檀滿乃至劬嬪大臣分閻浮提是般若滿百劫種三十二相論因則指釋迦論果則指彌勒偏行四門道法伏諸煩惱龍樹難云薄即是斷如斯陀含倶六品思名爲薄地汝既不斷那得稱薄故知但是伏道論薄耳三十四心方乃稱斷雖能如此猶是初教方便之說涅槃稱爲半字法華名二十年中常令除糞釋論名爲拙醫維摩稱爲貧所樂法天親呼爲下劣乘皆指此四門非今所用也次通教四門不同者若明一切假實從無明生無明如幻所生一切亦皆如幻如幻雖如虛空而有如幻破假之觀雖如虛空而如虛空空生故云諸法不生而般若生如是觀慧能破諸見諸思成惑智因果並不生是名有門觀意也若言假實諸法體如幻化乃至涅槃亦如幻化幻化是易解之空涅槃是難解之空舉易況難而難易皆空亦如幻人與空共鬭能觀所觀性皆寂滅如此空慧體諸見思即幻而眞能成惑智因果無生是名空門破假之意若明一切法如鏡中像見不可見見是亦有不可見是亦無雖無而有雖有而無如是觀者能破諸法見思成惑智因果無生是名亦空亦有門破假觀之意也既言幻化並當有無不當有故不從有有不當無故不從無無如此觀慧能破諸法見思成惑智因果等無生是名非有非無門破假觀意若三藏約實色起見以溝港析觀雙非二見如實柱實破通教約幻色起見以即空體觀雙非二見如鏡中柱體而論破故言非有非無雖非中道而是體法虛融淨

諸見著故論云般若波羅蜜譬如大火炎四邊不可取彼偈具四門甚細尋甚自分明又云般若有四種相又云四門入淸涼池皆是四門之誠證也若不取著皆能通入若取著者即爲所燒佛爲示人無諍法說此四門觀也問佛何處示人諍法答佛不示人諍法衆生不解執而成諍三藏淺近四門相妨執諍易生如成論人撥毗曇云是調心方便全不得道毗曇人云唯是見有得道空扇大乘此二論師失四門意浪撥浪擋見執鏗然諍計易起名此爲示人諍法耳通教體法如幻化無復實色但有名字名字易虛扶順無乖少生諍計大論形斥三藏云餘經多示人諍法般若示人無諍法亦名如實巧度中論云諸法實相三人共得大品名爲三乘之人同以無言說道斷煩惱見第一義亦名共般若涅槃名爲三獸度河皆是通教四門觀意亦非今所用也次別教四門者即是觀別理斷別惑不與前同次第修次第證不與後同大經云聞大涅槃有無上道大衆正行發心出家持戒修定觀四諦慧得二十五三昧事相次第不殊三藏但以大涅槃心導於諸法以此異前漸修五行以此異後故稱爲別言四門者觀幻化見思虛妄色盡別有妙色名爲佛性大經云空空者即是外道解脫者即是不空即是眞善妙色如來祕藏不得不有又我者即如來藏如來藏者即是佛性如來藏經云幣帛裹金土模內像凡有十譬等即是有門也空門者大經云迦毗羅城空如來藏空大涅槃空又云令諸衆生悉得無

色大般涅槃涅槃非有因世俗故名涅槃有涅槃
非色非聲云何而言可得見聞即是空門亦空亦
有門者智者見空及與不空若言空者則無常樂
我淨若言不空誰復受是常樂我淨如水酒酪瓶
不可說空及以不空是名亦空亦有門非有非無門
者絕四離百言語道斷不可說示涅槃云非常非
斷名為中道即是其門也如此四門得意通入實
相若不得意伏惑方便次第意耳涅槃名為菩薩
聖行大品名為不共般若此皆是別教四門意非
今所用也圓教四門妙理頓說異前三種圓融無礙
異於歷別云何四門觀見思假即是法界具足佛
法又諸法即是法性因緣乃至第一義亦是因緣大
經云因滅無明即得熾然三菩提燈是名有門空
門者觀幻化見思及一切法不在因不屬緣我及涅
槃是二皆空唯有空病空病亦空即三諦皆空也
云何亦空亦有門幻化見思雖無眞實分別假名
則不可盡如一微塵中有大千經卷於第一義而不
動善能分別諸法相亦如大地一能生種種芽無名
相中假名相說乃至佛亦但有名字是為亦有亦
無門云何非有非無門觀幻化見思即是法性法
性不可思議非世故非有非出世故非無一色一香
無非中道一中一切中毗盧遮那徧一切處豈有見思
而非實法是名非有非無門云何一門即是三門一
門尚是一切法何止三耶所以者何觀因緣所生法
是初門一切皆初門初門即空一空一切空即是第
二門此初門即假一假一切假即是第三門此初門

即中一中一切中即是第四門初門既即是三門三
門即是一門但舉一門為名雖有四名理無隔別
如上依無生門破見思者即是空門一門一切門不
獨無生而已一破一切破非止破見思而已從假入空
一空一切空非但空空生死而已如是義者即是圓
教四門正是今之所用也若爾何用前來種種分
別但凡情闇鈍不說不知先誘開之後入正道法
華云雖說種種道其實為一乘若得此意終日
分別無所分別涅槃名為復有一行是如來行法
華名正直捨方便但說無上道大品名為一切種智
知一切法淨名稱為入薝蔔林不嗅餘香華嚴稱
為法界即是此四門意也上無生門破假若得其
意者乃是圓教之門非方便門也所以稱為破
法徧云云第二從空入假破法徧者即為四一入假意
二明入假因緣三明入假觀四明入假位入假意者
自有但從空入假自有知空非空破空入假夫二
乘智斷亦同證眞無大悲故不名菩薩華嚴云
諸法實性相二乘亦皆得而不名為佛若論自行
入空有分若論化物出假則無菩薩從假入空自
破縛著不同凡夫從空入假破他縛著不同二乘
處有不染法眼識藥慈悲逗病博愛無限兼濟
無倦心用自在善巧方便如空中種樹又如仰射空
中箭箭相拄不令墮地若住於空則於衆生永無利
益志存利他即入假之意也入假因緣者略言有五
一慈悲心重初破假時見諸衆生顛倒獄縛不能得
出起大慈悲愛同一子今既斷惑入空同體哀傷

倍復隆重先人後已與拔彌篤二憶本誓願者
本發弘誓拔苦與樂令得安隱今衆生苦多未
能得度我若獨免直違先心不忘本懷豈捨含
識入假同事而引導之三乘初業不愚於法亦有大
願隔生中忘退大取小衆聖所呵菩薩不爾如
母得食常憶其兒三智慧猛利若入空時即知空
中有棄他之過何以故若住於空則無淨佛國土教
化衆生具足佛法皆不能辦既知過已非空入假
四善巧方便能入世間雖生死煩惱不能損智慧
遮障留難彌助化道五大精進力雖佛道長遠不
以為遠雖衆生數多而意有勇心堅無退精進發
趣初無疲怠是名五緣如此五意與淨名經同彼文
有三種慰喻先明觀身無常等是入空慰喻最後
云當作醫王是入中慰喻中間是入假慰喻即有
五意以已之疾愍於彼疾即是同體大悲當識宿
世無數劫苦豈非本誓當念饒益一切衆生豈非
知空之過憶所修福念於淨命即是善巧方便勿
生憂惱常起精進即是第五意此義與彼文懸
合云云從空入假四法若無決不能出利根一種今當分
別但住空聲聞未必鈍根入假菩薩未必利根如
身子智利而不出假當用四句釋之或根利住空或
根鈍住空或根利入假或根鈍入假譬如身羸無力
而膽勇成就入險破敵前無橫陣自有身力雄壯
膽勇復強左推右盪無能當者自有身力雖多
怯弱畏懼雖有好力望陣失膽自有無力無膽
兩事不具何能有功今住空之人亦有兩種出假亦

然具五緣者如有親有約有策有力有臏故能入假智根雖鈍四事因緣亦能入假聾闇之人雖有利智全無四事故不能入假也三明入假觀者即爲三一知病二識藥三授藥知病者知見思病知見根本知起見因緣知起見久近知見惑重數云何知見根本我見爲諸見本一念惑心爲我見本從此惑心起無量見縱橫稠密不可稱計爲此見故造衆結業墮墜三途沈迴無已如旋火輪若欲息之應當止手知心無心妄想故心起亦知我無我顛倒故我生顛倒及妄想息者即是根本息枝條自去云何知見起因緣因緣不同生見亦異何以得知內外相故知內外相者衆生居處相異時序寒熱國土高低産育精麤食物濃淡處所異故果報相異雖土風所出稽散豐儉或有或無或得或失貧富飢飽云云形貌相異矬長端醜偉瘠健病云云根性欣惡相異忽榮棄位樵漁自樂扣牛干相負鼎邀卿專文專武耽酒嗜味多貪多奢多瞋多喜多癡多黠如是參差百千萬品直置人道各各殊別何況異類不可勝言如此依正種種不同者必知業異業異故起見異是故則見末知本見外識內云何知起見久近知如是見積累重沓非止一世知如是見近世所起知如是見此世適起知如是見未來方盛云何知見重數多少從一有見派出三假又從三假派出四句三假合十二句又從四句出四悉檀十二句合四十八悉檀又一悉檀派出性空相空四十八悉檀合有九十六性相空二一句各有止觀合一百九十二句止

觀就前根本都合三百四十八句此就信行人如此法行人亦如是信行轉爲法行亦如是法行轉爲信行亦如是就四人合有一千三百九十二句此約一有見如此無見亦如是亦有亦無見亦如是非有非無見亦如是就四見有五千五百六十八句單四見如此複四見亦如是具足四見亦如是就三種四見合有一萬六千七百四句不可說見如初有見但有一千三百九十二句是則合有一萬八千九十六句此是所破如此能破亦如是能所合論則有三萬六千一百九十二句自行如此化他亦如是自行化他都合七萬二千三百八十四句若更約六十二見八十八使論三假四句等者則有無量無邊不可窮盡病相無量菩薩悉知知若干句共成此見知若干句共成彼見深淺輕重善巧分別而無僻謬是名知集既知集已亦能知苦苦集流轉精曉本末又入空之前徧觀見思摠知病相爲出假方便後用一門斷惑入空若出假時分別見思照之則易薄修止觀法眼則明二乘入空專依一門無此弄引教三弟子說授於藥又少五意何能入假而菩薩善巧大悲本願大精進力或寂諸想而發法眼識知見病或觀達見法發道種智明了惑法若不悟者但精進力勤研止觀內因既熟外被佛加或冥或顯豁然開悟於諸見病句句明了如於鏡中見諸色像自識識他諦審無礙次明知思病本知思起因緣知思起久近知思病重數三意例見病可知思假以癡爲本云云重數者九地則有八十一品初一品有三假有四句止觀三假合十二

句一句即有信解見得各各用四悉檀信法各有八合則十六番此信法互有轉義復爲十六合前則有三十二句一句既三十二句十二句三假合有十二句則有三百八十四句二一句復有性相二空則合有七百六十八句足前合爲一千一百五十二句合根本合爲一千一百六十四句一品如此九品合有一萬四百七十六句欲界九品如此三界九品合有九萬四千二百八十四句所破如此能破亦然能所合有十八萬八千五百六十八句自行如此化他亦然合有三十七萬七千一百三十六句止觀若細論二一品復有無量品二一禪復有無量禪通明背捨等直置諸禪發時已自不可說況復禪禪品品品品之內復有三假四觀等句其數難知若準見惑四十里水此緣一諦應是一十里水不橫起故稱之一渧重數甚多亦可十里二乘直入故不分別菩薩初破思假已作方便先摠知竟今出假修觀助開法眼通用止觀爲知假之門別修各有方法息諸緣念名止緣此思假名觀大悲本願大精進力諸佛威加豁然開解得法眼見道種智知分別思假病相分明云云上見思重數雖煩知之何妨如五部律不塡人胷對緣行事能自正正他學此諸句即行即用自行化他隨意無礙二入假識藥者病相無量藥亦無量略言爲三一世間法藥二出世間法藥三出世間上上法藥大品有三種法施三歸五戒十善道四禪無量心等名世間法施二出世間法施三出世間上上法施可知云云釋論云何意用世間法施譬如王子從高墮下父王愛念積以繒緜於地接

之令免苦痛衆生亦爾應墮三途聖人愍念以世
善法權接引之令免惡趣然世法藥凡愚本自不
知皆是聖人託迹同凡出無佛世誨誨童蒙大經云
一切世間外道經書皆是佛說非外道說光明云一
切世間所有善論皆因此經若深識世法即是佛法
何以故束於十善即是五戒深知五常五行義亦似
五戒仁慈矜養不害於他即不殺戒義讓推廉抽
已惠彼是不盜戒禮制規矩結髮成親即不邪婬
戒智鑒明利所爲秉直中當道理即不飲酒戒信
契實錄誠節不欺是不妄語戒周孔立此五常爲
世間法藥救治人病又五行似五戒不殺防木不盜
防金不婬防水不妄語防土不飲酒防火又五經似
五戒禮明撙節此防飲酒樂和心防婬詩風刺防
殺尚書明義讓防盜易測陰陽防妄語如是等
世智之法精通其極無能逾無能勝咸令信伏而師
導之出假菩薩欲知此法當別於通明觀中勤心修
習大悲誓願精進無怠諸佛威加豁然明解於世法
藥永無疑滯然世法藥非畢竟治屈步移足雖垂
盡三有當復退還故云凡夫雖修有漏禪其心行
穿如漏器雖生非想當復退還如雨彩衣其色駮
脫世醫雖差差復還生此之謂也次明知出世法
藥者如大經云或說信爲道或說樂欲或說不放
逸或說精進或說身念處或說正定或說修無常或
說蘭若處或說爲他說法或說持戒或說親近善
友或說修慈等也又如諸經中或一道爲藥如一行
三昧如佛告比丘他物莫取一切法皆是他物於一切

法不受成羅漢如前所明單複諸見皆悉不受或
二道爲藥定愛智策二輪平等或三法爲藥謂戒
定慧或四法爲藥謂四念處或五法爲藥謂五力或
六法謂六念七覺八正道九想十智如是等增數明
道乃至八萬四千不可稱數或衆多一法乃至無量
一法不可說一法或衆多十法無量十法不可說十法
是二法有種種名種種相種種治出假菩薩皆須
識知爲衆生故集衆法藥如海導師若不知者
不能利物爲欲知故一心通修止觀大悲誓願及精
進力諸佛威加法眼開發皆能了知如觀掌果又知
出世上上法藥約止觀一法爲藥者謂一實諦無明
心與法性合則有一切病相觀此法性尚無法性何況
無明及一切法或二法爲藥即是止觀體達心性虛
妄休息或三法爲藥即是止觀及隨道戒任運
防護又三三昧從假入空名空三昧亦不見空相名無
相三昧生死業息名無作三昧此三法爲藥翻三念
處諸見皆依色此色非汙穢非不汙穢受諸見思
非苦非樂諸見想行非我非無我諸見思心尚非
心豈是常無常或五法爲藥即是五根修止觀時
無疑名信根常念止觀不念餘事即念根止觀不
息即精進根一心在定即定根四句體達無性節
慧根五根增長名爲五力或六法爲藥謂六念處以
止觀覺見思惑即是佛法界不破法身名念佛常
憶持止觀不分別止觀一異相名念法止觀理和是
無爲相故名念僧止觀有隨道戒名念戒止觀即第
一義名念天止觀捨見思惑名念捨或七法爲藥者

止是除捨定三覺分觀是擇喜精進覺分念通兩
處或八法爲藥四句破假名正見動發正見名思惟
依此修行名正業說此止觀名正語不以邪諂養身
爲正命不離不忘名正念止名正定無間念名精
進或九法爲藥者謂四見是汙穢五陰五陰變壞
名色變想乃至九想或十法爲藥即十智見思兩
假是集苦智止觀是道智二十五有不生是滅智
知三界皆爾是比智以世間名字故說即世智知他
衆生亦然是他心智知諸法差別是等智知苦集
盡名盡智無漏之慧名無生智當知止觀爲益衆
生隨根增減既得爲十亦得爲恒河沙佛法世醫
如神農嘗草立方或一藥二藥乃至十藥爲方衆
多藥爲方爲病立方非無因緣入假菩薩亦復
如是知諸法門一法二法至無量法或爲一病或爲衆
病又如諸藥皮肉汁果根莖枝葉各各如是山海
水陸四方土地各有所出採擷乾溼各有時又
知諸藥各有所治入假菩薩知衆生根識所宜法
亦復如是知此二法乃至多法是其樂欲知彼一法
二法非其樂欲知此一法二法是其便宜非其便宜
是對治非對治是入第一義非入第一義皆審識之
欲治一病一藥即足欲爲大醫偏須諸藥三乘治惑
一法即足菩薩大誓須一切知又如大地產藥而分劑
作方如大河水分劑升合不過不減法藥亦爾於二
寂定開無量止於一大慧開無量觀皆實不虛
又如衆生病緣種種不同諸病苦痛種種不同諸
藥方治種種不同病差因緣種種不同湯飲吐下

針灸丸散得差之緣亦復非一入假菩薩亦如是知一切衆生見思煩惱集不同是知集知一切衆生善惡苦果不同是知苦知一切法門是知道知一切衆生入證不同是知滅種種四諦入假菩薩無不徧知復次神農本方用治後人未必併益華他扁鵲觀時觀藥更立於方所以者何鄉土有南北人有儜健食有鹹淡藥有濃淡病有輕重依本方治不能效益隨時製立仍得差愈佛初出世衆生機熟道根說法無不得悟後代澆醨情惑轉異直用佛經於其無益菩薩觀機通經作論令衆生得悟唯悟益彼是入假正意豈可守舊壅於化道耶釋論云依隨經法廣立名字而爲作義名爲法施菩薩爲修如此慧故大悲誓願勤精進力通修止觀諸佛加威豁然鑒朗於入假智而得自在三應病授藥者既知苦集之病又識道滅之藥若衆生無出世機根性薄弱不堪深化但授世藥如孔丘姬旦制君臣定父子故敬上愛下世間大治禮律節度尊卑有序此扶於戒也樂以和心移風易俗此扶於定先王至德要道此扶於慧元古混沌未宜出世邊表根性不感佛興我遣三聖化彼真丹禮義前開大小乘經然後可信真丹既然十方亦爾故前用世法而授與之云云又授出世藥者十種因緣所成衆生根性不同則是病異隨其病故授藥亦異謂下中上上上下根四義一者志樂狹劣二行力微弱三五濁障重四智慧極鈍樂小法故說生滅法行力微弱修事六度五濁障重勤苦對治智

慧鈍故斷婬怒癡名爲解脫是爲授因緣生法之藥治下根病也雖是下根欣樂不同諸聖作論復開爲四樂聞有者說阿毗曇生其小善破其五濁因此方便見於真諦樂聞無者說成實論生其小善破惡令入真樂聞有無說昆勒論生善破惡入真樂聞非有非無者爲說離有無經生善破惡入真是爲入假菩薩作四論中四門授四藥治諸病云云次中根人授藥者此人心志小強行力小勝宜生理善五濁障輕智慧小利對其樂欲爲說因緣即空聞生理善破於惡因見[illegible]教是爲授即空藥治[illegible]根人此又爲四門[illegible]前云云次觀上根人授[illegible]濁已除智慧又大授無量四諦生界外善次第斷五住得入中道是爲授即假藥治上根人就此又爲四即是四門授藥例上可知次觀上上根授藥者此人樂欲乃至智慧悉無與等故名上上爲如理直說善如空生障知空滅入究竟道是名授即中藥治上上根人亦有四門授藥治病云云若入空觀尚無一法何有諸法今授十六道滅治十六苦集正是入假隨其類音妙聲徧告發彼耳識轉度入心令得服行各獲利益如一雲所雨而諸草木各得生長云云四明入假位者一先歷教判位二明利益三結破法徧人意咸言先除見假後卻思惟入空之果尚已迢遞出假化物非已所能望崖自絕今當分別假位不同夫三乘之初不愚於法皆欲求佛猷恐生死喜多退轉譬如有人俱聞他方有七寶山

翹心東腳若念路艱險便退不前行人亦爾畏懼生死退大沈空後聞菩薩勝妙功德自惟敗種泣動大千不待所因而懷憂悔若依此義但有入空便無入假事也若三藏菩薩初修空狠伏煩惱羊而不斷結若斷結者則無六度功德身肥是初阿僧祇位也二僧祇煩惱脂消功德轉肥三僧祇正入假位利益衆生此下根人也中根二僧祇已伏煩惱肥六度身即能化物並待三耶上根初發心時爲度一切誓求作佛因聞他說心已明解深識真理爲度他故不求斷證心又轉我應度他不應不度當勤分別一切藥病何以故五事重故如人將兒過險自既安隱那得擲兒雖自知空而不棄捨是爲初心即能入假不待至三僧祇也通教位者人多執經云八地修出假或六地七地斷結與羅漢齊方修出假此一途之說必不全爾但佛爲三根分別下根斷惑盡方能出假佛於法華中破其取涅槃心勸發無上道起方便慧二乘既然極鈍菩薩亦應同此說今判此爲下根耳中根者斷見惑已生死少寬思任運斷第二地名菩薩神通從此已去即能入假上根者初心聞慧即能體達見思即空已爲衆生作依止處何須七地方出假耶若七地者爲大品所呵有大鳥身長三百由旬而無兩翅從天而墮若死若死等苦菩薩亦如是從初一向專修於空至于六地是爲三空身肥假翅不生若墮二乘方便道名死等苦若墮初果名之爲死若見盡是死等若無學是爲死是鳥欲還天上可得去不墮無學地

欲發菩薩心永不能得如人被闇不能五欲華嚴大
品不能治之唯有法華能令無學還生善根得成
佛道所以稱妙又闡提有心猶可作佛二乘滅智心
不可生法華能治復稱爲妙云云別教之人十住心後
十行之位修假方便何以故入理般若名爲住住生
功德名爲行云云下根也十住初心即能入假已得無漏
一受不退即能出用何須至十行方起大悲中根也云云
又別教初心不愚於法達解一切功德猶如幻化於
名字不滯而修方便具五因緣以益衆生上根也圓
教十信六根淨時即偏見聞十法界事若是入空
尚無一物既言六根互用即是入假位也又五品弟
子正行六度廣能說法即是入假之位何必待六根
淨耶又初心之人能知如來秘密之藏圓觀三諦尚
能即中豈不即假大品云初坐道場尚便成正覺轉
法輪度衆生又六即料簡便有出假之義何須得至
五品耶上來諸教皆有三位若定判者應取下根以
明其位則有二義一依教故二使不退轉入假行成中
上年有進退故不約其論位既有三根出假例應三
根入空謂情入似入眞入情入者觸人能入非謂散
情緣諦之觀於似眞之前與空法塵相應若爾何
益此有情益若益無退不併退設退能憶念數修
後致大益開通別上根能入空出假與圓何異答通
人出入不能即中別人次第出入不能一心圓人一心出
入亦能別出入謂多入中少入三多入二少入中多入空中少
入假多入假少入空中多入假中少入空多入空少入假中雖
別增減而三諦不缺若爾則非次第之別然尚能爲

勝別況不能爲劣耶二明入假利益者菩薩本不
貫空而修空本爲衆生故修空不貫空故不住爲
益衆生故須出故有從眞起應法眼稱機應以佛
身得度即作佛身說法授藥應以菩薩二乘天龍
八部等形得度而爲現之成就衆生淨佛國土乃
名利益三藏菩薩雖復出假有漏神通非眞起應
世智分別非法眼明雖利衆生而非成就雖作佛事
非淨佛土止是少分教化爲益甚微云云若通教入假
雖分別藥病但依二諦診病不深識藥不遠但是作
意神通非眞起應應有始終爲作父母師長世世
結緣處處調伏動經無量阿僧祇劫善根若熟即
生王宮道樹作佛漸頓度人乃至入涅槃舍利住世
久久利益有始有終乃名爲應無而欻有暫出還
沒故非眞應一時片益不名成就亦身入滅非淨佛
土別教十行入假利益義同通教若登地時得知衆
生無量身湛然應一切爾時知病盡病淵源爾時
識藥窮藥府藏爾時授藥如印不差眞道種智
最勝法眼所可應化任運普周和光同塵結緣之始
入相成道以論其終亦名爲化亦名爲應其見聞者
無不蒙益有所施爲是淨佛國土入假利益皆實
不虛登地既然後地例爾乃至圓教初住入假眞實
利益乃至後心亦復如是若得此意料簡變化即
識眞僞所以者何魔亦能以有漏心作無漏形變爲
佛像老子西升亦云作佛化胡諸外道等變釋爲
羊停河在耳世智五通辟所不作如是邪化無量無
邊尚非三藏五通化云何得是別圓任運眞化化語

多種無眼之人謗生信受能深觀察不可雷同故
知從法身地垂應十界度脫衆生如此入假眞利益
位三結破法徧者未發眞前隨所計著百千萬種
皆名爲見如盲問乳非乳眞色若編若杵何關象
事舉言之見見即是假故歷單複具足以觀破之
破若不徧不得入空見思若盡乃名破法徧也說文
字論乃當如此意則不然見思即是無明無明即
是法性見思破即是無明破無明破即是見法性
入實相空方名破法徧也從空入假破法徧亦爾假
有無量病法藥法授藥法分別此三有所不達不
名破法徧未發法眼之前雖有分別分有所見不
名破徧六根淨時分別病有若干種解句法達無
量句十方諸佛說法一時受持是爲相似氣分隨
通無知既破雙照二諦方名破法徧也舉要而言次
第破者則不名徧不次第破乃名爲徧耳前觀法
重沓既多恐人迷故約三觀後結破法徧也第三明
中道止觀破法徧者前生不生止觀破法徧一往似
自行次不生生止觀破法徧一往似化他今不生不生
止觀破法徧一往似雙非自他又雙照自他生不生
即不生生亦即不生不生自即不自亦非自非不自
不生生即生不生亦是不生不生他即非他亦非他
非不他不生不生即生不生亦是不生生亦是不雙
非亦是不雙照種種分別今易解故作如前說耳就
此爲四一修中觀意二修中觀緣三正修中觀四明位
利益其意者三藏中菩薩偏用世智照俗二乘偏用
析假入眞佛二諦周足異於弟子假設第三觀設作

雖有離無之說秖是離有無二見實無別理可觀故不須第三觀也通教二乘偏用體法入眞菩薩慈悲入假唯佛俱照道觀雙流異於弟子亦假設第三觀亦無別理異於眞諦開善所教佛果不出二諦外即此義也雖無別理而得有眞如幻如化不生不滅中道之名亦得有中道之義者佛滿字門通通通別鈍根止能通通不能通別故此教得有別接之義利者被接更用中道不被接者不須第三觀別接義如顯體中說云云別教若作二諦三諦皆元知中道若作三諦可解若作二諦者中道爲眞有無爲俗照此二諦從容中當名中道二用無偏名雙照雖作二名中理亦顯此理玄深根鈍障重如眼闇者穿針不諦云何穿針爲常理故先破取相慧眼見空次破無知法眼見假進修中道破一分無明開一分佛眼見一分中方是眞因因果圓滿乃名爲佛二諦非正意故不名因例如小乘方便伏惑不見眞不名修道發眞諦後具修道始是眞因無學爲眞果別教例爾二觀既是方便必須於中雖復必須要前二觀二觀若未辦亦不暇第三觀也圓教初知中道亦前破兩惑者促有異何以故別除兩惑歷三十心動經劫數然後始破無明圓教不爾秖於是身即破兩惑即入中道一生可辦譬如賊有三重一人器械鈍身力羸智謀少先破二重更整人物方破第三所以遲迴日月有人身壯兵利權多一日之中即破三重不待時節以此譬之其義可見又如兩鐵一種種燒治方有利用一是古珠即燒

即利爲是義故圓教初心即修三觀不待二觀成以是義故即須明第三觀也二修中觀因緣者略爲五一爲無緣慈悲二滿弘誓願三求佛智慧四學大方便五修牢強精進一無緣慈悲者即如來慈悲也此慈悲與實相同體不取衆生相故非愛見不取涅槃相故非空寂非空寂故非法緣慈悲非愛見故非衆生緣無二邊相故名無緣大經云緣如來者名曰無緣普覆法界拔除苦本與究竟樂上兩觀慈慈有邊表如來慈者即無齊限上兩觀慈與菩薩共無緣慈者獨在如來上兩慈無所包含如來慈者具一切佛法十力無畏是如來藏諸法都海故大經云慈若有若無非有非無如是之慈乃是諸佛如來境界當知慈具三諦也迦葉讚云令我欲以一法讚所謂慈心遊世間是慈即是大法聚是慈即是眞解脫解脫即是大涅槃上慈作意乃成此慈任運無請爲依手出師子令彼調伏如慈石吸鐵無心而取夫鐵在障外石不能吸衆生心性即無緣慈無明障隔不能任運吸取一切今欲破無明障顯佛慈石任運吸取無量佛法無量衆生欲修此慈非中道觀誰能開闢如水生火水不能滅還用火滅此無明障依兩觀生兩觀所不能除唯中道觀乃能破耳爲是因緣修第三觀也二滿本弘誓者初發心時起四弘誓與虛空等空假兩觀知苦斷集猶如枝葉所未知斷喻若根本空假兩觀修道證滅猶如燈炬諸山幽闇力不能明雖修兩觀誓願未滿譬如百川不能溢海娑伽羅龍王所霔泉池一霔即滿中道正觀

亦復如是知一切苦斷法界集修無上道證究竟滅爲滿本願故須修第三觀三求佛智慧者即是如來一切種智知佛眼見廣大深遠橫竪覺了究竟具足上兩觀眼智比於佛法猶如盲人闇中想畫不能觀見墜落坑坎云何得前若修中道如有目足到清涼池除二邊執悶醒覺休息飲服其水冷滑香甘是名佛智知見其池相方圓深淺水色清淨是名佛眼見欲得如來實相眼智非止觀不成故修第三觀四學大方便者即是如來無謀善權無方大用住首楞嚴種種示現不可思議巧方便力示諸衆生虛空中風劫燒負草令無燒害此爲難事故須善巧如彌勒先爲天子說不退行淨名即彈云從如生得菩提耶云云無菩提勿起此見既破見已即說寂滅是菩提不二是菩提一切衆生即是菩提云云天子聞之悟無生忍是二大士權砧更扣令難悟者悟悟難悟法若無方便云何利他又如來初出不即說大種種方便譬類言辭引導衆生令離諸著然後開佛知見示以一乘是故殷勤稱歎方便眞實得顯功由善權故言雖說種種道其實爲一乘更以異方便助顯第一義佛智叵思議方便隨宜說佛意難可測無有能得解以百千方便令鈍根者妙契寰中上三觀智力用輕微如富樓那化彼外道反見嗤弄文殊暫往師徒靡風欲得如來此方便者若非中觀所不能成故修第三觀也五大精進者欲爲大事大用功力法華云如有勇健能爲難事不動不退方名薩埵不顧身命

何況財物雖得菩提猶尚不息何況未得上兩觀
功微賞少中觀功蓋天下賞窮解髻爲大精進
修第三觀修中道因緣甚多爲對出假觀略說
五耳云云三正修中觀者此觀正破無明無明懸絶非
眼慮見知云何可觀例如初觀觀眞具無色像亦
無方所但觀陰入界心三假之惑四句推求巧修止觀
得無漏發名爲見眞次觀觀假假復云何但觀
空智能令不空於一心中點示萬行即發法眼徧知
藥病故名假觀今觀無明亦復如是觀二觀智當
彼破惑名之爲智今望中道智還成惑此惑是中
智家障故言智障又此智障於中智中智不發故
名智障前言智能障後言智被障例如六十二見
見名慧性慧即世智若望無漏此慧性與見思合
能障於眞此二諦智與無明合障於中道亦復如
是又能障是惑所障是中智能所合論故言智障
云何觀此二智即是無明若言是明種智現前洞
識諸佛十方無畏一切諸法圓足覺了可得是明而
今不爾豈非無明觀此無明即爲三番一觀無明二
觀法性三觀眞緣一觀無明者空假之智與心相應
觀此二智爲從法性生爲從無明生爲從法性無
明合生爲從離生若從法性法性無生若從無明
無明不實亦不關中道若合共生則有二過若從離
生則無因緣中論云諸法不自生云云如是廣破如上
因成中說作此觀時泯然清淨心無依倚亦不住
著不覺不知能觀所觀猶若虛空不可說示雖
未發眞於四句中決定不執譬如闇中遙望株

杌不審人杌人應六分動相杌無六分是不動相久
住觀之心謂是杌亦不明了起四句執即喻動相
動喻無常相不動喻常久觀不已定知是常不
起四執而無明未破猶不了了雖不了了定知一
常一切常行大直道無留難故前見思塵沙久
已穿徹唯二觀智即喻金剛觀破智障名觀穿
觀安心此理名觀達觀此理不可思議名第一義
空待二乘須境之空名爲智慧而此法性非智非
不智是爲中觀具三義也復次體達智障無明
無自他性共無因性畢竟不可得如持戒比丘觀
無蟲水此中動者蟲耶塵耶蟲即生相塵無生
相諦觀不已雖知是塵亦不明了若謂無明有四
性性是生動若無四性無性無生動雖知不動亦
不決定雖不決定而決定觀常住不動前生死涅
槃二邊流動上兩觀已止唯有無明迴轉未息今
達心本源無明寂靜名止息止安心此理名停止止
常住之理非止非不止對無常動故言爲止即是
非止非不止是名中止具三義也復次智障心中
即有三假四句止觀信法迴轉四悉檀巧修皆例
如前說如是四句即是觀門若離此四無修觀處
善巧方便因門而通得見中道見中道時非即
四觀若於一觀得入餘句即融不須更修若未通
入但勤修四句方便取悟若執此四即爲所燒遮
壅不通若無執滯即是觀無明四句得悟也二
約法性破無明者上四句觀於智障求無明生
決定叵得或生一種解或發一定決謂無明即是

法性如此計者非是悟心但發觀解如闇見塵
杌決謂塵杌即當移觀觀於法性爲當無明心
滅法性心生爲當不滅法性心生爲當亦滅不滅
法性心生爲當非滅非不滅法性心生若無明滅
而法性生者滅何能生不滅生者明無明並共生
者即有二過離則不可不自不他不共不無因如
是四句一一句中信法迴轉四悉善巧即能得悟通
四門池雖未得悟決定謂此中道觀智能破無
明常如是學更不餘修也三約眞緣破無明者
觀此觀智待誰得名爲智爲非智若横待者
十方諸佛是智是明待我無智明也若竪待者
我於將來破除盲冥而得大明待今是無智無
明如是智明爲是緣修爲是眞修眞緣合修
離眞離緣若緣修者緣是無常云何生常若
是眞修眞不應修釋此有兩家一云緣修顯眞
修二云緣修滅眞自顯眞自顯是自生由緣顯是
他生眞緣合是共生離眞緣是無因生四句求智
不可得亦不得無智何以故待智說無智智無故
無所可待故無智亦無若執眞緣爲是者不能發
中俱是障智若不執者即是四門若得契理理非
眞非緣非共非離不可說示若有機緣亦可四說
悉檀方便無復定執隨緣異說聞即得道所謂
從無常生於常大經云因是無常而果是常又云
從伊蘭子生旃檀樹或時云從法王種性中生即
是眞修或言因滅無明則得菩提燈或言非內觀
非外觀而得是智慧云云無得之得以是得無所得又
空意無所得即是得入假意得無所得皆不可

得雙照得無得即中意諸菩薩等或偏申一
門如天親明阿棃耶識爲世諦別有眞如此是論
之正主禪定助道皆是陪從莊嚴耳如中論申畢
竟空空爲論主其餘亦是助道耳餘門亦應有
菩薩作論申之作論異說豈離四門因門有殊
契會不異若得此意何所乖諍苦興矛盾若用四
門修觀者或樂或宜或對或入一門既爾餘門亦
然觀行雖別得道何異經論爲緣不同古來諍
競難可通處用此解釋冰消雲銷如此觀行契
教根理印會允合有何是非明眼之人依義不依
語有智之者必不生疑無目無解徒勞愍怪詎可
並平問無明即法性法性即無明無明破時法性
破不法性顯時無明顯不答然理實無名對無明
稱法性法性顯則無明轉變爲明無明破則無無
明對誰復論法性耶問無明即法性無復無明與
誰相即答如爲不識冰人指水是冰指冰是水但
有名字寧復有二物相即耶如一珠向月生水向日
生火不向則無水火一物未曾二而有水火之殊耳
四修中觀位者前兩止爲中道雙遮方便兩觀是
雙照方便因此遮照得入中道自然雙流自然雙
照修此雙流凡有三處若別接通者七地論修八地
論證別教十迴向論修登地論證如此修證高遠迢
遞初心衆生尚不得修乾慧云何能證八地耶此
中道觀於凡無益又初心尚未入十信至迴向若無
迴向並得修中無修則無證此中道觀於凡夫人
望崖無益今明圓教五品之初秖是凡地即能圓
觀三諦修於中空坐如來座修寂滅忍著如來衣

修佛定慧以如來莊嚴而自莊嚴修無緣慈入
如來室始從初品進入第五相似法起見鵠知池
望煙驗火即是相似位人入六根清淨也例如外道
不修念處永無煖分二觀亦爾不修中道似解不
發今五品修中能生似解轉入初住即破無明故
華嚴　解初住云無深如虛空清淨妙法身湛然
應一切正使及習一時皆盡無有遺餘初發過牟
尼此之謂也始自初品終至初住一生可修一生可
證不待位登七地爾乃修習何暇歡喜始入雙流
前教所以高其位者方便之說圓教位下者眞
實之說法華云如此之事是我方便諸佛亦然今
當爲汝說最實事即此意也復次三藏菩薩坐
道場時猶是具惑故無雙流雙流位在佛耳通
教有別來接者雙流位在八地別教雙流位在初
地故漸漸引之其位稍低實意彌顯也雖言初住
破一分無明是雙流位此是略語譬如舉帆一日三千
略言一日耳又如禪有九品此亦大較如佛得四禪
身子不知身子入四禪目連不知目連入四禪諸比
丘不知如此往推禪不啻九品初住亦爾言一品者
亦無量品此位能偏法界作佛事不可限量如首
楞嚴華嚴中廣說尚示八相何況餘耶云云前兩
觀後已結成破法偏如上說今中道正觀觀無明法
性不依二邊不依四句畢竟清淨無倚無著故淨
名云稽首如空無所依此智豁開一破一切破靡所
不偏故名破法偏也

摩訶止觀卷第六

摩訶止觀卷第九　本

計三十九帋

天台智者大師　述

第四觀業相境者行人無量劫來所作善惡諸
業或已受報或未受報若平平運心相則不現今
修止觀能動諸業故善惡相現疑者言大乘平
等何相可論今言不爾秖由平等鏡淨故諸業
像現光明云將證十地相皆前現阿含云將證初
果八十八頭蛇於其前死大小兩乘相文甚多又法
華云深達罪福相徧照於十方罪福秖是善惡
業耳淨名云於第一義而不動善能分別諸法相
故汝難非也明業相爲四一相發因緣二正發相三
料簡四止觀因緣者有內有外內者止觀研心心
漸明淨照諸善惡或可以止止惡惡方欲滅以觀
觀善善方欲生或可以止止惡惡因靜生以觀觀
善善因觀滅無量業相出止觀中如鏡被磨萬像
自現外者諸佛慈悲常應一切衆生無機不能得
觀以止觀力能感諸佛示善惡禪諸業則現如持
花鬘示於大衆是名內外因緣若得此意細判罪
福皁白無濫堪爲方等師調伏於他今但研心止
觀令業謝行成一心取道何用曲辨相耶二明業相
發者發無前後且逐語便先明善發其相有六
一報果相現二習因相現三報前現習後現四習前
現報後現五習報俱時現六前後不定諸業現時
參差萬品識此六意分別無謬云何名習因習果
阿毗曇人云習因是自分因習果是依果又習名

習續自分種子相生後念心起習續於前前念爲
因後念爲果此義通三性論家但在善惡無記無
習續也報因報果者此就異世前習因習果皆名
報因此因牽來果故以報目之名爲報因後受五
道身即是報果也就今果報身上復起善惡習續
習因習果總望前世此習續是果若望後世此習續
是因數家明報得鴿雀身是報果多婬是習果
論家鴿身及多婬俱是報果婬由貪起貪是習果
又今生煩惱起名習因成業即報因後生起煩惱
名習果苦痛名報果若坐禪中但見諸相此名報
果相現由昔因故亦得言報因又能起因牽於後
報互受名耳今但判爲報果相也若於坐中不見
諸相欝爾起心是發習因能牽來果故亦得名習
果酬昔因故互受其名今但判爲習因也善相衆多
且約六度檀相發者若於坐中忽覚見福田勝境三
寶形像聖衆大德父母師僧有行之人受己供
養或見悲心田受供養或見兩田雖不受供養而皆
歡喜或不見諸田受與不受但見所施具羅列布
滿或不見施物但見淨地或表今生施報相或表昔
生施報相或見好行檀人來至其前稱讚檀捨如
是等事皆是報果發相次都不見諸相但心欝
然欲行惠施恭敬供養三寶父母師僧或悲傷貧
苦而欲救濟或於檀施法門通達偏自明了如是
等心皆是習因發相或先起此心卻見報相或先見
報相卻發此心或俱發或不定發可以意知戒相發
時亦有六意若見十師衣鉢壇場羯磨歡喜愛念

或雖不見此相而見自身衣裳淨潔威儀蓋衆又
見常持戒人面目光澤擧動安詳來稱讚戒如是
等相皆是持戒報果發也或時皆不見此相鬱然
持戒心生自言戒淨篤聚不足可持或欲匡正諸
破戒者皆令如法自解律文精通戒部是為習因
發相或先後俱雜可以意知忍相發者或見能忍
人或見身行忍事或自見其身端正淨潔手脚嚴
整世所希有或見端正忍人來稱讚忍是忍報果
相或直發忍心又解忍法門是名忍習因發相前
後俱雜可以意知精進相者或見精進人或見已精
進事見身多氣力威壯英雄或見常行精進人晝
夜無廢稱讚精進是進報果相或不見相但發精
進心初中後夜不自惜身或通達精進法門是名
精進習因相前後俱雜可以意知禪相者後境中
廣說智慧相者菩薩境中當廣說六度習報既
有六種一切善法亦如是若細尋此法逾久逾明不
煩多說亦不得多說面受口決隨意廣論諸方等師
相傳云負三寶物其相現時決應須償南岳師云若
自有物償者善若自無物欲發行法四方馳求此
有二義衆生昔罪何量負代負三寶非止一條如羅
漢先直取道未遑償業故名觝責行者若發道
場而行乞句紛動數年豈非魔事今且未償但
決志修行諸佛實法展我成立成者待破煩惱入
無生忍於法身地廣供養一切三寶還入生死以償
衆生菩薩爾時不名觝負立者待功夫著滿名行
竪立果報自至時當償三寶非是觝負不作償心

小乞申延期於展立耳此豈非好事若廢行法出於
道場此決須償不得讀誦聽學營私衆務決應
方便求財償之此釋與優婆塞戒經同經云若負
三寶物人正事修道欲求須陀洹乃至阿羅漢者
則不須償也不學道應急償也阿羅漢人若用佛
物此則無罪次明惡相者諸惡甚多且約六蔽於一
一蔽皆有六意慳蔽相者若見三寶師僧父母或形
容憔悴或裸袒或衣裳藍縷或飢餓慘然寺宇
空荒或見一切物皆被守護封緘閉塞與前為異
前人對物歡喜今見乞人對物瞋詬前物表施具
今物表慳具或見慳人來至其前是名慳蔽報果
發相具有六種例前可知云云破戒相者若見三寶形
像師僧尊長及以父母頭首斷絕地陷不勝或身
體破裂鞭打苦惱或見身首異處寺舍零落或
見父母詬罵三寶呵責或見喜殺屠兒來往其前
又惡禽毒蟲緣其身首皆是瞋蔽報相也亦有六
意例前云云若見不淨屎尿死屍臭物當道深水橫路
行不得前或見交昔婬人又示不淨相穢惡可恥或
見已身身體臭處或見多婬人來說放逸事或見
禽獸人等交此皆是婬罪報相亦有六意云云若見一生
所盜物處所盜物主來瞋詬縛切此物或見好盜人來
勸說盜事皆是盜相果報也六意例前云云若見父母
師僧及外人諍計瞋毒種種間構誹謗於已或見
多口過人來即是口四過報果相六種云云或見醉人吐
臥狼藉或見已身沈昏等皆是飲酒報果相亦六
意是等皆是破戒蔽報果相也餘四蔽例此可知

故不委記云云復次內心苦痛是殺習內心沈重是盜
習內心煩躁是婬習俱有是等分習三料簡善
惡相現為障不同或非障而障障而非障障非
障俱障障非障俱不障非障而障者若人先發
善相當時歡喜後起愛慢輕忽於他恃此證相
作貢高本漸染名利過患轉生心退法壞捨戒
還俗無惡不造豈非初因不障之善後致大障也
惡耶障而非障者如先發惡相慚愧怖畏勤懺
此惡斷相續心永不起罪勤行衆善至辦大事豈
非初因於障後致不障耶俱障俱不障例可知云云若
非障而障者此是善將滅而相現此善滅表惡生若
障非障者此是惡將滅而相現此惡表善生若障
不障俱不障者此相表善不滅惡不生若障不障
俱障者此表惡不滅善不生此約初善為語謂善
不障惡為障如上分別若約真諦為言者上諸
善惡悉皆是障故淨業障經云一切惡障一切善
障若約假為語真諦善惡俱皆是障若約中為
語假上善惡俱皆是障故障不可盡復次善惡習
因心起是則易知善惡報果相起是則難知若善
報相扶善習因心起或前或後現者多是性善相
孤然起者多是無作善相惡報果相扶惡習因心
起或前或後多是性惡不扶習起多是違無作惡
復次善惡報果孤然起者雖以無作往判理復難
明多好雜魔若欲分別須細意撿按用空明善惡
等十法往驗若過不及則是魔相異此乃是無作
也又三法往驗所謂久久往數數來又壞禪心此三

是魔相也無此三是無作復次諸惡相現時初現
瞋怒冉來平平三現歡喜或人諫曉或人驅逐當知
皆是惡欲滅相也夫發心真正慧解分明善識諸相
二無謬不爲諸障所惑打心入理更增其明行有餘
力分別業門雖通達自在兼花他若分別業相不
能纏碎但總知是障無所取著直打心觀理業不
能礙若本無解心又發意邪僻見此相已而生愛著
魔得其便入示吉凶更相因倚翦易財食死墮
鬼道此非鬼禪更謂誰耶若自正正他須得其意
親自行證又師氏口決方可彰言莫輒媒衒妄作
寒熱禍則大矣深囑深囑後生慎之問道場神
護怨責那得擾動答實爾如世遊軍虞候但覘
非防惡責主切物所不能遮業來責報準此可解
復次諸業名教體相具如毗曇成實論若作觀破
業具如中論彼二家者互有長短今意異彼但明善
惡不濫於事即足若廣分別妨於正道若直破而
已全不識道品正助調停方法未具今之止觀明業
相不足觀法有餘四修止觀者即爲十意云何思
議業境若業能招三惡道報有上中下若業能招
三善道報謂上中下不動業招色無色報如是等業
招於色心還迷色心起四顛倒生死不絶良由於此
今觀業無業倒惑不生以至滿盡是名聲聞觀業
也若觀業由無明無明故業業故名色乃至老死
若知無明不起取有無明滅故諸行滅是緣覺觀
業若觀業行幻化幻化即空空即涅槃是名通
教觀業若觀業如大地能生種種芽十法界法

皆從業起是名別教觀業來心是思議境非今所
用也不思議境者如經云深達罪福相者罪即三
惡福即三善但解三惡業相不達人天三善業相
則非深達達惡達善乃爲深達若達善惡業相
但是善惡不名深達又善惡俱是惡離善離惡皆
是善是爲深達又達人天善惡是生死邊達二乘
離善離惡涅槃空邊但是二邊不名深達又二邊
皆是惡亦不名深達別教菩薩能達二邊之淺
漸漸深達故名深達又別教漸深亦非深達圓教
即於淺業達於深業方乃得名深達罪福相徧
照於十方如是深達實不曲辯於三界亦不徑挺
而入空即此意也觀一念起即具十界名十方十方
是依報十界是正報若無依報亦無正報既有正
報即有性相本末等百法亦名百方如是等法即
一念業故名一業一切業華嚴云佛子心性是一云何
能生種種諸業大品云譬如大地一能生種種芽地若
得雨毒藥衆芽一時沸發今法性地得行道雨善
惡業芽一念競起業名法界諸法之都故稱不思
議境既深達業境善惡共都即起慈悲罪福之
理非違非順違之成罪順之成福如世諦名色及諸
貨殖亦非違非順若盜之成罪則有三途惡業若
捨之成福即有三善道業菩薩深達如此非違非
順於違起悲於順起慈即空真諦無言說道亦非
違非順違之則成六道有漏之業順之則成三乘無
漏之業菩薩深達即空非違非順於違起悲於順
起慈此中道之諦亦非違非順違之則有漏無漏

二邊之業順之則有非漏非無漏中道之業法華云
久修業所得即此業也菩薩深達中道實相非
違非順於違起悲於順起慈若深達者祇是一念
心非違非順無二差別亦是一念慈悲非前非後
故名真正菩提心也安心業空則善順而惡息
故名止善順故名觀安心業假惡息善順安心業中
惡息善順故名觀息故名止是名觀業善巧安
心破法偏者若阿毗曇云業謝入過去得繩繫屬
行人未來受報成實云業從現在入未來未來受
報今觀此業業若過去過去已謝故云何有業業
若未來未來未有云何有業業若現在現在念念
不住念若已去即屬過去念若未至即屬未來
即起即滅何者現在若言去時有業名現在者去
時是業去者是業爲當去時去去者去現在既
無業亦叵得三世推檢橫竪搜求善惡諸業
俱不可得畢竟清淨而言善惡業者但以世間文
字假名分別不可聞名而謂爲實所以者何本求理
實不求虛名虛名無性雖強分別如指虛空業無
作受三諦俱寂故名破法偏也識通塞者於業非
業亦業亦非業非業非非業句句之中明識苦集
二心內了知道滅審的成就然不無字故言識通塞
也道品調適者成論人云意業單起未得成業意
得實法想得假名行則同緣是時意業得成是
則有三念處也就身口兩業是色名身念處毗曇
人云心數心王同時而起王即心念處受數即受
念處想及餘數皆行陰即法念處王數依色而

起即身念處若一時異時皆有四念也今觀此業具
十法界五陰即是具一切四念處一切業同類之色是
身念處此身非淨非不淨同類四陰是三念處此
三非苦非樂非我非無我非常非無常即是非
榮非枯雙樹涅槃乃至三解脫是名道品也助道
對治者當念應佛三十二相等念報佛無量功德
共破習因惡業念法門佛破習因念三十二相破報
果云云念法門佛助破報果惡業念佛力故惡業障
轉則入涅槃門也如是觀時不叨上聖又當安忍
內外諸障令得無礙若發似道未是真解勿生法
愛法愛不起則任運無滯自然流入清涼之池是
大乘十觀得無量無漏清淨果報獲得無上報獲
得自在業深達罪福究竟無染故名清淨即是
法身及本還源智照圓極故名無上即是報身垂
形九道普門示現故名自在即是應身如是三身
即是大乘高廣直至道場餘如上說云云第五觀魔
事境者行人修四三昧惡將謝善欲生魔恐迴出
其境又當化度於他失我民屬空我宮殿又慮其
得大神力大智慧力復當與我興大戰諍調伏控
制觸惱於我遮其未成壞彼善根故有魔事也
行者道弱未動波旬一切鬼神屬六天管當界防
成正應動此耳經云魔事魔罪不說者是菩薩
惡知識若達邪正懷抱淡然知魔界如佛界如
一如無二如平等一相不以魔為慼佛為欣安之實
際若能如是邪不干正惱亂設起魔來甚善也今
明魔為五一分別同異二明發相三明妨損四明

治法五修止觀同異者陰魔已屬陰界入境煩
惱魔已屬煩惱境死魔病是死因已屬病患境
今正明天子魔也然四倒與四魔異者四倒祇是煩
惱魔煩惱魔故即有陰入魔陰入魔故即有死
魔既未出三界即屬天子魔若界外同異者破
界內四倒分段諸魔悉過唯有無常等四倒此
是界外煩惱魔煩惱魔故即有無等等色即
界外陰魔陰魔即有死三賢十聖住果報乃至
等覺三魔已過唯有一分死魔在是為界外三魔
無第六天魔但赤色三昧未究竟名天子魔若妙
覺理圓無明已盡故無煩惱不住果報故亦無死
赤色三昧滿乃是究竟魔事若華嚴明十魔亦
何得出此意耶二明魔發相者通是管屬皆稱為
魔細尋枝異不出三種一者慥惕鬼二時媚鬼三魔
羅鬼三種發相各各不同慥惕發者若人坐時或
緣頭面或緣人身體慥而復上翻覆不已雖無苦
痛而屑屑難耐或鑽人耳眼鼻或抱持擊攊似
如有物捉不可得驅已復來啾唧作聲鬧人耳
此鬼面似琵琶四目兩口云云二時媚發者大集明十二
獸在寶山中修法緣慈此是精媚之主權應者未
必為惱實者能亂行人若邪想坐禪多著時媚
或作少男少女老男老女禽獸之像殊形異貌種
種不同或娛樂人或教詔人今欲分別時獸者當察
十二時何時數來隨其時來即此獸也若寅是虎
乃至丑是牛又一時為三十二時即有三十六獸寅
有三初是貍次是豹次是虎卯有三狐兔貉辰有

三龍蛟魚此九屬東方木也九物依孟仲季傳作
前後巳有三蟬鯉蛇午有三鹿馬獐未有三羊
鴈鷹此九屬南方火也申有三狖猿猴酉有三
烏雞雉戌有三狗狼豺此九屬西方金也亥有三
豕貐豬子有三貓鼠伏翼丑有三牛蟹鼈此九屬
北方水也中央土王四季若四方行用即是用土也
即是魚鷹豺蟹三轉既有三十六更於一中開三即有
一百八時獸深得此意依時喚名媚當消去若受
著稍久令人猖狂恍惚妄說吉凶不避水火云云次
明魔羅者為破二善增二惡故善從五根作強輭
來破大論云魔名花箭亦名五箭各射五根共壞
於意五根各一剎那剎那若轉即屬意根意根若
壞五根豈存眼見可愛色名花箭是輭賊見可畏
色名毒箭是強賊見平平色不強不輭賊餘四根亦
如是合十八箭亦名十八愛以是義故不應受著著
則成病病則難治永妨禪定死墮魔道復次魔
內射不入當外扇檀越師僧同學弟子放十八箭
昔諸比丘得魔內惱又得檀越譽毀強輭不捷魔
即喚去行者善覺師徒檀越或法主異語徒眾即
瞋徒眾怨言法主則恠如是因緣廣說如大品變魔
善巧初令乘善起惡若不隨者即純令墮善起塔
造寺使散妨定若不隨者令墮二乘魔實不解二
乘但行當之使不入大耳如童蒙人初被行當捨大
乘習小功夫巳多後悔無益能行當者實不解大
小又化人入無方便空謂無佛無眾生墮偏空裏
或偏假裏種種蹊徑令不入圓阿難芟多學阿鞞

跋者皆為魔所惱何況初心寧免自他三十六箭若
知魔佛皆入實際則無怖畏大經云為聲聞人説
有調魔為大乘者不説調魔一心入理誰論強輭
耶三明妨亂者但強輭等箭初射五根有三過患
一令人病二失觀心三得邪法病有種種相從眼入
者病肝餘根可知身遭病苦心則迷荒喪禪致死
失觀心者本所修觀善法安隱從五根見聞已後
心地昏忽無復次序邪法者當約十種正法簡出
邪相有者色從眼入見山河星辰日月居宮亦見
幽中種種相貌指點方面是有太過無者色從眼
入便謂諸法猶如斷空説交無法甚可怖畏是無
太過明者色入已豁豁常明如日月照闇者昏闇
漆黑鑒然不曉定者色入已心如木石塊然直住亂
者色入已校擲攀緣愁者色入已闇短鄙拙脱裸無
恥智者色入已聰黠捷疾悲者色入已憂懊涕淚
喜者色入已歌逸恒歡苦者百節疼痛如被火炙
樂者身體暢醉如五欲樂禍者自恒招禍亦為他
作禍亦知他禍祟福者恒自招福亦能為他作福
惡者無惡不造又令他作惡善者自行檀等亦令他
行檀憎者不耐見人遠他獨住愛者戀重纏著強
者其心剛強出入不得自在猶如瓦石難可迴變不
順善道輭者心志輭弱易可敗壞猶若輭泥不堪
為器以是等若過若不及悉名邪相一根有三受一
受有二十邪法三受合六十邪法歷五根合三百邪法
雖九十五種種種異邪而其初入必因五根細尋三
百必與彼相應也夫槌惕多令禪觀喪失時媚多

令人得邪法魔羅備此三損也四明治法若治槌惕
者須知拘那含佛末法比丘好惱亂衆僧僧擯驅
之即生惡誓常惱坐禪人此是源祖之鬼報或已
謝而同業生者亦能惱亂今呵其宗祖聞即羞
去呵云我識汝名字汝是槌惕惡夜义拘那含佛
時破戒偷臘吉支貪食嗅香我今持戒不畏於
汝如是呵已即應去若其不去當密誦戒序及戒
戒神還守破戒鬼去治時媚鬼者須善識十二時
三十六時獸知時唱名媚即去也隱士頭陀人多畜方
鏡挂之座後媚不能變鏡中色像覽鏡識之可以自
遣此則內外兩治也治魔羅有三一初覺呵如守門
人遮惡不進如佛告比丘一切他物不受不受之術能
治一切自他魔事二若已受入當從頭至足一一諦觀
求魔叵得又求心叵得魔從何來欲惱何等如惡
人入舍處處照撿不令得住三觀若不去強心抵捍
以死為期不共爾住善巧迴轉如是三治不須多説
五止觀者例為十法思議境者若魔事起隨順魔
行作諸惡業成三途法若隨魔起善所謂他屬而
行布施雖生善道世世相染或時附著倚託言語
若捨身命即受彼報設欲修道遮障萬端經云若
菩薩有魔無魔即此意也是為三善法界魔又
化令自入涅槃衆生何預汝事唐受辛苦不如取
證是名二乘法界魔又令人紆迴拙度不速入菩提
道如是淺深歷別皆是思議境也若即此魔事
具十界百法在一念中一切法趣魔如一夢法具一切
事魔一切魔一切魔一魔非一非一切亦是一魔一切魔一佛一

切佛不出佛界即是魔界不二不別如此觀者降魔
是道場上根利智治魔顯理以魔為侍於魔不怖
如薪益火緣修不能寂照持世不覺魔謀謂言善
來已具修寂照不待觀而後鑒即知是魔非帝釋
也別教不耐非法故云非我所宜圓教安之實際故
言如我應受不畏非人於生死有勇是名不思議境
也魔界即佛界而衆生不知迷於佛界横起魔界
於菩提中而生煩惱是故起悲欲令衆生於魔界
即佛界於煩惱即菩提是故起慈慈悲無量佛悲無
量魔無量慈悲即無緣一大慈悲也欲滿此願顯此
理應降魔作道場八十億衆不能動心名止達魔
界即佛界名觀但以四悉止觀安心隨魔事起即以
四句破之横竪單複破米心無滯三藏初伏四魔坐
道場破煩惱魔得菩提道又得法性身破陰入魔
此兩共破死魔道樹下得不動三昧變三玉女破八十
億兵冠蓋劍各憤者是破天子魔通教初得無生
忍至六地得菩提道如前八地道觀雙流是不動三
昧破天子魔兩處聲聞止破三魔支多恒為所
惱後得神通伏而非破云云別教十住已破界內四魔
登地分得菩提道破煩惱魔分得法身破陰魔分
得赤色三昧破天子魔若纓絡云等覺三魔已盡唯
一分死魔在三不應前盡一不應獨餘此乃別教方
便説耳圓教初住俱破八魔得菩提道破煩惱魔云云
乃至妙覺八魔究竟永盡雖初住破非初住破雖後
覺破非後覺破而不離初住後覺是為破法徧也於
上一一破魔法中皆識苦集無明敵度知字非字道品

者魔界具一切色即是空色即不淨色即是假
此名爲淨色即是中非淨非不淨餘四陰亦如是是
名一念處一切念處乃至三解脫門門若未開必由事
障久遠劫來爲魔所使起於魔檀爲有報故持於
魔戒要利養故行於魔忍爲畏他故習魔精進
求名聞故得於魔禪味於鬼法樂於魔慧分別見
網如是六法雖名爲善其實是魔由此邪蔽蔽三
脫門今用正度對治六蔽蔽去度成如油多明盛若
雜煩惱當用前四分觀助治雜業借念三佛助治
若小乘伏道偏名爲闇慧乃至圓教五品是闇慧
位此尚未成豈可濫眞起增上慢若欲入眞當一心安
忍勿更爲魔之所動亂窮微觀照強心呵抵若入
似位得法實賜勿生高心愛心譬如大勳黜爲小縣
或失祿或失命若起法愛是犯罪但發似解如小縣
失似解如失祿墮二乘地如失命大乘家業宗社滅
故若無法愛從相似入眞實調魔爲侍直至道場
復次退慧如失勳退定如失祿俱退如失命復次通
用一意爲觀者行人根鈍先解通意度曲入別中
論品品別意而俱會無生通別互舉得意相成也問
魔動竟好法後起爲是法耳寒過春來耶答未
必併然自有過難好法亦不發魔是惡緣所感善
是心力所致釋論云釋迦往昔在惡世世無佛求法
精進了不能得魔變化作婆羅門詭言有佛一
偈汝能皮爲紙骨爲筆血爲墨當以與汝菩薩樂
法即自剝皮曝令乾擬書偈魔即隱去佛知其
心從下方涌出爲說深經得無生忍可以爲證云云

第六觀禪定境者夫長病遠行是禪定障立世阿毗
曇云多諫諍多營事亦是禪定障復有多讀誦亦
是禪定障文殊問菩提經云禪定有三十六垢垢
即是障上諸境得入到清涼池入流竟則不須觀禪
境若魔事雖過而眞明未發雖無別修以通修故
發過去習諸禪紛現當置魔事觀於諸禪所以
者何禪樂美妙喜生耽味垢膩日增若謂是道
墮增上慢若呵棄者全失方便如此等過不可具
記雖免魔害更爲定縛如避火墮水無益三昧爲
是義故須觀禪境但禪支諸定助道有力大小乘
經皆共稱美若四禪八定毗曇成實明之委細自性
九禪地持十地甚爲分明今亦略示其發相粗爲四
意一明開合二發因緣三明發相四修止觀初明開
合者禪門無量且約十門一根本四禪二十六特勝三
通明四九想五八背捨六大不淨七慈心八因緣九念
佛十神通此十門與五門十五門云何同異但有開
合之異耳開五爲十者開數息出特勝通明開不
淨出背捨大不淨慈心因緣守本念佛門毗曇名
界方便禪經稱念佛此亦守本神通約九禪上發
不專據一法合十五門爲十者數息不淨各有三
則不合慈心有三但合爲一即衆生慧也沒二名者
禪是門戶詮次事法法緣是二乘入理觀無緣是
大乘入理觀沒理去二存事唯一若開者即屬二乘
菩薩兩境中攝因緣亦三門三世輪轉麤果報一
念明義細細故附理麤故屬事今沒細存麤但稱
三世門也念佛亦三但取念應佛耳神通但取五通

若但取五門有所不收若取十五義濫於理是故簡
理開事雖開合不同各有其意次明漏無漏若依毗
曇判此十禪皆名有漏緣諦智修名無漏禪不爾
但緣事修名有漏禪成論亦爾根本等是有漏空
無相心修名無漏今小異彼當十禪體相是有漏通
是事禪若胡瓜能爲熱病作因緣者小當分別四禪
世間本有凡夫外道共尊修此者祇發有漏自行十
二門化他讚法讚者大經云所謂四十八年即此意也
十六特勝通明佛不出世利根凡夫亦修此禪而不
發無漏如來若說亦發無漏比於餘禪其力雖弱是
勝根本爲是義故稱亦有漏亦無漏九想等是出世
客法雖是事法能防欲過不俟諦智能發無漏如迦
絺那五百羅漢人人七偏爲說四諦一不能悟道佛說
不淨即發無漏猒患力強故判屬無漏若言非無
漏者不應稱爲聖戒定慧聖之言正正豈過無漏
大經云聖行者諸佛境界非二乘所知佛說此法二
乘奉行故名聖行今佛說聖法二乘行之何得非無
漏又大品云根本是世間法施不淨等是出世法施
既言出世豈非無漏又云九想開不淨不淨開身念
處身念處開三念處三念處開三十七品三十七品開
涅槃涅槃初緣豈非無漏若言事禪應是有漏者譬
服二石一熱一冷雖同事禪應漏無漏異若無漏緣稱
無漏者六地斷見七地斷思此亦是緣亦應無漏六地
七地斷見思者終不單用根本會須諦智寄此位發
單用根本非無漏緣不淨等不爾直以不淨能爲作
緣云云所以不取十想者前三見諦中四思惟後三無

學皆屬理攝故不取不取八念者有人修九想無怖又念佛門已攝故不取慈心觀兩屬若依根本起慈屬有漏若依不淨等起慈屬無漏慈無地位約他階級依根本成衆生緣依背捨成法緣因緣亦無地位念佛五通皆約他階級例如慈心兩屬云云次來意不同開此中十門與次第禪門及對治云何同異答次第禪門爲成禪波羅蜜禪善根利故禪門先發後驗善惡此中爲成般若禪善根鈍先阻煩惱遇業遭魔後始發禪對治中爲破遮障修成助道今此任運自發仍爲觀境禪門雖同各有其意云云次明深淺不同者四禪是根本闇證味禪凡聖通共薄修即得特勝少有觀慧不味不闇證橫對念處竪對根本故先味次淨也通明觀慧證相深細次於揔也此三同是根本實觀治惑力弱九想正是假想初門煎鑠伏欲故次列也九想但厭患外境未治其心故次八背捨也背捨雖破內外貪欲揔而未別緣中不得自在故次明大不淨破依正貪也雖揔別治貪未修大福德故次慈心雖復內治重貪外修福德不入因緣則非世間正見故次因緣三世輪轉無主無我成世正見也雖世正見緣底下因人福力微弱次緣上果福力廣大雖前來諸定未有力用轉變自在故次神通云云次互發不同其次第互發凡有八種例陰界境可知云云二明發禪因緣者大經云一切衆生皆有初地味禪若修不修必定當得近情而望劫盡不修久遠推之亦曾離蓋辭以誦經發近則易習發久則難習當知昔有次第習即次第發乃至事修事發等

云云如彼大地種類具足得雨潤氣各各開生生亦前後結果不俱梅四桃七梨九柿十兩緣雖同成實有異宿習如種止觀如雨禪發如果熟參差揔言八種耳是名內因緣發也又雖有應生之善必假感神方乃開發地雖有種非日不芽佛無憎愛隨緣普益若次第緣即次第加乃至事修緣即事加鴻鍾任擊巨細由桴加常平等淺深聽習大論云池華不得日翳死無疑善不被加沈溺未顯淨度經云衆生自度爾佛於其無益淨度菩薩言衆生若不聞佛十二部經云何得度三言相乖共成一意是名外緣發也三明諸禪發相者若般舟亦發根本而少常坐等則多今且約坐論若身端心攝氣息調和覺此心路泯然澄靜怗怗安隱蹋蹋而入其心在緣而不馳散者此名麤住從此心後怗怗勝前名爲細住兩心前後中間必有持身法此法起時自然身體正直不疲不痛如似有物扶助身力若惡持來時緊急勁痛去時寬緩疲困此是麤惡持法若好持法持麤細住無覺急過或一兩時或一兩日或一兩月稍覺深細豁爾心地作一分開明身如雲如影想然明淨與定法相應持心不動懷抱淨除爽爽清泠雖復空淨而猶見身心之相未有支林功德是名欲界定成論名此十善相應心閃閃爍爍不應久住今言欲定坏弱不牢稱爲閃爍非定如燈炎也又稱爲電光者彼論云七依外更有定發無漏不答云有欲界定能發無漏無漏發疾倏如電光若不發無漏住時則久遺教云若見電光暫得見道如阿難策心不發放心取枕即入

電光電光亦是金剛金剛不孤因欲界入無漏無漏發疾譬以電光非欲界定得此名也住欲界定或經年月定法持心無懈無痛運且不出亦可得也從是心後泯然一轉虛豁不見欲界定中身首衣服牀鋪猶如虛空囧囧安隱身是事障事障未來障去身空未來得發是名未到地相無所知人得此定謂是無生忍性障猶在未入初禪豈得謬稱無生定耶如灰覆火愚者輕蹈之若依成論無未來禪故云汝說未來禪將非我欲界定毗曇則有尊者瞿沙釋論具出之佛俻兩說而論主偏申耳今則逐人判之自有得欲界定累月住未到不久即入初禪此但稱欲界不言未到有人住欲界不久在未到經留故言未到不云欲界有人具久在二法故言兩定不可偏判今依大論備出之若節節邪正相如修證中委說但初禪去欲界近如壃界多難應須略知初從麤住訖至非想通有四分退護住進退分又二任運退二緣觸退緣有內外外諸方便二十五種吐納失所是爲外緣觸退於靜心中三障四魔而生憂愛是名內緣觸退後或更修得或修不得此人甚多護分者善以內外方便將護定心不令損失住分者或因守護安隱不失或任運自住即是住分進分者或任運進或勤策進各有橫竪橫竪各有漸頓若十二門一一而進是名漸進若一時具足是名頓進特勝通明品品而發是名橫漸一時俱發是名橫頓又於四分分分皆有四分具如修證中說云云今且約竪論進分者從未到定漸覺身心虛寂內不見身外不見物或經一日乃至月歲定

心不壞於此定中即覺身心微微然運運而動或
發動痒輕重冷煖澁滑有人言用心微細色界淨色
觸欲界身例如欲界淨色在諸根之上即有見聞之
用若依是義觸從外來若言一切衆生皆有初地味
禪如大富盲兒竹中有火心內煩惱而不並起禪亦
如是事障麤礙不能得發今修心漸利性障既除
細法仍起何必外來所以者何數息能轉心心轉火
轉風風轉水水轉地四大轉細故有八觸如麥變為
麴麴變為糟糟變為酒糟喻欲定酒喻初禪以
麥為本非外來也若定執自出外來墮自他性過今依
中論破四性訖而論內出外來耳又八觸是四大動輕
是風痒煖是火冷滑是水重澁是地體用相添則有
八觸耳若動觸起時或從頭背腰肋足等處漸漸徧
身身內覺動外無動相似如風發微微運運從頭至
足多成退分暫發成住分足發多是進分動觸有支
林功德功德略言十種空明定智善心柔輭喜樂解
脫境界相應空者動觸發時空心虛豁不復同前性
障未除時明者冏淨美妙皎皎無喻定者一心安
隱無有散動智者不復迷昏疑網心解靜利善心
者慚愧信敬懺我不曾得此法以為愧恥我今尚
爾信一切賢聖具深妙法敬揖無量柔輭者離欲界
懺懷麤獷如腦牛皮隨意卷舒喜者於所得法而
生慶悅樂者觸法娛心恬愉美妙解脫者無復蓋
相應者心與動觸諸功德相應不亂又念持相應而
不忘失或一日一月一歲安隱久住斂念即來熏修既久
動觸品秩轉深是名豎發餘七觸豎發例此可

知若動觸發已或謝未謝又發冷觸冷觸若謝未
謝更發餘觸交橫如前八種是名橫發雖復橫豎
前後以觸十功德五支察之終不料亂亦不得一
念俱成何以故八觸四大水火相乖不得同時成然
此八觸凡有八十功德莊嚴名字雖同而悅樂有異
如沸羹熱膗鯖魚沈李味別樂殊餘六觸亦差
別若欲界定中發八觸者悉是邪觸病煩惱觸具
如修證中說今不論但約初禪八觸須簡邪正何以
故一是邊地去欲界近二帶欲界心邪得隨入如開
門戶賊即得進鬼入禪中禪非鬼也若不識者正觸
壞唯邪惡在耶觸者違約八觸十功德明若過若
不及如動觸起時直爾擬擬不遲不疾身內運動
若遂自急疾手腳撟擾是太過若都不動如被縛者
是則不及餘冷煖等亦如是又就動觸空明十種論
若過若不及此中之空秖豁爾無礙是為正空若永
寂絕都無覺知者太過若鏗然塊礙是不及明者如
鏡月了亮若如白日或見種種光色是太過若都無
所見是不及定者秖一心澄靜若縛著不動是太過
若馳散萬境此不及乃至相應亦如是是為一動觸
中二十種邪相餘七觸合前則有一百六十邪法原
夫正禪不應有邪所以有者如服菖蒲將得藥力
而多瞋服黃精將得力而多欲非藥令爾藥推麤
法麤法將出而感若單欲界中但有邪觸增病增蓋
無正功德若入色定則動八觸空明十功德復有百
六十邪不可不識大論云有風能成雨有風能壞雨
東北雲屯西南雲散禪亦如是八觸十功德此覺成

禪百六十邪此覺壞禪若一法有邪餘法亦皆染著
譬如一伴為賊餘皆惡黨若初觸無邪餘法皆善
也正禪五支者若初觸觸身在緣名覺細心分別八
觸及十眷屬名為觀慶昔未得而今得故名為
喜恬愉名為樂寂然名一心毗曇二十三心數一時而
發取其強者判為五支五支衆心是定體體前方便
如上說成論明五支前後相次而起四支為方便一
心支為定體大集以第六默然心為定體有人言
五支在欲界第九心或言在欲界定前此則非五支
也今辨覺觀俱禪正就初禪判邪得爾耶五支
同起而有強弱相翳取成就者以判五支如一槌撞
鍾初麤中細之異五支亦爾初緣覺相感不妨已
有觀等四支覺強觀未了覺息觀方明初已有
喜觀息喜支成初已有樂樂未暢喜息則樂成
初已有一心四支所動今樂謝一心成如初開寶藏覺
是寶物亦知珍貴喜樂定相但未知是何等寶次
分別金銀別已領納生喜喜故受樂安快一心如人
飽食無所復須亦如對五欲極睡故論云如人得寶
藏云云若四禪同以一心支為體云何四異今分初禪是
覺觀家一心故有四別若進二禪但可覺觀初禪即
壞別義轉明若通者同用一心為體釋五支名義
相等具在修證云云復次初動八觸功德猶麤若數
數發則轉深利品或言三或言九或無量品更互
娛樂功德叢鬧不得一心如恒奏妓似多人客膺
對一已一已復來出散暫無薄斂復現若欲去之但
呵覺觀初禪謝已即發中間單定亦名轉寂心

亦名退禪地亦名鼓肩心於此單靜心中旣失下未發上若生憂悔此心亦失若不悔者內淨即發無復八觸受納分別故名一識定泯四大色成一淨色照心轉淨與喜俱發無魔邪相以非邊境故喜已生樂樂謝入一心此禪喜動樂不安當呵喜喜謝入未到忽發三禪與樂俱起還是色法轉妙不倚喜生樂此正樂徧身受聖人能捨凡夫捨爲難此有五支謂捨念慧樂一心經論出之或前或後皆是修行小異耳此樂對苦呵樂即謝亦有未到未到謝已發不動定還是色法轉妙不爲苦樂所動名不動定定法安隱出入息斷不苦不樂捨念清淨一心支雖爾猶是色法呵三種色滅三種色緣空得定不復見色心得脫色如鳥出籠是名空定此定謝已亦入未到緣識生定名爲識處此定謝已緣無所有入無所有法相應名不用處舊云緣少許識若爾即是所有處亦是用處何謂不用無所有耶此定過已忽發非想非非想此定不緣識處故非想不緣不用處故非非想更無上法可攀三界頂禪世爲極妙外道計爲涅槃實是闇證具足苦集垂盡三有之檻三途委悉明根本禪往修證中尋之次明特勝發者若依律教應在不淨後依行在不淨前如律云佛爲比丘說不淨觀皆生猒患不能與臭身共住衣鉢雇鹿杖自害佛令放不淨修特勝大黃巴豆瀉人太過身力弱者即使蘇之更以餘藥並下並補補故是愛下故是策策勝根本愛勝不淨有觀名亦無漏對治力弱名

亦有漏如廉食人噉豬腤鄙財屎物而猶可強食之若六月臭腤蟲蠅所集不復可食特勝是實觀猶可從容不淨是假想不復可耐云云特勝發者忽見氣息出入長短知來無所從去無所至入不積聚出不分散若約根本即是麤細住若見息來去徧身若約根本是未到地而根本闇證謂無身牀鋪等者非實無也如灰覆火上愚者輕蹈之如夜噉食如盲觸婦皆不暢其情今有觀慧身息徧身而定心明淨安隱故異闇證也又見身中三十六物如開倉見穀粟麻豆若對根本即初禪位前八觸觸身倉心眼不開不見內物特勝既有觀慧觸開身倉心眼即見三十六物肝如蔂豆心如赤豆腎如烏豆脾如粟大小腸道更相應通血脈灌注如江河流內有十二物肝心淡癊等中有十二膜膚肪膏等外有十二髮毛等出入息統致其閒不淨無常苦空無我一切身行皆休終不爲身而造諸惡是名除諸身行若對道品是身念處若對根本即是覺觀兩支心眼初開是覺支分別三十六物無謬是觀支心受喜對喜支前喜麁隱沒有垢味今喜不隱沒無垢味即是法喜非是受喜也心受樂者亦如是非受樂樂知樂中三受皆無樂名樂支受諸心行是一心支知衆心是一心不同根本計實一心也若對道品皆受念處心作喜心作攝者前喜從三十六物生此直就心作喜故知對二禪大集明二禪但三支無內淨今心作喜意似於此作攝者喜動則散若作攝得

入一心根本但內淨受喜特勝有觀慧恒攝喜心心作解脫者此對三禪根本之樂猗喜徧身受凡夫捨爲難特勝有觀慧則無愛味故言解脫從心作喜至心作解脫皆是心念處也從觀無常者對第四禪餘處亦觀無常未是別治得不動定味之爲常今有觀慧知離苦樂而終是色法猶是無常不應生深故稱無常從觀出散對空處滅三種色如鳥出籠故言出緣空故言散雖緣空亦有觀慧觀離欲是對識處緣空多則散散名爲欲特勝觀慧離是散心故名離欲觀滅對無所有處特勝觀慧觀識若多若少皆無故名觀滅觀棄捨對非想非非想處棄識處及無所有處更有妙定名爲非想非非想凡夫妄謂涅槃佛弟子知其雖無麤煩惱而有細煩惱而無愛味故稱淨禪從無常至棄捨皆名法念處此十六法橫豎對治法節節皆異根本闇證功德則薄如食無鹽特勝功德則重如食有鹽委論發相具如修證中云云次通明禪發相者上特勝修時觀慧猶揔見三十六物證相亦揔通明修時細妙證時分明華嚴亦有此名大集辨寶炬陀羅尼正是此禪也請觀音亦是此意修時三事通修能發三明六通又修寶炬時乃至入滅受想定當知此門具八解脫三明六通故名通明也大集辨此五支名目謂如心覺大覺思惟大思惟觀於心性是名覺支觀心行大行徧行是爲觀支如實知大知心動至心喜是爲喜支身安心安受於樂觸是爲安支心住大

住不亂於緣是名定支初觀三事皆融證時三事皆一故名如心覺覺於眞諦色息心泯一無異又識俗諦皮肉骨等皆有九十九重覺五藏生五氣亦見身中蟲戶行來言語無細不了覺託胎初陰過去無明業是蜘現在父母精血是泥過去業不住故名印壞現在託識名色具足故名文成住在生藏之下熟藏之上子腸中形甚微細唯有一念妄想色心相依如有如無如夢業行力故自然能起一念思心感召其母母便思青色呼聲膝氣酢味因此念力生一毫氣氣變爲水水變爲血血變爲肉母氣出入以相資潤便得成肝藏向上成眼向下成手足大指若思白色哭聲腥氣辛味便成肺藏上向爲鼻下向爲手足第二指若思赤色語聲焦氣苦味便成心藏上向爲口下向爲手足第三指若思黃色歌聲香氣甜味便成脾藏上向爲舌下向爲手足第四指若思黑色吟聲臭氣鹹味便成腎藏上向爲耳下向成手足第五指覺身分細微例皆如此思惟大思惟者即是思惟眞俗也觀於心性者即是空也若眞若俗同入心性請觀音云二入於如實之際如此覺支與上倍異心行大行者上覺支是解今心行去是觀行心行於世諦故名行行眞諦故名大行三事俱行故名徧行心住者於俗諦得一心大住者於眞諦得一心不亂於緣者雖見眞俗無量境界而於心不謬也眞明其相備如通明觀中廣說發此定時見身息心同如芭蕉相無有堅實是未到地相見此三事同如泡沫相是初禪見三事同如浮雲相是二禪見

三事同如影相是三禪見三事同如鏡像是四禪滅此三事皆空滅空緣識滅識緣無所有滅無所有緣非想非非想滅非想非非想三種受想而身證滅受之法以成解脫有俗觀有漏有眞觀故名亦無漏此禪事理既備階位具足成論人應用此明道定入八解脫於義爲便而不肯用阿毗曇約八背捨得有事理俱異外道成俱解脫人成論但有理無事便無俱解脫人約外道禪爲事禪亦應約十善爲戒世智爲慧戒慧既異外道定何意同是則客嚼無客定八術不成委論其相具在修證中說云云次明不淨禪發者先就九想又爲兩一壞法人二不壞法人若壞法人修九想一脹想二壞想三血塗想四膿爛想五青瘀想六噉想七散想八骨想九燒想此人但求斷結燒滅骨人急取無學不欣事觀既無骨人可觀便無禪定神通變化願智頂禪雖言燒滅實有身在例如滅受想而身證云云此人好退如毗曇有退相四果如沙住井底阿含云三果退戒還家毀失律儀不失道共俗人生謗言無聖法佛言欲飽起臥不久當還更求出家諸比丘不度佛即度之便得羅漢阿難問言大德是學退無學退答言學退若然即是世智斷惑慧解脫人故得有退非無漏智斷一品或進一品解而有退也若發此九想無諸禪功德者是壞法人也若不壞法人九想者從初脹想來住骨想不進燒想得有流光背捨勝處觀練薰修神通變化一切功德具足成俱解脫人也若修時愛多觀外見多觀身見愛等內外觀

若發時準此可知於坐禪中忽見死屍在地言說方爾奄便那去氣盡身冷神逝色變無常所遷不簡高豪貴賤老少端醜無逃避處慈父孝子無相代者屍膖在地風吹日暴與本永異或見一屍多屍是大不淨觀相或滿一聚落一國土或一屍色變或多屍色變死屍雖非九數是諸想之本故先說之是等死屍顏色黯黑身體洪直手足葩花膖脹膾鄧如韋囊感風九孔流溢甚爲穢惡行者自念我身如是未離未脫觀所愛人亦復如是是相發時得一分定心黙黙安快須臾之間見此脹屍風吹日暴皮肉破壞身體坼裂形色改異了不可識是名壞相又見坼裂之處血從中出散溜塗漫處處斑駮灑溢於地臭處蓬勃是爲血塗相又見膿爛流潰澡澡滂沱如蠟得火是名膿爛相又見殘皮餘肉風日乾炙臭敗黙黷半青半瘀皺皽皴皵是爲青瘀相又見此屍而爲狐狼鴟鷲之所噉食紛紜鬪競爴裂掣挽是爲噉相又見頭手異處五藏分張不可收斂是爲散相又見二種骨一帶膿膏一純白淨或見一具骨或徧聚落如是諸相轉時定心隨轉黙黙沈寂愉愉靜妙安快之相說不可皆不壞法人所觀齊此未見此相愛染甚強若見此已欲心都罷懸不忍耐如不見糞猶能噉飯忽聞臭氣即便嘔吐亦如捉淨法婆羅門而噉塗蒜髓餅植頭自責我已了矣若證此相雖復高眉翠眼皓齒丹脣如一聚屎粉覆其上亦如爛屍假著繒綵尚不眼視況當身近雇鹿杖自害況歛抱婬樂如

是想者是婬欲病之大黃湯如貪食人審知豬膳臧屎之物猶強嗅噉見膳蟲臭更能食不前特勝力弱未決定除今觀力強婬火疾滅故云九想觀成時六賊稍已除及識愛怨詐兼知假實虛如是猒患何但除欲亦能發無漏亦成摩訶衍釋論解死變想竟仍說六波羅蜜四無量心諸師咸云翻譯令明菩薩修初想即具摩訶衍故廣出諸法後即云乃至燒想亦如是那云勝落耶次明八背捨發者前三番是根本味淨九想至一切處名為觀九次第定是練師子奮迅是薰超越是修此四事定今先明背捨背捨又有總別總共二乘別在菩薩又背捨不定或因中說果名背捨為解脫自有果中說因名解脫為背捨若定判者斷惑究竟事理具足稱為解脫若或未盡定未備但名背捨背者猒下地及自地淨潔五欲捨者捨是著心故名背捨若破愛多發外相如前說若破見多發內相內相者即八背捨也一內有色外觀色乃至第八滅受想背捨所言內有色外觀色者不破不壞內色內觀白骨皮肉而外觀死屍等若修相具如禪門今略示發相行者忽見自身足指皮皺如泡漸漸至膊至腰背通身到頂斯須洪直舉身脹急五指皰花兩腳如柱腎腹如甕頭如盆處處臚脹如風滿韋囊此相發時或從腳至頂或從頂至腳滿一繩床皮急肉裂將欲綻潰既潰膿流漫潰溼釋又從頂至足皮肉自脫唯白骨在支節相柱磬然不動皮肉墮落聚在一處猶如蟲聚汙穢

鄙醜若發此相深患其身猒之如糞何況妻子財實而生悋惜薩埵云身瘡杖所害者皆得斯觀內不計我外不愛所低頭慙愧猒心相續云云大經云除卻皮肉諦觀白骨一一節間皆令繫念逆順觀察令骨淨潔是名內有色相外觀色者外見死屍膖脹膿壞滿一聚落一國土如前九想所觀不淨故言外觀色位在欲界定此法增進見骨起四色青黃白鴿熠熠爚爚將發不發青色青光乃至鴿色鴿光狀如流水光籠骨人如塵霧鏡日若心緣足光隨向下若心緣頭光隨向上以青光力映蔽十方悉見青色如須彌山隨方色一一乃至鴿色亦如是若此光色將發不發位在未到地定如是遠久光應自發若不發者當攝心諦觀眉間放之便發狀如竹孔吐煙初乃小小後則散大四色究轉從眉間出徧照十方豁爾大明一一色亦有十功德八觸五支正邪等相初色發時名覺分別八色名為觀昔雖知內中有骨不知骨中八色昔所未見慶喜悲慙名為喜支此色發時深有樂法心地恬愉名為樂支定心湛然安住不動黙黙轉深空明智定信敬慙愧不生謗毀離蓋相應若冷煖等叢叢皆無誤亂故稱叢林但此中動癢空明五支等相心眼開明法深樂重不同根本亦異特勝通明彼帶皮肉觸不通暢今觸骨人其法深妙若論邪相入八色者或見青色不甚分明斑駮不好即是邪相七色亦如是闇證無觀慧如夜多賊今禪有觀如晝少偽設有易卻若三藏

云八色是色界法觸欲界骨人致諸功德起此依根本有漏作如此說大乘明戒定慧法悉不可盡何以故命朽戒謝無作不滅定雖伏惑斷在不久如蠱入身殘藏害命即雖未死勢不久存慧道無失初果七死無漏湛然當知戒定是無漏法若前八色之光便是界外法也若發此相初背捨成位在初禪成論云兩背捨欲界攝淨背捨色界攝四背捨無色界攝滅背捨過三界毗曇云初二背捨通欲界及二禪淨背捨在四禪言三禪樂多不立背捨復有人言三禪無勝處四禪無背捨三家互異今依釋論初背捨二勝處初禪攝既有五支驗是初禪也二內無色以不淨心觀外色者骨人是精血所成應須呵滅析骨四微大乘體法知骨從心生心如幻化骨人虛假骨人自滅如好馬任人意如好人共事去來無損骨人去已新法未來喜多退墮以不淨心但觀外色外色者外死屍等又外者骨人所放八色也所以觀外色者此去欲界猶近須觀外不淨若修壞骨人別有觀法今但論法發忽見骨人自然消磨但有八色及外不淨在骨人滅時位在中間又見八色與內淨法同時俱起青黃等光更作一番增眼內淨喜樂一心四支功德轉勝於前是為二背捨位在二禪三淨背捨身作證者初禪二禪非徧身樂四禪無樂何所為證成論人四禪共淨背捨今以兩禪共淨背捨既言三禪有徧身樂可以為證即是其初成就在四禪能具足勝處故知淨

背捨位在三禪也淨者釋論云緣淨故淨八色已是淨法而未被淨緣瑩練淨色極在四禪此色起時瑩於八色更轉明淨故言緣淨故淨徧身受者樂之極在三禪故摠此二禪爲淨背捨也淨有四義不淨不淨者欲界之身已是不淨而今膖脹故言不淨不淨不淨淨者除卻皮肉諦觀白骨無復筋血如珂如貝故言不淨淨淨不淨者是眉間所出八色光明光明是淨未被練治故言淨不淨也淨淨是第三背捨更被淨緣練治也故言淨淨四空背捨者過一切色滅有對色不念種種色一切色是欲界內外色有對是五根所對此兩色前三背捨已滅但有八色隨心轉變故言種種色呵色緣空更無別法但入空定若凡夫多深保著空定聖人深心智慧利直去不迴故名背捨若緣空多則散虛誑不實捨空緣識識法相應名識處背捨又識生滅無常虛誑無復所緣但有能緣故言無所有處識處如癰無所有處如瘡捨識無識即是非想非非想此無想猶有細煩惱今捨能緣非想之受想亦無復能滅之想定法持身泯然無想如冰魚蟄蟲若以所滅爲名與攀上猒下何異今從能滅自地亦滅他地得名故言滅受想背捨具如修證中說毗曇明得滅定是俱解脫不得此一定但名慧解脫成論得電光名慧解脫具得世間禪名俱解脫成論後四更無別法以無漏心修此可然前三何意無別法而約外道禪耶云云若過去曾得八定故發宿習而滅定一種不得無

漏修則不成故不論宿習也九次第定超越等約三藏者無有凡人修於此定故不論發宿習也若約大乘亦應有此義今所不論次明大不淨觀發者亦名大背捨前所觀所發除卻皮肉諦觀骨人死屍不淨或一屍兩屍城邑聚落不淨流溢等但約自他正報故言小不淨也約此而論八背捨故名背捨亦是摠別相云云若大不淨觀何但正報流溢不淨依報宅宇錢財穀米衣服飲食山河園林江淮池沼總是色法悉皆不淨蟲膿流出臭處膖脹舍如丘墓錢如死蛇羹如屎汁飯如白蟲衣如臭皮山如肉聚池如膿河園林如枯骨江海如汪穢大經云美羹作穢汁想即此觀也於坐禪中忽如上見見此大地無一好處依正不復可貪是名大不淨發也如劫然火加功積發煙炎蓋微火既成勢不復擇薪乃至江河亦能乾竭初觀不淨止一屍一國婬心乍興乍廢今定力已成猒惡亦感一切依正無非不淨欲心永息復次諸物有何定相隨人果報感見不同善業感淨色惡業感不淨色如諸天寶地寶宮人中富樂執諸瓦石變成金銀善力所招依正俱淨如僧護經所說地獄獄相不同或見身肉爲地爲他所耕或見身如樹林衆所摧折或身如山如屋如衣凡一百二十種皆是惡業所感招不淨色若執淨色保愛堅固以大觀力破大著心翻大顛倒成大不淨觀也何以故夫幻術法多是欺誑神通法得其道理凡一切物皆可轉變如蘇蠟金鐵遇煖流變如水遇冷成地此得解觀契轉變之道定力爾故若根本

但除下地著不能除自地若小大背捨未是無漏但除下地自地著若無漏緣通則下自上皆除著也若人發大不淨入背捨亦大初禪攝若內無骨人外觀八色及依正兩報緣境大故名第二大背捨二禪攝若以大不淨入淨背捨亦大乃至滅背捨亦如是若論大勝處者更就背捨令於緣轉變自在大論明鈍人修八背捨竟方修勝處一切處中根修三背捨竟於四禪中修勝處等上根祇修初背捨即修一切法也今處中說若多若少者還約依正一屍爲少二屍爲多如是傳傳可解一衣一食一山河爲少無量衣食山河爲多初修從少至多今發亦應爾若好若醜者善業端正爲好惡業鄙陋爲醜此二皆於我爲好於我惡者爲醜此二皆有智慧爲好皆有愚癡爲醜此二富貴爲好貧賤爲醜如此好醜俱不淨山河國土衣食屋宅若好若醜俱不淨又依正俱醜骨人所放八色爲好又八色亦醜被練爲好好醜皆不淨此兩勝處初禪攝若內無色相外觀色若多若少若好若醜勝知勝見者內滅骨人外有八色又有依正多少好醜如前說云云勝知見者此心勝色不爲色所縛心能轉色故言勝知也勝見者淨不淨等皆於己心自在觀解成就故言勝見也此兩二禪攝若勝處成時身尚不惜況財物他身耶上古賢人推位讓國還牛洗耳皆是昔生經修此觀自然成性無復愛染不得此意貪之至死何能忽棄榮位耶後四勝處在四禪中成就三禪樂多不能轉變就聲聞法謂言如此於菩薩

法禪禪轉變何得無耶大論云青黃赤白此從實
法瓔珞云地水火風此從假名互得相攝此四勝處
內外色盡但有八色唯有多少轉變無有好醜轉
變也十一切處在四禪中初禪覺觀多二禪喜動三
禪樂動不得廣普徧一切處唯不動念慧則能
廣普以青徧十方十方皆青餘色亦爾故名一切
處若一切入者以青徧一切時黃來入青亦徧一切
處青黃本相不失相入又不相濫餘色相入亦如是
是名一切入此乃內心放色徧一切處那得以外樹葉
為緣徧一切處耶內心無法安能轉變外樹葉耶
先能變心方能變葉耳大論取優鉢羅花者恐
人不解借外喻內不可執喻為正義若通明觀內
無骨人不放八色修勝處時當借外緣或可應爾不
壞法人內自放不須外也復次菩薩修勝處具衆
行者若不違依正可起貪慳此觀若明身尚欲捨況
惜已物而貪他財是則名檀得如此觀不為財色
而破於戒害彼財主引物自歸欺詐百端而求全
濟決無此理是則名尸得此觀時若他觸惱及以
侵奪終不生瞋諍於眞穢是則名忍是觀成時不
倚不淨屍身不淨國土間退定心是名精進此觀能
具觀練熏修神通變化願智頂等是則名禪得
此觀時一切法能所皆不可得不生不滅畢竟清淨
是則名慧一切道定法門皆於勝處轉變成就心定自
在迴轉去住作諸法門隨心即成如快馬破陣亦自
制住是時明淨無復魔事心使於魔魔不能破心
四行四三昧人若發得此法多轉入五品弟子位何故

爾助道力大能疾近清涼池齊此是發觀禪亦是
發摩訶衍禪相若練熏修凡夫尚不得學無發
可論若別出經論故不俟言也七明慈心發者慈倚
根本前後云云忽緣一切衆生取其樂相無怨無惱
悅心適意或見得人中樂或見得天上樂善修得
解定心分明無一衆生不得樂者初蹋蹋細靜後
轉深定但所緣有三若緣親人得樂名廣中人
名大怨人名無量又緣一方衆生得樂名廣四維名
大十方名無量此定有隱沒不隱沒若心緣衆生
決定作得樂想心甚分明而所緣處不見衆生得
受於樂是內不隱沒而外隱沒復有內心明淨外
見得樂是為內外俱不隱沒若先得此定後發五
支功德者初覺衆生悉皆得樂心與定合自心
亦樂善修得解名覺支分別得樂或人中天
上無量差品皆悉明了名觀支怨親平等無復
畏怨憂親之苦名喜支喜支動息心神愉懌亦
如所緣得樂之相名樂支定法轉深持心不動
名一心支此名同根本而法味永異如糖蜜和水汵
同味別若發單根本報止梵衆梵輔若得慈定
則報為梵王其果既勝因亦大矣若先得根本後
加慈定根本益深也又於慈定中發二禪內淨四支
成就又發三禪樂具五支成就又發四禪二與諸禪
相應支林具足而法味倍增如前喻但慈心本緣
他得樂內受樂定外見他樂此相齊三禪四禪但
見他得樂內無樂受以捨苦樂故是為小乘如此
分別佛或時破執為緣言慈心福至徧淨悲心福至

空處喜心福至識處捨心福至不用處但菩薩恒與
慈悲俱何地而無慈悲心慈悲熏一切善豈止齊三禪
耶此一往語耳若先發根本後發慈定亦如是然皆
闇證隱沒或內不隱沒而外隱沒云云若依特勝通明
發慈定者所依之定自是一邊能依之慈附起不濫
此定既有觀慧慈定亦不隱沒五支法味倍勝根本
或因慈定而發特勝通明此之慈定亦不隱沒禪味
亦深或因慈定發小大不淨不淨取衆生破壞相
則無衆生可緣誰得此樂雖無衆生有漏中樂而
有涅槃樂是發法緣慈也問慈緣衆生淨相無
瞋惱取其好相不淨觀破壞衆生取其惡相云何
相發答此亦無妨如雖見不淨不妨又見淨人端正
衣裳雖生慈定不妨不淨慈定亦能莊嚴背捨
等使功德倍深勝單發不淨或互相發云云餘三無
量心發更互准慈定可知若四無量附根本發
即成有漏附特勝通明發即成亦有漏亦無漏附
不淨發即成無漏因緣不同慈定等深淺百千萬
種不可稱說譬如欲界四大色造種種地青黃赤
白高下不同造種種樹木草果甘苦辛酸藥毒
香臭造種種人端醜聰鈍貧富善惡造種種禽獸
毛角飛走無邊種類差品不混各隨性分任力所
能如薄福人但資稗粟不信有甘蔗蒲桃色界淨
法亦復如是轉變支林種種滋味更相添糅而不
混和乃至四無量心彌復曠大何以故衆生無量故
想其得樂亦復無量諸法無量附諸法發支味
亦無量不可稱計衆生薄福不信禪定設信一

法不信無量功德如山左不識人珍著井蛙之非海若甚可憐愍其能信者智聖境難思不生誹謗云云

摩訶止觀卷第九

中華大藏經（漢文部分）

校勘凡例

一　《中華大藏經（漢文部分）》的底本以《趙城金藏》爲主；《趙城金藏》缺佚，則以《高麗藏》等作底本。各卷所用底本的名稱及涉及底本的其他問題，均在校勘記的第一條中說明。

一　《中華大藏經（漢文部分）》選用的參校本共八種，即《房山雲居寺石經》（石）、宋《資福藏》（資）、《影印宋磧砂藏》（磧）、元《普寧藏》（普）、明《永樂南藏》（南）、明《徑山藏》（徑）、《清藏》（清）、《高麗藏》（麗）。

一　校勘記中的「諸本」，若底本爲金藏，即包括石、資、磧、普、南、徑、清、麗全部八種校本；若底本爲麗藏，則包括石、資、磧、普、南、徑、清全部七種校本。其他情况若用「諸本」，校勘記中則另加說明。

一　校勘採用底本與校本逐字對校的办法，只勘出經文中的異同及字句錯落，一般不加評注。參校本若有缺卷，或有殘缺、漫漶等字迹無可辨認者，則略去不校，校勘記亦不作記録。

一　一經多卷，經名、譯者、品名出現同樣性質的問題，一般只在第一卷出校，並注明以下各卷同；分卷不同時，以底本爲主出校。

一　古今字、異體字、正俗字、通假字及同義字，一般不出校。如：

古今字：宍（肉）；猗（倚）；距（跛）；鉾（矛）；誼（義）等。

異體字：脎（槃）；剎（刹）；皃（貌）；惱（惱）；导（碍、礙、閡）等。

正俗字：怪（恠）；滴（渧）；體（躰）；刺（刾）；閑（閒）等。

通假字：惟（唯）；嫉（疾）；頻（嚬、顰）；揣（摶）；尠（鮮）等。

同義字：言（曰）；如（若）；弗（不）等。